발터 벤야민
평전

A CRITICAL LIFE

발터 벤야민
평전

위기의 삶, 위기의 비평

Walter Benjamin

하워드 아일런드
마이클 제닝스 지음

김정아 옮김

글항아리

일러두기

•아래는 본문과 각주에서 인용에 쓰인 약자들이다(참고문헌에 세부 정보가 있다).

AP	Benjamin, **The Arcade Project**
AW	Benjamin, **The Work of Art in the Age of Its Technological Reproducibility, and Other Writings on Media**
BA	Benjamin and Theodor W. Adorno, **The Complete Correspondence**
BC	Benjamin, **Berlin Childhood around 1900**
BG	Benjamin and Gretel Adorno, **Correspondence**
BS	Benjamin and Scholem, **Correspondence**
CB	Benjamin, **Correspondence**
EW	Benjamin, **Early Writings**
GB	Benjamin, **Gesammelte Briefe**
GS	Benjamin, **Gesammelte Schriften**
LY	Scholem, **Lamentations of Youth**
MD	Benjamin, **Moscow Diary**
OGT	Benjamin, **The Origin of German Tragic Drama**
OH	Benjamin, **On Hashish**
SF	Scholem, **Walter Benjamin: The Story of Friendship**
SW	Benjamin, **Selected Writings**

•flâneur는 다른 번역어를 택하지 않고 '플라뇌르'로 옮겼다. 벤야민은 19세기 파리를 연구하면서 '플라뇌르'라는 인물형에 주목했다. 독일어 사용자 벤야민에게 flâneur는 일차적으로는 19세기 파리의 역사가 만들어낸 특수한 인물형(19세기 파리에서 길거리를 배회하던 유한 계급 남성)을 가리키는 프랑스어였다. 이를 '산책자'로 옮기자면 벤야민의 친구 프란츠 헤셀의 *Spazieren in Berlin*(1922)을 '베를린 산책'으로 옮길 때나 벤야민이 주목했던 스위스 작가 로베르트 발저의 *Der Spaziergang*을 '산책길'로 옮길 때와는 비교할 수 없는 과감함이 요구된다. 프랑스어에서 '플라뇌르'의 확실한 어원을 찾을 수 있는 것도 아닌 듯하다. 리베카 솔닛의 『걷기의 인문학』에 따르면 "프리 실라 파커허스트 퍼거슨은 이 말이 고대 스칸디나비아어 'flana'에서 왔다고 하는 반면, 엘리자베스 윌슨은 난봉꾼을 뜻하는 아일랜드어에서 유래했을 가능성을 지적한다."
•플라뇌르flâneur가 동사 flâner의 행위자 명사라면, '플라네리flânerie는 같은 동사의 행위성 명사다.
•단행본은 『 』, 논문 등 글은 「 」, 잡지 및 신문은 《 》로 표기했다.
•원서에서 이탤릭체로 강조한 것은 볼드체로 표시했다.

엘리자베스, 도로시아, 매슈, 루돌프에게

세라와 앤드루에게

서론

발터 벤야민(1892~1940)은 독일계 유대인 비평가이자 철학자다. 그는 지금 유럽 모더니티의 가장 중요한 증인으로 손꼽힌다. 나치를 피해서 스페인 국경을 넘던 중 갑자기 세상을 떠난 탓에 활동 기간은 그리 길지 않지만, 그가 남긴 일련의 저술은 놀라운 깊이와 폭을 보여준다. 시기별로 살펴보면, "독일 문학 수련기"(벤야민 자신의 표현)를 잇는 1920년대 초에는 불후의 연구 세 편을 내놓았고(낭만주의 비평, 괴테, 바로크 비애극), 1920년대 전반에는 소비에트연방에서 생겨난 급진적 문화와 파리 문단을 지배한 본격 모더니즘 둘 모두를 옹호하는 안목 있는 비평가로 자리잡았다. 1920년대 후반기에는 이른바 "바이마르 문화"의 여러 국면에서 중심에 서 있었다. 독일의 예술과 문학이 카이저 빌헬름 치하 독일 제국의 배타적 엘리트 모더니즘을 탈피하면서 새로운 활로를 모색할 때 베르톨트 브레히트, 라즐로 모호이-너지 등이 아방가르드 리얼리즘이라는 새로운 지각 방법을 만들어내는 데 힘을 보탰다고 한다면, 두 사람의 친구인 벤야민도 그렇게 힘을 보탠 사람들 중 한 명이었다. "독일 최고의 문학비평가"가 되겠다는 그리 터무니없지만은 않은 희망을 품은 것도 그의 글이 점점 널리 알려진 이 시기였고, 대중문화를 진지한 연구 대상으로 삼은 것도 이때다. 분석 대상으로서의 대중문화를 만들어낸 이가 바로 벤야민, 그리고 그의 친구 지크프리트 크라카워였다. 벤야민은 아동문학, 장난감, 노름, 필적학, 포르노, 여행, 민예품, 소외 집단(예를 들면 정신질환자)의 예술, 음식, 다양한 매체(예를 들면 영화, 라디오, 사진, 삽화 신문)를 망라하는 온갖 글을 내놓았다. 끝으로, 그의 망명기에 해당되는 마지막 10년은 『파사주 작업』을 여러 글의 주요 수원으로 삼은 시기였다. 『파사주 작업』은 19세기 중반 프랑스에서 도시 상품자본주의가 출현한 양상을 문화사적으로 고찰하는 기획이었는데, 책 자체는 육중한 미완성 "토르소"였지만, 집필과정에서 나온 자료와 성찰은 일련의 획기적 연구를 내놓는 계기가 되었다. 그중 1936년에 나온 「기술적 복제가 가능한 시대의 예술작품」은 관습적 예술 개념을 맹렬히 논박한 것이며, 시인 샤를 보들레르에 대한 두 편의 논문은 그가 모더니티의 대표 작가임을 입증한다. 벤야민은 이처럼 뛰어난 비평가이자 혁신적 이론가였지만, 픽션, 르포, 문화분석, 회고록 사이를 넘나드는 문장가이기도 했다. 그중 "몽타주 책"이라고 할 수 있는 1928년 『일방통행로』와 생전에는 발표되지 못한 『1900년경 베를린의 유년시절』은 모더니티의 걸작들이다. 끝으로, 벤야민의 작업 중에는 장르를 단순하게 규정할 수 없는 것이 많다. 그중 산문체의 글은 길이도 다양할뿐더러 학술 논문, 소론, 서평, 비네트 컬렉션(철학, 역사, 수기), 라디오 대본, 편찬물(편지 자료 등 문학–역사 자료), 단편소설, 대화편, 일기 등 그 종류도 다양하다. 그 외에 시, 프랑스 문학 번역, 무수한 단상 등이 있다. 특히 단상은 길이가 들쭉날쭉이며 내용도 다양하다.

벤야민의 작업들에 집약되어 있는 "이미지계"는 20세기 격동기의 몇 장면을 시야 속으로 들여온다. 독일사회에 동화된 부유한 유대인 가정에서 자란·벤야민은 독일 제국이 낳은 아이였다(그의 회상록은 카이저 취향의 기념비적 건축물에 대한 기억으로 가득하다). 하지만 그는 폭발적으로 성장하는 도시자본주의의 모더니티가 낳은 아이이기도 했다(1900년의 베를린은 유럽에서 가장 현대적인, 새로운 기술력이 급속도로 확산되는 도시였다). 청년이 된 벤야민은 제1차 세계대전을 일으킨 독일에 반대했고, 그로 인해 몇 년을 스위스에서 보내야 했다(전쟁은 "파괴의 밤Vernichtungsnachte"이라는 비전이 그의 작업들에는 스며들어 있다). 전쟁이 끝나고 바이마르공화국이 존속하는 14년 동안, 벤야민은 극좌와 극우의 유혈 충돌, 신생 민주주의를 초토화시키는 초超인플레이션, 정치를 황폐화시키는 분열과 난립을 차례로 경험했다. 1920년대 후반의 정치 분열이 히틀러와 나치당의 집권으로 귀결되면서, 주요 독일 지식인들은 거의 다 독일에서 탈출했다. 벤야민은 1933년 봄에 탈출했고, 그 후로 다시는 고향 땅을 밟지 못했다. 그의 마지막 7년은 고독과 가난과 지면 부족으로 점철된 파리 망명기였다. "어느 곳에 가면 내 힘으로 그곳의 최저생계비를 벌 수 있고 또 어느 곳에 가면 나도 그곳의 최저생계비로 지낼 수 있지만, 그 두 가지가 한꺼번에 되는 곳은 세상 어디에도 없다"는 그의 딜레마는 결국 풀리지 않았다. 온 유럽에 전운이 감도는 시기였다.

그가 세상을 떠나고 70년 이상이 지났지만, 그의 글은 여전히 일반 독자와 학자 둘 모두에게 위력을 발휘한다. 왜일까? 우선 내용이 견고하다. 실제로 그의 글은 여러 주요 작가, 글을 쓴다는 것의 가능성, 기술력을 활용하는 매체들의 잠재력과 위험성, 역사적 현상으로서의 유럽 모더니티가 처해 있는 상황 등에 대한 기존의 이해를 바꿔놓았다. 하지만 그의 글이 지닌 위력을 온전히 실감하려면 특유의 세밀한 언어 표현—야릇한 벤야민적 문체—을 함께 고려해야 한다. 벤야민을 그저 문장가로 평가하더라도, 그는 가장 능수능란하고 철두철미한 문장을 구사한 동시대 작가들에 결코 뒤지지 않는다. 한편, 그는 선구적인 형식 혁신가이기도 했다. 그의 개성이 느껴지는 글을 보면 바탕에 사유이미지Denkbild("생각의 그림")라는 형식이 있다. 사유이미지란 벤야민이 시인 슈테판 게오르게로부터 차용한 용어인데, 철학적 분석과 구체적 그림을 결합해 특유의 비판적 모방을 실행하는 아포리즘적 산문 형식을 말한다. 그의 많은 글은, 표면적으로는 이미지와 무관한 논문들까지도 심층적으로는 이렇듯 첨예한 "이미지"의 시퀀스(아방가르드 몽타주의 원리에 따른 배열)로 되어 있다. 하이데거나 비트겐슈타인 등 동시대인들의 사유와 어깨를 견줄 만한 깊이와 밀도를 지닌 사유가 즉각적인 매력과 감동을 전달하는 문장들에 스며 있는 그런 형식이다. 이 형식을 찾아냈다는 게 바로 벤야민의 천재성을 입증했다. 이렇게 보자면, 그의 글을 읽는 일은 지성적인 경험 못지않게 감각적인 경험이다. 차에 적신 마들렌을 처음 맛본 듯이, 희미한 기억 속의 세계들이 상상 속에 피어나기 시작한다. 따로 머물거나 성좌로 모이고 성좌의 모양을 바꾸기도 하는 글귀들은 한편으로는 새로 출현하는 재결합 논리에 따라 스스로를 조율하면서 다른 한편으로는 서서히 그 결합을 깨뜨릴 잠재력을 펼쳐 보인다.

그가 쓰는 글은 이렇듯 즉각적인 매력과 감동을 전달하는 반면, 벤야민이라는 사람은 여전히 파악되지 않는 면이 있다. 그의 저술이 다면적이듯, 그의 개인적 신념들은 "모순 속에 움직이는 전체"(벤야민 자신의 표현)로 합쳐진다. 변화무쌍하고 다중심적인 그의 기질을 잘 요약하는 표현이다. 독자의 인내를 요하는 표현이라고도 할 수 있다. 하지만 벤야민이라는 사람을 잘 파악할 수 없는 것은 그가 의식적으로 자기 주위에 방어막을 친 탓도 있다. 테오도어 W. 아도르노는 벤야민이 "속을 알 수 없는 친구였다"고 했는데, 사실 그가 이렇게 신중한 태도로 여러 가면과 기타 우회 전략들을 동원한 것은 자기 내면을 지키기 위한 한 방법이었다. 그의 예의가 모두가 눈여겨볼 만큼 완벽했던 것도 그 때문이고(완벽한 예의는 알고 보면 복잡한 거리두기의 기제였다), 그의 모습이 아주 일찍부터 무게 있고 성숙했던 것이나(일상적인 언사에서까지 신탁의 느낌을 풍길 정도로 진중한 모습이었다) 각각의 친구를 상대로 자신의 논의를 시험하겠다는 목적 하에 친구들끼리의 접촉을 최대한 막았던 것도 그 때문이다(친구끼리의 접촉을 막는 것은 그가 천명한 "방침"이었다). 한편, 탈육체적 지성이라는 이 겉모습을 뚫고 나온 것은 왕성한 (때로 격렬한) 관능성이었다. 벤야민은 성애 모험주의자였고 마약에 대한 관심과 도박에 취미가 있었다. 이렇듯 변하는 작전지역에서, 벤야민의 일관된 목표는 자신의 "여러 내면적 존재 양태"를 현실화하는 것이었다. 니체에게 자아가 여러 의지로 이루어진 사회적 구조물 같은 것이라면, 벤야민에게는 "매 순간 달라지는 순전한 즉흥극"이었다. 이처럼 개인의 독단에 매달리는 면과 절대적인 (때로 매서운) 판결을 내리는 면이 공존한 것은 그의 가파른 내적 변증법과도 잘 어울렸다. 발터 벤야민이라는 현상이 두드러지게 다면적인 것은 사실이지만, 그렇다고 해서 내면의 체계적 일관성, 혹은 텍스트로서의 일관성을 지닐 가능성이 없느냐 하면 그렇지는 않다. 예컨대 아도르노는 벤야민의 의식을 가리켜 "원심적"으로 통합되는 특이한 의식, 곧 사방으로 확산됨으로써 정립되는 의식이라고 했다.

이렇듯 곤란할 정도로 복잡한 성격을 만든 것은 번득이는 지성 그 자체다. 친구나 지인이 들려주는 이야기는 과연 그의 지성이 지닌 힘을 증언하는 게 대부분이다. 한결같은 고매함, 그리고 이상하게 비물질적이었던 그의 존재감도 중요하게 언급된다. 피에르 미사크에 따르면, 벤야민은 친구가 어깨에 한 손을 올리는 것 정도의 접촉도 견디지 못했다(미사크는 벤야민 말년의 친구였다). 아샤 라치스에 따르면, 벤야민은 다른 별에서 지금 막 도착한 듯한 인상을 주는 사람이었다(라치스는 라트비아인으로, 벤야민의 애인이었다). 벤야민은 항상 자기를 수도사라 했고, 단칸방을 혼자 쓰게 될 때마다 그 방을 가리켜 "수도실"이라고 했다(그의 수도실에는 거의 항상 성인의 초상화가 걸려 있었다). 평생 그의 작업에서 관조가 얼마나 중요했는지 알 수 있는 대목이다. 그가 1913년에 쓴 윤리 교육에 관한 글을 보면 "신과 함께 홀로 있는 것이 모든 덕성과 신앙의 시작"이라는 말이 있으며, 실제로 영어권에서 나온 그에 대한 일부 주요 논의는 그의 성향에서 토성의 영향을 절대시하기도 한다. 하지만 그를 그렇게 완전히 내향적인 인물로 보는 것은 잘못이다. 그가 한동안씩 심한 우울증에 시달린 것도 사실이고(그의 집안 내력이었다), 빈번하게 자살을 생각했던 것도 사실이다(일기나 친한 친구들과의 대화 내용에서 드러난다). 그렇지만 발터 벤야민을 구제 불능의 우울질로 정리하는 것은 단순한 희화화에 지나지 않는다. 그는 섬세한 (때로 날카로워지기도 하는) 유머 감각을 지녔고, 진지한 식자의 표정으로 익살을 떨 줄도 알았다. 가까운 학문적 동료들, 특히 게르숌 숄렘, 에른스트 블로흐, 크라카워, 아도르노를 대할 때는 종종 퉁명스럽고 때로 밉살스럽기도 했지만, 학창 시절부터 알고 지낸 친구들(알프레트 콘과 율라 콘 남매, 프리츠 라트와 그레테 라트 남매, 에른스트 쇤, 에곤 비싱으로 이루어진 이너서클)에게는 자신의 의리와 아량을 거듭 증명해 보였다. 항상 이 친구들을 염두에 두었고, 이들에게 역경이 닥치면 곧바로 발 벗고 나서는 과단성을 발휘했다. 다들 곤궁했던 망명 시절에 특히 그랬다. 그의 한결같은 의리, 지칠 줄 모르는 아량, 역경에 맞서는 과단성을 가장 확실히 느낀 것은 물론 이 이너서클이지만, 그를 아는 사람이라면 모두 그의 미덕을 느낄 수 있었다. 이런 면에서도 벤야민은 모순적인 인물이다. 고독을 원하면서도 외롭다고 하소연했으며, 종종 공동체의 일원이 되고자 했고 심지어 공동체를 조직하는 일에 직접 나섰지만 하나의 집단에 투신하는 것은 마다했다. 전전戰前에 한동안은 '독일청년운동'의 조직책이었지만, 그 이후로는 공적인 자리를 멀리했다. 유일한 예외는 (문단의 주역이 되기 위한 노력을 제외하면) 저널을 창간하기 위한 시도들이었다. 띄엄띄엄 총 세 번이었는데, 실제로 창간된 저널은 없고 실패 이유도 제각각이었지만, 심포지엄(뜻을 같이하는 사상가, 문필가의 회합)에의 충동은 마지막까지 그가 지닌 철학자적 감수성의 한 부분이었다.

특별히 강조할 것이 하나 있다. 벤야민의 외모는 매력적이라고 하기 어렵고 그의 거동은 어색하게 느껴질 때가 많았지만, 그를 만난 사람들이 기억하는 것은 그의 외모나 거동이 아니라 과감함이었다. 벤야민이 요샛말로 노름중독이었다는 것은 맞다. 하지만 그에게 노름은 생을 걸고 위험을 무릅쓰겠다, 인습에 역행하는 것도 불사하겠다, 내가 선택한 학문적 입장이 아포리아에 가까워지는 긴장과 역설을 띠게 되는 것도 불사하겠다는 의지의 완벽한 표현이기도 했다. 문필가 유형이 유럽 무대에서 사라지던 바로 그 시기에 발터 벤야민은 문필가의 삶을 추구했다. 학문의 자유를 포기하지 않기 위해, 또한 읽고 쓰고 생각할 시간과 공간을 포기하지 않기 위해 안락과 안정과 영전을 포기했다. 그러면서 바로 자신과 같은 유형의 생존을 위협하는 조건들을 분석했다(이런 점은 그의 친구 크라카워도 마찬가지였다). 요컨대 그의 방법론은 물론이고 그의 전 존재가 영원한 노름의 변증법적 리듬을 따르는 듯했다. 한편 그의 성정은 마치 19세기 후반으로부터 이식된 듯 고풍스러웠다. 그의 외모와 거동(표현이 풍부한 손동작, 거북이를 데리고 다녀도 좋을 만큼 가다 서다 하는 걸음걸이, 듣기 좋은 목소리, 책을 쓰는 것 같은 또박또박한 말투 등), 취향(종이에 펜으로 글을 쓰는 일, 기다리는 일, 충동적 수집과 배회 등에서 쾌감을 느끼는 면), 자신의 취향을 제의화하는 기벽, 유별나게 정중한 데서 비롯되는 매력(사진 속의 발터 벤야민은 거의 항상 정장 차림이다), 이 모든 것이 그 성정의 증거였다. 다른 한편 그는 새로운 기술력이 장착된 매체(영화, 라디오)와 최신 아방가르드 운동(다다이즘, 구성주의, 초현실주의)에 지대한 관심을 보였고 백지 상태에서 출발하겠다고 작정한 아방가르드 지지자들과 소통하는 데 필요한 급진적 기질도 지녔다. 게다가 통찰이 치열하고, 사유가 복잡 미묘했으며, 그의 지적 삶 속에는 고갈되지 않는 어둠이 있었다. 그가 19세기 후반의 상층 부르주아 계급이 지닌 아늑함을 배척하고 혁신 편에 설 수밖에 없었던 것은 그 때문이다. 그가 보들레르의 특징이라고 한 것은 그 자신의 특징이기도 했다: "샤를 보들레르는 비밀 요원Geheima-gent이다. 자기가 속한 계급의 통치를 비밀스럽게geheim 불만스러워하는 요원Agent이라는 뜻이다."

역동적 관념론으로 사유한 학창 시절부터 역동적 유물론으로 사유한 원숙기와 망명기까지 30여 년의 운명적인 세월 동안, 그의 사유법은 극적인 발전을 거쳐 진기한 형태로 응축되었다. 사유의 형식과 초점 및 색조는 발전했지만 기조는 그대로였다. 모든 논점에서 그의 사유법은 문학과 철학과 정치와 신학 요소의 (단순한 혼합이 아닌) 완전한 융합이었다. 이 독특한 융합을 논의하는 2차 문헌들은 이미 엄청나게 나와 있다. 이들 논의에서 서로 일치하는 데가 없다는 사실은 주목할 만하다. 벤야민에 대해 지금까지 나온 연구물을 보면, 삶을 다룬 전기와 글을 다룬 평론을 막론하고, 한 가지 주제를 앞세우면서 나머지 작업을 전반적으로 사장시키는 취사선택의 경향이 비교적 강했다. 벤야민의 편파적 초상, 심지어 신비화되고 왜곡된 초상이 너무 많은 것은 그 때문이다. 본 평전은 벤야민을 좀더 종합적으로 논의하고자 하는데, 이를 위해 정확히 연대순을 따르며, 그의 글을 배태한 일상적 현실을 주목하고, 그의 주요 작업들의 학문적—역사적 맥락을 밝히는 방법을 택했다. 이를 통해 그의 삶의 역사성을 단계별로 조명할 뿐 아니라, 그의 작업들의 역사성(작업이 어떤 특정한 역사적 순간으로부터 나오고 벤야민 자신의 어떤 학문적 관심사로부터 나왔는지)을 조명할 수 있었다. 본 평전이 포착해낸 그의 학문적 궤적에 신빙성을 부여할 수 있었던 것도 이 방법을 통해서였다. 이 궤적은 끝없이 새로워지지만 그 저변에는 연속성이 있다. 그중 하나는 몸에 밴 신학적인 감각으로 부르주아적 삶의 제도들이 지닌 잠재적 위기를 느낀다는 점이고, 나머지 하나는 생각하는 일 자체의 애매성을 항상 유념한다는 점이다. 그의 문체에 각 시기를 아우르는 모종의 미묘한 경향성(직설적 서술의 회피, 은유나 우화를 개념 장치로 삼는 경향, 이미지 사유)이 존재하는 것은 바로 그런 이유에서다. 이 궤적 위에서 행해지는 철학적 논의는 모더니즘의 실험 명령(진리란 영원한 보편자가 아니라는 인식, 다시 말해 철학이란 언제나 양다리 걸치기요 내기 걸기라는 인식)에 완벽하게 조율되어 있다. 벤야민은 순간

순간 위험천만하게 사유한다. 엄밀하면서도 근본적으로 "시험적인essayistisch" 사유 방식이다.

벤야민의 글은 소재나 주제가 무엇이든 간에 항상 세 가지 관심사를 드러낸다. 셋 다 전통 철학의 문제 틀로부터 나온 것이다. 벤야민은 모든 시기를 통틀어 경험과 역사적 기억에 관심이 있었고, 아울러 경험과 역사적 기억 둘 모두의 특권적 매체인 예술에 관심이 있었다. 경험, 역사적 기억, 예술 셋 다 지각 이론에서 나온 주제인 점에서 칸트의 비판적 관념론을 떠올릴 수 있고, 세 관심사가 유동적으로 삼투한다는 점에서는 니체의 디오니소스적 생철학을 떠올릴 수 있다. 대학 시절의 그는 실제로 이 두 체계에 심취해 있었다. 예술이 폭주한 시기라고 할 수 있을 전전에 성년이 된 벤야민 세대에게 이론적 근거(무근거의 근거)를 제공한 철학자는 자기동일성, 연속성, 인과성이라는 고전적 실체성을 비판하면서 모든 역사 해석에서 항상 현재를 우선시하는 급진적 사건주의를 표방한 니체였다. 그 이후 벤야민은 전통적 형이상학의 이율배반 안팎 모두에서 사유해야 한다는 도전을 피한 적이 없으며, 아울러 실재란 시공간 에너지의 바다이고 실재의 변화란 그 바다의 파도와 조수라는 관점을 버린 적도 없었다. 그렇지만 현대 대도시의 관상을 추적하던 벤야민은 결국 관념론적 경험철학도, 낭만주의적 경험철학도 아닌 낯선 영역으로 들어섰다. 바다와 미로 이미지(숨은그림찾기 이미지)가 교차하는 곳이었다. 이미지를 분석해야 했다. 아니면 최소한 이미지와 협상해야 했다. 이미지는 읽어내야 할 텍스트이자 해석해야 할 다중언어였다.

벤야민이라는 독자 겸 해석자의 독특함은 이 다층적 철학을 "일상의 모더니티"(미리암 브라투 한젠의 표현)에 지극히 우회적으로 적용한다는 데 있다. 그의 모든 작업, 특히 1924년 이후의 작업은 통상 철학이라 불리는 글들과는 꽤 다른 느낌을 준다. 일찍이 1955년에 아도르노는 벤야민의 문화비평 한 편 한 편이 "대상에 대한 철학"임을 보여줌으로써 그 느낌을 확실히 불식

시켜주었다. 1924년을 기점으로 벤야민은 고급문화와 저급문화 사이에 질적 구분을 두지 않고 온갖 문화적 대상을 분석했으며, 그중에서도 특히 역사의 "폐품"을 중요시했다. 사라지고 없는 환경과 망각 속에 묻힌 사건이 남긴 하찮은 흔적이었다. 하지만 이렇듯 일화나 야사 같은 주변적인 것에 주목하면서도 그는 결코 위대함이라는 기준을 버리지 않았다. 그가 유럽 문단에 첫 족적을 남긴 논문의 주제는 괴테였고, 그가 늘 의지한 작가는 프루스트, 카프카, 브레히트, 발레리 같은 중요한 동시대인들이었으며, 19세기 파리에 대한 그의 필생의 연구 중심에는 보들레르의 획기적 업적이 있었다. 이 위대한 예술가들은 그의 현미경적 문화 분석들을 인도하는 길잡이 별들이었다. 그의 사유를 정향하는 것은 모종의 전체 감각이지만, 그 전체 감각을 만들어내는 것은 모종의 의미를 품고 있는 디테일의 역장カ場 속으로의 몰입이다. 알레고리적 지각이지만, 동시에 개별성을 포착해낸다.

그의 글에는 이렇듯 치열한 몰입이 있지만 정치적 조율이 이루어진다는 점도 확실하다. 물론 정당 정치와는 상당한 거리를 유지하는 작업이다. 사실 초기의 벤야민은 정치적 행동을 가리켜 차악을 선택하는 기술이라 했고, 중기에는 정치적 목표라는 개념 자체에 의심의 시선을 던지기도 했다. 하지만 후기 20년 동안 그는 정치적 차원을 무시하기가 점점 어려워졌다. 자폭 스위치를 만지작거리는 세상에 살면서 행복과 구원을 따로 떼어놓고 생각하는 것은 불가능한 일일 듯했다. 그는 한편으로는 괴테에서 고트프리트 켈러까지 이어지는 부르주아 문인들의 "진정한 인본"과 유익한 도덕적 회의를 칭송했지만, 다른 한편으로는 친구에게 쓴 편지에서 자신의 "공산주의"(자신의 옛 "무정부주의"에서 진화된 형태)를 언급하고 공개적으로 프롤레타리아의 권리를 지지하기도 했다. 그가 소비에트 러시아의 거대한 사회 실험 앞에서 느꼈던 열광은 트로츠키 추방 이후로 사실상 사라졌지만, 브레히트식의 강령조로 작가의 정치적-교육적 책임을 말하면서 자신의 작업을 혁명적 당위 속에 자리매김하고자 하는 시도는 계속되었다. 글을 써서 발표하거나, 여러 차례 저널 창간을(그중 한 번은 브레히트와 공동 편집으로) 시도한 것도 그 책임의 일환이었다. 그의 마르크스주의는 전전 학생운동의 활동에서 느슨한 신조로 작용했던 개인주의적 사회주의의 이론적 연장이었고, 그 바탕에는 생시몽, 프루동과 블랑키 등 마르크스 이전에 활동한 사회주의 사상가, 선동가를 비롯한 19세기 및 20세기 사회 이론에 대한 폭넓은 독서가 있었다. 그는 초기든 후기든 강성 공론가라기보다는 몽상적 반골이었다. 정치 문제를 개인과 사회 속에서 구체화되는 일련의 모순으로 받아들이는 비순응적 "좌익 아웃사이더"였다고도 볼 수 있다. 그에게 정치적 차원과 신학적 차원, 니힐리즘과 메시아주의의 상충하는 요구들을 화해시키기란 불가능한 일이었다. 그렇지만 양쪽 다 피할 수 없었다. 그의 삶은 이 화해 불가능한 요구들 사이의 끝없는 양다리 걸치기이자, 계속해서 새로 시작되는 내기였다.

그의 가장 근본적인 **믿음**이 무엇이었는지는 여전히 알 수 없지만, 그가 1924년을 기점으로 자신의 철학적 **소임**을, 서구에서 상품문화가 차지하는 위상에 주목하는 방향으로 진행되는 마르크스주의 전통의 재검토 작업과 화해시키는 데 성공했다는 것만큼은 분명하게 알 수 있다. 1924년에 헝가리 이론가 죄르지 루카치의 『역사와 계급의식』을 읽은 그는 『독일 비애극의 기원』을 쓰면서 루카치와 상상 속 토론을 벌였다.

『역사와 계급의식』은 마르크스의 글에서 비교적 지엽적인 상품 물신주의 이론을 모종의 포괄적 사회 이론—사회를 "이차적 자연"으로 바라보는, 다시 말해 사회란 상품 교환 과정에서 만들어진 인공물이면서 사람들로 하여금 사회가 **마치** 원래부터 존재하는 자연물인 듯 행동하게 하는 장치임을 폭로하는—으로 재정식화하는 책이었다. 벤야민이 마르크스의 수사를 채택하기 전이었음에도 불구하고 『독일 비애극의 기원』을 가리켜 아직 유물론은 아니지만 이미 변증법이라고 말할 수 있는 것은 그 때문이다. 이 이론이 최종 단계로 발전한 것은 벤야민이 (아도르노와 함께) 사회란 환등상(동명의 18세기 광학 장치를 빗댄 표현)이라는 정의를 통해 이차적 자연 개념을 확장하면서였다. 사회의 총체란 원래부터 의미 있고 조리 있어 보이는 자기 이미지를 만들어내는 환등기라는 식의 개념이었다. 초기 벤야민의 작업들을 생동케 했던 철학적 관심사들이 이런 식의 논의를 통해 현실적 의의를 찾은 셈이다. 환등상을 현대 상품자본주의의 맥락에서 논의하려면 이른바 "인간적"이라는 것을 구성하는 애매성과 미결성이라는 요소—구성 대상의 자연적 본성을 점차 탈각시키는 구성 요소—에 대한 인식이 수반될 수밖에 없으니 말이다. 이렇게 변화된 조건들 하에서 진정한 경험과 역사적 기억이 지속적으로 가능하려면 예술작품의 역할이 막중하리라는 것이 벤야민의 주장이었다. 그 자신의 급진적 용어를 쓰자면, 새로 출현하는 "몸 공간"은 새로 마련되는 "이미지 공간"의 상응물이었다. 이렇듯 시공간 경험이 변화하지 않는다면 새로운 형태의 인간 공동체가 출현하는 일은 불가능할 것이었다.

———

벤야민이 세상을 떠났을 당시에는 그가 남긴 방대한 작업 중 상당 부분이 영원히 사라진 듯했다. 여기저기 흩어져 있거나 어디에 있는지 알 수 없는 글이 많았던 것이다. 생전에 발표된 글도 많았지만, 독일, 프랑스, 팔레스타인, 미국 등에 가 있는 친구들의 손에 초고나 사본, 아니면 미완성 상태로 남아 있는 글도 그에 못지않았다. 제2차 세계대전 이후 수십 년에 걸쳐, 그의 미발표 원고 다수가 발견되었다. 그중에는 1980년대에 비로소 발견되거나, 모스크바의 소비에트 아카이브, 프랑스 국립도서관 등 의외의 장소에서 나온 원고도 있다. 벤야민 저작 전집과 편지 전집이 출간되면서, 이제 그가 쓴 거의 모든 글을 책으로 읽을 수 있게 되었다. 본 평전은 이 출간된 도서 자료들을 주로 참고했다.

벤야민의 친구나 동료가 낸 벤야민 회고록도 많다. 벤야민 전집을 관장했던 게르숌 숄렘과 테오도어 아도르노의 긴 회고록뿐 아니라, 한나 아렌트, 에른스트 블로흐, 피에르 미사크, 장 젤츠의 회고록도 있다. 1933년 이후로 사실상 망각 속에 묻혀 있던 벤야민이라는 이름이 사후의 명성을 누리기 시작한 것은 1955년 이후다. 벤야민 회고록 중 상당수는 그 후에 나왔다. 본 평전은 지난 60년 동안 벤야민의 생애와 사유로부터 영감을 얻었던 수천 명 연구자의 어깨에 발을 딛고 서 있다.

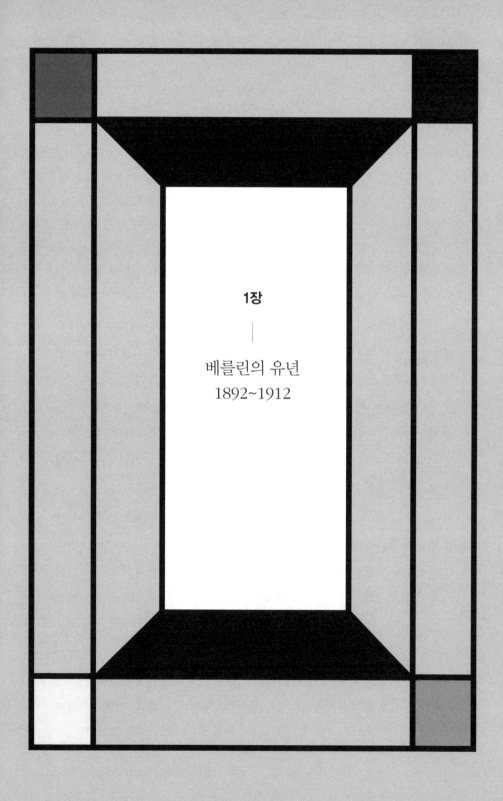

1장

———

베를린의 유년
1892~1912

발터 벤야민의 마음속에는 언제나 고향 베를린이 있었다. 히틀러가 집권한 1933년 3월에 시작해 독일군을 피해 도망치다가 스페인 국경에서 세상을 떠난 1940년 9월로 종결된 긴 망명생활 중에도 마찬가지였다. 발터 베네딕스 쇤플리스 벤야민은 1892년 7월 15일에 태어났고, 베를린이 독일이라는 통일국가의 수도가 된 것은 그로부터 불과 20년 전인 1871년이었다. 하지만 그 20년 동안 인구와 산업은 엄청나게 성장했고, 현대적 인프라도 함께 성장했다. 1871년의 베를린은 인구 80만의 도시였지만, 세기 초에는 인구 200만이 넘는, 유럽에서 가장 현대적인 도시였다. 벤야민의 유년기는 위풍당당했던 옛 프로이센의 수도 베를린의 역사적 특성이 급격한 현대화로 거의 지워지고 그 자리에 독일 제국의 상징들이 들어서던 시기였다(독일 국회의사당이 완공된 것은 1894년 2월 27일이다). 베를린이 엄청난 속도로 성장, 변화하면서, 1882년에 완공된 베를린 슈타트반은 온갖 건축 양식의 콜라주 사이를 달리게 되었다. 1800년경의 프로이센을 특징지었던 우아한 신고전주의, 네오르네상스 건축들 옆으로 신생 제국 독일의 지배층이 사랑하는 육중한 네오고딕, 네오로마네스크 건축들이 세워졌다. 이러한 시각적, 촉각적 변화와 함께 청각적 변화도 있었다. 마차가 다니는 비교적 느리고 조용한 거리가 순식간에 전차의 덜커덩거리는 소리로 가득 차는가 싶더니, 언제부터인가 자동차 소음이 모든 것을 뒤덮어버렸다. 벤야민이 현대 도시 상업화의 첫 시기에 성장기를 보낼 수 있었던 것은 독일의 뒤늦은 현대화 덕분이었다. 베를린 도심이 백화점, 대중 광고, 보급형 공산품 등에 장악된 것은 파리보다 무려 50년 후였다. 베를린 최초의 대형 백화점 베르트하임이 라이프치히 광장에 개점한 것은 1896년이다. 에스컬레이터 83대와 여러 층 높이의 유리 지붕 아트리움을 자랑하는 건물이었다. 발터 벤야민이 태어난 것과 독일 도시의 모더니티가 태어난 것은 대략 같은 시기였다. 벤야민이 20세기의 가장 유력한 모더니티 이론을 내놓을 수 있었던 것은 어찌 보면 당연한 일이다.

벤야민은 베를린 상층 부르주아에 속하는, 독일사회에 완전히 동화된 유대인 가정에서 삼남매 중 첫째로 태어났다. 프랑스인 가정교사까지 포함해 많은 가사노동자를 고용한 규모 있는 가정이었다.[1] 「베를린 연대기」와 『1900년경 베를린의 유년시절』 등 벤야민이 1932년부터 쓰기 시작한 폭넓은 자전적 기록들에는 그의 유년이 생동감 있게 그려져 있다. 그의 주위에는 발육 좋은 상상력과 먹성 좋은 모방력에 호소하는 다채로운 사물계Dingwelt가 펼쳐져 있었다. 축일이면 섬세한 그릇, 술잔, 식기 등이 등장했고, 몸집이 크고 장식이 많은 찬장, 다리 부분에 조각 장식이 된 식탁 같은 고가구는 변신 놀이의 좋은 도우미였다. 어린 벤야민은 어머니의 재봉 상자(깔끔한 위 칸과 어두운 아래 칸이 공존하는 물건), 침실 세면대에 놓인 대야와 물독(한밤중에 달빛을 받으면 다른 존재로 변하는 물건), 세면대 맞은편 석탄 난로 속의 작은 화덕(겨울 아침이면 유모가 사과를 굽는 곳), 높이 조절이 되는 창가 책상(동굴 겸 등껍질이 되어주는 물건) 등등 온갖 평범한 물건에 마음을 빼앗겼다. 이렇듯 1930년대에 자신의 유년을 되돌아보는 어른 벤야민이 그려낸 아

---

1 남동생 게오르크 벤야민(1895~1942)은 의사가 되었다. 1922년에 공산당에 입당했고, 나치 강제 수용소에서 세상을 떠났다. 여동생 도라 벤야민(1901~1946)은 사회복지사가 되었다. 1930년대에 중병을 얻었고 1940년 큰오빠와 함께 파리에서 탈출했다. 그 뒤로는 스위스에 살았다.

이―자기 과거를 살았던 그러나 이젠 사라지고 없는 삶의 이미지인 아이―
는 한편으로는 거주의 천재로서 집 안의 숨겨진 구석구석과 일상 속 사물들
의 은밀한 삶을 잘 알지만, 다른 한편으로는 여행을 좋아하고, 오만하게 (때
로 무모하게) 기성의 경계를 넓히거나 부수고자 하는 실험 성향이 있다. 내밀
한 몰입과 폭넓은 탐험이라는 두 항 사이의 변증법을 근간으로 삼는 것은 어
른 벤야민의 작업도 마찬가지였다.

  벤야민이 평생 여행을 좋아했던 저변에는 빈번한 가족여행(여행지는 북해
와 발트해, 슈바르츠발트와 스위스였다)과 여름휴가가 있었다(휴가지는 가
까운 포츠담이나 노이바벨스베르크였다). 사실 그의 유년기는 그가 속한 계
급의 전형적인 유형이었다. 나비를 채집하고 스케이트를 타거나 수영, 댄스,
자전거를 배웠고, 극장, 카이저 파노라마, 쾨니히 광장의 전승기념탑, 동물
원에 자주 놀러 갔다. 특히 동물원은 삼남매가 가정부를 따라 매일 가는 곳이
었다. '베를린 AG동물원'의 주주였던 아버지에게 가족 무료 입장권이 있었던
것이다. 그 외에 세계여행이 취미인 외할머니의 동굴처럼 넓은 아파트(크리
스마스에 성대한 파티가 열렸다)나, 어린 발터가 놀러 올 때마다 미니어처 광
산(작은 광부와 공구들이 들어 있는 큼직한 유리 상자)을 작동시켜주는 아주
머니의 아파트에도 자주 갔다. 어떤 날은 집에서 야회가 열리기도 했다. 그럴
때면 어머니의 허리끈에서 반짝이는 보석들이 "사교계Gesellschaft"를 친숙한
세계로 들여왔다. 베를린이라는 도시 자체도 빼놓을 수 없었다. 아직 상당 부
분 베일에 싸여 있지만 도처에서 어린 벤야민의 감각을 자극하는 곳이었다.

  라인란트의 건실한 상인 가정 출신의 성공한 사업가 에밀 벤야민
(1856~1926)은 쾰른에서 태어났고 오랫동안 파리에서 살다가 1880년대 후
반에 베를린으로 거처를 옮겼다. 자녀들이 기억하는 아버지는 세속적이면서
교양 있는, 예술 전반에 관심을 보인 인물이었다.[2] 벤야민의 유년기 사진에
찍힌 아버지는 자신의 재산과 지위를 부각시키려 하는, 다소 고압적이고 자

신만만하며 위엄 있는 인물인 듯하다. 에밀 벤야민은 19세기 말 베를린 중상계급이 급속도로 서쪽으로 이동한 시기를 산 세대였다. 열세 살 연하의 파울리네 쇤플리스와 1891년에 결혼했고, 그러면서 우선 정착한 곳이 양가 부모가 살던 베를린 서쪽의 부유층 지역이었다. 벤야민은 마그데부르크 광장(티어가르텐 바로 남쪽)에 있는 한 건물의 넓은 아파트에서 태어났다. 벤야민의 회고에 따르면, 그 지역은 한때 부유층 거주지였고, "베를린 최후의 진짜 부르주아 엘리트"의 고향이었다. 야심과 갈등이 들끓던 독일 제국 시대에 이 지역은 "그 아이[「베를린 연대기」의 주인공, 곧 벤야민]를 일족으로 삼은 계급"의 거주지였다: "이 계급이 이 지역을 대하는 태도는 자부심과 억울함이 뒤섞인 태도, 곧 이 지역이 자기들에게 봉토로 주어진 게토라는 듯한 태도였다. 어쨌든 그는 다른 지역에 대해서는 전혀 알지 못한 채 이 부유층 지역에 갇혀 지냈다. 가난한 사람들? 그 세대의 부잣집 아이에게 가난한 이들이란 저기 멀리 시골 마을에나 있는 사람들이었다"(SW, 2:605, 600).

진격해오는 도시 빈곤의 유령으로부터 퇴각하듯, 에밀 벤야민은 2~3년에 한 번씩 서쪽으로 더 서쪽으로 이주했다. 부유층 부르주아 계급의 전형적인 움직임이었다. 세기말의 베를린 도심은 급속도로 서쪽으로 확장해갔다. 클라이스트슈트라세, 타우엔친슈트라세 등 주택가였던 곳이 급속히 상업화되면서, 물건을 사려는 사람과 도시를 배회하는 사람들은 쿠담(베를린 신개지의 "그랑불바르")으로 몰려갔다. 벤야민의 아버지가 처음 옮겨간 베를린 외곽의 샤를로텐부르크는 바로 이 서쪽 신개지의 일부였다. 이 지역에서는 세금 부담이 크게 줄었고, 이로써 최종 이주를 위한 자금을 모을 수 있었다. 벤야민이 학창 시절 살던 곳은 베를린 베스트엔트에서 가장 번화한 지역 중 하나인 사비니 광장과 이어진 카르머슈트라세였고, 학교는 사비니 광장 바로

---

2 Hilde Benjamin, *Georg Benjamin*, 13-14.

벤야민 부부(에밀과 파울리네)와 두 아들(발터와 게오르크), 1896년경.

맞은편의 웅장한 벽돌 건물 카이저 프리드리히 학교였다. 벤야민이 스무 살이던 1912년에 아버지는 그루네발트 신개지 델브뤼크슈트라세의 웅장한 주택을 샀고, 교통수단으로는 도심행 특별버스를 이용했다. 건물 자체는 제2차 세계대전 중에 파괴되었는데, 설계도를 보면 시대 혼합 양식의 육중한 4층 건물이었던 것 같다. 1층은 대형 일광욕실까지 갖춘 가족용이고, 나머지 층은 임대용이었다. 벤야민은 여러 차례 부모와 심한 다툼을 벌였음에도 불구하고 1920년대로 접어들고서도 델브뤼크슈트라세를 거처로 삼는 때가 많았다.

경매인이었던 에밀 벤야민은 초창기에는 렙케 경매회사(미술품과 골동품 중개업체)의 공동 경영자였다. 그러다가 회사가 번성할 때 지분을 매각한 후 의료 기기 회사, 와인 유통업체 등 여러 사업체에 투자했고, 1910년 무렵에는 '얼음궁전Eispalast'(스케이트장 겸 나이트클럽) 건설 컨소시엄에도 투자했다. 벤야민의 회고록에 한 번 나오는 곳이다. 어느 잊지 못할 저녁, 아버지는 열여덟 살쯤 된 벤야민을 루더슈트라세의 이 나이트클럽에 데려가 위층 칸막이 좌석을 마련해주었고, 그 명당자리에서 벤야민은 몸에 달라붙는 흰색 세일러복 차림으로 바에 앉아 있던 창녀에게서 거의 눈을 떼지 않았다. 벤야민 자신의 회고에 따르면, 그녀는 그 후 오랫동안 그의 에로틱 판타지를 좌우했다. 아버지는 가족의 모든 수요를 자신의 사업과 연결시키고자 했는데, 이렇듯 가족의 유흥 수요까지 사업과 연결지으려던 것에 대해 아들 벤야민은 "무모하다"는 표현을 하기도 했다. "투기 기질"과 긴밀히 관련된 무모함이었다 하더라도, 어쨌든 이런 게 겉으로 드러나는 일은 극히 드물었다. 벤야민이 회고하는 아버지는 세도와 위엄을 지니면서 동시에 점잖고 정중하며 준법정신이 투철한 인물이었다. 아버지의 감식안을 회고하는 대목, 예컨대 아버지가 와인에 정통했을 뿐 아니라, 구두 바닥이 너무 두껍지 않으면 발볼로 카펫의 품질을 구분할 줄 알았다고 하는 대목은 특히 인상적이다. 한편, 당시 이미

가정에서 지배적 위치를 점했던 전화로 통화 중일 때의 아버지는 가끔 평상시의 온화함과 상반되는 험악함을 드러냈다. 훗날 벤야민은 자신의 진로 문제로 (그리고 처자식 부양의 책임을 회피하고 부모에게 점점 더 많은 돈을 요구하게 된 것과 관련된 문제로) 아버지와 여러 차례 심하게 다투는데(벤야민 세대 지식인들의 전형적인 패턴이었다), 그제야 비로소 그는 아버지의 험악함을 직접 경험하게 된다.[3]

아버지가 납품업자에게 전화하는 내용에서 어린 벤야민이 떠올린 베를린은 조금 음험한 미지의 공간이었던 반면, 어머니와 장을 보러 다니면서 얻은 이미지는 전통적, "공식적" 상거래가 이루어지는 공간이었다. 브란덴부르크의 란츠베르크 안 데어 바르테(오늘날 폴란드의 고주프비엘코폴스키)의 부유하고 문화 수준이 높은 상인 집안에서 태어난 파울리네 쇤플리스 벤야민(1869~1930)은 장남의 눈에 나름 세도와 위엄의 아우라를 풍기는 어머니였다. 그 아우라는 "바느질 마님Nah-Frau"이라는 칭호에 압축되어 있었다. 가정부들의 발음이 불분명한 탓에 어린 벤야민은 오랫동안 "자비로우신 마님Gnadige Frau"을 바느질 마님으로 알아들었다. 모든 권위 있는 자리가 그렇듯 어머니의 재봉 탁자 역시 주술의 기운을 풍겼기에, 바느질 마님은 어머니에게 꼭 어울리는 칭호인 듯했다. 어머니의 재봉 탁자 앞은 때로 억압의 공간이 되었다. 예를 들면 어머니가 어린 벤야민이 입고 있는 옷을 수선하기 위해 붙잡아둘 때, 그의 마음속에서는 반항심이 솟구쳤다. 시내로 볼일을 보러 가는 어머니를 억지로 따라나서야 할 때도 마찬가지였다. 그럴 때 어린 벤야민은 "절대로, 심지어 어머니와도 공동 전선을 펴지 않기로 결심"한 듯, 반보 뒤처져 걸으면서 어머니를 짜증나게 했다(SW, 3:404). 하지만 어머니의 근사한 모습에 자랑스러움을 느끼기도 했고(예를 들어 야회를 앞둔 어머니가 검정 레이

---

3 한나 아렌트에 따르면, 당시의 문학은 부자 갈등 장면으로 점철되어 있었다. 볼 곳은 한나 아렌트의 "Introduction" in Benjamin, *Illuminations*, 26.

스 숄을 걸치고 잘 자라는 입맞춤을 해주러 왔을 때), 어린 벤야민을 위해 피아노를 연주하며 리트를 부를 때나 어머니의 열쇠바구니 소리가 온 집 안에 울릴 때면 그 소리에 즐겁게 귀를 기울이기도 했다. 병치레가 잦았던 벤야민은 체온계와 숟가락 예식에 단련되어 있었다. 숟가락은 "다정하게" 다가와서 "인정사정없이" 쓴 약을 먹였고, 그때마다 아이는 어머니가 들려줄 이야기를 기다렸다. 벤야민의 표현에 따르면, 이야기는 어머니의 손길에서 먼저 느껴졌다.

파울리네 벤야민은 기강을 세우겠다는 굳은 의지와 실질적인 해결책을 찾는 냉철함 속에서 가정을 경영해나갔다. 어머니가 줄곧 아들의 생활력을 시험함으로써 아들로 하여금 무능함의 자의식을 갖게 했다는 것이 아들 벤야민의 생각이었다. 자신이 마흔 살 먹도록 커피 한잔 못 끓이는 것을 어머니 탓으로 돌릴 정도였다. 어린 벤야민이 물건을 깨뜨리거나 넘어질 때면 어머니는 으레 "덤벙이가 인사하고 간다"고 했다. 독일 어머니들이 많이 하는 말이었다. 실수의 의인화 격인 덤벙이는 어린 벤야민의 물활론적 우주뿐 아니라 그가 세상을 보는/읽는 방법—원原알레고리적 지각—과도 잘 어울렸다. 어린 벤야민은 동그랗게 말린 양말, 아침에 카펫 터는 소리, 비와 눈과 구름, 시립도서관의 계단실, 지하 장터 등 일상의 것들을 관찰했고 그것들이 저마다의 방식으로 들려주는 은밀한 소식 가운데 자신의 미래에 대한 인식—아직 의식으로 떠오르지 않은—을 얻었다. 이런 식의 지각은 여러 문턱 경험을 품고 있으면서 새것의 틀 속에 오래된 것들의 흔적을 간직하고 있는 다면적, 다층적 도시생활과 잘 어울린다. 한편으로 보면, 사물이나 텍스트의 표면적 의미 뒤에 다른 어떤 의미—어쩌면 표면적 의미와 상반된—가 있다고 보는 알레고리 이론 및 실천이 벤야민에게 결정적이게 된 것은 보들레르나 프리드리히 슐레겔과 같은 작가들의 영향 때문이다. 그렇지만 다른 한편으로 보면, 어른 벤야민의 "알레고리적 지각"은 어린 벤야민과 사물계의 직관적 관계(모방적 몰입을 토대로 발견하고 동화되는)의 결과물이라고 할 수 있다. 『1900년경 베를린의 유년시절』의 종결부에서 벤야민은 이제 사라지고 없는 유년의 사물계를 애잔하게 되돌아보면서 "키 작은 꼽추"라는 근원적 존재를 불러온다(덤벙이는 그저 그의 아바타 정도로 봐야 한다). 독일 아이들은 민담에 나오는 작은 꼽추를 좀처럼 붙잡히지 않는 말썽쟁이로 알고 있었다. "나의 작은 방에 가서/ 나의 작은 죽을 먹으려고 보면/ 키 작은 꼽추가 와 있는데/ 벌써 절반을 먹어치웠지 뭐야"(SW, 3:385). 벤야민이 인용하는 이 구절이 궁극적으로 말하려는 바는 망각과 방심의 엄청난 힘이다. 키 작은 꼽추가 바라본 사람은 자기가 깨뜨린 것 앞에 멍하니 서 있다. "나의 작은 부엌에 가서/ 나의 작은 국을 끓이려고 보면/ 키 작은 꼽추가 와 있는데/ 나의 작은 국냄비를 깨뜨렸지 뭐야." 과거를 알레고리화하는 벤야민의 회고를 보면, 어린 벤야민이 어디에 가든 키 작은 꼽추가 먼저 가 있고, 무엇을 얻든 어느 보이지 않는 영주가 "키 절반을 망각의 몫으로" 가져간다. 글로 정리, 압축, 소생된 그 옛날의 모든 놀이 장소 위로 사후적 우울의 그림자가 드리우는 것은 그 때문이다.

그렇지만 벤야민이 이렇게 자신의 생활력 없음을 주장하는 것을 곧이곧대로 믿기는 어려울 듯싶다. 규율이 엄격한 프로이센 가정의 가풍은 세 남매에게 쉽사리 사라지지 않을 흔적을 남겼다. 벤야민이 유난히 단정한 어린이였다는 기록은 없지만(이것저것 수집하는 취미를 지녔다는 자전적 기록이 남아 있을 뿐이다), 동생 게오르크가 강박적 목록 작성자로서 자기 장난감과 다녀온 여름 휴가지의 목록을 작성했고, 나중에는 관심사였던 자연보호 관련 신문 기사 스크랩 목록을 작성했다는 기록은 남아 있다.[4] 목록 작성 욕구는 작가 벤야민에게서도 찾아볼 수 있다. 예컨대 그는 지면에 게재된 자기 글의 목

---

4 Hilde Benjamin, *Georg Benjamin*, 18.

록은 물론 자기가 읽은 책(정확히 말하면 끝까지 읽은 책)의 목록도 작성했다. 벤야민에게 목록 작성 욕구는 아름답고 특별한 관심을 불러일으키는 것을 수집하여 보관하고 싶다는 평생의 욕구와 암암리에 연결되어 있다.[5]

벤야민의 회고록은 많은 부분 외자식의 소급적 상상으로 읽힌다. 서로 나이 차가 났던 세 남매는 저마다 자신의 유년기를 "외자식"의 유년기로 경험했다. 게오르크는 세 살, 도라는 아홉 살 아래였다. 발터가 게오르크와 그런 대로 가까워진 것은 둘 다 대학생이 된 뒤였고, 형제 사이가 긴밀해진 것은 좌파에 대한 공감대가 생긴 1924년 이후였다. 한편 도라가 성인이 된 후 도라와 발터의 관계는 좋지 못했다. 특히 어머니가 세상을 떠나고 벤야민이 이혼한 후로는 자주 충돌하는 껄끄러운 관계였다. 그렇지만 망명 이후로는 둘 다 파리에 살았고, 1940년 6월에는 함께 파리에서 탈출했다.

동생 게오르크의 아내 힐데 벤야민(훗날 동독 법무장관이 된다)의 기록에 따르면, 벤야민 가족은 중도에서 살짝 우파로 기운, 전형적인 자유주의적 부르주아였다.[6] 어머니 중심의 대가족이라는 것도 전형적이었다. 벤야민의 두 조모가 삼촌, 사촌 간까지 연결해주는 구심점 역할을 했다. 그렇게 연결된 친척들 가운데 여러 명이 독일의 학계, 문화계의 주요 인사였다. 외종조부 구스타프 히르슈펠트는 쾨니히스베르크 대학에서 고전 고고학 교수를 지냈고, 또 한 명의 외종조부 아르투어 쇤플리스는 프랑크푸르트 대학의 총장 겸 수학 교수였다. 사촌 중 한 명은 함부르크 대학의 저명한 심리학 교수 빌리암 슈테른과 결혼했다. 사촌 게르트루트 콜마어는 존경받는 시인이었으며, 또 한 명

---

5 『발터 벤야민 아카이브』는 벤야민의 필사본 및 소장품 전시회와 함께 출간됐다(전시회는 2006년 가을 베를린 예술 아카데미에서 열렸다); [영어판은 *Walter Benjamin's Archive*로 출간됐다.] 벤야민의 「읽은 책 목록」은 GS, 7:437~476에 수록되어 있다. 1916년 하반기 이전에 작성된 목록은 소실되었다.

6 힐데 벤야민(원래 성은 랑게; 1902~1989)은 1949년에서 1967년까지 동독의 법제를 스탈린주의적으로 개편하는 데 결정적인 역할을 했다. 판사로 재직할 때 사형선고를 내리는 일이 잦았던 탓에 "피의 힐데"라는 별명을 얻었고, 1963년에서 1967년까지 동독 법무장관으로 재직했다. 그녀가 쓴 죽은 남편 게오르크 벤야민의 전기는 1977년에 처음 출판되었다.

의 사촌 힐데 슈테른은 반파시즘 저항운동 진영에서 활동했다.[7]

근심 걱정 없던 벤야민의 유년기가 학교에 가는 문제로 방해받는 것은 비교적 늦은 시기였다. 어렸을 때 부유한 가정의 몇몇 아이와 함께 가정교사에게 배운 것을 포함해서 거의 아홉 살 때까지 가정교사가 있었다. 첫 가정교사 헬레네 푸팔에 대한 기억은 『1900년경 베를린의 유년시절』 중 애정과 익살이 담긴 「두 그림 퀴즈」의 앞부분에서 찾아볼 수 있다. 그녀가 보낸 그림엽서를 벤야민은 말년까지 가지고 있었다: "아름답고 알아보기 쉬운 서명: 헬레네 푸팔Helene Pufahl. (…) 첫 철자 P는 의무Pflicht, 정확Punktlichkeit, 수석Primus의 P였다. 다음 철자 f는 유순folgsam, 근면fleißig, 완전무결fehlerfrei의 f였다. 마지막 l은 양순함lammfromm, 기특함lobenswert, 향학열lernbegierig의 l이었다"(SW, 3:359). 다음번 가정교사 크노헤 씨Herr Knoche에 대한 기억은 완전히 달랐다(Knochen은 독일어로 '뼈'라는 뜻이다). 벤야민이 기억하는 그는 "잦은 막간 체벌"로 수업에 활기를 부여하는 사디스트적 교관의 원형이었다(SW, 2:624).

1901년 봄, 부모는 열 살이 다 된 벤야민을 샤를로텐부르크의 카이저 프리드리히 학교에 보냈다. 베를린의 중등교육 기관 중에서는 좋은 축에 들었는데, 공교롭게도 학생의 3분의 1 이상이 유대인이었다. 베를린 슈타르반 축대 뒤에 세워진 웅장한 벽돌건물은 "가슴이 좁고 어깨가 높다는 인상"을 주면서 "노처녀의 애처로운 근엄함"을 자아냈다(SW, 2:626). 이 학교에서는 좋은 기억이 하나도 없었다는 것이 벤야민의 말이다. 학교 내부를 지배하는 것은 그 외관에 걸맞은 지긋지긋한 군대식 편의주의였다. 저학년에게는 체벌, 방과 후 남게 하기 등의 징계가 있었다. 그가 학교에서 끝내 극복하지 못한 것은 교실에 있을 때든 복도를 지날 때든 항상 따라오는 공포와 굴욕이었다

---

7 볼 곳은 Hilde Benjamin, *Georg Benjamin*, 14–15; Brodersen, *Walter Benjamin*, 17–19.

벤야민 형제(발터와 게오르크), 슈라이버하우, 1902년경.

(인정사정없는 학교 시계가 시도 때도 없이 죄수처럼 감시하는 느낌이었다). 그가 특히 지긋지긋하게 여긴 것은 교사들 앞에서 모자를 벗어야 한다는 규칙이었다(그는 "주야장천" 모자를 벗었다). 그로부터 10년 뒤 교육 개혁의 대의에 열성적으로 가담한 그는 교사와 학생 사이에 위계가 없어야 한다는 것을 핵심 원칙으로 받아들였다(다만 그의 평등주의에는 항상 귀족주의적인 면이 있었다).

훗날 벤야민의 좌파 정치나 대중문화 분석에 통렬함을 더해줄 본능적 엘리트주의, 곧 결벽증과 고매함은 이때부터 이미 나타난다. 그에게는 교사들이 "멍청하게 지껄이는 말"이 지긋지긋하듯, 소란을 피우고 악취를 풍기는 학생들이 (특히 혼잡한 계단에서) 떼로 몰려다니는 짓도 지긋지긋했다. 병약하고 근시가 심한 안경잡이 소년 벤야민이 운동회나 학급 소풍 등 와자지껄하고 군국주의적 색채가 짙은 행사들에 전혀 적응하지 못한 것은 당연했다. 다만 친구 게르숌 숄렘이 나중에 벤야민의 몇몇 동급생에게 들은 이야기는 이 학교의 다른 면을 엿보게 해준다. 카이저 프리드리히 학교는 "매우 개혁적인 곳"이었고(교장이 학교 개혁가였다), 프랑스어는 1학년부터, 라틴어는 4학년이나 5학년부터, 그리스어는 6학년이나 7학년부터 가르쳤다(그리스어 교과서는 문법책이 아니라 『일리아드』 원문이었다).[8]

이 학교에 긍정적인 면이 있었다는 것은 벤야민 자신도 인정한 바였다. 다양한 도서를 구비한 도서관도 그중 하나였다. 취학 전에 이미 부모의 독려로 책읽기를 시작했던 벤야민은 이제 온갖 책을 탐독했다. 그가 읽은 책 중에는 제임스 페니모어 쿠퍼와 카를 마이(쿠퍼의 아류라 할 수 있는 독일 작가) 등 또래 소년들의 독서 목록과 비슷한 것들도 있었다. 괴담류도 탐독했던 장르인데, 그때 생긴 괴담류 취향은 평생 그를 따라다녔다. 벤야민이 탐독한 이런

---

8 SF, 4.

판타지물 중에는 다른 성숙한 관심사와 연결된 것들도 있었다. 『오페라의 유령』이나 E. T. A. 호프만의 단편소설 등을 몇 번씩 되풀이해서 읽은 것이 그 예다.

카이저 프리드리히 학교에서의 시간은 벤야민의 삶에 한 가지 지속적인 영향을 미쳤다. 즉 학교 친구 둘(알프레트 콘과 에른스트 쇤)과 끝까지 갈 사이가 된 일이었다. 물론 벤야민에게 그 후로 다른 친구가 없었던 것은 아니다. 숄렘, 프란츠 헤셀, 플로렌스 크리스티안 랑, 구스타프 글뤼크뿐 아니라 아도르노, 브레히트와도 친구가 되었다. 하지만 벤야민이 어른이 되어 콘이나 쇤에게 보여준 신뢰와 우정은 여느 친구들과의 관계와는 다른 것이었다.

병약한 아이였던 벤야민은 여러 날씩 결석하는 것도 허용됐다. 열이 자주 났고 한번 나면 오래갔다. 그의 병치레를 걱정하던 부모는 1904년 부활절 직후 그를 휴학시키고 몇 달 동안 집에서 쉬게 한 뒤 하우빈다 전원학교(중등교육 학령기의 학생들을 가르치는, 독일 중부 튀링겐의 비싼 시골 기숙학교)에 보냈다. 부모의 바람은 그가 실습 과목(주로 농업과 공예)과 주변 지역 하이킹을 통해 건강을 되찾는 것이었다. 실제로 그곳에서 보낸 2년은 그의 정신을 해방시키는 시간이었고, 부모가 바란 대로는 아니지만 어쨌든 발달 단계에서 가장 중요한 시간이었다.

봄이 왔나보다. 밤이면 비가 내리고, 아침이면 땅은 진창인데, 웅덩이에 비친 하늘은 희다. 낮은 언덕 위에 집 한 채가 있는데, 하우빈다라는, 학생들이 사는 집이다. 목골건축이라고 하는데, 옥상 위에서도 숲이 내려다보이지 않을 만큼 낮다. 건물 입구에서 시작되는 오솔길이 정원까지 내려가다가 왼쪽으로 꺾여서 검은 큰길과 나란히 뻗어나간다. 오솔길 좌우는 선명한 갈색 화단이다.9

---

9 벤야민, 「하우빈다 풍경」(ca. 1913–1914), in GS, 6:195.

취학 후의 벤야민.

하우빈다가 그에게 끼친 결정적 영향은 체질 개선이나 자연친화적 태도의 함양이라기보다는 지성과 인성의 형성이었다.

1901년에 세워진 하우빈다는 영국의 개혁 학교들을 모델로 삼았다. 교육 과정 전반에 강한 국수주의적 경향이 없지 않았지만 그럼에도 생각의 교류를 장려했고(예를 들면 음악과 문학을 중심으로 하는 "카펠레Kapelle"라는 정기 야간 토론회가 열렸다), 당시 프로이센 공립학교들의 에토스와는 달리 학생의 자율적 탐구를 어느 정도 북돋웠다.[10] 독일 전역에서 페다고지 개혁을 기반으로 하는 신설 학교들이 우후죽순으로 생겨난 때가 20세기의 첫 10년이고, 스웨덴 교육이론가이자 참정권 확대론자 엘렌 케이가 밝아오는 20세기를 "아동의 세기"라고 선언한 것이 1900년이었다. 벤야민이 교육개혁가 구스타프 비네켄(1875~1964)을 처음 만난 곳이 바로 하우빈다였다. 비네켄의 급진적 페다고지론은 제1차 세계대전 발발 시점까지 벤야민의 전전 학생운동에 영감을 주었고, 특히 깨어 있는 청년이라는 그의 이념은 벤야민의 사유에 중요한 영향을 미쳤다. 비네켄이 하우빈다 교사로 재직한 것은 1903~1906년이다. 1906년에 하우빈다 설립자 헤르만 리츠와 언쟁을 벌인 뒤 해고된 그는 얼마 후 동료 파울 게헤프와 함께 튀링거발트의 비커스도르프에 '자유학교공동체'를 설립했고, 여기서 4년간 자신의 이론을 현실에 좀 더 철저하게 적용할 수 있었다.[11] 벤야민은 1905~1906년 하우빈다에서 비네켄에게 독일 문학을 배웠다. 훗날 이 수업을 통해 자신의 문학 취미에 방향이 생겼다고 회고했다: "그때까지 그저 닥치는 대로 읽는 데 만족했던 내 문학 취미는 이 수업에서 얻은 비평적, 심미적 규범들을 통해 깊이와 방향을 얻었다. 한편 나는 이 수업을 통해 철학에 관심이 생겼다"(EW, 49[1911]). 벤야

---

10 볼 곳은 기념 간행물에 익명으로 실린 「독일 전원기숙학교」. 인용은 GS, 2:827~828. 브로데르센에 따르면, 하우빈다에는 국수주의적 경향이 있었고, 나중에는 "거의 마구잡이의 반유대주의"까지 생겼다(*Walter Benjamin*, 25). 하우빈다의 "카펠레"에 대한 짤막한 설명은 SW, 2:322.
11 볼 곳은 《시작》에 실린 벤야민의 1911년 논문 「자유학교공동체」, EW, 39-45.

민의 학교 혐오는 비네켄의 광범위한 문학적, 철학적 영향 아래 대학생활의 이상화로 방향을 틀었고, 교실은 진정한 공동체의 모델이 되었다. 훗날 파리 망명기의 벤야민이 『파사주 작업』에서 "유토피아의 뿌리로서의 교육 이론"을 말할 때, 우리는 바로 이 영향의 메아리를 듣게 된다(AP, 915).

페다고지 핸드북 겸 문화 이론의 성격을 띠는 비네켄의 주요 문집 『학교와 청년문화』(1913)에서 볼 수 있듯, 비네켄은 헤겔의 "객관적 정신"과 니체의 비교적 어두운 생철학을 한데 버무리는 대중 철학자였다.[12] 그의 가르침의 기조는 "새로운 청년"이 새로운 인류를 예고한다는 주장—힘겨웠던 몇십 년 간 그런대로 수요가 있었다—이었다. 이 주장의 개요는 인류의 희망으로서 의 청년—단순히 어른의 "실리적 현실"로 나아가는 과정으로서가 아닌, 창조의 잠재력 그 자체인 청년—은 아직 이상에 머물러 있을 뿐, 당장은 청년과 성인 어느 쪽도 청년의 이념을 전혀 감지하지 못하는 상태라는 것, 이제는 (가정이 아니라) 학교가 나서서 청년의 이념을 일깨워야 한다는 것, 그 방법은 문화 전파인데 이를 위해서는 정보의 축적 및 체계화도 요구되지만 그보다는 이성과 감성의 도야를 통한 전통의 **혁신**이 요구된다는 것, 예컨대 외국 문화를 공부하는 이유는 남의 문화를 자기 문화로 삼기 위해서이며 정신과 육체가 진정 깨어 있으려면 역사적 자각(궁극적으로는 사회학적 자각)과 "코스모스적kosmisch" 자각(플라톤의 교육 이론과 마찬가지로 미의 향유를 최고 목표로 삼는 자각)이 필요하다는 것, 문화가 살아 있으려면 예술과 철학을 토대로 삼아야 한다는 것 등이었다. 결국 비네켄의 교육 과정이 지향하는 바는 분과학문들을 통합하고 이로써 과학적, 문화적으로 통일된 세계상Weltbild을

---

12 볼 곳은 Gustav Wyneken, *Schule und Jugendkultur*, 5-12. 벤야민은 1914년 5월 23일 편지에서 이 책의 초판에 대해 이렇게 말했다: "그의 이론이 그의 비전을 따라가려면 아직 한참 멀었습니다"(C, 68). [Translations from this volume have been frequently modified in this biography to bring them closer to the original German. The translations in C are based on the first edition of Benjamin's letters, the *Briefe*(1966), which contains many mistakes and omissions, and has been superseded by the *Gesammelte Briefe*.]

그리는 것이었다. 더 이상 존립할 수 없는 "낡은 인본주의 체제"를 비판하며 "상대주의적 역사주의"로부터 해방돼야 함을 역설한 것 등은 니체와 마찬가지였다. 문화가 만들어지느냐 마느냐는 새로운 "비역사적" 역사의식, 곧 "현재의 지대한 문화적 의의"에 대한 인식에 근거하며 "계속 달라지는 과거"의 청원들을 수리하는 일을 일차적 과제로 삼는 역사의식(1873년 니체의 「역사가 삶에 가져다주는 득과 실」에서 나온 것으로 훗날 벤야민에게도 중요한 공식이 된다)이 생기느냐 마느냐에 달려 있다는 것(인용은 EW, 40), 남자든 여자든 서로를 "동지"로 대하는 교사와 학생의 학문적─성애적 공동체는 현실 안주적 부르주아의 "피상적 합리주의"를 배울 게 아니라 "좀더 역설적인", 곧 어두운 생의 흐름에 직면하는 사유, 초자연적 설명을 경계하되 생각의 순간적인 반짝임Aufblitzen까지 받아들이려는 사유를 배워야 한다는 것, 이렇게 자유로워진 사유는 (뭔가를 하지 않을 자유가 아니라 뭔가를 **할** 자유를 얻었다는 의미에서) 교회들의 온갖 유해한 교리 너머에 존재하는 새로운 비판적─역사적 신앙의 가능성을 보여준다는 것, 이런 식의 정신적 대변혁이 일어나지 않는다면 문화국가Kulturstaat 곧 국민국가의 이기주의와 정당들의 분쟁 너머에서 문화를 꽃피우는 일에 매진하는 국가가 만들어지기란 불가능하다는 것, 어떤 형태의 정치 연합이 만들어지든 물질적 발전(기술력의 발전)과 이상의 발전(윤리적 발전, 법제의 발전)의 불일치라는 작금의 문제에 부딪힐 뿐이리라는 것 등이 비네켄의 독트린이었다.

이 짬뽕 독트린에는 천재 숭배, 지도자 개념, "고귀한 인간"과 "어중이떠중이"의 구분 등 명시적 엘리트주의가 장착되어 있다. 니체의 철학적 파토스가 느껴지긴 해도 아이러니는 전혀 풍기지 않는 독트린이다. 비네켄에 따르면, 고귀한 인간은 본질적인 것에 대해 감을 지니고, 예술과 철학에 심취하며, 그런 이유에서 평범의 통치로 귀결되는 민주화의 움직임에 회의하는 인간이며, 진정으로 문화적인 삶은 행복을 지향하는 것이 아니라 본성의 극복, 곧 극기의 형태를 취하는 영웅적 삶이다. 이렇듯 비네켄의 사고방식에는 향후 독일에서 여러 반동 이데올로기의 자양분이 되는 19세기 생기론이 묻어 있음에도, 그 자신은 우파의 "외적 위험"과 좌파의 "내적 위험"을 다 거부하라고 말한다. 개인의 완성은 특정한 인간의 진리를 넘어서는 모종의 인간적 진리를 펼치는 객관적 정신에 스스로를 예속함으로써 가능해진다는 주장인데, 변증법적 전환이 전혀 없진 않다 해도 개인주의 정신에는 분명 반대되는, 이로써 독일 국가주의라는 그의 최종적 행보를 예비하게 되는 주장이다. 1914년 11월 비네켄이 독일의 전쟁 수행 노력에 헌신하는 것이 청년의 책임이라고 말했을 때, 추종자 중 다수는 그가 스스로의 가르침을 배반했다고 생각했지만, 사실상 예전과 전혀 딴판인 말을 했던 것은 아니다. 비네켄의 가르침은 발터 벤야민의 인성과 사유에 막대한 영향을 미쳤다. 그 영향이 특히 두드러진 시기는 벤야민이 '독일청년운동'의 지도적 인물로 부상하는 7년간이지만, 그의 평생에 걸쳐 그 영향은 계속 남아 있었다.

1907년 봄, 벤야민은 남은 5년간의 중등교육 과정을 마치기 위해 베를린의 카이저 프리드리히 학교로 돌아왔다. 이제 그의 독서에는 새로운 방향이 생겼다. 벤야민 자신의 표현을 빌리면, 하우빈다를 떠난 이후로 철학적, 문학적 관심의 "자연스러운 종합" 곧 "특별한 미학적 관심"이 생겼다: "극 이론뿐 아니라 위대한 극작품들, 특히 셰익스피어, 헤벨, 입센을 공부했다. 『햄릿』과 『토르콰토 타소』는 횔덜린에 못지않게 철저히 공부했다. (…) 한편 그 시대에 제기되었던 사회적인 질문들은 당연히 나한테도 영향을 미쳤고, 그런 맥락에서 심리학 취향도 생겼다"(EW, 50[1911]). 또한 벤야민은 문학에 대한 안목을 더욱 도야시킬 목적으로 친구 헤르베르트 블루멘탈[훗날 헤르베르트 벨모레로 개명한다] 등 학교 친구들을 모아 매주 독회를 열었다. 독회에서 주로 다룬 것은 학교에서 배울 수 없는 독일 현대 극작가의 작품(예를 들어 게르하르트 하웁트만, 프랑크 베데킨트), 그리고 그리스 비극, 셰익스피어, 몰리에르 같은 고전작품의 독일어 번역이었다.[13] 연극 관람 후 토론용 리뷰를 쓰는 것도 독회활동 중 하나였다. 이 독회는(한 멤버에 따르면, 1908년에 시작돼 전쟁 발발 직전까지 이어졌다) 한편으로는 하우빈다 "카펠레"의 반향이었지만, 다른 한편으로는 벤야민이 대학 시절 관여하게 되는 각종 학생 토론회의 예고였다. 훗날 벤야민은 자기가 카이저 프리드리히 학교에서 만든 "친구 모임"을 언급하는데(그가 하우빈다에서 떠나와 1, 2년 후, 곧 '자유학교공동체'의 사명을 논하는 비네켄의 여러 글이 아직 그에게 영감의 원천이 되던 시기에 만들었고 그 목적은 비네켄에 관한 이야기를 널리 알리기 위해서였다), 아마 이 독회를 가리키는 듯하다(GB, 1:70).

1910년 4월, 비네켄은 '자유학교공동체'를 떠날 수밖에 없었다. 그곳 동료들뿐 아니라 국가 당국과도 대립각을 세운 이후였다. 그 후로도 학교 개혁활동을 계속한 그는 여러 글을 발표하고 다양한 저널을 관장하는 한편 바쁜 순회강연에 나섰다. 비네켄과 벤야민의 관계가 깊어진 것은 이 시기다. 비네켄의 1912~1913년 일기에는 벤야민과 관련된 내용이 많은데, 이 뛰어난 제자를 따로 불러 자기 글을 읽어주곤 했다는 이야기도 있다. 이 시기에 비네켄의 이념을 널리 알린 유명 잡지가 《시작 Der Anfang》이다. 발행지는 베를린으로, 1908년부터 1914년 사이에 총 세 차례 발행되었다. 1차분을 보면, 부제는 《미래 예술문학 잡지》, 독자는 고등학생, 부수는 등사판 150부, 편집장은 게오르크 그레토어(자칭 조르주 바르비종)였다. 벤야민 또래의 학생으로서 역시 미술품 판매상인 아버지를 둔 열성 비네켄주의자였다. 벤야민이 이 잡지에 시와 산문을 실은 것은 아직 고등학생이던 1910년부터였다. 이때 다양한 의미로 해석될 수 있는 "아르도르Ardor"라는 라틴어 필명을 쓴 것은 학교와

---

13 "벤야민의 학교 친구로는 에른스트 쇤, 알프레트 콘, 헤르베르트 블루멘탈, 프란츠 작스, 프리츠 슈트라우스, 알프레트 슈타인펠트, 빌리 볼프라트 등이 있었다. (…) 그들은 정기적으로 문학작품을 읽고 토론하는 모임을 만들었다. 이들은 벤야민을 리더로 여겼고 모두 벤야민의 지성적 우위를 자명한 것으로 받아들였다고 프리츠 슈트라우스는 나에게 말했다"(SF, 4).

사회의 관료주의로부터 곧 쏟아지리라 예상되는 진노의 화살을 피하기 위해 서였다. 벤야민이 이 잡지에 처음 실은 「시인」은 그 시기에 유행했던 신낭만주의의 전형적인 어조를 들려준다. 시인이라는 고독한 인물이 심연의 가장자리에 영원한 시행을 새기며, 그의 모습을 올림포스 산의 신들이 내려다보고 있다. 시인의 시선은 때로는 내면을, 때로는 신들을, 때로는 "군중"을 향한다. 1911년에 나온 2차분은 부제를 《청년연합잡지》로 바꾸고 새로 인쇄판으로 발행되었으며, 1913~1914년에 나온 3차분은 《청년잡지》라는 부제로 발행되었다. 벤야민의 글이 학교 개혁과 청년 문화를 직접 다루면서 확실한 정치적 색채, 나아가 전투적 색채를 띠는 것은 2차분부터였다. 이런 강령적 진술이 시작되는 첫 글인 「잠자는 숲속의 공주」는 '청년'의 깨어남이라는, 비네켄이 명시한 목표의 알레고리에서 출발한다. 새로운 청년이 혁명적 문화변혁으로 가는 길을 이끌어야 한다는 것은 이후 3년 동안 벤야민의 모든 글(정확히 말하면 그가 지면에 발표한 모든 글)의 주제였다.

이 시기에 벤야민은 '노이에 클럽Neue Club'(1909년에서 1914년까지 베를린에 존재했던 원原표현주의 작가들의 모임으로, '네오파토스 카바레'라는 낭독회를 조직하기도 했다)이라는 아방가르드 모임과도 접촉하기 시작했다. 쿠르트 힐러를 중심으로 만들어진 '노이에 클럽'에는 훗날 독일 표현주의의 핵심이 되는 두 시인 게오르크 하임과 야코프 판호디스(한스 다비트존)가 있었다. 벤야민은 이 모임의 여러 사람과 알고 지냈는데, 그중에는 《시작》 편집진인 지몬 구트만(훗날 구트만은 베를린과 런던에서 사진기자로 활동하게 된다), 존재감이 컸던 로베르트 옌치와 다비트 바움가르트도 있었다. 벤야민이 이 모임에서 가장 재능이 출중했던 시인 하임과도 알고 지냈는지는 모르지만(단 하임과 구트만은 친구 사이였다), 훗날 숄렘은 벤야민이 자기한테 하임의 1911년 시집 『영원한 하루』의 여러 시를 낭송해주었다고 했다. 숄렘에 따르면 "벤야민에게는 매우 드문 일"이었다(SF, 65-66).[14] 힐러가 최초의 표현주의 시선집 『콘도르』를 출간하는 것은 1912년이다.

1911년 말 벤야민은 아비투르(대학 입학 자격시험)에 응시했다. 아들이 또래 청년들처럼 뭔가 실용적인 진로를 택하길 바라면서 아들의 응시를 반대했던 아버지는 이지적인 누이 프리데리케 요제피의 설득으로 마음을 돌렸다. (벤야민은 자기에게 필적학을 가르쳐준 이 고모를 제일 좋아했다. 그녀는 1916년에 자살했다.)[15] 아비투르는 이듬해 2월과 3월 필기시험 및 구두시험으로 진행되었다. 벤야민은 거의 모든 과목에서 좋은 성적을 거두었지만, 그리스어 필기시험(플라톤 번역)에서 낙제점을 받고 구두시험으로 겨우 만회했다.[16] 수학은 "보통", 라틴어는 "우수", 독일어 논술(괴테와 오스트리아 극작가 프란츠 그릴파르처에 관한 문제)은 "최우수"였다. 채점자는 깊은 이해력과 단정한 문체를 높이 평가했다. "천재의 문제"를 중심으로 셰익스피어의 "위대한 상념가" 햄릿을 예로 들면서 천재는 "살아가는 일에 실패한다"는 주장을 펼쳤는데, 비네켄의 영향은 이 논술에서도 드러난다(GS, 7:532-536). 「고귀함에 대한 소견」이라는, 핀다로스에 관한 비슷한 분위기의 글(『베를린 연대기』의 표현에 따르면 자신의 첫 번째 철학 논문)을 쓴 것이 그로부터 얼마 전이었다.

3월에 카이저 프리드리히 학교를 졸업한 벤야민은 곧바로 아버지의 마음을 다시 얻었는지 오순절 방학(5월 24일~6월 15일)에 이탈리아로 장기 여행을 떠날 수 있었다. 코모, 밀라노, 베로나, 비첸차, 베네치아, 파도바 등을 도

---

14 함께 볼 곳은 Voigts, *Oskar Goldberg*, 127-128. 벤야민과 힐러의 관계가 1910년경 시작되었음을 거론하는 곳은 SF, 15-16.

15 고모가 자살하기 사흘 전 벤야민이 꾼 꿈을 숄렘이 기록했다: "벤야민은 '나는 침대에 누워 있었습니다. 그 침대에는 고모도 있고 다른 남자도 있었습니다. 나는 따로 누워 있었습니다. 창밖을 지나는 사람들이 안을 들여다보았습니다'라고 말하면서, 이 꿈이 고모의 죽음을 상징하는 예지몽임을 나중에야 알게 되었다고 했다"(SF, 61-62). 이 꿈을 벤야민 자신의 자살에 비춰본다면, 또 다른 차원이 생겨난다.

16 벤야민의 성적표를 보면, "출석 우수" "품행 양호"와 함께 필체 "불량"이라는 기록이 있다(Brodersen, *Walter Benjamin*, 30, 32).

는 일정이었다. 그 전까지는 언제나 가족 동반 여행이었다(1910년과 1911년 여름 가족 동반 스위스 여행의 기록은 헤르베르트 블루멘탈에게 보낸 초기 편지들에 남아 있다. 프리츠 마우트너의 언어 이론에서 톨스토이의 『안나 카레니나』까지 자기가 무엇을 읽었고 그것을 어떻게 생각하는지를 온갖 문학 패러디와 함께 들려주는 의기충천한 편지들이다). 그런데 이제 열아홉 살의 벤야민에게 두 학교 친구와의 해외여행이 허락되었다. 가족과 교사로부터 벗어나 처음으로 진짜 자유를 맛보게 된 것이었다. 1902년부터 여행기를 썼던 벤야민은 이번에도 「나의 이탈리아 여행: 1912년 오순절」(그때까지 썼던 것 중 가장 긴 여행기)을 남겼다. 이 여행기에서 주목할 점은 여행의 일기를 여행의 현실화로 바라봤다는 것이다: "이 여행은 내가 이제 쓰게 될 일기로부터 존재하게 될 것이다. 내가 이 일기에서 원하는 것은 교양여행Bildungsreise의 요건이자 본질인 그 묵묵하고도 자명한 종합이 (…) 저절로 나타나도록 하는 것이다"(GS, 6:252). 벤야민 특유의 논리에 따르면, 글을 쓴다는 것은 이미 존재하는 것을 현실화하는 일이다. 여행기를 쓰는 것이야말로 진짜 여행이요, 교양의 종합이다. 시간의 여러 차원이 한 문학작품의 형식 및 내용과 어떻게 상호 관계하는가에 대한 복잡한 이해—"삶의 여건들의 텍스트화"라는 이후의 유물론적 구상을 선취하는 이해—는 이 글에서 맹아를 찾아볼 수 있고, 「청년의 형이상학」과 「프리드리히 횔덜린의 시 두 편」 등 야심찬 초기 논문들에서는 그 결실을 발견할 수 있다. 「나의 이탈리아 여행」 자체의 의의는 세월이 갈수록 점점 더 격렬해질 여행과 여행기에의 열정을 풍부한 디테일 속에서 증명한다는 데 있다.

아비투르가 끝나고 얼마 지나지 않아, 벤야민은 학창 시절을 마치는 기념으로 「에필로그」라는 짧은 글을 발표했다. 카이저 프리드리히 학교의 몇몇 학우와 함께 만든 익살 신문에 익명으로 실은 이 글에서 그는 "학교는 우리에게 무엇을 가르쳐주었나?"라는 질문을 던진다.[17] 그의 대답에서 익살을 건어내고 나면, 지식은 많이 가르쳐주었지만 방향을 제시하는 이상이나 사명감은 전혀 가르쳐주지 않았다는 대답이 남는다. 그를 내내 따라다녔던 것은 학교 공부가 자의적이고 맹목적이라는 고통스러운 느낌이었다: "우리는 학업을 진지하게 받아들일 수 없었듯, 우리 스스로를 진지하게 받아들이지 못했다"(EW, 54). 이 글에서도 벤야민은 "청년" 그 자체를 진지하게 받아들이는 데 필요한 첫 단계로 교사와 학생 간의 열린 대화를 요구하고 있다. 이처럼 고등학교 때 이미 교육제도를 규탄하는 과감한 글들을 발표하기 시작한 벤야민은 이후로는 그 규탄을 좀더 공개적으로 이어나가게 된다.

---

17 1913년 9월 6일 청년운동의 동지 지크프리트 베른펠트에게 보낸 편지에서 벤야민은 졸업할 무렵 「에필로그」를 실었던 이 익살신문을 언급한다: "교사들도 볼 수 있었다는 점에서 특히 주목을 요하는 내 세대의 익살신문입니다. 친구 둘과 나 이렇게 셋에서 급우들의 등 뒤에서 만들었습니다. 송별회에서 이 신문을 읽은 사람들은 학생과 교사를 막론하고 모두 깜짝 놀랐습니다"(GB, 1:172). 에른스트 쇤도 가담했던 것 같지만, 여기서 말하는 두 친구는 프리츠 슈트라우스와 프란츠 작스였을 가능성이 높다.

2장

청년의 형이상학:
베를린, 프라이부르크
1912~1914

1912~1914년을 다루는 글은 대개 이 시기를 유럽 전역에서 제1차 세계대전의 그림자가 점점 짙게 드리운 때라고 말하지만, 발터 벤야민은 이 시기(프라이부르크와 베를린에서 보낸 대학 초년)를 살면서 조금 다른 관심사를 가지고 있었다. 그가 대학에서 주로 공부한 것은 이른바 "문화철학"이었다. 하지만 그에게 공부보다 훨씬 더 중요했던 것은 대학생활에 대한 날카로운 비판론을 개진하는 일이었다. 이를 위해 처음에는 비판론을 담은 논문들을 써나갔고(뛰어나지만 극히 밀교적인 일련의 논문으로 대부분 미발표였다), 그러면서 이른바 '독일청년운동'과 관련된 여러 학생 단체에서 지도자 겸 연사로 점차 두각을 나타냈다. 그가 처음으로 넓은 독자층을 겨냥하는 글을 쓰게 된 동력은 이렇듯 대학생활에의 열성적인 참여였다. 그가 처음으로 유대인이라는 자신의 정체성을 점검할 필요를 느낀 것도 공인의 길로 들어설 것을 고려하던 이 시기였다.

벤야민의 대학 공부는 1912년 4월, 프라이부르크 임 브라이스가우의 알베르트 루트비히 대학에서 시작되었다. 독일에서 가장 오래되고 명성이 높은 대학 중 하나였다. 프라이부르크는 문화생활보다는 사면에 펼쳐진 아름다운 경치가 더 유명한 슈바르츠발트 남부의 작고 조용한 도시였다. 떠들썩한 베를린과는 극과 극이지만, 얼마 후 현상학이라는 철학의 새로운 움직임—에

드문트 후설, 그리고 후설의 제자로 철학에 일대 변혁을 일으킨, 벤야민보다 세 살 많은 마르틴 하이데거를 중심으로 생겨난—의 중심지가 될 곳이었다. 문학 공부를 계속하고자 문헌학과로 입학한 벤야민은 첫 학기에 다른 어느 학기보다 많은 강의를 들었다. 그중에는 '고대 후기 종교생활' '독일 중세 문학' '16세기 통사'(유명한 역사가 프리드리히 마이네케의 강의), '칸트의 세계관' '현대 문화의 철학' '인쇄 미술의 양식과 기법' '인식론과 형이상학 입문'이 있었다.

실증주의(감각경험 자료를 유일하게 인식의 타당한 원천으로 보는 콩트의 논의)와 생기설(쇼펜하우어와 니체의 합리주의 비판론을 근간으로 "생 그 자체"를 강조하는 학설) 모두를 비판하는 데서 출발하는 저명한 신칸트주의 철학자 하인리히 리케르트의 '인식론과 형이상학 입문' 강의는 수강생이 무려 100명이 넘었다. 리케르트의 철학적 업적은 역사와 문화의 이론적 전유에 있었다. 역사로 정향된 그의 분석(신칸트주의 서남학파의 트레이드마크인 문제사 Problemgeschichte로의 전환), 그리고 정신과 본성, 형식과 내용, 주관과 객관 등의 이율배반을 이론적으로 극복함으로써 칸트 **너머**로 나아가려는 시도는 그의 논리적-과학적 논증 방식에도 불구하고 벤야민에게 적잖은 영향을 미치게 된다. 그 후 10년 동안 벤야민의 철학적, 미학적 연구가 주요 국면에서 리케르트와 헤르만 코헨(마르부르크의 철학 교수)의 신칸트주의 궤도를 오르락내리락하는 방식으로 직조되었다고 볼 수도 있다. 아도르노 앞에서 낭만주의가 자기 사유에 미친 영향을 으레 축소하던 벤야민이었지만, 자기 삶의 마지막 해에 아도르노에게 보낸 편지에서는 "당신이 코르넬리우스의 제자이듯 나는 리케르트의 제자"라고까지 말할 수 있었다(BA, 333).

1912년 '인식론과 형이상학 입문' 수강생 중에는 청년 하이데거도 있었다 (하이데거가 교수자격 청구논문의 지도교수로 택한 이가 리케르트였다. 리케르트는 그 후 1916년에 하이델베르크로 자리를 옮겼다. 그해 리케르트의 후

임으로 프라이부르크에 온 사람이 후설이었다). 1913년 여름학기에도 하이데거와 벤야민은 리케르트의 '논리학' 강의(사실은 새로운 '생철학'에 대한 강의였다), 그리고 이와 연동되는 '앙리 베르그송의 철학' 세미나를 함께 수강하게 된다. 이 세미나에서 두 사람이 서로를 어느 정도 의식하게 되지 않았을까 싶지만, 우리가 아는 한 둘 사이에는 어떠한 개인적 접촉도 없었다. 둘의 글 사이에는 수많은 접점이 있지만, 삶은 서로 전혀 다른 방식으로 전개된다. 단, 벤야민은 그로부터 4년 뒤 하이데거의 초기 작업을 접했고, 당연히 안 좋은 인상을 받았다.[1]

벤야민이 헤르베르트 블루멘탈(대학 초년 시절 2년간의 주요 편지 상대)에게 보낸 편지에 따르면, 불타는 향학열로 부담을 자초한 대학생활 첫 학기는 "홍수"와 "혼돈" 그 자체였다. 그가 때로 "'과로'의 기미"를 피하기 위해 쓴 방법은 "화창한 아침에 시내 산책이라는 완만한 파도에 실려 학교 건물이라는 해변에 닿는 것"이었다(GB, 1:46). 빼어난 경치와 화창한 날씨로 말하자면, 독일 서남부의 프라이부르크가 고향 베를린보다 한 수 위였던 것이다. 그렇지만 이른바 "프라이부르크의 시간"(과거와 미래로만 이루어진, 현재가 들어설 여지가 없는 시간)에 쫓길 때가 더 많았다. 5월 중순, 벤야민은 블루멘탈에게 "내가 이곳에서 학문적 사유를 하는 일은 베를린에 있을 때의 10분의 1도 안 된다"고 썼다(C, 14–15).

벤야민이 프라이부르크 대학을 택한 것은 리케르트와 마이네케 같은 명성 높은 교수들 때문이라기보다는 당시 그곳이 급진적 학생운동의 중심지였

---

1 볼 곳은 이 책 3장. 벤야민이 하이데거를 여러 차례 언급하는 곳은 『파사주 작업』, 특히 AP, N3,1, S1,6. 함께 볼 곳은 C, 168, 359–360, 365, 571–572; GB, 4:332–333, 341, GB, 5:135, 156. 하이데거가 벤야민에 대해 짧게 언급하는 곳은 한나 아렌트에게 보낸 편지(아렌트는 1967년 프라이부르크에서 벤야민에 대해 강의했고, 하이데거는 이 강의에 참석했다. 이 강의가 *Illuminations*에 붙인 서론의 토대다). 볼 곳은 Arendt and Heidegger, *Briefe*, 155, 321–322. 함께 볼 곳은 Werner Fuld, *Walter Benjamin: Zwischen den Stuhlen*, 290–292. 배경부터 달랐던 두 사람은 이미 학창 시절에 차이를 보였다. 예컨대 벤야민은 학생운동을 매우 중요하게 생각했던 반면, 하이데거는 전혀 관심이 없었다.

대학생 벤야민, 1912년경(사물 박물관, 공예협회 아카이브, 베를린)

헤르베르트 블루멘탈, 1923년경(M. P. 벨모어의 컬렉션)

기 때문이다. 프라이부르크 대학은 독일의 대학들 가운데 기존의 자유총학생회 내에 학교개혁분회를 만드는 것을 최초로 허용함으로써 구스타프 비네켄의 전략적 제안을 최초로 실행에 옮길 수 있었다. 독일의 여러 대학에서 자유총학생회라는 조직이 만들어진 것은 20세기 초였다. 조직의 목적은 기존 친교 클럽이나 결투 클럽 등의 학생 단체들에 맞서 분과학문들을 내적으로 통일하자, 학문 공동체를 존중하되 개인의 인격을 펼치자 등 19세기 자유주의 교육의 이상을 드높이는 것이었다. 사실 자유총학생회는 전국적으로 일어난 청년운동의 여러 갈래 중 하나(대학 쪽의 주요 갈래)다. 이 전국적 청년운동의 맹아는 반더포겔Wandervogel("방랑하는 철새"), 곧 베를린 근교에서 하이킹을 즐기는, 규모는 작되 유대가 강한 수많은 청소년 단체였다.[2] 반더포겔은 1901년 베를린-슈테글리츠에서 공식 발족되었다. 물론 그 전부터 자연의 품 안에서 심신 단련을 목적으로 삼는 수많은 청소년 단체가 비공식적으로 활동하고 있었는데, 반더포겔을 막연한 모델로 삼는 청년 단체들이 전국적으로 퍼져나가면서, 원조 단체들의 온건한 반지성주의와 비정치주의—"기타 줄을 튕기며 들판과 숲속을 헤매는 (…) 장발의 취객들"—는 온갖 이해관계에 자리를 내주게 되었다. 청소년 클럽의 연합체였던 것이 그야말로 청년운동으로 변모한 것이었다.[3] 이 청년운동의 상부 조직으로 자리잡은 것이 1912년의 자유독일청년이었다. 이 조직 내부에는 반전 이상주의자들(벤야민 쪽)에서부터 극성 민족주의, 극성 반유대주의를 표방하는 보수주의자들에 이르기까지 다양한 분파가 있었다.

자유독일청년 내부에서 비네켄주의자들은 결코 다수파가 아니었지만 (1914년에 3000명 정도였던 것으로 추산된다), 자유학교공동체라는 반권위

---

2 영어권에서 청년운동을 다룬 저서 중 Walter Laqueur의 *Young Germany*는 여전히 가장 광범위하고 균형 잡힌 시각을 보여준다.

3 R. H. S. Crossman, "Introduction" to Laqueur, *Young Germany*, xxii.

주의적 모델을 등에 업은 자의식적 아방가르드로서, 인지도가 가장 높은 분파였던 것은 사실이다. 대학 개혁과 문화 개혁의 선봉을 자처한 비네켄주의자들은 의식의 개혁, 특히 "부르주아적" 의식의 개혁을 지향했다. 공산주의적 시각을 취하는 힐데 벤야민의 글에서는 청년 비네켄주의자들이 "지적 엘리트"로 그려진다. 게오르크 벤야민(힐데 벤야민의 남편이자 발터 벤야민의 동생)의 전기에서 힐데 벤야민은 독일 노동계급 청년운동의 역사를 다루는 공동 보고서의 한 대목을 인용하고 있다:

한편 부르주아 계급 청년운동의 단초들은 19세기 초에 이미 발견된다. 주로 프티부르주아나 부르주아 계급에 속해 있던 많은 고등학생이 학교의 권위주의적 질서에 저항하기 시작했다. 독선적 공론가들이 학교를 지배하면서 학생의 무조건적 복종을 요구하는 상황이기도 했고, 자발적 학습 의욕을 철저히 억압하고 교육 과정을 군비 증강 이데올로기와 연계시키며 군주제를 숭배하는 학교의 현실이 그곳에서 가르치는 인본주의적 이상들과 충돌하는 상황이기도 했다. 아울러 고등학생들이 볼 때, 가정에 팽배한 부르주아 계급의 도덕률, 이윤 추구, 그에 수반되는 위선과 비굴함 그리고 무자비함은 혐오 대상이었다. 그들 중 많은 이가 대학에 진학해 반더포겔 정신을 이어나갔다. 그들은 반동적 학생 단체들의 관행(결투와 음주에 집착하거나 모종의 우월주의를 앞세워 민중을 경멸하는 등)을 거부했다. (…) 그들의 비순응주의를 추동하는 근본적인 동력은 현행 사회질서가 아니라 세대 갈등이었다. (…) 그들은 그 시대의 정치적 투쟁에 적극 개입하는 것을 철저하게 거부했다. 그들의 목표는 교육, 곧 "자기가 세운 원칙대로 사는 삶, 스스로 책임지는 삶, 내적으로 참된 삶"을 살아가는 이들을 교육하는 것이었다.[4]

아무 반응 없는 수업, 학교와 가정의 공모가 낳은 마약 같은 속물근성, 그 외의 세세한 것들을 규탄하는 벤야민의 전전戰前 학생운동 문건들의 "윤리적 강령"을 살펴보면, 위에서 인용한 비사회적 "비순응주의"와의 공통점을 적잖이 발견할 수 있다.

비네켄주의자들은 청년운동에서 비교적 보수적인 갈래였던 자유총학생회 내에서 끝까지 소수파였다. 다만 비네켄은 한동안 학교개혁분회를 통해서 대학생활에 어느 정도 영향을 미칠 수 있었다. 학교개혁분회의 목표는 공식 개설 과목들을 보완함으로써 자잘하게 전문화된 전공 교육과 직업 교육 너머로 지평을 확장하는 것이었다. 학내 강좌와 야간 토론회를 지원하는 프라이부르크 학교개혁분회에서 벤야민은 자신의 사명을 이행할 또 하나의 무대를 발견했다. 그 사명은 바로 "사람들을 청년으로 되돌리는 것"이었다(C, 24). 예컨대 그 여름에 벤야민의 「학교 개혁은 문화운동이다」가 "철학하는 에크하르트"라는 새 필명으로 실린 곳은 프라이부르크 학교개혁분회 팸플릿이었다 (전국 대학에 1만 부가 무료로 배포되었다). 이 글에 따르면, 학교 개혁이란 그저 가치 전승 장소를 개혁하는 것이 아니라 가치 그 자체를 전면적으로 재검토하는 것이다. 다시 말해 개혁 대상은 제도적 차원 저 너머에 있는 사유 방식 전반이며, 개혁의 조건은 좁은 의미의 교육 개편이 아니라 넓은 의미의 윤리적 비전이다. 아울러 교육은 "영원의 관점에 따라서sub specieaeternitatis"(스피노자의 명구) **살아가고 활동하는** 법을 가르치는 일이다. 요컨대 교육은 개인적, 사회적 지평의 확대로 이어질 때라야 비로소 문화Kultur—"인간성의 자연스러운 발전"의 발판—의 함양에 일조할 수 있다(EW, 58). 한편 그로부터 3년 뒤에 나온 「대학생활」(벤야민의 청년철학의 절정)에서 벤야민은 구체적인 "역사적 과제"와 인간의 직선적 "발전"이라는 추상적 경향을 좀더 분명하

---

4 Autorenkollektiv[작가 집단], "Geschichte der deutschen Arbeiter-jugend-Bewegung, 1904-1945"(1973), 인용은 Benjamin, *Georg Benjamin*, 22-23. 따옴표 부분은 1913년 10월 마이스너 청년대회의 공식 표어였다. 논의되는 곳은 본 장; 볼 곳은 본 장 주 26.

구스타프 비네켄, 하우빈다, 1906년(독일 청년운동 아카이브, 부르크 루트비히슈타인)

게 구분하고 있다.

청년이 깨어 있어야 한다는 벤야민의 이 이념은(직접적인 토양은 비네켄의 가르침이지만, 궁극적인 뿌리는 슐레겔과 노발리스에서 니체로 이어지는 19세기 독일의 사유다) 그의 편지들뿐 아니라 특히 그가 1911~1915년에 쓴 뛰어난 논문들에서도 찾아볼 수 있다(그중에는 발표된 것도 있고 미발표된 것도 있다). 이 글들은 습작기 작업의 수준을 한참 뛰어넘으면서, 후기 벤야민의 거의 모든 글이 보여주는 독창성을 이미 담고 있다. 벤야민이 봤을 때 청년 문화를 기획한다는 것은 단순히 학교를 개혁할 계획을 짜는 것이 아니라 사유와 감각에서 혁명을 꾀하는 것이었다. 중요한 제도를 개혁하려면, 우선 문화를 변혁해야 했다. 청년은 "새로운 인간"과 "근본적으로 새로운 비전"을 위한 투쟁의 선봉이었다(EW, 29, 120). 청년은 문화적-정치적 운동을 대표할 뿐만 아니라, 생의 철학(살아 있는 철학)—역사적 시간의 철학이자 모종의 종교철학—을 대표하는 존재였다. 청년 벤야민이 봤을 때, 사유를 이루는 이 다양한 차원은 정신Geist이라는 극히 독일적인 개념 속에 서로 밀접하게 연결되어 있었다. 1913~1914년에 나온 가장 열띤 편지 중 하나에 따르면(수신자는 벤야민의 친구이자 전우인 카를라 젤리히손으로, 당시 베를린의 의과대학생이었고 훗날 헤르베르트 블루멘탈과 결혼한다), 청년이란 "순수한 정신의 추상성 앞에서 영구히 전율하는 감수성"이다(C, 55). 이 정의를 구성하는 모든 단어에 아버지들의 논리를 타파할 밀교적 전류가 흐르고 있다. "어떻게 해야 가능합니까?"라는 카를라 젤리히손의 질문에 큰 감동을 받은 벤야민은 이 편지에서 신비주의적인 어조를 굳이 감추지 않는 답변을 내놓는다. 우리 목표는 젊음 그 자체를 감각하는 것, "젊음에서 큰 기쁨을 느끼는 것"인데, 이것은 소수에게만 허락되어 있다. 바꿔 말하면, 우리 목표는 "향상"이 아니라 "완성Vollendung"(리케르트의 핵심 용어)인데, 이는 젊은이에게 임재해 있는 어떤 것이다.

하나님의 나라는 여기 있다, 저기 있다고 할 수 없습니다. 하나님의 나라는 우리 안에 있습니다. 그리스도의 이 말씀에 담긴 진리를 나는 오늘 실감했습니다. 당신과 함께 플라톤이 쓴 사랑에 관한 대화를 읽고 싶습니다. 그리스도의 이 말씀을 플라톤의 이 글만큼 아름답게 표현하고 깊이 사색하는 글도 없을 듯합니다(C, 54[1913년 9월 15일]).[5]

젊다는 것은 정신을 섬기는 것보다는 정신을 **기다리는** 것에 가깝다. 햄릿이 "시합play"을 앞두고 마음의 준비readiness를 하는 대목이 떠오르기도 한다.[6] 이 사이비 신학적 용어들은 정신의 "추상성"이 의미하는 바를 일러준다. 청년의 영혼은 전율하는, 곧 "그 실현을 영원히 지향할" 따름인 영혼으로서, 어느 한곳만을 바라보기보다 모든 곳을 자유롭게 바라본다: "무엇보다 중요한 것은 특정 이념을 고집해서는 안 된다는 점입니다. 그것이 청년 문화의 이념이라고 해도 마찬가지입니다"(C, 54; 자유에 대해서 볼 곳은 C, 52). 교리를 떠나서, 답답한 체계를 떠나서, 우선은 당파를 떠나서, "까마득히 멀리 있는 정신"을 계시Erleuchtung해야 하리라는 것이었다. 이런 생각들은 한편으로는 벤야민이 나중에 대체로 거부하게 되는 "순진한" 낭만주의와 비슷한 데가 있지만(볼 곳은 SW, 3:51), 다른 한편으로는 우리가 그의 가장 전형적인 작업에서 마주치게 되는 바로 그 체질적 애매성—진리란 감춰진 것을 배반하지 않는 계시라는 그의 역동적, 변증법적 진리관을 보여주는—을 일찌감치 드러내기도 한다. 그에게 진리는 뭔가에 **대한** 것이 아니라 그 뭔가의 **안**에 있는 것이다.[7]

"어떻게 해야 가능합니까"라는 카를라 젤리히손의 질문은 근본적으로는

---

5 암시되는 곳은 「누가복음」 17장 21절; 플라톤의 『향연』.
6 벤야민이 이 대목을 인용하는 곳은 1928년의 한 리뷰(SW, 2:105). 벤야민이 "현대인의 비극"(『햄릿』)을 논하는 곳은 1911년 「잠자는 숲속의 공주」(EW, 26-32).

정치적 행동에의 요구였다. 위에서 인용된 1913년 편지는 행동에의 요구를 사상—그것도 매우 고상한—의 영역으로 굴절시키는 대답이었다. 사실 정치는 벤야민이 대학 시절에 쓴 글들에서 직접적으로 다루는 주제가 아니었다. 물론 예외가 없진 않았다. 예를 들어 1912년 가을에 쓴 「오늘날의 신앙심에 관한 대화」를 보면, "정직한 사회주의"가 작금의 관습적 사회주의와 어떻게 다른지를 짧게 그리고 있다(EW, 71). 또한 시온주의자 친구인 루트비히 슈트라우스에게 쓴 편지들을 보면, 사회민주주의와 좌파 자유주의 사이에서 아직 마음을 정하지 못했다는 말이 나오고(그리 심각한 것은 아니다), 정치가 사유에 필요하기보다 정당에 필요한 도구임을 고려할 때 정치 행동이란 결국 차악을 택하는 기술일 수밖에 없다는 말이 나오기도 한다(GB, 1:82–83[1913년 1월 7일]). 그럼에도 불구하고 "교육"에 대한 신념—정치는 교육에서 출발해 문화에서 결실을 맺는다는—은 벤야민이 이후 대학 시절 내내 '청년운동' 내부에서 비네켄 분파의 정치생활에 적극 관여하는 조직책으로서 점점 두각을 나타내게 되는 데 주된 동력으로 작용한다. 또한 이 신념은 벤야민이 학교와 가족에 저항하는 데에도 계속 주된 동력이 되며, 아울러 미학적 색조가 가미된 극도로 엄격한 그의 윤리 강령에서도 지침 역할을 하게 된다.

우정은 벤야민의 사유에서 특히 윤리적인 개념이었다. 그 무렵의 개혁주의 담론에서 다른 많은 것이 그랬듯이, 우정 개념에도 묵직한 고전적 선례가 있었다. 그것은 플라톤의 필리아philia(대등한 존재들 간의 우정), 곧 우정이란 참된 공동체의 경쟁 매체라는 개념이었다. 니체의 "100명의 깊은 고독"이

---

7 1924년 벤야민의 표현에 따르면, "진리는 비밀을 폐하는 폭로가 아니라 비밀을 비밀로서 존중하는 계시다"(OGT, 31). [Translations of passages from the *Trauerspiel* book in this biography differ significantly from the more freely translated text of *The Origin of German Tragic Drama.*] 함께 볼 곳은 1923년 단상 「개별 학과들과 철학」: "어떤 것에 관한 진리란 없다. 진리는 그 어떤 것 안에 있다"(SW, 1:404).

모인 나라라는 개념이나 칸트의 "비사회적 사회성ungesellige Geselligkeit" 개념도 그 선례였을 가능성이 있다. 서로 거리를 유지하는 친구들 사이의 우정(C, 57)이라는 벤야민의 우정 개념은 그가 이 시기에 쓴 편지에 자주 등장하는 고독과 공동체의 변증법을 연상시키기도 하고, 그가 남은 인생에서 인간관계들을 운용하는 모습에 반영되기도 한다. 벤야민이 볼 때 참된 공동체란 응당 개별 지성과 개별 양심이 모인 공동체이므로, 고독의 훈련은 참된 공동체의 전제 조건이다. 벤야민 평생의 거의 모든 인간관계를 특징짓는 정교한 거리두기 전략들—엄격하게 코드화된 예법을 마련하고, 친구들 사이에 넘나들 수 없는 벽을 세우며, 대화나 편지에서 사적인 문제를 엄격하게 회피하는—은 이러한 신념에 근원을 둔다.

한편 유익하고도 생산적인 고독 그 자체가 살아 있는 공동체를 전제하고 있다:

> 요즘 고독한 사람이 어디 있습니까? 사람들을 고독으로 이끌 수 있는 것은 이데아와 이데아 공동체뿐입니다. '어떤' 이데아든 이데아를 받아들인 사람만이 고독할 수 있다고 나는 믿습니다. 이데아를 받아들인 사람은 고독할 수밖에 없다고 나는 믿습니다. (…) 가장 깊은 고독은 이상적 인간이 자신의 인간적인 면을 파괴하는 이데아를 받아들일 때의 고독입니다. 완전한 공동체에 속해 있을 때라야 비로소 우리는 이 고독, 더 깊은 종류의 고독이 오기를 기다릴 수 있습니다. (…) 사람들과 함께 있을 때의 고독입니다. 고독을 위한 여건을 마련해야 할 때입니다. 요즘에 이 고독을 아는 사람은 아주 적습니다(C, 50).

공동체 내에서 깊은 고독으로 나아가기 위해, 그리고 "너무나 인간적인" 면을 파괴하고 이상을 향해 나아가기 위해 어떤 "여건들"이 필요한지, 벤야민은 이 시기(1913년 여름)의 또 다른 편지에서 암시하고 있다. "우리의 인간적인 면 전체는 정신에 바쳐지는 제물"이어야 하며, 따라서 사적인 이해관계, "사적인 감정, 사적인 의지와 정신"은 결코 용납되어서는 안 된다고 역설하는 이 편지에서는 고상한 윤리적 엄정성과 함께 추상적 청년의 열정이 엿보인다(C, 35). 이런 말을 한 사람이 이후 10년도 안 지나 자신의 사적인 즐거움을 위해 희귀 도서와 독특한 예술품 원본을 열성적으로 수집했고 가장 친한 친구들로부터도 자신의 사생활을 신중하게 보호했다는 것, 그러면서 한편으로는 사유재산이라는 본질적으로 부르주아적인 개념을 공격했다는 것이 이상하게 보이기도 한다. 그렇지만 이런 식의 모순은 그가 지닌 다면성의 전형적인 특징이기도 했고, 그의 여러 신념이 형성하는 "모순 속에 움직이는 전체"(벤야민 자신의 표현)와 일맥상통하는 특징이기도 했다(BS, 108-109). 철학적인 것과 정치적인 것이 결코 상호 배타적이지 않다고 본 벤야민은 자기에게 맞지 않는 모임들—기질적으로는 거의 항상 맞지 않고 때로 이데올로기적으로도 맞지 않는—의 일원이 되려는 시도를 계속해나갔다. 그러한 태도는 1913년 6월 23일자 편지에서 이미 드러나 있다: "구원 불가능한 것의 구원 (…) 우리는 이것이 영원감각Weltsinn임을 선포한다"(C, 34).[8] 이 대목에서 나타나는 귀족주의적인 동시에 평등주의적인 태도는 훗날 망명과 빈곤의 와중에 나오는 더 세련된 글들에서도 크게 달라지지 않는다.

철학philosophia 대 정치politeia라는 고전적 대립이 손쉬운 해결을 허용하지 않은 것은 전전 시기에도 마찬가지지만, 그럼에도 이 대립은 이론적인 전제들을 규명하고 개진하는 계기가 되었다. 그런 의미에서, 벤야민의 청년기 저술은 이후에 전개될 철학의 훈련장이라고 할 수 있다. 이것은 특히 벤야민 세대의 최고 지성 몇 사람의 훈련장이기도 했던 시간이라는 문제를 보면 분명

---

8 헤르베르트 벨모레에게 보낸 이 편지에서 벤야민은 벨모레로부터 받은 편지의 한 문장을 인용한다: "'구원 불가능한 것의 구원을 소망한다는 게 다나이드의 고통일 것이다'"(C, 34). 원래 누구의 말이었는지는 확실치 않다. 벨모레의 편지는 소실되었다.

해진다. 젊은이가 자신의 젊음—"영구한 정신 혁명"의 현장(EW, 205)—을 경험할 때 가장 중요한 것은 현재의 개념, 우리가 하릴없이 기다리는 그 현존Gegenwart이라는 개념을 확장하는 것이다. 물론 벤야민의 역사 이해는 처음부터 형이상학적이다. 다시 말해 그의 역사관은 순차적 시간관을 초월하며 각 시점에서 시간 전체Gesamtheit를 본다(EW, 78). 역사는 미래와 과거 사이의 투쟁이고(EW, 123), 이 투쟁이 역동하는 지점이 현재다. 일찍이 현재의 인식론적 우위를 정립한 니체의 「역사가 삶에 가져다주는 득과 실」을 벤야민은 1913년 《시작》에 실린 「과목과 평가」에서 인용한다. 니체는 이 글 6섹션에서 역사 해석 법칙을 규정한다: "과거는 언제나 신탁을 통해 말하며", 그런 이유에서 "과거를 해석하는 것은 현재의 에너지다."[9] 이 법칙은 노발리스가 1797~1800년 괴테에 관한 단상에서 했던 말과 별반 다르지 않다: "고대의 것들이 원래부터 있었다고 생각하는 것은 잘못이다. 고대가 존재하기 시작하는 때는 바로 지금이다. 고대는 예술가의 눈과 영혼으로부터 생성된다."[10] 또한 「대학생활」 도입부에서 벤야민은 니체의 19세기 역사주의 비판(역사가는 "있던 그대로"의 과거에 대한 객관적 인식에 도달할 수 있다는 랑케의 학설에 대한 비판)을 되풀이한다. 이 글에서 벤야민이 역사라고 보는 것은 무한히 연장된 시간 속에서 펼쳐지는 인과적 사건들의 균질적 연속체가 아니라 현재의 순간이라는 모종의 "초점"으로 수렴되고 집중되는 무엇이다. 위에서도 언급했듯이 비판적 역사의 과제는, 진보를 추구하거나 과거를 복원하는 것이 아닌, 현재를 발굴하고 현재 속에 감춰진 에너지를 해방시키는 것이다. 각각의 현재 속에 "임재해 있는 완성태"는 "완전히 망가지"고 "완전히 더럽혀진"

---

9 Nietzsche, "On the Advantage and Disadvantage of History for Life", 37–38. 이 논문은 니체의 *Unzeitgemasse Betrachtungen*[반시대적 고찰]의 제2부다.

10 Novalis, *Werke in Einem Band*, 351(첫 번째와 두 번째 문장의 인용은 벤야민의 1919년 학위 논문; 볼 곳은 SW 1:182). 내면에서 실현되는 고대와 관련해 비교해볼 곳은 Schlegel, *Lucinde and the Fragments*, 아테나움 단상, no. 147(인용은 이 책 147쪽).

것들의 형태로 깊이 감춰져 있다. 관습적인 역사 기록자는 이런 왜곡들 너머의 참모습을 알아볼 수 없다.

현재가 과거와 미래 사이의 살아 있는 변증법이라는 생각은 벤야민의 미발표 저술 가운데 가장 중요하다고 할 1913~1914년 「청년의 형이상학」의 바탕이 되기도 한다. 이 글에서 벤야민은 현재를 가리켜 영원 전부터 있었던 것이라 한다. 이 글에 따르면 우리 행동과 생각은 우리 조상들의 존재로 채워져 있으며, 과거의 것이기에 미래의 것이 된다. 마치 잠자는 사람들처럼, 날마다 우리는 끊임없이 새로워지는 과거의 가늠되지 않는 "에너지"를 사용한다. 하지만 때때로 잠에서 깨어나는 우리는 꿈을 기억하면서 그 묘연한 힘들을 "낮의 밝음 속에" 데려온다. 깨어 있는 시간은 꿈꾸는 시간을 통해 강해지고, "흔치 않은 통찰의 광선"이 현재의 층층을 환히 비춘다.[11] 역사 속에서 현재의 메아리가 깨어날 때 현재는 결단의 순간으로 수렴된다. 과거에 뿌리 박혀 있는 현재는 바로 그 결단을 통해 미래의 뿌리가 된다(볼 곳은 「새로운 청년의 종교적 위치」, EW, 168-170). 「청년의 형이상학」의 "깨어나는 청년"의 모티프는 나중에 펼쳐질 중요한 사유—변증법적 이미지란 역사적 긴장들의 찰나적 성좌요, 인식의 지금이 출현하는 역장이라는—를 분명하게 예고하고 있다. 인식의 지금이 출현한다는 것은 "우리가 과거라고 부르는 그 꿈"에서 깨어난다는 뜻인 동시에 꿈에서 깨어남으로써 꿈을 꾸었음을 깨닫는다는 뜻이다.[12] 이 역사적 변증법을 좌우하는 것은 "현재를 깨어 있는 시간으로 경험하는 비결"—후에 벤야민이 "지금 이 시간Jetztzeit"이라 부르게 될 시간으로

---

11 벤야민이 전개하는 깨어나기 이론의 초기 형태와 관련해 비교해볼 곳은 1917년 9월 10일 에른스트 쇤에게 보낸 편지에 동봉된 벤야민의 시 「아침의 빛을 보면서」: "깨어남이 잠과 이별하지 않는 그곳에서/ 빛은 빛나기 시작한다. (…) 인간은 고대의 꿈속에 빛나는 빛 속에서 깨어난다"(EW, 281-282). 청년이 깨어나야 한다는 비네켄이 설파하는 깨어 있는 청년의 이념에 대해서 볼 곳은 이 책 40쪽. 벤야민은 루트비히 클라게스의 1914년 논문 "Vom Traumbewusstsein"[꿈의식]에 정통해 있었다. 볼 곳은 Klages, *Samtliche Werke*, 3:155-238; 특히 볼 곳은 158-189.

경험하는 비결―이다.[13]

발터 벤야민은 이렇게 처음으로 자립적인 글을 쏟아내면서 성년으로 발돋움하고 있었다. 이런 글들에서 느껴지는 추상적인 윤리적 우월의식은 어느 정도까지는 비네켄의 유산이었지만, 몇몇은 벤야민 고유의 태도이자 그 후 오랫동안 그의 많은 글을 특징지을 태도였다. 망명을 눈앞에 둔 1932년의 관점으로 자신의 학창 시절을 되돌아볼 때의 벤야민은 청년운동이 정신생활에 뿌리를 두고 있었다는 바로 그 이유에서 실패할 수밖에 없었다는 것을 기꺼이 인정한다: "그것은 인간의 환경을 건드리지 않은 채 인간의 태도를 바꾸고자 했던 최후의 영웅적 시도였다. 그때의 우리는 그 시도가 실패할 수밖에 없음을 알지 못했지만, 우리 중 그 사실을 알았다고 해서 달라질 수 있었을 사람은 없었다"(SW, 2:605). 그의 초기 저술에는 탁월함이 자의식적 훈계조를 비집고 나오는 대목이 많은데, 그런 대목에서 우리는 벤야민의 성격 중 핵심적인 면 하나를 일별하게 된다. 그는 어린 나이부터 자기에게 특별한 재능이 있음을 의식했다. 주변에서 그의 특출한 지성을 곧잘 알아봤다는 증거도 적지 않다. 그가 자신의 재능을 이용해 학문적 리더의 자리에 오르고자 했던 것은 일찍이 대학 시절부터다. 그의 재능은 지성과 언어에 있었으니, 오로지 글의 우수함만으로 유력 인사가 될 수 있으리라는 기대―당시뿐만 아니라 평생의 기대이기도 했다―도 있었고, 그런 기대를 게르숌 숄렘이나 후고 폰 호프만슈탈 같은 친구들에게 종종 직접 드러내기도 했다. 그렇지만 독일 청년운동의 운영 기구, 문건 제작 기구 등에 강도 높게 관여한 시기가 지나가

---

12 벤야민의 "변증법적 이미지" 개념이 카이로스(결정의 시간)라는 초기 기독교의 개념과 가깝다는 것과 관련해서 볼 곳은 Giorgio Agamben, *The Time That Remains*, 138-145. 아울러 "유대교의 메시아적 시간"을 포함하는 맥락에서 볼 곳은 *Infancy and History*, 105, 111-115. 벤야민의 초기 기독교 관련 사유에 영향을 미친 이는 톨스토이(볼 곳은 이 장의 주 30)와 마르틴 부버였다. 벤야민이 이 무렵 여러 편지에서 언급하는 부버의 『유대교에 대한 세 강의』(1911)는 "초기 기독교"가 참된 유대교적 신앙심을 보여주는 시기임을 여러 번 언급하고 있다. 볼 곳은 Buber, *On Judaism*, 45-47 등.
13 꿈에서 깬 상태에 대해서 볼 곳은 AP, K1,3; 지금 이 시간[Jetztzeit]에 대해서 볼 곳은 SW, 4:395-397.

자 **가시적 그룹**의 학문적 리더가 되려는 마음은 거의 사라진다. 유일한 예외는 세 차례에 걸쳐 띄엄띄엄 있었던 저널 창간 시도인데, 성공한 적은 한 번도 없었다.

물론 그 무렵 청년운동의 리더는 그리 영웅적인 모습이 아니었다. 벤야민은 프라이부르크에서 첫 학기를 보내면서 그곳의 거의 모든 면에 불만을 드러냈다. 수업은 지겹고 학생들은 몰지각하며 자유총학생회는 "고삐 풀린 수다쟁이와 무능력자들의 무리"라는 것이었다. 벤야민 자신이 몸담은 학교개혁분회는 자유총학생회의 좀더 중립적인 조직들과 달리, 비네켄의 급진주의에 신의를 지키는 조직이었다(GB, 1:52). 그가 프라이부르크의 이득으로 꼽은 것은 이탈리아와 가깝다는 것, 즉 성령강림절 휴가여행에서 르네상스 예술의 진가를 알게 되었다는 것뿐이었다. 6월 중순에는 어느 "청년 예술가"(당시 의학도였던 필리프 켈러로 추정된다)와 친분을 맺은 것을 계기로 프라이부르크에 대한 그의 기대감이 다소 되살아나기도 했다. 켈러의 소설 『뒤섞인 감정들』이 출간된 것은 그 이듬해였다. 벤야민은 켈러, 그리고 켈러가 속한 표현주의 문학 모임과 다소 양가적인 관계를 지속하게 된다.[14] 어쨌든 여름학기를 마칠 무렵 벤야민은 프라이부르크를 떠나 베를린으로 가서 델브뤼크 슈트라세의 본가에 살면서 대학 강의에 출석하고 좀더 넓은 청년운동 전선에서 활동하기로 마음먹은 터였다.

새 학기가 시작되기 전, 벤야민은 카이저 프리드리히 학교 시절의 친구 프란츠 작스와 함께 발트 해 연안의 슈톨프뮌데(현재 폴란드의 우스트카)에서 방학을 보냈다. 그때까지 넉 달 동안 범람했던 홍수 물이 빠지면서 "A.N.G.C(Allgemeine normale Geistigkeit)", 곧 정상두뇌라는 뭍이 다시 나왔다고 벤야민은 8월에 블루멘탈에게 썼다. 슈톨프뮌데에서 작스를 통

---

14 필리프 켈러가 벤야민에게 "초기에 강력한 영향을" 미쳤다는 것에 관해서 볼 곳은 MD, 47.

해 쿠르트 투흘러(시온주의 청년 단체 '청백Blau-Weiß'을 만든 고등학교 졸업 반 학생)를 만나기도 했다. 벤야민은 그와 긴 대화를 나눴고 나중에 편지를 주고받기도 했는데(편지는 소실되었다), 이때의 대화는 벤야민이 유대인이라는 정체성에 관심을 갖고, "시온주의와 시온주의 활동의 가능성, 이 두 가지가 모종의 의무Verpflichtung일 가능성"을 처음으로 고려하는 계기가 되었다(C, 17). 나중에 밝혀졌듯이, "의무"는 성급한 표현이었다. 투흘러를 만나기 전까지의 벤야민은 유대적인 것에 대한 경험이 극히 미미한 상태였다. 그의 어머니는(『베를린 연대기』에 따르면) 가풍의 영향으로 베를린의 '유대교 개혁파' 커뮤니티 쪽에 기울어 있었고 아버지는 가정교육의 영향으로 유대교 정통파 쪽에 좀더 기울어 있었지만, 우리가 위에서 살펴보았듯이 벤야민가家에서는 성탄절을 성대하게 축하했고, 아이들을 위한 부활절 달걀 찾기 행사를 치르기도 했다. 독일에 완전히 동화된 유대계 자유주의 부르주아 계급에서 성장한 벤야민은 유대교 전통 전반에 각별한 애정을 갖거나 하지는 않았다. 예배는 그에게 지루함과 거부감을 안겨줄 뿐이었다. 처음부터 그의 글에 생기를 불어넣었던 신학적 관심은 시간이 갈수록 점점 더 깊어졌지만, 모든 조직화된 종교와는 시종일관 어긋나는 것이었다. 당연한 일 아니었을까? 실질적인 차원에서 보면, 벤야민의 "유대성"은 친구들을 선택할 때 나타났다. 몇몇 (눈에 띄는) 예외는 있지만, 그가 친하게 사귄 친구들은 모두 그 자신과 같이 독일에 동화된 중상층 유대인 가정 출신이었다.

벤야민이 초기에 시온주의와 대면하게 된 것은 이처럼 유대성이라는 중요하면서도 역사적으로 복잡한 문제에 새삼 관심을 갖게 된 결과였다. 마르틴 부버에게 "유대정신은 내가 가장 중요하게 여길 뿐 아니라 줄기차게 생각하고 있는 문제 중 하나입니다"라는 편지를 쓰는 것이 그로부터 약 3년 뒤다(GB, 1:283). 앞서 그는 이 문제를 프라이부르크의 학우 루트비히 슈트라우스—필리프 켈러를 통해 알게 된—와 함께 탐구했다. 그때 이미 뛰어난 시인이었고 나중에 부버의 딸과 결혼해 예루살렘의 히브리 대학에서 문학사 연구자가 되는 슈트라우스는 당시에는 시인이자 극작가 발터 하젠클레버를 주축으로 하는 표현주의 모임의 일원이었다. 벤야민이 슈트라우스에게 밝혔듯이, 그가 유대인 정체성 문제에 대해 생각해본 것은 비네켄주의자들과 어울리면서였다(비네켄주의자들에서는 유대인 비율이 높았다). 그 전까지만 해도 유대인이라는 자각은 그의 삶에서 그저 이국적 "향기Aroma"일 뿐이었다(GB, 1:61-62). 벤야민이 유대인이라는 자각을 갖게 된 데에는 그 시기의 많은 젊은 유대 지식인에게 영향을 미친 한 사건이 있었다. 무명 인사였던 모리츠 골트슈타인이 1912년 3월 저명한 예술지《쿤스트바르트》에 실은 「독일계 유대인 문단」이라는 글이 곧바로 이 저널을 포함해 여러 곳에서 시끄러운 반응을 불러일으키면서 독일 전역에서 열띤 논쟁의 소재가 되었던 것이다. 독일계 유대인의 정체성 문제를 냉혹하게 조명하면서, 유대 지식인이란 근본적으로 나라 없는 존재라고 주장하는 글이었다: "우리 유대인들은 우리에게 학문적 재산을 관리할 권리를 주지 않는 나라의 학문적 재산을 관리하고 있다. (…) 우리가 스스로를 완전한 독일적 존재라고 느낀다 해도, 독일인은 우리를 완전한 비非독일적 존재라고 느낀다." 유대 지식인이 자신의 일부를 이루는 "독일적" 측면을 거부한다 해도 결과는 마찬가지다: "우리가 드디어 깨어난 패기에 힘입어 우리를 백안시하는 독일이라는 나라에 등을 돌린다고 해서, 우리가 거의 모든 면에서 독일적 존재라는 사실이 바뀔 수 있을까?"[15]

벤야민이 자신의 유대성을 "나의 본질적인 면"이라고 느끼게 된 것은 다른 유대 학생들과 이런 논쟁을 벌인 결과였다(GB, 1:69). 그렇지만 벤야민은 유대성 문제와 정치적 시온주의 문제를 신중하게 구분했다. 독일계 시온주의자는 유대성 의식이 전혀 발달되지 못한 반쪽 인간(절반은 이쪽, 절반은 저쪽)

---

15 Goldstein, "Deutsch-Judischer Parnaß," 286ff. 발췌는 Puttnies and Smith, *Benjaminiana*, 41-44.

이라는 편지를 슈트라우스에게 쓰기도 했다: "저들은 팔레스타인을 위한 프로파간다를 만들지만, 저들의 정신은 독일인처럼 도취되어 있습니다"(GB, 1:72). "문화적 시온주의"의 가능성은 분명 고려 대상이었지만, 유대인 정착 운동의 노골적으로 민족주의적인 경향을 고려했을 때는 "실리적 시온주의"에 거리를 두는 것 외에 대안이 없었다.[16] 벤야민은 한편으로 슈트라우스와 공동으로 유대 관련 저널에 글을 쓸 의사가 있음을 밝혔지만, 다른 한편으로는 "유대교 영역에서 엄정한 견해를 갖는다는 것은 내게는 불가능합니다"라고 못 박았다(GB, 1:77).

1912년 9월에서 1913년 1월까지 벤야민이 루트비히 슈트라우스와 주고받은 편지들에서도 밝혀져 있듯이, 유대 정체성 문제의 궁극적 관건은 벤야민에게는 "문화의 이념을 지키는 것, 혼란스러운 시대로부터 문화의 이념을 건져내는 것"이었다(GB, 1:78). 문화란 언제나 그 본질에서 **인간의 문화**라는 이유에서였다. 이렇게 보자면 마치 벤야민이 니체가 강조하는 세계시민주의에 동조하면서 민족성에 대한 예민한 반발로 "좋은 유럽인"을 강조하는 듯싶지만, 사실 이 편지에서 그는 니체를 문화의 이념 앞에 닥친 **위험들**을 대표하는 인물로 거론하고 있다. 살아 있는 문화, 뿌리 있는 문화를 함양하기 위해서는 친밀한 "적"과의 투쟁이 필요할 수 있음을 인정하면서 스승 비네켄의 기조를 따르는 벤야민이었지만, 때로(특히 이 편지에서) 그는 이상의 폐기, 아니면 적어도 이상의 속화를 경계 대상으로 꼽고 있다: "니체식 사회생물학자들은 혼란을 틈타 이익을 챙깁니다"(GB, 1:78). 계속해서 벤야민은 권

---

16 "문화적 시온주의" 개념의 출처는 러시아 태생의 히브리인 문필가 아하드 하암(아셰르 긴즈버그, 1856~1927)이다. 그는 시온주의 운동의 진보적 지도자 겸 내부 비판자였으며, "국가의 깨어남"이라는 비전 하에 히브리 유대 문화의 부활을 주창했다(볼 곳은 Puttnies and Smith, *Benjaminiana*, 60–61). 숄렘의 1916년 8월 23일 일기에 따르면, 숄렘과 벤야민은 아하드 하암에 관한 대화를 나눈 적이 있는데, 이때 벤야민은 국가주의를 노골적으로 비판했지만 "그의 입장은 아하드 하암의 입장과 매우 비슷"했으며, 특히 "유대교에서 '정의의 역할'"을 이해한다는 점에서 비슷했다. Scholem, *Tagebucher*, 386.

력의지설의 생물학주의에서 드러나는 것은 물론이고, 우정을 좁은 의미의 개인적인 것으로 축소시키는 데서도 드러나는 니체의 "정신화된 속취"를 과감하게 비판한다(그러면서 『차라투스트라는 이렇게 말했다』 제1부 중 「친구에 대하여」의 한 대목, 곧 화자가 잠자는 친구 얼굴에 자기 얼굴이 반영되어 있음을 깨닫는 대목을 언급한다). 단 이러한 우정에 맞서서 (그리고 어쩌면 "유대성 영역" 논의의 연장선상에서) 벤야민은 철학적 우정, "윤리적 동지애"라는 비네켄의 이상을 내세운다. 이러한 논의는 1912년 10월 중순에 완성돼 있었던 (벤야민이 슈트라우스에게 쓴 편지에 언급된) 「오늘날의 신앙심에 관한 대화」와도 연결된다. 두 친구의 한밤의 대화를 기록한 이 글은 니체를 (톨스토이, 스트린드베리와 함께) 새로운 신앙심의 예언자로 거론하면서, "우리의 사회활동"이 이제 그만 "형이상학적 진지함"을 되찾아야 하지 않겠느냐고 질문한다(EW, 65). 그러면서 홀로와 함께의 변증법, 부분과 전체의 변증법—"경건함이라는 쓸모없는 에너지"가 아닌 정신적·육체적 "개체의 넉넉함과 묵직함", 곧 "개개인을 직접 마주하는 그야말로 새로운 의식"이 공동체 생활의 토대인 참된 신앙심의 필요조건이라는 논의—을 다시 한번 제시한다(EW, 67, 75, 78). 요컨대 벤야민이 말하는 신앙심은 "프롤레타리아 의식"(EW, 64; 함께 볼 곳은 GB, 1:64)을 포함하는 심화된 사회·윤리의식이 강조된다는 점에서, 그리고 일상의 관습이 고상해져야 한다고 본다는 점에서, 니체가 말하는 신앙심과는 구분된다. 그렇지만 니체의 철학—전통적 형이상학의 이항 대립 체계와 비모순율을 해체하는—이 벤야민의 역설적·변증법적 사유 표현 방식에 중요한 영향을 미쳤다는 점은 부인하기 어렵다. 현대의 문화를 넘겨받은 곳은 존재의 근거가 사라진 곳, 존재하는 모든 것이 이리저리 파도치는 디오니소스적 바다 같은 곳—일인칭의 "나"로부터 시작해서 모든 형태의 자기동일성이 이리저리 흩어지고 의심스러워지는—이었다(볼 곳은 EW, 169: "우리의 이 '나'는 불확실합니다"). 벤야민이 실존의 표류와 침몰에 맞서서 내세운 것은 그답게도 맑은 정신Nüchternheit이라는 원칙이었다.

벤야민이 사회적인 것에 대한 감각—단 형이상학적으로 정향된 감각—을 키운 것은 어느 정도까지는 그해 가을학기와 겨울학기의 학교 공부를 통해서였다. 프리드리히 빌헬름 대학 철학과에 등록한 그는 저명한 철학적 사회학자 게오르크 짐멜의 강의를 들었다(벤야민은 베를린에서 총 다섯 학기를 띄엄띄엄 등록했는데, 첫 학기를 시작한 때는 1912년 10월이다). 짐멜은 유대인이라는 이유로 전임교수("상임" 교수)가 되지 못한 "특임" 교수였다. 어쨌든 짐멜은 분명 당시 베를린에서 가장 인기 있고 영향력이 큰 선생이었으며, 그의 학생들 중에는 에른스트 블로흐, 죄르지 루카치, 루트비히 마르쿠제 등 중요한 사회, 정치 이론가들이 있었다. 모두가 짐멜에 대해서 매력적이며, 강의록 없이 "사유의 움직임"을 따라가면서 하나의 주제를 여러 각도에서 접근하는 강사였다고 회고했다(짐멜은 자신의 철학적 작업을 인식론, 예술사, 사회학 세 요소의 결합이라고 보았다).[17] 벤야민이 짐멜에게서 매력을 느끼고 양분으로 삼은 부분은 디테일을 알아보는 눈, 그리고 역사적 · 문화적 주변부에 대한 관심이었다. 짐멜의 획기적인 1903년 논문 「대도시와 정신생활」은 여러모로 벤야민의 "사회학적 전환"에 영향을 미쳤을 뿐만 아니라, 1920년대 초반에 벤야민과 지크프리트 크라카워가 수행하게 되는 근대 대도시에 대한 새로운 분석에도 영향을 미쳤다. 당시 벤야민은 짐멜의 철학적 토대에 의구심을 품었지만, 1930년대에 이르면 도시생활의 현상학과 관련해서는 짐멜의 글들을 인용하게 되고, 후기에 자신의 경험 이론을 정리하면서 짐멜이 대도시 경험을 해석한 부분을 차용하게 된다. 벤야민은 베를린에서 짐멜의 강의 외에도 철학, 독일 문학, 예술사 등과 특히 철학에서 신칸트주의자 에른스트 카시러의 강의를 들었는데, 짐멜을 제외한 교수들에 대해서는 거의

---

17 Emil Ludwig, "Erinnerungen an Simmel" in Gassen and Landmann, eds., *Buch des Dankes an Georg Simmel*, 52.

언급도 하지 않는다. 다만 문화사 연구자 쿠르트 브라이지히—"통사" 집필가—는 그 독립적인 태도로 인해 벤야민의 눈에 띄었던 것 같다.

베를린으로 돌아왔다는 것은 《시작》과 다시 접촉하리라는 뜻이었다. 《시작》이 마지막 3차분 발행을 시작한 것은 1913년 봄이었고, 벤야민은 앞서 복간 준비 작업부터 관여했으며 5월부터 10월까지는 다른 잡지들에 글을 발표하는 한편 복간된 《시작》에 청년에 대한 글 다섯 편을 익명으로 발표했다. 그중 마지막인 「경험」이라는 짧은 글은 (경험이라는 테마에 대한 벤야민 평생의 관심을 예고하는 방식으로) "경험 불가능한 것"에 대한 경험, 곧 좀더 차원 높고 직접적인 경험의 이름으로 속취적인 "부르주아적" 경험관—경험이란 청년의 단계를 넘어서는 과정이라는 관점—을 비판하고 있다(EW, 117). 마르틴 굼페르트가 쓴 『낙원 속의 지옥: 어느 의사의 회고록』의 한 대목을 보면 1914년 7월에 종간될 이 저널이 어떤 분위기에서 복간되었는지 느낄 수 있다. 1939년에 출판된 책으로, 길게 인용할 가치가 있다:

어느 날, 나는 새 잡지를 창간하는 일을 논의해야 하는 한 회의에 초대를 받았다. 다들 처음 보는 청년들이었다. 머리는 치렁치렁했고, 셔츠 단추는 풀려 있었으며 (…) 엄숙하고 멋진 문장들이 이어졌다. 부르주아 계급에서 등을 돌려야 한다, 청년은 청년의 가치에 걸맞은 문화를 향유할 자격이 있다는 논의였다. 아니, 논의라기보다 훈계였다. (…) 지도자와 추종자 개념이 중요한 역할을 했다. 우리는 슈테판 게오르게를 읽었고 스위스 시인 카를 슈피텔러의 엄정한 서사시들을 읽었다. (…) 그 시절의 나는 '관념' 속에서 살았다. 존재하는 모든 것을 분석하고 정의하고 그것들의 이중성과 다형성과 불가사의함을 이해하고자 했다. 중요하지 않은 것은 하나도 없었다. 나뭇잎 하나하나, 대상 하나하나가 자신의 사물적 규정성 이면에 모종의 의미를, 곧 코스모스적 상징이 될 가능성을 지니고 있었다. (…) 청년운동은 전적으로 부르주아적이었다.

(…) 이 한계를 자각했던 나는 노동 청년들이 우리에게 속해 있으므로 우리는 그들과 친해져야 하고 그들의 지지를 확보해야 한다는 내용의 뻣뻣한 격문을 썼다. [1913~1914년 이 잡지의 노선을 관장하던] 비네켄은 내 글을 반려하면서 혹독한 거부의 논평을 잔뜩 달아놓았다. 너무 성급하다, 우리는 아직 우리 자신에게 집중해야 한다는 논평이었다. 그런 까닭에 (…) 우리 모임에서는 지성주의의 위험이 점점 커져갔다. (…) 정치는 정신적이지 않은 것, 열등한 것으로 간주되었다(GS, 2:867-870).

청년 벤야민이 비네켄의 뜻을 이어나간 것은 사실이고(벤야민은 청년이 기존정당정치 내의 세력을 지지하는 것을 일관되게 거부했다), 《시작》 그룹에서도 입김을 발휘해 "정치와 거리"를 유지하게 했다(굼페르트는 벤야민을 이 그룹에서 "가장 재능 있는" 인물로 여겼다). 그렇지만 벤야민이 자신의 청년운동 활동을 비정치적이라고 생각하지 않았으리라는 것은 충분히 짐작할 수 있다.

이 시점의 벤야민은 협의의 정치와 광의의 정치를 구분했다. 교육 개혁은 후자 쪽 활동이었다. 1913~1914년의 연설이나 논설에서 벤야민은 학교 교육의 초기 단계부터 철학을 커리큘럼의 중심으로 삼는다면 인간성을 바꿀 수 있을 것이라고 주장했다(「대학생활」은 사실상 이 주장이 요약된 글이다). 프리드리히 빌헬름 대학에서 첫 학기를 보내는 동안, 벤야민은 자신의 이상을 고취할 수 있는 여러 전선에서 활동했는데, 관여하거나 두각을 나타낸 정도는 프라이부르크에서의 활동에 비하면 상당히 진일보했다. 예컨대 베를린 학교개혁분회를 조직하는 일에 힘을 보탰고, 좀더 광범위한 조직인 자유총학생회의 운영진으로 선출되기도 했다. 대학 바깥에서는 자유학교공동체연맹 베를린 분회에서 활동하면서 비네켄과 자주 만났다. 벤야민이 사는 델브뤼크슈트라세에 비네켄이 방문한 적도 있었다.

1913년과 1914년의 벤야민은 처음으로 (어떤 면에서는 처음이자 마지막으로) 공인으로서 직접적인 정치 참여에 나섰다. 처음에는 베를린과 프라이부르크의 지역 단체에서, 이후 점차 전국 무대에서 벤야민은 청년운동의 리더가 됨으로써 개혁 프로그램을 추진하고자 했다. 그러나 그의 글이 보여주는 이상주의적 어조에서도 알 수 있듯, 이처럼 정계에 직접 뛰어드는 일은 그의 가장 근본적인 성향과는 배치되는 것이었다. 그는 내성적이면서 어마어마하게 개인적인 청년이었다. 무리 속에 있을 때는 불편해했다. 더없이 행복한 것은 홀로 정신생활을 영위할 때, 또는 누군가와 단둘이 대화를 나눌 때였다. 한 명의 상대와 직접 마주하는 경우에도, 대화는 일화나 비유 혹은 암시 형태를 띠곤 했다. 벤야민이 평생 무리 앞에서 느꼈던 혐오감이 어떤 것이었는지는 키르케고르의 묘비명("단독자")을 떠올려보면 짐작할 수 있다. 벤야민은 심지어 자기 친구들 앞에서조차, 아니 어쩌면 자기 친구들 앞에서 특히 혐오감을 느꼈다. 그가 대학 초기에 이렇듯 정치활동에 열의를 보인 일은 그의 사회활동상으로는 확실히 예외적이었다. 어쩌면 당연한 말이겠지만, 이런 직접적인 활동은 항상 대결의 양상을 띠었으며 그 대결은 종종 양극화로 치달았다. 어쨌든 벤야민이라는 사람의 카리스마에 대한 증언은 많다. 에른스트 요엘은 벤야민의 "믿어지지 않는 영향력"을 말하고 있으며, 헤르베르트 블루멘탈은 벤야민이 이미 고등학교 시절부터 "조숙한 총명함과 열렬한 진지함"을 통해 친구들에게 깊은 인상을 주었으며 친구들이 "그를 거의 추종"했다는 이야기를 하고 있다.[18]

매우 분주했을 한 학기를 보낸 벤야민은 1913년 여름을 다시 프라이부르크에서 보내기로 결심했다. 베를린 자유총학생회 운영진에 재선되는 데 실패한 터였고, 비네켄은 벤야민이 프라이부르크 학교개혁분회를 지휘해주

---

18 Joël, 인용은 Putties and Smith, *Benjaminiana*, 27; Belmore, "Some Recollections about Walter Benjamin," 120.

기를 바라고 있었다(벤야민 자신은 프라이부르크로 돌아가는 가장 큰 이유로 필리프 켈러와의 우정을 꼽았다). 프라이부르크 대성당 근처에 구한 쾌적한 방에는 "벽에 견실한 성자들이 걸려 있었다. 벤야민은 평생에 걸쳐 아무리 열악한 상황일지라도 자기가 지내는 거처의 중심에 그림이나 조각을 두는 것을 중요하게 생각했다. 벤야민의 주거 도상학은 점점 더 복잡해졌지만, 기독교 성자의 그림이나 조각은 끝까지 빠지지 않았다. "내 방 창문으로 내다보면, 교회 광장에 키 큰 미루나무 한 그루가 서 있고, 푸른 나뭇잎에서 노란 햇빛이 반짝이며, 나무 앞에 옛 우물이 있고, 울담들이 햇빛을 받아 반짝거린다. 족히 15분은 바라볼 수 있는 풍경이다. (…) 그러다가 소파에 드러누워 괴테의 책 한 권을 집어든다. '신의 광대무변'과 같은 표현이 나오면 나는 금세 또 흥분하고 만다"며 벤야민은 4월 말 프라이부르크에서 블루멘탈에게 편지를 썼다(C, 18). 돌아온 프라이부르크는 한 해 전 여름과는 사뭇 달라진 모습이었다. 자유총학생회는 사실상 빈사 상태였다. 벤야민은 카를라 젤리히손에게 "이곳에서는 어떤 벽보도 내걸리지 않고, 어떤 단체도 결성되지 않으며, 어떤 연설도 없습니다"라고 썼다(C, 21). 한 해 전에 몸담았던 프라이부르크 학교개혁분회는 7~9명의 학생으로 이루어진 문학 모임이 되어 있었다. 화요일 저녁마다 책을 읽고 토론을 했는데, 리더는 "폭군처럼 자기 글만 읽는" 필리프 켈러였다(C, 19). 벤야민은 켈러의 표현주의 작품들을 끝까지 높이 평가했지만(1929년에 《문학세계》에 실은 서평에서는 켈러의 "안타깝게도 잊힌" 책을 언급하기도 한다), 당시에는 켈러와 반대 입장에 서면서 둘의 관계는 냉랭해졌다: "내가 나 자신을 켈러로부터 해방시켰으니, 이제 사람들을 켈러에게서 해방시킬 차례다. (…) 이로써 그들은 감상과 도취에 빠지는 일 없이 스스로 도야할 수 있게 될 것이다"(C, 23-24). 그 무렵 벤야민의 정치활동이 어떤 원칙에 따라 이루어졌는가를 한마디로 말해주는 대목이다. 쿠르트 투흘러는 슈톨프뮌데에서 벤야민과 다투었던 일을 기억하고 있다: "벤야민은 자기 이념을 따르는 모임에 나를 끌어들이고자 했습니다. 그때 나는 어느 친교 클럽에 가입할 생각이었는데, 그는 나를 말리면서, '독립성'을 유지하라고, 자기와 개인적인 관계를 맺으라고 다그쳤습니다."[19] 무리를 거부한다는 것은 독립성을 뜻했지만, 그것은 벤야민이라는 매개를 요하는 독립성이었다. 켈러가 6월 초 학교개혁분회에서 물러나고 벤야민이 새로운 리더가 된 것은 자연스러운 수순이었다. 이 모임에서 벤야민은 스위스의 시인 카를 슈피텔러의 작품에 관해 강연하거나(슈피텔러에 대한 논의는 《시작》에 실린 「잠자는 숲속의 공주」에 나온다), 비네켄의 논문들을 낭독했다. 이 모임에서 《시작》편집진을 모집하기도 했다.

이 시기의 벤야민에게 개인적으로 가장 중요했던 일은 그해 여름 이 모임에서 크리스토프 프리드리히 하인레(1894~1914)라는 어두운 분위기의 청년 시인과 강렬한 지적 우정을 나눈 것이다(벤야민이 겨울학기에 베를린으로 돌아갈 때 하인레도 동행하게 된다). 하인레는 괴팅겐에서 학업을 시작한 아헨 토박이로, 1913년 여름학기에는 프라이부르크에서 문헌학을 전공하면서 자유총학생회 내 예술문학분회에 참여하고 있었다. 그 여름에 프라이부르크에서 벤야민은 프리츠 하인레와 함께 "몇 사람을 위한, 특히 우리 두 사람을 위한" 모종의 교육 공동체를 만들었다(C, 67). 벤야민과 하인레의 관계—1년을 겨우 넘긴—는 벤야민의 알쏭달쏭한 인생에서도 가장 알쏭달쏭한 에피소드 중 하나다. 획기적이었던 동시에 수수께끼와도 같았던 하인레와의 만남은 오랫동안 벤야민의 지성과 감성의 관상에 깊은 흔적을 남긴다.

4월, 벤야민은 칸트의 『윤리형이상학 정초』와 여러 차례 씨름했고(도덕률 폐기론을 엄중히 역설하는, 6월에 발표된 「윤리 과목」에서도 이 책이 인용된다), 이따금 키르케고르의 『이것이냐 저것이냐』를 읽었다. 처음으로 유럽에

---

19 쿠르트 투흘러가 1963년 2월 26일 게르숌 숄렘에게 보낸 편지. 인용은 Puttnies and Smith, *Benjaminiana*, 40-41.

서 한창 유행하던 이 책은 "다른 어떤 책보다" 벤야민을 흥분시켰다.[20] "키르케고르는 니체 못지않게 우리가 영웅적이기를 인정사정없이 요구합니다. 키르케고르에게 그 요구의 근거가 기독교 윤리(유대교 윤리라고 해도 좋습니다)라는 것은 니체와 다른 점이지만 말입니다. 아울러 심리 분석에서 키르케고르는 니체 못지않게 해체적입니다"라며 카를라 젤리히손에게 말하기도 했다(C, 20). 벤야민이 블루멘탈에게 보낸 편지에 따르면 오순절 방학을 "철학과 빗줄기" 사이에서 보내려던 계획을 가로막은 것은 처음으로 파리를 여행해보자는 결심의 형태를 한 "운명"이었다. 여행의 동행은 쿠르트 투흘러(벤야민이 열 달 전 슈톨프뮌데에서 만난 시온주의자)와 지크프리트 레만(투흘러의 친구)이었다. 벤야민은 "14일 동안 극도로 강렬한, 어린아이일 때라야 가능할 것 같은 강렬한 시간을 보냈다는 의식"과 함께 파리에서 떠나왔다: "루브르와 그랑불바르가 프리드리히 황제 박물관이나 베를린의 여러 슈트라세보다 더 친숙하게 느껴졌습니다. (…) 파리를 떠나올 무렵에는 그랑불바르의 가게, 간판, 사람들을 알아볼 수 있을 정도였습니다"(C, 27). 투흘러에 따르면, 벤야민은 2주 내내 파리에서 일종의 황홀경 속에 싸돌아다녔다. 그 당시 벤야민은 이것이 얼마나 "운명적인" 여행인지 몰랐을 것이다. 훗날 파리는 연구자 벤야민에게 필생의 주제가 되는 동시에 망명자 벤야민의 고향이 된다.

스무 살의 벤야민이 이 파리여행 중 길거리에서 만난 여자와 처음으로 성적인 경험을 했을 가능성이 있다.[21] 물론 그가 스무 살이 되어서야 비로소 성

---

20 「윤리 과목」(EW, 107~115)은 벤야민이 본명으로 발표한 첫 번째 글이다. 이 글에 따르면, "세부 항목들의 체계적인 짜임새가 마련되지 못한 상태라고 해도, 하나의 전체로서의 윤리 교육을 설계하는 것은 가능하다." 그도 그럴 것이, "윤리 과목에 체계가 없는 것"이 사실이라 해도, 윤리 과목은 "우리 앎의 지엽적인 면이나 무주견한 면에 맞서 싸우며 학교 교육의 지적 고립에 맞서 싸우는 일"에 일조할 수 있다. 이것은 "새로운 역사 과목"(역사 연구자 자신의 현재가 실효성을 갖는 역사 과목)을 도입함으로써 가능하다.
21 볼 곳은 프란츠 작스와 쿠르트 투흘러의 편지, 발췌는 Puttnies and Smith, *Benjaminiana*, 135. 벤야민이 1913년경에 쓴 단편소설 「비행사」가 파리 경험의 반영일 가능성이 있다(EW, 126~127).

C. F. 하인레(볼파르트의 컬렉션, 프랑크푸르트)

에 입문할 수 있었다는 것이 의아스럽기는 하다. 그 무렵에 나온 에른스트 루트비히 키르히너의 그림이나 게오르크 하임의 시들이 짐작케 해주듯, 젊은 남자라면 자기 계급의 관습에 따라 베를린의 길거리나 카페에서 창녀나 화류계 여자를 얼마든지 만날 수 있었다. 『1900년경 베를린의 유년시절』의 「거지와 창녀」에 따르면(1938년 수정 버전에는 빠져 있다), 벤야민은 (아마도 청소년기에) "전에 없던 충동에 이끌려 길거리에서 창녀에게 말을 건" 일이 있었다: "말을 걸기까지 몇 시간이 걸렸는지 모르겠다. 주문하는 말을 알아듣고 작동하는 자동판매기를 마주한 것처럼 경악스러웠다. 그렇게 나는 내 목소리를 투입구에 집어넣었다. 피가 혈관을 타고 흐르는 소리가 쏴쏴 들려왔고, 나는 짙게 칠해진 두 입술을 통해 내 앞으로 굴러나온 그 응대의 말을 주워들을 엄두가 나지 않았다. 나는 그 자리를 피해 달아났다"(SW, 3:404-405). 벤야민의 타고난 조심스러움과 결벽증을 감안할 때, 친구나 가족에게 발각될 위험이 없는 외국의 수도에서 수차례의 시도 끝에 결국 성공했을 가능성은 다분하다.

알베르트 루트비히 대학의 두 번째 학기였고, 벤야민은 계속 철학 쪽을 공부했다. 칸트의 『판단력 비판』과 실러의 미학에 관한 세미나를 들었으며(블루멘탈에게 보낸 편지에 따르면 "소견이 화학적으로 제거된" 과목이었다), 자연철학 과목을 듣기도 했다. 리케르트의 과목은 두 개를 들었는데, 하나는 베르그송의 형이상학에 관한 세미나—"멍하니 앉아서 혼자만의 생각을 즐기는 과목"—였다.[22] (제1차 세계대전 이전에는 여러 학술 모임에서 베르그송의 이론을 많이 다루었다. 벤야민의 「청년의 형이상학」에서도 그의 이론이 강한 반향을 불러일으킨다.) 또 하나는 "프라이부르크에서 문학 하는 학

---

22 "앙리 베르그송과 형이상학 연구"가 리케르트의 강의명이었다. 궁극적으로 리케르트는 베르그송의 비역사적 생철학을 비판하는 입장이었다. 이러한 비판은 벤야민의 「보들레르의 몇 가지 모티프에 대하여」에서도 반복된다(SW, 4:314, 336). 함께 볼 곳은 AP, H1a,5. 벤야민은 1918년 베른에 있을 때 한 세미나에서 베르그송을 주제로 발표하기도 했다.

생 전체"가 듣는 과목이었다: "지금 리케르트는, 자기 논리학에 대한 서론으로서, 완전히 새로운 분야의 철학, 곧 완전한 생을 논하는 철학의 토대를 개괄하고 있다. 여성은 완전한 생을 대표하는 존재라고 한다. 대단히 흥미롭지만 그만큼 문제적이다"(C, 31). 벤야민이 6월 중순 비네켄에게 보낸 편지를 보면, 이 과목에 대한 (그리고 이 과목의 가치철학Wertphilosophie에 대한) 좀더 비판적인 입장을 확인할 수 있다: "그는 원칙적으로 여성에게는 최종의 윤리적 완성에 도달할 능력이 없다고 봅니다. 그래서 나는 그가 하는 말을 받아들이기 어렵습니다"(GB, 1:117). 남녀공학의 필요성, 그리고 여성들을 "날로 수상쩍어지는 단란한 가정이라는 이상"으로부터 해방시킬 필요성을 말하는 비네켄의 입장을 그대로 따르는 편지라고 할 수 있다(인용은 EW, 42[1911]). 한편 창녀의 상징적 의의에 대한 논의가 나오는 헤르베르트 블루멘탈의 편지에 대한 매우 인상적인 답장—1913년 6월 23일자—에서 벤야민은 "여성"의 문제에 좀더 깊이 천착했다: "내가 생각할 때, '남자' '여자'를 구분하는 것은 문명화된 사고방식에서는 다소 원시적인 유형화다. (…) 유럽은 남자와 여자로 이루어져 있는 게 아니라 (남성성과 여성성을 가진) 개인들로 이루어져 있다. (…) 우리는 청년에 대해서 아는 것이 없듯 여성에 대해서 아는 것이 없지 않나? 우리는 청년 문화를 경험한 적이 없듯 여성 문화를 경험한 적이 없다"(C, 34).[23] 창녀의 의의와 관련해 벤야민은 블루멘탈의 "진부한 심미주의"를 꾸짖는다: "당신에게 창녀란 아름다운 물건이 아닌가 싶다. 모나리자 앞에서 천한 짓을 하는 사람은 없는데, 당신은 그런 모나리자를 숭배하듯 창녀를 숭배한다. (…) 하지만 그것은 수많은 여자를 영혼 없는 존재로 만들어 미술관에 처넣는 것이다. 우리가 창녀를 예술작품처럼 대하기는 무슨! 우리가 창녀

---

[23] 벤야민에게 나름의 반反페미니즘적 성향이 없지 않았다는 것은 1928년의 한 서평을 보면 알 수 있다. 이 서평에 따르면, 에바 피젤의 독일 낭만주의 언어철학 책은 "전형적인 여류 학자의 저서"다 (GS, 3:96). 볼 곳은 이 책 6장. 함께 볼 곳은 C, 133(1918년 7월 31일).

를 가리켜 '시적' 존재라고 하는 것이 정직한 일일까? 시에 맹세컨대 나는 아니라고 본다"(C, 35). 이 단계의 벤야민에게 창녀(나중에 『파사주 작업』에서 다시 등장하는 19세기의 주요 인물 유형)의 의의는 "성욕은 자연의 지성소至 聖所이건만, 창녀는 자연을 성욕으로부터 추방한다"는 사실에 있었다. 창녀는 "정신을 성욕화한다. (…) 에로스는 가장 지독한, 가장 반反문명적인 개인주의자이건만, 창녀는 그런 에로스 속에서 문명을 보여준다. 에로스도 변질될 수 있다고나 할까, 에로스도 문명에 봉사할 수 있다고나 할까"(C, 36).

매춘의 문명사적 의의를 성찰하는 이 편지는 벤야민의 밀교적인 글 「청년의 형이상학」 전반부와 밀접한 관계가 있다. 「청년의 형이상학」 가운데 사변적인 단상들을 묶은 「대화」와 「일기」(1부와 2부)가 나온 것은 1913년 여름이었을 것이고, 가장 짧은 「무도회」(3부)가 추가된 것은 이듬해 1월이었을 것이다.[24] 「프리드리히 횔덜린의 시 두 편」이 청년의 미학이고 「대학생활」이 청년의 정치학이라면, 「청년의 형이상학」은 그야말로 청년의 형이상학(고전적 실체 개념 너머에서 전개되는 포스트-니체의 형이상학)이다(학교 개혁운동과 직결되는 시사성을 띠는 「대학생활」은 공식 지면에 발표된 반면, 특정 독자층을 고려하지 않고 집필된 「청년의 형이상학」과 「프리드리히 횔덜린의 시 두 편」은 몇몇 친구에게 필사본으로 유포되었을 뿐 벤야민 생전에는 발표되지 않았다). 시간과 공간 내 인식의 문제를 중심으로 펼쳐지는 벤야민의 형이상학적 사변은 몽상적 계열의 표현주의 양식을 연상시키는 금언적, 광시적 문체로 표현되어 있다.[25] 예컨대 「청년의 형이상학」은 비슷한 시기에 나온 게

---

24 숄렘에 따르면 이 글은 미완성이다(SF, 59). 함께 볼 곳은 C, 71; 이 편지에 따르면, 이 "연작"은 아직 미완성이다(1914년 7월 6-7일). 서정적 3부 「무도회」(시간의 흐름이 멈추는 창문 없는 무도회장)에서는 가면무도회와 원무의 모티프가 등장하지만, 본격적으로 전개되는 테마는 없다. 이 책은 3부를 다루지 않았다.

25 1913~1914년 벤야민은 정치적 표현주의를 표방하는 유명한 저널인 프란츠 펨페르트의 《행동》에 두 글을 실었다(하나는 「청년은 침묵했다」, 또 하나는 「성애 교육」이었다). 펨페르트의 Die Aktion(출판사)은 《시작》 3차분의 발행처였다. 벤야민과 문학 표현주의와의 관계에 대해서 볼 곳은 SF, 65-66.

오르크 트라클의 어둡게 빛나는 산문시들을 연상시키지만 그렇게 병적이거나 묵시적인 면은 없다. 「청년의 형이상학」은 절묘한 문장이 시종일관 오싹하리만치 화려하게 펼쳐지며, 철학을 하면서 이미지즘의 압축적 형식을 동원할 수 있음을 보여주는 글이다. 이 글은 "긴장"과 "삼투"와 "광선"의 어휘 —갖가지 역동적, "성애적" 관계들이 모종의 전율하는 실재의 대척점에 있는— 다. 표현의 질감까지도 역동적이다. 겹겹의 차원을 절합하려는 의도로 동원된 철학적 동음유희가 매너리즘에 가까워지는 경우도 있다: '영원 전부터 있었던 현재가 다시 한번 있으리라[Die ewig gewesene Gegenwart wird wieder werden](EW, 147). 제2차 세계대전 이후의 하이데거가 쓰는 언어만큼이나 의고적이다. 이 점에서는 벤야민과 하이데거 둘 다 횔덜린의 시어를 생각나게 한다(청년이 잠든 존재를 깨우는 빛으로 묘사되는 횔덜린의 아름다운 시구가 「대화」의 에피그라프로 사용되었다. 「대화」라는 제목 자체가 횔덜린의 모티프를 생각나게 한다).

이렇듯 "청년"을 형이상학적으로 이해한다는 것은 청년의 시제뿐 아니라 청년의 언어—젠더 문제와 관련된—를 이해하는 것이다. 「대화」에서 벤야민은 (도입부에서 과거의 꿈에너지를 논한 뒤) "침묵"이 지배하는 언어와 "발화"가 지배하는 언어를 구분한다(1916년 「언어 일반에 대하여, 그리고 인간 언어에 대하여」에서 벤야민은 같은 맥락으로 자연과 인간을 구분한다). 침묵의 언어는 여성, 발화의 언어는 남성과 관련돼 있는데, 여기서 우리는 벤야민이 6월 23일 블루멘탈에게 보낸 편지에서 강조한 "남성성"과 "여성성"의 의의—실체적이 아닌 기능적 의의—를 기억해야 한다. (다만 "여성의 언어는 무형의 상태에 머물러 있다"와 같은 문장은, 아무리 사포Sappho를 들먹인다 해도, 리케르트의 여성 관련 발언 못지않게 "받아들이기 어렵"다. 이 글 도입부에서는 벤야민의 "여성" 관념이 다소 의고적 성격을 띠는 것은 사실이다.) 「대화」에서 화자인 남자는 신성모독에 몰두하면서 절망에 물들어 있는 반면, 청자인 여자는 침묵에 몰두하면서 희망에 물들어 있다.[26] 화자는 청자에게 들어가는 존재인 반면, 청자는 화자를 밑에서 받치는 존재라는 이야기가 나오기도 한다. 사실 침묵하는 청자란 대화 속 "의미의 이해되지 않는 원천", 곧 "의미가 이해되는 것을 막아주는" 존재다. 요컨대 청자가 화자의 "여성적 과거"—에너지의 저장소라고 할까, "밤"의 깊음이라고 할까—를 구현하는 존재라면, 화자는 현재에 사로잡힌 채 과거로 뚫고 들어가는 존재다. 대화에서 침묵이 태어난다(페넬로페와 오디세우스를 생각해보자). 꿈에너지는 그 침묵 속에서 새 힘을 얻고 밤은 그 침묵 속에서 빛을 발한다. 그로부터 몇 년 후 벤야민은 이 내용을 한마디로 정의한다: "빛나는 광선은 빛을 굴절시키는 밤의 어둠 속에서만 참으로 빛난다"(SW, 1:52-53[「소크라테스」]). 진리가 계시와 비밀 사이의 균형이라는 생각을 우리는 여기서 또 한 번 보게 된다. 대화의 운명은 침묵에 닥칠 운명과 분리될 수 없다.

「대화」가 이렇듯 두 가지 언어를 구분한다면, 「일기」(「청년의 형이상학」에서 그야말로 형이상학적이라고 할 수 있는 2부)는 두 가지 시간을 구분한다. "영원한 시간"(본질적으로 젊은, 청년의 시간)과 "흐르는 시간"(달력, 시계, 주식중계소의 시간)이 그것이다. 베르그송으로부터 큰 영향을 받은 구분이다. 베르그송은 삶의 지속(과거가 현재로 연장되는 시간)과 이른바 고체의 논리(과학과 상식을 지배하는 추상적, 직선적, 기계적 시간)를 구분한다(비교해볼 곳은 "기계적 시간"과 "역사적 시간"을 대조하는 1916년 「비애극과 비극」[SW, 1:55-56]). 벤야민이 볼 때 "순수 시간", 곧 영원한 시간은 한편으로는 일상의 순차적 시간에 포섭되지만("영원한 시간은 (…) 이런저런 일을 겪고 이런저런 사람들과 마주치는 시간 안에 있다"), 다른 한편으로는 깊은 침묵이 발화를 초월하듯 영원한 시간은 일상의 시간을 초월한다. 젊은 시간 내지

---

26 비교해볼 곳은 2부 「일기」의 첫 문장: "우리는 모든 영혼 속을 흐르는 명명 불가능한 절망이 어디서 솟아나는지에 주목하고 싶다."

"일기"의 시간이 빛날 때, 흐르는 시간 내지 "경험의 사슬"은 지양된다. 위에서 보았던 것처럼 벤야민에게 일기를 쓴다는 것은 진지한 문학적-철학적 작업일 수 있으며, 그렇게 보자면 이 글에서 벤야민이 일기라는 청년 특유의 표현 매체를 지각 방식 내지 경험 그 자체의 비유 형상으로 삼는 것은 그리 이상한 일이 아니다. 「청년의 형이상학」에서 일기는 자아가 소멸하면서 동시에 완성되는 현장―"나를 나ich라고 부르면서 그런 친밀함을 빌려 나를 괴롭히는" 자아를 폐위시키고 "나를 억압하는 것 같지만 알고 보면 나라는 존재das ich 그 자체인 누군가의 광선, 곧 '시간의 광선'"이라는 해방된 자아를 발견하는 현장―이다. 일기에서는 시간이 달라지듯 공간도 달라진다. 일기라는 사이Abstand에서 일어나는 일들, 곧 "책의 마력" 하에 일어나는 일들은 고전적 형이상학에서와는 달리 더 이상 시간의 흐름과 무관하거나, 지각하는 주체와 무관한 그 무엇이 아니다. 오히려 그 일들 자체가 시간의 흐름이고 주체의 의식이다. 그 일들은 자아에게 일어나는 사건이며, 자아는 그 일들에게 일어나는 사건이다. 자아와 사건 사이의 넓은 진자운동을 통해 시간이라는 공간은 점점 넓어진다. 사건은 "질문"―베르그송의 개념―의 형태로 지각되고, 사건을 지각한 자아는 사건을 기억함으로써 그 질문에 답한다: "나라는 존재das Ich는 이런 진자운동 속에 살아간다."27 후기 벤야민의 아우라 논의(볼 곳은 SW, 4:338‒339)를 선취하는 한 놀라운 대목에 따르면, "일어난 일들이 우리를 본다. 우리를 보는 그 시선이 우리를 미래로 떠민다." 이렇듯 우리가 일어난 일들의 풍경 속을 지나갈 때(일기에서는 일어난 일들이 모두 우리를 풍경처럼 둘러싸고 있다), 우리는 "자신에게 일어난 일"―"우리, 곧 일어난 일들의 시간"―이 된다. 사방으로 퍼져나가면서 동시에 한곳에 모이는 시간의 리듬―"시간의 품속"에서 퍼져나가는 동시에 "시간의 품속"으로 돌아오는 진

---

27 볼 곳은 Henri Bergson, *Matter and Memory*, 45‒46; *Creative Evolution*, 262. 베르그송의 과정철학에 따르면, 의식과 물질은 상보 운동이다.

자운동—이 주체와 대상의 상호작용을 절합한다. 이 시공간 변증법의 진자운동 속에서 일기는 과거에 있었던 일들을 미래의 것으로 만든다. 바로 그런 일기를 통해서 우리는 "죽음의 시간"—우리 자신의 가장 친밀한 적의 모습, 양심의 모습을 하고 있는 우리 스스로와 대면하는 시간—을 얻게 된다. 살아 있는 존재에게 찰나의 불멸성을 안겨주는 것은 죽음이라는 그 멀고도 가까운 무소불위의 현실이다. 그 찰나의 구원으로 가는 문으로서의 일기는 운명을 "나라는 존재의 부활"이라는 형태로 각인한다. 작품의 사후생Fortleben이 벤야민의 비평 개념의 근간이 되는 것은 그로부터 5년 뒤이지만, 철학과 신학(여기서는 비非교조적, 비非묵시적 신학)의 조응은 1910년 「종교를 찾아 떠난 세 사람」이라는 우화에서부터 1940년 『역사의 개념에 대하여』에 이르기까지 벤야민 사유의 모든 단계에서 그 흔적을 드러낸다.

프라이부르크에서의 두 번째 학기는 1913년 8월 1일 힘들게 끝났다. 학기 말에 "고약한 몇 주"를 보냈다고 말하기도 했다(C, 53). 그렇지만 "영원히 꿈을 꾸는, 영원히 독일적인" 하인레와 우정을 나눈 즐거운 학기이기도 했다(C, 18). 7월 중순에 (베를린에서 실내디자인을 공부하는) 헤르베르트 블루멘탈에게 보낸 편지에서 벤야민은 "하인레가 쓴 시들을 읽어보면 당신도 그의 편이 될 것이다"라고 했다: "여기서 우리는 더 공격적이고 더 열정적인 존재, (말 그대로!) 더 무모한 존재가 된다. (…) 하인레는 바로 그런 존재이고, 나는 그런 그에게 공감한다. 나 자신도 종종 그런 존재가 된다"(C, 45). 벤야민과 하인레는 프라이부르크 주변 슈바르츠발트에서 한참 동안 산책하면서 비네켄과 청년운동을 논하고 그 외에 거창한 윤리적 사안도 논했다(하인레는 《시작》 7월호에 학교 교육에 관한 분노 어린 산문을 실었다). 그달 말에는 또 한 명의 청년 시인 안톤 뮐러도 합류했다(뮐러의 아버지는 교황지상주의를 표방하는 가톨릭 신문 《프라이부르크 전령》의 편집장이었다): "어제 우리 셋은 (…) 숲 주변을 거닐면서 원죄와 공포를 논했다. 나는 자연 앞에서 경악한다는 것은 자연의 참모습을 느낀다는 증거임을 피력했다"(C, 48). 벤야민이 하인레의 시를 《시작》에 실으려고 했던 것은 하인레를 알게 된 지 얼마 지나지 않아서였고, 그 후로도 오랫동안 여러 차례 하인레의 글을 전파, 홍보하는 일에 발 벗고 나섰다. 그 무렵의 벤야민의 친구 여러 명이 이 우정의 특이함에 대해 이런저런 논평을 남겼다. 모두가 한목소리를 낸 점은 하인레가 드물게 잘생긴 젊은이라는 것이었다. 벤야민은 그로부터 10년 뒤 (1923년 2월 4일 F. C. 랑에게 보낸 편지에서) 하인레와 그의 동생 볼프를 가리켜 "내가 알고 지낸 가장 아름다운 청년들"이라고 했다. 벤야민은 하인레의 육체에 현현한 아름다움과 하인레의 성격 및 작품에 깃들어 있다고 알려진 어두운 아름다움을 구분하지 않았던 것 같다. 하인레의 작품에 대해서 말하자면, 습작 수준이라고 본 사람도 있고 감동을 받은 이도 있었다.[28]

프라이부르크에서도 기분 전환의 시간이 없지는 않았다. 가까운 바젤에서 열린 독일 르네상스 미술전에 간 벤야민은 뒤러의 「멜랑콜리아」 등 앞으로 쓰게 될 기념비적 연구서 『독일 비애극의 기원』과 관련된 그림의 원본을 보았다. 칸트, 후설, 리케르트 등 수업 과제 텍스트를 읽는 한편, 키르케고르, 성 보나벤투라, 스턴, 스탕달, 모파상, 헤세, 하인리히 만 등을 혼자 따로 읽으면서 배우고 즐겼다. 단편소설 두 편을 쓰는 데 공을 들이기도 했다. 그중 한 편이 세밀한 묘사가 돋보이는 「아버지의 죽음」이다(EW, 128-131). 7월에는 현실 속의 아버지가 찾아왔다. 아버지는 여전히 아들의 "야심"을 탐탁지 않게 여겼지만, 아들은 이제 아버지에게 "매우 객관적이고 우호적인 태도"를 취할 수 있었다. 학기가 끝나고 나서도 벤야민이 좀처럼 프라이부르크를 떠나지 못한 것은 하인레에 대한 깊은 애착 때문이었던 듯하다: "학기가 끝날 때 갑자기 날씨가 화창해지면서 아름다운, 여름 같은 삶이 펼쳐졌습니다. 마지막 나흘간 우리(하인레와 나)는 매일 자정 넘어까지 대개는 숲속을 거닐었습니다"(C, 49). 9월 초, 벤야민은 가족과 몇 주간 티롤 남부를 여행한 뒤 베를린으로 돌아와 있었다. 프리드리히 빌헬름 대학에서 철학 공부를 이어가고 아울러 청년운동도 계속할 생각이었다. 여름에 다소 침체되었던 청년운동이 바야흐로 가장 가열한 시기로 접어들고 있었다.

1913년 9월 베를린에서 이른바 '토론당Sprechsaal'이 조직되었다. 고등학생, 대학생의 권익, 특히 《시작》이 겨냥하는 독자층의 권익을 대변하기 위해 만들어진 조직이었다. 모임의 형식과 테마는 낯설지 않았다. 자유로운 사상 교류의 증진이라는 목적 하에 청년 문화, 정력과 윤리, 현대 서정시, 에스페란토 운동 등을 주제로 강연과 토론을 진행하는 야간 집회였다. 벤야민은 '토론당' 본부 겸 베를린 자유총학생회 사회사업분회 본부로 쓰인 "안식처Heim" ―벤야민이 어렸을 때 자주 갔던 티어가르텐 지역에 위치한 작은 아파트― 의 임대계약 공동 서명자로 나서는 등 1913~1914년 겨울 내내 이 새로 생긴 문화 포럼을 위해 많은 힘을 기울였다. 숄렘이 벤야민을 처음 봤다고 기억하는 곳도 1913년 가을의 '토론당' 집회였다: "박력 있고 마치 글을 읽듯 정확한 연설이었다. 그는 청중을 보지 않았다. 연설 내내 그의 시선은 천장 한쪽 모서리에 단단히 고정되어 있었다"(SF, 3-4). '토론당'에 점점 깊이 관여하면서, 《시작》과는 점차 멀어졌다. 10월에 실린 글이 "아르도르Ardor"의 마지막 글이었다. 그로부터 몇 달 후 벤야민은 《시작》을 둘러싼 모종의 분쟁에 휘말린다. 분쟁의 전말을 철저히 재구성하기란 이제 불가능하지만, 비네켄이 《시작》 고문직을 그만두기로 결정하면서 불거진 분쟁이었던 것 같다. 하인레와

---

28 베르너 크라프트의 자서전 *Spiegelung der Jugend*에 따르면, 벤야민은 1915년 크라프트 앞에서 하인레의 한 작품을 "무아지경 속에" 낭송했고, 하인레와 관련된 모든 것에 "숭배의 신비"를 불어넣었다. 같은 책에 따르면, 훗날 하인레의 작품을 처음 읽은 후고 폰 호프만슈탈은 실망을 드러냈다. C. 30에는 하인레의 짧은 시의 영어 번역["Portrait"]이 실려 있고, GS, 2:859-865에는 하인레의 두 산문(하나는 《시작》에 실린 「나의 교실」, 다른 하나는 벤야민이 《시작》에 마지막으로 실었던 「경험」을 생각나게 하는 1913년 11월 작 "Die Jugend"[청년]), 하인레와 벤야민이 함께 쓴 난센스 시 "Ürwaldgeister"[원시림의 유령들] 등이 실려 있다. 함께 볼 곳은 하인레에 관한 베르너 크라프트의 두 글("Uber einen verschollenen Dichter"와 "Friedrich C. Heinle"). 하인레의 소실되지 않은 여러 시를 인용하는 이 글들에 따르면, 그의 시 가운데는 감동적인 것이 많고, 하인레는 "어쩌면 위대한 시인"이다.

지몬 구트만 분파가 당시 편집진이었던 바르비종과 지크프리트 베른펠트로부터 《시작》을 넘겨받으려고 했다. 전자는 문학 지향적이었고, 후자는 정치(사회주의) 지향적이었다. '토론당'은 이 사안을 놓고 열띤 토론을 벌였지만, 《시작》의 발행인 프란츠 펨페르트가 바르비종과 베른펠트 편에서 개입하면서 상황은 일단락되었다(펨페르트는 정치적으로 급진적인 표현주의 쪽의 유력 저널 《행동》의 편집장이기도 했다). 자기가 원하는 방향으로의 중재에 실패한 벤야민은 《시작》의 현황을 규탄하는 고별사를 쓰겠다고 말하기도 했다(예컨대 당시 《시작》 1913년 12월호에서는 빈에서 "아리아인"의 '토론당'이 만들어진다는 표현을 쓰기도 했다; 볼 곳은 C, 73). 하지만 벤야민이 글을 쓰기도 전에 《시작》의 발행은 중단되었다.

10월, 벤야민은 성황리에 개최된 두 전국대회에서 연이어 중요한 역할을 맡는 가운데 처음으로 대규모 청중 앞에 서게 된다. 하나는 학교 개혁 쪽 행사였고 다른 하나는 청년운동 쪽 행사였다. 학교 개혁 쪽 행사는 브레슬라우 대학의 한 단체가 조직한 제1차 학생 페다고지 대회였다. 여기서 벤야민은 '독일 대학 학생—페다고지 단체들의 목적과 수단'이라는 제목의 연설을 했는데, 다소 보수적인 브레슬라우 분파에 맞서 "프라이부르크 분파"(까놓고 말하면 비네켄 분파)를 옹호하는 연설이었다. 이 연설에서 벤야민은 "새로운 철학적 페다고지"와 "새로운 학생관"을 요청하면서, 당에 대한 충성심을 유보하는 "**내적으로** 확고하면서 동시에 극히 사회적인" 학생운동의 필요성을 역설했다(GS, 2:60–66). 이 행사에서 프라이부르크 분파와 브레슬라우 분파의 합의 사항은 정보 공유 차원에 그쳤다. 한편, 청년운동 쪽 행사는 독일 중부 도시 카셀에서 열린 제1회 자유독일청년대회(독일과 오스트리아 전역의 여러 청년운동 분파와 학생 단체들의 회합)였다. 오늘날까지 독일청년운동의 클라이맥스로 여겨지는 이 행사는 10월 10~12일 주말에 마이스너 산(이 행사를 위해 '마이스너 산Hoher Meißner'으로 개칭된 후 계속 이 이름이 사용되고 있다)과 인근 한슈타인 산에서 열렸다. 게르하르트 하웁트만 같은 작가, 루트비히 클라게스와 파울 나토르프 같은 철학자 등 많은 명사가 축사와 훈화를 전했다. 사흘에 걸친 이 행사에서는 고질적인 언쟁도 오갔지만 대동大同의 축제도 펼쳐졌다. 이 행사에 참석하려고 본에서 찾아온 작가 알프레트 쿠렐라가 나중에 말했듯, "파시스트 부류, 반反파시스트 부류, 이도저도 아닌 속물 부류가 거의 같은 비중으로" 뒤섞인 행사였다.[29] 비 내리는 금요일 밤 한슈타인 산정의 무너진 성터에서 야외 행사로 진행된 개회식에서는 군비 증강 및 "인종 위생"을 내세우는 선동가들과 비커스도르프 자유학교 공동체의 지도자들(구스타프 비네켄과 마르틴 루제르케) 사이에서 격렬한 충돌이 일어났다. 비커스도르프 쪽 입장은 "청년의 자율성"이라는 기치 아래 모든 "정치적이거나 반反정치적인 특수한 이해관계들"에 맞서자는 것, 덜거덕거리는 군도 소리 대신 양심의 부름에 귀를 기울이자는 것이었다. 비네켄이 볼 때, "젊음의 감각을 공유"하기 위한 투쟁은 결국 진정한 독일의 영혼을 지키기 위한 것이었다. 그날 밤 대표단이 쓴 성명서가 채택되는 과정에서 비네켄의 영향력은 결정적이었다. 이 성명서의 첫 문장은 "마이스너 공식"으로 알려지게 된다(위에서 인용한 문장이다): "자유독일청년은 '자기가 세운 원칙대로 사는 삶, 스스로 책임지는 삶, 내적으로 참된 삶'을 살고자 한다." 대회장이 마이스너 산으로 옮겨지고 비도 그쳤지만, 이데올로기적 갈등은 나머지 이틀 내내 이어졌다. 한편에는 음악, 민속무용, 운동 경기, 축제 의상 같은 것이 있었고, 다른 한편에는 인종 관계, 금욕(금주와 금연), 농업 개혁 등에 대한 토론이 있었다. 벤야민은 한편으로는 이 행사에 대해 부정적인 견해를 표명했지만(그로부터 한 주 뒤 벤야민은 이 행사를 상찬한 《행동》의 편집장 프란츠

---

29 인용은 Benjamin, *Georg Benjamin*, 23–24. 마이스너 대회 관련 글은 《시작》 11월호에 실렸다. 필자는 편집장 조르주 바르비종(게오르크 그레토어)이었다. GS, 2:909–913에 전문이 수록되어 있다. 라퀘르는 *Young Germany*를 쓰면서 "At the Hohe Meissner"라는 장을 이 행사에 할애하고 있다.

펨페르트의 「청년이 발언했다!」에 대한 답변 형식으로 「청년은 침묵했다」라는 간명한 비판을 실었다), 여기서 새롭게 나타난 어떤 존재를 감지하지 못한 것은 아니었다: "우리는 자유독일청년대회가 열렸다는 사실에 압도되지 않으려고 한다. 우리가 새로운 현실을 경험한 것은 사실이다. 2000명의 현대 젊은이가 한곳에 모였고 마이스너 산에 올라 새로운 젊은 육체와 새로운 긴장된 표정을 본 것도 사실이다. 그렇지만 우리에게 이 사실은 청년 정신에의 약속 그 이상은 아니다. 하이킹, 축제 의상, 민속무용 같은 것은 최종적인 그 무엇이 아닐뿐더러, 지금(1913년 현재)으로서는 정신적인 그 무엇도 아니다"(EW, 135). 이 글에 따르면, 특히 실망스러웠던 것은 행사의 온순함이었다. "성스러운 진지함을 안고 한자리에 모인 청년들"은 바로 그 온순함 속에서 성스러움과 진지함을 빼앗겼다. 이 행사에서 드러난 이데올로기적 측면과 현실 안주적 측면이 암시하듯, "청년"이라는 말의 의미와 그 사명(곧 "가족과 학교에 대한 저항")을 이해하는 사람은 "극소수"에 불과했다.

벤야민은 1914년 2월에 베를린 자유총학생회 차기 여름학기 회장으로 선출되면서 운동권 지도자 생활을 시작했다. 그가 초기에 기획한 사업에는 여름학기 명사 강연회도 있었는데, 그중에는 마르틴 부버의 신작 『다니엘서 연구』에 대한 강연, 생기론 철학자이자 필적학자인 루트비히 클라게스의 정신과 오성의 이원성에 대한 강연도 포함되어 있었다. 벤야민이 5월 23일에 작곡가 겸 작가이자 번역가인 에른스트 쇤(벤야민의 옛날 학교 친구이자 향후 라디오 작업을 함께 하게 되는 인물)에게 보낸 편지를 보면, 당시 벤야민이 자유총학생회를 어떤 방향으로 이끌고자 했는지 짐작할 수 있다: "우리가 할 수 있는 중요한 일은 소양 있는 모임을 꾸리는 것 정도입니다"(C, 67). 수수해 보이는 이 목표에서도 핵심은 "생산적인 개인들의 손에 좌우되는" 교육 공동체를 건설하는 것이었다. 이 개인주의적 공동체주의는 (앞서 카를라 젤리히손에게 보낸 편지들의 큰 주제였고) 5월에 있었던 벤야민의 회장 취임 연설의 주제이기도 했다. 이 연설의 한 대목이 「대학생활」에 길게 인용되어 있다 (연설의 나머지 부분은 소실되었다): "어느 한 공동체의 정신적 가치를 시험하는 아주 간단하고 믿을 만한 기준이 하나 있습니다. 즉, 이렇게 질문해보는 것입니다: 일하는 구성원 전체가 그 공동체에 각인돼 있는가? 그 공동체와 전인적으로 맺어져 있는가? 전인적으로 필요 불가결한가? 아니면 각각의 구성원이 공동체에 대해 잉여이고 공동체 역시 그 구성원들에 대해 잉여인가?" (EW, 200) 계속해서 벤야민은 "빈민 구제" 개념과 연결된 "톨스토이 정신" 이야말로 "참으로 진지한 공동체"의 토대인 "참으로 진지한 사회사업 정신"의 모범임을 역설한다.[30] 벤야민에 따르면, 현재의 학문 공동체는 여전히 의무와 사리사욕이라는 기계적 개념(속취적 개념)에 사로잡혀 있고, "노동자"나 "민중"에 대한 대학생의 공감은 전적으로 추상적이다. 이 연설은 대단히 성공적이었다. 가장 활발한 운동권 중 한 명이었던 (훗날 벤야민의 아내가 되는) 도라 조피 폴라크는 이 연설에 완전히 압도당했다: "벤야민의 연설 (…) 그것은 마치 구원과도 같았다. 숨을 쉴 수 없을 정도였다."[31] 도라는 연설을 마친 벤야민에게 장미 꽃다발을 선사했고, 벤야민은 "꽃을 받고 이렇게 기뻤던 적은 처음"이라며 다른 친구에게 말했다(C, 60).

6월, 벤야민은 바이마르에서 열린 제14회 자유총학생회 전국대회에 참석했다. 학생 자치기구의 정치적 책임을 둘러싸고 열띤 공방이 벌어졌으며, 결국은 비네켄 분파의 참패로 끝났다. 비네켄 분파의 발의는 대부분 "날마다 무참히 부결"되었다(C, 69). 예를 들어 고등학생들이 자신의 개인적 신념

---

30 러시아 소설가 레프 톨스토이(1828~1910)는 후기 작업들에서 기독교적 무정부주의를 펼쳤다. 한편으로는 교회의 권위를 거부하고 정부 조직에 반대하며 사유재산을 규탄하고, 다른 한편으로는 개인의 도덕적 발전을 사회 진보의 토대로서 옹호하는 논의였다. 이 톨스토이주의는 하나의 종파가 되었고 1884년 무렵에는 개종자를 확보하기 시작했다. 그의 급진적 교리는 『고백』(1882), 『하나님의 나라는 너희 안에 있다』(1894), 『사랑의 법칙과 폭력의 법칙』(1908) 등에 반영되어 있다.
31 도라 조피 폴라크가 헤르베르트 블루멘탈(벨모레)에게 보낸 편지, 1914년 3월 14일; Scholem Archive, 인용은 Putties and Smith, *Benjaminiana*, 136.

을 지킬 권리를 옹호하는 베를린 대표단과 뮌헨 대표단의 공동 결의는 17 대 5로 부결되었다(GS, 2:877). 이 행사에서 벤야민은 베를린 자유총학생회 의장 자격으로 「새로운 대학」이라는 개회사를 발표하면서 두각을 나타냈다. 개회사 내용은 한 달 전에 있었던 회장 취임 연설과 비슷했던 듯한데(몇몇 정황으로 미루어 원고 없는 즉석연설이었던 것 같다), 벤야민의 당시 편지들을 보면, 니체와 요한 고틀리프 피히테의 교육 관련 연설들을 토대로 한 것이었음을 짐작할 수 있다.[32] 피히테의 1807년 『독일 국민에게 고함』에는 대학 제도가 이성의 삶(독일 국민이 바로 설 수 있는 가장 중요한 전제)을 전파하는 데 전념할 것을 요청하는 내용이 있으며, 니체의 1872년 「우리 교육 기관의 미래에 대하여」에는 위대한 스승의 가르침, 그리고 철학과 예술과의 만남을 통한 진정한 자아 형성을 도외시한 채 전문화를 좇는 국영 교육 기계를 논박하는 내용이 있다. 자유총학생회 학생들에게 이 연설은 한마디로 "도덕적 결단의 필요성"으로 요약될 수 있었다.[33] 행사에 참석한 어느 보수 다수파의 대표자는 이 연설에 대해 조금 거만한 논평을 내놓기도 했다: "스승의 정신을 간직한 채 자기만의 길을 가고 있는 이 친구가 어떻게 자기 머릿속의 모든 생각을 최상의 교육이라는 하나의 목표로 끌어가는지를 보는 것은 놀라웠다. 비커스도르프의 이 어린 친구는 참으로 오만 방자한 태도로 과거의 대학, 학문, 학제, 문화, 그 모든 것을 의문에 부쳤다"(GB, 1:239n). 벤야민에 따르면, 이 행사는 "단단한 악의"로 뭉쳐 있었지만, "모종의 삼가는 태도와 정신적 입장"을 유지한 비네켄 분파는 외부에 맞서 "홀로 고상한 자리"에서 다른 분파들의 "경외"를 자아내면서 행사가 끝날 때까지 위엄을 지킬 수 있었다(C, 69).

---

32 비네켄이 베를린 토론당에서 '교육자로서의 피히테'라는 제목의 연설을 한 것은 1914년 1월 29일이었다(GB, 1:193n). 벤야민의 1919년 독일 낭만주의 관련 학위논문에서 피히테는 중요한 역할을 하게 된다(볼 곳은 이 책 3장).
33 이 표현의 출처는 벤야민의 "감동적인" 바이마르 연설을 다룬 지크프리트 베른펠트의 글, 《시작》에 실렸다(발췌는 GS, 2:877).

그 후로 한동안 비네켄 분파는 "결코 정치적 토대가 아닌 오로지 치열한 내면적 토대 위에 구축되는 청년 공동체"를 가능케 하려는 노력을 계속한다(C, 68). 정당정치와 구체적인 정치적 목표를 거부하는 것이 사회 변혁의 비전(진지한 "사회사업"의 비전)과 그에 따른 모종의 정치적 책임을 배제하는 것은 물론 아니었다.

회장 취임 연설과 바이마르 개회사를 토대로 1914년 여름에 집필된 「대학생활」은 처음부터 전투 준비 명령이나 선언문과는 거리를 두었다. 위에서 보았듯, 「대학생활」의 의미심장한 첫 단락은 현재의 메시아적 에너지를 드러내는 것이 우리의 역사적 과제임을 전하는 일종의 수태고지였다(역사적 대상을 복구하는 일이 현재를 위한 것이어야 한다는 생각은 노발리스와 프리드리히 슐레겔로부터 보들레르를 거쳐 니체에 이르는 낭만주의 전통과 일치한다). 가장 시급한 과제는 점점 안정적으로 조직되어가는 생활 속에 숨어 점점 심화되는 "위기"를 성찰하는 것이라는 뜻이었다. 이 글에서 특히 중시한 과제는 대학생활과 대학의 의의를 형이상학적인 동시에 역사적인 관점에서 기술하는 것, 그리고 이러한 비판적 성찰을 통해 "현재 속에 왜곡된 형태로 갇혀 있는 미래를 해방시키는 것"이었다(EW, 198). 비네켄과 마찬가지로, 벤야민 또한 교육의 도구화("창조정신을 직업정신으로 변질시키는 것")를 비판의 과녁으로 삼으면서, 전공 구분 "장치"를 설치한 대학들, 그리고 상황을 순순히 무비판적으로 받아들이는 학생들을 규탄한다. 이렇듯 가르치고 배우는 일에 수반되는 참된 사명감을 모조리 질식시키는 외적 업무(직업 훈련과 학력주의)에 맞서 벤야민은 "내적 통일성"이라는 개념을 교정책으로 제시하고 있다(벤야민이 그 뒤 같은 해에 쓰기 시작하는 「프리드리히 휠덜린의 시 두 편」에서는 이 개념이 미학적 차원에서 논의된다). 벤야민의 주장에 따르면, 앎의 이데아Idee des wissens—다시 말해 "인식들의 공동체"로서의 철학—는 다양한 분과학문의 공통된 기원인데, 직업 교육과 전공 교육의 메커니즘이 근본적으로 하는 역할은 분과학문을 그 기원으로부터 분리시키는 것이다. 요즘 학생들이 갖고 있는 "학문생활에 대한 혼란스러운 생각"을 바로잡을 해법이 있다면 그것은 분과학문들의 기원이라 할 수 있는 철학자적 감수성과 실천성을 되찾는 것, 다시 말해 모든 공부를 근본적인 의미에서 철학 공부로 만드는 것이다.

물론 벤야민은 그렇게 대학생활을 바꾸어놓을 해법을 구체적으로 일러주지는 않는다. 그가 해법이라고 암시하는 것은 법률가에게 문학 문제를 풀게 하거나 의사에게 법학 문제를 풀게 하는 것이라기보다 개별 학과들을 대학 그 자체가 표상하는 총체의 이념에 예속시키는 것—모든 학과를 철학과에 예속시키는 것과는 전혀 다른—이다. 벤야민에 따르면, 진정한 권위는 유의미한 이상으로서의 대학 공동체에서 나온다. 앎의 내재적 통일성을 천명한다면, 분과학문들을 통일시키자는 요구가 나올 수밖에 없고 그런 요구가 나온다면 대학사회를 포함한 사회 전반에서 교사와 학생 사이, 남자와 여자 사이에 비위계적 관계를 수립하자는 요구가 나올 수밖에 없다. 학생—"영구 정신 혁명"과 "근본적 회의"에 헌신하는 존재—의 역할은 지성의 전위가 되는 것이고, 지성의 전위가 된다는 것은 질문과 토론의 공간("대화 문화"의 공간)을 넒으로써 공부가 정보 축적으로 변질되는 것을 막으면서 일상적 처신의 근본적 변혁을 준비한다는 뜻이다.[34]

바이마르 전국대회의 참패는 벤야민이 4년 이상 활동했던 전전戰前 학생운동의 머잖은 와해를 예고하는 징조라고 볼 수 있었다. 7월에 벤야민이 6개

---

34 「대학생활」은 벤야민 생전에 두 가지 버전으로 발표되었는데, 첫 번째는 1915년 9월 월간 《신메르쿠리우스》에 실렸고, 두 번째(말미에 슈테판 게오르게의 글이 들어간 확장 버전)는 1916년 쿠르트 힐러(1885~1972)가 펴낸 「목표」라는 선집에 실렸다. 힐러는 1914년 정치적 개입에 일조하는 문학을 뜻하는 "문학 액티비즘literarische Aktivismus"이란 용어를 만들어낸 문학 표현주의 진영의 작가이자 논객이었다. 벤야민이 이 선집에 글을 실은 일을 후회했던 것은 1916년 7월부터이며, 1932년에는 트로츠키와 브레히트를 언급하는 「액티비즘의 오류」(GS, 3:350-352)라는 서평에서 힐러의 합리주의적 입장과 거리를 두었다.

월 임기의 차기 베를린 자유총학생회 회장에 재선되긴 했지만, 전쟁이 발발한 8월 이후에는 (교육 이념으로부터 등을 돌리진 않았다 해도) 학교 개혁 관련 사안들로부터 등을 돌리면서 청년운동 동지 대부분과 관계를 끊었다. 그가 그 여름에 보낸 편지들을 보면, 고독과 공동체 사이의 대립이 최소한 자신의 일상생활에서는 극복되지 않았다는 것을 알 수 있다. "엄격한 생활"의 필요성을 밝히기도 하고 방학을 이용해 "평정과 작업 둘 다를 위해 어느 숲속의 외딴 오두막"을 찾아야겠다고 하면서 지금 같아서는 "그 어느 것에도 침잠할 시간"이 없다고 초조해하기도 하지만(C, 73, 70), 정작 7월에는 홀로 외딴 곳을 찾는 대신 그레테 라트와 함께 바이에른 알프스로 갔다. 벤야민이 그레테, 프리츠 남매와 가깝게 지낸 것은 1913년부터다. 베를린으로 돌아온 벤야민과 그레테는 다소 성급하게 약혼 발표를 했다.[35] 한편, 벤야민은 폴라크 부부(도라 폴라크와 철학도였던 그녀의 첫 남편 막스 폴라크)와 점점 자주 만났다. 몇 시간씩 대화를 나누고, 피아노 주위에 모여앉아 비네켄 분파 중 음악의 권위자였던 아우구스트 할름이 쓴 책을 읽어나가기도 했다. 도라는 이따금 차분하지 못한 모습을 드러내 벤야민을 실망시켰지만, 벤야민은 "그녀가 나와 같은 생각이라는 것을 알고 있습니다. 언제나 그녀는 근본적으로 올바르고 단순한 것으로 되돌아갑니다"라고 했다(C, 63).

벤야민의 몇몇 친구는 도라 폴라크를 좋지 않게 봤다. 프란츠 작스에 따르면, 도라 폴라크는 "알마 말러의 축소판이었다. 그녀는 늘 우리 그룹에서 남

---

35 "그레테 라트는 1914년 7월 한동안 바이에른 알프스에서 벤야민과 한집에 살았다. 7월 말, 벤야민은 아버지로부터 'Sapenti sat'[지혜로운 이에게는 한마디면 충분하다]라는 훈계의 전보를 받았다. 독일을 떠나라, 중립국(예컨대 스위스)으로 가라는 뜻이었던 것 같다. 그런데 전보의 의미를 오해한 벤야민은 그레테 라트와 약혼한 사이임을 공식 발표하는 답장을 보냈다"(SF, 12). 물론 오해 탓이었는지는 확실치 않다. 그레테 라트가 베를린 토론당에 대한 글을 《시작》에 실은 것은 1914년 3월호였다(수록은 GS, 2:873−874). "새로운 표현을 위해 언어와 투쟁"하는 대신 슬로건에 안주하는 것을 비판하고 "청년이 표현할 수 있는 것은 투쟁뿐"이라고 역설하는 내용이었는데, 이 무렵 벤야민의 주장과 매우 흡사하다(볼 곳은 EW, 170). 훗날 그레테 라트는 알프레트 콘(벤야민의 가까운 친구)과 결혼했다. 벤야민은 세상을 떠날 때까지 이 부부와 연락을 주고받았다.

자를 잡길 원했다. 그녀가 원한 남자는 그때그때 지도자가 될 것 같거나 아니면 학문적으로 전도유망한 친구였다. 그녀는 여러 남자에게 접근했지만 대부분 성과가 없었다. 결국 그녀는 W. B.에게 접근해서 남편으로 만들었다. 이 결혼은 전혀 행복하지 못했던 것 같다."[36] 헤르베르트 블루멘탈에 따르면, 도라 폴라크는 "그때그때 가장 유행하는 학문적 흐름을 타고 싶어하는, 야망이 큰 거위였다."[37] 벤야민의 가장 오랜 친구였던 두 사람이 이런 식으로 말한 데에는 질투심도 없지 않았을 것이다. 벤야민은 실질적으로 이 모임의 학문적 지도자였고, 인기도 많았다. 숄렘에 따르면, 도라는 "매우 아름답고 우아한 여성이었으며 (…) 벤야민과 내 대화에 낄 때는 대체로 상당한 열의와 공감"을 보였다. 1916년까지도 그녀와 벤야민 사이에는 "서로에 대한 애정"이 있었다(SF, 27). 실제로 도라는 여러모로 완벽한 반려자였다. 벤야민은 결혼 이후 주로 정신생활 쪽에 치우쳐 있었고(실리적 문제와 마주치는 일은 어쩌다 한번이었고, 그마저 쭈뼛쭈뼛하고 서툴렀다), 도라는 활동력과 통찰력 및 방향성을 갖춘 유능한 경영자 역할을 감당했다(도라 자신은 문학과 음악에 재능이 있었다. 도라의 아버지는 빈 대학 영문학 교수이자 셰익스피어 연구의 권위자였다). 요컨대 벤야민이 사유와 집필에 매진할 수 있었던 것은 도라의 실리성 덕분일 때가 많았다.

이 시기 벤야민은 베를린에 머물면서 점차 대도시 지식인의 면모를 갖춰나갔다. 이 과정에서 큰 역할을 한 것이 카페생활이었다. 예를 들어 유서 깊은 베스텐트 카페("과대망상 카페"라는 별칭으로 유명했던, 베를린 보헤미안들의 아지트)는 벤야민이 엘제 라스커-쉴러, 로베르트 옌치 등의 표현주의 시인, 빌란트 헤르츠펠데 등의 출판업자를 비롯한 유명 인사들을 만난 곳이

---

36 프란츠 작스가 게르숍 숄렘에게 보낸 편지, 1963년 3월 10일; Scholem Archive, 인용은 *Benjaminiana*, 135.
37 Belmore, "Some Recollections of Walter Benjamin," 122–123.

었다. 이때 벤야민이 이 재야 엘리트들("자신의 위세를 의식하는 배부른 보헤미안들")과 대체로 거리를 두었던 이유는 "청년"이라는 자의식 때문이었던 것 같다(SW, 2:607). 하지만 카페의 가장 큰 매력은 창녀들의 존재에 있었다. 성매매는 벤야민의 성애생활에서 잘 알려지지 않은 부분이다. 예를 들어 벤야민은 스물두 살 생일을 맞은 직후 블루멘탈에게 보낸 편지에 "당신이 나를 홀로인 존재라고 생각하는 일은 이제 불가능해졌다. 지금 나는 마치 내가 이제 막 태어나 신의 시대를 살게 된 듯한 기분이다. (…) 나는 아무것도 아니라는 것, 그렇지만 신의 세계 안에 살고 있다는 것, 내가 아는 것은 그뿐이다"라는 감상을 남겼는데, "불가해한" 성애 경험에서 비롯된 감상이었던 듯하다(C, 73). 그로부터 10년쯤 흐른 뒤 벤야민은 화류계를 『파사주 작업』의 소재로 삼으면서 다년간에 걸친 일차적 경험을 활용할 수 있었다. 대학 공부가 엉뚱하다는 느낌이 그 어느 때보다 심해진 것도 바로 이 무렵이다. 이를테면 벤야민은 7월 초 "대학은 공부하는 곳이 아니다"라고 썼다(C, 72).

독일이 러시아와 프랑스에 선전 포고를 한 "8월 초의 그 시기에" 벤야민과 몇몇 친구가 입대를 결심한 곳 역시 베스텐트 카페였다. 벤야민이 『베를린 연대기』에서 설명했듯이, 그들이 입대를 결심한 이유는 전쟁열과는 전혀 상관이 없었다. "징집을 피할 수 없는 상황이니, 친구들 사이에서 위신을 세우자는 것이었다"(SW, 2:607). 근시에 몸이 약한 편이었던 벤야민은 당연히 신체검사에서 (한시적) 불합격 판정을 받았다. 그런데 8월 8일, "이 도시와의 전쟁을 오랫동안 내 머릿속에서 몰아내게 되는 엄청난 사건"이 벌어졌다. 프리츠 하인레와 리카 젤리히손(카를라와 자매지간)이 토론당에서 가스를 틀고 자살한 사건이었다.[38] 이튿날 아침 벤야민의 잠을 깨운 것은 "당신은 우리가 '안식처'에 누워 있는 것을 보게 될 것입니다"라고 쓰인 속달 편지였다

---

38 젤리히손 세 자매 중 막내 게르트루트(트라우테)는 1915년 11월에 빌헬름 카로와 동반자살한다 (볼 곳은 GB, 1:213n).

(SW, 2:605). 신문들은 이 사건을 두고 비운의 사랑이 부른 비극적 결말이라는 식의 기사를 썼지만, 자살한 커플의 친구들은 더없이 엄숙한 반전 시위라는 것을 깨달았다. 벤야민 자신이 하인레의 유고를 맡았다. 벤야민은 오랫동안 이 원고의 편집·출간을 위해 공들였지만 결국 실패했고, 1933년 망명길에 미처 이 원고를 챙기지 못했다. 원고는 결국 소실되었다. 벤야민은 하인레를 추모하는 연작 소네트 50편을 썼고(그 뒤로도 많은 소네트를 쓴다), 때로 가슴 저미는, 세심한 조탁을 거친 그 시들을 가까운 친구들 앞에서 낭독했다(볼 곳은 GS, 7:27-64). 하인레의 죽음은 벤야민이 끝내 극복하지 못한 경험이었다. 벤야민과 하인레가 어떤 사이였는지를 하인레의 작품이나 벤야민의 진술을 토대로 온전하게 재구성하기는 사실상 불가능하지만, 벤야민에게 그의 자살이 얼마나 충격적이었는지를 보여주는 증거는 적지 않다. 우선 벤야민이 세상에 내놓은 많은 글 속에는 하인레에 대한 이야기가 (종종 암호처럼) 흩뿌려져 있고, 『일방통행로』와 『1900년경 베를린의 유년시절』이라는 두 주저의 도입부에서는 하인레(정확히 말하면 하인레의 주검)가 극적인 역할을 맡고 있다. 단, 벤야민에게 자살은 단순한 문학적 토포스에 그치지 않는다. 1920년대 중반에 나타나 시간이 갈수록 집요해진 그 자신의 자살 충동에도 이 죽은 친구의 이미지가 중요하게 작용하지 않았을까 싶다.

벤야민에게 이 사건의 직접적인 여파는 장기적인 무력감이었다. 숄렘에 따르면 9월, 10월은 벤야민이 병역신체검사를 받아야 하는 기간이기도 했다: "벤야민은 전에 연습해둔 떨림증 환자 연기를 했다. 그 결과 1년간 징집 유예를 받았다"(SF, 12). 10월 말, 벤야민은 에른스트 쇤에게 급진주의가 바뀌어야 함을 역설하는 울컥한 편지를 보냈다: "급진주의가 너무 제스처로 흘렀다는 것, 우리에게는 더 엄격하고 더 순수하며, 덜 중뿔난 급진주의가 필요하다는 것을 모르는 사람은 물론 없습니다"(C, 74). "수렁과도 같은 오늘날의 대학"은 새로운 급진주의를 키울 만한 곳이 못 됨에도 불구하고, 벤야민 자신

도라 켈너(아 큐 벤저민의 컬렉션, 런던)

은 그 야만스럽고 과대망상적이며 천박한 강의들을 계속 듣고 앉아 있었다: "나 자신의 비겁함과 두려움과 출세주의, 더 정확히 말하면 나 자신의 무신 경함, 냉담함과 몰상식함을 적나라하게 평가해보니, 경악과 공포가 밀려왔습니다. 학자들 가운데 다른 학자 집단을 용인할 정도의 걸출함을 보여주는 이는 단 한 명도 없습니다. (…) 이 상황에 맞설 만큼 성숙한 사람은 단 한 명도 없습니다"(C, 74-75). 그의 환멸은 이 편지에서도 분명히 드러나지만, 어떻게 보면 사생활에서는 더 분명히 드러난다. 이 동반자살 사건을 계기로 벤야민은 청년운동과 연을 끊으면서 그 진영의 가까운 친구 모두와 절교했다. 절교당한 입장에서는 끝내 납득할 수 없는 처사였다. 콘과 쇤은 청년운동 쪽과 관련이 없었던 덕분에 절교를 피할 수 있었다. 한편 블루멘탈은 (대학 초년기에는 절친했지만) 그 무렵에는 사실상 기피 대상이었다. 그 후 관계가 잠시 회복되었지만 예전 같지 않았고 그 관계조차 1917년에는 완전히 끝났다.

1914년과 1915년을 잇는 겨울, 벤야민은 프리츠 하인레를 애도하는 마음으로 「프리드리히 횔덜린의 시 두 편」을 썼다. 뛰어난 문학-철학 논문의 포문을 여는 것으로, 훗날 벤야민 자신이 슬쩍 말했듯이 하인레에게 헌정하는 글이었다(볼 곳은 GS, 2:921). 고등학교 시절 이후 처음으로 시도해본 긴 호흡의 문학비평이기도 했다. 자족적 비평 이론이라는 의미에서, 그리고 횔덜린에 대한 극히 독창적인 해석이라는 의미에서 어떤 논문과도 다르지만, 그 무렵 독일 상징주의 시인 슈테판 게오르게 서클에서 유행하던 미학 개념들에 기대하는 면이 엿보이기도 한다. 벤야민이 횔덜린이라는 숭엄하고 난해한 낭만주의 시인을 논할 수 있었던 배경에는 노르베르트 폰 헬링그라트의 횔덜린 에디션(최초의 비평-역사 에디션) 출간이 있었다. 헬링그라트는 게오르게의 제자였고, 훗날 전선에서 목숨을 잃었다.[39] 1913년에 출간을 시작한 헬링그라트 에디션은 독일 제국 초기에만 해도 거의 망각 속에 묻혀 있던 횔덜린에 대한 선풍적 관심을 되살리는 계기가 되었다. 게오르게 학파는 전전 시기에 심미주의와 민족주의를 결합하면서 횔덜린이 애국 시인이라는 잘못된 해석을 퍼뜨렸고, 수많은 독일 군인은 전선으로 떠나면서 횔덜린 시집("배낭용 에디션")을 챙겼다.

그 무렵만 해도 비교적 가까운 시대의 작가 한 사람의 개별 작품들을 상세히 논하는 글은 흔치 않았다. 벤야민의 동시대인이었던 베네데토 크로체 (1866~1952, 벤야민보다는 연배가 높았다)의 『미학』(1902)이 개별 예술작품들을 구체적이고 환원 불가능한 "미학적 사실"(특정한 "미학적 문제"에 대한 해법)로 다루는 비평의 토대를 마련하는 것과 마찬가지로, 벤야민의 「프리드리히 횔덜린의 시 두 편」은 비교문헌학과 재래식 미학의 범주 및 체계를 거부하는 글이다. 이 글의 야심만만함은 또 다른 측면에서도 드러난다. 예컨대 힘겨울 정도로 엄정한 (때로 복잡다단해지는) 분석을 통해 시에서 진리란 무엇인가라는 이론을 고안해낸다. 과제 개념의 개진을 통해 형식-내용이라는 기존의 구분을 초월하는 이론을 만들어낸다는 뜻이다.[40] 여기서 벤야민의 핵심 용어는 "시 세계das Gedichtete"("시를 쓰다"라는 뜻의 동사 dichten의 과거분사에서 파생된 명사)이다. 시 세계란 특정 시Gedicht의 진리가 힘을 발휘

---

39 숄렘에 따르면, 1915년 10월 어느 날 "벤야민은 횔덜린을 논하면서 내게 「프리드리히 횔덜린의 시 두 편」 타자본을 선물했다. (…) 이 선물이 나에 대한 크나큰 신뢰의 표시임을 나는 나중에야 깨달았다. (…) 벤야민은 노르베르트 폰 헬링그라트가 편집한 횔덜린 작품집을 언급했고, 그의 횔덜린 연구(횔덜린의 핀다르 번역에 대한 연구)를 언급했다. 당시 벤야민은 이 연구에 큰 감명을 받은 터였다" (SF, 17). 1910년에 헬링그라트는 횔덜린이 번역한 핀다르 송시들을 편집했고, 이 에디션에 횔덜린의 번역에 대한 자신의 논고를 붙였다. 벤야민은 1917년 2월 에른스트 쇤에게 보낸 편지에서 헬링그라트를 언급했다(1915년에 헬링그라트를 만났을 가능성도 있다): "노르베르트 폰 헬링그라트가 전사했다는 기사가 났는데 당신도 읽었습니까? 나는 헬링그라트가 돌아오기를 기다리고 있었습니다. 그에게 내 횔덜린 논문을 보여주고 싶었습니다. 그의 논고(횔덜린의 핀다르 번역에 관한 논고)의 연구 방식은 내 논문의 외적 동기였습니다"(C, 85). 이 논문의 내적 동기로는 하인레를 잃은 슬픔을 들어야 할 것이다. 벤야민이 고등학교 재학 중 "횔덜린에 대한 발표"를 했다는 기록이 있을 뿐 발표문 자체는 전혀 없는 탓에, 이 논문이 그 발표와 연결될 수 있는지는 단정짓기 어렵다(C, 146).

40 형식-내용의 구분은 1919년에 나온 영롱한 단상 「지금 메시아적으로 작용하는 요소들」에서 새로운 양상을 띠게 된다: "내용은 우리에게 다가온다. 형식은 제자리를 지키면서 우리로 하여금 자기에게 다가오게 한다. (…) 이해[das Vernehmen]가 축적되게 한다." 예술작품에서 내용은 "지금 메시아적으로 작용하는 요소들"이고, 형식은 "시간이 걸리는 요소들"이다(SW, 1:213). "시간이 걸리는" 요소들에 관해 비교해볼 곳은 프리드리히 슐레겔과 노발리스를 인용하는 SW, 1:172.

하는 영역을 뜻한다. 진리는 고정되어 있지 않다. 다시 말해, 각각의 시가 예술적 **작품/작업**werk으로서 특정한 생각-감각을 구조화한다는 과제를 안고 있다고 할 때, 진리는 그 과제를 완수하는 데 있다. 이 글의 서두에서 지적하는 대로, 시의 과제에 대한 논의는 창작과정을 추적하는 식의 논의와는 전혀 다르다: "시의 과제는 시 그 자체에서 도출된다"(EW, 171). 다만 시의 과제는 "시가 증언하는 시 세계의 생각-감각 구조"의 문제이며, 그런 의미에서 시 세계는 시에 선행한다. 「청년의 형이상학」에서 "일기"를 쓰는 게 역설적인 일이었고, 「대학생활」에서 메시아적 전류로 충전된 역사적 과제가 역설적인 과제였듯, 「프리드리히 휠덜린의 시 두 편」에서 시 세계("시간의 조형성과 공간의 현존성"을 계시하는 영역)를 구조화하는 과정은 근본적으로 역설적인 과정이었다. 「청년의 형이상학」, 「대학생활」, 「프리드리히 휠덜린의 시 두 편」은 벤야민의 청년철학의 결정체로서 모종의 특권적 지각의 영역을 그린다는 공통점이 있다. 여기서 고전적 시간·공간 개념 대신 등장하는 것이 "시공간 질서"—과거가 현재라는 연장의 중심으로 스며드는 질서—인데, 이것은 현대 특유의 형이상학 내지 장이론field theory의 핵심이기도 하고 벤야민의 이후 작업에 등장할 기원Ursprung과 변증법적 이미지 개념의 바탕이기도 하다.

"시 세계에서, 삶은 시를 통해 규정되고 과제는 해결을 통해 규정된다." 그러니 예술이 자연을 모방하는 데 그치지 않는다는 것은 두말할 나위 없다. 삶을 규정하는 시는 "변형력"(신화적 힘과 비슷한 그 무엇)을 갖고 있다. "삶에 너무 가까운" 시란 그저 힘이 없는 시에 불과하다. 궁극적으로는 삶이 "시 세계의 토대"가 되지만, **예술적** 작품/작업은 "감각과 생각의 구조화"를 전제하고 있다. 「무지개」(「프리드리히 휠덜린의 시 두 편」과 비슷한 시기에 나온, 미학과 색채를 논하는 대화편)의 표현을 빌리면, 예술가가 자연을 근원적으로 이해하는 유일한 방법은 자연을 생산하는 것, 곧 자연을 구조화하는 것이다 (EW, 215). 이렇듯 시 세계란 삶과 예술작품의 관계를 만드는 방법이라고 할까, 시의 과제를 설정하는 것이라고 할까, 시마다 다른 모습으로 출현하는 그 무엇이다. 시 세계가 출현하는 것은 시를 읽을 때다. "시 세계는 연구의 산물인 동시에 연구 대상"이니 말이다. 한 시의 감각-생각 요소들의 게슈탈트가 출현함으로써 그 시의 "내적 형식", 곧 그 시의 특정한 논리와 형세가 절합된다(괴테가 사용한 용어). 빌헬름 폰 훔볼트도 이 용어를 썼는데, 벤야민은 그해 겨울학기에 베를린에 있으면서 문헌학자 에른스트 레비의 수업에서 훔볼트의 언어 관련 책을 공부했다. 그렇게 보자면 "순수한 시 세계"—"삶과 일치하는 시 세계라고 할 수 있는 모종의 총체적 생각 속에서 모든 게슈탈트가 시공간적으로 삼투하는"—란 근본적인 의미에서 논법상의 목표, 이상 속의 목표에 지나지 않는다. 요컨대, 시 세계라는 개념은 시 읽기가 지향하는 절대적 상호 절합을 투영함으로써 그 시를 시의 상대적 "유기성과 크기"에 의거해서 평가하는 것을 가능케 한다(벤야민의 이후 작업의 바탕이 되는 파편 미학에서는 이 기준을 그대로 적용할 수 없다. 크로체나 베르그송의 논의에서 "유기체"가 중시되는 것과 달리, 벤야민의 파편 미학에서는 "모나드"가 관건이 되면서, 진리가 "유기성"과 별개라는 점이 더 분명해진다).

벤야민은 이 비평 "논법Methode"을 횔덜린의 시 중에서 개작과정의 예를 보여주는 두 시 「시인의 용기」와 「우직함」에 적용한다. 그에 따르면, 횔덜린의 개작은 모든 면에서 정신 쪽과 구상 쪽 사이의 상호 규정이 증대하는 방향, 이렇게 생각(관념)과 감각(형상)이 좀더 완벽하게 결합됨으로써 느낌에 깊이가 더해지는 방향으로 진행된다. (따라서 두 번째 "버전"이 더 과감하다.) 시인의 운명, 곧 "노래 속의 삶"이 민중에 대한 시인의 희생적 유대('청년'의 언어를 빌리면 고독과 공동체의 유대)를 가능케 하는 토대라는 개념이 좀더 철저하게 펼쳐지는 곳도 두 번째 버전이다. 이 대목에서 벤야민이 횔덜린의 시인숭배론을 채택하는 것은 사실이다. (니체의 차라투스트라에서 유겐트 양식의 기사 유형들을 거쳐 슈테판 게오르게까지 이어지는 횔덜린의 후예들도 시인숭배론을 택하고 있다.) 그렇지만 숭고한 고양 그 자체에 만족하지 않는 벤야민은 성스러운 맑은 정신Heilignüchternheit이라는 횔덜린의 공식을 함께 채택한다: "위대한 작품을 분석할 때 마주치는 것은 신화가 아니라, 서로 싸우면서 나아가는 신화 요소들의 힘을 통해 생겨나는 통일성, 곧 진짜 삶이라는 표시로서의 통일성이다."[41] 이렇듯 신화가 극복되기 위해서는 영웅 개념이 바뀌어야 한다(신화를 극복해야 한다는 것은 벤야민의 전·후기 작업을 아우르는 강령적 요소다). 예컨대 횔덜린의 개작과정에서 "용기"는 "우직함" ―"용기 있는 자의 본질인 완전한 수동성, 부동의 현존"―이라는 독특한 미덕으로 바뀐다.[42] 삶의 한복판에 놓인 시인에게 시를 쓰는 진정한 자세는 "전적으로 관계에 헌신하는 자세다. 관계는 시인으로부터 와서 시인에게 돌아간다." 이렇듯 시인은 모든 관계가 수렴하는 빛나는 중심, 곧 공평무사한 중심점이다. 어떻게 보면 「프리드리히 횔덜린의 시 두 편」 마지막 부분에서도 (「청년의 형이상학」 등에서 이미 보았던) 떠나감과 돌아옴의 신-구 변증법이 작동하고 있다. 예를 들어 벤야민은 후기 횔덜린이 신화의 필연적 귀환을 말하는 대목을 인용한다: "전설들은 대지를 떠나서 (…) 인간에게 돌아온다." 이렇게 보면, 시의 과제에서 궁극의 관건은 바로 인간 개념, 곧 "민중"과 "소수"다. 벤야민이 (하인레의 자살 이후) 「우직함」을 분석하면서 발견한 "죽음의 새로운 의미"는 바로 이 인간 개념과 결부돼 있다. 「우직함」은 「시인의 용기」의 전제였던 인간과 죽음 사이의 "경직된" 관습적 대립을 없애면서 "위험으로 점철된" 세계 속에서 삶과 죽음이 삼투함을 증언한다. 벤야민은 여기서

41 그의 창조적 도취 논의와도 일맥상통하는 대목이다: "창조자를 불사르는 도취는 우리가 실현할 과제인 진리에 의거해 원칙대로 창조하고 있다는 의식이다." 볼 곳은 「무지개」(EW, 216-217).
42 「비애극과 비극」(1916)에서 벤야민은 비극적 운명의 의미를 드러내는 "수동성의 중대한 순간들"을 말한다(EW, 242-243). 비교해볼 곳은 "참된 수동성" 개념이 등장하는 프리드리히 슐레겔의 소설 「루신다」, *Lucinde and the Fragments*, 65-66(「나태의 낙원」); "지혜로운 수동성"이라는 표현이 나오는 워즈워스의 시 "Expostulation and Reply". 벤야민의 「프리드리히 횔덜린의 시 두 편」에 나오는 "부동의 현존"이라는 개념은 변증법적 이미지의 "멈추어 있음Stillstand"이라는 개념과 일맥상통한다.

노래의 기원을 찾는다: "죽음은 (…) 시인의 세계다."[43]

　　그로부터 약 15년 뒤 막 이혼남이 되어 마흔을 바라보는 벤야민은 새 출발을 다짐하면서, 그러나 확실한 것은 아무것도 없음을 통감하면서, 자신이 제1차 세계대전 발발 한 해 전에 했던 일들을 자랑스러움과 회한의 감정으로 돌아본다: "나의 삶 전체를 내가 스물두 살 때 마련한 훌륭한 토대 위에 구축하는 일은 결국 실패했습니다"(C, 356). 그 달떴던 시절의 정신적-정치적 술렁임은, 한편으로는 시간이 가면서 덜 중뿔난 급진주의로 변형되지만, 다른 한편으로는 이미 벤야민의 삶을 규정하는 큰 특징이 되어 있었다. 벤야민의 사유에 한때 나타났던 낭만주의적 성향은 시간이 흐르면서 유물론적, 인간학적 성향에 자리를 내주었지만, 벤야민 자신은 시간이 아무리 흘러도 근본적인 의미에서 언제나 새로운 시작을 찾아다니는 떠돌이 학생이었다.

43　테오도어 W. 아도르노에 따르면, 벤야민은 "이 세상을 죽은 존재들의 관점에서 바라보는 사람"이었다. 볼 곳은 "Zu Benjamins Gedachtnis"(1940), in Adorno, *Über Walter Benjamin*, 72. "우리 세대에게 죽음은 (…) 우리 곁을 떠나지 않는 동반자였다"(Gumpert, *Holle im Paradies* [1939], 인용은 GS, 2:881).

3장

|

비평의 개념:
베를린, 뮌헨, 베른
1915~1919

닥쳐온 전쟁은 벤야민이 청년운동과 최종 결별하는 계기가 되었다. 그는 자신의 청년운동 활동뿐 아니라(다만 그의 1917년 「도스토옙스키의 『백치』」는 여전히 청년의 **정신**을 언급하고 있다), 구스타프 비네켄과도 결별했다. 비네켄이 뮌헨에서 '청년과 전쟁'이라는 제목으로 연설했던 것은 1914년 11월인데(젊은이들에게 조국 수호에 나설 것을 호소하는 내용이었다), 그가 비네켄을 멀리하기 시작한 때는 아무리 늦춰 잡아도 1914년 봄부터였다. 그가 비네켄의 『학교와 청년문화』에 나타난 "객관적 정신"의 이론을 강력하게 비판했던 것이 그 무렵이다(C, 68).[1] 비네켄의 '청년과 전쟁'에 대한 벤야민의 반응은 단호했다. 1914년 2월 비네켄을 규탄하는 공개서한을 쓴 한스 라이헨바흐라는 철학도에게 보낸 편지에서 벤야민은 '청년과 전쟁'을 가리켜 눈 뜨고는 볼 수 없는 "최악의 추태이자 패륜"이라고 했다(GB, 1:262). 벤야민은 이 연설을 내심 비네켄의 자기 배반 행위로 보았다. 1915년 3월, 벤야민은 비네켄에게 보낸 편지에서 "나한테 정신의 존재를 알게 해준 첫 선생"인 당신에게 "의리의 마지막 증거"로 공식적 "절교"를 선언하겠다고 했다. 서두에서 슬

---

1   벤야민 독일어판 편집진에 따르면, 벤야민이 1913년 9월 15일 카를라 젤리히손에게 보낸 편지에 나오는 "우리는 어느 한 특정한 이념에 매달려서는 안 됩니다"(C, 54)라는 말이 이미 비네켄과 어느 정도 거리를 두고 있음을 암시한다(GS, 2:865).

품을 표하고 중간에서 남녀공학과 인본에 관한 비네켄의 "고매한" 발언을 인용한 뒤 말미에서 단호한 결의의 어조를 띠는 편지였다.

당신 안에 있는 테오리아θεωρία는 눈이 멀었습니다. 당신은 여성들을, 당신의 학생들이 사랑하는 여성들을 지독하게 배신했습니다. 국가는 당신의 모든 것을 앗아갔는데도, 끝내 당신은 청년들을 그 국가에 제물로 바쳤습니다. 청년들은 젊음을 사랑하고 다른 무엇보다 젊음이 품고 있는 이데아를 사랑하는 비전가와 한편입니다. 이데아는 당신의 잘못된 길에서 빠져나왔지만 앞으로 한참 더 이루 말할 수 없는 고통을 겪을 것입니다. **이데아**와 함께 살아가는 것, 그것은 내가 당신으로부터 빼앗은 유산입니다(C, 76).[2]

비네켄과의 절교가 청년 발터 벤야민에게 미친 영향은 아무리 강조해도 지나치지 않는다. 두 사람이 하우빈다에서 처음 만난 이래 장장 9년 동안, 비네켄은 벤야민의 사유와 태도에 막대한 영향을 미친 인물이었다. 비네켄의 세계관을 구성하는 여러 요소—특히 "좋은 유럽인"이라는 이상과 그 토대인 역동적 니체주의—는 벤야민을 평생 동안 따라다녔다. 그렇지만 어쨌거나 이 절교는 거의 총체적인 것이었고, 벤야민은 결코 과거를 돌아보지 않았다. 이 절교 편지는 벤야민이 남긴 얼마 되지 않는 전쟁 관련 발언을 담고 있다는 것만으로도 흥미롭다. 게르숌 숄렘에 따르면 벤야민과의 대화에서 전쟁이 화제가 된 것은 단 한 번뿐이고, 그 한 번의 대화(1915년)에서 벤야민은 "[급진좌파이자 반전론자] 카를 리프크네히트를 전폭적으로 지지"했다.[3] 그렇지만 바로 그 시기에 《각성》—단명한 반전 저널—에서 온 청탁에는 응하지 않았다. 이

---

2 빌럼 판레이언과 헤르만 판도른은 이 대목의 수수께끼 같은 두 번째 문장이 비네켄의 동성애를 시사하는 것일 가능성을 언급한다. 볼 곳은 Willem van Reijen과 Herman van Doorn의 *Aufenthalteund Passagen*, 235n.

저널의 편집장이었던 의학도 에른스트 요엘 역시 비네켄 연설의 공개 비판자였다. (요엘은 청년운동 시절 벤야민의 동지이자 적수였다. 말년의 벤야민이 해시시 흡입을 실험할 때 요엘이 감독 의사 자격으로 참여한다.)[4]

전쟁 발발, 친구들의 자살, 스승과의 절교는 그 하나하나가 청년 벤야민에게 쓰라린 경험이었다. 그렇지만 이런 재난에도 불구하고 그는 꿋꿋이 집필을 계속해나갔다(이 패턴은 그의 일평생에 적용된다). 그 겨울에 벤야민이 휠덜린과 함께 잡고 있던 작가는 샤를 보들레르라는, 휠덜린과는 전혀 다른 작가였다. 그가 보들레르의 시를 번역하기 시작한 게 바로 이 무렵이었다.[5] 휠덜린과 보들레르 사이에 존재하는 차이는 벤야민 자신의 감수성에 내재하는 긴장을 반영하고 있다. 예컨대 휠덜린이 열광의 시인이라면 보들레르는 아이러니의 시인이고, 휠덜린이 진지한 시인이라면 보들레르는 세련된 시인이며, 휠덜린의 험난한 서정성이 표현주의와 연결된다면, 보들레르의 낭랑한 반反서정성은 초현실주의와 연결된다. 저술가 벤야민의 이후 행보를 감안할 때, 그가 당시 이미 보들레르를 붙잡았다는 것은 그야말로 운명적이었다. 그의 글이 형식과 테마를 발전시켜갈 때는 보들레르적 모더니티가 결정적인 역할을 하게 되고, 그의 후기 작업에서는 보들레르가 여러모로 초점으로 작용하게 된다. 그가 완성한 『악의 꽃』 중 「파리의 장면들」의 번역은 결국 1923년에 출간되었는데, 「번역가의 과제」라는 중요한 이론적 서론이 포함된 원문 수록에디션이었다. 이렇듯 번역 작업은 평생 동안 이어진 깊이 있는 연구의 토대였다. 1915년에 이미 벤야민은 자신의 색채 연구와 관련해 보들레르의 예술

---

3 Scholem, *Tagebucher*, 133; LY, 62(1915년 7월 23일). 이 일화는 나중에 『발터 벤야민: 한 우정의 역사』에도 나온다(SF, 7).
4 볼 곳은 SW, 2:603-604.
5 벤야민이 1924년 1월 13일 후고 폰 호프만슈탈에게 보낸 편지에 따르면, "내가 『악의 꽃』의 번역을 시작하고부터 이 책이 [1923년 10월에] 출간되기까지 9년의 시간이 흘러갔습니다"(C, 229). In this biography, previously published translations of Benjamin's letters have been modified in places for greater accuracy.

비평을 읽고 있었다.[6]

벤야민은 1915년 여름학기(베를린에서의 마지막 학기)에 게르숌 숄렘과 친구가 되었다(그 뒤 숄렘은 벤야민의 친한 친구이자 꾸준한 편지 상대가 되고, 훗날에는 벤야민의 편지와 기타 저술의 편집자가 된다). 벤야민보다 여섯 살 아래의 반전론자이자 사회주의자이며 헌신적 시온주의자인 숄렘은 당시 대학에서 첫 학기를 보내면서 수학과 철학에 매진하고 있었다.[7] 벤야민과 숄렘이 서로의 존재를 알게 된 것은 반전론자 쿠르트 힐러의 연설을 주제로 진행된 7월 초 토론회에서였다.[8] 며칠이 지나 벤야민은 대학 도서관에서 숄렘을 알아보고 다가갔다. 숄렘에 따르면, "벤야민은 나한테 더없이 정중하게 인사한 뒤, 당신이 힐러 집회에서 발표했던 그분입니까, 라고 했다. 나는 그렇다고 했다. 그러자 그는 그때 내가 발표했던 사안에 대해 이야기를 나누고 싶다고 했다." 벤야민은 숄렘을 델브뤼크슈트라세 저택으로 초대했다. 숄렘에 따르면, 벤야민의 넓은 서재는 책으로 꽉 차 있었고, 벽에는 마티아스 그루네발트의 「이젠하임 제단화」의 복제화가 걸려 있었다. 그곳에서 두 사람은 역사적 흐름의 본질에 관한 대화를 시작했다(SF, 5-6).

나중에 숄렘은 예루살렘 대학에서 카발라 연구를 개척하면서 유대 신비주의의 역사를 가르치게 된다. 벤야민 아카이브도 이곳에 마련된다. 숄렘의 『발터 벤야민: 한 우정의 역사』(초판 1975년)는 스물세 살의 청년 벤야민의 초상으로, 그에 대한 몇몇 인상적인 디테일이 포함되어 있다. 수많은 청중을 상대로 연설할 때의 그는 "그야말로 마력을" 뿜어냈고, "한곳에 단단히 고정된 시선"은 "평소의 활기찬 동작"과는 대조적이었다. 또한 그는 "아름답고 듣

---

6 볼 곳은 C, 75. 초기 벤야민의 색채 미학 논의("고체의 논리"를 해소하는 지각 이론겸 의미 이론)의 사례를 보려면, 「한 아이의 색채관」(1914-1915), 「무지개」(1915년경), EW.
7 초기 숄렘의 수학 연구, 특히 그것과 시간철학의 관계를 보려면 Fenves, *The Messianic Reduction*, 106-117.
8 벤야민과 숄렘 둘 다의 친구였던 베르너 크라프트도 베를린 자유총학생회 토론당이 개최한 이 토론회의 참석자였다. 볼 곳은 크라프트의 자서전 *Spiegelung der Jugend*, 59-69.

기 좋으며 기억하기 쉬운" 목소리로 보들레르, 횔덜린, 핀다로스 같은 시인들의 시를 낭독하길 좋아했다. 또한 그는 "수수한 차림을 하는 데 신경 썼고, 대개 약간 구부정한 자세였다. 그가 머리를 꼿꼿이 세우고 걷는 것은 단 한 번도 본 적이 없었던 듯하다." 특히 숄렘은 벤야민의 걸음걸이를 눈여겨보았다(훗날 벤야민 자신은 보들레르의 걸음걸이를 눈여겨보게 된다): "벤야민 특유의, 신중하게 떼어놓는, 한 발 한 발 더듬어나가는 듯한 걸음걸이였다. (…) 그는 빠르게 걷는 것을 좋아하지 않았다. 그보다 키가 크고 다리가 길고 걸음이 빠르며 보폭이 넓었던 나로서는 그와 보조를 맞춰 걷는 것이 쉽지 않았다. 그는 걸음을 멈추고 말을 이어나갈 때가 많았다. 뒤에서 그의 걸음걸이를 보면 바로 그라는 것을 알아볼 수 있었다. 이 특이한 걸음걸이는 해가 갈수록 두드러졌다." 한편, 벤야민의 "눈에 띄는 정중함"은 "자연스러운 거리감"을 만들어냈다. 대화할 때의 그는 "격식을 차리는 말투였지만 잘난 척하는 것은 아니었다. 이따금 베를린 방언을 썼는데, 자연스럽게 배어 있다기보다는 흉내 내는 듯한 말투였다"(SF, 8–9).

1915년 10월, 벤야민은 다시 한번 1년간의 병역 유예 판정을 받았다. 그가 신체검사에서 불합격 판정을 받아낸 방법은 숄렘과 함께 밤새도록 많은 양의 블랙커피를 마신 것이었다(그 무렵 징집을 피하고자 하는 젊은이들이 드물지 않게 이 방법을 썼다). 그달 말, 벤야민은 베를린을 떠나 뮌헨으로 갔다. 루트비히 막시밀리안 대학에서 학업을 계속하기 위해서였다. 그레테 라트가 이 학교에 다니고 있었고, 벤야민의 친구 조각가 율라 콘도 당시에는 뮌헨에 살고 있었다. 벤야민은 쾨니긴슈트라세에 작은 방 하나를 얻었다. 대학 본관 뒤편으로, 영국정원 근처였다. 벤야민은 숄렘에게 "전쟁이 1년 안에 끝나리라는 희망은 거의 버렸지만, 적어도 두어 달 동안은 뮌헨에서 평화롭게 작업할 수 있을 듯합니다"라고 썼다(C, 77). 베를린이라는 "저주받은 존재들의 도시"를 떠나온 벤야민은 실제로 "다소 은둔자같이" 생활했다(GB, 1:318). 물론 밤에 시내에서 노는 날이 아주 없지는 않았다. 하루는 그레테와 함께 어느 미술관에서 열린 낭독회(하인리히 만이 졸라에 관한 자기 글을 낭독한 행사)에 참석한 후 고급 술집에서 샴페인을 마시기도 했다. 뮌헨의 문화생활이나 대학생활에 대한 벤야민의 긍정적인 언급은 그 하루에 대한 것이 거의 전부다. 독일 젊은이들이 베를린의 방탕하고 시끄러운 삶과 뮌헨의 비교적 차분하고 부유하며 전통적인 분위기의 차이를 부각시키려는 것은 그때나 지금이나 마찬가지다.

대학 개혁을 지향할 만한 조직을 모두 잃은 벤야민은 (기분 전환 삼아) 온전히 학업에 매진할 수 있었다. 보람도 있고 실망도 있었다. 가장 큰 실망을 안겨준 것은 스위스의 저명한 예술사 연구자 하인리히 뵐플린의 수업이었다. 그가 1912년에 읽은 뵐플린의 『르네상스의 미술』은 대단히 유익한 책이었다. 그렇지만 직접 만난 뵐플린은 예의와 규칙에 얽매여 있는, 예술작품을 다루면서도 감식안이 전혀 없는 인물이었다. 뵐플린의 수업은 "수강생에 대한 지독한 모욕"이었다(GB, 1:289). 독일 문학사 수업도 마찬가지로 "아무 내용이 없었다." 후설주의자 모리츠 가이거가 개설한 칸트와 데카르트 세미나 과목이 그나마 흥미로웠다. 후설의 『순수 현상학의 이념』과 더불어 가이거가 당시에 발표한 심미적 쾌감에 대한 논문을 읽는 과목이었다. 현상학자들이 좋아하는 표현을 빌리면, 벤야민은 자기만의 방식으로 "물자체"로 회귀 중이었다.[9] 난해하면서도 "유익한" 과목이 없지는 않았다. 그중 하나가 '초대 교회 회개의 역사'였는데, 수강생은 벤야민과 네 명의 수도사가 전부였다. 또 하나는 전前 콜럼버스 시대의 멕시코 문화 및 언어를 다루는 세미나 과목이었다. 벤야민 외 아홉 명의 수강생이 우아한 사택의 커다란 탁자에 둘러앉아 진행됐는데, 시인 라이너 마리아 릴케도 수강생 중 한 명이었다: "릴케는 거만한

---

9 베를린 발터 벤야민 아카이브에 보관되어 있는 도서 목록 메모들을 보면, 현상학파에 폭넓은 관심을 가졌음을 알 수 있다(정보 제공자는 Peter Fenves와 Julia Ng).

게르하르트 (게르숌) 숄렘, 1917년(예술 아카데미, 베를린, 발터 벤야민 아
카이브)

구석이 전혀 없이 그저 아주 졸린 듯 허공 어딘가를 비스듬히 바라보고 있었는데, 코밑수염 끝부분이 애처롭게 살짝 들려 있었습니다"(GB, 1:291). 숄렘에 따르면, "벤야민은 릴케의 정중함에 경탄해 마지않았다. (⋯) 하지만 벤야민 자신의 괴상하기 짝이 없는 정중함을 이해하는 것만 해도 나에게는 이미 한계였다"(SF, 33).

이 과목을 가르친 이는 당시 사강사 Privatdozent로 주로 집에서 수업하던 인종학자 발터 레만이었다. 벤야민이 숄렘에게 레만의 과목을 추천한 것은 그로부터 1년 뒤였다: "자기가 무엇을 아는지 모른다는 것은 레만의 행운입니다. 자기가 무엇을 아는지를 알았다면 레만은 오래전에 미쳤을 것입니다. 그 무지가 레만을 학자로 만듭니다."[10] 키가 크고 금발에 외알 안경을 낀 서른 살가량의 젊은이(벤야민이 붙인 별명은 "잡학의 천재")도 이 과목의 수강생이었는데, 바로 철학과 인도-유럽어족 문헌학을 공부하는 펠릭스 뇌게라트였다. 레만의 수업이 끝나면 벤야민과 뇌게라트는 카페에서 몇 시간씩 대화를 나누면서 비교신화학의 문제들 그리고 "나를 사로잡고 있는 문제이자 우리에게 의미 있는 모든 문제의 중심에 자리잡은 (⋯) 역사적 존재라는 개념"과 씨름했다(GB, 1:300-301). 뇌게라트는 릴케뿐 아니라 슈테판 게오르게와 루트비히 클라게스의 친구였다. 벤야민이 "슈바빙 보헤미안"(독일 모더니즘의 배세포 중 하나)의 잔당들에 합류한 것도 뇌게라트를 통해서였다. 20세기 초 슈바빙에 살았던 작가 및 화가 목록은 길고도 화려하다. 바실리 칸딘스키, 가브리엘레 뮌터, 프란츠 마르크 등의 '청기사파 Blauer Reiter', 프랑크 베데킨트를 중심으로 하는 정치 카바레 '11인의 형리', 슈테판 게오르게를 중심으로 철학자 루트비히 클라게스, 그래픽 디자이너 멜히오어 레히터, 우익 밀교 전도사 알프레트 슐러, 파니 추 레벤틀로프(이른바 '슈바빙의 백작 부인')

---

10 Scholem, "Walter Benjamin und Felix Noeggerath," 135–136.

를 아우르는 '코스모스회'가 있었고, 토마스 만, 릴케, 알프레트 쿠빈이 있었다. 벤야민이 뇌게라트의 소개로 알게 된 사람들 중에는 철학자이자 시인 카를 볼프스켈도 있었다. 유대인임에도 불구하고 게오르게 서클의 중추 세력이었던 볼프스켈은 《예술잡지》에서 1892년부터 1919년(폐간)까지 게오르게의 공동 편집자였으며, 『독일의 시』라는 시선집 시리즈(1901~1903)의 공동 편집자이기도 했다(게오르게는 이 시리즈를 통해 독일의 문예를 부흥시키고자 했다). '코스모스회'는 한때 반유대주의 문제로 험악한 분열을 겪기도 했지만(1904년의 일이었고, 이때 게오르게는 볼프스켈을 옹호하면서 슐러 및 클라게스 등과 대립했다), 벤야민이 독일 유미주의의 대표자들과 스위스의 모계 사회 역사가이자 이론가인 요한 야코프 바흐오펜—이교 신앙을 부활시키는 데 앞장섰던 밀교 전도사 슐러에게 중요한 영감을 제공한 저자—을 알게 된 것은 뇌게라트와 볼프스켈을 통해서였던 듯하다. 벤야민은 1920년대 후반에 대화와 편지를 통해 볼프스켈과 관계를 재개하면서 1929년에 《프랑크푸르트 신문》에 「60세를 맞은 카를 볼프스켈」을 싣기도 했다. 한편 클라게스와 바흐오펜의 작업은 벤야민 평생의 관심사였다. 예컨대 1934~1935년에는 바흐오펜에 대한 논문을 썼고(SW, 3:11-24), 1930년대 후반에는 클라게스와 카를 구스타프 융의 작업에서 원형Archetypus이 어떤 역할을 하는가를 규명하는 글의 기획안을 썼다. 뇌게라트 역시 나중에 벤야민의 삶에서 중요한 인물로 다시 등장한다. 벤야민은 1930년 그와 연락을 재개했고, 그로부터 2년 뒤 그는 벤야민에게 이비사 섬을 소개해주었다.

에리히 구트킨트 역시 벤야민이 뮌헨에서 처음 만나 수십 년간 관계를 이어간 지인이었다. 당시에는 구트킨트의 신비주의적이고 유토피아적인 『별의 탄생』(1910)이 뮌헨의 표현주의 동아리 사이에서 폭넓게 읽히고 있었다. 구트킨트와 그의 아내(루치에)는 1920년대에 베를린에서 거주하다가 1935년 미국으로 이민을 가지만 벤야민이 세상을 떠날 때까지 연락이 끊기지 않는다. 스위스의 작가 막스 풀버 또한 벤야민이 뮌헨에서 만난 사람이었다. 풀버와 벤야민 둘 다 필적학에 취미가 있었다. 풀버는 인지학 연구자 루돌프 슈타이너의 제자들이 발행하는 신생 저널 《라이히》에 밀교적인 시와 논문을 실었는데, 당시 벤야민은 그 글들을 읽은 상태였다. 풀버의 『필체론』은 1931년에 처음 출간되어 판을 거듭해 나오게 된다. 벤야민이 철학자 프란츠 폰 바더에게 관심을 갖게 된 것도 풀버를 통해서였다. 바더는 초기 낭만주의자들과 동시대를 살면서도 기독교적·유대교적 신비주의 전통에 몰입했는데, 벤야민은 바더의 "별난 사고방식"에 크나큰 매력을 느꼈고(GS, 3:307), 그로부터 얼마 뒤 바더 전집 총 6권을 사들이게 된다. (바더 전집은 플라톤 전집과 함께 벤야민의 서재에 들어온 유일한 철학 전집이다. 벤야민이 경제적 형편 탓에 이 전집을 팔게 되는 것은 1934년이다.) 벤야민은 바더를 읽음으로써 독일 초기 낭만주의 연구를 시작하고(이는 1919년 학위논문으로 대망의 결말을 맺는다), 역사와 언어를 다루는 여러 논문을 구상할 수 있었다(1916년 여름과 가을에 집필되는 이 글들은 벤야민이라는 성숙한 문화이론가의 출현을 예고한다).

1916년 4월, 벤야민은 뮌헨의 여름학기를 앞두고 베를린에서 두어 주간 시간을 보내면서 숄렘을 여러 차례 만났다. 벤야민과 숄렘의 관계는 점점 더 깊어졌는데, 이것은 특히 숄렘에게 중대한 경험이었다: "내 인생에서 가장 중대한 경험이었다"(LY, 186). 숄렘의 1916~1919년 일기를 보면, 친구가 내뿜는 지적 존재감과 그로 인한 감정적 동요가 기록되어 있다. 벤야민이 베를린에 온다는 편지를 받은 1916년 3월 초, 숄렘은 이렇게 적었다: "그토록 생산적이고 경이로운 인물과 공동체를 만든다고 생각하니 몹시 흥분된다. (…) 그에게는 목소리가 있다." 숄렘은 "벤야민은 역사를 새롭고도 놀라운 방식으로 보는 인물이다"라는 점을 일찌감치 감지하고 있었던 것이다. 하지만 8월에 벤야민을 다시 만난 숄렘은 이렇게 적었다: "그의 구체적인 의견들도 영향을 미치지만, 정작 나에게 막대한 영향을 미치는 것은 그의 정신적 존재 그 자체다. 내 쪽에서도 그에게 조금은 영향을 미치는 것 같다." 벤야민과 숄렘의 공통된 관심사에는 역사적 문제 틀 외에 언어철학도 있었다. 숄렘의 지식(히브리 전통 관련 지식)이 벤야민의 사유에 영향을 미치고 벤야민의 사유가 다시 숄렘에게 해방적인 영향을 미친 것은 바로 언어철학 영역에서였다. 초기의 중요한 시기를 지나던 숄렘에게 벤야민은 "절대적, 압도적으로 뛰어난 인물"이었고(LY, 186), 벤야민의 인격과 작업은 선지자에 필적할 정도였다: "언젠가 발터가 말하기를, 메시아 나라는 항상 현존한다고 했다. **기막히게** 중요한 통찰이다. 선지자들 이후로는 이 정도 차원까지 올라간 사람이 없지 않나 싶다."[11]

벤야민과 숄렘이 자주 토론한 주제 중 하나는 정의와 법의 관계였다. 숄렘의 1916년 10월 8~9일 일기를 보면, 벤야민의 「정의의 범주에 관한 글을 위한 메모」—1921년 「폭력 비판」을 예고하는 결정적인 정리들을 포함하는 글—를 그대로 베껴놓은 부분이 있다:

> 좋은 것das Gute은 시간적-공간적 체제에 예속되어 있으므로, 그 무상함의 표시로서 소유물이라는 특징을 띠게 된다. 소유물은 항상 그런 무상함에 갇혀 있으므로 늘 불의하다. 그러므로 소유물이라는 특징을 띠는 체제로는 결코 (…) 정의에 이를 수 없다.

---

11 메시아 나라에 대한 이러한 이해가 숄렘의 사유에 결정적 영향을 미쳤다는 것은 숄렘의 청년기 저술 「유대교와 시간에 대하여」(벤야민의 입장을 흥미롭게 조명하는 글)를 보면 알 수 있다: "메시아 나라는 역사의 현재[die Gegenwart der Geschichte]다. 이 생각을 선지자들은 미래의 이미지를 사용하면서 가설적으로 표현할 수밖에 없었다. 그들이 '그날이 오면'이라고 말했을 때, 그날은 언제였을까? 이 생각을 끝까지 밀어붙인다면, '그날'은 이날을 뜻한다. 하나님의 나라는 **현재**다. (…) 종교에서 시간은 언제나 결단이며, 따라서 언제나 현재다. (…) 미래는 당위다. (…) 예를 들면 (…) 성스러움을 현재의 순간으로 가져와야 한다는 **당위**다"(LY, 245~246[1918년 6월 17일]).

정의의 조건은 좋은 것이 소유물이 될 수 없어야 한다는 것이다. 많은 좋은 것 중에 좋은 것이 소유물이 될 수 없게 한다는 점에서 좋은 것은 오직 정의뿐이다. (…) 법과 정의 사이의 엄청난 간극은 (…) 다른 언어들에서도 나타난다.[12]

숄렘은 벤야민과 아하드 하암의 정의 개념을 비교했고(아하드 하암은 숄렘에게 특별한 의미를 지니는 진보적 시온주의 작가였다), 아울러 벤야민의 사유와 숄렘 자신의 성상파괴적 종교 틀을 전반적으로 통합하고자 시도했다. 1917년 겨울 예나에서 공부하던 시기에는 벤야민과 도라의 사진을 책상 위에 올려놓고 상상 속 대화를 이어나가기도 했다. 1918년 3월 초, 숄렘은 "내 삶의 중심에 그 사람이 있다. 내 삶의 중심에는 그 사람뿐이다"라고 썼다(LY, 261).

그럼에도 불구하고 숄렘은 적어도 1917년부터는 "그와 나 사이에 엄청난 간극"이 있음을 고통스럽게 깨달아갔다. 숄렘이 벤야민의 성격에 환멸을 느끼면서 이 간극은 더 벌어졌다. 벤야민이 유대교에 헌신하지 않는 것에 숄렘이 환멸을 느끼며 두 사람이 계속 멀어지는 원인 중 하나가 되었다: "이런 말을 하기는 괴롭지만, 발터는 의인이 아니다. (…) 형이상학이 그를 미친 사람으로 만든다. 그의 통찰력은 이제 인간적인 통찰력이라고 할 수 없다. 신의 영역으로 가버린 미친 사람의 통찰력이라고 해야 할 것이다"(LY, 244). 숄렘이 환멸한 근본적 원인은 이렇듯 벤야민의 **윤리적** 결함에 있었다: "벤야민의 삶은 모든 측면에서 대단하다. 내 주변에서 찾아볼 수 없는 삶, 형이상학적 삶이다. 그렇지만 그 삶에서 퇴폐의 비중이 섬뜩할 정도로 높은 것도 사실이다"(LY, 261). 숄렘은 벤야민의 성격이 모순적이라 보기도 했고(벤야민에게서 지성의 뛰어남과 함께 처신의 비열함을 본 옛날 친구들은 또 있었다), 벤

---

12 Scholem, *Tagebucher*, 401-402; LY, 142.

야민의 거짓말과 횡포, 그리고 졸렬함을 언급하기도 했다(발터와 도라는 그를 "집사 대하듯" 했다). 그럼에도 불구하고, 숄렘은 벤야민의 독보적 재능에 대해서는 줄곧 감탄해 마지않았다. 예컨대 벤야민이 숄렘에게 "무한한 신뢰"와 함께 (그리고 어쩌면 자기 이익에 대한 적잖은 고려와 함께) 자기가 쓴 글들을 맡기고 석 달쯤 뒤인 1918년 6월 25일, 숄렘은 주목할 만한 일기를 썼다.

> 밖에서 들여다보면, 그는 광적일 정도로 폐쇄적이다. (…) 그가 자기를 가장 많이 보여준 것은 바로 내 앞에서이지만, 그는 근본적으로 전혀 보이지 않는 사람이다. (…) 그는 자기를 표현하지 않는다. 자기를 감추고, 그러면서 자기를 보라고 요구하는 사람이다. 그의 논법은 정말 독특하다. 이렇게 말해도 될지 모르겠지만, 그야말로 계시의 논법이다. 이 논법은 잠깐 한번씩 나오는 게 아니라 그의 존재 영역 전체를 지배한다. 이런 식으로 사는 사람은 장자莊子 이후로는 없었던 것 같다. (…) 발터에게는 무한한 그 무엇, 모든 질서를 뛰어넘는 그 무엇, 스스로를 소진함으로써 자기 글의 질서가 되고자 하는 그 무엇이 있다. 그것이 바로 익명성, 발터의 글에 정당성을 부여하는 철저한 익명성 das völlig Namenlos이다(LY, 255-256).

숄렘은 벤야민의 비가시성과 비표현성—자기가 특정인으로 환원되는 것을 거부하고 심지어 특정한 속성을 갖기를 거부하는 내밀성과 익명성—을 감지했고, 그 덕분에 일찍부터 두 사람의 "공동체" 속에서 거리가 있어야 한다는 사실을 존중할 수 있었다. 그렇지만 그 몇 년간 숄렘이 쓴 일기를 보면, 자신의 시온주의적 신념을 벤야민과 공유하고 싶다는 끈질긴 소망도 엿볼 수 있다. 물론 숄렘은 처음부터 그것이 이루어질 수 없다는 것을 잘 알고 있었다. 이 소망이 문제가 된 이유는 (그리고 두 사람 사이에 수년간 불화가 계속된 이유 중 하나는) 벤야민이라는 어려운 친구를 향한 숄렘의 깊고도 자의식적인 애정 때문이었다. 숄렘은 때로 퇴짜 맞는 애인 역할을 맡았고, 벤야민이 도라와 결혼한 뒤에는 애인의 아내에게 견제당하는 역할도 맡게 된다.

벤야민이 미모와 재능을 겸비한 도라 폴라크와의 관계에서 결정적 전기를 맞은 것은 1916년 봄이었다. 도라와 그녀의 첫 남편(부유한 저널리스트 막스 폴라크)이 바이에른의 제스하우프트—뮌헨 바로 남쪽에 위치한 슈타른베르크 호수 근처의 한 저택—로 거처를 옮긴 것은 전쟁이 터졌을 때이고, 도라와 벤야민이 함께 제네바를 여행하면서 헤르베르트 블루멘탈을 만난 것은 1915년 4월이며, 도라가 벤야민과 크게 다투고 절교한 것은 제네바에서 돌아온 직후였다. 도라가 카를라 젤리히손에게 보낸 편지에는 절교의 이유가 나와 있다: "내가 살기 위해서였습니다. (…) 당신이 그이를 사랑한다면, 이것을 알아두십시오. 그이의 입에서 나오는 말들은 거룩하고 그이의 생각과 작업은 의미가 있지만 감정은 작고 약하다는 것을. 그리고 그이의 행동은 말과 생각과 작업, 이 모든 것을 반영하고 있다는 것을." 벤야민에게 공감 능력이 부족하다고 본 사람은 도라뿐만이 아니었다. 예를 들어 이 무렵 벤야민과 가장 친하게 지냈던 블루멘탈은 나중에 (벤야민으로부터 절교당한 뒤) 그에 대해 도덕적으로 "협량한", "척박한 심장"을 가진 인물이었다는 씁쓸한 평가를 남겼다. 도라와 블루멘탈이 각자의 방식대로 지적한 것은 벤야민의 동류의식 부족이 그의 삶 전체에 영향을 미쳤다는 사실이다. 블루멘탈은 벤야민에 대한 일화 한 가지를 들려준다: "학생 회의 중이었는데, 아는 여학생이 나한테 '저 아둔한 벤야민 씨'가 어쩌고저쩌고했다. 놀랍고도 충격적이었다. '아둔하다고요? 저 사람은 내가 지금까지 알던 사람 중 제일 똑똑한데!' 그녀는 조용히 '물론 똑똑하지만, 당신은 저 사람이 얼마나 아둔한지 몰랐어요?'라고 했다. 직관과 감정이 없지 않은데도 불구하고 오로지 이성만 가지고 삶과 행동을 바라보기로 정해놓은 사람 같다는 뜻이었다."[13]

뮌헨으로 돌아온 벤야민이 불과 몇 달 만에 도라와 화해하고 다시 폴라크의 저택에 드나든 일은 도라와 벤야민의 관계가 어떤 식으로 진행될지를 보여주는 전조였다. 벤야민은 1916년에 그레테 라트와 파혼했고(그 뒤 그레테는 벤야민의 옛 친구 알프레트 콘과 결혼한다), 그사이에 도라는 남편과 헤어졌다. 도라의 이혼 소송이 진행 중이던 8월 중순에 제스하우프트를 방문한 숄렘에 따르면, 그때 벤야민과 도라는 "둘이 지금 어떤 관계인지 한마디도 입 밖에 내지는 않았지만, 서로에 대한 애정을 공공연히 드러내면서 나를 모종의 공모자로 대했다"(SF, 27). 숄렘은 이때 도라를 처음 만났는데, 그의 일기에 따르면 도라의 첫인상은 "매우 긍정적"이었다. 나중에 숄렘은 자기를 제스하우프트로 초대한 것이 도라의 생각이었음을 알게 된다.

숄렘은 제스하우프트에서 사흘간 여러 주제로 토론을 했다. 토론 중간에 느린 속도로 체스를 두기도 했다(벤야민이 두는 체스는 "맹목적"이고 "심하게 느렸다"). 벤야민과 숄렘 두 사람은 플라톤의 『향연』 중 소크라테스가 이야기하는 부분을 읽었고, 도라가 동석한 자리에서는 벤야민이 「소크라테스」(그 여름에 쓴 도발적인 논문)의 몇 대목을 낭독하면서 소크라테스란 "플라톤이 신화에 맞세우는 논거이자 담장"이라고 논평했다.[14] 핀다로스의 송가 한 편을 횔덜린 번역과 그리스어 원작으로 낭독하기도 했다. 자주 거론된 토론 주제는 관념론 철학, 특히 칸트와 헤겔과 셸링이었다. 토론 중에 벤야민은 자기가 철학을 강의하는 사람이 될 것 같다고 말하기도 했고, 유령들이 자기 꿈속에서 어떤 역할을 하는지를 길게 논하기도 했다(벤야민의 꿈속 유령들은 커다랗고 텅 빈 집 안에서 이리저리 춤추며 떠다녔는데, 특히 자주 출몰하는 곳은 창문 앞이었다. 벤야민은 창문이 영혼을 상징한다고 보았다). 유대교와

---

13 도라 폴라크가 1915년 6월 29일 헤르베르트 블루멘탈과 카를라 젤리히손에게 보낸 편지, Scholem Archive, 인용은 Puttnies and Smith, *Benjaminiana*, 139–140; Belmore, "Some Recollections of Walter Benjamin," 119, 122.

시온주의 역시 곧잘 토론 주제가 되었다. 토론 중에 벤야민은 숄렘이 내세우는 "농업시온주의"를 비판하기도 하고 마르틴 부버를 심하게 비난하면서 그를 가리켜 "영구 최면 상태"에 있는 사람이라고 말하기도 했다. 부버가 펴내는 유대 관련 저널 《유대인》에서 글을 청탁받은 벤야민이 부버에게 인상적인 청탁 거절 편지를 보낸 것은 그로부터 얼마 전이었다. 《유대인》 창간호에 실린 유럽 전쟁 관련 기사 여러 편에 대해 벤야민은 극심한 반감을 가졌다.

1916년 7월 17일에 부버에게 보낸 이 편지에서(숄렘에게 낭독해주기도 했는데 부버의 답장은 없었다), 벤야민은 자기에게 "유대성 문제에 대해 명확한 견해를 표명할 능력이 없다는 것"을 인정하면서도 자기 태도가 "비非유대적"이라고 보지는 않는다(C, 81).[15] 일단 벤야민은 문화적 – 정치적 질문을 회피하면서 "정치 참여적인 글"이라는 사안에 초점을 맞춘다. 그러면서 정치 참여적인 글이 어떤 것인지를 이야기하는데, 그중에서 행동의 도구로서의 글로 여겨서는 안 된다는 이야기는 부버 진영에 대한 노골적인 비난이나 마찬가지다. 벤야민이 볼 때 위력을 발휘할 수 있는 글이란, "글의 비밀(곧 말의 비밀, 언어의 비밀)"을 배반하지 않고, 인식과 행동의 관계를 "언어의 마법" 안에서 깨닫게 해주는 것이다:

무매개적이면서 동시에 고도로 정치적인 문체가 있다면, 그것은 말이 가닿을 수 없는 곳으로 인도해주는 문체가 아닐까 합니다. 말로 표현할 수 없이 순수

---

14 이 글에서 벤야민은 소크라테스라는 인물 속에서 신화적 요소들이 집요하게 계속되는 것을 외면하지 않기 위해 좀더 복잡한 공식을 내놓는다: "소크라테스란 플라톤이 고대 신화를 파괴하면서 동시에 수용하는 데 바탕이 된 게슈탈트다"(EW, 233, 236n1). 「소크라테스」와 비슷한 시기에 나온 다른 짧은 글들로는 「고대인의 행복」, 「중세에 대하여」, 「비애극과 비극」, 「비애극과 비극에서 언어의 중요성」 등이 있다. 이 글들의 종착역은 11월에 나온 「언어에 대하여, 그리고 언어 중에서 인간 언어에 대하여」였던 것 같다. 볼 곳은 C, 84.

15 숄렘에 따르면, "부버는 1916년 겨울에 한 번 나를 만났을 때 [벤야민에게 받은 (버리지 않고 보관하고 있던)] 그 편지에 대해 분노를 표하기도 했다. 훗날 부버는 기회가 있을 때마다 벤야민을 지원했다. (…) 하지만 벤야민과 부버는 그냥 기질이 안 맞는 사람들이었다"(SF, 27). 부버가 1926~1927년에 벤야민을 지원한 것에 대해서 볼 곳은 이 책 6장.

한 밤[16]에 그 침묵의 영역diese Sphäre des Wortlosen이 열릴 때라야 비로소 말과 행동 사이에서 마법의 불꽃이 타오를 수 있습니다. 여기서 말과 행동은 둘 다 실재하는 채로 하나가 됩니다. 말이 가장 내밀한 침묵의 씨앗을 치열하게 지향할 때라야 비로소 진정한 위력이 발휘될 수 있습니다(C, 80).

무매개적이면서 동시에 정치적인 문체라는 벤야민의 개념은 근본적으로는 그의 학교 개혁 관련 글들에 등장했던 강령적 개념과 크게 다르지 않은 듯하지만(그런 글들 역시 행동에 직접 호소하기보다는 독자의 전반적인 시각을 재정향하거나 해방시키고자 했다), 순수, 침묵, 도달할 수 없는 원천, 빛나는 밤의 모티프 등으로 이루어져 있던 '청년'의 어휘가 이 편지에서 변화하기 시작하는 것 같다. 요컨대 이 편지는 한편으로는 청년의 형이상학을 되풀이하지만 다른 한편으로는 당시 그가 전개 중이던 언어 이론을 예고하고 있다. 그 언어 이론의 토대에는 당시 그가 읽고 있던 독일 낭만주의 및 숄렘과의 대화가 있었다.

숄렘은 벤야민에게 제스하우프트에서의 대화를 반추하는 긴 편지를 보냈다. 주로 언어와 수학에 관한 내용으로 여러 질문이 담겨 있었다. 11월 초에 쓰기 시작해 답장이 열여덟 장까지 갔지만 벤야민은 그로부터 일주일 만에 편지를 논문 형식으로 재구성했다. "이 주제를 좀더 엄밀하게 정리해보기 위해서"였다. 11월 11일, 벤야민은 숄렘에게 「언어에 대하여, 그리고 언어 중에서 인간 언어에 대하여」라는 언어의 본질을 논하는 "소논문"을 썼음을 알리는 편지를 보냈다. 편지의 표현을 빌리면, 이 논문은 아직 조금 미완성이었다.[17] 편지에서 벤야민은 자기가 수학 관련 질문들을 논의하지 못했다는 것

---

16 *Briefe*에서 Macht(힘)는 Nacht(밤)의 오류다(GB, 1:327). 비교해볼 곳은 「소크라테스」에 나오는 명언: "빛나는 광선은 빛이 굴절하는 밤의 어둠 속에서만 참으로 빛난다"(EW, 234).
17 벤야민은 12월 숄렘에게 이 글의 사본을 주면서, 두 부분이 덧붙여질 것이라고 했다. 이 글의 생각이 어떻게 계속되는지에 대해서 볼 곳은 SW, 1:87–91.

과 아울러 제목이 시사하는 "모종의 체계 지향성"을 언급하면서, 이 논문이 체계적이고자 한다는 사실이 "이 논문에서 펼쳐지는 논의들의 비체계성"에 대한 깨달음을 더욱 심화시킨다고 말했다(C, 82; 함께 볼 곳은 C, 85). 그의 많은 작업이 그러하듯, 이 논문도 끝내 조금 미완성인 채로 남아 있다. 하지만 이를 기점으로 언어 이론은 그의 논의에서 줄곧 중대한 문제로 자리잡고, 「번역가의 과제」, 『독일 비애극의 기원』 중 「서론: 인식 비판」, 「유사성론」, 「모방력」 등 그의 주요 글에서 중심 사안으로 떠오르게 된다. 1955년에 처음 발표되어 이제 고전의 반열에 오른 이 1916년 논문은 전통적인 테마들을 독창적인 방식으로 종합하면서 20세기 사유를 지배해온 언어라는 문제 틀을 바라볼 근본적인 관점들을 제공하고 있다.

이 글은 "부르주아적 언어관", 곧 언어를 한갓 정보 전달의 도구로 보는 속취적, 도구적 언어관에 반대하는 입장이며, 그런 의미에서 벤야민이 앞서 개진했던 시간의 도구화, 공부의 도구화, 역사적 기억의 도구화에 대한 비판론과 일맥상통한다. 언어에 대한 제대로 된 논의—철학적, 신학적, 정치적 차원을 아우르는 논의—는 주관과 객관, 기호와 사물의 이분법을 넘어선다. 언어의 본질을 밝히려면 언어를 수단이 아닌 매체, 곧 모종의 매트릭스로 봐야 한다. 이와 관련해서 벤야민은 칸트의 친구이자 칸트 비평가인 J. G. 하만의 말을 인용한다: "**언어**는 이성과 **계시**의 **어머니**요, 알파요 오메가다"(EW, 258). 언어에 대해서 말하려고 해도 언어 **안**에서 말할 수밖에 없다는 뜻이다. 벤야민이 이 글에서 하는 일은 결국 언어를 언어정신Sprachgeist이라는 모종의 진화하는 보편적 정신으로 보는 문헌학적 언어관(이전의 언어관)을 끌고 와 청년문법학파의 비교적 실용주의적인 언어관(소쉬르 언어학의 근간이 된 이후의 언어관)에 맞서는 것이라고 할 수 있다. 다시 말해, 벤야민이 볼 때 (그리고 벤야민 이후 하이데거가 볼 때), 언어의 기준점은 개별적 발화 행위도, 의미 생성의 심층 구조도 아니다. 언어의 기준점은 언어의 현존Dasein, 말씀의 현존이라는 통약 불가능한 모종의 질적 총체다. 모든 발화 행위와 의미 구조는 이해 가능성이라는 "마법적" 무매개성을 전제한다. 다시 말해 우리가 사물에 대해 말할 수 있으려면, 무매개적으로 이해 가능한 사물이 우리에게 말을 걸어주어야 한다. 아니, 이미 항상 말을 걸어주고 있었어야 한다[18]: "등불과 산맥과 여우가 사람에게 전달되지 않았다면, 사람이 어떻게 그것들을 명명했겠는가? (…) 사람이 사물에 대해서 알 수 있는 것은 사물의 뭔가에 바로 언어적 본성이 있는 덕분이다." 「청년의 형이상학」에도 이미 잠깐 등장했던 이러한 인식론적 논의에서 나오는 결론은 지각이 언어의 한 양태, 곧 읽기의 한 종류라는 것, 다시 말해 지각이 경험의 한 양상이라는 것이다(볼 곳은 SW, 1:92, 96). 조금 다른 식의 표현을 쓰자면, 언어란 지각의 표준형Kanon이다(GS, 6:66). 위에서도 말했지만, 우리의 일차적 인식은 언어를 통해서가 아니라 언어 **안**에서 이루어진다. 언어는 통약 불가능하다. 언어에 거하는 우리가 언어를 가늠할 유일한 방법은 "언어가 그야말로 모든 것에 현존"함을 깨닫는 것뿐이라는 뜻이다. 우리에게 언어의 바깥은 없다.[19]

그럼에도 벤야민은 언어적 보편자의 맥락에서 언어체와 비언어체를 잠정 구분한다(단, 둘 사이의 궁극적인 내적 동일성을 배제하지는 않는다). 등불이 우리에게 전달하는 것은 "등불 그 자체"가 아니라 우리가 알 수 있는 등불, 곧 "언어적 등불"이다. 즉, 등불이 우리에게 전해주는 것은 그 존재 중 전달 가능한 부분뿐이며, 나머지는 표현되지 않은 채로 남는다: "언어체가 생겨날 때마다 표현된 것과 그렇지 않은 것, 표현 가능한 것과 불가능한 것이 그 안에서 충돌한다." 사물에 "표현 불가능한 것" "전달 불가능한 것"이 있다는 논제를 벤야민은 이 글에서 (그리고 부버에게 보낸 편지에서도) 굳이 논증하려

---

18 말씀Wort이 위, 개념Begriff이 아래라는 것에 대해서 볼 곳은 SW, 2:444. "언어의 마법적 측면", 그리고 "마법적 말씀 나라"에 대해서 볼 곳은 SW, 1:424; 2:212; 위에 나온 부버에게 보낸 편지.
19 벤야민이 그로부터 수년 뒤 꿈의 집Traumhaus을 논하는 대목에 따르면, "파사주는 바깥이 없는 집, 바깥이 없는 길이다. 꿈이 그렇듯이"(AP, 406 [L1a,1]).

애쓰지 않는다. 이 논제는 칸트의 누메논(현상의 이면에 있다고 여겨지는 인식 불가능한 "물 자체")을 연상시키기도 하고, 베르그송의 지각 논의(지각과 질료는 부분과 전체의 관계와 같다)를 연상시키기도 한다. 다만, 칸트와 베르그송을 벤야민의 관점으로 바라보면, 둘 다 언어의 문제에 적절한 접근은 아니다. 어쨌든 모종의 전달 개념이 이 글에서 펼쳐지는 이론에서 핵심적임은 분명하다(여기서 전달Mitteilung은 정보 전달Kommunikation과는 다르다). 이 이론에 따르면, 자기 자신을 전달한다는 것, 자신의 정신적 내용을 전달함으로써 "전달 중에 있는 것들의 물질적 어우러짐"에 참여한다는 것이야말로 모든 것의 본질적 속성이다.[20] 자연 전체에 길을 내면서 끊임없이 흐르는 "이 전달의 강물"은 위에서 아래로 향하는 이해의 흐름—수많은 번역, "변모들의 연속체"—이다.

"사물의 익명적 언어"는 번역—수용이면서 동시에 수태—을 통해 인식의 토대인 "사람의 명명적 언어"로 바뀐다. 명명은 인간 언어 특유의 유산으로서, 언어의 내향성(전달 가능한 내용)과 외향성(전달하는 측면)을 아우름으로써 "언어의 언어"가 된다.[21] 명명의 기능을 밝히고 아울러 명명과 지각의 내재적 관계를 밝히기 위해 벤야민은 「창세기」 첫 몇 장을 (계시되어 있는 권위로서가 아니라 "기본 사실들의 언어적 차원"을 가리켜 보이는 지표로서) 참조하면서, 언어를 성서적 의미로 (다시 말해, "전개되지 않는다면 고찰될 수 없는 불가해하고 신비스러운 모종의 최종적 실재"로) 받아들인다. 천지창조 이야기에 대한 벤야민의 극히 직관적인 해석은 (어떤 면에서는 성서를 주제로 삼는 카프카의 아포리즘들에 견줄 만한 것으로서) 말씀과 이름의 구분에

---

20 『모스크바 일기』에서는 전달의 문제가 조금 다른 방식으로 정리된다: "모든 언어적 존재에는 표현과 전달이라는 양극이 있다. (…) 언어에서 전달의 측면을 무작정 계발한다면 언어가 부서질 수밖에 없다. 반면 표현의 측면을 절대화한다면, 신비주의적 침묵으로 귀결된다. 어떤 식으로든 타협은 늘 필요하다"(MD, 47[1926]).

21 벤야민이 언어의 내포적 총체성과 외연적 총체성을 구분하는 대목(GS, 2:145)은 리케르트가 내포적 무한성과 외연적 무한성을 구분하는 대목을 연상시킨다.

의지하고 있다: "모든 인간 언어는 말씀이 이름에 반사된 것에 불과하다." 여기서 **반사**Reflex는 창조하는 말씀이 인식하는 이름에 되비치는 면을 강조하는 용어로서, 끝과 테두리를 정하는 움직임을 수반한다. 신의 말씀은 물질과 자연으로부터 뿜어져 나오는 반면에, 이름은 "물질의 언어들"과 "자연의 전달하는 침묵"을 수용하고 흡수한다. 익명적 언어와 명명적 언어가 신 안에서 연결되어 있는 언어, 똑같이 창조하는 말씀으로부터 나온 언어가 아니었더라면, 명명은 불가능한 과제였을 것이다. 창조에서 신의 현전이 빠진 것이 인식 —사물의 이름(우리가 사물의 언어를 우리 안에 들어오게 하는 통로)에서 비롯되는 사물 인식—이다. 사람이 신의 이미지대로 만들어졌듯, 인식자는 창조자의 이미지대로 만들어졌다는 뜻이다. "사람이 인식하는 언어 안에서 신은 창조한다."[22]

그러나 이름은 "쇠퇴"하고, 인간이 사물을 수용하는 힘도 쇠퇴한다. 사물을 등진 인간은 추상의 영역—벤야민에 따르면 "심판하는" 말, 곧 "더 이상 자기 자신 속에서 복된 안식을 찾지 못하는" 말에 토대를 둔 영역—으로 진입한다. 구체적 언어의 토대는 이름인데, "선악을 알면 이름을 저버리게 된다." 다시 말해 선악을 알게 되면, 이름은 본연의 모습을 잃게 된다: "선악은 명명 불가능한 것, 익명의 것으로서, 이름 언어의 바깥에 위치해 있다." 한때 (벤야민이 비네켄의 영향 아래 있을 때) 추상적이라는 것은 청년의 "순수한 정신"을 추동하는 거리두기의 힘과 연결되었지만, 이 글에서 추상은 "모든 전달의 간접성"과 연결된다. 이 매개화의 심연—말이 수단으로 축소되는 곳, 말이 **한갓** 기호라는 관습의 산물로 격하되는 곳—은 잡설의 심연이기도 하다.[23] 다시 말해 언어정신Sprachgeist의 타락—역사 속으로의 추락—은 "부르주아적" 도구화에 상응한다(다만 벤야민이 부르주아란 추상성을 가장 큰

---

22 비교해볼 곳은 벤야민이 말씀과 예술, 말씀과 진리, 말씀과 정의의 관계에 대해 논평하는 대목 (C, 83[1916년 말]; C, 108[1917년 2월 28일]).

특징으로 하는 인간이라는 마르크스의 표현을 인용하는 것은 그로부터 한참 뒤인 『파사주 작업』에서다). 인류 타락 이야기에 대한 벤야민의 해석에 따르면, 낙원에서 '선과 악을 알게 하는 나무'가 자라는 한, 언어정신의 한 능력으로서의 추상화는 이미 인간에게 잠재해 있다. 슬픔이 말없는 자연에 가득해졌으니, 심판이 인류의 목전에 와 있다는 것을 선악의 인식—자기의식이라는 원죄—은 분명하게 보여준다. 하지만 그것이 전부는 아니다: "**사람**의 삶, **사람**의 언어가 자연 속에 존재하는 것은 자연을 구원하기 위해서다. 자연을 구원할 수 있는 것이 시인의 삶, 시인의 언어뿐이냐 하면 그렇지 않다는 것이다."

벤야민이 언어와 역사의 원리를 좀더 철저하게 통합하는 것은 『독일 비애극의 기원』 중 「서론: 인식 비판」의 기원 이론, 그리고 『파사주 작업』의 변증법적 이미지 이론에 이르러서였다. 1916년 「언어에 대하여, 그리고 언어 중에서 인간 언어에 대하여」에서는 역사를 보는 관점이 아직 신화의 관점에 머물러 있다. 다만 1916년 6월에서 11월 사이에(이 논문이 나오기 전에) 『독일 비애극의 기원』을 위한 최초의 예비 작업에 해당되는 밀교적인 글 두 편(「비애극과 비극」과 「비애극과 비극에서 언어의 중요성」)이 나왔는데, 이 짧은 글들이 「언어에 대하여, 그리고 언어 중에서 인간 언어에 대하여」의 말미에 나오는 자연의 "탄식"과 관련된 논의들을 직접 예고한다. 이 두 글에서 벤야민은 비극이라는 닫힌 형식과 비애극이라는 열린 형식을 구분하고(순수한 비애극은 없다), 역사적 시간을 "유령의 시간"이자 "무한 반향하는" 시간인 비애극의 시간과 연결시킨다(비애극의 언어 원리는 변모 중에 있는 말씀Wort in der Verwandlung이다). 비애극에서는 모든 것이 탄식을 듣는 귀가 되고, "죽은

---

23 이 논문에서는 "언어가 한갓 기호인가 하면 결코 그렇지 않다"(EW, 260)라는 주장이 나온 후에 "사람이 언어를 수단으로 만들었고, 이로써 언어를 어떤 면에서 한갓 기호로 만들었다"라는 주장과, "언어와 기호의 관계를 보면 (…) 언어가 기호의 기원이고 토대다"라는 주장이 나온다(EW, 266).

존재들이 유령이 되"며, 이로써 모든 것이 "알레고리 도식"이 된다. 비애극에 대한 벤야민의 논의에서는 언어의 분석과 시간의 문제를 떼어놓고 생각할 수 없다.

숄렘에게 「언어에 대하여, 그리고 언어 중에서 인간 언어에 대하여」를 썼다는 소식을 알린 1916년 11월 11일 편지에서 벤야민은 프라이부르크의 한 젊은 철학자가 당시 발표한 글(벤야민 자신과 마찬가지로 "역사적 시간"과 "기계적 시간"을 구분하는 글)에 대한 논평을 남겼다. 다만 저자의 이름을 밝히지는 않았다: "이 사안을 다룰 때 **피해야 할** 바로 그 논법을 보입니다. 끔찍한 글입니다. (…) 저자가 역사적 시간에 대해서 하는 말은 (…) 헛소리입니다. (…) 저자가 기계적 시간에 대해서 하는 말도 내가 보기에는 틀렸습니다"(C, 82). 마르틴 하이데거의 취임 강연 '역사적 시간의 문제' 초판에 대한 논평이었다. 하이데거의 역사성이 지나치게 추상적이라고 본 벤야민은 이후의 여러 글에서도 비슷한 폄하 발언을 내놓는다. 한편 그 무렵 벤야민은 머지않아 자기 정신세계에서 중요한 자리를 차지하게 될 작가를 만날 기회를 놓쳤다. 프란츠 카프카가 단편소설 「유형지에서」를 낭독하기 위해 뮌헨에 온 것은 11월 10일이었다(볼 곳은 SF, 33–34). 벤야민이 카프카를 처음 읽은 것은 일찍이 1915년이었다지만(C, 279), 카프카에게 적극적으로 관심을 갖게 된 것은 1925년 이후다.

베를린 징병위원회는 12월 말에 벤야민을 "야전 동원 가능"으로 분류했고, 얼마 뒤 영장이 나왔다. 벤야민은 여기에 응하지 않았다. 중증 좌골신경통이 도진 탓에 손님을 맞을 수도 없는 상태라는 것이 1월 12일 숄렘에게 보낸 짧지만 언제나처럼 정중한 편지에 적힌 설명이었다. 당시 제스하우프트를 떠나 베를린에 와 있던 도라가 "벤야민이 아주 잘 걸리는" 최면을 써서 좌골신경통과 비슷한 증상이 생기게 했다는 게 도라 자신이 숄렘에게 살짝 들려준 설명이었다(SF, 35–36). 델브뤼크슈트라세를 방문한 징병위원회 군의관들까지 믿게 만든 그럴듯한 증상이었다. 벤야민은 다시 한번 징병 유예 판정을 받았다. 도라는 판정 이후에도 델브뤼크슈트라세를 떠나지 않았다. 도라와 벤야민은 벤야민의 부모와 "매일 다투면서" 결혼 계획을 세웠다. 결혼식은 1917년 4월 17일 베를린에서 치러졌다. 숄렘은 양가 친척들을 빼면 유일한 하객이었고, 숄렘의 결혼 선물은 파울 셰어바르트의 유토피아 "소행성 소설" 『레사벤디오』(1913)였다. 이 소설에 큰 감명을 받은 벤야민은 곧바로 「파울 셰어바르트: 『레사벤디오』」라는 짧은 논문을 썼다(GS, 2:618-620). 벤야민은 그 후로도 오랫동안 이 책을 다양한 맥락에서 거론하고, 1939~1940년에는 셰어바르트에 대한 또 한 편의 논문을 쓴다(SW, 4:386-388). 벤야민 부부는 결혼하고 한 달 후에 뮌헨 북쪽 다하우의 어느 요양소로 거처를 옮겼다. "좌골신경통" 전문의가 있는 곳이었다. 거기서 도라의 도움으로 진단서를 발급받는 데 성공한 벤야민은 중립국 스위스로 가서 전쟁이 끝날 때까지 피신해 있을 수 있었다.

1917년 7월 초, 발터 벤야민은 취리히에 도착했다. 대학에서 연구자가 되겠다는 막연한 계획을 품은 스물다섯 살의 기혼남이었다. 유복한 가정이 많은 경우 그러하듯, 부모는 신혼의 아들과 며느리를 계속 부양했고, 한동안은 아들의 장래를 크게 문제 삼지 않았다. 하지만 벤야민 부부에게 스위스에서의 2년은 힘겨운 시간이었다. 독일에 있는 친구들이 찾아오는 것은 전쟁 때문에 불가능하고 현지에서 새로 사람을 사귀는 일도 극히 드물었던 탓에, 젊은 부부는 사실상 철저히 고립된 생활을 해야 했다. 그러면서 결혼생활의 첫 갈등 신호들이 나타나기 시작했고, 도라는 점점 더 자기 친구들과 자기만의 일에 몰두했다. 벤야민은 이렇듯 고립이 심화된 덕분에 자신의 지적 관심사에 자유롭게 몰두할 수 있었으니 스위스에서의 시간 또한 생산적이었다. 그의 지적 관심사는 그 특유의 방식으로 한꺼번에 사방팔방 뻗어갔다. 자기가 읽고 있는 풍성하고 다채로운 글들을 서로 연결해보려는 시도는 이따금씩 있을 뿐이었다.

벤야민과 도라는 취리히에 있으면서 벤야민의 친구들—헤르베르트 블루멘탈과 카를라 젤리히손 부부—을 만나기도 했다. 벤야민과 블루멘탈 사이에 친근한 편지가 오간 것은 1916년 말인데, 언어, 비평, 유머에 관한 언명들을 담은 벤야민의 편지는 다양한 주제—세르반테스, 스턴, 리히텐베르크 등—를 대범하고 현란하게 건드린다는 점에서 학창 시절 블루멘탈에게 보낸 편지들과 같았다(C, 83–84).[24] 그 우정은 취리히에서 끝나는데, 이유는 여전히 불분명하다. 벤야민이 7월 10일 블루멘탈에게 쓴 서명 없는 쪽지를 보면, 도라에 대한 "결례" 등 여러 "배신 행위"가 언급되어 있다(GB, 1:368).[25] 도라와 카를라 사이에도 갈등이 있었던 것 같다. 숄렘의 설명—"벤야민은 이후 블루멘탈이 자신의 무조건적인 지적 리더십에 복종할 것을 요구했다. 블루멘탈은 반기를 들었고, 이로써 청년 시절의 오랜 우정은 끝났다"(SF, 41–42)—은 지나친 단순화 같지만, 벤야민의 "폭군적" 성격을 언급하는 대목은 어느 정도 신빙성이 있다. 나중에 블루멘탈이 도라에 대해 여러 달갑잖은 발언을 한 것을 고려할 때(도라를 가리켜 "야망이 큰 거위"라고 말하기도 했다), 블루멘탈이 도라를 진지하게 대하지 못한 것을 우정이 파탄난 원인으로 보는 것도 충분히 가능하다.[26] 블루멘탈과의 관계—"나를 과거의 것들에 불분명한 방식으로 옭아맸던 마지막 관계"—로 방해를 받고 싶지 않았던 벤야민 부부는 취리히를 떠나 장크트모리츠에 일시 정착했다. 이 알프스 산맥의 부유한 도시에서 벤야민은 마음의 평화를 되찾았다. "수년간의 투쟁"을 끝내고 안식처를 찾은 느낌, "구원"받은 느낌이었다: "밭에 심어져 있는 씨앗처럼 전

---

24 이 편지에 "밤이 빛을 품고 있다" "밤은 피 흘리는 정신의 몸이다"와 같은 표현이 나온다. 이 편지와 벤야민이 1916년 7월 17일 부버에게 보낸 편지(위에서 인용됨)는 밀접한 관계가 있다.

25 이 편지는 카를라 젤리히손이 벤야민에게 보낸 쪽지("친애하는 발터에게. 내가 있는 데로 와주기를 바랍니다. 카를라로부터")와 같은 곳에 보관되어 있다(GB, 1:368). 벤야민과 카를라가 마지막으로 만난 날은 7월 9일인데, 카를라가 이 쪽지를 보낸 이유는 우정이 깨지는 것을 막기 위해서였던 듯하다.

26 Belmore, "Some Recollections of Walter Benjamin," 123.

쟁 전 두 해의 시간이 내 정신에 심어져 있기를 기대해봅니다. (…) 우리가 기대를 거는 모든 곳에 마성과 유령이 창궐해 있지만, 나 자신은 이제 그 마성과 유령의 영향에서 벗어났다는 느낌입니다. 조야한 아나키, 고뇌의 무법성에서 벗어났다는 느낌입니다. (…) 몇 년 만에 처음으로 작업이 가능할 것 같습니다"(C. 91).

벤야민이 발병과 피신의 와중에 읽었던 소설로는 플로베르의 『부바르와 페퀴셰』, 도스토옙스키의 『백치』 등이 있었다. 그는 『백치』를 "굉장한 작품"이라 평했고, 그해 여름 「도스토옙스키의 『백치』」라는 짧은 글을 썼다. 이 글에 따르면, 미시킨 공(그리스도와 흡사한 주인공)의 죽음은 청년운동의 실패를 예고한다: "청년의 삶은 불멸하지만, 스스로의 빛 속에서 자취를 감춘다." 그러니 궁극적으로는 유익한 실패(사후생이 있는, 망각되지 않는 실패)라고 할 수 있다. 『백치』의 내러티브 "중력장"에서는 모든 사물과 사람이 미시킨 공의 삶이라는 접근 불가능한 무게중심으로 끌려간다: "그의 삶이 질서로 빛날 때, 그 질서의 중심에는 그만의 고독, 형체가 없어질 정도로 무르익은 고독이 있다." 미시킨 공의 삶이 지닌 "불멸성"은 지속성이 아니라 무한한 역동성이다: "불멸의 삶이란 불멸성을 향해 무한히 떠밀려가는 삶이다. (…) 삶의 불멸성을 가리키는 말은 바로 '젊음'이다."[27] 이 글과 함께 진행했던 작업은 보들레르 번역, 그리고 동시대 회화 유파들을 성찰하는 글이다. 이 글을 보면, 벤야민은 클레, 칸딘스키, 샤갈을 좋아했고, 피카소는 뭔가 부족하다고 생각했다.

이 무렵 벤야민은 독일 낭만주의 연구에 "행복하게 몰입"하기도 했다. 바더나 프란츠 요제프 몰리토어 등 밀교적인 작가들을 읽었고(몰리토어의 책은 카발라에 대한 것이었다), "프리드리히 슐레겔과 노발리스를 다량으로" 읽었

---

27 1917년 후반에 숄렘과 벤야민은 이 논문에 관한 열렬한 편지를 주고받았다. 숄렘의 해석에 따르면, 미시킨 공은 벤야민의 죽은 친구 프린츠 하인레에 대한 은밀한 언급이다. 볼 곳은 SF, 49; C, 102.

다. 숄렘에게 보낸 편지에서 독일 낭만주의를 논하는 대목은 청년 시절 정신 개념을 논하던 때를 연상시킨다.

> 초기 낭만주의의 핵심은 종교와 역사입니다. 초기 낭만주의는 **모든** 후기 낭만 주의보다 무한하게 심오하고 아름답습니다. 종교와 역사가 밀접한 관계에 있음을 증명하기 위해 둘의 사실관계를 끌어들이는 대신 종교와 역사가 합류하리라 여겨지는 더 높은 영역을 자신의 **사유** 속에서, 그리고 삶 속에서 길어내고자 했기 때문입니다. (…) 낭만주의의 목표는 (…) 전통의 모든 신비로운 원천, 신성함을 간직한 채 온 인류에게로 흘러가야 할 그 원천들을 마치 엘레우시스에서의 주신제에서와도 같이 활짝 열어 보이는 것이었습니다. (…) 칸트가 이론적 대상에 대해서 해낸 일을 낭만주의는 종교에 대해서 해내고자 했습니다. 다시 말해 칸트가 이론적 대상의 형식을 밝혔듯, 낭만주의는 종교의 형식을 밝히고자 했습니다. 그런데 종교에도 **형식**이 있을까요? 어쨌든 초기 낭만주의는 스스로를 종교의 역사적 형식 같은 것이라고 생각했습니다(C, 88-89).[28]

벤야민은 슐레겔과 노발리스의 단상들을 각 단상이 근본적으로 어떤 체계에 속하느냐에 따라 재배치하는 중이었다: "이미 오랫동안 생각해왔던 작업입니다. 물론 전적으로 해석 작업입니다. (…) 낭만주의는 (신중한) 해석을 **필요로 합니다**"(C, 88). 초기 낭만주의의 비평 개념 논문의 직접적 토대가 되는 것이 바로 단상의 성좌를 만드는 이 작업이었다. 단, **이** 학위논문이 명확한 형

---

28 [We have corrected two errors in the translation of this passage in C that derive from misreadings, on the part of the editors of the *Briefe*(1966), of Benjamin's manuscript] 이 대목에서 *Briefe*(1966)는 벤야민의 필사본을 판독할 때 두 가지 오류를 범했다. 하나는 eleusinisch를 unsinnig로, 다른 하나는 unentweiht를 unentwegt로 잘못 판독한 것이다. 볼 곳은 GB, 1:363(여기에는 *Briefe*에 빠진 자료들이 실려 있다).

태를 잡게 되는 것은 이듬해 봄이 지나면서다(그사이에 후기 칸트의 역사 저술이라는 우회로를 지났는데, 결과는 다소 실망스러웠다). 이 무렵 벤야민은 학계에 몸담을 가능성을 진지하게 고려하면서 스위스에서 철학 박사학위를 취득하려면 어느 대학이 좋을까 고심하고 있었다.

벤야민은 1917년 9월 초 장크트모리츠에서 숄렘에게 "가르침Lehre"(이 무렵 그의 사유에서 대단히 중요한 위치를 점했던 개념)을 논하는 놀라운 편지를 보냈다. 비슷한 시기에 나온 「지각에 관하여」라는 단상을 보면, "철학 전체"(이론 및 학설 전체)를 가리켜 가르침이라 말하기도 한다(SW, 1:96). 이 편지에서 벤야민이 논의의 출처로 삼은 작업은 자신의 낭만주의 연구, 그리고 자신의 청년철학의 뼈대였던 교육 이론이다. 교육을 어떻게 살 것인가의 맥락에서 이해하는 것도 다른 작업들과 마찬가지다. 당시에 숄렘은 교육이란 교육자가 "모범을 보이는 것"이라고 주장하는 글을 썼는데, 이 편지에서 벤야민은 교육은 그런 게 아니라고, 차라리 프리드리히 슐레겔이 주장하는 것과 같은 삶의 기술—"고대 그리스 로마의 방식으로 살아가는 것, 자신의 내면에 이를 실현하는 것"—에 가깝다고 반박한다.[29] 벤야민이 생각하는 종합적 의미의 교육은 창조적 혁신이자 전통의 재발견인데, 이때의 전통은 모종의 역동적 매체다(1916년 언어 논문에서는 언어가, 훗날 학위논문에서는 예술이 역동적 매체가 된다). 배우는 이가 연속적 변모를 거쳐 가르치는 이가 된다(배우다라는 뜻의 동사 'lernen'과 가르치다라는 뜻의 동사 'lehren'은 '길을 간다'라는 뜻의 동일한 어근을 갖는다).[30] 가르치는 이가 배우는 이로 홀로 있을 때 비로소 전통을 **자기만의 방식**으로 아우르고 이로써 전통을

---

29 Schlegel, *Lucinde and Fragments*, 180(아테나움 단상 147).
30 횔덜린의 영향이 드러나는 짧은 글 「켄타우로스」(1917년 말)는 그리스 신화에 나오는 "물의 정령"을 논하는데, 이에 따르면 "물은 소생의 매체라고 할까, 어쨌든 어떤 매체였고, 따라서 대립항 너머의 통일성이었다"(EW, 283). 비교해볼 곳은 석 달 뒤에 시작된 학위논문에서 반영의 매체를 논하는 대목.

혁신할 수 있다. 전통을 혁신한다는 것은 전승받은 전통에 전승 가능성, 전달 가능성을 부여한다는 뜻인데, 전통을 그렇게 전유하려면 먼저 가르침들의 바다에 몸을 맡겨야 한다.

　가르침들을 바다라고 하고, 사람들을 파도라고 합시다. 파도에게 중요한 것은 바다의 움직임에 몸을 맡기는 것, 최대한 솟구쳤다가 하얗게 터져나오는 것입니다. 하얗게 터져나오는 이 엄청난 자유가 바로 진정한 의미의 교육입니다. (…) 교육은 살아 있는 전통, 풍요로운 전통이 하얗게 터져나오게 하는 것입니다(C, 94).[31]

이렇듯 가르침들에 몸을 맡기게 하는 진정한 교육은 그 부침 속에서 새 생명을 얻어 그 가르침들, 곧 언어를 확장한다: "교육한다는 것은 가르침을 (정신에서) 풍요롭게 하는 것일 따름입니다." 전통은 과거와 미래, 옛 세대와 새 세대의 대결이 펼쳐지는 곳이다: "후손들은 신(인간)의 정신으로 이루어져 있습니다. 그들은 마치 파도처럼 정신의 운동으로부터 솟아오릅니다. 수업은 옛 세대와 새 세대가 자유롭게 합일할 수 있는 유일한 곳입니다. 수업에서 옛 세대와 새 세대는 서로에게 뾰족한 포말을 던지면서 섞여 들어가는 파도와 같습니다"(C, 94). 결국 벤야민은 가르침들의 바다와 정신의 바다를 동일시하고, 교육의 질서를 "전통의 종교적 질서"와 동일시한다. 이 논의에서 벤야민이 고전적 비유—바다라는 고전적인 문학적-철학적 비유—를 독창적인 방식으로 사용하는 것은 그 자체로 이 논의—전통의 재발견—의 예가 된다.
　한편 「다음번 철학의 설계도」에서는 신학적 가르침 개념이 중요한 역할

―――――――
[31]　비교해볼 곳은 벤야민이 1915년 12월 4일 프리츠 라트에게 보낸 편지에서 이론을 논하는 대목: "생산성이 생기는 것은 생산성의 객관적 원천을 명료하게 의식하고 있을 때뿐입니다"(GB, 1:298–299).

을 한다(SW, 1:100-110). 이 논문의 대부분은 대담함이라면 모자람이 없던 스물다섯 살의 벤야민이 한창 칸트의 역사 관련 저술들을 읽던 11월에 나왔다. 신칸트주의 서남학파에서 배운 학생답게 벤야민은 "칸트 사유의 **본질적 측면**", 특히 플라톤을 제외하면 비할 데 없이 독보적인 칸트 체계의 유형학 Typik을 보존하는 것이 필요하다고 생각했다: "철학이 가르침이 되기 위한, 아니 가르침 중 하나라도 되기 위한 유일한 방법은 칸트와 플라톤의 뜻을 보존하는 것, 다시 말해 칸트를 내 구상대로 수정하고 재고하는 것입니다"(C, 97). 10월 22일 숄렘에게 보낸 편지의 한 대목이다. 칸트의 문장이 "수준 높은 예술적 산문의 **극치**"라는 언급에서부터 유대교의 계시관이 문제적이며 입체파가 색채와 어떤 관계인가라는 이야기까지 벤야민 특유의 종횡무진하는 논의를 펼치는 이 편지는 다음에 그리게 될 철학의 "설계도" 작업의 직접적인 출발점이 된다.[32]

　벤야민에 따르면, 칸트 수정 작업은 "칸트 인식론의 결정적인 실수들"을 바로잡는 것을 목표로 삼아야 한다. 이 실수의 원인을 거슬러 올라가면 "비교적 공허한 계몽주의적 경험 개념"이 있고, 거기서 더 올라가면 뉴턴의 물리학에서 절정에 이르는 일방적인 수학적-기계적 인식 개념이 있다. 요컨대 "계몽주의의 종교적·역사적 맹목성"이 근대 전체를 끈질기게 관통하고 있다. 배움mathein과 겪음pathein, 지성적 인식과 감각적 경험을 구별하는 아리스토텔레스-칸트의 논의에 만족하지 못한 벤야민은 인식 구조로부터 전개되어 나오는 "상위의" 경험 개념이 필요하다면서, "인식"의 의미를 제대로 이해하는 것을 가장 시급한 과제로 놓는다. 일단 그는 칸트의 인식 개념 속에서 긴밀하게 연결되어 있는 두 문제 영역을 분리해서 논의한다. 1) 칸트의 인식 개념은 "경험적 의식"이 있다는 가정, 곧 감관에서 감각을 수용한 뒤 그렇게

32　첫 간행은 1963년.

수용된 감각을 토대로 표상을 형성하는 개체적인 "육체적-정신적 자아"가 있다는 근본적으로 무반성적인 가정을 포함하고 있다. 이는 오랜 권위를 누렸지만, 벤야민의 아이러니한 표현에 따르면, 이것이야말로 "인식의 신화"의 표본이다. 2) 이 개념은 주관과 객관의 도식에 의지하고 있다. 칸트는 인식 구조를 심층 분석했음에도 이 도식을 극복하는 데는 결국 실패했다.

"심리적 의식 개념"과 "순수 인식 영역"의 관계 문제는 아직 해결되지 않은 채로 남아 있다. 칸트 체계의 주관주의와 이원론 앞에서 벤야민은 그 어조 면에서 초기 낭만주의의 칸트 수정 작업과 무관하지 않은 여러 교정책을 논의한다. 이에 따르면 인식 개념의 지향에는 "시간과 영원을 자각하는 철학"이 있어야 하며, 그 바탕에는 "인식이란 본디 언어적인 것"이라는 깨달음이 있어야 한다. 인식을 이런 방식으로 교정함으로써 근본적인 의미에서 종교·역사적 개념으로 심화하고 확장하기 위해서는 논리의 일신이 필요하다. 예를 들어 진리를 단순한 정합성으로 이해해서는 안 되며(다시 한번 하이데거와 만나는 지점이다), 테제와 반테제 사이의 관계는 종합을 상정하는 데 그칠 것이 아니라 "종합이 아닌, 곧 모종의 비종합"을 함께 상정해야 한다. 인식 영역의 토대는 "주관이니 객관이니 하는 용어들과 무관하게" 마련돼야 한다(벤야민이 다른 글에도 썼듯, "의미 있는 모든 것, 곧 진선미는 자기 토대를 자신 안에 갖고 있다"[EW, 117]). 그 토대가 마련된 후에야 비로소 경험에 대한 논의—경험을 "인식의 체계적 분화"로 보는 논의, 곧 인식 유형이 경험 유형의 토대라고 보는 논의—가 가능해진다.[33] (벤야민의 10월 22일 편지에는 "우리 자아를 인식 속에서" 육성하자는 표현이 나오기도 한다.) 벤야민의 이어지는 논의—현상학에 대한 눈인사도 얼마간 포함된—에 따르면, 자유

---

[33] 원문은 Systematische Spezifikation der Erkenntnis. 한편 힘의 중심Kraftzentrum이라는 니체의 개념과 관련해, 니체 자신의 1888년 3~6월 메모에 따르면 "관점은 개별Spezifität의 복잡한 형태일 뿐이다. (…) 각각의 개별적 육체는 공간 전체의 주인이 되어 자기 힘을 확장하고자 한다"(*The Will to Power*, 340[no. 636]).

에 대한 새로운 논의를 가능케 하는 상위의 경험 개념은 "순수한 초험적 의식"—경험적 의식과는 질적으로 다른—을 전제하고 있다(이는 물론 "의식"이라는 용어가 주관과 관련된 모든 것을 떨쳐낸 후에도 철학 용어로 쓰일 수 있을 때의 이야기다). 한편 1918년 3월에 완성된 「다음번 철학의 설계도」의 부록에서는 경험의 주관성 문제를 더 급진적으로 정리하고 있다. 이 글에 따르면 경험의 통일체는 단순한 합이 아니라 "경험의 구체적 총체, 즉 **현존**"이다. 구체적 총체는 종교적 가르침의 "대상이자 내용"이며, 경험의 구체적 총체는 **그 자체가** 종교다. 요컨대, 경험 개념을 형이상학적으로 심화시킨다면 현존하는 철학이 종교적 가르침들과 소통하는 게 가능해질 것이고, 이로써 "종교와 철학의 잠재적 통일체"를 구현할 수 있을 것이다. 이렇듯 주관주의의 정태적, 원자적 자아를 넘어서는 다른 어떤 곳에 모종의 주관성 내지 의식장을 그려보려는 벤야민의 칸트 해석은 칸트의 현실적, 이성주의적 논의와는 전혀 동떨어진 듯한 결론들로 귀착된다는 점에서 20세기 후반의 하이데거와 같다(시간과 공간이라는 개념을 구상력과 "자기 촉발Selbstaffektion"이라는 개념과 한데 엮는 하이데거의 칸트 해석은 칸트가 『순수이성비판Kritik der reinen Vernunft』에서 "말하지 않은 것"에 집착한다는 점에서 벤야민의 칸트 해석과 비슷한 데가 있다). 칸트 철학의 "확장"이라는 벤야민의 계획은 끝내 적절한 방향을 찾지 못한다. 다만 비판이라는 칸트의 이상은 벤야민의 작업에서 마지막까지 중요한 한 축으로 작용하게 된다. 나머지 한 축은 몰입이라는 니체의 이상이었다.[34]

「다음번 철학의 설계도」는 스위스의 실질적인 수도라고 할 수 있는 베른이라는 작은 도시에서 나왔다. 벤야민 부부가 10월에 이곳으로 이사 온 것은

---

34 벤야민은 『파사주 작업』의 중요 대목에서 칸트에 대해 논한다. 이 대목에 따르면, 『순수이성비판』 제2판 저자 서문은 "역사적 지각에서의 코페르니쿠스적 선회"를 보여준다(K1,2). 볼 곳은 이 책 6장, 주 43.

발터의 학업 때문이었다. 1917년 10월 23일 벤야민은 총 네 학기 중 첫 학기를 시작했다. 1917~1918년 베른에서의 학업이 그의 지성의 관상에 남긴 흔적이 거의 없다는 점은 짚고 넘어가야 한다. 그가 수강한 과목 중에는 아나 투마르킨(그로부터 얼마 뒤 『낭만주의적 세계관』을 출간하는 인물)의 '철학 개론', 독일학 연구자 해리 마이니케의 독일 낭만주의 역사에 관한 세미나, 파울 헤베를린이 개설한 프로이트에 관한 세미나가 있었고(벤야민은 이 세미나에서 리비도 이론에 대한 비판론을 썼다), 스위스의 초超보수 역사가 프레데리크 공자그 드 레이놀드의 강의 '샤를 보들레르, 시인이자 비평가'가 있었다(벤야민은 훗날 『파사주 작업』에서 레이놀드의 보들레르 해석을 다룬다). 그렇지만 벤야민은 어느 과목에도 크게 관심을 두지 않았다. 그가 좀더 관심을 둔 곳은 개인적으로 진행하던 연구였다. 가령 독일 낭만주의 저작을 읽었고, 아나톨 프랑스와 아달베르트 슈티프터, 야코프 부르크하르트를 읽었으며, 니체와 프란츠 오버베크가 주고받은 편지, 중요한 자유주의 프로테스탄트 신학자 아돌프 폰 하르나크의 세 권짜리 저서 『교리사』를 읽었다. 벤야민이 학업보다 더 큰 관심을 쏟은 일 중에는 서적 수집도 있었다. 그에게 서적 수집, 특히 희귀 아동서 수집 취미가 생긴 것은 이때다.

그렇지만 가장 시급한 일은 학위논문의 주제를 정하는 것이었다. 위에서 인용된 10월 22일자 편지에서는 겨울에 "칸트와 역사" 문제를 다루겠다는 계획을 밝혔다. "어느 한 철학이 참된 가르침과 가까운가 하는 것"(곧 그것을 표준으로 받아들일 수 있는가)은 그 철학이 역사와 논쟁할 때 가장 확실히 드러나리라는 이유에서였다(C, 98). 그렇지만 그 후 「보편사의 이념」과 「영구평화론」을 읽은 벤야민은 불과 두 달 만에 자신의 기대가 잘못된 것임을 깨달았다: "칸트가 논하는 것은 역사라기보다는 윤리적 사안의 역사적 성좌들입니다. (…) 내가 볼 때 칸트의 사유를 하나의 독립된 논문의 출발점이나 연구 대상으로 삼는 것은 실로 부적당합니다"(C, 105). 학위논문의 방향이 잘못되었음을 깨달은 벤야민은 당황하기는커녕 오히려 새로운 방향의 착상들을 쏟아 냈다. 1918년 2월 23일 도라와 함께 스위스 남부 로카르노라는 휴양도시에 서 휴가를 보내면서 숄렘에게 그 심경을 전하기도 했다: "지금 내 삶은 이제 막 내 과거가 된 한 격렬했던 시기의 대단원을 알리는 충만한, 해방된 선율로 가득해졌습니다. 그것은 고등학교 졸업 이후 지금까지 6년, 엄청난 속도로 살아낸, 두번 다시 오지 않을 시기가 되었습니다. 나에게는 그 시기가 무한히 큰 과거―다시 말해, 영원―를 품고 있습니다"(C, 117). 며칠 뒤에는 쇤에게 도 비슷한 편지를 보냈다: "어마어마하게 넓은 의미망이 지금 내 눈앞에 펼 쳐지고 있습니다. 나는 난생처음으로 내가 생각하고 있는 것들을 하나로 모 으는 방향으로 나아가고 있다, 그렇게 말할 수 있겠습니다"(C, 108).[35] 그리 고 3월 말에는 학위논문의 새로운 방향을 알릴 수 있었다.

나는 지도교수가 학위논문의 주제를 제안해오기를 기다리고 있습니다. 내 쪽 에서 생각한 주제도 있습니다. 예술**작품**은 관조 속에서 이론이나 윤리와는 무 관하게 즉자대자적으로 이해될 수 있으므로 관조하는 것만으로 충분하다는 견해는 바로 낭만주의를 기점으로 지배적 견해가 되었다는 테마, 그리고 예 술**작품**은 예술로부터 자율적이라서 예술에 의존한다 하더라도 그저 초험적인 의존일 뿐이라는 생각이 낭만주의 예술비평의 전제가 되었다는 테마입니다 (C, 119).

다시 말해 벤야민은 낭만주의 예술비평을 논하는 학위논문이 "내가 생각하고 있는 것들을 하나로 모으는" 바로 그 기회가 되리라고 확신했다. 이런 식으

---

35   벤야민이 로카르노에서 쇤에게 편지를 보낸 것은 1918년 2월 28일이었다(GB, 1:435). [The letter to Schoen, written from Locarno, is misdated in *The Correspondence of Walter Benjamin*.] 벤야민의 현미경적 필체가 처음 나타난 것이 이 무렵(1918년 초)이었다. 볼 곳은 SF, 45; GS, 7:573~574(편집자 논평).

로 관념론적 철학 연구, 문학예술과 시각예술을 인식 매체로 보는 연구, 신학 연구, 역사철학 연구를 하나로 모은다는 것은 이후 수십 년간 그의 모든 주요 작업의 특징이 된다.

편지에서 말한 지도교수는 리하르트 헤르베르츠였다. 벤야민은 베른에서의 네 학기 동안 헤르베르츠의 과목 세 개(논리학, 인식론, 철학사)를 수강했다. 일찍이 벤야민의 박사학위논문을 지도해주기로 약속했던 헤르베르츠는 5월에 낭만주의 예술비평의 철학적 토대라는 논제를 공식 승인했다. 벤야민 부부의 스위스 망명생활에 함께했던 숄렘의 증언에 따르면, 헤르베르츠의 정신은 속물성과 고귀함의 결합체였다. 그의 고귀함은 "벤야민의 천재성에 질투 없는 찬탄"을 보내는 데서 나타났다. 아리스토텔레스의 『형이상학』 세미나에서 그는 벤야민을 "누가 봐도 애제자로 대했다. (…) 그의 말투는 마치 철학을 파는 호객 상인 같았다. (…) 그는 벤야민을 손아래 동료로 대하듯 하면서 크게 존중했다"(SF, 57–58). 베른에서 박사학위를 받고 나면 "진짜 연구"를 할 길이 생기지 않을까 하는 것이 벤야민의 생각이었다: "나는 지금 모든 희망을 이 작업에 걸고 있습니다"(C, 108, 115). 어쨌든 벤야민은 이 작업을 통해 (1914~1915년 「프리드리히 휠덜린의 시 두 편」 이후 처음으로) 인식론 쪽 관심사와 미학 쪽 관심사를 하나로 모을 좀더 큰 화폭을 마련할 수 있었다.

벤야민과 도라는 대학 근처 조용한 동네의 작은 셋집에 살고 있었다. 사교생활이라고는 가끔 미술 전시회나 연주회를 찾는 것이 전부인 "철저한 고립" 상태였다. 도라의 임신 사실을 알게 되었을 때, 역설적이게도 부부의 고립감은 더 커졌다. 도라는 숄렘에게 스위스로 와서 함께 지내자는 편지를 보내기도 했다. 벤야민이 수업을 들으면서 논문을 준비하는 동안, 도라는 자신의 재능을 이용해 약간의 돈벌이를 하기 시작했다. 탐정소설을 쓰기도 했고, 1919년 두 달간 영어 번역가로 근무하기도 했다(도라의 아버지 레온 켈너는 셰익스피어를 주제로 여러 저서를 펴낸 빈 대학의 유명한 영문학자였다). 1920년대에는 유력 문학 주간지 《문학세계》에 글을 싣기도 하고 《베를린의 직장여성》이라는 여성지를 편집하기도 한다. 결혼하고 처음 몇 년간, 도라와 벤야민은 종종 저녁에 함께 책을 읽었다. 1918년 봄과 여름에는 카툴루스의 시와 괴테의 『식물 변태론』을 읽기도 했다: "현대 미학 개념의 (…) 오류를 피하는 방법으로 가장 유익한 것이 고대 그리스 로마 시인들을 읽는 것입니다" (C, 129-130). 하지만 도라가 남편과 함께 하면서 가장 큰 기쁨을 느낀 것은 삽화가 실린 아동 도서로 서재를 꾸미는 일이었다.

1918년 4월 11일, 외아들 슈테판 라파엘이 태어났다. 그리고 얼마 뒤 벤야민은 "아버지는 즉각 그 작은 존재를 **사람**으로 인지합니다. 이러한 인지에 비하면, 존재와 관련된 모든 문제에서 아버지가 우위라는 점은 극히 사소한 문제인 것 같습니다"(C, 123)라고 말하기도 했다. 자기 작업에 빠져 지내는 벤야민을 자상한 아버지라고 보기는 어려웠지만, 그 뒤 몇 년 동안 벤야민은 아들의 행동과 발달, 특히 언어 발달을 관찰하는 데서 큰 기쁨을 느꼈다. 아들이 태어나자마자 그는 『내 아들의 '견해와 사유'』라는 작은 기록장을 작성하기 시작했다(C, 288). 특이하고 재미있는 단어 만들기와 단어 바꾸기 —'Photograph'를 'Gratophoph'로, 'Afrika'를 'Affika'로('Affe'는 독일어로 '원숭이'라는 뜻이다)—를 기록하고, 아이의 놀이나 의식儀式이나 동작, 또는 가족생활의 짧은 장면을 묘사하기도 했다.[36] 아카이브 성격의 이 작은 기록장은 벤야민이 아동기의 지각 방식과 아이의 모방 능력에 오랫동안 관심을 가졌음을 보여주는 구체적인 증거 자료다(기록장 작성은 1932년에 중단된다).[37] 그렇지만 아버지가 아들의 성장기에 집을 비울 때가 많았고, 1930년

---

36 벤야민의 기록장 중 소실되지 않은 곳은 아들의 "사유와 견해" 부분이다. 벤야민은 이 부분의 타자본을 마련해서 숄렘 아카이브에 보관할 생각이었다. [The surviving pages of Benjamin's Buchlein are translated in *Walter Benjamin's Archive*, 109-149.]

에 이혼한 뒤로는 부자의 접촉이 비교적 드물었던 탓에 관계가 좋지 못했다
는 사실 등은 이 기록장으로는 거의 짐작할 수 없다.

5월 초, 숄렘이 베른에 올 수 있었다. 마찬가지로 병역 부적합 판정을 받
은 그는 그때부터 1919년 가을까지 스위스에서 지내게 된다.[38] 숄렘은 도착
하자마자 벤야민과 도라를 따라 연주회에 참석함으로써 베른의 사교계를 경
험했다. 저명 피아니스트이자 교육자인 페루초 부소니가 작은 홀에서 드뷔
시를 연주하는 행사였다. 얼마 후 벤야민 가족은 숄렘과 함께 베른에서 멀지
않은 무리라는 마을로 거처를 옮겼고, 벤야민과 숄렘은 그때부터 8월 초까
지 석 달간 아주 가까운 곳에 살았다. 벤야민이 수업을 들으러 베른으로 갈
때 숄렘이 따라나서기도 했다. 숄렘의 기록을 보면, 초기에는 벤야민과의 대
화와 나들이에 축제 분위기가 가득한 데 비해, 시간이 흐르면서 긴장이 느껴
진다. 벤야민과 숄렘이 '무리 대학'(벤야민의 표현을 빌리면 "우리 둘만의 대
학")이라는 판타지를 통해 혈기를 쏟아낸 것은 국경 너머에서 전쟁이 한창이
던 베른 생활 초기부터였다. 무리 대학에는 풍자적인 수강 편람(예컨대 의학
과에는 '현금화 연구'라는 세미나 과목이 있었다)과 캠퍼스 동상, 도서관 구매
도서 평가가 있었다.[39] 벤야민이 총장이었는데, 총장이 하는 것은 마성학과
를 만들지 여부나 『메멘토 무리』라는 기념 논문집을 발간하는 일 등을 고민
하고, 이따금 숄렘에게 구두 및 문서 자료를 제공하는 일이었다. 숄렘은 총장
의 속관屬官으로 종교철학연구소를 이끄는 역할을 맡았다. 둘은 현실 학계에
대한 복잡한 양가감정에서 비롯된 이 장난을 오랫동안 이따금씩 이어간다.[40]

---

37 이러한 관심이 엿보이는 초기 글은 단상 「한 아이의 색채관」(1914~1915), 그리고 「무지개」
(1915년경)에서 아동용 그림책과 색채 관련 놀이를 논하는 대목, 두 글 다 EW.
38 1917년 봄 독일군에 징집당한 숄렘은 군의관들에게 자신의 "비전"을 들려준 뒤 분열증 진단을
받고 정신병동에 구금되었으며, 풀려날 때까지 토라, 역사, 메시아 등을 주제로 편지를 쓰면서 시간
을 보냈다. 1917년 8월 숄렘은 베를린에 와 있었다(LY, 162–163).
39 숄렘의 일기에는 스위스에 도착한 이튿날인 1918년 5월 5일에 벤야민과 대화한 내용("우리가 우
리를 위해서 존재하는 대학"에 대한 내용)이 기록되어 있다(LY, 235).
40 볼 곳은 SF, 58; C, 134, 222; GS, 4:441–448(「악타 무리엔사」[1918–1923]); GB, 3:304n.

두 사람만의 놀이는 또 있었다. 수업 시간에는 "종종" 이름 대기 놀이를 했다. 숄렘의 5월 10일 일기에 따르면, "오늘 아침 헤베를린의 강의에서는 M으로 시작하는 유명인의 이름을 찾으며 시간을 보냈다. 발터가 64명을 찾았고 나는 51명을 찾았다. 안 그랬으면 지겨워 죽었을 것이다." 그날 저녁 식사 후에는 셋이서 함께 "구체 또는 추상"이라는 단어 맞추기 놀이를 했다. 발터에게 낸 문제는 '성직'이었다"(LY, 237).

무리에서 두 사람은 다시 한번 광범위한 토론을 펼쳐나갔다. 베를린에 있을 당시 저명한 노장 신칸트주의자 헤르만 코헨의 강의를 접했던 둘은 무리에서도 코헨에 대한 토론을 이어나갔고, 7월의 일간 독회에서는 벤야민의 근작 「다음번 철학의 설계도」(칸트의 경험 이론의 극복)를 읽은 뒤 후속 텍스트로 코헨의 유력한 초기 작업 『칸트의 경험 이론』을 상세히 읽었다: "우리는 코헨에 대한 존경심, 아니 경외심으로 가득 차 있었다. 그래서 엄청난 기대를 갖고 읽기 시작했다. (…) 하지만 코헨의 연역과 해석은 우리에게 극히 의심스러워 보였다. (…) 벤야민은 코헨의 논증 방식에 나타난 '초험적 혼란'에 불만을 표했다. (…) 그리고 이 책을 가리켜 '들쑤셔진 벌집 같은 철학'이라고 했다"(SF, 58–60). 두 젊은이는 코헨의 집요한 합리론, 경직된 이원론, 빅토리아적 낙관론 등을 심각한 약점으로 보면서도, 그의 반反심리주의적, 문제사적 지향성에 공감했다. 코헨의 마지막 위업, 곧 성서적 메시아주의를 철학적으로 해석하는 『이성 종교의 유대적 원천』(1919)의 바탕이 되는 기원 이론과 신화 비판은 특히 여러모로 쓸모 있음을 벤야민은 그 후에 곧 알게 된다.[41]

---

41 『이성 종교의 유대적 원천』에 대해서 볼 곳은 GB, 2:107(1920). 벤야민이 지면에 발표하는 글에서 코헨을 인용할 때는 대개 그를 존중하는 입장을 취한다. 예컨대 SW, 1:206, 249, 304, 348, 2:797. 한편 1924년 12월 22일 숄렘에게 보낸 편지에서는 벤야민 자신과 숄렘이 행하는 작업이 "코헨의 체계에 대한 비판"이라고 말한다(GB, 2:512). 그 무렵에 나온 비애극 연구서의 서언에서는 코헨의 『순수인식의 논리학』에 나오는 기원의 논리를 비판했으며(벤야민에 따르면 기원은 논리적 범주가 아니라 역사적 범주다), 특수한 기원이라는 개념을 구상하면서 코헨의 약점을 바로잡았다(『독일 비애극의 기원』, 46). 코헨에 대한 이런 유의 비판들은 SW, 4:140, GB, 2:215n에도 나온다. 한편 벤야민은 코헨의 종교철학을 창조적으로 전유했다. 이에 대한 논의는 이 책 4장을 참조.

니체와 프란츠 오버베크가 주고받은 편지들에 깊은 감명을 받은 뒤 C. A. 베르눌리의 새 책『프리드리히 니체와 프란츠 오버베크: 어느 우정』까지 읽은 벤야민은 종종 니체를 화제에 올렸다. 특히 니체의 마지막 시기에 주목하면서 그를 가리켜 "19세기에 역사적 경험을 파악했던 유일한 인물"이라고 말하기도 했다(SF, 60).[42] 또 벤야민은 괴테를 곧잘 화제에 올렸고 특히 그의 "자서전적 인생"에서 은폐가 핵심적인 역할을 하는 데 주목했다. 벤야민 자신의 은폐 행태들을 고려할 때 그리 이상한 일은 아니다. 슈테판 게오르게 서클도 자주 화젯거리가 되었다. 시인 게오르게는 한때 청년운동의 영감이었으며, 게오르게 서클에서 자행된 반동적인 문화정치에도 불구하고 그는 오랫동안 벤야민을 매료시킨다. 또 벤야민은 다양한 작가의 편지와 시를 낭독했다. 자기 작품을 낭독할 때도 있었다. 벤야민과 숄렘이 동시에 흥미를 보인 인물은 오스트리아의 풍자 작가 카를 크라우스였다. 둘은 스위스에 있는 동안 크라우스의 저널《횃불》을 꽤 정기적으로 구해서 읽었고, 그의 다른 작품들도 하나하나 읽어나갔다. 그로부터 10년도 더 흐른 뒤에 크라우스는 벤야민의 가장 뛰어난 논문 한 편의 주제로 등장한다. 초여름의 두 사람은 벤야민의「다음번 철학의 설계도」를 다시 읽으면서 모종의 전前의식적 경험을 논의했다. 숄렘은 "점술 학과들"을 그런 경험의 사례로 들었고, 벤야민은 "**커피 찌꺼기**의 예언 가능성을 포함하지 않는 철학은 (…) 참된 철학일 수 없습니다"라고 대꾸했다(SF, 59). 이 전의식에 대한 관심은 그가 초기에 보여주었던 신화에 대한 관심이나 꿈과 깨어나기에 대한 관심과 아울러 벤야민의 이후 사유에서 "인간학"이 점점 결정적 방향이 되리라는 것을 예고하고 있다. 벤야민이 유령과 마성의 전前 신화 시대에서 계시의 시대로 넘어가는 역사진화론

---

42 벤야민은 신학자 오버베크가 니체에게 보낸 편지를『독일 사람들』(1936)에 포함시킨다. 볼 곳은 SW, 3:217–219. 베르눌리의『프리드리히 니체와 프란츠 오버베크』는 1918년에 출판되었는데, 훗날 벤야민은 이 책을 가리켜 "학계의 통속물"이라고 말한다(C, 288). 함께 볼 곳은 벤야민의「베르눌리의『바흐오펜』서평」(SW, 1:426–427).

을 설명했던 것도 이곳 무리에서다(비교해볼 곳은 SW, 1:203, 206). 숄렘은 벤야민이 훗날 전개하는 모방력 논의를 다루면서 그 시기를 언급한다: "고대인은 자기를 둘러싼 세계를, 그중에서도 밤하늘을 판에 그려진 그림이라고 이해했다. 지각이란 그런 판을 읽는 것과 같다, 라는 생각을 그는 당시에 이미 한창 전개시키고 있었다. (…) 밤하늘이라는 판에 별자리가 그려짐으로써 글 읽기와 글이 시작되었다는 것이 그의 주장이었다"(SF, 61). 벤야민이 "아이의 세계에 대한 깊은 관심과 몰입"을 보여주었던 것도 인식 이전의 연상에 대한 이런 사변들과 관련 있었다.

숄렘의 일기에는 그 여름에 "슈테판"이 "게르하르트 삼촌"에게 보낸 편지들이 실려 있다. 아기 슈테판이 말하는 형식인데, 도라의 문체였지만 발터의 생각이 들어 있지 않은 것은 아니었다. 이 편지들을 보면, 벤야민 부부의 결혼생활이 점점 험악해져갔음을 짐작할 수 있다. 숄렘이 갈등의 계기가 되기도 했다. 하지만 숄렘은 스위스에 도착했을 때의 환대도 잊을 수 없었다: "도라는 아주 자상한 말투로 내게 편히 있으라고 했다. 내가 자기한테 큰 호감을 품고 있다는 것을 그녀도 알고 있다"(LY, 237). 숄렘은 남편과 아내 쪽 모두에게 감정적 분열을 느꼈던 것 같다. 다만 벤야민과의 학문적 유대는 감정적 문제 따위에는 끄떡 않는 견고한 요새 같았던 반면(숄렘은 벤야민이 따뜻함과 냉정함 사이를 이해할 수 없는 방식으로 오간다고 느꼈다), 도라와의 관계에서는 호감 때문에 단점을 참아주기란 쉽지 않았다(숄렘은 도라에게서 냉소와 히스테리와 "부르주아적 본성"을 느꼈다). 도라는 때로 싸늘하게 돌변해 악수나 대화를 거부하기도 했고, 언젠가는 대화 중에 벌떡 일어나서 숄렘에게 "버릇없는 사람"이라며 당신과는 이제 상종하고 싶지 않다고 말하기도 했다(LY, 283).[43] 숄렘이 『발터 벤야민: 한 우정의 역사』에 썼듯이 "내가 상상했던 벤야민 부부의 이미지와 그 부부가 상상했던 내 이미지가 근본적인 시련과 환멸을 겪고 있었다. 나와 아기 슈테판이 주고받는 편지들에서는 이 느낌이 어느 정도 포장된 상태로 전해졌다." 숄렘이 스위스에 도착하고 6주쯤 후에 "슈테판"은 편지에 다음과 같이 썼다.

나 같으면 벌써 떠났을 거예요. 여기는 싫게 변했어요. 삼촌 때문에 분위기가 이렇게 나빠졌잖아요. (…) 삼촌은 정말 아빠에 대해서 아는 게 없는 것 같아요. 아빠에 대해서 아는 게 있는 사람이 별로 없기는 하지만요. 내가 아직 이 세상에 태어나기 전에 삼촌이 아빠한테 보낸 편지가 있는데, 그걸 보고 우리는 삼촌이 아빠에 대해서 아는 게 있는 줄 알았거든요. [볼 곳은 C, 102(1917년 12월 3일 편지)에서 벤야민이 자신의 「도스토옙스키의 『백치』」에 대한 숄렘의 해석을 언급하는 대목.] 하지만 삼촌도 아빠에 대해서 아는 게 하나도 없었던 것 같아요. 아빠 같은 사람은 이 세상에 흔치 않다, 그러니까 다른 사람들은 아빠한테 그냥 잘해주면 된다, 나머지는 아빠가 다 알아서 한다, 나는 그렇게 생각하는데. 삼촌은 아직도 자기가 뭘 많이 해야 된다고 생각하잖아요. (…) 똑똑한 척하려는 건 아니에요. 무슨 일이든 나보다 삼촌이 훨씬 더 많이 아니까요. 그래서 정말 힘들어요(SF, 68-69).

---

43 숄렘이 발터와 도라에 대한 의혹을 기록한 1918년 6월 초의 일기에 따르면, "신이시여, 발터와 도라여, 나를 용서하라. 발터와 도라가 정말 비열하다는 생각, 특히 하는 짓이 아주 비열하다는 생각이 들 때가 있다." 그로부터 2주 뒤 두 사람에 대한 불만을 기록한 일기에 따르면, "그들은 미학적 쾌감을 위해서 거짓말을 한다. (…) 그들의 삶이 기만적이며 그들과 나의 관계 역시 기만적이라는 것, 나는 그것을 너무 느리게 깨닫고 있다. 그가 정직한 곳은 문학과 철학이다." 역시 부정적인 6월 23일 일기에 따르면, "그러면 발터는 어떤가? (…) 내가 볼 때 발터와의 절대적 관계를 원하는 사람은 그로부터 멀리 떨어져야 한다. (…) 내게 충족감을 주는 것들 중 발터에게 말할 수 있는 것은 거의 없다. (…) 그가 어떤 입장인지 나로서는 전혀 알 수 없다. 내 입장과 다르다는 것밖에는? 내 입장과 다르다는 것을 아는 것도 쉬운 일은 아니었다." 이 패턴이 가을까지 계속되었음을 보여주는 10월 7일 일기에 따르면, "설상가상으로 발터의 일상생활이 순수하다는 믿음이 내게서 완전히 사라질 위험도 도사리고 있다. 발터는 소위 정직함이라는 게 아예 없는 사람이 아닐까 싶을 때가 종종 있다. (…) 무엇보다 도라가 우리 사이에 끼어든다. (…) 도라는 내가 자기를 좋아하지 않는다고 한다. 그러면 나도 할 말이 있다. 나는 얼마 전까지만 해도 도라를 한도 끝도 없이 좋아했다. 그런데 이제는 마음이 식었다. 왜냐고? 그들과 함께 지내는 일이 기대했던 것과 전혀 달라서다. (…) 그들은 모르고 나는 아는 것이 있다. 그것은 내가 지난 3년 내내 그들의 충고와 정반대로 행동해왔다는 사실이다." 그런데 그로부터 한 달 뒤의 일기에 따르면, "나는 다시 도라가 말도 못 할 만큼 좋아졌다. (…) 지금은 우리 모두가 한 가족 같다. 나는 두 사람에 대한 모든 의혹을 극복했다"(LY, 240, 245, 252, 268, 273, 274).

이 "슈테판의 편지"를 보면, 도라와 벤야민 부부가 숄렘에게 어떤 태도였는지뿐 아니라, 부부 사이가 얼마나 긴밀했는지를 짐작할 수 있다. 벤야민 부부에게는 무슨 일이 일어나더라도 발터의 재능을 희생시켜서는 안 된다는 믿음이 있었다. 결혼생활의 수많은 갈등 속에서도, 그리고 1920년대에 힘들게 이혼 절차를 밟는 와중에도, 1930년대에 도라 벤야민이 가난한 망명자가 된 전 남편에게 거처와 살아갈 방도를 제공하는 시기에도, 그 믿음은 줄곧 두 사람의 관계를 떠받치는 굳건한 토대였다.

숄렘은 부부 사이의 긴장감을 점점 실감하기 시작했다. 언젠가 저녁 식사에 초대를 받아 찾아갔을 때는 도라와 발터가 위층에서 서로에게 고함을 지르며 싸우는 동안 두 시간을 앉아서 기다리기도 했다. 가정부가 여러 번 방문을 두드리는데도 부부는 아랑곳하지 않았고, 숄렘은 식사도 못 한 채 낭패감 속에 돌아와야 했다. 그러고 나서 며칠 만에 다 같이 즐거운 시간을 보내기도 했다. 숄렘에 따르면, 발터와 도라는 애정 표현이 잦았고, 둘만의 유머러스한 은어도 있었다. 두 사람의 성격은 어딘가 상호 보완적이었다. 벤야민이 "기본적으로 우울"한 성격이고 어쩌다 한번씩 "광대짓"을 하는 정도였다면, 도라는 이따금 벤야민과 숄렘 앞에서 피아노를 치며 리트를 불렀을 정도로 "매우 열정적인" 성격이었다.

1918년 8월 중순, 무리에 머무르던 벤야민 가족은 알프스 산맥의 장관 중 하나인 브리엔츠 호수로 휴가를 떠났다. 겨울학기를 앞둔 10월 중순, 베른으로 돌아온 벤야민 가족은 방 네 개짜리 셋집으로 이사하고 입주 유모를 들였다. 숄렘과 함께 시간을 보내는 일은 점차 뜸해졌다. 스페인독감이 유럽을 휩쓸던 11월 초, 도라와 벤야민은 비교적 경미한 스페인독감에 걸렸다. 11월 말, 베를린에서 여러 현대어를 공부하던 작가 베르너 크라프트(1896~1991)가 도라와 벤야민을 방문했다. 크라프트와 벤야민은 1915년 베를린에서 알게 된 사이였다. (독일에서 누가 벤야민 부부를 찾아와 묵어가는 일은, 크라프트를 빼면, 벤야민의 죽은 친구 프리츠 하인레의 동생인 비분悲憤의 시인 볼프 하인레가 3월 한 달 동안 지내다 간 것이 전부였다. 하인레는 돌아갈 때 악감정에 차 있었지만, 벤야민은 그 후에도 하인레를 위해 끝까지 최선을 다했다. 하인레는 1923년에 요절한다.) 벤야민 부부에게 그 가을은 대체로 호젓한 시기였다. 작업에 필요한 "내적 익명성"을 확보한 벤야민이 학위논문 초고를 준비한 시기이기도 했다(C, 125). 독일과 오스트리아-헝가리 제국의 붕괴나 러시아 혁명이 그때는 그들의 생활에 영향을 끼치지 않았던 듯하다. 벤야민이 편지에서 국제 정세를 언급하는 것은 주로 자기가 독일 도서 경매에 입찰할 수 있을까를 가늠하는 맥락에서였다.[44]

1919년 초, 벤야민은 옆 건물에 사는 후고 발과 그의 친구였던 (그리고 훗날 그의 아내가 되는) 에미 헤닝스를 사귀었다. 당시 후고 발은 취리히 다다이즘의 원조 서클에서 핵심 인물로 활동한 전력이 있었고, 헤닝스의 시는 1910년 이후에 시작된 제2세대 표현주의에서 큰 부분을 차지하고 있었다. 훗날 벤야민이 발과 헤닝스를 다시 만나게 되진 않지만, 벤야민이 평생 아방가르드 미학 및 정치학을 옹호하게 되는 배경에는 역사적 아방가르드의 살아 있는 대표들과 사귀었던 이때의 경험이 있었다. 후고 발의 이력을 보자면, 베를린과 뮌헨에 있을 때는 연극과 언론 관련 일을 했고, 1915년 스위스로 이주한 후에는 순회 공연단의 피아니스트 겸 악극 대본작가로 푼돈을 벌었다. 발이 유럽 무대에 혜성처럼 등장한 것은 1916년 2월 취리히에서 한스 아르프, 조피 토이버, 트리스탕 차라, 마르셀 얀코, 리하르트 우엘젠베크, 에미 헤닝스와 함께 '볼테르 카바레'를 열면서였다. 발은 이 무대에서 「카라반」이

---

44 "볼셰비키 혁명이 일어난 것, 그리고 독일과 오스트리아가 붕괴되고 사이비 혁명이 일어난 것을 계기로 우리는 그 당시의 정치 사건들을 화제에 올리기 시작했다. 예전에 우리가 전쟁에 대해 어떤 입장을 취할 것인가에 합의했던 이래, 당대 정치 사건들을 화제로 삼은 것은 그때가 처음이었다. (…) 물론 내가 그 화제에 그리 깊게 관여했던 것은 아니다"(SF, 78). 숄렘의 부연 설명에 따르면, 그들은 대체로 러시아 사회혁명당에 공감했다(뒤에 볼셰비키들은 사회혁명당을 청산한다).

라는 소리 흉내 시詩를 공연했는데, 당시에 이 공연을 본 사람은 매우 적었지만, 오늘날 이 공연은 20세기 아방가르드 예술을 정의하는 결정적인 순간으로 기억되고 있다(이 공연에서 발은 중백의를 입은 성직자와 갑옷을 입은 새를 섞어놓은 듯한 판자 의상을 입었다). 취리히 다다이즘의 원조 서클이 유럽 이곳저곳으로 흩어진 뒤, 발은 스위스에 남아 《자유신문》(자칭 "민주주의 정치를 옹호하는 독립 기관지")에서 처음에는 필자로, 나중에는 편집장으로 활동했다. 이 저널이 독일 반전론자들의 관점을 대변하면서 뚜렷한 무정부주의적 색채를 띠었던 것은 이 무렵 발이 바쿠닌의 사유에서 크게 영향을 받은 까닭이었다.[45]

그 봄에 발은 벤야민을 자신의 "유토피아 친구"인 철학자 에른스트 블로흐 (1885~1977)에게 소개해주었다. 당시 블로흐는 브리엔츠 호수 근처의 인터라켄에 살고 있었다.[46] 벤야민과 블로흐는 곧 죽이 맞았다. 실제로 두 사람의 지적 토양에는 공통점이 많았다. 블로흐의 이력을 보자면, 독일사회에 동화된 유대인 가정 출신이었고, 독일 남부의 팔츠에서 태어났다. 1908년 뮌헨에서 하인리히 리케르트(벤야민의 스승)의 인식론을 주제로 학위논문을 썼고, 그 뒤 베를린에서 게오르크 짐멜에게 수학하면서 짐멜의 가까운 친구가 되었다. 블로흐가 헝가리의 청년 철학자 죄르지 루카치를 만나 평생의 우정을 맺은 것도 짐멜이 여러 동료, 상급 학생들을 위해 마련한 개인 콜로키움에서였다. 훗날 블로흐와 루카치(그리고 안토니오 그람시와 카를 코르슈)는 마르크스주의 철학을 혁신하는 결정적인 인물들이 된다. 블로흐와 루카치가 하이델베르크의 막스 베버 모임에 끌린 것은 1913년이고, 얼마 지나지 않아 화려함과는 거리가 먼 이 학술 모임에서 블로흐는 가장 화려한 멤버로 떠오른다. 첫 아내인 조각가 엘제 폰 슈트리츠키와 함께 1917년 스위스로 거처를 옮긴 것

---

45 벤야민과 발과 에른스트 블로흐 사이의 논쟁을 보려면, Kambas, "Ball, Bloch und Benjamin."
46 Ball, *Die Flucht aus der Zeit*, 201-202.

은 베버의 저널 《사회과학과 사회정책 아카이브》로부터 청탁받은 일을 위해 서였다. 독일인들이 스위스에서 만든 망명 반전 커뮤니티를 사회학적 관점에서 평가하는 일이었다. 벤야민을 만났을 당시의 블로흐는 이미 자신의 첫 주저로 『유토피아의 정신』(1918)이라는, 마르크스주의 이론과 유대-기독교 메시아주의를 기이하게 혼합한 책을 출간한 뒤였다. 두 사람은 여러 차례 긴 토론을 이어나가면서 서로에게 도움이 되는 치열한 관계를 발전시켰다. 블로흐는 그 무렵의 벤야민에 대해 이렇게 말한다: "벤야민은 변덕스럽고 괴벽스러운 데가 있었지만 유용한 변덕이자 괴벽이었다. 그때는 그의 글이 많이 나오기 전이었지만, 우리는 밤늦은 줄도 모른 채 대화에 빠져들곤 했다."[47] 당시 벤야민은 "작금의 모든 정치 동향을 거부"하는 입장이었고(C, 148), 블로흐는 이 입장에 줄기차게 이의를 제기했는데, 벤야민에게는 이 논쟁이 특히 도움이 되었다. 1919년 말 벤야민은 『유토피아의 정신』에 대해 긴 서평을 쓰기 시작한다(지금은 소실되었다).[48] 벤야민이 세상을 떠날 때까지 두 사람은 친구이자 학문적 동지로 남았지만, 학문적 관심사가 비슷하고 작업의 근본 전제까지 비슷했던 그들의 관계는 시종일관 우위 다툼의 색조를 띠었다.

1919년 4월 초, 벤야민은 학위논문 『독일 낭만주의의 예술비평 개념』의 초고를 완성했다. 스위스에 있는 동안 꾸준한 편지 상대가 되어준 에른스트 쇤에게 학위논문 내용과 관련된 편지를 보낸 것은 반년 전이었다: "외부적 동기가 아니었다면 이런 학위논문을 쓰지 않았겠지만, 지금까지 내가 해온 작업이 결코 시간 낭비는 아니었습니다. 이 작업을 통해 나는 모종의 진리가 역사와 어떤 관계에 있는가에 대한 통찰을 얻고 있습니다. (…) 이 통찰 가운데

---

47 1974년 인터뷰에서. 인용은 Brodersen, *Walter Benjamin*, 100.
48 벤야민은 1919년 9월에 숄렘과 에른스트 쇤에게 각각 편지를 보내 『유토피아의 정신』에 대한 서평을 쓸 생각이 있다고 말한다: "저자는 자기 책을 이미 능가했습니다. (…) 저자가 저서보다 열 배 낫습니다" "엄청난 결점이 여러모로 드러나 있는 책입니다. (…) 그러나 실질적으로 동시대적인 견해를 밝히고 있다는 점에서, 내가 우열을 겨룰 상대로 삼을 수 있는 유일한 저서입니다"(C, 146-148).

학위논문으로 가시화되는 부분은 최소한에 불과하겠지만, 명민한 독자는 이 통찰을 알아보리라 믿습니다"(C, 135-136). 벤야민이 독일 낭만주의에 관심을 가진 것은 물론 오래전부터였다. 예컨대 1912년 「오늘날의 신앙심에 대한 대화」의 화자는 "우리는 모두 근본적으로 낭만주의의 발견들 속에서 살아간다"고 말하기도 했고, 그 이듬해 《시작》에 실린 「낭만주의」에서는 "새로운 청년"을 맑은 정신의 "진리의 낭만주의"와 연결하기도 했다(EW, 70, 105). 낭만주의의 적절성을 강조한 것은 쇤에게 보낸 편지에서도 마찬가지였다: "현대의 비평 개념은 낭만주의의 비평 개념에서 나온 것입니다. (…) 낭만주의의 예술비평에는 새로운 예술 개념—여러모로 **우리**의 예술 개념—이 포함되어 있습니다"(C, 136). 그리고 이제 4월, 벤야민은 초고가 나왔음을 알리면서 논문의 의의를 밝힐 수 있었다: "학위논문은 의도대로 완성되었습니다. 다시 말해 낭만주의 저작들에서는 전혀 찾아볼 수 없는 낭만주의의 진정한 본질을 밝히는 논문이 되었습니다"(C, 139). 벤야민은 자기가 이 학위논문에서 택한 "번잡하고 관행을 따르는" 학술적 태도로 인해 "낭만주의의 핵심", 곧 낭만주의의 메시아주의에 닿지 못했다는 불만을 느꼈지만(이 문제는 논문 도입부 각주에서 다뤄진다), 학술 관행과의 타협 탓에 글의 날카로움이 줄어들었다고는 생각지 않았다: "[인식론에서 예술론으로 넘어가는] 이 글의 구성은 독자에게 높은 집중력을 요합니다. 이 글의 문장도 그런 면이 있습니다"(C, 141). 사실 이 학위논문은 학술적임에도 불구하고 "관행적인" 글은 아니었다. 역사적·철학적·문학적 관점들을 교묘하게 직조하는 이 글의 논법은 오히려 작금의 학계에 퍼져 있는 "학제간" 연구를 선취하고 있다.

『독일 낭만주의의 예술비평 개념』은 지금까지도 독일 낭만주의 예술비평의 현대적 해석에 크게 기여할 뿐 아니라 벤야민이 나름의 비평/비판Kritik 개념을 전개하는 과정에서 결정적 단계에 해당된다. 이 책에서 벤야민은 자신의 이후 작업에서 매우 중요하게 등장할 세 가지 테제—창조적 파괴(슐레겔의 용어를 빌리면, 문화적 대상의 파괴)가 모든 비평 작업의 전제 조건이며, 모든 의미 있는 비평이 의도하는 바는 작품의 "진리성분"을 구원하는 것, 그리고 비평이란 예술작품이라는 "원작"과 전적으로 통약되는 독자적 작품이라는 테제―를 소개한다. 이 글의 도입부에서 벤야민은 곧바로 낭만주의 예술비평을 고찰하는 대신 예술비평이 발전한 과정이 칸트 이후의 철학자들, 특히 요한 고틀리프 피히테가 칸트의 관념론을 재검토한 과정과 어떻게 연결되는지를 논의한다.

철학적으로 말해서, 『독일 낭만주의의 예술비평 개념』은 「다음번 철학의 설계도」가 끝나는 데서 시작된다. 그곳은 바로 주관과 객관의 이항 대립을 넘어서는 인식론이다. 칸트 수정 작업인 「다음번 철학의 설계도」의 중심이 경험 개념이었다면(이 개념은 벤야민의 후기 작업에서도 중요하다), 『독일 낭만주의의 예술비평 개념』의 중심은 예술의 조형 원리로서의 "반영" 개념이다. 따라서 이 논문에서는 인식 및 자기의식 구조의 문제가 탈脫칸트적 사유의 맥락, 특히 피히테의 반영 개념―18세기 초 프리드리히 슐레겔과 노발리스 중심의 서클에 의해 채택되고 변형된―의 맥락에서 제기된다. 사유란 본질적으로 자기반영적이라는 깨달음은 예전부터 있어왔다. 데카르트가 근대 철학의 벽두에 코기토를 수립함으로써 사유하는 주관을 모든 인식의 근거로 세웠다면, 칸트는 지각하는 주체와 지각되는 대상 간의 필연적 관계를 규정하는 지각 범주들을 연역함으로써 자기의식이라는 문제 틀의 방향을 결정적으로 선회시켰다. 독일 낭만주의는 한편으로는 주체와 대상의 연관성을 기반으로 삼지만 다른 한편으로는 주체와 대상의 차이를 사실상 무화시킨다.

이 논문에서 벤야민은 이러한 문제사의 맥락을 문학사의 맥락으로부터 신중하게 구분하고 있다.[49] 이 논문에서 낭만주의적 "예술비평Kunstkritik" 개념

---

49 하이데거의 『존재와 시간』(1927) 제10단락을 보면, 벤야민과 마찬가지로 문학사와 문제사를 구분하면서 전자가 후자로 바뀌고 있다고 말한다. 볼 곳은 *Being and Time*, 30.

의 인식론적 토대를 설명하는 것은 한마디로 (『독일 비애극의 기원』에 나오는 용어를 쓰자면) "철학적 비평"이다. 여기서도 중요한 것은 "비평의 과제"를 규정하는 일이다. 「프리드리히 횔덜린의 시 두 편」에서와 마찬가지로 이 논문에서도 과제 규정에는 모종의 역사적 맥락 — 이 글에서 아직 등장하지 않은 용어를 쓰자면 예술작품과 비평 작업 간의 역사적 변증법 — 이 수반되는데, 여기서 규정하는 (낭만주의적 의미의) 비평의 과제는 훌륭한 예술작품의 중간 단계 또는 최종 산물이 되는 것이다. 1917년 「도스토옙스키의 『백치』」에서 이 논제를 정리한 방식은 훨씬 간단했다: "모든 예술작품은 하나의 이데아를 불러낸다. 노발리스에 따르면, 모든 예술작품은 '하나의 선험적 이상, 자기가 오로지 그런 모습으로 존재해야 할 필연성'을 품고 있다. 비평가가 밝힐 것은 바로 이 필연성이다"(EW, 276).[50] 그런데 이제 노발리스의 『독일 낭만주의의 예술비평 개념』에서는 (노발리스의 이 대목을 다시 한번 인용하면서) 논제로부터 비평의 과제를 끌어내고자 한다: "예술이라는 반영 매체 안에서 인식하는 것, 그것이 예술비평의 과제다"(SW, 1:151). 바꾸어 말하면, 비평의 과제는 예술작품의 잠재적 자기반영을 현재화하는 것이다. 이 논문에 인용된 노발리스의 표현을 빌리면, 독자는 "확장된 저자"다. 이 수용 이론에서는 작품이 "사후생"을 산다—예술작품에는 여러 전개 가능성이 있고, 그중 빠뜨릴 수 없는 것이 비평이다—라는 개념이 매우 중요하다.

벤야민은 수용 개념을 수용되는 대상의 관점에서 이해한다. 벤야민이 논하는 (신비주의적 자의식이 없지 않은) 초기 낭만주의 철학에 따르면 한 대상을 바라본다는 것은 그 대상의 자기 인식을 일깨우는 일종의 "실험"—노발리스의 표현을 빌리면, "주관적이면서 동시에 객관적인 과정"—이다. 한 대상

---

50 비교해볼 곳은 1919~1920년의 단상 「예술비평의 이론」의 정리: "예술작품들은 철학적 문제의 이상Ideal을 보여주는 현상들Erscheinungen이다. (…) 모든 위대한 예술작품은 철학 영역 어딘가에 형제나 자매가 있다"(SW, 1:218-219). 연결되는 정리: "철학적 규정이 예술작품의 구조에 들어가는 경우, 현존의 의미를 품은 철학적 규정이어야 예술작품이다"(SW, 1:377[1923]).

이 인식되는 것과 그 대상이 생겨나는 것은 동시적이다.[51] 벤야민의 논의를 차근차근 따라가보자. 사유는 반영―피히테의 정의에 따르면, "자기로의 복귀", 자기를 비추는 거울의 곡면 위에서의 자기 한정―의 형식으로 되어 있다. 그냥 존재하다가 어느 시점에 반영을 시작하는 자아란 없다. 다시 말해 자아란 **오직** 반영함으로써 존재한다. 이것이 "의식의 역설"―의식은 (언어와 마찬가지로) 매개니 도출이니 표현이니 하는 것 이전의 상태로 존재한다―이다. 피히테에게는 사유하는 "나"와 "나 아닌 것"(자연)이 대립하는 데 비해, 낭만주의자에게 "모든 것은 자기 자신이다. (…) 실재하는 모든 것은 사유한다." 슐레겔의 표현을 빌리면, "모든 것이 우리 안에 있다. (…) 우리는 우리 자신의 일부일 뿐이다." 이렇듯 초기 낭만주의에서 반영이 한갓 심리학적 원리가 아니라 존재론적 원리라는 것은 매우 중요하다. 벤야민이 인용하는 노발리스의 단상에 따르면, 이 세상에 존재하는 모든 것은 "자기 자신 안에 깃든 정령Geist의 반영"인 반면, 존재하는 것들 중 하나인 인간은 "부분적으로는 '그 미개한 반영의 타파'이자 해결"이다. 그렇다면 반영에는 (사물의 미개한 반영에서 인간의 차원 높은 반영에 이르기까지) 무한한 단계가 있다는 뜻이다. 우주라는 거대한 거울 속에서, 모든 개별자는 하나하나가 "반영 중심Zentrum der Reflexion"이며, 각각의 개별자가 다른 존재들―다른 반영 중심들Reflexionszentren―을 자기 인식 속으로 끌어들이는 정도는 그 개별자의 반영력―곧 조형력과 변형력―에 좌우된다. 강력한 반영을 통해서 자기 인식의 "빛"을 다른 존재들에게 비출 수 있는 것은 사람만이 아니라 "이른바 자연물"도 마찬가지다. 새로운 반영 중심들이 계속 만들어지는 것은 마치 기상

51 1923년의 단상 「분과학문들과 철학」의 표현: "치열한 관찰자는 대상 속에서 자기의 지향과 부딪칠 그 무엇을 일깨운다. (…) 관찰 대상 속에 있는 그 무엇이 그와 부딪친다, 그의 안에 들어온다, 그를 사로잡는다, 라고 할 수 있다. (…) 이 무지향적 진리의 언어, 곧 관찰 대상 그 자체의 언어가 권위를 갖는다. (…) 문득 출현하는 그 권위의 출처는 관찰 대상 그 자체의 자기 모색이되 특정한 관찰자에 의해 일깨워진 특정한 자기 모색이다"(SW, 1:404-405).

상황이 계속 만들어지는 것과 비슷하다.

이렇듯 낭만주의적 반영 개념은, 슐레겔이 유명한 아테네움 단상 116번에서 정의한 것처럼, "전진적"이고 "보편적"이다. 모든 것이 반영 중심으로 차례차례 끌려들어간다는 의미에서 그렇고, 반영 중심이 점점 새로워지면서 복잡해진다는 의미에서도 그렇다. 요컨대 낭만주의자들에게 반영의 무한성이란 무한하고 텅 빈 뒷걸음질—직선적 후진—이 아니라 상호 결합 관계의 무궁무진함이다. 절대자도 마찬가지다. 낭만주의자들에게 절대자란 실재들의 다양한 상호 결합 관계, 곧 반영을 펼치는 정도—실체적 속성이 아닌 "매개적" 속성—이다: "반영은 절대자의 구성 요소이되 절대자를 모종의 매체로 구성해내는 구성 요소다. (⋯) 그렇게 구성된 반영 매체 안에서 (⋯) 사물과 인식자가 서로에게 흘러들어간다. (⋯) 모든 인식은 절대자 안에서의 내재적 관계다."[52]

슐레겔과 노발리스를 급진적, 철학적으로 해석하고 변형하는 이 논문에서는 예술 그 자체가 최고의 반영 매체로 등장한다: "'나'로부터 자유로운 반영은 예술이라는 절대자 안에서의 반영이다." 낭만주의자들에게 예술로 규정된 개별자는 특별히 "유용한" 반영 매체였다: "반영은 모든 정신적인 것, 그중에서도 특히 예술에서 기원이 되고 토대가 된다." 초기 낭만주의에서 예술이라는 형식은 반영 중이라는 표시이자 또 다른 반영 — 곧, 비평 — 의 씨앗이었으며, 비평이라는 행위는 창조 행위의 왕관이었다.

이 맥락에서의 비평은 예술작품의 절정, 곧 예술작품의 "절대화"다. 벤야민에게 절대라는 말은 다양한 의미를 지니지만 대개 낭만주의 특유의 "화학

---

52 비교해볼 곳은 「다음번 철학의 설계도」에서 경험을 "인식의 체계적 분화"로 정의하는 대목(논의는 이 장 윗부분에). 벤야민에 따르면, 슐레겔이 직접 매체라는 용어를 쓴 적은 없다. 이 무렵 벤야민은 두 글에서 이 용어를 쓴다. 우선 1916년 「언어에 대하여, 그리고 언어 중에서 인간 언어에 대하여」에서 매체는 언어 특유의 "무한성"을 가리킨다(언어가 언어 바깥에 있는 것에 의해 제약받는 일은 결코 없다. 언어는 언어 안에서 언어를 전달한다). 이어 1917년 「켄타우로스」에서 매체는 대립항 너머의 통일성과 연결된다(볼 곳은 이 장의 주 30).

적" 하중을 짊어지고 있다. 한편으로 비평은 "파괴"다. 비평은 작품에서 반영을 에워싸고 있는 표현 형식Darstellungsform을 공격하고, 작품의 성분을 하나하나 떼어냄으로써 작품을 "분해"한다(『프리드리히 휠덜린의 시 두 편』의 용어를 쓰자면, 비평은 작품의 기능적 일관성을 "헐겁게 만든다"). 다른 한편으로 비평은 해체함으로써 건설한다. 비평은 작품 속에 갇혀 있는 반영을 전개하고, 작품의 "은밀한 설계들"을 절합하며, 특수자들 속에 존재하는 "보편적 계기들"을 포착한다. 예술 형식들에 갇혀 있는 반영을 절대화한다는 것은 "비평을 통해서 예술 형식들의 함축성Prägnanz과 다면성을 분해함으로써 (…) 하나의 맥락을 갖는 예술 형식들이 하나의 매체의 계기들임을 밝히는 것이다. 이렇듯 예술이 하나의 매체라는 생각은 독단을 벗어난 자유로운 형식주의의 가능성을 처음으로 생겨나게 한다"(SW, 1:158).

이로써 각각의 표현 형식은 표현 형식 전체가 삼투하는 절대적 연속체─"예술 형식들의 연속체"─를 조망하는 문이 된다. 예를 들어, 고대 그리스 로마의 시 전체가 낭만주의자들에게는 한 편의 시가 될 수 있었다. 벤야민이 인용하는 슐레겔의 아테네움 단상 116번에 따르면, 낭만주의 포에지die romantische Poesie는 모든 장르를 통합하고자 한다: "낭만주의 포에지는 모든 하위 예술을 포섭하는 최상위 예술에서 소박한 노래를 만들어 부르는 아이의 한숨, 입맞춤 소리까지 모든 것을 (…) 포함하고 있다." 개별 작품 자체는 "예술이라는 이데아"의 계시 속에서 분해되지만, 역설적이게도 바로 이때 "작품의 파괴 불가능성"이 증명된다. 작품이라는 미학적 형식─"자기 한정과 자기 승화의 변증법"─은 모종의 이데아 형식─"통일성과 무한성의 변증법"─의 표현이라는 점에서 비평적-반영적 의의가 있다는 뜻이다.

바꿔 말해서, 작품에 "비평 가능성"(앞에 나온 "표현 가능성"과 연결되면서 동시에 뒤에 나올 "번역 가능성"과 연결되는 속성)이 있다는 것은 작품에서 발아한 비평이 작품을 번식시킬 수 있다는 뜻이다.[53] 『프리드리히 휠덜린의 시 두 편」에서와 마찬가지로, 『독일 낭만주의의 예술비평 개념』에서도 비평의 역할은 개별 작품이 모종의 전체와 어떤 관계인가를 밝히는 것이다. 여기서 전체는 교육이나 종교일 수 있고 역사나 예술일 수도 있다. 낭만주의의 망망한 절대자를 가리키는 이름이면 된다. 벤야민의 해석에 따르면, 예술작품이 "망망한 전체"(슐레겔의 표현)에 흡수된다는 것은 사후생이 시작된다는 뜻이며, 예술작품이 사후생을 살아간다는 것은 일련의 독자(작가/번역가/비평가)가 예술작품의 "생"을 혁신, 변형하고 있다는 뜻이다. 이 일련의 독자는 개별적으로는 "계속 교체"되는 반면, 전체적으로는 작품이라는 반영 연속체(곧 작품의 역사적 수용 및 평가)를 구성하는 여러 단계에 해당된다. 평가가 작품 이해 자체에 내재해 있다는 뜻이다. 예술이 절대자라는 개념에 대해서는 다른 말을 할 수 있겠지만, 최소한 작품이 사후생을 살아간다는 개념만큼은 그 후에 나오는 「번역가의 과제」와 『독일 비애극의 기원』의 「서론: 인식 비판」에서부터 『파사주 작업』과 여기서 파생되는 수많은 글에 이르기까지 벤야민의 여러 작업에서 결정적인 중요성을 갖게 된다.[54] 특히 한 작품을 읽을 때 그 작품의 성분에 내밀한 "화학 작용"이 일어난다는 생각은 1921~1922년 「괴테의 친화력」에서 비평을 모종의 "연금술"로 보는 이론, 곧 "사실성분"에서 "진리성분"을 찾는 철학적 경험의 이론을 개괄하는 대목을 선취한다. 초기 낭만주의 저술들과 마찬가지로 벤야민의 저술에서도, 비평은 결코 비평 대상인 작품에 "종속"되어 있지 않다.

『독일 낭만주의의 예술비평 개념』에 덧붙인 "밀교적 후기"(「초기 낭만주의 예술 이론과 괴테」)에서 벤야민은 낭만주의자들이 말하는 형식 개념(그리고 예술작품의 비평 가능성 개념)을 괴테가 말하는 "내용의 이상" 개념(그리고

---

53 볼 곳은 Samuel Weber, *Benjamin's -abilities.*
54 예술작품의 사후생(벤야민의 표현)에 관해서 볼 곳은 SW, 1:164. 더 볼 곳은 SW, 1:177-178, 254-256; 2:408, 410, 415, 464; OGT, 47; AP, 460(N2,3). 벤야민은 1919년 9월 19일 에른스트 쇤에게 보낸 편지에서 편지의 사후생에 대해 논한다(C, 149).

예술작품의 비평 **불**가능성에 대한 괴테의 입장)과 대비시킨다. 두 개념이 어떻게 대비되는가를 설명하는 일은 예술작품의 "진리성분"이라는 개념의 초석이기도 하다. 낭만주의자들이 말하는 예술의 이데아란 상호 관련되는 **형식들**로 이루어진 모종의 연속체인 반면, 괴테가 말하는 예술의 이상은 그 수효가 한정되어 있는 모종의 중요한 **내용들**로 이루어진 불연속체다: "그 수효가 정해진 순수 내용 안에 흩어져 있는 이상은 순수 내용 안에서만 포착될 수 있다." 괴테가 말하는 "순수 내용들의 조화로운 불연속체"는 "진정한 자연"—"세속의 현상적, 가시적 자연"과 무매개적으로 동일시될 수는 없는 자연—을 담는 그릇 같은 그 무엇이다. 다시 말해, 괴테가 말하는 "진정한, 직관되는, **원**현상적 자연"은 세속적 자연 속에서는 안 보이게 감춰져 있고 **오로지** 예술 속에서만 가시화—좀더 정확히 말하자면, 이미지로 가시화abbildhaft sichtbar—된다. 이 논의는 벤야민적 비평, 곧 예술작품이 "토르소"—예술작품이라는 특권적 인지 매체 안에서만 직관될 수 있다고 간주되어왔던 모종의 진리를 발굴할 채석장—로 무너져 내리는 과정을 가속화하는 것을 목표로 삼는 비평이 앞으로 어떤 파괴력을 발휘하게 될지 분명히 예고하고 있다. 벤야민이 「초기 낭만주의 예술 이론과 괴테」라는 후기를 쓴 것은 "바라건대 내 학위논문을 **그야말로 나의** 작업으로 읽어줄 사람들"을 위해서였다(C, 141). 이 부분을 학위논문 심사용 원고에 넣지 않고 출판용에 포함시킨 것은 그 때문이었다. 1920년에 출판된 학위논문은 거의 주목을 받지 못했고, 베른 소재 출판사에 남아 있던 재고는 1923년 10월 화재로 소실되었다.

학위논문을 제출한 벤야민은 학위시험을 준비하면서 남은 봄 시간을 보냈다. 시험 과목은 철학, 심리학, 현대 독일 문학이었다. 숄렘의 1919년 6월 20일 일기에 따르면, "발터는 시험을 앞두고 역겨운 꼴을 보인다. 불안감이 상스럽게 표출된다." 숄렘의 6월 27일 일기에 따르면, "오늘 오후에는 발터가 최우등 학위를 받았다. (…) 저녁에 다 함께 시간을 보냈다. 도라는 경계

태세를 풀고 어린애처럼 즐거워했다. (…) 학위논문, 필기시험, 구두시험 셋 다 눈부신 성적이었다. 발터의 말로는, 모두가 대단히 우호적이었고 심지어 열광적이었다는 것이다. 앞일은 아무도 모른다. 올겨울 계획을 발터와 도라는 아직 나와 의논하지 않고 있다. (…) 어떻게든 밥벌이를 할 것인지 아니면 재야 학자가 될 것인지 발터와 도라는 망설이고 있다"(LY, 304–306). 그 여름 몇 주 동안 벤야민은 졸업한 사실을 부모에게 알리지 않았고, 심지어 숄렘의 어머니가 그 소식을 알게 되는 것까지 막았다. 이 "비밀주의"의 목적은 부모의 경제적 지원을 최대한 연장하는 것이었다. 그렇지만 벤야민의 온갖 노력에도 불구하고 졸업 사실을 알게 된 부모가 8월에 아들 내외를 불시에 방문하면서 부자간에 격렬한 언쟁이 벌어졌다. 가을(아들에게 스위스에서 교수 자격 취득의 전망이 열리는 듯했던 시기)이 되면서 부자관계가 잠시 나아지기도 하지만, 부모 자식 간의 골은 끝내 메워지지 않았다. 벤야민과 그의 부모, 벤야민과 그의 계급 사이의 이데올로기적 격차도 문제였지만, 자기만의 별을 따라가겠다는 벤야민의 굳은 결심도 문제였다. 벤야민의 그런 결심에는 자리를 잡을 때까지 자기와 자기 가족을 뒷바라지하는 것이 부모의 의무가 아니겠느냐는 생각도 중요하게 작용한 듯하다.

1919년 7월 1일, 벤야민은 브리엔츠 호수 근처 이젤트발트로 두 달간 휴가를 떠났다. 도라와 슈테판은 둘 다 앓는 중이었지만 함께 갔다. 그곳에서 벤야민은 한편으로는 보들레르 번역을 다시 시작했고, 다른 한편으로는 최근의 프랑스 문학을 계속 읽어나갔다. 지드의 『좁은 문』(가을에 이 책에 대한 미발표 서평을 쓴다),[55] 아편 중독과 해시시 중독을 훌륭하게 다룬 보들레르의 『인공낙원』(여기 나오는 실험이 이 책과는 다른 방식으로 이뤄질 필요가 있다는 벤야민의 논평은 그가 몇 년 후 실제로 하게 될 실험을 예고한다

---

55 수록은 GS, 2:615–617.

[C, 148]), 그리고 샤를 페기의 저술을 읽었다(벤야민의 표현을 빌리면, 페기는 "믿을 수 없을 만큼 나 자신과 같은 부류", "억제된 상태의 엄청난 우울"을 품은 작가였다[C, 147]). 숄렘에 따르면, 그 무렵 벤야민이 읽은 책 중에는 조르주 소렐의 『폭력에 관한 성찰』과 말라르메의 『주사위 던지기』도 있었다.[56] 7월 24일 에른스트 쇤에게 보낸 편지에서 벤야민은 프랑스 문단의 최근 동향에 심취해 있으며 외부 관찰자라는 자각을 잃은 적은 없다는 말을 덧붙인다: "내가 읽어가는 이쪽 글들에는 나로 하여금 모종의 '현재'와 만나게 해주는 접점이 있습니다. 독일 쪽 글들에는 그런 것이 전혀 없습니다"(C, 144). 벤야민의 나침판이 프랑스 쪽으로 머뭇머뭇 맞춰진 게 바로 이때였다. 그가 실제로 이 나침판을 따라가면서 문학비평의 상당 부분을 프랑스 문학에 할애하는 것은 1925년부터다. 오늘날 비평가 벤야민의 명성은 프랑스 문학—프루스트, 초현실주의, 보들레르—에 대한 선구적인 연구에 상당 부분 의지하고 있다.

아내와 아들의 건강에 대한 걱정도, 부모와의 불화도, 자신의 불확실한 미래도 벤야민이 글을 쓰는 것을 막지는 못했다. 이젤트발트에서는 「유비와 유사」라는 짧은 글을(8월 말 숄렘에게 보여주었다), 그로부터 몇 주 뒤 루가노에서는 저널에 발표할 「운명과 성격」의 초고를 썼다(자기가 쓴 최고의 글 가운데 하나라고 생각했다). 1921년에 발표된 「운명과 성격」은 운명과 성격 개념을 관습적 종교, 관습적 윤리의 주관주의로부터 구해내 인간의 "익명적" 측면의 힘과 연결시키고자 하는 글이다. 운명과 성격은 각각 하나의 맥락Zusammenhang이기에 그 맥락 속에서 기호Zeichen를 통해 포착될 뿐 그 자체로는 포착될 수 없다. 이 글에서 (흔히 거론되는 성격과는 무관하게) 운명은 "살아 있는 몸뚱이를 둘러싼 죄의 맥락—주체로서의 인간이 아니라 "살

---

56 벤야민이 소렐의 책을 처음 읽은 게 1921년 초 이후라는 것과 관련해서 비교해볼 곳은 GB, 2:101, 127.

아 있는 몸뚱이일 뿐이라는 인간의 한 측면"과 관련된—에서 정의된다(SW, 1:204). 이것이야말로 그리스 비극과 점술에 동시에 적용될 수 있는 운명 개념이다. 성격도 마찬가지다. 이 글에서 성격은 (흔히 거론되는 "윤리의 본질"과는 무관하게) "인간이라는 무색(익명)의 하늘"을 밝히는 개체성으로 정의된다. 벤야민은 성격이 윤리적 평가의 대상이 아닌, 바로 그런 "개체성의 태양"(곁에 있는 모든 것을 안 보이게 만들 만큼 밝은 성질 하나가 발하는 광채)으로 나타나는 영역의 한 가지 사례로 희극—특히 몰리에르—을 언급한다. 아울러 벤야민은 성격의 본질을 포착하게 해줄 하나의 힌트로 중세 체질론(윤리와 무관한 네 가지 체질)을 언급한다. 운명에서나 성격에서나 중요한 것은 "자연의 영역"과의 관계다.

1919년 11월 초에 베른을 떠난 벤야민은 우선 빈으로 가서 처가 식구를 만났고, 이어 근처 브라이텐슈타인으로 가서 석 달 반을 머물렀다. 거처는 도라의 고모가 소유한 요양원이었다. 벤야민이 베른을 떠나기에 앞서 학위논문 지도교수인 리하르트 헤르베르츠를 찾아갔을 때, 그는 벤야민에게 생각지 못했던 기회, 곧 베른에서 철학으로 박사후 학위를 취득할 기회를 제안했다. 비전임 교수가 될 가능성이 있는 제안이었다(GB, 2:51). 벤야민은 이 소식만큼은 곧장 부모에게 알려 흐뭇함을 안겨줬다. 아버지는 여러 차례 조언이 가득 담긴 편지를 보내왔지만, 재정적 지원을 약속해주지는 않았다. 그 겨울에 벤야민이 보낸 편지들을 보면, 교수자격 취득의 길로 들어서서 스위스나 독일의 대학에서 가르치거나, 무일푼으로 오스트리아 유대인들의 선례를 좇아 팔레스타인으로 이주하는 것을 고려하는 순간도 있다(볼 곳은 C, 150). 자신의 성장기를 지배한 시온주의적 환경과 겨우 결별했던 도라가 팔레스타인 이주라는 행보를 어떻게 생각했을지는 확실치 않다.[57] 브라이텐슈타인에 도착한 벤야민 부부는 따뜻한 방과 슈테판의 유모를 구했다. 벤야민에게는 「운명과 성격」을 완성하고 블로흐의 『유토피아의 정신』 서평에 착수한 곳이자, 교수자격 청구논문을 염두에 두고 언어와 관념의 관계에 관한 메모들을 작성한 곳이었다(C, 156). 폴 클로델의 신작 희곡과 존 골즈워디의 "엄청나게 아름다운" 소설 『귀족』을 읽은 곳이기도 했다. 벤야민 부부의 오스트리아 칩거생활은 인플레이션이 한창이던 2월 중순에 끝난다. 도라가 벤야민 가족의 스위스 생활을 감당할 만한 적당한 일자리를 얻지 못하리라는 것이 분명해졌을 때이다. 이제 벤야민 가족이 돌아갈 수 있는 곳은 전쟁이 할퀴고 지나간 데다 정치적 소요에 휩싸여 있는 나라, 곧 독일뿐이었다.[57]

---

57 도라의 아버지 레온 켈너는 시오니즘의 창시자 테오도어 헤르츨과 가까운 지인 사이였다. 훗날 도라의 오빠 빅토르는 팔레스타인에서 정착촌 건설을 돕는다.

4장

친화력:
베를린, 하이델베르크
1920~1922

스위스에서 돌아온 벤야민은 처자식을 부양할 소득과 집필 작업을 계속할 자유를 동시에 확보하기 위해 몇 년 동안 안팎으로 고군분투했다. 자기가 쓰는 글이 독일 전기 낭만주의 비평들을 모범으로 삼는 비평의 한 형식이라는 생각이 점점 강해지는 시기였다. 스물여덟 살이 되었는데 당장의 진로뿐 아니라 장기적 전망도 없다는 처지가 그의 사유에 짐이 되었다. 그로부터 4년 동안 그는 교수자격을 취득하고 가르칠 자리를 얻겠다는 목적으로 처음에는 하이델베르크에서, 나중에는 프랑크푸르트에서 교수들과의 인맥 쌓기에 힘을 쏟았다. 꾸준했다고는 할 수 없겠지만 어쨌든 비장한 노력이었다. 한편으로는 구직에 실패하고 사생활에 어려움을 겪은 시기였다. 부부관계가 서서히 와해되었고, 심지어 가까운 친구들과도 계속 갈등이 불거졌다. 하지만 다른 한편으로는 20세기 비평사에 길이 남을 두 작업인 「괴테의 친화력」(괴테의 소설 『친화력』에 관한 논문)과 『독일 비애극의 기원』(교수자격 청구논문)이 나왔다.

　벤야민이 학위논문 지도교수였던 리하르트 헤르베르츠로부터 베른 대학에서 교수자격을 취득하고 비전임 교수가 될 가능성을 언질받은 것은 베른을 떠나기 불과 며칠 전이었다. 그는 흐뭇해하기는 했지만, 자신이 상상하고 있는 미래 속에서 베른 대학은 독일 대학으로 가는 디딤돌 이상은 아니었다. 어쨌거나 이 언질을 받으면서 그는 4년 동안 독일 대학 제도 안에 진입하는 데 힘을 쏟았다. 간절하기도 했지만, 때로 벤야민 특유의 혐오감이 뒤따르기도 했다. 대학에서 정규직을 얻으려면 우선 교수자격 청구논문을 끝내야 했다. 독일에서 교수가 되는 데 피해갈 수 없는 것이 이 "두 번째 학위논문"이었다. 1920년에서 1921년까지는 이 작업(벤야민의 표현에 따르면 "스위스 업무")의 첫 단계에 해당되는 시기였다. 1920년 1월에는 숄렘에게 전반적인 구상을 알리기도 했다: "교수자격 청구논문의 지금까지의 진행 상황은, 말과 개념(언어와 로고스)이라는 문제 영역에 속하는 연구를 하겠다는 포괄적인 방향을 잡은 것 정도입니다"(C, 156). 벤야민이 이 시기에 쓴 수많은 미발표 단상은 언어철학의 문제를 다루기 위한 개념 정리, 철학과 교수로 가는 길이 될 수도 있는 종류의 작업이었다. 시간이 흐르면서 작업은 점차 스콜라 철학, 특히 13세기의 스코틀랜드 철학자 존 둔스 스코투스에 집중되었다.[1] 벤야민이 마르틴 하이데거의 『둔스 스코투스의 범주론과 의미론』(1915년 프라이부르크 대학 철학과에 제출된 교수자격 청구논문)을 읽은 것은 그 때문이었다. 벤야민의 첫 반응은 독설이었다: "이런 작업으로 교수자격을 취득할 수 있다니 믿어지지 않습니다. 근면함과 학술 라틴어 구사력만 갖추면 쓸 수 있는 글입니다. 철학인 척하지만 사실은 괜찮은 번역물일 뿐입니다. 저자가 리케르트와 후설에게 알랑거리는 꼴이 독자를 쓸쓸하게 합니다"(C, 168). 연구물에 대한 진솔한 평가이면서 연구자에게 던진 도전장이기도 했다. 그해가 다 가기 전에 벤야민이 중세 철학 중심의 연구를 그만두는 것은 최소한 부분적으로는 하이데거에게 선수를 빼앗겼다는 생각 때문이었다(C, 172).

처음부터 교수자격 청구논문 작업의 추진력은 긴장이었다(긴장은 그의 사유 습관의 특징이다. 훗날 그는 자신의 사유를 가리켜 "모순 속에 움직이는

---

1 볼 곳은 단상 「둔스 스코투스의 이론」 SW, 1:228.

전체"라고 한다). 작업의 중심은 언어철학이지만 인식론, 신학, 역사학, 미학에 대한 성찰도 동원되었다. 지나간 1916~1919년도 그랬고(『독일 낭만주의의 비평 개념』이 나오기까지의 기록이라 할 수 있는 단상과 미발표 논문들을 보면, 예술 형식에 관한 논제를 중심으로 언어, 신학, 인식론에 대한 성찰이 합쳐진다), 이어질 1920~1924년의 시기도 그랬다(1925년 프랑크푸르트에 교수자격 청구논문으로 제출된 『독일 비애극의 기원』을 보면, 이런 모든 관심사가 확실하게 합쳐진다). 에른스트 쇤에게 보낸 편지에서 분과학문 간의 관습적 경계를 극복하고 문학 장르의 분류 원칙을 근본적으로 확장할 필요성을 말한 것은 아직 언어철학에 몰두해 있던 1920년 2월이다: "문학비평의 위대한 저술들이 속한 장르의 원리, 곧 예술과 본격적인 철학 사이에 놓여 있는 전全 영역의 원리에 큰 관심이 있습니다(여기서 본격적인 철학이라 함은 적어도 잠재적으로는 체계적이라고 할 수 있는 사유를 말합니다). 페트라르카의 염세에 관한 대화나 니체의 아포리즘, 페기의 저술 등 위대한 저작들을 한 장르로 묶는 그야말로 근원적인 원리라는 게 없을 수 없으니까요. (…) 나 자신의 저술 작업에서도 비평의 존재 이유와 존재 가치가 감지되고 있습니다. 예술비평은 비평이라는 위대한 장르의 한 부분일 뿐입니다(내가 예술비평이라는 장르의 원리에 관심을 둔다는 말은 이런 의미입니다)"(C, 157-158). 이렇듯 예술작품을 철학적으로 비평한다는, 아니 예술작품의 해석에서 철학을 이끌어낸다는 구상은 예술작품이 근원적 진리의 그릇이라는 대단히 독특한 견해에 기초하고 있다. 예술작품이야말로 모종의 인식 매체이며 따라서 철학적 탐구의 특권적 현장이라는 이 견해는 1921년 초에 나온 것으로 보이는 「진리와 진리들/인식과 인식들」이라는 단상에서도 계속된다: "하지만 진리들은 체계 또는 개념 속에서 밝혀지는 것이 아니며 하물며 어떤 명제가 인식될 때처럼 판단의 형태로 밝혀지는 것도 아니다. 진리들은 예술 속에서 밝혀질 뿐이다. 예술작품들은 진리의 자리다. (…) 이 최종적 진리들은 진리의 속성 같은 것이 아니라 진리의 진짜 부분, 진리의 토막, 진리의 덩어리들이다. (…) 인식과 진리, 안다는 것과 참되다는 것은 전혀 별개의 것이다. 참된 앎은 없고, 인식된 진리 같은 것도 없다. 다만 어떤 인식들은 진리의 표현을 위해서 꼭 필요하다"(SW, 1:278-279). 『독일 낭만주의의 예술비평 개념』이 철학적 기반의 비평을 확립하는 프리드리히 슐레겔의 논의를 받아들이는 작업이었다면, 1920년대 초 벤야민의 논의들은 철학적 기반의 비평에 대한 독자적 이론을 세우는 쪽으로 나아가고 결국 1921~1922년의 「괴테의 친화력」과 1923~1925년의 『독일 비애극의 기원』으로 정리된다. 나중에 밝혀지다시피, 독일 대학의 철학과 가운데 이런 유의 작업을 철학이라는 분과학문의 성과로 인정할 준비가 된 곳은 한 군데도 없었다. 어쨌거나 벤야민은 교수자격 청구 논문의 완성과 통과가 독일 학계라는 폐쇄적인 세계 속에서의 한자리를 뜻하지는 않는다는 것을 잘 알고 있었다. 비호 임용 체제에서 정규직을 얻으려면 원로 교수들과 굳건한 관계를 맺어야만 했다.

도라의 부모가 있는 빈에서의 짧은 체류를 마지막으로 다섯 달간의 오스트리아 체류를 끝낸 벤야민 가족은 1920년 3월 말 베를린에 도착했고, 이로써 3년여 간의 외국생활도 마감되었다. 당시 베를린은 모퉁이를 돌 때마다 경제적, 정치적 불안과 맞닥뜨려야 하는 도시였다. 불과 1년 전인 1919년 1월, 독립사회민주당과 스파르타쿠스단의 좌파동맹이 베를린의 대부분을 장악하면서 정부는 바이마르(작센 주의 지방 도시)로 이전되었다. 그리고 3월, 새로 창설된 독일공산당이 베를린에서 무장봉기를 일으켰다. 봄철 내내 뮌헨과 드레스덴, 라이프치히, 브라운슈바이크에서 일어난 비슷한 유형의 봉기들은 약탈을 일삼는 우익 용병들(통칭 자유군단)의 손에 무자비하게 진압당했다. 1919년 6월 28일 베르사유 조약이 체결되고 8월 11일 바이마르공화국의 건국헌법이 선포되면서 법적 틀이 마련되었지만, 실질적인 안정과는 거리가 멀었다. 일단 베르사유 조약이 독일에 강요한 전쟁배상금 액수가 어마어마했다(전쟁배상금 상환 문제는 종종 바이마르공화국 첫 5년을 지배한 경제 위기의 주요 원인으로 꼽힌다). 3월과 4월, 독일 전역에서 또 한 차례 무장봉기가 발생했다. 1920년 3월 13일 베를린에서 극우 세력이 정부의 전복을 기도한 이른바 '카프 폭동'은 평화적으로 정리되었고(정부 내에도 폭동에 맞서는 세력이 있었을 뿐 아니라 의외로 군대 내에서도 폭동에 맞서는 세력이 일부 존재했다), 3월 17일에는 질서가 회복되었지만, 폭동의 와중에 일어난 3월 14일 루르 봉기(공산당 노동자들이 독일의 공업 중심지인 루르 지역의 상당 부분을 장악한 사건)는 발생 3주 만에 자유군단의 손에 무참히 진압당하면서 3000명이 넘는 사망자를 발생시켰다.

전쟁 발발 이후에도 대人부르주아Großburgertum로서 경제적 안정을 누렸던 벤야민의 부모는 바로 이 바이마르공화국 초기의 혼란 속에서 급속도로 재산을 잃었다. 이런 사정 탓에, 아버지는 아들의 학계 진출을 뒷바라지하는 조건으로 두 집의 살림을 합칠 것을 요구했다. 벤야민이 부모 집에서 보낸 시간은 불화의 연속이었다. 훗날 그는 당시를 가리켜 "길고 고약한 우울증의 시간"이었다고 했다(GB, 2:108). 부모는 생계 걱정 없이 원하는 연구와 집필을 계속하게 해달라는 아들의 요구를 줄기차게 거절하면서 돈벌이가 되는 길을 택하라고 다그쳤다. 부모의 요구를 완강하게 거절하기는 아들 쪽도 마찬가지였다. 아들 가족은 곧 다른 생활 방도를 찾아야 했다. 숄렘에게 바이에른 주의 생활비를 문의하거나, 도라 혼자 스위스에 가서 일을 하는 방안을 고려해보기도 했다. 독일 마르크가 계속 하락하는 상황에서 스위스프랑을 저축하는 것이 대비책이 되리라는 생각에서였다. 벤야민 자신도 주요 출판사들의 편집장 자리를 적극 찾아 나섰다.

1920년 5월, 벤야민은 부모와 "완전히 틀어진 사이"가 돼버렸다. 5월 26일 숄렘에게 보낸 편지에 따르면, "집에서 쫓겨난" 상황, 정확히 말하면 "내쫓기기 전에 내 발로 나온" "내 평생 이 정도로 궁색했던 적은 처음인 것 같습니다"라고 말할 만한 상황이었다. "도라가 끔찍한 대우를 받는 것"과 "내 장래 문제가 고약하고 천박하게 외면당하는 것"을 더 이상 참을 수 없어서였다. "나와 부모의 관계에서 가장 힘든 시련은 오래전에 지나간 듯"했고 그 뒤로는 "비교적 평온한 시기"를 보냈기 때문에 부모와의 관계가 이렇게 갑자기 깨질 줄은 몰랐다, 라는 것이 벤야민의 이야기였다. 벤야민이 집을 떠날 때 3만 마르크(유산에서 까일 액수)가 일시불로 주어졌고, 추가로 정착 비용 1만 마르크가 더해졌다. 전쟁 발발 이전이었다면 4만 마르크는 약 1만 달러에 해당됐겠지만, 1920년 5월 현재 4만 마르크는 독일 통화의 급락으로 인해 700달러에도 못 미치는 액수였다(GB, 2:87; C, 163).[2] 이 정도의 자금으로는 생계를 꾸릴 수 없었던 벤야민과 도라는 친구 에리히 구트킨트의 제안을 받아들여 베를린─그뤼나우라는 시내 외곽 지역에 위치한 구트킨트의 집을 새 거처로 삼았다. 위대한 모더니즘 건축가 브루노 타우트가 설계한 알록달록한 작은 주택이었다. 벤야민 부부는 이 집에서 처음으로 경제적 자립의 걸음마를 뗐고, 그 후 오랫동안 가족의 생계는 일차적으로 도라의 책임이 되었다. 남편의 학문적 성공을 열렬히 믿었던 도라는 자신의 경제적 기여를 그 성공의 실질적인 토대라고 생각했다. 도라는 전신국에서 영어 번역 일을 시작했고, 벤야민은 가끔 필적 감정서를 작성하는 일로 푼돈을 벌었다.

벤야민 부부에게 에리히 구트킨트(1877~1965)는 그저 친구가 아니라 그야말로 동지였다. 벤야민과 구트킨트에게는 베를린의 유복한 유대인 가정 출신이라는 공통점이 있었다. 어렸을 때부터 관념론 철학을 배웠고 재야 문필가의 삶을 추구했으며, 부모가 그런 식의 삶을 뒷바라지해주기를 거부했다는 것, 밀교적인 글을 쓰는 일에 큰 관심이 있었다는 것도 두 사람의 공통점이었다. 숄렘은 구트킨트를 가리켜 "신비주의에 조율된 영혼, 학문들의 은밀

---

2 이 책의 통화 변환은 캘리포니아 대학 샌타바버라의 해럴드 마르쿠제가 관리하는 http://www.history.ucsb.edu/faculty/marcuse/projects/currency.htm 데이터베이스에 기초하고 있다.

한 중심을 찾기 위해 거의 모든 학문을 연구한 영혼"이라고 했다.[3] 구트킨트는 1910년에 한정판으로 출간된 자신의 첫 저서 『별의 탄생: 세계의 죽음을 뒤로하고 행동의 세례로 나아가는 천사의 여행』을 독일 지식인 수십 명에게 보냈다. 니체의 영향이 느껴지는 열광적인 문장 속에 유토피아적 요소와 신비주의적 요소를 결합한 이 짧은 책은 바실리 칸딘스키, 가브리엘레 뮌터, 야코프 판 호디스, 테오도어 도이블러 등 초기 표현주의 화가와 시인에게 사유까지는 아니더라도 적어도 분위기의 측면에서 영향을 미쳤다.[4] 구트킨트가 전쟁의 와중에 유명한 지식인 동아리 여러 곳에 출입할 수 있었던 것은 이렇듯 일찍이 초기 독일 표현주의의 세계에 발을 들여놓았던 이력 덕분이었다. 구트킨트는 1914년 여름, 친구인 네덜란드의 심리학자 프레데릭 판에이던과 함께 '포르테 서클'이라는, 당대의 그런대로 비중 있는 지식인 동아리 중 하나를 만들기도 했다. 뜻이 맞는 상류사회 인사들을 위한 순수한 학문적 교류의 장으로 출발한 '포르테 서클'은 곧 유토피아적 사회주의의 기미를 드러내면서 모종의 밀교적 특징을 띠었다(서클의 이름은 서클 회의가 열리는 포르테 데이 마르미라는 토스카나 주의 해안 도시에서 따왔다). 구트킨트와 마르틴 부버를 통해 '포르테 서클'을 알게 된 숄렘에 따르면, "이 모임이 품고 있는 이념들을 보면 거의 황당무계하다. (…) 소수 정예가 일정 기간 함께 모여서 순수한 정신생활을 한다. 그러면 아무 거리낌 없는 창조적 교류로 영적 공동체가 만들어진다. 이로써 (밀교적이면서 그럼에도 명료한 표현을 쓰자면) 이 세상을 근본적으로 바꿀 수 있다."[5] 이 모임의 이너 서클에는 구트킨트, 판에이던, 부버, 구스타프 란다워(아나키스트이자 사회주의자), 플로렌스 크리스티안 랑(기독교 보수파)이 포진해 있었다. 이 '포르테 서클'이 공격적인 출판 캠

---

3 Scholem, *From Berlin to Jerusalem*, 80.
4 [Excerpts from the book are available in English in Gutkind, *The Body of God*.] 구트킨트가 세례명을 영어식으로 바꾼 것은 미국으로 이주한 1933년 이후였다.
5 Scholem, *From Berlin to Jerusalem*, 81.

페인을 시작하자마자 칸딘스키, 업턴 싱클레어, 발터 라테나우, 라이너 마리아 릴케, 로맹 롤랑 등이 모임의 이념에 매료되었다(이 다양한 스펙트럼의 지식인이 모두 '포르테 서클' 강령의 이념적 동조자들이었다).[6] '포르테 서클' 멤버 중에 벤야민의 지인으로는 구트킨트 외에 중국학자 헨리 보렐, 그리고 부버도 있었다.

몇 년 만에 베를린으로 돌아온 벤야민 부부는 다른 옛 친구들과도 서서히 연락을 취했고, 새로운 관계도 만들었다. 대학 시절까지 베를린, 프라이부르크, 뮌헨에서 함께 활동했던 친구들 대부분과는 전쟁 중에 절교했지만, 에른스트 쇤과 베르너 크라프트와의 관계는 이어갔다. 베른의 학위논문을 출판하는 일로 숄렘의 형 라인홀트와 인쇄업자였던 숄렘의 아버지에게 연락을 하기도 했다. 베를린 대학 내에 인맥을 다시 쌓는 작업의 하나로 비전임 교수인 언어학자 에른스트 레비를 만나기도 했다(레비의 강의에 감탄했던 때가 1914~1915년이다). 구트킨트의 '포르테 서클' 친구였던 보수파 지식인 플로렌스 크리스티안 랑을 만난 것은 늦봄이었다. (랑은 헤센 주의 브라운펠스에 살았는데, 훗날 벤야민은 베를린과 프랑크푸르트 사이를 여행할 때 랑의 집에 자주 가게 된다.) 레오 스트라우스의 집에 가서 1966년 노벨문학상을 수상하게 될 작가 슈무엘 요세프 아그논을 만난 것도 비슷한 시기였다(팔레스타인에 살던 아그논이 베를린으로 이주해온 것은 1912년이다). 그 후 벤야민은 때로 아그논의 작품들을 사유의 중요한 주제로 삼게 되고, 숄렘과의 토론에서도 그의 작품을 거듭 거론한다.

벤야민은 그해 봄 주로 소설을 읽었다. 엄청난 분량의 탐정소설을 읽는 한편 스탕달의 『파르마의 수도원』, 고트프리트 켈러의 『마르틴 잘란더』, 스턴의 『센티멘털 저니』, 장 파울의 『레바나』를 읽었다(이 책을 읽고 아이 양육에 대

---

6 '포르테 서클'과 이 서클의 출판물에 관한 믿을 만한 설명을 보려면, Faber and Holste, eds., *Potsdamer Forte-Kreis*.

한 일련의 논평을 내놓기도 했다). 또한 표현주의 이론을 좀더 철저히 알려줄 책들을 읽어나갔는데, 이 방향의 독서는 집주인 에리히 구트킨트와 대화하면서 칸딘스키 중심의 뮌헨 청기사파가 어떻게 생겨났는지를 직접 들을 수 있었던 데서 생긴 관심사였던 것 같다. 하지만 이 분야의 책 가운데 그에게 감명을 준 것은 칸딘스키의 『예술에서의 정신적인 것에 대하여』 한 권뿐—벤야민의 표현을 빌리면 "표현주의에 관한 책 중 헛소리가 없는 유일한 책"—이었다(C, 156). 1920년의 첫 몇 달 동안 벤야민은 가족과의 다툼, 경제적 염려, 그리고 거기서 비롯된 우울증에 시달리면서도 글을 쓰고 구상하는 일을 멈추지 않았다. 그해 여름에는 보들레르 시를 서둘러 번역하면서 출판사를 찾기 시작했고, 아울러 샤를 페기—베르그송의 제자였던, 열성적 드레퓌스주의자이자 애국주의적 사회주의자—를 읽어나가면서 그의 에세이들을 소개하고 번역하는 길을 찾기 시작했다(S. 피셔나 쿠르트 볼프 등 저명한 발행인들이 페기의 번역에 관심을 갖게 하는 데는 결국 실패했다). 한편 벤야민의 학위논문은 8월에 나왔다. 대학 제출용을 찍은 곳은 숄렘의 아버지의 인쇄소였고, 단행본 형태로 펴낸 곳은 베른의 프랑케 출판사였다.

가계의 압박이 심해졌음에도, 벤야민은 책 읽는 일은 물론 수집하는 일도 계속했다. 그가 친구들에게 보낸 편지를 보면, 자신의 경제적 상황이 절망적이라는 씁쓸한 한탄과 새 수집품을 손에 넣었다는 즐거운 보고가 불과 몇 문단 간격으로 함께 등장한다. 3월 한 달 사이에만 보들레르 시집의 초판본과 괴테 서간집의 초판본을 구입하기도 했다. 베르너 크라프트는 벤야민이 부모 집에 살 때 그를 찾아갔던 이야기를 들려준다. 어머니가 카펫 위에서 놀고 있는 어린아이를 데리고 나간 뒤 벤야민이 새로 손에 넣은 희귀한 수집품들을 조심스레 늘어놓고 보여주었다는 이야기다.[7] 벤야민은 문학과 철학 쪽 저서

---

7 Kraft, *Spiegelung der Jugend*, 63.

파울 클레, 기적을 선보임(ⓒ 아티스트 라이츠 소사이어티ARS, 뉴욕)

의 수집과는 별도로 도라와 함께 아동서를 수집하는 일도 계속했다. (아동서 컬렉션은 최종 200권으로 늘어나는데, 대부분 19세기 책이었다.) 벤야민 부부는 경제적인 곤란에도 불구하고 미술품 수집에까지 손을 댔다. 도라는 7월에 발터의 생일을 맞아 파울 클레의 「기적을 선보임」(1916)을 선물했다. 벤야민의 첫 수집품이었던 이 그림은 지금 뉴욕 현대미술관에 소장되어 있다.

6월, 유대교에 관심을 가지라는 숄렘의 편지에 자극받은 벤야민은 처음으로 히브리어 공부에 도전했다. 벤야민을 가르칠 사람은 구트킨트였고, 한때 구트킨트를 가르친 이는 숄렘이었다. 숄렘에 따르면, 그 무렵 벤야민이 "유대교에 대한 강렬한 관심"이 필요하다는 주장에 특히 반응을 보인 것은 독일에서의 힘든 처지 때문이었다.[8] 구트킨트와의 히브리어 공부는 끝내 초급을 넘지 못했지만, 이때 벤야민은 공부를 구실로 많은 책을 사들였다. 그중에는 퓌어스트의 히브리어 성서용 히브리어—칼데아어 사전, 미드라시 여러 권, 원문을 병기한 예언서들 그리고 아론 마르쿠스의 하시디즘 연구서가 있었다. 벤야민이 1912~1913년 루트비히 슈트라우스에게 보낸 여러 통의 편지에서 처음 표출했던 유대교에 대한 양가감정은 숄렘과의 우정에서 끝까지 긴장의 원천으로 작용하게 된다.

부모 집의 억압적인 분위기에 시달리지 않기로 결심한 벤야민 부부는 가을에 다시 한번 거처를 옮겼다. 처음에 임시로 부모의 저택이 있는 델브뤼크 슈트라세에서 몇 블록 떨어진 후베르투잘레에 위치한 비스마르크 여관에 묵었고, 10월에는 잠시 정식 셋집을 구했다. 가을에 (이번에는 대학에서) 다시 시작한 히브리어 공부는 역시 두어 주를 넘기지 못했다. 히브리어 공부를 또다시 그만둔 것을 변명해야 한다고 느낀 벤야민은 12월 초 숄렘에게 교수자격 청구논문을 쓰는 일과 히브리어를 진지하게 공부하는 일은 병행할 수 없

---

8 SF, 91.

다는 편지를 보냈다. 숄렘에게선 한동안 답장이 없었다. 12월 29일 다시 숄렘에게 보낸 편지에서 벤야민은 숄렘이 왜 그렇게 "긴" 침묵을 지키는지 그 이유를 알겠다는 말과 함께 자기 편지―자기가 히브리어 공부를 중단하기로 한 데 대한 구트킨트 부부의 "꾸중"에 대한 답장(지금은 소실되었다)―의 한 대목을 인용했다: "나의 유럽 수련기로부터 안정적인 미래, 가족의 생계 등을 마련할 토대를 뽑아내기 전까지는 유대의 것들에 내 모든 힘을 쏟을 수 없습니다"(C, 169-170). 여기서 말하는 토대란 한마디로 대학교수 자리였다.

벤야민의 남동생 게오르크가 인생의 이 시기에 내린 결정들은 벤야민과 의미심장하게 대비된다. 4년간의 군복무를 마친 뒤 대학으로 돌아온 게오르크는 의사가 되는 데 필요한 혹독한 수련과정에 뛰어들었고, 1920년 가을에는 학생의 빠듯한 수입에도 불구하고 부모 집을 떠나 베를린 동부의 노동자 거주 구역에서 가구 딸린 작은 셋방을 얻었다. 발터는 부모에게 의존하면서도 반목하는 사이였지만, 게오르크는 경제적으로 독립한 상태로 부모와 좋은 관계를 유지했다(일요일과 휴일에는 부모 집에 와서 시간을 보냈다).9 여동생 도라도 이 무렵 부모 집에 살면서 대학에 다니고 있었는데, 발터와 도라는 자주 다투었다. 벤야민의 이 시기 편지들을 보면 여동생에 대한 이야기가 단 한마디도 나오지 않는다.

12월, 벤야민 부부는 말없이 패배를 인정하고 또다시 부모 집에 들어갔다. 흥미롭게도 벤야민 부부가 부모 집으로 돌아간 시점은 발터의 긴 우울증이 끝난 시점과 일치한다. 우울증은 대학 졸업 이전에도 있었지만 그때는 빈도가 낮고 기간도 짧았던 반면, 20대 후반에 도진 심한 우울증은 한번 시작되면 오래갔다(그리고 죽을 때까지 계속 재발한다). 에르빈 레비라는 한 사촌에 따르면, 벤야민의 아버지 가계에는 우울증 환자가 많았고, 자살자도 드물지

---

9 Benjamin, *Georg Benjamin*, 45-46.

않았다.[10]

또다시 부모 집에 들어가는 것이 마음 편하진 않았겠지만, 그럼에도 벤야민은 부모 집에 들어간 후로 흔치 않은 다작의 시기를 맞았다. 학위논문을 출간하고 나서 발표한 글이 없었던 벤야민이 부모 집에 들어간 12월에는 《아르고 원정대》에 실릴 두 논문의 교정쇄—한 편은 1919년 하반기에 썼던 「운명과 성격」, 다른 한 편은 1917년부터 썼던 「도스토옙스키의 『백치』」—를 읽을 수 있었다. (《아르고 원정대》의 편집장은 에른스트 블라스였고, 발행처는 리하르트 바이스바흐가 경영하는 하이델베르크의 작은 출판사였다.) 철학에 기반한 정치학을 마련한다는 대담한 작업—「정치학」—에 착수한 것도 이 무렵이다. 스위스에서 에른스트 블로흐와 여러 차례 토론을 벌인 이래 계속 머릿속에서 부글거리던 논의였다. 벤야민은 자신의 정치학 이론이 당대의 정치운동과 무관할 뿐 아니라 심지어 어떤 정치 사건과도 무관할 것이라고 말했지만("나는 오늘날의 **모든** 정치적 경향을 거부했습니다"[C. 148]), 정치학 이론에 관한 그의 글—1919년부터 1921년 이후까지 집필되면서 철학과 신학·미학에 대한 그의 관심을 한데 결합하는, 여러 부분으로 나뉜 글—이 바이마르공화국 초기의 일상을 구성하는 시끄러운 사건들에 의해 착색되는 것은 불가피했다.

1924년 이전까지 벤야민이 정치적으로 어느 쪽에 공감했는지를 둘러싸고는 의견이 분분했다(1924년이 되면 비공식적으로나마 마르크스주의 지지자가 된다). 저명한 좌파 이론가가 되는 죄르지 루카치, 에른스트 블로흐와 마찬가지로, 벤야민이 독일 철학과 문학의 전통을 교육받은 것은 "낭만주의적 반反자본주의"(루카치의 유명한 표현)의 분위기, 곧 연성 정치 이론, 강성 철학, 고급 문학이 뒤섞인 자극적인 분위기에서였다. 그가 한편으로는 바쿠닌

---

10 에르빈 레비가 게리 스미스에게 보낸 편지, 인용은 Puttnies and Smith, **Benjaminiana**, 23.

과 로자 룩셈부르크의 글에 공감하면서도("룩셈부르크가 감옥에서 쓴 편지들은 (…) 믿기지 않는 아름다움과 의미심장함으로 나를 놀라게 만들었습니다" [C, 171]), 다른 한편으로는 보수파였던 플로렌스 크리스티안 랑과 학문적 관계를 깊이 맺는 것이 가능했고, 왕정복고주의적, 반동적, 반유대주의적 신문인 《악시옹 프랑세즈》를 간간이 구독하는 게 가능했던 것은 그 때문이다. 숄렘에 따르면, 1919년경 숄렘 자신과 벤야민의 정치학은 "제정일치적 무정부주의"였다. 역설적이라는 의미에서 적절한 용어였다. 단 벤야민의 제정일치적 무정부주의는 「대학생활」에서 주장했던 톨스토이식 반反교권주의와 비슷한 무엇이었다: "우리는 (…) 정치와 사회주의에 대해 많은 이야기를 나누었다. 그때껏 우리는 사회주의에 대해, 그리고 사회주의가 만에 하나 실현된다면 사람이 어떤 상황에 처할까에 대해 적잖은 의혹을 품고 있었다. 그때까지만 해도 우리에게는 제정일치적 무정부주의가 정치에 대한 가장 합당한 대답이었다."[11]

1920년 말 벤야민은 자신의 정치학 이론 3부작에 대한 매우 구체적인 계획을 마련해놓은 상태였다.[12] 1부의 제목은 '진정한 정치가', 2부의 제목은 '진정한 정치학'이었고, 2부에는 1절 '폭력의 해체', 2절 '목적 없는 목적론'이 포함될 예정이었다(1절이 바로 벤야민이 1921년에 완성한 「폭력 비판」인 것 같고, 2절은 소실된 듯하다). '세 번째' 부분은 파울 셰어바르트의 유토피아 소설 『레사벤디오』에 대한 비평의 형태를 취하는 작업(1919년의 한 미발표 원고에서 시작된)이었다. 이 계획이 이렇게 구체화되고 곧바로 그해에 「폭력 비판」이 신속하게 집필될 수 있었던 것은 그가 블로흐의 『유토피아의 정신』서평에 착수한 이래 모든 생각과 저술에서 이 계획을 염두에 두었기 때문

---

11 SF, 84.
12 GB, 2:108-109. 이 편지에서 "세 번째"라는 단어는 논란이 있다. 숄렘은 이 단어를 "첫 번째"로 읽었고, 정치학 개요의 두 부분 중 첫 번째 부분을 가리킨다고 보았다. 반면 GB 편집자는 정치학 개요가 세 부분이라는 설득력 있는 주장을 폈다(111n).

이다. 브라이텐슈타인에 있을 때 이미 「정신노동자는 없다」라는 제목의 논문 —좌파 작가 쿠르트 힐러의 액티비즘 개념에 대한 날카로운 반론, 나아가 여러 노동자 회의 및 군인 회의(1918년에 자생적으로 속속 생겨나 카이저 폐위의 동력이 되었던 단체들)와 자신들을 동일시하거나 그런 단체를 흉내 내는 부르주아 작가들의 온갖 (헛된) 노력에 대한 반론— 을 구상하고 있었다(글이 완성되지는 않은 것 같다; 볼 곳은 C, 160). 블로흐의 『유토피아의 정신』에 대한 서평이 마무리된 것도 그 무렵이었다. 친구 책 띄워주기와는 거리가 먼, "여러 달에 걸친 엄청난" 작업이면서 벤야민 자신의 정치적 신념을 정의하고자 하는 욕망에서 추동된 작업이었다. 벤야민이 오늘날의 모든 정치적 경향을 거부하는 자신의 입장을 옹호할 필요를 느낀 것은 스위스에서 블로흐와 토론을 벌이고부터였는데, 1920년에 마무리된 이 서평은 『유토피아의 정신』에서 펼쳐지는 마르크스주의와 메시아주의의 기이한 혼합에 대한 벤야민의 양가적 반응을 보인다. 벤야민의 설명에 따르면, 『유토피아의 정신』은 "장점이 없느냐 하면 그렇지는 않지만" "급히, 너무 익어버린" 책이었고(C, 159-160), 자신의 서평은 "블로흐의 개별적인 사고과정을 상세히 논하며 가능한 한 칭찬"하지만 결론에 가서는 밀교적 언어를 동원해 블로흐의 "논의 불가능한 기독학"과 그노시스적 인식론에 맞서 "싸우는" 것이었다(다만 블로흐가 "경험된 순간이라는 어두운 방"을 언급하고 경험의 "전前의식적" 차원을 설정하는 면은 벤야민의 사유에 그 흔적을 남겼다). 벤야민은 이 글을 발표하기 위해 저명한 철학 저널 《칸트 연구》 등 여러 지면을 알아봤지만, 결국 통로를 얻지 못했다(지금 이 글은 확실히 소실된 것 같다).

벤야민의 가장 복잡하게 얽힌 단상 중 하나인 「신학적 정치학 단상」은, 신학적 정치학을 간결히 정리하려 한 글이라는 점에서 이 무렵에 집필되었으리라 짐작된다.[13] 이 단상을 여는 주장에 따르면, "역사 차원이 자진해서 메시아 차원과 연결되고자 하는 것은 불가능"하며, 그런 의미에서 신정국가

Theokratie에는 종교 감각이 있을 뿐 정치 감각은 전혀 없다." 다시 말해 "메시아적 차원"은 역사의 목적일 수 없다. 역사의 눈으로 본 메시아는 역사의 목적이 아니라 종말이며, 고독한 인간의 메시아적 치열함은 연대기적 역사를 넘어선다. 이렇듯 역사적 삶과 진정 종교적인 그 무엇 사이에 건널 수 없는 간극이 있다는 주장은 벤야민 사유의 신학적 요소와 "변증법적 신학"의 주요 신조들이 상당 부분 일치한다는 사실을 보여준다. (예를 들어 카를 바르트는 1921년 『로마서 강해』 제2판에서 신의 절대적 타자성을 주장한다.) 벤야민은 이 단상에서 세속적 차원과 메시아적 차원의 역설적 관계를 보여주는 도표를 그린다.

한쪽 화살표는 세속적 역동의 목적성을 가리키고, 다른 한쪽 화살표는 메시아적 밀도의 방향성을 가리킬 때, 행복 추구라는 자유로운 인간의 성향은 물론 그 메시아적 방향성으로부터 벗어나려 하겠지만, 한쪽으로 작용하는 어떤 힘이 반대 방향으로 작용하는 다른 어떤 힘을 재촉하는 것이 가능한 일이듯, 세속 질서가 세속 차원에 머물러 있음으로써 메시아 왕국의 도래를 재촉하는 것도 가능한 일이다. 그러니 세속 차원은, 메시아 왕국을 사유하는 데는 적당한 개념이 아니겠지만, 메시아 왕국의 은밀한 도래를 사유하는 데는 가장 적당한 개념일 것이다.

정신의 원상회복이 불멸을 들여온다면, 세속의 원상회복은 "몰락의 무한함" 속으로 들어간다. "이 무한히 무상한 세속적 존재의 리듬", 곧 "메시아적 자연의 리듬"이 몰락의 조건으로서의 행복이다. "왜냐하면, 자연에서의 메시

13　이 글의 날짜가 불분명하다는 증거를 보려면, SW, 3:305-306, 306n1. 최근의 견해는 1920년이나 1921년에 무게를 둔다. 벤야민은 제정일치의 정치적 정당화를 거부하면서 그 논거로 블로흐의 『유토피아의 정신』(1918)을 든다.

아 차원은 그 무한하고 총체적인 무상함Vergängnis에 있기 때문이다." 이 단상의 결론에 따르면, 그런 자연을 위해 애쓰는 일, 곧 인간의 단계들 중에서 자연에 머물러 있는 단계들을 위해 애쓰는 일이야말로 세속정치의 과제, 곧 니힐리즘이라는 정치 수단을 필요로 하는 정치의 과제다.[14] 여기서 이렇게 니힐리즘이라는 분명한 이름을 갖게 된 물밑 정서는 벤야민의 전후기를 통틀어 이따금 (1931년 「파괴적 성격」 등에서는 지배적 기조로, 1923년 「번역가의 과제」 등에서는 독특한 색조로) 수면 위로 올라오게 된다.

벤야민 부부가 베를린에 돌아온 봄, 독일의 신생 민주주의는 카프 폭동이라는 최악의 위기 상황에 처해 있었다. 3월 13일, 독일의 최고위 장성 발터 폰 뤼트비츠가 해군 여단 하나와 자유군단이라는 준군사 조직을 등에 업고 베를린 정부 청사를 점령한 뒤 사회민주당 정부의 종식을 선언했다. 그러고는 새 총리로 비군부 우익 볼프강 카프를 지명했다. 사회민주당 총리 볼프강 바우어와 연정 대통령 프리드리히 에베르트는 대부분의 정부 고위 관료와 함께 베를린을 탈출했다. 군부 대다수의 지지를 잃은 정부에 남은 유일한 대응책은 총파업 선언이었다. 총파업과 함께 대부분의 관료 세력이 카프의 지시를 따르기를 거부하면서 폭동은 실패로 끝났고, 3월 17일에는 카프와 뤼트비츠가 베를린을 탈출했다. 벤야민의 편지에는 그 무렵 베를린의 팽팽한 긴장과 관련된 언급이 하나도 없지만, 그의 「정치학」 작업은 이때를 기점으로 속도가 붙었다. 1920년 4월에는 「삶과 폭력」이라는 메모를 썼고(지금은 소실되었다; 볼 곳은 C, 162), 그해 가을에는 「『유토피아의 정신』의 한 대목에 관한 판타지」를 썼다(마찬가지로 소실되었다). 정치 이론은 물론이고 관련 영역들도 폭넓게 읽어나갔다. 이 무렵의 편지들을 보면, 생물학의 인식론에서 웅변 개념에 이르기까지 온갖 주제에 관한 논평이 가득하다. 웅변 개념은 낭만주

---

14 "영원한 무상함"에 관해서 볼 곳은 SW, 1:281(1920–1921); AP, 348, 917(1935); SW, 4:407(1940).

의 정치경제학자 아담 밀러의 수사학 논고가 언급되는 맥락에서 등장한다.[15] 벤야민이 그렇게 오래 붙잡고 있던 정치학 작업의 가장 큰 성과는 1920년 12월에서 1921년 1월 사이에 나온 「폭력 비판」이었다.

「폭력 비판」은 폭력과 법, 폭력과 정의의 관계를 검토하며, 특히 폭력(무력 행사)이 자연법과 실정법의 전통에서 각각 어떤 역할을 하는가를 검토한다. 서두에서는 당시 법학 논의에서 시의성이 있던 주장—폭력은 모종의 목적을 위한 수단—을 다소 추상적이고 요식적으로 논하지만, 폭력이 법과 입법 기구를 수립, 유지하는 데 어떤 역할을 하는가를 논하는 대목부터는 벤야민 특유의 목소리가 들리기 시작한다: "수단으로서의 폭력은 법을 제정하는 폭력이거나 수호하는 폭력 둘 중 하나다"(SW, 1:243). 벤야민 자신이 지적하다시피, 1920년 말에 이런 유의 발언은 매우 시의적절했다: "모든 법제에는 폭력이 잠재적으로 출석해 있다. 폭력이 출석해 있음을 모르는 법제는 타락하게 마련이다. 의회들이 그 최근 예다. 최근 의회들이 이처럼 다들 아는 한심한 장면을 연출하는 것은 자기가 혁명 세력 덕분에 생겨났다는 의식을 잃었기 때문이다." 바이마르 국민의회가 만들어질 수 있었던 동력은 1918년 11월에 터져나온 혁명 세력이었다. 그런데 1920년 봄 루르 전역에서 좌파 봉기가 발생했을 때 의회가 폭력적인 수단을 가지고 진압에 나섰다. 이로써 의회가 새로운 법을 제정할 잠재력을 잃고 타락한 제도로 전락했다는 사실이 분명해졌다. 이것이 벤야민의 논쟁적인 주장이었다. 그렇지만 벤야민은 현 정부를 규탄하는 데서 한발 나아가, 총파업의 사회적 기능이라는 좀더 보편적인 질문을 던진다. (이 질문의 토대에는 생디칼리스트 조르주 소렐의 1908년 『폭력에 관한 성찰』을 비롯한 무정부주의와 폭력 관련 작업들에 대한 벤야민

---

15 벤야민에 따르면 밀러의 「독일의 웅변과 그 몰락에 관한 열두 강의」(1816)는 분류법에서는 허점이 많지만 통찰이 가득한 책이었고, "진정한 정치가"에 관한 논문을 쓸 때 활용할 만했다(GB, 2:141). 이 책은 1921년 논문 단상 「종교로서의 자본주의」에서 언급된다(SW, 1:288-291).

의 광범위한 연구가 있었다. 예를 들어 가을에 막스 네틀라우에게 주요 관련 자료에 대한 자문을 구했다. 네틀라우는 유럽에서 무정부주의의 최고 권위자이자 바쿠닌의 지인이었다.) 벤야민은 사회민주당이 카프 폭동 당시 총파업을 권력 유지 수단으로 이용한 데 대한 암묵적 힐책의 맥락에서 소렐의 『폭력에 관한 성찰』의 한 대목—"정치적 총파업"과 "프롤레타리아 총파업"을 구분하는—을 인용한다: "'정치적 총파업은, 국가는 결코 권력을 잃지 않으며, 권력은 특권층에서 특권층으로 넘어갈 뿐임을 보여준다.'" 한편, 벤야민이 프롤레타리아 총파업을 찬양하는 소렐의 논의를 인용하는 대목을 보면, 벤야민 정치철학의 핵심적 신조 하나를 확인할 수 있다(이 신조와 관련된 그의 가장 이르면서도 가장 직접적인 논의 중 하나다): "'혁명은 단순명료한 반란의 형태로 발생한다.'" 벤야민이 볼 때 이러한 "혁명운동"은 "모든 종류의 강령과 유토피아"를 거부한다: "'이 근본적이고 인륜적이며 그야말로 혁명적인 총파업에 폭력적이라는 낙인을 찍을 수 있는 고려 기준이란 없다.'" 이처럼 혁명적 정화의 파괴적 결과를 고려하지 않는 태도를 두고 그의 성상파괴주의 Bilderverbot(구원받은 삶의 형상들을 만들지 마라는 유대교의 계명)를 거론하곤 하지만, 사실 이런 태도는 니힐리즘의 우회적 표현이다. D. H. 로런스와 마찬가지로, 발터 벤야민은 관습적 세계질서가 "펑" 하고 터진다, 갑자기 운행을 멈춘다는 식의 생각을 좋아했다.

이렇듯 「폭력 비판」의 상당 부분은 국가권력 및 국가권력에 대한 저항이 허용될 가능성의 문제를 둘러싼 당대의 법학 논쟁에 개입하는 논의였다. 그렇지만 후반부에서는 「운명과 성격」에서 다룬 문제들, 곧 운명 그 자체, "한갓 자연일 뿐인 삶"에 가담하는 데서 오는 죄, 신화의 문제, 그리고 이 세상에 개입하는 신의 "파괴하는 폭력"의 문제로 돌아온다. (벤야민의 초기 사유의 핵심이라 할 수 있는 「괴테의 친화력」에서도 중요하게 논의될 문제들이다.) 여기서 벤야민은 헤르만 코헨의 『순수의지의 윤리학』(1904)과 『이성 종교의 유대적 원천』(1919)의 논의를 그대로 받아들여[16] 신화(그리고 그 바탕인 다신교와 "살아 있는 몸뚱이")와 고귀한 정신의 힘(그리고 그 바탕인 일신교)을 구분한다: "신화에 대적하는 것은 신이다. (…) 신화의 폭력이 법을 제정하는 폭력이라면, 신의 폭력은 법을 폐지하는 폭력이다. (…) 신의 심판은 파괴하면서 동시에 정화하는 심판이다. (…) 신화의 폭력은 폭력 그 자체를 위해 살아 있는 몸뚱이에 가해지는 유혈 폭력인 데 반해, 신의 폭력은 살아 있는 것을 위해 모든 삶에 가해지는 순수 폭력이다." 「폭력 비판」이 신의 폭력 개념과 프롤레타리아 혁명 개념을 결부시키는 글이라고 주장하는 평자들도 있다. 그렇지만 마지막 부분에서 분명해지듯이, 이 글에서 벤야민은 아직 정치적 사유와 신학적 사유를 온전하게 조화시키지 못하고 있다: "그 모든 신화의 폭력을 척결하자. 그것은 법을 제정하는 폭력이며, 개벽의 폭력이라 할 수 있다. 법을 수호하는 폭력도 함께 척결하자. 그것은 관리되는 폭력, 곧 신화의 폭력에 봉사하는 폭력이다. 신의 폭력은 성스러운 다스림을 위한 수단이 아니라 이를 상징하는 보검 같은 것으로서 순리의 폭력이라 할 만하다."[17] 이렇듯 「폭력 비판」은 지금 있는 모든 형태의 공권력, 나아가 지금 있는 모든 형태의 국가 그 자체의 폐기를 외치지만, 혁명적 실천이 국가라는 "수단"의 신적 폐기와 어떻게 결부되는지가 모종의 비폭력 총파업 개념 이상으로 구체화되지는 않는다. (혁명이 메시아적 사건의 작인이자 표현이라는 개념이 좀더 분명하게 나타나는 것은 1930년대에 이르러서다.) 이 글을 실을 지면을 찾던 벤야민은 일단 레네 시켈레가 편집장으로 있는 권위 있는 문

---

16 볼 곳은 GB, 2:107(1920년 12월 1일 숄렘에게 보낸 편지). 이 편지에는 당시에 출간된 『이성종교의 유대적 원천』에 대한 벤야민의 짤막하되 호의적인 첫인상이 기록되어 있다.
17 이와 같은 신적 폭력의 현상태 가운데 하나가 "교육적 폭력"이다: "교육의 폭력이 완성태에 도달하면 법의 테두리를 넘어서게 된다. (…) 그런 완성태를 정의하는 요소로는 (…) 평화적 폭력 행사여야 한다는 것, 체벌이 곧 용서여야 한다는 것 등이 있다. (…) 한마디로, 어떠한 법 제정도 없어야 한다는 것이다." 이는 "법 안에 썩어빠진 그 무엇"이 있는 까닭이다(SW, 1:250, 242). 소렐은 『폭력에 관한 성찰』 4장 「프롤레타리아의 파업」 2절 말미에서 총파업의 "교육적 가치"를 말한다.

화 저널 《백지Die Weißen Blätter》에 원고를 보냈다. 이 저널의 편집위원이자 《사회과학 및 사회정책 아카이브》라는 사회학 저널의 편집장이었던 에밀 레더러는 원고를 읽은 후 《백지》의 독자들이 읽기에는 "너무 길고 어려운" 글이지만 《사회과학 및 사회정책 아카이브》에는 실릴 만하다고 판단했다. (레더러는 막스 베버가 세상을 떠난 직후 이 사회학 저널의 편집장이 되었다.)

벤야민은 「폭력 비판」에서 밀교적인 성찰을 전개할 때 1921년 1월에 출간된 에리히 웅거의 『정치학과 형이상학』을 읽으며 자양분을 얻었다. 웅거와 그의 책에 대한 벤야민의 열광은 이 시점에 그야말로 대단했다. 『정치학과 형이상학』을 가리켜 "우리 시대에 나온, 정치학에 관한 가장 중요한 글"이라고 말하기도 했다(C, 172). 에리히 웅거(1887~1950)의 이력을 보자면, 벤야민과 마찬가지로 독일사회에 동화된 베를린 유대인 가정에서 자랐다. 그렇지만 벤야민이 비네켄 및 청년운동과의 만남을 통해 성장한 것과 달리, 웅거는 어린 시절부터 여러 신新정통주의 모임에서 활동했다. 프리드리히 김나지움 시절에는 자신과 마찬가지로 학생이던 오스카어 골트베르크에게 탈무드 교습을 받기도 했다. 종교철학자 웅거의 작업은 끝까지 이 초기 단계와 연결되어 있다. 웅거가 자기 작업에서 공공연하게 신앙심을 드러내는 것은 벤야민과는 대조적이다(벤야민의 마지막 작업으로 알려져 있는 1940년 『역사의 개념에 대하여』 도입부의 유명한 알레고리에는 체스판 밑에 숨어 체스 말을 조종하는 키 작은 꼽추가 나오는데, 제1차 세계대전 이후 벤야민의 작업에서 신학적 차원은 대개 마치 그 키 작은 꼽추처럼 깊숙한 자리, 심지어 눈에 안 보이는 자리에 놓여 있다). 그럼에도 벤야민이 웅거를 긍정적으로 받아들일 수 있었던 배경에는 두 사람이 공유하는 중대한 전제가 하나 있었다. 마르가레테 콜렌바흐의 표현을 빌리면, 벤야민과 웅거는 "철학적 사유란 현대적 신앙심이 진리라고 믿거나 느낄 뿐인 그것을 객관적으로 경험하고 인식하는 데 필요한 조건들을 정의하고자 하는 사유"라는 신념을 공유했다.[18] 그런 유의 철학적 사유가 가능하려면 칸트의 모델을 넘어서야 하리라는 생각, 칸트의 모델은 인간의 경험과 인식에 대한 부적절한 이해에 기반하고 있다는 생각 또한 두 사람의 공유물이었다. 요컨대 웅거의 『정치학과 형이상학』이 말하는 정치학이라는 활동의 일차적 목표는 "신의 실재함의 계시에 상응"할 **가능성**이 있는 그런 심리적-물리적 경험의 무대를 제공하는 것이었다.[19]

이렇듯 웅거의 사유에 매료되었던 저변에는 1920년대 초 오스카어 골트베르크(1887~1951) 중심의 유대인 지식인 서클에 매료되었던 정황도 있었다. 골트베르크의 이력을 보자면, 초기 표현주의의 "네오파토스 카바레"와 "노이에 클럽"에서 지도적 역할을 했고, 제1차 세계대전 종전 무렵부터 유대교의 밀교적 "교리"(숄렘의 표현을 빌리면 마성적인 면이 있는 유대교)를 전파하기 시작했다. 그는 옛날에는 유대인들과 신 사이에 마술을 기반으로 하는 특별한 관계가 있었다고 믿었던 반면, 작금의 유대교는 그런 옛 헤브라이즘을 저버렸다고 결론 내렸다. 경험적 시온주의에 원칙적으로 반대하는 골트베르크 서클의 입장에서는 "히브리인들의 실재성"이라는 이 교리(숄렘의 표현을 빌리면 "일종의 생물학적 카발라")야말로 "국가 없는 유대 민족 건설"(벤야민이 1922년 2월 골트베르크의 제자인 웅거의 강연에 갔을 때 웅거가 사용한 표현)의 유일한 준비 훈련이었다.[20] 개인적으로 대단히 흡인력 있는 인물인 골트베르크는 자기 서클에서 사실상 독재자로 군림했고, 바이마르공화국의 지식인들에게 사유의 내용에 비해 지나치게 큰 영향력을 행사했다. (토마스 만은 1947년 소설 『파우스트 박사』에서 이 해로운 영향력을 일부 포착했다. 이 소설에서 골트베르크는 원原파시스트 형이상학자 하임 브라이자허 박사로 나온다.) 벤야민과 도라가 골트베르크와 웅거를 알게 된 것은 엘리자베

---

18 Kohlenbach, "Religion, Experience, Politics," 65.
19 Ibid., 78.
20 SF, 96-97.

트 리히터-가보(도라의 친구이자 아방가르드 영화감독 한스 리히터의 첫 번째 아내)의 자택에서였다. 골트베르크에 대한 벤야민의 반감은 본능적인 것이었다: "나는 그 사람에 대해 아는 것이 없는데도, 그와 마주칠 때마다 그의 불결한 아우라가 나를 밀쳐내는 느낌이라, 그와 악수하는 것도 불가능합니다"(C, 173). 이런 반감에도 불구하고 벤야민이 계속 이 서클 주변을 조심스레 얼쩡거렸던 이유는 오직 웅거와의 관계를 위해서였다. 웅거와 그의 작업이 계속 그를 매료시켰다.

1921년 1월에는 아버지와의 적대가 잠시 잦아들면서, 부모에게 얹혀사는 일이 조금 참을 만해졌다. 오래 얹혀살 필요성을 예견한 듯, 새 책장들을 주문하고 서재를 꾸몄으며(벤야민에게 서재는 항상 깊은 만족의 원천이었다), 도라가 연주를 다시 시작할 수 있게 피아노를 대여하기도 했다. 저녁에는 모차르트와 베토벤과 슈베르트가 울려 퍼졌다고 숄렘은 기억한다.[21] 늦봄에 벤야민 부부는 아마추어 연극에 손을 뻗치기도 했다. 그들의 야심은 장식예술학교 무도회의 촌극에 배우로 출연하는 것이었다. 마음만 먹으면 "훌륭한 여배우"가 될 수 있으리라 자신했던 도라가 연출가의 "무능" 탓에 데뷔할 기회를 놓쳤다는 것이 벤야민의 후일담이었다(GB, 2:146). 어린 아들 슈테판이 벤야민 가족의 삶에서 정확히 어떤 역할을 했는지를 재구성하기는 비교적 어렵다. 이 시기의 편지에서 슈테판이 등장하는 일은 극히 드문데, 편지 중 하나에는 슈테판이 처음 동물원에 가서 라마와 코끼리를 혼동하고 아이벡스와 원숭이를 혼동하더라는 이야기가 있다. 한편 당시 벤야민이 써나가던 슈테판의 '견해와 사유' 가운데에는 "조용히"와 관련된 내용이 있는데, 그런 글을 보면 벤야민의 가정에서 무엇이 우선시되었는지, 슈테판은 그런 규칙에 어떻게 반응했는지를 짐작할 수 있다: "나는 아이 방에 가서 아이를 조용히 시킨

---

21 Ibid., 91.

다. 내가 나간 뒤 아이는 외친다. '저 새[아니면 저 곰]가 맨날 이 방에 들어오잖아. 들어오지 마. 내 방이야. 방이 어질러지잖아. 날 방해하지 말라고 했잖아, 나 일해야 한다고 했잖아.'"22

벤야민 부부는 부모 집에 사는 동안 집에서 손님을 접대하거나 친구와 친척이 묵어가도록 할 수 있었다. 에른스트 블로흐는 초반에 묵었던 친구 중한 명이다. 블로흐의 아내 엘제 폰 슈트리츠키가 오랜 병고 끝에 뮌헨에서 세상을 떠나고 얼마 되지 않은 때였다. 벤야민의 옛 친구 베르너 크라프트 (1896~1991)가 묵어간 일은 결과가 좋지 않았다. 벤야민이 크라프트를 만난 것은 두 사람이 대학에 다니던 1915년이었는데, 좀더 실리적인 성격이었던 크라프트는 사서가 되는 길로 들어섰지만(유명한 라이프치히 도서관과 하노버 도서관에서 일하다가 1934년 강제퇴직 후 팔레스타인으로 이주한다), 그의 자기 정체성은 문학비평가였다. 벤야민은 만남 초기부터 크라프트를 철학적 기반의 비평 분야에서 동료이자 경쟁 상대로 여겼다. 그런데 크라프트가 벤야민의 집에서 묵는 동안 무슨 일이 일어났는지, 벤야민은 크라프트가 떠난 직후 절교 통보 편지를 보냈다. 이 편지의 한 버전을 보면(크라프트가 받아본 것은 덜 노골적인 버전이었다), 벤야민이 우정을 무엇이라고 생각했는지, 지적 교류에 얼마나 헌신적이었는지도 알 수 있지만, 그가 얼마나 오만한 인간이었는지도 알 수 있다: "친구들과의 교제와 대화는 내가 가장 진지하게 임하면서 동시에 가장 조심스레 대하는 일입니다. (…) 나 자신은 내가 하는 말이 어떤 결과를 낳을지 미리 생각하는 편이라서, 다른 사람들에게도 같은 것을 기대하게 되는군요. (…) 대화를 나눌 때 서로가 반드시 지켜야 하는 것, 견해가 다를수록 더더욱 지켜야 하는 것이 있습니다. 그것은 자신의 견해에 대한 근거를 댈 생각이 없으면 그 견해를 말하지 말아야 한다는

---

22 *Walter Benjamin's Archive*, 124.

것, 나아가 상대의 비판을 진지하게 받아들일 생각이 없으면 그 견해를 상대의 판단 앞에 내놓지 말아야 한다는 것입니다"(GB, 2:142). 크라프트는 이 편지를 받자마자 그때까지 벤야민에게 받았던 편지를 모두 돌려보냈는데, 벤야민은 크라프트가 이 편지들을 등기우편으로 보내지 않았다는 데에 불만을 표했다! 1933년 말 파리 국립도서관에서 우연히 마주치고부터 다시 관계를 이어가는 두 사람은 1930년대 후반 19세기 독일 작가 카를 구스타프 요흐만을 재발견한 것이 서로 자기라고 주장하면서 최종적으로 (스펙터클하게) 절교하게 된다.

벤야민에게는 특정한 종류의 우정을 맺는 재능이 있었다. 그의 탁월함과 치열함이 어마어마한 지성의 소유자들을 계속 그의 자장 안으로 끌어들인 것도 사실이다. 하지만 우정이 맺어진 이후의 궤적은 좀처럼 순탄치 않았다. 거기에는 그가 절친한 친구들과도 거리를 유지하면서 절대적 프라이버시에 대한 권리를 고수했던 까닭도, 그가 자기 친구 그룹들이 교류하는 것을 열심히 막았던 까닭도 있었다. 벤야민에게 친구 그룹들 사이의 교류를 막는 것은 친교의 법칙이나 마찬가지였다는 게 숄렘의 기억이었다. 친구들에게는 이런 친교 습관들이 벤야민과의 일상적 대화를 까다로운 일로 만들었을 게 틀림없다. 다른 한편 벤야민이 친구들과 주고받은 편지 속에는 그가 절친한 친구들에게 굳건한 신의를 지켰음을 보여주는 증거도 엄청나게 많다. 테오도어 아도르노와 베르너 크라프트에 따르면, 벤야민은 도량이 넓고 선물하는 것을 좋아했다. 1920년대 초반의 어느 날 저녁 식사에 초대받고 간 크라프트는 자기 냅킨에 오스트리아 극작가 프란츠 그릴파르처의 『인생은 꿈』 초판본이 싸여 있는 것을 발견하기도 했다. 샤를로테 볼프(벤야민이 율라 콘을 통해 알게 된 친구)는 자기가 왜 상당한 경제적 곤란이 뒤따를 의학 공부를 계속해야 하는지 부모를 설득해야 했을 때 벤야민이 드레스덴까지 함께 가주는 등 엄청나게 애써주었다는 이야기를 들려준다.[23]

1921년 들어 몇 달 동안 벤야민은 샤를 보들레르의 『악의 꽃』 중 「파리의 장면들」을 번역하는 일에 상당한 시간을 할애했다. 보들레르 번역을 시작한 것은 일찍이 1914년이지만, 번역서 출간의 가능성이 작업에 박차를 가하는 계기가 되었다. 앞서 벤야민이 율라 콘을 통해 시인 에른스트 블라스와 접촉했던 것은 블라스가 편집하는 저널 《아르고 원정대》의 발행인이 바이스바흐라서였다. (그해 말 「운명과 성격」 및 「도스토옙스키의 『백치』」가 실리는 저널이 바로 《아르고 원정대》다.) 블라스가 벤야민의 보들레르 번역 샘플을 바이스바흐에게 전달한 것은 1920년 말이었다. 바이스바흐가 제안해온 계약 조건은 호화판 제작비 1000마르크와 통상 에디션 인세 15퍼센트였다. 벤야민이 계약서에 서명해서 넘긴 것은 2월 초였다. 그 시점에 이미 「파리의 장면들」 가운데 「백조 II」를 뺀 모든 시의 번역을 마친 상태였던 벤야민은 바이스바흐에게 번역이라는 문제를 다루는 일반론 형태의 서문을 넣겠다는 뜻을 전하기도 했다. 하지만 바이스바흐와의 계약은 작업의 마감이 아니라 향후 3년 이상이 걸릴 출간까지의 곡절 많은 시간—벤야민에게는 답답하기 짝이 없는—의 시작이었다.

보들레르가 그 당시 벤야민의 유일한 문학적 관심사는 아니었다. 우선 위대한 오스트리아 작가이자 저널리스트 카를 크라우스가 베를린에서 1921년 초 네 차례 강연을 했는데, 벤야민도 분명 이 강연에 갔으리라 짐작된다. 벤야민에게 크라우스는 평생의 관심사였다. 또한 벤야민은 독일 낭만주의자들을 읽고 생각하는 일도 계속했다. 괴테를 읽으면서 새롭게 열광했고(괴테의 노벨라 중에서 가장 좋아하는 「새로운 멜루지네」를 다시 읽었는데 역시 좋더라고 했다), 바이스바흐에게 프리드리히 슐레겔의 희곡 『알라르코스』—괴테가 19세기 초 바이마르 극장의 공연 레퍼토리에 포함시켰던, 1809년 이후로

---

23 볼 곳은 Kraft, *Spiegelung der Jugend*, 65; Wolff, *Hindsight*, 67-68.

는 더 이상 출간되지 않은 희곡—를 다시 출간하라고 재촉하기도 했다.

벤야민은 학위논문을 완성한 뒤 현대 시각예술에 대한 관심을 키워나갔다. 3월에는 1914년 서부 전선에서 전사한 화가 아우구스트 마케의 회화전에 가기도 했고(벤야민은 자기가 이 그림들에 대한 "소논문"을 썼다고 했는데 지금은 소실되었다), 샤갈의 「안식일」을 가리켜 마음에 들지만 자기가 보기에 완성도가 부족한 그림이라고 말하기도 했다: "무조건 믿고 볼 수 있는 그림은 클레, 마케, 칸딘스키뿐이라는 것이 점점 더 확실해집니다. 다른 그림들 속에는 자칫하면 발이 빠질 수렁이 있습니다. 물론 이 세 화가에게도 취약한 그림이 있지만, 이들 화가의 그림에서는 취약함이 **눈에** 보입니다"(C, 178). 4월에는 클레 전시회에 갔고, 늦봄에는 뮌헨으로 가서 클레가 1920년에 그린 「새로운 천사」라는 작은 수채화를 1000마르크(14달러)에 사들였다. 벤야민과 이 그림의 첫 만남에 대한 기록은 없지만, 샤를로테 볼프가 평소에는 "사람을 대하는 데 서툴고 감정 표현에 어색해하는 이 남자"가 의외의 발견에 기뻐하는 모습을 묘사하는 장면—"그는 경이로운 무엇을 손에 넣은 사람인 듯했다"[24]—을 보면, 벤야민이 어느 정도까지 기뻐할 수 있는 사람인지를 미루어 짐작해볼 수 있다. 벤야민의 가장 소중한 물건이 된 「새로운 천사」는 처음 한동안은 숄렘의 뮌헨 아파트에 걸려 있었고, 숄렘이 팔레스타인으로 이주한 뒤에도 오랫동안 두 친구를 이어주는 특별한 고리가 되었다. 이미 1921년에 숄렘은 이 그림에 대한 시적 명상을 벤야민에게 생일 선물로 보냈다.

---

24 Wolff, *Hindsight*, 68. 볼프는 클레의 이 그림이 델브뤼크슈트라세 저택 내 벤야민의 서재에 어떻게 걸려 있었나를 묘사한다: "발터와 나는 그의 원고들로 덮인 긴 떡갈나무 탁자에 마주 보고 앉곤 했다. 책이 바닥에서 천장까지 쌓여 벽면들이 보이지 않는 상태였다. 그렇지만 뒷벽에는 널찍한 공간이 남겨져 있었다. 발터가 사랑하는 그림—파울 클레의 「새로운 천사」—을 위한 공간이었다. 그 그림이 마치 자기 정신의 일부인 양, 그는 그 그림과 인격적인 관계를 맺었다. (…) 시간이 가면서 나는 그 그림이 구성과 '터치'의 명쾌함을 표현하고 있다는 것을 이해했다"(67).

7월 15일에 천사가 건네는 인사

귀하게 벽에 모셔진 나는
아무것도 보고 있지 않습니다
나는 천국에서 보낸
천사인간입니다

내 방에 사는 이는 좋은 사람이지만
나는 관심 없습니다
가장 높은 분의 모자를 썼으니
얼굴 같은 것은 필요 없습니다

내가 떠나온 저 세상은
삼가 깊고 밝습니다
나를 온전하게 빚는 힘이
여기서는 경이로워 보입니다
하나님이 나를 이 도시로 보냈으니
나는 이 도시를 내 마음에 담았지만
나에게는 하나님이 보낸 천사라는 봉인이 있으니
이 도시는 나를 유혹하지 못합니다

날개를 펼치겠습니다
이제 돌아가렵니다
여기서 좋은 시절을 보냈더라면
이렇게 기쁘지는 않았겠지요

나의 눈동자는 제법 까맣고 큽니다

텅 빈 눈이 되는 일은 결코 없습니다

나는 내가 전해야 할 말을 알고 있습니다

그리고 그 밖에 많은 것을 알고 있습니다

—

다른 것을 상징하지 않는 나는

나 자신을 뜻합니다

그대가 아무리 마법의 반지를 돌려도 소용없습니다

나에게는 숨은 뜻이 전혀 없습니다[25]

클레의 '새로운 천사'는 벤야민이 창간에 실패한 첫 저널의 제목이기도 하고, 나중에 1933년에는 이비사 섬에서 쓴 수수께끼 같은 자전적인 글(「아게실라우스 잔탄더」)의 등장인물기도 했으며, 벤야민 말년에는 그의 글을 통틀어서 가장 유명한 대목 중 하나—『역사의 개념에 대하여』 중 역사의 천사를 논하는 대목—에서 영감으로 작용하기도 했다.

이렇듯 다양한 관심사에도 불구하고, 벤야민이 줄곧 가장 중시한 작업은 교수자격 청구논문이었다. 실제로 1920년 후반과 1921년 초반에 나온 모든 (하나의 주제와 관련된) 단상을 보면, 그의 사유가 서서히 방향을 틀고 있음을 알 수 있다. 순수한 언어학을 초점으로 삼았던 초기 연구가 주목했던 것은 일군의 신학적 문제들이었다. 예를 들어 「교수자격 청구논문 개요」(SW, 1:269-271)를 보면, 신학적 상징의 문제가 논문의 주제가 될 수도 있었음을 알 수 있다. 하지만 연구는 서서히 언어학을 벗어나 인식론과 미학의 차원으로 옮겨갔다. 2월 숄렘에게 보낸 편지에서 그 과정을 일별할 수 있다: "신플

---

25 인용은 GB, 2:175n.

파울 클레, 새로운 천사, 1920. 종이에 잉크, 색분필, 브라운워시(이스라엘 박물관 컬렉션, 예루살렘, 파니아와 게르솜 숄렘, 존 그리고 폴 헤링, 조 캐럴과 로널드 라우더 기증. B.87.0994. 사진©이스라엘 박물관, 예루살렘, 엘리 포스너)

라톤주의가 금욕이나 관조에서 구했던 쾌락을 문헌학은 모든 종류의 역사 연구에 똑같이 약속해줍니다. 문헌학이 약속하는 쾌락은 신플라톤주의가 구하는 쾌락보다 강도가 훨씬 높습니다. 문헌학은 윤리적 열정을 밟아 꺼뜨리는 대신 윤리의 가치를 보장함으로써 윤리를 해소합니다. 윤리의 완료가 아니라 완성입니다. 문헌학이 보여주는 것은 역사적 사건의 단면, 좀더 정확히 말하면 역사적 자료의 단층인데, 인간이 그 단층을 규정하는 방법론적 개념들, 그 단층을 구성하는 기본적인 논리 개념들을 얻는 것은 가능하겠지만, 인간에게는 그 개념들 사이의 관계가 끝내 감춰져 있습니다. 문헌학은 언어에 대한 학문도, 언어의 역사도 아닙니다. 문헌학은 가장 심층에서 **학술어** Terminologie**의 역사**라는 것, 이것이 문헌학에 대한 나의 정의입니다"(C. 175-176). 이 대목에 나오는 "문헌학"이니 "학술어"니 하는 용어는 벤야민의 사유가 아직 언어학 영역에 머물러 있음을 보여주는 것 같지만, 사실 이 중요한 대목은 그가 결국 철학적 언어학을 떠나 문학과 미학이라는 분과학문으로 옮겨가리라는 것을 보여준다. 이 시기의 벤야민은 프리드리히 슐레겔의 저작에서 시작해 니체의 저작에서 끝난다고 할 독일 문헌의 황금기를 공부하는 근면 성실한 학생이었는데, 이 문헌 전통을 이루는 토대는 문학 텍스트에 대한 해석이다.

벤야민이 교수자격 청구논문 작업에 차분하게, 아니 악착같이 매달려 있던 그때, 가정과 사회는 아수라장이었다. 1921년 초 전국 일간지의 헤드라인은 정치적 · 경제적 불안의 이야기로 점철되어 있다. 급진우파가 급진좌파와 충돌했고, 중도좌파 연정은 신생 바이마르공화국의 정당성을 찾는 중이었다. 한편에서는 제국 시대의 초보수파를 전혀 청산하지 못한 법조계가 극우 세력의 무수한 악질 범죄—요인 암살, 쿠데타 기도, 불온 문건 살포—를 방조하고 있었고, 다른 한편에서는 연합국이 독일 정부에 2260억 골드마르크를 42년에 걸쳐 상환하라는 내용의 최종적, 치명적 배상 패키지를 강제함으로써 전후 독일의 경제 참상을 극도로 악화시키고 있었다. 런던회의에서 배상금 상환의 구체적 방안과 관련된 논의가 결렬된 이후로, 독일의 공업 중심지 루르는 프랑스군에게 점령당한 상태였다. 벤야민은 이런 사건들은 물론이고, 가정의 위기에 대해서도 함구했다. 벤야민에게 결혼생활이 거의 파경에 이르렀다는 소식을 전해 들은 것은 아주 친한 친구 몇 명뿐이었다.

비교적 평온했던 스위스 생활을 접고 돌아온 뒤로 도라와 벤야민 사이의 갈등은 점점 심해졌다. 걷힐 줄 모르는 경제적 그늘 속에서 부모 집에 얹혀 사는 시기가 계속되면서(당시 벤야민 부부에게 집은 부모에게 의존하고 있음을 상기시킬 뿐 아니라 부자관계를 지배하게 된 증오를 상기시키는 공간이었다), 부부는 점점 남남처럼 생활했고, 급기야 1921년 봄에는 각자 (거의 같은 시기에) 다른 사람을 사랑하는 지경에 이르렀다. 벤야민의 청년운동 시절 친구였던 조각가 율라 콘이 4월에 벤야민 부부의 집을 방문했는데, 벤야민은 콘을 5년 만에 만나 함께 있는 동안 자기가 콘을 깊이 사랑한다는 것을 알게 되었다. 콘의 친구 샤를로테 볼프는 그 당시의 콘을 특이한 인물로 묘사하고 있다: "몸집이 작고 (…) 움직임은 조심스러웠다. 실제로도 그러했고, 상징적인 의미로도 그러했다. 그녀는 손님들을, 그리고 그 밖의 모든 것을, 긴 흑단 손잡이가 달린 안경을 통해서 관찰했다. (…) 가냘픈 몸매에 비해 머리는 너무 커, 그녀를 만나는 사람의 관심은 결국 그 머리에 쏠렸다." 볼프의 기억에 따르면 콘은 경외감을 불러일으키며, "여러 지식인과 예술가를 자기 곁으로 끌어모으는 직관의 '터치'"를 지닌 인물이었다.[26] 율라 콘이 처음에 벤야민의 접근에 어떤 반응을 보였는지 정확히 알 수는 없다. 하지만 어쨌든 벤야민은 자기가 결혼하고 싶을 만큼 사랑하는 이 여자가 자기 사랑에 똑같은 정도로 응해줄 수 없다는 것을 일찌감치 깨달았던 듯하다. 적어도 그것이 도라

---

26 Wolff, *Hindsight*, 64-65.

가 5월 숄렘에게 보낸 차분한 아픔의 편지에 담긴 요지였다: "나는 무엇보다 발터가 걱정스럽습니다. J는 결정을 내리지 않고 있습니다. 발터는 J를 떠나야겠다고 생각하면서도 결단을 내리지 못하고 있습니다. 심지어 자기가 정말 그런 결단을 내리지 않으면 안 되는지 그것조차 모릅니다. 나는 J가 발터를 사랑하지 않으며 앞으로도 사랑하지 않으리라는 사실을 알고 있습니다. J는 정직한 사람이라서 그 문제로 스스로를 기만하지 못하지만, 순진한 탓에 스스로를 명확하게 바라보지 못합니다. J는 아직 사랑을 해본 적이 없거든요. 사랑도 믿음과 똑같아서, 해보기 전에는 뭔지 알 수 없지요. (…) 오늘 발터가 내게 자기가 J와 헤어져야 할까를 물어왔습니다. (…) 발터의 본성이 희망 없는 연애에 빠지는 것이라면, 본성을 따르는 수밖에 없겠지요. 우리는 괴로울 수밖에 없겠고요. 발터는 나에게 잘해주고, 나도 발터에게 잘해줍니다. 내가 더 좋은 사람이 될 수 있었으면 합니다. 내게는 힘든 일이 아직 많습니다."[27] 율라 콘을 향한 벤야민의 줄기찬 (결국 짝사랑으로 끝난) 사랑은 벤야민의 1920년대 초의 사생활에서 큰 비중을 차지한다. 결국 콘은 1925년 벤야민의 전 약혼자 그레테 라트와 남매간인 화학자 프리츠 라트와 결혼한다 (결혼을 앞두고 벤야민의 편지를 모두 폐기처분했다). 1921년에는 율라 콘과 남매간인 알프레트(벤야민의 카이저 프리드리히 학교 동창이자 친한 친구)가 그레테 라트와 결혼하면서, 벤야민의 복잡한 인간관계망에 또 하나의 고리가 덧붙여진다.

그의 인생에 얽혀들었던 여러 여자의 눈에 비친 인간 벤야민의 모습은 그의 편지, 단상, 논문에서 들리는 필자 벤야민의 목소리와 여러모로 공명한다. 벤야민을 직접 만난 적이 있는 사람들은 하나같이 벤야민의 자기연출에 육체적 성애의 요소가 결여되어 있으며, 그 요소는 필시 내면을 향하고 있었

27　도라 벤야민이 게르숌 숄렘에게, 인용은 GB, 2:154n.

으리라는 점을 지적한다. 숄렘은 자기와 벤야민을 동시에 알고 있는 한 여성 지인과 그 점에 관해 대화를 나눈 일을 기억하고 있다: "벤야민은 그녀에게 (그리고 그녀의 친구들에게도) 남자로서의 존재감이 전혀 없었다. 그녀는 벤야민에게 남자의 차원이 있다는 생각 자체를 해본 적이 없었다. '발터는, 말하자면, 탈육체적 존재였습니다'라고 그녀는 말했다." 1920년대 초에 도라는 숄렘에게 결혼생활을 괴롭히는 육체적 어려움을 털어놓기도 했다. 당시에 도라는 "발터의 지성이 발터의 리비도를 방해한다"는 진단을 내리고 있었다. (숄렘에 따르면, 도라는 남편을 이해하기 위한 방편으로 이런 식의 정신분석학 용어들을 사용하곤 했다. 언젠가 도라는 벤야민의 병이 "강박신경증"이라는 진단을 내리기도 했다.)[28] 다른 지인들이 들려주는 벤야민의 두 번째 특징은(첫 번째 특징과 관계있을 수도 있다) 그의 모든 인간관계를 지배하는 한없는 유보의 태도가 성애에서도 나타난다는 것이었다. 예컨대 샤를로테 볼프는 벤야민이 "소유의 사랑이라는 자본주의를 버릴" 수 있었다는 것—곧 아내 도라가 친구 에른스트 쇤과 길게 연애하는 동안에도 질투를 느끼지 않는 모습—에 큰 감명을 받았다: "아내와 친구가 친밀한 관계라는 것은 마음의 평화를 해치지 못했다. 오히려 두 남자는 더 가까워졌다. (…) 나는 발터를 보면서 (…) 라이너 마리아 릴케를 떠올렸다. 릴케에게는 연인에 대한 그리움이 연인의 현존보다 더 중요했다. 연인의 현존은 기쁨이기보다 방해물일 때가 많았던 것이다. 나는 벤야민이 육체적 사랑을 길게 감당할 수 없는 사람임을 깨달았다."[29] 이 맥락에서 그에게 "병"이 있었다면, 그것은 자기를 가지고 일련

---

28 SF, 95. 숄렘은 이 대목에서 이렇게 질문한다: "벤야민이 탈육체적 존재라는 인상을 준 것이 많은 사람이 생각하듯 그에게 활력이 부족해서였을까? 오히려 그의 활력이 그의 형이상학적 지향과 교차했기 때문 아닐까? 사실 그 시기의 벤야민은 활력이 넘칠 때가 많았고, 그에게 세상을 등진 사람 같다는 평판을 안겨준 것은 그의 형이상학적 지향이었다." 이 질문과 비교해볼 곳은 테오도어 W. 아도르노가 벤야민에 보낸 1936년 9월 6일자 편지. 이 편지에 따르면, 두 사람의 "논쟁의 핵심"은 아도르노가 벤야민의 "비변증법적 인체존재론"에 동의하지 않는다는 것이었다: "당신에게는 사람의 몸이 구체성의 척도[Maß der Konkretion]인 것 같습니다"(BA, 146).
29 Wolff, *Hindsight*, 69.

의 즉흥극 내지 가면극—생의 게슈탈트가 걸린 내기, 니체의 표현을 빌리면, "눈앞 가늠, 임시 조감"—을 만들라는 니체적 명령을 따랐다는 병이다.[30] 지성의 에너지든 성애의 에너지든 에너지를 작품에 옮겨 담는 데에는 비용이 들었다. 볼프가 예리하면서도 극히 호의적으로 그리는 벤야민의 초상을 보면, 그 비용은 바로 그리움과 좌절스러움으로 점철된 사생활이었다: "그는 자기가 짝사랑한 이들로부터 작품의 영감을 얻었다. 그의 '자아'는 그의 작품에 있었다."[31]

벤야민이 율라 콘에게 구애하던 그때, 도라는 벤야민의 가장 오랜 친구이자 절친한 친구 중 한 명인 음악가 겸 작곡가이자 음악학자인 에른스트 쇤 (1894~1960)과 연애 중이었다. 쇤은 베를린 카이저 프리드리히 학교에서 벤야민을 중심으로 활동하던 학생들 중 한 명이었고, 벤야민과는 친밀한 관계를 유지하고 있었다(벤야민과 친밀한 관계를 유지하는 옛날 친구는 쇤과 알프레트 콘이 전부였다). 쇤은 여러모로 주목할 만한 인물이었다. 쇤의 전기작가 자비네 실러-레르크에 따르면, 그는 "품위 있는 자제력과 겸손함, 분별 있는 고결함"을 지닌 사람이었다.[32] 쇤을 한참 뒤에 알게 되는 아도르노에 따르면, 쇤은 "아무런 노여움 없이 다른 사람들을 자기 앞에 세울 수 있고 심지어 자기 존재를 지울 수도 있는 깊은 자신감을 가진 사람 중 한 명"이었다.[33]

---

30 비교해볼 곳은 SW, 2:271.
31 Ibid., 70. 이런 관점에서 발터 벤야민을 니체적 인물로 본다면 앙드레 말로의 『인간의 조건』에 나오는 클라피크 남작과 닮은 데가 있다. 클라피크의 성애적 공략이 실패하는 것도 벤야민의 경우와 비슷하다: "그는 자기 거짓말에 취하고, 이 열기에 취하고, 자기가 창조하고 있는 허구의 세상에 취했다. 그는 그녀에게 자살하겠다고 말했지만 자기 말을 믿지는 않았다. 그러나 그녀는 그의 말을 믿었으니 그는 진실이 사라진 세상에 발을 들여놓고 있었다. 그것은 진실한 세계도 거짓된 세계도 아닌, 그저 그가 발을 들여놓은 세계였다. 존재하는 것은 없었다. 그가 방금 꾸며낸 과거도 존재하지 않았으니까. 그와 그녀의 관계를 떠받치는 그 작은 몸짓, 그렇게 가까이 다가온 것 같은 몸짓도 존재하지 않았으니까. 그는 이제 세계의 무게를 느낄 수 없었다"(Malraux, *Man's Fate*, 246-247). 상하이에서 절대적인 의미로 존재하지 않는 유일한 남자가 클라피크였듯, 베를린에서 절대적인 의미에서 존재하지 않는 유일한 남자는 발터 벤야민이었다.
32 Schiller-Lerg, "Ernst Schoen," 983.
33 Adorno, "Benjamin the Letter Writer"(C, xxi).

에른스트 쇤과 율라 콘(공예협회 아카이브, 사물 박물관, 베를린)

전쟁 중에 스위스에 가 있던 벤야민에게 가장 중요한 편지 상대가 되어주었던 쇤은 전후로는 진로를 정하지 못하고 이리저리 떠돌았던 것 같다. 베를린에 있을 때는 페루초 부소니에게 피아노를 배우고 에드가르 바레즈에게 작곡을 배웠다. 대학도 여러 곳을 다녔는데, 학위를 받았는지는 확실하지 않다.[34] 쇤이 프랑크푸르트 남서독일 방송국에서 예술감독이 되어 벤야민을 라디오라는 새로운 매체에 끌어들이는 것은 1920년대 말이다. 벤야민 부부가 쇤과 다시 어울린 것은 스위스에서 돌아온 직후였고, 도라가 쇤을 사랑하게 된 것은 1920년에서 1921년 사이의 겨울쯤이었다. 도라는 발터와 이혼하고 쇤과 새 생활을 시작할까를 적극적으로 고려하기도 했다. 4월 말 도라는 숄렘에게 얼마나 파국으로 치달았는지를 전했다: "오늘 발터에게 듣자 하니, 율라가 자기 친척들에게 E[에른스트 쇤]와 나에 대한 이야기를 전부 했다고 하네요. 그 부르주아들한테. 발터도 나 못지않게 경악하고 있습니다. (⋯) 율라는 자기와 발터에 대한 이야기는 한마디도 하지 않았다는군요. 우리는 이 잔해 속에서 건져낼 수 있는 것이 있나 보려고 합니다. 곧 파국이 닥칠 참입니다."[35] 사실 그때 율라 콘은 쇤에게 반해 있었고 도라도 그 사실을 알고 있었던 듯하지만, 이 편지에 그 이야기는 나오지 않는다.

결혼생활의 위기에 직면한 도라가 편지를 썼다면, 벤야민은 늘 그렇듯 글을 썼다. 그의 1920년대 초 메모들은 눈앞의 문제들—결혼, 성욕, 수치—에 대한 고민을 모종의 철학적 윤리학으로 정리한 단상으로 가득하다. 한편으로는 결혼을 관조하는 여유가 있었지만("부부는 공동체의 구성 요소지만 친구는 공동체의 지도자들이다"), 다른 한편으로는 결혼의 의무 앞에서 괴로워했다("혼인성사에서 하나님은 사랑으로 하여금 죽음을 이기게 하시고 아울러

---

34 Schiller-Lerg, "Ernst Schoen."
35 도라 벤야민이 게르숌 숄렘에게, 인용은 GB, 2:153-154n.

성욕의 위험을 이기게 하신다").36 벤야민이 가족에게 닥친 혼란에 대해, 그리고 그 혼란이 어린 슈테판에게 미치는 영향에 대해 잘 알고 있었음을 보여주는 가장 감동적인 증거는 「1922년 1월 6일에」라는 소네트인 것 같다.

마님의 집을 망가뜨리고 마님을 슬프게 하는 길손
그 앞에서 대문은
바람에 날린 듯 벌컥 열린다
그는 누구인가?

그의 이름은 불화
한때 집안을 텅 비게 했던 그가 돌아온다
영혼의 세 시종은 잠과 눈물과 아이
그들은 이제 영혼을 섬길 따름이다

그럼에도 매일 아침 칼날처럼 빛나는 햇살들은
잠에서 깨어나는 사람들의 옛 상처를 내리친다
그러고는 위로의 요람이 그들을 또다시 잠으로 이끈다

눈물샘이 오래전에 말라버렸다면
희망을 집으로 초대할 수 있는 것은
아이의 웃음소리, 아이의 방식뿐이다.37

숄렘은 벤야민의 사유에 깃들어 있는 "빛나는 윤리적 아우라"와 그가 "일상

---

36 벤야민, 「부부는 공동체의 구성 요소」; 「결혼에 대하여」 GS, 6:68.
37 GS, 7:64. 벤야민이 소네트를 적어놓은 곳은 슈테판의 '견해와 사유'를 적는 기록장이었다.

생활의 것들을 대하는 태도"에서 나타나는 비양심적, 비도덕적 요소 사이에서 모순을 보았다.[38] 그러나 벤야민의 결혼생활에 닥친 이 첫 번째 심각한 위기는 단순한 흑백논리로 설명될 수 없다. 이 시기에 나온 초고나 단상에 기록된 생각은 그의 행동에 대한 성찰이라고도 할 수 있고 행동에 대한 견제라고도 할 수 있지만, 어쨌든 그의 행동에 대한 반대라고 할 수는 없기 때문이다.

두 사람이 이 위기를 극복하는 데는 결혼생활 중이라는 생각에 완강하게 충실했던 것이 도움이 되었다. (둘은 1920년대 내내 일련의 위기를 겪는다. 벤야민이 최종적으로 부부관계를 끝내는 조치를 취하는 것은 1920년대 말에 이르러서다.) 숄렘에 따르면, 이 첫 위기는 1921년 봄에 시작되어 2년간 계속되었다: "발터와 도라는 그때만 해도 이따금 부부관계를 회복했지만, 1923년 이후로는 친구처럼 같은 집에 사는 데 그쳤다. 두 사람이 한집에서 지낸 것은 일차적으로는 슈테판 때문이었지만(발터는 슈테판의 성장과정에 큰 관심을 보였다), 경제 사정 때문이기도 했을 것이다"(SF, 94). 이렇듯 새로운 단계에 접어든 벤야민 부부의 관계에서 놀라웠던 것은 도라가 지식인 벤야민의 삶 전반에 계속 관여했다는 점이다. 도라는 남편이 쓰는 글뿐 아니라 남편에게 영향을 미치는 사람들이 쓰는 모든 글을 읽었고, 벤야민은 어떤 분야에서든 아내와 학문적 견해가 일치하지 않는 일은 결코 진행시키지 않았다. 도라의 경우, 남편과의 육체적 관계를 포함하지 않는 삶을 생각하는 것보다 남편의 사유의 강력한 자장을 벗어나는 삶을 상상하는 것이 훨씬 더 힘들었다.

1921년 6월 초, 벤야민 부부는 각자 따로 생활했다. 에른스트 쇤과 함께 여행을 떠난 도라는 우선 뮌헨으로 가서 숄렘을 만났고 이어서 친척 아주머니가 운영하는 오스트리아의 브라이텐슈타인 요양원을 찾았는데, 이곳에서 도라는 중증 폐 질환 진단을 받았다. 벤야민은 숄렘에게 보낸 편지에서 부부

---

38 SF, 53-54.

문제가 병을 만든 게 틀림없다는 말로 죄책감을 내비치기도 했다. 벤야민은 오스트리아에 있는 도라를 찾아가 6월 셋째, 넷째 주를 함께 보냈을 뿐, 그 후에는(일단 뮌헨으로 가서 숄렘과 그의 약혼녀 엘자 부르히 하르트와 며칠을 지낸 다음) 8월 중순까지 하이델베르크를 떠나지 않았다. (하이델베르크에서는 일단 호텔에 투숙했지만 곧 레오 뢰벤탈의 슐로스베르크 7a로 거처를 옮겼다. 뢰벤탈은 훗날 아도르노, 호르크하이머와 함께 '사회연구소'의 핵심 연구자로 활동하는 인물이다.) 벤야민이 하이델베르크에 왜 이토록 오래 머물렀는가를 보면, 겉으로 내세운 이유는 하이델베르크의 교수자격 취득 가능성을 좀더 알아본다는 것이었지만, 또 다른 이유는 율라 콘이 하이델베르크에서 문학교수 프리드리히 군돌프 서클의 일원으로 활동 중이었기 때문이다. 베를린에서 폭풍 같은 봄을 보낸 벤야민은 여름에 하이델베르크에서 새롭게 평정심을 되찾는 시기를 보냈다. 콘이 계속 자기의 구애를 거절했지만, 우울해지거나 하지도 않았다. 벤야민의 성인기를 통틀어서 스스로를 학자 공동체의 일원으로 상상할 수 있었던 처음이자 마지막 시기였을 것이다.

1920년대 초의 세평에 따르면, 하이델베르크 대학은 독일에서 학문의 생산과 교류가 가장 활발한 곳 가운데 하나였다. 전후는 정치적·경제적 혼란이 지배함과 동시에, 원칙과 방향이 없는 듯한 상황에서 가치와 리더가 거국적으로 요청되는 시기이기도 했다. 당시의 학계가 특별히 매력을 발한 데는 이런 정황이 있었다. 1920년대 초, 군돌프는 국민주의−상징주의 시인 슈테판 게오르게 서클의 학계 대표였을 뿐 아니라 문화계에서 전국적으로 인정받는 권위자였다.[39] 구스타프 레글러에 따르면, 전후 군돌프의 강의에는 특유의 기운이 흘렀다: "강의실이 빽빽하게 들어찼다. 그런 유의 청중은 오직 위기의 시절에만 나타난다." 일찍이 (아마도 1917년경) 군돌프의 기념비적 괴

---

39 게오르게 서클에 관해서 볼 곳은 Norton, *Secret Germany*.

테 연구서를 강도 높게 반박하는 글을 쓰기도 했던 벤야민은 이제 군돌프의 강의에 여러 번 들어갔다. 그런데 실제로 만나본 그는 예상했던 것과는 전혀 달랐다: "인간적인 면에서는 극히 나약하고 순해빠졌다는 인상을 받았습니다. 그의 저술에서 받은 인상과는 완전히 달랐습니다"(C, 182). 벤야민만 이런 평가를 내린 게 아니었다. 레글러를 비롯해 그 무렵의 학생들을 사로잡았던 독일의 비전—모종의 전근대의 힘으로 되살아나는 독일—은 사실 군돌프의 비전이 아니라 게오르게의 비전이었다: "게오르게는 호엔슈타우펜 왕가를 비롯해 망각 속에 묻힌 군주들을 언급하면서 그들의 드넓고 강력한 비전을 찬양했다. 하이델베르크에서 새로운 꿈이 솟아올랐다. 동서를 통일한다는 위대한 소망이 불가능하지만은 않은 듯했다."[40] 그로부터 몇 년 뒤 벤야민이 《문학세계》에 실은 짧은 논문에는 게오르게를 직접 만났을 때의 복잡한 심사가 적혀 있다: "나는 하이델베르크의 슐로스파르크의 어느 벤치에서 몇 시간씩 책을 읽으면서 그가 지나가는 때를 기다렸다. 그는 어김없이 지나갔다. 어느 날은 천천히 다가와 인사를 건네기도 했다. 그가 벤치에 앉아 있는 날도 자주 있었다. 물론 그를 이렇게 만난 것은 내가 그의 작품에서 결정적인 감동을 느낀 때로부터 오랜 시간이 지난 후였다. (…) 나는 그의 가르침을 마주할 때마다 그저 불신과 반감이 들 뿐이었다."[41] 이 대목을 보면 여전히 게오르게의 **삶과 시**에 매력을 느끼는 차원과 이미 오래전 그의 가르침과 결별한 차원 사이에서 긴장이 나타나는데, 이 긴장은 게오르게와의 만남이 남긴 여운이라기보다는 「괴테의 친화력」이라는 야심찬 글의 전조였다. 벤야민의 가장 영향력 있고도 가장 어려운 작업 중 하나인 「괴테의 친화력」이 나오는 데는 그 무렵에 펼쳐졌던 몇 가지 정황—벤야민과 도라가 같은 시기에 각자 다른 사람을 사랑하면서 한 쌍의 연애 성좌가 만들어진 일(벤야민의 상대는 율

---

40 Gustav Regler, *The Owl of Minerva*, 103–104.
41 Benjamin, 「슈테판 게오르게에 대하여」GS, 2:622–623.

라 콘이었다), 벤야민이 그해 내내 괴테의 작품들, 특히 한 쌍의 연애 사건에서 비롯된 운명적인 결과들을 다룬 『친화력』(1809)이라는 소설을 열심히 읽은 일, 군돌프를 개인적으로 만나본 후 "법적으로 구속력 있는 재판과 처형"(C, 196)이 필요하리라고 생각한 일, 게오르게의 그림자에서 벗어나지 못하고 있던 일—이 촉매 역할을 했다. 이 글이 시작된 곳이 바로 하이델베르크였다.

벤야민이 하이델베르크에서 보낸 시간은 개인적 접촉으로 풍성했다. 군돌프의 강의를 찾아간 것 외에도, 카를 야스퍼스(하이데거 이후 20세기 중반의 독일 철학자 가운데 영향력이 큰 인물)의 강의나 옛 스승 하인리히 리케르트의 강의에 참석하기도 했다. 야스퍼스에 대한 평가는 군돌프에 대한 평가의 다소 심술궂은 뒤집기였다: "사유는 극히 나약하고 순해빠졌지만, 인간적인 면은 꽤 눈여겨볼 만했고, 호감이 느껴질 정도였습니다." 리케르트에 대한 평가는 "못된 노인"이 되었다는 실망감이었다(C, 182-183). 벤야민에게 가장 흥미진진한 접촉의 장은 마리아네 베버—페미니즘 이론가이자 정치가 겸 위대한 사회학자 막스 베버의 미망인—의 자택에서 열린 일련의 "사회학 토론회"였던 듯하다. 벤야민이 이 서클에서 두각을 나타낸 것은 특히 정신분석학을 비판하는 글을 발표했을 때다. 막스 베버의 동생 알프레트 베버가 강연 내내 "브라보"를 연발하더라는 것이 벤야민이 전한 후일담이었다. 알프레트 베버는 형과 마찬가지로 경제적 분석을 사유의 토대로 삼는 저명한 자유주의 사회학자였고, 그 무렵 하이델베르크의 사회과학 분야에서는 가장 영향력 있는 교수였던 듯하다. 벤야민 생전에 발표되지 않은 수많은 미완성 논문 단상 중 가장 스펙터클한 글 한 편이 나온 것은 바로 이 무렵 몇 달간 알프레트 베버, 마리아네 베버와 접촉하면서 사회경제학 쪽 사안들에 관심을 기울일 때였다. 「종교로서의 자본주의」라는 글이었다.

이 글이 자본주의의 노동 윤리가 종교적이라는 막스 베버의 통찰을 향해 손짓한다고 볼 수도 있지만, 이 글에서 정작 중요한 점은 벤야민이 1921년에 이미 베버도, 심지어 과학적 마르크스주의도 아닌 마르크스의 『자본』(자본주의적 상품을 모종의 물신으로 분석하는 대목)을 논증의 토대로 삼는다는 사실이다. 이 글의 논증을 따라가보자면, 자본주의야말로 가장 극단적인 형태의 숭배종교, 곧 물신화된 대상들과의 순수하게 심리적인 관계를 그 토대로 삼는 숭배종교다. 교리도 없고 신학도 없는 자본주의라는 숭배종교는 오직 **영구적**으로 수행되는 제의, 곧 끝없는 구매와 소비를 통해서 유지된다. 자본주의라는 제의종교가 이처럼 시간을 끝없는 휴일로 재발명함으로써 가장 치명적인 결과―"모두에게 빚을 지게 하고 죄를 짓게 한다"[42]―를 초래한다는 것은 꽤 아이러니하다. 이렇듯 모두가 빚을 지고 죄를 지음으로써 벌어지는 일은 "존재의 개혁"이 아니라 "존재의 분쇄"요 "절망의 확산"이다: "절망이 확산되면서 세태가 종교가 된다." 이 대목에서 벤야민적 마르크스주의를 논하기는 시기상조이지만, 어쨌든 「종교로서의 자본주의」는 20세기 첫 10년의 특징이었던 낭만주의적 반자본주의의 마지막 발언으로서 지금까지 벤야민의 가장 흥미로운 단상 중 하나로 남아 있다. 본문의 상당 부분과 주석 전체가 학술적 언어로 되어 있는 것을 보면, 베버의 관심을 끌 만한 종류의 논문을 쓰기 위한 예비 작업이었을 수 있다. 8월에 하이델베르크를 떠날 때만 해도 벤야민에게는 자신의 교수자격 청구논문을 받아줄 대학을 확보했다는 생각이 있었다. 숄렘에게 그 생각을 전하기도 했다: "리케르트의 세미나에 벌써 1년째 앉아 있는 박사들이 나에게 교수자격 취득법을 알려달라고 합니다" (GB, 2:176). 대학사회가 자신과 같은 사람을 받아주리라 생각한 것은 벤야민의 오판이었고, 이러한 오판은 그 후 몇 년 동안 되풀이된다.

하지만 학계에서의 만남을 포함해 하이델베르크에서 가장 희망적이었던

---

42 「종교로서의 자본주의」 SW, 1:288-291. 동사 verschulden에는 "경제적으로 빚지게 만들다"라는 뜻과 "도덕적으로 죄짓게 만들다"라는 뜻이 있다.

것은 바이스바흐와의 만남이었다. 당시 벤야민의 보들레르 번역서 출간을 준비 중이던 바이스바흐는 자기가 발행하는 저널 《아르고 원정대》의 편집장 자리를 제안할 정도로 벤야민에게 좋은 인상을 받았다. 벤야민이 이 제안을 거절하자 바이스바흐는 새로운 저널을 창간할 가능성을 타진하면서 편집권을 일임하겠다고 제안했다. 벤야민은 이 제안을 열렬하게 수락했다. 벤야민은 남은 1921년의 상당한 시간을 저널 창간, 특히 필자 섭외 작업에 쏟았다. 그렇지만 이 계획은 「《새로운 천사》 창간사」라는 벤야민 생전에 발표되지 못한 짧은 글 한 편을 남기고 백지화되었다. 저널명이 《새로운 천사》였던 데서도 알 수 있듯, 벤야민은 이 저널이 클레의 천사처럼 "자기가 살아가는 시대의 정신"을 전하는 전령이 되리라고 기대했다. 「《새로운 천사》 창간사」에 따르면, 이 저널은 문학("독일어의 운명"을 결정할 "과감한 언명"으로서의 독창적인 문학), 비평("파괴하는" 비평, "문지기"로서의 비평), 번역("언어가 언어가 되기 위해 반드시 지나가야 하는 고된 통로"로서의 번역)을 아우르는 종합지가 될 것이었다. 1918년 「미래 철학 강령」, 1912년 「오늘날의 신앙심에 관한 대화」에서와 마찬가지로, 이 글에서도 벤야민은 철학과 신학이 하나로 합쳐져 있는가를 "현재성"의 핵심이라고 보았다: "정신적 생명의 표현물이 보편적 가치를 지니는가 하는 질문은 앞으로 생겨날 종교 질서 속에 그것의 자리가 있을 것이냐는 질문과 결부되어야 한다"(SW, 1:294). 벤야민에게는 인간 언어 그 자체의 정신적 생명을 발굴하는 것, 개념이라는 껍질에 감싸여 있는 역사적 의미론의 차원을 철학적으로 파헤치는 것이 이런 식의 보편성을 증명하는 유일한 방법이었다. 1924년 1월 13일 후고 폰 호프만슈탈에게 보내는 잊을 수 없는 편지에서 벤야민은 "모든 진리는 언어를 자기 집, 곧 오래전 자기에게 주어진 궁전으로 삼고 그곳에 거한다는 것, 그런 집은 최초의 말씀들 logoi로 지어져 있으며, 개별 학문들이 마치 유목민처럼 언어의 들판 여기저기서 통찰을 얻는 이상, 그렇게 얻어진 통찰은 말씀들로 지어진 언어라는 집에 거하는 진리에 예속돼 있다는 것"을 역설하면서 진리와 언어의 관계를 성찰한 바 있다: "반면에 철학은 한 질서Ordnung의 은혜로운 효율성을 경험합니다. 철학이 그때그때 딱 정해져 있는 말씀Wort을 향해 나아갈 수 있는 것은 그 질서 덕분입니다. 그 질서가 자석 같은 힘을 발휘할 때 말씀을 감싸고 있는 개념이라는 껍질이 벗겨지면서 거기에 감싸여 있던 언어적 생명의 형식들이 드러납니다"(C, 228-229). 처음부터 《새로운 천사》는 언어 속에 박혀 있는 옛 진리들을 "자석 같은 힘으로" 드러낼 거점으로 구상되었다.

벤야민의 《새로운 천사》 기획에서 가장 놀라웠던 점은 오로지 개별 필자들의 다양한 언어를 그대로 수용하는 데서 저널의 효과를 끌어내야 한다는 고집이었던 것 같다. 1920년대 초에 신생 저널이 많이 나오긴 했지만, 그런 "군소 잡지들"은 대부분 자칭 아방가르드 단체의 산물이었다. 프라하에서는 《머위》(1922), 바이마르에서는 《기계공》(1922~1923), 베오그라드와 자그레브에서는 《절정》(1922~1926)이 나왔고, 같은 해 베를린에서는 엘 리시츠키와 일리야 예렌부르크의 《대상》 두 개 호가 러시아어, 프랑스어, 독일어 동시 수록 버전으로 나왔다. 1923년에는 또 프라하에서 《원반》과 《생명》이 나왔는데, 카렐 타이게가 두 저널에 모두 관여했다. 같은 해에 모스크바에서는 《좌익예술전선 저널》, 일명 LEF(1923~1925)가 블라디미르 마야콥스키의 편집으로 나왔고, 베를린에서는 《G: 기초 조형 재료》(1923~1926)와 《브룸》(1923~1924)이 나왔다. 이런 잡지들은 대개 박식한 독자를 길러내는 것을 목표로 삼았던 반면, 벤야민의 저널은 바로 그 목표를 맹렬히 비판했다. 벤야민은 "필자들을 연결할 수 있는 것은 필자들 자신의 의지와 의식 외에는 없다"고 단정했고 "필자들 사이의 양해, 비호, 결속"을 만들어내려는 정직하지 못한 시도들을 거부하겠다, "필자들의 상호 이질성을 통해 이 시대에 어떤 공통성을 표현하는 일이 얼마나 불가능한가를 증언하겠다"라는 것을 목표로 삼았다(SW, 1:292-296). 이러한 논의는 장차 벤야민의 지침이 될 사항의 초기 사유를 정리한 것 중 하나다. 벤야민의 1919~1922년 작업들의 일차적 관심은 신화가 현재에 어떻게 스며 있는지를 폭로하는 것이었다. 예를 들어 「운명과 성격」, 「폭력 비판」, 「괴테의 친화력」에서 신화는 인간관계를 지배하면서 동시에 어지럽히는 힘으로 등장한다. 벤야민은 「《새로운 천사》 창간사」에서 이미 전후 사정, 수미일관, 의미 공유 같은 범주들이 지금 이 시대에 적용됨으로써 근본적인 의미에서 거짓 범주들이 된다고 주장하며, 이 시기에 쓸 모든 글에서 역사의 어느 한 시대에 거짓 연속성과 거짓 동질성을 덮어씌우는 모든 재현 전략을 배제하게 된다.

이렇듯 벤야민이 현존하는 공동체를 긍정할 가능성을 일체 거부한 것은 당시의 다양한 유럽 아방가르드의 실천 및 목표에 맞서는 것일 뿐 아니라 그 시기에 가깝게 지냈던 친구나 학문적 동료들의 생각과도 어긋나는 입장이었다. 당시 구트킨트와 랑은 '포르테 서클'의 목표를 이어갈 신념을 공유하는 지적 공동체를 수립하기 위해 백방으로 애쓰고 있었다. 특히 구트킨트는 뜻이 맞는 친구끼리 속세를 떠나 외딴곳에서 함께 산다는 이상을 내세우면서 "모종의 센터이자 수도원" 같은 공동체를 떠올렸다: "우리가 한동안 다른 곳에 가서 살면 얼마나 좋을까! 그리고 나중에 탁월한 지성의 소유자끼리 살 수 있는 피난처를 마련하면 좋을 텐데. 새로운 섬이다. 지금이 그때가 아닐까?"[43] 1924년에 구트킨트와 랑이 그런 공동체를 상상하며 카프리라는 외딴섬으로 여행을 떠날 때, 벤야민은 물론 기쁜 마음으로 동행한다. 그렇지만 벤야민은 공동체에 대한 그들의 신념을 전적으로 공유한 적이 한 번도 없었다. 벤야민이 믿는 것은 언어, 다시 말해 철학과 예술뿐이었고, 「《새로운 천사》 창간사」는 (그리고 「번역가의 과제」 앞부분은) 바로 그 믿음을 선언하는 글이었다. 이렇게 보자면, 《새로운 천사》가 실제로 창간되었다 해도 잡지의 독자는

---

43 구트킨트가 판에이턴에게 보낸 편지, 1920년 5월 10일, 30일, 보관은 암스테르담 판 에이턴 아카이브에, 인용은 Lorenz Jager, *Messianische Kritik*, 76.

분명 극소수—게재되는 글의 추상적, 밀교적 성향을 감당할 수 있고, 언어와 관련된 벤야민의 이런저런 신념을 공유할 수 있을 고급 엘리트—에 불과했을 것이다. 실제로 벤야민은 "구매력 있는 독자층을 전혀 고려하지 않은 잡지"(GB, 2:182)를 지향함으로써 자기가 그해에 쓰게 될 「번역가의 과제」의 토대인 폐쇄적 자족의 어조를 미리 들려주고 있다.

독립 저널을 창간하는 것은 청년운동가로 《시작》에서 활동하던 시절 이래 벤야민을 가장 고양시켰던 일인 듯하다. 창간이 실패로 돌아갈 게 분명해진 이후에도 그의 지적 고양감은 가시지 않았다. 벤야민의 여러 인간관계에서 드러나곤 했던 지적 우위에의 욕구는 저널 창간 기획에서는 좀더 커다란 지적 리더십에의 욕구로 드러났다. 벤야민은 평생에 걸쳐 지적으로나 예술적으로 뜻이 맞는 작은 모임들을 찾아다니면서 대체로 리더 역할(최소한 지적 리더)을 맡곤 했다(1930년대 망명기에 베르트 브레히트와의 관계에서 리더 역할을 상대에게 넘긴 것이 유일한 예외였다). 편집장으로서 한 저널을 관장하는 일은 리더십에의 욕구를 가장 구체적으로 실현할 기회였고, 벤야민은 《새로운 천사》를 시작으로 여러 저널 창간 기획에서 항상 리더 역할을 맡았다. 실패로 끝났다는 것도 벤야민의 저널 창간 기획들의 공통점이었다.

하이델베르크에서 차분한 여름을 보낸 후 베를린의 처자식에게로 돌아온 가을은 힘든 시기였다. 율라 콘에게 딱지를 맞은 일로 적잖은 타격을 입기도 했고(벤야민은 종종 그로 인한 우울증을 호소했다), 저널 창간을 위해 일군의 이질적 지식인을 규합하고 지휘하는 데에도 대가가 따랐다(벤야민이 자기 주장을 굽히지 않아 그 가을에 여러 친구와 협력자가 그의 곁을 떠났다). 그렇지만 1921년의 마지막 몇 달은 이 모든 타격에도 불구하고 생산적이었다. 샤를로테 볼프는 이 무렵의 벤야민에 대한 훌륭한 초상을 남겼다. 벤야민이라는 서른 살 지식인의 일거수일투족에서 드러나는 모순들을 생생히 보여주는 초상이었다: "그의 세대 남자들의 수컷 같은 태도를 그에게서는 찾아볼 수 없었다. 한편 그에게는 그의 다른 부분과는 어울리지 않는 불편한 점들이 있었다. 아이처럼 동그랗고 발그레한 볼, 까맣고 곱슬곱슬한 머리칼, 미끈한 이마는 매력적이었던 반면, 그의 눈에서는 가끔 냉소적인 빛이 번득였다. 콧수염으로도 잘 가려지지 않는 두툼하고 육감적인 입술 역시 다른 부분과 잘 어울리지 않는 의외의 특징이었다. 자세와 동작은 '뻣뻣'하고 부자연스러웠지만, 진행 중인 작업이나 호감을 느끼는 사람에 대해 이야기할 때는 예외였다. (…) 가늘고 긴 두 다리는 근육 위축증인 듯 안쓰러운 인상을 풍겼다. 손동작이 거의 없고 두 팔은 가슴 가까이 당겨져 있었다."[44]

벤야민은 하이델베르크에서 베를린으로 돌아오는 길에 잠시 카를스루에에 들러 숄렘을 만난 다음 8월 말 기차로 오스트리아에 가서 요양원에 있는 도라를 만났다. 폐가 고장 났던 도라는 길고 힘든 회복기를 보내고 있었다. 그렇지만 벤야민의 생각은 다른 데 가 있었다. 계속 《새로운 천사》 창간을 위한 분주한 계획을 세웠고, 9월 4일에는 뮌헨으로 가서 에른스트 레비와 숄렘을 만나 저널의 노선을 논의하고 잠재 필자들의 원고를 모았다. 만남에서 주로 논의한 영역은 문학(하인리히 하이네, 카를 크라우스, 그리고 지금은 망각 속에 묻힌 발터 칼레라)과 언어철학(라자루스 가이거, 하임 슈타인탈, 프리츠 마우트너)이었는데, 회의 분위기는 종종 격해졌다.[45] 벤야민은 베를린에 돌아오자마자 레비로부터 《새로운 천사》에서 손을 떼겠다는 매정한 통보를 받았다(뮌헨에 있을 때 이미 레비 부부로부터 그런 신호를 받고 있었다). 여기서 비롯된 벤야민과 레비의 반목은 머지않아 도라와 숄렘의 개입을 통해 비교적 점잖은 출구를 찾지만, 둘 사이의 관계는 이후 오랫동안 껄끄러웠다.

베를린으로 돌아오기에 앞서 벤야민은 역시 《새로운 천사》의 원고를 얻기 위해 브라운펠스 안 데어 란에 있는 플로렌스 크리스티안 랑의 집에도 들렀

---

44 Wolff, *Hindsight*, 68-69.
45 SF, 106-107.

다. 9월 7일에서 12일까지는 그곳에서 지냈다.[46] 벤야민이 1920년에 에리히 구트킨트의 베를린 집에서 랑을 처음 만났을 때, 1864년생인 랑의 파란만장했던 삶은 이미 말년을 향하고 있었다. 랑의 이력을 보면, 법학을 전공한 뒤 행정관으로 재직하다가, 1895년 행정관을 그만두고 대학으로 돌아가 신학을 공부했다. 1898년 목사 직을 맡은 뒤 1904년에 그만두고 다시 한번 고위층 관료가 되었다. 1917년에 공직을 떠난 후로는 베를린 라이파이젠 최고경영자로 재직했다. (지금도 라이파이젠이라는 이름의 협회와 은행이 있는데, 당시 이 기업의 토대는 노동자·자영농 대상의 공동체적 상호부조 단체들이었고, 창설자는 19세기 후반의 빌헬름 라이파이젠이었다.) 벤야민이 브라운펠스로 랑을 찾아갔을 당시, 막 은퇴했던 랑의 정치적 입장은 제1차 세계대전 중에 취했던 애국주의·보수주의에서 좀더 온건한 보수주의 쪽으로 서서히 바뀌고 있었다. 오늘날 랑은 거의 알려지지 않은 인물이지만, 동시대인들은 그를 매우 높이 평가했다. 예컨대 마르틴 부버는 그를 가리켜 "우리 시대의 가장 고결한 독일인 중 한 명"이라고 했고, 후고 폰 호프만슈탈은 당대의 일급 지식인 중 한 명으로 꼽았다.[47] 그로부터 3년 후 랑은 벤야민의 가장 비중 있는 지적 동반자로 부상하게 된다. 훗날 벤야민은 랑이 세상을 떠남으로써 『독일 비애극의 기원』의 "이상적인 독자"를 잃었다고 했다.[48]

9월 중순에는 벤야민과 도라 모두 베를린에 와 있었다. 돌아오자마자 온갖 문제가 쏟아지기 시작했다. 폐 수술을 받은 도라는 회복되기까지 오랜 기간 집에서 간호를 받아야 했고, 벤야민의 아버지는 병이 났다. (9월 벤야민의 한 편지에 아버지의 병이 말기라는 말이 한 번 나올 뿐이다. 병명이 언급된 적은 없다. 아버지의 상태는 그 뒤 호전된다.) 부부관계는 상호 존중을 통해

---

46 Ibid.
47 부버의 논평이 기록되어 있는 곳은 미출간 메모. 인용은 Jäger, *Messianische Kritik*, 1.
48 GB, 3:16. 랑과 벤야민 사이의 협력을 분석한 최고의 저서는 여전히 Uwe Steiner의 *Die Geburt der Kritik*이다. 함께 볼 곳은 Jager, *Messianische Kritik*.

아슬아슬하게 지탱되었다. 벤야민이 숄렘에게 보낸 10월 4일 편지에 동봉된 도라의 쪽지가 당시의 상황을 알려주고 있다: "발터가 다시 아주 잘해주고 있습니다. 지금 나는 몸도 마음도 별로 좋지 못한 상태입니다. 그렇지만 일전에는 더 나빴으니 앞으로는 좋아지겠지요"(GB, 2:198). 숄렘에 따르면, 두 사람의 부부생활을 지탱해준 것은 서로에 대한 조심스러운 배려였다: "둘은 서로 자기가 상대방에게 상처를 주지나 않을까 전전긍긍하는 듯했다. 가끔 발터에게 들러붙어 폭군 같은 언동과 요구로 발현되던 마성마저 발터를 완전히 떠난 듯했다. 당시 두 사람의 관계는 조금은 비현실적이기까지 했다"(SF, 94–95).

레비가 《새로운 천사》에서 손을 뗀 후, 벤야민은 에리히 웅거를 주요 협력자로 고려하기 시작했다. 그렇지만 벤야민이 골트베르크 서클과 점점 거리를 두면서 웅거를 《새로운 천사》에 끌어들이는 문제는 복잡해졌다(서클은 계속 벤야민과 숄렘을 끌어들이려 했고, 벤야민은 서클과 거리를 두려 했다). 벤야민은 어느 사택에서 열린 후고 리크라는 발트 지역 출신 독일인의 강연에 간 적이 있는데, 골트베르크 서클에 대한 벤야민의 태도가 어땠는지 그 강연에 대한 감상에서 드러난다: "이 희한한 청중을 보자면, 그런 곳에 으레 나타나는 몇몇 부르주아를 빼고는 우선 에른스트 블로흐, 알프레트 되블린, 마르틴 굼페르트가 있었고, 미개한 서베를린에서 찾아온 몇몇 젊은 숙녀분이 있었습니다. 리크 씨가 분열증적 재능의 소유자임은 분명합니다. 그 방면의 사람들 사이에서는 학식이 높고 영적인 문제에 정통하며 세계여행 경험이 풍부할 뿐 아니라 철저하게 밀교적인 인물(모든 아르카나Arkana를 소유한 인물)로 유명합니다. 그 방면의 사람들 중 그 방면을 넘어서까지 유명한 사람은 없지만요. (…) 출신지와 소득 수준은 어떤지 아직 파악하지 못했습니다. 내가 그런쪽에 둔한 사람은 아닌데." 그렇지만 강연 내용에 대한 평가는 대체로 긍정적이었다: "이 남자가 하는 말은 들을 가치가 충분했습니다. 확실히 옳은 말

플로렌스 크리스티안 랑, 1901(아달베르트 랑 컬렉션, 암스테르담)

일 때도 있고 틀린 말일 때라도 본질을 건드렸습니다." 벤야민이 리크 같은 문제적 연사에 대해 갑자기 동조를 표한 것은 왜일까? 리크가 골트베르크 서 클의 핵심 교리들의 "가장 깊은 원천"을 보여주었기 때문이라는 것이 벤야민 의 설명이었다(GB, 2:224-225).[49] 10월에 웅거가 골트베르크에 대한 입장 을 밝히라고 직접 다그쳤을 때도 벤야민은 그리 놀라지 않았던 것 같다. 어쨌 거나 그때 벤야민은 웅거에게 골트베르크에 대한 혐오감을 굳이 감추지 않았 고, 이로써 벤야민과 웅거는 절교 직전까지 갔다. 하지만 도라의 외교적 수완 이 또 한 번 파국을 막았다. 도라가 눈치 챈 사실은 두 사람 다 이것을 "위신" 의 문제로 받아들인다는 것이었고, 도라가 웅거를 따로 만나 "악마같이 슬 기로운" 대화로 해명한 내용은 골트베르크에 대한 자기 남편의 반감이 그저 "과민 체질" 탓이라는 것이었다(C, 188).

이 시기에 벤야민은 레비와는 결별했고, 웅거와는 결별할 뻔했으며, 에른 스트 블로흐와는 멀어졌다. 벤야민에게 가장 복잡한 반응을 불러일으킨 인물 중 한 명이 바로 블로흐였다. 블로흐를 처음 만났을 때부터 벤야민은 그의 사 유의 활기에 끌렸고, 특히 그의 지칠 줄 모르는 정치적 투지에 끌렸다. 그렇 지만 블로흐의 글에 대해서는 대체로 애매모호하거나 아니면 아예 거부하는 태도를 보였다. 블로흐의 『혁명적 신학자 토마스 뮌처』의 출간 전 원고를 읽 고는 "슈테른하임[희극작가 카를 슈테른하임]의 말투를 쓰는 막스 베버의 작 품"이라고 평하기도 했다(GB, 2:226). 9월에 죄르지 루카치의 『역사와 계급 의식』에 대한 블로흐의 서평에 순수한 열광을 표한 것은 이례적인 경우였다.

---

49 예거는 이 일화를 벤야민보다 더 단순하게 설명하면서, 벤야민의 관심사가 밀교적 언어 이론과 정신질환자의 문화 생산이었음을 지적한다(*Messianische Kritik*, 95). 블뤼허는 군주제 지지자였고 이 무렵에는 랑의 친구였다: "리크는 도취 상태(그리스인들이 '마니아'라고 불렀던 상태)에 빠질 때마 다 대괴조와 그리핀의 변신 능력에 대해 이야기했다. 그럴 때면 사람들은 리크가 그런 전설적인 새들 의 왕이라는 것, 떠나왔던 그곳으로 돌아가기만 한다면 그런 전설적인 새들의 왕이 되리라는 것을 리 크의 입으로 직접 듣지 않더라도 충분히 깨달을 수 있었다." Hans Blüher, *Werke und Tage*(1953), 23. 인용은 Jager, *Messianische Kritik*, 95.

그렇더라도 어쨌든 블로흐와의 개인적인 관계는 좋은 편이었는데, 그 관계에 문제가 생긴 것이 이 시기였다. 먼저 벤야민 부부의 집에 들르기로 했던 블로흐가 약속을 깨는 편지를 보내왔다. 자기가 함께 지낼 수 있는 사람들은 "지극히 단순한" 부류뿐이라는 말과 함께 벤야민이 이 부류에 들지 않는 이유를 설명하는 편지였다는 게 벤야민의 이야기였다. 모욕감을 느낀 벤야민은 여러 친구에게 블로흐에 대해 심술궂은 말을 하는 방식으로 보복을 했다(블로흐의 첫 번째 결혼이 아내의 상당했던 재산 때문에 성사되었다는 소문이 몇 해째 돌고 있었음을 감안할 때, 1921년 상반기에 블로흐가 "온 독일에서" 신붓감을 찾는다는 벤야민의 말은 특히 뼈아픈 데가 있었다). 이번에도 도라가 우정의 파국을 막기 위해 고군분투했다. 벤야민은 도라의 중재를 가리켜 "마키아벨리적"이라고 말하기도 했다(GB, 2:205). 이 시기에 벤야민 부부의 집에 들른 지인들 가운데는 볼프 하인레라는 까다로운 손님도 있었다. 벤야민은 프리츠를 점점 더 신화화하면서 프리츠의 동생 볼프에게 계속 특별한 책임감을 느끼고 있었다. 당시 볼프는 고슬러에서 도공으로 생계를 꾸리면서 단편소설을 쓰고 있었다. 벤야민은 《새로운 천사》 창간호에 프리츠의 소네트 작품들과 볼프의 단편소설들을 싣기로 하는 등 하인레 형제의 작가적 역량에 대한 여전히 흔들리지 않는 믿음을 간직하고 있음을 보여주었다.

1921년 말, 벤야민은 마침내 「번역가의 과제」를 완성했다. 보들레르 번역서에 서문으로 넣을 생각으로 쓰기 시작해서 《새로운 천사》 창간호에 실을 생각으로 완성한 글이었다. 「번역가의 과제」는 처음부터 예술작품에 대한 비평을 아우를 이론의 맥락에서 구상된 글이다. 번역자를 위한 실용서 같은 것이 아니라는 이야기다. 벤야민은 이 글이 자기 사유의 전개과정에서 얼마나 중요한 위치를 차지하는가를 잘 알고 있었다. 일찍이 3월 숄렘에게 보낸 편지에서 이 글의 중요성을 밝히기도 했다: "나에게 무척 중대한 내용인지라, 내가 이 내용을 어느 정도 설명하는 것은 가능하다 해도, 내가 지금 수준의 사유로 이 내용을 충분히 자유롭게 논구할 수 있을지는 아직 잘 모르겠습니다"(C, 177). 이 글의 출발점은 앞서 나온 「《새로운 천사》 창간사」의 바탕이 되었던 강력한 주장, 곧 예술작품은 수용자에게 의지하지 않는다는 주장이다: "시는 읽으라고 있는 것이 아니고, 그림은 보라고 있는 것이 아니며, 교향곡은 들으라고 있는 것이 아니다"(SW, 1:253). 이 주장을 통해 벤야민은 번역이 원작과 독자를 매개한다는 식의 관습적 이해를 부정하고자 한다. 그가 앞서 1916년 「언어에 대하여, 그리고 언어 중에서 인간 언어에 대하여」에서도 주장했듯이, 중요한 언어 실천은 단순히 "의미"를 전달하는 것을 목표로 삼을 수 없다. 특히 문학 번역이라는 언어 실천에서는 원작이 "뜻하는 바"를 전달하는 것은 궁극적 목표가 될 수 없다. 벤야민이 볼 때 번역의 본질은, 원작의 의미 가운데 **오로지** 원작이 번역을 허용하는 경우에만 계시될 수 있는 의미를 계시한다는 데 있다: "원작 속에 내재해 있는 의미들 중에는 원작에 번역 가능성이 있을 때만 밖으로 드러날 수 있는 것이 있다." 앞서 나온 1919년 『독일 낭만주의의 예술비평 개념』이 예술작품을 탈중심화하는 글, 다시 말해 예술작품의 특권적 지위를 문제시하면서 앞장서는 작품과 뒤따르는 비평이 하나의 연속체라고 보는 글이었다면, 「번역가의 과제」는 바로 그 생각을 극단으로 밀어붙이는 글, 다시 말해 번역이 비평과 아울러 작품의 "사후생"을 구성하는 필수 요소라는 생각에서 한발 더 나아가 번역이 원작의 생을 사실상 **대신**한다는 생각을 펼치는 글이다: "원작의 삶은 부단히 새로워진다. 원작이 가장 새롭고 가장 폭넓은 삶을 살게 되는 곳은 번역이다."

번역이 원작의 말뜻을 계시하지 않는다면 도대체 무엇을 계시한다는 것일까? 벤야민이 볼 때 번역은 "모든 사유가 가닿고자 하는 가장 깊은 비밀들이 아무 긴장감 없이, 심지어 아무 말소리 없이 간직되어 있는, 진리의 언어"를 계시한다: "번역들 속에는 이 진리의 언어가 높은 밀도로 내재해 있다. 철학자에게 기대할 수 있는 최대의 완성은 이 진리의 언어를 예감하고 스케치하는 것 정도이다." 타락한 세계에서 진리가 그 모습을 드러내는 데 필요한 전제 조건들을 마련할 수 있는 실천은 어떤 실천인가를 규명하고자 했던 벤야민의 비평 이론은 처음부터 현재 속에 은폐되어 있는 진리가 어떤 진리냐에 주목하는 작업이었다. 그 진리는 1914~1915년 「대학생활」에서는 "궁극적 상태의 토대"였고, 1916년 「언어에 대하여」에서는 "창조하는 말씀"이었으며, 1919년 『독일 낭만주의의 예술비평 개념』 후기에서는 "진정한 자연"이었는데, 이제 번역 이론의 맥락을 들여오는 「번역가의 과제」에서는 그 진리가 "순수 언어의 씨앗"으로 그려져 있다. 「번역가의 과제」는 벤야민의 언어 이론에 새로운 역동성을 들여오는 글이기도 하다. 「언어에 대하여, 그리고 언어 중에서 인간 언어에 대하여, 그리고 언어 중에서 인간 언어에 대하여」에서는 말씀이 논리적으로 모든 것에 우선한다는, 곧 말씀이 삼라만상에 임재해 있다는 이야기가 역사적 과정에 대한 아무런 언급 없이 펼쳐지는 데 비해, 「번역가의 과제」에서는 진리의 빛으로 빛나는 "씨앗"("상징을 수행하는symbolisierend", 그러면서 동시에 "상징의 대상das Symbolisierte"으로 존재하는 그 무엇)이라는 게 언어 변천사라는 역사적 과정의 일부로 이해되지 않는다면 결코 이해될 수 없는 그 무엇으로 그려져 있다: "삶 속에서 이 씨앗은 가려져 있거나 부서져 있을망정 상징의 대상 그 자체로 엄연히 있는 데 비해 작품 속에서는 그저 상징을 수행하면서 살짝 깃들어 있을 뿐이다. 그 궁극적 있음이 순수 언어 자체인 까닭에, 구체적인 언어들 속에서는 그저 언어적 차원, 언어적 변천에 묶여 있는 반면, 작품들 속에서는 부담스럽고 서먹서먹한 느낌Sinn이라는 짐을 짊어지고 있다. 그 짐을 덜어내주는 일, 상징을 수행하던 것을 상징의 대상 그 자체로 만들어주는 일 (…) 그것이 번역의 대단하고도 고유한 힘이다." 진리란 그 "수효가 정해져 있는 순수 내용들의 조화로운 불연속체"(『독일 낭만주의의 예술비평 개념』 후기에 나오는 표현)라고 했던 벤야민이 진리란 그런 게 아니라 창작과 번역과 비평을 모두 포함하는 열린 과정에서의 어떤 "무표적無表的ausdruckslos" 바탕 같은 것이라고 보게 된 이유 하나는 그가 구체적인 역사 문제들에 점점 깊이 관여하게 되었다는 점, 다시 말해 모종의 정치학 저술을 기획하고 있었다는 점이었다.

이처럼 역사적 과정이 진리의 출현을 위한 전제 조건이라고 했을 때, 번역이 역사적 과정에서 점하는 특별한 지위는 "서로 다른 언어들 사이의 가장 심층적인 관계"를 드러낼 수 있다는 데 있다: "각각의 언어를 하나의 덩어리라고 하면, 모든 언어 덩어리는 저마다 하나의 동일한 그 무엇을 지향한다." 하나의 동일한 그 무엇이 바로 "순수 언어", 곧 "어느 한 언어만으로는 도달할 수 없는, 서로 다른 언어들의 상호 보완적인 지향 전체를 통해서만 도달할 수 있는" 순수 언어다. 각 언어의 "지향 방식"은 다른 모든 언어의 "지향 방식"과 조화를 이루며, 따라서 모든 언어가 지향하는 바는 "언어 그 자체"라는 것이 벤야민이 내세우는 가설이다. 이에 따르면, 서로 다른 두 언어의 만남에는 순수 언어에의 지향성이 잠재해 있으며, 번역가의 과제는 그 지향성을 최대화하는 것이다: "더 이상 지향해야 할 것도, 더 이상 표시해야 할 것도 없는 순수 언어[는] 다른 모든 언어 속에서 지향 대상으로 존재하는 무표적, 창조적 말씀[이다]." 벤야민은 이런 주장들에 대한 논거를 드는 대신 구체적인 번역 하나를 언급한다. 프리드리히 횔덜린이 놀랍도록 번역해낸 고대 그리스어 작품들이 그것이다. 직역 개념을 극단적으로 밀어붙이며, 그리스어 문법과 어형을 직역함으로써 도착어인 독일어를 적극 변형하는 번역이다. 「번역가의 과제」에서 개념적 차원의 논증은 횔덜린의 번역 논의와 함께 끝나고, 이후로는 서로 공명하되 툭툭 끊어지는 일련의 비유 뭉치들이 등장한다. 첫 번째 뭉치는 지성소至聖所 은유다. 번역은 "언어들의 성스러운 성숙도를 가늠함"으로써, 그리고 "작품들의 영원한 사후생이라는 불꽃으로 타오름"으로써 그 언어들의 성장, "그 언어들의 역사가 메시아적 목적지에 도달하기까지의 성장"에 일조한다. 두 번째는 진리가 물질적 모체의 덫에서 빠져나오는 모습을 그려

보이는 지형의 은유와 식물의 은유다. 원작의 자리가 "언어의 산숲" 속이라면, 번역의 자리는 "산숲"이 보이는 가장자리다. "번역은 산숲 밖에 머문 채로 산숲 속 원작을 부른다. 번역의 부름은 자국어에 울릴 메아리가 외국어 원작의 울림과 똑같을 수 있는 지점을 향한다." 언어의 산숲에 묻혀 있는 "순수 언어의 씨앗"에서 싹을 틔우려면, 먼 메아리를 울림으로써 새 생명을 불어넣어야 한다. 세 번째 뭉치는 역사의 시간이 시작될 때 깨져버린 성스러운 그릇—진리, 구원 등으로 다양하게 해석될 수 있는 그 무엇—의 비유다. 유대 신비주의에서는 티쿤Tikkun의 언어, 곧 복원의 언어를 믿는다: "깨진 그릇이 복원되려면 가장 작은 파편 하나까지 들어맞아야 하지만, 각 파편이 서로 똑같은 모양일 필요는 없다. 마찬가지로, 번역은 원작의 의미Sinn를 닮아야 하는 게 아니라 원작 언어의 지향 방식을 사랑의 손길로 아주 작은 것들까지 집어냄으로써 원작과 번역 둘 다 어떤 큰 그릇의 파편들이라는 것을 알게 해주어야 한다." 네 번째 뭉치는 벤야민 자신의 후기 걸작 『파사주 작업』의 핵심적 소재를 깜짝 놀랄 만한 방식으로 예고하는 비유, 곧 아케이드의 비유다. 벤야민이 옹호하는 번역은 궁극적으로 투명한, 다시 말해 순수 언어의 빛이 원작에 가닿을 수 있는 번역이다: "원작이 문장으로 둘러싸인 성벽이라면, 직역은 아케이드다." 그리고 이 글 마지막 부분에서 벤야민은 순수 언어를 해방시키자는 맥락에서 사회 혁명의 언어를 차용한다. 이 마지막 비유에 따르면, 자국어의 "썩은 장벽들"을 무너뜨리는 것이 바로 번역가의 과제다. 그 어떤 위계나 체계도 겨냥하지 않은 채로 나열되어 있는 이 다양한 비유 뭉치는 벤야민에게는 근원적 진리(계량 불가능한 진리, 언어적 진리)를 말하는 적절한 방식(반복하는 방식, 계속 변화하는 방식)이었던 것 같다.

그해 말 벤야민은 중단했던 여러 기획을 다시 진행하고 있었다. 그중에는 「괴테의 친화력」과 프리츠 하인레 시선집에 붙일 서론이 있었다. 물론 《새로운 천사》도 그중 하나였다. 1월에는 《새로운 천사》 창간호의 목차가 정해졌는데, 프리츠 하인레의 시들, 볼프 하인레의 "극작품들", 아그논의 단편소설 「새로운 시너고그」와 「오르막과 내리막」, 랑의 논문 「사육제의 역사심리학」, 숄렘의 「애가 연구」, 그리고 벤야민 자신의 「번역가의 과제」가 실릴 예정이었다(GB, 2:218). 벤야민의 글이 실렸다면 《시작》 때처럼 필명—J. B. Niemann 또는 Jan Beim—이 사용되었을 것이다. 벤야민이 창간호 원고를 수합해서 바이스바흐에게 보낸 것은 1922년 1월 22일이었다. 하지만 저널은 좀처럼 나오지 않았다. 바이스바흐는 시간을 끌기로 작정한 양 벤야민을 여러 부수적인 기획에 끌어들이고자 했지만(예컨대 아동서의 삽화, 괴테 전집, 군소 저자들의 에디션에 대한 자문을 구했다), 벤야민도 호락호락하지는 않았다(종종 아첨에 가까운 어조로 교묘하게 거절했다). 양측은 봄 내내 오해와 분개를 쌓으면서 관계를 악화시켰다.

바이스바흐와의 관계를 더 어렵게 만들고 저널의 운명을 더 불확실하게 만든 요인 중 하나는 1921년 12월에서 1922년 2월까지 진행된 「괴테의 친화력」 마무리 작업의 부담이었다. 강도 높은 지적 노동에 수반되는 "신경과민증"이 재발하면서 작업 시간대를 야간으로 바꿔야 했고, 여전히 파업과 국지적 폭동을 일상적으로 겪어야 하는 베를린에서 야간 작업은 곧 촛불 작업이었다. 이렇게 나온 「괴테의 친화력」은 여러모로 초기 벤야민의 최고작이다. 괴테의 음산한 풍속소설 『친화력』을 예리하게 비평하면서, 벤야민 자신의 비평 이론을 최대한 체계화하는 글이다. 숄렘에게 보낸 편지의 표현을 빌리면, 이 글에서 벤야민은 "본보기가 될 만한 비평"을 시도하는 한편 "순수한 철학적 논증"의 예비적 고찰을 시도했다: "내가 괴테에 대해서 말해야 하는 것은 그 둘 사이의 어딘가에 있습니다"(C, 194). 요컨대 「괴테의 친화력」은 벤야민이 1915년 이후로 진척시킨 비평 방법론을 비중 있는 문학작품에 적용시켜 본 최초의 글이다. 자신의 초기 논문들과 『독일 낭만주의의 예술비평 개념』에 약술되어 있던 비평적 입장을 「괴테의 친화력」에서 상술함으로써 벤야민은 고귀한 혈통의 형이상학적 개념들이 실제 작품 비평에 적용될 수 있음을 보여주고 있다.

비중 있는 문학작품을 해석한 글 가운데 이 정도로 영향력을 발휘하면서 **동시에** 논란을 불러일으킨 글은 별로 없다. 괴테의 소설 『친화력』을 보면, 풍속희극으로 시작해 비극으로 끝난다는 점에서 장르상 이중적이다. 줄거리를 보면, 에두아르트 백작과 그의 아내 샤를로테가 살고 있는 시골 사유지에 에두아르트의 친구인 "대위"와 샤를로테의 조카딸인 오틸리에가 찾아오면서 소설의 제목이 뜻하는 일련의 "화학적" 반응이 일어난다. 에두아르트는 오틸리에를 사랑하게 되고 샤를로테와 대위는 서로에게 "끌린다". 부부인 샤를로테와 에두아르트는 하룻밤의 사랑으로 아기를 낳는데, 아기가 닮은 사람은 생물학적 부모인 에두아르트와 샤를로테가 아니라 두 사람이 서로의 품에서 꿈꾼 불륜 상대들이었다. 어느 날 황혼 무렵에 오틸리에가 아기와 함께 호수를 건너다가 아기가 배에서 떨어져 목숨을 잃는데, 이 사고를 당하는 시점부터 소설의 분위기가 심각해진다. 다른 세 사람은 오틸리에에게 위로의 말—그런데 하나같이 애매모호한 말—을 건네지만, 오틸리에는 전혀 말을 하지 않게 되고 결국 알 수 없는 이유로 죽는다. 이렇게 줄거리를 압축해보면, 벤야민이 이 논문을 쓴 동기 중 하나를 어렴풋이 짐작할 수 있다. 다시 말해, 『친화력』에서 화목해 보이던 결혼생활에 새로운 두 인물이 끼어든다는 설정은 발터/도라/에른스트/율라의 사각관계가 벤야민 자신의 생활에 가져온 파괴적 결과를 정확하게 반영하고 있다. 벤야민의 해석에서 윤리 문제가 중시되는 것은 그런 의미에서 당연한 일이다. 물론 벤야민의 『친화력』 해석은 자전적 차원에 머물지 않는다. 예컨대 윤리의 진정성 여부를 확인할 척도는 언어를 사용하느냐 — 혹은 오틸리에처럼 언어를 포기하느냐 — 라는 벤야민의 주장은 자전적 차원으로부터 확실하게 결별하고 있다. 사실 벤야민의 『친화력』 해석에서 오틸리에는 작품의 열쇠로 등장한다. 오틸리에의 침묵과 순결한 겉모습은 그녀가 다른 인물들의 윤리적 세계를 초월해 있다는 표시인 것 같지만, 벤야민이 볼 때 오틸리에의 "내적" 결단은 발화되지 않은 상태, 곧 언어화되지 않는 상태이며, 그런 이유에서 진리에 다가갈 수 없는 결단— 「괴테의 친화력」의 어휘를 빌리면, "신화적인 차원"을 벗어나지 못한, 따라서 자연계를 벗어나지 못한 결단—이다.

이 글의 구조는 세심하고 의미심장하다. 글 전체는 세 부분으로 되어 있고, 각 부분은 다시 세 부분으로 나뉜다. 첫 번째는 비평 이론을 철학과의 관계 속에서 성찰하는 서론, 두 번째는 소설의 한 측면에 대한 해석, 세 번째는 괴테에 관한 전기적 주석이다. 구조는 이렇듯 변증법적인 것 같지만, 논증과정은 변증법적이라기보다는 이분법적이다. 벤야민이 논증해내려는 바는 신화의 요소가 등장인물들의 삶에, 그리고 소설의 배경과 분위기에 깊숙이 짜여 들어가 있다는 것, 그리고 신화가 진리를 끈질기게 방해한다는 것이다(여기서 진리는 계시로 이해할 수도, 자유로 이해할 수도 있다). 이 글에서 신화를 직접 정의하는 곳은 없지만, 인간과 자연의 관계가 논의될 때마다 신화라는 말이 계속 사용된다(단 인간과 자연의 관계에서 자연은 인간에게 대체로 해로운 영향을 미친다).[50] "여기서 자연은 마치 신화적 자연인 듯 **초인적** 힘으로 충전되어 위협적인 모습으로 등장한다"(SW, 1:303). 「괴테의 친화력」의 심장에 귀를 기울이면, 헤브루 예언자들에 대한 장중한 철학적 해석을 펼치는 헤르만 코헨의 『이성 종교의 유대적 원천』을 읽는 낮은 목소리가 들려올지도 모른다. 이 책의 출발점은 신이란 인식의 대상이 될 수 없는 유일무이한 절대적 타자라는 주장이었고(이 주장은 프란츠 로젠츠바이크에서 칼 바르트까지 다양한 사상가에게 영향을 주었다), 이 책의 주안점은 신의 사랑을 말

---

50 벤야민은 신화를 간접적으로 정의한다: " '영원회귀'는 (…) 신화적 의식의 기본 형식이다. (의식이 신화적 속성을 띠는 것은 반성하지 않기 때문이다.) (…) 신화적 사건의 본질은 다시 발생한다는 것이다"(AP, D10,3, D10a,4). 1921~1922년 「괴테의 친화력」에도 비슷한 내용이 나온다: "모든 신화적 의미는 비밀이 되고자 한다"(SW, 1:314).

하는 일신교와 신화에 뿌리를 둔 이교가 어떻게 다른가였으며, 마침내 일신교가 신의 유일성을 설정함으로써 이교의 자연숭배를 초월한다는 결론을 내린다. 요컨대 이 책은 윤리적 이성주의의 자장 속에서 자연의 갖가지 신호에 대한 혐오감과 인간생활의 자연적, 관능적 측면에 대한 혐오감을 적당히 드러내는 책이다(벤야민은 때때로 이 혐오감에 공감했다). 이 책에 따르면, 자연은 "그 자체로는 아무것도 아니"었고, 관능은 "동물적 이기심"이었다.[51] 어쨌든 인간의 정신에 해로운 영향을 미치는 근본적으로 애매모호한 그 무엇을 신화로 지칭한다는 것은 「괴테의 친화력」과 마찬가지다. 벤야민이 "자연 앞에서의 경악"이라는 자신의 강렬한 감정을 기록으로 남긴 것은 일찍이 청년운동 시기부터였다.[52] 이제 20대 후반이 된 벤야민의 「괴테의 친화력」에서도 "자연적인 것" 앞에서의 경악이라는 감정이 여전히 중요한 역할을 하고 있다. 이 감정이 가장 잘 표현된 곳은 벤야민이 「괴테의 친화력」을 완성하고 얼마 후 쓰기 시작하는 몽타주 책 『일방통행로』(1928)의 한 대목이다. 「장갑」이라는 의미심장한 제목의 섹션을 보자.

동물 혐오증에서 가장 우세한 감정은 동물과 접촉했다가는 동물에게 내 정체를 들킬지 모른다는 두려움이다. 동물이라는 혐오스러운 존재에게 내 정체를 들킬 수도 있을 만큼 동물과 가까운 그 무엇이 내 안에서 살아 숨 쉬고 있다는 어두운 의식, 그것이 사람이라는 존재의 깊은 데서 두려움에 떨고 있다. 모든 혐오증은 원래 접촉 혐오증이다. (…) 사람이 미물과의 야수적 친족성을 부인

---

51 Cohen, *Religion of Reason*, 46–48, 6.
52 1912년 「오늘날의 신앙심에 관한 대화」에서 대화를 이끄는 화자가 말한다: "우리에게는 이미 낭만주의가 있습니다. 자연적인 것에 어두운 면이 있다는 사실—자연적인 것은 근본적으로 바람직하기는커녕 이상하고 경악스럽고 무섭고 끔찍하고 한마디로 비밀스럽다는 사실—을 우리가 분명하게 통찰할 수 있는 것은 우리에게 낭만주의가 있기 때문입니다. 그런데 우리는 마치 낭만주의가 없는 것처럼, 없었던 것처럼 살고 있습니다"(EW, 68). 함께 볼 곳은 1913년 7월 30일 헤르베르트 블루멘탈에게 보낸 편지: "그때 내가 내놓은 의견은, 자연 앞에서의 경악은 자연에 대한 참된 느낌의 표본이며, 자연 앞에서 경악을 느끼지 못하는 이는 자연을 대할 줄 모르는 사람이라는 것이었다"(C, 48).

할 수 없으면서 미물의 부름에 혐오감으로 응답한다면, 사람이 미물의 지배자가 되는 것은 불가피한 귀결이다(SW, 1:448).[53]

「괴테의 친화력」에서는 작품 속 등장인물들에게뿐 아니라 작가인 괴테에게까지, 그리고 작품에 깃들어 있을지 모르는 진리에까지 신화적 자연의 해로운 영향이 미치는 것으로 나타난다(괴테의 『친화력』은 특정 화학 성분 간에 친화력이 있을 수 있다는 19세기 초에 통용된 주장을 작품 속 등장인물과 모종의 자연적 속성 간에 친화력이 있을 수 있다는 주장과 연결시키는 제목이다). 등장인물과 어떤 자연력의 행태 간에 친화력이 존재한다는 사실은 인간의 도덕적 부패가 만연해 있음을 보여주는 가장 분명한 신호라는 것, 다시 말해 그런 식의 친화력은 미물적 충동이 윤리적 결단을 점점 잠식해나가는 사태를 동반한다는 것이 벤야민의 생각이다. 벤야민이 볼 때는 괴테 자신도 자연적인 것의 악영향에서 벗어나지 못하는 존재다. 괴테가 자연을 예술의 유일한 모델로 보면서 자신의 예술을 자연에 예속시키는 것도 그런 맥락에서 볼 수 있다. 이 글의 제목이 「괴테의 『친화력』」이 아니라 「괴테의 친화력」인 것에 주목해야 한다. 자기에게 상응하는 모종의 자연력에 이끌리는 것은 작품 속 등장인물이나 작가 괴테나 마찬가지라는 뜻이다. 이 대목에서 벤야민은 모든 낭만주의의 지배적인 수사법인 상징—그리고 상징을 통해서 "불멸을 깨달을 수 있다"는 주장—에 냉철한 비판을 가한다. 괴테는 자기가 모든 자연 현상에서 신령함의 발현을 느낄 수 있다고 믿었고, 그러면서 "상징의 혼돈"(벤야민의 표현)에 빠졌다(SW, 1:315). 벤야민이 볼 때, 자기 자신을 올림포스의 신과 같은 존재라고 생각하는 괴테의 전설적 자기규정은 실제로는

---

53 「일방통행로」가 새로 생겨나는 피시스("새 몸")의 출현을 말하면서 끝난다는 것도 이 맥락에서 지적할 점이다(SW, 1:487).

그저 고삐 풀린 범신론("기괴한 사상")에 불과하다.[54]

「괴테의 친화력」이 전개하는 등장인물에 대한 해석, 그리고 작가 괴테에 대한 해석이 독자의 이해력에 대한 도전이라면(이 논문은 20세기의 가장 까다로운 비평 텍스트 가운데 하나다), 이 논문의 바탕이 되는 비평 이론을 이해하기는 더 까다롭다. 벤야민은 자신의 학위논문에 붙인 "밀교적 후기"에서 괴테에게 중요한 역할―"진정한 자연"(한때는 온전한 형태로 현존했으나 인류 타락 이후에는 부서지고 보이지 않게 된 자연)의 흩어진 이미지들(벤야민의 표현에 따르면 "그 수효가 한정되어 있는 순수 내용들의 조화로운 불연속체")을 포착할 수 있는 것은 오직 예술뿐이라고 믿는 역할―을 맡겼다(SW, 1:179). 이제 「괴테의 친화력」에서 벤야민은 문학의 "진리성분"을 가리켜 집약적 형식에 좀더 큰 진리를 담고 있는 유의 텍스트를 구성하는 언어 성분 같은 것이라고 설명한다. 그리고 그 맥락에서 비평의 과제를 설명한다. 이 설명에 따르면, 자연을 인식할 마지막 희망, 자연을 인식함으로써 우리 스스로를 인식할 마지막 희망은 한 편의 예술작품에서 진리성분들―좀더 통합적인 인식의 가능성을 가리켜 보이는 파편들―을 골라낼 수 있느냐에 달려 있다. 물론 예술작품에서 고려해야 하는 것이 진리성분Wahrheitsgehalt만은 아니다. 문학의 진리성분은 텍스트를 구성하는 언어 성분들 중 오히려 작은 부분이다. 진리성분이 순수 인식 형식의 언어―1916년 「언어에 대하여, 그리고 언어 중에서 인간 언어에 대하여」의 표현을 빌리면, 이름언어―와 관련된 것이라면, 나머지 성분―벤야민의 표현을 빌리면, "사실성분Sachgehalt"―은 그런 이름언어와는 관계없다. 언어로 된 예술작품이라 해도, 창조하는 그 무엇이라기보다 창조되는 그 무엇이라는 점은 인간이 만든 다른 것들과 마찬가지

---

54 비교해볼 곳은 코헨이 "범신론이라는 질병"을 비판하는 대목, 예를 들면 *Religion of Reason*, 33, 45 등. 벤야민이 괴테와 관련해서 범신론의 미덕을 논하는 곳은 「오늘날의 신앙심에 관한 대화」(EW, 66–69). 벤야민의 신화 개념과 코헨의 신화 개념 간의 차이에 대해서 볼 곳은 Menninghaus, "Walter Benjamin's Theory of Myth," 299–300.

다. 문학이 역사의 흔적을 보여주는 언어 형식들에 의존하고 있다는 점에서는 문학으로 묶이는 텍스트 전체가 "자연사"의 아카이브를 구성한다고도 할 수 있다. 그런 텍스트가 모방하는 자연은 인간에게 분명하게 인식되는, 곧 신화의 베일에 싸여 있는 자연이다.

진리는 이미 항상 신화라는 위험 속에 빠져 있다. 텍스트는 진리가 신화 성분과 투쟁하는 전장이다. 진리는 나타났는가 하면 사라지고 신화 자체는 진리도 거짓도 아닌 애매모호한 그 무엇이다: "신화와 진리 사이의 관계는 상호 배타적이다. 신화는 다의적이므로 허위일 수 없고, 그런 의미에서 신화 속에는 아무런 진리도 없다. (…) 진리가 나타날 가능성이 있는 곳에 실제로 진리가 나타날 수 있으려면 반드시 한 가지 조건이 충족되어야 한다. 그것은 신화를 신화로 인식하는 것, 다시 말해 신화가 진리에 얼마나 무관심한가를 인식하는 것이다"(SW, 1:325-326). 진리와 신화의 이율배반적 관계를 설명하는 작업―그리고 그 이율배반에 개입하는 작업―은 여러 의미에서 벤야민의 전후기를 아우르는 중심 작업이다. 벤야민은 한편으로는 신화 자체가 인식의 한 형태임을 점차 인정하게 되지만(이런 점은 아도르노와 호르크하이머의 『계몽의 변증법』과 비슷하다), 다른 한편으로는 신화를 자본주의 사회의 자기 표상 형식―자본주의 사회가 스스로를 자연스러운 사회, 유일하게 존재 가능한 사회로 표상할 때 채택되는 형식―으로 규정하게 된다. 다음은 19세기 파리 도시상품자본주의의 다양한 문화적 표상을 다루는 미완성 연구인 『파사주 작업』에서 자주 인용되는 단상이다: "광기만 무성한 땅을 개간할 것. 좌도 우도 돌아보지 말고, 날카롭게 벼린 이성의 도끼로 헤치고 나아갈 것. 깊은 원시림이 불러일으키는 경악에 사로잡히지 말 것. 모든 땅은 개간된 땅, 이성의 도끼가 광기와 신화의 덤불을 베어낸 땅이 아니겠는가. 이제 19세기라는 땅을 개간해야 한다"(AP, N1,4).

그렇다면 비평의 과제는 진리를 신화로부터 분리하는 것, 다시 말해 작품으로부터 신화적 바탕을 깨끗이 걷어냄으로써 진리를 알아보게 해주는 것이다. 벤야민의 비평이 한갓 해석이나 평가에 그치는 경우는 전혀 없다. 그의 비평은 항상 속죄나 구원과 연결되어 있다. 다시 말해, 그에게 비평은 작품의 "파괴"이되 작품 안에 담겨 있을지 모르는 진리를 발굴하기 위한 파괴다. 실제로 벤야민의 전후기를 통틀어 비평에 대한 모든 발언에는 파괴충동이 깃들어 있다. 1916년의 한 편지에 이미 "정신적인 것의 비평"과 관련된 몇 가지 은유—비평이 "진짜와 가짜를 구분"하는 방법은 "밤"에 맞서 싸우면서 밤으로 하여금 **밤 그 자체**의 빛을 발하게 만드는 것이라는 은유, 비평이 빛이라면 작품을 불사르는 특이한 종류의 빛이며 비평이 화학성분이라면 "작품이라는 화학성분의 성질을 밝힌다는 목적 하에 작품을 분해하는" 화학성분이라는 은유—가 등장하고 있다(C, 83–84). 한편 『파사주 작업』 중 1930년대 후반의 몇몇 메모에는 그 파괴충동이 더욱 분명하게 표현되어 있다: "'구축'은 '철거'를 전제한다"; "유물론적 역사 기록에서 파괴적 계기, 비판적 계기는 역사적 대상을 구성하는 바탕으로서의 역사적 연속성을 폭파하는 데 그 의의가 있다(AP, N7,6; N10a,1).

이렇듯 벤야민에게는 진리와 신화를 구별할 모종의 비평 방법론을 개발할 수 있다는 굳은 믿음이 있었다. 「괴테의 친화력」 서두는 그 믿음의 정식화에 근접하고 있다.

비평은 예술작품의 진리성분을 찾고자 하고, 주석은 예술작품의 사실성분을 찾고자 한다. 원칙적으로 말해서, 문학적으로 중요한 작품일수록 진리성분과 사실성분의 관계는 덜 가시적이고 더 심층적이다. 이렇듯 작품의 진리가 사실성분에 깊이 묻혀 있을수록 작품의 수명이 길다고 한다면, 그렇게 수명이 긴 작품에서는 한때 실재했던 것들[die Realien]이 시간이 갈수록 독자의 눈에 도드라져 보인다. 이렇듯 사실성분은 시간이 갈수록 도드라지는 데 비해 진리성분은 항상 깊이 묻혀 있다보니, 마치 사실성분과 진리성분이 처음에는 하나로 결합돼 있다가 시간이 가면서 따로 갈라서는 것처럼 보인다. 이채롭고 생소한 사실성분들의 의미를 밝히는 일이 모든 후대 비평가의 예비 작업으로 점점 더 중요해지는 것은 그 때문이다(SW, 1:297).

이렇듯 벤야민이 진리성분과 사실성분의 관계를 필연적이면서 변하는 관계로 보게 되었다는 것, 다시 말해 텍스트의 역사적 내용을 파헤쳐 그 철학적 의미를 발굴할 때 사실성분이 휘발되면서 진리성분이 출현한다고 보게 되었다는 것은 벤야민의 사유에서 전통적인 형이상학적 이원론이 근본적으로 변화를 겪은 증거라고 할 수 있다. 비평가가 작품에서 점점 뒤로 물러나는 진리를 끄집어내려면 시간이 가면서 점점 두꺼워지는 작품의 장벽—텍스트의 대부분을 차지하는 사실성분—을 무너뜨려야 한다. 벤야민은 숨어 있는 진리와 드러나 있는 사실성분의 관계를 "흐릿한 글 위에 선명한 글자가 줄줄이 겹치게 덧쓰여진 양피지"에 비유한다(SW, 1:298). 비평가에게 필요한 예비 작업은 사실성분을 무너뜨리고 작품 안으로 들어가는 일이라는 뜻이다. 여기서 벤야민은 텍스트의 사실성분을 다루는 주석Kommentar과 진리를 찾고자 하는 비평Kritik을 구분한다. 가장 기본적인 차원의 주석은 작품의 둘레에 잠정적 경계를 세우고 한때 실재했던 성분들을 정의하며 필요한 개념을 적용하는 등의 문헌 고증 작업이다. 하지만 주석은 그저 실재했던 성분들을 정의하는 데서 한발 더 나아가 그중에서 작품의 진리에 그림자를 드리우는 장벽으로 작용하는 성분들까지 투명하게 설명해야 한다. 주석은 비평이라는 좀더 근본적인 작업—작품의 진리를 발견하고 적용하는 작업—을 위해 작품을 손질한다는 의미에서 비평의 예비 작업이다: "살아 있는 작품을 타오르는 모닥불에 비유한다면, 주석가와 비평가는 각각 화학자와 연금술사라고 할 수 있다. 화학자에게 분석 대상은 장작과 재뿐인 반면, 연금술사에게 풀어야 할 수수께끼, 곧 살아 움직이는 존재의 수수께끼를 간직하고 있는 것은 타오르는 불꽃 그 자체뿐이다. 과거가 무거운 장작이고 경험이 가벼운 재라면, 진리는 그 위에서 타오르는 불꽃이며, 비평가가 알고 싶어하는 것은 바로 그렇게 살아 움직이는 진리다"(SW, 1:298). 이처럼 작품을 불태우는 것이 주석이다. 비본질적인 것들을 불태워 없애고 본질적 성분을 추출해내는 화학자처럼 비평가는 먼저 주석가가 된다. 작품이 불타고 있을 때 비로소 비평가는 그야말로 본격적인 비평가, 곧 모종의 형언할 수 없는 진리의 목격자가 된다. 작품이 불타고 있을 때 진리가 자기를 가리고 있던 베일을 벗고 나타난다고 할까, 베일로부터 **스며나온다고 할까**. 예술작품이라는 살아 있는 불꽃이 역사(과거)를 불사르고 역사가 현재에 미치는 영향(불순한 경험)을 불사를 때, 텍스트의 언어에 반영되어 있는 모종의 순수한 경험이라는 본질이 나타난다. 순수한 경험이 텍스트의 사실성분으로부터 벗어나는 모습은 마치 어떤 지옥의 힘에서 벗어나는 것과 같다. 요컨대 주석이 문학의 진리성분을 끄집어내는 방법은 단순히 뜻을 풀이하는 것이 아니라 진리를 가리고 있는 장벽을 파괴하는 것이다. 이렇듯 "비금속"을 파괴하고 진리를 구해내는 이 폭력적 해방이야말로 주석가가 타락한 언어에 선물하는 구원이다. 그로부터 2년 뒤에 나올 『독일 비애극의 기원』에서 벤야민은 진리와 사실성분 간의 관계를 보여주는 이 비유를 좀더 진전시켜, 비평을 "작품의 변태Modifikation"에 비유한다. 진리를 발견하기 위해서는 일단 텍스트를 무너뜨려 폐허, 곧 "상징의 토르소"로 만들어야 한다: "철학적 비평이 증명해내고자 하듯이, 모든 중요한 작품의 경우, 예술 형식은 작품의 바탕이 되는 역사적 사실성분을 철학적 진리성분으로 바꾸는 역할을 한다. 이렇듯 사실성분이 진리성분으로 바뀔수록 작품의 위력은 점점 약해진다. 10년, 20년 시간이 흐르고 초기의 매력이 점점 약해지다보면 언젠가는 아예 새로 태어나야 할 때가 온다. 한때 아름다웠던 것들이 모두 떨어져나가고 작품 그 자체만 폐허로 서 있게 되는 때다"(OGT, 182). 진리로 나아갈 수 있는 비평은 오직 작품을 안에서 바꾸는 "파괴하는 비평"(SW, 1:293), 곧 시간이 가면서 못쓰게 된 역사적 성분이 변태를 일으키게 함으로써 작품이 모종의 기원이 되게 하는 비평—예술 형식의 기능을 철학적으로 해체하는 비평, 표면적 아름다움을 벗겨내는 비평—뿐이다.

파괴와 관련된 개념—씻어낸다, 베어낸다, 부순다, 태운다—은 벤야민의 비평에서 매우 중요한 역할을 한다. 벤야민은 늘 진리를 찾는 일과 진부한 미물의 차원을 지양하는 일을 하나로 연결시킨다. 숄렘에 따르면, 벤야민의 작업에는 으스스한 파괴적 경향이 있으며(이 점을 최초로 지적한 논자가 바로 숄렘이다), 파괴적 경향과 혁명적 메시아주의는 밀접한 관계가 있다(이 관계를 설득력 있게 지적한 논자 또한 숄렘이다). 벤야민 사유의 출발점에는 니힐리즘—니체적 의미의 (창조적 차원이 있는) "신적 니힐리즘"—가 있다는 것이다. 그렇지만 벤야민의 파괴 개념이 전적으로 신학적이라고 할 수는 없다. 그가 마르크스주의로의 이행을 10년 이상 앞둔 시점부터 이미 품고 있던 부르주아 사회에 대한 반감 또한 그의 파괴 개념에서 중요한 비중을 차지한다. 부르주아 계급의 자기 이해를 형성하는 것이 부르주아 문화의 아이콘들—부르주아 계급 자체를 그린 이미지들, 또는 부르주아 계급이 자기를 둘러싼 환경과 어떻게 관련돼 있는가를 그린 이미지들—이라면, 진정한 정치적 변화는 바로 그 아이콘들을 아래로 끌어내리고 최종적으로 파괴하는 변화여야 하리라는 것이 벤야민의 생각이었다.

1922년 봄, 벤야민은 「괴테의 친화력」을 《새로운 천사》 2호 게재용으로 완성한 뒤 다른 작업들을 시작했다. 벤야민 자신이 여러 번 말했듯, 그에게 이시기의 가장 중요한 작업은 프리츠 하인레의 작품집 서론을 쓰는 것이었다(남아 있는 글은 전혀 없다). "하인레의 시와 삶에 참여하는 일"이 자신의 이후 기획들의 "전경"을 차지할 것이라고 말하기도 했다. 벤야민이 심혈을 기울인 작업 중 하나는 하인레의 시를 고대 그리스 로마 서정시부터 당시의 생기론 철학자 루트비히 클라게스의 모계사회 이론까지 이어지는 맥락 속에 자리매김하는 것이었다. 하인레가 쓴 시 중에서 지금 남아 있는 것은 자투리뿐이며, 작품의 문학적 수준은 앞에서도 보았듯이 다양한 평가를 받고 있다. 베를린 아파트 물품이 게슈타포에게 압류당했을 때 벤야민 자신의 수많은 글과 함께 벤야민이 보관하고 있던 하인레의 유일한 완본 원고도 소실되었다. 벤야민이 하인레의 시 주위에 숭배의 장막을 치고 있던 탓에, 다른 친구들이나 지인의 평가를 참조할 수 있는 상황도 아니다. 베르너 크라프트는 1920년대 초 어느 저녁 델브뤼크슈트라세 저택에서 벤야민이 하인레의 소네트 여러 편을 "무아지경 속에서" 낭송해준 일을 기억한다. 하지만 바로 그런 낭송 방식 탓에 시 자체를 이해하기는 불가능했다. 크라프트는 벤야민이 자기를 하인레라는 지성소로 들어가게 해준 것을 특별한 존중과 신뢰의 표시로 해석했는데, 틀린 해석은 아니었다. 그렇지만 나중에 혼자 읽어보고 싶은데 사본을 넘겨줄 수 없겠느냐는 크라프트의 부탁은 단번에 거절당했다.[55]

벤야민은 보들레르 번역서의 제작과 관련된 세부 사항에도 꼼꼼한 주의를 기울였다. 바이스바흐에게 계속해서 타이포그래피, 레이아웃, 제본과 관련된 제안을 내놓았고, 거듭해서 대대적인 홍보를 하라고 촉구하기도 했다. 1922년 3월 15일 저녁에 베를린 쿠담의 로이스&폴라크 서점에서 열린 보들레르 특집 행사에 참여한 것도 홍보활동의 하나였다. 이 행사에서 벤야민은 보들레르에 관한 짧은 강연을 하고 보들레르의 시 일부를 자기 번역으로 낭송했다. 강연 원고는 아예 없거나 짧은 메모뿐이었던 것 같지만, 「보들레르 II」와 「보들레르 III」이라는 두 편의 짧은 글이 이 강연의 예비 원고 중 일부였을 가능성도 있다(볼 곳은 SW, 1:361-362; 두 글은 벤야민의 문서들 속에서 뒤늦게 발견되었다). 「보들레르 II」와 「보들레르 III」은 보들레르의 작품들

---

55 Kraft, *Spiegelung der Jugend*, 64.

과 보들레르의 "사물관Anschauung der Dinge"에 존재하는 이항 대립 관계에 초점을 맞추고 있다. 일단 「보들레르 III」은 우울le spleen과 이상l'idéal이라는 보들레르의 두 핵심어의 교차 대구 관계에 초점을 맞추는 글이다. 여기서 우울은 "이상을 향한 비상, 추락과 실패가 예정되어 있는 비상"을 원천으로 삼는 무엇이고, 이상은 바로 그 우울을 토대로 생겨나는 무엇이다: "이상das Vergeistigende을 가장 영롱하게 타오르게 하는 것은 우울Trubsinn의 이미지들이다." 이런 교차가 발생하는 곳은 윤리 영역이 아닌 지각 영역이다: "이 시들이 말하고자 하는 바는 [비윤리적] 판단 전도가 아니라 윤리를 해치지 않는 지각 전도다." 다만 「보들레르 III」이 그 핵심 모티프에서 아직 보들레르 수용의 전통적 범주를 벗어나지 못한다면, 「보들레르 II」는 새로운 모티프들을 개척하면서 벤야민의 1930년대 작업들을 예고한다. 이 짧은 글에서 벤야민은 보들레르를 훌륭한 사진 독자, 곧 "사물의 본질"을 찍은 사진의 해독에 일가견이 있는 독자로 그린다. 시간 자체가 사물의 본질을 찍는 사진사로 등장한다. 여기서 사진은 물론 네거티브 필름이다: "본질의 네거티브로부터 (…) 있는 그대로의 진정한 본질을 읽어낼 수 있는 사람은 아무도 없다." 보들레르의 업적이 얼마나 독보적인지를 설명하는 벤야민의 놀라운 표현에 따르면, 네거티브 필름을 현상한다는 것은 보들레르에게도 불가능한 일이었지만 그럼에도 그는 본질의 네거티브에서 본질의 이미지에 대한 예감Ahnung을 끌어낼 수 있었다. 그의 모든 시에서(예를 들면 사물의 본질을 깊이 들여다보는 「태양」에서도, 역사의 다중노출을 형상화하는 「백조」에서도, 시인의 네거티브 감각, 결코 돌이킬 수 없는 무상한 것들을 느끼는 감각이 펼쳐지는 「어느 시체」에서도) 본질의 네거티브는 이 예감을 들려주고 있다. 한편 「보들레르 II」에는 보들레르가 영혼의 "신화적 태고"를 깊이 인식하는 작가라는 표현이 나온다 (1934년 「프란츠 카프카」에 따르면, 카프카가 바로 그런 작가다). 보들레르가 "정신의 무한한 전력투구"로 네거티브의 본질을 느낄 수 있는 것도, 구원을 어느 누구보다 깊이 이해할 수 있는 것도 이렇듯 인식을 원죄로 경험하기 때문이다.

1922년 상반기는 남아 있는 편지가 유독 적은 시기다. 벤야민이 당시 베를린에서 무슨 일을 했는지를 보여주는 직접적인 기록은 벤야민 자신이 바이스바흐에게 보낸 (재촉하거나 호소하는) 편지들이 거의 유일하지만, 정황 증거들을 보면 매우 흥미로운 구석이 있다. 그 무렵까지도 기본적으로 낭만주의자들의 세계를 기반으로 삼았던 벤야민이 이제 유럽 아방가르드라는 전혀 다른 세계의 공기를 호흡하기 시작한 것이다. 벤야민 부부가 스위스에 있을 때 후고 발은 벤야민을 영화감독 한스 리히터에게 소개해주었고, 도라 벤야민과 리히터의 첫 번째 아내 엘리자베트 리히터-가보는 가까운 친구 사이가 되었다. 취리히 다다이스트들 사이에서는 주변적 인물이었던 리히터가 1921년 말에는 베를린 선진 예술의 새로운 방향에 기폭제 역할을 하는 인물이 되어 있었고, 이제 1922년 벤야민이 당시 베를린을 거점으로 활동하던 뛰어난 예술가 그룹을 서서히 알아나가게 된 것도 리히터를 통해서였다. 느슨하고 국제적이었던 이 베를린 그룹의 멤버로는 왕년의 다다이스트(리히터, 해나 회흐, 라울 하우스만), 구성주의자(라즐로 모호이-너지, 엘 리시츠키), 청년 건축가(미스 반데어로에, 루트비히 힐베르자이머), 현지 예술가들(게르트 카덴, 에리히 부흐홀츠, 베르너 그레프 등)이 있었다. 베를린 밖에서 이 그룹을 자주 찾아오는 예술가로는 테오 판두스뷔르흐(네덜란드의 '더 스테일' 그룹에서 유통되는 아이디어들을 가져오는 인물), 트리스탕 차라, 한스 아르프, 쿠르트 슈비터스가 있었다. 모이는 장소는 주로 리히터의 스튜디오(베를린-프리데나우 지역의 에셴슈트라세 7번지)였지만 카덴의 스튜디오나 모호이-너지의 스튜디오, 아니면 베를린의 카페에서 모이기도 했다. 그렇게 날마다 만나서, 새로운 유럽 예술은 어디로 가야 하는가, 이러한 예술을 토대로 세워질 새로운 사회는 어디로 가야 하는가를 놓고 격론을 벌였다.

모호이-너지, 하우스만, 아르프가 러시아 예술가 이반 푸니와 함께 「요소주의 예술을 촉구한다」를 발표한 것은 1921년 말의 일이었다. 새로운 예술, 곧 개인의 창조적 천재성으로부터가 아니라 재료와 제작과정에 내재하는 가능성에서 나오는 예술을 천명하는 글이었다. 베를린 그룹은 이 글을 토대로 서서히 일련의 원칙에 합의해나갔다. 게르텐 카덴이 남긴 글의 한 대목에는 베를린 그룹의 핵심 아이디어들이 리히터, 리시츠키, 판두스뷔르흐, 모호이-너지가 제시한 형태로 정리되어 있다: "'개인적 선personliche Linie'이라는 요소는 주관적 해석이 가능합니다. 그런 것은 우리 목표가 아닙니다. 우리 목표는 원, 원뿔, 구, 정육면체, 원통 등 객관적 요소들, 더 이상 객관화될 수 없는 요소들과의 작업입니다. (…) 이로써 모종의 역동적-구성적 물리력 체계, 곧 가장 근본적인 타당성과 가장 강한 장력을 보유한 체계가 공간 속에 창조됩니다."[56] 1922년 7월, 모호이-너지는 「생산-복제」라는 독창적인 논문을 《더 스테일》에 발표한다. 새로운 예술이라는 항과 새로운 예술과 접촉함으로써 생겨날 새로운 인간 감각이라는 항, 그리고 문화 생산의 궁극적 목적인 새로운 해방된 사회라는 항 사이의 관계를 탐구하는 글이었다. 리히터, 판두스뷔르흐, 하우스만, 모호이-너지, 슈비터스, 그레프, 리시츠키는 공동의 입장을 가지고 1922년 9월 25일 바이마르에서 열린 '국제구성주의' 창립 대회에 참석한다. 이 행사에서 정치적 지향을 둘러싼 격렬한 다툼이 있었던 것 같다. 모호이-너지는 알프레트 케메니와 에르뇌 칼라이 등 헝가리 동료들의 지지 속에 공산주의 노선을 옹호하면서 프롤레타리아에 대한 근본적 지지를 예술가의 조건으로 내세웠다. 완강한 반대에 부딪힌 모호이-너지 분파는 베를린 그룹의 주류와 결별하게 되고, 그 후 바이마르로 거처를 옮긴 모호이-

---

56 게르트 카덴이 알프레트 히르슈브뢰크에게 보낸 편지, 날짜 미상. 소장처는 드레스덴 작센 국립 도서관 필사본 컬렉션 카덴 유증품. 인용은 Finkeldey, "Hans Richter and the Constructivist International," 105.

너지는 베를린 그룹의 논의에 더 이상 관여하지 않게 된다. 한편 베를린 그룹에 남은 리히터는 리시츠키, 그레프, 미스의 조력 하에 《G: 기초 조형 재료》를 창간하게 된다. 르코르뷔지에의 《새로운 정신》, 판두스뷔르흐의 《더 스테일》, 리시츠키의 《대상》 등과 마찬가지로 구성주의에서 제공받은 엄격한 골격 내에서 다다이즘과 원原초현실주의를 융합한다는 새로운 방향을 정의하고자 한 여러 군소 잡지 중 하나였다. 이렇게 1923년에 《G》가 나오면서, 1920년대 초 베를린에 모여 새로운 방향을 모색했던 예술가 그룹에게 "G그룹"이라는 사후적 명칭이 생겼다.[57]

발터 벤야민과 에른스트 쇤은 G그룹의 모임에 여러 번 참석했는데, 자신의 생각을 적극 개진하기보다 남의 생각을 직관에 반하는 새로운 것으로 받아들이면서 경청하고 흡수하는 입장이었으리라고 추측된다. 《G》 창간 초기에는 쇤과 도라 벤야민이 객원 편집자로 참여했고, 벤야민은 차라의 논문 「사진의 뒷면」의 번역자로 참여했다. 이렇게 아방가르드와 만난 일이 이후 발터 벤야민의 사유와 작업에 얼마나 중요한 의의를 지니는지는 아무리 강조해도 지나치지 않는다. 그의 작업에서 G그룹의 메아리가 당장 울려나온 것은 아니지만, 그가 몽타주 책 『일방통행로』로 발전할 최초의 메모를 시작하는 1923년을 기점으로 그의 작업에서는 G그룹의 핵심 원리들이 점점 명료하게 재편돼나갔다. 벤야민이 1930년대에 발표하는 가장 유명한 글 중 다수, 특히 「기술적 복제가 가능한 시대의 예술작품」은 1922년에 시작된 기술력에 대한 관심과 인간 감각의 역사성에 대한 관심의 뒤늦은 발현이다.[58]

1922년 초여름의 벤야민은 바이스바흐로부터 『새로운 천사』가 발행되리

---

57 저널 G의 팩시밀리 번역을 보려면, 그리고 G를 시대적 맥락에 위치짓는 논문들을 보려면, Mertins and Jennings, eds., *G: An Avant-Garde Journal of Art, Architecture, Design, and Film.*

58 이 모든 정황의 중심에 모호이-너지가 있었다고 봐야 할 것이다. 그와 벤야민의 우정이 기록된 자료는 드물지만, 「베를린 연대기」에 첨부된 벤야민의 인간관계 도표("가계도와 비슷하게 생긴" 도표)에서 한쪽 가지 끝에 모호이-너지가 있다는 것은 의미심장하다. 볼 곳은 SW, 2:614; GS, 6:804.

라는 소식이 오기를 학수고대하고 있었다. 6월 말에는 바이스바흐에게 편지를 보내 편집장 연봉 3200마르크를 정산함으로써 『새로운 천사』의 "생일을 정해줄 것"을 요청하기도 했다. 답장을 받지 못한 7월 21일에 하이델베르크로 갔던 데는 발행인과 직접 담판을 짓겠다는 생각도 있었다. 그로부터 몇 주 후에 베를린으로 돌아온 벤야민은 곧장 숄렘과 랑에게 편지를 보내 『새로운 천사』가 죽을 것이라는 소식을 전했다: "그의 숨이 끊어지고 있습니다." 바이스바흐가 모든 관련 작업을 "일시적으로" 중단하겠다고 답한 것은 이번에 하이델베르크에서 만났을 때도 마찬가지였지만, 저널이 결코 발행되지 않으리라는 것을 이번에는 벤야민 자신도 분명하게 느낄 수 있었다. 그렇지만 벤야민은 주어진 상황을 최대한 선용하고자 하면서, 숄렘에게 보낸 편지와 랑에게 보낸 편지 둘 다에서 이번 일로 자기에게 다시 "선택의 여지"가 생겼을 뿐 아니라 자기의 학문적 계획이 더욱 확실해졌다는 소식을 전하기도 했다(C, 200).

1922년 가을, 독일 경제는 급속도로 악화되었고, 벤야민은 (그리고 그의 친구들은) 점차 이 문제를 무시할 수 없는 상황에 맞닥뜨렸다. 에리히 구트킨트는 전국을 돌며 마가린을 파는 세일즈맨이 되었다. 벤야민은 생활비를 놓고 아버지와 또 한 번 힘겨운 협상에 돌입하면서 중고서적 시장에서 투기로 소득을 만들어내는 일에 박차를 가했다. (베를린 북쪽 외곽 등지에서 싼값에 사들인 책을 아직 부유함이 남아 있는 베를린 서쪽에서 비싸게 파는 일이었는데, 하이델베르크에서 35마르크에 산 책을 베를린에서 600마르크에 팔았다며 숄렘에게 전하기도 했다.) 그렇지만 10월에는 이미 부모와의 갈등이 인내의 한계를 넘은 상태였다: "부모가 인색함과 지배욕을 드러내는 탓에 그들에게 의지하는 이 생활은 나의 모든 작업력과 생명욕을 소모시키는 고역이 되어버렸습니다. 나는 무슨 일이 있어도 이 생활을 끝내야겠다고 생각하고 있습니다"(C, 201-202). 상황이 위험으로 치달으면서, 빈에 사는 도라의 아버지가 베를린까지 찾아와 중재에 나섰다. 벤야민의 아버지는 언쟁 중에 아들에게 은행에서 일하라고 했다. 처자식을 둔 서른한 살의 남자가 연로한 부모에게 경제적인 면을 거의 전적으로 의지하는 것을 곱게 보기는 어렵다 해도, 에밀 벤야민이 발터 벤야민에게 은행에 들어가라고 한 것을 보면 아버지가 아들을 너무나 모르고 있었음을 알 수 있다. 벤야민의 재능이 허비되었으리라는 문제도 있었겠지만 벤야민이라는 사람은 금융 기관처럼 규율이 엄격하고 업무가 고립된 세계에서 주어진 역할을 감당할 수 있는 부류가 아니었다. 한편 아들은 또 아들대로 협상 중에 부모의 재정이 "매우 양호한" 상태라고 발언함으로써 자기가 얼마나 사업적 감각이 뒤떨어지는지를 증명했다. 당시는 독일 경제가 1923년의 초인플레이션을 향해 질주하는 시기였다. 전쟁 직후 달러당 14마르크였던 환율은 점점 떨어져서 1921년 7월에는 달러당 77마르크였고, 1922년에 몇 차례 더 급락해서 1월에는 달러당 191마르크, 한여름에는 493마르크, 1923년 1월에는 1만7972마르크였다.[59] 좀더 구체적인 지표인 빵 값으로 계산하면, 1919년 12월에는 빵 한 덩이에 2.80마르크, 1922년 12월에는 163마르크, 1923년 8월에는 6만9000마르크, 초인플레이션이 한창이던 1923년 12월에는 3990억 마르크였다.

　벤야민이 협상에 완전히 비타협적으로 임한 것은 아니었다. 학계 진출이라는 야심을 포기해야 하는 일이 아니라면 일을 시작하겠다는 뜻을 밝히기도 했다. 도라의 부모는 이 젊은 부부의 중고서점 창업을 원조할 용의가 있었지만(얼마 전 에리히 구트킨트의 부모는 아들이 이 일을 하도록 자본금을 대주었다), 벤야민의 부모 입장에서는 서적상인 역시 제대로 된 진로가 아니었다. 11월, 월 8000마르크(1922년 환율로 약 1.25달러)라는 에밀 벤야민의 "마지막" 제안이 전혀 받아들여지지 않으면서 가족관계는 완전히 틀어졌다. 벤야

59　Craig, *Germany*, 450.

민의 상황은 이제 그야말로 절망적이었다. 그는 구체적인 취업 전망이 전혀 없는 무연고 지식인이었고, 경제는 혼돈의 낭떠러지에서 비틀거리고 있었다. 물론 벤야민에게는 일류 비평가로 유명해지겠다는 야심이 있었지만, 1922년 말의 그가 청년운동 시절 이후 8년 동안 내놓은 성과는 그리 길지 않은 글 세 편이 전부였고(그중 학위논문은 의무적 출판물이었다), 저널과 보들레르 번역을 비롯해 그가 당시 계획하던 작업들은 미래가 극히 불투명한 상태였다.

도라의 건강은 이런 힘든 상황으로 인해 크게 손상돼 있었다. 12월 말에 슈테판과 함께 델브뤼크슈트라세 저택을 나온 도라는 우선 부모가 사는 빈으로 갔고, 그 후에는 또다시 친척 아주머니가 운영하는 브라이텐슈타인 요양원을 찾아갔다. 한편 벤야민은 독일 서부 여행으로 정신없이 바쁜 12월을 보냈다. 하이델베르크에 가서 학계 진입 가능성을 최종 정찰했고, 괴팅겐에 가서는 프리츠의 동생 볼프 하인레의 집에 묵었으며, 브라운펠스로 가서는 플로렌스 크리스티안 랑의 집에 묵었다. 볼프와 랑을 찾아갔던 것은 분명 어떤 징후였다. 프리츠의 동생을 찾아갔던 일은 얼마 남지 않은 청년운동 시절과의 인간적 관계를 되찾아보겠다는 신호였다. (청년운동 시절의 동지 중에 1920년대 초까지 관계가 이어진 사람은 볼프 하인레, 에른스트 요엘, 알프레트 쿠렐라가 전부였다.) 그런데 하인레의 건강이 급격히 나빠지고 있었다. 벤야민은 하인레로부터 심한 불평의 말을 들어가면서 하인레의 의사와 상담을 하고 다보스에 있는 요양소를 알아보았다. 이후 몇 달간 하인레의 친구들로부터 치료비를 모금하기도 했다. 벤야민이 그 무렵 랑을 찾아갔다는 것도 하인레 방문에 못지않게 의미심장한 일이었다(당시 그가 랑을 가장 중요한 학문적 동반자로 여기고 있었다는 것은 그만큼 베를린에서 학문적 고립을 겪고 있었다는 의미 아닐까). 숄렘에 따르면, 랑은 "폭풍 같고 용암 같은 격정적인" 인물이었다. 벤야민과 랑이 주고받은 대화와 편지를 보면, 그 범위는 정치와 드라마와 문학비평과 종교 등 다방면에 자유롭게 걸쳐 있고, 논의의 깊이 역시 숄렘이나 테오도어 아도르노와 견줄 때 전혀 모자람이 없다. 숄렘이 최초로 지적했듯이, 1920년대 초의 벤야민은 "종교관과 형이상학관의 차이에도 불구하고 그 너머에 있는 정치라는 고차원의 영역에서 랑과 의기투합했다"(SF, 116).

벤야민이 1922년 말 다시 하이델베르크를 찾은 것은 이 대학에 둥지를 틀려는 마지막 시도였다기보다는 이 대학에 수년간 공을 들인 것이 수포로 돌아갔음을 확인하는 절차였다. 12월 초 하이델베르크에 도착한 벤야민은 거처를 세내고 하인레의 작품집에 서론으로 붙일 서정시에 관한 논문 작업을 이어나갔지만, 옆집에서 뛰어노는 아이들의 시끄러운 소음 탓에 이 작업조차 괴로울 뿐이었다. 일전에 「폭력 비판」을 《사회과학과 사회정책 아카이브》에 실리게 해주었던 경제학자 에밀 레더러와 신속히 연락을 재개했던 것은 그를 통해 야스퍼스와 연락할 수 있으리라는 기대 때문이었다. 하지만 레더러의 세미나에서 한 차례 발표할 기회가 주어졌을 뿐 더 이상의 초청은 없었다. 마리아네 베버의 자택에서 열리는 사회학 토론회에 다시 찾아갔을 때는 강연을 청탁받는데 적당한 글이 준비되어 있지 않은 난감한 입장에 처했다. 벤야민이 택한 "차선책"은 자기가 쓰고 있던 서정시에 대한 논문을 구두 발표하는 것이었다. 결과는 대실패였지만, 성공했더라도 달라지는 것은 없었을 것이다. 벤야민도 나중에 알게 되었듯 알프레트 베버에게는 이미 교수자격 심사 대상자—벤야민이 숄렘에게 보낸 편지에 따르면, "만하임이라는 이름"의 "유대인"—가 있었다. 일전에 벤야민이 블로흐의 소개로 만난 뒤 "기분 좋은 청년"이라고 했던 카를 만하임이었다. 사회학의 거장 만하임의 행보는 아직 시작되기 전이었다. (훗날 만하임은 1930년까지 하이델베르크에서 비전임 교수로 있다가 프랑크푸르트에서 자리를 얻었고, 1933년 이후로 영국에 망명해 런던정경대학에서 가르쳤다.) 벤야민이 예감했던 대로 하이델베르크는 이제 벤야민의 인생에서 완전히 종결된 한 장章이 되었다.

5장

학계의 유목민:
프랑크푸르트, 베를린,
이탈리아
1923~1926

1923년 초, 벤야민은 잠시 프랑크푸르트에 와 있었다. 프랑크푸르트 대학은 학계에서 진로를 찾는 그에게 남은 유일한 희망이었다. 1920년대 초만 해도 프랑크푸르트 대학은 신생이며 실험적인 대학이라는 평판을 누리고 있었다. 벤야민이 다녔던 대학은 대개 유서 깊은, 어쨌든 모두 역사가 있는 곳이었다. 하이델베르크, 프라이부르크, 뮌헨에 대학이 세워진 것은 각각 1386년, 1457년, 1472년이었다(그중 뮌헨 대학은 잉골슈타트라는 바이에른의 소도시에 세워진 대학을 바이에른 국왕이 1810년 뮌헨으로 옮긴 것이었다). 베를린에서 빌헬름 폰 훔볼트가 프리드리히 슐라이어마허의 이념을 토대로 대학을 세운 것도 일찍이 1810년의 일이었다. 반면 프랑크푸르트 대학이 세워진 것은 1914년이나 되어서였다. 다른 대학들은 연방 군주의 명에 따라 세워지고 나중에 국가를 통해서 재원을 마련했지만, 프랑크푸르트 대학은 개인들의 유증과 회사들의 기부로 운영되었다. 이처럼 재계와 학계가 뒤섞여 있다는 것이 독일의 다른 대학들에서는 전혀 찾아볼 수 없는 프랑크푸르트 대학만의 특징이었다. 1928년에 출간된 지크프리트 크라카워의 자전적 소설 『긴스터』에 따르면(크라카워는 프랑크푸르트 출신이었다), "프랑크푸르트는 깊은 강변 골짜기에 있는 대도시였다. 자신의 과거를 이용해 관광객을 유치하는 것은 다른 도시들과 마찬가지였다. 대관식, 국제회의, 전국 궁수 시합 등이 열리턴 성내는 일찍이 공원이 되었다. (…) 일부 기독교와 유대교 가문은 긴 족보를 만들 수 있었으며, 족보 없는 집안들도 파리, 런던, 뉴욕에 인맥이 있는 은행가 집안이 될 수 있었다. 문화 기관들과 주식중계소 사이에는 물리적 거리가 있을 뿐 실질적 거리는 없었다."[1] 전후의 경기침체로 인해 기부금이 대폭 감소된 이후로 프랑크푸르트 시와 헤센 주가 예산을 책임지면서, 1920년대의 프랑크푸르트 대학은 독일에서 가장 역동적, 혁신적이라는 평판을 얻고 있었다. 벤야민의 작업을 인정해줄 만한 학과들 내에는 그가 알고 지내는 학자가 전혀 없었지만, 다른 분야의 학자들 중에는 인맥이 있었다. 예컨대 1920년과 1921년에 총장으로 재직했던 아르투르 모리츠 쇤플리스는 벤야민의 종조부였다(1923년 초에는 퇴직한 수학 명예교수 신분이었지만, 여전히 학내 유력 인사였다). 그렇지만 프랑크푸르트 대학에서 벤야민을 위해 직접 힘을 써준 이는 의외로 사회학자이자 비전임 교수인 고트프리트 잘로몬-델라투르였다. 벤야민이 잘로몬을 알게 된 것은 에리히 구트킨트와 루치에 구트킨트를 통해서였던 것 같다(잘로몬의 스승이자 학위논문 지도교수는 게오르크 짐멜이었다). 이 정도 인맥이면 미학과를 노려볼 만하겠다는 것이 벤야민의 생각이었다. 하지만 미학과에서 교수자격을 청구한다는 계획 또한 오해와 혼란으로 가득했다. 일단, 잘로몬은 벤야민의 업적물 견본(「괴테의 친화력」과 「폭력 비판」)을 미학 교수 한스 코르넬리우스가 아닌 독일 문학사 교수 프란츠 슐츠(1877~1950)에게 전달했다. 사회학자였던 잘로몬과 슐츠 사이에는 개인적, 학문적으로 아무 인연이 없었다. 잘로몬은 그저 독일 문학사 교수가 벤야민의 업적물을 받을 적임자라고 본 것뿐이었다. 그 후로 몇 달간, 벤야민은 잘로몬의 첫 수고를 이어가기 위해 슐츠에게 계속 접근했고, 슐츠는 있는 힘을 다해 벤야민의 접근을 막았다.

---

1 Kracauer, *Ginster*, in *Werke*, 7:22.

벤야민이 저명한 종교철학자 프란츠 로젠츠바이크(1886~1929)를 찾아간 것도 프랑크푸르트에 잠시 가 있던 그때였다. 로젠츠바이크는 뛰어난 지식인들이 연사와 교사로 참여하는 유대교 기반의 성인 교육 기관으로 유명한 '자유 유대 학원'의 창립자이자 책임자였다. 벤야민이 찾아갔을 당시, 로젠츠바이크는 중증 마비 상태였다. (처음으로 근위축성 측삭경화증 증세를 보인 것은 그로부터 한 해 전인 1922년이고, 결국 이 병으로 세상을 떠난다.) 로젠츠바이크가 "부서지는 소리"를 내면 그의 아내가 그 소리를 번역해주었다. 두 사람의 주된 화제는 1921년에 출간된 로젠츠바이크의 걸작 『구원의 별』이었다. 벤야민이 이 책을 읽은 것은 「괴테의 친화력」을 쓰던 때였는데, 영향력 있는 아이디어를 수용할 때 종종 그랬듯이 그때도 모종의 양가감정에 빠졌다: "편견 없는 독자라면 이 책의 구조를 과대평가할 위험이 있다는 것을 알게 되었습니다. 아니면 나만 그런 걸까요?" "그 무렵 나는 『구원의 별』에 푹 빠져 있었습니다"(C, 194, 494). 벤야민과 로젠츠바이크가 존재론적 언어 이론에서 광범위한 유사성을 보여준다고는 해도, 벤야민에게 가장 깊은 흔적을 남긴 로젠츠바이크의 논의는 총체성을 자처하는 관념철학 전반에 대한 비판, 그중에서도 특히 헤겔에 대한 비판이었다. 로젠츠바이크가 볼 때, 가장 우선해야 하는 것은 유일신과 개별자 사이의 단독적 관계이지 어떤 더 큰 총체가 아닌데, 철학은 아직 이 점을 이해하지 못하고 있다: "철학이 관념론일 수밖에 없는 것은 철학이 단독자das Einzelne(곧 그 무엇das Etwas)를 추방하기 때문이다. 단독자와 총체das All를 가르는 모든 것을 부정하는 '관념론'은 철학이 집어드는 연장이다."[2] 벤야민은 이 논의에 공감했고, 아울러 로젠츠바이크 사유의 실존적 긴급성에도 공감했지만, 『구원의 별』에 대해서는 의구심이 없지 않았던 것 같다(거의 바그너적이라고 할 수 있는 광상적 논증, 그리

---

2 로젠츠바이크에 관해서 볼 곳은 SW, 2:573(「특권적 사유」[1932]); SW, 2:687(1931~1932년 시기 관련 메모).

고 전례典禮나 "혈연 공동체"에 대한 철학적 긍정 등을 이 책의 "위험"으로 본 것 같다). 그럼에도 벤야민은 (자기가 방문을 마치고 돌아갈 때쯤 로젠츠바이크가 아리송한 말로 숄렘의 반군국주의를 공격하기도 했지만) 숄렘에게 그리 부정적이지만은 않은 후기를 전했다: "그럼에도 불구하고 나는 로젠츠바이크를 다시 만날 수 있기를 바랍니다"(C, 205).

벤야민이 방문을 마치고 돌아가기 직전, 로젠츠바이크의 친구인 법제사 연구자 오이겐 로젠슈토크-휘시가 찾아왔다. 로젠츠바이크와 로젠슈토크-휘시를 같은 공간에서 만난다는 것은 개종의 문제를 떠올릴 수 있는 일이었으니, 벤야민에게는 다소 당황스러웠을 수 있다. 로젠츠바이크와 로젠슈토크-휘시가 제1차 세계대전 중 전장에서 유대교-기독교의 관점을 놓고 주고받은 일련의 편지는 이미 수많은 논의의 대상이 되고 있었다. 당시 로젠슈토크-휘시는 이미 기독교로 개종한 유대인이었고, 로젠츠바이크는 1913년 개종 직전까지 갔던 전력이 있었다(자신의 종교적 입장을 분명히 밝히고 정당화할 목적으로 유대교를 체계적으로 연구한 끝에 결국 개종을 그만두었다). 그렇지만 두 사람 다 계속 '파트모스 서클'—뷔르츠베르크에 있는 파트모스 출판사에서 책을 내는 일군의 저자들—에 관여했다. 이 서클에서 가장 저명한 인물 몇몇은 기독교로 개종한 유대인이었다(GB, 2:301n). 벤야민은 개종을 포함해 제도권 종교의 어떤 측면에도 공감하지 못했던 듯하다. 도라의 기억에 따르면, 벤야민은 카를 크라우스가 자기의 개종—1911년에 가톨릭으로 개종했다가 나중에 가톨릭을 버린 일—에 대해서 이야기한 글(실린 곳은 크라우스의 《햇불》 1922년 11월호)에 촌철살인의 논평을 가했다: "이에 대해 논평할 수 있으려면, 내가 크라우스가 되어보되, 그런 짓을 하지 않은 크라우스가 되어봐야 할 것이다"(GB, 2:302n).

벤야민은 전후 독일이 최악의 위기를 겪고 있는 베를린으로 돌아왔다. 프랑스군과 벨기에군은 독일의 배상금 체납을 구실로 계속 독일의 공업 중심지 루르에 주둔 중이었다. 이미 치명상을 입은 루르 지방의 경제 생산에 베를린에서 정부가 야기한 총파업이 합세하면서 심각한 경제 위기가 촉발되었다. 1920년대에 정치색이 가장 강한 벤야민의 발언 몇몇이 나온 것이 바로 이때였다. "경제적으로 처참한 상황"일 뿐만 아니라 "정신적으로도 처참한 전염병"(GB, 2:305)이었던 루르 사태 앞에서 벤야민은 랑을 모범으로 내세웠다. 당시 랑이 한 일은 독일 정부를 지지하는 글과 선전물을 집필, 청탁하는 것이었고, 당시 벤야민이 친구와 지인에게 권한 일은 공식 입장을 밝히고 지식인 조직을 꾸리는 것이었다. 벤야민은 의회민주주의를 불신하는 입장이었지만 그럼에도 독일에 필요한 것은 랑과 같은 사람들—벤야민이 랑에게 쓴 편지의 표현을 빌리면, "정치적인 것을 깊이 들여다보되 혼탁해지지 않는 사람들, 차분함을 유지하되 **현실정치가**로 전락하지 않는 사람들"—이라는 점을 잘 알고 있었다(GB, 2:305).

1923년 들어 몇 달 동안 벤야민은 심한 우울증에 시달렸다. 사회는 어지러웠고 자신의 미래는 불확실했다. 1월 첫째 주, 다시 가족이 있는 브라이텐슈타인의 요양소로 간 벤야민은 도라와 네 살 먹은 슈테판과 함께 여섯 주를 머물렀다. 그가 그 시간의 반 이상을 보낸 곳은 방 한 칸짜리 거처였다. 영원히 그치지 않을 것만 같은 눈 때문에 더 심해진 그의 절망감과 고립감은 이 시기의 편지들에서도 드러난다: "내가 전할 소식 가운데 좋은 것은 전혀 없습니다. (…) 다음에 할 일은 교수자격 청구논문을 쓰는 것입니다. 이런 헛된 일을 계속하다보면 출판계에도 학계에도 정나미가 떨어지겠지요"(C, 205-206). 설상가상으로 볼프 하인레의 병세가 급격히 악화되었다는 소식이 들려왔다. 벤야민은 상황이 "절망적"이라는 것을 알면서도 하인레의 스위스 요양소 입원비 모금을 계속했다(GB, 2:309). 볼프 하인레가 2월 1일 중증 결핵 합병증으로 세상을 떠나면서, 벤야민의 우울증은 더 심해졌다. 그때 벤야민이 느낀 절망감은 프리츠 하인레가 1914년에 자살했을 때와 비슷했다. 벤야민 자신의 표현을 빌리면, 하인레 형제는 "내가 알고 지낸 가장 아름다운 청년들"이었고, 이 형제를 잃은 일은 "나 자신의 삶을 가늠할 척도"의 상실이었으며, 이 형제의 삶은 "궤변이 아닌 사유, 남을 흉내 내지 않는 작품, 계산하지 않는 행동"의 모델이었다(C, 206-207). 숄렘이 팔레스타인으로 떠나리라는 것이 점점 더 확실해지면서, 벤야민의 우울증은 한층 악화되었다.

벤야민의 이후 인생에서 종종 나타나는 패턴대로, 최악의 우울증—"늑대들이 달려들듯 사방에서 닥쳐오는 재난들, 나로서는 막을 재간이 없는 재난들"—으로부터 최고작 하나가 나왔다. 벤야민이 랑에게 보낸 편지에 따르면, 당시 벤야민은 독일의 운명에 절망을 느끼고 있었다: "독일의 운명을 예고하는 징조들이 거세게, 광포하게 날뛰고 있습니다. 나는 이번 독일 여행으로 다시 한번 절망의 낭떠러지에 서서 나락을 내려다보게 되었습니다"(C, 206-207). 벤야민은 작금의 사회적, 정치적, 경제적 사안에 대해 논평하기로 마음먹었고(이러한 심경의 변화가 일어난 원인 중 하나는 1922년 말, 아니면 1923년에 지크프리트 크라카워를 만난 일이었다)[3], 그러면서 새로운 계열의 책, 특히 아포리즘 선집들을 읽기 시작했다. 니체의 아포리즘을 다시 읽기도 했고, 후고 폰 호프만슈탈의 『친구들의 책』(1922)을 처음 접하기도 했다. 여러 편지에서 시대적 위기에 대한 논의를 펼쳤던 벤야민은 그해 자기 논의를 토대로 일련의 짧은 산문—나중에 첫 몽타주 책 『일방통행로』로 묶일 글들—의 초안을 잡았다. 그중 첫 글은 경제적 위기가 인간에게 미치는 영향을 분석하는 단상 연작(가제는 「독일 인플레이션 유람」)이었다. 그해 말 숄렘이 팔레스타인으로 이민을 떠날 때 벤야민이 이 글을 두루마리로 만들어 이별의 선물로 준 것으로도 알 수 있듯, 이 짧은 산문 형식—훗날 벤야민이 슈테판 게오르게의 용어를 빌려 "사유이미지"라고 부르는 형식—의 첫 성과에 벤야

---

3 볼 곳은 GB, 2:386n.

민 자신은 매우 큰 의미를 부여했다.[4] 「독일 인플레이션 유람」이라는 짧지만 대단히 복잡한 글은 1928년 『일방통행로』에 실리면서 처음 발표되었고, 이때 「카이저 파노라마」라는 제목으로 바뀌었다. 정치에 미치는 영향을 분석하되 경제나 정치에 초점을 맞추는 것이 아니라 경제와 정치가 인간의 지각에 미치는 영향—"벌거벗은 가난"이 인간의 인식을 어떻게 차단하는가—에 초점을 맞춘다는 점에서 벤야민의 특징을 잘 보여주는 글이었다: "오늘날 대중의 본능은 그 어느 때보다 삶과 유리되어 잘못된 길로 가고 있다. (⋯) 이 사회가 이미 오래전 그 쓸모를 잃은 습관화된 삶을 고집하는 탓에, 일촉즉발의 위험 속에서도 예측력이라는 그야말로 인간적인 사고력이 전혀 발휘되지 못하는 지경까지 오게 되었다. (⋯) 이 나라의 울타리에 갇혀 있는 사람들은 인격의 크기를 알아보는 눈을 상실했다. 그들의 눈에는 모든 자유인이 괴짜로 보인다. (⋯) 모든 것이 본성을 잃으면서 (⋯) 하나의 실재가 있던 자리에 두 개의 의미가 들어선다"(SW, 1:451-454). 「카이저 파노라마」가 나온 것은 벤야민이 마르크스주의에 치열하게 관여하기 전이지만, 이후의 사유가 취하게 될 모종의 근본적인 입장—사회를 변혁하려면 먼저 현실 속의 조건들을 의식의 수위로 끌어올려야 한다는 확신 — 은 이 글에서도 충분히 감지된다. 벤야민에게 또 하나의 중요한 확신은 의식의 수위로 끌어올려져야 할 그 조건들이 지금 왜곡된 형태, 베일에 가려진 형태로만 존재한다는 것이었다.[5] 1921년의 단상 「종교로서의 자본주의」와 마찬가지로, 이 글에서도 인간의 감각 능력과 인식 능력의 저하는 자본의 권력이 유지되는 것을 가능하게 하는 주요 동력이다.

2월 중순, 벤야민은 혼자 브라이텐슈타인을 떠나 베를린으로 돌아왔다.

---

4 볼 곳은 Adorno, Notes to Literature, 2:322("Benjamin's Einbahnstraße" [1955]).
5 벤야민이 여기서 취하는 입장은 1915년 「대학생활」의 첫 문단에 개괄되어 있다(논의는 이 책 2장).

그 길에 하이델베르크에 들른 것은 리하르트 바이스바흐로부터 《새로운 천사》의 원고를 돌려받기 위해서였다. 이것으로 벤야민의 첫 번째 저널 창간 시도는 끝났다. 벤야민이 《새로운 천사》를 펴낼 만한 다른 발행인을 물색하지 않은 것은 1923년의 경제적 전망이 어두웠던 것과 무관하지 않았던 듯하다. 편집장 자리가 없어졌다는 것은 생계 가능성도 없어졌다는 뜻이었다. 구트킨트 부부가 서점 수입으로 근근이 살아갈 수 있다는 점을 부러워하면서 자기는 아직도 "뭍에 닿을 희망"이 없다고 말하기도 했다(GB, 2:320). 뭍에 닿을 수 없다는 것은 "가장 바라는 일", 곧 "부모 집에 얹혀사는 생활의 청산"으로 가는 길이 가로막혔다는 뜻이었다(C, 206). 1923년 초 벤야민이 생각할 수 있는 유일한 뭍은 대학이었다. 3월 초 벤야민은 다시 프랑크푸르트에 와 있었다. 교수자격 취득과정에서 빠뜨릴 수 없는 학내 정치에도 드물게 성실히 임했다. 사실 벤야민은 이미 「괴테의 친화력」을 끝내놓고 다음 작업을 위한 대규모 자료 조사 작업에 착수한 터였다. 연구 대상은 "비애극Trauerspiel"이라고 알려진 바로크 드라마였다. 비애극은 16세기에 등장해 17세기에 융성한 드라마로, 안드레아스 그리피우스와 다니엘 카스퍼 폰 로헨슈타인 등이 주요 작가였다. 형식은 대체로 고대 비극에서 유래했지만, 고대 비극에서 주인공의 파멸은 운명과의 투쟁 앞에서 고상한 파토스를 불러일으키는 데 비해, 비애극에서 주인공의 파멸은 슬픔의 스펙터클을 보여준다. 벤야민이 나중에 사용할 표현을 빌리면, 비애극은 "슬픔을 느끼는 사람들을 위한 드라마"다. 이 단계에서는 비애극 연구가 교수자격 청구논문이 될지, 아니면 독자적 저술이 될지 벤야민에게도 확실치 않았을 것이고, 어쨌든 그때까지도 벤야민은 슐츠가 「괴테의 친화력」을 교수자격 청구논문으로 받아들여주리라는 기대를 버리지 못했다. 하지만 어느 시점에서 슐츠가 벤야민에게 바로크 드라마 작업이라면 성과가 있으리라는 언질을 준 것 같다.[6] 1920년대 초 비애극에 대한 관심이 어느 정도 되살아나기는 했지만, 바로크 드라마, 특히 비애극은 여전히 하급 장르, 예술적 가치가 낮은 장르로 폄하되는 분위기였다. 벤야민이 앞서 몇 년 전 비애극에 대한 뼈 있는 성찰을 내놓았던 것을 굳이 언급하지 않더라도,[7] 주변적이고 하찮아 보이는 것을 선호하는 벤야민에게 비애극은 그야말로 덥석 물 수밖에 없는 미끼였다. 1923년 들어 몇 달 동안 벤야민이 읽은 많은 글을 보면, 비애극 연구와 관련되면서도 문학, 철학, 신학, 정치학이 뒤섞여 있다. 비애극 작품을 두루 읽는 한편, 신들의 명명에 대한 논의로 여러 분야에 영향을 미친 고전학자 헤르만 우제너의 논문, 레안더&카를폰 에스의 새로 나온 신약성서 번역, 보수파 정치이론가 카를 슈미트의 『정치신학』, 19세기 리얼리즘 작가 카를 페르디난트 마이어의 역사소설 『위르크 예나치』─16세기에 실존했던 동명의 목사이자 정치가를 모델로 삼은 작품─를 꼼꼼히 읽어나갔다. 벤야민이 비애극을 분석하는 데 필요한 핵심 개념들을 "확정"했다는 소식을 전할 수 있게 되는 것은 4월 중순이었다.

일주일간 프랑크푸르트에서 우군들, 예비 논문 지도교수들과 관계를 다진 뒤 랑의 초청으로 헤센 주 중부에 위치한 기센이라는 소도시로 간 벤야민은 3월 12일 '프랑크푸르트 서클Frankfurt Bund' 창립 회의에 참석했다. '프랑크푸르트 서클'은 랑과 마르틴 부버가 함께 끌어모은 초종교 단체로, 유대교도와 가톨릭교도, 그리고 퀘이커교도에서 루터교도까지 온갖 신교도가 뒤섞여 있었다. 창립 회의의 논제는 작금의 상황에서 종교 원칙을 바탕으로 정치적 회복을 꾀하는 일이 가능한가라는 것이었다.[8] 벤야민과 부버는 항상 서로를 미심쩍게 여기며 대놓고 서로를 의심할 때도 많았지만, 벤야민과 부버를 "진정한 유대성의 체현들"(숄렘이 기억하는 표현)이라고 생각했던 랑에게는 두 사람을 한 회의에 데려오는 것이 중요한 일이었던 것 같다(SF, 116). 벤야민은

---

6 특별히 볼 곳은 1923년 가을 슐츠에게 보낸 날짜 미상 편지의 초고. 이 편지에서 벤야민은 슐츠가 이 주제를 "구체적으로 제안"했다고 적고 있다(GB, 2:354).

7 벤야민이 「비애극과 비극」과 「비애극과 비극에서 언어의 중요성」을 쓴 것은 1916년이다.

8 '프랑크푸르트 서클'에 관해서 볼 곳은 Jäger, *Messianische Kritik*, 183.

이 회의에서 큰 감명을 받았다: "독일의 의외의 면을 보게 되었습니다"(GB, 2:322). 벤야민이 열렬한 반응을 드러낸 곳이 랑에게 보내는 편지였다는 것은 감안돼야겠지만, 그가 이 회의에 참석했다는 사실만큼은 진지하게 받아들여져야 한다. 일단 발터 벤야민은 신학적 정치학을 전개하는 논자로서 전후 독일을 휩쓴 종교 부흥의 흐름 속에서 중심인물이 되어 있었다. 점점 정치화돼가는 그의 1920년대 초 사유에 특유의 색깔을 입힌 것도 다양한 신앙이 관용적으로 공존할 수 있는 새로운 독일사회를 만들어나가고자 하는 랑, 부버, 로젠츠바이크의 노력에 대한 그의 강렬한 흥미였다. 물론 벤야민이 이런 유의 모임에서 언저리를 맴돈 것은 '프랑크푸르트 서클' 때가 처음은 아니다. 에리히 구트킨트를 통해 '포르테 서클'에 대해서도 잘 알고 있었고, 로젠슈토크-휘시에 대한 언급들을 보면 '파트모스 서클'에 정통했다는 것도 알 수 있다. 하지만 어쨌든 벤야민이 자신의 동의를 가장 강력하게 밝힌 글은 프랑스, 벨기에, 독일 간의 대화를 재개하자는 랑의 부름—『독일 석공 조합: 우리 독일인들이 벨기에와 프랑스에 맞서는 것이 정의일 가능성에 관한 제언, 그리고 정치철학을 위한 제언』이라는 제목의 팸플릿—에 응하는 「기고」였다. 이 팸플릿에 기고한 필자로는 벤야민과 부버 외에도, 침례교 진영의 저널리스트이자 소설가 겸 극작가 알폰스 파케(독일이 반전주의의 기치를 들고 동과 서의 중재자로 나서야 한다는 것이 그의 주장이었다), 가톨릭 진영의 종교철학자이자 심리치료사 에른스트 미헬도 있었다. 벤야민의 「기고」를 보면, 우선 서두에서 "기고"라는 형식에 대해 언급함으로써 정치 팸플릿이라는 장르 자체를 문제 틀로 삼은 후(『괴테의 친화력』의 서두를 생각나게 하는 대목이다), 랑의 팸플릿이 모종의 진리를 보여줄 수 있다고 주장한다: "이 팸플릿은 민족 간의 정신적 경계가 폐쇄적으로 되는 것을 비난하면서도, 그 경계 자체는 존중하고 있다. (…) 진리란 분명한 것이지만 단순한 것은 아니라는 사실, 그리고 그것은 정치 영역의 진리도 마찬가지임을 이 팸플릿은 말해준다." 진리가 정치에서 어떤 역할을 하는가를 성찰하는 다음 대목에서는 벤야민 자신이 오래전부터 전개해왔던 철학적 문학비평과 비교적 나중에 새로운 초점으로 떠오른 정치적 참여 사이의 연결 고리가 표면화된다. 이 대목에서는 특히 랑의 원칙들이 (아울러 벤야민 **자신의** 원칙들이) "관념들 간의 상호작용", 특히 "정의 관념, 법 관념, 정치 관념, 원한 관념, 거짓말 관념"의 상호작용으로부터 출현한다는 논의가 중요하다: "거짓말 중에서 가장 큰 것은 몰인정한 침묵이다"(GB, 2:374). 이 무렵 벤야민은 거짓에 대한 글을 준비하면서 일련의 메모를 작성하고 있었는데, 그 메모들에는 침묵이 거짓말이라는 생각이 좀더 개진되어 있다: "거짓은 본질적으로 말이다. 그러니 침묵함으로써 거짓말하는 것도 반인륜적이다"(GS, 6:64). 「괴테의 친화력」에서 오틸리에의 침묵이 진리의 유일한 거처인 언어 그 자체를 반인륜적으로 외면하는 짓으로 그려지듯이, 「기고」에서도 정치적 위기 앞에서의 침묵은 단순히 윤리적 차원의 과실을 넘어 말씀의 순수한 매개성과 매개력을 외면하는 짓으로 그려진다. 벤야민이 볼 때 종교 부흥의 드라마가 펼쳐지는 곳은 정치라는 넓은 무대가 아니라, 언어라는 좁은 듯하지만 실은 좁지 않은 무대다.

전후 위기에 대한 대응으로 새로운 형태의 결사들이 되살아나는 현상에 대해 1922년의 지크프리트 크라카워는 긍정적인 평가를 내렸다: "이 시대를 살아온 사람, 이 시대를 지켜봐온 사람은 독일정신에 심판의 시간이 왔음을 느낀다. 밤에 잠 못 들고 귀를 기울이는 사람은 독일정신의 뜨거운 호흡을 아주 가까이에서 느낄 수 있다. 권력의 거짓된 꿈들을 모두 꾸고 난 지금, 독일정신을 질식시킬 뻔한 딱딱한 껍데기가 빈곤과 고통을 통해 깨져나간 지금, 독일정신은 가공할 힘을 과시하면서 스스로를 실현하고자 고군분투한다. (…) 지금 독일 전역에서는 독일의 근간을 뒤흔드는 무수한 운동이 발흥하고 있다. 얼핏 보면 그 방향은 서로 모순되는 것 같지만, 사실 이런 운동들은 거의 모두 독일정신의 욕망과 본성을 증명하고 있다. 보편화된 인본적 이상이

나 독일적 형제애의 이념들을 추구하는 각종 청년 단체, 초기 기독교의 공산주의와 연결된 가치를 추구하는 코뮌주의자들, 뜻을 같이하는 사람들이 내부로부터의 혁신을 목표로 결성한 모임들, 초종교 단체들, 민주주의-반전주의 연맹들, 대중 교육 세력을 포함해서 이 모든 운동이 추구하는 것은 오직 하나, 자아에 정박된 추상적 사상으로부터 벗어나서 구체적인 공동체 형식에 도달하는 것이다."9 그로부터 10년 후인 1933년 벤야민은 「경험과 빈곤」에서 이 현상을 당연히 다른 시각으로 조망한다: "철도마차를 타고 학교에 다녔던 세대에게 변하지 않은 것은 하늘 위의 구름뿐이었다. 그 파괴적 폭발의 역장에서 변하지 않은 것은 작고 무기력한 인체뿐이었다. 기술력의 엄청난 향상이 사람들에게 가져다준 것은 새로운 종류의 빈곤이었다. 다양한 사상이 양산되었다는 것, 점성술과 요가 철학, 크리스천 사이언스와 수상술, 채식주의와 그노시스, 스콜라 철학과 강신술이 부활했다는 것은 그 빈곤의 뒷면이었다. 이러한 사상의 풍요는 강물처럼 사람들 사이에 흘러들어갔다기보다 늪처럼 사람들을 빨아들였다. 엄밀히 말하면, 부활Wiederbelebung이 아니라 감전 Galvanisierung이었다"(SW, 2:732). 크라카워는 한 나라의 전반적 정신에서 나온 사상들을 성찰함으로써 "구체적 공동체의 형식"에 도달할 수 있다는 이상주의에 매달린 데 비해, 벤야민은 이 "사상의 풍요"의 계속된 범람은 결국은 "늪"이 될 것이고, 이 시대에 대처하는 유일하게 적절한 방법은 새로운 양상의 건설적 탈각, 곧 경험의 빈곤일 것이라고 보았다.

4월 초, 벤야민은 당분간 프랑크푸르트에서 더 이상 할 일이 없겠다고 생각하면서 베를린으로 돌아왔다. 베를린에서는 보들레르 번역서의 교정쇄라는 뜻밖의 반가움이 그를 기다리고 있었다. 이 책의 출간을 좌우하는 것이 "모종의 초험적 시간표"일 것이란 우려를 완전히 털어버리진 못했지만, 그럼

---

9 Siegfried Kracauer, "Deutscher Geist und deutsche Wirklichkeit[독일 정신과 독일 현실]," in Kracauer, *Schriften*, 5:151; 처음 실린 곳은 《라인란트》 32, no. 1(1922).

에도 벤야민은 곧 홍보에 도움이 될 만한 문안을 작성했다: "이 「악의 꽃」 연작 번역서에는 독일어 초역 작품이 다수 포함되어 있습니다. 이 번역서가 입지를 확보할 수 있는 이유는, 한편으로는 정확성이라는 요건을 충족시켰고 (정확성에 대해서는 번역자 서문이 분명하게 설명하고 있습니다), 다른 한편으로는 작품의 포에지를 철저하게 파악했기 때문입니다. 또 하나의 이유는 원본을 번역과 나란히 실었다는 데 있습니다. 문헌학적으로 정확한 원본이 나온 것은 독일에서는 처음입니다. 이 위대한 서정시인의 팬들은 이 마지막 이유를 더욱 반기리라 생각합니다"(GB, 2:358). 하지만 「괴테의 친화력」에 감탄을 표했던 출판업자 파울 카시러가 결국 책을 내지 않기로 했다는 반갑지 않은 소식도 들려왔다. 벤야민은 곧바로 「괴테의 친화력」을 에리히 로타커와 파울 클루크호른이 편집하는 저명한 학술 저널 《계간 독일: 문학학과 이념사》로 보냈다. 하이델베르크에 있을 당시 로타커와 아는 사이였던 벤야민에게는 지면에 대한 기대뿐 아니라 로타커가 같은 프랑크푸르트 교수인 슐츠에게 좋은 말을 해주리라는 기대도 있었다. 그런데 로타커는 「괴테의 친화력」 중 첫 섹션을 축약한다면 기꺼이 게재하겠다는 뜻을 전해왔다. "강하고 의미 있는 인상"을 주는 글이지만 젊은 치기 탓에 과장된 부분이 많더라는 것이었다. 로타커의 이 답장은 「괴테의 친화력」의 근본적인 난해함과 "웃자란 성찰들"을 지적했다는 점에서 이 논문을 수용하는 대표적인 노선—이 논문을 처음 읽은 상당수 독자가 채택하게 되는 노선—의 선두 주자가 되었다(인용은 GB, 2:332n). 학계의 몰이해에 단련되어 있던 벤야민은 게재 불가 결정은 이해했겠지만, 자기 글이 훼손되는 것은 참을 수 없었다. 하지만 로타커는 벤야민의 뜻을 확인한 후에도 논문에서 손을 떼는 대신 벤야민이 부분 게재안을 받아들이도록 자기가 슐츠를 동원해 "압력"을 넣겠다는 등의 싱거운 소리로 은인 행세를 하려고 했다. 이 말에 마지막 인내심이 바닥난 듯 원고를 회수한 벤야민은 랑을 동원해서 오스트리아의 위대한 작가 후고 폰 호프만슈탈과의 접촉을 시도해보았다. 그런데 인간관계에서 복잡한 격식을 따지는 데 있어 벤야민을 능가하는 몇 안 되는 독일어권 지식인 중 한 명이 바로 호프만 슈탈이었다. 벤야민에게 나쁜 인상을 받은 것은 아니었음에도 호프만슈탈은 랑에게 계속 중간 연락책으로 있어달라고 부탁했다: "이런 접촉에서도 모든 제스처에 나름의 의미가 있는 것은 대면 접촉과 마찬가지입니다. '단순화'하는 일이나 '상규'를 따르는 일이 없도록 합시다"(호프만슈탈이 랑에게 보낸 편지, 인용은 GB, 2:341–342n).

5월 초, 프랑크푸르트로 되돌아온 벤야민은 장기 체류 태세, 대학에 자리 잡기 위한 최후의 결전에 임할 태세를 갖추고 있었다. 프랑크푸르트에 자리 잡는 일이 "완전히 절망적"이지는 않다고 판단하면서도, 이를 뒷받침할 구체적 근거가 전혀 없다는 사실 역시 인정해야 했다. 처음에는 삼촌 쇤플리스가 사는 그릴파르처슈트라세 59번지에 묵었지만, 곧 혼자 살 셋집을 구했다. 이미 경제적으로 쪼들리고 있던 벤야민에게 프랑크푸르트의 물가는 또 한 번 타격을 주었다: "요즘 프랑크푸르트처럼 비싼 도시에서는 학생으로 사는 게 쉽지 않습니다"(GB, 2:334). 그 몇 달간은 안락하지는 않지만 어쨌든 바쁘고 생산적이었다. 그곳 시립도서관의 풍부한 히브리어 자료를 이용하기 위해 프랑크푸르트에 와 있던 숄렘과 자주 만나기도 했다. 두 사람이 베를린에서 처음 만나 친구로 지내온 시간은 8년이었지만, 관계가 편했던 시기는 한 번도 없었다. 진정한 친밀감 속에서 강렬한 학문적 교류를 이어간 시기가 없지 않았지만, 한쪽이 상대방에게 모욕당했다고 느끼면서 연락을 끊거나 상대를 매도하는 시기도 있었다(둘 다 쉽게 발끈하는 성격이었다). 프랑크푸르트에서도 관계가 편치 않기는 마찬가지였다. 당시 두 사람의 관계를 더욱 어렵게 만들어놓은 것은 4월에 베를린에서 숄렘과 도라가 또 한 번 대판 싸운 일—벤야민과 숄렘과 도라라는 특이한 삼각관계의 마지막 사건 중 하나—이었다.[10] 이제 프랑크푸르트에서 다시 만난 두 사람은 한편으로는 상대방이 약속을 어기거나 미루는 문제로 입씨름을 벌이기도 하고, 팔레스타인 이주 문제로 심각한 언쟁을 벌이기도 했다. 다른 한편 둘은 프랑크푸르트에서 발견한 새로운 지성계를 함께 헤쳐나가기도 했다. 벤야민이 '자유 유대 학원'과 접촉을 재개한 것은 숄렘을 통해서였고, 프랑크푸르트에서 멀지 않은 바트홈부르크라는 타우누스 산맥 기슭의 작은 도시에 만들어진 아그논 중심의 유대인 작가, 지식인 부락을 자주 방문한 것도 숄렘과 함께였다.

그러나 프랑크푸르트에서 만난 가장 중요한 두 사람—지크프리트 크라카워와 테오도어 아도르노—은 벤야민이 혼자 만난 이들이었다. 그가 평생 가까운 학문적 파트너로 삼게 될 이 두 사람과 처음 만나 어울리기 시작한 것이 바로 그 여름이었다(크라카워는 그 몇 달 전부터 알았을 수도 있다). 크라카워(1889~1966)의 이력을 보면, 몇 년 동안 건축가로 일하다가 1921년 독일에서 가장 명망 있는 신문 중 하나였던 《프랑크푸르트 신문》에서 전시회, 학회, 견본시 등 지역 행사들을 보도하는 기자가 되었다. 벤야민과 크라카워가 (아마도 에른스트 블로흐를 통해) 처음 만났을 당시, 크라카워는 이미 문화적 위기의 시대에 독일 지식인의 역할을 논하는 이 신문의 중요한 필자로 자리 잡은 터였다. 크라카워가 1922~1923년에 발표한 글들이 주로 다룬 두 가지 사안 중 하나는 독일의 고전적 인본주의(칸트에서 헤겔까지의 독일 관념철학이 설파하는 독일적 "인본의 이상")가 현대화의 흐름에서 어떤 역할을 해야 하느냐였고, 또 하나는 전후의 초교파적 종교 부흥이었다. 「기다리는 사람들」, 「사상의 운반자로서의 집단」, 「학문의 위기」 등의 논문에서 크라카워는 문화적, 철학적 전통이 급격히 위기에 빠지고 있으며, 전통의 공유된 가치들이 도전받고 있다는 논의를 펼쳤다. 독일 지식인의 일반적 상황이 걸려 있

---

10 숄렘이 1923년 7월 9일 프랑크푸르트에서 약혼자 엘자 부르흐하르트에게 보낸 편지에는 도라와의 사건이 설명 없이 언급되어 있고, 벤야민과 전화로 크게 싸운 일도 언급되어 있다. 싸움의 이유는 숄렘이 자기 사촌 하인츠 플라움(훗날 예루살렘에서 낭만주의 교수가 되는 인물)을 데려가겠다고 하는 것을 벤야민이 거절해서였다(GB, 2:337-340n).

는 것 못지않게 인본주의적 전통의 가치를 고수하는 크라카워 자신의 입장
이 걸려 있는 논의였지만, 1923년의 크라카워는 위기를 해결할 그 어떤 가능
성도 그리지 못하고 있었다. 한편 1923년의 테오도어 비젠그룬트 아도르노
(1903~1969)는 프랑크푸르트 대학에서 철학과 사회학을 공부하는 학생이
었다. 크라카워와 아도르노가 서로 알게 된 것은 전쟁이 끝날 무렵이었다. 아
도르노는 아직 고등학생이었고 크라카워가 열네 살 연상이었지만, 둘은 정기
적으로 만나 칸트를 읽고 철학과 음악을 논하면서 강한 동성애가 깔린 깊은
우정을 키워나갔다. 이때 벤야민과 아도르노의 만남을 주선한 이는 크라카워
였던 듯한데, 아도르노가 벤야민을 더 잘 알게 된 것은 1923년 코르넬리우스
의 세미나 과목과 잘로몬-델라투르의 세미나 과목에서였다.

옛 친구와 재회하고 새 친구를 사귄 일이 학계에서 자리잡기 위한 점점 부
질없어지는 노력을 상쇄해줄 수는 없었다. 한스 코르넬리우스나 프란츠 슐츠
주위로 모여드는 학생들 사이에 끼기 위해 여러 세미나에 참석한 것도 그런
노력의 일환이었다. 철학 교수 코르넬리우스는 신칸트주의 철학 연구로 약간
의 명성―전국적이기보다는 지역적인―을 누리고 있었다. 나중에 코르넬리
우스 밑에서 학위논문을 쓰게 되는 아도르노에 따르면, 그림도 그리고 조각
도 하고 피아노도 치는 예술가이자 정통 신앙이 없는 것으로 유명한 사상가
였으니 그저 편협한 촌뜨기 교수는 아니었다.[11] 어쨌거나 코르넬리우스는 벤
야민의 교수자격 취득의 조력자가 되지 않겠다는 뜻을 분명히 밝혔다. 벤야
민이 코르넬리우스 다음으로 잠시 희망을 걸어본 사람은 18세기 독일 문학
연구자로 상당한 명성을 쌓기 시작하는 헤르만 아우구스트 코르프였다. 그가
교수자격을 취득한 곳이 마침 프랑크푸르트 대학이었고, 특별한 관심을 두
며 연구하는 작가도 괴테였다(그의 『괴테 시대의 정신』 제1권은 마침 1923년
에 나왔는데, 『괴테 시대의 정신』 전4권은 곧 그를 독일 고전주의 문학의 주
요 권위자로 만들어주었다). 벤야민은 괴테에게 자연스레 끌리는 코르프가

자기 논문 「괴테의 친화력」을 수정 요구 없이 교수자격 청구논문으로 받아줄지 모른다는 상상의 나래를 펴보기도 했다(프랑크푸르트 대학에서 코르프를 교수직 물망에 올렸을 때였다). 그렇지만 코르프가 여름 중에 기센 대학 교수가 되면서 벤야민에게 남은 유일한 희망은 슐츠뿐이었다(벤야민 자신도 그것을 잘 알고 있었다). 슐츠는 벤야민에게 교수자격을 취득하려면 새로운 논문을 써내는 수밖에 없음을 확실히 밝혔다. 새로운 논문을 요구받았다는 것 자체는 그리 나쁜 징조가 아니었다. 슐츠는 자기와 아무런 인연이 없었던 학생을 위해서 이례적 조치를 취한다는 인상을 주고 싶지 않을 뿐이라는 것이 슐츠의 요구에 대한 벤야민의 해석이었다. 벤야민이 8월에 학기를 끝내고 베를린으로 돌아온 시점에도 교수자격 취득의 전망은 이렇듯 1922년 말과 비교해서 나아진 게 거의 없었다. 학계로 통하는 문이 아주 조금 열리긴 했지만 안으로 비집고 들어가려면 획기적인 연구 업적이 필요할 거라고 벤야민은 생각했다.

1923년 여름에는 혼란에 빠진 독일 통화가 일상생활에 파국적 영향을 미쳤다. 벤야민은 8월 초 베를린에서 그 영향을 체감하고 있었다: "여기서는 모든 것이 비참한 인상을 줍니다. 식량 부족은 전쟁 때와 마찬가지입니다." 전차는 불규칙하게 운영됐고, 상점과 중소기업은 하룻밤 새 사라졌으며, 좌익과 우익의 갈등은 거리로 터져나오기 직전이었다. 도라가 허스트 계열 신문사의 독일 특파원이었던 카를 폰 비간트의 개인 비서로 고용된 일은 그나마 벤야민 가족에게 한 줄기 희망이었다(안정된 수입원일 뿐 아니라 1923년에도 인플레이션에 영향을 받지 않는 통화였던 달러로 지불되었다). 그런 힘든 시기였음에도 벤야민이 가족에게 신경 쓰지 않는 것은 매한가지였다. 6개월 만에 만난 다섯 살 난 아들에 대해 마치 타인처럼 평가를 내리기도 했다: "많

11 볼 곳은 Müller-Doohm, *Adorno*, 108.

이 변했지만 품행은 그런대로 괜찮습니다"(GB 2:346). 처자식과 함께 석 달 넘게 부모 집에 얹혀살던 벤야민은 결국 혼자 마이어오토슈트라세 6번지(베를린 시내의 부유층 지구, 쿠담 남쪽)에 위치한 작은 정원주택 방 한 칸으로 이사를 나갔다.

벤야민은 가을 내내 비애극 연구에 절박하게 매달렸다. 연구의 동력은 경제 위기에서 오는 압박, 그리고 프랑크푸르트의 문이 언제든 닫힐지 모른다는 위기감이었다: "내가 이 작업을 해낼 수 있을지 아직 모르겠습니다. 어쨌든 원고는 반드시 완성할 생각입니다. 포기하기보다 창피를 당하며 쫓겨나는 것이 낫다, 그런 뜻입니다." 벤야민에게도 어려운 작업이었다. 작품 자체는 물론이고 이를 해석하면서 만들어나가는 이론도 어려웠다. 벤야민 자신도 잘 알고 있었듯, 처치 곤란한 자료로 일관된 논의를 "강행"하는 일과 논의의 "섬세함"을 충분히 유지하는 것 사이에서 균형을 유지할 필요가 있었다(C, 209). 비애극이라는 난해한 형식을 연구하면서 맞닥뜨린 여러 문제 가운데 벤야민이 12월 9일 랑에게 보낸 편지에서 언급한 것은 예술작품의 역사성이었다:

예술작품이 역사적 삶을 살아가는가를 생각해보고 있습니다. 일단 예술에 역사가 없다는 것은 확실합니다. 예컨대 인간의 삶에서는 순차적 사건의 연쇄에 인과적 의의가 있을 뿐 아니라 생장, 성숙, 죽음 같은 범주로 이루어진 사건의 연쇄가 없고서는 삶 자체가 존재할 수 없을 테지만, 예술작품은 사정이 전혀 다릅니다. 예술작품은 본질적으로는 무역사적geschichtslos입니다. 작품을 역사적 삶 안에 위치짓는 것으로는 작품의 핵심을 꿰뚫는 시야를 열 수 없습니다. (…) 작품 간의 본질적 관계는 어디까지나 내포적intensiv 관계입니다. (…) 예술작품 특유의 역사성은 "예술사"에서는 펼쳐질 수 없는, 해석을 통해서 비로소 펼쳐지는 역사성입니다. 예술작품 간의 관계(무시간적zeitlos이되 모종의 역사

지크프리트 크라카워, 1928년경(독일 문학아카이브, 마르바흐)

적 의의가 없지 않은)는 해석을 통해서 비로소 밝혀질 수 있다는 뜻입니다. 같은 힘이라도, 개봉된 세계(역사의 세계)에서는 시간 속에 터져나와 펼쳐지는 반면, 밀봉된 세계(자연의 세계, 그리고 예술작품의 세계)에서는 내포적으로 뭉쳐져 있습니다. (…) 예술작품을 정의하자면, 굳이 날이 밝기를 기다리지 않는, 심판의 날이 밝는 것조차 기다리지 않는 자연, 그 자연 모델이라고, 역사의 무대도 사람이 거하는 집도 아닌 자연, 그 자연의 모델이라고 정의하겠습니다(C, 223-224).

이 대목은 『독일 비애극의 기원』의 기반이 될 방법론을 정의해보고자 하는 최초의 본격적 시도다. 이 방법론을 한마디로 정의하자면, "시간 속에 터져나와 펼쳐지는" 역사 속의 힘이 농후하게 응축되어 있는 듯한 예술작품의 "핵심"을 규명하는 비평, 그리고 이로써 예술작품이 특정한 역사적 순간에 뿌리 박고 있음을 밝히기보다는 예술작품을 알아볼 수 있는 "인식 가능성의 지금"이라는 온전한 현재를 만들어내고자 하는 비평이다.

다른 작업들과 관련해서 좋은 소식이 있었더라면 개인적 상황과 비애극 작업을 감당하기가 좀 수월해졌을지 모르지만, 그런 소식은 거의 없었다. 보들레르 번역서의 교정쇄가 앞에 있었지만, "수척해지는" 독일 출판계에서 가장 뒤로 미뤄지는 일이 단행본 출간임을 잘 알고 있었다. 여러 저널에 기고해놓은 논문들도 게재 가능성이 희박해져갔다. 우선 「괴테의 친화력」의 운명이 림보에 있는 동안 랑이 호프만슈탈을 상대로 일련의 섬세한 작전을 펼치고 있었다. 벤야민이 「괴테의 친화력」, 「폭력 비판」, 보들레르 번역 가운데 《아르고 원정대》에 실렸던 작품, 하인레 형제의 작품들을 포함한 두툼한 글 뭉치를 랑에게 건네준 것도 호프만슈탈에게 전달하도록 하기 위함이었다. 한편 부버가 기획한 앤솔러지에 실릴 예정이었던 「진정한 정치가」도 다시 표류 중이었다. 부버가 출판사를 구하는 데 실패하면서, 이 논문의 남은 가능성은 잘로몬의 퇴임 기념 논문집에 실리는 것 정도였다. 그런데 10월에 바이스바흐가 예상을 뒤엎고 마침내 벤야민의 보들레르 번역서(『악의 꽃』 중 「파리의 그림들」과 「번역가의 과제」)를 출간했다. 벤야민은 이 책이 자신을 독일 지성계의 주요 인물로 안착시켜주리라는 상상의 나래를 펴보기도 했다. 하지만 이 책은 거의 흔적 없이 사라졌고, 관련 서평 두 개 중 《프랑크푸르트 신문》에 실린 것은 매우 비판적이었다. 지크프리트 크라카워가 이 신문의 편집장이었던 까닭에, 비판적 서평은 그만큼 더 쓰라렸다. 이 책에 대한 당시의 평가—무반응과 가혹한 비판—는 정당한 것이었을까? 베르너 풀트의 설득력 있는 주장에 따르면, 벤야민의 보들레르 번역은 슈테판 게오르게 번역의 강력한 자장 안에 머물러 있다. 1915년에 벤야민이 숄렘 앞에서 자기가 번역한 보들레르의 시 네 편을 낭독했을 때, 숄렘은 이것이 게오르게의 번역이라고 생각하기도 했다.[12] 하지만 「번역가의 과제」가 무반응 속에서 사라진 것은 그렇게 손쉽게 설명되지는 않을 듯싶다. 「번역가의 과제」는 지금까지도 번역을 다룬 중요한 글로 꼽히고 있고, 벤야민 저술의 맥락에서는 1919년 학위논문과 함께 최초로 그 자신의 선구적인 비평 이론을 체계적으로 정리한 글—(잠재)독자층을 넓게 설정한 글—로 꼽힌다.

벤야민이 자기 글이 언젠가는 인정받으리라고 생각했을 수는 있겠지만, 처지가 나아지리라고는 생각지 않았다. 벤야민 자신도 분명하게 알고 있었듯이, 그의 학계 진출 시도가 좌절되는 것은 후원자를 찾지 못한 탓 못지않게 "쇠망의 증거"를 드러내는 전반적인 대학 제도 탓이었다. 프러시아 정부가 경제 위기 대처 방안으로 프랑크푸르트 대학과 마르바흐 대학을 포함한 대학 다섯 곳의 폐교안을 고려 중이라는 보도가 나오기도 했다. 폐교안 자체는 의회의 반발과 가두시위에 부딪혀 기각되었지만, 관련 보도를 접한 벤야

---

12 Fuld, *Walter Benjamin*, 129-130; SF, 14.

테오도어 W. 아도르노, 1924년(테오도어 W. 아도르노 아카이브, 프랑크푸르트암마인)

민은 이런 "망가진 생활 형식과 생계 형편" 속에서 지식인의 길을 가는 것이 무슨 수로 가능할지 자문하지 않을 수 없었다(C, 212). 1923년 마지막 몇 달간, 바이마르공화국 전체가 일촉즉발의 상황이었다. 인플레이션은 수습 불가능한 상태로 악화되었고, 식량 가격은 상상을 뛰어넘었으며, 불안한 민심은 부엌에서 거리로 쏟아져 나왔다. 11월 5일 베를린에서는 반유대주의 폭력 조직들이 유대인 주민을 구타하며 유대인 가정과 업체를 약탈하는 사건이 있었고, 사흘 뒤인 11월 8일 저녁 뮌헨에서는 아돌프 히틀러가 뷔르거브로이켈러 맥주홀에서 나치 돌격대 600명을 이끌고 오데온스플라츠로 행진한 이른바 "맥주홀 폭동"이 일어났다. 바이에른 주 정부를 전복시키고 베를린까지 행진한다는 히틀러의 계획이 실패로 돌아가고 히틀러가 투옥되었다는 것은 보수적인 바이에른까지 포함하는 독일 전역에서 공화국에 대한 지지가 높아진다는 증거였지만, 다른 한편으로는 신생국 독일의 여전한 허약함과 독일 유대인들의 취약함을 보여주는 증거이기도 했다.

벤야민의 친한 친구들 중에도 더 이상 희망이 없어 보이는 독일을 떠난 사람이 이미 여럿이었고, 9월 중순에는 숄렘마저 팔레스타인 이민 계획을 실행에 옮겼다. 벤야민과 그의 친구들에게는 이민이 또 한 번 고려 대상으로 떠올랐다: "부질없고 쓸데없고 흉포한 것들과 소통해야 하는 이곳의 해로운 관계를 버리고 도주함으로써 내 존재 중 남에게 넘겨줄 수 없는 사적인 영역을 구출해야 하리라는 것이 이제 당연하게만 여겨집니다"(C, 212). 도라는 미국행을 고려 중이었고, 구트킨트 부부는 또 한 번 팔레스타인으로 가자고 졸랐다. 벤야민은 마음을 다잡고 이민 가능성과 대면했다. 학계 진출의 마지막 시도가 실패한다면 떠나겠다는 결심이었다: "헤엄쳐나가는 방법, 다시 말해 외국에서 활로를 찾는 방법밖에 없을 것입니다. 살아갈 기력과 생존의 자산이 이렇게 서서히 고갈되는 것을 도라도 나도 그냥 지켜볼 수만은 없으니까 말입니다"(C, 209). 외국에서 사는 것 자체는 벤야민에게 전혀 문제 될 것이 없었지만, 유럽 지식인 커뮤니티로부터 고립되리라는 것은 매우 우려스러운 전망이었다. 물론 독일 유대인에게 지성계에서 공인으로 살아간다는 것이 어떤 위험을 초래할지는 벤야민도 잘 알고 있었다: "한 나라에 최악의 순간이 닥쳤을 때, 발언권을 가진 사람은 오직 그 나라의 구성원뿐입니다. (…) 유대인에게는 발언권이 없습니다"(C, 215). 그렇다면 벤야민은 왜 떠나지 않았을까? 지성계에서 독일 유대인의 입지가 점점 더 불안정해질 것을 분명하게 예측했던 그는 왜 팔레스타인행의 "현실적 가능성과 이론적 필연성을 모두" 부정할 수밖에 없었을까? 1923년 랑에게 보낸 편지에서(그리고 그 뒤로 10년 동안 숄렘에게 보낸 편지에서), 벤야민은 자기가 본질적으로 동일시하는 대상이 독일 국민이나 민족이 아니라 독일 문화임을 분명히 밝혔다. 특히 랑에게 보낸 편지에서 그는 구트킨트와 자기가 어떻게 다른지를 털어놓았다. 구트킨트가 이민을 주저하지 않는 것은 그가 "독일적 현상의 긍정적인 면"을 경험해보지 못해서라는 이야기였다: "반면 내 경우는 민족성의 규정—독일적, 프랑스적 속성—이 항상 중요한 의미를 지닙니다. 나와 독일적 속성이 연결되어 있다는 것, 그것도 근본적으로 연결되어 있다는 것을 나는 한순간도 잊은 적이 없습니다"(C, 214). 독일을 떠나고, 독일 문화와 유대를 끊는다는 것은 당분간 상상할 수 없는 일이라는 뜻이었다. 하지만 그러면서도 한시적 도피를 원했던 벤야민은 구트킨트와 랑과 함께 남유럽 여행을 계획했다. 독일을 아예 떠날 생각은 없지만, 그해의 경제적, 정치적, 직업적 역경들로부터 잠시 벗어나고 싶은 마음은 간절했던 것 같다.

그해 가을, 벤야민은 프로이센 국립도서관에서 일하는 동갑내기 청년 에리히 아우어바흐를 알게 되었다. 벤야민과 함께 20세기의 가장 유력한 문학연구가 중 한 명이 될 인물이었다. 아우어바흐의 이력을 보면, 역시 베를린 유대인 가정에서 태어났고, 법학으로 박사학위를 취득한 뒤 문학 연구를 시작해 1921년에 프랑스와 이탈리아 초기 르네상스 노벨라에 대한 논문으로 두 번째 박사학위를 취득했다. 그리고 이 학위논문을 기초로 1942년에서 1945년 사이에 이스탄불에서 자신의 가장 유명한 저서 『미메시스』를 쓰게 된다. 벤야민과 아우어바흐가 가까운 친구가 된 적은 없지만, 확실한 학문적 유대로 연결돼 있었던 두 사람은 1930년대의 가장 어둡던 시기에도 편지 왕래를 이어나갔다.

벤야민의 전망이 겨우 나아질 조짐을 보인 것은 그해 말 호프만슈탈의 지지를 얻으면서였다. 호프만슈탈이 랑에게 보낸 편지의 한 대목에는 벤야민의 작업에 대한 매우 고무적인 반응이 포함돼 있었다(벤야민이 그 대목을 읽고 사본을 만들어둔 것은 11월 하순이었다):

> 보내주신 벤야민의 독보적인 글에 대해 자세한 의견을 말씀드리지는 못하겠습니다. 제가 말씀드릴 수 있는 것은, 이 글이 나의 내적 삶에 큰 획을 그었고, 나의 모든 관심을 내 자신의 작업에 쏟아야 할 때를 제외하면 이 논문이 뇌리를 떠나지 않는다는 것입니다. 바깥으로 드러나는 것에 대해 이야기하자면, 흔치 않은 방식으로 비밀 속을 파고들어 아름답기 그지없게 설명하는 것이 감탄스럽습니다. 안에 대해 이야기하자면, 그 아름다움의 근원에는 내가 거의 처음 접하는 더없이 당당하고 순수한 사유가 있습니다. 이분의 나이가 나보다 훨씬 적다고 한다면, 이 글의 성숙함이 놀라울 따름입니다(호프만슈탈이 랑에게 보낸 1923년 11월 20일 편지, 인용된 곳은 GB, 2:379-380n).

호프만슈탈의 저널 《신독일 논집》에 안착한 「괴테의 친화력」은 1924년 4월호와 1925년 1월호에 나뉘어 실렸다. 호프만슈탈로부터 재능을 인정받았다는 사실이 벤야민에게는 이후 몇 년간 심리적으로나 물질적으로 매우 큰 의미가 된다(출판계나 언론계 인맥을 만들어야 할 때, 또는 동료 작가들에게 자기를 소개할 때 이를 종종 이용하기도 했다). 호프만슈탈이 벤야민의 글에서 특별히 인정한 지점은 벤야민이 작가 호프만슈탈의 특징이라고 본 지점—특히 언어의 은밀한 생명을 알아차리는 의식—과 정확하게 일치했다. 앞에서 보았듯, 벤야민이 1924년 1월에 쓴 중요한 편지의 수신자는 그의 "새 후원자" 호프만슈탈이었다: "모든 진리는 언어를 자기 집, 곧 오래전에 자기에게 주어진 궁전으로 삼고 그곳에 거한다는 것, 그런 집은 최초의 말씀들logoi로 지어졌다는 것, 그것은 내 작업을 인도하는 확신입니다. 당신이 내 작업에서 바로 그 확신을 짚어냈다는 것, 그리고 내 생각이 틀리지 않는다면 당신도 그 확신을 간직하고 있다는 것, 그것은 내게 커다란 의미가 있습니다"(C, 228).

호프만슈탈이라는 유력한 인물의 지지를 얻은 벤야민은 교수자격 청구논문에 대한 희망을 되찾는 등 넓은 전선에서 자신감을 회복했다. 부모에게 호프만슈탈의 편지 사본을 보내 소액의 연간 연구비를 받아내는 데도 성공했다. 스위스 출판사 창고에 화재가 발생해 자신의 학위논문이 거의 불타버렸다는 소식을 듣고도 그리 낙심하지 않았던 듯하다(숄렘에게 남은 37부를 구입해서 신흥 시장을 장악하라는 농담을 건네기도 했다). 1924년 첫 몇 달은 비애극 연구에 전념한 시간이었다. 비애극 연구의 기반은 (랑에게 털어놓았듯이) "이상하리만치 (섬뜩하리만치) 빈약"했지만, 벤야민은 얼마 되지 않는 텍스트 자료를 "괴벽스러울 만큼 철저하게" 연구했다(일차 자료에서 선별, 정리한 인용문만 600개가 넘었다). 17세기 텍스트만 읽은 것도 아니다. 랑에게 아테네 비극 이론에 대한 자문을 구했고, 니체의 『비극의 탄생』을 재독했으며, 초기 낭만주의 자연과학자이자 철학자 요한 빌헬름 리터의 「청년 물리학자가 남긴 단상들」을 파고들었고(이 글을 통해 말씀Wort이 계시적인 것은 물론이고 글자Schriftzeichen 자체가 계시적이라는 자신의 확신을 굳힐 수 있었다), 프로테스탄트 신학과 정치 이론에 대한 연구도 이어나갔다. 프로테스탄트 신학 쪽으로는 아돌프 폰 하르나크의 『교리사』 전3권이 비애극의 지침이 되었다. 다만, 비애극 연구에서 종교개혁이 표류하는 "실존"과 연결되는 것을 보면, 칼 바르트의 『로마서 강해』가 비애극 연구의 상호 텍스트로 작용했을 가능성도 있다(『로마서 강해』의 급진 개정판이 나온 1922년이었다).[13] 한편 정치 이론 쪽으로는 카를 슈미트의 『정치신학』 재독이 무정부주의와 유대교-기독교 정치신학 지식을 보충해주었다. 비애극 연구의 전체적인 개요가 작성된 것은 2월이고(안타깝게도 소실되었다), 목차가 나오기 시작한 것은 3월이었다. 모종의 이론을 전개할 야심찬 서론과 세 장의 본론—「비애극이라는 거울에 비친 역사」, 「16세기와 17세기의 오컬트적 우울 개념」, 「알레고리의 본성과 예술 형식」—을 구상해보는 단계였다(C, 238).

봄이 되면서 작업 속도는 더뎌졌고, 남국 여행에 대한 기대가 하루하루를 물들여갔다. "이곳의 오염된 공기"에서 비롯되는 "압박"으로부터 벗어나겠다는 것이 벤야민의 결심이었는데(C, 236), 이 결심이 얼마나 강했는지를 가장 확실하게 보여주는 증거는 여행 경비를 마련하기 위해 서재 일부를 기꺼이 희생했다는 사실이다. 이렇듯 여행을 준비하고 여행이 가져올 내적, 외적 변화들을 준비하는 과정에는 일종의 "흥분"이 있었다. 도라의 도움을 받은 단식과 운동도 여행 준비의 일환이었다(C, 257). 벤야민과 에리히 구트킨트가 카프리 여행을 계획한 것은 1923년 늦가을부터이고, 1924년 초에는 이미 벤야민, 에마 랑과 플로렌스 크리스티안 랑, 루치에 구트킨트와 에리히 구트킨트, 도프 플라타우(구트킨트 부부의 히브리어 선생)를 포함한 여행단이 꾸려져 있었다. 여행 계획이 구체화되면서, 벤야민의 편지들은 "남국" 담론으로 굴절되기 시작했다. 적어도 18세기부터 독일 문화유산의 핵심 요소로 들어와 있던 남유럽 담론에서 이탈리아는 독일에 결핍된 것들을 상징하는 나라였다. 독일이 우중충하고 비가 많이 오는 억눌린 나라였다면, 이탈리아는 화창

---

13 벤야민은 바르트의 획기적인 『로마서 강해』를 읽은 적이 없다고 했지만(C, 606), 1920년대에는 바르트의 사고방식이 사회 전반에 퍼져 있었다. 벤야민과 바르트의 사고방식 간의 유사성도 지적되어왔다. 특별히 볼 곳은 Taubes, *The Political Theology of Paul*, 75–76, 130. 벤야민이 종교 전쟁 시대의 신학적 상황을 이해하게 된 것은 상당 부분 랑과의 토론을 통해서였다.

하고 향락적인 자유로운 나라였다. 18세기에 많은 중상층 독일인이 교양여행Bildungsreise 중에 지참했던 이탈리아 핸드북에서도 이탈리아 찬가를 읽을 수 있다: "이탈리아에서는 자연의 아름다움이 예술의 아름다움을 한참 능가한다. 이 풍요로운 아름다움에 감동할 수 있을 만큼 감수성이 풍부한 여행자라면 더없이 다양한 장면과 마주칠 것이다."[14] 자유로운 자연미와 새로운 인간 내면이 조응하는 게 가능하리라는 생각인데, 괴테는 이 시를 비롯한 수많은 글에서 그 생각의 본질을 포착해냈다:

> 레몬나무에 꽃이 만발하고,
> 진초록 나뭇잎에서 금빛 오렌지가 반짝이는 그곳,
> 파란 하늘에 가벼운 바람이 불고,
> 도금양이 고요하고 월계수가 우뚝 솟은 그곳을 그대는 아나요?
> 그대가 그곳을 알까요?
> 그곳! 그곳으로
> 사랑하는 그대여, 나 그대와 함께 가고 싶어요.

물론 독일의 상상력 속에서 이탈리아는 이런 식의 자연 찬가로는 온전히 가늠될 수 없는 복잡한 개념이었다. 예를 들어 1764년에 요한 요아힘 빙켈만의 『고대 예술사』가 출간된 후, 고대 그리스 로마의 문화유적과 르네상스 예술을 직접 경험하는 일은 교양 있는 중상층의 의무가 되다시피 했다. 자연의 이상화와 최고급 예술의 재발견의 결합이 바로 이탈리아의 경험을 기록한 가장 유명한 글인 괴테의 『이탈리아 기행』에서 그 배경이 된다. 여행 후 30년 만인 1816~1817년에 출간된 『이탈리아 기행』은 편지와 일기를 바탕으로 이탈

---

14 Volkmann, *Historisch-Kritische Nachrichten aus Italien*.

리아 경험을 모종의 재탄생—괴테가 난생처음으로 자신의 가장 깊은 내면과 화해하게 되는 모종의 전환점—으로 구성한 책이다. 1786년 11월 1일 로마에서 괴테는 이렇게 쓰고 있다: "자, 드디어 세계의 수도에 도착했다! (…) 도착하고 나니 평화롭고, 앞으로 한평생 평화롭게 지낼 수 있을 것만 같다. 이제부터 새 삶이 시작된다고 해도 과언이 아니다. 지금까지 책으로만, 단편적으로만 알던 것을 눈으로, 전체로 본 것이다."[15] 벤야민은 출발하기 전에 이미 카프리 여행의 의의—"좀더 넓고 자유로운 환경"을 찾아야 한다는 "절실한" 과제의 수행(C, 236)—를 머릿속에 정리해놓고 있었다. 그러니 벤야민이 카프리가 자신을 완전히 바꾸어놓았다고 생각한 것도 무리는 아니었다. 카프리 여행에서 되돌아오는 1924년 12월까지도 그 생각은 바뀌지 않았다: "베를린에서 사람들은 내가 눈에 띄게 변했다는 데 의견을 같이합니다"(C, 257).

벤야민은 카프리로 오는 길에 제노바, 피사, 나폴리에도 들렀지만, 일행 중 카프리에 제일 먼저 도착한 사람 역시 벤야민이었다. 그가 독일에서 일찍 출발한 이유는 자칫하면 그곳을 떠나지 못할 수도 있겠다는 공포감 때문이었다는 것이 벤야민의 말이다. 수년 후에 쓰게 되는 「1931년 5-6월 일기」에 밝혀진 내용이다. 그가 "해외여행 봉쇄"라는 석간신문의 헤드라인을 보게 된 것은 1924년 4월 운터 덴 린덴을 지나갈 때였다. 정부가 좀처럼 끝나지 않는 외환 위기에 대처하기 위한 조치—해외여행을 하는 독일인에게 거액의 예치금을 의무화하고 예치금은 귀국 시 반환한다는—를 발표했다는 기사의 헤드라인이었다. 조치의 효력이 발생하는 것은 사흘 뒤부터였고, 예치금을 마련할 수 없었던 벤야민은 당장 짐을 싸서 떠나는 수밖에 없었다. 일행보다 먼저 출발해야 했고 수중의 경비도 애초에 마련하려 했던 액수에 한참 못 미쳤지

---

15 Goethe, *Italian Journey*, 128-129.

만 어쩔 수 없었다.[16] 4월 9일 아니면 10일에 카프리에 도착한 벤야민은 가우데아무스 여관에 여장을 풀었다. 나중에 도착한 일행은 일단 벤야민이 자리잡은 여관에 있다가 곧 벤야민과 함께 비아 소프라몬테 18번지 개인 주택 위층으로 거처를 옮겼다. 피아체타―카프리 시내의 사교 중심지인 작은 광장―에서 그리 멀리 않은 곳이었다: "좋은 점이 많은 집입니다. 그중 하나는 바다가 내려다보이는 근사한 남향의 발코니입니다. 그렇지만 가장 좋은 점은 옥상의 넓은 산책로입니다. 대도시에 살던 유대인에게는 귀족의 영지처럼 보이는 곳입니다"(GB, 2:456).

벤야민을 가장 먼저 놀라게 한 것은 섬의 "엄청난 아름다움"과 섬에 서식하는 식물들의 "처음 보는 화려함", 그리고 놀랍도록 새파란 바다를 배경으로 서 있는 이 섬의 집들의 하얀 벽이었다. 자연 앞에서 경악을 느끼던 그가 "시골의 치유력"을 거듭 언급한 것은 이 때문이었다(GB, 2:446, 449, 462). 카프리는 로마 시대부터 인기 있는 휴양지였지만, 유럽 지식인들의 피난처라는 지위를 얻는 것은 1826년 카프리에서 푸른 동굴을 재발견한 독일의 화가이자 작가 아우구스트 코피슈가 『카프리 섬 푸른 동굴의 발견』을 출간한 후였다. 카프리에 집을 보유하고 있던 20세기 명사로는 그레이엄 그린, 막심 고리키, 노먼 더글러스 등이 있다. 그렇지만 1924년에 카프리로 몰려온 사람들은 주로 독일 지식인―벤야민의 표현을 빌리면 "식자층 유랑프롤레타리아"―이었다(GS, 3:133). 벤야민이 카프리에 있는 동안 다녀간 사람만 해도 베르트 브레히트와 마리아네 브레히트, 무대 디자이너 카스파르 네어와 연출가 베른하르트 라이히(브레히트의 친구들), 멜히오어 레히터(슈테판 게오르게의 북디자이너이자 삽화가)가 있었고, 멀찌감치에는 벤야민의 천적 프리드리히 군돌프도 있었다.

---

16 Benjamin, 「1931년 5-6월 일기」, GS, 6:424.

여행지에서도 바뀌지 않는 것들은 있었다. 우선 생활비를 크게 낮췄음에도 불구하고 초반에 여비가 바닥나기 시작했다. 벤야민이 자기 책을 내기로 한 발행인 바이스바흐에게 편지로 도움을 청한 것은 4월 말이었고, 바이스바흐의 답장은 이번만큼은 신속하고 긍정적이었다. 또한 그 먼 이탈리아에서도 학계에 몸담는다는 것에 대한 우려를 가중시키는 경험이 있었다. 나폴리 대학 개교 500주년 기념 국제철학학회에 참석한 것도 그중 하나였다. 벤야민이 숄렘에게 보낸 편지에 따르면, 거리는 파티를 즐기는 학생들로 시끄러운 반면, 학회장은 외롭고 휑한 느낌이었다: "철학자란 국제 부르주아 계급의 하인 중에서 가장 가난한 하인이라는 것, 가장 쓸모없는 하인이니 가장 가난할 수밖에 없다는 것은 이 행사를 보기 전에도 익히 알고 있었습니다. 하지만 철학자들이 가난한 하인의 처지에 딱 어울리는 그 남루함을 구경거리로 만들고 다닌다는 것은 이번에 보고 처음 알았습니다." 당시 나폴리 대학 교수였던 이탈리아의 주요 철학자 베네데토 크로체는 학회와 "노골적인 거리감"을 유지하고 있었다(C, 240). 벤야민이 하루 만에 학회를 박차고 나와서 제일 먼저 찾아간 곳은 베수비오 산과 폼페이였고, 다음으로 찾아간 곳은 고대 유물로 최고의 컬렉션을 자랑하는 나폴리 국립박물관이었다(그 뒤로도 여러 번 더 찾아간다). 수 세대에 걸쳐 나폴리를 방문하는 관광객들과 마찬가지로, 벤야민도 나폴리의 거리와 동네("나폴리의 생활 리듬")에 거듭 압도되었다.

벤야민이 비애극 논문의 본격적인 집필을 시작할 수 있을 만큼 생활의 안정을 느낀 것은 5월 초였다. 인용문들이 일목요연하게 정리돼 있으니 집필이 수월하리라는 것이 애초의 생각이었지만, 실제로 시작된 집필은 매우 느리게, 때론 고통스럽도록 느리게 진행되었다. 일단, 교수자격 청구논문을 쓰는 것 외에도 할 일이 있었다. 어떻게든 밥벌이를 해야 했고, 베를린에서 프란츠 헤셀(1880~1941)이라는 새로 사귄 지인으로부터 받기 시작한 일거리도 있었다(두 사람을 이어준 것은 쌍방의 친구 샤를로테 볼프였다). 헤셀은 벤야민보다 열두 살 많았지만 환경이 매우 비슷했고, 1920년대 초에 부유한 문인생활에 종지부를 찍게 된 과정도 비슷했다. 경제난에 집안의 재산이 크게 축나면서 밥벌이를 해야 하는 상황에 내몰린 헤셀은 여러 독일 신문 문예란에 문화평론을 쓰기 시작했다. 그가 로볼트 출판사에서 시독자始讀子로 일한 것은 1919년부터이고, 거기서 편집장이 된 것은 1923년 이전이었다. 1924년 8월에 벤야민의 보들레르 번역 네 편을 로볼트 출판사가 발행하는 《운문과 산문》에 실은 것은 이 저널의 편집장이기도 한 헤셀의 결정이었다.[17] 헤셀이 로볼트에서 추진한 첫 번째 대형 기획 중 하나는 오노레 드 발자크 전작 번역(전44권)이었다. 그는 그중 한 권(『위르쉴 미루에』)을 벤야민에게 맡겼고, 벤야민은 카프리에서의 적잖은 시간을 이 일에 쏟아부었다.

작업 압박에도 불구하고, 벤야민에게 카프리 섬은 호사와 태평과 쾌락luxe, calme, et volupté의 낙원이었다. 그토록 평온한 시간은 참으로 오랜만이었고(그때까지 그런대로 평온한 시간을 보낸 것은 스위스 생활 초기 정도였다), 한없는 여행벽이 채워진 것은 몇 년 만에 처음이었다. 벤야민은 카프리 생활을 즐기는 틈틈이 본토의 나폴리 근교를 차근차근 여행했다. 여행지는 폼페이, 살레르노, 라벨로, 포추올리, 그리고 아말피 해안 전역이었다. 원래의 일행과 함께한 여행도 있고, 중간에 다녀간 친구들과 함께한 여행도 있었다. 알프레티 존-레텔이 다녀갔고, 잘로몬-델라투르와 그의 아내, 여름에는 블로흐 부부도 다녀갔다. 벤야민이 그 몇 달간 가본 고대 그리스 로마 유적 중 "단연 최고"는 파에스툼의 신전 터였다: "관광객이 없는 8월의 말라리아 철이었고, 나 혼자였습니다. 그때 내가 받았던 인상은 그 전까지 '그리스의 신전'이라는 표현에서 연상했던 그림엽서의 클리셰와는 전혀 다른 것이었습니다. (…) 사원에서 멀지 않은 곳에 가느다란 끈이 파랗게 불타는 듯한 바다가

---

17 헤셀은 벤야민이 번역한 보들레르의 『악의 꽃』 중에서 서시인 「독자에게」와 「우울과 이상」 섹션의 시 세 편(「즐거운 죽음」, 「시계」, 「어느 마돈나에게」)을 실었다.

있습니다. (…) 세 신전은 오늘날까지도 저마다 자신만의 특징을 큰 소리로 외치고 있습니다"(C, 249-250). 카프리에 있을 때는 춤 카터 하이디가이기라는 동네 술집에서 몇 시간씩 책을 읽고 글을 쓰며 대화를 나눌 수 있었다. 수고양이라는 이름의 이 술집에서 벤야민이 유쾌하지 않게 느낀 것은 "술집 이름을 빼면" 하나도 없었다(C, 242). 독일 지식인 커뮤니티의 규모 덕에 대화 상대는 항상 있었다. 벤야민의 대화 상대는 좌파 라이히로부터 보수파 레히터까지 다양했다.

6월 중순 벤야민은 자기 인생을 바꾸어놓게 될 아샤 라치스(1891~1979)라는 라트비아인을 만났다. 라치스의 이력을 보면, 모스크바와 상트페테르부르크에서 학업을 마친 뒤 러시아 중부 오룔에서 프롤레타리아 아동극단을 세웠고, 그 뒤 리가에서 노동자 극단의 연출가로 활동했다. 베를린에서 브레히트 서클과 접촉하면서 연출가 겸 연극비평가 베른하르트 라이히와 관계를 맺은 것은 1922년이고, 라이히와 함께 브레히트를 따라 뮌헨으로 가서 『영국 왕 에드워드 2세의 생애』—브레히트가 캄머슈필레에서 무대에 올린 자작극—의 조연출을 맡은 것은 그 후였다.[18] 1924년 부활절에 라치스는 어린 딸 다가의 폐병 요양차 라이히와 함께 카프리를 찾았다. 라이히는 벤야민이 카프리에 도착하고 얼마 지나지 않아 업무차 파리로 떠났다. 그로부터 수년 뒤에 나온 라치스의 회고록에는 벤야민과의 첫 만남이 기록되어 있다.

나는 다가를 데리고 자주 피아차 근처로 쇼핑을 나갔다. 하루는 아몬드를 사러 한 가게에 들어갔다. 나는 아몬드가 이탈리아어로 뭔지 몰랐고, 점원은 내가 뭘 사려고 하는지 알아듣지 못했다. 옆에 한 신사가 서 있다가 "부인, 제가 도와드려도 되겠습니까?"라고 했다. 나는 "그럼 부탁드립니다"라고 했다. 나

---

18 Tiedemann, Gödde, and Lönitz, "Walter Benjamin," 161.

는 아몬드를 받아들고 다시 피아차로 향했다. 그 신사가 나를 따라 나오면서 "제가 댁까지 짐을 들어드려도 되겠습니까?"라고 했다. 내가 쳐다보자 그 신사는 "제 소개를 하도록 허락해주시기 바랍니다. 저는 발터 벤야민 박사입니다"라고 했다. (…) 내가 받은 첫인상을 떠올리자면, 두 안경알은 작은 탐조등처럼 빛났고, 머리칼은 검은색에 숱이 많았으며, 코는 길고 가늘었고, 손동작은 어색했다. 짐을 떨어뜨리기도 했다. 전체적으로, 견실한 유산 계급 지식인이었다. 그 신사는 나를 집 앞까지 바래다주면서 방문을 허락해달라고 청했다.[19]

바로 다음 날 라치스 모녀를 방문한 벤야민은 자기가 지난 두 주 동안 두 사람을 지켜보았다고 고백했다. 벤야민에게 라치스는 곧 매혹 그 이상의 존재가 되었다. 벤야민은 라치스를 첫눈에 막무가내로 사랑했고, 1920년대 내내 라치스의 사랑을 원했다. 벤야민이 숄렘에게 조심스레나마 이 연애관계에 대해 운을 띄울 수 있었던 것은 7월 초다: "이곳에서 생긴 많은 일을 당신에게 전하려면 직접 만나는 수밖에 없습니다. (…) 작업에 도움이 되는 일도 아니고(작업은 이래도 되나 싶을 정도로 중단된 상태입니다), 작업의 토대인 부르주아적 생활 리듬에 도움이 되는 일도 아닌 듯합니다. (…) 리가에서 온 러시아 혁명가를 사귀게 되었습니다. 내가 알고 지낸 여자 중 가장 뛰어난 축에 속합니다"(C, 245). 라치스에 따르면, 벤야민은 어린 딸 다가와도 금방 친구가 되었다. (훗날 벤야민은 브레히트의 두 아이와도 금세 친구가 된다.) 『일방통행로』의 「중국풍 소품들」에서는 다가에 대한 매우 간접적인 기억 한 조각을 발견할 수 있다: "손님이 왔으니 인사를 하라고 해도, 잠옷을 입은 아이는 말을 듣지 않는다. 좀더 차원 높은 윤리적 입장을 취하는 사람들이 아이에

---

19 Lacis, *Revolutionär im Beruf*, 45-46.

게 그런 겉치레를 극복해보자고 설득해도 아이는 요지부동이다. 그런데 몇 분 뒤 발가벗은 채로 인사하러 온다. 씻으러 갔다 온 것이다"(SW, 1:447).

벤야민에게 카프리에서의 몇 달은 정치적 지향을 포함한 전반적 관점을 근본에서부터 뒤흔들어놓은 시기였다. 새로운 연애가 베를린에서 갈망했던 생명력의 해방을 가져다준 것은 비교적 자명하지만, 아샤 라치스의 영향들 중에는 그리 자명하지 않은 것도 있었다. 벤야민에게 라치스는 무엇보다 소비에트 문화—한때 G그룹, 특히 리시츠키, 모호이-너지 등과 어울리면서 잠시 주목했던 영역—로 들어가는 입구가 되어주었다. 그에게 라치스와의 토론은 현대 소비에트 예술계에 대한 정보를 길어올리는 두레박이었다. 토론의 화제는 연극과 문단, 특히 리베딘스키, 바벨, 레오노프, 카타예프, 세라피모비치, 마야콥스키, 가스테프, 키릴로프, 게라시모프, 콜론타이, 라리사 라이스너의 작업이었다. 벤야민이 프랑스 문단에서 새로 발견한 작가들—일단 지드, 프루스트, 더 꼽자면 빌드라크, 뒤아멜, 라디게, 지로두—에 대한 열정을 키워나가면서 작업의 초점을 프랑스 쪽으로 옮길 것을 고려한 것은 라치스를 만나기 전부터이니, 라치스는 모스크바 인맥을 통해 프랑스를 보완할 또 하나의 초점을 마련해준 셈이었다. 그때부터 벤야민의 편지에는 모스크바에서 글을 발표하겠다는 계획들—예컨대 "독일에서 새로 부상하는 극단적 부르주아 이데올로기"를 다루는 긴 신문 기사를 쓴다거나, 「독일 몰락의 서술과 분석」—1928년 『일방통행로』에 실릴 「카이저 파노라마」 중 10섹션 전체와 11섹션 일부를 포함하는 글—을 러시아어로 번역한다는 계획—이 자주 등장했다. 그중 실제로 달성된 것은 없지만, 그 계획들은 이후 벤야민이 소비에트 문화 쪽에 여러 방식으로 관여하는 중요한 계기가 되었다. 아울러 그 계획들은 벤야민이 자칭 "독일 문학 수련기"—17, 18세기 및 19세기 초를 모태로 하는 독일 문학을 다룬 시기—를 뒤로하고 당대 문화와 정면으로 대결하리라는 신호탄이었다.

벤야민이 1924년 이전에 당대 문학을 다룬 글은 1917~1919년에 나온 파울 셰어바르트에 관한 미발표 논문과 1913년 《시작》에 실린 게르하르트 하웁트만에 관한 글, 두 편이 전부였다. 그러다가 1924년을 기점으로 급격히 새로운 방향을 찾은 벤야민은 당대 문화(특히 대중 장르들, 그리고 당대 문화에서 이제 일상 모더니티라고 불리게 된 측면)를 연구 대상으로 삼기 시작했고, 교수자격 취득에 끝내 실패한 뒤로는 저널리스트이자 전방위 문화비평가로서의 이력을 쌓는 데 더욱 매진했다. 발터 벤야민이 당대 유럽(모더니즘과 아방가르드가 문화로 자리잡는 프랑스와 소비에트연방), 그중에서도 특히 대중문화와 매체(어떤 의미에서 벤야민과 크라카워가 처음으로 진지한 연구의 장으로 격상시킨 영역)에 본격적으로 달려든 것은 1926년부터다. 연구 영역도 놀라울 정도로 다양해졌다. 1924년에서 1931년까지 벤야민은 교육 모델로서의 아동문학과 아동극에서부터 도박과 포르노까지 온갖 것에 대한 글을 내놓거나, 영화, 라디오, 사진을 포함한 다양한 매체에 관한 글을 내놓기도 했다. 1920년대 후반은 독일에서 가장 유명한 몇몇 주간지와 월간지에 글을 실으면서 존재감 있고 영향력 있는 문화비평가로 자리잡는 시기였다.

그렇지만 벤야민과 아샤 라치스가 가장 열렬하게 토론한 주제는 문화가 아닌 정치였다. 벤야민은 라치스를 알게 되고 얼마 뒤 숄렘에게 "생명력의 해방"과 "급진 공산주의의 현재성에 대한 강도 높은 통찰"이 연결되었다는 소식을 전했고, 숄렘은 이를 "경보신호"로 받아들였다(GB, 2:473, 481). 라치스는 비애극 연구에 계급의 권익 문제를 집어넣으라고 말하기도 했다.[20] 얼마 후 벤야민은 라치스 덕분에 자신의 시각에 변화가 생겼다는 소식을 전할 수 있었다: "공산주의의 정치적 실천(이론적 문제로서가 아니라 일차적으로 책임이 따르는 자세로서)을 예전과는 다른 시각으로 바라보게 되었습니다"

---

20 Ibid., 48.

아샤 라치스(테오도어 W. 아도르노 아카이브, 프랑크푸르트암마인)

(C, 248).

성애와 정치의 융합이 벤야민의 자칭 좌경화에 대한 충분한 설명이 될 수 있느냐 하면 그렇지는 않다. 두 번째 사건이 있었다. 라치스를 처음 만난 것과 1923년에 출간된 헝가리 정치철학자 죄르지 루카치의 『역사와 계급의식』을 처음 접한 것은 뜻밖에도 거의 같은 시기였다. 루카치의 이력을 보면, 부다페스트의 부유한 유대인 가정에서 태어났고, 부다페스트와 베를린에서 대학을 다녔으며, 베를린에 와 있던 1909~1910년에는 게오르크 짐멜 서클에서 활동하면서 에른스트 블로흐와 친구가 되었고, 1913년에는 블로흐와 함께 하이델베르크의 막스 베버 서클에서 활동했다. 루카치의 초기작 『영혼과 형식』(1910), 『소설의 이론』(1916)은 둘 다 미학적 관심과 철학적 관심에서 나온 작업이었는데, 위에서 보았듯, 훗날 루카치가 "낭만주의적 반자본주의"라는 표현을 만들어낸 것은 바로 이런 작업을 가리키고자 함이었다. 부다페스트로 돌아가 사회주의 서클이나 무정부주의-조합주의 서클을 느슨하게 지지하던 루카치는 1918년 정치적 입장을 급선회해 신생 헝가리 공산당에 가입했고, 그 이듬해에는 단명한 헝가리 사회주의 공화국에서 당 관료(교육문화 인민위원)가 되었다. 헝가리 적군赤軍이 체코군과 루마니아군에 패한 뒤 빈으로 도피한 루카치는 레닌주의에 철학적 기초를 놓겠다는 생각으로 일련의 논문을 쓰기 시작했고, 1923년에 『역사와 계급의식』으로 묶여 나온 이 논문들이 통칭 서구 마르크스주의의 토대가 되었다. 벤야민은 그 전부터 블로흐를 통해 루카치라는 사람에 대해 많은 것을 알고 있었지만, 그의 작업을 처음 접한 것은 6월 카프리에서 《신메르쿠리우스》에 실린 블로흐의 『역사와 계급의식』 서평을 통해서였다. 9월에 벤야민이 『역사와 계급의식』을 일독한 후 내놓은 감상은 자세히 인용할 만하다.

정치적인 고찰에서 출발하는 루카치가 놀랍게도 내 논의를 증명하는 인식론적 고찰들과 비슷해집니다. 적어도 부분적으로는, 그리고 내가 처음 생각했던 것보다는 비슷하다고 할 수 있겠습니다. (…) 가능한 한 빨리 이 책을 읽어볼 생각입니다. 내가 잘못 생각하는 것이 아니라면, 이 책이 공산주의에 대한 반론으로 동원되는 헤겔 변증법의 일부 개념과 대결할 때 내 니힐리즘의 근간이 밝혀질 것 같습니다(C, 248).

벤야민이 이 책에 열광한 이유는 (대놓고 말하지는 않지만) 『역사와 계급의식』(특히 「사물화와 프롤레타리아 의식」)의 핵심 개념들과 자기가 비애극 연구서를 집필하면서 얻은 착상들이 크게 공명함을 깨달았기 때문인 듯하다.

벤야민이 갑자기 정치에 관심을 갖게 된 세 번째 요인이 있다면 그것은 바로 환경이었다. 카프리는 어떻게 보면 외딴섬 같지만, "바깥세계"의 소문이 많이 들려오는 곳이었다. 카프리는 원래 좌익의 기운이 감도는 섬이었다. 벤야민도 알고 있었듯이, 막심 고리키는 이 섬에서 "혁명 아카데미"를 창립했고 레닌도 한때 이 섬을 거처로 삼았다. 그렇지만 소비에트 명사들에 대한 사라지지 않는 기억들도 1920년대 초 이탈리아를 휩쓴 파시즘의 광풍으로부터 이 섬을 지켜주지는 못했다. 벤야민의 9월 16일자 편지를 보자:

오늘 낮에 무솔리니가 이 섬에 상륙했습니다. 온갖 축제 장식이 펄럭거렸지만 주민들의 싸늘함을 감출 수는 없었습니다. 이 남자가 시칠리아까지 오다니 이상한 일입니다. 뭔가 큰 이유가 있을 듯합니다. 나폴리에서는 스파이 6000명을 경호원으로 두고 있다고 합니다. 그림엽서 사진에는 매력남으로 찍혀 있지만, 실물은 전혀 다릅니다. 불한당 같고, 굼떠 보이고, 기름 부음 받은 왕인 양 우쭐대는 꼴을 보면 썩은 기름을 뒤집어쓴 것 같습니다. 몸집은 살찐 장사꾼의 주먹처럼 퉁퉁하고 두루뭉술합니다(C, 246).

파시즘이 유럽의 중심국 가운데 하나인 이탈리아까지 장악한 시대에 모종의 정치적 입장을 갖는 것은 불가피한 일이라는 게 벤야민에게는 자명한 사실이었던 듯하다. 예컨대 「카이저 파노라마」의 한 대목에서 벤야민은 정치적 입장의 부재가 무엇을 의미하는지 암시하고 있다: "파멸의 느낌을 피하지 못하는 사람은 일단은 자기가 왜 박차고 떠나지 못하는지, 자기가 왜 이 엉망진창과의 공모관계를 끊지 못하는지를 정당화해줄 각별한 이유를 필요로 한다. (…) 일신의 무능함과 공모관계를 비판하는 절대 평가를 통해 총체적 맹목화라는 배후관계에서 벗어나야 한다는 의지 대신 일신의 위엄을 지켜야 한다는 맹목적 의지가 거의 모든 사안에서 관철되고 있다. (…) 이런 모든 망조에도 불구하고 어느 날 갑자기 고상한 미래가 피어나리라는 망상과 착각이 대기 중에 만연하다. 모두가 각자 고립된 자리에서 만들어지는 착시 효과를 부여잡고 있기 때문이다"(SW, 1:453).

카프리에서의 일정이 원래 계획보다 훨씬 길어진 것, 함께 온 일행이 모두 돌아간 뒤에도 혼자 카프리에 남은 것은 이처럼 벤야민의 관점이 바뀌기도 했지만, 카프리의 생동하는 분위기 때문이기도 했다. 랑 부부는 겨우 4주 만에 돌아갔고, 구트킨트 부부도 7주를 채우지 못했다. 그런데도 벤야민은 떠나지 않았다. 그 자신도 놀랄 일이었다: "지금은 아침입니다. 나는 흐린 하늘을 지고 바닷바람을 맞는 내 방 발코니에 앉아 있습니다. 카프리 섬 전체에서 가장 높은 축에 속하는 이 발코니에서는 멀리 마을 너머 바다까지 내다보입니다. 아주 짧은 일정으로 카프리에 왔던 사람이 차마 떠날 결심을 못 하게 되는 일이 놀라울 정도로 자주 있습니다. 티베리우스가 세 번에 걸쳐 로마를 향해 출발했다가 카프리로 되돌아왔던 것은 그중 가장 오래된 예이자 세상에 가장 큰 영향을 미친 예입니다"(C, 243). 벤야민은 몇 달 동안 친구들에게 카프리의 마법적 매력에 대한 마리 퀴리의 설명을 거듭 들려주면서 즐거워하기도 했고(사람들이 카프리를 떠나지 못하는 이유는 공기 중에 대단히 특별한

방사능이 존재하기 때문이라는 것이 퀴리의 설명이었다!), 수년 뒤인 1931년
에는 카프리에서의 몇 달간을 되돌아보면서 특별한 감회에 젖기도 했다: "그
곳에서 계속 지낼 수 있다면 무슨 일이라도 하겠다는 각오였다. 그곳의 큼직
한 동굴 한 곳을 거처로 삼는 안을 정말 진지하게 고려하면서 동굴생활의 이
모저모를 떠올려보던 때였다. 그저 망상 속에 떠올린 장면이었는지 아니면
그곳에 차고 넘치던 어느 모험 이야기의 한 장면이었는지 지금까지 알쏭달쏭
할 정도로 생생한 장면이었다"(SW, 2:471).

　카프리에서의 다섯 달 반이 계속 좋기만 한 것은 아니었다. 글이 써지는
속도가 괴로우리만큼 느려진 탓에 집필 압박이 심해지면서 익숙한 증상이 하
나둘 나타나기 시작했다. 창밖으로 들려오는 활기찬 마을의 소음 탓에 작업
을 밤으로 미뤄보기도 했지만, 밤이라고 해서 소음이 없진 않았다. 사실 벤
야민은 동네 가축들이 밤에 뒤척이는 소리까지 소음으로 느꼈다. 7월 초에는
위장에 탈이 나고 같은 달 말에 시작된 패혈증이 여름 내내 계속되는 등 체
류 후반에는 병도 끊이지 않았다. 플라타우의 친구 에바 겔블룸이 도착하면
서 비아 소프라몬테 일행 사이에 처음으로 불화가 생기기도 했다. 벤야민은
이를 안전거리에서 지켜볼 수 있었지만 구트킨트 부부는 적잖은 타격을 받
았다. 구트킨트 부부가 급히 떠난 것은 이 젊은 여성을 둘러싼 동요 탓이었
을 수도 있다. 벤야민은 보들레르 번역서를 낸 후 오랫동안 누군가가 서평을
써주기를 기다렸지만, 《프랑크푸르트 신문》에 실린 오스트리아 작가 슈테판
츠바이크의 서평은 큰 충격이었다. 크라카워가 츠바이크에게 서평이 청탁되
는 사태를 막지 못한 것은 《프랑크푸르트 신문》의 정책 탓이었던 듯하다. 츠
바이크는 지금 주로 전기작가로 알려져 있지만, 1924년에는 시, 픽션, 논문
에서 성공적인 경력을 쌓은 모범적인 상층 부르주아 작가였다. 세기 초에 얇
은 보들레르 번역서(벤야민의 한 장난스러운 편지에 따르면, "이제 내 서재
의 유해 도서 칸"에서나 볼 수 있는 책)를 출간했던 그는 신규 경쟁자를 처부

수려고 혈안이 되어 있었다. 벤야민은 《프랑크푸르트 신문》 같은 저명한 매체의 서평이 어떤 결과를 초래할지 잘 알았고("이보다 더 못 쓴 글은 나올 수 있겠지만, 더 못되게 쓴 글은 나올 수 없을 것 같습니다"), 서평자가 경쟁자이자 "궁지에 몰린 보들레르 번역자"라는 것을 알아챌 독자가 거의 없으리라는 점도 잘 알고 있었다. 반격할 방법이 없었던 벤야민은 친구라 여겼던 "힘자랑하는 편집장" 크라카워에게 화풀이하는 것이 고작이었다: "신이여 나를 친구로부터 보호하소서. 적은 내가 처리하겠나이다"(GB, 2:459, 461).

7월 초, 벤야민은 다나 여관의 방 한 칸짜리 숙소로 거처를 옮겼다. 돈을 절약하기 위해서였던 듯하다: "이런 방에서 작업해본 적은 없는 것 같습니다. 방 한 칸에 수도생활의 운치가 모두 갖추어져 있고, 창밖으로는 카프리에서 가장 아름다운 정원이 펼쳐져 있습니다. 정원으로 걸어 나갈 수도 있습니다. 눕는 것이 부자연스럽게 느껴진다고나 할까, 밤에 작업하는 것이 당연하게 느껴지는 방입니다. 게다가, 내가 이 방의 첫 입주자입니다. 오랫동안 사람이 산 적이 없는 것만은 분명합니다. 광 아니면 화장실로 쓰던 방입니다. 하얗게 칠해진 벽에는 그림 한 장 없고, 앞으로도 없을 듯합니다"(C, 246). 아샤 라치스는 벤야민이 새 거처를 유난히 마음에 들어했던 것과 자기가 그의 새 거처에 처음 가서 "포도송이와 야생장미가 우거진 숲속의 동굴 같은" 분위기에 놀랐던 것을 기억하고 있다.[21]

벤야민의 나폴리권 여행에 가장 자주 동행한 이들은 라치스와 다가였다. 벤야민이 라치스에게 나폴리라는 살아 움직이는 도시에 대해 글을 써보자고 권한 것도 함께 이곳에 다녀오고 나서였다. 자기가 그동안 여러 차례 나폴리 여행을 통해 수집한 "다량의 자료, 기이하면서 의미심장한 관찰 기록"을 이제 이용할 때가 되었다는 것이었다(GB, 2:486). 벤야민의 인상적인 "도시

21　Ibid., 47.

의 초상" 중 첫 작품인 「나폴리」는 나폴리가 오랫동안 짊어져왔던 신화와 미화의 층들을 가차 없이 벗겨내면서도 나폴리의 생생한 초상을 그리는 데 성공한 글이다. 벤야민이 나중에 쓰는 동시대 나폴리 연구서에 대한 서평에서도 그런 가차 없는 태도는 변함없이 나타난다: "도착한 첫날의 경험이 알려주듯, 이곳 삶의 포장되지 않은 모습—고요함도 그림자도 없는 삶—에 직면할 수 있는 사람은 별로 없다. 이 도시에 발을 디뎠으면서도 안락을 누려야 한다는 생각을 완전히 떨쳐내지 못한 사람을 기다리고 있을 것은 가망 없는 투쟁뿐이다. 반면 이 도시에서 가장 추악하면서도 가장 정열 넘치고 호방한 표정, 가난이 자유를 향해서 미소짓는 듯한 그런 표정을 본 적이 있는 사람들은 훗날 이 도시에 대한 기억을 카모라 부류와 연결짓게 된다."[22] 「나폴리」는 나폴리라는 도시의 비참과 영광 모두를 기묘할 정도로 생생하게 포착한다. 이 글에 따르면, 나폴리의 가톨릭은 스스로의 광신적 행태를 용서하는 한편 부패와 폭력으로 점철된 카모라 조직의 통치에 균형추를 제공하고, 나폴리의 극빈자나 불구자는 관광객이 자기네를 보고 충격받는 것을 재미있어한다. 나폴리라는 도시가 베일에 가려진 듯 불가해한 것은 도시 자체가 착시 효과이자 연극 공연이기 때문이다. 길거리는 나태하면서 동시에 정신없이 분주하고, 망연자실한 가난 속에는 어마어마한 방탕이 있다. 하지만 지금 벤야민과 라치스의 「나폴리」 하면 떠오르는 대목을 하나 꼽자면, 뭐니 뭐니 해도 나폴리를 다공성의 도시—다공성에서 비롯된 다의성의 도시—로 정의하는 대목이다:

이 돌덩이와 마찬가지로 건물에도 구멍이 숭숭 뚫려 있다. 마당에서, 아케이드에서, 계단에서, 무대와 행동이 서로 넘나든다. 모든 장소에 여유 공간이 마

---

22 야코프 요브의 『나폴리Neapel: Reisebilder und Skizzen』에 대한 벤야민의 서평(1928), GS, 3:132. 카모라 조직은 나폴리의 범죄 조직이다.

련되어 있어, 언제나 새로운 의외의 장면이 펼쳐질 수 있다. 정해진 것, 형태가 굳어진 것은 기피된다. 계속 같은 상태로 있으려 하는 것은 없는 것 같다. 자기 형태가 "원래 이렇다"고 고집하는 것은 없다. (…) 여기저기 흩어져 있고, 구멍이 숭숭 뚫려 있고, 다른 것과 뒤섞여 있기는 사생활도 마찬가지다. 나폴리가 여느 대도시와 다른 점, 곧 나폴리가 남아프리카의 크랄과 비슷한 점, 사적인 태도, 사적인 활동 위로 공동체적 삶이 쏟아져 들어온다는 것이다. 살아간다는 것은 북유럽인에게는 지극히 사적인 일이지만, 나폴리에서는 (그리고 남아프리카 크랄에서는) 공동체적 사안이다. (…) 방 안이 길가로 돌아와 의자, 화덕, 제단을 늘어놓는 것처럼, 길가는 훨씬 더 시끄러운 것들을 데리고 또 방 안으로 흘러 들어간다. 길가가 수레, 사람, 햇살로 가득한 것처럼, 찢어지게 가난한 사람의 방 안이라도 밀랍초, 초벌구이 성자상, 철제 침대, 벽에 붙은 사진으로 가득하다. 한계선의 확장이란 환하게 빛나는 정신적 자유를 비추는 거울인데, 이 도시에서 한계선의 확장을 견인해온 것은 가난이다(SW, 1:416, 419-420).

어떤 의미에서 두 사람이 함께 쓴 글임이 분명하지만, 벤야민의 독일어로 되어 있는 글인 것도 분명하다.[23]

「나폴리」는 이 전설적인 도시를 복합적인 시각으로 바라본다는 점에서 중요한 글인 것 못지않게 '사유이미지'(벤야민이 이후 15년여에 걸쳐 연마하는 산문 형태)를 도입한 글이라는 점에서도 중요하다. 「나폴리」는 논제를 정하고 논증하는 글이 아니다. 하나의 문단은 하나의 사유를 중심으로 모여 있는

---

23 아도르노는 이 글을 벤야민의 단독 저술로 보았다: "처음부터 끝까지 벤야민이 쓴 글이라는 데는 의심의 여지가 거의 없다." 이 예로도 알 수 있듯, 벤야민의 친구들은 라치스라는 인물과 라치스가 벤야민의 삶에 미친 영향을 부정적으로 평가하는 경향이 있었다. 그리고 그것은 벤야민의 독자들도 마찬가지다. 이러한 입장에 대한 교정책을 제공하는 글은 Susan Ingram, "The Writings of Asja Lacis".

관찰과 성찰의 뭉치이며, 글 전체는 그런 뭉치들이 모인 커다란 뭉치다. 독자의 과제는 직선적 논술을 따라가는 것이 아니라 문학적 형상과 문학적 사유의 **성좌들**을 포착하는 것이다. 이 점에서 벤야민의 사유이미지는 독일어 산문의 두 거장 게오르크 크리스토프 리히텐베르크와 프리드리히 니체의 산문 형식으로 거슬러 올라갈 수 있다. 수학자이자 실험물리학자 리히텐베르크(1742~1799)는 두서없는 통찰이나 날카로운 관찰, 실험 결과 등을 단상 형식으로 주델부흐Sudelbuch라는 매우 자조적인 제목이 달린 일련의 노트에 기록해두는 습관이 있었다(연습장을 의미하는 제목이기도 하지만, 리히텐베르크가 염두에 둔 의미는 "쓰레기 공책"이었다). 주델부흐에 실린 많은 글은 모종의 압축적 아포리즘이다: "책과 머리가 부딪쳤을 때 빈 깡통 소리가 나는 것은 항상 책 때문일까?" 벤야민은 리히텐베르크의 열성 팬이었고, 때로 리히텐베르크를 글의 소재로 삼기도 했다.[24] 반면에 벤야민과 니체의 관계는 전반적이고도 근본적이었다. 아포리즘이 섬세하게 소통하는 단독자들의 불연속적 관계망을 구축함으로써 거창한 철학 체계의 가능성 자체를 무너뜨리는 형식이라고 할 때, 니체가 아포리즘을 구조적, 전략적으로 이용했던 것, 그리고 니체가 『선악의 저편』 등 성숙기의 저서에서 아포리즘의 새로운 형식을 모색했던 것은 벤야민에게 중요한 선례가 되었다. 다만 벤야민의 아포리즘은 결정적인 측면에서 리히텐베르크나 니체보다 문학적이며, 심지어 슐레겔이나 노발리스 같은 낭만주의자들보다 더 문학적이다. 벤야민의 사유이미지에서 성좌를 만들어내는 것은 배회하는 개념들이기도 하지만 그에 못지않게 공명하고 반향하며 변성하는 단어들이기도 하니 말이다.

벤야민과 라치스가 「나폴리」를 라트비아와 독일의 여러 저널에 기고한 것은 10월이고, 이 글이 드디어 《프랑크푸르트 신문》에 실린 것은 1925년 8월

---

24 볼 곳은 라디오 드라마 『리히텐베르크』(1932–1933), GS, 4:696–720 등.

이었다. 그 무렵에 벤야민 서클의 독일인들이 카프리에서 진행한 "지적 작업"에서 나온 가장 중요한 글이 바로 「나폴리」다. 비슷한 부류의 글로 에른스트 블로흐가 벤야민의 「나폴리」의 핵심 모티프를 차용한 「이탈리아와 다공성」을 1926년 6월 《세계무대》에 실었고, 벤야민과 하이델베르크에서부터 알고 지낸 젊은 경제학자 알프레트 존레텔이 「고장이라는 이상」의 멋진 제목으로 1926년 3월 《프랑크푸르트 신문》에 실었다: "나폴리에서 기능적 업무는 원칙적으로 고장나 있다. (…) 나폴리인은 무언가가 고장난 후에야 비로소 그것을 작동시키기 시작한다."[25]

벤야민에게 카프리에서의 마지막 몇 주는 바쁜 시간이었다. 에른스트 블로흐와 린다 블로흐가 찾아온 9월 초에는 또 한 번 카프리와 나폴리의 여행 가이드로 나서기도 했다. 훗날 벤야민은 블로흐, 존-레텔과 함께 포시타노를 배회하면서 보냈던 마법 같은 하룻밤의 기록을 남겼다. 두 친구와 떨어져서 뭔가에 홀린 듯 오르막길로 접어든 벤야민은 어느 버려진 마을로 들어서게 된다:

그들과 나는 보이고 들릴 정도로 아주 가까운 거리에 있었지만, 나는 아래에 있는 그들에게서 점점 멀어지는 느낌이었다. 이미 완성되어 있는 어떤 일이 주는 고요함, 고적함 같은 것이 나를 둘러쌌다. 내가 전혀 알지 못하는 한 사건 속으로 나는 그야말로 한 발 한 발 밀고 들어갔다. 그 사건은 내가 들어오는 것을 전혀 반기지 않는 듯했다. 불현듯 내 발이 멈춘 곳은 아직 무너지지 않은 벽과 구멍만 남은 창문 사이, 달밤의 그림자들이 만들어내는 가시숲의 한복판이었다. (…) 모든 존재감을 잃은 내 일행의 눈앞에서, 나는 이른바 마법의 원으로 들어가는 것을 경험했다.[26]

---

25 Bloch, "Italien und die Porosität," *Werkausgabe*, 9:508–515.
26 욥의 『나폴리』에 대한 서평(GS, 3:133).

블로흐라는 철학자 친구에 대한 벤야민의 시각은 시종일관 가혹할 만큼 비판적이었지만(유대인의 유머에 감상적으로 의지한다는 것부터 "독실한 척하는 무책임한 글"도 거리낌 없이 발표한다는 것에 이르기까지 블로흐의 모든 것을 비판하는 경향이 있었다), 이 무렵 벤야민이 숄렘에게 보낸 편지를 보면, 그 시각이 다소 누그러져 있다: "오랜만에 그에게서 평소에 비해 따뜻한 면, 그야말로 햇살 같은 면과 평소에 비해 유덕한 면을 보게 됩니다. 가끔은 그와의 대화가 대단히 유익합니다"(GB, 2:481). 한편 이 마지막 몇 주 동안 새로운 문화적, 학문적 만남의 자리도 있었는데, 필리포 토마소 마리네티, 루게로 바사리, 엔리코 프람폴리니 등 이탈리아 미래파와의 다과 자리는 그중 가장 인상적이었다. 그 자리에서 마리네티는 "말 우는 소리, 포 쏘는 소리, 마차 굴러가는 소리, 기총 소사 소리"까지 완벽하게 재연하는 소리시_{Larmgedicht} 한 편을 "극히 거장다운 방식"으로 공연했다(GB, 2:493). 아동서 컬렉션을 위한 몇몇 희귀본 수집을 포함한 도서 수집도 계속되었다. 이 분주한 생활의 희생물은 교수자격 청구논문이었다. 여행과 사교활동뿐 아니라 이런저런 질환(벤야민 자신의 진단에 따르면, 영양실조의 결과)과 간헐적 우울증(이전의 우울증과 비교할 때 가장 심한 증세)이 방해 요소로 작용하면서, 비애극 작업의 진척은 더디기만 했다. 그럼에도 9월에는 서론과 1장 그리고 2장의 일부가 완성돼 있었다. 당시 벤야민은 아직 이 세 부분을 『독일 비애극의 기원』 본문의 세 장으로 여기고 있었다.

카프리에 오랫동안 머문 일은 벤야민에게 지울 수 없는 흔적을 남겼다. 이 경험에 문학적 형식을 부여하는 것은 그의 평생 숙제였다. 벤야민의 가장 인상적인 사유이미지 여러 편이 카프리 모티프로부터 생겨난다. 예컨대 1932년 2월 《쾰른 신문》에 실린 「짧은 그림자들」에는 카프리에서 포시타노로 가는 꿈이 등장하고, 『1900년경 베를린의 유년시절』 1938년 버전의 첫 글 「로지아」—벤야민의 표현을 빌리면, "내가 그릴 수 있는 최대한 정확한 자화상"(C, 424)—에도 카프리가 의미심장하게 등장한다. 베를린에 살던 어린 시절 앞마당에서 불던 바람결에 특별한 약속이 실려 있었다는 이야기가 나온 다음이다: "카프리 포도밭에서 사랑하는 이를 품에 안고 있을 때도 그 바람은 언뜻 불어온 것 같다"(SW, 3:345). 그렇지만 카프리의 변치 않는 중요성이 가장 훌륭하게 요약되어 있는 글은 1931년의 일기인 듯싶다: "카프리에서 오래 산 것은 넓은 세상을 두루 여행한 것과 같다는 게 내 생각이다. 자기 손에 모든 실마리가 있고 모든 필요한 것은 때가 되면 자기 앞에 나타나리라는 게 카프리에 오래 산 사람의 굳은 믿음이다"(SW, 2:471).

벤야민이 끝내 카프리와 아쉬운 이별을 나눈 것은 1924년 10월 10일이고, 플로렌스 크리스티안 랑이 10월 9일 세상을 떠났다는 소식이 당도한 것은 카프리에서 보낸 마지막 날이었다. 랑은 카프리에서 벤야민과 헤어져 집으로 돌아가자마자 병에 걸렸는데, 첫 진단은 류머티즘이었지만 병세는 "신경염증"으로 악화되었고 말기에는 거의 전신마비 상태였다. 벤야민이 랑에게 편지를 보내지 않은 것은 랑이 더 이상 편지를 받지 못한다는 것을 알게 된 9월 초부터였다. 숄렘에게 랑의 부음과 자신의 심경을 전하는 벤야민의 편지를 보면, 의식적인 거리감과 감정의 격함이 동시에 나타나 있다: "두 주일 전부터 준비해왔지만 이제야 비로소 서서히 실감하고 있습니다"(C, 252). 이후 더 확실해지듯이, 벤야민에게 랑을 잃었다는 것은 자기 삶을 가늠할 척도를 잃은 것과 마찬가지였다(프리츠 하인레를 잃었을 때도 같은 표현을 썼다). 벤야민이 스스로 인정하고 랑에게도 밝혔듯이, 랑은 "진정한 독일성"의 모델이었다(GB, 2:368). 또한 자신의 1920년대 전반의 작업에는 랑이 아니고는 완전하게 이해하지 못할 측면이 있다는 것이 당시 벤야민의 생각이었고, 랑이 세상을 떠남으로써 『독일 비애극의 기원』이 "이상적인 독자"를 잃었다는 게 훗날 벤야민의 회고였다(GB, 3:16). 랑의 아내 에마 랑에게 "내가 독일적 교양의 정수를 내면화할 수 있었던 것"이 랑 덕분이었다는 말로 애도의 마음을 전하기도 했다. 물론 숄렘에게는 랑에 대한 좀더 균형잡힌 초상을 그려 보였다: "[이 중요한 주제들 속에 살아 있는] 생명력이 그의 살아 있는 생이라는 땅속에서 한층 더 활발한 활화산의 위력으로 솟구친 이유는 독일의 다른 땅에서는 딱딱한 지표면 아래 얼어붙어 있는 탓이었습니다. 그와 대화하는 것은 (…) 비바람을 견디면서 도저히 올라갈 수 없는 들쑥날쑥한 산괴 같은 그의 사유를 기어오르는 일이었습니다. 그러다가 아직 개척되지 않은 나 자신의 사유 영역을 한눈에 내려다볼 수 있는 높은 봉우리에 닿는 때도 제법 많았습니다. 산괴에는 낭떠러지가, 그의 정신에는 광기가 있었습니다. 그렇지만 그는 덕성을 지닌 사람이어서, 광기에 사로잡힌 적이 없습니다. 이 사유 풍경 속에서 그 경이로운 사람은 언제나 해 뜨는 아침 같은 상쾌한 날씨였다는 것을 나는 잘 알고 있습니다"(C, 252). 지성의 모범이었던 것 못지않게 덕성의 모범이었던 랑의 위대함은 그의 인격과 떼어놓고 볼 수 없다는 게 벤야민의 생각이었고, 글을 쓴 사람이 죽고 글만 남음으로써 랑에 대한 정당한 평가가 불가능해지리라는 것이 벤야민의 심각한 우려였다: "해가 진 뒤에는 이 풍경이 얼마나 얼어붙는지도 나는 잘 알고 있습니다"(C, 252). 랑이 벤야민을 자신의 유저 관리자로 지명했던 것을 보면, 랑 자신에게도 비슷한 우려가 있었던 듯하다. 결국 벤야민은 랑의 유저 관리자가 되지 못했는데, 벤야민이 원치 않아서였는지 랑의 가족들이 막아서였는지 지금으로서는 알 수 없다. 벤야민은 『일방통행로』 앞부분 두 글에 랑을 추모하는 마음을 담았다. 「깃발이 나부낀다…」는 랑이 카프리에서 떠나는 모습을 그린 글이고, 「…깃대의 중간에서」는 랑의 죽음을 다룬 글이다.

「깃발이 나부낀다…」

이별을 고하고 떠나는 사람을 사랑하는 것은 얼마나 쉬운가! 사랑의 불꽃은 점점 멀어지는 갑판이나 차창에서 나부끼는 길쭉한 헝겊 같은 것에 의해 지펴질 때 더욱 순수하게 타오른다. 이별은 떠나가는 사람에게 물감처럼 스며들어 고운 노을 색을 입힌다.

「…깃대의 중간에서」

아주 가까이 있었던 사람이 세상을 떠나고 채 몇 달 지나지 않아, 그가 멀리 떠났기 때문에 일어날 수 있었던 것 같은 일이 일어난다. 물론 그와 함께 나누었다면 좋았겠지만. 그때야 비로소 우리는 그가 이미 알아듣지 못하게 된 언어로 그에게 작별을 고한다(SW, 1:450).

급히 베를린으로 돌아가야 할 이유가 없었던 벤야민은 이탈리아에 더 머물렀다. 일단 나폴리와 포시타노에서 여러 날을, 로마에서는 일주일을, 피사와 피렌체, 페루자, 오르비에토, 아시시에서는 일주일까지는 아니지만 그래도 여러 날을 머물렀다. 일정은 대부분 이탈리아 미술 감상이었다. 로마에서는 보르게세 미술관과 바티칸 미술관, 피사와 오르비에토에서는 대성당, 아시시에서는 산 프란체스코 대성당을 찾아갔다. 콰트로첸토를 집중 감상한 이유는 직접적인 지식이 부족하다는 자각 때문이었고, 고대 그리스 로마 시대의 유물을 둘러볼 때는 "모종의 체계"를 따랐다(GB, 2:501). 하지만 견문을 넓혀야 한다는 초조감을 무색케 한 것은 깊은 고독과 편만한 파시즘—계속되는 궂은 날씨와 사이좋은 한편이 된 두 "동맹군"—이었다. 라치스가 베른하르트 라이히에게 돌아갔으며, 앞으로 오랫동안 그녀를 만날 수 없다는 분명한 사실이 깊은 고독을 안겨주었다면, 어딜 가나 파시즘 스펙터클을 구경 나온 엄청난 인파에 가로막힌다는 사실이 파시즘의 편만함을 확인시켜주었다: "어쩔 수 없다는 생각이었는지 뚫고 지나가겠다는 생각이었는지 모르지만 나는 어쨌든 도열한 군중에 합류했습니다. (…) 조급하게 맨 앞줄까지 밀치고 갔더니 잘 보였습니다. (…) 왕 (…) 파시스트 정치가 (…) 행진하는 아이들 (…) 파시스트 민병대 (…) 내가 《악시옹 프랑세즈》 이탈리아 특파원이었다고 해도 더 좋은 자리를 잡지는 못했을 것입니다"(C, 255).

11월 중순에 도라와 슈테판이 기다리던 베를린의 델브뤼크슈트라세 저택으로 돌아온 벤야민은 11월 22일에는 숄렘에게 『독일 비애극의 기원』 중 완성된 부분(최소한 프랑크푸르트에 제출할 부분)의 정서본이 나왔다는 소식을 전할 수 있었다. "독일 비애극의 기원"이 합당한 제목이라는 확신이 생겼다는 내용, 원래 계획했던 세 부분을 둘로 압축하고 1, 2부를 모두 세 섹션으로 만들었다는 내용, 그리고 알레고리가 바로크 드라마의 핵심이라는 점이 성공적으로 증명되었는지는 여전히 의심스럽지만(알레고리라는 테제가 "저작 전체로부터 한 덩어리로 솟구치는 것"이 벤야민의 기대였다), 글 전체를 "거의 인용문으로만 구성하는 (…) 상상할 수 있는 가장 정신 나간 모자이크 기법"에는 그런대로 자부심을 느낀다는 내용을 담은 편지였다(C, 256). 벤야민은 이처럼 작업의 자기 학문적 의의에 만족하면서도 교수자격 청구논문을 제출하는 것에 대해서는 근본적으로 양가감정을 품었다: "이 작업이 나에게는 끝맺음일 뿐 결코 시작은 아닙니다. (…) 일이 순조롭게 마무리된다 해도 이후에 닥칠 일을 생각하면 두려울 뿐입니다. 프랑크푸르트, 강의와 학생들, 내 시간을 살벌하게 빼앗아갈 모든 것. 그러잖아도 나는 내 시간을 규모 있게 쓰는 일에 약한 사람인데"(C, 261). 학계 진출이라는 목표가 거의 달성된 듯 느껴진 순간에도, 벤야민은 교수로 살아갈 미래를 좀처럼 눈앞에 그리지 못했다.

사실 벤야민은 카프리에서 돌아와 당대 문화로 관심을 돌리면서 학계 밖 생활의 현실적 윤곽을 그려보기 시작했다: "일단 모든 돛을 펼쳐놓고, 바람 부는 대로 가보려 하고 있습니다"(GB, 3:15). 새로운 각오로 문필 시장에 다시 발을 들여놓은 것도 그 무렵이었다. 아동서 수집과 관련된 두 편의 서평논문을 내놓고, 『일방통행로』의 여러 섹션을 다듬고(당시의 가제는 『친구들을 위한 소책자』였다), 여러 편의 새로운 논문을 준비하기 시작하는 등 집약적 작업을 진행한 것이 1924년 말에서 1925년 초의 일이었다. 벤야민이 독일에서 가장 강한 문화비평가 중 한 명으로 치고 나오는 1926년을 예고하는 시기였다. 자기 작업이 문화로 새롭게 조율되었다는 사실과 자신의 정치적 지향이 바뀌었다는 사실은 밀접한 관련을 맺는다는 게 벤야민의 생각이었다. 숄렘에게 보낸 편지에서 이 방향 전환을 최대한 도발적인 방식으로 정식화하면서 숄렘의 반응을 즐겼다는 것도 벤야민다운 소행이었다: "내가 카프리에서 당신에게 보낸 공산주의의 신호—앞으로 언젠가 당신에게 좀더 정확하게 감지되었으면 하는—는 일단은 내 사유의 현재적, 정치적 계기를 지금까지처럼 고답적인 방식으로 은폐하는 대신 실험적, 급진적 형태로 전개하겠다는 의지가 일깨워졌다는 모종의 변화를 알리는 예비 신호였습니다. 당연한 말이겠지만, 사유의 현재적, 정치적 계기가 전개된다는 것은 독일 문학작품들에 대한 문학적 고증이 뒤로 물러남을 의미합니다"(C, 257-258). 계속해서 벤야민은 자신의 논의가 "급진적 볼셰비즘 이론과 맞닿는 지점이 많은 것"에 대해 놀라움을 표하기도 하고, 자기가 당장은 "이 사안에 대한 논리정연한 글"을 써 보낼 수도 없고 "직접 만나 이야기를 나눌 수도 없음"을 아쉬워하기도 한다: "직접 만나 이야기를 나누는 것 말고는 이 사안에 대한 내 생각을 온전히 표명할 방법이 없습니다"(C, 258).

아동서에 관한 두 서평 논문 중에서는 「『잊고 있었던 옛 아동서들』이 벤야민과 도라가 수년 동안 공들인 컬렉션에 대한 글이라는 점에서뿐 아니라, 아이의 지각과 상상이라는 벤야민의 오랜 관심사에서 비롯된 글이라는 점에서 더 중요하다. 위에서 보았듯 벤야민이 아들 슈테판의 '견해와 사유'를 기록하면서 아이의 놀이와 장난감에 특별한 관심을 기울인 것은 스위스 시절부터였다. 한편 이 글은 여러모로 벤야민의 새로운 시작을 알린다. 예컨대 대중문화 관련 주제를 다룬 첫 게재 글이기도 하고, 1930년대에 벤야민이 주목하게 되는 수집꾼이라는 인물형을 탐색하는 최초의 글이기도 하다. 여기서 벤야민은 한편으로는 수집꾼의 어두운 측면을 인정하면서도("오만하고 고독하며 원한에 차 있다는 것은, 많은 경우 교양 있고 자족적이라는 수집꾼의 천성이 감추고 있는 어두운 면이다"), 다른 한편으로는 아동서 수집꾼이 "아동서가 주는 천진난만한 기쁨을 배신하지 않는 사람"임을 긍정하기도 한다. 『잊고 있었던 옛 아동서들』의 저자 카를 호브레커는 벤야민이 존경하는 아동서 수집꾼—숄렘에게 보낸 편지에 따르면, 이 분야의 "거장"이자 "내 컬렉션에 대한 사심 없는 지지자"—이면서 벤야민의 경쟁자이기도 했다: "호브레커의 『잊고 있었던 옛 아동서들』을 펴낸 출판사 발행인은 내가 어떤 컬렉션을 소장하고 있고 그것이 내게 얼마나 중요한지 알고 나서 그 책의 집필을 나에게 청탁하지 않았다는 것을 크게 안타까워했습니다." 그래서인지 친구들에게 이야기할 때는 『잊고 있었던 옛 아동서들』의 "생색내는 삼촌 같은" 문체와 "때로 실패한 푸딩같이 주저앉는 고리타분한 유머"를 비웃기도 했다(C, 250-251). 한편 독일 페다고지의 역사에 커다란 관심을 두었던 벤야민은 이 짧은 글에서 아동서가 독일 페다고지의 발전과정에서 어떠한 역할을 했는지에 대한 간략한 분석—교육 이론과 실천에 대한 초기 벤야민의 관심에서 비롯된 여러 분석 중 첫 번째—을 시도하기도 했다. 하지만 이 글에서 가장 중요한 대목은 컬러삽화와 흑백판화에 대한 아이의 반응을 구분하는 곳이다. 벤야민이 1914년부터 여러 글에서 주장했듯이,[27] 컬러삽화는 아이의 내면세계에 관여한다: "아동서가 하는 일은 아이를 사물과 동물과 사람이 있는 세계—다시 말해, 이른바 삶—로 곧바로 끌어들이는 것이 아니다. 아이의 삶이 책과 친

---

27 볼 곳은 「한 아이의 색채관」(1914~1915), 『무지개』(1915년경), EW, 211-223 등.

숙해져서 그것과 일치하는 내면으로 정립되었을 때 비로소 세계의 의미가 외부에서 서서히 출현하기 시작한다. 색채는 아이의 책읽기가 낳는 내면성이 머무는 장소요, 아이의 마음속에 살아가는 사물들의 꿈같은 삶이 들여다보이는 거울이다. 아이는 알록달록함 속에서 배운다. 그리움이 개입하지 않는 감각적 책읽기에는 색채만 한 집이 없는 까닭이다"(SW, 1:410). 컬러삽화와 흑백판화는 서로 "극과 극의 보완물"이다: "채색화 앞에서 아이의 상상은 꿈결처럼 그림 속으로 스며들지만, 흑백 목판화라는 차분한 삽화는 아이를 그림으로부터 데리고 나온다. 그런 그림들은 묘사해달라는 간절한 부탁으로 아이의 언어를 흔들어 깨운다. 이런 그림들을 묘사하면서, 아이는 언어를 사용하기도 하지만, 행동으로 묘사하기도 한다. 아이는 이런 그림들에 들어가서 논다." 꿈결처럼 유동하는 내면과 바깥세계에서의 능동적 작용을 구분하는 간단명료한 이분법이라고 생각하기 쉽지만, 사실 벤야민의 관심사는 이분법을 적용하는 것이 아니라 양극단을 결합하는 데 도움이 될 가능성을 모색해나가는 것이다. "행동으로in der Tat 묘사하기Beschreibung는 글씨 쓰기Beschreibung이기도 하다: "'Beschreibung'의 의미 중 좀더 감각적인 것은 '묘사하기'가 아니라 '글씨 쓰기'다. 아이는 그림에 글씨를 써본다. 그림을 보면서 언어를 배우고 글씨를 배운다. 그렇게 배운 글씨가 바로 상형문자다"(SW, 1:411). 이렇게 보자면 이 글은 벤야민이 『독일 비애극의 기원』을 집필하던 중 자신의 1916년 언어 이론—정보를 전달하는 도구적 언어 대 언어라는 자신의 본질을 구현할 뿐 아무것도 전달하지 않는 낙원의 언어라는 엄격한 이분법—으로 되돌아왔음을 보여주는 최초의 공개적 기록이다. 이 글에 나오는 아이의 낙서는 당시 벤야민이 개진하던 문자 이론을 뒷받침하는 사례—무의식적 문자—이기도 하고, 이 글에서 "상형문자" 개념을 명료화하는 대목—한 사람의 필체를 통해서 그 사람의 내면을 알아볼 수 있다고 주장하는 필체론에 대한 벤야민 자신의 관심을 반영하는—은 『독일 비애극의 기원』 중 비애극이라는 형식 자체를 분석하는 부분에서 중요하게 활용되기도 한다.

벤야민은 이런 글을 쓰는 것을 포함해 여러 방법으로 당대를 다루는 문화비평가로 자리잡고자 노력하는 한편, 독일 문단에서 봉급이 나오는 일자리를 찾는 데도 적극적이었다. 리트하워Litthauer(숄렘에 따르면 리타워Littauer)라는 청년이 세운 신설 출판사의 편집장 자리를 수락한 것은 그중 가장 희망적인 일이었던 듯싶다. 편집장 봉급은 따로 없었지만 논문이나 여행기 연재를 통해서 고정 소득을 확보할 수 있는 자리였다. 이 자리를 발판으로 발행인과 직접 접촉하다보면 새로운 저널 창간이나 『독일 비애극의 기원』 출간이 가능해지리라는 게 벤야민의 생각이었다.[28] 하지만 독일 경제가 안정세로 접어들었다고는 해도 신생 출판사에게는 아직 극히 위험한 상황이었고, 리트하워 출판사는 그해 봄 단 한 권의 책도 내지 못한 채로 도산했다. 한편 프랑크푸르트의 남서독일 라디오 방송이 발행하는 라디오매거진의 주말 문화면 편집장 자리를 제안받고 협상에 임하기도 했다. 벤야민의 친구 에른스트 쇤이 편성국장이었는데, 처음에는 잘될 것 같았다. 그렇지만 결국 벤야민이 요구한 보수가 걸림돌이 되었다. 경제 상황의 절망스러움에 비례해서 자기 업적에 걸맞은 보수에 대한 요구가 고집스러워진다는 것은 세상을 떠날 때까지 그를 괴롭히게 되는 성격상의 특징인데, 부모로부터 받는 (전에 비해 크게 깎인) 지원금을 제외하면 아무 수입원도 없는 상황에서 지나친 보수를 요구한 이 경우는 바로 그 성격적 특징을 잘 보여준다.

취업의 불확실성만으로는 긴장감을 유지할 수 없다는 듯, 벤야민은 아샤 라치스와 자주 만나면서 사생활까지 복잡하게 만들었다. 아샤 라치스와 다가 모녀는 베른하르트 라이히와 함께 10월 말에 먼저 베를린에 돌아와 있었고, 벤야민 가족과 라치스 가족은 필시 긴장으로 가득했을 방식으로 어울려 지냈

---

28 볼 곳은 GB, 2:515n, 그리고 3:19n.

다. 슈테판은 벤야민의 뜻에 따라 다가를 데리고 리듬체조를 배우러 다녔는데, 라치스의 기억에 따르면, 그럴 때의 슈테판은 "어린 기사처럼 법도와 품위"가 있었다.[29] 벤야민은 나폴리에서와 마찬가지로 베를린에서도 라치스의가이드로 봉사했다. 자기 부모가 사는 서부 부유층 지역과 베딩이나 모아비트 등 북부 노동자 지역 사이에 존재하는 극심한 차이도 그가 그녀에게 보여준 것들 중 하나였다. 한편 그녀에게 보여준 것 중에는 고급 레스토랑과 엄격한 식사 예법을 선호하는 벤야민 자신의 명백한 상층 부르주아 취향도 있었다. 그의 정치적 성향이 아무리 좌파로 기울었다 해도, 그의 계급적 기질은변하지 않았다(변한다는 것이 불가능했다). 물론 그 무렵 자신의 계급적 모순을 체현한 사람이 발터 벤야민만은 아니었다. 1920년대는 좌파 작가 진영에서 격렬한 논쟁이 연발하던 시기—프롤레타리아와 연대해야 한다는 주장이점점 득세하고, 좌파 작가 진영에서 배척당한 부르주아 지식인들이 다시 사회민주주의자로 떠밀려가던 시기—였다. 한편으로는 극도의 가난 속에서도부르주아 계급의 생활용품에 집착하지만 다른 한편으로는 결사적으로 급진적인 **지식인**의 입장을 고수하는 수많은 지식인 가운데 벤야민은 가장 유명한인물 중 한 명일 뿐이었다.

라치스는 당시 열성 공산주의자이자 사회활동가였던 벤야민의 남동생 게오르크를 만나고 싶어했지만, 벤야민은 자기에게 의미 있는 사람들을 서로섞지 않는다는 다년간의 방침대로 두 사람을 최대한 못 만나게 했다. 벤야민은 한편으로는 라치스를 자기의 나머지 생활과 분리하면서도 다른 한편으로는 그녀를 통해 현대 연극이라는 자기가 거의 모르는 세계로 진입하고 싶어했다. 카프리에서는 벤야민과의 만남을 적극 회피했던 베르톨트 브레히트가벤야민을 만나는 데 동의한 것은 1924년 가을이었다. 라치스의 기억에 따르

---

29 Lacis, *Revolutionär im Beruf*, 53.

면, 두 사람의 첫 만남은 실패로 끝났고, 그 후 브레히트는 벤야민과의 접촉을 최소화했다.[30] 벤야민이 브레히트에게 관심을 보인 데서도 알 수 있듯, 자신에게 어떤 가능성이 열려 있는지에 대한 벤야민 자신의 관점은 이미 크게 바뀌어 있었다. 물론 학창 시절부터 알던 몇몇 친한 친구—에른스트 쇤, 율라 라트-콘과 프리츠 콘, 알프레트 콘—와의 관계는 변하지 않았고, 밀교적 사유에 대한 관심과 아울러 그러한 사유를 창출하는 사람들에 대한 관심은 여전히 강렬했지만(에리히 웅거의 신작 『시에 반대한다』에 대한 서평을 실어줄 지면을 알아보기도 했다), 카프리 여행에서 돌아온 벤야민은 예전과는 다른 자장에서 활동하기 시작했다. 연말이 다가오면서는 부모 집에 얹혀사는 벤야민 부부의 가정에도 평화 비슷한 것이 깃들었다: "어제 슈테판은 하누카 축일 선물로 철도 모형과 함께 근사한 인디언 의상—알록달록한 깃털모자, 도끼, 목걸이—을 선물 받았습니다. 시장에서 좀처럼 구하기 힘든 정말 멋진 장난감이었습니다. 어제 누군가가 슈테판한테 공교롭게도 아프리카 가면을 선물해준 덕분에 (…) 오늘 아침 일찍 슈테판이 엄청나게 차려입고 나를 위해 춤을 춰주는 모습을 볼 수 있었습니다"(C, 258).

비애극 연구서의 최종 형태—본문 두 부분과 이론적 서론—가 잡힌 것은 1925년 2월이었다. 서론과 본문 첫 번째 부분은 이미 완성되어 있었고, 당시 벤야민은 본문 두 번째 부분을 수정 중이었다(두 번째 부분도 거의 완성되어 필사본이 나온 상태였다). 벤야민은 숄렘에게 특히 서론의 의의를 강조했다: "이 서론은 영락없는 후츠파Chuzpe입니다. 자그마치 인식론 입문을 자처하고 있습니다. 내가 앞서 진행했던 언어 연구들을 생각의 이론으로 다듬은 (…) 두 번째 단계의 연구라고 할 수 있습니다"(C, 261). 3부(오랫동안 구상했던 부분)와 짤막한 이론적 결론(서론과 균형을 이룰 부분)은 결국 나오지 않았

---

30 볼 곳은 Wizisla, *Walter Benjamin and Bertolt Brecht*, 25–31.

다. 1년여의 힘겨운 작업을 끝마친 벤야민은 지도교수 슐츠에게 서론의 후반부("비교적 온건한" 부분)와 본론 중 1부를 발송하면서, 이제부터는 슐츠가 가르칠 자격Venia legendi을 얻기까지의 복잡한 과정을 개시해주리라고 생각했다. 슐츠가 철학과 학과장으로서 일을 순조롭게 처리할 수 있는 자리에 있을 테니 자기 처지가 "나쁘지 않은 편"이라 생각했던 것이다. 이제 서론 최종본과 본론 중 2부를 구술해야 했던 벤야민은 잘로몬-델라투르에게 "나를 위해 일주일간 진지한 수고를 감당해줄 교양 있는 숙녀분"을 찾는 일을 도와달라고 부탁했다(GB, 3:9). 이때 이후로 벤야민은 주요 작업의 최종 집필 단계에서는 항상 이 방법(최종 필사본을 마련한 뒤 속기사를 불러 구술하되 구술 과정에서 자잘한 수정을 추가하면서 최종 타자본을 완성하는 방법)을 쓰게 된다.

2월 13일, 급히 프랑크푸르트로 간 벤야민은 바라건대 교수자격 취득의 끝에서 두 번째 단계일 작업을 시작했다. 분위기는 그 어느 때보다 애매모호했다. 작업이 여러 주씩 늘어지면서, 벤야민은 점점 기운을 잃었다. 교수자격 청구논문 제출에 뒤따르는 최종적, 기술적 세부 작업—"구술, 참고문헌 등 기계적 작업"—도 부담스러웠고, 프랑크푸르트—베를린과 비교하든 이탈리아와 비교하든 "황량하고 불친절한" 도시—의 "도회적 생활과 풍경"도 혐오스러웠다(C, 261, 263). 사실 벤야민은 속이 편치 않은 상태였다. 최선의 결과를 열렬히 바라진 않았지만, 어쨌든 자기가 얼마나 곤란한 상황에 처해 있는지 점점 더 분명해졌다. 문학사 교수였던 슐츠가 마치 벤야민의 학계 진출 시도에 힘을 실어줄 듯 행동했던 것이 1923년이었다. 벤야민에게 교수자격 청구논문의 주제를 제안한 사람이 바로 슐츠였다. 부르크하르트 린트너가 지적했듯이, 슐츠는 야심 있는 교수였고, 자기 이름이 뛰어난 학생—연구를 통해서 널리 인정받을 학생—과 결부되는 것에 당황할 사람은 아니었다.[31] 그런데 벤야민이 논문의 나머지 부분을 제출하면서 만난 1925년 봄의 슐츠는 완전히 달라져 있었다: "차갑고 괴팍하기도 했지만, 무엇보다 논문의 내용을 거의 몰랐습니다. 논문 전체에서 가장 까다로운 서론 부분만 대충 훑어본 듯했습니다"(C, 263). 슐츠는 바로 그 자리에서 (다시 말해 논문의 나머지 부분은 읽지도 않은 상태에서) 지도교수를 그만두겠다는 의사를 밝히면서, 새로운 지도교수로 미학 쪽의 한스 코르넬리우스를 추천했다. 이 새로운 전개에는 많은 의미가 담겨 있었다. 첫째, 슐츠가 벤야민과의 관계를 끊으려 한다는 것이 분명했다. 둘째, 이제 벤야민은 자신의 교수자격 청구논문을 전혀 다른 학과—직업적인 관점에서 훨씬 더 불리한—에 제출해야 했다(독일 대학 가운데 미학을 가르치는 곳은 별로 없었고, 가르친다 해도 철학이나 미술사의 한 분야로서였다). 마지막으로(벤야민에게는 이 세 번째가 가장 짜증스러웠을 것이다), 슐츠가 추천한 코르넬리우스는 벤야민이 처음에 (다시 말해 비애극이라는 주제가 잡히기 오래 전에) 철학 쪽 교수자격 취득을 생각하면서 접촉을 시도했을 때 벤야민을 차갑게 무시한 바로 그 사람이었다: "나는 희망을 한참 더 버렸습니다. 소속 문제가 풀리지 않고 있습니다. 2년 전의 나라면 이런 일 앞에서 격렬한 도덕적 분노를 터뜨렸겠지만, 지금은 이 제도의 메커니즘을 속속들이 아는 터라 그렇게까지 분노하지는 못하겠습니다"(C, 268).

물론 슐츠를 붙잡는 방법도 있었다. 하지만 문학사 쪽에서 자리를 얻자면 슐츠의 "열렬한" 후원이 있어야 한다는 사실을 모를 만큼 벤야민이 학내 정치의 문외한인 것은 아니었다(C, 264). 슐츠의 변심이 자기를 학계의 무인지대에 떨궈놓았다는 것을 벤야민은 분명히 깨닫고 있었다. 독일의 대학사회가 비호관계를 토대로 작동하는 것은 그때도 마찬가지였다. 가장 좋은 자리(아니 대부분의 자리)를 차지하는 이는 막강한 후원자가 비호하는 지원자였고,

---

31 Lindner, "Habilitationsakte Benjamin," 150.

막강한 후원자가 비호하는 이는 오랫동안 자기를 따른 제자였다. 벤야민은 프랑크푸르트 대학과 실질적 연고도 없고 슐츠와 실질적 인연도 없다는 의미에서 아웃사이더였으며, 자기가 아웃사이더임을 부정한 적도 없었다: "이 학과에서 나에 대해 호의적인 중립의 태도를 취하는 교수는 여러 명 꼽을 수 있지만, 나를 위해 앞장서줄 만한 사람은 없는 듯합니다"(C, 266). "내가 벤야민을 좋지 않게 보는 점은 오직 하나, 그가 내 제자가 아니라는 사실뿐입니다"라는 슐츠의 말을 잘로몬−델라투르에게 전해 들었을 때 벤야민이 그리 놀랐을 것 같지는 않다(C, 264).

벤야민은 오랫동안 자기가 슐츠를 어떻게 생각하는지 다른 사람에게 털어놓지 않았지만, 이쯤 되니 숄렘에게라면 허심탄회하게 밝힐 만도 했다: "이 슐츠 교수는 학문적으로는 별 볼일 없지만, 능란한 처세가로서 온갖 문학계 소식에 빠삭하기로는 커피하우스에 죽치고 앉아 있는 젊은이들보다 더합니다. 슐츠의 싸구려 교양이 어떤 수준인지는 이 추천사 하나로도 설명되고 남을 것입니다. 다른 면에서도 보통 수준을 넘지 못합니다. 외교적 재능이 없지는 않지만, 격식의 탈을 쓴 비겁함 때문에 그 재능을 써먹지 못하는 인물입니다"(C, 263). 슐츠의 저술이 보여주듯 그는 분석력도, 표현력도 없는 학자였다. 그런 그가 벤야민의 작업을 이해하거나 옹호할 능력이 없다는 것은 어쩌면 당연한 일이었다. 증거가 많진 않은데, 편견이나 정치적 이견 등 다른 요인이 작용했을 가능성도 있다. 슐츠가 1933년—바이마르공화국에서 가장 걸출한 유대인 문학비평가 벤야민이 부득불 망명길에 오른 바로 그해—에 프랑크푸르트의 중앙 광장에서 분서 사건에 가담했다는 목격자 증언도 나왔다.[32]

---

32 슐츠가 분서 사건에 가담했다는 주장을 처음 제기한 글은 베르너 풀트의 *Walter Benjamin: Zwischen den Stühlen*, 161. 풀트가 당시에 프랑크푸르트 대학생이었던 베르너 프리체마이어의 목격자 증언을 토대로 제기한 주장이었음을 밝힌 것은 어느 사석에서였다. 그 점을 지적한 글은 부르크하르트 린트너의 "Habilitationsakte Benjamin," 152.

1925년 3월 25일, 점점 강해지는 (그리고 근거가 확실한) 불길한 예감에도 불구하고, 벤야민은 『독일 비애극의 기원』을 교수자격 청구논문으로 공식 제출했다. 비애극이라는 도외시되는 극 형식을 전면에 내세웠다는 점에서 이례적인 연구였다. 물론 독일 바로크 문학에 대한 관심이 커진 것은 19세기 후반부터였고, 20세기 초에는 제2차 실레시아 유파라는 용어가 다니엘 카스퍼 폰 로헨슈타인과 크리스토프 호프만 폰 호프만스발다우의 바로크 양식을 따르는 일군의 시인과 극작가를 가리키는 용어로 널리 받아들여지고 있었다. 이 작가들—안드레아스 그리피우스, 요한 크리스티안 할만, 그리고 수많은 익명의 극작가—이 17세기에 하나의 "유파"를 형성했다고 할 수는 없지만, 게오르크 고트프리트 게르비누스(벤야민이 모범으로 삼은 연구자)를 비롯해 19세기의 여러 영향력 있는 문학비평가가 그들의 다양한 작품을 아우르는 형식적, 테마적 공통점을 규명해놓은 터였다. 벤야민이 일찍이 1916년에 비애극이라는 극 형식을 붙잡았던 데에는 바로 이런 문학사적 맥락이 있었다.

『독일 비애극의 기원』은 어떤 의미에서는 벤야민의 경력을 떠받치는 지주다. 일단 이 연구는 벤야민이 최초이자 본격적으로 내놓은 역사적 모더니티 분석이다. 지나간 시대의 문학작품들을 한 축으로 삼는다는 점에서 1924년까지 내놓았던 다른 문학비평 작업들의 연장선상에 있지만, 모종의 두 축을 명시한다는 점에서는 그때까지 내놓았던 그 어떤 글과도 다르다. 「서론: 인식 비판」 끝에서 두 번째 섹션을 보면, 비애극의 언어 및 형식과 당대 표현주의 드라마의 언어 및 형식 사이에서 광범위한 유사성을 찾아내고 있다: "바로크 시대는 표현주의 시대와 마찬가지로 진정한 예술 연마가 아닌 고집스러운 예술 의욕의 시대다. 이른바 쇠망의 시대는 다 그렇다. (…) 오늘날은 이런 균열 속에서 바로크 정신의 어떤 측면들을(예술 연마의 세목들까지) 거울처럼 반영하고 있다."[33] 모더니티의 어떤 특징들을 밝혀내는 **유일한** 방법은 예전에 지나간 시대—예컨대 바로크라는 매도당하는 시대—를 분석하는 것이라는 뜻이다. 이 대목에는 서로 조응하는 시대들이 있다는 주장이 암시되어 있다(1920년대 후반에 나오는 『파사주 작업』에는 이 주장이 명시되어 있다). 통시적 선상의 서로 다른 시대 간에 공시적 관계가 있을 수 있으며, 벤야민이 나중에 쓴 표현을 빌리면, "역사적 지표"가 있다는 주장, 어느 한 시대의 특징을 이해하려면 예전에 지나간 또 다른 시대의 특징을 함께 고려해야 한다는 주장이다. 하지만 『독일 비애극의 기원』 본론 1, 2장 어디서도 이러한 역사의 심층 구조 자체가 주제로 전면화되지는 않는다. 이 글에서 벤야민의 목표는 비애극 작품에 대한 독해력과 필력에 의지해 자기가 속해 있는 시대의 특징들을 "인식 가능성의 지금" 속에서 조명하는 것이다. 이렇듯 『독일 비애극의 기원』은 17세기적 경향과 20세기적 경향을 한데 엮는 작업이면서 동시에 벤야민 자신이 1914년에서 1924년까지 전개한 문학비평 이론을 루카치로부터 시작된 마르크스주의 문학 이론과 접목시키는 작업이었다. 예컨대 이 글에서 비애극의 "사물성"에 주목하는 대목은 후에 벤야민이 상품의 물신화라는 원인과 환등상이 된 세계라는 결과를 탐구할 토대가 되었다. 벤야민이 1931년에 『독일 비애극의 기원』을 되돌아보면서 "아직 유물론은 아니었지만 이미 변증법"이었다고 말할 수 있었던 것은 그 때문이다(GB, 4:18).

「서론: 인식 비판」에서 "예술 의욕"이라는 용어가 등장하는 것을 보면, 알로이스 리글의 문화사 모델이 재개념화되리라는 것을 알 수 있다. 리글에 따르면, 예술사를 구성하는 시대들 중에는 "완성도가 높은 작품"의 생산이 구조적으로 불가능한 때가 있다. 후기 로마의 "예술 산업", 바로크, 전前 자본주

---

33 OGT, 55. [We have referred throughout this biography to Benjamin's book on the Baroque play of mourning as Origin of the German Trauerspiel. Osborne's translation of the title as The Origin of German Tragic Drama represents a serious misunderstanding of the text, which attempts to discriminate the play of mourning precisely from the "tragic drama." We have amended Osborne's translations elsewhere in our quotations from the Trauerspiel book.]

의적 모더니티 등을 포함하는 시대들은 완성도가 떨어지는 엉성한 작품―예술 의욕을 드러낸다는 점에서 의미 있는 작품―을 내놓는다. 벤야민이 이렇듯 초기 모더니티에서 분열과 균열을 강조하는 바탕에는 표현주의 전통에 대한 이해와 함께 보들레르의 트레이드마크인 "현대미" 개념―그의 많은 시에 생동감을 불어넣는 난폭함과 추악함의 미학―에 대한 이해가 있다. 이렇게 보자면, 벤야민이 바로크 드라마 가운데 관습적인 의미에서 미적 완성도가 높은 작품들이 아니라 형식적, 문체적 수단을 극한까지 밀어붙인 작품들에 주목하는 것은 한 시대의 예술 의욕을 밝혀냄으로써 그 시대의 정신적 기질을 밝혀내기 위함이다. 그런 엉성한 작품을 내놓는 시대의 역사적 경험이 펼쳐질 수 있는 곳이 **오직** 이런 엉성한 작품뿐인 것도 사실이다: "비애극을 내놓은 시대가 실제 역사라고 여긴 것이 바로 비애극의 내용, 곧 비애극의 진짜 주제다"(OGT, 62).

벤야민이 볼 때, 비애극의 "내용"으로서의 역사는 가차 없이 파국으로 치닫는다. 본론의 1부인 「비애극과 비극」은 여러 비애극의 몇 대목을 읽어냄으로써 바로크 시대의 전반적인 정신사를 끌어낸다. 이 정신사의 핵심은 일상의 의미를 철저하게 제거하는 루터주의라는 것이 벤야민의 생각이다: "비텐베르크 철학은 선행으로부터 공로나 속죄의 의미를 제거하고 나아가 선행 그 자체를 제거하는 과도한 반작용이었다. (…) 인간의 행위로부터 모든 가치가 제거되었다. 이로써 새로운 무언가가 생겨났다. 그것은 바로 텅 빈 세계였다"(OGT, 138-139). 바로크 시대에 대한 전통적인 해석들은 그 시대의 여러 측면 가운데 초월Transzendenz을 소망하는 면, 초월에 대한 소망을 통해 인간의 활동을 종말론적으로 착색시키는 면을 강조한다. 반면, 벤야민은 전통적인 종말론이 **부재**한다는 것을 독일 바로크 시대의 결정적인 특징으로 본다: "바로크 시대의 종교인이 그토록 현세에 집착하는 것은 자기가 현세와 함께 폭포에 휩쓸려 떠내려간다고 느끼기 때문이다. 바로크 종말론이라는 것은 없다. 인간의 종말이 닥치기에 앞서 모든 인간을 한데 모아 흥분시키는 메커니즘이 존재하는 것은 바로 그 때문이다." 바로크는 내세를 장식했던 "수많은 것"의 "민낯을 공개"한다. 이 메커니즘을 작동시키는 것이 바로 군주도 신학자도 반란 농민도 아닌, 비애극이라는 극 형식 자체다. 벤야민이 볼 때 예술작품에는 계시하는 힘과 함께 파괴하는 힘, 니힐리즘의 힘이 있다. 예컨대 임의의 것들이 마구 널려 있는 비애극 무대는 바로크의 파괴력을 표상한다: "바로크는 어떤 형상으로도 포착되지 않는 수많은 것을 (…) 최후의 천국으로부터 깨끗하게 제거함으로써 (…) 언젠가 최후의 천국이 현세를 완전히 파괴할 수 있게 한다"(OGT, 66). 『독일 비애극의 기원』의 다른 많은 대목과 마찬가지로 여기서도 벤야민의 작품 해석을 완전히 이해하려면 『독일 비애극의 기원』과 같은 시기에 집필된 『일방통행로』의 핵심 섹션들을 함께 읽어야 한다. 예컨대 깨끗하게 제거하는 폭력은 『독일 비애극의 기원』에서는 비애극의 특징인 데 비해 『일방통행로』의 마지막 섹션 「천문관 가는 길」에서는 현실이 된다: "파괴의 밤이었던 지난 전쟁에서, 간질병자의 쾌감과 비슷한 모종의 감각이 인간성의 근간을 뒤흔들었다. 전후에 발생한 반란들은 새 몸을 인간성의 통제 하에 두고자 한 최초의 시도들이었다"(SW, 1:487). 비애극은 드라마의 한 형식을 가리키는 동시에 현대사 그 자체의 한 경향을 가리킨다. 『독일 비애극의 기원』에서 비애극은 "윤리적 답변"에 매달리는 데 비해 칼데론의 드라마를 비롯해서 미적 완성도가 좀더 높은 그 시대의 다른 드라마는 그렇지 않다는 논의가 나오는 것에는 이런 이유가 있다.

「비애극과 비극」의 큰 부분을 차지하는 것은 이 들쭉날쭉하고 얼기설기한 작품들의 형식 분석, 특히 등장인물과 관객 간의 관계 분석이다. 바로크 무대의 등장인물은 자연주의적 표상이나 심리주의적 진실과는 거리가 먼 뻣뻣하고 어색한 구성물이다. 역사의 분열적, 절망적 추이를 표현하자면 다를 수가 없지 않겠는가라고 벤야민은 자문한다. 등장인물의 행동이 매끄럽게 이어지는 대신 툭툭 끊어지는 것은 사유나 감정이 아닌 "갈팡질팡하는 육체적 충동"을 동력으로 삼기 때문이고, 등장인물의 대사가 종종 신관문자에 가까워질 만큼 부자연스러운 것은 자연과 은총 모두로부터 소외되어 있기 때문이다. 하지만 여기서 분석의 중심은 등장인물 자체보다 무대와 관객 사이에 어떤 관계가 만들어지느냐에 있다. 관객은 무대를 자기가 이 세상에서 처해 있는 상태의 윤리적 의미를 밝혀주는 공간—"외부 세계와는 아무 관계없이 내면의 감정을 전개하는 공간"—으로 받아들인다. 요컨대 비애극은 "슬픔을 느끼게 하는 드라마라기보다는 슬픔을 느끼고 있는 사람들을 위한, 슬픈 마음을 만족시켜주는 드라마"다(OGT, 119).

본론의 2부인 「알레고리와 비애극」에서 벤야민은 알레고리가 한때 바로크의 수사법이었을 뿐 아니라 이제 모더니티 그 자체의 수사법이 되었다는 설득력 있는 주장을 편다. 알레고리가 상징의 찰나들을 이야기로 풀어내는 내러티브 형식이라고 여겨지면서 오명을 뒤집어쓴 것은 18세기인데, 벤야민의 논의에서 알레고리는 내러티브 형식이나 표상 형식과는 거의 무관하다. 「알레고리와 비애극」에서 알레고리는 기의와는 어떤 **필연적** 관계도 없는 엄격하게 약호화된 일련의 기표들로 그려지기도 한다. 이 책에서 가장 많이 인용되는 대목이 대표적이다: "누구든, 무엇이든, 어떤 관계든, 임의의 다른 것을 가리킬 수 있다." 하지만 알레고리를 모종의 역사적 수사법으로 규정하는 바로 다음 문장은 비교적 덜 인용된다: "누구든, 무엇이든, 어떤 관계든, 임의의 다른 것을 가리킬 수 있다는 것은 지상의 세계에 대한 매우 부정적이면서도 공명정대한 판결, 곧 지상의 세계는 디테일이 전혀 중요하지 않은 세계라는 판결이다"(OGT, 175). 벤야민의 논의에서 알레고리는 세속의 모든 측면에 도사리고 있는 심연을 폭로할 수 있는 독특한 계시의 힘을 지닌 수사법이다(OGT, 166). 알레고리에서 의미 작용이 중단된 자리에 들어서는 것은 "의미 작용의 자연사"다. 비애극의 무대에서 타성적이고 텅 빈 등장인물들과 그 어떤 내재적 의미도 없는 소도구들에 반영되어 있는 것도 모종의 자연사, 곧 자연의 끝없는 고통, 망실과 다르다고 말할 수 없게 된 역사다: "역사는 세속의 수난사이며, 곧 역사에 의미가 있는 것은 멸망으로 가는 수난처들에서뿐이라는 것, 이것이 알레고리적 역사관, 곧 바로크의 세속적 역사관의 핵심이다"(OGT, 166).

이 "자연사"는 바로크 비애극—"떠도는 역사가 들어서는 곳"—에서 소도구나 엠블럼의 형태, 또는 인격적인 면이 배제된 기호화된 인체의 형태를 취하게 된다. 이런 사물들과 사물 같은 인체들은 의미 있는 현재나 구원사와는 그 어떤 본질적 관계도 맺을 수 없다. 의미가 있다면 알레고리 작가에 의해서 투입된 의미, 철저히 타락한 은밀한 의미가 있을 뿐이다: "우울병자의 지혜는 모두 밑바닥에 예속돼 있다. 그 지혜를 얻으려면 미물들의 삶에 젖어들어야 한다. 계시의 음성은 결코 그 지혜까지 가닿지 않는다"(OGT, 152). 이 대목을 보면, 『독일 비애극의 기원』이 「괴테의 친화력」과 어떻게 연결되는지를 가장 분명하게 알 수 있다. 『독일 비애극의 기원』에서 알레고리 작가는 「괴테의 친화력」에서의 괴테와 마찬가지로, 자연을 우상화하고 미물성을 찬양하는 데서 비롯되는 "지혜"를 자기에게 허락되지 않은 상위의 의미와 혼동한다. 마찬가지로 우울병자는 일견 심오해 보이는 은밀한 인식을 위해 자기 자신을, 그리고 이 세상을 배반한다. 알레고리 작가는 한편으로는 무대 위에 시체처럼 너부러져 있는 사물들에 은밀한 의미를 집어넣음으로써 세속의 것들을 구원하고자 하지만 그 이면에는 텅 빈 세상을 **파괴**하는 행위가 감추어져 있다는 것, 이것이 바로 비애극의 역설이다. 비애극의 무대 위에서는 알레고리의 대상이 폐허와 잔해로 등장하고, 이로써 관객은 총체, 일관, 진보 같은 위선적인 범주들을 벗겨낸 역사의 전망을 얻는다: "알레고리적 직관의 역장에서 형상은 루네 문자로 된 옛 문서의 한 조각이다. (…) 온전한 형체라는 거짓된 외피는 더 이상 통하지 않게 된다. 에이도스가 없어지고 비유가 약해지면서 그 안에 깃들어 있던 외부 세계가 기운을 잃는 까닭이다"(OGT, 176). 비애극 공연을 보면서 슬퍼하던 당시의 관객에게는 이런 깨달음이 그저 **가능성**으로 존재했던 반면, 현대의 독자는 역사가 이데올로기적 구성물임을 좀더 즉각적으로 파악할 수 있으리라는 것이 벤야민의 생각이다. 훗날 벤야민이 영화와 사진—그리고 가장 위대한 현대적 알레고리 작가 보들레르—을 염두에 두면서 말했듯, 알레고리 작품은 보는 이의 "생산적 자기소외"를 가능케 한다. 요컨대, 바로크와 모더니티에서 인체는 스스로의 소외됨을 **목견**할 수 있고, 이로써 역사의 파편성과 억압성을 일견할 수 있다.

마지막으로 바로크 알레고리는 관객에게 "사물의 무상함을 알아보는 눈과 무상한 사물에 영원함을 선사하겠다는 마음"을 불어넣는다(OGT, 223). 이것이 파멸 속의 구원이다. 「괴테의 친화력」에서와 마찬가지로, 여기서도 벤야민은 알레고리 작가에게 윤리적 판결을 내리고자 한다. 무상한 것들을 구원하겠다고 자처하는 바로크 드라마는 세속적, 미물적 차원의 숭배에 빠지고 자기가 구원할 수 있다는 착각이나 선악을 알게 해주겠다는 유혹에 빠진다. 알레고리 작가의 추동력은 "악마의 약속들"이다: "금지된 것을 후벼 파면서 자유를 얻었다고 착각하며, 신앙 공동체로부터 떨어져 나오면서 독립을 얻었다고 착각할 뿐 아니라, 악의 텅 빈 심연 속에 빠지면서 무한을 얻었다고 착각한다"(OGT, 230). 요컨대 바로크 드라마라는 알레고리 작품은, 그 엉성함에도 불구하고, 정화력을 발휘할 **가능성**을 품고 있다. 단, 이 가능성이 현재화되려면 비평의 파괴력이 요구된다. 이제 벤야민은 교수자격 청구논문 말미에서 자기가 지난 10년간 펼쳤던 비평을 한마디로 정리하고 있다.

비애극은 처음부터 파괴적 비평을 겨냥한 작품이었고, 시간이 흐르면서 실제로 파괴적 비평의 대상이 되었다. (…) 비애극이라는 거친 외피는 이제 죽어 없어졌다. 계속 남아 있는 것은 알레고리적 지시물의 불가사의한 디테일,

곧 철저한 비평을 통해 폐허가 된 작품에 깃들어 있는 지식이다. 비평은 작품의 변태Mortifikation다. (…) 그렇다면 작품의 변태로서의 비평이란 살아 숨 쉬는 작품에서 의식을 일깨우는 것—낭만주의적 비평—이 아니라 죽어 없어진 작품에 지식이 깃들게 하는 것이다. (…) 철학적 비평이 증명해내고자 하듯이, 모든 중요한 작품의 경우, 예술 형식은 작품의 바탕이 되는 역사적 사실성분을 철학적 진리성분으로 바꾸는 역할을 한다. 이렇듯 사실성분이 진리성분으로 바뀔수록 작품의 위력은 점점 약해진다. 10년, 20년 시간이 흐르고 초기의 매력이 점점 약해지다보면 언젠가는 아예 새로 태어나야 하는 때가 온다. 한때 아름다웠던 것이 모두 떨어져나가고 작품 그 자체만 남아 폐허의 형태로서 있게 되는 때다. 바로크 비애극이라는 알레고리 구조물의 경우, 구원받은 예술작품 특유의 그 폐허 형태가 예전부터 겉으로 드러나 있었다(OGT, 181-182).

변태를 거친 작품, 폐허가 된 작품이 보여주는 것은 무엇인가? 『독일 비애극의 기원』 마지막 대목에 그 대답이 있다: "멀쩡히 서 있는 작은 건물보다는 폐허가 된 큰 건물이 설계의 생각Idee을 더욱 인상 깊게 보여준다"(OGT, 235). 비애극이라는 옛날 드라마의 폐허에서 얼핏 드러나는 것은 비애극의 "생각"이다. 이렇듯 『독일 비애극의 기원』의 끝에서 (그리고 극히 밀교적인 비평 이론의 생산에 바쳐진 10년 세월의 끝에서) 벤야민은 1924년의 독자는 읽을 수 없었던 「서론: 인식 비판」의 한 대목—1928년에 처음 발표된 부분—을 언급한다.

「서론: 인식 비판」이라는 제목에는 모종의 말장난이 있다. 이 글은 한편으로는 인식론, 곧 생각의 이론을 정식화하고자 하지만, 다른 한편으로는 모든 인식론의 전제들 그 자체에 대한 비판론이기도 하다. 다시 말해 이 글은 한편으로는 인간이 진리를 인식할 수 있는 이상적 상태(베른트 비테의 표현에 따르면 "인식의 유토피아")를 논하지만, 다른 한편으로는 인식을 둘러싼 현실, 곧 인간이 진리를 인식하는 것을 가로막는 상황을 논한다.[34] 요컨대 이 글은 생각Idee이 어떻게 구축되는가를 종교적인 방향에서 논증하는 밀교적 이론이다. 벤야민이 여기서 말하는 생각은 칸트의 규제적 이념도, 플라톤의 보편적 이데아도 아니다. 벤야민에게 생각이란 이 세상을 재구조화하는 일과 비슷하다: "생각과 사물 사이의 관계는 별자리와 별 사이의 관계와 같다"(OGT, 34). 벤야민의 언어 이론이 잠정적 결론에 도달하는 곳이 바로 이 대목이다. 여기서 생각은 언어 중에서 "구원받은" 부분—세속적 의미 작용에서 벗어나 있고, 소통의 필요에 좌우되지 않는 부분, "말씀의 상징성"을 다시금 우선시할 수 있게 된 부분—을 뜻한다(OGT, 36). 이렇게 보자면 『독일 비애극의 기원』의 목적은 "비애극"이라는 한마디의 말씀에 담긴 "생각"을 알아차리는 것이다.

벤야민은 이 논문을 제출했고, 프랑크푸르트 대학 철학과는 심사위원회를 꾸렸다. 미학 및 예술 이론 교수였던 한스 코르넬리우스가 예비 심사 책임을 맡았다. 논문을 훑어본 코르넬리우스는 요약본을 요청하는 극히 이례적인 절차를 밟았고, 벤야민은 즉각 이를 제출했다. 하지만 쓸데없는 짓이었다. 코르넬리우스의 심사 보고서는 철저하게 부정적이었다. "지극히 난해한 글"이라는 지적은 다른 모든 독자의 경험과 크게 다르지 않은 듯하지만, 코르넬리우스의 부정적인 심사평은 난해함을 지적하는 데서 그치지 않았다: "나는 이 예술사적 진술들로부터 이해가 가는 의미를 무엇 하나 끌어낼 수 없었다. 여러 번 심혈을 기울여 시도했음에도 마찬가지였다. (…) 그런 이유에서 나는 벤야민 박사의 연구를 교수자격 청구논문 심사위원회에 추천할 수 있는 입장이 못 된다. (…) 표현 방식이 난해하다는 것은 학술적 명료성이 부족하다는

---

34 Witte, *Walter Benjamin*, 128.

뜻으로 해석되므로 나로서는 해당 연구자가 이 영역의 학생들을 지도할 수 없으리라는 의구심을 무시하기 어렵다."35 이렇듯 코르넬리우스의 심사 보고서는 논문의 실질적인 논점을 단 하나도 건드리지 않은 상태에서 수준 낮고 두서없고 혼란스러운 논문이라는 인상을 주는 동시에 그 저자가 결코 학생들을 가르쳐서는 안 되며, 생각에 문제가 있고 어쩌면 정신에 문제가 있을지도 모르는 사람, 결코 학생들 앞에 세워서는 안 될 사람이라는 인상을 주는 데 성공했다.36 심사평은 의도했던 결과를 낳았다. 코르넬리우스의 보고서에는 일차 보고서라는 단서가 달려 있었지만 그 후 더는 보고서가 나오지 않았고, 철학과 교수회는 1925년 7월 13일에 투표로 벤야민을 불합격시키기로 결정했다. 코르넬리우스의 보고서가 나온 지 채 일주일도 안 됐을 때다. 철학과 교수회가 투표로 결정한 내용을 좀더 정확하게 말하자면, '벤야민 박사'에게 교수자격 청구 철회를 권고하는 것, 이로써 지원자와 교수회 양쪽이 공식 불합격이라는 거북한 상황을 피하는 것이었다.

7월 하순, 벤야민은 공식적으로는 아무런 통보도 받지 못한 상태에서 실패 신호들을 감지하기 시작했다. 벤야민에게 "전혀 가능성이 없다"고 귀띔해준 이는 프랑크푸르트에 인맥이 있는 도라 부모의 친구였다. 통보 책임자였던 슐츠는 굳이 서두를 이유가 없었고, 슐츠의 편지는 7월 하순에야 부쳐졌다: "본인은 교수회로부터 귀하의 교수자격 청구논문에 대한 일차 심사보고서를 수령했습니다. 교수회는 귀하에게 교수자격 청구 철회를 권고하는 일

---

35 Cornelius, "Habilitations-Akte Benjamin," 인용은 Lindner, "Habilitationsakte Benjamin," 155-156.
36 린트너의 "Habilitationsakte Benjamin"(벤야민의 교수자격 청구 관련 기록을 연구한 1984년 논문)에 따르면, 이 안타까운 이야기에는 아니러니한 후일담이 있다. 코르넬리우스는 벤야민에게 논문 요약본 제출을 요구하는 한편 조교 두 명에게 논문 평가를 지시했는데, 조교 중 한 명이 바로 막스 호르크하이머였다. 호르크하이머는 그로부터 얼마 후 프랑크푸르트의 전임교수가 되는 동시에 '사회연구소' 소장이 됨으로써 망명기의 벤야민에게 경제적 지원과 작업 발표 지면을 제공할 일차적 책임을 맡게 된다. 코르넬리우스의 평가서에 따르면, 호르크하이머의 소견은 "나는 벤야민의 논문을 이해할 능력이 없다"는 것이었다.

을 본인에게 위임했습니다. 본인은 교수회로부터 위임받은 일을 이행하는 한편, 귀하가 본인과 면담을 원할 경우 면담 시간은 8월 6일까지 언제라도 가능함을 알려드립니다."[37] 린트너의 지적대로, 슐츠는 격식 뒤에 숨고자 했지만 "유감스럽게도"라는 표현을 사용할 용기조차 없었다. 벤야민은 슐츠와 면담할 생각이 없었다. 사실 처음에는 교수자격 청구를 철회할 생각도 없었다. "모종의 부정적 결정을 내려야 하는 부담을 전적으로 교수회가 짊어지도록" 해야겠다는 생각이었다(C, 276). 그렇지만 벤야민은 결국 교수자격 청구를 철회했고, 가을에 절차에 따라 원고를 돌려받았다. 8월 5일 잘로몬-델라투르에게 보낸 편지에는 그때의 분노가 표현되어 있다:

내가 한참 연락하지 않은 것에 대해 당신은 이해하겠지요. 일전에 당신이 보내온 편지도 이와 어느 정도 관련이 있습니다. 그들에게 욕을 퍼붓는 편지였다면 내 기분도 나아졌을 텐데, 당신의 편지는 얼마나 의기소침하던지요. 학계에서 삶을 영위하는 것을 내가 내면적인 이유에서 그리 중요하지 않게 생각하니 망정이지 만약 그게 아니었더라면 그런 일을 당한 이상, 나라는 사람도 한동안 폐인으로 살지 않았겠습니까. 내 자존심이 그 따위 평가에 달려 있지 않았으니 망정이지 만약 그게 아니었더라면 교수회가 내 문제를 처리하면서 얼마나 무책임하고 경솔했는지를 본 이상, 내 왕성한 집필력도 한동안 이겨낼 수 없는 충격에 빠지지 않았겠습니까. 내가 전혀 그렇지 않은 것, 오히려 그 반대인 것은 그런 일을 당한 사람이 나이기 때문일 뿐입니다(GB, 3:73).

교수회의 권고를 받아들여 묵묵히 물러났던 일을 벤야민은 평생 후회했다. 자신의 학위를 빼앗은 형식주의와 옹졸함과 편견을 철저히 폭로할 기회

---

[37] Goethe-Universität, "Habilitationsakte Benjamin", 인용은 Lindner, "Habilitationsakte," 157.

를 박탈당했다는 느낌은 시간이 갈수록 오히려 더 심해졌다. 『독일 비애극의 기원』에 붙일 열 줄짜리 서문, "프랑크푸르트 대학에 일침을 가하기 위해 쓴, 내 글 중 가장 잘 쓴 하나"를 쓴 것은 그해 가을이었던 것 같다(C, 293). 「비애극 연구서 서문」이라는 제목의 이 신랄한 글을 벤야민은 1926년 5월 29일 숄렘에게 쓴 편지에 동봉했다.

가시장미공주 동화를 개작해보려고 합니다. 공주가 가시덤불에서 잠이 듭니다. 그러다가 백 년인가 몇 년인가 흐른 뒤에 눈을 뜹니다. 하지만 행복한 왕자인가 무슨 왕자인가의 입맞춤 때문이 아니었습니다. 공주를 깨운 건 주방장이 부엌에서 일하는 아이의 따귀를 갈기는 소리였습니다. 백 년인가 몇 년인가 비축해두었던 힘으로 따귀를 갈기는 소리가 온 성내에 메아리로 울려 퍼진 것이었습니다.

이 가시투성이의 책 속에는 한 귀여운 아이가 잠들어 있습니다. 학문이라는 번쩍번쩍한 갑옷을 차려입은 행복한 왕자 따위는 아이에게 다가오지 말 것. 왕자의 입맞춤으로 눈을 뜬 아이는 벌떡 일어나서 왕자를 집어삼킬 테니까요. 이 책의 저자는 아이를 깨우는 주방장의 일을 자기가 떠맡았습니다. 따귀를 갈기는 소리가 학문의 성내에 카랑카랑한 메아리로 울려 퍼져야 할 날이 벌써 많이 지났습니다. 헛간에서 무슨 교수복을 짜겠다고 굳이 건드리지 말라는 옛날 물레를 만지작거리다가 손가락을 찔린 진리라는 그 불쌍한 아이도 그날이 오면 눈을 뜨겠지요(GB, 3:164).

이 현대판 동화를 읽으면, 독일 대학의 교수들에게 따귀를 갈기는 소리를 안들을 수 없다. 프랑크푸르트 철학과가 벤야민의 교수자격 청구를 거부함으로써 불러일으킨 추문은 오늘날까지도 완전히 수그러들지 않았다. 『독일 비애극의 기원』—특히 「서론: 인식 비판」—이 어려운 글인 것은 맞다. 하지만 『독일 비애극의 기원』의 어려움은 「괴테의 친화력」의 어두운 수수께끼와는 그 종류가 다르다. 『독일 비애극의 기원』은 비애극이라는, 옛날에 없어졌다고도 할 수 있는 드라마 형식의 역사적 의의를 탁월하게 분석해낸 저작으로서, 지금은 20세기 문학비평의 대표적인 성취 중 하나로 우뚝 서 있다.

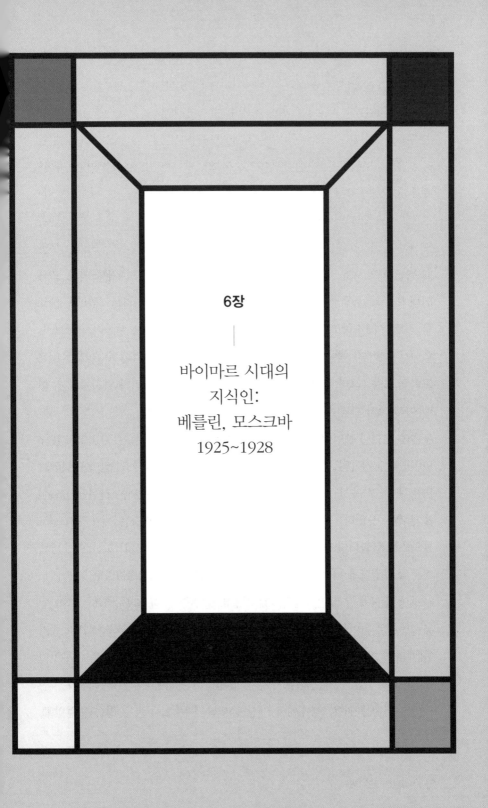

6장

|

바이마르 시대의
지식인:
베를린, 모스크바
1925~1928

1925년 봄과 여름, 벤야민의 비애극 연구가 학계로부터 거부당하면서, 그의 인생에서 독일 학계 진입을 시도한 시기는 막을 내렸다. 이제 그 앞에는 새로운 진로를 결정하고 가족을 부양할 방법을 찾아야 한다는 이중적 난제가 놓였다. 그때까지 벤야민 가족이 위태롭게나마 생계를 유지할 수 있었던 것은 도라의 노동, 그리고 벤야민의 부모에게 제공받는 공짜 거처 덕분이었다. 한데 이제 그가 희망을 걸었던 리트하워 출판사는 도산했고, 뒤이어 도라 또한 부업을 잃었다(벤야민 가족이 적자를 면하는 데 큰 역할을 한 것이 도라의 부업이었다). 벤야민은 부유하고 젊은 출판업자 리트하워가 5만5000마르크가 넘는 돈을 "자동차 유지비, 접대비, 팁, 임대료"로 탕진했다는 사실에 씁쓸함을 감추지 못했다: "고상한 사람이 응당 그러하듯, 이 남자는 이제 자기 발로 요양소로 향합니다"(GB, 3:31). 한때 전도유망했던 출판사가 도산 후에 남긴 것은 호화생활과 이상주의가 뒤섞일 때의 기분 나쁜 느낌뿐이었다.

벤야민은 독일의 언론출판계에 진입하기 위한 노력을 배가했다. 그가 언론출판계로 돌아선 시기는 바이마르공화국에서 대중매체가 폭발적으로 증가한 때와 일치했다. 중간층은 통화 안정 덕에 다시 한번 가처분소득이 무엇인지 알기 시작했고, 새로운 경제 상황에 편승하는 각종 매체가 우후죽순처럼 늘어났다. 베를린은 "세계에서 가장 중요한 신문 도시"라는 명성을 얻었고,

매달 2000종이 넘는 정기간행물이 베를린의 매대를 채웠다.

벤야민과 《프랑크푸르트 신문》의 문예란은 크라카워를 통해 이미 접촉이 있었다. 이 신문은 독일 좌파 자유주의 일간지 가운데 가장 오래되고 독자층이 넓었다. 《프랑크푸르트 기업신문》으로 창간된 것이 1856년, 《프랑크푸르트 신문》으로 바뀐 것은 1866년이었다. 창간 당시부터 좌편향 민주주의 쪽이었고, 1871년 이후 독일 제국 시기 초반에는 중요한 야당지였다. 1871년에서 1879년까지 편집장이 필자의 이름을 발설하지 않은 죄로 투옥된 것도 여러 번이었다. 바이마르공화국 초기 독자층은 주로 자유주의적 사업가와 전문직 종사자들이었지만, 머지않아 문예면이 인기를 끌면서 독자층은 더욱 넓어졌다. 문예면이 정치면, 경제면 못지않은 인기를 끈 것은 유명 작가들이 필자로 참여하면서였다. 고정 필자들 중에는 브레히트, 알프레트 되블린, 헤르만 헤세, 하인리히 만과 토마스 만 등 수많은 유명 작가가 있었다. 벤야민은 1925년 8월 16일 「프랑크푸르트 동요 선집」을 싣는 것을 시작으로 수십 편의 길고 짧은 기사와 문예란 기사를 싣게 된다.

벤야민에게 《프랑크푸르트 신문》 다음으로 중요한 매체는 빌리 하스가 편집하고 로볼트 출판사가 발행하는 《문학세계》였다. 벤야민이 《문학세계》와 관계를 맺은 것은 5월이다. 하스(1891~1973)의 이력을 보면, 프라하 유대인 커뮤니티에서 자랐고, 프란츠 베르펠과 프란츠 카프카 중심의 아르코 카페 서클에서 문학적 관심을 키웠다. 전쟁 이후에는 베를린으로 거처를 옮기고 글을 써서 생계를 이었다. 『기쁨 없는 거리』의 원작을 포함해 유명한 영화 대본 여러 편을 썼고, 《영화소식》에 영화비평을 썼으며, 나중에 카프카의 『밀레나에게 보낸 편지』를 편집한다(1934년 벤야민은 하스의 카프카 해석을 인용한다). 하스는 벤야민에게 프랑스 문화의 현황에 관한 일련의 기사를 청탁했고, 벤야민은 하스의 청탁을 열성적으로 받아들였다. 벤야민이 지드와 지로두에 대한 기왕의 관심을 유지하면서 "초현실주의자들의 문제작"에 몰입했던 것은 이 저널에 실을 글을 염두에 둔 행보였다. 그러면서 앙드레 브르통의 「초현실주의 선언」과 함께 루이 아라공의 『꿈의 물결』을 읽었는데, 아라공에 대한 지속적 관심은 바로 이 책에서 시작되었다. 《문학세계》에 무리 대학(벤야민과 숄렘 두 사람의 상상 속 대학)의 현황에 관한 고정 지면이 생기리라는 기대도 품었지만(이 기대를 숄렘에게 전하기도 했다), 도서관 신규 구매 도서들을 풍자하는 글 한 편이 실리는 데 그쳤다.[1] 《문학세계》에 대한 벤야민의 태도는 처음에는 열광이었지만, 머지않아 유보적으로 바뀌었고, 개인적으로는 비판적 태도로 바뀌었다. 《문학세계》의 초기 후원자였던 호프만슈탈에게 하스가 지나치게 우유부단하며 판매 부수에 연연한다고 귀띔하기도 했다: "나도 처음에는 이 저널의 창간을 당신과 똑같은 마음으로 환영했는데, 시간이 좀 지나면서 전혀 진지한 비평을 지향하지 않는다는 것을 (곧바로) 깨달았습니다. 편집이나 발행 쪽의 부득이한 사정을 무시하려는 게 아닙니다. 아무래도 이런 주간지는 가벼운 지면, 더없이 가벼운 지면이 있어야 할 테니까요. 그렇지만 바로 그런 이유에서 묵직한 내용을 논의해야 합니다. 칼럼이 아닌 지면에서도 마찬가지입니다"(GB, 3:116). 벤야민이 저널리즘의 방정식에 얼마나 고집스럽게 무지했는지를 알 수 있는 대목이다. 반면, 하스 쪽에서는 벤야민에게 아낌없는 신뢰를 보냈다: "나의 《문학세계》의 모든 고정 필자 중 내가 가장 높이 평가한 사람은 발터 벤야민이었다. 누가 봐도 아는 것이 많지만, 단순한 박식가와는 전혀 달랐다. 그는 말로든 글로든 하나의 주제를 다룰 때 유추나 은유나 정의를 끌어다 붙이지 않았다. 마치 출구가 막힌 동굴에 보물을 감추고 있는 땅속 요정이 탈출할 구멍을 파나가듯 그는 문제의 핵심으로부터 파나가는 고된 방식을 선호했다."[2]

벤야민은 《프랑크푸르트 신문》과 《문학세계》에서 고정 지면을 얻는 한편

---

1 볼 곳은 「도서 도착」(1925), GS, 4:1017-1018.

다른 유명 지면에도 점점 많은 글을 싣기 시작했다. 군대의 독가스 사용법을 가볍고 아이러니하게 다룬 글이 《포스 신문》에 실리기도 했다.[3] 『일방통행로』에 들어갈 글들도 지면을 확보하기 시작했다. 예컨대 「속물에 맞서는 열세 가지 테제」가 7월 10일 《베를린 일간지》(좌파 자유주의 진보 신문 중 《프랑크푸르트 신문》과 함께 독자층이 가장 넓은 매체)에 실렸다. 이듬해 벤야민에게 주어진 또 하나의 중요한 지면은 1926년 아르투르 레닝이 창간한 네덜란드 아방가르드 저널 《i10》이었다. 프랑스 남부로 휴가를 갔을 때 레닝을 알게 된 에른스트 블로흐가 얼마 후 벤야민을 레닝에게 잠재 필자로 소개하면서였다. 《i10》은 1년이라는 짧은 발행 기간에도 불구하고 지금까지 유럽 아방가르드의 가장 중요한 "군소 잡지"로 꼽히고 있다. 가장 선진적인 작가와 그 외 아티스트들의 작품이 실렸고, 사진과 영화에 주력한다는 특색도 있었다. 모호이-너지가 사진, 영화와 관련된 모든 지면의 편집장이라는 사실도 《i10》의 매력이었을 것이다.

또 다른 종류의 소득원이 조그맣게 열린 것도 그 1925년 봄여름이었다. 여러 건의 번역과 편집 작업이었는데, 그중에서 가장 힘들고 시간이 많이 걸린 일―그리고 결국 가장 유익했던 일―은 마르셀 프루스트의 세계 속에 몰입할 수 있었던 번역 작업이다. 벤야민이 맡은 책은 『잃어버린 시간을 찾아서』중 세 권 분량에 해당되는 『소돔과 고모라』였다: "보수는 전혀 좋은 편이 아니지만, 내가 이 중차대한 과제를 맡아야겠다고 생각할 정도는 됩니다"(C, 278). 최종 수령액은 작업비 2300마르크였고, 계약 기간 중에 소액으로 지급되는 형태였다(1925년 통화로 약 550달러였고, 계약 기간은 1926년 3월까지였다). 그 외에 규모는 비교적 작지만 난이도는 결코 낮지 않았던 또 다른

---

2 Haas, "Hinweis auf Walter Benjamin," *Die Welt*, 1955년 10월 9일, 인용은 Brodersen, *Walter Benjamin*, 175.

3 「내일의 무기들」이라는 글인데, 누가 썼는지 확실치 않다. "DSB"라는 서명은 도라의 이니셜이지만, 벤야민의 게재 글 목록에 포함되어 있다. 문체를 보면 발터 벤야민이 쓴 글 같다.

작업으로 프랑스 외교관이자 작가 생-존 페르스(필명은 알렉시 레저)의 산문시 「아나바시스」의 번역이 있었다. 벤야민이 보기에는 "하찮은" 작업이었지만, 계약 조건이 비교적 후하기도 했고, 작품의 문학적 기원도 매력으로 작용했다. 애초에 번역을 맡았던 릴케가, 벤야민이 본문 번역을 맡아줄 경우 자기가 서문을 쓰고 인젤(오랫동안 릴케의 작품을 펴낸 출판사)에서 책이 나오도록 주선하겠다고 해서 맡은 일이었다. 이번에도 호프만슈탈과 발행인 탕크마르 폰 뮌히하우젠의 추천이 있었다. 벤야민은 늦여름에 번역을 완성해 릴케와 호프만슈탈에게 보냈지만 출간을 보지는 못했다.[4] 한편 벤야민은 19세기 언어이론가이자 교육개혁가 빌헬름 폰 훔볼트 선집의 편집 작업에도 손을 댔다. 호프만슈탈이 자기 저널 《신독일 논집》에 관여하는 브레머 출판사의 발행인 빌리 비간트에게 벤야민을 추천해서 시작된 일이었다. 학계와 연결될 기회일 수 있겠다는 순간적인 낙관 탓에 첫 단추를 잘못 끼운 벤야민은 수익 가능성보다는 호프만슈탈에 대한 의리 때문에 청탁을 수락할 수밖에 없었다. 이 선집은 끝내 출간되지 않았지만, 이 작업을 위한 예비적 연구는 「훔볼트에 관한 성찰들」이라는 짧은 글에 일목요연하게 정리되어 있다. 이 글에 나오는 훔볼트에 대한 철저하게 부정적인 언급들—예를 들면, "언어의 마법적 측면 (…) 언어의 인간학적 측면, 특히 그 측면의 병리적 의미"를 간과했다는 언급, 또는 언어를 오로지 헤겔적 의미의 "객관적 정신"의 일부로 보았다는 언급—을 보면 벤야민이 왜 이 작업에 관심을 갖기 힘들었나를 짐작할 수 있다.[5] 한편 벤야민이 체결한 가장 비중 있는 출판 계약—로볼트 출판사와의

---

4 「아나바시스」의 독일어 번역에는 흥미로운 역사가 있다. 1929년에 그뢰튀젠이 내놓은 두 번째 번역 역시 지면을 얻지 못했다. 헤르베르트 슈타이너의 번역이 1950년에 *Das Lot*에 게재되면서 이 작품의 번역이 처음으로 활자화되었다. *Das Lot*의 편집자주를 보면 슈타이너의 번역이 벤야민과 그뢰튀젠의 공동 번역 버전을 토대로 했다고 하는데, 벤야민과 그뢰튀젠이 공동 번역을 했다는 기록은 그 어디에도 없다. 릴케의 자료 속에 보관되어 있던 벤야민의 번역은 GS, *Supplement 1*(1999), 56-81에 처음 수록되었다.
5 SW, 1:424-425.

일괄 계약—이 8월에야 마무리되면서 장기 여행을 떠나는 당일에 겨우 계약서가 작성되었다. 출판사가 1926년 한 해 동안 저자에게 소액의 고정 연구비를 제공하면서 『독일 비애극의 기원』, 『친구들을 위한 소책자』(『일방통행로』라는 제목으로 출간되는 책의 가제), 「괴테의 친화력」의 출판권을 보장받는다는 내용의 계약이었다.

벤야민이 맹렬한 기세로 지면을 찾아다닐 수 있었던 저변에는 더없이 야심만만한 독서 계획표가 있었다. 이때 읽은 여러 권의 책이 그에게 큰 감명을 주었는데, 그중에서 가장 의외의 책을 꼽자면 1924년에 나온 토마스 만의 대작 『마의 산』이었다. 4월 6일에는 숄렘에게 그 감상을 전하기도 했다: "그는 내가 가장 혐오한 저널리스트 중 한 명이었는데, 어쩌다가 이 사람의 신작 『마의 산』을 읽고 나니 그와 가까워졌다는 느낌이 듭니다. 이 책에는 그야말로 본질적인 무엇—예전부터 나를 감동시켰고, 지금도 나를 감동시키는 무엇—이 나타나 있습니다. (…) 작가가 이 소설을 쓰는 동안 심경의 변화를 겪은 것이 틀림없습니다"(C, 265). 벤야민이 꼽은 이 책의 강점은 20세기 초의 주요 지성 사조들을 포괄적이면서도 구체적으로 그려 보인다는 것, 그리고 토마스 만이 초기의 니체적 보수주의를 극복하고 디오니소스적 인본주의(주인공의 여담 부분인 「눈」이라는 장에 요약되어 있는 사상)의 단계로 넘어갔다는 점이다. 비관주의이며 신화 에너지를 품고 있다는 점은 두 단계가 마찬가지라고 해도, 두 번째 단계가 좀더 변증법적이었다. 이 편지에는 토마스 만이 「괴테의 친화력」을 읽었을까를 궁금해하는 대목이 있는데, 『1900년경 베를린의 유년시절』 일부가 토마스 만의 스위스 망명 저널 《척도와 가치》에 실리고, 토마스 만이 벤야민을 "독일 비애극에 관한 놀라운 통찰을 보여주는 심오한 저서, 곧 알레고리의 철학과 역사를 동시에 다룬 책"의 저자로 기억하게 되는 것은 그로부터 10년이 더 지나서다.[6] 한편 『마의 산』은 델브뤼크 슈트라세 저택의 생활이 어떠했는가를 일별케 해주는 흔치 않은 계기 중 하나다. 때는 1925년 가을, 발터의 여동생 도라의 친구로 델브뤼크슈트라세에 와 있던 힐데 랑게가 하이킹에서 돌아와보니, 온 가족(부모와 세 자녀)이 『마의 산』을 놓고 토론에 열중해 있었다. 벤야민의 편지들을 보면 벤야민이 가족 사이에서 고립된 생활을 했다는 인상을 받게 되지만, 이 일화를 보면 무려 이 시기까지도 온 가족을 묶어주는 공감대가 있었음을 알 수 있다.[7]

1924년에 세상을 떠난 프란츠 카프카를 긴 호흡으로 만난 것도 이 몇 달 간이 처음이었다. 『소송』에서 발췌한 「법 앞에서」라는 짧은 글을 읽은 후에는 "독일 최고의 단편소설 중 하나"라고 선언하기도 했다(C, 279). 좌파 정치학 공부를 이어나가는 시기이기도 했다. 숄렘에게 좌파 정치를 일종의 진로로 생각한다는 편지를 보낸 것은 일찍이 5월의 일이었다: "만약 출판 쪽 일이 잘 풀리지 않는다면, 마르크스주의 정치학 연구를 좀더 진행한 뒤 당에 가입할 까 생각 중입니다. 그러면 머잖아 최소한 단기로라도 모스크바에 갈 가능성이 있습니다"(C, 268). 이미 독일 공산당에서 확고히 자리잡은 남동생 게오르크로부터 받은 서른세 번째 생일 선물은 레닌 저작 선집이었다. 숄렘이 보내온 근사한 선물은 모제스 멘델스존의 1783년 『예루살렘 또는 종교 권력과 유대교에 관하여』 초판본이었고, 함께 보내온 또 한 권의 책은 1924년에 나온 자크 리비에르의 획기적인 프루스트 연구서였다. 리비에르의 작업은 훗날 『파사주 작업』에서 중요하게 등장한다.

프랑크푸르트에서 교수 자리 문제로 불안과 우려에 시달리다가 결국 낭패를 당한 그 길었던 몇 달 동안 벤야민이 주기적으로 섭취한 약은 여행 계획이라는 심리적 "독약"이었다. 골치 아픈 문제들로부터 도망치고 싶다는 막연한 소망은 화물선을 타고 지중해의 기항지를 돌아다닌다는 계획으로 구체화되

---

6 Mann, "Die Entstehung des Doktor Faustus," 708. 1912년 「오늘날의 신앙심에 관한 대화」에 서 토마스 만이 어떻게 언급되는지를 보면, 벤야민이 만을 항상 "혐오"했던 것은 아님을 알 수 있다 (EW, 72–73).
7 Benjamin, *George Benjamin*, 176.

었다. 애초의 기대는 아샤 라치스와 동행하는 것이었지만, 동행에 성공한 것은 베를린에서 바지선을 타고 함부르크까지 가는 동안뿐이었다.[8] 8월 19일, 한껏 들뜬 벤야민을 태운 화물선이 함부르크에서 출발했다. 저렴한 만큼 불편한 점이 많으리라는 우려는 곧 사라졌고, 여행은 즐겁기만 했다: "이른바 화물선 위에서 펼쳐지는 이 여행은 더없이 안락한 삶을 노래하는 한 편의 아리아입니다. 어느 도시로 가든 자기 방을 가져가는 셈이라고 할까. (⋯) 방랑자가 세간을 통째로 가지고 다니는 셈입니다. 호텔을 찾을 필요도 없고, 숙소를 구할 필요도 없고, 다른 투숙객을 신경 쓸 필요도 없습니다. 나는 지금 갑판 위에 누워 있습니다. 내 눈앞에는 제노바의 저녁이 펼쳐져 있고, 화물을 내리는 시끌벅적한 소리가 현대화된 '영원의 음악'인 듯 나를 감싸고 있습니다"(GB, 3:81). 8월 말에 처음으로 육지에서 어느 정도 긴 시간을 보낼 수 있게 된 벤야민은 체력의 한계를 시험하는 더위 —벤야민에 따르면, 양지 온도 50도—에도 불구하고 "매혹적 이국성"을 띤 세비야와 코르도바 근교를 돌아다녔다. 웅장한 모스크와 함께 "고야의 힘, 롭스의 마음가짐, 비어르츠의 소재"를 갖춘 스페인의 바로크 화가 후안 발데스 레알의 작품을 본 것은 코르도바에서였다(C, 283). 바르셀로나에서는 람블라스가 파리의 불바르와 닮은 것에 놀라기도 하고, 도시 안에 야생적이고 거친 면이 고스란히 남아 있다는 데 놀라기도 했다. 특히 바르셀로나의 숨은 구석구석을 찾아다닐 때는 화물선 선장을 포함한 승무원들과 함께였다: "내가 대화를 나눌 수 있었던 부류는 승무원들뿐이었습니다. 배움은 짧지만 스스로 판단할 줄 아는 사람들입니다. 뭍에서는 찾기 힘든 감각, 곧 잘 자란 사람과 막 자란 사람을 구분할 줄 아는 감각이 발달한 사람들이기도 합니다"(C, 283). 벤야민과 그 사람들 사이에 진지한 대화가 오가는 모습이 잘 안 그려질지 모르지만, 그들이 벤야민을

---

8 Lacis, *Revolutionär im Beruf*, 52-53. 라치스는 벤야민이 함부르크에서 화물선에 오른 시기를 1925년 8월이 아닌 1924년 가을로 잘못 기억하고 있다.

일행으로 받아들이면서 모종의 존경을 표했다는 것은 분명하다. 벤야민은 화물선을 떠나면서 선장에게 자기가 번역한 발자크의 책을 보내주겠다고 말하기도 했다.

한동안 제노바에 정박했을 때는 리비에라 해안과 라팔로와 포르토피노를 잇는 곳(유명한 산책로)을 찾아갔고, 피사에 며칠간 정박했을 때는 처음으로 루카라는 성곽 도시에도 가볼 수 있었다. 벤야민이 그곳에서 맞은 특이한 장날의 경험은 『일방통행로』에서 가장 인상적인 사유이미지 중 하나인 「비매품」(「장난감」 섹션의 일부)이 나오는 계기가 되었다. 이 글에 따르면, "좌우가 대칭인 길고 좁은 천막" 안에 기계 장치가 된 진열대가 있고, 그 사이로 관람자가 지나가는 길이 있다. 진열대에서는 기계 장치가 된 인형들이 역사적, 종교적 알레고리를 선보이고, 그 모습은 "일그러진 거울"에 비춰진다. 이렇듯 「비매품」은 역사가 의식의 산물들 속에서 어떻게 스스로를 일그러뜨리는지를 이미지로 포착하고자 한 최초의 시도들 중 하나다. 마르크스주의와 손잡은 지 얼마 안 된 시기여서겠지만, 이 글에서 벤야민은 이 일그러짐의 최종 효과를 솔직담백하게 낙관하고 있다: "오른쪽 문으로 들어갔다가 왼쪽 문으로 나가게 되어 있다"(SW, 1:474-475). 나폴리에 도착한 벤야민은 화물선 여행을 끝내면서 승무원 친구들과도 헤어졌다: "이 도시는 지난해부터 내 마음에서 차지하고 있던 만큼의 자리를 또다시 가득 채워주고 있습니다"(C, 284) 함께 여행하는 아도르노와 크라카워를 우연히 만난 벤야민은 그때까지도 포시티노에 살고 있던 알프레트 존-레텔까지 합류시켜 카프리 여행을 주도했다. 카프리는 "일주일이 순식간에 지나갈 수 있는" 곳이었다(GB, 3:80). 마침 그때 율라 라트-콘이 남편 프리츠와 함께 이탈리아를 여행하던 중이었고, 벤야민은 잠시나마 그녀와 다시 친밀한 관계를 맺을 수 있었다. 이듬해까지도 오랫동안 벤야민은 카프리에서 그녀가 자기 방에 와 있던 그때를 떠올리곤 했다.

카프리를 떠난 벤야민은 라트비아(발트 3국 중 하나)의 수도인 리가로 향했다. 도착한 것은 11월 초였다. 아샤 라치스를 만나기 위해서였다. 계획이 있었던 것인지, 라치스와 함께했던 한 해 전 여름을 떠올린 즉흥적 여행이었는지는 알 수 없다. 당시 벤야민에게 라치스가 얼마나 중요했는지, 그리고 벤야민이 라치스의 집을 찾아갈 때 얼마나 들떠 있었는지를 어느 정도 보여주는 글은 『일방통행로』의 「총기와 탄약」이다.

그녀가 살고 있는 리가에 도착해서 그녀의 집으로 가는 길이었다. 전에 가본 적은 없다. 처음 와본 도시, 모르는 언어를 쓰는 도시였다. 나를 기다리는 사람은 없고, 내가 간다는 것을 아는 사람도 없었다. 두 시간을 혼자 걸어갔다. 그 길을 걸은 것은 그때가 마지막이었다. 모든 대문에서 화염이 솟구쳤고, 모든 길모퉁이에서 불똥이 튀었고, 모든 전차가 소방차처럼 달려왔다. 그녀가 걸어 나올 수 있는 대문, 그녀가 돌아 나올 수 있는 모퉁이, 그녀가 타고 있을지 모르는 전차였다. 내가 먼저 그녀를 보아야 했다. 그녀가 먼저 나를 본다면, 그녀의 시선은 타들어오는 도화선이나 마찬가지일 것이고, 나는 탄약고처럼 터져버릴 수밖에 없을 것이다(SW, 1:461).

정작 라치스는 벤야민이 대문 앞에 나타나리라는 것은 꿈에도 모르고 있었다. 당시 공산당 연극 여러 편을 무대에 올리면서 프롤레타리아 아동극단 창단에도 관여하는 라치스를 라트비아 정부는 체제전복죄로 체포하겠다며 벼르고 있었다. 그런 상황에서 "휴가용 연인"의 등장은 불유쾌한 충격이었다: "그날은 초연 전날이었다. 급한 걱정거리를 가득 안고 리허설에 가는 길이었다. 내 눈앞에 발터 벤야민이 서 있었다. 그이는 기습을 좋아했지만, 이번 기습은 기분 좋은 것과는 거리가 멀었다. 그이는 다른 별에서 온 사람이었고, 나는 그이에게 내줄 시간이 없었다."9 벤야민은 쓸쓸한 시간을 보내면서도

리가를 떠나지 못했다. 라치스의 호된 꾸지람과 벤야민 자신의 풀죽은 우울이 온 도시에 가득한 듯했다. 「입체경」(『일방통행로』「장난감」섹션의 일부)에서 벤야민은 리가라는 도시를 하나의 거대한 시장으로 기억하고 있다. "나무 좌판들이 빼곡히 들어찬 도시", 작은 기선들이 정박하는 탓에 "검은 그을음이 묻은 난쟁이 도시"였다: "이 도시의 수많은 가판대에서는 알록달록한 종이 장식을 1년 내내 볼 수 있다. 이 장식이 서쪽 나라까지 진출하는 것은 겨우 성탄절뿐이다. 지금 이 장식은 가장 사랑했던 사람에게 꾸지람을 듣기라도 한 듯 축 늘어져 있다."[10] 잘로몬에게 보낸 편지를 보면, 이번에도 퇴짜 맞은 일이 육체에 영향을 미쳤음을 알 수 있다: "내 건강 상태는 불만스러운 점이 많습니다"(GB, 3:100). 라치스와의 만남이 그가 기대한 만큼 즐거운 적은 한 번도 없었지만, 이따금 극장에 가면 그녀를 만날 수 있었다. 그렇게 우연히 보았던 작품 중 하나가 굳건한 프티부르주아 정부에 정면으로 도전하는 반체제 연극이었는데, 엄청난 관객이 몰린 탓에 인파에 떠밀려 문기둥에 짓눌리는 곤경에 처하기도 했다. 나중에야 가까스로 빠져나와 창틀에 기어 올라갈 수 있었지만, 라치스에 따르면 모자는 찌그러지고 재킷과 셔츠 깃은 엉망으로 구겨져 있었다고 한다. 이 연극에서 벤야민이 유일하게 마음에 들어한 것은 실크해트를 쓴 신사와 노동자가 한 우산 아래서 잡담을 나누는 장면이었다. 이 장면에서 벤야민이 어느 쪽에 공감했는지는 알 수 없다.[11]

12월 초순 벤야민은 도라, 슈테판, 그레테 레바인(슈테판의 유모)으로 이루어진 델브뤼크슈트라세의 베를린 생활로 돌아와 있었다. 라치스와의 미래를 생각할 수 없는 현실과 화해한 듯, 벤야민은 가정생활에 정착하면서 이제 일곱 살 반이 된 슈테판과 더 많은 시간을 보내기 시작했다. 매주 몇 시간씩

---

9 Ibid., 56.
10 SW, 1:474.
11 Lacis, *Revolutionär im Beruf*, 57.

슈테판에게 책을 읽어주기도 했다: "우리가 읽는 책이 명하는 대로, 동화 속 혼돈의 세계를 정처 없이 거닐었습니다"(C, 287). 하누카 축일에는 벤야민 자신의 어릴 적 기억을 되살려 두 친구와 함께 슈테판과 슈테판의 친구들을 위한 인형극을 공연하기도 했다. 오스트리아의 인기 극작가 페르디난트 라이문트의 "경이로운" 동화극이었다(C, 288). 1918년부터 간헐적으로 등장했던 슈테판 어록—한 아이의 언어세계를 기록한 아카이브—이 다시 등장한 것도 슈테판과의 접촉이 늘어난 이때부터였다. 이 기록은 벤야민이 자기 아들을 어떤 방식으로 이해하고 있었는지, 그리고 벤야민의 가정 내 위치가 어떠했는지를 짐작케 해주는 중요한 자료이기도 하지만, 이 기록의 주요 내용은 아이가 만들어내는 귀여운 신조어(의미를 오해하거나 발음을 오인한 말, 독창적인 복합어, 우스운 표현 등)의 목록이다. 벤야민 같은 철학자에게 아이라는 존재는 사람의 언어의 기원에 대해 알려주는 실험실이나 마찬가지였고, 어린 슈테판의 말들은 벤야민의 글들에서 평생 중요한 역할을 했다(물론 아버지가 아들에게서 찾아낸 것은 아버지 자신이 찾고 싶어한 것들—텔레파시라는 현상, 무생물을 흉내 내는 행동, 무의식의 징후 등 자신의 학문적 관심에서 비롯되거나 혹은 학문적 성과로 이어질 것들—이었다). 한편 이 어록은 가정생활(이 경우는 아버지의 작업에 맞춰진 가정생활)이 어떤 방식으로 언어를 조형하는지를 보여주는 언어사회학 자료로서의 의의도 있다. 벤야민이 기억하는 슈테판의 첫말은 "조용히"(아빠가 책을 읽거나 글을 쓰는 동안 엄마가 가장 많이 사용했을 단어)였다. 유모 그레테 레바인의 이야기를 옮긴 것으로 보이는 한 에피소드가 특히 흥미롭다.

우리 부부가 집을 비운 날, 내가 작업을 하느라 집 안에서 조용히 하라고 시켰던 날로부터 며칠 후, 아이와 그레테 둘이 부엌에 있다. 아이는 말한다. "그레테 좀 조용히 있어. 아빠 지금 일해야 해. 좀 조용히 있어." 그러고는 어두운 계단을 올라가 자기 방의 두 문짝을 모두 열고 안으로 들어간다. 잠시 후 그레테가 아이를 따라 올라가보니, 아이는 어두운 방 안에 가만히 서 있다. 아이는 말한다. "아빠 방해하지 말라고 했잖아. 아빠 일해야 한다고 했잖아."[12]

이 에피소드에는 여러 모티프—아이의 역할놀이는 부재하는 아버지에 대한 보상이다. 가정생활이 모든 면에서 아버지의 일에 예속되어 있다. 아이는 일을 어둡고 근사한 고립 속에 사는 것으로 받아들인다 등—가 얽혀 있다. 또한 이 에피소드에는 아버지가 아들에게 갖는 양가감정 같은 것도 담겨 있다. 한편으로 벤야민은 이 어록의 타자본을 친구들에게 배포하려는 생각까지 했을 만큼 아들의 언어적 재능(아니면 최소한 자기가 기록한 자료 자체의 가치)을 매우 높이 평가했다. 이 어록을 가리켜 슈테판의 '견해와 사유'—작가 비망록의 오랜 전통을 장난스럽게 빗댄 제목—라고 칭하기도 했고, 성탄절에 집에 놀러 온 에른스트 쇤으로부터 슈테판이 장차 큰일을 할 아이라는 말을 듣기도 했다. 다른 한편 벤야민에게는 아들에 대해서 학년말 성적이 "정확하게 평균 점수"라고 정리하는 냉정한 면모도 있었다(GB, 3:131). 이런 냉정함은 아들에게도 감지되었다. 슈테판의 딸 모나 진 벤야민에 따르면, 아버지 슈테판 벤야민(런던의 박식한 서적상)은 할아버지 발터 벤야민을 화제로 삼는 것을 극도로 꺼렸다: "아버지는 할아버지를 자기 아버지라기보다는 지성계의 한 인물로 느꼈습니다. 아버지에게 할아버지는 아주 멀게 느껴졌죠. 아버지가 기억하는 할아버지는 외국에 나가서 장난감을 사다주곤 했던 사람이었습니다. 아버지에게 할아버지 이야기를 한다는 것은 매우 힘든 일이었어요."[13]

---

12 Walter Benjamin's Archive, 123.
13 Jay and Smith, "A Talk with Mona Jean Benjamin, Kim Yvon Benjamin and Michael Benjamin," 114.

도라 벤야민(여동생), 1920년대 후반(예술 아카데미, 베를린, 발터 벤
야민 아카이브)

이 시기 벤야민은 동생들과의 접촉이 늘었다. 여동생 도라는 아직 부모 집에 살고 있으니 날마다 마주칠 수밖에 없었고, 남동생 게오르크는 따로 집을 구해 살면서도 델브뤼크슈트라세 저택에 들를 때가 많았다. 도라가 나온 학교는 비스마르크 리체움(부모 집과 가까운 그루네발트에 위치한 여학교)인데, 당시에는 그런 학교를 졸업해도 아비투르(대학 입학에 필요한 졸업 증서)를 받을 수 없었다. 프로이센 정부가 여학생에게도 남학생과 똑같은 진학 기회를 주는 법을 통과시킨 것은 일찍이 1908년이지만, 1918년까지도 여학생에게 아비투르를 준 학교는 프로이센 전역에서 마흔다섯 곳뿐이었다.[14] 대학에 가려면 도라도 여성 수험생을 위한 사설 강좌들을 이용하는 수밖에 없었다. 그러다가 1919년 프로이센 정부가 여학생의 남학교 입학을 허용했고, 도라는 곧 그 기회를 잡아 그루네발트레알 김나지움(오빠 게오르크가 1914년에 졸업한 학교)에 들어갔다. 1921년 김나지움을 졸업한 후에는 베를린 대학, 하이델베르크 대학, 예나 대학에서 경제학을 공부했고, 1924년에는 그라이프스발트 대학에서 여성의 의류업 가내노동이 아이의 양육에 미치는 영향에 관한 논문으로 박사학위를 받았다.[15] 도라에게 1920년대는 학위논문 수정본을 단행본으로 출간하고 관련 논문 여러 편을 《사회 실천》에 발표하면서 프롤레타리아 계급의 노동과 가정을 둘러싼 복잡한 문제들에 대한 권위자로 인정을 받아가는 시기였다. 도라가 오빠 게오르크와 가까워진 데에는 오빠의 아내가 되는 힐데 벤야민과 친했다는 점과 함께 이러한 접점이 있었다. 한편 발터보다 세 살 아래인 게오르크는 재학 중에 전시에 징집되었고, 1920년에는 독립사회민주당에, 1922년에는 공산당에 입당하면서 1923년에야 의학 박사학위를 받았다. 벤야민과 여동생은 1930년대 들어서도 한참 동안 불편한 관계가 지속됐던 반면, 벤야민과 게오르크는 자주 만났고, 특히 발터가

---

14 Schock-Quinteros, "Dora Benjamin," 75.
15 Ibid., 79.

극좌로 움직이기 시작하면서 형제관계는 더욱 친밀해졌다. 1926년 초 게오르크와 힐데 랑게가 결혼할 당시에 벤야민은 힐데가 게오르크에 의해 공산주의자로 "양성"되었다는 논평과 함께 기독교인인 힐데의 부모가 이 결혼에서 "이중으로 쓴맛"을 느낀다는 논평을 남겼지만(C, 288), 둘 다 근거 없는 말이었다. 게오르크와 힐데가 처음 만난 게 힐데가 게오르크의 여동생 도라를 만나러 집에 찾아왔을 때라는 것은 사실이겠지만, 그때 이미 힐데는 좌파의 길을 걷고 있었고, 힐데에게 게오르크는 스승이 아닌 동지였다. 게오르크와 힐데는 1920년대에 공산당에서 점점 두각을 나타냈다. 게오르크는 1925년에 베를린-베딩 구립학교 촉탁의로 임명되어 프롤레타리아 아이들을 진료하는 한편 사회 위생 문제에 관한 학술적인 글과 대중적인 글을 꾸준히 발표했다. 법학을 전공하고 시험을 준비하던 힐데는 1929년에 변호사 시험에 합격했다. 훗날 판사가 된 힐데는 1950년대에는 반체제 인사들에 대한 가혹한 판결로 악명을 떨치며, 1960년부터 1967년까지 동독 법무장관으로 재직하게 된다. 그렇지만 1926년만 해도 게오르크와 힐데 부부의 작은 아파트는 여러 공산당 지식인과 좌경 부르주아 지식인이 어울리는 살롱 같은 곳이었다.

주요 연구가 단행본 분량 정도 되는 것이라면, 1917년 이래 처음으로 벤야민에게는 프루스트 번역(학문적 필요 때문이 아니라 경제적인 이유에서 하게 된 작업)을 제외하고는 진행 중인 주요 연구가 없었다. 하지만 벤야민은 동시대의 본격적인 프랑스 문학을 소개하는 창구로 자리잡는 것이야말로 자기가 독일 출판계에서 고유한 입지를 확보하는 방법임을 깨닫기 시작했다. 당대 프랑스를 잘 알고 있다는 "이 빈약한 사실을 가지고 튼튼한 관계를 직조"하리라고 결심하기도 했다. 사실 1925년 후반과 1926년 초반 벤야민은 쓰는 글이 거의 없는 대신 읽는 글은 "죄스러울 만큼 많"았고, 그런 글의 대부분은 프랑스어로 된 것이었다(C, 288). 한편 다른 관심사에서 비롯된 독서도 있었다. 우선 트로츠키를 읽는 한편 루카치를 둘러싼 논쟁과 부하린의 세계사 이

게오르크 벤야민, 1920년경(예술 아카데미, 베를린, 발터 벤야민 아카이브)

론을 읽었고(GB, 3:133), 클라게스를 읽는 한편 스위스의 법학자 겸 역사가이자 모계사회 이론가인 요한 야코프 바흐오펜에 카를 알브레히트 베르누이의 저서를 읽었다. 이와 관련해서 숄렘에게 전한 이야기를 벤야민은 1930년대 들어서도 한참 반복한다: "바흐오펜과 클라게스는 논쟁을 피할 수 없습니다. 이 논쟁을 논리정연하게 진행하려면 유대교 신학의 관점을 취해야 할 것입니다. 이 비중 있는 두 작가가 유대교 신학이라는 전장에서 서로를 숙적으로 알아본 것은 당연한 일이었습니다"(C, 288). 벤야민은 그 후 15년 넘게 이 "논쟁"을 정리하는 작업으로 되돌아오지만 바흐오펜과 클라게스에 관한 그의 결정적인 글은 결국 나오지 않았다. 그 무렵에도 물론 탐정소설은 다량으로 읽었다. 다만 이 무렵에는 크라카워와 편지를 주고받으면서 탐정소설 같은 개인적인 취향을 진지한 연구 소재로 이용할 방법을 찾아내기 시작했다. 탐정물을 사체액설四體液説의 관점에서 바라본 평자는 탐정물 논의의 역사상 벤야민이 유일한 듯하다: "탐정이라는 새 인물을 사체액설이라는 옛 도식에 끼워 맞추자면 (…) 탐정은 우울질일 뿐 아니라 점액질입니다"(GB, 3:147).

당시 벤야민은 항상 프루스트 번역을 염두에 두었고(실제로 번역을 하고 있었는지는 알 수 없다), 프루스트의 "철학적 고찰 방식"이 자신과 비슷하다고 생각했다: "그의 글을 읽을 때마다 우리는 동류라는 느낌을 받았습니다"(C, 278). 디 슈미데라는 문학 전문 출판사가 갈리마르 출판사로부터 『잃어버린 시간을 찾아서』의 판권을 산 것이 1925년이고, 그중 첫째 권이 그해 작가 루돌프 쇼틀렌더의 번역으로 나왔다. 그런데 프루스트의 걸작의 첫 독일어본인 이 책에 혹평이 쏟아졌다. 젊은 로만스어 학자 에른스트 로베르트 쿠르티우스는 미련할 뿐 아니라 오류로 점철돼 있다는 악평을 내놓았다. 훗날 중세 로만스어의 일류 해석자로 자리잡는 쿠르티우스는 당시 이미 주저를 내기 시작한 학자였다. 쿠르티우스의 혹평에 놀란 갈리마르 출판사의 프루스트 편집진은 프랑스 대사를 동원해 디 슈미데 출판사에 개입했다. 1926년 가을에는 벤야민과 프란츠 헤셀이 디 슈미데 출판사에서 『잃어버린 시간을 찾아서』 전체(이미 번역된 1권과 3권을 포함)를 번역한다는 논의가 이뤄졌고, 그해 8월에는 벤야민과 헤셀이 번역한 첫 권(『잃어버린 시간을 찾아서』의 2권)이 완성돼 있었다. 두 사람은 총 세 권 반을 함께 완성하는데, 그중 2권 『꽃핀 소녀들의 그늘에서』는 1927년 디 슈미데 출판사에서 출간되었고, 3권 『게르망트 쪽』은 디 슈미데가 파산한 뒤 1930년 피퍼 출판사에서 출간되었다. 벤야민이 완성해놓았던 『소돔과 고모라』—1924년 여름에 카프리에서 그토록 맹렬히 작업한 결과물—는 결국 출간되지 않았다(원고의 행방은 여태 알 수 없다). 헤셀과 벤야민은 5권 『갇힌 여자』의 완성을 앞두고 갈라섰다. 벤야민은 숄렘에게 보낸 편지에서 "이 번역이 가독성을 얻으려면, 기적적인 일이 일어나야 할 것"이라고 말하기도 했다: "터무니없이 어려운 작업인데, 내가 여기에 할애할 수 있는 시간이 여러 이유에서 그리 많지 않습니다"(C, 289). 그 여러 이유 중 하나는 비교적 낮은 보수였다. 프루스트의 풍성하고 팽만한 문장들의 번역 불가능성이라는 문제도 있었다: "마침표를 계속 유예하는 프루스트의 문장은, 원작에서는 프랑스의 언어정신 그 자체와 긴장하는 작품의 중요한 특징인 반면, 독일어 번역에서는 원작에서와 같은 연상 효과와 기습 효과를 불러일으킬 수 없습니다"(C, 290). 그렇지만 벤야민은 번역과 씨름하면서 프루스트에 대한 대단히 독창적이고 놀라운 몇 가지 결론을 얻었다: "그의 천재성에서 가장 문제적인 면은, 모든 육체적, 정신적인 것에 대해 인륜성을 철저히 제거한 상태로 더없이 면밀한 관찰을 한다는 것입니다. 어떤 면에서는 거대한 실험실에서 이루어지는 관찰로도 볼 수 있지요. 그렇게 본다면, 관찰의 대상은 시간이고, '실험 장치'는 수천 개의 평면거울, 오목거울, 볼록거울입니다"(C, 290-291). 이 생각은 1929년에 나올 「프루스트의 이미지」(프루스트와 『잃어버린 시간을 찾아서』에 대한 탁월한 초창기 평가 중 하나)에서 좀더 가다듬어진다.

벤야민은 새로 나올 『소비에트 백과사전』 '괴테' 항목 300줄을 써달라는 청탁 역시 수락했다. 청탁 중개자는 베른하르트 라이히였던 듯하다. 글은 1928년 후반에야 겨우 일부가 삭제된 형태로 나온다. 벤야민이 이 과제에 착수하는 태도에는 적잖은 아이러니와 더불어 진정한 열의가 있었다: "나를 매료시킨 것은 이런 청탁을 수락하는 데 뒤따르는 숭고한 뻔뻔스러움이었습니다. 적당한 내용을 지어낼 수 있으리라 생각합니다"(C, 294). 이 글을 쓰기 위해 벤야민은 한편으로는 괴테가 동시대 좌파 문화에서 어떤 역할을 하는지에 관해 베딩에서 게오르크 벤야민과 힐데 벤야민, 그리고 그들의 친구들과 함께 여러 차례 활발한 대화를 나눴고, 다른 한편으로는 19세기 문학사를 폭넓게 읽어나갔다. 이를 통해 벤야민이 도달한 결론은, 괴테를 마르크스주의적 관점으로 바라보는 일은 올림포스의 신과 같은 이 인물을 지상으로 끌어내릴 기회라는 것, 그러려면 괴테를 역사적으로, 다시 말해 문학사의 한 부분으로 다루어야 하리라는 것이었다.

지난 세기 중반에 나온 율리안 슈미트의 세 권짜리 『레싱 사후 독일 문학사』는 아름답게 둘러쳐진 프리즈 조각과 같은 선명함과 단단함을 갖추고 있습니다. 문학사를 백과사전처럼 집필하는 사람들이 무엇을 잃어버렸는지를 알게 해주고, 최근 학술서 작법의 (반박 불가능한) 요건들은 모종의 에이도스, 모종의 생의 형상을 만들어내는 작업과 양립할 수 없다는 것도 알게 해주는 저서입니다. 새로 나오는 문학사들의 신중하고 미지근한 명제들이 무긴장, 무관심이라는 시대적 취향의 표현으로 전락하는 것을 막을 방법은 없는 데 비해(특히 그러한 약점을 상쇄해줄 만한 인격적인 면은 더욱 없는 데 비해), 슈미트의 강경한 시대 구분의 객관성은 역사적 거리가 생길수록 더 커진다는 점도 놀라웠습니다(C, 308).

또한 호프만슈탈 후기의 극작품 『성탑』에 대한 논평을 쓰는 것도 힘겨운 일이었다. 한편으로는 호프만슈탈에게 신세졌던 일을 떠올리면서 찬양조의 글을 쓰겠다고 결심했지만, 다른 한편으로는 『성탑』이라는 작품에 대한 의구심, 그리고 칼데론의 『인생은 꿈』을 다시 쓰기 하는 방식으로 현대 비애극을 쓰겠다는 『성탑』의 의도에 대한 의구심을 떨치지 못하고 있었다. 벤야민은 논평에 착수하기도 전에 숄렘에게 편지를 보내 다음과 같이 말했다. "아직 읽진 않았지만, 읽는다고 해도 개인적인 판단이 바뀌진 않을 것이고, 개인적인 판단과 반대되는 저널리즘용 판단이 바뀌지도 않을 것입니다"(GB, 3:27).

베를린의 긴 겨울이 끝나갈 때 벤야민이 생각한 것은 역시 탈출이었다. 탈출의 구실은 당대 프랑스 문화에 대한 현지 조사를 추가할 필요성이었고, 벤야민이 기차를 타고 독일을 떠나는 데 더 필요한 것은 구체적인 촉매 한 방울이었다. 파리 남쪽의 교외 퐁트네오로제에 살고 있던 프란츠 헤셀과 헬렌 헤셀로부터 프루스트 번역을 진행하는 동안 함께 지내자고 초대받는 순간, 그 한 방울이 마련되었다. 벤야민은 초대를 받아들였지만, 헤셀 부부와 함께 지내는 대신 "호텔생활의 즐거움을 드디어 맛보는" 쪽을 택했다(C, 293). 벤야민이 몽파르나스 당페르로셰로 광장 근처 미디 호텔에 여장을 푼 것은 3월 16일이었다. 벤야민에게는 번역 작업을 앞당기고 이로써 번역료 지급도 앞당기겠다는 생각과 아울러 독일에서 제일가는 프랑스 문화평론가로 자리잡기 위한 실질적 행보를 시작하겠다는 생각이 있었다. 벤야민도 알고 있었듯이, 프랑스 문화를 대상으로 삼는 평론가가 되려면 프랑스어로 말하고 쓰는 실력을 더욱 다듬어 프랑스의 일류 작가나 지식인과의 진정한 관계를 가능케 할 진짜 언어의 "리듬과 온도"를 찾아야 했다(C, 302). 하지만 그가 파리로 온 것은 극도로 불안정한 상태를 벗어나지 못해서이기도 했다. 파리에서라면 생활비를 독일의 2분의 1 내지 3분의 1 수준으로 낮출 수 있겠다는 생각도 있었던 것이다. 율라 라트-콘이 파리에 살고 있다는 것도 그가 파리에 끌린 이유 중 하나였다.

카프리에 있는 동안 넘쳐흐르는 생명의 힘을 경험해봤던 벤야민은 파리의 봄 앞에서 그 힘을 다시 맛볼 수 있었다: "나는 봄이 이 도시에 가한 테러를 목격했습니다. 이 도시의 온갖 구역에서 하룻밤, 이틀 밤 사이에 초록의 것들이 폭발을 일으켰습니다"(GB, 3:141–142). 정처 없이 걷기를 좋아한 벤야민은 책 파는 좌판이 늘어선 강변이나 그랑불바르, 아니면 구석진 노동자 구역을 걸어다녔다. 베를린에서처럼 카페의 단골이 되었다. 가장 자주 간 곳은 돔 카페였다. 질 좋고 저렴한 음식이 나오는 식당들을 끊임없이 찾아다니다가 호텔 근처 마부 식당에서 값싼 멀티코스 식사를 발견하고는 열광하기도 했고, 세잔 전시회와 엔소르 전시회에 가서 모더니즘 예술에 대한 지식을 늘릴 기회를 얻기도 했다. 새로운 환경 속에서의 즐거운 생활은 생산성 향상을 낳았다: "요정들에게 도움을 얻는 마술 같은 비법을 발견했습니다. 어떤 비법인가 하면, 아침에 일어나자마자 옷도 안 걸치고, 손이나 몸에 물도 한 방울 안 묻히고 입에 물 한 모금 대지 않고 자리에 앉아서 작업을 시작하는 것, 그렇게 하루 치 작업을 끝내기 전까지 다른 일은 안 하는 것입니다. (당연히 아침 식사도 안 합니다.) 그러면 더없이 신기한 효과를 볼 수 있습니다. 오후가 되면 내가 하고 싶은 일을 하거나 아니면 유유자적한 시간을 보낼 수 있는 것입니다"(C, 297).

한낮의 배회flânerie가 벤야민의 유일한 도락은 아니었다. 벤야민이 파리 체류 초기에 율라 라트–콘에게 보낸 편지에 따르면, 파리에 온 뒤로 작업이 유난히 잘되는 이유는 저녁마다 돌아다니면서 "파리를 손가락 끝까지 빨아들이기" 때문이었다(C, 292). 대중문화에 대한 관심을 채우는 저녁도 있었다. '겨울 서커스'에서 프라텔리니 형제들의 유명한 광대극을 보기도 했다: "그들은 당신이 상상할 수 있는 것보다 훨씬 더 아름답습니다. 그들의 역량은 그들의 대중적 명성의 곱절은 됩니다. 그들로 하여금 그만한 명성에 이르게 해준 것은 과거의 익살 혹은 동시대의 익살이지 '현대판' 익살이 아니니까 말입니다"
(GB, 3:172). 어느 개인 스튜디오에서 열린 저녁 모임에서 초현실주의 촌극
을 보고는 그날의 경험을 《문학세계》에 싣기도 했다. 근본적으로 초현실주
의 예술에 줄곧 양가적 태도를 지녔던 벤야민에게 그날의 경험은 전체적으로
"낭패"였다. 한편 파리의 대중문화 가운데 좀더 어둡고 은밀한 부분은 벤야
민에게 전혀 다른 방식으로 영향을 미쳤다. '발뮈제트'(외국인들에게 알려지
지 않은 야한 댄스홀)에 다녀온 뒤로는 여러 친구에게 열띤 편지를 쓰기도 했
다. 다른 한편, 프란츠 헤셀이나 탕크마르 폰 뮌히하우젠, 또는 둘을 동시에
동행으로 삼을 때가 많았던 성매매 관광에 대해서는 비교적 수줍은 암시에
그쳤다. 이 세 독일인의 파리 화류계 답사가 정확히 어떤 성격이었는지에 대
해 벤야민 자신이 분명하게 밝힌 적은 없다: "최근 며칠 밤은 대단히 확실한
지침에 따라 파리라는 낡은 석벽 외투의 신비로운 구김살 사이를 답사했습니
다"(GB, 3:166). 이 그림의 빈 곳을 어느 정도 채워준 것은 수년 후 이혼 소송
중에 도라가 한 주장—헤셀이 1920년대 내내 벤야민에게 도덕관념이 문란
한 젊은 여자 여럿을 조달해주었다—이었다.

헤셀과 뮌히하우젠은 벤야민에 비해 훨씬 더 속사에 밝았다. 1912년 파리
에서 작가이자 발행인 뮌히하우젠(1893~1979)과 헤셀 부부가 알게 되면서
세 사람은 몽파르나스의 여러 예술 그룹에서 함께 활동했다. 뮌히하우젠은
헤셀이 징집된 1914년부터 헬렌 헤셀과 오랫동안 연인관계였고 전쟁이 끝난
뒤에는 마리 로랑생과 사귀었다. 트뤼포의 영화 「쥘 그리고 짐」에 나오는 포
르투니오의 모델이 바로 뮌히하우젠이다. 당시 그는 헤셀, 벤야민과 마찬가
지로 저널리즘과 번역으로 생계를 꾸리고 있었다. 벤야민이 그와 동행함으로
써 얻은 것은 지적 자극만이 아니었다. 뮌히하우젠은 거의 항상 매력적인 여
자를 데리고 다녔고, 종종 벤야민에게도 짝을 이룰 여자를 마련해주었다. 벤
야민은 율라 라트-콘에게 보낸 편지에서 다음과 같이 말했다. "뮌히하우젠

의 현지처는 유명하지 않은 대신 전혀 성가시지 않은 화가이고, 그녀의 남편은 말하기 어려운 형태로 원경 속에 사라졌습니다. (…) 당장은 이 세련된 비유대인 여성이 내 차지인 것 같습니다. 이렇게 둘씩 짝지어 다닐 때가 가장 즐거웠습니다"(C, 296). 샹티, 상리스 당일 여행 때의 이야기인데, 그 여성의 정체에 대해서는 아무런 힌트도 없었다.

1920년대에 프란츠 헤셀은 벤야민의 절친한 친구가 된다. 헤셀의 이력을 보면, 뮌헨 대학생 시절 이미 슈바빙 보헤미안의 중심이었다. 1903년부터 1906년까지는 카울바흐슈트라세 63번지의 유명한 "모퉁이 집"에서 영락한 파니 추 레벤틀로프 백작부인 그리고 그녀의 다른 애인들(그중에는 루트비히 클라게스와 카를 볼프스켈도 있었다)과 함께 지내면서 "생활 공산주의"를 실험하는 시기였다. 뮌헨의 '코스모스회'와 접촉하고 아울러 라이너 마리아 릴케, 알렉세이 폰 졸렌스키, 프랑크 베데킨트, 오스카어 파니차 등으로 구성된 독일에서 가장 선진적인 모더니즘 동아리와 접촉한 것도 이 시기였다.[16] 학업을 중단하고 레벤틀로프 백작부인과 결별한 뒤로는 파리로 건너가 몽파르나스의 예술판에 출몰하기 시작했다. 돔 카페에 출입하면서는 젊은 예술학도 헬렌 그룬트를 만났고(그녀와 결혼하게 된다), 미술품 수집상 겸 중개상 앙리-피에르 로셰를 만났다. 로셰의 소개로 파블로 피카소, 거트루드 스타인, 막스 자코브, 프랑시스 피카비아, 마르셀 뒤샹을 비롯한 파리 모더니즘의 핵심 인물들을 알게 되기도 했다. 군 복무를 마친 후에는 헬렌과 함께 뮌헨 남쪽 셰프틀라른이라는 마을에서 은둔생활을 즐겼다. (여기서 일련의 삼각관계가 연출되었다. 헤셀 부부와 로셰 외에도 헬렌 헤셀과 자매간인 요하나와 프란츠 헤셀과 형제간인 알프레트도 삼각관계의 일원이었다. 요하나와 알프레트는 부부였다. 최근까지 프란츠 헤셀은 주로 이런 연애사 때문

---

16 Reventlow, *Tagebuch*, 인용은 Wichner and Wiesner, *Franz Hessel*, 17.

프란츠 헤셀, 1928년경(울슈타인 사진 / 그레인저 컬렉션, 뉴욕)

에 유명했다. 트뤼포의 「쥘 그리고 짐」은 로셰가 1953년에 출판한 동명의 자전적 소설을 토대로 만들어진 작품이다.) 프란츠 헤셀과 헬렌 헤셀은 강렬한 삼자동거를 경험한 뒤 결혼생활을 깨뜨렸다가 1922년에 다시 결혼했다. 벤야민이 찾아왔을 당시 두 사람은 파리에서 극히 개방적인 합의 하에 동거 중이었다. 예를 들어 프란츠와 긴 연애관계에 있는 젊은 여자들 중 헬렌이 이름을 아는 여자만 최소 여섯 명이었다. 당시 헤셀은 한편으로는 프루스트를 번역하고 세 번째 소설 『알려지지 않은 베를린』을 쓰면서, 다른 한편으로는 로볼트 출판사에서 낼 단행본을 쓰는 중이었다. 벤야민이 『파사주 작업』을 시작하는 데는 헤셀의 도움이 컸고, 실제로 헤셀에게는 벤야민과 비슷한 점들이 있었다. 일상생활을 영위하는 데 거의 문외한이며 외모 면에서 별로라는 게 그것이었다. 헤셀의 아들 슈테파네에 따르면, "아버지는 거의 대머리였고, 키가 작았으며, 뚱뚱한 편이었다. 표정과 몸짓은 부드러웠다. 우리 눈에 비친 아버지는 자식들과 거의 상관없이 자기만의 세계에서 살아가는 다소 명한 현자였다. 말수가 많진 않았지만, 말하는 방식에 신중을 기했고, 단어 배치를 가지고 장난하는 것을 좋아했다."[17]

벤야민과 헬렌 헤셀의 관계는 복잡했다. 벤야민은 한편으로는 그녀가 자기를 "사교의 술책"에 끌어들이려 한다는 생각에 혐오감을 느꼈지만, 다른 한편으로는 그녀의 추파를 즐길 뿐 아니라 그녀의 추파에 "같은 방식으로 응하지 않겠다"는 자기 결심을 즐겼다(C, 296). 헬렌이 파리에 머무는 데는 여러 이유가 있었다. 패션 평론가로서 명성을 쌓기 시작했고, 《프랑크푸르트 신문》의 파리 주재 통신원으로 일하는 중이기도 했다. (벤야민은 『파사주 작업』중 패션을 다루는 장에서 헬렌의 글을 인용한다.) 그 일을 빌미로 애인 로셰 곁에 있을 수 있다는 사실도 중요했다.

---

17 Hessel, *Tanz mit dem Jahrhundert*, 14, 인용은 Nieradka, *Der Meister der leisen Töne*, 75.

벤야민이 1920년대에 헤셀과 함께 베를린과 파리를 한참씩 걸어 돌아다닌 경험의 중요성은 아무리 강조해도 지나치지 않는다. 헤셀이 봤을 때, 도시라는 밀림 속을 거니는 사람은 거닌다는 것이 근대화의 본질인 도구성에 대한 저항임을 십분 의식하고 있다. 헤셀에 따르면, 정처 없이 거니는 일은 "순수한 무목적적 쾌"다: "배회의 가장 큰 매력은 성가신 사생활로부터 벗어나게 해준다는 데 있다. 배회 중에 만나는 상대는 낯선 상황, 낯선 운명이다. 꿈속 도시에서 배회하는 진짜 플라뇌르flâneur는 길에서 아는 사람을 만나 갑작스럽게 특정인으로 되돌아가야 할 때 소스라치는 충격을 경험한다. 그가 배회의 매력을 인식하게 되는 것은 바로 그런 순간이다."[18] 그 후 벤야민은 당대 프랑스 문화를 연구하면서, 그리고 『파사주 작업』을 쓰기 위해 19세기 도시 상품자본주의의 여러 문화 현상을 연구하면서, 파리의 플라뇌르라는 인물형—주로 보들레르의 시와 인상파 회화를 통해 알려진 인물형—을 자그마치 현대적 의식의 원형으로 정의하게 된다. 타고난 신중함, 철학자 특유의 명함, 중증 관음증의 소유자였던 프란츠 헤셀은 타의 추종을 불허하는 현대판 플라뇌르였다. 벤야민이 『파사주 작업』—20세기에 나온 가장 흥미로운 모더니티 분석임에 틀림없는 작업—으로 결실을 맺게 될 사유들을 처음 떠올렸던 것도 헤셀과 대도시의 거리를 배회하던 때였을 것이다.

벤야민에게 현대적 지각과 걷기의 관계를 가르쳐준 것이 헤셀과의 배회였다면, 벤야민 특유의 연구 주제가 나오는 데 도움이 된 것은 지크프리트 크라카워와의 교류였다. 헤셀이 도시생활의 특정 측면에 대한 즉각적인 시지각적 통찰을 강조했다면, 지크프리트 크라카워가 당시에 내놓은 글들(「두 개의 평면」, 「도시지도 분석」, 「호텔 로비」)은 도시의 물질성과 외형성, 곧 도시의 평범한 오브제, 질감, 표층 등을 강조했다. 벤야민이 파리에 머무는 동안

---

18 Hessel, "Die schwierige Kunst spazieren zu gehen," 434.

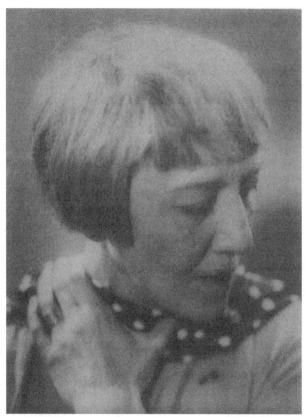

헬렌 헤셀, 1920년대 후반(©마리안 브레슬라워 / 사진 제공 스위스)

크라카워와의 편지 왕래가 전에 없이 강렬해지면서, 두 사람은 서로의 미발표 연구를 공유하기 시작했다. 크라카워가 1925년 3월 15일 《프랑크푸르트 신문》에 실은 「여행과 댄스」는 자본주의적 모더니티의 새로운 사회 형식들에 상응하는 문화 분석이란 어떤 것인가를 보여준다. 이 글에 따르면, 여행이나 댄스 같은 일반적인 활동이 현대사회에서는 권태롭고 획일적인 삶에 대처하는 방식—"시공간을 탐닉하는" 활동—이 되었다. 예컨대 여행은 순수한 공간 경험—일상에 비해 "지겹도록 익숙한 정도가 덜한" 공간의 경험—이 되었고, 댄스는 시간의 흐름 속에서 일어나는 일들에 대한 동태적 관심을 시간성 그 자체에 대한 정태적 관심으로 돌리는 무엇—"리듬의 그림"—이 되었다.[19] 「여행과 댄스」는 여러모로 크라카워의 핵심적인 논문이다. 이 글에서 그가 새로 주목하는 일상 모더니티의 형식과 산물들은 한 시대 전체의 특징을 집약적으로 드러내준다. 크라카워가 그 후 여러 해에 걸쳐 내놓는 「오락 숭배」, 「도시지도 분석」, 「캘리코 세계」, 「어린 여점원들, 영화관에 가다」 등의 논문은 당대 문화에 대한 탁월한 탐험이자 비판이다. 이 글들에서 크라카워가 특별히 주목하는 곳은 다양하고 광란적인 베를린의 여가세계(틸러걸스 공연, 영화, 쇼핑, 베스트셀러 등)다. 이런 글의 가장 큰 의의는 바이마르 시대의 비평적 시선을 표층—전통문화에서는 피상적인 현상으로 일축되어온 것들—으로 돌려놓았다는 데 있는 듯하다.

벤야민의 새로운 관심은 프랑스와 소비에트연방을 향할 뿐 아니라 대중적, 일상적 현상을 향했고, 그러면서 크라카워와의 접촉도 늘었다. 도시생활에 대한 크라카워의 관상학적 접근(비판력을 갖추고 때에 따라서는 대단히 상세한)은 벤야민의 작업에 근본적인 변화를 가져왔다. 벤야민은 자신의 지각 방식과 크라카워의 지각 방식 사이에 새로운 "수렴"이 있음을 거듭 강

---

19 Kracauer, 「여행과 댄스」 65, 66.

조했다. 크라카워의 논문 「독일 중부 산지」를 읽고 찬사를 적어 보내기도 했다: "당신이 프티부르주아적 몽상과 동경에 저당 잡힌 물건들을 좀더 추적한다면 놀라운 발견이 당신을 기다리고 있을 줄로 믿습니다. 그림엽서는 내가 한 해 동안 온 힘을 다해 겨냥하고 있는데도 아직 명중시키지 못한 과녁입니다. 어쩌면 우리가 그 과녁에서 만날지도 모르겠습니다. 우표 수집의 구원은 오랫동안 감히 내가 쓰지는 못하고 일찍이 누군가가 써주기를 기다리는 글입니다. 어쩌면 언젠가 그 글을 써줄 사람이 당신일지도 모르겠습니다(GB, 3:177). 또한 자신의 파리 경험들을 적어 보내면서, 이 도시에 대한 자신의 연구가 일차적으로는 "외형"(도로망, 교통 체계, 카페와 신문)에 대한 것임을 강조하기도 했다. 이렇게 보자면, 배타적인 문화 엘리트의 난해한 작품에나 적용될 법한 이론이 주변 세계를 열어 보일 수 있음을 벤야민에게 가르쳐준 것은 바로 크라카워라고 할 수 있다.

벤야민과 크라카워 둘 모두에게(특히 벤야민에게) 연구 대상을 대중문화로 바꾸는 것은 정치적, 역사적으로 책임 있는 비평이란 무엇인가를 다시 생각한다는 것을 의미했다. 벤야민이 1926년 파리에서 크라카워에게 보낸 편지를 보면, 당시 그가 새로운 직접성과 투명성의 필요를 인식하고 있었음을 알 수 있다: "내가 쓰는 글이 무엇을 의미하는지 시간이 갈수록 분명해져야 겠습니다. 이것은 글 쓰는 사람에게 가장 필요한 일입니다"(GB, 3:180). 다행히 우리에게는 벤야민의 문제와 초점의 점진적 변화가 정확히 기록된 텍스트가 남아 있다. 그것은 바로 몽타주 책 『일방통행로』이다. 1923년에서 1926년까지 집필된 이 책은 한편으로는 스냅사진 같은 사유이미지(벤야민이 바이마르 시대에 내놓는 비평을 가장 중요하게 특징짓는 새로운 산문 형식)의 컬렉션이기도 하지만, 다른 한편으로는 새로운 비평 방법론의 사용 설명서이기도 하다. 1928년에 출간된 이 책은 총 60편의 짧은 산문인데, 장르와 문체 및 내용이 걷잡을 수 없이 다양하다. 어떤 글은 아포리즘이고 어떤 글은 농담이며 어떤 글은 꿈 내용의 기록이다. 어떤 글은 도시 풍경이고 어떤 글은 그야말로 풍경이며 어떤 글은 정신 풍경이다. 어떤 글은 작문 매뉴얼이고, 어떤 글은 신랄한 당대 정치 분석이며, 어떤 글은 아이의 심리와 행동과 기분에 대한 안목 있는 이해이고, 어떤 글은 부르주아 계급의 유행, 가구 배치, 구애 패턴 등에 대한 해석이다(이런 점에서는 롤랑 바르트의 『신화들』을 예표하기도 한다). 그리고 많은 글이 일상적 사물의 핵심을 꿰뚫는 놀라운 통찰(훗날 벤야민이 사용하는 표현을 빌리면, "상품에 깃든 영혼의 탐구")이다.

『일방통행로』의 많은 글이 처음에는 신문과 잡지의 문예란에 실린 기사였다. 문예란이 이 책의 서술 형식을 만들어내는 데 결정적인 역할을 했다는 뜻이다. 문예란을 처음 도입한 것은 19세기 프랑스의 정치 저널과 신문이었다. 어떤 면에서는 오늘날의 신문 문화면이 여기서 나왔다고 볼 수 있겠지만, 큰 차이점도 있다: 1) 문화면은 분리된 섹션인 반면 문예란은 거의 모든 페이지의 하단 3분의 1이었고, 상단과 문예란을 구분하는 것은 줄이었다(독일어로 "줄밑에unter dem strich" 실렸다는 말은 문예란에 실렸다는 뜻이었다). 2) 문예란에 주로 실리는 글은 문화비평이나 장편소설 연재였지만, 가십, 패션 평론, 아포리즘, 경구, 문화적 사안의 스냅숏 등 다양한 형식의 짧은 글들(이른바 "글로세Glosse")의 분량도 만만치 않았다. 1920년대에는 저명 작가 중 다수가 문예란을 염두에 두면서 글쓰기 방식을 다듬어나갔고, 그렇게 해서 만들어진 "작은 형식kleine Form"은 머잖아 바이마르공화국 시기의 주된 문화비평 양식으로 받아들여졌다. 작가 에른스트 펜졸트의 정의에 따르면, "작은 형식"의 소재는 "크고 작은 세계의 시적 고찰, 일상적 경험의 매력, 산책의 즐거움, 특이한 만남, 기분, 한담, 글로세 등"이었다.[20] 바이마르 시대 후기에는 "작은 형식"이 대도시 모더니티와 형제간으로 보일 만큼 널리 퍼져 있었

---

20 Ernst Penzoldt, "Lob der kleinen Form," 인용은 Köhn, *Straßenrausch*, 9.

다. 가브리엘레 테르지트의 1931년 소설 『캐제비어, 쿠담을 정복하다』를 보면, 베를린의 한 일간지 발행인이 작가 람베크에게 베를린을 소재로 고정란을 써볼 것을 제안하는 장면이 나온다: "람베크는 구미가 당겼다. 자기 경험을 교양 있는 문장에 담아서 그저 쌓아놓는 대신 다른 사람에게 직접 전할 수 있다면 재미있을 것 같았다. (…) 그는 대답했다. '당신의 제안을 근본적인 차원에서 생각해볼 시간을 주시기 바랍니다. 작은 형식이 나에게 맞는 것일지 아직 잘 모르겠습니다.'"[21]

발터 벤야민에게는 맞았던 것 같다. 『일방통행로』 초반부의 「주유소」는 바로 이 작은 형식의 필요를 외친다: "글이 효과를 발휘하려면 행동과 글이 서로 정확히 호환되어야 한다. 글이 역동적 공동체에서 효과를 발휘하려면 책의 무겁고 보편적인 제스처보다는 전단지, 소책자, 신문 기사, 플래카드 같은 보잘것없는 형식들을 구상해야 한다. 그때그때의 상황을 효과적으로 감당할 수 있는 것은 이 민첩한 언어뿐인 것 같다"(SW, 1:444). 『일방통행로』에서는 완성된 작품보다는 작업의 파편이 우위에 있고("작품은 구상의 데스마스크다"), "기량"보다는 즉흥적 순발력이 우위에 있으며("결정타를 치는 것은 항상 왼손이다"), 공들여 만든 제품보다는 폐품이 우위에 있다: 아이들은 "굉장히 잡다한 재료들을 얼토당토않은 새로운 관계로" 연결한다(SW, 1:459, 447, 450). 자본주의적 모더니티 사회에서 전통적인 형태의 글은 그 사회의 구조, 기능, 영향 등을 통찰하는 틀이 될 수 없음은 물론이고, 그 사회에서 살아남는 것 자체가 불가능하다: "예전에는 글이 책이라는 피난처를 찾아 들어가서 자율적인 삶을 영위하기도 했지만, 이제 광고에 멱살 잡혀 길거리로 끌려나온 글은 혼돈의 경제라는 참혹한 타율성에 매인 신세가 되었다"(SW, 1:456). 이러한 대립항들에도 암시되어 있듯, 진정한 비평이라면 "윤리적 질

---

21 Tergit, *Käsebier erobert den Kurfürstendamm*, 35. 인용은 Köhn, *Straßenrausch*, 7.

문"을 그 동력으로 삼아야 한다는 것이 벤야민의 믿음이었다: "비평가는 문학 투쟁의 전략가다"(SW, 1:460).

이렇듯 비평을 새롭게 이해한 바탕에는 정치 의식의 진화가 있었다. 유럽의 현황에 직접 반응하는 과정에서 자신의 정치적 입장을 정리해나가던 벤야민은 5월 29일 숄렘에게 보낸 편지에서 바로 그 입장을 표명하는 핵심적 발언을 내놓기도 했다: "우리 세대 중 지금 이 역사적 순간이 말 그대로 투쟁임을 실감하고 이해하는 이들은 사건들(그리고 사건의 조건들)과 대중의 상호작용 메커니즘을 연구하고 경험하는 일을 포기할 수 없습니다." 이미 숄렘으로부터 초기 작업과 초기 신념을 배반했다는 비난을 들은 벤야민은 숄렘이 이 편지에 어떤 반응을 보일지도 잘 알고 있었다. 이 편지의 놀라운 점은 공산주의 정치학을 종교적 준봉違奉의 틀 안에 담고자 한다는 것이었다: "내가 볼 때, 종교적 준봉과 정치적 준봉은 근본적인 차원에서 다르지 않습니다. 두 준봉 사이가 매개될 수 있느냐 하면 그 또한 아닙니다."²² 둘 사이의 관계는 매개가 아닌 "급진적 의도를 가지고 단호히 감행되는 역전"의 관계라는 뜻이었다: "마지막으로 한 번 결단하는 것이 아니라 매 순간 결단해야 합니다. (…) 언제나 급진적일 것, 중대사 앞에서 일관성을 내버릴 것, 이것이 바로 내가 장차 공산당에 입당했을 때의 태도일 것입니다." 이 편지의 결론은 융거의 『형이상학과 정치학』을 읽었을 당시에 진전시킨 생각들의 간접적인 재천명이었다: "나는 공산주의적 '목표'를 난센스요 허깨비로 여깁니다. 그렇다고 해서 공산주의적 행동의 값어치가 조금이라도 떨어지느냐 하면 그렇지는 않습니다. 공산주의적 행동은 공산주의적 목표의 교정책이라는 것이 그 한 가지 이유이고, 의미 있는 공산주의적 목표란 존재하지 않는다는 것이 또 한 가지 이유입니다"(C, 300-301). 정치적 행동은 (무정부주의든 공산주의

---

22   여기서 벤야민이 취하는 입장은 「신학적 정치학 단상」의 입장과 비슷하다(SW, 3:305-306).

든) 의미 있는 종교적 경험의 공간을 열어 보일 때라야 비로소 유용해진다는 뜻이었다.

벤야민은 헤셀 부부의 소개로 프랑스 지식인 그룹과 독일 망명 지식인 그룹 여러 곳에 출입할 수 있었지만(헤셀 부부 집에서 만난 사람 중에는 프랑시스 피카비아와 가브리엘 피카비아 외에 1930년대에 가까운 사이가 되는 작가이자 번역가 피에르 클로소프스키[화가 발튀스의 동생]와 사진작가 지젤 프로인트가 있었다), 자기가 파리에서 주변인일 뿐이라는 것, 무명의 독일 지식인이 프랑스 문화계에서 자리잡기란 대단히 어려운 일임을 여전히 절감해야 하는 처지였다: "15분 기분 좋게 한담을 나눌 사람이라면 얼마든지 찾을 수 있지만 그 이상으로 나와 관여하고 싶어하는 사람은 없습니다"(C, 301). 그가 택한 해결책은 이 도시를 향한 "끈질긴 구애"였다. 그에게는 시간이라는 강력한 우군이 있었다. 자신의 처지를 참고 견딜 수 있게 된 것은 달리 있을 곳이 없다는 자각에서 비롯됐다. 그렇게 파리에 머물러 있으면서 장 콕토를 만나고("대단한 흥미를 불러일으키는" 콕토의 『오르페』 초연 자리에서였다[GB, 3:182]), 폴 발레리의 강연을 듣고, 《신프랑스 평론》의 편집장 장 폴랑을 알게 되는 등의 성과도 거두었으며, 일종의 프루스트적 판타지를 실제로 경험해보기도 했다. 뮌히하우젠의 소개로 "왕년의 예술 후견 풍습을 충실히 따르는" 세련된 파리 귀족사회에 몇 차례 발을 들여놓았을 때였다(GB, 3:130). 푸르탈레 백작의 살롱에서 강연을 들은 일은 그야말로 프루스트적 경험이었다: "값비싼 가구로 가득한 살롱에는 프루스트의 작품에서가 아니면 볼 수 없을 것처럼 그렇게 더없이 사악한 관상을 한 신사 숙녀분들이 고명처럼 흩뿌려져 있습니다." 바시아노 공주가 일류 레스토랑에서 주최한 조찬에 초대받은 일도 인상적이었다: "시작은 엄청난 분량의 캐비어였고 그 후로도 계속 그런 식이었습니다. 레스토랑 한복판에 화덕이 있었고, 구워지는 것을 눈으로 확인한 후 서빙받는 순서였습니다"(C, 296). 이런 행사들의 얄팍함과 겉치레 교양은 대개 지루하고 때론 끔찍했음에도, 경외에 휩싸인 가난한 야심가를 연기해야 할 때도 있었다.

이렇듯 파리 인텔리겐치아의 일원이 되려고 노력한 시간의 성과는 그리 크지 않았던 반면, 친구들과 새로운 사람들과의 만남은 파리에서의 시간에 활기를 불어넣으면서 때로 괴로움도 안겨주었다. 오스트리아의 소설가 겸 저널리스트 요제프 로트(오스트리아 헝가리 제국의 쇠퇴와 멸망의 일대기를 그린 1932년의 가계 소설 『라데츠키 행진곡』의 작가)와 애써 안면을 트기도 했다. 로트는 1923년부터 1932년까지 《프랑크푸르트 신문》의 전속 필자였고, 당시에는 저널 연재 기사를 집필하려고 파리에 머물고 있었다. 벤야민더러 로트를 만나보라고 한 것은 크라카워였다. 벤야민과 로트의 관계가 친밀한 우정으로 발전하는 일은 없었지만, 로트가 세상을 떠나는 1939년까지 둘은 베를린과 파리에서 정기적으로 만나는 사이였다. 벤야민이 파리에서 헤셀 부부 못지않게 자주 만난 이는 에른스트 블로흐였다. 그렇지만 블로흐에 대한 비판적 시각, 달리 말해 블로흐가 자신의 생각을 훔치고 있다는 의심을 깨끗이 떨쳐버린 것은 아니었다. 율라 라트-콘에게 보낸 편지에서 그 의심을 드러내기도 했다: "블로흐는 비범하기도 하고, 내게는 매우 귀중한 친구입니다. 내 작업에 관한 한 전문가니까요. 실은 나 자신보다 더 전문가입니다. 수년 전부터 이 친구는 내가 썼던 모든 글뿐 아니라 내가 했던 말까지 다 숙지하고 있더군요"(C, 299). 블로흐의 저서가 예루살렘에서 유행하기 시작한다는 소식을 들은 4월에는 숄렘에게 신랄한 재담을 날리기도 했다: "이것은 이미 본능이 망가지고 있다는 신호입니다"(GB, 3:135).

벤야민을 파리로 이끈 매력 중 하나인 율라 라트-콘은 벤야민이 오고 얼마 후 파리를 떠났다. 그가 파리에서 보낸 시간은 그녀에 대한 그리움으로 착색되었고, 그가 그녀에게 보내는 편지들은 은근함을 더해갔다. 그는 특히 그녀가 만든 자신의 두상(이제는 유명해진 작품)을 자주 들먹였다. 4월 30일 편

지는 그중 하나였다: "여기 있으면서 당신 생각을 많이 합니다. 내 가장 큰 소원은 이 방에서 당신과 함께 있는 것입니다. 카프리의 그 방과는 전혀 다르지만, 당신이 이 방에 오면 그 방이 느껴질 것입니다. **내가 그 방에 가면 당신이 느껴질 것이듯이.** (…) 글을 쓰는 지금, 당신이 얼마나 그리운지 모릅니다. 글을 쓰는 손이 당신의 작품을 어루만지는 것에 못지않게 글을 쓰는 내가 당신에 대한 생각을 어루만지는 것은 '본분'을 벗어나는 일이지만 말입니다"(C, 298; GB, 3:151). 벤야민은 차마 율라에게 남편 곁을 떠나라고 말하진 않았다(율라가 벤야민의 오랜 친구 프리츠 라트와 결혼한 것은 1925년 12월이다). 하지만 율라더러 혼자 파리에 오라고 조른 것은 분명한 사실이다: "만약 당신이 온다면, 완전히 우연인 것만은 아닌 상황이 처음으로 우리 둘에게 만들어질 겁니다. 우리에게 참 좋은 일일 거예요. 우리 둘 다 충분히 나이를 먹었으니까요"(GB, 3:171). 벤야민이 당시 수년 동안 라트−콘에게 보낸 편지들을 보면, 두 사람 사이에 간간이 육체적 관계가 있었고 둘 다 그 사실을 프리츠 라트에게 들키지 않도록 애썼다는 것을 분명히 알 수 있다. 한편 벤야민이 파리에 오고 얼마 안 있어 프랑크푸르트에서 조력자 겸 믿을 만한 친구인 잘로몬−델라투르가 찾아오기도 했는데, 벤야민은 그가 "아무 광채 없이 나타났다가 아무 소리 없이 사라졌다"는 말로 두 사람의 점점 소원해지는 관계를 시사했다(GB, 3:157). 5월에 벤야민을 찾아와 활기를 불어넣은 이들은 에른스트 쇤 부부와 러시아 망명 사진작가 사샤 스톤 일행이었다. 벤야민이 스톤을 알게 된 것은 앞서 G그룹에서였고, 스톤은 훗날 『일방통행로』 표지를 위한 몽타주를 제작하게 된다.

벤야민의 아버지가 7월 18일에 갑자기 세상을 떠나 그는 파리 체류 중 한 달 동안 베를린에 다녀와야 했다. 벤야민은 결혼 이후 아버지와 계속 갈등관계에 있긴 했지만(자기의 학문적 야심과 작가적 이력을 뒷바라지하는 것이 아버지의 의무라는 주장을 굽히지 않은 탓이었다), 그렇게 갈등을 겪으면서

벤야민의 두상. 제작: 율라 콘. 사진 촬영 사샤 스톤(예술 아카데미, 베를
린, 발터 벤야민 아카이브)

도 거의 내내 한집에 살았고, 오가는 독설 사이로 부자간의 긴밀한 유대감이 드러나는 순간도 없지 않았다. 벤야민이 1930년대 초부터 쓰는 자전적인 글을 보면, 그의 아버지는 다소 차갑고 고압적이면서도 가족을 아끼는 가장으로 등장한다. 벤야민이 아버지의 죽음이라는 충격을 극복하는 데에는 시간이 걸렸다. 그가 파리에서 자주 심한 우울증에 시달린 것은 아버지의 죽음 이전부터였다. 율라에게 보낸 한 편지에서 파리에서의 즐거운 나날을 활기차게 들려준 후 어두운 속내를 슬쩍 내보인 것도 아버지의 죽음 이전이었다: "이토록 따뜻한 휴일의 햇살이 날마다 나에게 쏟아지리라고 생각하지 말길 바랍니다"(C, 297).

아버지의 죽음 이후 파리에서 벤야민의 우울증은 그 양상이 새로워지는 가운데 강도도 심해졌다. 벤야민의 오랜 친구 에른스트 블로흐가 처음으로 벤야민의 자살 성향을 감지한 것도 이 무렵이다. 벤야민은 베를린으로 돌아온 직후 친구들에게 파리에서 "신경쇠약" 증세가 있었다고 전하기도 했다.

벤야민이 파리에서의 마지막 몇 주를 블로흐, 크라카워와 함께 지내면서 지성의 새로운 모험을 감행했던 것은 이렇듯 우울증을 비롯한 신경 질환들과 씨름하던 와중이었다. 벤야민이 있는 미디 호텔로 거처를 옮긴 블로흐와 크라카워는 곧 벤야민의 파리 습관에 물들었고, 세 사람은 밤늦도록 함께 거리를 거닐며 이야기를 나누었다. 블로흐가 크라카워와 반목하게 된 것은 《프랑크푸르트 신문》에 블로흐의 1921년 저서 『토마스 뮌처: 혁명의 신학자』에 대한 혹독한 서평이 실리면서이고, 블로흐가 먼저 크라카워에게 다가가 인사를 건넨 것은 1926년 8월 말 오데옹 광장의 한 카페에서 우연히 만났을 때였다. 블로흐의 버전에 따르면, "크라카워가 나에게 그런 식의 공격을 가했고 내가 크라카워에게 그런 식의 반격을 가한 이후였다. (…) 그는 내가 그런 일이 있은 후 자기에게 악수를 청했다는 데 화들짝 놀랐다."[23] 세 친구는 그런 식으로 함께 생활하면서 새로운 지성의 연대를 경험했다. 블로흐는 "유물론의 체계"를 정리하는 작업에 벤야민을 끌어들이고자 했지만, 벤야민이 생각하기에는 지성의 연대라는 데도 한계가 있었다. 사실 벤야민은 쉽지 않은 친구인데다 일상생활을 나누기에는 더더욱 쉽지 않았다(그 사실을 이미 여러 번 경험한 사람이 숄렘이다). 당시 블로흐는 줄곧 "전투적 낙관주의"(블로흐 자신의 표현)로 벤야민의 우울에 대적하고자 했다. 이때 벤야민이 고수한 태도는 "비관주의의 체질화"였다. 이 태도는 1929년에 나올 탁월한 논문 「초현실주의」에서 그 표현을 찾게 된다: "전선 전체에서 비관할 것. 모든 일에 철저하게 비관할 것. 문학의 운명을 불신하고 자유의 운명을 불신하며 유럽인의 문명을 불신할 것. 그리고 무엇보다 계급 간 합의든, 민족 간 합의든, 개인 간 합의든 그 어떤 합의도 불신할 것. 그리고 오로지 파르벤 카르텔과 공군력의 평화적 강화를 무조건적으로 신봉할 것. 그러면? 다음은?"(SW, 2:216–217). 훗날 블로흐는 당시를 일컬어 "참호열"을 앓는 생활이었다고 회고했다.[24]

프랑스 남부를 여행한 것도 우울증과 신경 질환으로부터 벗어나기 위한 노력이었던 듯하다. 9월 7일 블로흐와 함께 마르세유에 도착한 벤야민은 먼저 도착한 크라카워와 그의 여자친구(훗날의 아내) 엘리자베트 '릴리' 에렌라이히가 묵고 있는 파리 그랑 호텔 근처 사디 카르노 광장의 레지나 호텔에 투숙했다. 그가 그 몇 주 동안 보낸 편지들을 보면, 상태가 별로 나아지지 않았다는 것을 알 수 있다. 뮌히하우젠에게 계속해서 신경쇠약에 시달렸다는 소식을 전하기도 했다: "중간에 괜찮아진 기간이 있는데, 그 때문에 두 번째 때 더 나빠졌습니다"(GB, 3:188). 숄렘에게 전한 소식은 더 암울했다: "내가 회복될 수 있을지 불확실합니다." 프루스트 번역 작업이 그의 상태를 악화시키는 요인 중 하나였다: "이 일에 대해서는 할 말이 많습니다. (…) 어떤 의미에

23 Bloch, *Tagträume*, 47, 인용은 Münster, *Ernst Bloch*, 137.
24 Bloch, "Recollections of Walter Benjamin"(1966), in Smith, ed., *On Walter Benjamin*, 339.

서는 병을 부르는 일입니다. 프루스트는 내가 지향하는 바를 (아니면 적어도 한때 내가 지향했던 바를) 훌륭하게 성취한 작가인데, 이런 작가를 놓고 이처럼 비생산적인 일을 하고 있다는 것이 때로 내 뱃속에서 독약처럼 작용하는 듯합니다"(C, 305). 그가 프로방스까지 가서 평소와 다르게 여행지 풍경을 거의 둘러보지 않은 것을 보면, 상태가 어지간히 나빴던 것 같다. 크라카워와 함께 엑상프로방스("형언할 수 없이 아름답게 잠든 도시")로 당일 여행을 다녀온 것이 그의 거의 유일한 나들이였다(C, 307). 두 사람이 함께 시 외곽 투우장에 갔을 때, 벤야민은 투우를 "부적절"하고 "구차"하다고 본 반면, 크라카워는 「소년과 황소」라는 짧은 글을 쓰는 데 필요한 영감을 얻었다.[25] 짧았던 마르세유 체류의 한 가지 긍정적인 성과는 《남부 카이에》의 편집장 장 발라르를 만나 앞으로 쓸 글(「프루스트의 이미지」)의 지면을 확보한 일이었다. 후일 벤야민이 망명길에 올랐을 때 발라르는 변함없는 우정을 여러 번에 걸쳐 증명하게 된다.

나폴리에 가서 나폴리라는 도시의 초상을 그렸던 벤야민은 이제 마르세유의 초상을 그리기 시작했다. 1928년에야 완성되어 1929년에 《신스위스 평론》에 실린 「마르세유」는 모든 관광객이 기대하는 거칠고 난잡한 항구도시의 이미지로 시작된다: "**마르세유.** 바다표범의 누렇게 찌든 이빨 사이로 바닷물이 들락날락하는 형상을 한 도시. 선박 회사들이 (…) 바다표범의 아가리에 프롤레타리아의 검게 그을린 몸뚱이를 던져줄 때마다 기름 냄새, 오줌 냄새, 인쇄 잉크 냄새가 코를 찌른다." 그렇지만 이 글에서 벤야민은 마르세유의 가장 황량하고 업신여김당하는 지역, 가령 매춘 지역에도 지중해 전역을 아우르는 고대 그리스 로마의 장소령genius loci이 아직 깃들어 있다고 주장한다: "님프의 젖가슴, 뱀으로 휘감긴 메두사의 대가리로 장식된 닳고 닳은 문

---

25   Kracauer, 「소년과 황소」 307.

틀은 이제야 비로소 매춘업 길드의 분명한 표시가 되었다." 다섯 가지 감각이 마르세유를 어떻게 느끼는가를 중심으로 이 도시를 이야기하려 한 「마르세유」라는 관현악적 에세이에서 장소령을 말하는 이 대목은 총 열 섹션 가운데 도입부에 해당된다. 『파사주 작업』이 19세기 파리의 문턱 지역에 주목하는 것과 마찬가지로, 「마르세유」는 마르세유의 문턱 지역, 특히 프로방스와 만나는 마르세유 외곽에 주목한다: "외곽Weichbild은 도시의 비상사태요, 도시와 시골의 끝없는 격전장이다"(SW, 2:232-233, 235). 「나폴리」가 카프리에서 라치스와 대화하면서 나온 글이었듯, 「마르세유」는 이 도시에서 크라카워와 대화하면서 나온 글이었다. 크라카워의 「두 개의 평면」과 「남국의 선술집」이 나온 것도 이때다. 「두 개의 평면」과 「마르세유」를 비교해보는 것도 흥미롭다. 벤야민의 「마르세유」가 이 도시의 장소령, 곧 이 도시를 특징짓는 감각 자극들을 포착하려는 글이라면, 크라카워의 「두 개의 평면」은 이 도시의 평면 기하학에 집중한다. 이 도시의 평면 공간에 붙잡힌 방문객은 좁은 골목들의 꿈속 같은 뒤얽힘과 도심 광장들의 차가운 합리성 사이를 끝없이 오간다는 내용이다.

벤야민은 마르세유에서 불과 일주일간 체류한 뒤, 율라 라트-콘과 프리츠 라트가 휴가를 보내던 생라파엘 근처의 아게이라는 마을로 옮겨가 3주 동안 체류했다. 라트 부부와 만나는 날도 있었지만, 대개 혼자서 치유의 시간을 보냈다. 당시 벤야민이 곁에 둔 유일한 동무는 로런스 스턴의 『트리스트럼 샌디』였다(벤야민이 흥미진진하게 읽은 것은 이 책의 독일어 번역본이었다). 신경 질환 때문에 부득불 파리를 떠나와야 했던 벤야민은 베를린으로 돌아온 10월 초까지도 계속 신경 질환들에 시달렸다. 당시의 계획은 크리스마스까지 베를린에 머물다가 그 뒤로는 "타원" 생활—프루스트 번역을 이어나가면서 베를린과 파리를 오가는 생활—을 재개하는 것이었다. 당시 베를린에는 그의 피난처가 되어주는 장서를 제외한다면 그의 마음을 끌 만한 것이 거의 없었다. 그는 세심한 카드 목록 작업의 업데이트를 포함해 장서의 "전반적인 재편"에 뛰어들었다. 어떤 재편이었는지 자세히 알 수는 없지만, 그는 이 일을 시작하기에 앞서 많은 책을 처분할 것과 함께 장서의 분야를 제한하겠다는 뜻을 밝혔다: "앞으로는 내 장서를 독일 문학, 프랑스 문학, 신학, 동화, 아동서로 제한할 생각입니다. 독일 문학 중 최근에 바로크 쪽 취향이 생겼는데, 지금이 여의치 않습니다"(C, 306-307).

10월에 베를린으로 돌아왔을 당시 벤야민은 로볼트가『독일 비애극의 기원』과『일방통행로』의 출판과 관련해 아무 일도 진행하지 않았다는 데 깜짝 놀랐다. 두 책 다 아직 교정쇄도 나오지 않았고, 출판사에서는 새로운 일정을 정하는 것조차 꺼리고 있었다. 학계에 진입할 가능성이 완전히 가로막혔다는 것은 벤야민 자신도 알고 있었지만,『독일 비애극의 기원』이 또 다른 가능성들을 열어주리라는 기대까지 저버린 것은 아니었다. 함부르크에서 활동하는 아비 바르부르크 서클의 일원으로 받아들여지는 것도 그런 가능성들 중 하나였다.『독일 비애극의 기원』이 바르부르크 서클의 입장권이 되리라는 기대는 근본적인 차원에서 학문적 근거가 없지 않았다.『독일 비애극의 기원』은 1세대 빈 예술사학파, 특히 알로이스 리글의 작업으로부터 큰 영향을 받았고, 바르부르크의 초기 작업 역시 빈과의 접촉에서 나온 것이자 빈과 나란히 가는 연구였다.『독일 비애극의 기원』이 비애극이라는 문학 형식을 역사적, 사회적 벡터의 역장에서 이해하고자 한 연구임을 생각하면, 벤야민이 바르부르크 학파와 손을 잡지 못한 것은 못내 아쉬운 일이다.

벤야민은 서서히 왼쪽을 향하는 베를린 문단과 접촉을 유지하는 데에도 힘을 쏟았다. 한번은 '1925 그룹'의 "희한한" 회의에 참석하기도 했다. 좌파 작가 요하네스 R. 베허의 신작『루이사이트, 또는 유일하게 정의로운 전쟁』(출간 직후 판금당한 1925년 작품)을 재판에 회부하는 형식의 회의였는데, 알프레트 되블린이 검사 역할을, 스타 저널리스트 에곤 에르빈 키슈가 변호사 역할을 맡았다. '1925 그룹'은 왕년의 표현주의자들(알프레트 에렌슈타인, 발터 하젠클레버, 에른스트 톨러), 다다이스트들(조지 그로스, 에르빈 피스카토르), 지금 우리가 신즉물주의와 연결시키는 리얼리즘 작가군(베허, 되블린, 쿠르트 투홀스키)이 묘하게 뒤섞인 모임이었다. 그중에는 블로흐, 브레히트, 되블린, 로트 등 벤야민과 친분이 있는 멤버도 많았고, 오스트리아의 위대한 소설가 로베르트 무질을 포함해 1930년대에 벤야민과 우연히 마주칠 멤버도 많았다.

11월, 아샤 라치스가 모스크바에서 쓰러졌다는 소식이 들려왔다(심인성 질환인지 신경성 질환인지 확실치 않다). 급히 출발한 벤야민은 12월 6일 모스크바에 도착했다. 벤야민이 러시아 여행에 나선 데는 라치스의 발병이라는 직접적인 촉매 외에도 개인적, 정치적, 직업적 차원의 여러 부수적인 요인이 작용했다. 변덕스러운 라치스를 쫓아다니는 일은 (좌절감을 안겨주면서 동시에 한껏 기대감을 품게 한다는 점에서[26]) 러시아라는 수시로 바뀌는 불확실한 문화 지형에서 발판을 마련해보려는 노력, 특히 모스크바라는 기술력과 원시성이 공존하는 도시(벤야민이 미로, 요새, 야전 병원 등에 비유한 도시)의 삶을 글로 포착해보려는 노력을 그야말로 거울처럼 비춰주었다.

모스크바에 도착한 벤야민을 마중 나온 이는 라치스의 동반자인 베른하르트 라이히였고, 곧바로 그와 함께 아샤를 보러 갔다(그리고 그 후 몇 주간 라이히와 함께 많은 곳에 갔다). 로트 요양소에서 치료를 받고 있던 아샤는 요양소 근처 길거리에서 두 사람을 기다리고 있었다. "러시아 털가죽 모자를 써서인지 야성적이었고, 오래 누워 있던 탓에 얼굴이 좀 넓적했다"는 것이 벤야민이 받은 인상이었다.[27] 이후 여러 날 동안 라이히는 벤야민의 충실한

---

26 두 사람의 관계가 불안정했다는 것은 서로의 호칭을 격식의 Sie와 친밀의 Du 중 하나로 정하지 못했다는 데서도 알 수 있다.

27 MD, 9.

동반자이자 모스크바 안내인으로서 크렘린 등 모스크바의 주요 관광지를 둘러보게 해주었을 뿐 아니라 VAPP(프롤레타리아 작가협회)를 비롯한 소비에트의 주요 문화 단체들에 출입하게 해주었다. 벤야민은 라이히를 따라다니면서 곧 게르첸 돔(VAPP의 본부)의 고정 출입자가 된다.

『모스크바 일기』에는 벤야민이 이 도시에서 겪은 난항이 날짜별로 기록되어 있다. 겨울 추위는 진을 빼놓을 정도로 혹독했고, 지도로 길을 찾는 일은 해결할 수 없는 난제였다. 비좁은 보도에서 빙판을 피해갈 재주란 없었다. 모스크바를 바라본 것은 고개를 들어도 넘어지지 않을 만큼 자신감이 생겼을 때였다. 눈앞에 펼쳐진 모스크바는 어떤 면에서는 전 세계의 수도였지만 또 다른 면에서는 작은 도시였다. 2층짜리 건물이 대부분이고 썰매와 마차가 자동차만큼 많은, "하룻밤 사이에 즉흥적으로 생겨난 대도시"였다(MD, 31). 벤야민이 경험한 모스크바는 거대하고 정체를 알 수 없는 곳이자 온갖 사람들로 북적이는 도시였다. 몽골인, 코사크인, 불교 승려, 정교 수사, 각종 노점상을 비롯한 이 도시의 주민들은 이국적이라는 점만으로도 베를린에서의 상상을 넘어섰다. 러시아어를 거의 몰랐던 벤야민은 체류 내내 라이히와 라치스에게, 그리고 체류 후반에는 오스트리아의 저널리스트 니콜라우스 바세헤스—오스트리아 총영사의 아들로 모스크바에서 태어나 줄곧 오스트리아 공사관에서 일했던 인물—에게 의존해야 하는 처지였다. 대화가 오가는 자리에서는 몇 시간씩 귀를 기울여도 이따금씩 단어 하나 알아듣는 게 전부였고, 영화나 연극을 볼 때는 급한 번역에 기대야 했다. 소비에트 문학의 최신 동향에 정통한 평자가 되고자 여러모로 애썼지만, 결국 읽을 수 있는 글자는 하나도 없었다.

벤야민이 모스크바 체류 중에 베른하르트 라이히와 어떤 관계였는지 정확히 알기는 어렵다. 특히 체류 초반의 몇 주간은 라이히가 벤야민에게 시간을 내주고 벤야민을 자신의 러시아 문화계 인맥과 연결해주는 등 아량을 과

시했다. 두 사람은 점점 가까운 사이가 되었고, 라이히는 자기 아파트에 계속 있을 수 없을 때 종종 벤야민의 호텔 방에 와 있었다. 해방된 관점을 견지하는 작가였던 두 남자는 자기들이 한 여자를 사이에 둔 연적임을 대놓고 인정한 적은 없었던 것 같다. 드디어 갈등이 표면화된 것은 격렬한 언쟁이 오간 1월 10일이었다. 표면적으로는 벤야민이 《문학세계》에 실은 메이예르홀트에 관한 글에서 비롯됐지만, 벤야민 자신도 잘 알고 있었듯이, 실제로는 라치스로 인한 언쟁이었다. 라치스는 이 상황을 십분 이용했다. 벤야민은 경우에 따라서 의미심장한 눈길, 아니면 입맞춤과 포옹을 허락받기도 했지만, 대부분은 라치스와 단둘이 몇 분 동안 있을 수 있는 것만 해도 감지덕지였다. 벤야민이 라치스에게 함께 아이를 낳아 기르고 싶다고 한 것은 그렇게 단둘이 있을 때였는데, 그러자 라치스는 지금 우리 둘이 "어느 무인도"에서 아이를 낳아 기르면서 함께 살고 있지 않은 것은 전적으로 벤야민 때문이라고 대꾸한 뒤 그가 자기를 거절하거나 피했던 일을 줄줄이 읊었다. 어쨌든 라치스가 두 남자의 관심을 즐긴 것은 분명하다. 벤야민이 라치스를 향한 어느 소비에트 장성의 구애에 불만을 표하자, 그녀는 경멸스럽다는 듯이 벤야민의 역할은 "가정의 벗Hausfreund"(독일어로 안주인의 애인을 뜻하는 완곡어)이었을 뿐이라고 대꾸한다: "만약 그 남자가 라이히처럼 멍청한 탓에 당신을 내쫓지 않겠다고 하면, 나는 굳이 반대하지 않습니다. 만약 그 남자가 당신을 내쫓는다고 해도, 나는 굳이 반대하지 않겠어요"(MD, 108). 심하게 오르내리는 모양새가 두 사람의 관계 틀로 자리잡은 것은 그들이 카프리에서 처음 만났을 때와 마찬가지였다. 라치스는 "경이로울 만큼 냉혹한 태도, 아무리 달콤하다 해도 결국 무정한 태도"를 견지했고, 벤야민은 "사랑과 미움" 사이에서 갈팡질팡했다(MD, 34-35). 1921년에 벤야민의 결혼생활이 위기에 처한 것은 벤야민 자신이 율라 라트-콘에게 매료된 탓이었는데, 모스크바에서 다시 삼각관계에 빠진 벤야민은 그때의 괴롭던 시간을 떠올린 듯하다. 벤야민이 한편으로는 라이히와 다투면서 다른 한편으로는 율라에게 또 한 통의 은밀한 편지를 보낸 것은 그리 놀라운 일이 아니다: "가끔은 저녁에 프리츠를 떼어내고 좀더 자유로워지기 바랍니다. 당신이 그러지 않으면 내가 그곳으로 돌아가는 것이 '괴로움'일 테니까요. 괴로움을 싫어하기로는 나도 당신 못지않답니다. 괴로움을 견디는 내 재능도 나이가 들면서 점점 없어지거든요. 베를린과 모스크바 사이의 거리는 이런 말을 입 밖에 내면서 당신도 나와 같은 마음이리라고 기대해보기에 적당한 거리인 것 같습니다. (…) 두 번의 입맞춤을 보냅니다. 이 입맞춤을 닦아낼 생각이라면, 이 편지도 같이 찢어버리길 바랍니다"(GB, 3:227).

모스크바에서 보낸 몇 주간은 성애의 날실과 정치의 씨실이 벤야민 특유의 방식으로 직조되는 시기였다는 의미에서도 1924년 카프리에서 보낸 몇 주간의 반복이었다. 앞서 독일에서 저술활동의 중대 국면에 봉착한 벤야민은 (그리고 그 당시 독일에서 벤야민 세대의 많은 지식인은) "부르주아 사회에서 살아가는 인텔리겐치아의 운명"에서 "위기의식"을 느꼈고, 독일의 자기 세대 사람들로부터 단절돼 있다는 생각 속에 러시아로 시선을 돌렸다(MD, 47; C, 315; SW 2:20-21). 벤야민이 모스크바에서 재야 문필가의 위상을 고민했던 저변에는 계급적 권익, 사회적 권한에 대한 고려가 수반되지 않고서는 파악될 수 없는 이 위기의식이 있었다. 벤야민은 이 위기의식을 이야기하면서 자기 세대의 역사를 끌어온다: "제1차 세계대전 이후 독일의 역사는 부분적으로는 이 원조 좌파 부르주아 인텔리겐치아 혁명 교육의 역사이기도 하다. (…) 독일 사민주의의 프티부르주아 졸부 의식 앞에 좌초한 1918년 혁명은 이 세대의 급진화에 전쟁 그 자체보다 훨씬 크게 기여했다"(SW, 2:20). 이런 맥락에서 소비에트연방은 "새로운 시지각"을 장착한 집단적 존재의 "새로운 리듬"에 따라 전통적, 위계적 계급 간 분업을 조목조목 해소하고 청산함으로써 노동자의 삶과 지식인의 삶을 상호 의미화할 수 있는 "프롤레타리아 정부"라는 세계사적 실험의 표상이었다.

벤야민은 이런 새로운 리듬을 일상적으로 경험하면서, 러시아의 극히 선진화된 정치의식과 상대적으로 원시적인 사회 제도 사이의 격차에 거듭 큰 인상을 받았다. 엄청난 인구는 "분명 대단히 강력한 역동적 요소"였지만, 문명의 시각에서는 극복하기 힘든 자연력"이었다(GB, 3:218). 벤야민이 이 구조적 양가성의 상징적 표현을 가정의 인테리어에서 찾는 것은 그리 놀라운 일이 아니다. 서방 부르주아 가정의 아늑한 인테리어—『일방통행로』의 「상류층의 방 열 개짜리 가구 딸린 저택」에 따르면 "온통 조각 장식으로 덮인 거대한 찬장들, 해가 들지 않는 모서리에 놓인 야자수 화분들", 또는 "가구류의 영혼 없는 탐스러움"—와는 달리, 러시아의 아파트는 거의 휑뎅그렁한 공간이다. "모스크바에서 유일하게 신뢰할 수 있는 제도는 구걸 제도뿐이다. 다시 말해 언제 찾아가더라도 제자리에 있는 것은 거지들뿐이다. 다른 데는 모두 수리 중 팻말이 걸려 있다. 휑한 방에 놓여 있는 가구들은 매주 다시 배치된다. 가구 재배치는 이런 공간에서 누릴 수 있는 유일한 호사인 동시에 집안에서 '안락'을 몰아내면서 안락의 대가로 짊어져야 하는 우울도 함께 몰아낼 수 있는 급진적인 방법이다"(MD, 36). 한 공장을 견학한 벤야민은 "레닌의 벽감"이 마련되어 있다는 사실과 함께 똑같은 상품을 사람 손과 기계가 한 장소에서 나란히 생산하고 있다는 사실에 주목했다.

벤야민이 모스크바 체류 중에 목격한 문제는 소비에트 문화 정책의 스탈린화였다. 1926년 12월 26일 모스크바에서 율라 라트-콘에게 보낸 편지에서도 그 점을(어쩌면 라치스와 단둘이 있기가 거의 불가능한 상황을 염두에 두면서) 전했다: "공적 삶이 엄청난 긴장, 그야말로 신학적인 긴장 속에 영위되고 있습니다. 개인적 삶은 믿어지지 않을 만큼 없어졌습니다"(C, 310). 『모스크바 일기』를 토대로 집필된 「모스크바」에 "볼셰비즘은 개인적 삶을 없애버렸다"는 말이 나오기도 한다(SW, 2:30). 러시아인들이 사는 집은 집이라기보다 사무실이면서 회관이자 길거리였다. 카페생활이 아직 가능한 곳은 미술학교 아니면 문인 모임뿐이었다. 무사안일한 부르주아적 거주 행태와 물신숭배적 상업주의를 근절하면서 치른 대가는 자유로운 거래의 상실, 나아가 자유로운 지성 그 자체의 상실이었다.

그 무렵의 러시아 작가는 유럽 작가와는 입장이 달랐다(레닌 사후 3년 가까이 지났을 때였다). 러시아 작가에게 글쓰기가 "절대적으로 공적인" 활동이었다는 말은 작업 기회가 더 많으면서 동시에 외부 개입이 더 심하다는 뜻이었다(볼 곳은 벤야민의 「러시아의 작가들에 대한 정치적 구분」[SW, 2:6]). 원칙적으로 신흥국 러시아에서는 지성적 삶 전체가 거국적 정치 논쟁의 시녀였다. 포스트혁명기의 재건 분위기를 배경으로 하는 1926~1927년 겨울의 거국적 정치 논쟁은 공산당의 명백한 우세 하에서도 다양한 정치 집단의 상충하는 목소리를 들려주고 있었다. 한때 예술가가 귀족 후견인의 확고한 신념을 무시할 수 없었던 것과 마찬가지로, 당시 지식인은 수시로 바뀌는 공산당 지침을 무시할 수 없었다.

벤야민이 러시아 사회 및 문화를 다룬 여러 편의 글을 보면, 그 어조는 게재지의 기조에 따라 조금씩 다르지만(볼 곳은 SW, 2:6-49; 《문학세계》에 실린 글들은 부버의 《피조물》에 실린 「모스크바」에 비해 대체로 급진적이다), "개인적 삶"(플라뇌르라는 인물형을 통해서도 알 수 있듯, 여러 의미에서 벤야민의 근간)에 관심을 둔다는 공통점이 있다. 물론 여기서 말하는 개인적 삶이란 전체에 대한 책임, 그리고 원자론적 주관성에 대한 철학적 비판—벤야민의 청년철학의 핵심이었던 공동체 내에서의 고독이라는 개념과 근본적인 차원에서 일맥상통하는 모종의 이상—을 그 바탕으로 하고 있다. 마르크스가 1844년에 말했듯이, 진정 개인적인 인간은 필연적으로 "유적 존재Gattung-swesen"다(인용은 SW, 2:454). 이와 같은 초거시적 관점이 취해질 때, 개인적 삶은 공적 삶의 긴장들을 아우르는 그릇 같은 것이 될 수밖에 없다. 벤야민이 볼 때 개인적 삶을 도야한다는 것은 가난한 사람들과 전통적 의미의 피박탈자를 옹호하기 위한 필요조건이자 지성의 자유, 곧 이의를 제기할 자유와 과거의 작품들을 다룰 자유를 수호하기 위한 필요조건이다. 벤야민이 새로운 러시아에 전투적 공감을 표현하면서도 간혹 풍자적 어조를 드러낸 것은 지금 러시아에서 바로 그 자유가 억눌려 있다는 판단 때문이었다. 예컨대 새 러시아는 "산업화라는 새로운 에덴동산으로 가는 길을 가로막는 옛 러시아의 유령"을 보면서 "옛날"의 러시아인 유형(고뇌하는 몽상가)이 새로운 인간, 혁명의 인간(정치적 명령을 따르도록 훈련받은 "지성의 초년병ABC-Schütze")이 공존 불가능하다는 주장 속에 고뇌하는 몽상가라는 반사회적 유형을 말살시키고 있다는 것이 벤야민의 판단이었다(SW, 2:8-9). 그러나 이러한 풍자적 분석이 객관성의 가능성을 부정하느냐 하면 그렇진 않다. 참된 객관성을 좌우하는 것은 주/객, 개인/공동체의 변증법이며, 사실을 포착하기 위한 전제는 모종의 결단이다.

"소비에트 러시아"라는 기정사실이 역사의 전환점이라고 할 때(전환점을 세운 것은 아니라고 해도 어쨌든 전환점으로 공표되었다), 지금 필요한 논점은 어떤 현실이 더 나은가도 아니고, 어떤 의지가 더 좋은 결과를 낳을 것인가도 아니다. 지금 필요한 논점은 바로, 어떤 현실이라야 내적으로 진리와 일치할 것인가이고, 어떤 진리라야 내적으로 현실과 일치할 수 있을 것인가. 이 질문에 분명한 대답을 내놓는 사람만이 "객관적"이다. 동시대 사람들 앞에 내놓는 대답이 아니라 (…) 동시대 역사 앞에 내놓는 대답이다. (…) 결단함으로써 세계와 변증법적으로 화해한 사람만이 구체적인 것을 포착할 수 있다. 반면에 "사실을 고려해" 결단하고자 하는 사람에게는 그 사실이라는 게 결단에 아무런 도움도 주지 않을 것이다(SW, 2:22).

벤야민이 부버에게 「모스크바」에 대해 설명하면서 "사실을 말하는 모든 것이 이미 이론"이라는 괴테의 명언을 인용한 것은 바로 이런 변증법적 객관성의 맥락에서였다(C, 313).

벤야민이 러시아를 다룬 글에서는(적어도 발표한 글에서) 러시아 문제에 관한 분명한 "입장"이 나오지 않지만, 『모스크바 일기』에는 좀더 허심탄회한 대목들이 있다: "가까운 장래에 내 작업을 위한 튼튼한 발판이 필요해지리라는 것을 점점 절감하고 있다. 번역으로는 그런 발판을 마련할 수 없다. 입장을 정하는 일은 그 발판을 마련하기 위한 전제 조건으로서도 필요하다. 내가 독일공산당에 입당하는 것을 망설이는 데는 외적 이유밖에 없다"(MD, 72). 벤야민은 바로 이런 외적 이유들을 놓고 독일공산당에 입당하지 않을 가능성을 타진한다: "좌익 아웃사이더라는 입장에 실질적, 경제적 광택을 부여함으로써 내가 지금까지 작업해온 영역에서 앞으로 종합적 성과를 내는 것이 가능할까?" 벤야민을 가장 망설이게 하는 것은 비슷한 입장을 취하는 사람들의 행태였다: "지성의 선두 주자라는 입장은 일견 매력적인 듯하지만, 동료들이 하는 짓을 보면, 그것이 얼마나 미심쩍은 입장인지를 알 수 있다"(MD, 73). 그런 이유에서 벤야민은 자문했다: "내가 부르주아 작가들 틈에서 정체를 숨기고 활동하는 것에 과연 무슨 의미가 있을까?" "아웃사이더로 있으면서 부르주아 계급에 투항하지 않을 수 있을까? 아웃사이더로 있으면서 작업에 피해를 주지 않을 수 있을까?" 지금이 입당의 적기일 것이고("지금 입당한다면 그에게는 그저 하나의 에피소드"가 될 것이다), 입당을 한다면 모종의 "권한"을 위임받아 "피억압 계급"을 향해 나아갈 기회를 얻을 수 있었다. 작업의 제도적 발판이 마련될 때 얻을 개인적 이득도 빠뜨릴 수 없었다. 예를 들어 라이히가 아샤를 참아낼 수 있는 것은 그런 발판을 가지고 있기 때문이었다: "나라면 견디지 못했을 것 같은 아샤의 변덕과 그 밖의 온갖 행태를 라이히는 아무렇지도 않게 견딘다. 아무렇지 않은 척하는 것일지도 모르지만, 그렇다고 해도 대단한 일이다." 하지만 라이히처럼 산다는 것, "프롤레타리아가 통치하는 국가에서 공산주의자로 산다는 것은 자신의 개인적 독립성을 완전히 포기한다는 뜻"이었다. 벤야민이 제도적 발판의 득실을 고려할 때 특히 중시했던 것은 자신의 작업이다. "형식적, 형이상학적 토대가 필요한 작업," 곧 "혁명적이라면, 형식적인 측면에서 혁명적인 작업"이었다. 벤야민은 자문했다: "내 작업을 위해 '유물론'의 이런저런 극단들을 피해야 할까? 아니면 당내에서 그런 극단들을 논박하기 위해 노력해야 할까?" 관건은 "상투적 명료성"(SW, 2:39에 나오는 표현)을 요구하는 집단에 소속될 경우 "전문적인 작업의 본질적 측면인 유보 조항들"이 어찌 될 것인가 하는 것이었다. 벤야민의 1월 10일 일기는 이렇듯 자신의 상황을 점검한 후 "지금은 여행 중이니 입당을 고려하기 어렵겠다"는 결론과 함께 개인적 삶의 주요 사안으로 넘어간다. 그 후 벤야민은 "당과 직업에서 자유로운" 프리랜서 작가의 자리를 지킨다(MD, 60).

벤야민은 공산당에 의식적으로 양가적 태도를 취했고, 향후 스탈린주의로 굳어질 측면 앞에서는 확실하게 거부하는 태도를 취했지만, 그의 모스크바 경험은 다차원적 인식이라는 그의 인식 원칙과 일맥상통하는 풍요롭고 다면적인 것이었다: "어느 곳에 대해 알려면 그곳을 가능한 한 여러 차원에서 경험해야 한다"(MD, 25). 벤야민은 모스크바의 문화적, 정치적 측면과 아울러 다양한 일상적 측면을 열심히 살폈다. 정신이 멍해질 정도의 추위 속에서도 "밖으로는 얼어붙고, 안으로는 타오르며" 싸돌아다녔다(MD, 128). 가게들을 구경하고(장난감 가게와 제과점에 가는 것은 즐거웠다), 식당, 술집, 박물관, 사무실에 출입했다(사무실에서는 "볼셰비키 관료주의"를 경험했다). 크리스마스트리 장식 제조 공장, 소아병원, 유명 수도원을 견학하고, 모스크바 크렘린, 성 바실리 대성당 등의 명소를 관광했다. 거리에서 펼쳐지는 삶을 흡수했고(거지, 노숙 아동, 노점상, 각양각색의 물건, 간판들, 벽보, 극히 드문

자동차와 교회, 모스크바 주민들의 독특한 차림새와 "아시아적" 시간관념, 만원 전차 안의 정중한 승객들, 보행자를 스쳐가는 빠르고 상냥한 썰매, 하얀 눈을 배경으로 펄럭이는 화려한 깃발 등), 연극, 영화, 발레 등을 거의 매일 관람했다. 최신 개봉 영화로는 예이젠시테인의 「전함 포템킨」, 푸돕킨의 「어머니」, 쿨레쇼프의 「법은 엄하다」, 베르토프의 「지구의 6분의 1」 등을 보았고, 발레로는 「페트루시카」(음악은 스트라빈스키)를 보았다. 「검찰관」(원작은 고골, 각색은 프세볼로트 메이예르홀트)의 축약 공연—그럼에도 네 시간이 넘는 공연—을 본 뒤에는 활인화가 있는 과도한 무대연출을 모스크바 케이크의 건축술에 비유했고, 미하일 불가코프의 「투르빈 가家의 나날」을 본 뒤에는 "철저히 반감을 불러일으키는 도발"이라고 평했다(MD, 25). 성황리에 열린 메이예르홀트 극장의 공개 토론회(블라디미르 마야콥스키, 안드레이 벨리, 아나토리 루나차르스키, 그리고 메이예르홀트 자신이 관여한 행사)에 참석하기도 했다. 모스크바 일간지 《모스크바 석간》과 문학 및 조형미술 전문가라는 이름으로 인터뷰하기도 했다.[28] 또한 기회가 있을 때마다 모스크바의 훌륭한 회화 컬렉션을 찾아다녔다. 스추킨 갤러리에서는 입구 계단 상단에 걸려 있는 마티스의 「춤」과 「음악」에 압도되고, 세잔의 그림 앞에서 자신의 유명한 글 여러 편의 바탕이 될 통찰을 부화시키기도 했다: "세잔의 유난히 아름다운 그림 앞에 서 있을 때였다. '감정이입Einfuhlung'이라는 말이 언어상으로 큰 오류라는 생각이 들었다. 그 생각을 좀더 설명해보자면, 그림을 보

---

28 볼 곳은 Dewey, "Walter Benjamins Interview"(1926년 12월 18일 VAPP 강당에서 진행되어 1927년 1월 14일에 실린 벤야민과의 짤막한 인터뷰 독일어 번역이 포함된 글). 함께 볼 곳은 MD, 86. 이 인터뷰에서 벤야민은 이탈리아 미래파의 막다른 골목을 지적한 뒤, 표현주의의 쇠락을 겪은 독일 예술의 "침체"를 언급하고 아울러 파울 셰어바르트를 당대 독일 문학의 대표 작가(가장 인기 있는 작가는 아닐지언정 가장 뛰어난 작가)로 제시한다. 이 인터뷰에 따르면, 벤야민은 셰어바르트의 작품들에 배어 있는 "기술력의 파토스 (…) 기계류의 파토스"는 문학에 새롭게 등장한 테마이며, 셰어바르트의 경우, 기계 생산은 "경제적인 이유에서가 아니라 모종의 이상적 진리의 현현이라는 이유에서 중요하다"(이 명제가 라이히와 라치스의 분노를 샀던 것 같다). 이 인터뷰에 따르면, 소비에트 러시아는 현재 예술이 진보하고 있을 뿐 아니라 예술에 "유기성"이 있는 유일한 나라다.

고 이해한다는 것은 사람이 그림 공간 속으로 밀고 들어가는 것이 아니라 그림 공간이 바깥쪽으로 밀고 나오는 것, 그림 공간 여기저기에서 특정 부분들이 바깥쪽으로 밀고 나오는 것이다. 그렇게 우리를 향해서 열리는 부분들에서 과거에 있었던 대단히 중요한 경험들을 발견할 수 있을 것만 같다. 왠지 모르지만 너무나 잘 알겠는 그 무엇이 있다는 뜻이다"(MD, 42). 바로 이 경험—시간이 공간에 남기는 앙금, 낯익은 곳에서 울리는 낯선 메아리—의 동력으로부터 1930년 「사진의 작은 역사」가 나오고, 아울러 1935년에 「기술적 복제가 가능한 시대의 예술작품」으로 나타날 『파사주 작업』의 일련의 성찰이 나온다. 벤야민이 율라 라트-콘에게 보낸 편지(러시아에서의 공적 삶이 신학적 긴장 속에서 영위된다고 말한 그 편지)에 따르면, 정치적, 문화적 동요로 가득한 모스크바는 현재Gegenwart가 이례적 의의를 갖는 도시였다.

벤야민이 러시아의 경험으로부터 얻은 가장 중요한 결실 중 하나는 (이후의 작업 방향이라는 면에서 보자면) 영화 매체 관련 사유들을 펼쳐나갈 추동력이었다. 「러시아 영화예술의 현황」과 「오스카어 슈미츠에게 내놓는 답변」은 《문학세계》를 위해 집필되어 1927년 3월에 게재되었는데, 당대의 러시아 영화에 대한 논의이면서(한 편은 베르토프, 다른 한 편은 예이젠시테인에 초점을 맞춘 글이다), 벤야민 자신의 영화 미학에 대한 개괄이기도 하다(여러 주요 측면에서 벤야민 자신의 문학비평 이론과 유사하다). 특히 영화를 비롯한 대중문화 전반에 대한 벤야민의 입장이 지크프리트 크라카워의 입장과 연결되는 곳은 이렇듯 영화라는 매체를 사회적 환경을 탐구하는 최고의 수단으로 보는 대목이다. "영화 매체의 원리들"(벤야민 자신의 표현)은 한 장소의 숨은 차원들을 펼쳐 보여야 할 때 매우 중요하다. 영화라는 잠재적으로 해방적인 매체는 벤야민이 러시아의 평일 관상에서 발견한 새로운 리듬과 그 새로운 광학의 조형적 상응물이다.

영화와 함께 **의식의 새로운 영역**이 생겨난다. 영화라는 프리즘을 통해 눈앞의 환경이 분광된다. (…) 이 사무실들, 이 가구 딸린 방들, 이 싸구려 술집들, 이 대도시 길거리들, 이 철도역들, 이 공장들은 그 자체로 보면 흉하고 탁하며 절망적일 만큼 황량하다. (…) 그런데 영화가 이 감옥 같은 세계에 0.1초라는 폭탄을 투척한 것이다. 이로써 우리는 폭파된 세계의 산재한 파편들 사이로 머나먼 여행, 신기한 여행을 떠날 수 있게 된다. 집 주변 또는 방 주변에 예상치 못한 수십 개의 정거장이 있을 수도 있다(SW, 2:17).

벤야민이 (약간 수정해서) 「기술적 복제가 가능한 시대의 예술작품」(SW, 3:117)에 넣은 이 예리한 대목은 그 특유의 몇몇 관심사를 예고하고 있다. 영화가 환경을 "분광"해 새로운 이미지계를 만들어내면, 이렇게 "폭파된" 공간은 질료의 습관적 결합을 벗어나 "산재한 파편들"을 내놓고, 이로써 환경은 비평적, 창조적 "변태"(벤야민이 즐겨 사용하는 표현)를 겪는다. 다시 말해, 환경은 마치 고고학의 발굴 현장처럼 자신의 사회적, 역사적 지층을 드러낸다. 이렇듯 영화가 물화된 일상의 한복판에서 "예상치 못했던" 정거장을 발견함으로써 "다른 어떤 손길에도 열리지 않았던" 환경의 비밀을 열어내는 과정에서 중요한 역할을 하는 것은 느닷없는 위치 변화sprunghafte Wechsel des Standorts를 이끌어내는 몽타주 메커니즘이다(브레히트의 논의에서와 마찬가지로 벤야민의 논의에서도 몽타주는 자료를 하나하나 떼어놓으면서 동시에 하나로 모으는 변증법적 장치였다). 영화의 "컷"은 액션의 절단인 동시에 시퀀스의 절합이다. 벤야민의 몽타주 실험(벤야민 자신의 표현을 빌리면 글로 쓴 몽타주), 특히 『파사주 작업』이라는 서사시적 몽타주는 바로 그런 변증법 논리를 따르는 작업이다. 실제로 벤야민의 『파사주 작업』과 베르토프와 루트만의 "도시 교향곡" 영화들은 규모의 차이가 있지만 서로 닮은 점이 많다. 벤야민의 몽타주 텍스트들은 매우 국지화된 미장센과 단절적 리듬을 따른다는 면에서 영화적일 뿐 아니라, "군집의 공간"과 "움직이는 군상"을 멀티 앵글로 포착한다는 면에서도 영화적이다.

「오스카어 슈미츠에게 내놓는 답변」에서 이처럼 영화 매체 특유의 잠재력을 토포스 차원에서 정의한 벤야민은 이어서 시네마적 플롯은 어떤 것인가라는 중대하면서도 좀처럼 제기되지 않는 질문을 던진다. 영화가 생활 공간을 새로운 방식으로 전용할 수 있느냐의 여부는 영화 장치의 기록 성능에 좌우되며, 따라서 예술이 진보하느냐의 여부는 형식이나 내용이 새로워지느냐가 아니라 매체의 기술력이 발전하느냐에 달려 있다. 영화의 기술력 혁신이 "그에 상응하는 형식과 내용"을 발견해왔느냐 하면 그렇지는 않다. 이념이 형식과 내용을 정해주지 않을 경우, "의미 있는 영화 플롯"의 문제는 그때그때 해결하는 수밖에 없다. 포스트혁명기에 프롤레타리아 대중운동을 건축물이 아닌 건축술로architektonisch 다루면서 두각을 나타낸 러시아 영화에 특히 주목하는 벤야민은 미래의 러시아 영화에 필요한 것은 "전형적인 상황들"을 전개하는 "새로운 '풍속 희극'"을 개발하는 일, 그리고 "기법의 문제를 바라보는 아이러니하고 회의적인 태도"(볼셰비키 테크노크라시가 취하지 못하는 태도)를 개발하는 일이라는 논의를 펼친다. 벤야민에 따르면 러시아인들은 영화를 보면서 비판적 태도를 취하는 경우가 거의 없다. 좋은 외국 영화들이 거의 수입되지 않는 탓에(러시아에서는 채플린을 거의 모른다) 유럽과의 비교 기준이 없다. 물론 예술의 문제 자체가 과거지사라고 말할 수도 있다. 소비에트 러시아에서 영화는 엄격한 규율을 따르는 정치 담론의 한 형식, 즉 사회주의 프로파간다이며, 그런 의미에서 모종의 정교한 학습 기기라고 말할 수도 있다(하지만 최고의 정보 전달 매체라는 영화의 지위는 곧 라디오로 넘어간다). 벤야민은 그로부터 약 8년 뒤 「기술적 복제가 가능한 시대의 예술작품」에서 영화의 문제로 돌아가는데, 이 역시 영화의 교육적, 비판적/선동적 측면을 강조하는 글, 곧 영화를 모종의 훈련 도구Übungsinstrument―대상과 마주쳤을 때의 충격을 근간으로 삼는 새로운 통각을 기르게 해주고 대상과의 관계에서 "시지각적 무의식"을 실현하는 법을 일러주는 도구——로 개념화하는 글이다. 벤야민의 영화 미학은 처음부터 새로운 방식의 시지각을 향하고 있었다. 그로부터 10여 년 전에 청년철학에서 의식의 변모와 새로운 시공간 경험이 강조되었음을 떠올려본다면, 벤야민 사유의 연속성(양상과 초점의 불연속성을 넘어서는 관심사의 연속성)을 다시 한번 확인할 수 있다.[29]

1927년 2월 초에 베를린으로 돌아온 벤야민은 우선 《문학세계》에 실을 러시아 영화와 러시아 문학 관련 글들을 준비하면서 《피조물》에 실을 「모스크바」의 초고 작성에 들어갔다. 「모스크바」는 크라카워에게 보낸 편지에 따르면 "짧은 개별 메모들"을 늘어놓고 "독자 자신이 의미를 책임지는 것이 최선"인 형식이었으며, 부버에게 보낸 편지에 따르면 "미물적 차원이 스스로 말할 수 있도록" 하는 형식이었다(MD, 129, 132).[30] 『소비에트 백과사전』 '괴테' 항목 시놉시스를 넘긴 후 백과사전 편집진이 자신의 시놉시스 채택 여부를 망설인다는 소식을 라이히로부터 전해 들은 벤야민은 그들이 수용하기에는 너무 "급진적인" 글이라는 결론을 내리기도 했다(C, 312). 한편 벤야민의 모스크바 경험들 가운데 라이히 등 여러 문단 인사와 대화를 나눈 것은 3월 23일 라디오 데뷔 강연의 자료가 되었다. 강연 제목은 「러시아의 청년 작가들」이었는데, 그해 레닝의 《인터내셔널 리뷰 i10》 봄여름호에 실린 「최근의 러시아 문학」이라는 글은 이 강연의 수정본인 듯하다. (벤야민은 그로부터 2년 뒤 라

---

29 벤야민에 따르면, 영화는 "지금의 기계들 속에 접힌 상태로 존재하는 모든 지각 형식, 속도, 박자를 펼친다. 그렇게 보자면, 지금의 예술이 제기하는 모든 문제는 오직 영화의 맥락에서만 최종적으로 정식화될 수 있다"(K3,3). 영화 미학에 관해서 함께 볼 곳은 K3a,1,2; Q1a,8; Y1,4; H°,16; M°,4; O°,10.

30 벤야민은 얼마 후 모스크바 여행 경비 일부를 대준 부버에게 "이와 같은 '시지각적' 설명이 이념의 그리드 안으로 들어왔음"을 깨닫는 독자들이 있기를 바란다는 편지를 보냈다(C, 316). 그가 비슷한 시기에 프리츠 라트에게 보낸 편지에 따르면, "당의 바깥, 언어의 바깥에 있는 사람이 포착할 수 있는 것들에 관한 한, 내가 확실하게 포착한 것 같습니다. 하지만 솔직히 말해서 당의 바깥, 언어 바깥에 있는 사람이 포착할 수 있는 것은 그리 많지 않습니다"(GB, 3:275; 비교해볼 곳은 252).

디오에서 고정 방송을 시작하게 된다. 직접 쓴 원고를 읽거나 즉흥 강연을 하는 형식으로 1929년부터 1932년까지 프랑크푸르트 방송국과 베를린 방송국의 라디오 방송에 80회 이상 출현하게 된다.) 반면, 그가 모스크바에서 가장 심혈을 기울였던 작업 중 하나인 「러시아 장난감」이라는 삽화 논문은 축약된 형태로 실리는 데 그쳤다(벤야민은 모스크바에 있는 동안 모스크바 장난감 박물관을 여러 차례 둘러보면서 주요 전시물에 대한 촬영을 의뢰했고, 완구점이나 시장통에서, 때로는 행상으로부터 다량의 장난감을 구입했다). 애초에 겨냥했던 지면은 《프랑크푸르트 신문》 증보판이었지만, 결국 1930년에 축약본이 실린 곳은 《남서독일 방송신문》이었다(훨씬 더 길었을 원본은 소실되었다). 한편 《문학세계》가 제작한 벽걸이 달력(루돌프 그로스만이 저널의 주요 필자들의 캐리커처를 그리고 벤야민이 그 캐리커처에 짧은 운문을 붙인 작품)이 출간되었다는 소식은 당시 모스크바에 있던 벤야민에게 각별한 기쁨을 안겨주었다.

벤야민은 "가공할 나태의 와중에" 이처럼 러시아에서의 경험을 전하면서 프랑스의 최신 문단 소식을 전하는 작업도 병행해나갔다(벤야민이 프랑스의 문단 소식을 전하는 필자가 된 것은 1년 전 8월에 《문학세계》에 폴 발레리와 프랑스 상징주의에 관한 글을 실으면서였다). 1월에 출간된 프루스트의 『꽃 핀 소녀들의 그늘에서』의 번역(프란츠 헤셀과의 공동 작업)은 한창 호평을 얻고 있었다. 평이 전반적으로 좋았고, 프랑크푸르트와 베를린의 친구들은 특히나 호의적이었다. 예를 들어 《프랑크푸르트 신문》의 서평은 번역의 예술성과 "미시적" 정확성을 높이 평가했고, 《문학세계》 독자 의견란에서는 한발 더 나아가 벤야민과 헤셀의 상보적인 장점들을 높이 샀다.[31] 그 후 벤야민은 루이 아라공, 마르셀 주앙도, 레옹 블루아, 아드리엔 모니에 등 프랑스의 최

---

31 이 두 서평의 발췌문을 볼 수 있는 곳은 GB, 3:249-250; Brodersen, *Walter Benjamin*, 169.

신 작가들을 번역하게 된다.

『일방통행로』와 『독일 비애극의 기원』의 출간이 계속 늦춰져 벤야민은 짜증이 났다. 로볼트가 계약 이행을 계속 늦추자, 벤야민은 결국 『일방통행로』와 「괴테의 친화력」 단행본 버전의 출간이 확정되기 전까지는 『독일 비애극의 기원』 교정쇄를 넘기지 않겠다고 통보했다.

벤야민은 두 달 동안 베를린의 부모 집에서 도라와 여덟 살짜리 슈테판과 함께 유달리 조용한 시간을 보낸 후 또다시 여행을 떠났다. 여행의 동력은 프랑스 문학의 현황을 파악할 필요성과 더불어 저항할 수 없는 방랑벽이었다. 파리에서의 두 번째 장기 체류는 4월 1일에 시작되었다. 처음에는 두세 달 일정이었지만, 결국 코트다쥐르, 루아르 계곡 등의 짧은 여행을 포함하는 여덟 달 일정으로 늘어났다. 미디 호텔에 투숙한 벤야민은 이전 체류 때와 같은 방(블로흐, 크라카워와 긴밀한 지적 공조 작업을 진행했던 장소)에 묵을 수 있었다. 처음 몇 주간은 프루스트를 읽는 데 시간을 쏟았다. 4월 말에는 숄렘이 카발라 필사본 연구차 런던으로 가는 길에 며칠간 파리에 들렀다. 장장 4년 만의 재회였다. 숄렘의 눈에 비친 벤야민은 평소와 다르게 여유가 있으면서도 지적 열의에 불타고 있었다. 벤야민은 파리가 눌러살고 싶을 만큼 고무적인 "분위기"라면서도, 프랑스인들과 가까워지기 어렵다는 이유에서 실제로 눌러살기란 불가능하다고 했다. 호프만슈탈에게 보낸 편지에서는 "프랑스 사람을 만났을 때, 담소를 15분 이상 연장할 수 있는 관계가 맺어지는 일은 극히 드뭅니다"라고 말하기도 했다(C, 315). 그때껏 맺어진 유일하게 의지할 수 있는 관계는 호프만슈탈과 블로흐의 친구이자 소설가 겸 비평가인 마르셀 브리옹과의 관계였다(브리옹은 벤야민이 높이 평가한 인물로 프랑스의 유명 저널 《남부 카이에》의 편집장이었다. 벤야민은 숄렘에게 브리옹을 소개해주기도 했다). 벤야민이 《문학세계》에 《남부 카이에》를 소개하는 글을 실은 것은 파리에 오기 직전인 3월이고, 브리옹이 《남부 카이에》에 벤야민의

1927년의 벤야민. 사진 촬영 제르맹 크룰(예술 아카데미, 베를린, 발터 벤야민 아카이브)

보들레르 번역에 대한 호의적 서평을 실은 것은 1926년 말이었다. 1930년대에 벤야민이 파리에서 망명생활을 하면서 두 사람의 우정은 깊어지며, 《남부 카이에》는 벤야민이 쓴 글들의 프랑스어 번역을 싣게 된다.

5월 중순, 숄렘이 영국으로 떠나고 얼마 안 있어 도라와 슈테판이 오순절 휴가를 보내러 찾아왔다. 벤야민이 도라에게 며칠간 파리를 구경시켜주고 그 후 가족이 리비에라로 떠나는 일정이었다. 가족이 돌아간 6월, 몬테카를로 카지노에서 돈을 딴 벤야민은 한 주 동안 코르시카에서 혼자만의 휴가를 즐길 수 있었다. 그의 노름 성향(어딘가 도스토옙스키적인 데가 있는, 어쩌면 그의 전반적인 "실험가적" 본성과 연결되는), 특히 그의 룰렛 사랑은 『파사주 작업』의 여러 대목에 반영돼 있다. 『파사주 작업』의 초기 원고 중 "노름꾼에 관한 뛰어난 대목"(곧, g°, 1)은 신학적, 세속적 모티프를 아우르면서 아도르노의 각별한 관심을 끌기도 했다.[32] '노름꾼'은 벤야민이 오랫동안 즐겨 사용한 가짜 신분 중 하나였다. 단, 말에는 몇 가지 의미가 있는데, 그중 가장 큰 의미는 그가 실제 노름판의 결투와 위험에 불가항력으로 매료되었다거나, 그에게 노름의 경험이 해시시에 취하는 경험과 마찬가지로(특히 노름 중의 시간 경험과 관련해) 사회적, 형이상학적 연상을 불러일으켰다는 데 있지 않았다. 그는 첫 작업부터 마지막 작업까지 자기가 다루는 모든 주제, 자기 글이 취하는 모든 형식과 문체에 도박을 걸었다. 이제 졌다고 생각되는 순간에도 베팅을 멈추지 않는 노름꾼처럼, 그는 운을 시험하는 인간이었다. 그가 코르시카 여행에서 앙티브로 돌아오는 길에 비행기를 탐으로써 얻은 것은 "인간의 최신식 이동 수단"에 대한 경험이었다. 그가 코르시카로 가는 길에 잃어버린 것은 「정치학」 원고였다: "복구할 수 없는 원고 뭉치 하나를 분실했습니다. 「정치학」을 위한 다년간의 예비 작업이었습니다."[33]

---

32 볼 곳은 BA, 106; AP, Convolute O, 「매춘, 도박」.
33 볼 곳은 SF, 132. 벤야민이 정치학을 다루는 총 3부의 글을 계획했었다는 논의를 보려면 이 책 4장.

벤야민이 툴롱 근처 파르디공에서 호프만슈탈에게 자신의 계획을 알리는 편지를 쓴 것은 6월 초의 일이었다: "지금 내가 주로 하는 일은 파리에서 입지를 다지는 것입니다"(C, 315). 독일에 있을 때는 "동시대 사람들 틈에서 철저히 고립된 느낌"을 받았던 반면 프랑스에 관심을 갖게 된 뒤로는 초현실주의 운동에서, 그리고 개별 작가들(특히 "아라공")에게서 동질감 같은 것을 느낀다고 전하기도 했다: "프랑스 정신의 현재적 형태에 가까이 다가가는 일은 시간이 흐르면서 내 마음에서 하나의 욕망이 되었습니다. (…) 하지만 그것과는 별도로 역사적 의상을 차려입은 프랑스 정신은 예전부터 줄곧 나를 사로잡는 주제였습니다." 이 편지에서 역사적 의상을 차려입은 프랑스 정신이라고 표현된 것은 실은 프랑스 고전주의 드라마였다. 당시 벤야민은 라신과 코르네유와 몰리에르에 관한 책, 말하자면 『독일 비애극의 기원』과 짝을 이룰 만한 책을 계획하고 있었다(그리고 그의 수많은 다른 계획과 마찬가지로 도중에 엎어졌다). 벤야민이 타자기를 구입하라는 크라카워의 권유를 거절한 것도 어쩌면 이처럼 새롭게 살아난 역사적 관심에 충실하기 위해서였는지도 모른다.

당신이 그런 물건의 주인이 되고 말았군요. 나에게 아직 그런 물건이 없어서 다행입니다. 내가 그 확신을 더욱 굳히게 된 것은 지난번 프랑스 대 미국 테니스 토너먼트 경기 때였습니다. 맞습니다! 내가 만년필을 잃어버린 것이 그때입니다. 좀더 정확하게 말하자면, 나는 그 혼잡한 상황을 틈타 나를 한 해 동안 종처럼 부렸던 그 지긋지긋한 가정폭군으로부터 벗어났습니다. 가장 먼저 눈에 띄는 가장 싼 것으로 사겠다고 결심하고 파리에서 가장 붐비는 거리로 나가서 매대 앞에 섰습니다. 건전한 시민이라면 만년필 잉크나 채우러 들를 법한 곳이었습니다. 지금 여기 있는 이 어여쁜 녀석을 거기서 발견했습니다. 내 모든 꿈을 실현시켜줄 녀석, 지난번 녀석—펜대 나부랭이—으로는 도저히 도달할 수 없었을 생산성에 이르게 해줄 녀석입니다(GB, 3:262).

이 짧은 명문은 벤야민 특유의 논의 방식, 곧 자신의 생산수단을 물신화하면서 동시에 알레고리화하고 이로써 그 생산수단에 의지하는 자신을 아이러니화하는 방식의 날렵함과 수줍음을 단적으로 보여준다(이 글을 쓴 날짜는 호프만슈탈에게 편지를 쓴 날짜와 같다).

스위스의 시인이자 소설가 고트프리트 켈러에 관한 장고의 논문을 쓴 것도 파르디공에서였다. 벤야민이 여러 편지에서 밝히고 있듯이, 이 논문은 프랑스 문학을 다루는 작업을 보완하는 것으로서, 켈러의 관상에 나타난 "확실히 초현실주의적인 특징들"을 강조함으로써 켈러를 따뜻한 시골 작가로 보는 속물적 시각을 논박한다. 7월 중순에야 완성되어 8월에 《문학세계》에 실리는데, 바이마르공화국 말기에 벤야민이 여러 독일 신문에 싣게 되는 일련의 작가론(비중 있는 작가에 대한 중요한 논문)의 출발점이었다. 또한 이 논문은 벤야민을 대표하는 여러 테마가 연달아 나오는 글이기도 하다. 시작은 "19세기에 대한 재평가"에의 요청이다(SW, 2:51-61). 이 요청이 특히 문제 삼는 것은 독일 부르주아 계급의 역사에 생겨난 이데올로기적 균열, 그리고 그 균열의 신호탄으로서 1871년 독일 제국의 건국이다. 이 맥락에서 켈러는 "독일 제국 이전"의 부르주아 계급과 연결된, 곧 국민주의와 대립하는 향토애Heimatliebe의 작가이자 현대판 자유주의와는 전혀 다른 열정적이면서 비감상적인 자유주의 작가다. 켈러의 작품에서는 회의주의와 생동하는 행복의 비전이 공존하고 있다. 켈러 특유의 유머—우울질적 비애와 담즙질적 역정이 혼합된 그의 성격과 분리될 수 없는 유머—는 바로 이 구성적 긴장에서 비롯된다. 켈러가 관장하는 공간이 "19세기 고대"라는 점은 보들레르의 경우와 마찬가지다. 19세기가 "수축"이라는 형식 원리에 따라 고대화된다고 할까, 고대가 수축 작용을 거쳐 켈러 자신의 불안정한 19세기 풍경이 되었다고 할까.[34] 켈러에게 이 풍경 속 사물들은 "오래된 과일처럼, 노인의 얼굴처럼 쭈글쭈글 말라붙어 있다." 이 세계를 거울처럼 비추는 켈러의 작품에서는 작디작은 현실 한 조각이 무한의 밀도를 갖는다: "대상은 바라보는 사람을 마주본다." 이 모든 테마가 이후 10년 이상 벤야민의 이런저런 작업에서 펼쳐진다.

8월 중순에는 닷새 동안 오를레앙과 블루아와 투르를 여행하면서 여러 대성당과 성을 방문했다. 샤를 페기가 빅토르 위고에 대해 쓴 글의 한 대목에서 영감을 받은 여행이었다. 이때 나온 「나의 루아르 강 여행기」(SW, 2:62-65에 수록)에는 투르 대성당의 정문 상단 장미창 등 관광 명소들로부터 받은 생생한 인상이 기록되어 있다: "장미창은 종교적 사유 방식에 대한 탁월한 상징이다. 밖에 나가서 바라보면 거친 돌판이나 생선 비늘 혹은 나병 환자의 피부 같기도 한 반면, 안에 들어와서 바라보면 화려하고 황홀하고 찬란하다." 한편 이 글에는 바로 몇 주 전에 사랑하게 된 어느 파리 여자로부터 바람 맞은 쓸쓸함도 기록되어 있다(숄렘에 따르면 "그 시절 벤야민은 걸핏하면 사랑에 빠졌다"[SF, 133]): "모든 것이, 더없이 사소한 것들까지 나를 울고 싶게 만든다." 이때의 쓸쓸함을 달래준 것은 호화로운 호텔 방의 편의시설, 그리고 위대한 건축작품들을 바라볼 때 느껴지는 "그 평온함, 현재성"이었다. 자기가 사랑한 여자("그 파리의 장미")가 샤르트르 대성당(한 달 전에 찾아갔던 곳)과 투르 대성당(지금 있는 곳) 사이 어딘가에 경이롭게 피어 있었다는 깨달음을 담은 글이었다. 《프랑크푸르트 신문》에 실을 생각이었지만, 크라카워를 비롯한 편집진으로부터 전혀 호응을 얻지 못했다.

벤야민이 파리에 돌아온 8월 16일은 숄렘이 국립도서관을 이용하기 위해 몇 주간의 일정으로 파리에 오기 하루 전날이었다. 벤야민과 숄렘은 저녁 시

---

34 비평에서 수축의 원리가 어떻게 작동하는지를 보려면 SW, 2:408, 415-416; 이 책 7장 주 33번.

간을 함께 보내는 날이 많았는데, 주로 몽파르나스 불바르 주변의 카페에서 만났다. 숄렘이 아내와 함께 벤야민이 묵는 호텔을 찾아온 적도 있었다: "그가 묵는 방은 궁색하고 비좁았다. 관리 상태도 좋지 않았고, 가구는 철제 침대 등속이 전부였다"(SF, 133). 함께 자주 영화관을 찾았고(벤야민은 미국 영화배우 아돌프 멘주의 팬이었다), 그해 여름 파리에 와 있던 벤야민의 친구이자 공동 작업자 프란츠 헤셀과 그의 아내 헬렌을 같이 만나기도 했다. 8월 23일 저녁 북부 불바르에서 격렬한 대규모 시위가 벌어지고 있었는데(그날 밤 보스턴에서 자행될 사코와 반제티 처형에 항의하는 시위였다), 그날 숄렘도 벤야민을 따라 시위에 나갔다(벤야민은 붉은 넥타이를 맸다). 기마경찰대가 시위자들을 공격하면서 불바르는 아수라장이 되었고, 두 사람은 간신히 빠져나왔다. 숄렘이 마르크스주의적 개념과 논법을 받아들일 생각이냐고 물었을 때, 벤야민은 명확한 대답을 피했다: "벤야민의 대답은, 급진적-혁명적 관점을 자양분으로 삼을 수 있는 작업의 게슈탈트와 자신이 여태껏 채택해온 (다만 어느 시점에서 변증법적으로 변형된) 고찰 방식이 모순되는 일은 없으리라는 것이었다"(SF, 135). 하지만 다른 주제—초현실주의, 폴 발레리의 저술, 벤야민 자신이 기획한 (결국 실현되지 못한) 빌헬름 폰 훔볼트 언어철학 선집 등—에 대해서는 비교적 명확한 대답을 내놓았다.

숄렘의 방문을 계기로, 팔레스타인 이민을 겨냥한 장기전이 또 한 차례 시작되었다. 예루살렘 히브리 대학에 새롭게 인문대학이 만들어지던 중이었고, 숄렘은 벤야민을 프랑스 문학과 독일 문학 교수—히브리어 지식이 요구되는 자리—로 부를 가능성을 제기했다. 벤야민은 이 가능성에 열렬히 호응하면서 히브리어를 배우겠다는 뜻을 밝혔다. 숄렘은 때마침 파리에 와 있던 히브리 대학 총장 유다 마그네스 랍비와의 면담을 주선했다. 면담이 진행되는 두 시간 동안, 마그네스(그로부터 사반세기 전 독일 베를린과 하이델베르크에서 공부했던 미국인)는 벤야민의 말을 감격 속에서 경청했다. 벤야민은 준비했던 대로 언어철학에 대한 자신의 관심을 밝혔고, 독일 낭만주의, 횔덜린, 괴테, 독일 비애극에 대한 자신의 연구를 소개했으며, 보들레르와 프루스트에 대한 취향까지 설파했다. 또한 자신의 번역 작업이 철학적, 신학적 성찰의 자극제였음을 강조하면서, 스스로가 유대인이라는 정체성을 더욱 분명히 의식하게 된 것이 바로 이런 작업 덕분이었다고 말하기까지 했다: "벤야민은 중요한 독일어 텍스트에 대한 자신의 논평이 소기의 성과를 거두었던 반면 완전히 새로운 수준에 도달하려면 히브리어 텍스트의 주석가가 되는 방법밖에 없을 것 같다는 말도 했고, 독일에서는 이런 마음가짐이 거의 호응을 얻지 못해 자기는 이제 유대의 것들을 가지고 생산적인 작업을 하고 싶다는 말도 했다"(SF, 137-138). 면담이 끝난 후 마그네스는 벤야민을 예루살렘 교수 후보자로 고려하기 위한 첫 단계로 추천서를 요청했다. 수많은 인맥과 인연을 끊으며 살아온 그에게는 학계 내 교수의 추천서를 받는 일이 그리 간단치 않았다. 벤야민은 그 가을의 긴 시간을 추천인 섭외에 쏟아부으면서 또 한 번 바르부르크 서클과 접촉을 시도해봤다. 결국 호프만슈탈과 발터 브레히트(뮌헨 대학 독일 문학 정교수Ordinarius)의 추천서가 봄에 마그네스에게 도착했고, 이를 받아본 마그네스는 최고 수준의 추천서들로 평가했다. 벤야민이 직접 마그네스에게 자신의 출판물 사본을 보내기도 했다. 벤야민이 팔레스타인 재건과 정치적 시온주의를 구분하면서 팔레스타인 재건에 연대를 표한 것도 숄렘이 동석한 마그네스와의 면담 자리에서였다. 숄렘의 건조한 논평에 따르면, "벤야민이 이와 관련해서 자신의 입장을 이 정도로 분명하게 밝힌 것은 전무후무한 일이었다. (…) 지금 되돌아보면, 그 면담은 우리가 그때 그 자리에서 느꼈던 것보다 더 환상적인 사건이었다"(SF, 138-139). 벤야민이 예루살렘에서 사는 일을 얼마나 진지하게 고려했나를 한마디로 말할 수는 없다. 그해와 이듬해 브리옹이나 호프만슈탈에게 보낸 편지를 보면 진지하게 고려한 듯싶지만, 다른 자료들을 보면 그저 히브리어 교습을 위한 단기 연구비(또는 기타 이익)를 원했던 것 같기도 하다. 마그네스로부터 연구비가 일시불로 지급된 것과 벤야민이 《유대평론》의 편집장 막스 마이어 박사와 히브리어 일일 교습을 시작한 것은 1929년 봄이었다. 하지만 교습은 한 달도 못 되어 끝났다. 처음에는 마이어가 베를린을 떠나 어느 온천에 가 있으면서 잠시 중단되었고, 나중에는 벤야민이 1929년 가을 이혼 소송에 휘말리면서 아예 중지되었다.

솔렘이 파리에서 벤야민을 만나고 예루살렘으로 돌아간 것은 9월 말경이다(그 뒤로 두 사람은 1938년에 역시 파리에서 마지막으로 한 번 더 만나게 된다). 벤야민이 솔렘에게 파리 파사주에 관한 새로운 작업의 몇 대목을 낭독해준 것도 1927년에 몇 주간 함께 있을 때의 일이다. 두어 달 후면 약 50페이지의 논문으로 완성되리라는 것이 그 당시의 예상이었다. 그때 벤야민이 미처 알지 못했던 사실은 이 작업—벤야민 사후에 1000쪽짜리 책으로 나오는 『파사주 작업』—이 최초의 구상을 뛰어넘어 자신의 미완성 대표작으로 등극하리라는 것, 그리고 자신의 이후 작업들은 바로 여기서 자양분을 얻으리라는 것, 다시 말해 1927년에서 1940년까지 나오는 자신의 크고 작은 글들은 점점 증식하는 이 철학적-역사적 작업을 중심으로 모종의 성좌를 형성하리라는 것이었다. 자주 인용되는 1930년 1월 20일 편지에 따르면, 『파사주 작업』은 벤야민 자신의 "모든 투쟁과 생각이 펼쳐지는 무대"였다(C, 359). 1927년 여름 아니면 가을에 시작된 최초의 구상은 베를린의 격주간지 《개관》에 또 한 편의 글을 실어보겠다는 것이었다.[35] 파리에서 프란츠 헤셀과 공동으로 작업하겠다는 것이 당시 계획이었다(1929년에 루이 아라공의 『파리의 농부』[1926]의 연장선상에서 현대 도시를 기억술의 공간으로 바라보는 헤셀의 플라네리flânerie 연구서 『베를린 산책』이 나왔을 때 서평을 쓰는 사람이

---

35 GB, 3:263(1927년 6월 5일 크라카워에게 보낸 편지)은 파사주 작업을 암시하는 최초의 기록일 가능성이 있다. 파사주 작업을 명시하는 최초의 기록은 10월 16일 편지다(292-293).

벤야민이다). 실제로 「파사주」—파사주를 주제로 한 헤셀과의 여러 토론으로부터 나온 환등상적 르포르타주—가 헤셀과의 공동 저술이었을 가능성도 있다. 벤야민 자신은 이 글이 긴 미완성 논문의 짧은 초고라 여기고 있었던 것 같다.[36]

헤셀과의 공동 작업으로 파사주에 관한 기사를 쓴다는 계획이 폐기된 후, 파사주 연구에 대한 본격적인 구상이 시작되었다. 구상은 한동안 논문 형태에 머물렀고, 1928년 1월 말 이 논문에 달린 제목은 「파리 파사주: 변증법적 동화극」이었다(동화극Feerie은 19세기 프랑스에서 알레고리적 인물과 몽환적 무대장치로 인기를 누린 연극의 한 장르를 가리킨다). 벤야민이 파사주와 파사주 환경의 의의에 대해 비교적 짤막한 성찰을 기록하기 시작한 것은 이 작업을 처음 구상했던 1927년 중반이다(이 기록은 지금 「최초의 메모들: 파리 파사주 I」이라는 제목으로 『파사주 작업』에 실려 있다). 벤야민이 후에 인용하는 어느 19세기 여행안내서에서도 지적하듯, 이 파사주는 산업사회의 호사가 새롭게 고안해낸 장소다. 한 블록 전체를 관통하는 길에 유리 지붕이 덮여 있고 대리석 바닥이 깔려 있는 것은 건물주들의 공동 투자다. 상부 조명이 설치된 길의 좌우로 더없이 세련된 상점들이 이어진다. 이런 파사주는 그 자체로 한 도시, 아니 한 세계의 축소판이다." 하지만 파사주 작업의 구상과정에서 초기에 해당되는 이 무렵부터 벤야민의 관심은 이미 파사주의 효과적 상징성(파사주가 도시 상품자본주의의 새로운 진열 및 판매 전략을 잘 보여준다는 점)을 넘어 파사주의 본질적 양가성(공적 공간인 길거리이면서 사적 공간인 실내라는 점)을 향하고 있었다.

이 단계에서 벤야민은 파사주 작업을 파리로 건너온 『일방통행로』 같은 글

---

36 「파사주」가 수록되어 있는 곳은 AP, 871-872(「초기 원고」); 함께 볼 곳은 919-925(「파사주 자료」). Van Reijen and van Doorn이 인용한 자료에 따르면, 「파사주」는 1927년 7월 중순에 집필된 글이다(*Aufenthalte und Passagen*, 95, 237n86).

(19세기 중반 프랑스 사회, 문화에 대한 아포리즘과 에피소드를 이은 몽타주 텍스트)로 구상하고 있었다. 벤야민은 1928년 내내, 그리고 어쩌면 1929년까지 논문 규모의 글을 구상하면서 일련의 초안을 작성했는데, 그 과정에서 인용과 논평(그리고 자료 출처 목록)은 걷잡을 수 없이 불어났다. 벤야민이 1928년 가을 또는 겨울부터 모으기 시작한 이 인용과 논평의 덩어리를 알파벳순으로 정리한 36개의 "뭉치"가 바로 『파사주 작업』의 주요 내용이다(독일어본 편집자는 이 뭉치들에 「초안과 자료」라는 제목을 붙였다). 벤야민이 인용만으로 이루어진 비평의 필요를 말한 곳은 1929년 혹은 1930년에 나온 「문학비평의 청사진」이었다. 문학비평 이론 관련 글을 집필하기 위한 예비 메모였는데, 글 자체는 결국 나오지 않았다. 19세기와 20세기 프랑스어, 독일어 문헌이 광범위하게 인용되면서, 결국 인용 분량이 주석과 논평 분량을 훌쩍 뛰어넘게 된다. 아도르노에게는 미안한 말이지만, 벤야민이 파사주 작업의 순수한 인용 비평Zitatenkritik을 구상했던 적은 없는 것 같다.37

파사주 작업이 이어지는 과정에서 곧 또 한 편의 짧은 논문 「토성의 고리, 또는 철제 건물에 대한 몇 가지 논평」이 나왔고(라디오 방송용이나 신문 기사용이었던 것 같다), 그렇게 1929년 말 아니면 1930년 초까지 이어지다가 4년 정도 중단되었다(중단의 이유는 분명한 초현실주의적 영감과 모종의 역사유물론적 요구들을 화해시키려는 시도 속에 이론적 아포리아가 생겨났기 때문일 수 있다). 1934년 초에 재개된 파사주 작업은 이제 단행본 출간을 겨냥하면서 "새롭고 예리한 사회학적 관점"의 "새로운 얼굴"을 드러내기 시작했다 (C, 490: GB, 4:375). 이는 1940년 봄까지 이어지다가 벤야민이 국립도서관

---

37 볼 곳은 「문학비평의 청사진」SW, 2:290. 벤야민의 의도가 철저하게 인용으로 이루어진 순수한 몽타주("충격용 자료 몽타주")를 쓰는 것이었다는 아도르노의 주장(Passagen-werk의 편집자 롤프 티데만에 의해 반박당한 주장)에 대해서 볼 곳은 GS, 5:1072-1073. 함께 볼 곳은 Passagen-werk의 편집자 서론에 해당되는 티데만의 「멈추어 있는 변증법」(trans. Gary Smith and Andre Lefevere, rpt. in AP, 930-931, 1013n6).

이 있는 파리를 탈출하면서 다시 중단되었다. 이렇듯 파사주 작업이 확장, 강화된 시기인 1930년대 중후반에 파사주 작업을 고도로 압축한 두 편의 "엑스포제"—독일어(1935)와 프랑스어(1939) 각각 한 편—가 작성되면서 파사주 작업의 텍스트는 총 일곱 편이 되었다. 벤야민은 파리를 떠나기에 앞서 「초안과 자료」 원고를 당시 국립도서관의 사서였던 동료 작가 조르주 바타유에게 맡겼고, 바타유는 이 원고를 국립도서관 비공개 아카이브에 숨겼다. 이 원고는 전쟁이 끝난 후에 회수되어 1947년 말 뉴욕의 아도르노에게 인편으로 전해졌다.[38] 파사주 작업의 후반부가 '사회연구소'의 지원으로 이루어졌다는 이유에서였다. 『파사주 작업』—완성되지 못한, 근본적인 의미에서 완성될 수 없는 "파사주passages" 컬렉션—이 아도르노의 제자 롤프 티데만의 편집으로 세상에 처음 나온 것은 1982년이었다.[39]

벤야민의 1930년대 편지들은 이렇게 공들여 정리한 자료를 가지고 파사주에 대한 책을 쓰겠다는 뜻을 거듭 밝히지만, 1930년대라는 이 운명의 10년이 흐르는 사이에 자료 정리 작업 자체가 목적이 되어버린 듯했다. 『파사주 작업』이라는 독특한 작업에서는 연구Forschung와 집필Darstellung을 구분하기가 점차 불가능해졌다(벤야민 자신도 이 구분의 관습성을 지적한 바 있다).[40] 주베르, 보들레르, 니체의 노트가 사실상 한 권의 책인 것과 마찬가지로, 지금 시중에 나와 있는 『파사주 작업』은 사실상 한 권의 책이다. 이 책을 19세기 중반 파리의 일상을 다루는 백과사전적 내러티브로 이해하면서 처음부터 순

---

38 원고 전달 과정과 관련된 자세한 사항에 대해서 볼 곳은 GS, 5:1067-1073. 초기 메모와 초고는 1941년 여동생 도라 벤야민이 미국에 있는 아도르노에게 보냈다. '사회연구소'를 위해 작성된 엑스포제 두 편은 벤야민이 직접 '사회연구소'에 보냈다. 『파사주 작업』의 구상과 관련된 추가 원고들(바타유의 미망인이 국립도서관에 기증한 원고들 사이에 포함되어 있던 것)은 1981년 이탈리아 철학자이자 벤야민 편집자 조르주 아감벤에 의해 발견되었다.

39 티데만이 이 제목을 선택한 것은 벤야민이 편지에서 통상 이 제목을 사용했기 때문이다. 벤야민이 썼던 다른 제목들로는 "Passagenarbeit," "Passagenwerk," "Passagenpapieren," "Passagen-Studien" 등이 있다.

40 Forschung와 Darstellung의 구분이 언급되는 곳은 AP, Convolute N4a, 5(마르크스 인용); 함께 볼 곳은 BS, 100.

서대로 읽어나가는 것도 가능하다는 뜻이다. 하지만 플라네리를 즐기듯 여기저기 읽는 것이 『파사주 작업』에 더 어울리는 독서인 것만은 분명하다. 플라뇌르는 도시를 역사의 양피지로 경험하지 않던가. 벤야민이 『파사주 작업』의 자료를 가지고 어떤 책을 쓰려고 했는지 확실히 알 수는 없지만, 그의 의도가 "자료와 이론, 곧 인용과 해석을 가지고 관습적인 집필 형식 일체와 대비되는 새로운 성좌를 만드는 것"이었다는 티데만의 주장이 맞을 수도 있다(AP, 931).

『파사주 작업』의 텍스트 포맷은 벤야민 자신의 표현을 빌리면 "글로 쓴 몽타주"였는데(N1a, 8), 예술작품의 구성 원리로서의 몽타주가 전성기를 맞은 것은 물론 1920년대였다(모호이-너지, 하트필드, 예이젠시테인, 브레히트를 거명하는 것만으로도 충분한 설명이 될 것이다). 벤야민이 몽타주 기법을 처음으로 글 전체에 적용시킨 것은 『일방통행로』―대도시 길거리에서 펼쳐지는 다양한 스펙터클을 본떠, 짤막하고 아포리즘적인 텍스트 뭉치를 아무런 표면적 연결 고리 없이 이어붙인 작업―에서였다. "『일방통행로』의 세속적 모티프들이 무서울 정도로 부풀려질"(벤야민이 1928년 1월 30일 숄렘에게 보낸 편지에서 쓴 표현) 『파사주 작업』으로 오면, 이런 다성악적, 다시점적 효과는 방대하게 정리되어 있는 인용과 주석과 논평을 통해 크게 증대된다. 어떻게 보면 『파사주 작업』에서는 인용, 주석, 논평 하나하나에 텍스트 전체의 테마가 깃들어 있다고도 할 수 있고, 그런 의미에서 그 하나하나가 『파사주 작업』―파사주 현상을 한데 모은 미로 같은 컬렉션―에 등장하는 한 시대 전체를 극도로 압축한 "주술적 백과사전"의 역할을 한다고도 할 수 있다(AP, H2,7; H2a,1). 『파사주 작업』에서 모든 글passage은 19세기와 20세기를 잇는 길passage이다. 다시 말해, 최소한 이론상으로는 이 거대한 텍스트의 글 하나하나가 과거(기록된 역사로서의 과거, 그리고 기록된 역사의 바탕이 되는 태고사로서의 과거)로 통하는 복도이자 문턱이기에 결국은 현재로 통하는 복도

이자 문턱이다.[41] 이렇듯 시간의 흐름 속 별개의 순간들 사이에 존재할 수 있는 조응을 나타내 보이는 『파사주 작업』의 글/길passage은(예컨대 보들레르는 중세 알레고리에 그 전사가 있고, 유겐트 양식에 그 후사가 있다) 현재를 위해서 "변증법적 이미지"(있는 그대로를 기록한 그 무엇이면서 동시에 형이상학적인 그 무엇)를 가독성의 섬광으로 밝혀준다.

변증법적 이미지가 벤야민의 역사유물론의 핵심 개념으로서 이미 그의 1912~1919년 청년철학—과거 자체를 "있는 그대로" 이해할 수 있다고 믿었던 19세기 역사주의에 대한 니체의 비판에 뿌리를 둔 철학—의 몇 가지 논의에 선취돼 있다는 것은 앞서 살펴보았다. 벤야민의 변증법적 이미지 개념에서 특히 중요한 논의는 과거가 현재 속에 다양한 방식으로 임재해 있으며, 현재는 과거를 해석하는 데 중대한 역할을 한다는 것, 이른바 전통은 "작품들의 사후생"을 토대로 만들어진다는 것이다. 이렇듯 역사적 지각을 역동적인 방식으로 이해하는 (이로써 눈앞의 물건이나 건물에 과거의 폐허가 유령처럼 깃들어 있다고 보는 초현실주의적 비전과 비슷해지는) 변증법적 이미지 이론의 핵심에는 "인식 가능성의 지금"[42]이 있다. 역사적 대상을 인식할 수 있는 날은 오늘 하루뿐이라는 뜻이다. 과거의 한순간이 꿈에서 깨어나 그 순간을 꿈꾸는 현재에 다가오는 때는 과거가 꿈임을 깨달은 현재가 꿈에서 깨어나 자기에게로 돌아오는 때라는 것, 이것이 벤야민이 생각하는(역시 그의 초기 철학 논의들로부터 차용된 표현을 따르는) 역사의 변증법이다. 과거를 읽을 수 있느냐, 과거에 주석을 달 수 있느냐는 과거를 경험할 수 있느냐에 달려 있다:

---

41 "태고사"로서의 Urgeschichte에 대해서 볼 곳은 SW, 2:335(「쥘리앵 그린」[1930]). 비교해볼 곳은 AP, Convolute D10,3 이후; Convolute N2a,2.
42 1920~1921년으로 거슬러 올라가는 표현(볼 곳은 SW, 1:276-277). 기억이미지로서의 변증법적 이미지 개념 역시 프루스트에게 크게 의지하고 있다; 이 개념이 논의되는 곳은 이 장의 뒷부분.

역사를 새롭게 변증법적으로 다룰 수 있다는 것은 무슨 뜻인가. 현재를 꿈에서 깨어난 세계, 그야말로 과거의 세계로 경험할 수 있다는 뜻이다. 지나간 일들을 하나하나 꿈속에서 겪은 일처럼 기억할 수 있다는 뜻이다! 결론: 기억하는 일과 깨어나는 일은 긴밀하게 관련되어 있다. 다시 말해 깨어나는 일은 기억하는 일의 변증법적, 코페르니쿠스적 전환이다(AP, K1,3).[43]

벤야민은 역사적 꿈과 역사적 깨어남에 관한 자신의 밀교적 논의를 뒷받침하고자 마르크스("의식이 개혁된다는 것은 **바로** […] 세계가 자기에 대한 꿈에서 깨어난다는 것이다")와 쥘 미슐레("모든 시대는 다음 시대를 꿈꾼다")를 인용한다.[44] 이 밀교적 논의는 1920년대 후반 『파사주 작업』의 첫 확장기(초현실주의라는 역사적 환등상의 직접적인 영향권에 있던 시기)에 특히 중요했다. (1935년 8월 아도르노의 비판이 제기된 뒤로는[볼 곳은 SW, 3:53–56] 이 논의에서 어느 정도 물러나 사회학적 측면에 더 집중하게 된다.) "깨어남의 성좌"(한때 벤야민이 이 논의를 암묵적으로 신학적인 방식으로 정리하면서 사용한 표현)는 깨어남이라는 **구조**, 곧 "우리 부모의 존재"에서 벗어나는 구조를 수반한다(AP, 907–8; N1,9). 다시 말해 이 변증법적 깨어남은 꿈(지나간 세기의 "집단적, 역사적 꿈들")으로의 재진입을 통한, 곧 과거라는 깊은 지층을 파내려가는 비판적 침투를 통한 깨어남이다. 『파사주 작업』의 현미경적 고찰 방식—완전히 쓸모없고 보잘것없어진 19세기적 존재들(은밀한 역사

---

43 "역사적 지각의 코페르니쿠스적 전환"(K1,2)은 칸트의 『순수이성비판』 제2판 서문(B xvi–xvii)의 인유다. 칸트에게 있어 경험되는 대상이 경험하는 주관의 능력에 따라 만들어지는 것과 마찬가지로, 벤야민에게 있어 역사적 대상은 살아 있는 현재의 관심사에 따라 만들어진다.
44 니체의 『선악의 저편』 서문(1886)을 인용할 수도 있었을 것이다. 마르크스, 미슐레와 마찬가지로 니체는 깨어남이라는 오래된 메시아적 주제를 역사화한다. 이 서문에 따르면, 니체 자신을 포함한 모든 "좋은 유럽인"은 철학의 독단화Dogmatisiren라는 악몽으로부터 깨어난 사람들이며, "그들의 과제는 일단은 깨어 있음 그 자체다." 이러한 착상은 조이스의 『율리시스』 「네스토르」에서 되풀이된다. 이 장에서 스티븐 디덜러스는 디지 씨에게 "역사란 (…) 내가 눈을 뜸으로써 벗어나고자 하는 악몽입니다"라고 한다(34).

와 집단적 꿈들이 담겨 있는 그릇)로부터 발굴, 수집된 역사적 "폐품"을 고찰 대상으로 삼는 방식—은 여기서 비롯된다. 그런 고찰 대상의 예로는 광고 문구(광고 대상은 맥주, 스킨로션, 여성용 모자 등), 간판, 사업설명서, 경찰 조서, 설계도면, 공연 전단지, 정치선전지, 전시회 도록, "생리학" 서적(연구 대상은 19세기 중엽 파리사회 생활), 회고록, 편지, 여행기, 인쇄물(판화, 삽화, 포스터), 그리고 파리라는 도시의 다양한 측면(매춘, 노름, 거리와 구역, 증권거래소, 유행가, 보헤미안, 암흑가 등)을 연구 대상으로 삼은, 이제는 망각 속에 묻힌 수많은 서적이 있다.

이렇듯 "깨어남의 변증법"은 인용의 이론과 실천을 필요로 한다.[45] 인용을 뜻하는 동사 Zitieren의 어원은 라틴어 citare("움직이게 한다")로 거슬러 올라가지만, 벤야민이 말하는 인용은 운동과 정지의 고전적 구분을 초월하는 그 무엇이다. 『파사주 작업』에서 인용한다는 것은 폭파시키면서 동시에 소생시킨다는 것이다. 폭파시킨다는 것은 역사적 대상을 실용주의적 역사책으로 사물화된 동질적 연속체로부터 거칠게 뽑아낸다는 뜻이고, 소생시킨다는 것은 과거의 파편을 새롭게 생성된 수집의 맥락에 집어넣는다는 뜻, 역사적 대상을 변증법적 이미지의 흔들리면서 멈추어 있는 "역장" 안에서 변용하고 현재화한다는 뜻이다. 과거가 지금 이 시간의 성좌 속에 포함됨으로써 구원되는 사건, "인식되는 존재와 인식하는 존재에 똑같이 심어져 있는 시간의 씨앗"(AP, N3,2)이 언어화되는 사건, 이것은 바로 "교차하는 시간"(벤야민이 1929년 「프루스트의 이미지」에서 사용하는 표현)에 일어난다.[46] 몽타주도 바로 그 시간에 일어나는 사건이다. 역사를 읽고 쓰는 일은 몽타주 원리를 따르는 인용과 논평—"디테일을 확보하는" 연구—을 통해서 새로운 구체성을 확

---

45 벤야민이 볼 때, 인용은 비평의 방법일 뿐 아니라 역사 그 자체의 반복/모방 과정이다. 예컨대 프랑스혁명은 고대 로마를 인용한다(「역사 개념에 대하여」 SW, 4:395). 함께 볼 곳은 모방적 폭로로서의 인용을 말하는 「카를 크라우스」 SW, 2:442.

보한다:

> 역사의 선명화 작업과 마르크스주의적 역사관을 결합하는 첫 단계는? 역사에 몽타주 원리를 적용할 것. 예컨대 이미 만들어져 있는 작은 부품들로부터 큰 건물을 세울 것. 과연, 작은 계기들 하나하나를 분석해 총체적 사건이라는 결정체를 발견할 것. 그리고 이로써 속류 자연주의 역사관과 결별할 것. 역사가 어떻게 구조화되는가를 파악하기 위해서는? 논평의 구조를 볼 것. 역사의 폐품 등등(AP, N2,6; 함께 볼 곳은 N2,1).

『파사주 작업』의 다른 대목에서 벤야민은 작은 계기들 하나하나를 가리켜 "모나드"라 부른다. 고전적 실체를 가리키는 라이프니치의 용어를 철학적 사건에 적용한 것이다.[47] 깨어남의 성좌는 모더니즘적 모나드주의를 시사한다.

위에서 인용된 것을 포함해 벤야민이 마르크스적 역사관을 언급하는 대목들은 대개 기술력 혁신과 상품화라는 한 쌍의 과정—19세기 들어 처음으로 대규모로 표면화된 과정—과 연결되어 있다. 『파사주 작업』 전체에서 이 과정은 "19세기 예술의 운명"—『파사주 작업』의 전반적인 주제—이다(C, 509). 이것이 심화됨에 따라 예술이 살아남을 것인가, 예술은 어디로 갈 것인가 하는 질문은 더 절실해지지만, 이 과정이 오히려 그 질문을 감추는 데 일조하기도 한다. 『파사주 작업』에서 벤야민은 예술이 이 과정 속에서 그리는 점점 절망스러워지는 궤적—기술력과 시장을 초월하려다가 "사람들"의 삶과 유리되는 궤적—을 강조하기 위해 유겐트 양식이라는 예술운동에 초점을 맞춘다. 그러면서 유겐트 양식 같은 절망스러운 관념론을 두 가지 방식—

46　볼 곳은 SW, 2:244. 이 대목에서 벤야민이 "교차하는 우주"를 함께 언급하는 것을 보면, 이것이 **시공간적** 개념임을 알 수 있다. 비교해볼 곳은 K1,4. 이 대목에서 19세기의 시간이라는 공간 Zeitraum은 시간이라는 꿈속Zeit-traum으로 파악된다.

47　예컨대 N10,3; N11,4; J38a,7. 함께 볼 곳은 OGT, 47-48.

19세기 대중문화 산업을 상세히 검토하는 방식, 그리고 모든 것을 가격이 매겨진 상품처럼 수량화, 등가화하는 "추상적 인간"이라는 획일화의 망령(부르주아적 존재의 한 차원)을 거듭 추적하는 방식—으로 반박한다. 다시 말해, 벤야민은 예술지상주의와 속류 유물론 **둘 다**를 반박한다. 『파사주 작업』은 모든 것을 등치, 말소하고자 하는 자본주의에 맞서, 한편으로 수집꾼의 기억술—"사물로부터 상품의 속성을 제거한다는 시시포스의 과제"—(AP, 9)을 내세우면서, 다른 한편으로는 샤를 푸리에를 비롯한 유토피아 이론가들의 논의—재화를 상품이 아닌 선물로 보는 관점, 기술력을 전용하는 철저히 새로운 방식(환상적이지만 어쨌든 좀더 인도적인 방식) 등—를 내세운다. 벤야민에 따르면, "1800년경에 시작된 조류 변화"의 결과로 생산 속도가 혁신되었고, 이로써 한편으로는 유행이 모든 영역에서 지배자로 군림하며 다른 한편으로는 예술과 기술력 사이의 전통적인 관계가 역전되어 예술이 기술력의 발전을 따라가기가 점점 어려워졌다(AP, G1, 1; 함께 볼 곳은 F3,3). 아울러 이러한 조류 변화의 결과로 거주의 새로운 가능성(투명성과 다공성에 토대를 둔 가능성; 볼 곳은 I4, 4), 소통과 표현의 새로운 가능성(동시성과 삼투성을 핵심어로 한다)이 나타났다. 특히 예술 영역에서는 "19세기에 구성화 성향이 일깨워지면서"(AP, F6, 2) "현대미"(보들레르의 유명한 표현)라는 새로운 미—신속하고 다양하고 부조화한 현대적 경험(특히 도시에서의 경험, 그럼에도 알고 보면 고대적 반향을 불러일으키는)과 연동하는—의 가능성이 나타났다(AP, 22–23).

『파사주 작업』이라는 만화경적 텍스트 자체가 그렇게 부조화를 구조화시키는 예다. 앞서 보았던 서로 다른 것이 삼투하기도 하고 여러 겹이 투명하게 중첩하기도 하는 플라뇌르의 세계를 반영하는 『파사주 작업』의 모든 대목에 파사주라는 현상의 "근본적인 애매성"(Q2, 2)이 스며들어 있다. 예컨대 유행을 설명하는 대목을 보면, 유행은 죽은 것das Abgeschiedne(유행이 지난 것)을 새롭게 만드는 복고를 통해서 죽음을 물리치는 순간에도 망각과 죽음이 예정되어 있는 그 무엇이며, 과거를 인용하는 힘을 보여줌으로써 혁명에의 잠재력을 과시하는 순간에도 "허위의식"을 섬기는 근면한 하인의 면모를 드러내는 그 무엇이다(AP, 11, 894; SW, 4:395). 가정집 인테리어, 광고, 공학, 박물관, 대중 언론을 설명하는 대목도 마찬가지다. 『파사주 작업』에서는 서로 다른 현상들이 "은밀한 친화력"을 느끼기도 하고 각각의 현상이 역사적 흐름의 객관적 구조화 속에서 서로의 전사 또는 후사가 되면서 텍스트 전체의 활기를 만들어내지만, 벤야민 자신은 이 모든 현상 앞에서 양가적 태도(부르주아 세계 전반을 바라보는 벤야민 특유의 다시중)를 드러낸다. 벤야민의 이후 작업과 마찬가지로, 『파사주 작업』에서도 예술이 상품적 속성과 어떤 관계인가는 해결되지 않은 채 남아 있다.

벤야민은 10월 21일 베를린으로 돌아왔다. 파리에 체류할 때 갔던 곳 중에는 국제 사진 전시회가 있었는데, 벤야민이 10월 16일 알프레트 콘과 그레테 콘에게 보낸 편지에 따르면, 미심쩍은 사진들을 놓고 열광하는 행사였다. 파리를 촬영한 옛날 사진들도 실망스러웠다: "옛날 사진들을 보면, 인물을 찍은 것이 장소를 찍은 것에 비해 묘하게도 의미 있어 보입니다. 무슨 옷이 유행했느냐가 가장 인상적인 시대 지표이기 때문이겠지요." 지크프리트 크라카워의 권위 있는 논문 「사진」의 도입부를 그대로 옮긴 내용이다. 당시 벤야민은 「사진」의 초고를 읽은 상태였다.[48] 벤야민이 볼 때, 사진은 "하룻밤 사이에 유행 테마가 된" 그 무엇이었다(GB, 3:291). 베를린에 돌아온 지 한 달 후에는 G그룹과 관계하는 러시아 태생의 화가이자 사진작가 사샤 스톤을 칭찬하는 일에 열을 올리기도 했다. 로볼트에서 나올 『일방통행로』의 표지는 사샤 스톤의 콜라주였는데, 벤야민은 "지금껏 나왔던 가장 효과적인 표지"라

---

48 볼 곳은 크라카워, 「사진」. 이 논문이 실린 곳은 *Frankfurter Zeitung*, 1927년 10월 28일. 벤야민이 콘 부부에게 보낸 편지에도 크라카워의 이 "훌륭한 논문"이 언급되어 있다.

고 말했다(GB, 3:303). 그해 말 헤셀의 소설 『알려지지 않은 베를린』에 대한 서평에서는 사진몽타주라는 주제를 건드리기도 했다: "이 책은 기법상 사진 몽타주에 가깝다. 플라톤과 메난드로스의 등장인물 같은 가면을 쓴 사람들의 어렴풋한 윤곽 위로 주부, 예술가, 사교계 여성, 상인, 학자들이 선명하게 오려 붙여져 있다"(SW, 2:70). 벤야민의 사진 관련 사유를 가장 잘 보여주는 글은 1931년 《문학세계》에 2회로 실리는 「사진의 작은 역사」, 그리고 『파사주 작업』의 Y뭉치 「사진」이다.

벤야민이 『파사주 작업』에서 다루는 1848년의 사건들과 관련해서 플로베르의 『감정교육』을 읽기 시작한 것은 파리에 있을 때였다. 당시 이 작품에 큰 감동을 받은 벤야민은 콘 부부에게 보낸 편지에서 이것을 읽은 뒤로는 요즘에 나오는 프랑스 문학을 읽기 힘들다고 말하기도 했다: "베를린에 도착해서 책을 읽을 만한 상황이면 일단 플로베르가 쓴 또 다른 작품을 읽을 것 같습니다"(GB, 3:291-292). 하지만 베를린에 돌아오고 3주쯤 지나서 황달에 걸린 벤야민은 플로베르 대신 카프카를 집어들었다. 『소송』이라는 카프카의 유작은 플로베르 못지않게 감동적이었다. 그야말로 번민하는 마음으로 독서를 마친 그는 "이 책의 화려하지 않은 충일함은 가히 압권"이라는 감상을 남기기도 했다(GB, 3:312). 11월 18일 숄렘에게 쓴 편지에 동봉한 「신비극 한 편을 구상함」이라는 짧은 알레고리적 글은 『소송』의 감동에 젖은 상태에서 쓴 것이었다(볼 곳은 SW, 2:68). 벤야민은 평생 카프카의 소설을 중요한 작업 대상으로 삼고 저널에 실리는 논문, 라디오 강연, 그 밖에 다양한 단평의 형태로 카프카에 대한 의미 있는 논의들을 내놓았는데, 「신비극 한 편을 구상함」—역사란 오기로 한 메시아가 오지 않는다는 문제를 놓고 진행하는 소송이라는 내용—은 그중 첫 작업이었다.[49] 그 후 벤야민에게 카프카는 현대판 이야기꾼을 대표하는 작가—흔히 전통을 전달할 목적으로 활용하는 우화를 새롭게 전용함으로써 전통의 부패와 망각이라는 발본적, 희극적 상황에 으스스한 구체성을 부여함과 동시에 현대 도시인의 삶에 스며 있는 불가해한 태곳적 에너지(미물적 차원의 생명력)를 조명하는 작가—로 등극하게 된다.

벤야민이 황달 탓에 시내에 얼굴을 내밀 수 없는 것을 안타까워했던 것은 로볼트 출판사에서 드디어 1928년 초에 나온 『일방통행로』와 『독일 비애극의 기원』의 홍보에 나서고 싶기 때문이기도 했지만, 에리히 웅거의 강연에 참석하고 싶기 때문이기도 했다. 벤야민은 "반反율법주의를 표방하는 신사분들"(벤야민이 숄렘에게 보낸 편지에서 골트베르크와 웅거를 지칭하기 위해 사용한 표현)이 골트베르크의 신규 신학 사업 홍보를 시작했다고 표현했다. 같은 편지에서 "방문을 하는 것보다는 방문을 받는 것이 물론 더욱 명예로운 일입니다"(GB, 3:302)라고 한 말은 철학자 카를 볼프스켈(헤셀의 친구로 슈테판 게오르게, 루트비히 클라게스 등과 함께 뮌헨 슈바빙 보헤미안의 일원)이 병문안을 오기로 했다는 뜻이었다. 나중에 벤야민은 알프레트 콘에게 볼프스켈의 인상을 전하기도 했다: "내가 그의 글을 단 한 줄도 읽은 적이 없다는 게 오히려 다행인 듯합니다. 그의 훌륭한 말들을 아무런 의혹 없이 경청할 수 있었던 것은 내가 그의 글을 읽지 않은 덕분이었습니다"(GB, 3:312). 이때 볼프스켈은 19세기 서정시인 니콜라우스 레나우의 시 한 편을 벤야민 앞에서 결코 잊지 못할 방식으로 낭송했으며, 벤야민이 이 만남을 기록한 글은 1929년 《문학세계》에 실린다. 볼프스켈이 그해 《프랑크푸르트 신문》에 실은 「생명의 기운」이라는 글이 벤야민의 아우라 개념("공기의 움직임" "숨결"이라는 뜻의 그리스어에서 온 단어)에 영향을 주었다는 점은 벤야민 자신이 볼프스켈에게 밝히기도 했다(GB, 3:474-475). 한편 벤야민의 글 중에서 볼프스켈을 열광시킨 것은 1929년 논문 「초현실주의」였다(GB, 3:460). 볼프스켈이 델브뤼크슈트라세 저택을 방문한 유일한 손님인 것은 아니었다. 헤셀도 자주

---

49 볼 곳은 SW, 2:494-500, 794-818; SW, 3:322-329; SW, 4:407.

찾았고 공산당에서 빈민층 의료 수급 문제에 깊이 관여하고 있던 게오르게가 방문했을 때는 벤야민 자신의 모스크바 경험들에 대해 장시간 토론을 하기도 했다.

독일의 예술사 연구자 아비 바르부르크의 작업에 강한 친화력을 느꼈던 벤야민은 11월과 12월에 걸쳐 바르부르크 서클에 받아들여지기 위한 노력에 박차를 가했다. 바르부르크의 예술사는 예술작품을 사회적 기억의 가능성으로 다룬다는 점에서 형식화, 미학화에 치중하는 여느 예술사와는 달랐다. 바르부르크의 논의가 문화 유물의 사후생 개념—문화를 보존하면서 동시에 변용한다는 의미에서의 문화 수용, 좀더 정확히 말하면 문화 대결—을 중시한다는 점은 벤야민과 마찬가지였다. 예술작품에 거시적이고도 극히 섬세하게 접근하면서 형식 대 내용이라는 관습적 대립을 초월하는 동시에 역사학, 인류학, 심리학, 문헌학 등 분과학문 간의 전통적 경계를 초월한다는 점도 벤야민과 마찬가지였다. 벤야민이 숄렘에게 바르부르크 연구소가 출간한 에르빈 파노프스키와 프리츠 작슬의 1923년작 『뒤러의 「우울 I」』(바르부르크의 뒤러 해석을 근간으로 삼는 저서)을 추천한 것은 일찍이 1924년의 일이었다 (C, 256). 후일 벤야민이 호프만슈탈에게 보낸 편지에서도 이야기하듯, 당시 벤야민에게는 파노프스키가 자신의 작업을 호의적으로 평가하리라는 확신이 있었다(GB, 3:17, 308). 호프만슈탈은 벤야민에게 부탁받은 대로 함부르크의 파노프스키에게 《신독일 논집》 1927년 8월호(벤야민의 근간 저서 『독일 비애극의 기원』 중 우울 섹션[50]이 실린 호)를 자신의 추천사와 함께 발송했다. 호프만슈탈이 12월 혹은 1월에 벤야민에게 전달한 파노프스키의 답장—"냉담하고 분노로 가득한"(벤야민의 표현) 편지—은 지금은 소실되었다. 벤야민에게 남은 일은 호프만슈탈에게 자신의 "때아닌 부탁"을 사과하는 것뿐이었

---

50 볼 곳은 OGT, 138–158.

다(GB, 3:325, 332). 작슬이 『독일 비애극의 기원』이라는 "매우 흥미로운" 저서의 저자를 만나고 싶어한다는 좀더 고무적인 소식이 들려온 것은 그 이듬해였다(GB, 3:407 - 408n). 벤야민이 끝내 바르부르크학파와 관계를 맺지 못한 것은 벤야민과 바르부르크학파 양쪽 모두에게 큰 손실이었다.

벤야민이 처음으로 향정신 약물 실험에 참여하는 데 동의한 것은 1927년 말이었다(이때의 실험을 계기로 이후 7년 동안 여러 번 비슷한 실험에 참여하게 된다). 의사 친구 두 명의 느슨한 감독 하에 진행되는 해시시 경구 투여 실험이 대부분이었다. 마취제 연구를 진행하면서 벤야민을 피실험자로 뽑은 두 의사는 1913~1914년 베를린 청년운동 시절 벤야민이 적수로 여겼던 에른스트 요엘과 프리츠 프렝켈이었다(볼 곳은 SW 2:603-604). 벤야민은 1928년 마르세유에서 혼자 해시시의 도취감에 젖어 있던 어느 날 저녁을 기록으로 남기기도 했고, 아편을 피우거나 메스칼린과 아편 유코달 피하주사를 맞는 실험에 참여하기도 했다. 벤야민이 이런 약물들을 "독약"(보들레르가 해시시와 아편을 다루는 여러 글에서 쓰는 용어)으로 보면서도 기꺼이 사용한 이유는 그럴 때라야 비로소 가능해지는 인식이 있기 때문이었다. 어쨌든 그게 벤야민의 말이었다. 벤야민에게는 해시시의 도취감 자체가 특별히 강렬한 형태의 공부―위험한 동시에 정말 재미있고, 지각의 범위를 넓히는 동시에 밀도를 높이는 공부―였고, 특히 『파사주 작업』에 등장하는 플라뇌르라는 인물형―19세기에 도시를 배회한 남자―과 관계가 있었다. 플라뇌르는 대도시 생활의 환등상에 독특한 방식으로 도취되어 있는 인물이라는 것이 벤야민의 생각이었다. 벤야민이 약물 도취감 실험의 필요성을 언급했던 것은 일찍이 1919년 보들레르의 『인공낙원』을 읽은 뒤 쓴 편지에서였다: "이 책은 해시시나 아편에 의한 도취에서 나타나는 '심리적' 현상 속에서 철학적 교훈을 청진하는 법을 일러주는 (…) 실험입니다. 이 책과는 별도로 이런 실험이 거듭 이뤄져야 할 것입니다"(C, 148). 벤야민의 지적 기획 전반의 실험적 특징을 반영하는 이 실험에서는 초현실주의자들의 영향도 어느 정도 작용했다. 벤야민의 1929년작 「초현실주의」에는 도취가 일상세계에서 졸고 있는 혁명 에너지의 "세속적 계시"를 성취하는 데 필요한 기초 훈련임을 강조하면서 도취의 변증법Dialektik des Rauches을 거론하는 대목이 있다. 자기가 최근에 "해시시 영역"에 발을 들여놓았음을 대단한 비밀인 양 전하는 벤야민의 1928년 1월 30일자 편지에도 약물 사용을 철학적으로 정당화하는 대목이 있다: "이 기록은([12월과 1월에 있었던 첫 두 번의 실험에서] 실험 기록을 작성할 때 쓰거나 그와 별도로 쓴 내용도 있습니다) 내 철학 메모들의 부록으로 일독할 가치가 있을 듯합니다. 이 기록들은 물론이고 부분적으로는 도취 상태에서의 경험들 자체도 내 철학 메모들과 밀접한 관련이 있습니다"(C, 323).

벤야민을 비롯한 참가자들은 실험 중의 경험을 기록한 "실험 기록Versuchs-protokoll"을 남겼다(첫 두 차례에는 벤야민의 친구 에른스트 블로흐도 참가했다). 도취 상태에서 쓴 글이 있는가 하면, 도취 상태에서 나온 메모와 개인적인 기억들을 바탕으로 나중에 재구성한 듯한 글도 있다. 벤야민이 1930년대 초에 쓴 두 편의 문예란 기사(「마르세유에서 해시시를」과 「미스워비체-브라운슈바이크-마르세유」)는 이 실험 기록—자기 자신의 실험 기록, 그리고 자기 모습을 묘사하거나 자기 말을 인용한 다른 피실험자의 실험 기록—을 다량으로 이용한 글이다. 『파사주 작업』 중 플라뇌르, 인테리어, 거울 섹션에도 이 실험 기록을 이용한 부분이 있다. 벤야민은 여러 편지에서 해시시에 대한 성찰을 책으로 발전시킬 것이라고 말했지만, 그런 책은 결국 나오지 않았다. 이로써 벤야민의 "대규모 패배들"에 또 한 권의 책이 추가된다(볼 곳은 C, 396). 1972년에 주르캄프 출판사에서 『해시시에 관하여』라는 제목으로 펴낸 벤야민의 유저에는 그가 남긴 실험 기록들과 위에서 언급된 두 편의 문예란 기사가 포함되어 있다.[51] 만약 벤야민이 실제로 해시시에 대한 책을 썼다면 이런 형태는 아니었겠지만, 어쨌든 여기에 포함된 실험 기록들은 (단편적 메모의 성격이 강한 글임에도 불구하고) 벤야민이 도취(니체 후기 철학의 핵심 용어)에 관해서 어떠한 기조로 사유했는지를 시사한다.[52] 아울러 이 책을 통해 우리는 바이마르공화국의 쇠망기를 살아갔던 인간 벤야민의 흥미로운 면들(그의 불안함과 대담함, 그의 예민함과 오만함, 그의 열의, 그의 의혹, 그의 유머감각 등)을 일별할 수 있다. 비평가이자 서평가로 자리잡을 가능성이 활짝 피었다가 양분 부족 탓에 시들어간 이 시기는 자신의 사유가 "와해"될 위험이 있음을 그 어느 때보다 더 예민하게 의식하면서, 공적 영역과 사적 영역 모두에서 마성적 에너지의 상승을 경험하는 시기였다(C, 396).

약물에 대한 관심이 불합리의 전적인 포용은 아니었다. 벤야민이 추구했던 것은 상징주의자들이 추구했던 감각적 찬란이 아니라 이성의 변모(동일률과 비모순율의 변모)였다. 약물 관련 저술들의 지배적 모티프 가운데 "다시점"(그리고 사유의 가속화)의 모티프를 보면, 약물에 취한 사람은 같은 시간에 여러 장소에 있거나, 또는 같은 대상의 여러 측면을 동시에 경험한다는 느낌을 받는다: "아편에 취하거나 또는 해시시에 취한 사람은 한 장소에 있으면서 수백 곳을 빨아들일 수 있는 눈의 힘을 경험한다"(OH, 85). 이것이 동일률에 변모를 가져오는 다시점의 경험이다.[53] 해시시에 취해 있을 때는, 마치 동화의 물활론 세계에 들어와 있을 때처럼, 모든 대상이 얼굴 같은 가면―가면 속 가면―을 쓰고 있다. 해시시에 취한 사람은, 마치 플라뇌르처럼, 아니면 놀고 있는 어린아이처럼, 모든 것의 얼굴에서 뉘앙스를 읽어내는 관상쟁이가 된다. 사물계를 여러 겹의 가면으로 지각하는 이 도취의 경험

---

51 이 글은 약간의 수정과 확장을 거쳐 GS, vol. 6(1985)에 재수록되었다[translated in OH].

52 니체의 창조적 도취 개념은 벤야민의 1918년작 「무지개」[미학과 색채에 관한 대화편]에서도 반향된다(EW, 215-216). 벤야민은 자신의 해시시관觀에 영향을 준 책으로 보들레르의 『인공낙원』과 헤르만 헤세의 소설 『황야의 이리』(1927)를 언급한다.

53 비교해볼 곳은 MD, 25: "어느 곳에 대해서 알려면 그곳을 가능한 한 여러 차원에서 경험해야 한다." 함께 비교해볼 곳은 SW, 2:17: "영화라는 프리즘을 통해 눈앞의 환경이 분광된다. (…) 집 주변 또는 방 주변에 예상치 못했던 수십 개의 정거장이 있을 수도 있다."

을 지칭하기 위해 "공간 콜포르타주 현상Kolportagephanomen des Raumes"이라는 표현을 만들어낸 벤야민은 『파사주 작업』에서 이 기묘한 현상을 가리켜 플라뇌르의 근본적인 경험(공간적으로 먼 장소, 시간적으로 먼 시대가 여기 이 풍경, 지금 이 순간과 삼투하는 것처럼 느껴지는 경험)이라고 한다.[54] 한편으로 도취는 이성의 끈을 끊어버리는 것이 아니라 이성의 끈을 헐겁게 함으로써 사물을 대할 때 필요한 간접성 또는 감각성을 확보하고(표현을 바꾸면, 도취는 사유를 "이성의 토 댄스"의 무대, 곧 유동적이면서도 매듭이 단단하고 윤곽이 뚜렷한 이미지 공간에 올림으로써 사유를 감각화한다), 다른 한편으로 "도취를 통해 헐거워진 자아"(SW, 2:208)—벤야민이 두 번째 약물 실험 기록에서 모종의 열반과 연결시킨 그 무엇—는 모든 사물, 특히 아주 작은 사물에 적극 감응할 수 있고, 이 "감응력Zärtlichkeit"(사물들, 그중에서도 말들에 대한 감응력)을 통해 모든 사물로부터 스며나오는 모종의 유동적, 장식적 "아우라"(벤야민이 1930년 3월 실험 기록에서 사용한 표현)를 통각할 수 있다.[55] "지각의 양상을 늘리고 지각의 범위를 넓히는"(AP, P1a,2), 지각의 촉매로서의 약물은 모종의 계시적 도취를 통해 심층적 냉철—죽음이 눈앞에 있을 때의 맑은 정신 같은 그 무엇—을 가능케 한다는 것이 「초현실주의」의 주장이다. 그렇다면 도취의 변증법은 『파사주 작업』에서 작동하는 깨어남의 변증법과 일맥상통하는 데가 있다. 『파사주 작업』에서 깨어난다는 것은 과거라는 꿈에서 깨어나 꿈을 창조적으로 재전용한다는 뜻이다. 이렇게 보자면, 도취의 해방적 가능성에 대한 「초현실주의」의 논의는 이런 심리적 변증법의 맥락

---

54 볼 곳은 AP, M2,4. 벤야민이 "콜포르타주 삽화"의 예로 드는 것은 "19세기에 큰 인기를 누렸던 '기계적인 그림들'"이다: "앞쪽에서는 목동이 피리를 불고, 양옆에서는 두 아이가 피리의 선율에 맞춰 춤을 추며, 뒤쪽에서는 두 사냥꾼이 사자를 사냥하고, 맨 뒤에서는 기차가 다리 위를 달리고 있다." 콜포르타주란 봇짐장수들이 돌아다니면서 책이나 속옷, 잡화 등을 팔던 18, 19세기 프랑스의 유통 체제를 가리키는데, 벤야민에 따르면 "공간 콜포르타주 현상과 콜포르타주가 어떻게 관련되는지에 대한 설명은 아직 나온 적이 없다"(M1a,3).
55 아우라에 관해서 볼 곳은 OH, 58, 163n2. 함께 볼 곳은 SW, 2:515-519(「사진의 작은 역사」 [1931]). 아우라에 관한 논의는 이 책 7장을 참조.

에서 이해되어야 하지 않을까 싶다.

벤야민에게 1928년의 첫 몇 달은 흥분의 시간이었다. 그의 두 책 『일방통행로』와 『독일 비애극의 기원』이 드디어 로볼트 출판사를 통해 세상에 나온 것이 1월 말이었다. 독일, 스위스, 프랑스, 네덜란드, 헝가리, 영국에서 나온 여러 서평 중 벤야민에게 가장 중요했던 것은 친구나 동료들의 서평이었다. 크라카워가 쓴 서평논문 「발터 벤야민의 글들」이 《프랑크푸르트 신문》에, 빌리 하스가 『독일 비애극의 기원』을 상세하게 다룬 서평이 《문학세계》 1면에, 블로흐가 『일방통행로』를 다룬 「철학에서의 평론 형식」이라는 인상적인 글이 《포스 신문》에, 헤셀의 『일방통행로』 서평이 《일간지》에, 마르셀 브리옹의 「발터 벤야민의 두 책」이 《문학소식》에 실렸다. 또한 벤야민은 헤르만 헤세가 로볼트에게 『일방통행로』를 칭찬하는 편지를 보냈다는 것을 중요하게 생각했다(편지 자체는 소실되었지만, 나중에 헤세는 『1900년경 베를린의 유년시절』을 펴낼 만한 독일어권 출판사를 수소문하는 등 벤야민에게 도움을 주고자 한다). 또한 벤야민은 1928년 빈의 한 신문에 카를 크라우스와 가까운 사이인 오토 슈퇴슬의 "아주 길고 호의적인 비평"이 실린 것에 기뻐했다. 벤야민이 슈퇴슬의 서평과 함께 언급한 "매우 악의적인" 서평은 베를린의 선도적인 진보 신문인 《베를린 일간지》에 실린 글이었다(GB, 3:426). 베르너 밀히(제2차 세계대전 이후 마르부르크 대학에서 낭만주의 교수가 되는 인물)가 쓴 이 글은 주로 『일방통행로』와 『독일 비애극의 기원』을 깎아내리는 내용이었지만, 이 두 책이 초점과 소재의 명백한 차이에도 불구하고 단상 Fragmente(전기 낭만주의의 이론이자 실천으로서의 단상)을 기본 동력으로 삼는다는 꽤 적절한 지적도 있었다.[56] 벤야민은 후일 독일어권 학자 중에 『독일 비애극의 기원』에 대한 서평을 쓴 사람이 한 명도 없었다고 말했지만, 실은 여러 신문에 실린 대개 호의적인 서평들 외에도, 철학, 예술사, 독일 문학, 사회학, 정신분석학 등 다양한 영역의 학술 저널이나 학위논문에서 『독일 비애

극의 기원」에 관한 수많은(때로는 상당한 분량의) 논의가 있었다(C, 372).[57]

1월 말에 베를린을 방문한 앙드레 지드가 독일 저널리스트 중 유일하게 만남에 동의한 사람이 벤야민이었다는 것만 보더라도, 그 무렵에 문인 벤야민의 평판이 얼마나 높아지고 있었나를 짐작할 수 있다. 지드는 두 시간에 걸쳐 벤야민과 인터뷰를 진행했고, 벤야민이 "극히 흥미로운" 그리고 "즐거운" 만남(C, 324)이었다고 말한 이 인터뷰로부터 나온 지드에 관한 두 편의 글은 곧바로 《독일 신문》과 《문학세계》에 실렸다.[58] 2월에 벤야민은 호프만슈탈에게 지드의 인상을 전하기도 했다: "지드는 때마다 당혹스러울 정도로 차고 넘치는 조건을 내거는, 철두철미하게 변증법적인 성격의 소유자입니다. 이미 그의 작품에서 짐작되는 성격이 그에게서 직접 듣는 이야기를 통해 더욱 강렬하게 느껴지는 까닭에 때로는 그가 위대해 보이기까지 하고 때로는 수상해 보이기까지 합니다"(C, 326). 《문학세계》에 실린 「앙드레 지드와의 대화」에 따르면, 생존 작가 중 가장 뛰어난 변별력의 소유자인 지드에게는 최상급의 "변증법적 통찰력"이 있다: "중용의 노선 일체를 원칙적으로 거부하고 급진의 노선에 온몸으로 뛰어드는 그의 헌신, 이 헌신이 변증법이 아니라면 무엇이겠는가. 그의 변증법은 이성의 방법론이라기보다는 그라는 인간의 생명의 숨결이자 수난이 아니겠는가."[59] 그런 태도에 수반되는 것이 결연한 세계주

---

56 Puttnies and Smith, *Benjaminiana*, 113–114. 크라카워, 블로흐, 헤셀, 브리옹, 슈퇴슬, 밀히의 서평은 *Werke und Nachlaß* 8권 뒷부분에 수록되어 있다. 함께 볼 곳은 SF, 154. 벤야민이 "아웃사이더 취향"이라는 밀히의 평가는 쾨니히스베르크 교수 한스 셰더가 호프만슈탈에게 보낸 편지에서도 비슷하게 반복된다(인용은 SF, 147–149): "이 책의 극히 개인적인 스콜라 철학은 (…) 지적 유아론으로 귀결될 수밖에 없습니다."

57 볼 곳은 Newman, *Benjamin's Library*, 195–197. 『독일 비애극의 기원』에 대한 서평이 실린 학술 저널로는 *Modern Language Review* 1930년 봄호가 있었다. 짧지만 전반적으로 호의적인 글로, 필자는 "R.P."라는 이니셜로 표기되어 있다. 미국 저널 중에서는 벤야민의 이름을 언급한 첫 번째 글이자 당대 벤야민의 작업을 검토한 유일한 글이다(Fenves, "Benjamin's Early Reception in the United States").

58 지금은 GS, 4:497–502, 502–509에 수록되어 있다; [translated in SW, 2:80–84, 91–97]. 함께 볼 곳은 인터뷰 자리에 동석했던 피에르 베르토의 글(벤야민은 동석자에 대해 침묵했다); 프랑스어로 쓰인 베르토의 글은 GS, 7:617–624에 수록되어 있다.

의다: "그는 배부른 국민주의 같은 것은 하찮게 여긴다. 그가 프랑스라는 나라의 존재를 인정하는 때는 유럽 역사와 유럽 종족이라는 알력의 공간이 프랑스라는 나라에서 종결될 수 있을 때뿐이다"(SW, 2:94, 95, 96).[60]

이 무렵에는 다른 저자들과의 관계에서도 진척이 생겼다. 1928년 2월 중순에는 당시 하이델베르크에서 학생들을 가르치던 문학비평가 에른스트 로베르트 쿠르티우스(1886~1956)를 만났다. 벤야민이 당대 프랑스 소설가들에 관한 쿠르티우스의 논문을 처음 읽은 것은 1919년이고, 쿠르티우스의 유력한 저서 『유럽 문학과 라틴 중세』가 출간되는 것은 1948년이다. 벤야민이 호프만슈탈을 처음으로 직접 만난 것도 이 무렵이었다. 앞서 벤야민은 자기 책 두 권을 호프만슈탈에게 보내면서 『독일 비애극의 기원』에 "후고 폰 호프만슈탈에게 드립니다 / 이 책과 함께 주신 것에 감사하며 / 1928년 2월 1일 / 발터 벤야민으로부터"라는 헌사를 적었다(GB, 3:333n). 이 헌사가 무슨 뜻이었는지는 벤야민이 브리옹에게 한 말을 통해 알 수 있다: "호프만슈탈은 『독일 비애극의 기원』의 첫 번째 독자였습니다"(GB, 3:336). 호프만슈탈이 델브뤼크슈트라세의 저택을 방문함으로써 성사된 이 만남에서는 벤야민이 자기가 유대인이라는 사실을 어떻게 받아들이고 있는지, 파사주 작업에서는 어떤 아이디어들이 샘솟고 있는지 등이 화제에 올랐다. 벤야민에게는 쉽지 않은 만남이었다. 그는 숄렘에게 보낸 편지에서 그 속내를 털어놓기도 했다: "호프만슈탈은 진정한 이해와 호의를 보여주었지만, 나는 그를 향한 그 모든 존경심에도 불구하고 유보적인 태도를 취할 수밖에 없었습니다. 게다가

---

59 벤야민은 필적학과 관상학에 대한 글에서도 이와 비슷한 표현을 사용했다: "중용의 노선에서는 결코 발견될 수 없는 (…) 변증법적 조율, 부단한 쇄신의 조율이다"(SW, 2:133).
60 벤야민의 「앙드레 지드와 독일」은 지드의 요청에 따라 비교적 보수적인 *Deutscheallgemeine Zeitung*에 실린 글로, 논의의 중심이 약간 달라진다: "그는 몇 년 전에 '우리가 그 가치를 인정하는 작품은, 그것을 배태한 대지와 그것을 배출한 종족을 근본적인 차원에서 계시하는 작품뿐'이라고 말하기도 했다. 국제사회란 나라별 성격이 가장 선명하고 정확한 형태를 얻은 후에야 (그리고 당연히 정신적으로 가장 강도 높은 정화를 거친 후에야) 비로소 형성되는 그 무엇이라는 점을 그런 작가만큼 잘 아는 사람은 없다"(SW, 2:83).

그는 누구에게도 이해받지 못하고 있음을 느낄 때면 거의 노인 같은 태도를 드러냈습니다"(C, 327-328). 그다음 달 벤야민은 호프만슈탈의 『성탑』(자칭 비애극)의 초연에 대한 리뷰를 쓰게 된다. 편지들에서는 이 연극에 대한 상당히 애매한 태도를 감추지 않지만, 리뷰에서는 이 연극의 액션이 "『햄릿』에서 해명되는 기독교적 비애의 세계"에 비견될 수 있을 정도라고 평가하고 있다(SW, 2:105).

벤야민이 테오도어 비젠그룬트 아도르노와 더 가까워진 것도 2월이었다. 아도르노가 몇 주간의 일정으로 베를린을 방문하면서 두 사람은 1923년 프랑크푸르트에서 시작된 토론을 재개할 수 있었다. 2월 중순 크라카워(두 사람을 서로 소개해준 인물)에게 그 근황을 전하기도 했다: "비젠그룬트와 자주 만나 유익한 시간을 보냈습니다. 이제 그와 에른스트 블로흐도 아는 사이가 되었고요"(GB, 3:334). 벤야민과 아도르노는 6월 초 프랑크푸르트 근처 쾨니히슈타인에서 다시 만나게 되고(당시 아도르노는 프랑크푸르트 대학에서 박사논문을 쓰고 있었다), 한 달 뒤에는 12년간 지속될 역사적인 편지 교환(두 사람 사이의 "철학적 우정"의 기록)을 시작하게 된다.[61] (두 사람이 성 대신 이름을 부르는 것은 1936년 가을 아도르노가 파리를 방문하고 나서였다. 벤야민이 아도르노와 끝까지 친밀의 Du를 사용하지 않은 것은 숄렘, 에른스트 쇤, 알프레트 콘 등 옛 친구들과 친밀의 Du를 사용한 것과는 대조적이다. 그럼에도 불구하고 벤야민이 죽음을 앞두고 쓴 마지막 편지의 수신자는 아도르노였다.) 이 시점에서 두 사람의 관계를 더욱 견고하게 만든 것은 벤야민이 훗날 아도르노와 결혼하는 마르가레테(그레텔) 카르플루스(1902~1993)를 좋아한다는 사실이었다. 벤야민이 카르플루스를 처음 만난 것은 그로부터 얼마 전인 1928년이었다. 망명 초기 벤야민은 그녀에게 자신

---

61 아도르노가 말하는 벤야민과의 "철학적 우정"은 "철학적 동지애"라는 벤야민 표현의 반복이다(BA, 108, 10).

의 다양한 작업에 관한 예리한 통찰로 가득한 다정하고 익살스러운 편지들을 쓰게 된다. 한편 그레텔 카르플루스는 벤야민이 1933년 3월 베를린을 탈출한 이래로 그를 돕는 일에 시간과 자금을 아낌없이 내놓는다. 1930년대 중반의 그녀는 장갑제조 회사의 경영자였다.

그동안 도라는 G. K. 체스터턴의 탐정소설을 번역하거나 아동 교육에 관한 라디오 강연을 하고, 《문학세계》에 서평을 싣거나(그중에는 조이스의 "미완성 작품"인 『피네간의 경야』에 관한 것도 있었다), 《베를린의 직장여성》을 편집하는 등 힘들게 일하고 있었지만, 벤야민은 3월에 숄렘에게 "우리 부부의 처지는 막막합니다"라고 했다(GB, 3:348). 물론 예루살렘에서 오기로 한 연구비를 그만큼 간절히 기다리고 있다는 뜻이었을 수도 있다. 벤야민 부부의 경제적 전망이 실제로 얼마나 막막했는지는 확실치 않지만, 어쨌거나 벤야민이 1월에 단치히 자유시의 소포트에 있는 유명한 카지노에 다녀왔던 것을 보면 시간과 자금이 전혀 없진 않았다. 사실, 벤야민에게 문필가로서의 전망이 그렇게 밝았던 적은 거의 처음이었다. 《문학세계》와 《프랑크푸르트 신문》은 벤야민의 서평과 문예란 기사를 꾸준히 실었고, 《신스위스 평론》과 《인터내셔널 리뷰 i10》 등의 다른 저널들도 벤야민의 글을 이따금씩 게재했다. 유명 신문 《일간지》의 발행인 슈테판 그로스만으로부터 고정 필자가 되어달라는 청탁을 받은 적도 있었다. 로볼트는 월 급여를 포함하는 조건으로 계약 연장을 제안해왔고, 헤그너 출판사도 그에 필적하는 조건을 제안해왔다. 벤야민은 결국 두 출판사의 제안을 모두 거절했다. 로볼트의 제안을 거절한 이유는 그가 제시한 조건이 모욕적이기 때문이었고 헤그너 출판사의 제안을 거절한 이유는 출판사의 "가톨릭적 성향"을 경계해야 하기 때문이었다(C, 322).

이렇듯 수많은 지면을 확보한 벤야민은 델브뤼크슈트라세 저택에서 글을 쏟아내기 시작했다. 그해 봄에 발표된 글로는, 지드와의 인터뷰로부터 나온 글 두 편과 함께 장난감의 문화사를 논의하는 글 세 편이 있었다. "장난감의 철학적 분류"를 시도하면서 장난감 세계를 아이의 사고(곧 개인의 심리)의 맥락이 아닌 모종의 놀이 이론의 맥락에서 다루는 글들이었다.[62] 그 외에도 「카를 크라우스, 오펜바흐를 읽다」(크라우스의 『파리생활』 낭독 공연에 관한 글), 「라보에티 가의 달밤」(19세기 수채화라는 독특한 전시 컬렉션에 관한 글), 「안야 멘델스존과 게오르크 멘델스존의 『필체에서의 인간』」(필적학에 관한 글), 「정신병자들의 책」(정신질환자들이 쓰는 책에 관한 글), 「먹거리 연시」(베를린 음식 박람회에 관한 글), 「여신으로서의 파리」가 발표되었고, 그 후로도 (역시 1928년에) 「노변 가게 소설」(소설가 쥘리앵 그린에 관한 글), 「성공의 길, 열세 테제」(도박 이론의 기초를 놓는 글), 「꽃들의 새로움」("새로운 이미지계"를 보여주는 카를 블로스펠트의 식물사진집에 관한 글), 그리고 괴테의 바이마르 시절에 관한 글이 발표되었다. 그중 많은 글이 『파사주 작업』의 관심사를 반영하고 있지만, 괴테와 바이마르에 관한 글들은 『소비에트 백과사전』 '괴테' 항목 원고에서 갈라져 나온 작업이었다. 괴테 원고를 청탁받은 것은 그로부터 한 해 전이었고, 원고가 나온 때는 1928년이었다. 6월에 괴테 원고의 자료 확인차 바이마르를 방문한 벤야민은 괴테의 생가를 둘러보는 동안 안내원의 방해 없이 그의 서재에 20분간 혼자 있는 뜻밖의 호사를 누린다. 성가신 안내인의 그림자도 없었던 그때의 경험을 알프레트 콘과 그레테 콘에게 전하기도 했다: "내가 사물들을 냉정하게 대할수록 사물들은 나를 다정하게 대합니다"(GB, 3:386).

벤야민이 1928년 초에 발표한 글들 가운데 에바 피젤의 『독일 낭만주의의 언어철학』(1927)에 대한 짤막한 서평은 유독 눈에 띈다. 내용의 중요성보

---

62 [The three pieces on toys are translated in SW, 2:98-102, 113-116, 117-121.] 함께 볼 곳은 벤야민이 1927년 12월 21일 크라카워에게 보낸 편지. 이 편지는 GB, 3:315-316에 수록되어 있다.

그레텔 카르플루스, 1932년경(테오도어 W. 아도르노 아카이브, 프랑크푸르트 암마인)

도라 조피 벤야민, 1927년(이스라엘 국립도서관 제공)

다는 평소와는 다른 거친 독설 때문이다. 저자 피젤은 2월에 이 서평을 실은 《프랑크푸르트 신문》으로 분노의 편지를 보냈고, 크라카워는 문예란 편집장으로서 벤야민의 서평을 옹호하는 답장을 보냈다(두 편지 모두 소실되었다). 벤야민은 3월 10일 크라카워에게 보낸 편지에서 문제의 서평을 옹호해준 것과 상대에게 "놀라우리만큼 정확한 악의"를 드러내준 것을 치하했다: "당신은 학계의 여깡패에게 근사한 보복을 가했습니다. 이제 에리니에스가 들고일어날 것 같습니다." 그러면서 문예란 독자들로부터의 공격에 대비해 경호원을 구해야겠다고 덧붙였다(GB, 3:341, 343). 한편 숄렘에게 보낸 편지에서는 문제의 저자를 "용렬한 아줌마"로 지칭한다: "그 여자는 《프랑크푸르트 신문》에 극히 뻔뻔스러운 편지를 보내왔습니다. 하인리히 뵐플린과 에른스트 카시러 등 수많은 학계 거물을 자기 책의 찬미자로 인용하는 편지였습니다"(GB, 3:346).

이 문제의 서평에서 벤야민은 학자의 저서에 대해 "학위논문으로 쓴 글 같고, 독일학 쪽 박사논문의 평균을 조금 웃도는 수준"이라는 평가를 내렸다: "두 번째 진술과 관련된 오해를 방지하기 위해 미리 말해두는데, 이 책의 저자는 여성 연구자의 전형이다. 다시 말해 훈련 정도, 논의 수준, 면밀함에 비해 내적 자주성과 참된 적절성이 부족하다"(GS, 3:96). 계속해서 벤야민은 낭만주의적 사유에 함축되어 있는 언어 이론을 제대로 이해하지 못한 "남자답지 못한 역사주의"(니체를 연상시키는 표현)[63]라는 말로 이 책에 낙인을 찍었다: "전후 관계를 결정적으로 해명하기 위해서는 핵심을 찔러야 하는데, 그때그때의 문제에 머물러 있는 사유로는 핵심을 파악할 수 없다." 아울러 벤야민은 이 책의 저자가 "본데없이" 2차 문헌에 부주의한 것, 그리고 선행 연구를 제대로 참고하지 않은 것을 비난했다.

---

[63] 비교해볼 곳은 「역사의 개념에 대하여」의 XVI(SW, 4:396).

벤야민이 이 책을 아주 꼼꼼하게 읽었느냐 하면 그렇지는 않았던 것 같다. 벤야민은 이 책을 화용론 계열의 과학적 언어학으로 분류하지만, 피젤은 책 말미에서 오히려 그런 언어학을 비판하고 있다. 또한 벤야민은 저자에 대해 알아보려 하지도 않았는데, 사실 피젤의 일차 전공은 언어학이 아니라 고전문헌학이었다. 피젤의 이후 이력을 보면, 1920년 말에 에트루리아어 문법 분야에서 세계적으로 권위를 인정받지만, 1933년 유대인 배척법에 따라 뮌헨 대학에서 (여러 동료와 학생의 공식적인 항소에도 불구하고) 해고당하며 1934년 미국으로 이주해 예일과 브린모어에서 교편을 잡는다.[64] 이 서평의 얄미운 어조는 다소 당혹감을 일으킨다. 벤야민은 여성 저자의 책 10여 권에 대한 서평을 썼지만 이런 식의 어조를 띤 적은 한 번도 없었다. 만에 하나 벤야민이 반_反페미니즘적 감정을 품고 있었다 하더라도, 그것이 한나 아렌트, 아드리엔 모니에, 지젤 프로인트, 엘리자베트 하웁트만, 아나 제거스 등 여러 여성 친구를 존중하는 일에 방해가 된 적은 없었다.[65] 물론 이 서평에서 벤야민은 보잘것없는 학자가 그럴싸하게 엮은 책—『독일 낭만주의의 예술비평 개념』이라는 벤야민 자신의 중요한 선행 연구를 인정할 줄도 모르는 책—이 자신의 학문적 영토에 깃발을 꽂는 데 반발하는 것뿐일 수도 있다. 벤야민의 비슷한 독설이 다시 드러나는 글은 1938년 막스 브로트의 『카프카 전기』에 대한 미발표 서평이 유일하다(SW, 3:317-321).

벤야민은 문필가 생활을 시작하고 처음으로 서평 대상을 선택할 수 있는 입장이 되었고, 그러면서 자기 작업을 『파사주 작업』에 도움이 될 만한 연구

---

64 볼 곳은 Hantzschel, "Die Philologin Eva Fiesel." 2차 문헌을 생략하기로 결정한 것은 출판사였던 것 같다. 피젤의 책은 1973년에 재판이 나왔다.
65 비교해볼 곳은 벤야민이 1918년 7월 31일 에른스트 쇤에게 보낸 편지. 이 편지에서 루이제 주어린덴의 『독일 낭만주의에 나타난 플라톤의 사유』(1910)를 논하는 대목에는 "여자들이 이런 논의에서 한몫 끼겠다고 하는 것을 보면, 형언할 수 없는 오싹함이 엄습해옵니다. 그야말로 불쾌의 극치입니다"(C, 133)라는 말이 나오고, "파렴치"라는 표현도 나온다. 이런 유의 감정은 그로부터 5년 전의 발언("남자"와 "여자"의 범주를 극복해야 한다는 발언)과는 꽤 어긋난다(볼 곳은 이 책 2장).

로 한정하려고 애썼다. 벤야민은 그해 초 이미 알프레트 콘에게 그 속내를 털어놓았다: "지금까지와는 전혀 다른 새로운 작업을 해야겠습니다. 지금까지는 저널리즘의 외적 고려에 묶여 있었습니다"(GB, 3:321). 벤야민이 생각할 때, 『파사주 작업』은 그야말로 지금까지 가본 적이 없는 곳을 개척해가는 작업이었다: "파리 파사주에 관한 이 작업은 점점 아리송해지고 점점 나를 귀찮게 합니다. 낮이 되면 녀석을 데리고 가장 먼 곳까지 찾아가서 샘물을 먹여야 합니다. 그렇지 않으면 녀석은 밤새 작은 짐승처럼 울부짖으면서 내 밤을 어지럽힙니다. (…) 녀석을 풀어준다면 무슨 일이 벌어질지 뻔합니다. 그러니 아직은 절대로 풀어줄 생각이 없습니다. 나는 녀석이 집에서 마음껏 날뛰는 모습을 줄곧 지켜보고 있습니다. 그렇지만 다른 사람들의 눈에 띄게 하는 일은 거의 없습니다"(C, 335). 벤야민이 이 무렵 찾아갔던 먼 샘물 중 하나는 유행에 대한 철학적 논의와 관련된 "빈약하기 짝이 없는" 자료들이었다: "유행은 역사의 흐름을 가늠하는 자연적이고 철저하게 불합리한 시계時計입니다"(C, 329). 유행은 『파사주 작업』 B뭉치의 주제가 되었다.

엄청난 작업 부담에도 불구하고, 벤야민은 가끔 베를린의 지성계에 출입했다. 한번은 에리히 숄렘(게르하르트 숄렘의 형)의 초대로 베를린 애서가 서클의 흥겨운 연례 만찬회에 참석했다. 참석자들에게는 『무리 대학교 철학과의 공식 교훈시』라는 제목의 예사롭지 않은 소책자가 증정되었다. 저자는 "종교철학과 속관"인 게르숌 숄렘이었고, 헌정받는 사람은 "무리 대학의 발터 벤야민 총장님"이었다. 벤야민과 숄렘이 1918년 스위스의 무리에서 함께 생활하던 시절에 쓴 우스개와 대학 풍자 등의 글을 에리히 숄렘이 사각본(250부)으로 펴낸 것이었다. 또한 벤야민은 3월 말 위대한 풍자작가 카를 크라우스가 출연하는 총 4회 공연 중 마지막 공연을 보러 갔다. 피아노 반주로 오펜바흐의 오페레타를 낭독했는데, 벤야민이 알프레트 콘에게 쓴 편지를 보면 엄청나게 충격적이었던 듯하다: "엄청나게 많은 생각이 들썩이는 탓에, 내가 지금 무슨 생각을 하고 있는지 파악하기도 어려울 지경입니다."

벤야민이 공사 중인 델브뤼크슈트라세 저택의 소음과 먼지를 피해 거처를 옮긴 것은 4월이었다: "지금은 티어가르텐에서 가장 후미진 인덴젤텐슈트라세에서 단칸방 생활을 하고 있습니다. 창문이 두 개인데, 방 안을 들여다보는 것은 나무들뿐입니다"(C, 335). 나중에 에른스트 블로흐에게 전대하게 되는 그 방에서 벤야민은 두 달간 근처 프러시아 국립도서관에 다니면서 『파사주 작업』을 진행했다. "카프카, 프루스트 등에 관한 저술"(문학평론집)을 담보로 로볼트로부터 받은 선금이 『파사주 작업』의 자금이 돼주고 있었다(C, 335-336). 문학평론집 계약은 2년 후에 갱신, 연장되지만, 저서는 결국 출간되지 못한다.

벤야민은 진행 중인 작업들과는 별도로 아르투르 레닝과 알프레트 콘을 돕는 일에 시간과 노력을 쏟았다. 레닝의 《i10》이 심각한 재정난에 빠졌을 때 벤야민은 독일에서 부양책을 찾는 일에 발 벗고 나섰다. 크라카워의 도움으로 《프랑크푸르트 신문》 이사회에 도움을 호소하기도 했고, 출판계의 친구나 지인들에게 편지를 보내기도 했다. 그렇지만 결국 도움의 손길은 없었고, 《i10》은 창간 1년 만에 폐간을 맞았다. 한편 알프레트 콘이 일자리를 잃은 뒤로 벤야민은 콘이 자기에게 맞는 일을 찾을 수 있도록 애썼다. 그해 알게 된 구스타프 글뤼크라는 베를린의 세련된 은행 관료이자 카를 크라우스 서클의 일원이었던 인물에게 콘의 처지와 관련된 현실적인 조언을 구하기도 했다(벤야민과 글뤼크는 서로에게서 놀라운 친연성을 발견했고, 글뤼크는 나중에 벤야민의 「파괴적 성격」이라는 도발적인 인물화의 모델이 된다). 새로 알게 된 그레텔 카르플루스에게 도움을 청하기도 했다(카르플루스는 베를린에서 가업인 장갑제조 회사를 운영하고 있었다). 1929년까지도 불황의 늪에서 허우적거리던 독일 경제에서 아무런 가능성을 찾지 못한 벤야민은 박학다식한 콘에게 저널리즘을 건드려볼 것을 권했고, 실제로 콘이 쓴 서평 여러 편을 《프랑크푸르트 신문》과《문학세계》에 소개하여 실리도록 했다.

벤야민은 5월 24일 숄렘에게 보낸 편지에서 자신이 머잖아 예루살렘으로 행차하리라는 소식을 전하면서 경제적 대가를 언급했다: "가을에 팔레스타인을 방문하는 일을 올해 일정에 확실히 넣었습니다. 사전에 내 수련 기간의 재정적 기반에 대해서 마그네스와 확실한 협의가 이루어졌으면 좋겠습니다" (C, 335). 몇 주 뒤 벤야민과 예루살렘 대학총장 마그네스가 만남을 가졌고, 마그네스는 "자진해서, 그리고 별도의 조건 없이" 히브리어 교습 비용을 부담하겠다고 약속했다(C, 338). 벤야민은 그 후 2년 동안 예루살렘을 방문하는 일을 일곱 차례 이상 연기하는데, 그러면서 『파사주 작업』을 완성해야 한다, 병든 어머니를 떠날 수 없다, 아샤 라치스와 함께 있고 싶다, 이혼 소송을 처리해야 한다 등의 핑계를 대기도 하지만, 결국은 "그야말로 병리적인 주저와 지연"을 자인하게 된다(C, 350). 벤야민은 10월에 예루살렘을 방문하지 않은 채로 마그네스로부터 3642마르크(1928년 환율로 약 900달러)를 수령했다. 히브리어 교습을 받기 시작함으로써 연구비 수령에 값한 것은 그로부터 여덟 달 뒤였다(위에서 보았듯, 그 교습도 몇 주 만에 중단된다). 숄렘의 주장에 따르면, 벤야민이 연구의 초점을 유럽 문학에서 히브리 문학으로 전환하겠다고 생각한 것은 처음부터 자기기만이었으며, 벤야민이 그 사실을 깨닫는 데 그처럼 오랜 시간이 걸린 것은 "이러한 상황을 직시하는 것을 최대한 회피했기 때문"이다(SF, 149). 벤야민이 그 무렵 브리옹, 호프만슈탈, 볼프스켈 등에게 보낸 편지들(팔레스타인 방문 정찰 계획이 언급된 편지들)은 숄렘의 주장을 뒷받침해준다. 실제로 벤야민이 히브리어를 진지하게 대한 적은 한 번도 없었다. 연구비 반환의 필요성을 느낀 적도 없었던 듯하다. 나중에 숄렘이 편지로 반환 문제를 언급했을 때나 숄렘의 아내가 베를린에 와서 이 문제를 다시 언급했을 때, 벤야민은 대답을 회피함으로써 처음부터 계약에 불성실했다는 인상을 주었다.

봄이 지날 무렵, 두 가지 불행이 닥쳤다. 5월 초에는 어머니가 심한 뇌졸중으로 쓰러졌다. 계속 집에서 지냈지만 점점 더 간병이 요구됐다. 벤야민이 편지에서 이 일을 거의 언급하지 않은 것은 아버지의 돌연사를 겪었을 때와는 대조적이었다. 5월 말에는 외종조부 아르투르 쇤플리스가 세상을 떠나 벤야민은 장례식 참석차 프랑크푸르트로 갔다. 쇤플리스는 프랑크푸르트 대학 총장을 역임한 수학 교수였고, 벤야민은 그를 유대 문화와 기독교 문화의 독특한 혼합을 보여주는 인물로 여겼다(그러면서 자신 또한 그러한 인물로 여겼을 수 있다). 벤야민이 그의 집에 묵으면서 가까워진 것은 교수자격 청구논문 문제로 프랑크푸르트 대학과 얽혀 있을 때였다. 프랑크푸르트에서 돌아온 후로는 다시 델브뤼크슈트라세 저택에서 길고 짧은 기사들의 마감과 씨름하는 생활을 이어나갔다. 이때 나온 기사들 가운데 "프랑스 문학 동향에 관한 긴 기사들"은 1930년 「파리 일기」라는 제목으로 《문학세계》에 4월부터 6월까지 4회로 나뉘어 실린다(C, 335). 6월과 7월에는 프란츠 헤셀과 함께 프루스트 번역의 저작권 이전 문제를 놓고 피퍼 출판사와 협상을 벌였다. 협상은 질질 끌다가 결국 소득 없이 끝났고, 벤야민과 헤셀은 절반쯤 완성된 작업("나 자신의 글에 큰 영향을 주고 있는 작업")을 아예 중단했다(C, 340). 7월에는 《문학세계》의 청탁으로 시인 슈테판 게오르게 탄생 60주년 특집호에 게오르게에 관한 자전적 성격의 짧은 글을 발표했다. 함께 글을 실은 필자로는 마르틴 부버와 베르톨트 브레히트도 있었다. 벤야민이 자기 인생에 결정적인 영향을 미치게 될 브레히트와 개인적으로 가까운 사이가 되는 것은 그 이듬해의 일이다.

1928년 여름 벤야민은 (자신과 도라 모두 고정 수입이 없는 시기였지만) 어김없이 여행을 꿈꾸기 시작했다: "이 서른일곱 해의 차가운 바위에서[벤야민이 막 서른일곱 살이 되었을 때였다] 나는 혼자 떠나는 북국여행이라는 알을 품은 펭귄입니다. 하지만 올해는 이미 너무 늦은 듯합니다"(GB, 3:399, 알프레트 콘에게 보낸 편지). 북국여행이라는 알은 당시 경제적으로 불안정한 상황 탓에 1930년 여름이 되어서야 겨우 부화되지만, 단기 남국여행이라면 안될 것도 없었다. 7월에 벤야민은 뮌헨으로 갔다: "이 도시는 섬뜩하게 아름다운 주검입니다. 너무 아름다워 차가운 주검이라는 것을 인정하고 싶지 않을 정도입니다"(GB, 3:402). 9월에는 스위스 루가노에 가서 율라 라트와 프리츠 라트를 만났다. 루가노의 호숫가에 자리잡은 벤야민은 숄렘에게 현실적 제약에 구애받지 않는 『파사주 작업』과 같은 작업으로 돌아갈 수 없는 점을 한탄한다: "내가 쓰는 밥벌이용 글들도 나 자신이 역겨워하지 않을 정도의 수준을 유지하기를 바라 마지않습니다. 나쁜 글을 실을 기회가 없다고 말할 수는 없겠지만, 어쨌든 나쁜 글을 써낼 용기는 아직 없습니다"(GB, 3:414). 그 달 말에는 제네바에 들렀다가 프랑스의 항구도시 마르세유로 갔다. 그리고 혼자 해시시 실험을 했고, 이때의 경험을 토대로 「마르세유에서 해시시를」을 썼다. 하지만 이 두 번째 마르세유 여행으로부터 나온 더 큰 수확은 이듬해 4월 《신스위스 평론》에 실리는 「마르세유」라는 제목의 생생한 단상 컬렉션이었다(SW, 2:232-236). 영어권에서 「마르세유」와 가장 비슷한 글을 찾자면 1930년대 후반에 나온 제임스 아제의 브루클린에 관한 글을 떠올릴 수 있다. 벤야민 자신은 「마르세유」를 자신의 「바이마르」(같은 1928년에 「마르세유」보다 조금 앞서 나온 글)와 비교하면서 더 어렵게 쓴 글은 「마르세유」임을 토로했다: "마르세유만큼 나를 힘들게 한 도시도 없습니다. 마르세유에 관한 글 한 줄을 짜내는 것이 로마에 관한 책 한 권을 길어올리는 것보다 어렵다고 할 수 있습니다"(C, 352).

그해 가을과 겨울에 발표한 "밥벌이용" 글 중 가장 중요한 것은 2월 《문학세계》에 3회로 연재된 「초현실주의」였다(SW, 2:207-221). 초현실주의적 여행안내서라고 할 수 있는 루이 아라공의 『파리의 농부』를 발췌, 번역해서 《문학세계》에 실은 것은 8개월 전이었고, 초현실주의자들을 처음 다룬 곳은 아무리 늦게 잡아도 1925년에 나온 「꿈-키치」라는 짧은 글이었다. 초현실주의 운동을 알면 알수록 의심도 커졌다. 물론 파사주 작업이 끝까지 모종의 초현실주의적 선율을 중요하게 간직했고, 애초에 파사주 작업이 "초현실주의의 유산"(C, 342)을 먼 곳에서 물려받는 작업으로 구성되었던 것 또한 사실이다. 벤야민에게 「초현실주의」는 "파사주 작업을 가리는 병풍"이었다(C, 347). 「초현실주의」라는 글 자체는 기술력의 이미지로 시작해서 기술력의 이미지로 끝난다. 좀더 정확하게 말하자면, 기술력의 이미지라기보다는 인간의 육체적 에너지와 기술력의 에너지가 삼투하는 새로운 피시스의 이미지다. 이 글에서 벤야민은 초현실주의를 참관하는 자리에 있다. 초현실주의의 "영웅기"—"최초의 운동"의 시기—가 끝난 지금, 벤야민은 초현실주의의 수원을 뒤로하고 골짜기로 내려와 비평이라는 자신의 발전소에서 "초현실주의 운동의 에너지를 계량"하고자 한다. 여전히 "무정부주의적 프롱드당[폭력적 야당]과 혁명적 절제" 사이의 극도로 취약한 입장에 처해 있는 초현실주의는 상충하는 정치적, 미학적 요구들 앞에서 모종의 결론을 모색하고 있다. 벤야민에 따르면, 초현실주의의 이러한 모색은 예술계를 포함하는 인텔리겐치아 전반의 위기—"인본주의적 자유 개념"의 위기—를 보여주는 징후다. 입자를 물질의 기본으로 보는 고전적 물리학이 전자기학 앞에서 힘을 잃었듯이, 인간을 자기동일적 실체로 보는 옛 개념은 새로운 역동적 피시스 속에서 변형을 겪었다.[66] 이 대목에서 벤야민은 고전적 인식론의 원자론적 주/객 범주 대신 이미지 공간Bildraum과 몸 공간Liebraum이라는 범주를 가지고 새로운 현실의 짜임새(사건)와 움직임("신경 전류"의 파동)을 설명하고자 한다. 이렇듯 "고체의 논리"(베르그송의 표현)를 유보할 때, 근본적으로 다르게 읽는 것이 가

---

[66] "새 몸"과 새 피시스에 관해 비교해볼 곳은 『일방통행로』의 마지막 섹션(「천문관 가는 길」). 이 글에 따르면 새 피시스의 유례없는 속도와 리듬은 현대 기술력 속에서 조직되고 있고, 이로부터 새로운 정치적 성좌가 출현하고 있다(SW, 1:486-487).

능해진다. 1930년 「파리 일기」에서도 벤야민은 초현실주의 텍스트들이 "문학"은 아니라는 점을 강조한다. 물론 초현실주의 텍스트들에서 "밀교적 포에지Dichtung가 끊임없이 새로워지면서 기원에서부터 되살아나는" 모습을 목격하는 것은 가능하다.

> 학계에서 고갈 위기에 처했던 순수한 포에지poésie pure라는 개념을 선동으로,
> 아니 거의 정치적으로 강조한 것이 바로 초현실주의였다. 초현실주의가 발견
> 한 밀교적 포에지Dichtung의 위대한 전통은 예술을 위한 예술l'art pour l'art과는
> 사실상 아무 관계도 없다. 그것은 오히려 창작의 비밀 요법 같은 것, 처방전
> 같은 것이다(SW, 2:350).

초현실주의자들은 포에지의 영역을 내파시키면서 "시적 삶"이라는 관념을 최대한도로 밀어붙인다. 그들이 낡은 것(첫 철골 건물, 첫 공장 건물, 초기 사진, 멸종되기 시작하는 것들, 그랜드 피아노, 5년 전에 유행한 의상)에 집착하는 것도 같은 맥락이다. 그들이 낡은 것과 조우하는 순간, 애초의 위력을 고스란히 간직하는 이미지가 생성된다: "그들은 이런 것들[낡은 것들] 속에 묻혀 있는 '정취Stimmung'라는 막강한 폭탄을 터뜨릴 수 있다." 『파사주 작업』이 초현실주의와 연결되는 곳이 바로 이런 지점이다. (표현상으로는 영화가 환경을 "분광"시킬 수 있다는 앞서의 논의를 연상시키기도 한다.) 이처럼 낡은 것들에 깃들어 있는 에너지에서 현재적 쓸모를 찾는 경향—벤야민이 저술 초기부터 의식적으로 추구한 경향[67]—은 혁명적 행동의 가능성은 될 수 없다 하더라도 최소한 혁명적 경험, 혁명적 니힐리즘의 가능성은 될 수 있다.

---

67 「청년의 형이상학」(1913~1914)의 서두에 따르면, "마치 잠자는 사람들처럼, 날마다 우리는 가늠되지 않는 에너지를 이용한다. 우리가 하는 행동, 우리가 하는 생각은 아버지와 할아버지의 존재로 이루어져 있다." 「대학생활」(1915)의 서두에 따르면, "궁극적 상태의 토대는 가장 망가지고 멸시받고 비웃음당하는 형태를 취한 채 각각의 현재 속에 깊이 묻혀 있다"(EW, 144, 197).

여기서 혁명은 우선 범속하다고 되어 있는 것들을 대하는 태도에서의 혁명을 말한다: "우리가 신비를 어느 정도까지 간파할 수 있는가는 우리가 어느 정도까지 일상의 신비를 발견할 수 있는가에 달려 있다." 다만 혁명을 가능케 하는 조건이 태도를 바꾸는 데 있는가, 아니면 외부적 상황을 바꾸는 데 있는가라는 "근본적인 질문"을 벤야민은 열린 질문으로 남겨둔다. 정치와 윤리가 어떤 관계이냐가 이 질문에 달려 있다. "세속적 계시"—사물계를 조명해 서로 무관한 듯한 현상들 사이에서 은밀한 친화성을 드러내는 일—의 역할은 정치 행동의 공간—"육체적, 집단적 신경 전류"가 흐르는 공간(벤야민의 표현)—에서 모종의 이미지 공간을 가시화시키는 것이다. 이미지 공간을 관조적으로kontemplativ 대하는 일은 이제 불가능해졌다. 행동ein Handeln은 자기 이미지를 앞세우게 되고, 자기 이미지로 존재하게 된다. 『공산당 선언』을 언급하는 「초현실주의」의 놀라운 마지막 대목에서 벤야민은 "세속적 계시를 통해서 우리의 거처로 주어지는 이미지 공간"을 이야기하고 이미지 공간이 몸 공간과 결합될 때 나타나는 "전면적, 통합적 현재성의 세계"—그의 마지막 저술인 「역사 개념에 대하여」에서 다시 한번 사용하는 표현—를 이야기한다.[68] 한때 청년 급진주의에서 영감이 되었던 자유의 테마가 "초현실주의적 경험"(자아가 헐거워지는 경험, 꿈과 깨어 있음의 문턱이 찬찬히 지워지는 경험)의 충일함으로 다시 한번 등장한다고 할까. 그런 자유—"비관주의의 체질화"로 단련된 "급진적, 지성적 자유"—가 전면적, 통합적 현재성—현실로 하여금 스스로를 뛰어넘게 하는 모종의 기반—을 가능케 하리라는 것은 실제로 초현실주의의 결론이기도 하다. 단, 벤야민은 초현실주의의 해방적 잠재력을 인정하면서도, 초현실주의자들이 혁명적인 시적 삶에 수반되는 세속적 계시

---

68 "메시아 나라는 전면적·통합적 현재성의 세계다. 보편사가 존재하는 곳은 메시아의 나라뿐이다. 글로 쓰인 보편사가 아닌, 잔치로 벌어진 보편사다. 보편사라는 잔치에는 축전 행사도 없고 축하 노래도 없다. 보편사라는 잔치의 언어는 해방된 산문이다"(SW, 4:404).

의 과제를 잘 감당해왔느냐 하면 그렇지는 않다는 것, 사실 초현실주의자들은 자유주의적-인본주의적 합리성을 사보타주하고 "과장된 판타지"에 탐닉하면서 신화, 꿈, 무의식이라는 비변증법적 사념에 끌리곤 했다는 것을 분명히 하고 있다.[69]

이렇듯 「초현실주의」에서 극히 간략하게 다룬 개념들의 함축적 의미를 탐구하는 일이 벤야민 자신의 몫으로 남겨짐에 따라 이후 벤야민의 정치학 관련 논의는 "이미지 공간"을 생성의 동력이자 존재의 바탕으로 삼는 "몸 공간"으로서의 집단이라는 개념을 중심으로 전개된다. 실제로 1930년대 벤야민의 매체 미학 관련 작업은 상당 부분 "몸 공간"과 "이미지 공간" 개념을 분석하고 두 개념 사이의 관계를 규명하는 작업이라고도 볼 수 있다. 집단을 형성하고 변형한다는 궁극적 목표는 집단에 신경 전류를 흐르게 함으로써 달성될 수 있다. 미리암 브라투 한젠은 이를 가리켜 "세계의 비파괴적, 모방적 체화"라고 했다.[70] 벤야민이 1936년 「기술적 복제가 가능한 시대의 예술작품」에서 주장하듯, 예술은 바로 그 체화에 반드시 필요한 매체다: "장치가 인간의 삶에서 날마다 점점 더 중요한 역할을 맡는 지금, 영화의 쓸모는 그 장치를 조종하는 데 필요한 새로운 통각과 반응을 훈련시켜준다는 데 있다. 이 시대의 가공할 기계 장치에 신경 전류를 흐르게 하는 것이 역사적 과제라고 할 때, 영화의 진정한 의미는 바로 그 역사적 과제에 유용하다는 데 있다."[71]

1925년 중반이 벤야민의 직업적 이력의 저점이었다면, 이후 3년간은 독일의 1920년대 후반기 문화의 무대에 화려하게 부상하는 시기였다. 지금 분명하게 말할 수 있듯이, 벤야민의 급부상은 논의의 탁월성과 깜짝 놀랄 만한 독창성에 기인하기도 하지만, 그에 못지않게 아무나 흉내 낼 수 없는 융통성에

---

69 1932년 벤야민은 초현실주의자들의 "반동적 행보"를 언급하게 된다(SW, 2:599).
70 Hansen, "Room for Play," 7.
71 Benjamin, 「기술적 복제가 가능한 시대의 예술작품」(첫 번째 버전), 19.

기인한 측면도 있었다. 그는 당대의 지배적 동향들, 특히 신즉물주의—바이마르공화국이 세워지고 나서 한참 동안 그 명맥을 이어가던 독일 제국의 고위 엘리트 문화를 급속히 대체한 새로운 동향—에 맞는 저널리즘 프로필을 내놓을 수 있었다. 물론 "신즉물주의" 너머로 한참 더 확장돼나가는 프로필이었다. 벤야민의 좌파적 논의가 신즉물주의의 좌파 자유주의와 근본적으로 달라질 수 있었던 데에는 소비에트연방에서의 경험들, 그리고 브레히트와의 점점 가까워지는 관계가 있었다. 또한 벤야민의 프로필이 주요 대목에서 더욱 흥미로워질 수 있었던 데에는 대중문화에 대한 전문적 식견을 쌓아나가고 있다는 것, 그리고 유럽의 갖가지 아방가르드 운동에 대한 직접적인 경험과 심층적 지식을 확보하고 있다는 것 등이 있었다. 벤야민은 바로 이런 프로필에 상응하는 일단의 작업에 힘입어 빠르게 명성을 쌓으면서 발표 지면의 스펙트럼을 넓혀나갔다. "독일 문학 수련 기간"을 끝낸 발터 벤야민은 이제 당대 독일에서 가장 비중 있는 문화비평가로 자리잡을 참이었다.

7장

파괴적 성격:
베를린, 파리, 이비사
1929~1932

1929년, 뒤얽힌 연애관계가 벤야민을 혼란에 빠뜨렸다. 결혼생활이 처음 휘청거렸던 1921년과 비슷한 상황이었다. 라치스가 베를린 주재 소비에트 대사관의 소비에트 영화 수출 담당자로 온다는 소식이 전해진 것은 1928년 여름이고, 그녀가 베를린에 도착한 것은 11월이었다. 베른하르트 라이히도 함께 왔지만, 그가 베를린에 머문 것은 베르톨트 브레히트가 「서푼짜리 오페라」를 마무리하는 동안뿐이었다(라치스와 라이히가 브레히트와 함께 일한 것은 1923년부터인데, 라치스가 베를린 대사관에서 소비에트 영화 상영회를 열었을 때 브레히트가 몇 번 참석하기도 했다). 벤야민은 라이히가 떠나고 1928년 12월부터 1929년 1월까지 두 달 동안 뒤셀도르프슈트라세 42번지 아파트—도라와 열 살 먹은 슈테판이 병든 어머니와 함께 살고 있는 델브뤼크슈트라세 저택에서 2마일도 안 되는 거리—에서 라치스와 함께 지내다가 2월에 가족에게 돌아왔다. 그가 집으로 돌아간 것은 라치스가 나가달라고 해서였던 것 같지만, 그의 생활에서 라치스는 계속 중요한 인물이었다. 벤야민이 베를린의 문화생활을 즐기러 나갈 때 어울린 사람은 주로 라치스였지만, 자기 친구이면서 라치스의 반려자였던 베른하르트 라이히가 베를린으로 돌아온 후에는 라이히와도 자주 어울렸다. 모스크바 때와 마찬가지로 아샤를 가운데 둔 두 남자의 어색한 댄스가 또 한 번 펼쳐질 수밖에 없었을 것이다.

도라를 포함한 네 사람은 서로에 대해서 독특한 관용의 태도를 취했던 것 같다. 예컨대 벤야민은 아샤와 동거 중이던 1월에 도라의 생일파티에 참석하기도 했다.

그런데 봄에 몇 번 험한 꼴을 겪은 벤야민이 아내에게 이혼을 요구하면서 라트비아인 여자친구와 결혼하겠다는 뜻을 내비쳤다(아샤가 **벤야민**과의 결혼을 원했는지는 확실치 않다). 벤야민이 율라 콘을 사랑하고 도라가 에른스트 쇤을 사랑하면서 사실상 부부관계가 끝난 것은 7년 전이었다. 그 7년간 도라는 남편에게 놀라운 의리를 보여주었을 뿐 아니라(종종 모멸적인 노동을 감수하면서 남편을 뒷바라지했고 남편의 글이 나올 때마다 자문역을 담당했다), 가정을 깨지 않기 위해서 놀라운 인내를 발휘했다(벤야민은 수시로 한참씩 집을 비우면서 가정생활을 거의 도외시하고 있었다). 그런데 이제 벤야민은 이혼하겠다고 작정하고는 아내의 외도를 빌미로 소송을 걸었다. 6월 29일에 격한 상호 비방 속에 시작된 재판은 이혼이 성사되는 1930년 3월 27일까지 계속되었다. 상대편 변호사—"독일에서 가장 교활하고 위험한 변호사 중 한 명"(GB, 3:489)—는 원고의 약점을 너무나 쉽게 폭로했고, 결국 벤야민은 크게 패소했다. 재판부는 벤야민이 수년간 성생활에서 자유를 누리면서 아내 도라에게도 자기와 똑같은 자유를 구두와 서면으로 거듭 허용해왔다는 사실, 그동안 도라가 저널리스트로 일하면서 종종 벤야민을 부양해왔다는 사실, 최근 벤야민이 아들의 양육비를 보태라는 요구를 일체 거절해왔다는 사실 등을 근거로 원고 패소 판결을 내렸다. 원고가 도라에게 4만 마르크를 갚아야 한다는 당연한 명령이 내려졌다. 벤야민이 자기 몫의 유산(아끼는 아동도서 컬렉션, 델브뤼크슈트라세 저택의 지분 등등)을 도라에게 모두 양도해야 한다는 뜻이었다.[1]

이혼 소송이 시작되기 직전 델브뤼크슈트라세에 있던 벤야민은 호프만슈탈에게 근황을 전하는 편지를 보냈다: "8월 초에는 나의 베를린 생활이 청산될 것 같습니다"(GB, 3:473). 비슷한 시기(1929년 6월 27일)에 영국의 서리 주에 있던 도라는 숄렘에게 슬픔을 더 많이 드러내는 편지를 보냈다. 부부생활이 어떠했는지, 벤야민의 성격 중 세속적인 쪽은 어떻게 발현되었는지, 도라 자신이 얼마나 관대했는지 등에 대한 흥미로운 사실들을 보여주는 길게 인용할 만한 편지다:

친애하는 게르하르트, 발터와는 아주 안 좋습니다. 자세히 말하고 싶은데 가슴이 찢어질 것 같아 못 하겠어요. 그이는 아샤의 손에 완전히 놀아나면서 차마 입에 담을 수 없는 짓을 저지르고 있습니다. 이승에서는 두번 다시 그이와 말을 섞지 못할 것 같습니다. 지금의 그이는 뇌와 성기뿐인 인간, 다른 것은 전혀 작동을 안 하는 인간입니다. 이런 경우 뇌도 머지않아 작동을 멈추리라는 것은 당신도 잘 아는 일, 짐작이 되고도 남는 일입니다. 그이는 이런 점 때문에 늘 많이 위험했습니다. (…)

아샤의 체류 허가 기간이 만료되었습니다. 그이가 그 여자랑 빨리 결혼하고 싶어한 것은 그 여자에게 프러시아 국적을 마련해주기 위해서였습니다. 그이는 슈테판이나 나를 위해 저축 한 푼 해본 적 없으면서, 내가 숙모로부터 받게 될 상속분 절반을 빌려달라고 합니다. 나는 또 그러마고 했습니다. 내가 그이에게 서재의 책 전부를 가지라고 했더니 바로 다음 날 그이는 아동도서 컬렉션까지 자기가 갖겠답니다. 게다가 그이는 겨울 내내 나와 같은 집에 살면서도 생활비 한 푼을 안 보탰습니다. 나한테는 수백 마르크를 쓰게 하면서, 아샤에게는 수백 마르크를 퍼준 것입니다. 이제 내가 돈이 없다고 하니까 그이는 이혼을 하자고 합니다. 지금도 그이는 나에게 두 달 치 생활비, 전화 요금 등

---

1 델브뤼크슈트라세 저택은 도라에게 돌아갔다. 도라는 1934년 독일을 탈출한 뒤 저택을 매각한 돈으로 살았다. 볼 곳은 Jay and Smith, "A Talk with Mona Jean Benjamin, Kim Yvon Benjamin, and Michael Benjamin," 114.

200마르크가 넘는 빚을 갚지 않고 있습니다. [빌헬름] 슈파이어에게 희곡과 소설의 공동 집필 작업비로 수천 마르크를 받아 챙겼으면서도 말입니다. 나한 테 그 증빙 서류까지 있습니다.

지난 8년 동안 우리는 서로에게 자유를 주었습니다. 그이는 나한테 자신의 추 잡한 일을 모두 이야기했고, 나에게 '친구를 만들 것'을 권한 것도 한두 번이 아닙니다. 내가 그이와 따로 지내온 세월이 벌써 6년입니다. 한데 이제 와서 그이가 나를 고소하다니! 그렇게도 경멸하던 독일법이 지금은 갑자기 괜찮아 진 모양입니다. 물론 배후에는 양심이라고는 없는 아샤가 있겠지만 말입니다. 그 여자는 그이를 사랑하는 것이 아니라 이용하는 것뿐입니다. 그이가 자기 입으로 나한테 여러 번 그렇게 말하기도 했습니다. 저질 소설같이 들리지만 사실이 그렇습니다. (⋯)

그이는 내가 이혼해주면 나한테 진 빚을 처리하겠다는 말을 했습니다. 그래서 내가 이혼해주겠다고 했더니 그이는 아무 행동이 없습니다. 양육비를 주는 것 도 아니고 빚진 돈에 대해 조치를 취하는 것도 아닙니다. 이 집을 나에게 넘겨 줄 생각도 없는 듯합니다. 내 손으로 돌본 집이고, 내가 몇 년 동안 임대료와 연료비를 낸 집인데도 말입니다. (⋯) 그이에게 모든 것을 양보하는 동안 어느 시점에 그이가 어떤 사람인지를 깨달았습니다. 그이는 합의된 사항을 지키는 대신 계속 새로운 것을 요구하는 사람입니다. 슈테판의 미래나 내 미래가 그 이에게는 완전히 남남인 사람의 미래와 마찬가지로 아무것도 아닌 겁니다.

동시에 그이는 엄청난 괴로움을 겪고 있습니다. 두 사람이 고양이와 개처럼 지낸다는 이야기를 여러 목격자로부터(특히 그이의 친구들로부터) 듣고 있습 니다. 그 여자는 그이가 집세를 내는 집에서 함께 살다가 그이를 내쫓았습니 다. 그이가 나에게 돌아온 것은 그때였습니다. 그이가 나더러 그 여자를 이 집 에 살게 해달라고 했지만, 나는 물론 거절했습니다. 그 여자는 몇 년 전에 나 를 함부로 대한 적도 있습니다. 어쨌든 그이는 지금 앙심을 품고 복수에 나섰

습니다.[2]

이 편지에서 도라는 한편으로는 벤야민이 무책임과 몰염치의 패턴에 따라 자기와 슈테판에게 깊은 상처를 안겨주었음을 명시하면서도 다른 한편으로는 문제의 원인을 벤야민의 섹스 중독증과 아샤의 이른바 술책에 돌림으로써 남편의 책임이 그렇게 크지는 않다고 정리하고 있다. 도라가 이혼 판결 이후 채 1년도 지나지 않아서 남편을 용서한 것을 보면, 이런 식의 정리 덕에 남편을 더 쉽게 용서할 수 있었으리라고 짐작할 수 있다.[3] 아울러 이 편지를 보면, 도라의 헌신(남편에 대한 것이라기보다 작가의 운명을 짊어진 한 인간에 대한 헌신)이 어느 정도였는지도 알 수 있다. 이혼은 벤야민으로서는 성애 면에서나 경제 면에서나 이판사판의 한 수였다. 도라는 이혼 후에도 벤야민의 지성에는 변함없이 감탄하지만, 상대방에 대한 연민 때문에 그를 감상적으로 대하는 일은 없었다.

벤야민의 일상에 닥쳐온 모든 격변에도 불구하고 1929년은 그의 생산성이 정점에 이른 해, 그의 집중력이 증명되고 "스토아주의라는 말로는 부족한, 두텁게 축적된 평정심"(숄렘의 표현)이 증명된 해였다(SF, 159). 한편으로는 신문에 수많은 리뷰를 실으면서 그 밖에 여러 편의 논문, 라디오 대본, 단편소설과 한 편의 번역을 내놓았고, 다른 한편으로는 「파리 파사주」(철학적-역사적 성찰을 담은 뛰어난 단상들)의 초안을 잡고 기타 인용문을 수합하는 등 『파사주 작업』의 공사를 진척시켰다. 유겐트 양식이라는 19세기 후반의 예술운동을 연구하면서 콜포르타주와 키치 개념을 전개한 것(관련 논

---

2 Puttnies and Smith, *Benjaminiana*, 144-147.
3 볼 곳은 GB, 4:47; *Benjaminiana*, 166(도라가 1931년 8월 15일 숄렘에게 보낸 편지). 모나 진 벤야민(손녀)에 따르면, 슈테판 벤야민(아들)은 어머니가 아버지를 평생 사랑했다고 믿었고, 부모가 헤어지고 나서 매주 아버지를 방문했다(Jay and Smith, "A Talk with Mona Jean Benjamin, Kim Yvon Benjamin, and Michael Benjamin," 114).

의는 「19세기 하녀소설」이라는 제목으로 《화보신문》에 실렸다; SW, 2:225–231), 19세기 파리에 세워진 건축을 집중 검토한 것, 그리고 2월에 스위스의 예술사 연구자 지크프리트 기디온의 『프랑스 건축』(1928)을 읽은 것도 모두 파사주 작업의 일환이었다. 벤야민은 이 책이 자기를 "감전"시켰다는 내용의 편지를 저자에게 보냈는데, 이 책의 "급진적인 식견"이 어떤 것인가를 설명하는 대목은 벤야민 자신의 작업에 대한 설명이기도 하다: "당신에게는 현재 속에 간직된 전통을 조명하는 능력, 아니 발견하는 능력이 있습니다"(GB, 3:444). 3월에는 숄렘에게 파사주 작업과 관련된 당시 작업들의 주안점을 밝히기도 했다: "관건은 한 시대의 구체성(아이의 놀이 혹은 건축물에서 나타나기도 하고, 생활 태도로 나타나기도 하는 구체성)을 획득하는 일입니다. 목숨을 건, 손에 땀을 쥐게 하는 모험입니다"(C, 348). 이미 『일방통행로』를 통해 시작되었던 이 모험은 파사주 작업에서뿐 아니라 벤야민 특유의 사유이미지(그가 그해 11월 《신스위스 평론》에 실린 「짧은 그림자들 I」에서 실험했고 나중에 「베를린 연대기」와 『1900년경 베를린의 유년시절』같이 자전적 성격의 좀더 긴 글에서 실험하게 되는 철학적 비네트)를 구현하는 글에서도 진행된다.

1929년은 벤야민의 작업에서 마르크스주의적 경향이 좀더 공공연하게 드러나는 해이기도 하다. 이러한 변화를 맨 처음 지적한 사람은 숄렘이었다: "이해는 벤야민의 정신적 삶에서 분명한 전환점이었고, 문학 면과 철학 면에서는 집약적 활동의 정점이었다. 가시적 측면에서는 전환점이었지만, 비가시적 측면에서는 연속성이 존재했다는 것 (…) 그것은 지금 되돌아보니 더욱 분명해진다"(SF, 159). 벤야민이 카프리에서 마르크스적 사유를 처음 받아들이던 시기에 라치스의 존재가 매개 역할을 했던 것과 마찬가지로, 이 전환점에서 중요한 역할을 한 것은 베를린에 와 있던 라치스의 존재였다. 라치스가 벤야민을 혁명적 프롤레타리아 작가들이 모이는 노동자 회관에 데려가기

J68

143

필사본: 「파리 파사주」와 『파사주 작업』 J68(예술 아카데미, 베를린, 발터 벤야민 아카이브)

도 하고 프롤레타리아 극단의 공연에 다닌 것이 1929년이고, 벤야민이 라치스의 소비에트 러시아 아동극 경력 10년이 반영된 페다고지 선언문을 작성한 것은 이미 그녀와 두 달간 동거한 1928~1929년 겨울이었던 것 같다. 라치스의 요청으로 쓴 글인 듯하다.[4] 벤야민이 살아 있는 동안에는 지면을 얻지 못한 「프롤레타리아 아동극 강령」이라는 제목의 이 글을 보면(SW, 2:201-206), 벤야민이 인간의 삶에서 유년이 갖는 의미에, 그리고 교육이라는 오래됐지만 때마다 새로운 문제에 줄곧 관심을 갖고 있었음을 알 수 있다.[5] 이 글에 따르면, 아이의 모든 행동은 "아이가 주인인 세계가 보내는 신호"다. 놀이는 어떤 형태로든 유년을 실현하기 위한 필수 조건임과 동시에 배움의 필수 조건임을 감안할 때, 교육자의 책임은 아이를 계급적 이해관계에 예속시킴으로써 아이의 세계를 없애버리는 것('부르주아' 교육, 특히 비네켄적 청년 문화의 목표)이 아니라 아이에게 최대한 놀이의 기회를 허락함으로써 심성에 진지함을 불어넣어주는 것이다. 이 글에서 주창하는 자애로운 교육법—"아이의 교육은 어떠해야 하나: 아이의 삶 전체를 붙잡아야 한다"—의 핵심은 즉흥성인데, 그런 즉흥적 교육법이 마련되는 곳이 바로 연극 워크숍이다(『파사주 작업』에서 중요하게 등장하는 19세기 사회이론가 샤를 푸리에의 유토피아적 기획들에서도 이런 유의 워크숍이 등장한다). 아동극은 "변증법적 교육 현장"으로서 "주목Beobachtung"—다시 말해 "비감상적 사랑"—을 가르침으로써 놀이와 현실을 하나로 만든다. 유년은 결과의 "영구성"이 아닌 "동작의 '찰

---

4 볼 곳은 GS, 2:1495(라치스의 *Revolutionär im Beruf*가 길게 인용되어 있다). 자기의 테제를 설명하는 글이 필요했던 라치스가 벤야민에게 이를 쓰게 했는데 너무 복잡한 글이 나와서 다시 쓰게 했다는 내용을 확인할 수 있다.
5 비교해볼 곳은 1928년 초에 나온 「이력서(3)」의 "나의 접근법은 (…) 19세기 학문의 전형적 관습인 개별 학문 간의 경직된 구분을 깨뜨릴 학문 간 통합을 지향하며, 예술작품의 분석을 통해 이 통합을 촉진시킵니다"(SW, 2:78). 분과학문 통합의 이념은 초기 벤야민의 교육 관련 저술, 특히 「대학생활」의 핵심이다(볼 곳은 이 책 2장). 벤야민이 여러 편의 자전적인 글에서 유년의 주제로 돌아가는 것은 1932년부터다.

나'"를 지향한다.[6] 그 찰나의 미래라는 것이 있고, 그 찰나의 울림이라는 것이 있다: "진정 혁명적인 것은 미래가 아이의 동작을 통해서 보내오는 **은밀한 신호**다." 라치스는 1930년 모스크바 귀환을 앞두고 있을 때를 포함해서 여러 차례 벤야민이 소비에트연방으로 이주해서 살아갈 방도를 마련해주려고 하지만 매번 실패한다(라치스에 따르면, 벤야민이 팔레스타인으로 이주하지 못하게 한 사람은 그녀 자신이었다).[7] 1920년대 말에 이 정도로 가까웠던 두 사람은 그 후로는 두번 다시 만나지 못한다. 두 사람의 편지 왕래는 라치스가 카자흐스탄에서 수감생활을 시작하는 1936년까지 계속된다. 이후 라치스는 10년간 억류 상태였고, 라이히는 추방과 억류를 반복하는 상태였다.

벤야민의 "더 뚜렷해진 마르크스주의적 억양"(숄렘의 표현)은 라치스의 영향이기도 하고, 아도르노 및 호르크하이머와 학문적 관계가 깊어진다는 증거이기도 했지만, 그 중심에는 1929년 5월에 싹튼 베르톨트 브레히트와의 우정이 있었다.[8] 지금은 벤야민의 작업 중에서 1930년대 중반의 것들이 가장 유명하지만, 그의 원숙한 학문적 입장의 근간이 세워지는 것은 브레히트와의 우정이 확고해지는 1929년까지라고 할 수 있다. 벤야민의 작업들이 급진 좌파의 정치학, 유대교와 기독교의 세부 교리를 넘나드는 종교통합적 신학, 독일 철학 전통에 대한 심도 있는 지식, 급변하는 모더니티 환경 속의 다양한 대상에 적용될 수 있는 문화 이론의 혼합이라는 특징을 드러내는 것은 그 이후다. 그렇지만 이후 벤야민은 이 "모순 속에 움직이는 전체"를 이해해주는 사람, 아니 용납이라도 해주는 사람을 단 한 명도 만나지 못하는 운명을 맞게

---

6 비교해볼 곳은 「기술적 복제가 가능한 시대의 예술작품」 두 번째 버전 중 일차 기술력과 이차 기술력을 구분하는 대목(SW, 3:107).
7 볼 곳은 Lacis, *Revolutionär im Beruf*, 49; SF, 155.
8 아샤 라치스에 따르면, 1924년 11월 베를린에서 처음 벤야민을 브레히트에게 소개해준 사람이 그녀 자신이었는데, 당시에는 브레히트가 그리 기꺼워하지 않았던 탓에 더 이상 관계에 진전이 없었다(*Revolutionär im Beruf*, 53). 에르트무트 비치슬라는 1924년에서 1929년까지 두 사람의 다른 만남들의 자료를 정리하면서 라치스의 이 말을 사실로 확인해준다. 볼 곳은 비치슬라의 *Walter Benjamin and Bertolt Brecht*, 25–31.

된다. 그의 논적들은 말할 것도 없고 친구와 동료 중에도 벤야민의 작업 전체를 받아들여주는 사람은 한 명도 없었다. 벤야민으로부터 깊은 상처를 입은 도라가 숄렘에게 보낸 편지를 보면, 그의 학문적 입장을 이루는 계통들(종잡을 수 없고, 어딘가 엉성해 보이는)에 기회주의라는 딱지를 붙이는 야박한 해석도 가능하리라는 것을 알 수 있다.

그때부터 그이는 늘 뭔가와 동맹했습니다. 우선 볼셰비즘과 동맹했습니다. 그이가 볼셰비즘을 부정하지 않으려는 것은 최종적 평계를 잃지 않기 위해서입니다. 볼셰비즘에 대한 동맹을 철회한다는 것은 자기가 이 숙녀분에게 묶여 있는 것이 그녀의 고상한 원칙 때문이 아니라 그저 성적인 차원 때문임을 자백하는 거나 마찬가지일 테니 말입니다. 또 그이는 시온주의와 동맹했습니다. 그 이유는, 부분적으로는 당신을 위해서이고, 부분적으로는 "돈을 벌게 해주는 나라가 바로 조국이라서"입니다. 기분 나빠 하지 말기 바랍니다. 그이의 표현입니다. 또 그이는 볼셰비즘과 동맹하면서 철학과 동맹했습니다. 그렇지 않다면 신정神政과 신국神國에 대한 그이의 논의들, 그리고 폭력Gewalt에 대한 생각들이 어떻게 살롱 볼셰비즘과 공존할 수 있겠습니까? 또 그이는 시온주의와 동맹하면서 (문학과 동맹한 것이 아니라) 문인생활과 동맹했습니다. 헤셀 앞에서 (그리고 아샤와의 연애가 잘 안 풀릴 때 헤셀이 조달해온 젊은 여자들 앞에서) 그런 시온주의적 감정을 인정하는 것이 당연히 창피했을 테니까요.9

그런 비난들에 빌미를 준 것은 어떻게 보면 벤야민 자신이었다. 그는 이들 "동맹" 중 어느 하나에 완전히 그리고 무조건 투신하기를 거부했다. 모든 기

---

9 Puttnies and Smith, *Benjaminiana*, 150–151(1929년 7월 24일 편지). 볼 곳은 148쪽에 인용된 프란츠 헤셀의 1929년 6월 21일 일기. 이 일기는 벤야민이 "막대기 같은 다리"로 "어둠의 처녀들" 중 한 명과 춤추는 모습을 묘사하고 있다. 함께 볼 곳은 「베를린 연대기」(SW, 2:599); 이 장의 주 63의 "푸른 초원."

성 학설 및 신념 체계에 대한 벤야민의 일관된 입장은 어느 정도 접근해서 그 체계의 요소를 일부 차용하는 것, 그렇지만 그 이상으로는 접근하지 않는 것이었다. 단순히 브리콜라주 경향이라고 할 수만은 없었다. 오히려 이 입장은 벤야민이 자신의 학문적 독립을 지키기 위해 사용한 전략이었다. 극도로 정중한 예법을 고수하고, 친구들 사이의 교류를 차단했던 것도 같은 맥락의 전략이었다.

벤야민과 브레히트의 우정이 싹튼 때에 벤야민은 거의 서른아홉 살이었고, 브레히트는 서른한 살이었다. 벤야민의 친구들은 브레히트의 영향에 의혹의 시선을 던지면서도 이 관계의 중요성을 부인하지는 않았다. 숄렘에 따르면, "브레히트는 벤야민의 삶에 완전히 새로운 요소를 들여왔다. 그것은 진정한 의미의 자연력이었다." 훗날 한나 아렌트는 브레히트와의 우정은 벤야민에게 엄청난 행운이었다고 말하기도 했다.[10] 지금 되돌아보면, 당대 최고의 독일 시인과 당대 최고의 문학비평가가 동맹을 맺는 순간이었다. 두 사람은 자주 만나 한참씩 토론을 벌였고(만나는 장소는 동물원 근처에 있는 브레히트의 아파트였다), 벤야민은 곧 극작가 브레히트를 중심으로 강하게 결속된 서클의 일원이 되었다. 토론 주제는 히틀러가 프티부르주아를 끌어가기 전에 좌파가 끌어와야 한다는 것부터[11] 찰리 채플린이 어떤 의미에서 바람직한 표본인가에 이르기까지 다양했다. 채플린이 화제에 오른 데는 당시 두 사람이 채플린의 최신 영화 「서커스」(특히 탁월한 유원지 시퀀스)에 큰 감명을 받았다는 정황과 함께[12] 벤야민이 프랑스 시인 필리프 수포의 '떠돌이 샤를로'에 관한 글을 읽은 뒤 채플린에 대한 짧은 글을 썼다는 정황이 있었

10 Hannah Arendt, "Introduction" to Benjamin, *Illuminations*, 14–15.
11 볼 곳은 Lacis, *Revolutionär im Beruf*, 64.
12 브레히트는 「서커스」를 관람할 때 베른하르트 라이히와 아샤 라치스를 초대했다(이 영화는 베를린에서 1929년 초에 개봉했다). 볼 곳은 Reich, *Im Wettlauf mit der Zeit*, 305(인용은 Fuld, *Zwischen den Stühlen*, 215).

다(볼 곳은 SW, 2:199-200, 222-224). 벤야민에게 라디오 작업을 권한 이도 린드버그에 관한 라디오 드라마를 제작한 경험이 있었던 브레히트였던 것 같다. 카를 코르슈를 비롯한 마르크스주의 지식인들에게 벤야민을 소개해준 이도 브레히트였다(『마르크스주의와 철학』[1923]의 저자이자 『자본』의 편집 자로, 한때 제국의회에서 공산당 의원을 지낸 코르슈는 벤야민이 마르크스 주의를 공부할 때 주로 참고한 저자 중 한 명이고, 나중에 『파사주 작업』에서 도 길게 인용된다).[13] 벤야민은 6월 24일 편지에서 숄렘에게 브레히트에 대 한 관심을 전하기도 했다: "당신이 흥미를 느낄 만한 일을 알려드리자면, 최 근에 베르트 브레히트와 나 사이에 돈독한 관계가 맺어졌습니다. 그가 앞서 내놓은 작품에 근거한 관계라기보다(그의 작품 중 내가 알고 있는 것은 「서 푼짜리 오페라」와 발라드 몇 편이 전부입니다) 그가 지금 구상하고 있는 것 들 앞에서 생겨날 수밖에 없는 당연한 관심에 근거한 관계입니다"(SF, 159). 시간이 가면서 브레히트는 벤야민이 쓰는 글의 중요한 제재 중 하나로 떠올 랐다. 1930년 6월 「베르트 브레히트」라는 제목의 라디오 방송을 시작으로 벤 야민은 이후 10년 동안 브레히트의 서사극과 시와 픽션, 그리고 브레히트와 의 대화를 가지고 10여 편의 글을 쓰게 된다. 브레히트의 몽타주 이론(특히 동작, 인용, 과거와 미래의 변증법에 대한 논의), 성상파괴적인 "거친 사유", 우화의 교묘한 활용, 풍자, 꾸밈없는 인본주의, 특히 브레히트 특유의 목소 리(단순하고 야만스러워 보이기까지 하나 실은 지극히 섬세한)는 벤야민의 글에 큰 영향을 미쳤다. 물론 벤야민의 글 자체는 벤야민을 내심 신비주의자 로 여기는 브레히트—시가를 피우는 바이에른 작가—와 근본적으로 다를 수밖에 없었다.[14] 망명기의 벤야민은 덴마크 퓐 섬의 스벤보르 근처에 있는

---

13 하지만 벤야민은 코르슈의 『마르크스주의와 철학』에 대해 비판적이었다. 볼 곳은 GB, 3:552.
14 볼 곳은 Brecht, *Arbeitsjournal*, 1:15, 1938년 7월 25일 일기(인용은 Brodersen, *Walter Benjamin*, 313n88); SF, 176.

베르톨트 브레히트, 1932년경(예술 아카데미, 베를린, 발터 벤야민 아카이브)

브레히트의 집을 자신의 몇 안 되는 피난처 중 한 곳으로 삼게 된다. 벤야민에게 브레히트와의 대화는 (앞서 프란츠 하인레와의 대화나 플로렌스 크리스티안 랑과의 대화가 그랬듯) 독일 사유와의 개인적 맞대결이나 마찬가지였다.

당시 벤야민은 1920년대 베를린—이후 세대들의 시각에 따르면, '바이마르 문화' 그 자체의 현장—의 자극적인 지적 분위기 속에서 다양한 부류의 지식인과 어울렸다. 브레히트 서클에서 활동한 것 외에, 오랜 친구들과 어울리기도 했고(그중에는 특히 헤셀과 그의 아내 헬렌 그룬트가 있었고, 크라카워, 블로흐, 빌리 하스, 빌헬름 슈파이어도 있었다), 오스카어 골트베르크 서클에 (때로 에리히 구트킨트와 함께) 조심스럽게 발을 들여놓기도 했다. 골트베르크와 웅거가 일주일에 한 번 여는 '철학 그룹'이라는 저녁 토론 모임이 있었는데, 벤야민이 여기에 갔던 것은 그저 이 서클이 무슨 짓을 획책하고 있는지를 숄렘에게 보고하기 위해서였을 수도 있다. 이 무렵 학문적 관계에서 가장 중요했던 일 한 가지는 'G그룹'에 관여하면서 처음 만났던 예술가 라즐로 모호이—너지와 다시 만난 일이었다. 벤야민의 사유에 항구적 영향을 미친 만남이었다는 의미에서 브레히트와의 만남에 비견될 만한 사건이었다. 관계가 거의 끊어진 것은 모호이—너지가 바이마르에 세워졌다가 데사우로 옮겨간 바우하우스의 마이스터로 있던 1923년에서 1928년 사이였고, 다시 이어진 것은 아르투르 레닝의 저널 《i10》에서 함께 일하면서였다(당시 모호이—너지는 《i10》의 사진 편집장이었다). 두 사람이 1929년에 사진과 영화 및 기타 현대 매체에 관해서 논의한 내용은 「사진의 작은 역사」, 『파사주 작업』, 「기술적 복제가 가능한 시대의 예술작품」 등에 중대한 영향을 미쳤다. 벤야민이 베를린 음악계에 조심스럽게 접근하면서 지휘자 오토 클렘페러와 가까워진 것도 모호이—너지를 통해서였다(모호이—너지는 '크롤 오페라단'이 공연하는 오펜바흐의 「호프만의 노래」에서 무대미술 감독이었었다). 벤야민의 친한 친구 몇 명은(특히 에른스트 쇤과 테오도어 아도르노는) 음악가나 작곡가의 길을 가고 있었지만, 벤야민 자신은 (스스로 여러 번 밝혔듯) 음악에 관한 한 거의 문외한이었다.

새로운 지인들이 생기기도 했다. 자주 만나는 새 지인 중 한 명은 청년 정치철학자 레오 스트라우스였다(당시 베를린의 '유대 아카데미'에서 스피노자에 관한 저서를 완성한 유대 관련 학자였던 그는 나중에 미국에 건너가 유력 인물이 된다). 숄렘에게 그 인상을 전하기도 했다: "그가 내 신뢰를 일깨웠다는 것과 내가 그를 좋게 생각한다는 것을 부인하지는 않겠습니다"(C, 347). 헤셀 부부를 통해 알게 된 빈의 작가 겸 연극비평가 알프레트 폴가어와의 만남도 매우 즐거웠다. 여름에는 미국 태생의 프랑스 소설가 쥘리앵 그린과 개인적으로 친분이 생기기도 했다. 친구들에게 그린의 작품을 유독 열렬하게 추천하거나 그린의 소설 『아드리엔 므쥐라』(1927)에 대한 서평을 쓴 것은 친분을 맺기 얼마 전이었다. 그린을 다루는 라디오 방송을 하게 되는 것은 이후 8월 중순이고, 《신스위스 평론》에 「쥘리앵 그린」이라는 탁월한 논문을 싣는 것은 이듬해 4월(파리에서 그린을 다시 만나본 이후)이다. 특히 이 논문은 거주의 "태고사Urgeschichte"에 관한 주요 명제들을 담고 있다. 그린의 소설에서 어딘가에 거주하는 일이 아직 고대의 마력과 공포스러움으로 가득한 일인 이유는 등장인물들이 조상의 유령과 같은 곳에 거주하고 있기 때문이다: "아버지의 집은 (…) 인류의 원시Urzeit로 끝없이 이어진 크고 작은 방과 복도들의 아득한 길이다"(SW, 2:335). 근래의 삶과 머나먼 과거의 삶이 한곳에 거주한다는 비전—역사의 비전이면서 동시에 태고사의 비전—은 벤야민 자신의 이후 작업의 특징이기도 하다.

당시 벤야민이 프랑스 작가들에 대한 서평이나 논문, 또는 평론을 발표할 지면을 구하는 데 어려움을 겪지 않는 필자였음을 고려할 때, 그해 봄 그가 현대 프랑스 문학에 점점 더 관심을 쏟았다는 것은 그리 놀라운 일이 아니다.

『파사주 작업』을 위해서 19세기 프랑스 문화를 연구할 때도 마찬가지였다: "프랑스의 젊은 작가들을 읽다보면, 애초에 자기가 정한 길을 따라가지 않고 옆길로 새는 대목들, 나침반을 교란하는 자북극의 영향력이 드러나는 대목들을 점점 자주 만나게 됩니다. 내 목적지는 바로 그 자북극입니다"(C, 340). 「프루스트의 이미지」라는 묵직한 논문은 바로 「초현실주의」의 후속편, 아니 "자매편"(C, 352)이라고 할 수 있는 글로, 1929년 3월에서 6월 사이에 집필되어 6월과 7월에 《문학세계》에 실렸다(SW, 2:237−247). 벤야민이 프루스트의 "철학적 고찰 방식"에 친연성을 느낀 것은 예전부터이고(C, 278), 프루스트의 소설과 자신의 『독일 비애극의 기원』이 조응하는 지점들을 간파한 것은 모스크바에서였다. 특히 『스완네 집 쪽으로』에 나오는 레즈비언 장면의 "야만스러운 니힐리즘"이 대표적이었다: "프루스트는 소시민의 내면으로 파고 들어든다. '사디즘'이라는 패를 내건 깔끔한 방으로 들어가 안에 있는 모든 것을 무참하게 박살낸다. 깔끔하게 정리되어 있던 악의 개념이 이제 형체도 없이 사라지면서 부서진 조각들 하나하나가 악의 진짜 실체('인간적 약점', 아니 '선량함')를 또렷하게 보여준다. (…) 내 바로크 연구서의 경향과 통한다"(MD, 94−95). 벤야민이 프루스트 번역과정에 관한 논문을 구상했던 것도 바로 그 무렵(1926년 초)이었다. 이제 1929년 초 벤야민은 막스 리히너─프루스트의 관점주의에 관한 E. R. 쿠르티우스의 글을 비롯해 프루스트에 관한 독일어권 글을 싣는 선도적 지면 《신스위스 평론》의 발행인─에게 프루스트에 대한 글을 쓰겠다는 의도를 밝혔다: "나도 어떻게든 프루스트 해석에 기여해야겠다고 생각했습니다. 하지만 아직은 내가 프루스트의 작품에 지나치게 밀착되어 있습니다. (…) 우리 독일의 프루스트 연구는 프랑스의 프루스트 연구와는 다른 방향으로 가야 할 것 같습니다. 프랑스에서는 프루스트를 거의 전적으로 '심리학자'로 해석하는 듯한데, 사실 그에게는 훨씬 더 훌륭하고 가치있는 면이 많습니다"(C, 344). 그러고는 3월에 숄렘에게 그 시작을 전했다:

"프루스트에 관한 몇몇 아라베스크를 부화시키는 중입니다"(C, 349). 5월에는 그 경과를 전했다: "프루스트에 관한 아주 예비적인, 그럼에도 노련한 논문을 준비 중입니다. 많은 측면을 건드렸지만 아직 중심을 정하지는 못했습니다"(GB, 3:462). 이런 논평들을 보면, 프루스트의 그야말로 "필생의 작업"인 이 방대한 소설—조이스의 『율리시스』를 잘 몰랐던 벤야민에 따르면 "최근 몇십 년간 문학에서 나온 최고의 성과"—에 대해 독특하게 다각적인 접근법을 채택하리라는 것을 짐작할 수 있다.[15]

실제로 「프루스트의 이미지」는 『잃어버린 시간을 찾아서』의 다양한 측면을 건드린다. "프루스트적 인물형의 식물성 삶, 다시 말해 자기가 속한 계급의 서식지에 영원히 매여 있는 삶"을 다루기도 하고, 작품을 전복적 풍속희극으로 다루기도 하며, 작가를 에고와 사랑과 도덕의 가치 파괴자로 다루기도 하고, 이 책이 속물성에 대한 연구이자 잡설의 생리학이라는 것을 지적하기도 하고, 범속한 대상에 주목하며 "평일의 한 시간"(벤야민의 표현)에 초점을 맞추는 측면을 다루기도 하고, 시간차를 두고 발생하는 유사성에 열광하는 모종의 유사성 숭배를 다루기도 하고, 유사성 숭배로 인해서 삶이 고독을 축으로 소용돌이치는 기억 그릇으로 변형되는 양상을 다루기도 하고, 윤곽을 포착하기도 어려울뿐더러 내용을 파악하기도 어려운 이야기—회복 불가능한 향수병에 시달리는 이야기—임에도 불구하고 역사적으로 구체적인 이야기라는 점을 지적하기도 하고, 프루스트의 문장들이 무의지적 기억의 전류들을 절합하는 측면을 다루기도 한다: "프루스트의 문장들은 관념적 육체의 근육놀이라고 해도 과언이 아니다." 그러나 「프루스트의 이미지」에서 핵심은 "교차하는 시간"—니체와 베르그송을 읽던 학창 시절로 거슬러 올라가는 주

---

15 벤야민은 조이스의 『율리시스』 독일어 번역본을 소장하고 있었던 것 같다. 볼 곳은 BG, 16(벤야민의 소장 도서 목록, 1933년에 그레텔 카르플루스가 작성한 것으로 추정, 날짜 미상). 『율리시스』가 처음 독일어로 번역된 것은 1927년이었다.

제이자 1930년대 역사적 유물론을 예고하는 주제—이다: "프루스트는 흐르는 시간Zeitverlauf을 삶의 척도로 삼음으로써 삶에 그야말로 철저히 새로운 이미지를 제공합니다"(C, 290). 「프루스트의 이미지」가 프루스트의 영원의 테마theme de l'éternité에 대한 관념론적 해석들에 이의를 제기하는 글인 것은 그 때문이다: "프루스트의 영원은 플라톤의 영원도, 유토피아의 영원도 아니다. 그의 영원은 도취한 영원이다. (…) 물론 프루스트의 작품에도 관념론의 흔적들은 남아 있다. 그렇지만 이 작품이 중대한 이유는 그런 것들 때문이 아니다. 프루스트가 펼쳐 보이는 영원은 무한한 시간이 아니라 교차하는 시간이다. 프루스트의 진짜 관심사는 흐르는 시간에 형태를 부여하는 것, 교차라는 가장 실질적인 형태를 부여하는 것이다." 행복을 찾아야 한다는 강박에 사로잡힌 이 소설에서 근간으로 삼는 게 "나이 드는 것과 기억하는 것의 대위법"인 것은 그 때문이다. "교차하는 우주"는 언제 열리는가 하면, 현재화Vergegenwartigung의 순간(벤야민이 『파사주 작업』 등에서 언급하는 "인식 가능성의 지금"과 유사한 시간성)—**지나간 과거**가 인식의 섬광 속에 출현하는, 예를 들면 마르셀의 잊혔던 과거가 마들렌의 맛 속에서 처음 출현하는 순간—에 열린다. 무의지적 기억의 순간이라는 "회춘의 충격"이 가해질 때, 여러 겹의 과거가 잠에서 깨어나 하나의 이미지로 응축된다. 도취한 영원이 무엇인가 하면, 흐르는 시간을 순간적 "조응"의 경험으로 졸여내는 이 시간 농축이다. 「프루스트의 이미지」와 「초현실주의」를 연결하는 것이 바로 이 도취Rausch—황홀한 평정의 상태—다.

벤야민이 하우빈다 동창이자 교양 있는 다작의 소설가 겸 극작가 빌헬름 슈파이어(1887~1952)와 이틀간 자동차 여행을 즐긴 것은 이혼 소송을 앞둔 6월 하순이었다. 당시 두 사람은 탐정소설을 공동 집필 중이었다. 슈파이어의 가장 널리 읽힌 두 소설(『살짝 미친 샤를로테』[1927]와 『중학생 전투』[1928])이 무성영화로 제작된 터였고, 벤야민이 《문학세계》에 그중 『중학생

전투』(중학생들이 고양이와 개의 몰살을 막기 위해 애쓰는 이야기)에 대한 호의적 리뷰를 실은 것이 2월이었다. 벤야민이 슈파이어의 여행 초대에 기쁜 마음으로 응했던 것은 8월 초에 시작한 히브리어 일일 레슨을 중단할 핑계가 필요했기 때문일 수 있다. 프랑스 방생에서는 숄렘에게 편지를 보내기도 했다. 자기 글을 둘러싼 반응에 대한 만족스러움과 함께(로테르담의 한 신문에 『일방통행로』에 관한 특집 기사가 실렸었다), 에른스트 블로흐에 대한 불만을 드러내는 편지였는데, 불만의 내용은 앞서 2월에 보낸 편지와 똑같이 블로흐가 자기 생각과 용어를 뻔뻔하게, 그리고 교묘하다면 교묘하게 훔치고 있다는 것이었다: "블로흐의 두 신작 『흔적들』과 『논문집』이 곧 나옵니다. 이 책들을 보면, 내 불멸의 작업들 중 적잖은 부분이 다소 훼손된 형태로 후세에 전해지고 있습니다"(GB, 3:469).

7월에는 슈파이어와 함께 산지미냐노, 볼테라, 시에나를 포함하는 좀더 긴 휴가를 떠났다. 벤야민이 토스카나의 풍경을 얼마나 좋아했는지는 그 무렵의 편지들과 함께 「산지미냐노」라는 아름다운 산문(8월에 《프랑크푸르트 신문》에 실린 글)을 통해 확인할 수 있다: "눈앞에 보이는 것에 들어맞는 말을 찾아내기란 얼마나 어려운지. 하지만 그 말이 나타나 작은 조각칼처럼 현실을 파내면, 어느새 현실에서는 동판에서처럼 이미지가 나타난다. '저녁이면 여자들이 큰 물동이를 들고 성문 앞 우물에 모인다.' 내가 이 말을 찾아낸 후에야 비로소 그 눈부신 경험이 단단하고 깊은 이미지로 새겨졌다." 새벽이면 산지미냐노의 첫 태양이 불타는 돌처럼 산등성이 위로 떠오른다: "앞선 세대들은 이 돌을 부적으로 간수하는 기술, 이로써 한 시간 한 시간을 축복으로 만드는 기술을 갖고 있었던 게 틀림없다"(GS, 4:364-365). 엄청난 에트루리아 미술 컬렉션이 있는 볼테라도 산지미냐노 못지않게 매력적인 곳이었다: "도시를 둘러싼 거대한 광야와 황막한 산들이 어찌나 또렷하게 빛나는지. 아프리카로 옮겨져 눈이 오지 않게 된 앵가딘에 우뚝 솟은 도시라고 해야 할 것 같다"(GB, 3:477). 벤야민은 「산지미냐노」를 후고 폰 호프만슈탈과의 추억에 바친다. 벤야민이 7월 27일 볼테라에서 숄렘에게 쓴 편지를 보면, 호프만슈탈이 세상을 떠났다는 소식을 듣고 슬픔을 느끼는 가운데 독일에서 나온 부고 기사들의 무례한 어조에 분노를 느꼈다는 말이 있다.

같은 편지에서 벤야민은 "게오르게의 정원"에서 놀라우리만치 아름다운 꽃을 보았다는 이야기를 한다. 『독일 고전주의에 나타난 지도자로서의 작가』(슈테판 게오르게 서클의 문학 연구자 막스 코메렐이 1928년에 쓴, 괴테와 실러와 휠덜린을 읽었다는 뜻에 관한 전기적인 책)를 읽었다는 뜻이었다. 산지미냐노에서 쓰기 시작한, 이 책에 대한 서평논문 「훌륭한 저서에 반론을 제기함」은 1년 뒤 《문학세계》에 실렸다. 이 글에서 벤야민은 일단 이 책의 "훌륭함"을 강조하면서, "관상학적 고찰 방식, 가장 엄밀한 의미에서 비심리학적인 고찰 방식"을 본질로 삼는 "플루타르코스적 문체"와 아울러 "다량의 진정한 인간학적 통찰"을 그 훌륭함으로 꼽는다. 그렇지만 벤야민은 끝내 결정적 비판을 가한다:

현재가 어떤 모습이더라도, 과거에 물음을 던지기 위해서는 현재라는 황소의 두 뿔을 단단히 붙잡아야 한다. 현재의 피로 무덤을 가득 채우지 않으면, 죽은 존재들의 혼이 무덤가에 나타나게 할 수 없다. 게오르게 서클의 작업에 빠져 있는 것이 바로 이 치명적 한 방이다. 현재를 붙잡아 제물로 바쳐야 하는데, 현재를 그저 피하고만 있다. (…) 문학의 의미를 밝혀야 할 비평이 오히려 문학의 의미를 감추고 문학의 성장을 방해한다(SW, 2:383).

이 핵심적 해석 원리—과거의 의미를 밝히거나 과거에 물음을 던지려면 현재의 작용("피")이 중요하다[16]—는 『파사주 작업』의 바탕이자 「플라뇌르의 귀환」의 초점인 '플라뇌르의 철학'에도 반영되어 있다. 1929년 10월 《문학세계》에 실린 벤야민의 「플라뇌르의 귀환」은 벤야민과 헤셀 사이의 지적 근친성을 여실히 보여주는 헤셀의 저서 『베를린 산책』에 대한 서평으로, 많은 부분이 『파사주 작업』의 대목들로 채워져 있다. 이 서평에 따르면, 헤셀의 한가롭고 애상적인 책—"줄곧 깨어있는 사람들이 읽는 이집트의 해몽서" 같은 책—은 보들레르, 아폴리네르, 로트레아몽의 전통—플라네리의 고전들—의 연장선상에 위치해 있다: "새것의 존재를 이토록 조용하면서도 분명하게 들려줄 수 있는 사람만이 이제 막 옛것이 된 존재를 이토록 참신한 시선으로 바라볼 수 있다"(SW, 2:264). 벤야민이 7월과 8월에 쓴 다른 많은 기사 중 하나가 (9월에 《인간지》에 실린) 스위스의 산문작가 로베르트 발저에 대한 "적대적 논문"이었다(C, 357). 이 글이 실제로 발저에 대한 적대감을 보여주느냐하면 그렇지는 않다(벤야민에 따르면, 발저는 카프카가 좋아한 작가였다). 이 글에서 굳이 적대적인 태도를 찾자면, 발저가 표면상 문체에 주의하지 않는다는 논의("정결하고 극히 예술적인 미숙함"), 아니면 발저의 섬세하고 기묘한 픽션의 등장인물들이 동화 속 주인공과 흡사한 아이 같은 고귀함을 지녔다는 논의(그들 역시 "밤으로부터, 광기로부터 나오는 것은 마찬가지") 등을 들 수 있다(SW, 2:258-259).

8월 말에는 《문학세계》에 「에른스트 쇤과의 대담」을 실었다. 벤야민이 작곡가 쇤—벤야민의 가장 오래되고 친한 친구 중 한명으로, 당시 프랑크푸르트의 남서독일 라디오 방송국 예술감독이라는 유력한 자리에 오른 인물—과 라디오와 텔레비전의 교육적-정치적 가능성에 대해 토론한 내용을 정리한 글이었다. 이 글에서 두 사람은 라디오와 텔레비전이 대문자 K로 시

---

16 이 원리가 니체와 초기 낭만주의자들로부터 비롯되었다는 것과 관련해서 볼 곳은 이 책 2장. 이 원리는 1932년에 나온 「발굴과 기억」에 간명하게 정리되어 있다(SW, 2:576; 함께 볼 곳은 611).

작되는 거창한 문화Kultur를 홍보하는 기능뿐 아니라 단순한 보도 기능에서도 해방되어야 한다는 데 동의했다. 이 글에 따르면, 독일에 라디오가 도입된 1923년 이래 프로그램이 나아가야 할 방향은 분명했지만(새 매스컴을 정치화하는 유일한 방법은 청취자에게 "오락"을 제공하는 것이었다), 그렇다고 해서 다양한 예술적 시도를 차단해야 하는 것은 아니고(예를 들면 브레히트와 바일과 힌데미트가 공동 제작한 「린드버그의 비행」이나 아이슬러의 칸타타가 방송되기도 했다), 실험적 작품의 방송을 차단해야 하는 것도 아니었다(GS, 4:548-551).[17] 이듬해에는 이 토론을 기반으로 라디오의 정치적 측면을 다루는 기사를 기획하기도 했는데(글 자체는 결국 나오지 않았다), 쇤에게 쓴 편지를 보면 벤야민이 이 글에서 다루려고 했던 내용(라디오의 진부화를 초래한 원인은 진보적, 선동적 언론의 실패였다, 노동조합주의가 라디오를 지배하고 있다, 라디오가 문학적인 것에 무관심하다, 라디오와 언론의 관계가 타락하고 있다)을 알 수 있다(GB, 3:515-517). 「에른스트 쇤과의 대담」은 벤야민이 1920년대에 가장 중시했던 두 사안을 융합하는 글, 다시 말해 교육 방법 등 교육과 관련된 전반적인 문제를 판화, 라디오, 사진, 영화 같은 현대적 매체의 광학을 통해 고찰하는 글이다. 벤야민의 1920년대 논의가 이렇듯 주로 교육과 매체를 지향한 배경에는 도라와 함께 마련한 아동 도서 컬렉션에 대한 성찰—좀더 멀게는, 아들의 성장과정에 대한 관찰—이 있었지만, 이런 지향성이 벤야민의 1920년대 주요 논문에서 본격적으로 다루어지는 경우는 거의 없었다. 벤야민의 교육과 매체 관련 논의들은 일관된 이론을 형성한다기보다 다양한 시기와 다양한 지역에 걸쳐 있는 독일 신문 문예란의 여러 작은 글에 드문드문 흩뿌려져 있다.

---

17 오락의 교육적 효용에 관해서 비교해볼 곳은 AP, K3a,1; 「오락의 이론」, SW, 3:141-142. 함께 볼 곳은 1932년에 나온 「두 가지 민족성」(GS, 4:671-673); 1932년작 「연극과 라디오」의 결론(SW, 2:585).

1920년대 후반의 벤야민은 새로운 대중매체를 성찰하는 데서 한발 더 나아가 직접 라디오 작업에 뛰어들었다. 정기적으로 라디오 작업을 주선해준 것도 에른스트 쇤이었다. 프랑크푸르트 방송국과 베를린 방송국에서 방송을 하기 시작한 것은 1929년 하반기이고, 1929년 8월부터 1932년 봄까지 라디오에서는 벤야민의 목소리를 다양한 프로그램에서 80회 이상 들을 수 있었다. 그중에는 청소년을 대상으로 한 강연(「베를린의 부랑아」, 「마녀재판」, 「옛 독일의 산적단」, 「바스티유」, 「파우스트 박사」, 「밀주업자」, 「리스본의 지진」), 문학 관련 강연(「아동문학」, 「손턴 와일더와 어니스트 헤밍웨이의 책들」, 「베르트 브레히트」, 「프란츠 카프카: 『중국에서 만리장성을 쌓을 때』」, 「옛 편지들의 흔적」), 라디오 드라마(「독일 작가들이 책을 쓸 때 독일 사람들은 무엇을 읽는가」, 「리히텐베르크」 등 위트 있고 식견 높은 드라마도 있었고, 「카스퍼 대소동」 등의 아동 드라마), "청취 표본"(가정, 학교, 직장 등의 일상적인 상황에서 비롯되는 전형적인 윤리적 문제를 사례와 반례로 극화한 교육 프로그램) 등이 있었다.[18] 강연은 대개 자신의 대본을 토대로 이따금 즉흥적인 멘트를 넣는 방식이었고, 드라마는 다른 사람들과 공조하는 경우도 많았다. 벤야민은 자기가 쓴 신문 기사의 재활용(특정 청취층을 겨냥한 다듬기, 표현의 단순화)에 능한 작가였다. 때로 편지에서 자신의 라디오 작업을 하찮은 밥벌이라고 폄하했지만, 지금 우리 앞에 있는 벤야민의 라디오 대본들은 꼼꼼한 구성을 보여주는 동시에 고도의 품위와 지성미를 갖춘 작가의 기백과 열의를 보여주는 수작이다(그로부터 한 해 전 벤야민은 자신의 밥벌이용 글이 항상 일정한 "수준"을 유지한다고 했는데, 라디오 작업이 실제로 그랬다).

---

18 볼 곳은 GS, 7:68–294(「라디오 동화」와 「라디오 문학 강의」); GS, 4:629–720(「청취 표본」이라는 표제 하에 라디오 드라마 두 편이 실려 있다). 벤야민의 라디오 작업에 대해서 볼 곳은 Sabine Schiller-Lerg, *Walter Benjamin und der Rundfunk*. 특히 쇤과의 작업에 대해서 볼 곳은 Schiller-Lerg, "Ernst Schoen." 벤야민의 육성 녹음은 없는 것으로 알려져 있다.

버스를 타고 이탈리아에서 돌아온 직후인 1929년 8월 초, 벤야민은 델브뤼크슈트라세 저택(숄렘에게 보낸 짧은 편지의 서글픈 표현을 빌리면, "내가 10년, 아니 20년을 살던 곳")에서 최종적으로 이사를 나갔다(C, 355). 당시 벤야민은 교수이자 저널리스트인 폴 데자르댕이 해마다 퐁티니의 수도원 부지(옛 시토 수도원)에서 개최하는 '퐁티니 시대'(프랑스 최고의 예술가, 작가, 지식인이 모이는 행사)에 참석할 수 있는 초청장을 받아냄으로써 이사의 충격을 달랠 생각이었지만, 그것도 여의치 않았다. 초청받은 사람들은 "출세한 외국인들뿐"이라고 숄렘에게 전하기도 했다(GB, 3:478). 벤야민이 이 행사의 초청장을 받고 퐁티니 수도원의 유명한 도서관을 이용할 수 있게 되는 것은 1929년 "절차상"의 문제(벤야민의 표현)로 초청 대상에서 누락되고 정확히 10년 뒤인 1939년이다. 베를린에서 오갈 데 없는 신세가 된 벤야민은 몇 달간 헤셀 부부와 함께 한때 부유층 지역이었던 서베를린 쇠네베르크의 프리드리히-빌헬름슈트라세를 거처로 삼았다. 헤셀의 책에 대한 벤야민의 서평이 나온 10월에는 두 사람의 공동 작업—라디오 드라마 집필—과 관련된 논의도 진행되었는데, 결국 헤셀이 의뢰를 거절하면서 작업은 무산되었다. 쇤이 벤야민의 부탁으로 헤셀에게 의뢰한 작업이었던 듯한데, 헤셀이 밝힌 거절의 이유—"벤야민은 모든 것을 어렵게 만드는 경향이 있습니다"[19]—를 그의 "미치광이 같은 고집"으로 받아들인 쇤은 벤야민에게 권총을 쓰라고 권하기도 했다. 벤야민은 1000마르크짜리 작업을 거절한 헤셀에게 "매우 섭섭한" 마음이었다(GB, 3:517).

모스크바로 돌아갈 준비를 하고 있던 아샤 라치스는 1926년 모스크바 때와 비슷한 신경쇠약 증상을 겪었다. 벤야민은 라치스가 신경전문의에게 진찰을 받을 수 있도록 프랑크푸르트행 기차에 태웠고,[20] 9월과 10월에는 여러

---

19 인용은 에른스트 쇤이 1930년 4월 10일 벤야민에게 보낸 편지에(GS, 2:1504).

차례 프랑크푸르트로 가서 라치스를 만나면서 라디오 강연을 했다. 아도르노와의 학문적 관계를 다지기 시작한 것도 이렇게 프랑크푸르트를 오가면서였다. 벤야민과 아도르노의 토론에는 항상 파사주 작업이 있었다. 타우누스 산맥의 휴양도시 쾨니히슈타인에서는 곧 두 사람을 중심으로 작은 그룹이 만들어졌다. 벤야민, 라치스, 아도르노, 그레텔 카르플루스, 막스 호르크하이머가 "스위스 오두막집"의 테이블 주위에 모여 앉아 "변증법적 이미지" 같은 벤야민 작업의 핵심 개념들을 놓고 토론을 벌였다.[21] 벤야민은 『파사주 작업』의 초기 원고를 일부 낭독했는데 그중에서 노름꾼 이론이 선풍을 일으켰던 듯하다. "쾨니히슈타인의 토론"으로 통칭되는 이 일련의 모임은 모든 토론자의 사유에 중요한 흔적을 남겼고, 아울러 이른바 프랑크푸르트학파 문화 이론으로 알려지는 논의가 형성되는 데도 중요한 계기가 되었다. 후일 벤야민은 자주 인용되는 한 편지(1935년 5월 31일 아도르노에게 보낸 편지)에서 프랑크푸르트와 쾨니히슈타인에서의 토론이 자기 사유의 전환점, 곧 "고답성을 부끄러워하지 않는" (바꿔 말하면 "자연의 상태에 사로잡혀 있는") 낭만주의적 철학 양식과 "광시적" 표현 양식을 순진하고 낡은 그 무엇으로 느끼게 된 전환점이었다고 말한다(SW, 3:51). 벤야민이 자신의 사유와 표현을 탈脫낭만주의와 반反낭만주의 쪽으로 재정향한 것이 문예란 문체를 받아들인 때와 같은 시기라는 것도 사실이고, 이러한 변화가 크라카워의 도시 연구로부터 큰 영향을 받은 『일방통행로』의 구성과 어조에서 이미 감지되는 것도 사실이지만, 어쨌든 1935년에 벤야민에게 지면을 줄 수 있게 된 사람은 크라카워가 아니라 아도르노와 호르크하이머였다.

그해 가을, 이혼은 의외의 "잔인한" 측면을 드러내기 시작했다. 벤야민 자

---

20 볼 곳은 *Revolutionär im Beruf*, 68; 라치스는 벤야민이 그 당시 프랑크푸르트행 기차에 동승하지 않겠다고 해서 깜짝 놀랐다고 한다.
21 그들이 만난 곳은 스위스 양식의 작은 집(식당 혹은 여관)이었다. 이 집의 사진이 van Reijen and van Doorn, *Aufenthalte und Passagen*, 116에 실려 있다.

신의 표현을 빌리면, 이혼이 어떤 손실을 야기하는지가 체감되기 시작했다. 미국의 증시가 붕괴한 10월이 다 지나갈 무렵에는 갑자기 쓰러지기까지 했다. 그 후 열흘간 편지를 쓸 수 없는 것은 물론이고 대화나 전화를 할 수도 없었다(GB, 3:489-491). 벤야민에게 1929년은 대단히 성공적이었고 바이마르 공화국의 문학비평가로서 어떤 의미에서는 최고의 한 해였지만, 결국은 심각한 우울증으로 마감되었다. 이혼을 통해 자유를 얻었다는 벤야민의 당당한 주장에도 불구하고, 부모 집에서 내쳐지고 처자식과 헤어진 이혼 후 2년간은 그에게 감정적으로 어느 때보다 힘든 시기가 된다.

해가 바뀐 1930년에도 외적 상황은 계속 불안정했다. 신문과 라디오 작업을 통해 간신히 적자를 면하는 생활마저 무너지는 것은 국가사회당의 집권으로 인해 독일에서 문필가로 사는 것이 불가능해지는 1933년이지만, 경제 위기에 생계를 위협받기 시작한 것은 이때부터였다(3월에 국내 실업자는 거의 300만 명이었다). 벤야민에게는 초인플레이션의 시기인 1920년 초 못지않게 어려운 상황이었다. 더구나 무모하게 감행했던 이혼 탓에 유산을 다 잃을 상황이었다. 그럼에도 불구하고 후회하지 않는다는 것이 그의 단언이었다. 일상에 닥쳐온 "과도적 상태"와 "과도적 상태의 감각"으로부터 학문상의 이득을 끌어내겠다는 것이 그의 결심이었다. 이혼 판결 다음 날인 4월 25일 숄렘에게 그 결심을 전하기도 했다: "나는 지금 새로 시작하는 일로 바쁩니다. 사는 곳도 바뀌었고, 밥벌이 방법도 바뀌었습니다"(C, 365).

외적 불확실성에 맞선 내적 결단이라고 할 이런 태도는 숄렘에게 보낸 "극도로 사적인" 편지(숄렘의 표현)에도 나타난다: "날마다 바뀌는, 손에 땀을 쥐게 하는 성좌 속에 갇혀 있는 것이 벌써 몇 달째입니다"(SF, 162). 벤야민의 가정생활과 결혼생활에는 쥘리앵 그린의 소설에 나올 법한 암흑의 폭력이 만연해 있었다: "내 여동생은 쥘리앵 그린의 작품에 나오는 가장 가증스러운 여자와 비교해도 전혀 손색이 없습니다." 벤야민 남매의 관계는 그전에도 그리 좋지 않았지만 이 무렵에는 최악이었다. 나중에 벤야민의 전처 도라는 숄렘에게 벤야민이 여동생의 손에 "극히 부당하게 이용당한" 적이 있다고 했는데, 벤야민 부모의 재산이 어떻게 분할되었는가에 대한 이야기였던 것 같다.[22] 그렇지만 벤야민을 괴롭히는 문제는 여동생만이 아니었다: "나는 바로 이 폭력에 맞서서 투쟁해야 했습니다. 이 폭력은 지금은 여동생 속에 들어가서 나를 공격하고 있지만, 다른 때는 나 자신 속에 들어와서 나를 공격하곤 했습니다"(SF, 162). 이 편지에서 자주 인용되는 한 대목에 따르면, 벤야민이 이 투쟁을 시작한 것은 때늦은, 이미 재앙이 닥친 상황에서였다.

내 지난 결혼생활에 대한 타당한 그림을 이제 손에 넣은 이상 여간해서는 놓치지 않을 나로서는 당신에게 나보다 더 타당한 그림이 있을지 의문입니다. 그 그림에 대해 더 자세히 말할 생각은 없지만 (…) 마지막(정확히 말하면, 마지막 몇 년)에 이르러서는 그 결혼생활이 완전히 폭력의 하수인이 되었더랬지요. 그런데 그 결혼생활에서 탈출할 힘이 내게는 더 이상 없다고 생각하면서 지낸 지 정말, 정말 오래되었을 때, 갑자기 이 힘이 가장 깊은 번민과 고독에 빠져 있는 내 앞에 나타났으니, 내가 이 힘에 매달리는 것은 당연했습니다. 한편, 이 힘에 매달린 결과로 발생한 난관들이 당장은 내 외적 삶을 규정하고 있습니다. 마흔이 코앞인 나이에 재산도 지위도 없는 처지, 집도 돈도 없는 처지라는 것이 그렇게 속편한 일은 아닙니다. 하지만 다른 한편으로, 내가 이 힘에 매달렸다는 사실 자체는 나의 내적 삶의 토대이자 나를 확고하게 지지해주는 기반입니다. 여기에는 마성들Dämonen이 끼어들 자리는 없습니다(SF, 162).

숄렘은 회고록에서 벤야민이 이 시기에 인생의 "심각한 위기와 전환"을 겪

---

22 Puttnies and Smith, *Benjaminiana*, 166.

었음을 강조하면서 1930년대 초 벤야민과 알고 지낸 미국의 역사소설가 조지프 허거스하이머가 벤야민에게 받은 인상—"한 십자가에서 내려오자마자 바로 옆에 있는 또 다른 십자가에 올라가는 사람"—을 인용했다(인용은 SF, 164). 1930년 11월 벤야민 어머니의 장례식장에 온 도라는 벤야민의 "끔찍한 몰골"에 충격을 받았다. 벤야민에 대한 연민의 마음을 숄렘에게 전하기도 했다: "나도 전보다는 독립성이 생겼지만 정신적인 측면에서 그이의 판단은 내게 예전과 똑같이 결정적입니다. 그이가 내게 아무 감정이 없다는 것은 나도 잘 알고 있습니다. 그이는 그저 내가 해준 일을 고마워하는 것뿐이지만, 나한테는 그것도 괜찮습니다."[23]

이 불행의 한복판에서 벤야민은 평소처럼 여행이라는 약을 찾았다. 이번 약은 1929년 12월 하순에서 1930년 2월 하순까지의 파리 체류였고, 체류지는 몽파르나스의 라스파유 불바르 232번지 레글롱 호텔이었다. 프랑스의 최신 문학을 개괄하는 「파리 일기」(1930년 4월부터 6월까지 《문학세계》에 4회로 연재)의 한 대목에서 그때의 기분을 짐작할 수 있다: "우리는 이 도시에 도착하는 순간, 선물을 받은 기분이 된다"(SW, 2:337). 하지만 파리에서의 시간은 경제적으로 불안정했다. 벤야민은 푼돈이라도 마련하고자 자기에게 돈을 빌린 (뮌히하우젠을 비롯해 자기와 똑같이 궁색한) 친구들에게 연락을 하기도 했고, 프랑크푸르트까지 "라디오 강연 출장"을 다니기도 했다. 어쨌든 파리는 프랑스의 수도였고, 벤야민은 불안정한 경제 사정에도 불구하고 문단의 인맥을 확장하는 일에 전력을 쏟았다. 체류 초기에는 시인 루이 아라공과 로베르 데스노스, 비평가 레옹 피에르-캉 등 예전에 파리에 왔을 때 사귀었던 지인들과 친분을 다졌다. 특히 쥘리앵 그린과는 여러 차례 만났고, 그린의 새 책을 번역하기로 합의도 했다(책은 결국 나오지 않았다). 어느 날은 나이

---

23 Ibid., 166, 164. 허거스하이머가 인용된 곳은 166.

트클럽 '취한 배'에서 레옹폴 파르그—벤야민에 따르면 "프랑스에서 가장 위대한 생존 시인"—와 함께 긴 저녁을 보내면서 프루스트에 대한 이야기를 실컷 들을 수 있었다(프루스트와 조이스의 끝이 좋지 못했던 유명한 만남이 성사된 곳이 바로 파르그가 개최한 만찬장이었는데, 벤야민과 파르그의 대화에서도 이 만남이 가장 흥미로운 이야깃거리였다).[24] 한편 이번 체류에서 새로 사귄 사람들도 있는데, 그중 벤야민에게 가장 직접적인 영향을 준 이는 마르셀 주앙도와 에마뉘엘 베를이었다. 가톨릭 지식인 주앙도는 시골생활을 연구하면서 "경건과 악덕의 뒤얽힘"에 대한 통찰을 보여주는 점이 놀라웠고, 유대인 지식인 베를은 "보기 드문 비판적 혜안"이 매력적이었다. 특히 베를의 시각은 벤야민 자신의 것과 "놀라울 정도로" 흡사했다(C, 360). 하지만 새로 만난 사람 중 가장 인상적이었던 이는 "무슈 알베르"—벤야민이 프루스트의 『잃어버린 시간을 찾아서』에 나오는 알베르틴의 모델이라고 생각한 인물—였다.[25] 그가 운영하는 생라자르 가의 "작은 동성애자 전용 공중목욕탕" 카운터에서 그를 처음 만난 벤야민은 그때의 대화를 「무슈 알베르와의 저녁」이라는 짧은 글로 기록해 숄렘에게 쓴 편지에 동봉하기도 했다. 그렇지만 새로 만난 사람 가운데 가장 중요한 인맥이 된 이는 '책 친구의 집'—실비아 비치가 운영하는 '셰익스피어앤드컴퍼니' 맞은편 오데옹 가 7번지의 유명한 서점—의 주인 아드리엔 모니에였다. 벤야민이 2월 초 이 서점에 처음 발을 들여놓은 것은 "귀여운 소녀가 있을지도 모른다는 순간적이고 가벼운 기대"에서였다. 그런데 그곳에는 "수녀복 같은 거친 회색 모직 드레스를 입은 아주 또렷한 회청색 눈동자의 금발 여자"가 있었다. "무한한 존경을 바쳐야 할, 그런 존경을 전혀 기대하지 않는 것 같지만 거부하거나 사양하지도 않는 그런 사

---

24   프루스트와 조이스의 만남에 대해서 볼 곳은 Richard Ellman, *James Joyce*, 523~524.
25   무슈 알베르는 쥐피앵의 모델로 더 유력하다. 볼 곳은 발표용 글은 아닌 듯한 벤야민의 「무슈 알베르와의 저녁」(GS, 4:587~591).

람 중 한 명"이라는 것을 벤야민은 즉각 감지했다(SW, 2:346-347). 모니에의 서점은 파리의 모더니즘 작가나 화가들에게 만남의 장이자 집회장이었고, 벤야민이 발레리, 지드 등을 만나는 것도 이 서점에서다. 벤야민이 독일을 떠나 망명생활을 하는 1930년대 내내 충실한 친구이자 후원자가 되어준 모니에 자신도 I. M. S.라는 필명으로 시와 산문을 발표하는 작가였다.

프란츠 로젠츠바이크가 근위축성 측상경화증으로 세상을 떠난 것이 1929년 12월이었으니, 벤야민이 로젠츠바이크 추모 논문 청탁을 거절한 것은 파리에서 프랑크푸르트로 출장을 다닐 때였다. 자기도 1920년대 초반에는 로젠츠바이크 특유의 사유세계에 열광했지만 이제는 그런 세계에서 너무 멀어졌을 뿐이라는 것이 숄렘에게 보낸 편지에서 밝힌 청탁 거절 이유였다. 벤야민이 파리에서 그 시절 이후의 작업을 점검해볼 수 있었던 것은 자기의 정신이 그 이후로 얼마나 먼 길을 걸어왔는지를 알고 있어서였다. 숄렘에게 프랑스어로 보낸 편지에서 벤야민은 그 시절 이후의 작업 중 특히 두 가지를 강조했다. 첫째, 벤야민은 독일에서 자신의 평판이 점점 높아지고 있다는 점을 인정하면서, "독일 최고의 문학비평가"로 인정받겠다는 야심찬 목표를 밝혔다(C, 359). 그러자면 또 다른 목표를 세울 수밖에 없었다: "문제는 독일에서 문학비평을 진지한 장르로 여기지 않게 된 지 50년이 넘었다는 점입니다. 비평에서 자신의 입지를 굳힌다는 것은, 근본적으로 말해서, 비평을 하나의 장르로 재창조한다는 것입니다." 로볼트와 계약한 문학평론집이 출판되면 이 두 번째 목표에 도움이 될 것이었다. 둘째, 「파리 파사주」의 진행상황을 밝혔다. 이 작업이 단행본으로 출간되면 자신의 두 번째 주저가 될 것이었다. 이 대목에서 벤야민은 『파사주 작업』의 N뭉치를 예고하는 듯한 이야기를 남기기도 했다. 이 작업에서도 자신의 첫 번째 주저 『독일 비애극의 기원』의 서론과 흡사한 인식론적 서론이 필요할 것이다, 그 서론을 쓰기 위해 헤겔과 마르크스를 연구할 생각이다, 라는 이야기였다.

1930년 2월 하순, 파리를 떠나온 벤야민은 헤셀 부부와의 동거생활을 재개하면서 혼자 살 거처를 찾기 시작했다. 쿠담 바로 서쪽 샤를로텐부르크 마이네케슈트라세 9번지의 뒤채 한 층으로 거처를 옮긴 것은 4월 초이고, 그곳에서 이혼 확정 통보를 받은 것은 4월 24일이었다. 아직 자기의 모든 속마음을 들어주는 고해신부였던 숄렘에게 스스로의 과거를 되돌아보는 편지를 보낸 것은 바로 그때였다: "내 삶 전체를 내가 스물두 살 때 마련한 훌륭한 토대 위에 구축하는 일에 결국 실패했습니다"(C, 365). 벤야민이 스물두 살이던 1913~1914년에 나온 글은 「청년의 형이상학」과 「프리드리히 횔덜린의 시 두 편」 같은 글이었다. 벤야민이 이 편지에서 실패를 한탄한 이유는 그때 이후 16년간 그때만 한 글을 쓰지 못했다는 생각 때문이 아니라 그동안 독립적 태도를 그토록 중시하면서도 경제 사정 등의 현실적 필요 앞에서 타협해왔다는 생각 때문이었다.

숄렘이 유대교에 대한 태도를 분명하게 밝히라고 재촉하는 편지를 보내온 것은 벤야민이 한창 개인적 위기를 겪던 2월이었다. 자기가 나서서 벤야민과 히브리 대학의 마그네스를 연결해준 것은 벤야민이 "유대교와의 생산적 대면"을 원한다고 했기 때문인데 벤야민이 약속을 이행하지 않는 탓에 자기 입장이 난처해졌다는 내용을 담은 편지였다. 벤야민이 어떤 결정을 내린다고 해도, 설사 그것이 "우리의 우정이라는 매개 바깥에서 유대교와의 진정한 대면을 고려하는 것이 이승에서는 불가능하다"는 결정이라고 해도, 이를 솔직하게 표명해주기만 한다면 자기는 기꺼이 받아들일 용의가 있다는 내용도 있었다(C, 362-363). 숄렘의 재촉을 두 달 이상 무시하던 벤야민은 결국 4월 25일에 "내가 아는 살아 있는 유대교는 당신밖에 없었음"을 인정하는 답장을 보냈다(C, 364). 1930년 6월에 숄렘의 아내 에샤는 숄렘의 특사로서 베를린으로 벤야민을 찾아왔다. 에샤는 벤야민에게 유대교 신앙이 있는지, 정말 팔레스타인을 방문할 계획이 있는지, 마그네스에게 받은 연구비를 어떻게 할 것인지 등을 단도직입적으로 물었고, 벤야민은 그중 어떤 질문에도 제대로 답하지 않았다. 자신의 "공산주의적 경향"의 직접적인 표명과 관련된 질문에는 그야말로 교묘한 얼버무림으로 답했다: "게르하르트와 나는 서로를 납득시켰습니다."[26] 이 대화를 끝으로 숄렘은 벤야민을 시온주의의 대의로 끌어들이려는 것은 물론이고 유대교로 끌어들이려는 시도 전체를 그만두게 된다.

1930년 봄은 벤야민을 당대의 문화적-정치적 전장에 서게 해줄 일련의 집필(브레히트의 유물론적 어법을 쓰자면, 생산)이 야심차게 준비되는 시기였다. 이후 한 해 동안 벤야민의 삶에 연구 외에 무슨 일이 있었는지 비교적 알려지지 않은 것은 그만큼 작업에 매진했다는 뜻일 것이다. 일찍이 『일방통행로』에서 벤야민은 비평가의 역할을 "문학 투쟁에서의 전략가"(SW, 1:460)—브레히트의 논의를 선취하는 표현—라고 보았다. 비평을 윤리적 사안moralische Sache으로 보면서도, 비평가의 논박은 "진정한 논박", 곧 예술가의 언어를 그대로 받아쓰는 것이어야 한다고 보는 시각이었다. 벤야민이 이 논박 개념을 구현하는 다수의 서평 논문을 집필해 그중 여러 편을 사민당 기관지 《게젤샤프트》에 싣는 것이 바로 이 1930년 봄부터 2년간이었다. 보수/파시스트 우파와 중도/자유주의 좌파 모두를 공격 대상으로 삼고 스스로를 전통적인 이항 대립을 넘어서는 좌익 아웃사이더로 자리매김하는 한편 극우와 극좌의 감상성을 제거한 진정한 인본을 지향하는 글들이다. 앞서 코메렐의 독일 고전주의 관련 저서에 대한 서평을 쓸 때만 해도, 벤야민은 저서에 만연한 문화 보수주의, 특히 게르만을 숭배하는 점, 파벌적 언어로 "위험한 시대착오"를 저지르는 점, 역사적 사건을 신화적 역장(이 저서의 경우에는 "구원사"의 역장)에 강박적으로 집어넣고자 하는 점을 혐오하면서도 최대한 균형 잡힌 어조를 찾고자 애썼다. 반면 『전쟁과 용사』(바이마르공화국 극

---

26 SF, 162-164.

우 지성계의 지도적 인물이라고 할 소설가 겸 논설가 에른스트 윙거가 편집한 논문집)에 대한 긴 서평을 쓸 때는 훨씬 더 비판적이다. 「독일 파시즘의 이론들」이라는 이 서평에서 벤야민은 윙거파가 전쟁의 신비화라는 추상적, 남성지향적, "악질적" 목표를 달성하기 위해 어떤 전략들을 동원하는지 밝히고자 한다. 윙거파가 내세우는 "독일 제국" 용사Krieger의 비전에서 벤야민은 전후 독일자유군단 용병Freikorps의 용병들, 곧 "지배계급을 위해 전쟁터에서 나가는" 회철색 병사들—지배계급을 위해 일하는 검은 정장의 공직자들에 상응하는 계급—이라는 이면의 정체를 간파한다. 또한 윙거파가 내세우는 "국민Nation"의 비전에서 벤야민은 이 용사계급을 밟고 서 있는 지배계급을 위한 변명을 간파한다. 국제법을 업신여기면서 모든 것에 대해 (특히 스스로에 대해) 무책임한 이 지배계급은 "머지않이 자기가 생산한 상품의 유일한 소비자가 될 것으로 예상되는 생산자의 스핑크스 같은 얼굴"을 하고 있다 (SW, 2:319). 대상을 원래 이름으로 부를 줄 모르는 『전쟁과 용사』의 필자들은 전쟁과 관련된 모든 것에 독일 관념론의 영웅적 특징을 갖다 붙이기를 좋아한다. 벤야민이 「독일 파시즘의 이론들」에서 윙거파의 전쟁 숭배론이 예술을 위한 예술의 한 번역이라고 말하는 대목은 몇 년 뒤 「기술적 복제가 가능한 시대의 예술작품」에서 마리네티의 전쟁 찬양론을 정치의 파시즘적 예술화의 예로 인용하는 대목과 일맥상통한다. 예술을 위한 예술에서 벤야민이 간파하는 것은 예술에서 숭배 가치를 찾는 복잡한 퇴행, 곧 사회적 기능과 객관적 내용을 외면하는 모종의 부정신학—기술력의 발전(사진)과 상품화의 확산에서 비롯된 예술의 위기를 교묘하게 회피하는 행태—이며, 윙거가 말하는 전후 "총력 동원"에서 벤야민이 간파하는 것은 초거시적 기술력의 출현과 그 파괴적 오용이다. 벤야민이 「독일 파시즘의 이론들」의 도입부에서 (그리고 1930년대 내내) 논의하듯이, "사회적 현실은 기술력을 장악할 만큼 성숙하지 못한 상태였고, 기술력은 사회의 자연력을 압도할 만큼 강력하지는 못한 상태였다." 평화의 가치를 모른다는 것은 이 음흉한 용사 신격화의 한 증상이다. 단호한 논박이 가해져야 하는 지점이다: "우리는 전쟁 이외에는 아무것도 모르는 자들이 전쟁에 대해서 떠드는 소리를 무시할 것이다. (…) 당신들은 적군의 초병과 부딪쳐보기는 했겠지만, 아이와, 나무와, 동물의 평화와 부딪혀본 적은 없지 않은가?"

벤야민이 교양 있는 우파를 비판할 때 주로 끌어들이는 가치가 맑은 정신에서 비롯되는 미덕들과 일상생활 속의 관점이었다면, 자유주의 좌파 지식인들을 비판할 때는 항상 혁명가를 자처했고 때로 신랄한 어조를 띠었다. 예컨대 《프랑크푸르트 신문》으로부터 반려되었다가 1931년 《게젤샤프트》에 실린 「좌익의 우울」—명목상으로는 당시 높이 평가되던 에리히 케스트너(지금은 아동서 『에밀과 탐정들』로 가장 유명한 작가)의 시집에 대한 비평—에서 벤야민은 액티비즘Aktivismus에서 시작해 표현주의를 거쳐 신즉물주의(케스트너 부류로 이어지는 15년에 걸친 독일 급진좌파 인텔리겐치아의 변모과정)를 "부르주아의 붕괴"과정으로 개괄한다.[27] 그러면서 이러한 과정의 정치적 의미를 한마디로 정리한다: "혁명적 반사신경이 나타났지만, 부르주아 계급에게 나타난 이상, 소비 가능한 오락거리로 바뀔 수밖에 없었다"(SW, 2:424; 여기서 "오락Zerstreuung"의 함의가 철저히 부정적이라는 점은 브레히트의 영향인 듯하다). 이러한 문화적 경향을 특징짓는 상품화된 우울과 사이비 니힐리즘—절망의 가면을 쓰고 있는 근본적 안일함—은 "진정 정치적인 문학"—게오르크 하임이나 알프레트 리히텐슈타인 같은 전前 표현주의 시인들, 또는 브레히트 같은 당대 시인들—과 대조를 이룬다. 오늘날과 같은 상황에서 진정한 인간성echte Menschlichkeit이 발현될 수 있는 것은 오직 직업적 삶과 개인적 삶이라는 양극에 **긴장**이 생성될 때뿐이라고 할 때, 직업적 삶을 개인적

---

27 액티비즘에 관해서 볼 곳은 쿠르트 힐러와 관련된 이 책 2장 주 34; 표현주의와 신즉물주의에 관해서 볼 곳은 SW, 2:293-294, 405-407, 417-418, 454.

삶과 하나로 만들고자 하는 자유주의 좌파의 인간성 개념은 그저 "저열할" 뿐이라는 것이 벤야민의 결론이다.

"구토할 줄 아는 재능을 포기한" 케스트너의 시가 겨냥하는 독자층은 무산자도 부유한 실업가도 아닌 중개인, 저널리스트, 중간관리들로 이루어진 중간계급이다. 지크프리트 크라카워는 1930년 『사무직 노동자』에서 바로 그들의 철저하게 훈육된 삶("도덕적으로 장밋빛"을 띠며, 억압과 환상으로 가득한 삶)을 분석 대상으로 삼았고, 같은 해에 벤야민은 이 책의 서평을 《문학세계》와 《게젤샤프트》에 실었다. 벤야민이 일찍이 1920년대 초부터 크라카워에게 학문적·개인적으로 영향을 받은 것은 위에서도 언급했다. 벤야민이 크라카워의 관점—내부 사정에 밝은 아웃사이더의 관점—을 자신의 것으로 취한 것은 『사무직 노동자』의 서평에서도 마찬가지였다.[28] 이 아웃사이더이자 "불평분자"는 "부르주아 계급 출신의 혁명적 작가"로서 자기 계급을 정치화하는 것을 자신의 가장 큰 책임으로 여겼다. 지식인이 프롤레타리아화된다고 해서 자기가 프롤레타리아로 변할 수는 없으며, 지식인의 영향력은 간접적 차원에 머물 수밖에 없다는 것을 그는 잘 알고 있었다. 자극적인 것을 추구하는 속물들의 비위를 맞추면서 인기를 끄는 급진주의와는 달리 그는 관상가이자 해몽가로서 거주 공간, 노동 습관, 의복, 가구의 드러나 있거나 감춰져 있는 디테일에 주목하면서 사회적 현실의 그 모든 얼굴을 일종의 숨은 그림—진짜 구조를 감추고 있는 환등상—으로 다룬다.

허위의식의 산물은 숨은 그림과 비슷하다. 숨은 그림에서는 구름이나 나뭇잎이나 그림자 뒤에서 숨은 얼굴이 어른거린다. 이 책의 저자가 사무직 노동자들이 읽는 신문 광고란까지 내려간 이유는 눈부신 젊음이니, 인격의 도야니

---

28 볼 곳은 "Möwen"[갈매기들]이라는 제목의 짧은 정치 알레고리("Nordische See"[북해] 연작의 한 섹션). 게재는 1930년 9월 《프랑크푸르트 신문》(GS, 4:385-386).

하는 환등상 뒤에서 어른거리는 그 숨은 얼굴을 찾아내기 위해서였다. (…) 판타지 상태로 존재하는 것에 만족하지 못하는 상위의 실재가 평일의 일과 속으로 섞여 들어가는 방식은 불행이 눈부시게 오락 윤기 속으로 섞여 들어가는 것과 마찬가지로 숨는 방식vexierhaft이다(SW, 2:308-309; 함께 볼 곳은 356).[29]

철저하게 관례화, 고립화된 삶(도처에 만연한 "스포츠"로 인해 탈정치화되고, 기성 "가치들"의 틀로 인해 내적으로 획일화된 삶)을 시사하는 이 도시적 숨은 그림에서 어른거리는 숨은 얼굴은 바로 인간관계의 물화와 소외다: "오늘날 사무직 노동자 계급의 사고와 감정이 일상의 구체적 현실과 괴리된 정도는 다른 어떤 계급보다 심하다." 『사무직 노동자』의 저자 크라카워가 신즉물주의에서 배태된 "르포르타주"의 우발적 목격과 대충대충 하는 사실 확인이라는 방법을 경멸하면서 다른 방법(사무직 노동자 계급의 삶 속으로 "변증법적으로 뚫고 들어가는" 방법, 곧 이 계급의 언어를 숙지함으로써 이 계급의 이데올로기적 기저층을 폭로하고 풍자하는 방법)을 채택한 배경에는 이 계급이 이렇듯 현대사회에 비인간적으로 적응해 있는 상황이 있었다. 그는 새벽녘에 언짢은 듯 홀로 "넝마가 된 말들"을 주우러 다니는 넝마주이(알고 보면 보들레르의 모티프)에 비유될 수 있다: "그럼에도 그는 가끔 '인본'이니 '내면'이니 '심오'니 하는 걸레 조각들을 아이러니하게나마 아침 바람결에 나부끼게 한다."

그렇다면 "진지한 부르주아적 저술"을 가늠하는 표식은 진지한 참여의 자세—예컨대 면밀한 독해, 언어 발굴 등의 미메시스 훈련—에 있다: "문학적으로literarisch 참여하는 것도 가능하다. 사생활의 근본적 공론화, 곧 논박

---

29 숨은 그림Vexierbild에 관해서 비교해볼 곳은 「꿈-키치」(SW, 2:4); AP, G1,2; I1,3; J60,4.

의 생활화가 바로 이런 참여인데, 프랑스에서는 초현실주의자들이, 독일에서는 카를 크라우스가 이를 실천하고 있다"(SW, 2:407). 저널리즘적 "소견"과 다를 뿐 아니라 실리적 정당 정치와도 구분되는 이 문학적 논박이라는 참여에서는 정치적 저술과 비정치적 저술의 차이가 사실상 사라지는 한편 급진적 저술과 기회주의적 저술의 차이가 좀더 분명해진다. 실제로 벤야민이 1930년과 1931년에 내놓은 논박들은 바로 이런 참여의 효과를 노리는 작업이었다. 한편, 이렇게 정치적 의도가 분명한 논문들의 빈틈을 메워줄 또 다른 기획—문학비평으로 단행본을 출간하려는—도 있었다. 1930년 4월에 로볼트와의 1928년 계약을 새 계약으로 대체한 것은 이 기획을 위한 조치였다. 1930년 상반기에는 이 단행본의 서론을 쓰는 일에 열중했다. 서론 전체의 가제는 「비평기의 과제」였고, 이를 구성할 세 섹션의 가제는 「비평가의 과제와 기법」, 「비평과 미학의 쇠퇴」, 「작품들의 사후생」이었다(GS, 6:735; 함께 볼 곳은 SW, 2:416). 본문에는 이미 나온 여러 편의 논문(켈러, 헤벨, 헤셀, 발저, 그린, 프루스트, 지드에 대한 글들, 「초현실주의」, 「번역가의 과제」)과 1930년 3월에 쓰기 시작한 논문 한 편(「카를 크라우스」), 아직 쓰지 않은 논문 두 편(「소설가와 이야기꾼」, 「유겐트 양식」)이 실릴 예정이었다(GB, 3:525n).[30] 그로부터 1년 후 로볼트 출판사가 도산하면서 영원히 출간되지 못할 벤야민의 단행본이 한 권 더 생긴다.

벤야민에게 1930년과 1931년은 유난히 풍성한 문학비평을 내놓으면서 비평의 본질을 긴 호흡으로 성찰했다는 점에서 1920년대 초반을 잇는 시기이기도 했다. 이때 나온 문학비평 이론 관련 메모들을 보면, "낭만주의 시대 이래 문학비평이 쇠락해왔음"이 언급되기도 하고(SW, 2:291), 그런 이유 중 하나로 저널리즘이 지적되기도 한다: "딜레탕티슴과 부패의 긴밀한 상호관계

---

30 마지막 두 글과 관련해서 볼 곳은 「이야기꾼」(SW 3:143–166), 그리고 AP, Convolute S. 이 문학평론집은 끝내 완성되지 않았다.

가 저널리즘의 근간이다"(SW, 2:350[「파리 일기」]). 저널리즘 중에서도 특히 이론의 기반 없이 자행되는 서평이 가장 큰 문제로 꼽힌다: "저널리즘은 아무 권위 없는 마구잡이식 서평 장사로 비평을 망쳐놓았다"(SW, 2:406).[31] 미학, 특히 전통적인 비역사적 미학의 시대는 지났다는 말이 나오기도 한다: "비평이 원자화된다는 것, 책이 시대의 맥락, 저자의 맥락, 사회적 동향의 맥락과 무관해진다는 것"; "지금 필요한 것은 책을 시대의 맥락에 집어넣는 유물론적 비평이라는 우회로다. 그런 비평이라면 신선하고 역동적인 변증법적 미학으로 인도할 것이다"; "책 비평과 영화 비평의 관계가 거꾸로 되어야 한다. 다시 말해, 책 비평이 영화 비평으로부터 배워야 한다"(SW, 2:292, 294).[32] 비평과 문학사의 관계가 새로 설정되기도 한다: "비평은 문학사의 토대 학문Grundwissenschaft이다"; "문학사와 비평의 근본적 분리를 거부해야 한다"(SW, 2:415). 문학사의 토대 학문으로서의 비평이 어떤 모습일지가 그려지기도 한다: "전략적으로 논박하는 당파적 비평과 고증하고 주석을 붙이는 비평을 각각 테제와 반테제로 삼고 작품의 생(사후생)이라는 유일한 매개를 통해 테제와 반테제를 지양하는 비평"(SW, 2:372). 이 정리에 등장하는 작품의 사후생 개념(벤야민의 문학사적 신조 중 하나)이 처음 설명된 곳은 1919년에 나온 학위논문 『독일 낭만주의의 예술비평 개념』—관습적 문학사 대신 문제사Problemgeschichte를 설정하는 저술—이며, 이와 함께 등장하는 "사실성분" 대 "진리성분" 개념(그리고 이것과 연결된 "주석" 대 "비평" 개념)이 처음 설명된 곳은 1921~1922년에 나온 「괴테의 친화력」이다. 벤야민이

---

31 벤야민의 1931년 8월 16일자 일기에 따르면, "삶의 여건들의 텍스트화"를 통해 일 그 자체가 목소리를 얻게 되면, 활자를 저질화하는 데 일조했던 신문이 활자의 재건 현장으로 탈바꿈할 수 있다(SW 2:504-505; 비교해볼 곳은 527, 741-742). 브레히트의 "철저하게 텍스트화된 삶" 개념에 대해서 볼 곳은 Wizisla, *Walter Benjamin and Bertold Brecht*, 206; 함께 볼 곳은 이 장에 나오는 벤야민의 1931년 논문 「카를 크라우스」에 관한 논의.
32 벤야민이 1925년 초에 쓴 이력서에도 예술작품이 "이 시대의 종교적·형이상학적·정치적·경제적 경향의 통합적 표현"이라는 말이 나온다. 벤야민의 영화 이론에 대해서 볼 곳은 이 책 6장.

1929년의 벤야민. 사진: 샤를로테 요엘(테오도어 W. 아도르노 아카이브, 프랑크푸르트암마인)

이런 개념들을 동원하는 것은 비평의 책임을 설명하기 위해서다: "작품 자체 안에 숨겨진 관계들과 부딪치지 못하는 분석 (…) 작품 내부에서 면밀하게 납득하도록 해주지 못하는 분석은 [실패한 분석이다] (…) 작품 내부에서 납득하게 해준다는 것은 작품 내부에서 사실성분과 진리성분이 어떻게 삼투하는지를 해명해준다는 뜻이다"(SW, 2:407-408). 이런 맥락에서 현행 마르크스주의 비평의 문제점이 지적되기도 한다: "작품 내부에 숨겨져 있는 진리와 제대로 만나지 못한다는 것은 (…) 지금 우리가 마르크스주의 비평이라고 알고 있는 거의 모든 비평의 문제다." 작품 내부에서의 비평이라야 기존의 미학적 아포리아를 극복하는 것이 가능하리라는 이야기다: "진리성분과 내용성분이 삼투하는 작품 안으로 들어갔다면 예술이라는 영역으로부터 확실히 벗어났다고 할 수 있다. 작품 안으로 들어가는 문턱에서는 형식 대 내용의 갈등을 비롯한 온갖 미학적 아포리아들도 어디론가 사라진다."

이 맥락에서 벤야민이 (그리고 아도르노가) 사용하는 기이한 용어가 "수축Schrumpfung"이다.[33] 수축이란 작품의 전승에 관여하는 법칙, 좀더 정확히 말하자면, "진리성분이 작아져서 사실성분 안으로 들어가는 것"을 의미한다(SW, 2:408, 415-416). 작품은 이중적 수축을 겪는다. 한편으로는 시간이 작품을 "폐허"로 만들고, 다른 한편으로는 비평이 작품을 "해체"한다. 「괴테의 친화력」의 용어를 쓰자면, 예술작품에서 사실성분과 진리성분은 처음에는 하나로 결합돼 있다가 시간이 가면서 분리되므로, 점점 낯설어지는 사실성분의 디테일 속에서 진리를 끄집어내는 것이 비평의 과제가 된다. 벤야민은 비

---

33 벤야민은 아도르노의 1930년작 「새로운 박자들」을 언급한다. 볼 곳은 Adorno, *Night Music*, 104-117, 특히 106-107: "시간이 가면서 작품은 수축되고, 작품의 다양한 성분은 응축된다." 함께 볼 곳은 「아르놀트 쇤베르크, 1874-1951」에 나오는 쇤베르크의 "수축된 어법"에 대한 논의(Adorno, *Prisms*, 171). 벤야민은 이미 (이 책 6장에서 다룬) 1927년 「고트프리트 켈러」와 1928년 해시시 실험 기록(OH, 53)에서 이 용어를 사용한 바 있다. 이 용어는 훗날 「키 작은 꼽추」(BC, 121)에 다시 등장한다. 함께 비교해볼 곳은 Walter Benjamin's Archive: "기억이 하는 일: 작게 만들기, 압축하기"(이 책이 처음 발굴한 원고); 「베를린 연대기」(SW, 2:597).

평 이론 관련 메모에서 이러한 텍스트 해체를 말할 때 철거Abmontieren―사전적 의미로는 "결합되어 있는 것을 **낱낱**으로 나누는 것"―라는 말을 사용한다.[34] (이때의 철거는 브레히트가 비평을 통한 기능전환을 가리키는 말로 사용하는 Demontierung["기계 해체"], Ummontierung["재조립"] 등과 연결된다. 볼 곳은 SW, 2:559, 369-370; 이 용어와 카를 크라우스의 관련성에 대해 볼 곳은 436, 439.) 비평은 (그리고 세월은) 작품을 작게 만들어 "아주 작은 영원Mikroäon"―작품이 탄생한 시대와 작품이 수용됨으로써 재탄생하는 시대 둘 다를 함께 반영하는 지극히 압축적이면서 다면적인 시대―에 집어 넣는다는 점에서 파괴하는 힘인 동시에 구축하는 힘이다.[35] 여기서 작게 만든다는 것은 마르크스주의 비평이 작품을 역사적 자료로 축소시킨다는 의미와는 완전히 다르다. 벤야민이 말하는 수축이란 작품이 읽힐 때 이미 진행되는 작품의 내적 기능 전환과정을 뜻한다. 작품의 수용이라는 문제에는 작품의 생명력과 영향력, 작품이 누리는 명성, 작품의 번역, 작품에 닥치는 운명의 문제 등이 모두 포함되는데, 벤야민의 「문학사와 문학학」이라는 비교적 덜 알려진 논문(유물론적 미학에 대한 비교적 유명한 논의를 담은 「수집가이자 역사가 에두아르트 푹스」 작업이 시작되기 3년 전이 1931년 4월에 《문학세계》에 실린 글)의 마지막 부분에는 수용이라는 이 거대한 문제 틀이 한마디로 정리되어 있다. 수용된 작품은 "내적으로 아주 작은 우주의 형태, 아니 아주 작은 영원의 형태를" 취하기에 수용사와 발생사는 연결될 수 있고, 이로써 문학은 "역사의 도구"가 될 수 있다는 정리다.

---

34 Abmontieren과 Abbau(후설과 하이데거의 용어)를 혼동하지 말 것. [The term *Abbau* is also translated as "deconstruction"] 폭력의 해체Abbau에 대한 벤야민의 논의는 GS, 2:943(1919-1920); C, 169. 아울러 보편사의 해체Abbau에 대한 벤야민의 논의는 GS, 1:1240(1940).

35 비교해볼 곳은 AP, 207, 3(수집품은 "주술적 백과사전"이고, 파사주는 "세계의 축소판"이다). 『파사주 작업』 등 벤야민이 이러한 역사의 캡슐화 현상을 논의하는 대목들에 "모나드론Monadologie"이라는 큰 제목을 달아볼 수 있다. 아울러 "초점"에 대해서 볼 곳은 EW, 197(1915); "가장 작은 전체"에 대해서 볼 곳은 SW, 1:225(1919-1920).

관건은 작품의 시대적 맥락을 논하는 것이 아니라 작품이 태어난 시대로 돌아가 이를 알아보는 시대—곧, 우리가 살아가는 시대—를 논하는 것이다. 그럴 때 비로소 문학은 역사의 도구가 될 수 있다. 문학사의 과제는 이렇듯 문학 Literatur을 역사Geschichte의 도구로 삼는 것이지 문헌Schrifttum을 역사Historie의 자료로 삼는 것이 아니다(SW, 2:464).

발터 벤야민을 비롯한 좌파 지식인의 눈에 비친 비평과 문예의 위기(벤야민의 한발 더 나아간 표현을 빌리면 "학문과 예술의 위기"[C, 370])는 사회생활 전반에 닥친 위기의 일부였다.

1930년 여름, 벤야민이 비평에 대해 성찰했던 바가 어느 정도 구체화될 기회가 온 듯했다. 벤야민과 브레히트가 《위기와 비판》이라는 제목의 저널을 창간하는 일에 힘을 합치기로 합의한 것이다. 이 합의의 바탕이 된 것은 문학이 간접적이나마 "이 세상을 바꾸는 데" 일조할 수 있으리라는 소멸되지 않은 믿음이었으며, 이 합의의 발단이 된 것은 1929년 봄부터 계속된 벤야민과 브레히트 사이의 대화였다. 벤야민이 「베르트 브레히트」라는 제목으로 라디오 강연을 하고, 처음으로 브레히트에 대한 글(『시도들』에 대한 단평)을 써서 《프랑크푸르트 신문》에 실었던 그 1930년 여름에는 브레히트와 벤야민을 중심으로 작은 모임—1927년에 『존재와 시간』을 발표한 하이데거를 "척결"하는 것을 의제 중 하나로 포함하는 "비판적 독서를 주요 활동으로 하는 대단히 긴밀한 서클"—이 꾸려졌다.[36] 그러면서 저널 창간 계획도 점점 구체화되었다. 9월에 벤야민을 통해 합류한 출판업자 에른스트 로볼트가 저널을 발행하는 데 합의하면서, 저널의 조직도와 구체적 내용을 정하는 일련의 편집위원

---

36 볼 곳은 C, 365; 하이데거와 "역사인식론"이 언급되는 359-360. 이 독회는 하이데거까지 가기 전에 해체된 듯하다. 브레히트에 대한 라디오 강연은 SW, 2:365-371; 브레히트에 대한 첫 글은 SW, 2:374-377.

회—속기사가 동석하는 공식 회의—가 열렸다. 로볼트가 내건 조건은 연극 비평가이자 극작가인 헤르베르트 예링이 편집장이 되고 벤야민과 브레히트와 베르나르트 폰 브렌타노(브레히트의 친구이자 《프랑크푸르트 신문》의 베를린 통신원)가 편집위원이 되는 것이었다.[37]

10월 초 숄렘에게 보낸 편지에서 벤야민은 자신을 저널 창간 협상의 중심 인물로 그리면서, 저널 창간 소식을 비밀로 해달라는 그다운 당부를 덧붙였다. 9년 전 《새로운 천사》의 창간에 실패했던 때를 거울삼아 이번에는 일을 조심스럽게 진행할 생각이라는 이야기였다.

> 브레히트와의 오랜 논의 끝에 이 저널의 조직과 방향을 정리한 나는 이 논의의 대표자로 나 자신을 내세움으로써 발행인 로볼트가 이 계획을 수용할 수 있는 길을 터놓았습니다. 저널은 공식적으로 저널리즘적 자세가 아닌 학문적 wissenschaftlich 자세, 아니 학자적akademisch 자세를 취하게 될 것이고, 명칭은 《위기와 비판》이 될 것입니다. 로볼트는 이렇듯 확실하게 확보되었으니, 앞으로 중요한 문제는 자기 목소리가 있는 사람들을 (…) 규합할 수 있겠는가 하는 것입니다. 이 문제 외에, 브레히트와의 공동 작업에는 원래 항상 어려움이 있습니다. 하지만 그 어려움을 감당할 수 있는 사람이 있다면 그것은 바로 나일 것입니다(C, 368).

로볼트가 내건 조건들 중에는 정치적으로 "뚜렷한 좌파" 성향의 글을 게재해야 한다는 것도 있었다(참 쓸데없는 걱정이었다!). 1930년 10~11월, 벤야민은 저널 조직책으로서 「《위기와 비판》 비망록」이라는 강령적 메모를 작성했

---

37 1930~1931년의 불발된 저널 기획에 관해서 볼 곳은 Wizisla, *Walter Benjamin and Bertolt Brecht* 중 3장 "Krise und Kritik," 66–97. 저널명으로 사용된 단어는 "Krisis"가 아니라 비교적 대중적 형태인 "Krise"였다(발행인 로볼트가 선호한 단어인 듯하다). 편집 회의록 5회분이 190–206쪽에 기록되어 있다.

는데, 여기에 기록된 26명의 잠정적 필자에는 아도르노, 크라카워, 카를 코르슈, 죄르지 루카치, 로베르트 무질, 알프레트 되블린, 지크프리트 기디온, 파울 힌데미트, 쿠르트 바일, 에르빈 피스카토르, 슬라탄 두도브 등이 있었다. 심지어 진보적 사유의 모범과는 거리가 먼 고트프리트 벤과 프리드리히 군돌프 같은 이름도 있었다.[38] 국가사회당의 정치적 약진, 특히 국가사회당이 9월 중순 독일 국가의회 선거에서 의외로 강세를 보인 일은 필시 저널 창간 기획에도 어두운 자극이 되었을 것이다. 1928년에 알프레트 로젠베르크, 하인리히 힘러, 그레고어 슈트라서 등이 예술계 아방가르드의 "문화 볼셰비즘"을 쳐부수기 위해 설립한 '독일문화투쟁동맹' 같은 기구들의 영향력에 맞설 필요도 있었다(르코르뷔지에, 바우하우스 등이 주로 그런 기구들의 과녁이 되는 상황이었다). 벤야민이 그 가을에 국가사회당의 당내 비주류였던 슈트라서 나치돌격대(히틀러가 1934년 6월 '장검의 밤'에 무력화시키는 세력)의 한 회합에 참석한 것도 같은 맥락에서였다. "어쩌다 한번씩 매력을 발하는" 논쟁을 관전할 수 있는 회합이었다는 것이 10월에 브렌타노에게 전한 목격담이었다(GB, 3:546-547).

「《위기와 비판》 비망록」에 따르면, 이 저널의 입장은 "정치성을 갖되 당파적 정치성을 갖지 않는 것"(그로부터 16년 전 벤야민의 청년철학과 근본적인 의미에서 일맥상통하는 입장)이었다. 작금의 지적 생산에서 계급투쟁 개념이 빠져서는 안 되지만, 학문과 예술이 협소한 의미의 정치적 목적에 예속되어서도 안 된다는 것이었다.[39] 이 저널의 비판활동은 "현 사회가 근본적으로

---

38 이 메모가 수록된 곳은 GS, 6:619-621; 필자 목록과 관련하여 함께 볼 곳은 GS, 6:827. 되블린, 힌데미트, 무질, 그리고 영화감독 두도브의 이름은 나중에 가위표로 지워졌다. 크라카워의 이름 뒤에는 물음표가 찍혀 있다. 11월 편집회의에 동석했던 크라카워는 아도르노에게 보낸 편지에서 이 편집회의가 "딜레탕트적"이었다는 소회를 밝혔다(인용은 Wizisla, 90).

39 벤야민이 1931년 2월 브레히트에게 보낸 편지를 보면, 표현이 좀 달라진다: "이 저널이 유물론적 변증법을 홍보할 방법은 부르주아 지식인 계급이 자기 것으로 인정할 수밖에 없는 문제들에 변증법적 유물론을 적용하는 것이겠습니다"(C, 370). 이 책 6장(모스크바 여행과 관련된 대목)을 보면 공산당에 대한 벤야민의 양가적 태도를 확인할 수 있다.

위기 상황"이라는 분명한 의식을 토대로 진행될 것이었다. 이 표현으로도 알 수 있듯, 벤야민은 "위기Krisis"와 "비판Kritik"이라는 한 쌍의 용어를 어원적으로 이해하면서 질병의 고비Kriss라는 의미를 담은 결정적kritisch 전환점의 의미를 부각시킨다. 그리고 위기의 순간에 필요한 개입은 **사유하는** 개입—부르주아 인텔리겐치아의 자기반성이 포함된 전략—이라는 주장을 펼친다(이 저널이 "프롤레타리아 기관지"가 아니라는 점을 강조하는 것은 이 맥락에서다). 1930년 가을 내내 이어진 편집회의에서 벤야민은 "나열하는numerisch 문체"—문예적, 저널리즘적 문체와는 달리 식별하고 합산하는 실험정신을 받아들이는 문체—의 필요성을 언급했다.[40] 벤야민이 창간호를 위해 쓰려고 했던 글은 부르주아를 자의식적으로 대변하는 소설가 토마스 만—5년 전에 의외로 흥미롭게 읽은 『마의 산』의 작가 -에 대한 논문이었다.

7월 하순, 벤야민은 저널 창간 관련 논의들을 뒤로하고 스칸디나비아로 장기 선상여행을 떠났다. 2년 전 소원의 성취였다. 북극권을 지나 핀란드 북부까지 갔던 벤야민은 돌아오는 길에 폴란드 소포트의 (자기가 좋아하는 카지노가 있는) 해변 휴양지에 들러 옛 친구들(프리츠 라트와 율라 라트)을 만났고, 선상에서는 「북해」라는 짧막한 산문 연작을 쓰고 마르셀 주앙도를 번역하면서 루트비히 클라게스의 『영혼의 적으로서의 정신』 제1권—벤야민에 따르면, "서툰 형이상학적 이원론"과 수상쩍은 정치적 경향에도 불구하고 "위대한 철학적 저작"—을 읽었다(C, 366).[41] 여행 중에 일어난 가장 희망적인 일은 훗날 아도르노의 아내가 되는 그레텔 카르풀루스와 글을 주고받는 사이가 된 것이었던 듯하다. 벤야민이 노르웨이 트론헤임에서 카르풀루스

---

40 볼 곳은 Wizisla, *Walter Benjamin and Bertolt Brecht*, 206. 브레히트가 "철저하게 텍스트화된 삶"이라는 목표(혁명을 거치지 않으면 실현될 수 없는)를 제시하는 것이 바로 이 회의에서다(206).
41 벤야민이 *Prudence Hautechaume*(1927)에 실려 있는 주앙도의 "La Bergere 'Nanou'"[양치기 소녀 나뉘]를 작업했을 때가 바로 이때일 수도 있다. 이 작품은 벤야민의 번역으로 1932년 4월 《문학 세계》에 실렸다. 「북해」는 1930년 9월 《프랑크푸르트 신문》에 실렸다(GS, 4:383-387).

에게 보낸 그림엽서를 보면, 둘의 우정이 기사도적 애정과 비슷한 형태로 시작되었음을 짐작할 수 있다: "베를린을 떠나니까 이 세상이 얼마나 아름답고 널찍해지는지, 소리 없이 웃음 짓는 당신의 하인은 2000톤 짜리 기선에 올라탄 온갖 어중이떠중이 여행자들 사이에서나마 한 자리를 차지하고 있습니다. 일단 당신에게 이곳의 모습을 그려 올리겠습니다. 웃긴 코밑수염을 기른 한 노파가 선상 테라스에서 커피 잔을 앞에 놓고 앉아 있습니다. 불바르에서든, 피요르드에서든 테라스 자리에 앉아야 하는 이 노파는 햇볕을 쬐면서 손으로 뭔가를 짜고 있습니다. 자, 이렇게 소박하게 짜 올리는 글을 부디 우리 우정을 장식하는 글로 받아주시기를. 당신을 섬기는 데 지칠 줄 모르는 한 여행자가 오래전부터 당신의 것이었다는 증표를 보내 올립니다"(GB, 3:534-535). 그렇지만 너무 외로웠던 데다 작업 부담에 시달렸던 탓에 크루즈를 한껏 즐기기는 불가능했다는 것이 후일 벤야민이 숄렘에게 전한 이야기다.

초가을, 벤야민은 베를린에 돌아오자마자 또 한 번 거처를 옮겼다. 작가 겸 화가 에바 보이에게 전대한 새 거처는 베를린에서 가장 명성 높은 유대인 가문 중 일부의 거주지이기도 한 바이에른 지구의 남쪽 끝에 위치한 프린츠 레겐트슈트라세 66번지의 방 두 칸짜리 아파트 5층이었다. 이사를 들어갈 때만 해도 그저 또 하나의 임시 거처라 여겼던 곳이 결국 벤야민에게는 베를린에서의 마지막 거처가 되었다. 외사촌 에곤 비싱과 그의 아내 게르트가 아주 가까운 곳에 살고 있다는 것도 미처 몰랐던 좋은 점이었다. 그때부터 남은 몇 년 동안 (세 사람이 고국 독일에서 탈출할 때까지) 벤야민은 비싱 부부와 매우 가까워졌다. 비싱 부부는 벤야민의 약물 실험에 여러 번 참여했고(볼 곳은 OH, 57-70), 이 시기 벤야민은 게르트 비싱—1933년 11월 파리에서 세상을 떠나는 인물(GB, 4:309)—으로 인해 사랑의 열병을 앓기도 했던 것 같다. 새 거처의 서재에는 겨울이면 스케이트장이 내려다보이는 창문과 장서 2000권이 들어가는 널찍한 공간이 있었다. 이 공간을 관장하는 것은 클레의 잉크 드로잉 「새로운 천사」였다. 축음기를 얻었을 때는 기뻐하면서 음반 수집을 시작하기까지 했다. 숄렘이 말했듯, "벤야민이 자기 소유물 전부를 한 장소에 두었던 것은 그때가 마지막이었다"(SF, 178). 숄렘에게 당시의 생활을 전하기도 했다: "생활의 근간이 거의 완벽하게 마련됐습니다. 슈테판[열두 살짜리 아들]이 자주 옵니다. (…) 브레히트가 직접 노래하는 레코드를 들은 슈테판은 브레히트를 인정한다는 투로 '생각하거나 말하는 방식이 꽤 집요한 사람'이라고 평가했습니다"(GB, 3:542).

그해 가을과 겨울은 서평과 라디오 방송으로 바쁜 나날이었다. 아도르노에게 그때의 생활을 전하기도 했다: "할 일이 너무 많습니다." 그 외에도 로볼트와의 두 가지 (무산된) 기획—저널 창간과 단행본 출간—이 있었고, 이와 연결되는 프랑크푸르트 사회연구소와의 또 한 가지(역시 무산된) 기획—'문학비평의 철학'이라는 제목의 강연—이 있었다. 강연을 권한 이는 10월에 소장에 취임한 막스 호르크하이머와 아도르노였고, 강연의 제목을 제안한 이는 아도르노였다. 그렇지만 11월 초 벤야민의 어머니가 세상을 떠나면서 강연이 연기된 후 새로운 일정은 잡히지 않았다. 벤야민이 로볼트 출판사에서 원고 검토 최종 단계에서 자문하는 시독자試讀子로 일한 것도 이 무렵이고, 벤야민과 헤셀이 공역한 프루스트의 『게르망트 쪽』(프루스트의 『잃어버린 시간을 찾아서』 중 제3권)이 우여곡절 끝에 피퍼 출판사에서 나온 것도 이 무렵이었다.

어머니가 세상을 떠난 것은 11월 2일이었다. 이때의 감정적 타격은 미미한 듯했지만, 재정적 타격은 상당했다. 아버지가 세상을 떠난 것은 4년 전인 1926년이었는데, 그때는 상당한 심리적 동요를 겪는 한편으로 상당한 유산을 받았다. 삼남매가 각각 1만6805라이히마르크(1930년 달러로 약 4000달러)를 받았고, 벤야민은 델브뤼크슈트라세 저택이 일정 가격 이하로 팔릴 경우 자기 몫을 포기하겠다는 계약서에 서명하는 대가로 일시불 1만3000라이히마르크를 더 받았다. 벤야민이 이혼할 때 전처 도라에게 빚을 갚기 위해 자기 몫의 빌라 지분을 담보로 4000마르크를 빌리면서 유산 분배 문제는 더 복잡해졌다. (벤야민이 물려받은 재산 대부분을 넘겨받은 전처 도라는 벤야민의 두 동생으로부터 빌라를 사들여 1930년 이후에도 한동안 보유하고 있었다.)

비평가로서의 평판이 높아지고 브레히트 같은 새로운 동맹이 생기는 시기였지만, 다양한 이해관계에 도움이 될 만한 학문적 인맥을 늘리는 노력은 계속되었다. 12월에는 보수파 정치철학자 카를 슈미트에게 『독일 비애극의 기원』(슈미트의 『정치신학』[1922]을 중요하게 참고한 저서)을 보내면서 편지를 동봉하기도 했다: "이 책에 설명된 17세기 주권론이 어느 정도까지 당신의 논의에 힘입고 있는지 당신이라면 금방 알아챌 수 있을 것입니다"(GB, 3:558; 함께 볼 곳은 SW, 2:78). 이 편지에서 벤야민은 슈미트가 새로 발표한 정치철학 작업이 자신의 예술철학 작업을 확증한다고도 했다. 슈미트가 답장을 보낸 기록은 없지만, 슈미트가 세상을 떠난 뒤 그의 서재에서 나온 『독일 비애극의 기원』에는 빼곡한 주석이 달려 있었으며, 그의 1956년작 『햄릿이냐 헤쿠바냐』에는 건성으로나마 『독일 비애극의 기원』이 언급되어 있다.[42]

비슷한 시기에 벤야민에게 빈의 원조 모더니즘 건축가 아돌프 로스의 논문집을 보내준 사람은 이 책을 편집한 예술사 연구자 프란츠 글뤼크(벤야민의 친한 친구 구스타프 글뤼크와 형제지간)였다. 벤야민이 프란츠 글뤼크에게 보낸 감사 편지에서 로스의 사유와 작품이 자기의 현재 작업에도 중요한 의미를 지닌다고 말한 것은 12월 중순이었다(GB, 3:559). 당시 벤야민이 잡고 있던 글은 빈의 풍자작가 카를 크라우스(1874~1936)에 대한 중요한 논문이었는데, 크라우스의 친구이자 "전우"(벤야민의 표현)인 로스는 이 논문

---

42 볼 곳은 Schmitt, *Hamlet or Hecuba*, 59~65(appendix 2). 벤야민과 달리 슈미트는 셰익스피어의 햄릿이 기독교도가 아니라고 주장한다.

의 주요 대목에서 여러 차례 인용된다. 그해 3월에 시작되어 거의 1년에 걸쳐 집필된 이 논문은 1931년 3월 《프랑크푸르트 신문》에 4회로 나뉘어 실렸다. 벤야민이 이 논문을 헌정한 사람은 1938년까지 베를린의 제국신용은행 외환 부서장으로 재직한 구스타프 글뤼크였다. 그는 어떤 면에서 벤야민의 「파괴 적 성격」의 모델이었으며(이 글은 그해가 가기 전에 나온다), 카를 크라우스 서클에 드나드는 빈 토박이였다(그가 벤야민을 크라우스에게 소개해주었을 수도 있다).[43] 사실 벤야민은 1918년 이전부터 크라우스의 산문과 시가 실리 는 《횃불》을 읽은 독자였고, 크라우스의 (본인의 글이나 셰익스피어나 괴테 의 작품, 또는 오펜바흐의 대본을 낭독하는) 라디오 방송이나 무대 공연의 청 중이었으며, 크라우스를 주제로 짧은 글 네 편을 발표한 필자였다.[44] 다만 벤 야민이 그리는 크라우스의 "상궤를 벗어난 성찰exzentrische Reflexion"은 크라우 스의 추종자들이 유포하는 그의 이미지—"도덕적 인격ethische Persönlichkeit"— 에 정확히 들어맞지는 않는다.

벤야민이 볼 때, 크라우스라는 사람은 자연력Elementarkrafte의 현현이며(이 논문의 섹션 제목들은 '초인간Allmensch' '마성의 인간Dämon' '괴인간Unmensch' 이다), 그의 풍자적 비판은 인격적인 것과 즉물적인 것 사이의 구분을 없애 는 "식인"의 한 형태다. 다시 말해 그의 "모방하는 재능"은 대상을 흉내냄으 로써 폭로하는, 곧 대상을 안으로부터 전용함으로써 대상을 먹어치우는 재 능이다. 크라우스가 대상을 "철거하는abmontieren" 것은 대상의 진짜 문제를 밝히기 위함이다(이 시기에 벤야민이 이미 다른 비평 작업, 특히 크라카워와 브레히트 연구에서 이런 유의 어휘를 사용한 것은 위에서 보았다). 이 글에

---

43 숄렘은 구스타프 글뤼크를 가리켜 "지극히 고상한 인격과 깊은 교양을 갖춘 사람, 문필의 야심이 나 허영심이 전혀 없다는 점에서는 그런 서클에서 보기 드문 사람"이라고 말한다(SF, 180).

44 볼 곳은 SW, 1:469(출처는 『일방통행로』); SW 2:110(「카를 크라우스, 오펜바흐를 읽다」, 1928); SW, 2:194-195(「카를 크라우스[단상]」, 1928); GS 4:552-554(크라우스의 극작품 『정복 불가능한 것들』에 대한 리뷰, 1929). 1931년작 「카를 크라우스」는 SW 2:433-458에 실려 있다.

서 벤야민은 크라우스가 공연한 무대의 한 장면을 그대로 재현하기도 한다: "호객꾼 같은 요란한 몸놀림 (…) 뚜쟁이 같은 어리벙벙하게 희번덕거리는 오싹한 시선을 이따금씩 눈앞의 관객에게 내리꽂을 뿐이지만, 관객은 마치 그에게 손목을 붙잡혀 끌려가듯 그 가면들과 빌어먹을 혼례를 치른다. 그 가면이 자기 자신의 얼굴인 줄도 모른 채." 이렇듯 빈 사회의 부패와 허위를 모방함으로써 풍자하는 가면 벗기기 과정은 자신의 가면 쓰기/벗기―그의 인격 전체가 관여함으로써 그의 진짜 얼굴, 아니 그의 "진짜 가면"이 드러나는 과정―와 동시에 일어난다. 그의 논박술이 전전戰前 빈 표현주의 예술의 한 분파라는 사실은(그는 아르놀트 쇤베르크와 동갑이다) "과민성 체질Idiosyn-krasie"을 최고 음역대의 비판 수단으로 이용하는 그의 자의식적으로 마성적인 작곡법을 통해서 확인할 수 있다. 인간적 충동을 상실하고 유행으로 전락하기 전까지의 표현주의는 인격이 역사에서 찾은 최후의 피난처였다는 것이 벤야민의 이야기다.

"인격적인 것과 즉물적인 것의 합류"라는 크라우스의 역설은 여러 차원에서 펼쳐진다. 그는 자신의 사생활, 그중에서도 원초적인 미물적, 성애적 차원을 공무로 만든다; 그의 우울한 쾌락주의는 그의 코즈모폴리턴적 성실성에 의해 벽에 부딪히면서 동시에 절정에 이른다; 자신의 인격을 거는 지극히 근시안적인 반박이 권위를 누린다; 역사의 기억이 개인의 의식을 구원하는 것은 반쯤 미친 축제적 애도 속에서다. 이런 역설들의 결정적 국면은 크라우스가 평생에 걸쳐 감행한 저널리즘과의 투쟁―"위대한 저널리스트"의 저널리즘 규탄―이었다: "건강한 상식의 안일함을 증오하고 지식인이 저널리즘에서 일거리를 찾기 위해 건강한 상식과 타협하는 짓을 증오한 정도가 크라우스만큼 심했던 사람은 보들레르밖에 없다. 저널리즘은 글을, 지력을, 마성을 팔아먹는 배신이다"(SW, 2:446).

벤야민 자신의 언론 비판은 "빈말Phrase"―저널리즘이 현실을 가공 처리하는 수단이자 매스컴 시대의 언어가 저질화되는 원인—에 대한 크라우스의 해부학적 분석에 힘입은 바가 크다. 시사성이라는 상업 신문의 횡포가 역사적 발상을 마비시키면서 독자의 애도를 가로막는 것은 물론이고 독자의 판단 자체를 가로막는다는 것이 크라우스의 비판이었다. 크라우스가 특히 신랄하게 비판한 대상은 도처에 만연한 "가짜 주체성"이며, 그중에서도 하이네로부터 비롯된 "문예란 취향Feuilletonismus"과 니체로부터 비롯된 "에세이 취향Essayismus"이었는데, 크라우스 자신도 이 두 취향과 분명 모종의 공모관계에 있었다. 물론 이 공모관계—"청중 그리고 모방 대상과의 공모"—가 공연 중에 그의 웃는 표정, 또는 말에서 의미를 폐하는 그의 짐승 같은 "웅얼거림Summen"을 통해 슬쩍 새어나오는 것은 사실이지만, 어쨌든 그가 이 관계를 말로 표명한 경우는 한 번도 없었다는 것이 벤야민의 설명이다.

크라우스는 적을 인용함으로써 적을 먹어치운다. 그의 논설, 시, 희곡 등을 보면, 그가 인용술—벤야민도 『파사주 작업』이라는 글로 된 몽타주에서 따옴표를 넣었다 뺐다 하면서 연습해나가는 기술—의 대가라는 것을 알 수 있다. 신문에서까지 "인용 가능성"을 찾을 정도였다. 그에게 인용이 논박의 (부차적 수단이 아니라) 기본 방침이었다는 점은 브레히트와의 여러 접점 중 하나다. 인용문에서는 생성Ursprung과 소멸Zerstörung이 서로 삼투한다. 원래의 맥락으로부터 추출된 수집품이 새로운 맥락에 놓이듯, 원래의 텍스트로부터 뽑혀나온 인용문은 새로운 텍스트 속에서 새로 태어난다. 지나간 유행이 새로운 유행의 재료이듯, 인용은 즉흥적 작업의 재료다.[45] 인용한다는 것에는 "불러준다rufen", 구해준다는 의미와 함께 심판한다는 의미가 있다. 뉴스 한 꼭지, 빈말 한 마디, 광고 한 조각에 역사 전체의 죄를 물을 수 있는 것이 이런 즉결재판이다. 이 같은 속절없는 글 속에서 크라우스가 본 것은 인간

---

45 『파사주 작업』에서 인용이 어떤 의미인가에 대해 볼 곳은 이 책 6장.

성(도덕적으로 파산했다고 해도, 어쨌든 인간성)의 이미지였다. 그가 자연과 자연인der natürliche Mensch을 말하는 고전적 인본주의der klassische Humanismus를 계속 인용하는 것은 고전적 인본주의를 파괴하면서 좀더 애매모호하고 정처 없고 코즈모폴리턴적인 인본주의 — 마성을 제어한 이후의 인본주의—에 봉사하기 위함이다. 벤야민이 한마디로 정리해주듯이, "크라우스라는 괴인간은 좀더 물질적인 인본주의를 알리러 온 전령이다." 물질적 인본주의der reale Humanismus라는 이 비전을 「카를 크라우스」의 세 번째 섹션에 인용된 마르크스의 비전—공과 사라는 부르주아적 구분이 극복된 상태를 시사하는 모종의 초거시적 개별자—과 연결하는 것도 가능하다: "현실적인 의미에서 개별자로 존재하는 인간이 (…) 개별자로서 경험하는 삶에서나 하는 일에서나 맺는 관계에서 모두 유적 존재Gattungswesen가 될 때 (…) 그때야 비로소 인간의 해방은 완성된다." 이런 식의 인간 해방을 법이 죽고 정의가 태어나는 "무정부" 상태, 곧 외적 제약이 없는 상태와 연결하는 것도 가능하다: "유일하게 윤리적인, 곧 유일하게 인간에 값하는 세계정부 형태로서의 무정부 상태." 이런 논의들을 벤야민의 청년철학과 연결하는 것이 가능하다면, 「카를 크라우스」의 두 번째 섹션 끝부분을 특히 중요하게 참고할 수 있다.

「카를 크라우스」에 대한 크라우스의 반응은 불행히도 이 글에 설명되어 있는 성격(횡포를 부리는 난폭한 풍자가)과 일치했다. 크라우스는 《횃불》 1931년 5월 중순호에서 이 글에 대해 지나가듯 언급했다: "좋은 의도에서 나온 글임은 분명하고 필시 깊은 생각에서 나온 듯하지만, 이 글에서 내가 이해할 수 있는 점은 나에 대한 글이며, 이 글의 필자가 나에 대해 나 자신도 몰랐던 내용(실은 아직 잘 모르겠는 내용)을 많이 알고 있지 않나 싶다는 것뿐이다. 내가 이 글에 대해 할 수 있는 말은 다른 독자들이 나보다 이 글을 더 잘 이해하기를 바란다는 것뿐이다(정신분석학인 것 같다)." 마지막 멘트—"정신분석학은 자기가 고치겠다고 하는 질병의 징후다"라는 크라우스 자신의 유명한 아포리즘을 주석으로 붙일 수 있는—는 공연한 험담은 아니었는지 몰라도 어쨌든 경솔한 군말이었고, 벤야민에게는 특히 상처가 되는 표현이었음에 틀림없다. 6월에 벤야민은 이런 말이 《햇불》에 실렸다는 것을 처음 알려준 숄렘에게 답장을 보냈다: "크라우스의 반응은 한마디로 당연한, 제정신으로 예상할 수 있는 유일한 반응이었습니다. 나 자신의 반응 역시 제정신으로 예상할 수 있는 범위 안에 머물기를, 다시 말해 내가 그에 대한 글을 쓰는 일이 영원히 없기를 바랄 뿐입니다"(SF, 175). 그리고 실제로 그런 일은 영원히 없었다.

1931년 1월 상순에는 한 해 전과 똑같이 파리에서 프랑스 작가들과 관계를 다졌고, 베를린으로 돌아온 직후는 《위기와 비판》을 둘러싼 논란에 휩싸였다. 내적 분쟁과 외적 제약이 《위기와 비판》 출간에 먹구름을 드리운 것은 파리에 가기 전부터였다. 벤야민과 브레히트는 서로 이질적인 여러 지식인과 예술가를 규합하는 일이 어려우리라고 예상하면서도 자신들의 주장이 통하리라는 기대를 가지고 있었다. 하지만 막상 뚜껑을 열어보니, "부르주아적" 총체성과 "프롤레타리아적" 일방성 사이에서 줄타기를 하는 것은 될성부른 일이 아니었다. 벤야민과 브레히트는 예술의 기법적-구성적 차원에 집중하는 것이 예술가의 가장 중요한 **사회적** 과제라는 입장인 데 비해 저널리스트 알프레트 쿠렐라(프라이부르크 시절 벤야민과 함께 청년운동에 가담했던 인물로, 당시에는 공산당 관료였다)를 위시한 다른 편집위원들은 이데올로기를 엄격히 고수해야 한다는 입장에서 한 치의 양보도 없었다. 벤야민이 처음 편집위원직에서 사임하겠다는 뜻을 밝힌 것은 1930년 12월 브레히트와의 대화에서였다.[46] 파리에 다녀온 후에도 해결될 기미가 없는 것을 확인한 벤야민

---

46 벤야민은 1931년 2월 브레히트에게 보낸 편지에서 이 대화를 언급한다(C, 370). 한편 2월 5일 숄렘에게 보낸 편지에서는 이 대화 이후 적어도 한 달간 저널의 공동 편집 가능성을 열어놓고 있었음을 암시한다(볼 곳은 GB, 4:11).

은 1931년 2월 브레히트에게 사임을 알리는 편지를 보냈다. 창간호 게재가 고려되는 세 편의 글—필자는 각각 브렌타노와 쿠렐라, 그리고 당시에 망명한 반反볼셰비키 마르크스주의 이론가 게오르기 플레하노프—은 자기가 이 저널을 구상할 때 염두에 두었던 "근본적인 작업"이 아니었다. 다시 말해 나름의 장점이 있는 글이기는 해도 어쨌든 학문적 차원의 요구보다 "저널리즘적 현실의 요구"에 맞춰진 작업이라는 것을 이 편지를 통해 밝혔다: "내가 공동 편집자로 남는다면 모종의 성명서에 서명하는 것과 다름없습니다. 내가 기획했던 것은 그런 저널이 아닙니다." 하지만 저널에 힘을 보탤 용의는 있고, 브레히트의 청탁이 있다면 창간호에 글을 실을 용의도 있다는 것 또한 분명히 밝혔다(C, 370-371; GB, 4:16). 편집위원으로 이름을 올린다는 것이 자신의 지적 성실성을 손상시킬 것 같다는 이야기였다. 벤야민이 사임한 뒤 몇 달 더 진행되던 저널 창간 논의는 로볼트 출판사의 도산 조짐과 함께 아예 중단되었다.

저널 기획이 실패했다고 해서 벤야민의 정치적 성찰이 힘을 잃진 않았다. 적절한 정치적 태도란 어떤 것인가, 그런 태도에 맞는 글은 어떤 것인가 하는 문제가 벤야민의 머릿속을 채우고 있었다. 벤야민이 자신의 새로운 정치학을 처음으로 분명하게 밝힌 글은 3월 베르나르트 폰 브렌타노의 「자본주의와 문예」에 대한 막스 리히너의 리뷰를 읽은 뒤 리히너에게 쓴 편지였다(C, 371-373). 여기서 벤야민은 자신의 "독특한 언어철학적 입장"과 "변증법적 유물론의 고찰 방식" 간의 매개Vermittlung—벤야민 자신도 인정하듯, 문제적인 매개—를 설정하고 있다(이 편지의 사본을 같은 날 숄렘에게도 발송했다). 이 편지에 따르면, 벤야민이 모종의 유물론적 지각 방식으로 돌아선 이유는 "공산주의의 팸플릿들"을 읽었기 때문보다는 "지난 20년간 부르주아 진영에서 나온 '대표적' 저술들"의 안일함에 경악했기 때문이다(하이데거가 언급되는 것은 바로 이 맥락이다). 이 맥락에서 벤야민 자신의 『독일 비애극의 기원』은 아직 유물론이 아니었지만 이미 변증법이었다는 주장이 나오기도 한다. 다시 말해, 벤야민이 생각하는 "유물론적 고찰 방식"은 어떤 도그마나 세계관이 아니라 모종의 자세Haltung 내지 지각 방식—"때마다 진리가 가장 짙게 배어 있는 대상들"에게 끌리는—이었다. 벤야민의 표현을 빌리면, 대상 인식을 정당화하는 것은 "지금 우리 삶이 실제로 어떤 상황에 처해 있는가"에 대한 인식이기에, 철학적–역사적 인식의 진실한 경험은 인식자의 자기인식이 된다. 이미 「카를 크라우스」—이 편지에서도 언급하는 글—에서도 나왔던 벤야민 특유의 논증 방식이다. 진리에 밀도가 있으며, 사물의 의미에 수준과 위계가 있다는 감각은 유물론과 신학을 잇는 연결 고리이기도 했다:

> 나는 유물론적 **자세**가 관념론적 자세에 비해 학문적·인간적으로 우리를 움직이는 데 효과가 있다고 생각합니다. 무슨 뜻이냐 하면, 내가 채택할 수 있는 유일한 연구와 사유의 방향이, 한마디로 말하면, 신학적 방향뿐이라는 것입니다. 신학적 방향이라 함은, '토라의 모든 구절에는 의미가 마흔아홉 층'이라는 탈무드의 가르침과 같은 방향입니다. 내 경험으로 미루어보면, 공산주의의 가장 낮은 상투어의 의미층이 부르주아의 가장 새로운 통찰의 의미층보다 두텁습니다.

벤야민도 분명하게 알고 있었듯이, 리히너에게 이 편지를 보낸 것은 그저 "작은 도전"에 대한 응전이었지만, 숄렘에게 이 편지의 사본을 보낸 것은 불난 집에 부채질하기의 극히 고의적인 사례였다. 숄렘은 이미 「카를 크라우스」의 "유물론적" 시각, 특히 계급투쟁이 역사를 이해하는 열쇠라는 생각이 마음에 들지 않는다는 편지를 보내온 터였다. 이제 리히너에게 보낸 편지의 사본까지 읽게 된 숄렘이 1931년 3월 30일 예리코에서 보내온 편지는 평소의 거침없는 어조에서 한발 더 나아가 그가 벤야민의 개인적, 정치적, 종교적 처신 앞에서 느꼈던 불만을 그대로 드러내고 있다. 숄렘이 비난하는 것은 무려 벤야민의 자기기만과 자기 배신이다: "당신이 **실제로 행하는** 사유와 당신이 **내세우는** 사유 사이에는 당혹스러운 거리감과 불일치가 존재합니다. (…) 특별하고도 견고한 당신의 인식은 점점 자라나 (…) 더 이상 언어의 형이상학에 담기지 않게 되었고 (…) 최근에 당신은 이런 성과물을 [엉뚱한] 틀 속에 집어넣으려는 것 같은데, 그 틀 속에서는 이런 성과물이 [갑자기 모습을 바꾸어] 유물론적 사유의 성과물이 되는 듯합니다. (…) 당신이 요즘에 내놓은 저술이 기묘하고 중의적이면서 카드 패를 속인다는 인상을 풍기는 것은 그 때문입니다"(C, 374). 물론 벤야민에게 중의성은 단순히 혼란의 징후가 아니었고, 무책임의 징후는 더더욱 아니었다. 오히려 중의성은 현대사회에서 철학을 하는 데 필요한 불가피한 조건이었다. 평소 숄렘의 불만을 달래는 데 익숙했던 벤야민은 이번 정면 공격 앞에서도 평정심을 유지했다. 예컨대 "논쟁적 발언"을 유도하는 숄렘의 도발에 넘어가지 않고, 숄렘의 인신공격이 벤야민 자신을 포함한 최근 논자들의 문제 틀을 정확하게 짚었다는 논평으로 만족했다. 그러면서 자신의 생산기지가 베를린 빌머스도르프베스트라는 것에 아무런 환상도 없다는 말을 덧붙였다. 이 마지막 말은 우려를 불식시키기 위한 것이기도 했지만(자기는 여전히 부르주아였다), 모종의 도전이기도 했다(자기는 시온주의자가 아니었다): "가장 선진적인 문명과 가장 '현대적인' 문화는 나의 개인적 안락의 일면일 뿐 아니라 나의 생산수단이기도 합니다"(C, 377).

늦봄, 벤야민은 다시 한번 방랑벽에 항복했다. 일정은 1931년 5월 4일~6월 21일이었고, 장소는 프랑스의 코트다쥐르였다. 친구인 슈파이어 부부, 사촌인 비싱 부부와 함께 쥐앙레펭, 생폴드방스, 사나리, 마르세유, 르라방두를 도는 여행이었다. 6월 초, 벤야민 일행은 르라방두에서 브레히트 일행(카롤라 네어, 에밀 헤세−부리, 엘리자베트 하웁트만, 마리아 그로스만, 베르나르트 폰 브렌타노와 마르고트 폰 브렌타노 등 브레히트의 친구들과 공동 작업자들)을 만났다. 곧이어 쿠르트 바일과 로테 레냐도 브레히트 일행에 합류했다. 휴가여행, 남국의 분위기, 야외활동 덕에 되살아난 것은 앞서 카프리에서 경험했던 허물없는 솔직함이었다. 벤야민의 여행일기 「1931년 5~6월」을 보면(SW, 2:469-485), 헤밍웨이의 글쓰기 스타일과 인테리어 디자인의 현대적 스타일에서부터 항상 움직이는 것을 멈춰서 있게 하는 이미지의 힘에 이르기까지 다양한 논의가 기록되어 있다. 니스에서 카지노에 갔던 일, 황혼녘 대로에서 예쁜 아가씨의 꽁무니를 쫓으면서 이따금 걸음을 멈추고 꽃을 딴 일까지 기록되어 있는 것을 보면 게재를 겨냥한 글은 아닌 듯하다. 벤야민이 게르트 비싱과 에곤 비싱에게 자기 생에 "세 번의 중대한 사랑"(도라와 율라 콘 그리고 아샤 라치스)이 있었고, 그 세 번의 사랑이 자기 안에 있던 "서로 다른 세 남자"를 밖으로 나오게 했다고 고백했던 것도 이런 허물없는 솔직함의 연장선상에서였다: "한 여자를 진심으로 사랑할 때마다 나는 그 여자를 **닮게** 된다."

이 일기의 여러 대목에서 알 수 있듯, 이런 허물없는 솔직함은 마음이 가볍고 속이 편한 상태와는 거리가 멀었다. 한 해 전 이혼 판결이 났을 때는 일시적으로 해방감을 느끼면서 흥분에 휩싸이기까지 했지만, 그 후로는 계속 전투피로증에 시달리는 상태였다. 머릿속에는 항상 자살이 있었다. 1931년 봄에서 1932년 여름까지—벤야민이 수시로 자살을 고려한 기간—가 전처와의 관계가 가장 나빴던 기간이란 사실에 주목하는 논의는 별로 없다. 벤야민이 이혼을 요구했던 것은 아샤 라치스와 결혼하고 싶기도 했지만, 결혼생활을 장악한 "마성"의 힘에 대한 혐오감 때문이었던 것도 사실이다. 그렇지만 실제로 도라와의 관계를 깨뜨린 결과는 유일하게 믿을 만한 (감정적이면서 동시에 학문적인) 기반의 상실이었다. 처음부터 자신의 균형추 역할을 해왔던 도라가 없어지면서, 벤야민은 자신의 취약함 속에서 허우적거릴 수밖에 없었다.

하지만 이상하게도 벤야민에게는 삶과 자신의 인간관계에 대한 불만—
"돈벌이 투쟁"이라는 개인적 상황과 독일의 절망적인 문화적-정치적 상황을
배경으로 하는 불만—은 가장 소망했던 일이 이루어졌다는 성취감과 공존했
다. 벤야민이 이 무렵에 보낸 편지들은 외적 어려움에 대처하는 내적 평정심
의 증거라는 것이 숄렘의 논평이었다. 벤야민의 「1931년 5-6월」의 일기는
바로 이런 복잡한 어조—개인적 차원의 투쟁에서 피로를 느끼면서도 자신의
개인적 운명이 잘못되지 않았음을 확신하는—로 시작된다:

독일에서 나 같은 처지, 나 같은 부류의 사람들이 암담한 문화정치판을 장악
하기 위해 어떤 길을 가는지가 보이는데, [내가 나 자신의 삶에 대해 느끼는]
불만은 그 길에 대한 혐오감, 그야말로 불신감이 점점 커진다는 것과도 무관
하지 않다. (…) 나한테 지금 무슨 생각과 마음으로 이 일기를 시작하느냐고
묻는다면, 자살할 각오가 커진다는 뜻을 내비치는 것으로 충분할 것이다. 공
포 발작에서 생긴 각오가 아니다. 이 각오가 지금 내가 겪고 있는 경제 전선에
서의 전쟁피로증과 연결돼 있긴 하지만, 가장 귀한 소망들을 성취하는 삶을
살았구나 하는 느낌이 안 들었다면 이 각오는 생길 수 없었을 것이다. 내 삶
에서 가장 귀한 소망들은 원래 양피지에 쓰여 있던 글이고, 나에게 닥쳐온 운
명은 나중에 그 위에 덧쓴 글임을 나는 최근에야 겨우 깨달았다(SW, 2:469-
470).

이 글 뒷부분에서는 소망에 대한 짧은 성찰—얼마 후 좀더 격식 있는 자전
적인 글들에서 다시 등장하는—이 나올 뿐, 자살 문제는 더 이상 나오지 않
는다.

르라방두에서 브레히트와 대화를 나눈 것은 이런 어두운 지평 위에서였
다. 브레히트는 때로 익살스럽고 때로 격렬한 대화 상대였다. 언제나처럼 온

갓 작가—셰익스피어와 실러, 프루스트, 트로츠키—가 화제에 올랐고, 벤야민이 "제일 좋아하는 주제"(벤야민 자신의 표현)인 거주das Wohnen도 화제에 올랐다. 그중에서도 특히 벤야민에게 도전의식을 불러일으킨 대화는 카프카에 대한 일련의 논쟁이었다. 당시 벤야민이 신간으로 나온 카프카의 유고 단편소설집을 읽은 것은 7월 3일 프랑크푸르트에서 진행할 라디오 방송 「프란츠 카프카: 『중국에서 만리장성을 쌓을 때』」(SW 2:494-500)를 위해서였고, 실제로 이 방송 원고에는 브레히트와 대화한 내용이 많이 포함되어 있다. 카프카에 대한 브레히트의 명언—진정한 볼셰비키 작가는 카프카뿐이다—이 그대로 인용돼 있지는 않다 하더라도, 브레히트의 여러 논의—특히 카프카의 "단 하나의 주제"는 새로 만들어진 질서에서 자기 자리를 찾지 못하는 사람이 느끼는 경악이다—가 되풀이되거나 자세하게 풀이되는 모양새다. 이 글에서 벤야민은 카프카의 세계를 설명하면서 현대인이 자기 육체에서 살아가는 방식은 『성』의 주인공 K가 성 밖 시골 마을에서 살아가는 방식과 같다는 표현을 쓴다: "자기 육체를 상위 질서와 연결시키는 법에 대해 아무것도 모르는 이방인의 방식입니다." 이 글의 또 다른 논의들—카프카의 이야기가 "이야기 자체에서 비롯되지 않은 모럴을 품고 있다"는 논의, 법이 법으로서 현상하지 못한다는 점 자체가 카프카의 소설에서 은총이 작동하기 위한 필수 요소라는 논의 등—은 1934년에 나올 걸작 「프란츠 카프카」를 비롯한 이후의 카프카 논의를 예고하고 있다.[47]

벤야민은 필요할 때마다 브레히트의 논의를 전용했고, 브레히트 쪽에서도 벤야민의 전용을 개의치 않아 했던 것 같다. 어쨌든 브레히트에게 "표절"— 예컨대, 셰익스피어와 말로의 표절—은 극작법의 한 요소였다. 반면 아도르

---

47 비교해볼 것은 벤야민이 발표한 글 가운데 카프카를 다룬 첫 글 「기사의 도덕」(1929년 11월): "카프카의 작품은 사람의 삶에서 가장 어두운 염원들과 닿아 있다. (…) 카프카의 작품에는 이런 신학적 비밀들이 담겨 있지만, 겉모습은 수수, 간결, 냉철하다. 그의 삶 전체가 극히 냉철하다"(GS, 4:467).

노가 「철학의 현재성」(5월 2일 프랑크푸르트 교수취임 강의)에서 『독일 비애극의 기원』의 한 논의—철학의 대상으로서의 현실의 '무지향성' 개념—를 인용 없이 가져다 썼을 때, 벤야민은 단도직입적으로 이의를 제기했다. 아도르노가 학계에서 경력을 쌓기 시작할 때 벤야민의 작업을 의도적으로 전용한 것은 분명한 사실이었다. 「철학의 현재성」만 해도, 그저 논의의 한 가지를 가져다 쓴 것이 아니라 전체적으로 벤야민의 사유에 빚진 게 분명하다. 그 외에도 「자연사의 이념」이라는 초기의 중요한 논문과 『키르케고르: 미적인 것의 구성』이라는 교수자격 청구논문을 보면, 아도르노가 벤야민의 학적 원칙들을 벗어나지 못한 상태에서 나름의 견해를 찾아가는 과정에 있음을 알 수 있다. 다만 아도르노가 벤야민에게 진 빚을 숨기지 않았다는 것은 지적되어야 한다. 예컨대 아도르노가 프랑크푸르트 대학에서 개설한 첫 세미나에서 다룬 책은 벤야민의 『독일 비애극의 기원』이었다. 벤야민도 자기와 아도르노의 관계를 그런 식으로 보았었다는 것을 벤야민 사후에 사촌 에곤 비싱이 전해주기도 했다: "아도르노는 나의 유일한 제자였다."[48] 아도르노는 벤야민과 크라카워와 블로흐에게 교수 취임 강의 원고의 사본을 보낸 후 7월 초쯤 프랑크푸르트에서 벤야민을 만났다. 벤야민이 카프카를 주제로 한 라디오 방송차 프랑크푸르트에 왔을 때였던 것 같다. 그때 두 사람은 아도르노의 강의 원고를 놓고 이야기를 나누기도 했다. 당시만 해도 벤야민은 아도르노가 강의 원고에서 『독일 비애극의 기원』을 명시할 필요는 없다는 생각이었다.

그 생각이 바뀐 것은 7월 중순 베를린에 와서 아도르노의 강의 원고를 좀 더 면밀하게 보면서 블로흐—벤야민의 논의를 재활용하는 문제에서만큼은 전문가로 인정받는 인물—와 의견을 나눈 후였다. 7월 17일 아도르노에게

---

48 이 회고는 마틴 해리스 컬렉션의 한 엽서에 기록되어 있다. 이 엽서는 "E"로 서명되어 있고, "로테"의 이른 출발에 관한 내용을 담고 있다. 발신자는 비싱임이 확실하다. 로테는 그레텔 카르플루스 아도르노의 언니이자 비싱의 두 번째 아내인 리슬로테 카르플루스를 가리킨다.

보낸 편지에서 벤야민은 강의 원고의 한 문장—철학의 과제는 현실 속에 고립되어 있는 요소들로부터 모종의 형상을 구축함으로써 무지향적 현실을 읽어내는 것이다—을 인용하면서 이렇게 말했다:

> 내가 이 문장에 동의하지 않는 것은 아닙니다. 그렇지만 이 문장을 쓴 사람이 나였다면, 매우 독특하면서도 새로운(거창한 의미에서가 아니라, 사유를 수식할 수 있는 상대적인 의미에서) 이 사유가 처음 표명되어 있는 바로크 연구서의 서론에 대한 언급을 빠뜨릴 수 없었을 것입니다. 내가 이 글을 쓴 사람이었다면, 이 대목에서 바로크 연구서를 언급하지 않고 지나갈 수 없었을 것입니다. 내가 당신이었다면 더욱 그러했으리라는 점을 내가 굳이 여기서 덧붙일 필요는 없을 듯합니다(BA, 9).

아도르노가 곧바로 보내온 답장은 소실되었지만, 벤야민이 다시 아도르노에게 보낸 편지의 말미를 읽으면, 아도르노의 편지가 어떤 어조였는지 짐작할 수 있다: "이제 나에게는 분한을 비롯해 당신이 걱정할 만한 감정들이 전혀 남아 있지 않습니다. 당신이 이번에 보내준 편지를 통해 나는 이 문제를 개인적으로나 객관적으로 말끔히 정리했습니다." 금방 잊힌 작은 사건이지만, 두 사람의 관계에는 아주 이른 시기부터(두 사람의 사유가 명명백백하게 일방통행로이던 시기에도) 긴장 요소들이 숨어 있었음을 이 일화는 보여준다.

베를린에서 보낸 그해 여름은 전처 도라와 조심스럽게 화해를 시작한 시간이었다. 예상치 못했던 전개로, 누구보다 슈테판에게 반가운 일이었다. 화해의 시작은 두 사람을 다 알았던 미국 작가 조지프 허거스마이어—「괜찮은 데이비드」(1917) 등의 단편소설과 『자바 헤드』(1919) 같은 장편소설로 호평받는 소설가이면서 벤야민이 높이 평가하는 인격자—가 동석하는 델브뤼크 슈트라세에서의 점심 초대였다(도라가 그의 소설 『산의 피』를 번역하고 북투어에 동행하는 것은 이듬해의 일이다). 이 조심스러운 화해 덕분에 그 후 벤야민은 실질적으로 큰 도움을 받게 된다. 대학에서 자리를 얻을 수 있으리라는 희망이 잠깐 어른거린 것도 그해 여름이었다. 벤야민의 작업에 큰 흥미를 느끼면서 대표 저술 샘플을 달라며 가져간 아도르노의 친구 헤르만 그라프(음악가 겸 작가)는 헤르베르트 치자르츠(『독일 비애극의 기원』에서 여러 차례 인용되는 바로크 전문가)가 프라하의 카를 대학에서 벤야민의 자리를 찾아줄 수 있을지도 모른다는 기대에서 그 샘플을 치자르츠에게 전달했다. 치자르츠가 어떻게 반응했는지는 전혀 알 수 없지만, 그라프의 시도는 (벤야민에게 학계에 자리를 얻어주겠다고 나선 모든 시도가 전이나 후나 그랬듯이) 결실을 맺지 못했다.

이런 긍정적인 국면들이 없지 않았지만, 벤야민의 감정적 평정은 거의 회복되지 못하고 있었다. 8월에 일기를 쓰면서 「1931년 8월 7일부터 사망일까지」라는 제목을 붙이기도 했다. 5월과 6월의 일기와 마찬가지로, 여기서도 첫 문단에서는 자살 계획이 언급된다. 이 일기 안에서는 마지막 언급이기도 하다.

이 일기가 아주 오래 계속될 가능성은 없다. 오늘 키펜베르크로부터 거절의 답변이 도착하면서, 내 계획은 오로지 절망적 상황만이 줄 수 있는 현실성을 획득한다[벤야민은 안톤 키펜베르크가 이끄는 인젤 출판사가 괴테 서거 100주년을 기념하는 책을 펴내주리라는 기대를 가지고 있었다]. (…) 내가 이 계획을 생각할 때마다 따라오는 확고한 마음, 아니 평온한 마음을 더 평온하게 만들어줄 수 있는 것이 있다면 이는 마지막 나날을 현명하게, 구차하지 않게 사용하는 것일 텐데, 그런 의미에서 지난 몇 주는 아쉬운 점이 많았다. 일을 시작할 힘이 없었던 나는 소파에 드러누워서 책을 읽었다. 책장을 넘기는 것도 잊어버릴 만큼 멍한 상태에 빠질 때도 많았다. 거의 이 계획에 대한 생각 때문이었다. 안 할 수는 없을 텐데, 하면 이곳 아틀리에에서 할까 아니면 호텔에서 할까, 그런 생각(SW, 2:501).

벤야민의 인생에서 "자살할 각오"가 커진 것은 처음 있는 일이었던 듯싶지만, 자살이 사유의 주제가 된 것은 아주 일찍부터이지 않았을까 싶다. 그의 친구 프리츠 하인레와 리카 젤리히손이 자살한 것은 1914년 8월이었고,[49] 둘의 죽음은 벤야민의 머릿속에 지워지지 않는 흔적을 남겼다. 청년 시인 하인레를 추모하는 소네트 연작을 쓴 것은 사건 직후였지만, 하인레의 몸이 거대한 묘 같은 토론당에 누워 있는 이미지는 평생 동안 벤야민을 따라다녔다. 벤야민의 주요 저작들을 보면, 일단 「괴테의 친화력」에서는 자살 기도가 글 전체의 구성적 "비밀"로 작용하고 있다. 『일방통행로』와 『1900년경 베를린의 유년시절』에서도 주검과 무덤이 어른거리고 있다. 『일방통행로』 「지하실」의 한 대목이다: "그곳에 매장된 아이의 주검은 경고한다. 이 세상에 살게 될 이는 그 아이와 전혀 다른 사람이리라고"(SW, 1:445). 『1900년경 베를린의 유년시절』 첫 섹션 「로지아」의 한 대목이다: "그 아이는 자기 집의 로지아에 산다. 그곳이 마치 오래전부터 자기를 위해 마련된 근사한 묘라도 되는 듯"(SW, 3:346). 1930년대에 파사주 작업과 보들레르 연구에서 개진되는 모더니티 이론에서도 자살 논의가 중요한 역할을 한다. 특히 보들레르 연구에서는 현대가 자살의 시대라는 말이 나오기도 한다. 1931년 여름에 부화해서 이듬해 여름 니스의 한 호텔방에서 거의 실행될 뻔했던 이 "계획"이 실제로 행해지는 것은 1940년 게슈타포를 피해 도망치던 끝에 **물리적**으로 절망적인

---

49 한편 벤야민의 전처 도라는 1941년 7월 15일 숄렘에게 보낸 감동적인 편지에서 조금 다른 이야기를 하고 있다. 영어로 쓴 이 편지에 따르면, 벤야민은 일찍이 1917년에 자살 충동을 경험한 적이 있다. 이 편지의 일부가 이 책 11장 주 5에 실려 있다. 편지의 전문이 실린 곳은 Klaus Garber, "Zum Briefwechsel zwischen Dora Benjamin und Gershom Scholem nach Benjamins Tod," in *Global Benjamin*, 1843. 벤야민이 1932년 6월과 7월에 자살 충동을 느꼈다는 이야기는 이 장 뒷부분에 나온다.

상황에 몰렸다고 느낀 때다. 하지만 이때의 자살은 계획의 실행이라기보다는 급박한 상황의 타개책이었다. 벤야민이 1931년에 자살이라는 문제에 대해 어떤 태도였는가를 가장 잘 보여주는 글은 11월 《프랑크푸르트 신문》에 실린 「파괴적 성격」의 마지막 문장일 것이다. 파괴적 성격은 소유하지 않은 채로 사용하고, 항상 교차로에 서 있으며, "살 가치가 있다고 느끼기 때문에 사는 것이 아니라 굳이 자살할 필요가 없다고 느끼기 때문에 산다"(SW, 2:542).

이런 상황에서도 벤야민은 다양한 영역의 저술 작업을 이어나갔다. 우선 《프랑크푸르트 신문》에 1783~1883년(유럽 부르주아 계급의 절정기)의 편지 스물일곱 통을 1931년 4월에서 1932년 5월까지 게재했다. 편지를 고르고 그 맥락을 소개하는 짧은 글을 붙이는 편집 작업이었고, 편집자 이름은 실리지 않았다. 벤야민이 오랫동안 부르주아 계급의 편지를 하나의 문학 형식으로 바라보았기에 비로소 진행될 수 있었던 연재다. 1936년 스위스에서 필명으로 출간되는 『독일 사람들』이라는 단행본은 이 연재를 토대로 했다. 「옛 편지의 흔적」이라는 제목으로 진행된 라디오 강연도 이 연재의 맥락에서 나온 독특한 작업이었다: "글이 다루는 사람과 글을 쓴 저자, 사사로운 시각과 객관적인 시각, 인물과 사건을 구분하는 것은 가능하겠지만, 그 글과의 역사적 거리가 멀어질수록 그 구분의 타당성은 줄어든다. (…) 편지 한 장의 의미를 모두 길어내려면 (…) 편지 쓴 사람이 어떤 사람인지 정확하게 알아내야 한다. (…) 역사가가 과거를 멀리 되돌아볼수록, 허술하고 값싼 전기를 떠받치는 심리학의 중요성은 작아지는 반면, 사건, 날짜, 이름의 타당성은 무한히 커진다"(SW, 2:557). 이 연재의 목적은 "살아 있는 전통"의 전수라는 것이 벤야민의 이야기였다.

1931년 여름과 가을에 발표된 주목할 만한 다른 글로는, 7월에 《문학세계》에 실린 「도착한 장서를 풀면서」와 10월에 같은 저널에 실린 「폴 발레리: 탄생 60주년을 맞이하여」 등이 있다(SW, 2:486-493, 531-535). 「도착한 장서를 풀면서」는 『파사주 작업』 H뭉치 자료를 바탕으로 수집꾼이라는 멸종해 가는 인물형의 초상을 그린 글인데, 한 해 전에 나온 「음식」과 마찬가지로 수 필가 벤야민의 훌륭한 기량을 보여주는 좋은 예다. 이 글에 따르면, 수집꾼은 수집품과 내밀한 관계(상품교환의 영역을 초월하는 관계)를 맺는 인물형이 자, 사물계의 관상학자로서 수집품을 통해 일깨워진 "기억의 혼돈" 속을 항 해하는 인물형이다. 한편 「폴 발레리」는 파토스에 젖은 "인간적" 측면을 부정 하는 인물(옛날식 유럽 인본주의에서 진일보한 단계)의 대표 격으로 발레리 를 그리면서, 순수시poésie pure에 대한 인상적인 성찰들을 내놓는다: "그의 시 에서는 생각은 마치 바다 위에 떠 있는 섬처럼 소리 위에 떠 있다." 한편 가 을에 《프랑크푸르트 신문》에 실리기로 했던 「서사극이란 무엇인가?: 브레히 트 연구」의 첫 번째 버전은 우익 연극평론가 베른하르트 디볼트의 개입 탓에 몇 달간 게재가 연기되다가 결국 반려되었으며, 벤야민 생전에는 끝내 지면 을 구하지 못했다. 1931년 초여름에 로볼트 출판사가 파산을 선언하면서 벤 야민이 그토록 희망을 걸었던 문학평론집 기획이 수포로 돌아간 일은 더 큰 손실이었다.

그 가을에 발표한 글 가운데 가장 반응이 좋았던 것은, 전에 나온 러시아 영화 관련 글들을 연상시키면서 1935~1936년에 나올 「기술적 복제가 가능 한 시대의 예술작품」을 연상시키기도 하는 「사진의 작은 역사」로, 9월과 10월 에 《문학세계》에 3부로 실렸다(SW, 2:507–530).[50] 예전부터 사진에 관심 이 있었던 벤야민은 라즐로 모호이–너지와 다시 접촉하고 베를린의 사진작 가 사샤 스톤이나 파리의 사진작가 게르마이네 크룰과 새롭게 친분을 맺으면 서 예전의 관심을 되살릴 수 있었고, 「사진의 작은 역사」가 나온 것은 그로부

---

50 「기술적 복제가 가능한 시대의 예술작품」은 '카메라가 보는 자연' 대목과 '시지각적 무의식' 대목 (SW, 2:510, 512), 아우라를 '공간과 시간이라는 실로 짜낸 특별한 옷감'으로 설명하는 대목(518– 519)을 거의 고스란히 차용한다.

터 2년 만이었다. 이 글을 통해서 벤야민은 "사진의 융성과 쇠퇴를 문제 삼는 철학적 질문들"에 주목하는 선도적인 초기 사진 이론가로 자리잡게 된다. 이 논의에 따르면, 사진이라는 새로운 매체의 전성기는 전前 산업 시대에 해당되는 10년간의 초기 사진이었고, 외젠 아제, 아우구스트 잔더, 모호이-너지 등 나중에 등장한 거장들이 해낸 일은 나다르, 줄리아 마거릿 캐머런, 데이비드 옥타비우스 힐이 수립한 초기 사진의 전통을 의식적으로 혁신하고 변형하는 것이었다. 사진의 전통에 대한 이러한 논의는 그 자체로 중요한 견해일 뿐 아니라, '새로운 시각Neues Sehen' 사진(1929년 슈투트가르트에서 열린 '독일 공작연맹'의 대규모 전시회 '영화와 사진'이 홍보한 유의 사진)이 전통적인 사진과의 철저한 단절이라는 견해에 대한 정면 도전이었다.

이 글에서 분석의 출발점은 초기 사진, 특히 인물 사진의 신비로운 매력이다. 초기 사진에서 사람의 얼굴은 "아름답고 함부로 접근할 수 없는" 이미지였다. 사람의 얼굴에 아직 침묵의 기운이 어려 있을 때였다. 초기 사진들에 "아우라"가 있다는 것은 피사체에 바로 이런 침묵의 공기 내지 "숨결의 원환Hauchkreis"(그리스어 aura의 본뜻인 '숨'을 포착하는 용어)이 깃들어 있다는 뜻이다: "그들[초기 사진 속의 인물들]을 둘러싸고 있는 모종의 아우라, 그들의 시선에 젖어 있는 모종의 영기가 그들의 시선을 충만하고 확고하게 만들어주었다." 초기 사진에서 아우라가 나타났던 데에는 기술적 요인이 있었다. 긴 노광 시간으로 인해 인물의 표정이 회화에 가까운 종합성을 띨 수 있었던 것도 한 가지 요인이지만, 극도의 명암 대비—벤야민의 표현을 빌리면 "가장 밝은 빛에서 가장 어두운 그림자까지 모든 명암을 아우르는 절대적 연속체"—로 인해 인물의 표정이 모종의 특수성—나중에 예이젠시테인이나 푸돕킨의 영화에서 사람과 배경을 표현할 때의 섬세함과 깊이에 비견될 수 있는—을 띨 수 있었던 것도 그에 못지않은 중요한 요인이었다. 그러나 그것은 초기 사진의 이야기였다. 상업 사진이 발전하고 렌즈의 속도가 빨라지면서 사진에서는 "어둠이 추방"당했다: "독일 제국 시대 부르주아 계급의 타락이 심화됨에 따라 현실에서 아우라가 추방당한 것과 마찬가지였다." 이 "아우라 쇠락" 이론은 이후 벤야민의 예술 논의에서 점점 더 중요한 역할을 맡게 된다.

사진 속에 잠재해 있는 "새로운 이미지계"를 실제로 통각할 수 있게 하는 것이 바로 아우라를 비롯한 사진 매체 특유의 속성이다: "최대한 정밀한 기술이 동원된 사진[초기 사진]에는 (…) 모종의 마법적 가치가 있다. 그런 사진을 들여다보는 사람에게는 저항할 수 없는 충동이 생긴다. 지금 여기라는 우연의 섬광, 사진 속 인물에 그야말로 가닿았던 현실의 그 작게 반짝이는 섬광을 찾아가고 싶은 충동이 생기고, 미래가 과거에 현재형으로 깃들어 있는 그곳을 찾아내고 싶은 충동이 생긴다. 얼핏 봐서는 잘 찾아낼 수 없는 그곳에는 예전에 지나간 그 순간의 그러했음 속에 앞으로 다가올 것들이 지금까지도 깃들어 있다. 뒤를 돌아보면 앞으로 다가올 것들을 발견할 수 있겠구나 싶을 만큼, 앞으로 다가올 것들이 그곳에 너무나 그럴싸하게 깃들어 있다.[51] 글에서나 사진에서나 하찮고 사소한 것들이 중대한 인식을 촉발할 수 있다는 생각은 벤야민의 여러 초기 저술, 예를 들어 1914~1915년 「대학생활」에서 찾아볼 수 있다: "역사에는 흐름이 멈추는 모종의 초점이 있고 (…) 궁극적 상태의 토대는 (…) 가장 망가지고 멸시받고 비웃음당하는 형태를 취한 채 각각의 현재 속에 깊이 묻혀 있다"(EW, 197). 예술의 "진리성분"이라는 벤야민의 핵심 개념 또한 같은 맥락에서 이해할 수 있다. 벤야민의 기본적인 성향이라고도 할 수 있는 이러한 생각은 이제 1931년 「사진의 작은 역사」에서는 "시지각적 무의식" 개념의 바탕이 되고 있다: "카메라가 보는 자연은 눈이 보는 자연과는 다르다. 어떻게 다르냐 하면, 우선, 인간의 의식이 관장하는 공간이 물러나고 무의식이 관장하는 공간이 들어선다." 앞서 「초현실주의」에서 처음

---

51 인용은 사진의 작은 역사, Benjamin, *The Work of Art in the Age of Its Technological Reproducibility*, 276-277. SW에 실린 것과는 다른 버전이다.

거론된 "이미지 공간"이 이제 「사진의 작은 역사」에서 구체적인 윤곽을 띠기 시작한다. 그 공간을 마련하는 데는 자본주의적 사회 장치가 만들어내는 이미지 체제로는 부족하다. 공동체를 변혁시키자면, 사진과 영화를 비롯한 현대 기술 매체가 열어 보이는 감각과 행동의 변통 가능성 속에서 새로운 이미지계를 통각할 줄 알아야 한다는 뜻이다.

외젠 아제가 "현실에 칠해진 분장을 지우"는 폭로와 살균의 구성적 사진을 찍은 데에는 19세기 말의 상투적인 상업 사진(공들인 포즈를 취하는 피사체, 기둥과 휘장 같은 엉뚱한 배경, 아스라한 톤, 가짜 아우라)의 "숨이 턱턱 막히는" 공기에 대한 반발도 있었다. 도시의 주요 관광지나 이른바 명소를 외면한 아제는 하찮은 일상의 것들을 자세히 들여다보았다: "아제는 잃어버린 것, 엉뚱한 곳에 가 있는 것들에 주목했다." 벤야민의 『파사주 작업』—"역사의 잔해"의 스냅숏을 편집하는 작업—과도 흡사했다. 한편 아제의 다음 세대 사진작가였던 잔더 또한 대상을 미화하지 않는 작업—이 시대의 전형적인 얼굴을 그대로 보여주는 모종의 사회학적 작업—을 내놓았다. 1929년에 나온 그의 인물 사진 컬렉션은 제목부터가 『이 시대의 얼굴』이었다. 초현실주의 사진의 "건전한 이화 작용Entfremdung"을 선도하는 것이 바로 이런 명료하고 담백한 현미경적 사진이다: "피사체를 아우라로부터 해방시킨 것은 현대 사진 유파의 가장 뚜렷한 공적이다." 이렇듯 「사진의 작은 역사」는 논의의 초점을 살짝 비틀면서 "아우라"에 대한 양가적 입장을 드러낸다는 점에서 좀더 강령적인 글인 「기술적 복제가 가능한 시대의 예술작품」과 일맥상통한다. 사진은 인간관계의 사물화를 심화시키면서 동시에 해소하고, 유일무이함을 말소하면서 동시에 숨겨진 것과 덧없는 것을 조명하며, 이로써 "현대미"(보들레르의 표현)가 생겨나는 데 일조한다.[52]

---

52 볼 곳은 AP, 22 ("현대미"가 보들레르 예술 이론 전체의 핵심이라는 언급); 671–692(Y뭉치 「사진」에 포함된 나다르와 19세기 사진에 관한 자료).

1931년 10월 초, 많은 사람이 세상을 어둡게 보고 있었다. 숄렘에게 보낸 편지로도 알 수 있듯, 벤야민도 그중 한 명이었다: "독일의 경제질서가 굳건한 정도는 바닷물이 굳건한 정도와 비슷하고, 긴급 명령이 쏟아져 나오는 모습은 파도가 휘몰아치는 모습과 비슷합니다. 실업은 앞서 경제, 정치 프로그램들을 낡은 것으로 만들었듯이, 이제 혁명 프로그램들을 낡은 것으로 만들고 있습니다. 이 나라에서는 어느 모로 보나 국가사회당이 실업자 대중의 지지를 얻고 있습니다. 반면에 공산당은 지금까지는 실업자 대중과 접점을 만들지 못하고 있습니다. (…) 아직 직장이 있는 사람은 직장이 있다는 그 사실로 인해 이미 노동귀족의 일원입니다. 실업자들 사이에서 엄청난 규모의 금리생활자가 나타났습니다. (…) 이 무위의 소시민 계급은 도박과 빈둥거리기를 생업으로 삼고 있습니다"(C, 382). 자신의 직업은 임금을 못 받는 일이 있어도 노동 시간이 줄어드는 일은 없다는 것이 벤야민의 건조한 농담이었다. 벤야민이 그때까지 최소한의 여유 자금조차 없이 하루 벌어 하루 사는 생활을 꾸려나갈 수 있었던 것, 그리고 예비 연구를 요하는 긴 논문 두 편을 내놓을 수 있었던 것은 단호한 결심 때문이기도 했지만, "간간이 형편 닿는 대로 베푸는" 친구들의 도움 덕분이기도 했다(GB, 4:53). 그 무렵 벤야민은 마이네케슈트라세에 위치한 바타비아 여관 단칸방에 투숙 중이었다. 뮌헨에서 돌아온 에바 보이에게 몇 주간 아파트를 비워주어야 했기 때문이다. 슈테판과 함께 몇 차례 여행했던 것을 제외하면 벤야민에게는 "낙"이 없었다: "생활 공간과 집필 공간의 협착은 점점 더 참기 힘들어집니다. 사유 공간의 협착은 두말할 필요도 없습니다. 큰 계획을 세우기는 아예 불가능합니다. (…) 어찌할 바를 모르는 때가 며칠, 몇 주씩 계속되기도 합니다"(C, 384). 그가 가장 좋아하는 작가 중 한 명인 게오르크 크리스토프 리히텐베르크 컬렉션(최고의 개인 소장 컬렉션)의 목록을 만드는 일을 얻기도 했지만(예기치 않은 일이었고 돈도 약간 생겼지만), 복잡한 심사는 풀리지 않았다.

하지만 그달 말 벤야민은 프린츠레겐텐슈트라세의 아파트로 돌아와 있었다. 본인 소유의 장서 2000권이 한데 모여 있고 벽에는 "오직 성인화만" 걸려 있는 "공산주의자의 수도실"이었다. 거기서 소파에 드러누워 작업하는 것이 그의 낙이었다. 얼마 후에는 숄렘에게 전보다 밝아진 편지를 썼다: "물론 '무슨 일이 벌어질 것인가'에 대해서는 전혀 모르지만, 나는 잘 지내고 있습니다. 내 평생 처음으로 [서른아홉 살에] 어른이 되었습니다. 단순히 더는 젊지 않다는 뜻이라기보다 내 내면에 묶여 있던 여러 존재 양태 가운데 하나가 거의 실현되었다는 뜻에서 어른이 되었다, 라고 말할 수 있을 듯합니다. 여기에는 경제적인 어려움도 한몫한 것 같습니다"(C, 385). 앞서 벤야민이 계속 변화하는 자아라는 이 니체적 테마를 강조한 것은 「짧은 그림자들 I」에서였다: "다들 자기 안에 갖고 있는, 이른바 나라는 존재의 내적 이미지란, 매 순간 변하는 순전한 즉흥극에 불과하다"(SW, 2:271). 1931년 11월 벤야민과 식사를 한 《신스위스 평론》의 편집장 막스 리히너는 벤야민의 초상 하나(벤야민이 즉흥적으로 꾸며내는 여러 초상 중 하나)를 남겼다: "나는 맞은편 남자의 묵직한 머리와 얼굴을 관찰했다. 내 시선을 사로잡은 것은 그 남자의 두 눈과 콧수염이었다. 안경이라는 좋은 보호막 덕분에 잘 보이지 않는 두 눈은 수시로 잠에서 깨어나는 듯했고, 어린애 같은 이목구비를 부정할 임무를 지닌 콧수염은 두 개의 작은 국기처럼 보였다. 내가 잘 모르는 나라의 국기."[53]

평소처럼 벤야민은 몇 가지 작업을 동시에 진행하고 있었다. 그중에는 《프랑크푸르트 신문》에 연재하는 편지 작업, 12월에 《문학세계》에 실을 「위대한 칸트의 여러 인간적 측면」, 2월에 《문학세계》에 실을 「특권적 사유」(테오도어 헤커의 베르길리우스 연구서에 대한 비판적 서평)가 있었다. 베르길리우스를 관습적인 기독교적 시각으로 해석하는 헤커의 저서는 고전작품들

---

53 Puttnies and Smith, *Benjaminiana*, 33.

에 대한 오늘날의 해석이 맞닥뜨리는 근본적인 질문, 곧 우리 시대에도 인본주의가 가능한가라는 질문을 끈질기게 회피하는 책이라는 것이 벤야민의 평가였다(SW, 2:574). 그 외에도 벤야민은 유성영화 대본 공모전의 심사위원으로 활동 중이었다. 당시 주당 120편에 육박하는 원고를 심사한다고 숄렘에게 전했다. 벤야민 자신의 풍자와 자랑 섞인 표현을 쓰자면, 그 무렵 그의 글을 싣는 얼마 되지 않는 저널과 군소 신문은 "[그가] 쓴 것이면 뭐든 찍어내는 [그의] 개인 인쇄소"나 다름없었으며, 일기를 제외한 모든 글을 게재한다는 그의 "출간 전략"은 "거의 4~5년째" 성공을 거두고 있었다(「서사극이란 무엇인가」 첫 번째 버전의 운명이 아직 정해지기 전이었다). 그렇지만 숄렘이 「사진의 작은 역사」가 『파사주 작업』의 예비 연구에서 나온 글인 것 같다는 논평을 보내오자 어느새 다시 애달픈 어조가 되어 초연한 어깻짓과 함께 동의를 표했다: "과연 옳은 말이지만 (…) 예비 작업이나 추가 작업이 아니면 달리 무엇이 있겠습니까?"

벤야민이 1932년 2월 말 숄렘에게 보낸 두 편지에는 여전히 왕성하게 작업 중이라는 내용과 함께("이런 온갖 작업 […] 방향이 다 다른 작업"), "베를린에서 밥벌이와 교섭의 굴욕에 시달리는 일"에서 벗어나고 싶다는 내용도 있다(인용은 SF, 180; C, 390). 당시 벤야민은 작업의 부담을 줄이기 위해 집필("손")과 구술("기계")의 노동분업을 택했었다: "펜과 손은 몇몇 비중 있는 글을 위해 아껴놓고, 라디오나 신문에 내보낼 잡문은 기계에 대고 떠들고 있습니다"(SF, 180). 신문용 잡문 중에서도 《프랑크푸르트 신문》에 익명으로 연재하는 편지 작업은 "손으로 쓰는" 비중 있는 것이었다. 벤야민이 2월에서 5월까지 발표한 글로는 일단 「특권적 사유」가 있고, 「서사극 형식의 가족극」과 「연극과 라디오」(브레히트 서사극의 극작법–교육법을 다룬 글들)가 있으며, 「니체 남매의 아카이브」(니체의 누이가 만든 니체 아카이브에 대한 글; 이 글의 내용은 2년 후에 나오는 메스칼린 실험 기록에 등장하는 환상적, 풍자적 이미지에 어느 정도 반영되어 있다[OH, 94]), 「오이디푸스, 또는 이성적 신화」(지드의 1931년 희곡 『오이디푸스』에 대한 서평), 「세계 시민에서 상층 부르주아로」(《문학세계》의 편집장 빌리 하스와 함께 쓴 글)가 있었다. 그 중 마지막 작업은 고전적 부르주아 시대에 속하는 작가들의 글 속에서 정치적인 대목을 발췌하고 짤막한 주석을 다는 형식으로, 《프랑크푸르트 신문》에 연재하는 편지 작업의 부록 같은 글이었다. 또한 이 시기에는 그가 진행하는 여러 편의 라디오 강연도 변함없이 활기 넘쳤고, 그가 감독하는 여러 편의 라디오 드라마도 성공적이었다.

"나와 베를린이 맺어온 관계의 역사를 다루는 글을 쓰기 위한 메모"는 그렇게 바쁘게 지낸 1월 2월에 짬짬이 진행한 작업이었다(인용은 SF, 180). 그저 한 해 전 10월에 《문학세계》와 계약한 4회 연재 기사를 준비한다는 생각으로 수수하게 시작된 작업에서 벤야민의 자전적 저술 중 가장 긴 「베를린 연대기」가 나왔을 뿐 아니라 후기 벤야민의 걸작 『1900년경 베를린의 유년시절』이 나왔다. 「베를린 연대기」는 (지금 우리가 읽고 있는 증보된 판본도) 저널의 포맷에 어긋나지 않았고 1932년 여름에는 거의 완성돼 있었던 반면, 『1900년경 베를린의 유년시절』에는 거의 『파사주 작업』 못지않게 길고 복잡한 집필의 역사가 있다(개별 섹션들을 추가, 수정하고, 전체의 배치를 변경하는 작업이 벤야민 평생 계속되었다). 한편 벤야민은 1932년 겨울에 이처럼 바빴음에도 괴테 서거 100주년을 기념하는 지면들이 자기에게 글을 청탁하지 않는 것을 안타까워했다. 그 심정을 숄렘에게 전하기도 했다: "괴테에 대해 아는 사람은 나를 제외하면 기껏 두세 명뿐인데, 이 판에서 내가 끼어들 자리가 없습니다"(SF, 181). 얼마 남지 않은 숄렘의 다섯 달 예정의 유럽 방문 중에 서로 만날 가능성을 슬쩍 타진해본 것도 이 편지의 말미에서였다: "나는 계획을 세울 만한 처지가 못 됩니다. 돈이 있었다면, 당장이라도 떠났을 텐데." 벤야민은 괴테 서거 100주년 글 두 편을 청탁받을 수 있었다. 《프랑크푸르트 신문》 괴테 특집호에 실릴 「괴테 연구 100년」(괴테에 대한 주요 작업을 괴테 생전에 나왔던 것부터 최근 것까지 아우르는 도서 목록 및 주석)과 「파우스트의 경우」(『파우스트』를 다룬 당대 연구서들에 대한 서평)였다.

이 뜻밖의 소득은 베를린을 떠날 자금이 되어주었고, 옛 친구 펠릭스 뇌게라트(1915년 뮌헨 대학에서 처음 만난 "잡학의 천재")는 여행지로 이비사를 추천해주었다. 동쪽 바다 발레아레스 제도에 독특한 휴양지가 있다, 시끄러운 대도시의 대척점이라고 할 만한 청정한 자연의 섬이다, 돈 없이도 살 수 있는 곳이다, 라는 이야기였다. 뇌게라트가 이비사라는 말을 떼자마자 벤야민은 곧장 짐을 꾸려서 베를린을 떠났던 것이다. 총 두 번의 이비사 장기 체류 중 첫 번째였다.

4월 17일, 벤야민은 함부르크에서 출발하는 화물선 카타니아를 타고 바르셀로나로 갔다. 항해 초반에는 "거친 폭풍우"를 만나기도 했다. 벤야민 사후에 발표된 「스페인, 1932년」에 따르면, 선상에서의 열흘 동안 벤야민은 자기 안에 숨어 있던 "새로운 열정"을 발견했다. 그것은 "실제로 일어난 일들을 가능한 한 많이 수집"하고 거기서 "막연한 인상을 모두 제거"할 때 어떤 이야기가 될지 알아보겠다는 열정이었다(SW, 2:645-646). 『파사주 작업』에서 일화와 야사를 중시하는 것과 일맥상통하는 대목이다. 벤야민은 화물선의 선장이하 승무원들과 커피나 판하우턴 코코아를 함께 마시면서 그들에게서 화물선 회사의 역사에서부터 조타수 시험 교재에 이르기까지 온갖 이야기를 끄집어냈고, 뱃사람 특유의 입담을 즐기는 가운데 몇몇 이야기를 노트에 적어두기도 했다. 이비사에 도착한 뒤에도 여러 주민에게서 일화를 수집했고, 그중몇 가지를 짧은 글로 각색하기도 했다.[54] 「손수건」과 「출발 전날」이 바로 그런 글이다(SW, 2:658-661, 680-683). 그중 11월에 《프랑크푸르트 신문》에실리는 「손수건」은 "이야기의 쇠락", 예술과 권태의 관계, 이야기 예술과 "조언Rat"("Erklärung"와 대비되는 개념)의 관계를 성찰하는 글로, 이제는 유명해진 1936년 논문 「이야기꾼」을 직접적인 방식으로 예고하고 있다.

바르셀로나에서는 연락선을 타고 이비사로 갔다. 이비사는 발레아레스 제도에서 가장 작은, 그 당시만 해도 관광객이 가장 적은 섬이었다. 벤야민이 이비사 시(이비자 섬의 수도이자 항구도시)에 도착하자마자 뇌게라트로부터 들은 소식은 뇌게라트에게 이비사 거처를 빌려주고 벤야민에게 베를린 거처를 빌린 남자가 사기꾼이라는 소식이었다. 뇌게라트는 이 남자에게 가족이 지낼 거처를 빌린 후 벤야민에게도 인심 좋게 방 하나를 내주기로 했으며, 이 남자가 베를린 거처를 구한다는 말을 듣고 벤야민이 떠나 있는 동안 베를린 아파트 월세로 이비사 체류를 연장할 수 있도록 벤야민과 그가 서로 연락하게 해주었다. 곧바로 계약을 마친 벤야민은 베를린 아파트 월세로 스페인 경비를 충당할 생각이었다. 이 남자는 벤야민의 아파트에서 한 주간 지내다가 경찰을 피해 도주했고, 그해 여름에 체포되었다. 벤야민은 월세를 받을 수 없게 되었고, 뇌게라트가 빌렸다고 생각한 집은 이 남자의 집이 아니었다. 그후 뇌게라트는 산안토니오 변두리의 다 쓰러져가는 석조 농가를 1년간 자비 수리 조건으로 무상 임대했고 벤야민은 일단 하루 1.80마르크로 식사가 포함된 숙소를 구했다: "산안토니오 만에 있는 '술병의 집'이라는 작은 농가였다. 집 주위로 선인장이 자라고 있고, 집 앞에는 날개가 찢어진 풍차가 있었다."[55] "어떤 종류의 편의도 없는" 집이었고 베를린 아파트 집세까지 부담해야 하는 상황이었지만, 벤야민은 이비사에 와서 행복했다.

뇌게라트가 수리해서 살기 시작한 농가는 산안토니오 만을 굽어보는 '풍차곶' 절벽 위의 '상자'라는 집이었고, 벤야민은 5월 중순부터 이 집에서 객식구로 생활하기 시작했다. 큰방porxo 하나, 방 두 개, 부엌 하나가 전부인 작은

---

54 볼 곳은 Valero, *Der Erzähler, 36–58. Experiencia y pobreza: Walter Benjamin en Ibiza, 1932–1933*(2001)의 독일어 번역본이다.
55 Selz, "Benjamin in Ibiza," 355.

공간에 뇌게라트와 아내 마리에타 및 아들 한스 야코프에다 벤야민까지 가세하면서, 집은 사람들로 미어터질 지경이었다(한스 야코프는 문헌학을 공부하는 학생이었고, 이비사 방언에 대한 학위논문을 쓰고 있었다). 그렇지만 벤야민은 이 모든 것을 한 편의 목가인 양 바라보았다: "가장 아름다운 것은 바다와 돌섬이 내다보이는 창밖 풍경입니다. 밤이면 돌섬의 등대가 내 방 안을 비춥니다"(C, 392). 앞서 카프리에서처럼, 벤야민은 "전깃불과 버터, 독한 술과 수돗물, 남녀 사이의 희롱과 신문류" 등 현대적 편의가 전혀 없는 이곳에서 새 리듬을 찾기 시작했다(C, 393). 이비사의 풍경은 카프리와 미묘하게 비슷하면서도 달랐다. 흰색으로 칠한 집들, 올리브나무와 아몬드나무와 무화과나무로 뒤덮인 언덕은 카프리와 꽤 비슷했지만, 개발된 정도는 카프리보다 훨씬 덜했다. 비센테 발레로가 지적하듯, 1932년의 이비사 여행은 과거로 떠나는 시간여행이었다. 이 섬까지 찾아오는 외지인이 아직 많지 않던 시기였다. 로마 시대부터 (어쩌면 그 전부터) 휴양 명소였던 카프리는 "외지인들"이 일상 문화의 틀을 만드는 데 어느 정도 관여해왔던 반면, 이비사는 근대화의 거의 모든 영향으로부터 동떨어져 있었다. 농기계를 전혀 사용하지 않는 염소기반의 농촌경제 사회였다. 벤야민이 12월 《쾰른 신문》 문예란에 실은 「태양이 비추는 곳」에 따르면, "마을로 오는 길은 포장도로도 마찻길도 아니지만, 그렇다고 저절로 생긴 길도 아니다. 마을을 오가는 길을 낸 것은 수백 년 전부터 밭과 밭 사이를 지나다닌 농부 부부와 아이들, 그리고 가축이었다"(SW, 2:664).

비교적 자연 그대로인 시골 풍경, 그리고 이곳 사람들의 "느긋함과 아름다움"은 벤야민에게 "내면의 평화"를 안겨주었다(C, 390). 실제로 「태양이 비추는 곳」은 벤야민과 자연계 사이의 관계가 새로운 단계에 접어들었음을 보여주는 글인 듯하다. 자연을 접하는 벤야민의 감각에는 아직 옛 경악이 남아 있었지만(그리고 어느 때보다 깊었지만), 다른 한편으로는 "남국적" 특징을 띠는 무엇—청년의 형이상학을 바탕으로 하는 고답적 관계를 벗어난 좀더 냉철한 직접적, 육체적 관계, 곧 알레고리적 르포르타주라는 감각적인 동시에 성찰적인 서술 방식을 통해 눈앞의 현재에 철저히 값하는 관계—이 생겨나 있었다. 「태양이 비추는 곳」에 나오는 풍경은 눈에 보이는 자연력과 모종의 징조 및 역사적 증언으로 풍요롭다: 벤야민이 즐겨 거닐던 대도시 길거리처럼, "이곳 땅은 동굴 같은 울림으로 (…) 걸음걸음에 응답해준다." 이비사라는 자연 그대로의 땅에서도 벤야민은 자신만의 자연사적 이미지계를 떠나지 않는다: "상태가 변하고 위치가 바뀐다. 그대로 남아 있는 것도 없고, 사라져 없어지는 것도 없다. 하지만 이 흐름으로부터 이름들이 스며나오고, 그런 이름들이 행인에게 스며든다. 행인의 입술이 그렇게 스며든 이름을 말할 때 그의 머리는 그 이름을 인식한다. 이것이 이름의 출현이다. 이 풍경에 무엇이 더 필요하겠는가?" 이 마지막 대목을 통해 다시 떠오르는 탁월한 첫 대목에서도 자연은 암호의 생겨남, 이름의 멍울짐으로 그려진다:

열일곱 가지 무화과가 자라는 섬이라고 한다. 태양이 비추는 길을 가는 사람이 혼잣말을 한다. 섬의 얼굴이자 목소리이자 향기가 되어주는 동식물을 봤어야 하고 돌의 여러 층, 흙의 여러 결, 메마른 황색과 어두운 자주색 사이에서 넓게 펼쳐지는 적황색의 표면들을 봤어야겠지만, 일단 그 이름을 잘 알고 있어야겠지. 한 고장을 다스리는 법은 그 고장의 식물과 동물의 한 번뿐인 만남이지 않은가? 한 고장을 부르는 이름은 그 고장의 식물과 동물의 최초이자 최후의 만남을 감추고 있는 암호이지 않은가?(SW, 2:662)

인구가 700명밖에 안 되는 지중해의 조용한 한구석(뇌게라트의 집에서 산안토니오 만 너머로 바라다보이는 산안토니오 시)도 이미 현대화의 물결에 노출돼 있었고, 거기서 15킬로미터 떨어진 이비사 시에서는 호텔이 지어지고 있었다(C, 390).

벤야민의 하루는 일곱 시의 바다 수영으로 시작되었다: "드넓은 해변에 사람 하나 찾아볼 수 없고, 기껏해야 까마득한 수평선에 돛단배 한 척이 보일 뿐입니다"(C, 392). 이렇게 외로운 호사를 누린 다음에는 숲속에서 일광욕을 즐기거나 셔츠를 벗은 채 바닷가나 섬 안쪽을 산책했다. 그레텔 카르플루스에게 당시의 생활을 전하기도 했다: "백 살 먹은 노인이 기자에게 장수의 비밀로 일러주는 그런 삶을 살고 있습니다"(C, 392). 이비사 섬 체류 당시 벤야민을 알게 된 장 젤츠라는 유명한 프랑스인은 나중에 그가 어떤 사람이었는지, 그가 섬을 탐험할 때 어떤 걸음걸이였는지를 말해준다: "그의 몸은 꽤 뚱뚱했다. 독일적인 무거움이라고 할 수 있을 정도였다. 반면 그의 정신은 민첩했다. 안경 뒤의 작은 두 눈은 거의 항상 정신의 민첩한 움직임에 따라 반짝이곤 했다. (…) 그는 걷는 것을 좀 힘들어했고 속도도 느렸지만 오래 걷는 것은 가능했다. 그는 나와의 대화를 이어가기 위해 수시로 걸음을 멈췄고, 시골의 경사진 고개를 넘어가는 우리의 긴 산책길은 그래서 더 길어졌다. 걷는 일이 생각하는 일에 방해가 된다는 것이 그의 말이었다. 흥미가 생기면 그는 "잠깐만, 잠깐만!Tiens-tiens" 하고 외쳤다. 이제부터 생각을 좀 해봐야겠다, 그러려면 걸음을 좀 멈춰야겠다는 뜻이었다."[56] 그 무렵 이비사 섬에 와 있던 젊은 독일인들 사이에서 "잠깐만, 잠깐만"이라는 말은 천천히 걸음을 옮기는 베를린의 철학자를 가리키는 별명이 되었다. 한편 현지인들 사이에서 벤야민은 (그 자신은 모르고 있었지만) "가난한 남자"로 알려져 있었다. 행색이 초라하고 후줄근하다는 이유에서였다.[57]

벤야민이 이비사 섬에서 접촉하는 타지인은 뇌게라트 가족과 장 젤츠 부

---

56 Ibid., 355-356.
57 볼 곳은 Valero, *Der Erzähler*, 119, 155.

부가 거의 전부였다. 섬 반대편 산타에울랄리아에는 두어 명의 미국인이 와 있었는데 그중에는 작가 엘리엇 폴(선진적 예술에 관심이 있다는 점에서 벤야민과 공통점이 있고, 한때 파리의 주요 문학 저널 《이행》의 공동 편집장이었던 인물)도 있었지만, 벤야민은 그들을 좀 멀리했다. 벤야민이 이따금씩 접촉하는 극소수의 독일 이민자 가운데 요키슈라는 슈투트가르트 출신의 기인이 있었다. 1920년대 말 이비사에 와서 '풍차곶'의 작은 집(뇌게라트 가족과 벤야민이 살게 된 그 집)에 살던 남자였다. 벤야민이 이비사에 왔을 당시 그는 섬의 서남부에 위치한 산호세라는 산간 마을에서 두 여자와 동거생활을 하고 있었다. 고기잡이로 연명하면서 이따금 희귀 도마뱀을 잡아 밀수출하는 생활이었다. 나치의 열성 지지자였고, 독일 첩보 당국의 끄나풀이었을 수도 있다.[58] 벤야민은 「선인장 울타리」라는 이야기에 오브라이언이라는 아일랜드인을 등장시키면서 그 남자의 기행들을 일부 포착했다(GS, 4:748-754). 한편 벤야민은 뇌게라트의 아들 한스 야코프(별명은 장 자크)가 현지에서 편찬한 자료를 통해 이비사 섬의 전설, 노래, 속담 등 농민층의 구전 전통에 대한 통찰을 얻었던 듯하다.

이비사 경험이 낳은 또 하나의 결실은 「점성술」—벤야민의 표현을 빌리면 "이성적 점성술"을 위한 단상적 서설—이었다(SW, 2: 684-685). 이듬해에 나올 모방력에 대한 유명한 논의들—「유사성론」과 「모방력」—의 전주곡이라고 할 만한 글이었다. 이 글에 따르면, "남국의 달밤"은 현대인이 모방력을 느끼는 시공간, "오래전에 죽은 줄 알았던 모방력이 자기 삶 속에서 꿈틀거리고 있음을 느끼는" 시공간이다. 모방력은 한때 점성술—천체의 관상을 읽는 독법—이 누렸던 권위의 본질이기도 하다. 고대에는 별자리가 "유사성의 우주"의 한 부분이었고, 천체의 운행은 개개인이나 공동체가 모방할 수 있

---

58 Ibid., 83-94.

는 움직임이었다: "모든 유사성은 각각의 것이 발휘하는 모방력의 산물이다. (…) 모방되는 대상이 무수할 뿐 아니라 (…) 모방하는 주체도 본질상 다수이고 따라서 모방의 중심도 여럿이다." 모방력이라는 원초적 힘이 있고 "모방술"이라는 원초적 접근법Anschauungsweise이 있다는 이 논의는 역시 이 시기에 정리된 것으로 보이는 하나의 경험 개념—"경험했다는 것은 유사성을 살아갔다는 것이다"(SW, 2:553)—과 직결된다. 1932년 이비사 풍경에 고요히 잠겨 있던 중에 떠올린 개념이었을 것이다.

벤야민은 6월 25일 산안토니오에서 숄렘에게 당시의 안부를 전했다: "나는 지난 몇 주 동안 정말 많은 일을 했습니다"(BS, 10). 전깃불도 없고 모든 글을 손으로 써야 하는 상황이었지만 이비사 체류를 최대한 연장하면서 베를린 아파트 집세를 체납하지 않으려면 작업 속도를 늦출 수 없었다. 그런 와중에도 언제나처럼 온갖 책을 읽었다. 스탕달의 『파르마의 수도원』과 트로츠키의 자서전 및 2월 혁명사를 읽었고(트로츠키를 읽으면서는 "숨 막히는 흥분"을 느꼈다[C, 393]), 플로베르의 『부바르와 페퀴셰』나 테오도어 폰타네의 『슈테힐린 호수』를 읽는가 하면 쥘리앵 그린의 『잔해』와 손턴 와일더의 소설 『카발라』의 독일어 번역본을 읽었고, 마르크스주의 저서 『레닌과 철학』을 읽는가 하면 종교개혁 시기 프로테스탄트 종파들의 역사를 다룬 책, 가톨릭 교리와 프로테스탄트 교리의 차이를 연구한 책 등을 읽었다. 그중 여러 권은 이미 익숙하게 알고 있던 것이었다. 『1900년경 베를린의 유년시절』로 묶일 짧은 글을 써나가면서 프루스트를 다시 집어든 것도 그 여름이었다. 벤야민이 1930년 파리에 있는 아드리엔 모니에의 서점에 갔다가 그녀를 만난 것은 위에서 이야기했다. 벤야민이 「파리 일기」를 쓸 때 인터뷰에 응해주기도 했던 모니에는 이제 1932년 6월 이비사에 있는 벤야민에게 자신의 신작 『이야기들』을 보내주었고, 책을 받은 벤야민은 이야기 한두 편을 번역할 수 있게 해달라고 부탁하는 열렬한 답장을 보냈다. 벤야민이 번역한 모니에의 「현명한 처녀」가 11월에 《쾰른 신문》에 실렸다.

그럼에도 이비사 체류의 마지막 몇 주는 벤야민을 심란하게 했다. 독일에서 들려오는 뉴스는 점점 불길해져갔다. 국가사회당이 그해 봄 선거 때 바이에른, 프로이센, 함부르크, 뷔르템베르크에서 처음으로 중요한 승리를 거둠에 따라, 독일의 여러 도시는 나치 무장 세력과 (점점 수세에 몰리는) 공산주의자, 사회주의자 세력의 전쟁터가 돼가고 있었다. 그 외에도 벤야민에게는 아주 구체적인 걱정거리가 있었다. 베를린에 두고 온 『파사주 작업』 자료가 혹시 한 주 동안 그곳에 살았던 사기꾼의 손에 들어가지 않았는지 확인할 방법이 없다는 것이었다. 이런 이유에서 베를린으로 돌아가야 한다는 생각이 컸지만, 1932년 5월 10일 숄렘에게 보낸 편지에 썼듯이, "제3제국의 개막 행사들"을 직접 겪는 일만큼은 피하고 싶다는 생각도 그에 못지않게 컸다(GB, 4:91). 한편 벤야민이 심란했던 데는 개인적인 이유도 있었다. 6월에 벤야민이 많은 시간을 함께 보낸 사람은 이비사까지 그를 찾아온 올가 파렘이라는 러시아계 독일인이었다. 도라 켈너와 에른스트 쇤에게 그 여자에 대한 이야기를 들은 적이 있던 숄렘은 훗날 어렵사리 파렘을 만난 후 이야기가 사실이었음을 확인할 수 있었다. 그 여자—숄렘에 따르면, "대단히 매력 있고 생기 넘치는" 여자—와 벤야민이 친구가 된 것은 프란츠 헤셀의 소개로 처음 만난 1928년부터인 듯하다. 숄렘에 따르면, 그 여자는 자기가 벤야민의 지성과 매력을 한껏 즐겼다고 말하면서 "그의 웃음소리에는 마법적인 데가 있었습니다. 그가 웃으면 하나의 세상이 열리는 듯했습니다"라고 했고, 벤야민의 다른 여자친구 이야기를 해주기도 했다. "그 무렵 벤야민은 여러 여자와 사랑에 빠졌고, 특히 바르셀로나에 '그림처럼 아름다운 여자친구'를 두고 있었다. 베를린의 내과의사와 이혼한 여자였다." "올가"는 섬에 있는 동안 벤야민과 뇌게라트 가족이 사는 '상자'에서 함께 지냈는데, 이웃에 사는 토마스 바로—'상자' 임대인의 사위이자 동네 주민들이 '술병'이라고 부르는 어부—와 모종의 계약을 체결한 벤야민은 매일 저녁 해지기 직전에 어부가 젓는 삼각돛단 배를 타고 그녀와 함께 만을 즐겼다. 6월 중순 벤야민은 갑자기 올가 파렘에게 청혼했고, 거절당했다.[59]

어쨌든 이렇게 심란한 상황에도 불구하고(어쩌면 이런 상황 탓에), 벤야민은 이비사 체류를 연장했다(일주일간이었다). 자신의 마흔 번째 생일을 축하하는 7월 15일의 즉석 파티에도 참석했다. 벤야민이 이비사에서의 마지막 몇 주를 함께한 사람은 장 젤츠와 그의 아내 기예였다(당시 벤야민은 젤츠 부부의 초대를 받아들여 이들이 사는 산안토니오 만의 '별장'이라는 이름의 집에서 함께 지내고 있었다). 화가 도로테아 젤츠(장 젤츠의 조카)에 따르면, 벤야민은 "기품 있고, 아주 우아하고, 내성적이며 조심스럽고, 극히 겸손한 사람"이었다. 벤야민이 현지 주민들의 신뢰를 얻을 수 있었던 것은 바로 이런 덕목들 덕분이었다. 장 젤츠는 유럽 민속예술 전문가였고 파리의 현대 미술판에 대해서도 잘 알고 있었다. 벤야민과 마찬가지로 1932년 봄 처음으로 이비사에 와본 젤츠 부부는 이듬해에 벤야민의 두 번째 이비사 체류가 성사되는 데 큰 역할을 하게 된다.[60] 벤야민이 탈 마요르카행 배가 이비사를 출발하는 1932년 7월 17일 자정까지 그가 함께 있었던 사람들도 젤츠 부부였다. 벤야민은 숄렘에게 보낸 편지에서 그 순간을 묘사하고 있다:

두 사람과 함께한 시간이 너무 빨리 흐른 탓에 (…) 우리가 부두에 도착했을 때는 승선용 발판은 치워지고 배는 벌써 떠나고 있었습니다. 짐은 이미 배에 실려 있었고요. 나는 두 사람과 태연히 악수를 나눈 후, 움직이는 배에 기어

---

59 SF, 188-189. 훗날 파렘 자신이 숄렘에게 전한 바에 따르면, 벤야민은 파렘에게 거절당한 일을 마음에 담아두고 있었다: "나중에 파렘과 결혼한 필리프 셰이는 브레히트 서클의 일원이었는데, 벤야민은 한참 뒤 파리에서 셰이를 다시 만났을 때 파렘의 안부를 묻지도 않았다." 함께 볼 곳은 Valero, *Der Erzähler*, 98-99.

60 Valero, *Der Erzähler*, 130.

올라가 간신히 난간을 타넘었습니다. 배에 기어 올라가는 데는 이비사 주민들의 도움이 컸습니다(BS, 13).

행선지는 포베로모(피사 남쪽에 위치한 이탈리아 토스카나의 작은 도시, 도시의 이름은 "가난한 남자"라는 뜻)였고, 여행의 목적은 또 한 번 진행될 슈파이어와의 공동 작업이었다. 새 탐정 드라마(나중에 정해진 제목은 『외투 한 벌, 모자 하나, 장갑 한 짝』)를 쓰고 있던 슈파이어가 벤야민에게 당장은 아니지만 어쨌든 넉넉한 보수를 제시한 것이었다.[61] 벤야민이 토스카나로 가는 길에 잠시 니스의 프티파크 호텔—한 해 전 슈파이어가 차를 수리한 정비소 맞은편—에 여장을 푼 것은 이비사를 출발해서 채 일주일이 못 되었을 때다. 벤야민이 "이상한 매력"을 느낀 곳이었다. 아직 이비사에 머물고 있던 6월 25일 숄렘에게 보낸 편지에서 그는 자신의 생일을 니스에서 맞겠다고 말하기도 했다: "여행 중 여러 번 마주친 참으로 엉뚱한 녀석과 그곳에서 축하주 한잔을 마시겠습니다." 그 녀석이 떠오른다는 것은 자살 충동이 재발한다는 뜻이었다. 이제 니스의 그 호텔에 도착한 7월 26일, 벤야민은 숄렘에게 보낸 편지에서 작가로서의 전망이 점점 어두워지고 실패했다는 느낌이 점점 커진다는 말을 "담담하게" 적고 있다.

내 사유들은 줄곧 그런 우연에 의해 와해될 위험 속에 있었기에 지난 10년 동안 내 사유가 강구해낸 표현 형식들은 하나같이 그 위험에 맞선 예방약이자 해독제라는 특징을 띠고 있습니다. 작은 글을 통한 소규모 승리가 없진 않지만, 대규모 패배가 그에 못지않게 많습니다. 마무리하지 못한 작업, 시작조차 못 한 작업들을 꼬치꼬치 열거할 생각은 없습니다. 하지만 나오지 못한 네 권

---

61 빌헬름 슈파이어가 1년 반이 지나도록 작업비 지불을 미루면서 벤야민과 슈파이어의 우정은 끝났다. 볼 곳은 GB, 74-76, 80.

의 책에 대해서는 말해두고 싶습니다. 이 책들은 그야말로 재난재해의 현장입니다. 몇 년 앞을 내다보는 것조차 힘든 나로서는 그 피해 범위를 가늠하기도 불가능합니다(BS, 14–15).

벤야민이 이 편지에서 언급한 "네 책"은 사후에 출간된 『파사주 작업』, 로볼트 출판사에서 내기로 했다가 못 낸 문학평론집, 1936년 『독일 사람들』이라는 제목으로 나오게 될 편지 선집, 그리고 "해시시에 관한 매우 의미 있는 책"이었다. 숄렘에게 지나칠 정도로 비관적인 이 편지를 쓴 이튿날, 벤야민은 생을 마감할 준비를 했다.

한 해 전 여름의 "계획"이 그랬듯, 이번 계획도 막판에 취소되었다. 벤야민이 왜 생을 마감하려고 했는지는 여전히 분명하지 않다. 숄렘은 올가 파렘에게 차인 것을 그 이유로 꼽았지만, 정치 상황이 악화된 것도 한 가지 이유일 수 있었다. 보수반동파의 신임 총리 프란츠 폰 파펜이 사회민주당이 집권당으로 있는 프로이센 주정부를 해체하는 쿠데타를 일으킨 것은 7월 20일이었다. 이로써 정치 테러와 폭력이 독일 전역으로 퍼지면서 히틀러 집권에 유리한 분위기가 만들어졌다. 이런 위기 국면들이 유대인 벤야민에게 실질적인 영향을 끼쳤다는 것은 두말할 필요도 없다. 폰 파펜이 "프로이센 제국 지사"를 자처하면서 쿠데타를 일으키고 며칠 만에 《프랑크푸르트 신문》에는 정부가 라디오 방송을 우익 프로파간다에 따라 조정하리라는 뉴스가 실렸으며, 몇 주 뒤에는 좌편향이었던 베를린 라디오 방송국 국장과 프랑크푸르트 라디오 방송국 국장이 해고를 당했다(그때까지 벤야민은 소득의 상당 부분을 이 두 방송국의 청탁에 의존하고 있었다). 《프랑크푸르트 신문》이 벤야민이 써 보내는 기획과 원고에 답신을 보내지 않기 시작한 것도 이 무렵이었다(그렇지만 그 후에도 《프랑크푸르트 신문》은 벤야민의 글을 [대개 익명으로] 게재한다. 그것마저 중단되는 것은 2년 후다). 한편 7월 26일 편지에서 벤야민은 베를린 건물감독청이 규정 위반을 빌미로 아파트를 비울 것을 요구하더라는 소식을 숄렘에게 전하기도 했다.

벤야민이 또다시 자살을 만지작거렸던 이유가 무엇인지는 확실치 않지만 7월 27일 그가 유언장과 함께 작별의 편지 네 통을 쓴 것은 확실하다. 수신자는 프란츠 헤셀, 율라 라트-콘, 에른스트 쇤, 에곤 비싱과 게르트 비싱 부부였다.[62] 이 무렵 벤야민이 어떤 심리 상태였는지를 특히 선명하게 보여주는 것은 헤셀과 율라 콘에게 쓴 편지다.

친애하는 헤셀

공원이 내다보이는 막다른 골목입니다.[63] 임종을 맞기에 이보다 더 매혹적인 곳이 있을까요? 언젠가 어느 호의적인 분이 나를 삶의 예술가Lebenskunstler라고 불러주었습니다. 이별의 장소로 이곳을 택했다는 것이 그분의 칭찬에 값하는 일이기를. 내 심장이 허무를 앞두고 이토록 두근거리지 않았더라면, 이별이 힘들었을지도 모릅니다. 이별을 힘들게 만들 수 있었을 사람 중 한 명이 바로 당신입니다. 내가 이 편지를 쓰고 있는 이 아름다운 아침의 방이 약속하는 모든 행복이 당신의 그 방의 푸른 초원에 전해지기를. 그리고 거기서 안식을 얻기를. 내가 여기서 안식을 얻을 것이듯이.

당신의 발터 벤야민으로부터

62　이 편지들이 실린 곳은 GB, 4:115-120.

63　짐작건대 '공원parc'이 내다보인다는 표현은 호텔 이름('프티파크Petit Parc')을 겨냥한 말장난이고 '막다른 골목impasse'은 호텔 주소(빌레르몽 엥파스Impasse 6번지)를 겨냥한 말장난이다. '푸른 초원'은 침대를 뜻한다. 「베를린 연대기」에서는 푸른 초원을 성적 모험의 장소로 기념하고 있다: "뒤풀이 파티의 중심에는 '푸른 초원', 곧 침대가 있었다. 침대는 소파들에 둘러싸인 왕좌였다. 그로부터 몇 년 전 파리에서 초현실주의자들이 부지불식간에 반동적 행보를 내디딘 것은 성대한 침대 파티들과 함께였다. 우리의 뒤풀이는 바로 그 파티의 에필로그, 곧 베를린으로 건너오면서 작고 가벼워지고 묽어진 파티였다. (…) 우리가 그 푸른 초원에 누운 것은 파리를 보고 온 우리 눈에도 아직 매력적으로 느껴지는 여성들이었다. 물론 그런 여성은 많지 않았다"(SW, 2:599).

친애하는 율라

당신도 알고 있겠지만, 나는 한때 당신을 너무나 사랑했습니다. 그리고 죽음을 눈앞에 둔 지금도, 내 인생의 가장 큰 선물은 당신으로 인해 아팠던 순간들입니다. 그러니 인사는 이것으로 충분하지 않을까요.

당신의 발터로부터

비싱 부부에게 쓴 편지도 상대에 대한 애정으로 가득하다. 다만 유서와 관련된 지침이 포함된 터라 분량은 더 길고 내용은 더 상세하다. 이 편지를 보면, 이날 벤야민이 자살하겠다는 결심을 완전히 굳힌 것은 아님을 짐작할 수 있다: "내가 이 결심을 실행에 옮길지는 아직 확실치 않습니다." 이 편지에서 벤야민은 한편으로는 한 해 전 여름과 비슷한 탄식의 말을 하지만, 다른 한편으로는 자기가 죽음과 손을 잡았으며 그 덕분에 '안전하게 숨어 있는geborgen' 느낌—망명과 죽음의 논의들로 점철되어 있는 벤야민의 유년 관련 저술에서 중요하게 등장하는 어휘—이 든다는 말도 한다. 이 편지에 따르면, 벤야민은 "근본적인 피로"를 느끼며, 아울러 "치유"를 안겨줄 휴식을 원하고 있었다: "내가 지금 묵고 있는 하루 10프랑짜리 방은 아이들이 뛰어노는 광장을 향해 있습니다. 광장의 가로수 잎들이 감베타 아베뉘의 소음을 희미하게 실어 나릅니다. 이 방은 소박하고 신뢰감을 주는 대기실입니다. 위대한 의사가 허무의 진찰실에서 나를 부를 때가 얼마 남지 않은 듯합니다." 그도 그럴 것이 벤야민과 같은 부류의 작가가 비슷한 훈련Schulung을 거쳐 비슷한 자세Haltung를 택할 기회는 급속도로 사라지는 추세였다. 점점 늘어나는 난관에 대처할 동기가 있는 삶은 "아내가 있거나 확실한 직장이 있는 삶"일 텐데, 그는 "둘 다 없는 상태"라는 것이었다. 오랜 친구 쇤에게 쓴 편지는 "친애하는 에른스트, 나를 다정하게 자주 기억해줄 당신에게 감사하며, 당신의 발터"로 끝이었다.

벤야민은 이 편지들을 발송하지 않고 유언장과 함께 보관했다.

유언장에서는 숄렘을 유저 관리자로 지정하면서, 사후 출판 시 순이익의 40~60퍼센트가 슈테판에게 돌아가게 할 책임을 맡겼다.[64] 아울러 장서 전체를 슈테판에게 유증하면서, 에곤 비싱, 숄렘, 구스타프 글뤼크가 일인당 100마르크를 초과하지 않는 범위에서 장서 중 10권을 고를 수 있다는 단서를 달았다. 에른스트 블로흐, 아샤 라치스, 알프레트 콘, 그레테 카르플루스, 게르트 비싱, 율라 라트-콘, 빌헬름 슈파이어, 엘리자베트 하웁트만 등에게는 그림을 비롯한 귀중품을 유증했다. 전처 도라에게 남기는 추가적 유품은 비싱 부부에게 쓴 편지에 명시되어 있다.

어쨌든 벤야민은 슈파이어와의 공동 작업을 위해 니스를 떠나 이탈리아로 갔고, 거기서 석 달쯤 지냈다. 8월 7일 이레네 빌라(포베로모의 한 여관)에서 숄렘에게 보낸 편지를 보면, 평온한 상태였음을 짐작할 수 있다: "포베로모라는 해변 휴양지는 도시 이름 그대로입니다. 가난한 사람들, 돈은 부족하고 자식은 넘치는 가족들이 네덜란드, 스위스, 프랑스, 이탈리아에서 찾아오는 곳입니다. 나는 한적한 곳에서 소박하고 흡족한 방을 구했습니다. 현재의 처지와 미래의 전망을 생각하지 않는다면, 아직까지는 더할 나위가 없는 생활입니다"(BS, 16). 벤야민은 슈파이어가 쓰는 극에 조언과 도움을 준 대가로 5000마르크(매표 소득의 10퍼센트)까지 기대할 수 있었지만, 그 돈이 들어올 때까지는 거의 무일푼이었다: "지금은 슈파이어에게 선금 조로 받은 담뱃값으로 지내고 있습니다. 주로 외상으로 살고 있습니다." 벤야민이 묵고 있는 여관에서 "꽤 긴 기간의 외상"을 터주었다는 이야기였다. 슈파이어와의 공동 작업은 꽤 재미있으면서 여유가 있었다. 경제적인 어려움에도 불구하고 기운을 차리며 "언제 이런 적이 있었나 싶을 만큼" 한 가지 확실한 작업에 매진할

---

64 "Mein Testament"(벤야민의 유서)의 전문이 GB, 4:121-122에 수록되어 있다. [Partially translated is SF, 187-188.]

수 있었던 것은 그 덕분이었다.

　그 작업은 바로 포베로모에서 시작된『1900년경 베를린의 유년시절』의 집필이었다. 「베를린 연대기」(거의 1년 전 《문학세계》와 계약한 자전적 성격의 긴 글)를 쓰기 위해 작성한 유년기 메모를 재편하고 확장하는 과정에서 시작된 작업이었다. 프루스트를 다시 읽기 시작한 이비사에서 썼던 것은 주로 「베를린 연대기」였지만, 포베로모에서는 계약했던 글을 포기하고 새로운 기획에 집중하기 시작했다. 무엇보다 상업적 측면을 고려했을 때 새로운 기획이 유리하리라는 것이 벤야민의 생각이었다. 이야기를 들려주는 듯한 자전적 연대기 포맷이 이미지를 그려 보여주는 듯한 시적-철학적 포맷(『일방통행로』의 몽타주 구성의 후신으로 볼 수 있는 포맷)으로 바뀌어갔다: "하루 종일 쓰고 있습니다. 밤이 깊도록 쓰는 날도 있습니다."[65] 글이 실제로 완성되는 것은 한참 후지만, 벤야민은 9월 26일 숄렘에게 보낸 편지에서 일견 이질적인 여러 사유이미지로 이루어진 새로운 텍스트가 "대강 완성"되었다는 소식을 전했다:

　이 원고는 (…) 짧은 섹션들로 이루어져 있습니다. 내가 자꾸 이런 형식을 택하게 되는 것은, 첫째, 내가 쓰는 글이 항상 물질적인 측면에서 손실의 위험에 노출되어 있기 때문이고, 둘째, 상업적 전망이 고려되어야 하기 때문입니다. 덧붙여, 내가 보기에는 이런 형식이 작품 내적으로 반드시 필요한 것 같습니다. 요컨대 일련의 스케치 형식입니다. 제목은 『1900년경 베를린의 유년시절』로 하려고 합니다(BS, 19).[66]

65　벤야민은 『일방통행로』의 「확대 사진」에 여러 번 수정을 가한 뒤 『1900년경 베를린의 유년시절』에 넣었다(볼 곳은 SW, 1:463-466).
66　비교해볼 곳은 장 젤츠에게 보낸 9월 21일 편지에서 이 글을 "일련의 메모"라고 말한 대목(GB, 4:132): "어떻게 보면 유년의 기억들이지만, 지나치게 개인적인 색조는 배제했고 가족사적인 색조도 배제했습니다. 한 아이가 혼자 1900년경의 베를린과 마주하는 글입니다."

벤야민은 11월 중순 독일로 돌아온 뒤에도 『1900년경 베를린의 유년시절』 작업을 이어갔고, 어떤 섹션들은 일고여덟 번씩 고쳐 썼다. 베를린으로 돌아오는 길에 잠시 프랑크푸르트에 들러 아도르노에게 원고의 상당량을 낭독해주기도 했다. 아도르노는 11월 21일 크라카워에게 보낸 편지에서 그 감상을 전했다: "대단하고 매우 독창적인 글인 듯합니다. 고대적 신화를 완전히 청산하고 최근의 것들('현대적인 것들')에서만 신화적인 면을 찾기에, 『일방통행로』와 비교하더라도 크게 진일보한 글인 듯합니다"(BA, 20n). 여기서 아도르노가 염두에 두었던 것은 아이의 눈으로 환기되는 대도시적 장소(예를 들면 지하 수영장과 장터, 보도를 걸을 때 발치의 창살들 너머로 보이는 반지하 아파트, 동물원의 수달 연못 등 하계의 장소들)였을 수도 있다. 베를린에 온 벤야민은 그레텔 카르플루스에게도 이 글의 여러 대목을 낭독해준 다음 만족스러운 반응을 얻었다.

벤야민은 그 후 2년 동안 이 작업에 새로운 섹션을 계속 추가하지만, 일단 1932년 12월 중순에는 숄렘에게 잠정적 원고를 동봉한 편지를 보낼 수 있었다. 이 편지에 따르면, 지평선이 급속도로 어두워지는 상황이었고, 이 원고(편지의 표현을 빌리면 그의 "새 책")는 그의 "상대적인 의미에서 가장 밝은 측면"이 반영된 작업이었다: "이 책의 내용이 좁은 의미에서 '밝은' 내용이라고는 할 수 없습니다." 아울러 이것은 그의 "가장 오해받기 쉬운 책"이기도 했다(BS, 23-24). 12월 24일 베를린의 유서 깊은 《포스 신문》에 실린 「크리스마스 천사」를 시작으로 『1900년경 베를린의 유년시절』 중 스물여섯 편의 글이 1932년 12월부터 1935년 9월까지 주로 《프랑크푸르트 신문》과 《포스 신문》에 실리고(자주 사용된 필명은 Detlef Holz 또는 C. Conrad였고, 1933년 4월 이후로는 아예 익명이었다), 이후 1938년에 《척도와 가치》(토마스 만이 망명기에 편집한 격월간지)에 일곱 섹션이 추가로 실린다. 그 1938년 봄에 벤야민은 『1900년경 베를린의 유년시절』의 의미심장한 서론을 쓰면서 아홉 섹션을 자르고 나머지 부분에서도 3분의 1 이상을 줄이는 등 원고 전체를 대폭 수정, 축약한다. 단행본 출간을 위한 노력이 결실을 거두지 못했던 1933년 이후, 다시 한번 출간을 모색하면서 진행된 작업이었다. 하지만 글이 어렵다는 이유로 독일과 스위스 출판사 세 곳(아니면 그 이상)으로부터 출간을 거절당하면서, 벤야민이 살아 있는 동안에는 단행본으로 출간되지 못했다.[67] 지금 『1900년경 베를린의 유년시절』은 아는 사람들만 아는 20세기 산문의 고전 중 하나로 평가받고 있다.

벤야민이 숄렘에게 처음 이 작업을 설명할 때 강조했던 것은 기억의 성격이었다: "이 유년의 기억들은 (…) 연대기 형식의 내러티브가 아니라 (…) 기억의 심층을 파헤치는 이미지입니다"(BS, 19). 여기서 말하는 기억은 한갓 심리적인 게 아니라 존재론적인 것, 한갓 기억하는 능력이 아니라 기억을 구성하는 성분이다. 기억이란 과거의 이미지가 남아 지각 및 행위의 전제 조건으로 작용하는 것이라는 베르그송의 기억 개념과도 연결되는 대목이다. 『1900년경 베를린의 유년시절』의 기억 개념은 「베를린 연대기」에서도 작동한다. 「베를린 연대기」의 한 대목은 「발굴과 기억」이라는 짧은 글로 발전하기도 했다(볼 곳은 SW, 2:576, 611). 언어의 본성에 대한 이런 압축적인 성찰에 따르면, 기억은 단순히 과거를 담는 도구(과거의 녹음기 내지 보관함)가 아니다. 오히려 기억은 과거가 공연되는 무대(과거의 경험이 펼쳐지는 바탕)이다: "땅속에 옛 도시들이 묻혀 있듯, 기억 속에는 살아온 삶이 묻혀 있다. 자

---

67 『1900년경 베를린의 유년시절』은 1950년에 나왔다. 아도르노-렉스로트 편집본은 이 판본을 토대로 삼았다(GS, 4:235-304에 수록된 것은 1972년 판본이다). 그런데 1981년에 파리에서 1938년 원고(이른바 "최종본Fassung letzter Hand")가 발견되면서 비로소 우리는 벤야민이 정한 섹션 순서를 알 수 있게 됐다(1989년에 GS, 7:385-433에 편집을 거쳐 수록되었다). 단, 1932~1934년 원고가 심하게 잘려나갔다는 점을 감안할 때 1938년 원고를 결정본이라고 보기는 어렵다. 섹션별 게재 연력, 남아 있는 또 다른 버전들, 벤야민의 수정 과정 등에 대한 더 자세한 자료를 보려면, GS, 7:691-705, 715-716, 721-723; [and the translator's foreword BC]. 「베를린 연대기」의 미완성 원고가 처음 출판된 것은 1970년이고, 1985년에 편집을 거쳐 GS, 6:465-519에 재수록되었다[trans. in SW, 2:595-637].

기의 파묻힌 과거에 다가가고자 하는 사람은 무덤 파는 사람처럼 자기 기억을 파헤쳐야 한다." 기억한다는 것은 사라진 순간의 여러 지층을 현재화하는 것, 다시 말해 사라진 순간의 의미를 현재화한다는 것이다. 프루스트는 『스완네 집 쪽으로』에서 "현실이 만들어지는 곳은 오직 기억뿐"이라고 말하기도 했고, 벤야민은 1929년작 「프루스트의 이미지」에서 "기억된 일은 앞서 일어났던 모든 일과 나중에 일어날 모든 일을 열어주는 열쇠일 따름이기에, 경험된 일은 유한한 반면, 기억된 일은 무한하다"는 말로 자신의 현대판 모나드론을 정리하기도 했다. 프루스트가 과거에서 발굴한 것이 등장인물들의 세계였던 것과 달리, 1932년에 벤야민이 과거에서 발굴한 것은 이미지들—지나간 경험의 침전물—이었다: "조각상의 남은 몸통이 수집가의 전시실에 세워져 있듯, 이미지는 귀한 발굴물의 자격으로 냉철한 사후적 통찰이라는 방에 세워져 있다."

과거의 지층을 꾸준히 파내려가는 일 못지않게 중요한 것은 "옛 보물을 묻어놓은 **오늘날의 땅**의 정확한 위치"를 알아내는 일이다(강조는 인용자). 기억이 묻혀 있는 땅이 기억의 바탕이라면, 기억을 파내는 현재 또한 기억의 바탕이다. 다시 말해 기억은 현재라는 바탕 위에서 형체와 투명성을 얻고, 미래의 윤곽도 현재라는 바탕 위에서 그려진다: "글쓴이의 현재가 이 바탕Medium에 해당된다. 글쓴이는 자신이 경험한 일련의 일들을 현재라는 바탕으로부터 다른 방식으로 잘라내게 된다." 『1900년경 베를린의 유년시절』에서 기억은 일종의 양피지이고, 따라서 경험도 일종의 양피지이며(「프루스트의 이미지」의 표현에 따르면 "교차하는 시간"이다), 서술 방식 또한 텍스트 자체를 일종의 양피지로 만드는 모종의 이미지 중첩—시공간 오버랩—이다.[68] 대도시의 플라뇌르가 아남네시스의 도취 상태에서 현재의 얼굴에 각인되어 있는 과거의 흔적을 통각하듯, 『1900년경 베를린의 유년시절』(자신의 유년기를 냉철하면서도 서정적인 방식으로 불러내는 텍스트)에서 벤야민은 장소와 사물을 모종의 수직 몽타주로 중첩시킨다. 이 몽타주에서는 기억된 감각이 모종의 유사성 원리에 따라서 다양한 조응을 불러일으킨다. 여기에는 또 다른 감각(예컨대 형태 감각, 색채 감각, 후각)과의 조응은 물론이고, 유년기의 꿈, 판타지, 독서 경험과의 조응도 포함된다. 예를 들어 슈테티너 기차역의 사암 파사드가 아이의 가족이 기차로 가게 될 사구의 이미지와 조응하는가 하면 도서관 입구의 축축한 계단통 냄새는 도서관 안쪽의 철제 난간 냄새와 조응하고, 아이 눈에 비친 집 안 풍경(벽지, 타일 화덕, 아버지의 가죽 안락의자)이 모험소설 속의 "반짝거리는 축제 장식"과 조응하는가 하면, 유리문이 달린 떡갈나무 책장(아이가 우러러보면서 매혹되는 사물)은 천상의 기쁨이 있을 것만 같은 동화 속 방의 이미지와 조응한다. 그리고 그 동화 속 방의 이미지는 이야기가 가시노동의 리듬을 따르던 옛 농가의 이미지와 조응한다. 마법에서 풀려난 글쓴이의 현재와 마법에 걸린 그의 과거가 『1900년경 베를린의 유년시절』의 비연대기적, 불연속적 내러티브 전체에서 다양하게 오버랩된다. 이미 사라지고 없는 놀이의 세계가 망명자의 시선으로 되살아나는 덕분에 글 전체에서 아이가 어른을 예표한다는 느낌을 주고, 사물계에 매여 있는 아이의 전前의식적 인식이 어른의 철학적-역사적 인식 못지않은 무게를 갖는 덕분에 균형이 만들어지면서 글 전체가 꿈을 아주 세세하게 기억해서 적어놓은 기록인 듯한 분위기를 자아낸다. 글쓴이가 돌파한 현재는 기억된 경험을 바라볼 투명한 창문이 된다. 과거가 생긴 것은 현재보다 먼저지만 과거의 잠재적 의미가 실현되는 것은 현재가 생긴 후다. 전사前史는 후사後史를 통

---

68 기억의 양피지 구조에 관해서 볼 곳은 보들레르의 『인공낙원』 중 후반부의 「양피지」 섹션(147–149)에서 드퀸시의 논의를 차용하는 대목. 벤야민이 1921년에 쓴 글에 따르면 "중세 시대 이후로는 이 세계를 구성하는 복잡한 층들에 대한 통찰을 잃었다"(SW, 1:284). 비교해볼 곳은 아도르노의 논평: "벤야민은 양피지를 연구하듯 현실을 연구했다"("Introduction to Benjamin's Schriften"[1955], in Smith, *On Walter Benjamin*, 8). 과거와 현재의 오버랩은 『파사주 작업』에서도 중요한 역할을 하고(볼 곳은 이 책 6장), 아울러 벤야민의 보들레르 연구 중 알레고리 개념에서도 중요한 역할을 한다(볼 곳은 예를 들면 SW, 4:54; GB, 6:65).

해서 인식 가능성을 획득하니까 말이다.

벤야민이 "내가 좋아하는 주제, 곧 거주"(1931년의 어느 날 일기에 나오는 표현)를 가장 길게 다룬 두 작업 중 하나가 『1900년경 베를린의 유년시절』이다. 다른 하나는 19세기를 발굴하는 『파사주 작업』이다.[69] 『1900년경 베를린의 유년시절』 작업이 시작된 때는 망명 직전이었다. 그로부터 얼마 전에 나온 1932년작 「이비사 연작」을 보면 폐허 속에 기거하는 법을 배운 한 남자가 등장한다: "아이들이 놀면서 집을 만들 때와 마찬가지로, 그 사람도 자기 손이 닿는 모든 것을 집으로 만들었다"(SW, 2:591). 사물계에 갑자기 주머니가 생겨날 때 아이에게는 숨어 있기가 가능해진다. 『1900년경 베를린의 유년시절』은 이렇게 "하계"에 거처를 마련하는 법을 연구하면서 아이의 모방 능력(문짝, 탁자, 책장, 커튼, 꽃병 등 무수한 일상적 사물을 모방 대상 겸 변장 수단으로 삼고 그것들의 물질성에 거하면서 밖을 내다보는 능력)을 참고한다. 아이의 모방 능력은 어떻게 보면 『파사주 작업』에 나오는 수납형 인간의 체계적 자기 수납에 비견될 수 있다. 아이에게는 집이 "가면들이 쌓여 있는 무기고"인 것과 마찬가지로, 길모퉁이, 공원, 안뜰, 승강장 등 현대 도시를 특징짓는 장소들은 고대로 통하는 구멍이자 문턱이다. 「무머렐렌」(1933)에서 옛 중국의 화가가 자기 그림의 풍경 속으로 빨려 들어가듯, 아이는 기꺼이 고대 속으로 빨려 들어간다. 글쓴이 자신이 철학에 몰입하는 것과 아이가 황홀경에 몰입하는 것 사이의 관계는 깨어 있는 세계와 꿈속 세계 사이의 관계와 같다. 『1900년경 베를린의 유년시절』에서 서로 다른 시간대를 연결하는 다양한 프레임 장치는 유년의 무반성적 신화 공간을 역사의 공간으로 용해시키고, 아이가 당연하게 받아들이는 안전한 세계(숨어 있음Geborgenheit)를 어른

---

69 볼 곳은 SW, 2:479. 거주는 제2차 세계대전 이후 하이데거에게도 기본적으로 중요한 주제였다. 특별히 볼 곳은 1950년대 초반의 논문 「건축함, 거주함, 사유함」 in Heidegger, *Poetry, Language, Thought*, 141–159.

의 위기의식으로 용해시킨다. 하지만 유년의 세계는 사회적 복구가 불가능하다고는 해도 모종의 잔상을 낳게 마련이고, 유년의 세계를 읽는 관상술은 탈신비화를 초래한다고는 해도 역사적 기억의 구체성과 친밀성을 제고하게 마련이다.[70]

『1900년경 베를린의 유년시절』 중 「겨울 아침」을 보자. 아이가 침실에서 아침 사과가 구워지기를 기다리는 장면, 아니, 아침 사과가 아이를 기다리는 장면이다. 장소와 시간이 일련의 문턱과 복도를 통해서 거의 알아차릴 수 없이 연결되고, 아이는 그 통로들을 통해 시공간을 소리 없이 넘나든다.

> 매일 그 시간이었다. 겨울 아침이 나를 내 방 안의 물건들과 결혼시켜주는 그 시간을 방해하는 것은 보모의 목소리뿐이었다. 내가 처음으로 화덕 문을 열고 그 안에 있는 사과의 발자취를 따라가기 시작하는 때는 블라인드를 올리기도 전이었다. 사과의 향기가 아직 그대로인 날도 있었다. 하지만 그런 날도 참고 기다리다보면, 그 보글거리는 향기가 마치 성탄 전야의 나무 향기처럼 그 겨울날의 어느 깊고 비밀스러운 골방에서 풍겨나오는 느낌이 들었다. 문을 열면 그곳에는 검게 그을린 따뜻한 과일이 있었다. 여행을 다녀온 친구처럼, 여전한데 어딘가 달라진 모습으로 나를 다시 찾아와준 사과였다. 그의 여행지는 화덕의 열기로 가득한 검은 나라였고, 그가 그 나라의 모든 것에서 모아온 향기는 그 하루가 나를 위해 머금고 있는 그 향기였다(BC, 62).

묘사 자체는 냉철하고 사실적이지만, 묘사되는 것은 변신과 합체가 일어나고 공간과 시간이 형체를 바꾸는 세계다. 동화 같은 세계라고 할까. 어쩌면 동화는 예전 사회에서 가사노동으로부터 풍겨나오는 향기 같은 것이었다. 「겨

---

70 1938년에 나온 이 글의 서문에 따르면, 이 글에서 추구하는 것은 "과거를 돌이킬 수 없다는 것이 한 사람의 우연적 문제가 아니라 한 사회의 필연적 문제임을 통찰하는 것"이다(BC, 37).

울 아침」에서 "향기"의 원천으로 등장하는 어둡고 뜨거운 화덕은 특정 시대의 기술 아비투스를 반영한다는 점에서 자료적 의의를 지닐 뿐 아니라 모종의 모티프망을 작동시킨다는 점에서 비유적, 우화적 환기력이 있다. 벤야민의 문장력의 절정이라고 할 수 있는 『1900년경 베를린의 유년시절』 전체에서 그 특유의 어조를 만들어내는 것이 바로 이런 변증법적 압축성이다. 아도르노가 『1900년경 베를린의 유년시절』에 붙인 후기에서도 지적했듯이, 신화적 활기로 가득한 사물계의 구석구석으로부터 전해오는 비언어적 메시지가 아이의 전의식적 인식에 그림자를 드리우는 것과 마찬가지로 글쓴이의 우울이 표현의 "화사함"에 그림자를 드리우고 있다.[71]

스물여덟 살의 사강사privatdozent(무보수 강사)가 된 아도르노가 프랑크푸르트에서 상급 학생들을 대상으로 최신 미학 세미나를 진행한다는 소식을 전해온 것은 1932년 여름이었다.[72] 두 학기짜리 과목인데 『독일 비애극의 기원』을 비중 있게 다루고 있으니 독일로 돌아오면 세미나에 한번 들르라는 편지였다. 벤야민은 관심을 표하는 답장을 보냈지만 초대에는 응하지 않았다. 『독일 비애극의 기원』을 교수자격 청구논문으로 받아주지 않았던 프랑크푸르트 대학이 같은 책을 대학원 상급 과목 교재로 썼다는 사실은 지금 생각하면 아이러니할 뿐 아니라 예언적이기도 하다. 당시 숄렘이 아도르노에게 편견을 갖고 있었다면, 이 과목에 대한 벤야민의 이야기는 그 편견을 더욱 부추길 만한 것이었다: "아도르노가 나의 비애극 저서를 두 학기째 연속해서 세미나 교재로 사용하면서도 과목 소개서에 명시하지 않았다는 사실은 일단은 이러한 사정을 파악하는 축소판이 될 수 있습니다"(BS, 26).

---

71 "Nachwort zur *Berliner Kindheit um Neunzehnhundert*"(1950), in Adorno, ed., *Über Walter Benjamin*, 74–77.

72 Brodersen, *Walter Benjamin*, 198–200에는 학생 명단(훗날 독일학자, 사회학자, 미술사가, 언론인이 되는 인물들)과 1932년 여름학기 과목 소개서의 발췌문이 실려 있다. 과목 소개서 전문이 실린 곳은 *Adorno Blätter IV* (Munich, 1995), 52–57. 두 번째 학기(겨울학기) 자료는 남아 있지 않다.

베를린으로 돌아온 벤야민은 11월과 12월에 아도르노의 첫 저서 『키르케고르: 미적인 것의 구조』의 교정쇄를 읽으면서 중간에 그에게 편지를 보냈다. 부르주아의 인테리어(키르케고르의 이미지계의 일부)를 형이상학적 내면세계의 사회적, 역사적 발현물로 보는 저자의 "획기적 분석"을 높이 평가하는 내용이었다: "당신이 작성한 내면세계의 지도가 나를 인도해온 곳은 바로 내 영토였습니다(그 지도 밖으로 나갔던 당신의 주인공 키르케고르는 끝내 돌아오지 못했지요). 브르통이 마지막으로 발표한 시(「자유로운 결합」)를 읽었던 이래로 이처럼 정확히 내 영토에 들어선 것은 처음입니다. 그렇게 보자면, 아직 우리 사이에는 공동 작업 같은 것이 있는가봅니다." 벤야민은 《포스 신문》―이듬해 『1900년경 베를린의 유년시절』의 여러 섹션이 실리는 지면―에 입김을 넣어 『키르케고르: 미적인 것의 구조』에 대한 서평을 실을 수 있었다. 4월에 실린 이 짧은 서평에서 벤야민은 아도르노가 키르케고르의 이미 정형화된 실존적–신학적 학설(이미 정형화된)을 피해 "키르케고르의 철학에서 눈에 잘 띄지 않는 잔여물 (…) 다시 말해 이미지, 비유, 알레고리"로 우회하는 것에 주목한다(SW, 2:704). 이 글에서 벤야민이 아도르노의 방법론이라고 본 것은 이 무렵에 나온 또 한 편의 서평―오스트리아의 미술사 연구자 알로이스 리글의 저술을 다룬 「엄밀한 의미의 예술학」―에 정리된 벤야민 자신의 방법론적 논의들과 일맥상통한다(7월에 《프랑크푸르트 신문》이 임의 수정 후 Detlef Holz라는 가명으로 게재한 글이다).[73] 이 글에서 벤야민은 리글을 새로운 유형의 연구자로 언급한다. 미개척 상태의 주변 영역들에 쉽게 발을 들여놓는 리글 같은 예술사 연구자가 볼 때, 각각의 작품은 지각이 세월의 흐름 속에 어떻게 변해왔는지를 (작품의 표면적 질료를 통해서) 증거한다. 연구 자체에 대한 자기반성을 엄밀한 연구의 추진력으로 삼는 관

---

73 볼 곳은 이 시기 카를 린페르트에게 보낸 편지들(GB, vol. 4). [The first version of the review is translated in SW, 2:666–672.]

점이다.

주변부에 주목하고 사소한 자료에 주의하는 리글의 연구는 더듬어가는 비평("체감Durchspüren")과 연결되면서 파사주 작업의 연구 계획을 연상시키고 나아가 파사주 작업의 역사유물론적 이미지론을 연상시킨다(리글도 19세기 부르주아 인테리어를 다룬다). 이런 의미에서 벤야민의 파사주 작업이 리글과 연결됨은 물론이고, 리글을 명시적으로 차용하는 벤야민 자신의 비애극 연구와 연결될 수 있다.

벤야민이 빌헬름 슈파이어가 모는 자동차를 타고 포베로모에서 독일로 돌아온 것은 11월 중순이었다. 그에게 1932년의 마지막 몇 주는 《프랑크푸르트 신문》과 《문학세계》라는 주요 게재지 두 곳과의 관계를 다지고자 애쓴 시간이었다. 《프랑크푸르트 신문》이 벤야민의 글을 전혀 싣지 않은 것은 8월 중순부터이고, 《문학세계》의 편집장 빌리 하스(왕년의 공동 작업자이자 동료 비평가)가 당분간 게재 불가능하다는 편지를 보내온 것은 벤야민이 포베로모에 있을 때였다. 벤야민은 훗날 하스와의 관계를 이어나가며, 1934년 「카프카」에서는 하스의 저작을 인용하기도 하지만, 이 편지를 읽은 직후에는 숄렘에게 그를 비난하는 편지를 보냈다: "우리와 '같은 종교를 가진 사람들' 중 혼자 살아남겠다고 압제자들의 제단에 동료의 피를 바치는 첫 번째 부류가 바로 '지식인들'입니다"(BS, 23). 벤야민 자신의 살아남기 위한 노력은 실제로 성과를 거두었고, 특히 《프랑크푸르트 신문》은 11월부터 다시 벤야민의 글을 싣기 시작했다: "나는 일단 돌아온 것만으로 나에 대한 보이콧을 제지할 수 있었습니다. 하지만 돌아와서 몇 주 동안 쏟아부은 에너지가 최악의 상황을 막을 수 있을지는 아직 예단할 수 없습니다"(BS, 23). 새로운 지면을 찾아나서기도 했다. 《포스 신문》과 함께 가장 중요했던 새 지면은 이듬해 2월 프랑크푸르트에서 제네바로 이전하는 '사회연구소'의 신생 저널 《사회연구지》였다. 벤야민은 11월에 프랑크푸르트에 잠시 들러 1931년 '사회연구소' 소장으로 취임한 막스 호르크하이머를 만났는데, 연구소 저널 《사회연구지》의 창간을 준비 중이었던 그가 벤야민에게 글을 청탁한 것은 이 만남에서였던 것 같다. (《사회연구지》는 1934년 창간호에 벤야민의 「오늘날 프랑스 작가들의 사회적 입장에 대하여」를 싣는 것을 시작으로 마지막 독일어 호가 간행되는 1940년까지 벤야민의 중대한 논문 여러 편을 싣게 된다.) 벤야민은 「오늘날 프랑스 작가들의 사회적 입장에 대하여」의 상당 부분을 1933년 늦봄 여행지에서 집필하면서 그 상황을 숄렘에게 전했다: "참고문헌이 거의 없이 써야 했던 논문이라 (…) 순전한 속임수입니다"(BS, 41). 벤야민이 아도르노에게 두 사람의 "공동 작업"의 가능성을 천명한 것은 사실이지만, 그런 벤야민의 모습이 숄렘에게는 '사회연구소'의 사회학적 노선에 영합하기 위해 애쓰는 것으로 비치기도 했다. 하지만 그렇게 따지면 벤야민이 숄렘의 반감을 피하기 위해 자신의 모습을 일그러뜨릴 때도 없지 않았다. '사회연구소'가 당장 몇 년 뒤부터 그의 가장 중요한 지면이 됨과 동시에 그의 새로 개비된 파사주 작업의 중요한 지원 기관이 되는 것을 고려하면, 그가 '사회연구소'에 영합할 경제적 이유도 없지 않았지만, 그의 이후 행보를 영합이라고 보기는 어렵다. 실제로 벤야민은 연구소의 사회연구 프로그램—"새로운 좌표 체계"(벤야민 자신의 표현)—에 맞는 글을 써나가면서 때로 호르크하이머의 청탁 방향에 나직한 불만을 토로하기도 했지만(그중에서 특히 「수집가이자 역사가 에두아르트 푹스」를 쓸 때는 1934년에 시작해서 2년을 끌다가 겨우 끝맺는다), 연구소 프로그램에 맞지 않는 자기 연구를 장기간 중단한 적도 없다(SF, 197).

1932년 말 벤야민에게는 그 외에도 진행 중인 작업이 있었다. 첫째, 18세기 독일의 작가이자 과학자 게오르크 크리스토프 리히텐베르크에 관한 다소 환상적인 라디오 드라마—베를린 방송국의 청탁으로 집필했지만 결국 제작으로 이어지지 않은 작업—를 쓰고 있었다. 벤야민은 예전부터 리히텐베르크의 아포리즘을 높이 평가했다. 둘째, 카프카에 대한 서평논문도 준비하고 있었는데, 청탁이 없어 결국 집필되지는 않았다. 셋째, 『1900년경 베를린의 유년시절』 중 새로운 섹션들을 집필하고 있었다.[74] 1933년 1월 아니면 2월에 나온 「유사성론」은 바로 이 『1900년경 베를린의 유년시절』 중 「무머렐렌」 섹션의 연속선상에 있는 작업이다. 앞서 「점성술」과 「등불」 같은 미발표 원고에서 펼쳐 보였던 유사성과 모방에 관한 논의를 간결하게 설명해주는 글이다 (이 논의는 『파사주 작업』에서 "은밀한 닮은꼴geheime Affinität" 개념이 나올 때 암암리에 중요한 역할을 한다[볼 곳은 R2,3]).[75] 벤야민이 「유사성론」을 숄렘의 아카이브용으로 정서하면서 여러 대목을 수정하고 추가한 끝에 개작에 가까운 글을 완성한 것은 1933년 늦여름이고, 그 과정에서 「유사성론」의 자매글—「모방력」—을 완성한 것은 9월이었다.[76] 벤야민은 생전에 발표되지 못한 이 두 글을 언어철학에 관한 "메모들"이라고 불렀다. 「유사성론」을 개작하면서 숄렘에게 「언어 일반에 대하여, 그리고 인간 언어에 대하여」를 보내달래서 받아볼 수 있었던 벤야민은 숄렘에게 보낸 편지에서 「유사성론」이 그저 1919년 언어 논문의 "주석" 또는 "부록"—먼저 나온 글의 권위에 기대거나 윤곽을 그리는 글—이라고 했다. "주술이 어떤 방식으로 억눌려왔나를 설명해보고자 하는 우리 연구의 변치 않는 의도를 새롭게 적용해본 것"뿐이라는 이야기였다(BS, 61, 76).

얼굴 등이 서로 닮은 것을 감각적 유사성이라 하고 사람과 별자리가 닮은 것을 비감각적 유사성이라고 할 때, 어느 유사성이든 그 경험에는 모종의

---

74 벤야민이 라디오 드라마 「리히텐베르크: 개괄」을 완성한 것은 독일 탈출 직전인 1933년 2월 말 아니면 3월 초였다(이 글은 사후에 GS, 4:696-720에 수록되었다). 파울 셰어바르트의 『레사벤디오』에서 차용한 착상들을 담은 이 글의 예비 메모는 GS, 7:837-845에 수록되어 있다. 볼 곳은 C, 391, 383, 84(1916). 함께 볼 곳은 GB, 4:87n, 59-60n. 리히텐베르크의 편지 한 통이 『독일 사람들』에 포함되어 있다(SW, 3:168-170).

75 「무머렐렌」은 1933년 5월에 《포스 신문》에 게재되었다. 볼 곳은 BC, 131.

76 [The two texts are translated in SW, 2:694-698, 720-722.] 함께 볼 곳은 1933~1935년경에 나온 모방력에 관한 단상들(GS, 2:955-958). 언어에서 유사성을 발견하는 벤야민의 논의에 영향을 준 것은 루돌프 레온하르트의 저서 『말』(1931)에 나오는 "의성어적 언어 이론"이었고, 벤야민은 위의 두 글에서 이 저서를 인용했다; 볼 곳은 벤야민의 1932년 10월 25일자 편지(BS, 22).

역사가 있다는 것이 「유사성론」의 출발점이다. "끼리끼리 알아본다"는 그리스 속담이 이 글에서 직접 언급되지는 않지만, 이 글 역시 지각의 유래를 모방에서 찾는다. 추측건대, 우리가 지금 지각이라고 알고 있는 과정이 고대에는 모방을 통해 이루어졌고, 객관적 자연 현상이라고 간주하는 것을 고대에는 모방 대상으로 삼을 수 있었다. 종교보다 먼저 있었던 원시사회의 주술이나 점술(예를 들면 춤)에는 "모방함으로써 지각하는" 힘, 곧 "모방함으로써 끌어내고 잡아내는" 힘이 있었는데, 이제 이런 힘은 모두 언어의 차지가 되었다: "그런 옛날 힘은 역사의 흐름 속에서 글과 말로 넘어갔다." 이 힘을 가리켜 읽어내는 힘이라고 할 때, 처음에는 별자리나 우연의 일치 같은 것들의 "모방대상성mimetischer Objektcharakter"이 이 힘을 일깨웠던 반면, 시간이 가면서 룬 문자 같은 좀더 양식화된 텍스트가 이 힘을 일깨우게 됐다. 텍스트를 읽거나 쓸 때는 유사성이 포착되는 결정적 순간—"유사성이 사물의 흐름으로부터 솟아올라 섬광처럼 반짝이는" 순간—이 따로 있다. "주술적으로 읽어낼 때"와 마찬가지로, "세속적으로 읽어낼 때"도 모방적 차원이 기호적 차원과 결합하는 적정 속도를 지켜야 한다. 언어에서 모방적 차원을 표면으로 끌어올릴 수 있는 것은 소리의 결합 또는 글자의 결합을 통해서 멍울지는 의미뿐이니까 말이다. 어쨌든 언어가 한갓 기호들의 체계가 아닌 것은 분명하다. 벤야민이 오랫동안 즐겨 사용한 용어를 빌리면, 언어는 좀더 근본적인 의미에서 모종의 "매체Medium"다: "언어라는 매체 안에 들어온 것들은 [옛날처럼 직접 만나는 것이 아니라] 어떤 순간적이고 미묘한 형체들, 아니 어떤 향기로운 기체들로 만나 서로 관계를 맺는다."77 언어(특히 글)는 옛 모방력이 보존되어 있는 그릇으로서 "비감각적 유사성의 가장 완벽한 아카이브"다. 지금까지의 논의로 알 수 있듯, 벤야민이 "새롭게 적용"한 언어 이론의 핵심에는 비감각적 유사성 개념이 있다. 모든 유사성이 경험의 도구가 될 수 있다 하더라도(AP, 868), 말과 뜻을 잇는 것은 비감각적 유사성이니까 말이다: "비감각적 유사성은 말로 한 것과 생각한 것을 잇는 선, [그리고] 글로 쓴 것과 생각한 것을 잇는 선, 나아가 말로 한 것과 글로 쓴 것을 잇는 선을 팽팽하게 하되, 때마다 철저히 새로운 방식으로 팽팽하게 한다." 변증법적 이미지란 역사적 순간들의 조응을 통해서 언어의 형태로 갑자기 (섬광처럼) 떠오르는 성좌이고 그런 의미에서 한눈에 보이는 이미지는 아니라고 해도 **읽히는** 이미지라고 한다면, 벤야민의 유사성론은 그의 변증법적 이미지 이론과 분명 연결되는 면이 있다.

또한『파사주 작업』중 노름판에서의 육체적 반응 태세를 다루는 대목에서는 노름꾼이 판세를 읽는 것이 점술과 일맥상통한다는 논의가 나오기도 하고 (O,13,3), 대상과 점술적 관계를 맺는 것은 19세기적 플라뇌르와 수집꾼—각자 자기 방식대로 유사성에 사로잡혀 있는 인물형—의 특징이라는 논의가 나오기도 한다. 또한「무머렐렌」을 비롯한『1900년경 베를린의 유년시절』의 여러 섹션에서는 아이가 주술적 조응의 우주에 거주하는 존재이자 자신의 놀이 공간에서 무한한 것을 끄집어낼 줄 아는 모방의 천재로 그려지기도 한다.

사람이 하는 일 중에서 이처럼 비실용적이고 그야말로 도취 상태에서 행해지는 일들—예컨대 노름, 플라네리, 수집, 아이의 놀이 등 벤야민 자신의 인격이 반영된 일들—을 논의하지 않고서는 모방력을 논의할 수 없었을 것이고, 나아가 대상을 읽어낼 때 작동하는 비감각적 유사성 자체를 논의할 수 없었을 것이다: "이런 식의 유사성을 논의하고, 나아가 실제로 생기게 하는 일이 가능했을 때가 있지만, 이제 우리 삶 속에는 그런 일을 가능케 해주는 것이 전혀 없다."

바이마르공화국의 마지막 몇 년간,「초현실주의」,「카를 크라우스」,「프루스트의 이미지」,「사진의 작은 역사」등 이제는 고전의 반열에 올라 있는 벤

---

77 "매체"라는 용어에 관해서 볼 곳은, 예컨대 1916년작「언어 일반에 대하여, 그리고 인간 언어에 대하여」(EW, 253-255, 267); 논의는 이 책 3장을 참조.

야민의 논문이 여러 편 발표되었다. 또한 도시 풍경, 프랑스 문학, 독일 문학, 러시아 문학, 교육법, 영화, 연극, 미술, 당대 정치 문화, 현대 매체 등을 다룬 빛나는 통찰로 가득한 비교적 자잘한 글들이 독일의 여러 신문과 저널에 실렸다. 나아가 중요성에 있어 발표된 글들 못지않게 의미 있는 미발표, 미완성 작업이 진행되기도 했다. 그중에서 특히 『파사주 작업』과 『1900년경 베를린의 유년시절』이 시작되었다는 점이 중요하다. 이후 벤야민의 긴 망명기의 거의 모든 글은 바로 이 두 작업으로 정리된다.

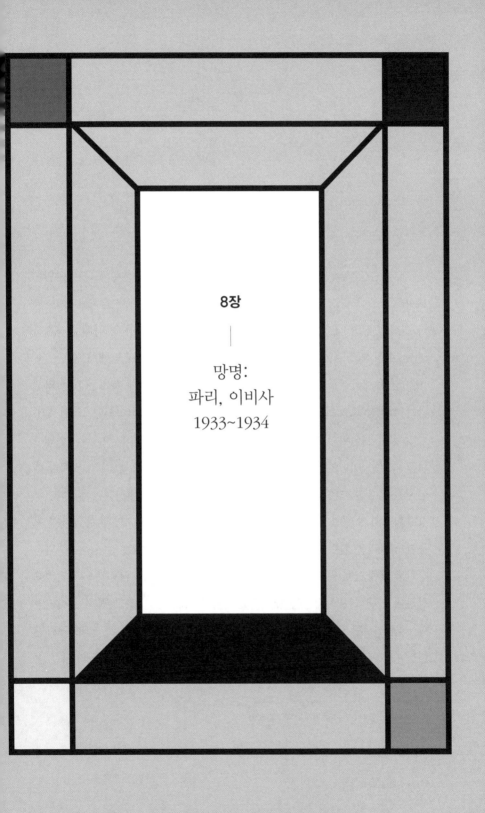

8장

|

망명:
파리, 이비사
1933~1934

"나의 전간기戰間期는 당연히 1933년 이전과 이후로 구분된다"고 벤야민은 1940년 6월 프랑스 출국 비자 신청용 이력서에 썼다.[1] 1933년 1월 28일, 제국 수상이 되고 채 두 달도 넘기지 못한 쿠르트 폰 슐라이허가 사퇴를 발표하면서, 수상 임명권은 의회가 아닌 대통령 파울 폰 힌덴부르크에게 넘어갔다. 1930년에 제국 수상 하인리히 폰 브뤼닝이 나라가 혼란에 빠지는 것을 막겠다는 절박함 속에서 긴급조치를 남발하기 시작한 이래로(어쩌면 그 전부터) 독일 정치판은 의회민주주의의 허울조차 찾아볼 수 없는 지경이었다. 힌덴부르크는 1월 30일 아돌프 히틀러를 차기 총리로 임명하고, 2월 1일 의회를 해산시켰다. 3월 초의 총선을 앞둔 2월 27~28일 밤, 국회의사당이 불탔다. 국가사회당의 소행일 가능성이 있었다. 즉시 이 상황을 자기에게 유리하게 이용한 히틀러는 일련의 긴급조치를 발동시키면서 한 해 반에 걸쳐 전체주의적 경찰국가 수립에 필요한 조건들을 만들어나갔다. 야당의 활동은 금지되었고 정권에 반대하는 사람들은 체포되었으며, 그중 많은 수가 무참히 제거되었다. 국회의사당 화재 사건의 즉각적 여파로 브레히트, 블로흐, 크라카워, 빌헬름 슈파이어, 베르나르트 폰 브렌타노, 카를 볼프스켈 등 벤야민의 많은 친

---

1 「이력서 6: 발터 벤야민 박사」(SW, 4:382).

구가 독일 땅을 탈출해야 했다. 에른스트 쇤과 프리츠 프렝켈처럼 체포당해 급조된 강제수용소에 수감되는 친구들도 있었다. (쇤은 3월에 프랑크푸르트 라디오 방송국의 예술감독 자리를 잃었고, 4월에 두 번째로 체포당했으며, 그 후 겨우 영국으로 탈출했다. 프렝켈은 그해에 파리로 건너갔고, 1938년에서 1940년까지 파리에서 벤야민과 같은 건물에 살았다.) 이 무렵 벤야민은 집 안에 숨어 살다시피 했다.[2] 장−미셸 팔미에의 표현을 빌리면, "불과 두어 달 만에 독일에서 작가와 시인과 배우, 화가와 건축가, 연출가와 교수가 없어 졌다. 한 나라의 문화적 삶에서 이 정도의 생혈이 뽑혀나간 것은 유례없는 일이었다."[3] 하지만 1933년에서 1935년까지 제3제국을 탈출한 10만 명이 넘는 독일인 중에서(절반이 유대인이었다) 지식인은 2000~3000명에 불과했다.[4]

2월 28일 숄렘에게 보낸 편지에서 벤야민은 이 상황의 끔찍함에 대해 기억에 남을 만한 표현을 한다: "내 영역의 사람들이 새 정권 아래서 힘들게 유지해왔던 평정심이 급속도로 소진된 상태입니다. 사람들의 말을 빌리면, 숨을 쉴 수 없는 공기 속에 살고 있습니다. 그렇지만 목이 졸린 상황이니, 숨을 쉴 수 없는 공기라는 것은 큰 의미가 없습니다. 일단 경제가 목을 조릅니다"(BS, 27). 계속해서 벤야민은 앞으로 닥쳐올 날들을 독일에서든 그 바깥에서든 어떻게 견딜 수 있을지를 자문한다: "어느 곳에 가면 내 힘으로 그곳의 최저생계비를 벌 수 있고 또 어느 곳에 가면 나도 그곳의 최저생계비로 지낼 수 있지만, 그 두 가지가 한꺼번에 되는 곳은 세상 어디에도 없습니다."

1933년 봄, 유례없었던 (그렇지만 어느 정도 예견됐던) 공포정치가 독일 땅을 옥죄어왔다. 떠나고 싶다는 막연한 소망(그때까지 10년 동안 불쑥불쑥

---

2 볼 곳은 펠릭스 뇌게라트가 1933년 3월 젤츠에게 보낸 편지(인용은 Selz, "Benjamin in Ibiza," 360). 벤야민은 베를린을 떠나기 전 뇌게라트에게 편지를 보내 자신의 이비사 체류 문제를 상의했다.

3 Palmier, *Weimar in Exile*, 2.

4 오차 범위는 1만; 볼 곳은 Ibid., 685n153.

고개를 들었던)은 이제 실질적인 긴급성을 띠는 숙제가 되었다. 사람들은 한 밤중에 잠자리에서 끌려나가 고문과 살해를 당했다. 언론과 방송은 사실상 나치의 수중에 있었다. 유대인 업체에 대한 불매운동과 분서 사건을 앞둔 시점이었다. 답답한 공기가 모든 것을 짓누르고 있었다: "공식적 태도와 표현에 철저히 순응하지 않는 것은 모두 테러 대상입니다. (…) 사람을 쳐다볼 때 옷깃까지 올려다보다가 얼굴이 보이기 전에 눈을 내리까는 이곳 독일의 분위기를 참을 수가 없습니다"(BS, 34). 그럼에도 벤야민은 자기가 독일을 최대한 서둘러 떠나기로 결심한 이유가 죽음에 대한 두려움 때문보다는 글을 발표할 가능성, 아니 정신적 삶 그 자체의 가능성이 질식당하고 있기 때문이라고 강조한다: "어디나 마찬가지였습니다. 원고를 반려하거나, 한창 논의 중인 협상, 아니 거의 매듭지어지는 협상을 결렬시키거나 문의에 답변하지 않거나 하는 행태에서 거의 수학적인 동시성이 나타났습니다. (…) 나는 오랫동안 나름의 이유에 따라 정치적으로 최대한 유보의 태도를 취해왔지만, 이런 상황에서 계속 그 태도를 견지하면, 조직적 박해는 면할 수 있을지 몰라도 아사는 면할 수 없습니다." 벤야민의 이 비통한 기록은 다른 망명자들의 기록과도 공명한다. 망명자들에게는 물질적 시련(직업, 지면, 가정, 재산의 상실)도 힘겨웠지만, 심리적 시련은 더 힘겨웠다.

3월 초, 숄렘의 친구인 키티 마르크스(쾨니히스베르크 출신의 젊은 여성)가 숄렘의 주선으로 벤야민을 찾아왔다(마르크스는 그해 봄 예루살렘으로 가서 숄렘의 친구 카를 슈타인슈나이더와 결혼하게 된다). 벤야민은 마르크스에게 곧 호감을 느꼈고, 그녀 역시 벤야민에게 상당한 매력을 느꼈다. 당시 벤야민이 마르크스에게 빌려준 책 중에는 무질의 『특성 없는 남자』5와 브레히트의 신작 교육극 『어머니』의 교정쇄도 포함되어 있었다(이후 5년 이상 벤야민은 기사도적 아이러니로 장식된 편지를 통해 마르크스와 따뜻한 우정을 이어간다). 당시 마르크스가 바라본 벤야민은 집단적 위기의 시기를 살면서도 놀라울 정도로 침착했고, 두려움에 사로잡힌 여느 사람들과 달리 여유가 있었다. 마르크스는 그 초연함에 큰 감명을 받았다. 숄렘의 논평에 따르면, 그 초연함은 벤야민이 한 해 전 자살 직전까지 가는 경험을 했던 것과 관련 있을 수 있고, "어쨌든 이런 태도는 그가 다른 사람들과 대면할 때 더 강하게 나타났다. 나한테 편지를 쓸 때는 불안을 내보이는 경우가 드물지 않았다"(SF, 195).

벤야민이 베를린을 떠난 것은 유대인을 독일의 삶에서 몰아내는 제1차 "합법적" 배제의 첫 단계를 앞둔 3월 17일이었다(4월 1일에 시작된 유대인 보이콧의 첫 번째 조치는 유대인을 공직과 전문직에서 몰아내는 것이었다). 기차를 타고 독일 땅을 무사히 빠져나간 벤야민은 3월 18일 파리로 가는 길에 잠시 쾰른에 들러 예술사 연구자 카를 린페르트를 만났다. 《프랑크푸르트 신문》의 편집장 겸 통신원이었던 린페르트는 벤야민이 학문적 동료로 점점 중요하게 대하면서 작업에서도 중요하게 거론하는 인물이었다(예컨대 「엄밀한 의미의 예술학」 종결부에서는 그의 18세기 건축 드로잉에 관한 글을 논의하고, 『파사주 작업』에서도 그의 글이 인용된다). 벤야민이 펠릭스 뇌게라트와 장 젤츠에게 두 번째 이비사 장기 체류 일정(다섯 달)을 확정하는 편지를 보낸 것은 베를린을 떠나기 직전이었다. 그 무렵의 벤야민이 내다볼 수 있는 가장 먼 미래였다. 자기와 비슷한 처지에 있는 사람 중 미래를 더 멀리 내다볼 수 있는 이는 거의 없을 것이라고 숄렘에게 전하기도 했다. 3월 19일 파리에 도착한 벤야민은 4월 5일 스페인으로 떠날 때까지 몽파르나스 캉파뉴 가 1번지 이스트리아 호텔에 투숙했다. 벤야민이 이 호텔을 고른 것은 오랫동안 예술가들과 인연을 맺었던 곳이었기 때문일 수 있다. 릴케와 마야콥스키와

---

5 나중에 벤야민은 숄렘에게 보낸 편지에서 이 소설을 언급한다: "내 경우는 이 소설을 좋아하지 않게 됐습니다. 나는 이 작가가 필요 이상으로 영리하다는 것을 깨달으면서 이 작가에게 작별을 고했습니다"(BS, 52).

사티의 단골 호텔이었고, 특히 피카비아, 뒤샹, 만 레이, 차라, 아라공, 키키 드 몽파르나스 같은 초현실주의자들이 애용한 곳이었다. 루이 아라공은 이 작은 호텔을 자기 시에 등장시키기도 했다.

> 빛을 잃는 것은 빛을 냈던 것뿐…
> 그대가 이스트리아 호텔을 내려오던 그때,
> 캉파뉴 가 1번지는 모든 것이 달랐었다.
> 일천구백이십구년, 자정쯤…6

탕크마르 폰 뮌히하우젠에게 보낸 편지에도 썼듯, 벤야민은 파리에서 2주 내내 파이프를 물고 카페 테라스에 앉아 신문을 상대로 고개를 가로저어야 했다. 그러면서 자신의 미래를 전망해보았다. 더없이 암담한 심정이었겠지만, 그때 벤야민이 숄렘에게 밝힌 미래의 전망은 앞으로 두 사람의 관계에서 "새 장章"이 시작되리라는 것이었다. 나치즘이 격동의 독일 현대사의 짧은 한 장으로 끝나리라고 생각하는 여느 망명자들과는 달리, 벤야민은 나치즘과 함께 자기 인생에서 긴 새 장이 시작되리라는 것을 분명히 깨닫고 있었다. 프랑스 신분증을 신청하고, 지면을 확보할 가능성을 조심스레나마 타진하기 시작한 것도 그 때문이었다. 청년운동 시절에 《시작》을 함께 만들었고 당시에는 브레히트 서클의 일원이었던 알프레트 쿠렐라를 만나기도 했다(불발된 저널 《위기와 비판》의 편집위원으로 일한 것은 바로 얼마 전 일이었고 프랑스 공산당 신문 《세계》의 편집장이 되는 것은 그 얼마 후다). 한편 독일을 떠남으로써 자신의 작업과 밥벌이에 큰 피해를 입으리라는 것을 잘 알았던 벤야민은 독일을 탈출하는 긴박한 상황 속에서도 당분간 다달이 소액의 소득을 확

---

6 Ne s'eteint que ce qui brilla… / Lorsque tu descendais de l'hotel Istria, / Tout etais different Rue Campagne Premiere, / En mil neuf cent vingt neuf, vers l'heure de midi…

보할 조치—자기가 임대한 베를린 아파트를 폰 쉴러라는 "믿을 만한 사람"에게 전대하는—를 취했다(쉴러는 실제로 1938년 말까지 임대료를 지불한다). 그 외의 "교묘한 조치들"을 통해 200~300마르크를 추가로 확보한 벤야민은 이비사에서의 두세 달 치 생활비가 마련되었다고 생각했다. 또한 베를린에 남은 친구들(특히 그레텔 카르플루스와 탕크마르 폰 뮌히하우젠)이 아파트 문제와 남아 있는 원고, 장서, 기타 소유물의 처분 등 실질적인 사안들을 기꺼이 처리해주었다.

도라와 슈테판이 아직 베를린에 있다는 사실은 큰 걱정거리였다: "슈테판이 베를린을 빠져나왔다면, 이 모든 상황이 견딜 만할 텐데 말입니다"(BS, 36). 3월 말, 벤야민은 파리에서 전처 도라에게 슈테판을 팔레스타인—도라의 오빠 빅토르가 정착촌 건설 사업에 힘을 보탠 곳—으로 보내자는 편지를 부쳤지만, 도라는 아들과 헤어질 수 없다는 이유로 반대했다. (도라는 4월에 직장을 잃은 남유럽에서 피난처를 찾겠다는 생각으로 열다섯 살의 슈테판과 함께 이탈리아어를 배우기 시작했고, 1934년 가을에 이탈리아 서북부 리구리아 해변의 휴양도시 산레모에서 여관을 매입해 운영하기 시작한다. 그리고 얼마 후 벤야민에게 자기 여관에서 지내라는 따뜻한 편지를 보내기도 했다. 벤야민은 그 초대를 수락한다.7) 한편 도라는 나치 독일을 떠나기 전까지 전남편을 위한 지면을 찾는 무익한 노력을 계속했다. 자신을 확실한 좌파로 여겼던 슈테판은 1935년 여름까지 독일에 남아 김나지움에 출석하면서 정상적인 십대 생활 같은 것을 유지해보려다가 그해 9월 어머니가 있는 산레모로 가서 현지 리체오에 좀 다니다가 다시 빈(도라의 부모가 사는 곳)과 런던의 학교로 옮겼다. 도라는 아들이 자기 문제를 스스로 결정할 수 있게 해주었다. 슈테판이 "매우 이성적인 아이"이기 때문이라는 게 벤야민이 도라로부터 들

---

7 볼 곳은 도라가 1934년 7월 15일에 보낸 생일 축하 편지. 부분 인용은 GB 4:76-477n.

은 이야기였다.

4월 초, 벤야민은 젤츠 부부와 함께 이비사로 가는 길에 바르셀로나에 며칠 들러 알프레트 콘과 그레테 콘을 만났다. 베를린 의사와 이혼한 여자(올가 파렘이 숄렘에게 말한 "그림처럼 아름다운 여자친구")를 만났을 수도 있다.[8] 이비사에서는 시내에 있는 젤츠의 집에서 잠시 지낸 뒤 4월 13일경 산안토니오 시내로 옮겼다. 산안토니오는 한 해 만에 완전히 달라져 있었다. 실은 섬 전체가 천혜의 은신처에서 급성장하는 휴양지로 바뀌어 있었다. 피서객은 대개 독일인이었고, 그중에는 나치도 적지 않았다. 장 젤츠의 표현대로, "마법 같던 분위기가 완전히 오염되어 있었다."[9] 산안토니오의 대기는 신축 공사 소음으로 가득했다. 현지 주민들은 관광객 특수—엄밀히 말하면, 관광객 특수에 이은 난민 특수—에 편승하는 중이었다. 뇌게라트 가족 등 일부 체류자들도 그 상황에서 이득을 얻을 방법을 모색 중이었다. 벤야민이 찾아왔을 당시, 뇌게라트 가족은 산안토니오 만이 내려다보이는 풍차곶의 돌집을 다른 사람에게 전대하고 산안토니오 만 반대쪽 시내에 있는 현지인 의사 소유의 신축 건물로 이사하던 중이었다. 뇌게라트 가족으로부터 두 달간의 숙식을 약속받고 한 해 전 여름의 작은 방과 아름다운 숲을 기대했던 벤야민에게는 그 변화가 그리 달갑지 않았다. 집 외관은 건축학적으로 진부했고 위치도 불편했다. 종잇장처럼 얇은 벽 때문에 말소리가 온 집 안에 다 들렸을 뿐 아니라, 다른 해에 비해 늦게 오는 여름을 기다리는 동안 심한 웃풍을 겪어야 했다. 곁방까지 딸린 넓은 방과 온수시설 등의 좋은 점도 없지 않았지만 그 전 여름의 아늑한 느낌은 없었다. 뇌게라트도 예전의 허물없는 태도가 아닌 듯했고 벤야민이 학창 시절에 알았던 "잡학의 천재"의 모습은 어디서도

---

8 볼 곳은 젤츠의 "Benjamin in Ibiza," 361. 두 사람이 바르셀로나의 보헤미안 홍등가에서 보낸 저녁의 일들이 짧게 서술되어 있다. 또 볼 곳은 GB, 4:244; SF, 189.

9 Selz, "Benjamin in Ibiza," 362.

찾아볼 수 없었다. 그렇지만 가장 걱정스러웠던 일은 생활비가 오른다는 것이었다. 주화 컬렉션을 일부 매각해서 체재비를 충당했음에도 불구하고(탕크마르 폰 뮌히하우젠이 베를린에서 일을 처리해주었다), "유럽 최저생계비"(월 60~70마르크)로는 빠듯한 생활이었다. 벤야민은 주로 "한 해 전의 그 숲"에서 시간을 보내거나 이비사 시내로 나갔다. 시내 영화관은 너무 더러워서 갈 마음이 나지 않았지만, 젤츠 부부를 만나거나 카페에 앉아 있을 수도 있고, 어쨌든 산안토니오에 만연해 있는 "개척민 분위기 (⋯) 내가 가장 혐오하는 분위기"에서 벗어나 있을 수 있었다: "개척민의 본성에 대한 나의 오랜 불신은 (⋯) 이곳에서 분명한 확증을 얻습니다"(C, 415-416, 419).

독일의 위기가 유럽 전체에 무거운 먹구름을 드리움에 따라 이비사는 점점 나쁘게 바뀌어갈 수밖에 없었다. 하지만 벤야민은 편지든 대화에서든 정치 상황에 대한 언급을 최대한 피하는 오랜 습관을 계속 지켜나갔다. 대신 새롭게 시작된 방랑생활을 어떻게 생산적으로 운용할 것인가, 익숙한 환경을 어떻게 되찾을 것인가라는 문제에 골몰했다. "공사판의 소음"이나 "쩨쩨한 가게 주인과 행락객"이 떠들고 싸우는 소리가 안 들리는 곳으로 피신해야 겨우 "이 지역의 옛 아름다움과 고즈넉함"을 어느 정도 되찾을 수 있었다(C, 415-416, 408). 안락의자와 담요와 보온병 등을 가지고 숲속 은신처에 서재를 마련한 것은 그 전 여름과 마찬가지였다. 찬바람 탓에 야외 작업이 불가능했던 체류 초반에만 해도 세라믹 욕조에서의 따뜻한 목욕이 하루의 고난에 대한 유일한 "보상"이었지만(뇌게라트 가족의 집에는 욕실이 있었는데, 이비사에서는 호사에 속했다), 날이 풀리고부터는 아침 일찍 숲속의 서재로 피신해 수풀 뒤에 숨겨놓은 안락의자를 꺼내고 책과 종이 등을 단단하게 고정시킨 뒤 누구의 방해도 받지 않으면서 글을 쓰거나 책을 읽을 수 있었다. 그레텔 카르플루스에게 보낸 편지를 보면, 벤야민의 산안토니오 일과표를 확인할 수 있다(GB, 4:207-208). 보통 6시나 6시 반에 일어났다. 그 후 곧장 바다로 내려가 목욕 겸 수영을 즐겼다. 7시에는 숲속 은신처에 도착해 한 시간 동안 루크레티우스를 읽었다. 8시에 보온병의 내용물로 아침을 때운 다음 금욕과 소식의 힘으로 오후 1시까지 작업했다. 12시쯤에 잠시 쉬면서 숲속을 거니는 날도 있었다. 2시쯤에는 시내 식당에서 점심 식사를 했고(현지 식사 에티켓에 유의했다), 식후에는 종종 근처 무화과나무 그늘에 앉아서 책을 읽거나 "글을 끄적끄적"했다. 늦은 오후에는 카페에서 카드나 도미노 게임을 하든가 대화를 나누었다(달리 머리 쓸 기회가 없는 게임 상대들은 너무 "진지"했고, 체스 파트너는 찾을 수 없었다). "300마리의 파리"와 동거하는 방으로 돌아오면 9시나 9시 반에는 침대로 들어가 촛불을 밝히고 심농의 추리소설을 읽었다. 이 편지를 포함해서 그 여름에 그레텔 카르플루스에게 보낸 여러 통의 긴 편지에서 벤야민은 처음으로 'Felizitas'라는 호칭(자기가 부르는 별명[10])과 Detlef 또는 Detlef Holz라는 서명(당시의 필명)을 사용한다("당신의 입양아"는 벤야민 자신을, "당신의 문제아"는 아도르노를 가리키는 표현이다).

시간이 가면서 이 일과로도 산안토니오의 소음과 먼지로부터 멀리 피신할 수 없는 때가 왔고, 섬 안쪽으로 나들이를 다녀오는 일도 잦아졌다. 벤야민이 "이 섬에서 가장 아름답고 외진 곳"을 알게 된 것도 새로 안면을 튼 폴 고갱이라는 스물두 살의 청년과 함께 외진 곳을 돌아볼 때였다(유명 화가 고갱의 손자였던 그는 섬 안쪽의 깊은 산속 어느 마을에 살고 있었는데, 그곳에서는 그가 유일한 외국인이었다). 벤야민과 고갱—"그곳 풍경만큼 문명과는 거리가 멀지만, 그곳 풍경 못지않게 근사하게 가꾸어진" 청년—이 가재잡이 어부의 모터보트를 타고 새벽 5시에 바다로 나가서 세 시간 동안 가재 잡는 법을 배운 다음 어느 외진 만에 내렸을 때였다. 벤야민이 그 당시의 편지에서 사용

10 빌헬름 슈파이어의 희곡 『외투 한 벌, 모자 하나, 장갑 한 짝』(벤야민이 그로부터 한 해 전에 공저자로 참여했던 작품)의 등장인물의 이름이었다. 볼 곳은 벤야민과 그레텔 아도르노가 주고받은 편지들, BG, 6n5.

한 표현을 빌리면, 바로 그때 눈앞에서 "시각으로 포착될 수 없을 만큼 완전한 이미지"가 펼쳐졌다. 해변에 정박된 작은 고기잡이배들 주변으로 머리부터 발끝까지 검은 천을 두른 여자들, 천에 가려지지 않은 곳은 "진지하고 굳은 얼굴"뿐인 여자들이 모여드는 장면이었다. 벤야민이 그 장면을 해석할 수 있게 된 것은 한 시간 뒤, 마을로 이어진 산길을 올라가는 벤야민의 "맞은편에서 작고 하얀 아이용 관을 팔에 낀 남자"가 내려오는 것을 보았을 때였다. 그렇다면 앞서 해변에서 펼쳐졌던 장면은 죽은 아이를 위해 울어주려고 모여 있던 여자들이 신기한 광경―모터로 움직이는 배가 뭍에 닿는 과정―을 놓칠세라 가까이 다가오는 장면이었다: "이 장면이 인상적이라는 것을 느끼려면 우선 이 장면을 이해해야 했습니다." 벤야민은 "말수가 없는" 고갱이 처음부터 모든 것을 알고 있었으리라는 의심을 품기도 했지만 확인할 방법은 없었다(C, 419–421).

지중해의 매력은 아직 벤야민에게 마법으로 작용하고 있었다. 그레텔 아도르노에게 보낸 한 편지의 끝부분에서는 높은 테라스에서 내려다보이는 낙원 같은 풍경을 묘사하기도 했다: "시내가 내 발아래 있다고 할까요. 시내가 얼마나 좁은지, 대장간이나 공사장의 소음이 마치 내가 다스리는 성의 발치에서 시작되는 봉토에서 올라오는 숨소리인 듯합니다. 건물들 오른쪽으로는 바다가 보이고 건물들 뒤에서 시작된 완만한 경사는 수평선을 열심히 따라가는 능선을 타넘어 서서히 바다로 가라앉습니다"(GB, 4:209). 섬 내륙을 한참씩 돌아다니면서 눈부신 장면을 목격하기도 했다: "산속으로 들어가면 이 섬에서 가장 풍요롭게 가꾸어져 있는 풍경 하나가 펼쳐집니다. 농지의 물길은 깊지만, 넓은 농지에서 깊은 녹색으로 높게 자란 곡식에 가려져 안 보일 만큼 좁습니다. 물이 흐르면서 흙에 빨려드는 듯한 소리가 꽤 시끄럽습니다. 비탈에는 캐럽나무, 아몬드나무, 올리브나무, 바늘잎나무가 자라고, 골짜기는 온통 옥수수와 콩입니다. 바위 사이로는 협죽도 덤불이 만개했습니다"(GB,

4:231-232).

벤야민은 만나는 사람을 제한하기 위해 애썼지만(예를 들면 산안토니오에서 멀지 않은 곳에 살고 있는 왕년의 다다이스트 라울 하우스만을 열심히 피해다녔다), 간혹 이 섬에서 확보한 인간관계를 활용하기도 했다. 예를 들어 술집 미그호른('남풍'이라는 뜻)을 단골로 이용했고(술집 주인 기 젤츠는 장 젤츠와 형제간이었다), 이비사 시내의 콩키스타 칼레에 있는 젤츠 부부의 집에도 자주 갔다(장 젤츠와 기예 젤츠는 작가나 예술가를 정기적으로 집에 초대했다). 한편 스페인어 공부를 시작하기도 했다. 히브리어를 시작할 때마다 그랬듯이, 스페인어를 시작할 때도 전통적인 문법, 자주 쓰는 단어 목록, 새로 유행하는 "연상" 학습법 등 온갖 방법을 동원했다. 결국 스페인어를 배우지 못하고 끝난 것도 히브리어 때와 마찬가지였다.

5월 마지막 주, 벤야민은 이비사 구도심에 있는 젤츠 부부의 집에서 묵었다. 최신 프랑스 문학에 대한 골치 아픈 연구(신생 저널 《사회연구지》 데뷔작 「오늘날 프랑스 작가들의 사회적 입장에 대하여」)를 완성하기 위해 취한 조치였다(젤츠 부부의 집은 비교적 조용했고, 화원이 딸려 있는 데다 창밖으로는 가까운 만과 먼 산이 내다보였다). 벤야민은 젤츠 부부의 집에 묵는 동안 『1900년경 베를린의 유년시절』을 즉석 번역으로 낭독해주기도 했는데, 그가 적당한 프랑스어 표현을 찾는 데 어려움을 겪는 것을 본 젤츠는 자기가 번역을 맡겠다고 했다. 벤야민에 따르면 젤츠는 독일어를 전혀 몰랐지만, 번역은 긴밀한 공조 속에서 어느 정도 궤도에 올랐고(젤츠에 따르면, "우리는 더없이 사소한 단어 하나를 놓고 몇 시간씩 토론을 벌였다"[11]), 벤야민은 초반의 성과에 상당한 만족을 표했다. 벤야민과 젤츠가 함께 아편을 피운 것도 그무렵이다(벤야민이 아편 실험에 대한 바람을 피력했던 것은 한 해 전이었다).

---

11 Selz, "Benjamin in Ibiza," 361. 두 사람의 우정이 식은 것은 그해 여름이고, 그 전에 둘이서 프랑스어로 옮긴 섹션은 총 다섯 개였다(수록은 GS, 4:979-986). 볼 곳은 GB, 4:374-375, 393-394.

이때의 경험은 젤츠가 쓴 「발터 벤야민의 실험」에 길게 설명되어 있고,[12] 벤야민이 그레텔 카르플루스에게 보낸 편지에는 비교적 간단히 설명되어 있다.

> 대나무 파이프에서 나오는 구름이 천장에 가닿기도 전에, 나는 그 구름을 내 몸속으로 유도하는 법을 완전히 이해했습니다. (⋯) 밤이 왔을 때만 해도, 나는 몹시 슬펐습니다. 하지만 내적인 압박과 외적인 압박이 정확한 균형을 이루는 상태를 잡아내는 데 성공했습니다. 위안을 받을 수 있을 것만 같은 기분이 드는 것은 그런 흔치 않은 상태에서뿐인 듯합니다. 우리는 이것을 모종의 신호로 받아들였고, 그때부터 한참 동안 용의주도하고 꼼꼼하게 이것저것 준비해서 나중에 왔다 갔다 할 필요가 없도록 해놓은 뒤 2시에 작업을 시작했습니다. (⋯) 섬세한 수발이 필요했지만 우리 둘이 일꾼과 일감의 역할을 적절히 분담했습니다. 고블랭 태피스트리에서 하늘색을 표현하는 실이 전경의 전투 장면으로 짜여 들어가듯, 대화가 수발 속에 짜여 들어갔습니다. (⋯) 오늘 나는 커튼학 분야에서 상당한 수확을 거두었습니다. 도시와 바다로 통하는 발코니로부터 우리를 갈라놓는 것이 바로 커튼 한 장임을 밝혀냈던 것입니다(OH, 14-15).

젤츠는 벤야민이 만들어낸 커튼학rideaulogie(커튼을 연구하는 학문!)이라는 조어를 언급했고, 벤야민 자신은 아편에 대한 성찰이 담긴 「크록 메모」에서 커튼을 가리켜 "바람의 언어의 해석자"라고 했다(OH, 81-85). 「크록 메모」에 따르면(그리고 나중의 『파사주 작업』에 따르면), 현대세계에서 장식이 갖는 편재성遍在性과 다가성多價性을 이해하려면 다중적 해석의 가능성을 감지하는 특별한 감각이 필요하다. 벤야민과 젤츠가 '크록'이라는 암호로 지칭하는

---

12 「발터 벤야민의 실험」(1959) [Trans. Maria Louise Ascher, in OH, 147-155.]

아편은 (그리고 해시시는) 일상에 잠재해 있는 "표면들의 세계"를 계시한다: "아편에 취한 사람, 또는 해시시에 취한 사람은 한 장소에 있으면서 수백 곳을 빨아들일 수 있는 눈의 힘을 경험한다."[13]

물론 이런 방법으로 "안팎의 걱정들"을 떨쳐내는 것은 잠시뿐이었다. "큰 세계"는 예기치 못한 방식으로 작은 섬으로 쳐들어왔다. 5월 6일 프란시스코 프랑코 장군이 발레아레스 제도를 다스리는 군사령관으로 이비사를 방문했을 때는 극우가 유럽 전역에서 맹위를 떨치고 있음을 떠올리지 않을 수 없었다. 5월 초에는 남동생 게오르크가 1922년부터 독일 공산당에서 활동한 이력 때문에 나치돌격대의 수중에 떨어져 고문을 당하고 눈을 잃었다는 소식이 들려왔다(벤야민이 베를린을 떠나기에 앞서 게오르크와 전화 통화를 할 무렵에는 그가 죽었다는 소문이 돌기도 했다). 실제로는 4월에 경관들의 손에 체포되어 베를린의 어느 경찰서 유치장에 "예방구금"되어 있던 게오르크가 여름에 조넨부르크 집단수용소(나치돌격대와 나치친위대가 운영하는 시설)로 이감된 것이었다. 크리스마스 즈음에 석방된 게오르크는 벤야민의 예상대로 지하언론에서 영어, 프랑스어, 러시아어 기사들을 번역하고 소식지를 편집하는 등의 불법 활동을 재개했다. 1936년에 다시 체포되어 6년 징역형에 처해진 그는 형기를 마친 뒤 마우타우젠 집단수용소로 이감되어 1942년 세상을 떠날 때까지 수감생활을 해야 했다.[14] 남동생이 체포되었다는 소식은 아들에 대한 우려를 더했지만, 도라에게 직접 편지를 보내는 것은 도라와 슈테판을 위험에 처하게 하는 일이었다: "도처에 첩자가 있습니다"(BS, 47). 벤야민이 한숨 돌릴 수 있었던 것은 7월에 도라와 슈테판이 자동차로 중유럽을 달리

---

13 「크록 메모」, OH, 85. 벤야민의 해시시 실험에 대해서 볼 곳은 이 책 6장.
14 볼 곳은 게오르크의 아내 힐데 벤야민의 *Georg Benjamin*, 207-291(게오르크가 마우타우젠에서 살해당했다는 내용). 관련 자료가 요약된 곳은 Brodersen, *Walter Benjamin*, 208-209. 벤야민의 여동생 도라 역시 그 무렵 독일에 있었다. 나중에 파리로 건너와 1934년과 1935년 오빠와 왕래했고, 이후 스위스로 탈출해 1946년 그곳에서 세상을 떠났다.

고 있다는 소식을 들은 이후였다. 한편 타향살이의 폐해가 몸으로 나타나기 시작한 것은 5월 말이었다: "내 상태는 좋지 않습니다. 마음대로 할 수 있는 일이 하나도 없는 상황이 계속되다보면, 난처한 상태로 아무 기대 없이 살아가는 데 익숙한 나 같은 사람도 내면의 균형이 무너질 위험이 있습니다"(BS, 51).

늦봄의 벤야민은 이미 섬을 떠날 생각을 하고 있었다. 하지만 충분한 재원도, 괜찮은 전망도 없었다(BG, 23). 벤야민이 5월에 쓴 편지들을 보면, 마치 사계절이 사라지고 영원한 추위와 죽음만 남기라도 한 듯, 파리에서 자기를 기다리고 있는 "겨울의 혹독함"을 걱정하고 있다. 7월 중순에는 예측대로 돈이 바닥난 상태였고, 믿을 만한 소득원은 베를린의 세입자가 보내주는 몇 마르크가 다였다. 단기에 소득을 확보할 가능성은 보이지 않았고, 푼푼으로 도와주는 얼마 되지 않는 친구들에게 손을 벌려야 하는 상황은 점점 잦아졌다. 「슬픈 시」를 지은 것도 이런 상황에서였다.

의자에 앉아서 글을 쓴다

지쳐간다 점점 지쳐간다

적당한 시간에 눕는다

적당한 시간에 먹는다

돈은

하느님이 주신 만큼 있다

아름다운 인생이로구나!

심장 소리가 커져간다 점점 커져간다

바다는 잔잔해져간다 점점 잔잔해져간다

밑바닥까지 잔잔해진다(GS, 6:520).

암담한 상황을 아이러니하게 즐기는 면도 없지 않은 시다(적어도 묵시록의 축소판이라고 할 수 있는 6행까지는 그렇다). 어떤 면에서는 브레히트의 1938년작 「늦게 태어난 사람들에게」(독일 망명자들의 시 가운데 가장 유명한 작품)와 비교해볼 만한 시다. 벤야민은 개인이 역사의 밑바닥으로 가라앉는다는 것이 어떤 느낌인지를 그리는 반면, 브레히트는 그 가라앉음 자체가 역사가 될 미래를 내다보고 있다.

> 우리를 집어삼킨 파도 위로 떠오를 그대들이여
> 우리의 약점을 말하려면
> 그대들이 모면한 어두웠던 시절을 함께 기억하라[15]

그해 여름 이비사 섬은 흐리고 비오는 날씨였다. 벤야민은 집 밖에서 작업하는 습관에도 불구하고 그런 날씨로부터 역설적으로 위로를 받았다. 그레텔 카르플루스에게 그 심경을 전하기도 했다: "나는 북유럽의 흐린 날 못지않게 남유럽의 흐린 날이 좋습니다"(GB, 4:249). 이 무렵 벤야민에게 가난과 슬픔은 진짜 가난, 진짜 슬픔이었다. 위에서 언급한 비센테 발레로의 『이야기꾼』에 따르면, 벤야민의 남루해지는 옷차림과 느려지는 걸음걸이에서 가난과 고독을 알아본 이비사 섬의 현지인들은 그를 가리켜 "가난한 남자el miserable"라고 했다(1990년대에 이비사 섬에서 가장 나이 많은 주민을 대상으로 인터뷰한 내용이다).[16] 이렇듯 두 번째 이비사 체류의 첫 석 달은 자연에서, 그리고 현지의 소박한 사회에서 나름의 낙원을 발견했던 1932년과는 완전히 다른 시간이었고, 마지막 석 달간은 아예 절망의 나락으로 빠져 들어갔다. 수시로 거처를 옮겨다녀야 하는 처지에 내몰리면서 현지 친구들과도 점점 더 소원해

---

15 Brecht, *Poems 1913–1956*, 319.
16 Valero, *Der Erzähler*, 119–120.

졌고, 이미 부실했던 식사는 최저 수준보다 더 열악해졌으며, 그런 영양실조에 정신력까지 약해지면서 잦은 병치레와 함께 몸은 점점 더 쇠약해졌다.

그렇지만 글을 실을 수 있는 곳이 완전히 없어진 것은 아니었다. 카를 린페르트, 막스 리히너, 알프레트 쿠렐라 등 신문 관계자나 잡지 편집장과는 끈질기게 연락을 이어나갔다. 6월에는 파리로 이주해 이비사 체류를 고려 중인 쿠렐라에게 이비사 섬의 생활 여건과 주요 시가지 두 곳에 대해 설명하는 편지를 보내기도 했다. 이 편지에서 벤야민은 당시 소비에트 코민테른 프랑스 지부장이었던 쿠렐라가 자기에게 연락을 해왔다는 것에 큰 반가움을 표하기도 했다: "당신이 서 있는 곳은 중심이지만, 내가 거니는 곳은 기껏해야 샛길입니다"(GB, 4:224). 어쨌든 그 좁은 샛길을 통해 일거리가 계속 들어온다는 것이 6월 중순 산안토니오에서 전한 소식이었다: "독일에서 계속 청탁이 옵니다. (…) 전에는 나한테 관심을 보이지 않았던 지면들입니다"(BS, 59).[17] 벤야민의 월 소득은 평균 100마르크 정도로, 이 섬의 최저생계비(월 70~80마르크)를 겨우 넘는 액수였다. 하지만 그날 벌어 그날 사는 불안정한 생활에도 불구하고 벤야민의 생산력은 변함없이 왕성했다. 「달」, 「키 작은 꼽추」, 「로지아」(벤야민의 "자화상") 등 『1900년경 베를린의 유년시절』에서 가장 멋진 섹션들이 나온 것이 이 무렵이었다. 『1900년경 베를린의 유년시절』의 개별 섹션들이 필명이나 익명으로 신문에 실리는 상황이 계속될 때였다. 이름을 가리는 "베일"이 있다는 점과 함께 단행본을 내줄 출판사를 여태 찾지 못했다는 사실이 『1900년경 베를린의 유년시절』을 끝마치고 싶은 유혹을 이기게 해준다는 내용이 그가 그레텔 카르플루스에게 전한 소식이었다(C, 427-428). 『1900년경 베를린의 유년시절』의 새 섹션들을 쓴 것은 청탁받은 글을

---

17 벤야민이 언급하는 저널은 《유럽 평론》(그해 봄과 여름에 아도르노의 음악 비평이 실린 곳). 아도르노가 이 저널의 편집장 요아힘 모라스에게 벤야민을 추천했던 일은 결국 결실 없이 끝났다. 볼 곳은 GB, 4:196n, 211n.

쓰는 사이사이였다. 5월 30일에는 청탁받은 글 중에서 가장 급한 「오늘날 프랑스 작가들의 사회적 입장에 대하여」를 끝낼 수 있었다.

이 글의 자료는 극히 빈약했다. 뇌게라트의 장서, 벤야민 자신이 한 해 전 이비사에 두고 갔던 책 30~40권, 호르크하이머가 제네바에서 보내준 책 몇 권으로부터 나왔다. 자료 부족에서 어떤 어려움이 빚어지는지는 벤야민 자신도 잘 알고 있었다: "이곳에서 거의 참고문헌 없이 써야 했던 논문이라 다소 주술적인 데가 있습니다. 순전한 속임수입니다. 제네바 쪽에는 내보이겠지만, 당신 앞에서는 감추겠습니다."[18] 그렇지만 글을 완성한 뒤에는 만족감을 드러냈다. 쓰는 동안 괴로워하다가 쓰고 나서 흐뭇해하는 것은 그의 집필 패턴이 되고 있었다: "근거가 확실한 글을 써내기는 불가능한 일이었습니다. 그럼에도 불구하고 사태의 맥락을 이 정도로 명료하게 밝혀낸 글은 지금껏 없었기 때문에, 이 글은 독자들에게 중요한 통찰을 줄 수 있으리라 믿습니다"(BS, 54).

「오늘날 프랑스 작가들의 사회적 입장에 대하여」(SW, 2:744-767)는 프랑스 지식인의 사회적 위기를 분석하면서, 아폴리네르의 작품에서 그 위기의 첫 자각을 본다. 그러면서 그 위기의 첫 단계로 가톨릭 우파의 입장을 설명한다. 벤야민이 볼 때, "가톨릭 감성과 대지 정신"이 동맹할 것을 요구하는 "낭만주의적 니힐리스트" 모리스 바레스의 작품은 "지식인들의 배반"에 대한 맹비난으로 유명한 쥘리앵 방다의 작품이 등장하기 위한 발판이었다. 우파 작가 중 벤야민이 가장 덜 편파적으로 다루는 이는 샤를 페기다(벤야민이 이 시인에게 오랫동안 관심을 가져왔음을 감안할 때 그리 놀라운 일은 아니다). 벤야민은 페기의 신비주의적 국민주의에 포함된 자유지상주의, 무정부주의, 대중주의의 요소들이 실은 프랑스 혁명의 유물임을 강조한다. 그러면서 졸라의

---

18 BS, 41.

대중주의를 언급한 후, 졸라 이후 대중주의 소설roman populiste의 형식과 씨름하는 일련의 작가 중에서 루이-페르디낭 셀린(특히 1932년에 나온 그의 폭발적인 첫 소설 『밤의 끝으로의 여행』)을 소개한다. 벤야민은 당연히 셀린의 성과에 대해서 끝까지 회의적이지만, 다른 한편으로는 보통 사람들의 소박함과 도덕적 순결을 찬양하는 자유주의 작가들의 감상주의적 이유식보다는 전前 혁명 대중의 정체를 간파하는 셀린의 냉정한 시선("대중의 비겁함, 공포, 소망, 폭력성"을 폭로하는 시선)에 대한 선호를 드러낸다. 요컨대 벤야민은 셀린이 순응주의(오늘날의 프랑스에 관한 모든 것을 기꺼이 주어진 현실로 수용하는 태도)라는, 오늘날의 프랑스 문학 대부분이 저지르는 죄에 저항한다는 점을 높이 평가한다.

벤야민은 순응주의를 다리 삼아 그 개념 너머의 네 작가(쥘리앵 그린, 마르셀 프루스트, 폴 발레리, 앙드레 지드)에 대한 분석으로 들어간다. 그가 볼 때 그린의 소설은 "빈민 어린 밤의 풍경화"—심리소설의 관습을 깨뜨리는 혁신적 작품—이지만, 바로 그런 이유에서 모종의 근본적 모순—형식의 혁신성과 내용의 퇴행성 사이의 모순—을 담고 있는 작품이다. 이것은 좀더 근본적인 차원에서 프루스트의 걸작 『잃어버린 시간을 찾아서』를 특징짓는 모순이기도 하다.

그렇다면 지난 10년간 소설이 자유를 위해 무엇을 했는가라는 질문을 던져보는 것도 아주 무의미한 일은 아니다. **프루스트**가 처음으로 자기 작품에서 동성애를 옹호했다는 것 말고 다른 대답을 찾기는 어렵다. 이 대답은 문학에서 혁명적 성과가 얼마나 미미했는가를 보여주기에는 좋은 대답이지만, 『잃어버린 시간을 찾아서』에서 동성애가 의미하는 바를 모두 길어내기에는 그리 좋은 대답이 아니다. 프루스트가 작품에 동성애를 등장시키는 이유는 자연의 생산력에 대한 모든 기억을 가장 까마득하고 가장 원초적인 것까지 모두 자기 세계에서 추방하고자 하기 때문이다. 프루스트가 그리는 세계는 생산과 관련된 모든 것 앞에서 문을 걸어 잠근 세계다(SW, 2:755).

이렇듯 형식의 혁신과 퇴행적 주제가 모순적이라는 논의는 진보적 문학의 "형식-내용 관계"를 성찰하는 「생산자로서의 저자」의 논의와도 연결된다. 이 글에 나오는 발레리에 대한 논의 또한 이듬해에 나올 「생산자로서의 저자」의 예비 작업으로 볼 수 있다. 벤야민은 발레리를 다루면서 이 작가가 자기 작업을 어떻게 정의하는가, 자기 작업을 어떤 태도로 대하는가에 초점을 맞춘다. 벤야민이 볼 때 발레리는 글쓰기 분야의 뛰어난 기술자였다. 글쓰기가 일차적으로 기술이라는 것은 발레리 자신의 시각이기도 했다. 발레리에게 (그리고 벤야민에게도) 진보할 수 있는 것은 이념이 아니라 기술이었다: [이상적으로 말해서] "예술작품은 창조Schöpfung가 아니라, 분석과 계산과 설계가 주도하는 구축Konstruktion이다"(SW, 2:757). 하지만 발레리는 인간 주체(지식인)를 사적 인격으로 정의함으로써 "조화롭고 온전한 교육을 받은 자족적 개인"과 "커다란 설계도 속에서 자기 자리를 찾아 들어갈 줄 아는 기술자"를 구분하는 "역사의 문턱"을 넘는 데는 실패했다. 이제 벤야민은 발레리를 뒤로하고 앙드레 지드로 넘어간다.

이런 맥락에서 볼 때, 지드의 『교황청 지하도』에 등장하는 주인공은 기술의 산물, 곧 구축물일 뿐이다(동승한 승객을 기차에서 떠밀어 죽이는 그의 유명한 "무동기 행위acte gratuit"는 그 사실을 뒷받침하는 증거다). 벤야민은 이 행위의 기원을 찾아 초현실주의자들의 작품으로 거슬러 올라간다: "초현실주의자들이 시간이 가면서 점점 더 주력했던 일은 그저 장난스럽게 아니면 호기심에서 작품 속에 집어넣었던 장면을 인터내셔널의 구호와 융합하는 것이었다. 한편 지드의 극단적 개인주의는 자기를 둘러싼 세계를 점검하는 과정에서 공산주의로 돌변할 수밖에 없었다. 얼마 전 지드의 참회록까지 나오면서, 그의 출발점이었던 극단적 개인주의의 정체는 더욱 분명해졌다"(SW, 2:759). 이제 벤야민은 위대한 자유주의 부르주아 작가들을 뒤로하고 좌파를 자처하는 작가들, 곧 초현실주의자들과 앙드레 말로로 넘어간다(말로를 다루는 섹션은 1934년 1월에 추가되었다). 벤야민에 따르면 말로의 『인간의 조건』(특히 공산당이 장제스의 국민당 군대에 저항하는 장면)은 혁명에의 요구라기보다 당대 서구 부르주아 좌파의 정신 상태를 드러내는 징후다: "서구 지식인의 관심사는 소비에트연방의 사회 건설이라는 중대사가 아니라 내전의 정취, 내전이 제기하는 의문들이다"(SW, 2:761). 그렇다면 혁명적이되 교조로 흐르지 않는 문학이 가능한가라는 질문에 대답할 수 있는 이는 초현실주의자들뿐이라는 결론이 나온다. 「초현실주의」(1929년에 나온 탁월한 논문)에서 바로 이 질문에 대한 격정적 대답을 내놓았던 벤야민이지만 「오늘날 프랑스 작가들의 사회적 입장에 대하여」에서는 《사회연구지》라는 지면을 의식한 듯 삼가는 어조를 유지하고 있다. 다만 초현실주의가 "혁명을 가능케 할 도취 에너지를 획득"함으로써 문학을 정신병과 연결시켰고, 이로써 문학을 위험한 것으로 만들었음을 언급할 뿐이다. 「오늘날 프랑스 작가들의 사회적 입장에 대하여」는 게재지의 노선에서 벗어나지 않기 위해 지나치게 조심한 글이라는 의미에서 벤야민의 가장 비중 있는 논문으로 꼽을 수는 없겠지만, 위기의 시대를 맞는 프랑스 문단의 상태에 신중하게 각을 세운 글이라는 의미에서 벤야민 자신의 야박한 평가를 훨씬 능가하는 중요한 가치를 지니는 논문이다. '사회연구소'는 이 글을 열광적으로 받아들이면서 곧바로 글 두 편—「수집가이자 역사가 에두아르트 푹스」(예술사 연구자 푹스에 관한 논문)와 「언어사회학의 문제들」(언어철학과 언어사회학 분야의 신간들에 대한 평론)—을 더 청탁했다. 물론 벤야민이 파리로 돌아가기 전까지는 시작될 수 없는 작업이었다.

「오늘날 프랑스 작가들의 사회적 입장에 대하여」를 끝낸 벤야민은 슈테판 게오르게의 예순다섯 번째 생일을 축하 중인 독일 문화계로 관심을 돌려야 했다. 슈테판 게오르게라는 문화 보수주의 아이콘에 관한 책 두 권(서평용 증정본)을 받고 "지금 시점에서 독일 독자들을 대상으로 슈테판 게오르게를 논해야 하는 대단히 곤란한 상태"에 처한 탓이었다(BS, 58-59). 벤야민이 쓴 「슈테판 게오르게를 회고함」이라는 제목의 권위 있고 분별 있는 서평은 K. A. Stempflinger라는 필명으로 7월 12일 《프랑크푸르트 신문》에 실렸다(벤야민이 게오르게를 다룬 글로 지면을 구한 것은 이때가 마지막이었다). 게오르게는 벤야민이 젊은 시절 열렬히 읽었을 뿐 아니라 시간이 가면서 다르게 읽게 된 작가—이 글의 표현을 빌리면, 새로운 귀로 듣게 된 작가—였다(SW, 2:706-711). 이 서평은 게오르게라는 유겐트 양식의 예술가의 공과를 원숙하게 조망한다는 데 의의가 있다. 벤야민이 볼 때 게오르게는 여전히 뛰어나며 그야말로 예언자적 인물이고, 자연 앞에서 분개와 적대의 제스처를 취한다는 점에서는 "보들레르가 시작한 모종의 문화운동의 끝자락"에 있는 인물이다(그는 벤야민보다 먼저 보들레르의 시를 번역하기도 했다).[19] 하지만 게오르게라는 이름과 결부된 "문화운동"이 실은 데카당스 운동의 최종적, 비극적 발작일 뿐이라는 점은 사반세기라는 세월의 경과와 함께 좀더 분명해졌다. 어떤 살아 있는 전통 대신 오로지 상징과 "암호"에 의지하는 게오르게의 작법—특히 의미보다 "양식Stil"을 중시하는 경향—은 (겉보기에는 엄정하고 고상하다 해도) 실은 수세에 몰려 있음의 징후, 잠재적 자포자기의 징후였다: "그것은 유겐트 양식, 다른 말로 하면 옛 부르주아 계급이 모든 분야에서 우주적 규모로 열광함으로써 자기가 박약한 존재라는 예감을 숨기는

---

19 벤야민이 숄렘에게 보낸 편지에서 사용한 표현은 꽤 신랄하다: "신이 예언자의 예언을 실현함으로써 예언자를 내리친 적이 있다면, 게오르게가 바로 그런 경우였습니다"(BS, 59). 권위주의적 보수주의를 견지하면서도 나치즘의 발흥에 강력히 반대했던 게오르게는 나치 정부가 내미는 돈과 명예를 거부했고, 세상을 떠나기 얼마 전인 1933년 망명을 떠났다. 1944년 6월에 히틀러 암살을 기도한 카운트 폰 슈타우펜베르크는 게오르게의 추종자 중 하나였다.

양식이다.”

　“부자연스러운 장식”—새로 출현하는 형질들을 기존 예술과 공예의 언어
로 번역함으로써 모더니티의 기술력을 호들갑스러운 유기적 무늬로 감싸겠
다는 결단의 반영—으로 대표되는 유겐트 양식—《청년Jugend》이라는 인기
저널에서 이름을 얻는 독일판 아르누보—은 “강력하고 의식적인 퇴행”이었
다. “청년Jugend”이라는 단어가 불러내는 미래에 대한 디오니소스적 비전에
도 불구하고, 유겐트 양식은 “사회적 삶의 혁신을 도외시하면서 인간적 삶을
혁신하고자 하는 ‘문화운동’” 그 이상은 아니었다. 유겐트 양식의 자포자기적
퇴행은 곧 청년 이미지의 신격화—“미라화”—였다. 「슈테판 게오르게를 회
고함」을 장식하는 이 표현에는 죽은 미청년 막시민을 숭배하는 그에 대한 냉
소가 담겨 있다. 하지만 이 표현에는 또한 벤야민 자신이 청년기에 떠나보낸
죽은 동지(프리츠 하인레, 리카 젤리히손, 볼프 하인레)에 대한 기억이 담겨
있음과 동시에 벤야민 세대를 지배했던 관념론이라는 위축증에 대한 자성이
담겨 있다. 전전 청년운동 세대(세상과 타협하지 않은 우울한 낭만주의자들)
는 “시 안에서 살아갔다.” 영원한 밤Weltnacht이 덮쳐올 때 시에서 안식과 위로
를 찾던 이 “저주받은” 세대에게 게오르게는 위력적인 “악사Spielmann”였다.
그렇다면 게오르게라는 인물과 그의 작품이 갖는 진정한 역사적 의의를 밝혀
줄 사람은, 게오르게를 스승으로 둔 덕에 교수 자리에 올라 있거나 정권을 차
지한 자들이 아니라, “죽은 사람들 가운데 뛰어났던, 죽었기 때문에 역사의
심판 때 증인석에 설 수 있는 사람들”이다.

　《프랑크푸르트 신문》은 게오르게 기사에 이어서 또 한 편의 글—이번에
는 독일 계몽주의 시대의 시인이자 소설가 겸 번역가 크리스토프 마르틴 빌
란트 서거 200주년 특집호 기사—을 청탁했다. 빌란트의 작품에 대해 아는
것이 거의 없다고 생각하면서도(그 생각을 숄렘에게 전하기도 했다), 기념논
문집을 참고하고 빌란트의 작품 가운데 레클람 문고로 나와 있는 것을 읽어

보기도 하면서 고생 끝에 글 한 편을 완성해 9월에 실었다. 괴테와의 우정에 초점을 맞춘 전기적인 글이었다. 한편 그해 봄과 여름에는 당시에 번역되기 시작한 아널드 베넷의 소설들을 탐독했고, 5월 말에는 《프랑크푸르트 신문》에 베넷의 『노처 이야기』(1928)의 독일어 번역본에 대한 서평 「벽난로 앞에서」를 실었다. 이 서평에는 벤야민이 한 해 전 장 젤츠에게 들려주었던 비유이자 1936년의 유명한 논문 「이야기꾼」에서 다시 등장하는, 곧 소설에서 플롯을 짜는 일은 벽난로에 불을 지피는 일과 같다는 비유가 나온다.[20] 베넷이라는 에드워드 시대의 저명한 소설가이자 비평가에게 개인적으로 친화성을 느낀 벤야민은 율라 라트-콘 등 여러 친구에게 『클레이행어』를 추천하면서 그 친화성에 대해 기억에 각인될 만한 논평을 남겼다.

아널드 베넷을 읽을수록 그에게서 지금의 나 자신과 비슷한 자세, 지금의 나 자신을 지지해주는 자세를 발견하게 됩니다. 아무런 환상도 없기에[21] 세상사를 근본적으로 불신하지만 그 때문에 도덕적 광신이나 원한에 빠지는 것이 아니라 오히려 극히 노련하고 영리한 처세술을 발휘하는 자세, 자신의 불행 속에서 행복을 끄집어내고 자신의 저열함 속에서 인생살이에 필요한 점잖은 행실을 끄집어내는 자세입니다(C, 423).

그 무렵 벤야민이 읽던 책 중에는 베넷의 소설(영국의 시골생활에 대해 더없이 상세한 디테일), 그리고 이따금씩 들춰보는 탐정소설 외에도 트로츠키의 『러시아 혁명사』 2권의 독일어 번역이 있었다. 그레텔 카르플루스에게 보낸

---

20 볼 곳은 Selz, "Benjamin in Ibiza," 359-360. 「벽난로 앞에서」가 재수록된 곳은 GS, 3:388-392(처음에는 Detlef Holz라는 필명으로 발표되었다). 또 볼 곳은 「이야기꾼」의 XV: "벽난로 불길이 장작을 삼키듯 (…) 소설의 독자는 소재를 삼킨다. 소설의 서스펜스는 불을 지펴 활활 타오르게 하는 바람과 많이 닮아 있다"(SW, 3:156). 벤야민이 숄렘에게 보낸 편지에 따르면, 「벽난로 앞에서」의 소설 이론은 "루카치의 소설 이론과는 전혀 다른" 것이었다(BS, 48).
21 비교해볼 곳은 「경험과 빈곤」(1933)의 정리. 논의는 이 장 555쪽 이후.

편지에서 그 책을 지칭할 때 암호 같은 표현을 쓴 것은 베를린의 검열관을 속이기 위해서였다: "내가 지금 읽는 책은 작년 여름 이곳에 와서 읽기 시작한 그 엄청난 농민소설의 마지막 권 「10월」입니다. Kritrotz의 솜씨가 더 훌륭해진 것 같습니다"(GB, 4:187). 그다음에 읽은 책은 로버트 루이스 스티븐스의 『지킬 박사와 하이드 씨』의 독일어 번역, 그리고 신학이었다: "닥치는 대로 읽고 있습니다. 괜찮은 탐정소설이 없는 탓에 신학까지 읽고 있습니다." 여기서 말하는 신학은 당시에 출간된 세 권의 책으로, 하나는 역사와 교리에 관한 것, 다른 하나는 역사적 예수에 관한 것, 마지막은 뤼시앵 페브르의 『어떤 운명: 마르틴 루터』였다. 페브르의 책을 읽은 벤야민은 한때 수학도였던 숄렘에게 자신의 신학적 유머감각을 과하지 않게 보여주기도 했다: "지금 나는 내 평생 다섯 번째인가 여섯 번째로 신앙을 통한 정당화가 뭔지 이해했습니다. 그런데 미적분과 똑같은 문제점이 발생합니다. 두 경우 다 풀고 나서 기뻐하는 것은 몇 시간인데, 또다시 풀 줄 모르는 상태로 사는 것은 몇 년입니다"(BS, 76-77).

성년기에 벤야민이 여행을 좋아하게 되었다고 해도, 어쨌거나 그는 친구, 지인, 지적 동지, 아니면 논적이 촘촘히 모이는 생활을 즐기는 베를린 토박이였다. 벤야민에게 첫번째 이비사 체류가 대도시 생활의 반가운 막간이었다면, 이번 체류는 이후 적잖은 기간에 겪게 될 인간적, 학문적 고립이 무엇인지를 가르쳐준 시기였다. 1933년 이비사에 머문 몇 달 동안, 벤야민이 지속적으로 편지를 주고받은 상대는 숄렘, 그레텔 카르플루스, 키티 마르크스-슈타인슈나이더가 전부였다. 4월에 이비사에 도착했을 당시, 벤야민은 지크프리트 크라카워에게 망명 현장의 소식을 묻는 그림엽서 한 장을 보냈다. 2월 28일에 아내와 함께 프랑스로 탈출해 당시 《프랑크푸르트 신문》 파리 통신원으로 있던 크라카워가 쓴 글—후기 유겐 양식에 속하는 스위스의 화가 아우구스토 자코메티[알베르토 자코메티의 사촌]에 관한 글—을 읽은 직후였다. 벤야민이 엽서를 보내고 넉 달쯤 지난 시점에 그레텔 카르플루스에게 보낸 편지의 한 대목을 보면, 크라카워로부터 답신을 받지 못했다는 것을 알 수 있다. 이 편지에서 벤야민은 파리가 자기 작업을 이해해주리라는 환상을 갖고 있지 않다고 했다: "크라카워가 특별히 힘들어하는 것은 그 사람이 자신의 해묵은 환상을 버리지 못하고 있는 탓입니다. 물론 그에 관한 일은 소문으로만 알고 있을 뿐입니다"(GB, 4:277). 숄렘이 봄 내내 (그리고 여름에도 오래) 두세 주에 한 번꼴로 편지를 보내오는 것은 벤야민에게는 고마운 일이었다. 편지에서는 벤야민의 팔레스타인 이주 내지 체류 문제가 다시금 화제에 올랐다. 5월 하순 숄렘은 "당신의 팬들은 (a)당신이 여기서 살 수 있을까, (b)당신이 여기서 살아야 할까라는 문제를 종종 논의하고 있습니다"라는 말과 함께 벤야민 자신을 그 논의에 참여시키고자 했고, 그에 앞서 키티 마르크스-슈타인슈나이더는 벤야민을 자기 신혼집(야파 근처에 위치한 레호보트)으로 초대하면서 자기가 경비를 부담하겠다고 했다. 벤야민은 그런 초청들에 매우 긍정적으로 반응했지만, "받아들인 적은 한 번도 없었다. 언제나 받아들이지 못할 이유가 있었다"(SF, 197). 사실상 숄렘은 벤야민과 같은 유형의 작가가 팔레스타인에서 취업할 가능성을 매우 어둡게 그리는 편지를 보내곤 했다. 3월에는 "당신이 여기서 돈을 버는 것은 확실히 불가능한 일"이라고 했고, 7월에는 "당신이 여기서 당신에게 어중간하게라도 맞는 일거리를 구할 가능성은 전혀" 없어 보인다고 했다(BS, 31, 65). 예루살렘 대학은 채용 자금이 전혀 없었고(미국의 기부자들에게 의지해야 할 형편이었다), 일꾼들이라면 매일 유럽에서 배로 여러 척씩 실려왔지만 "학자를 채용하는 곳은 극히 적"었다(BS, 33). 벤야민이 자신의 팔레스타인 이주를 둘러싼 논의에 참여한 것은 6월 16일이었다: "나는 가진 것이 전혀 없고 소속된 곳도 거의 없습니다. (…) 팔레스타인에 갈 마음의 준비가 돼 있습니다. (…) 다만 내가 거기에 가면 유럽에 머물러 있는 것에 비해 내 역량과 지식을 발휘할 기회가 더 주어질지 (…) 기회가 더 많지 않다는 것은 기회가 적다는 뜻일 텐데 (…) 내가 이미 갖고 있는 것을 포기하지 않으면서 내 지식과 역량을 발전시킬 수 있다면, 못 갈 것도 없습니다"(BS, 59-60). 벤야민의 불확실한 추측들은 숄렘의 비관적 답장으로 사실상 끝났다. 숄렘에 따르면 예루살렘은 사람들이 그저 생활하고 작업할 수 있는 여느 도시와는 다른 곳이었다: "장기적으로 볼 때, 이곳에서 살아갈 수 있으려면 모든 문제점과 실망스러움에도 불구하고 이 나라와, 그리고 유대교라는 대의와 완전한 일체감을 느끼는 사람이라야 합니다. 신참자, 특히 지적으로 진보적 입장을 취하는 사람이라면 쉽지 않은 일입니다. (…) 내가 여기서 살아갈 수 있는 이유는 (…) 절망과 허무에도 불구하고 이곳에 대한 의무를 저버릴 수 없다고 생각하기 때문입니다. 그게 아니었더라면, 나는 재건에 대한 회의 속에서 오래전에 무너져버렸을 것입니다. 재건의 수상한 성격은 주로 언어 타락과 휘브리스hubris의 형태로 나타나고 있습니다"(BS, 66). 답장에서 벤야민은 자기가 팔레스타인을 "그저 또 하나의 (어느 정도 편의적인) 거주지"로 생각했던 적은 한 번도 없다는 다소 수세적인 변명을 시도하면서도 자신의 본심을 분명하게 덧붙였다. "내가 '시온주의라는 대의'와 얼마나 결속해 있는가를 조사하고 싶어하지 않는 것은 당신이나 나나 마찬가지일 것입니다. (…) 어쩔 수 없지만, 조사 결과는 전적으로 부정적일 것입니다"(BS, 71).22 이렇듯 두 사람은 한편으로는 서로를 배려하면서 다른 한편으로는 서로에 대한 원망을 굳이 감추지 않았지만, 어쨌든 심각한 손상 없이 유지되었다. 벤야민이 거처를 옮겨야 하는 9월에는 숄렘이 짐을 보관해주겠다고 자청했다. 숄렘의 벤야민 아카이브가 계속 확장될 때였다.

생활비가 없고 작업의 전망이 없고 살 집이 없다는 눈앞의 걱정거리들에 더해 독일 여권 만료라는 극히 실질적인 문제가 대두되었다. 7월 1일, 벤야

---

22 숄렘은 벤야민의 아들 슈테판을 팔레스타인으로 보낸다는 것도 만류했다. 슈테판은 강한 좌파 성향이었다. 볼 곳은 BS, 49.

민은 새 여권을 신청하기 위해 독일 영사관이 있는 마요르카(발레아레스 제도에서 가장 큰 섬)로 떠났다. 벤야민 자신도 알고 있었듯이, 자기 발로 독일을 떠나온 유대계 독일인이 서류를 갱신할 수 있을지는 전혀 확실치 않았다. 영사관원들이 구실을 만들어 여권을 제출하게 한 뒤 돌려주지 않는다는 이야기가 들리기도 했다. 벤야민의 작은 술책은 최악의 경우 만료 여권이라도 소지하고 있을 수 있도록 여권 분실 신고를 하는 것이었다. 신규 여권이 곧 발급되었고, 걱정은 해소되었다. 벤야민은 이비사로 돌아가기 전 이틀 동안 도보와 자동차로 마요르카를 여행했다. 이비사에 비하면 덜 풍요롭고 덜 신비로운 풍경이었다. 데야의 산간마을들은 "과수원에 레몬과 오렌지가 주렁주렁 열리는 곳"이었고, 발데모사는 "조르주 상드와 쇼팽의 사랑 이야기가 펼쳐졌던 카르투지오 수도원"이 있는 곳, 그리고 "40년 전 어느 오스트리아 대공이 마요르카 지역을 다루는 극히 광범위한, 그러나 놀라울 정도로 근거 없는 연대기를 쓰던 바위성"이 있는 곳이었다(GB, 4:257). 또한 벤야민은 마요르카에서 《문학세계》 동료였던 프리드리히 부르셸과 오스트리아 소설가 겸 극작가 프란츠 블라이 등 지인들과 함께 칼라 라트하다 마을에 있는 독일 작가 부락을 방문하기도 했다. 블라이의 전설적인 서재는 마요르카의 매력 요소였겠지만(벤야민은 어느 편지에서 이 서재를 언급한다), 이비사로 돌아가겠다는 마음은 바뀌지 않았다.

벤야민에게 이비사에서의 마지막 석 달(7월, 8월, 9월)은 상반된 감정들 틈에서 우왕좌왕하는 시기였다. 가난, 끝없이 옮겨다니는 생활, 낫지 않는 병이 그를 거의 자포자기 상태로 몰아갔다. 하지만 바로 그 상태가 유용했던 것은 이번에도 마찬가지였다. 벤야민의 가장 중요한 논문 중 하나인 「경험과 빈곤」을 쓴 때가 바로 그 여름이었다. 이 글 도입부의 두 문단(「이야기꾼」의 유명한 도입부에서 비슷한 형태로 다시 등장하는 대목)에서 벤야민은 "1914~1918년을 살면서 세계사에서 가장 끔찍한 사건 몇 가지를 겪은 세대"의 시각으로 문화의 현 상태를 진단한다. 진단 결과는 한마디로 우리의 경험이 빈곤해졌다는 것이다. 전승 가능한 경험—앞 세대에서 뒤 세대로 전해지는 유산으로서의—이라는 면에서 빈곤해졌다. 물질적으로는 빈곤해지지 않았다 해도, 정신적으로는 빈곤해졌다: "우리는 인류의 유산을 한 뭉치씩 탕진했다. 100분의 1 값으로 전당포에 맡겨야 할 때도 많았다. '현재성'이라는 푼돈을 빌리기 위해서였다. 경제공황은 이미 시작되었다. 다가오는 전쟁들은 그 뒤로 드리운 그림자다."[23] 아이러니하게도 우리가 경험의 파산 속에서 빈곤해졌음을 보여주는 외적 신호들은 지난 한 세기에 걸친 기술력과 통신 수단의 유례없는 발전을 반영하고 있다. 벤야민이 "지난 한 세기 동안 온갖 양식과 세계관의 참담한 잡탕"이 만들어졌다느니 넌더리 나는 정보와 이념이 범람하고 "경험을 날조하거나 착복하는" 문화가 부상한다느니 하는 표현을 쓰는 것은 이런 맥락에서다.

이 대목까지는 1910년대와 1920년대에 "보수혁명"의 대변자들이 내세운 모더니티 비판의 진보적 변주로 읽을 수도 있다. 그렇지만 바로 다음 대목에서 이 모든 논의가 물구나무서기하듯 뒤집히면서 「경험과 빈곤」을 유명한 논문으로 만든 주장, 곧 새로운 빈곤으로부터 출현하는 것은 절망이 아니라 새로운 야만이라는 논의가 시작된다. 새로운 야만에게 경험의 빈곤은 맨손으로 새로 출발하기 위한 토양이자 기존 토양의 척박함과 불량함을 가늠할 척도다: "위대한 창조자Schöpfer 중에는 기존 판을 완전히 쓸어버리는 가차 없는 창조자가 늘 있었다. (⋯) 데카르트가 그런 구축자Konstrukteur였다. (⋯) 아인슈타인도 마찬가지였다." 오늘날의 예술가들 가운데 "최고의 두뇌"는 많은 경우 "현대라는 더러운 기저귀에 싸여 갓난아기처럼 울어대는 벌거벗은

---

23 비교해볼 곳은 AP, 388: "과거를 기억하는 데 필요한 모든 육체적·자연적 방편을 잃은 탓에 이전 세대의 도움을 받을 수 없게 된 세대, 유년의 세계를 붙잡을 때 그저 고립적·파편적·병리적 방식으로밖에 붙잡을 수 없게 된 세대, 그 세대만이 프루스트를 공전의 천재로 받아들일 수 있었다"(K1,1).

동시대인"으로부터 영감을 구한다. 작가로는 브레히트와 셰어바르트와 지드가 그렇고, 화가로는 클레, 건축가로는 로스와 르코르뷔지에가 그렇다. 이런 다양한 예술가들의 공통점은 "이 시대에 아무런 환상도 없다는 것, 그럼에도 불구하고 이 시대를 아무 주저 없이 신앙한다는 것"이다. 그들이 택한 대의는 철저한 새로움이며, 따라서 필요하다면 "문화보다 더 오래 살아남는 일"도 불사한다. 문화가 죽을 때 그들은 웃을 것이다. 그들의 웃음은 그들의 야만스러움의 증거다. 그들의 인간성은 "인간성을 없앤entmenscht" 인간성이다. 예컨대 클레 같은 화가나 셰어바르트 같은 소설가의 작품에 등장하는 인간 이미지는 기묘하고 정교하게 설계되어 있다: "예부터 전해 내려오는 숙연하고 고귀한 인간 이미지, 과거의 온갖 제물을 주렁주렁 달고 있는 인간 이미지는 폐기되어 있다." 비극과 희극의 전통적 경계 너머에서 생겨나는 이 새로운 미니멀리즘적 인간 이미지의 토대에는 놀이의 정신과 함께 "분별과 체념 Einsicht und Verzicht"이 있다. 이런 에토스는 한번 손에 잡은 것은 절대 놓지 않는 소수 권력자들의 에토스("더 야만스럽되 부정적인 방식으로 야만스러운")와는 원칙적으로 다르다.

「경험과 빈곤」은 벤야민의 다른 작품들의 반향과 예고로 가득한 글이다. 예를 들어 새로운 유리 건축, 이야기꾼, 집단 꿈을 논하는 대목은 『일방통행로』의 주요 모티프와 브레히트, 크라우스, 셰어바르트, 유겐트 양식, 19세기 부르주아 인테리어 관련 연구들의 주요 모티프를 한데 엮은 것으로도 볼 수 있다. 벤야민이 불과 두어 페이지 안에 이 다양한 모티프를 엮어넣는 것은 새로운 야만으로부터 출현할 새로운 문화와 새로운 형태의 경험을 상상해보기 위해서다. 이 상상의 마지막을 장식하는 것은 미키 마우스가 현재의 조건이 극복된 세상에 대한 꿈이라는 해석이다.[24]

미키 마우스의 육체에서는 자연과 공학, 원시와 편의가 완전히 하나로 융합되어 있다. 일상의 끝없는 착종에 지쳐 있는 사람들, 삶의 목표가 그저 삶의 수단이 무한히 연장된 머나먼 소실점이라고 보는 사람들에게는 때마다 필요한 것을 가장 쉽고 편한 방식으로 손에 넣는 삶, 자동차를 밀짚모자만큼 가볍게 집어들 수 있고, 나무에 달린 과일을 풍선처럼 순식간에 부풀릴 수 있는 삶이야말로 구원받는 삶처럼 보인다.

「경험과 빈곤」은 모더니티의 불확실한 궤적을 따라가는 벤야민의 가장 흥미진진한 논의 중 하나다. 더구나 이 논의가 나온 이비사 섬은 그가 고대적이라는 이유에서 사랑한 곳이었다. 이비사 숲속의 바람 부는 높은 언덕에서 소파에 기대 앉아 새로운 사회(포스트 파시즘 시대에 유럽이라는 폐허로부터 건설될 사회)에 대한 유토피아적 우화를 써내려가는 벤야민의 모습이 눈앞에 보이는 것 같다.

이비사에서의 마지막 석 달은 최악의 빈곤을 경험함과 동시에 아샤 라치스와 헤어진 이래 가장 강력한 성애를 경험한 시간이었다는 의미에서 역설적이었다. 아샤가 떠난 뒤 베를린에서는 여자관계가 있었다고 해도(비슷한 계층의 여자든, 이혼 소송 중에 도라가 언급한 젊은 창녀들이든) "진지한" 관계는 아니었다. 그레텔 카르플루스와의 관계도 마찬가지였던 것 같다. 그레텔과 아도르노와 벤야민은 셋 다 그레텔과 아도르노의 관계를 절대시하는 척했지만, 벤야민이 베를린을 떠나온 뒤 몇 달 동안 그레텔과 주고받은 편지 중어떤 것을 보면, 독일을 떠나기 전부터 둘 사이에 모종의 친밀한 관계가 있었음을 짐작할 수 있다. 둘 사이의 편지에서 그레텔과 아도르노의 결별 가능성

---

24 "새로운 것"이라는 테마와 관련해 비교해볼 곳은 AP, 11(1935년 「엑스포제」 섹션 V)에서 보들레르의 「여행」마지막 행("새로운 것을 찾고자 '미지의 것' 깊숙이!")을 인용하는 대목. 「경험과 빈곤」에서 이 시행과 공명하는 곳은 "근본적으로 새로운 것das von Grund auf Neue"(직역하면, 토양부터 다르다는 의미에서 새로운 것)이라는 표현이 나오는 마지막 대목. 이 대목에 따르면, 새로운 인간은 "근본적으로 새로운 것을 대의로 삼는다."

이 언급된 적은 없지만, 아도르노가 특정 대목들을 이해하는 것을 차단하는 정교한 메커니즘이 있었던 것을 보면, 둘 다 그 관계를 이어나가고 싶은 마음이었다는 것도 알 수 있다. 복잡한 삼각관계에 말려들어 짝 있는 사람을 사랑하는 것은 벤야민이 특히 선호하는 성애의 형태였다. 이비사에서도 이 방면으로 경험을 덧보탤 기회가 있었다.

베를린을 떠나온 첫 몇 달간은 특히 외로웠다. 6월 말에는 결혼을 앞두고 있던 잉게 부흐홀츠라는 여자에게 편지를 보내 결혼할 남자의 곁을 (한동안 혹은 영원히) 떠나 이비사에서 자기와 함께 살자고 말하기도 했다. 벤야민이 1930년 베를린에서 만났다는 것을 빼면, 우리가 이 여자에 대해 아는 것은 결혼 전의 성을 포함해서 거의 아무것도 없다(GB 4:242. 245; SF, 196). 이 여자가 실제로 벤야민을 찾아왔다는 기록은 없다. 한편 벤야민이 뇌게라트의 아들 장 자크를 통해 서른한 살의 네덜란드 화가 아나 마리아 블라우폿 턴 카터를 만난 것도 그 무렵이었다.[25] 블라우폿 턴 카터가 이비사에 온 것은 5월 10일 베를린 분서 사건을 목격한 이후인 6월 말, 아니면 7월 초였다. 벤야민이 8월 중순에 쓴 연애편지 초고를 보면, 그가 이 젊은 여자에게 어떤 감정을 품고 있었는지를 알 수 있다. 초고가 그대로 보내지지는 않았던 것 같다.

사랑하는 이여, 지금 나는 테라스에서 꼬박 한 시간째 그대를 생각하고 있습니다. 새로 알게 된 것은 없지만, 이미 알고 있던 많은 것을 떠올렸습니다. 당신이 어둠을 온몸으로 막아주었다는 것을 떠올렸고, 산안토니오에서 빛이 있는 자리에는 언제나 당신이 있었다는 것을 떠올렸습니다. 별에 관해서는 말하지 않겠습니다. 내가 전에 여자를 사랑했을 때는 (…) 그 여자가 세상에서 하나뿐인 여자였습니다. (…) 그런데 이제는 다릅니다. 그대는 내가 지금까지 한

---

25 아나 마리아 블라우폿 턴 카터의 짧은 전기를 보려면, van Gerwen, "Angela Nova," 107–111.

여자 안에서 사랑할 수 있었던 모든 것입니다. (…) 그대의 자태에서는 여자가 후견인이 되고, 어머니가 되고, 창녀가 되는 데 필요한 모든 것이 풍겨나옵니다. 그대는 이것과 저것을 바꾸고 그 모든 것에 무수한 형태를 부여합니다. 그대의 품안에서라면, 운명과 맞닥뜨리거나 하는 일은 이제 영영 없을 듯합니다. 운명이 그 어떤 불행이나 행복을 내놓는다 해도 이제 나를 놀라게 하지는 못할 테니까요. 당신이 당신의 낮을 괴롭히는 것들로부터 얼마나 멀리 떨어져 있는지를 당신을 둘러싼 엄청난 고요가 나에게 암시해줍니다. 바로 이 고요 속에서 형태들이 서로 바뀝니다. (…) 형태들이 물결처럼 노닐면서 서로 섞입니다(GB, 4:278-279).

벤야민은 블라우폿 턴 카터를 "투트Toet"라는 애칭으로 불렀는데, 여기에는 '얼굴'이라는 뜻과 함께 '단맛 나는 후식'이라는 뜻도 있었다.[26] 상대도 자기와 같은 감정이었던 것이 벤야민에게는 놀라운 일이었던 듯하다. 그녀의 감정에 대해서는 1934년 6월의 편지 등을 통해 알 수 있다: "당신을 자주 만나고 싶고, 당신과 조용히 말없이 대화하고 싶습니다. 이제부터 우리는 서로에게 지금까지와는 다른 존재가 될 것 같습니다. (…) 당신은 나에게 그냥 좋은 친구보다 훨씬 더 큰 의미가 있습니다. 그 사실도 함께 알아주기를 바랍니다."[27] 발레로의 지적대로, 벤야민은 8월 내내 다른 사람 모두와 연락을 끊고 이 새 연인에게 집중했다. 이미 점점 줄어들던 현지 친구들과 연락을 끊은 것은 물

---

26 볼 곳은 van Gerwen, "Walter Benjamin auf Ibiza," 2:981(인용은 GB, 4:504n). 판헤르번은 투트 블라우폿 턴 카터와 장 젤츠를 인터뷰한 뒤 벤야민이 「아게실라우스 잔탄더」의 사본을 투트 턴 카터의 서른한 번째 생일 선물로 선사했다는 주장을 펼친다(이 글의 두 번째 버전이 완성된 1933년 8월 13일은 투트 블라우폿 턴 카터의 생일이었다). 판헤르번은 투트 턴 카터가 1934년 6월 벤야민에게 보낸 편지를 인용하고 있다: "당신은 나를 무조건적으로 이해해주시는 분입니다. 바로 그런 분입니다. (…) 당신은 왜 존재하지 않는 것, 존재할 수 없는 것을 원하십니까. 이미 존재하는 이것이 매우 좋은 것이라는 사실을 왜 모르십니까?" [여기서 말하는 이것은 두 사람의 관계를 뜻한다](van Gerwen, "Walter Benjamin auf Ibiza," 971-972). 벤야민이 1933년 여름에 투트 턴 카터를 위해 쓴 시 두 편이 수록된 곳은 GS, 6:810-811.
27 이 편지가 인용된 곳은 *Global Benjamin*, 972(Valero, *Der Erzähler*, 182-183).

론이고, 평소와는 달리 숄렘과 그레텔 아도르노 같은 친구들에게도 소식을 전하지 않았다. 7월은 절망의 나락에서 빠져나와 새로운 창조력을 분출하는 시기였다. 새 연인에게 두 편 혹은 그 이상의 시를 써 보냈고, 『수난처 세 곳을 지나는 하나의 사랑』이라는 가제로 헌정용 연작을 기획하기도 했다(GS, 6:815). 이 기획에서 「빛」과 「아게실라우스 잔탄더」라는 두 편의 글이 나왔다. 그중에서 「빛」은 나중에 『고독 이야기들』에 포함되었고(『고독 이야기들』은 끝까지 미발표 원고로 남았다),[28] 「아게실라우스 잔탄더」는 헌정용 원고로 남았다. 벤야민의 가장 기묘한 글 가운데 하나인 「아게실라우스 잔탄더」는 자서전 같지만 그렇지는 않은 극히 밀교적인 글로, 두 가지 버전이 8월 중순에 하루 간격으로 이비사에서 완성되었다(SW, 2:712-716).

이 글의 제목은 고대 스파르타의 왕 아게실라오스 2세(크세노폰과 플루타르크가 언급했고 코르네유가 비극에서 그린 인물)와 스페인 북부의 항구도시 산탄데르를 연상시킨다. 숄렘에 따르면, 이 제목은 일단 Der Angelus Satanas[사탄의 천사]의 아나그람이다(벤야민이 세상을 떠난 뒤 이 글을 발견한 숄렘은 편집과정에서 상세한 주석을 달았다). 이후의 연구에 따르면, 아나그람에서 남는 철자 i는 Ibisa의 머리글자일 수 있다.[29] 이 글에 나오는 천사는 클레의 「새로운 천사」(벤야민이 1921년에 매입한 수채화)를 확실한 모델로 삼고 있다. 숄렘이 최초로 지적했듯이, 「아게실라우스 잔탄더」의 마지막 이미지—자기가 떠나온 미래를 향해서 (때로 벽에 부딪히면서도 "모질게") 뒷걸음질치는 천사—와 벤야민의 마지막 기명 원고 『역사 개념에 대하여』 아홉 번째 섹션의 유명한 알레고리('역사의 천사') 사이에는 친화성이 있다. 이 새로운 천사는 부모가 저자가 태어날 때 지어준 "비밀의 이름"의 힘으로 출현한다(자전적 에피소드가 아니라 벤야민의 상상이다). 저자의 부모가

28　세 편의 글을 엮은 『고독 이야기들』은 GS, 4:755-757에 수록되어 있다.

이렇게 특이한 이름을 지은 것은 자식이 작가가 될 경우 유대인이라는 게 금방 드러나지 않기를 바라서였다(유럽에서 "발터 벤야민" 하면 유대인이라는 것이 금방 드러난다). 그에게 주어진 비밀의 이름은 마치 그의 수호천사처럼 삶의 에너지를 하나로 모으고 주제 넘은 참견꾼이 가까이 오지 못하게 하는 역할을 한다. (훗날 벤야민이 스페인에서 세상을 떠났을 때 가톨릭 신자용 묘지에 묻힐 수 있었던 이유가 이름과 관련된 혼동 때문이었다는 것은 그의 인생사의 잔혹한 아이러니 가운데 하나다. 다만 이 경우는 "비밀의 이름" 같은 것 때문이 아니라 그저 성과 이름이 바뀐 덕분이었다. 포르트보우에 보관되어 있는 그의 사망진단서에는 "벤야민 발터"라는 이름이 기재되어 있다.)

「아게실라우스 잔탄더」라는 이름으로부터 단단한 형태를 갖추고 출현하는 이 천사에게는 인간적 특징이 전혀 없다. 이 글 중간에 나오는 밀교적 표현 중 하나―"천사는 자기의 남성형이 그려진 그림에게 자기의 여성형을 보냈다"―는 9월 1일 숄렘에게 보낸 편지에 나오는 은근한 표현―벤야민이 블라우풋 턴 카터에 대해 숄렘에게 알려준 유일한 정보―과 일맥상통한다: "여기서 친해진 여성이 있는데, 새로운 천사의 여성형이라고 할 수 있습니다"(BS, 72-73). 하지만 저자가 천사에게 받은 이 선물 겸 공격은 저자가 힘, 곧 인내력을 발휘할 기회일 뿐이었다. 날개를 활짝 편 천사가 날아갈 수 있듯, 인내심을 활짝 편 저자는 자기에게 보내진 여자를 찬양할 수 있었다. "그는 자기를 매료시키는 여자를 만날 때마다 부지불식간에 결심했다. 그녀가 살아 있는 한 몰래 기다리겠다고. 늙고 병들고 누더기 옷을 입은 그녀가 자기 손에 들어올 때까지 기다리겠다고. 요컨대 그의 인내력을 소진시킬 수 있는 것은 아무것도 없었다." 하지만 이 말은 상대를 정복하겠다는 의미가 아니다.

---

29 볼 곳은 Scholem, "Walter Benjamin and His Angel." 이 논문은 「아게실라우스 잔탄더」의 두 가지 버전이 처음으로 실린 지면이다. 함께 볼 곳은 van Reijen and van Doorn, *Aufenthalte und Passagen*, 139.

오히려 "천사는 내가 떠나보내야 했던 것들을 닮았다. 내가 떠나보내야 했던 사람들도 닮았지만, 그보다는 내 물건들을 더 닮았다. 천사는 내가 떠나보낸 물건에 깃들어 살면서 그 물건이 의미하는 바를 투명하게 밝혀준다. 그러면 내 눈앞에는 그 물건에 빗대어지는 누군가가 나타난다. 그런 까닭에 나는 떠나보내는 데 있어서는 누구에게도 뒤지지 않는다. 어쩌면 천사는 다 떠나보내고 빈손으로 떠나가는 사람에게 매료된 것인지도 모른다." 누군가에게 매료된 존재는 자기를 매료시킨 누군가를 데리고 미래를 향해 뒷걸음질한다. 전진이자 후퇴인 이 길에서 그는 오직 행복을 원한다. 이것이 「아게실라우스 잔탄더」의 좀더 긴 두 번째 버전의 결론이다.

그는 행복을 원한다. 단 한 번뿐인 것, 새로운 것, 아직 경험하지 못한 것이 안겨주는 환희가 다시 만나게 된 것, 되찾은 것, 경험해본 것이 안겨주는 환희와 서로 부딪치기를 원한다. 그가 새로운 사람을 데리고 가면서 새로운 무엇을 기대할 수 있는 길이 오직 고향으로 돌아가는 길뿐임은 그런 까닭에서다. 너를 처음 만났을 때 너와 함께 내가 떠나왔던 길로 돌아갔던 것은 나도 마찬가지였다.

앞서 벤야민은 자기가 "아무런 환상도 없"다는 점에서 아널드 베넷과 닮았다는 말을 했지만, 「아게실라우스 잔탄더」에서는 자신이 도달한 경지를 좀더 복잡하게 바라보고 있다. 벤야민에게는 후퇴하고 단념해야 할 일이 자주 있었지만, 그럼에도 불구하고 의미 있는 것들—어떤 사람 또는 경험들—과 아직 관계를 맺을 수 있었다. 그저 우연한 관계, 어쩌면 불운한 관계라고 해도 마찬가지였다. 투트 블라우폿 턴 카터와의 관계에서 벤야민은 자기가 이때껏 여성들에게서 사랑했던 모든 것의 현전을 느꼈다. 단 한 번뿐인 새로운 것과의 만남 속에 모종의 귀로가 있었다. 정확하게 고향으로 돌아가는 길은 아니라 하더라도 어쨌든 어딘가로 돌아가는 길이었다. 벤야민 특유의 표현을 빌리면, "행복"이 있는 곳은 기다림이라는 시공간의 소용돌이 속이었다.[30]

그 무렵 루이 셀리에라는 프랑스인과 결혼을 앞두고 있던 투트 턴 카터는 1934년 셀리에와 함께 벤야민의 새 글 「마르세유에서 해시시를」을 번역했다.[31] 벤야민을 위해 네덜란드 방송국 일자리를 찾는 수확 없는 노력을 기울이기도 했다. 벤야민은 이 커플이 1934년에 한동안 파리에 머물 때 함께 시간을 보냈고, 투트와는 그 이듬해까지도 연락을 이어나갔다. 벤야민이 1935년 11월 24일 파리에서 두 사람이 왜 서로에 대해 아무것도 몰라야 하는지 도무지 이해할 수 없다는 고백으로 시작하는 편지를 썼을 당시에는 두 사람의 관계가 이미 깨졌던 것 같고, 이 편지는 보내지지 않았던 듯하다(GB, 5:198). 잉게 부흐홀츠, 투트 블라우폿 턴 카터, 그리고 그레텔 카르플루스와의 관계는 삼각관계에서 시작해 결국 차인다는 동일한 패턴을 따랐다. 앞서 아샤 라치스와의 연애 때 라치스가 베른하르트 라이히와 엮여 있고, 율라 콘과의 연애 때 벤야민이 도라와 엮여 있던 것과 마찬가지다. 이 실패한 사랑들은 모두 벤야민의 작업 한켠(섹슈얼리티라는 그리 눈에 띄지 않는 주제를 펼치는 대목들)에 그 흔적을 남겼다. 예컨대 『파사주 작업』과 「중앙공원」 중 보들레르의 개인적 아비투스를 다소 공격적/풍자적으로 알레고리화하는 대목에서는 수컷의 섹슈얼리티라는 "수난길Via Doloros"이 언급되는데, 이 대목은 벤야민 자신의 성애 경험—특히 투트에게 헌정하기 위해 썼던 연작의 제목에 나오는 "수난처", 곧 벤야민 자신의 세속적 "십자가"—에 대한 간접적인

---

30 여자를 기다린다는 모티프와 관련해서 비교해볼 곳은 BC, 72–73; AP, 855(M°,15). 『파사주 작업』에서 기다림은 기존의 신학적 맥락을 벗어나 권태, 플라네리, 꿈, 해시시, 도시의 "식충이들"과 연결되면서 핵심적인 주제 중 하나로 자리잡는다. 상품조차 팔리기 위해서 기다린다는 표현이 등장하기도 하고(O°,45), "기다림의 형이상학"의 필요성이 언급되기도 한다(O°,26). 비교해볼 곳은 EW, 7–8(1913). 함께 볼 곳은 크라카워의 「기다리는 사람들」(1922).

31 이 번역은 벤야민의 주선으로 1935년 《남부 카이에》에 실렸는데, 벤야민 자신은 이 번역의 질에 대해 심각한 의혹을 품고 있었다(볼 곳은 GB, 4:414–415).

성찰이다.[32]

한창 연애 중이던 1933년 여름에도 벤야민은 질 낮은 거처를 전전하고 있었다. 이비사에서의 생활 환경 및 작업 환경이 견딜 만하면서 지출을 최저 수준까지 끌어내릴 만한 곳을 찾기 위해서였지만, 그런 일 자체가 불가능한 것이었을 수도 있다. 뇌게라트 가족의 집(시끄럽고 웃풍 센 거처)에서 나올 수 있었던 것은 6월 말이었다. 그 후 첫 번째 거처는 사람이 상상할 수 있는 가장 싸고 휑한 하루 1페소짜리 호텔 방(벤야민에 따르면 "값을 통해 그 상태를 짐작할 수 있는 방")이었고, 다음번 거처는 산안토니오 만 반대쪽(한 해 전 공사장 소음을 피해 집 근처 숲에 안락의자를 가져다놓고 작업할 수 있었던, 개발이 비교적 덜 진행된 지역)의 방 한 칸이었다. 정확히 말하면 방이라기보다 공사 중인 건물에서 먼저 마무리된 공간—가구들을 쌓아놓은 창고—이었는데, 벤야민이 건물 주인과 협의해 무료로 쓰게 된 것이었다. 아직 유리창과 배관시설도 없었지만(벤야민은 몇 주 동안 그 건물의 유일한 거주자였다), 해변과는 3분 거리였다. 1932년에 장 젤츠와 기예 젤츠가 살았던 '별장'이 바로 옆에 있었다. 율라 라트-콘에게 보낸 편지에서 새 거처에 대해 설명하기도 했다: "이곳을 거처로 삼음으로써 생필품과 생활비를 더는 내려가기 힘든 최저 수준까지 낮추었습니다. 이곳의 매력은 인간의 존엄을 해칠 만한 것이 없다는 점이며, 내가 뭔가 아쉬움을 느낀다면 그것은 안락보다는 오히려 인간관계에 있습니다"(C, 423). 이 거처에서 유일한 인간관계는 옆집에 사는 이웃이었다: "호감 가는 청년입니다. (…) 지금은 내 비서입니다"(GB, 4:247).

발레로는 벤야민의 이비사 체류를 장식하는 매우 흥미로운 서브플롯 한 가지를 발굴해냈는데, 이 청년이 바로 그 플롯에 등장한다. 벤야민이 일을 맡길 만큼 영리했던 이 청년은 막시밀리안 페르스폴이라는 함부르크 출신의 독

---

32 볼 곳은 AP, 331, 342(J56a,8[갈보리 언덕]; J57,1 [제단]; J64,1[수난길]); SW, 4:167(「중앙공원」 섹션 10).

일인이었다. 벤야민은 처음 이비사를 찾은 1932년에 이미 그를 알게 되었고, 함께 이틀 동안 팔마데마요르카에 다녀오기도 했다(GB, 4:132). 페르스폴은 1933년 늦봄에 친구들과 다시 이비사를 찾았는데, 그때 그가 묵은 곳이 바로 '별장'(벤야민이 살던 공사 중 건물의 옆 건물)이었다. 벤야민이 이 스물네 살의 청년 일행과 어울리기 시작한 것은 그때부터다. 종종 '별장'에서 이 일행과 식사를 했고, 일행이 매주 배로 소풍을 나갈 때는 함께 따라 나서기도 했다. 타자기를 보유했던 페르스폴은 이 몇 달간 실제로 벤야민의 "비서"로 일했다. 벤야민이 독일 저널들에 보내는 논문이나 서평, 그 외에 많은 글(숄렘의 점점 늘어나는 아카이브로 발송되는 모든 글)의 타자본을 작성하는 일이었다. 벤야민을 위한 이상적인 상황이었다고 볼 수 있겠지만, 발레아레스 제도를 찾아오는 사람 중 나치 협력자는 물론 첩자도 있다는 소문이 곳곳에서 무성했던 것을 떠올리면 오히려 우려스러운 상황이었다. 이비사에 있을 때만해도 자기를 법학도 지망생이라고 소개했던 페르스폴은 1933년 말 함부르크로 돌아가자마자 나치친위대에서 하사의 지위에 올랐다. 그렇다면 벤야민은 나치 협력자—당 기관에 확실한 인맥을 갖고 있으리라 추정되는 독일인—에게 자기 글뿐 아니라 자기 정체를 감추기 위해 사용한 여러 필명까지 맡겼던 셈이다. 평소 새로운 사람을 만날 때 경계가 심했던 벤야민이 이렇게 짧은 기간에 이렇게 여러 사람을 상대로 경계를 풀면서 자신의 정체뿐 아니라 지적 생산물까지 노출시킨 것을 보면, 그의 보안 장치가 불과 몇 달 사이에 어느 정도까지 망가졌는가를 짐작할 수 있다.

그렇더라도 옆집 독일 청년들과의 이 화기애애한(어쩌면 경솔한) 교제는 예외적인 일이었다. 그 여름 몇 달 동안 벤야민은 현지 친구들과 (심지어 가장 친한 친구들과도) 절연하기 시작했다. 위에서 보았듯, 펠릭스 뇌게라트를 멀리한 것은 이 섬에 도착한 직후인 봄부터이고, 체류 후반에는 장 젤츠도 밀어내기 시작했다. 훗날 젤츠는 벤야민과의 관계가 냉각될 때 사건이 있었다는 이야기를 들려준다. 벤야민이 이비사 시내에 나갈 때 꼭 들르는 "미그호른"이라는 바가 있었는데, 바의 주인인 기 젤츠는 장 젤츠와 형제지간이었다. 어느 밤, 그 바에 간 벤야민은 그때껏 한 번도 주문한 적 없는 복잡한 "블랙 칵테일"을 시키더니 큰 잔 속의 내용물을 태연히 들이켰고, 이어서 어느 폴란드 여성의 도전을 받아들여 148프루프의 진 두 잔을 연거푸 들이켰다. 멀쩡한 얼굴로 바를 나가 보도에 쓰러진 벤야민을 장 젤츠가 곧장 따라나가 어렵사리 일으켜 세웠다. 벤야민이 당장 집으로 가겠다고 하자 젤츠는 그런 상태로 9마일을 걸어 집(산안토니오의 공사 중인 건물)까지 가는 것은 불가능하다며 만류했다. 젤츠는 벤야민을 부축해 자기 집(콩키스타칼레의 가파른 언덕 위)으로 데려가 침대에 눕히느라 날을 샌 후 이튿날 정오가 다 돼서야 일어났다. 벤야민은 사과와 감사의 말을 적은 쪽지를 남기고 사라진 뒤였다. 두 사람은 그 뒤로도 가끔 만나 『1900년경 베를린의 유년시절』의 프랑스어 번역 작업을 이어나갔지만, 관계는 예전 같지 않았다. "그를 다시 만났을 때, 그의 내면에서 뭔가 변했다는 느낌을 받았다. 그는 그런 모습을 내보인 자신을 용서할 수 없었던 것이다. 그야말로 수치심을 느꼈던 것 같다. 그리고 이상하게도 나를 비난하는 듯했다."[33] 분명 수치심도 한 가지 원인이었을 것이다. 그렇지만 그때까지 애써 지켜왔던 예의라는 보호막을 깨뜨렸다는 것보다 더 용서하기 어려웠던 점은 한순간이지만 절망적 심경을 드러내 보였다는 것이 아니었을까 싶다.

마요르카 여행 이후 몇 주 동안 벤야민의 건강은 악화 일로였다. 병은 오른쪽 다리의 "아주 재미없는" 염증과 함께 시작되었다. 벤야민이 두어 시간 예정으로 이비사 시내에 나왔을 때 증세가 나타났다는 것이 다행이라면 다행이었다. 마침 근처에 있던 독일인 의사가 자기 호텔 방에서 벤야민을 치료

---

33 Selz, "Benjamin in Ibiza," 364.

하면서, "매일같이 합병증이 발생할 경우의 사망 가능성"을 신나게 설명해주었다(BS, 69). 7월 말의 벤야민은 책과 자료 등은 모두 산안토니오에 남겨둔 채 이비사 시내를 떠나지 못하는 처지였다. 이 상황을 최대한 이용하는 방법은 날마다 자기를 만나러 콩키스타칼레를 내려오는 젤츠와 『1900년경 베를린의 유년시절』 번역 작업을 이어나가는 것 정도였다. 이비사 시내에 공짜 거처를 마련한 벤야민은 8월 첫 주에 한 번 산안토니오로 돌아갔다가 8월 22일 이비사로 되돌아온 후 계속 다리 염증에 더해 치통과 탈진 증세, 그리고 무더위로 인한 고열(얼마 전 숄렘에게 보낸 편지에서 농담처럼 말한, 이 섬에 와 있는 외국인이 잘 걸리는 "8월의 광증")에 시달리고 있었다. 이런 "통증의 협주곡"에 시달리는 것도 모자라 애장 필기구(강박적으로 재구매하는 브랜드 만년필)를 분실하면서 "처음 써보는 값싸고 질 나쁜 필기구에서 기인하는 불편"에 고스란히 노출되기도 했다(GB, 4:280). 그 무렵 벤야민의 마음을 무겁게 짓누르던 또 하나의 걱정거리는 베를린에 남아 있는 서재의 처리 문제였다. 그레텔 카르플루스가 벤야민의 베를린 아파트에 남아 있는 원고 '아카이브'를 파리로 옮길 대책을 마련한 것은 바로 얼마 전 여름이었지만,[34] 벤야민은 포장비와 운송비를 낼 형편이 못 되었다.

9월 초, 벤야민은 다리 염증 때문에 다시 침대 신세를 져야 했다: "산안토니오 시내에서 30분이나 떨어진 시골에 살고 있습니다. 두 발로 서지도 못하는 처지에 말도 안 통하고, 가능한 한 작업도 해야 하니, 이런 원시적인 환경 속에서는 참을성의 한계에 바짝 다가서는 때가 많습니다. 몸이 회복되는 대로 파리로 돌아가야겠습니다"(BS, 72). 의사도 없었고, 영양은 "문제적"이었다. 물을 구하기도 힘들었을뿐더러 사방은 파리 떼였다. 몸을 누인 곳은 "이

---

34 1934년 3월, 벤야민의 비교적 중요한 책들이 브레히트가 있는 덴마크의 스코우스보스트란에 도착했다. 책 상자 대여섯 개 분량이었는데, 그중에서 지금 모스크바에 보존되어 있는 분량은 극히 적다. 벤야민의 베를린 아카이브에서 소실된 자료들 중에는 하인레 형제의 원고 컬렉션도 있다. 볼 곳은 BS, 72, 82-83, 102; GB, 4:298n. 함께 볼 곳은 *Walter Benjamin's Archive*, 4.

세상에서 가장 불편한 매트리스"였다(BS, 76-77). 하지만 작업은 계속되었다. 그레텔 카르플루스에게 보낸 편지에는 좋지 않은 건강 탓에 두 주 이상 작업을 할 수 없었다는 말도 나오지만 그럼에도 8월과 9월 초에는 「모방력」, 「달」(《프랑크푸르트 신문》에 실린 빌란트에 관한 글), 「아게실라우스 잔탄더」 등 여러 편의 글이 완성되었다. 이 저술 목록이 보여주듯이, 벤야민이 겪은 첫 몇 달간의 망명생활은 이후에 펼쳐질 상황(정상적인 환경과 충분한 지면을 찾지 못한 탓에 거의 모든 청탁을 수락할 수밖에 없는 상황)의 예고편이었다. 《사회연구지》에 실은 「오늘날 프랑스 작가들의 사회적 입장에 대하여」와 《프랑크푸르트 신문》에 실은 「달」 등은 여러모로 미봉책이라 할 작업들이었고, 벤야민 자신은 그런 글 때문에 중요한 연구에 필요한 시간을 빼앗기는 것을 안타까워했다. 그럼에도 불구하고 놀라운 사실은, 망명 중이라는 제약된 상황에서도 「모방력」과 「아게실라우스 잔탄더」 같은 극히 개인적인 글(어떻게 보면 밀교적인 글)과 『1900년경 베를린의 유년시절』의 핵심 섹션들이 나왔고, 더구나 「경험과 빈곤」이라는 모더니티에 대한 비중 있는 논의도 나왔다는 것이다. 훗날 벤야민이 "지난여름 이비사에서의 영광과 비참"을 말하는 이유는 아마도 당시의 글들이 이렇듯 들쭉날쭉하다는 의식 때문일 것이다(BS, 140).

이제 파리가 벤야민을 부르고 있었다. 물론 밝고 명확한 부름은 아니었다. 7월 말 벤야민 앞으로 공문을 발송한 곳은 '독일 반유대주의 희생자 구호 위원회'—한 해 전 4월 파리에서 이스라엘 레비(프랑스의 최고 랍비)와 에드몽드 로실드 남작 등의 후원으로 만들어진 구호 단체—였다. 공문의 내용은, 숄렘에게 보낸 편지의 표현에 따르면, "골트슈미트-로실드 남작 부인께서 유대인 지식인들을 위해 파리에 저택을 마련하셨으니 공짜 거처로 삼아도 좋다"고 약속하는 "공식" 초대장이었다(BS, 68). 벤야민의 친구이자 공동 작업자 빌헬름 슈파이어—세례받은 기독교도였지만, 알고 보면 프랑크푸르트의 유대인 은행업자 집안 출신—가 재계 인맥을 동원한 결과인 듯했다. 벤야민은 이 초대가 경제 전선에서 "그저 잠시 숨 돌리는 시기"에 불과하리라 예상하면서도, 어쨌든 "나를 널리 알릴" 기회임은 "확실"하리라고 생각했다. 벤야민은 8월 8일 공식 입주 신청서를 제출하면서, 9월 중순부터 입주가 가능한 것으로 알고 있으니 8월 말까지는 결정을 통지해달라는 말을 덧붙였다(GB, 4:272-273). 하지만 9월 1일 숄렘에게 편지를 쓸 때까지 아무 통지도 받지 못했다: "나는 파리에 거처를 제공해준다는 통지가 오기를 극히 미심쩍은 마음으로 기다리고 있습니다. (…) 파리에는 '망명한 놈이 독일 놈보다 더하다 Les émigrés sont pires que les boches'라는 말이 있습니다"(BS, 72). 그리고 나중에 키티 마르크스-슈타인슈나이더에게도 비슷한 심경을 전했다: "이곳에서 유대인이 유대인을 위해 진행하는 사업을 지칭하는 데는 날림 자선이라는 말이 가장 좋을 듯합니다. 적선받을 가능성과 최악의 굴욕을 결합시켰다고 보면 되겠는데, 실제로 적선받는 경우는 거의 없습니다"(C, 431). 남작 부인이 마련했다는 저택은 알고 보니 무료와는 거리가 멀었고, 여러 복잡한 "실수와 지연"은 벤야민의 그리 크지 않았던 기대를 사실상 무너뜨렸다.

벤야민은 10월 6일 아무 일감도 없이 중환자 상태로 파리에 도착했다. 이비사를 출발한 당일(9월 25일 아니면 26일) 고열이 시작됐고, 프랑스로 오는 내내 "상상할 수 없을 만큼 끔찍한 상태"였다. 거처로 삼은 곳은 비싼 16구의 싸구려 호텔(라투르 가에 위치한 레지나 드 파시 호텔)이었다. 말라리아 진단을 받고 키니네 치료를 받으면서 머리는 맑아졌지만 몸은 계속 무력했다. 거의 열흘 동안 침대를 떠나지 못한 벤야민은 10월 16일 숄렘에게 편지를 보냈다: "지금 내 눈앞에 있는 물음표의 수는 파리의 길모퉁이 수만큼이나 많습니다. (…) 내게 이거 하나만은 확실합니다. (…) 프랑스에서 글을 생계 수단으로 삼으려고 하면 안 된다는 겁니다. (…) 그랬다가는 이제 슬슬 바닥을 보이는 의욕이 완전히 꺾여버릴 테니까요. 편집부 대기실에 앉아 하염없이 기다리는 일만 아니라면 (…) 뭐라도 할 생각입니다"(BS, 82). 그렇지만 월말에는 이미 현지 인맥들을 타진하면서 레옹 피에르-캥(프루스트와 지드의 전기 작가)을 만나러 가기도 했다. 그와의 관계가 나중에 유용할지 모르겠다는 희미한 기대 정도였다. 키티 마르크스-슈타인슈나이더에게 당시의 심경을 전하기도 했다: "독일 사람들을 만나는 일은 피하고 있지만, 프랑스 사람들과 이야기를 나누는 것은 즐겁습니다. 그들은 나를 도울 능력이 없고 그럴 마음도 없지만, 그럼에도 그들에게는 커다란 장점이 있지요. 자신의 불행한 운명을 들먹이지 않는다는 겁니다"(C, 431).

불행한 운명이라면, 벤야민 자신의 것만으로도 차고 넘쳤다. 벤야민은 자신의 상황, 특히 파리에 와서 아무 기반을 마련해놓지 못한 상황을 "절망적"으로 여겼다. 가장 괜찮았던 시절에도 깊은 우울증에 시달린 벤야민 같은 사람에게 당시의 절망스러움은 "확실한 근거가 존재하는" 감정이었고, 이런 절망의 감정은 그를 아무것도 결정할 수 없는 우유부단한 상태, 마비에 가까운 상태에 빠뜨리곤 했다. 이런 상실감과 고립감이 위기 직전까지 갔던 것은 11월 초 사촌 에곤 기싱의 아내 게르트가 파리에서 세상을 떠났을 때다. 벤야민은 베를린에서 자신의 해시시 실험에 여러 차례 동참하기도 했던 기싱 부부를 가장 가까운 친구로 꼽고 있었다(OH, 63에는 게르트가 춤추는 장면이 묘사되어 있다). 벤야민에게 게르트의 죽음은 자기를 포함한 남은 이들에게 닥칠 운명의 전조였다: "우리가 파리에 와서 처음 땅에 묻은 이가 그녀였습니다. 하지만 그녀가 마지막은 아닐 것입니다"(GB, 4:309).

당시 벤야민의 재정 상황은 여름보다 더 열악했다. 일단 파리 생활비만 해도 이비사 때에 비해 기하급수적으로 늘어난 터였다. "내가 최선을 다해 맞섰지만 결국 내 활동력을 마비시킨 걱정들"(GB, 4:309)을 일시적으로나마 잠재워준 것은 11월 초 그레텔 카르플루스(아량과 요령을 겸비한 "펠리치타스")가 친구 벤야민을 위해 베를린 장서 일부를 대신 매각해주기로 하면서 선금 명목으로 보내온 우편환 300프랑이었다. 역시 카르플루스가 여름에 새 정장을 맞출 돈을 송금해주었을 때, 벤야민은 자신의 고마운 마음을 파리에서 만날 수 있기를 바란다는 말로 다정하게 포장했다: "당신에게 빚진 것이 너무 많습니다. 만약 내가 이 편지를 감사 인사로 시작할 생각이었다면 첫말조차 쓰기 어려웠을 것입니다. (…) 파리 한구석의 작은 식당 같은, 당신이 전혀 예상치 못한 곳에서 당신을 감사 인사로 급습하렵니다. 그날은 당신에게 선물받은 정장을 입고 있지 않도록 주의하렵니다. 그래야 그렇게 감사를 전하는 일뿐만 아니라 다른 많은 일을 자유롭게 할 수 있을 테니까요"(C, 427). 하루 벌어 하루 사는 처지, 친구들이 형편대로 보내주는 부스러기를 주워 먹어야 하는 처지였던 벤야민의 이 편지에서는 장난기 가득한 아이러니에도 불구하고 상처 입은 독립심의 굴욕감이 엿보인다. 장-미셸 팔미에는 망명자들의 전반적인 상황을 설명한 책에서 그들이 날마다 마주쳐야 하는 낙심천만한 상황들에 특히 주목했다.

그들은 친구도, 서류도, 비자도 없이, 체류허가증도, 취업허가증도 없이, 어떻게 살아야 하는지 처음부터 다시 배워야만 했다. 종종 이상하고 적대적으로 보이는 세계에서 그들은 완전히 어린애가 된 느낌이었다. 생계를 잇지도 못하는 상태로, 관료제의 속임수에 내동댕이쳐진 채로, 구호위원회 같은 것이 존재하면 그런 곳에 손을 내밀어야 했고, 지원금이니 서류니 정보니 조언이니 하는 것을 얻기 위해 창구 앞에 줄을 서야 했다. 영사관, 내무부, 경찰청에서 몇 시간씩, 혹은 하루 종일 기다려야 했고, 자기가 살아 숨 쉰다는 사실이 제기하는 법적인 혼란을 어떻게든 해결해야 했다.[35]

---

35 Palmier, *Weimar in Exile*, 228.

10월 26일, 벤야민은 친구들의 도움으로 좀 덜 지저분한 호텔(푸르 가에 위치한 팔라스 호텔)로 옮겼다. 생제르맹 불바르와 가깝고, 플로레 카페나 되마고 카페(형편이 비교적 좋았던 시절에 자주 가던 문필가 카페들)와 아주 가까운 곳이었다. 창밖으로 생쉴피스 성당의 두 종탑 중 하나가 보였다: "보이는 것은 종탑뿐입니다. 날씨는 종탑 위쪽이나 뒤쪽에서 내가 알 수 없는 언어로 이야기합니다"(GB, 4:340). 벤야민은 그곳에서 3월 24일까지 지내면서 산발적으로나마 작업을 재개할 수 있었다. 절망의 감정을 추스르기 힘들었지만 『1900년경 베를린의 유년시절』의 새 섹션(섹션명 미확인)을 완성하고 빌리 하스로부터 지면을 얻기도 했다. 한때 《문학세계》 편집장이었던 하스는 당시에는 프라하에서 《언어세계》라는 문예 주간지를 펴내고 있었다. 이 단명한 망명 저널은 12월 7일 벤야민의 「경험과 빈곤」을 실었고, 그다음 주에는 괴테 시대의 위대한 모럴리스트 겸 유머리스트 J. P. 헤벨의 인기작 『라인 지방 가정의 벗, 이야기 보물상자』에 대한 벤야민의 의미심장한 단평—정확히 말하면, 설문에 대한 응답—을 실었다(벤야민이 헤벨을 다룬 글로 지면을 구한 것은 이때가 마지막이었다[GS, 2:628]). 두 글 다 청탁을 수락할 때부터 우려했던 대로 끝내 원고료를 받지 못했다. 11월 중순에는 독일에 남은 유일한 게재 통로였던 《프랑크푸르트 신문》에 필명으로 글 두 편을 실었다(그의 글이 실리는 것은 1935년 6월이 마지막이다). 먼저 실린 글은 노르웨이 중등학교 교재로 쓰이는 독일 문학 선집에 대한 서평—제목은 「노르웨이의 독일어」—이었다(GS, 3:404-407). 한 나라Volkstum의 꾸밈없는 대중문화가 그 나라의 고전 예술을 지탱하는 토대임을 강조할 뿐, 이런 책—'거장들'이라는 부제를 달고 있는 문학 선집—의 정치적 함의를 파고들지는 않는 글이었다. 나머지 하나는 사흘 뒤에 실린 「사유이미지」라는 문예란 기사로, 벤야민의 특기인 일련의 불연속적 단상 형태의 글이었다(SW, 2:723-727).

벤야민은 일말의 게재 가능성을 좇아 동분서주하는 것을 망명자의 불가피한 운명으로 받아들였지만, 원고료만으로는 용돈벌이에 불과하다는 점도 잘 알고 있었다. 그해 가을 파리에서 막스 호르크하이머와 몇 차례 만난 일은 망명생활을 지탱할 열쇠나 마찬가지였다. '사회연구소'의 중심 필자라는 벤야민의 위치를 확고히 다진 만남이었다. '사회연구소'의 역사를 보자면, 사업가 헤르만 바일과 펠릭스 바일의 기부로 1923년 프랑크푸르트의 요한 볼프강 괴테 대학에 세워진 연구 기관이었다.[36] 초대 소장 카를 그륀베르크는 사회 구조의 변혁이 의회민주주의에서 과반수 확보 여부에 달려 있다고 보는 오스트리아식 마르크스주의자였다.[37] 그륀베르크가 소장으로 있는 동안 연구소의 관심사는 사회주의 역사, 노동운동 등 정통 마르크스주의의 주제들이었다. 1928년 그륀베르크가 뇌졸중을 일으켜 부소장인 프리드리히 폴로크가 소장 대행이 되었다. 1931년 막스 호르크하이머가 연구소 소장으로 임명되면서 동시에 펠릭스 바일의 기부로 조성된 사회철학 교수로도 임명되었다. 호르크하이머(1895~1973)의 이력을 보자면, 슈투트가르트 근처 추펜하우젠의 유복한 유대인 제조업자 집안에서 태어났다. 비슷한 배경을 가진 벤야민의 여느 친구나 동료와는 달리 호르크하이머는 김나지움을 중퇴하고 집안 사업에 뛰어들었다. 우선 아버지의 공장에서 견습생을 지냈고, 이어 브뤼셀에 있는 관련 공장에서 수련생으로 일했다. 1914년에는 집안 사업체의 부사장 자리에 올랐다. 종전을 앞두고 짧게 군복무를 마친 뒤 학교로 돌아간 호르크하이머는 일사천리로 김나지움 과정을 마치고 프랑크푸르트에서 심리학과 철학과정을 밟은 뒤 1922년에 철학으로 박사학위를 받았다. 학위논문의 제목은 『목적론적 판단의 이율배반』이었다. 프랑크푸르트 철학과 정교수 한스 코르넬리우스의 애제자였던 그는 박사학위를 받은 뒤 코르넬리우스

---

36 '사회연구소'의 전반적인 역사를 보려면 Jay, *The Dialectical Imagination*, 그리고 Wiggershaus, *The Frankfurt School*.

37 오스트리아 마르크스주의에 대한 최고의 연구서는 여전히 라빈바흐의 *The Crisis of Austrian Socialism*이다.

의 조교(독일 대학의 위계 구조에서 조교수와 상급 대학원생 사이)가 되었다. 1924년에 호르크하이머가 코르넬리우스 대신 벤야민의 교수자격 청구논문(『독일 비애극의 기원』)에 불합격 판정을 내린 것은 바로 이 자리에 있을 때였다. 호르크하이머가 1925년에 제출한 교수자격 청구논문(『이론철학과 실천철학의 연결 고리로서의 칸트의 『판단력 비판』)은 무사히 통과되었다.

'사회연구소' 소장이 된 1931년 당시 호르크하이머는 이미 확실한 연구 프로그램을 가지고 있었다. 소장 지명 수락 연설에서도 연구소를 여태까지와는 다른 방향으로 이끌 것이라는 점을 강조했다. 그의 새 방침은 연구소의 풍부한 연구 및 출판 역량을 활용해 경제학, 심리학, 사회학, 역사, 문화의 학제간 연구를 촉진하는 것이었다. 1932년에 창간된 《사회연구지》는 이 새로운 연구를 펼칠 기관지였다. 호르크하이머는 이 저널을 중심으로 일군의 청년 지식인들(아도르노, 문학사회학자 레오 뢰벤탈, 사회심리학자 에리히 프롬, 철학자이자 문학사 연구자 허버트 마르쿠제 등 지금 우리가 "프랑크푸르트학파"와 연결짓는 이름들)을 규합했다. 제네바에 연구소 지부가 설치된 것도 1932년이었다. 호르크하이머가 이곳에 지부를 설치한 목적은 '국제노동연구소'의 방대한 통계 아카이브(선진 공업국들의 시장경제학에 초점을 둔 자료)를 쉽게 이용하기 위해서였지만 호르크하이머 자신도 훗날 인정했듯이, "아직 법치국가인 이웃 나라에 일종의 비상 본부 내지 도피 본부"를 설치하겠다는 생각도 있었다.[38] 1933년에 호르크하이머와 아도르노가 프랑크푸르트 대학에서 해고되고 이듬해 5월 호르크하이머가 뉴욕으로 가게 되었을 때 연구소 활동이 비교적 안정적으로 재개될 수 있었던 것은 호르크하이머가 미리 이런 조치를 취해둔 덕분이었다.

벤야민의 연구소 내 입지가 「오늘날 프랑스 작가들의 사회적 입장에 대하

---

38 Kluke, "Das Institut für Sozialforschung," 422-423.

여」, 「수집가이자 역사가 에두아르트 푹스」 같은 연구소가 청탁하는 글을 쓰는 필자에서 문화 분야에서 자기가 쓰고 싶은 글을 제안할 수 있는 중심 필자 중 한 명으로 서서히 바뀌기까지는 그 후로 수년이 걸린다. 벤야민이 파리에서 호르크하이머와 만났을 당시는 「수집가이자 역사가 에두아르트 푹스」를 청탁받은 시점—작업을 시작하기에 앞서 (1933년 파리로 이주한) 푹스 본인을 만나고 나서 큰 감명을 받은 시점—이었다: "이채롭고 위엄 있는 인물, 사회주의 금지법이 있던 시절[1878~1890]의 사회민주주의자들이 어떤 사람들이었는지를 상상할 수 있게 해주는 인물입니다"(BS, 90). 호르크하이머에게 청탁받은 또 한 편의 글—언어철학의 최신 동향을 개괄하는 서평논문—은 12월에 시작되어 4월 첫째 주에 완성되었고, 1935년 초 《사회연구지》에 「언어사회학의 문제들」이라는 제목으로 실렸다. 벤야민이 여러 편지에서 쓴 표현을 빌리면, 프랑스 언어학과 독일 언어학의 최근 동향에서 시작해 벤야민 자신의 언어 이론의 출발점—언어를 도구로 간주하는 언어 모델을 극복하고 생명체의 모방력을 토대로 삼는 이른바 "언어 관상학"—을 도착점으로 삼는 글이었다. 오랫동안 이 글은 당시에 어떤 언어사회학이 유행했는지를 개괄하는 다소 무미건조한 글로 간주돼왔지만, 여기서 다루는 여러 언어학자의 작업과 벤야민 자신의 언어 관련 사유 사이에 밀접한 관계가 있음을 최근 연구들이 점차 밝혀내고 있다.[39] 벤야민이 파리에서 호르크하이머에게 청탁받은 글 중에는 짧은 서평도 여러 편 있었던 듯하다.

당시 정기적으로 편지를 주고받는 사이였던 전처 도라의 조언을 흘려 듣지 않은 벤야민은 숄렘에게 쇼샤나 페르지츠라는 러시아 태생의 여성이 경영하는 텔아비브의 신생 출판사에 대해 문의하면서 그녀에게 연락해볼 생각이라는 뜻을 전했다. 하지만 숄렘은 극구 만류했다: "당신의 글이 히브리어로

---

39 특별히 볼 곳은 Ogden, "Benjamin, Wittgenstein, and Philosophical Anthropology," 그리고 Gess, "Schopferische Innervation der Hand,"

번역된다손 치더라도 (…) 이곳 독자층이 관심을 보일 것 같지는 않습니다. 당신의 글들은 (…) 지나치게 수준 높은 입장을 취하고 있기 때문입니다. 당신이 정말로 이곳 독자층을 위한 글을 쓸 생각이라면, 전혀 다른 식으로 써야 할 텐데 (…) 만약 그런 글이 나온다면 대단히 유익할 것입니다"(BS, 87). 철저하게 단순화되며 초점이 바뀐 글이 실제 유익한 결과로 이어졌을지는 불확실하지만, 벤야민이 팔레스타인에서의 미래를 포기한 이유가 이런 유의 말들 때문임은 확실하다. 어쨌든 벤야민은 숄렘의 말을 좋게 받아들이면서, 불필요한 수고를 아끼게 해준 것에 감사했다.

1933년 하반기에는 처음으로 프랑스의 신문에서 청탁을 받았다. 공산당 주간지 《세계》가 오스만 남작—나폴레옹 3세 시대에 센 주를 다스린 주지사이자 19세기 중엽 파리 시내의 철저한 재개발 및 "전략적 미화"를 시행한 책임자—에 대한 글을 청탁해온 것이다(아마도 편집위원 알프레트 쿠렐라의 기획이었던 것 같다). 쿠렐라가 1934년 1월에 《세계》를 나가면서 이 기획도 흐지부지해진 듯하고, 벤야민의 글은 결국 나오지 않았다(볼 곳은 C, 437). 하지만 이 시점부터 오스만은 벤야민의 머릿속을 계속 맴돌았다(『파사주 작업』 E뭉치에서도 중요한 역할을 하고, 1934년 《사회연구지》에 실린 짧은 서평에서는 주제가 되기도 한다). 벤야민은 오스만에 대한 자료와 사회언어학의 최근 자료들을 조사하기 위해 또 한 번 웅장한 국립도서관—"오페라 무대 같은" 화려함으로 유명한 도서열람실—을 찾았다(GB, 4:365). 파리에 머무는 수년 동안 그의 실질적인 활동 무대가 될 곳이었다. 12월 7일에는 이미 적응을 마친 모습이었다: "국립도서관의 복잡한 체계에 다시 적응하는 나의 재빠름에 나 자신도 감탄했습니다"(BS, 90). 벤야민에게 오스만 연구는 1934년 초 『파사주 작업』의 두 번째 단계(사회학에 중점을 두는, 파리를 탈출하는 1940년 6월까지 계속되는 단계)가 시작되는 계기이기도 했다(볼 곳은 GB, 4:330). 다만 『파사주 작업』을 시작할 때 사용했던 것과 똑같은 종이 여러 뭉치를 그레텔 카르플루스로부터 전해 받기까지 "두툼하고 빽빽한 필사본"을 작성할 엄두를 내지 못한 것은 벤야민다운 징크스였다. 똑같은 종이가 아니면 작업의 "외적 일관성을 유지"할 수 없으리라는 이야기였다.

벤야민은 대부분의 파리 독일인과 접촉하는 일을 열심히 피했다. 접촉할 기회는 많았다. 독일 망명 지식인들의 지적 교류를 위한 수많은 비공식적 중심이 생겨날 때였다. 생제르맹 불바르에는 마티외 카페와 메피스토 카페가 있었고, 하인리히 만, 헤르만 케스텐, 브레히트, 요제프 로트, 클라우스 만, 알프레트 되블린, 리온 포이히트방거가 자주 가는 '독일 클럽'도 있었다. 벤야민이 이런 장소를 피했던 이유에는 이 작가들 중 일부의 사회민주당 정치에 대한 반감도 있었지만, 더 큰 이유로는 소규모의 동류 지인들—브레히트, 크라카워, 아도르노, 그리고 (만날 기회가 점점 드물어지는) 에른스트 블로흐—과 일대일로 대화하는 편을 선호한다는 점도 있었다.

10월 말 아니면 11월 초에 브레히트와 마르가레테 슈테핀(브레히트의 공동 작업자)이 파리에 오면서, 벤야민은 한동안 고립을 면할 수 있었다. 연인 사이였던 브레히트와 슈테핀이 벤야민이 묵고 있던 팔라스 호텔에 투숙하면서, 7주 동안 벤야민과 브레히트 사이에는 활발한 대화가 꾸준히 오갔다. 11월 8일 벤야민은 그레텔 카르플루스에게 약칭(독일로 편지를 쓸 때의 불가피한 조치)을 사용한 편지를 보냈다: "내가 매일 만나 오래 함께 있는 베르트홀트Berthold[브레히트]라는 사람이 나를 위해 출판사들과 접촉하려 노력하고 있습니다. 어제는 그 사람 말고도 로테[레냐]와 그녀의 남편[쿠르트 바일]이 갑자기 찾아왔습니다"(GB, 4:309). 11월과 12월에 다른 망명 독일인들이 도착하면서, 지식욕으로 불타는 "베르트홀트", 지크프리트 크라카워, 클라우스 만, 헤르만 케스텐(극작가 겸 소설가), 엘리자베트 하웁트만(브레히트의 공동 작업자)을 중심으로 느슨한 서클이 만들어졌다(하웁트만은 게슈타포에게 잡혀 일주일간 취조당한 뒤 간신히 독일을 탈출한 터였다). 「서푼짜리 오페라」

(1934년에 출간되는 작품)를 쓰고 있던 브레히트와 슈테핀은 벤야민에게 미발표 원고를 먼저 읽게 해주었다.[40] 또한 슈테핀은 벤야민의 작업(『독일 사람들』을 위한 편지 선별)을 도와주었고, 브레히트는 벤야민의 오스만 남작 연구에 강력한 지지를 표했다. 한편 벤야민과 브레히트는 전에 구상해놓은 탐정소설을 쓰기 위해 예비 메모와 부분 초고를 작성하기도 했는데, 결국 구상 단계 이상으로 진척을 보지는 못했다.[41]

벤야민이 "내가 브레히트의 작품에 동의한다는 것은 내 입장을 통틀어서 가장 중요하고도 가장 튼튼히 무장된 점"이라고 말한 것은 브레히트가 파리에 오기 직전이었다(C, 430). 실제로 벤야민 자신은 브레히트로부터의 영향을 굳이 부정하려 하지 않았고, 브레히트에 동의한다는 생각이 흔들린 적도 없었다. 하지만 그레텔 카르플루스가 브레히트로부터의 영향을 우려하면서 "커다란 위험"이라는 표현을 쓴 것이나 아도르노와 숄렘이 훨씬 더 격한 표현을 쓴 것으로도 알 수 있듯 벤야민의 친구들은 (저마다 다른 이유에서) 브레히트의 '거친 사유plumpes Denken'(브레히트 자신의 표현)가 벤야민의 복잡미묘한 정신과 작업에 미치는 영향을 우려했다. 벤야민의 절묘함이 정통 마르크스주의, 참여 마르크스주의라는 제단에 제물로 바쳐질지도 모른다는 우려, 브레히트가 괴테 이래 독일어에 가장 큰 영향을 미친 대단히 절묘한 작가라는 점을 아예 무시하는 우려였다. 이렇듯 친구를 가려 사귀라는 맹비난은 벤야민으로부터 매우 흥미로운 답변—"내 삶의 경제활동을 실제로 들여다보면, 나로 하여금 본래의 나 자신이라는 극점과는 모순되는 모종의 극점을 옹호할 수 있게 해주는 극소수의" 인간관계가 있다는 답변—을 끌어냈다.

---

40 벤야민이 1935년 1~2월쯤에 쓴 「브레히트의 서푼짜리 소설」(SW, 3:3~10)은 생전에는 어디에도 실리지 않았다.
41 이 소설의 플롯과 주요 모티프들을 보려면 Wizisla, *Walter Benjamin and Bertolt Brecht*, 49~51. 협박에 관한 이야기였는데, 처음에는 탐정**놀이**jeu처럼 시작되었지만, 부르주아 사회의 메커니즘을 폭로한다는 두 저자의 관심사가 반영될 예정이었다.

1934년 6월 카르플루스에게 보낸 편지에도 밝혀져 있듯이, 그것은 매우 "유익한" 관계들이었다: "내 사유가, 아니 내 삶 자체가 극과 극의 입장들 사이를 오간다는 것을 그대만큼 잘 아는 사람도 없을 것입니다. 내 삶에 그런 넓이가 생길 때, 또는 내가 서로 어긋나거나 모순된다고 여겨지는 사유들을 자유롭게 병치할 때, 그 넓이와 자유에 형체를 주는 것은 무엇보다 위험성입니다. 다른 사람들, 특히 내 친구들이 그 위험성을 알아봐주는 곳은 그 '위험한' 관계들에서뿐이지만 말입니다"(GB, 4:440~441). 벤야민의 사유에서 "극과 극의 입장들"이 공존한다는 것은 그의 친구들에게는 최대한 피해야 할 상황인 반면, 그 자신에게는 최대한 반겨야 할 상황이었다. 벤야민의 글이 보여주는 이와 같은 유동성(고정적이고 교조적인 것에 저항하는 속성)은 그의 글이 몇 세대에 걸쳐 독자를 확보할 수 있는 팽팽함 내지 "생생함"을 갖는 이유 중 하나다.

다른 사람들이 벤야민의 지향성을 바로잡겠다고 나선 것이 이번이 처음은 아니었다. 예전에 전처 도라를 비롯한 가까운 친구들도 벤야민과 프린츠 하인레와의 관계, 또는 벤야민과 지몬 구트만과의 관계에서 그런 위험을 느끼면서 벤야민의 시각을 바로잡으려 애쓴 적이 있다. 벤야민에게 동일시의 충동(자기가 아닌 다른 사람의 인격이나 사유 패턴에 동화되려는 성향)이 있음을 친구들은 정확히 판단했다. 하지만 이렇게 다른 사람을 모방할 수 있다는 점, "위험"을 직시하면서 감수한다는 점은 그의 약점이 아니라 오히려 그의 가장 뛰어난 논문 여러 편의 강점이었다. 예컨대 괴테, 카프카, 그리고 마지막으로 보들레르와의 대담한 동일시는 다른 식으로는 나올 수 없었을 통찰들의 원동력이었다.

브레히트와 마르가레테 슈테핀은 12월 19일 파리를 떠나 덴마크로 갔고(떠나기에 앞서 벤야민에게 함께 가자고 청하기도 했다), 벤야민은 매우 울적해했다:

브레히트가 떠난 후, 나에게 파리는 죽은 도시나 마찬가지입니다. 브레히트는 덴마크로 따라오라고 합니다. 그곳 생활비는 싸다고 합니다. 하지만 나는 겨울과 여비도 무섭고, 브레히트에게 전적으로 의지해야 할 생활도 무섭습니다. 그렇더라도 지금의 나에게 가능한 결심은 덴마크로 가는 것뿐입니다. 이민자들 사이에서 사는 일은 못 견디겠고, 그 정도까지는 아니지만 혼자 사는 것도 못 견디겠는데, 프랑스인들 사이에서 사는 일은 요원하기만 합니다. 그러니 남은 것은 작업뿐이지만 그것이 유일한 내면적 보루라는 인식만큼 작업에 해로운 것도 없습니다. 어쨌든 작업이 더 이상 외면적 보루의 역할을 하지 못하는 상황입니다(BS, 93~94).

브레히트는 파리에 와 있던 그리 길지 않은 기간에 벤야민에게 다수의 공산주의자를 포함한 폭넓은 인맥을 마련해주었다. 벤야민은 그중 소비에트 저널리스트이자 극본작가 미샤 체스노헬(1902~1980)과 간간이 연락을 주고받았다. 쿠르트 클레버(1897~1959) 등 베를린에 있을 때 이미 알고 지내던 사람도 있었다(바이마르공화국에서 중요 좌파 저널 《좌회전》의 편집장이었던 클레버는 1933년 봄에는 브레히트, 베르나르트 폰 브렌타노와 함께 스위스 티치노 주에서 좌파 예술가 마을을 건설하는 데 힘쓰기도 했다). 벤야민이 자기 작업을 공산당 저널에 게재할 수 있으리라는 희망을 갖게 된 것도 브레히트와 다시 만난 덕분이었다. 엘리자베트 하웁트만으로부터 《문학과 혁명》(프랑스어, 독일어, 영어, 러시아어로 출간되는 저널)에 실리려면 프랑스 작가들에 관한 논문을 쓰라는 조언을 얻기도 했고, 벤야민 자신이 브레히트에게 친구인 미하일 콜초프(당내 출판계에서 입지가 높았던 저널리스트 겸 발행인)를 압박해달라고 부탁하기도 했다. 하지만 러시아 쪽 게재 통로를 알아본 일은 이번에도 결국 성과를 보지 못했다. 12월 중순에 벤야민은 지면이

더 줄어들 상황에 부딪혔다. 제3제국 문화부라는 기구가 만들어진 것은 11월인데, 12월 14일 언론통제법이 발효됨에 따라 이 기구가 제3제국 정부의 공식 "부처"—독일 내 모든 작가가 의무적으로 가입해야 하는 기구—가 된 것이다. 그 뒤 몇 달 동안 이익(잠정적인 지면 확보)과 손해(자신의 거처가 노출될 가능성)를 저울질하던 벤야민은 결국 가입하지 않는 쪽을 택했고, 이로써 그가 얻을 수 있는 지면은 더 줄어들 것이었다.

해가 바뀌면서, 파리 자체가 해결 불가능한 난제임이 벤야민 자신에게도 점점 더 분명해졌다. 전에 파리에서 지낼 때는 헤셀, 뮌히하우젠 등 길잡이가 되어주는 친구가 있었고, 문화생활을 즐길 자금은 물론 화류계에 출입할 자금도 있었다. 하지만 1934년 초의 벤야민은 그때와는 전혀 다른 처지였고, 파리도 그때와는 딴판이었다. 프랑스 전역에서 독일과의 전쟁이 임박했다는 우려가 커졌으며(독일이 제1차 세계대전 이후 연합국이 부과한 제약을 점점 무시하는 행태를 보이는 탓이었다), 파리는 갑자기 밀려들어오는 독일 이민 행렬에 비틀거리고 있었다(최초의 이민자 행렬은 히틀러 정권에 반대하는 좌파 지식인들이었고, 당시에도 많은 이민자가 프랑스 시민과 경쟁해야 하는 전문직 종사자와 지식인들이었다). 여기저기서 만들어진 구호 단체들의 추산에 따르면, 1933년 5월까지 프랑스에 거주하는 난민 수는 무려 7300명이었고, 1939년에는 그 수가 3만 명에 육박하게 된다. 그 무렵의 분위기를 마네스 슈페르버가 한마디로 요약하고 있다: "나는 이 도시를 사랑했다. 이 도시의 주민들은 한편으로는 가두시위에서 노래와 구호로 고결한 마음을 보여주었지만, 다른 한편으로는 자랑스럽게 반유대주의를 내세웠다."[42] 프랑스 전체가 유럽의 극우화 흐름에 휩쓸려가고 있었다. 벤야민은 2월 4일 밤 팔라스 호텔 창가에서 그 확실한 증거를 보았다. 창밖으로 내다보이는 생제르맹 불

---

42 Sperber. 인용은 Palmier, *Weimar in Exile*, 184.

바르에서 경찰과 무장한 시위자들이 격렬히 대치 중이었다. 악시옹 프랑세 즈, 불십자단, 애국청년단 등 각종 우익 단체로 구성된 시위대의 목적은 달라 디에가 이끄는 진보 좌파 정부의 구성을 막는 것이었다.

물론 벤야민의 친구와 친지도 대부분 힘겨운 망명생활을 견디고 있었다. 빌헬름 슈파이어는 스위스에 가 있었는데, 벤야민은 그와 절교 상태였다. 포베로모에서 함께 작업했던 탐정극의 수익 가운데 자기 몫을 받지 못한 데 화가 나서였다. 슈파이어에게 돈이 없었는지, 있었는데도 주지 않은 것인지는 알 수 없다. 지크프리트 크라카워와 에른스트 쇤은 상황이 좀 나은 편이었다. 둘 다 최소한의 고정 소득이 확보되는 자리를 얻은 상태였다. 크라카워는 《프랑크푸르트 신문》의 파리 통신원이었고, 쇤은 BBC의 필자였다. 물론 둘 다 임시직이었다. 에곤 비싱은 베를린으로 돌아가 있었다. 아내의 죽음과 모르핀 중독으로 고통받고 있는 상태였다. 소액의 자본을 가지고 탈출한 이들도 있었다. 바르셀로나에 살고 있는 알프레트 콘이 그랬다. 아예 자취를 감춘 이도 있었다. 에른스트 블로흐가 그랬다. 블로흐와 그의 세 번째 아내는 히틀러가 집권했을 당시 스위스로 탈출했고, 벤야민은 그 후 여러 달 동안 그로부터 소식을 들을 수 없었다. 독일에 갇힌 듯한 이들도 있었다. 그레텔 카르플루스, 전처 도라와 아들 슈테판, 동생 게오르크가 그랬다. 1933년 7월에 발표된 일련의 법령은 그레텔 카르플루스의 가족을 "동유럽 유대인"으로 분류했는데, 그 때문에 여권을 발급받을 수 없게 된 그레텔은 그 심경을 벤야민에게 전하기도 했다: "아버지가 프린츠 알레에서 47년 동안 살아왔는데도! 아버지의 아버지가 빈에서 대형 상공인이었는데도!"(GB, 4:331n). 남동생 게오르크는 조넨부르크 집단수용소에서 석방된 후에도 계속 독일에 남아 있었다(그가 다시 불법 정당을 창당하는 데 뛰어들리라는 것은 형 벤야민도 잘 알고 있었다). 그 무렵 벤야민의 심경은 봄에 그레텔 카르플루스에게 전한 그대로였다: "가장 견딜 수 없는 것은 사람들이 사방으로 흩어져버렸다는 것입니다"(GB, 4:433).

그런 까닭에 파리에는 가까운 친구가 한 명도 없었다: "이곳에서처럼 외로웠던 적은 처음인 듯합니다. 카페에서 이민자들과 어울릴 기회야 쉽게 찾겠지만, 그러고 싶지는 않습니다"(C, 434). 벤야민은 파리에 있는 내내 정신적 고립과 물질적 궁핍에서 벗어나지 못했다. 찔끔찔끔 들어오는 원고료와 친구들이 보내주는 푼돈으로 생존해야 하는 벤야민 같은 이에게 파리는 지나치게 비싼 도시였다. 아도르노, 카르플루스, 숄렘이 저마다 벤야민의 후원자나 기타 지원책을 찾는 데 열심이었지만 대개는 성과가 없었다. 문제의 본질은 빈털터리 망명가가 너무 많고 일자리는 너무 없다는 것이었다. 할 수 있는 일은 더 싼 호텔, 더 싼 식당으로 옮겨가는 것뿐이었다. 영양실조 합병증(이비사에 있을 당시 벤야민의 삶을 거의 마비시킨 증세들)이 재발할 우려가 있었지만 어쩔 수 없었다. 파리 말고 갈 곳이 있는 것도 아니었다. 나치 정권이 곧 무너지리라는 데 기대를 거는 망명자들도 있었지만, 벤야민에게는 그런 환상도 없었다. 앞으로 한동안, 어쩌면 영원히 고국으로 돌아가지 못하리라는 것을 벤야민은 이미 알고 있었다. 그의 파리 망명기는 이렇게 시작되었고, 두어 차례의 여행을 제외하고는 그가 세상을 떠날 때까지 계속되었다.

친구도 없고 자금도 없던 벤야민에게는 우울증에 항복해서 방구석에 틀어박히고픈 유혹이 생겨났다. 물론 그 유혹에 맞서 싸웠지만 이기지 못할 때도 있었다. 이 무렵의 어느 편지에 따르면, 한편으로는 최대한 작업을 하기도 했지만, 다른 한편으로는 "아무것도 소모하지 않기 위해, 그리고 아무도 만나지 않기 위해" 며칠씩 침대에 누워 있기도 했다(GB, 4:355). 상태가 괜찮은 날이면 실비아 비치의 서점[셰익스피어앤드컴퍼니]까지 걸어가 영미 작가들의 초상화나 친필 서명 사이를 어슬렁거리고, 센 강변의 헌책 가판대를 기웃거리다가 이따금씩 "아스라한" 옛 습관을 떠올리며 괜찮은 책을 사기도 했다. 아니면 현대판 플라뇌르가 되어 불바르를 배회하기도 하고, 언젠가 "마음의 안정과 건강"을 되찾아 뤽상부르 공원을 산책하면서 "익숙한 견해와 고찰"을 펼칠 따뜻한 봄날을 기대해보기도 했다(GB, 4:340). 이렇듯 낮이 그를 옥죄이는 시간이었다면, 밤은 그의 상상력이 해방되는 꿈의 시간이었다. 심오한 정치적 내용을 담은 꿈을 꾸기도 했다: "요즘은 날마다 내 상상력을 너무나도 품위 없는 문제들에 소모하고 있습니다. 하지만 밤이면 내 상상력이 꿈속에서 해방되는 것을 점점 자주 느낍니다. 내 꿈은 거의 항상 정치적인 내용을 담고 있습니다. (…) 내 꿈은 국가사회당의 은밀한 역사가 그려진 그림 지도입니다"(BS, 100).

놀랍게도 그는 우울증과 무력증에 시달리면서도 프랑스에서 교두보를 마련하는 일을 멈추지 않았다. 숄렘에게 보낸 편지에서도 이야기했듯, 그가 항상 기억하는 것은 괴테의 『금언과 성찰』에 나오는 한 대목이었다: "불에 덴 아이는 불을 무서워하고, 수시로 불에 그슬리는 노인은 불을 쬐는 일조차 겁낸다"(GB, 4:344). 그러면서 프랑스에서의 가장 작은 기회 하나하나까지 희망으로 부풀리기 시작했다. 프랑스 저널에 실린 글이 전혀 없을 때였지만, 번역자 자크 브누아-메샹과 접촉해 자기 글의 번역자로 확보해놓기도 했다. 한편 1934년 초봄의 편지들을 통해 알 수 있듯, 당시 벤야민은 독일 문학의 선도적 작가들을 주제로 연속 강연을 준비 중이었다. 저명한 산부인과 의사이자 공산당원인 장 달사스의 자택에서 회원들을 대상으로 진행되는 프랑스어 강연이었는데, 강연료가 들어오는 것은 물론이고, 프랑스 지성계와 접촉할 수 있는 기회였다. 독일 독자층을 분석하는 첫 강연을 시작으로 카프카, 블로흐, 브레히트, 크라우스를 차례로 다룰 계획이었다. 강연을 위한 연구와 집필에 뛰어든 벤야민은 여러 친구에게 편지로 관련 자료를 부탁하기도 했다. 첫 강연에는 독일 독자층의 반反파시즘 동향에 대한 논의와 함께 뛰어난 표현주의 작가 고트프리트 벤의 입장을 통렬히 비판하는 논의도 포함될 예정이었다. 벤이 프로이센 예술 아카데미의 임시 의장 자리에 오른 것은 나치 집권 직후였고(하인리히 만이 독일을 급히 탈출하면서 의장 자리는 비어 있었다), 아카데미 회원들에게 충성 서약이라는 의무가 생긴 것은 벤이 임시 의장 자리에 오른 직후였다. 벤이 히틀러와 나치즘을 보는 시각이 다소 애매했다는 증거가 없지 않지만, 어쨌거나 벤은 「새로운 국가와 지식인들」이라는 악명 높은 정권 지지 선언문을 필두로 일련의 체제 지지 논문을 발표했다. 벤야민의 첫 번째 강연을 앞두고 초대장이 발송되었지만, 달사스가 중병에 걸리면서 강연 일정은 전면 취소되었다.

또한 벤야민은 주류 지식인 여러 명에게 직접 접근해보기도 했다. 우선 《신프랑스 평론》의 편집자 장 폴랑을 찾아가 스위스의 인간학자이자 법학자 요한 야코프 바흐오펜(1815~1887)의 모계사회 이론을 다루는 프랑스어 논문을 쓰겠다고 제안했다. 폴랑은 관심을 표했고, 벤야민은 긴 시간의 연구 끝에 소기의 논문을 완성했는데, 결과는 정중하지만 단호한 거절이었다(벤야민이 프랑스어로 글을 쓰는 일에 점점 자신감을 갖게 되었음을 짐작할 수 있는 대목이다. 그로부터 얼마 전 그레텔 카르플루스에게 보낸 편지에서 벤야민은 자기가 처음으로 프랑스어로 글을 썼는데 거기서 원어민이 찾아낸 오류가 하나뿐이었다고 말하기도 했다. 그 글은 현재 소실되었다). 한편, 독일 문학 교수 에르네 토네라, 에세이스트이자 비평가 샤를 뒤 보스, 새로 출간되는 프랑스 백과사전의 편집장 등에게 접근했던 일은 명확한 거절의 답변도 듣지 못한 채 흐지부지 끝나버렸다. 이렇듯 프랑스 지성계로 옮겨 앉는 데 어려움을 겪는 것은 독일을 탈출한 지식인 난민의 전형적인 경험이었다. 일반적으로 프랑스 지식인들, 특히 지드, 말로, 앙리 바르뷔스, 폴 니장, 장 게노 등 오늘날 '파리 좌안Rive Gauche'으로 명명되는 작가들은 독일 지식인들에게 공감과 환대를 표했다.[43] 하지만 독일인들은 언제나 일정한 거리를 느껴야 했다. 예컨대 카페나 서점의 모임에 오라는 초대는 많았지만, 프랑스 가정의 정찬에 초대받는 일은 극히 드물었다.

프랑스 바깥에서 지면을 찾는 시도 역시 실패로 끝났다. 원고료를 받지 못한 글이 여러 편이었고, 독일의 몇몇 출판사에서 썩고 있는 (그리고 그렇게 소실될) 원고도 많았다. 친구들마저 약속을 지키지 않았다. 예컨대 빌리 하스는 《언어세계》에 실린 글에 대한 원고료를 한 푼도 주지 않았고(프라하에서 잡지를 접고 파산을 선언한 후였다), 빌헬름 슈파이어는 1932년 벤야민과 공동으로 집필한 탐정극 인세의 지불을 계속 미루고 있었다. 벤야민이 그리 많지 않은 돈(어느 정도 흥행한 연극의 공연 수익 10퍼센트)을 위해 오랜 친구에게 소송을 걸까를 생각했던 것을 보면, 망명사회에서 약탈이 얼마나 만연했는가를 알 수 있다. 한편, 《사회연구지》를 겨냥했던 주목할 만한 기획 —독일 사회민주당의 이데올로기적 기관지라고 할 수 있는 《신시대》의 "문화정치의 요약적 회고"(BS, 139)—이 무산된 이유는 저널로부터 거절당해서가 아니라 벤야민 자신이 완성하지 않아서였다. 여러 달을 쏟아부은 글이었고, "집단적 문헌을 다룰 때는 유물론적 검토와 분석이 특히 유리하다는 것, 그리고 집단적 문헌에 대한 합당한 평가를 내리려면 유물론적 검토 및 분석이 반드시 필요하다는 것을 일거에 증명"할 수 있는 글이었다(C, 456). 벤야민은 늦여름과 초가을의 거의 모든 편지에서 이 글을 언급했지만, 글 자체는 결국 나오지 않았다. 한편, 벤야민의 부탁을 받은 숄렘이 쇼켄총서Bucherei des Schocken Verlag(독일계 유대인들을 주요 독자층으로 삼는, 작은 판형의 다소 대중적인 총서) 편집장 모리츠 슈피처에게 편지를 보내 벤야민에게 총서 "한두 권"을 청탁해보라고 알리기도 했다(BS, 106). 하지만 그 후에 곧바로 독일 외환국이 쇼켄 출판사의 재외 필자 송금을 전면 중단시키면서 이 일도 무산되었다.

---

43 Lottmann, *Rive Gauche*(Paris, 1981), 인용은 Palmier, *Weimar in Exile*, 190.

특히 『1900년경 베를린의 유년시절』의 지면을 찾는 일은 꼬여만 갔다. 그
해 초 크라우스 만이 그중 몇 섹션을 자신의 망명 저널 《수집》에 실을 것을
고려했던 일도 결국 무산되었다. 헤르만 헤세가 이 글에 대한 열렬한 찬사의
편지를 보내왔을 때는 한 줄기 희망이 비치는 듯했지만, 출간을 약속하는 내
용은 아니었다: "내가 분서를 면한 것은 그저 우연이고 (…) 나는 스위스 시
민입니다. 나에 대한 직접적인 공격은 사적인 악담뿐이지만, 내 책은 점점 뒷
전으로 밀쳐져서 먼지만 쌓이고 있습니다. 나는 이 상황이 오랫동안 계속되
리라는 사실을 체념적으로 받아들이고 있습니다. 우리 같은 사람들의 글을
읽는 얼마 되지 않는 독자층이 그럼에도 아직 사라지지 않았음을 알게 되는
때는 사람들이 보내오는 편지를 읽을 때뿐입니다"(GB, 4:364n). 어쨌든 헤세
는 『1900년경 베를린의 유년시절』을 내줄 만한 출판사 두 곳(S. 피셔의 출판
사와 알베르트 랑겐의 출판사)의 의사를 타진해보았다. 헤세의 노력은 아무
성과 없이 끝났지만, 벤야민은 헤세라는 저명 소설가가 자기를 지지해준 것
에 만족했다. 숄렘과의 관계가 다시금 악화된 것도 『1900년경 베를린의 유
년시절』의 지면을 알아볼 때였다. 아도르노가 이 책을 베를린 소재 유대 출판
사의 발행인 에리히 라이스에게 추천해놓은 터였고, 벤야민은 숄렘에게 이
책의 "유대적 측면"을 설명하는 추천의 글을 라이스에게 보내줄 것을 부탁했
다(BS, 102). 둘 사이 우정의 가장 아픈 곳(벤야민과 유대교의 관계)을 건드
리는 부탁이었다. 숄렘의 답장은 특유의 가시와 원망을 담고 있다:

나는 라이스 씨가 싫습니다. 뚱뚱한 서베를린 유대인에, 반쪽은 증권 브로커,
반쪽은 속물입니다. 당신은 그가 개입하는 것이 바람직하다고 여기는 듯한데,
내 생각은 다릅니다. 게다가 그가 정말 당신이 쓴 책을 읽었는지, 이 모든 생
각이 비젠그룬트 씨 혼자만의 생각인지 내가 보기에는 확실치 않습니다. 라이
스 씨가 시온주의에 편승하는 유력자임은 널리 알려진 사실이지만 (…) 당신

은 내가 전문가로서 당신의 책에서 **시온주의적** 특징들을 찾아낼 수 있을 거라고 생각하는 모양인데 어떻게 그런 생각을 하게 됐는지 내가 보기에는 정말이지 분명하지 않습니다. 당신이 내게 상당한 힌트를 주지 않으면 안 될 것 같습니다. 당신이 보여준 원고에서 유일하게 "유대적"이었던 대목은 내가 지난번에 간절히 빼달라고 했던 부분뿐입니다.[44] 당신이 다른 유대적인 대목을 추가할 생각이라면 모르겠지만(라이스 씨가 전혀 감지하지 못할 형이상학적 **자세**에 있어서가 아니라 **소재**에 있어서 유대적인 대목 말입니다), 그렇지도 않으면서 당신이 어떻게 그런 생각을 하게 됐는지 나는 도통 모르겠습니다. 당신의 책에서 "유대적 측면"이 무엇인가 하는 것은 나 자신에게도 극히 모호한데, 그런 것을 출판업자에게 명료하게 설명할 수 있으리라고 생각하다니, 안된 말이지만 당신은 내 재주를 상당히 과대평가하고 있는 듯합니다. 어쨌든 라이스 씨는 내가 개인적으로 아는 사람은 아닙니다. 만약 출판사가 **먼저** 나에게 문의해온다면 나는 두말없이 당신을 위해 전력을 다하겠지만, 당신이 나를 그에게 무슨 '권위자'인 양 들이미는 것이 과연 상책일지, 이 질문에 대한 답은 당신에게 맡기겠습니다. 나로서는 회의적입니다(BS, 106-107).

숄렘은 벤야민의 망명 기간 중 몇 번이나 자신의 의리를 입증했지만, 다른 유대 지식인들과의 관계에서 자기 입장이 곤란해질 가능성이 있는 일은 줄기차게 거절했다. 자기가 피해 입을 것이 전혀 없는 일(예컨대 자기가 전혀 존중하지 않는 사람에게 벤야민을 추천해야 하는 일)도 마찬가지였다. 어쨌든 『1900년경 베를린의 유년시절』의 출판은 이로써 또 한 번 좌절되었다.

벤야민의 모든 글이 지면을 얻는 데 실패한 것은 아니다. 우선 이비사에서 시작된 긴 서평논문 「문학사회학의 문제들」이 완성되어 《사회연구지》로부터

---

44 숄렘이 가리키는 것은 「성에 눈뜰 때」 섹션이다(BC, 123-124). 1933년 초 이 문제와 관련해 두 사람 사이에 어떤 이야기가 오갔는지를 보려면 BS, 25.

원고료가 들어왔다. 또한 짧은 글 여러 편이 《프랑크푸르트 신문》에 (그중 몇 편은 K. A. Stempflinger라는 필명으로) 실렸다. 막스 코메렐의 장 폴 연구서에 대한 서평, 이반 부닌의 두 저서에 대한 서평, 새로 나온 괴테 연구서들에 대한 서평 등이었다. 벤야민의 가장 중요한 글에 속하는 「생산자로서의 저자」와 「프란츠 카프카」가 나온 것도 1934년 봄이었다. 「생산자로서의 저자」가 처음 출간된 것은 벤야민이 세상을 떠나고 26년 뒤인데, 필사본을 통해 추측해보자면 파리 소재 '파시즘 연구소'라는 기관의 4월 27일 강연 원고인 것 같다. '파시즘 연구소'는 1933년 말 오토 비할리−메린과 한스 마인스에 의해 만들어진 기관으로, 멤버 중에는 아서 케스틀러와 마네스 슈페르버도 있었다. 코민테른 산하의 연구 단체였음에도 운영 자금의 출처는 러시아 정부가 아닌 프랑스의 노동자와 지식인 회원들이었고, 단체의 목적은 파시즘에 관한 정보와 자료를 정리하고 전파하는 것이었다. 「생산자로서의 저자」는 문학 형식과 정치의 관계에 대한 벤야민의 가장 신랄한 분석 중 하나로, '파시즘 연구소'의 강령과도 잘 어울렸다. 실제로 강연이 이루어졌는지는 알 수 없다.

「생산자로서의 저자」는 문학작품에서 정치적 경향과 예술적 가치가 어떤 관계에 있는지를 검토하고 있다. 문학작품에서 정치적 경향은 예술적 가치를 저해한다는 것이 기존 가정인 데 비해, 이 글은 "올바른 경향Tendenz이 드러나는 작품에서는 그 외의 가치도 모두 드러날 수밖에 없습니다"라는 주장으로 시작된다. 하지만 이것은 문학을 정치화하자는 교조적 주장이 아니라 문학작품에서 정치적 경향이 무엇을 의미하는지 예술적 가치의 맥락에서 재고해보자는 주장이다: "내가 이 글에서 입증하겠지만, 작품의 경향은 문학적으로 올바를 때라야 비로소 정치적으로 올바를 수 있습니다. 다시 말해 정치적으로 올바른 경향에는 모종의 문학적 경향이 담겨 있습니다. 첨언하자면, 작품의 가치를 만들어내는 것이 바로 그 문학적 경향, 곧 정치적으로 올바른 경향 안에 암시적으로든 명시적으로든 담긴 문학적 경향입니다"(SW, 2:769). 벤야민은 예술작품의 형식적 가치("문학적 기법")를 재고함으로써, 다시 말해 예술작품의 기법이 사회적 생산관계와 어떤 관계에 있는가를 고려함으로써 경향 개념 자체를 뒤집는다. 이로써 작품의 "경향"이 올바른가라는 질문은 작품이 "당대의 문학적 생산관계"에서 어디에 위치해 있는가, 작품의 기법이 진보적인가 퇴보적인가라는 질문으로 바뀐다. 여기서 기법과 관련된 논의가 지향하는 바는 특정 장르의 개별 기법의 변화(예를 들면 모더니즘적 시점 조작)가 아니라 문학 제도(어떤 장르와 형식을 가정하는가, 번역과 비평까지도 아우를 수 있는가, 표절을 백안시하는가)의 전면적 아나텍시스Umschmelzung다.

「생산자로서의 저자」 중간 부분에는 "어느 좌익 작가"의 글이 길게 인용되어 있는데, 벤야민 자신의 글을 인용한 것이므로 표절로 보기는 어렵다. 이 인용문이 주장의 근거로 드는 것은 일간신문이다. 이 인용문에 따르면, 부르주아 언론은 독자가 직접 자기 관심사를 표현할 수 있는 지면(독자 편지, 오피니언, 기명 반론 등)을 늘림으로써 독자의 (끝없는, 그리고 조급한) 정보 수요를 충족시키고자 한다. 이제 독자는 필자가 되고, (최소한 소비에트 언론에서는) 생산자가 된다: "소비에트 언론에서 독자는 항상 글을 쓸 준비가 되어 있다. 현황을 설명하는 글도 좋고 방향을 제시하는 글도 좋다. 전문가라면(한 분야의 전문가가 아니어도, 그저 자기가 담당하는 직책의 전문가이기만 하다면), 독자도 저자가 될 수 있다. 일 자체가 발언권을 준다"(SW, 2:771). "글을 쓸 자격"을 주는 것은 글쓰기를 특화하는 교육이 아니라 "이공계 교육"이며, 이때 신문―"활자의 품위가 실추되는 현장"―은 "삶의 여건들의 텍스트화"를 위한 무대가 된다. 벤야민의 가장 수수께끼 같은 공식 중 하나라고 할까. 이 공식에는 현대적 삶을 분석하고 나아가 변혁하려면 일단 현대적 삶에 모종의 텍스트 형식을 부여해야 한다는 복잡한 논의가 응축되어 있다. 일찍이 1920년대 중반에 『일방통행로』에서도 논의했던 사안인데, 그때 벤야민이 요구했던 것이 "민첩한 언어"—눈앞의 사태에 대처할 수 있는 유일한 방법—였다면, 이제는 훨씬 광범위한 개념 전환—모든 형태의 텍스트를 생산의 맥락에서 바라볼 수 있는 새로운 시각의 채택—을 요구한다. 이러한 혁명적 전환—벤야민이 1920년대 초에 접했던 인터내셔널 구성주의에 뿌리를 두고 있는 변화—이 시작될 때라야 비로소 "달리 해소될 수 없는 이율배반"이 해소될 수 있다는 이야기다.

이렇듯 논의의 이론적 토대를 마련한 벤야민은 소속 계급과 작품 생산의 관계라는 핵심적인 문제(바이마르공화국에서 격렬한 논쟁을 불러일으켰던 문제)로 돌아온다. 이 글에서 벤야민이 이 문제에 접근할 때 취하는 태도는 "이른바 좌익 지식인"(벤야민의 표현)의 비판적 폐기다. 사회주의를 저 "자유, 사람들 사이의 자발적 화합 (…) 인본, 관용, 평화주의"로 받아들이는 되블린이나 하인리히 만 같은 작가들의 타협을 벤야민은 격렬하게 거부한다. 그들의 정치학(정치학이라기보다는 얄팍한 베일로 가려진 인본주의적 이상주의)은 파시즘 앞에서 아무 힘도 발휘하지 못했고, 그들이 말하는 프롤레타리아와의 연대는 미지근한 도덕적 지지 외에 아무것도 아니었다: "작가의 정치적 성향이 아무리 혁명적이라고 해도, 생산자로서의 프롤레타리아와 연대하는 것이 아니라 그저 프롤레타리아에게 연대감을 느끼는 것뿐이라면, 그런 정치적 성향은 실제로는 반혁명적으로 기능할 뿐입니다." 이어 벤야민은 「사진의 작은 역사」에서 이미 언급했던 나쁜 녀석bête noire(1928년에 포토북 『세계는 아름답다』로 사진의 새로운 장르를 선도한 사진작가 알베르트 렝거-파치)을 다시 언급한다. 이 대목에 따르면, 공동 임대주택을 찍든 쓰레기 더미를 찍든 렝거-파치의 모든 사진은 피사체를 "변용하는" 사진—곧, 빈곤을 미학적 쾌감의 대상으로 탈바꿈시키는—이다. 기법으로서는 진보적인 것 같지만, 이런 사진의 목적은 그저 "세상을 바꾸는 대신 그 안에 들어앉아 세상을 새롭게 꾸미는 것, 다시 말해 유행을 선도하는 것"이라는 이야기다.

　이 글에서 벤야민은 유효한 예술적 실천의 유용한 모델로 브레히트의 "기능전환Umfunktionierung" 개념—이제껏 현 상태에 복무하면서 생산 장치Produktionsapparat를 굴러가게 해온 문화적 산물 및 관행이 "기능전환"을 거침으로써 오히려 현 상태의 생산 장치를 변혁하는 동력이 될 수 있다는 개념—을 거론한다. 사실은 전문화를 극복하자는 논의 전체에 브레히트의 실천이 녹아들어 있다. 독자가 신문에 독자 편지를 씀으로써 필자가 되듯, 작가는 때로 사진가가 되어야 한다: "지적 생산과정에서 전문화가 극복될 때라야 비로소 (…) 지적 생산이 정치적으로 유용한 것이 될 수 있습니다."[45] 이렇듯 「생산자로서의 저자」는 대중주의와 브레히트적 유물론을 가지고 아방가르드적 실천을 옹호한다는 점에서 당시의 소비에트 예술 정책에 정면으로 도전하는 강연이다. 스탈린의 「문학 및 예술 기구 재건」이 발표되면서 사회주의 리얼리즘이 국가 정책이 된 것은 1932년이고, '소비에트 작가회의'에서 사회주의 리얼리즘을 공식 채택하고 예술의 정치화를 요구하는 것은 얼마 후인 1934년 8월이다. 만약 「생산자로서의 저자」라는 강연이 실제로 코민테른 기금으로 운영되는 기관에서 이루어졌다면 격렬한 논쟁을 불러일으켰으리라 짐작된다.

　그해 여름 벤야민과 브레히트가 나눈 대화는 「생산자로서의 저자」의 중요한 부록이었다.

　브레히트의 병실에서 오랜 대화를 나누었다. (…) 대화의 중심은 나의 「생산자로서의 저자」였다. 브레히트는 내가 이 글에서 개진한 이론(문학이 혁명적으로 기능하는가를 결정하는 기준은 기법이 진보했느냐, 그럼으로써 예술 형식의 기능전환이 이루어졌느냐, 그리고 이로써 지적 생산수단의 기능전환이 이

45　전문화를 극복하는 문제에 관해서 비교해볼 곳은 EW, 204(「대학생활」); SW, 2:78(「이력서(3)」).

루어졌느냐에 있다고 보는 이론)은 오직 한 가지 유형, 곧 중상류층 작가의 유형에만 적용될 수 있다면서 자신도 이 유형에 포함된다고 했다. 그러면서 이렇게 말했다: "사실 이 유형의 작가는 한 지점에서 프롤레타리아의 이해와 연대합니다. 그것은 생산수단의 진보라는 지점이지요. 연대하는 것은 이 지점에서뿐이지만, 여기서만큼은 생산자로서 그야말로 철저하게 프롤레타리아화됩니다. 한 지점에서라도 이렇게 철저히 프롤레타리아화되면, 노선 전체에서 프롤레타리아와 연대하는 것이 가능해집니다"(SW, 2:783).

부르주아 작가의 프롤레타리아화 가능성에 관한 브레히트의 이 논의는 5년 뒤 벤야민의 샤를 보들레르 연구에서 거의 정확하게 반복된다.

벤야민이 새해 들어 보낸 편지들을 보면, 프란츠 카프카의 작품에 관심이 쏠리고 있음을 알 수 있다. 숄렘에게 보낸 편지에서는 언젠가 카프카와 S. J. 아그논에 대한 강연을 하겠다는 소망을 피력하기도 했다(벤야민이 1921년 《새로운 천사》 창간호에 실으려고 했던 글 가운데 하나가 유대인 작가 아그논의 단편 「대단한 시나고그」였다). 벤야민이 1921년에 절교했던 베르너 크라프트와의 관계를 조심스럽게 재개하는 데에도 카프카에 대한 토론이 큰 역할을 했다. 1933년까지 하노버의 사서였던 크라프트는 당시 망명 중이었으며 망명 지식인이 겪는 어려움을 마찬가지로 겪고 있었다. 이제 파리에서 다시 만난 두 사람은 예전과 같은 우애관계는 아니었지만 어쨌든 관계를 재개했고, 벤야민은 카프카에 대한 논문 두 편과 카를 크라우스에 대한 논문 한 편을 포함해서 크라프트의 논문 여러 편을 읽고는 "동의와 경의"를 표했다(GB, 4:344).

벤야민은 「프란츠 카프카」를 구상할 때부터 이 글이 카프카에 대한 중요한 발언이 되리라는 의식을 가지고 있었다. 벤야민으로 하여금 이 글을 집필하게 만든 것은 숄렘의 4월 19일 편지—《유대평론》(당시 독일에서 아직 판금되지 않은 유대 저널 가운데 가장 넓은 독자층을 확보하고 있던 저널)의 편집장 로베르트 벨치에게 벤야민의 카프카 논문을 게재할 수 있을까를 문의했음을 전하는 편지—였다. 숄렘의 편지에 이어 벨치의 청탁 편지를 받은 벤야민은 5월 9일 이를 수락하는 열의에 찬 답장을 보냈다. 하지만 답장에서 자기 글이 "카프카에 대한 직접적인 신학적 해석"에 부합하지는 않을 것이라는 경고의 말을 잊지 않았다(C, 442). 그해 《유대평론》에 부분 게재된 벤야민의 「프란츠 카프카」는 카프카에 대한 직접적인 종교적 해석을 거부할 뿐 아니라 독단적 성격을 띠는 알레고리적 해석들, 다시 말해 특정한 이야기 요소에 일정한 의미를 대응시키는 해석들—「판결」이나 『성』 같은 작품에 나오는 아버지나 관리에 신이니 초자아니 국가니 하는 의미를 갖다 붙이는—을 모두 거부하는 글이다. 벤야민은 관습적인 신학적, 정치적, 정신분석학적 해석을 이렇듯 분명하게 거부하면서 카프카 텍스트의 최종적 미결성(열려 있는, 수수께끼 같은 속성)을 강조한다: "카프카에게는 흔치 않은 능력, 우화를 새로 만들어내는 능력이 있었다. 그의 우화들 속에는 설명을 하고 또 해도 결국 설명되지 않은 채 남는 것이 있다. 그는 자기 글이 누군가에 의해 해석되는 것을 막고자 상상할 수 있는 모든 조치를 취했다"(SW, 2:804). 그렇지만 벤야민의 해석에도 지배적인 방향성은 존재한다: "인간사회에서 삶과 일을 조직하는 문제. 이것이 불가해해질수록 카프카는 점점 이 문제에 몰두했다." 앞서 「경험과 빈곤」에서는 이 문제—경험의 본성과 관련된—를 논의하기 위해 기술력의 급속한 혁신이 어떤 결과를 초래하는지를 검토했다면, 「프란츠 카프카」에서는 신화의 렌즈를 통해 검토하고 있다. 카프카의 주인공들—「판결」의 게오르크 벤데만에서 『소송』의 요제프 K와 『성』의 K를 거쳐 후기 단편들에 등장하는 동물들까지—은 퀴퀴하고 컴컴한 방들로 이루어진 세상에서 살아갈 뿐, 그 세상을 둘러싸고 있는 제도적 구조—가족, 법정, 성—에 대해서는 아는 것이 없다. 그들은 자기가 사는 세상을 주무르고 있는 힘들을 인식할 수도 없고 그 힘들 앞에서 나름의 태도를 취할 수도 없다. 「프란츠 카프카」에서 카프카의 유년기 사진 한 장을 묘사하는 유명한 대목에 따르면, 소년 카프카는 깃들 곳 없는 세상을 "무한히 슬픈 눈"으로 내다보고 있다. 안전한 자리를 찾을 수 없는 것은 무엇 때문일까? 모든 삶이 벼랑 끝인 것은 무엇 때문일까? 벤야민이 내놓은 대답은, 카프카가 역사를 "영원Weltalter"의 틀로 바라보는 까닭에 세상을 그릴 때 날이 저문 곳—"태고Vorwelt"(벤야민의 표현)의 힘들이 침입해오는 어떤 곳—으로 그리게 된다는 것이었다. 카프카가 그리는 세계는 그 태고라는 시대의 억압된 기억이 살아 움직이는 일종의 늪이다(이 현대라는 시대가 하계의 차지가 된 것은 망각에 빠졌기 때문이다). 카프카의 주인공이 자칫 한 걸음이라도 헛디디면, 그 늪의 세계—인간이 생기기 전의 원초적 세계, 곧 미물들의 세계—에 빠져들 수 있다. 「변신」은 카프카의 가장 유명한 이야기의 제목이기도 하지만, 카프카 작품의 등장인물들이 언제라도 부딪힐 수 있는 위험, 곧 낯선 생물로 전락할 위험을 가리키는 말이기도 하다. 아직 전락하지 않았더라도 전락할 위험이 있다는 것 자체가 그들에게 모종의 영향을 미친다. 그 영향이 바로 치욕이다. 그들은 자신의 미물성 앞에서 치욕을 느낀다. 일그러지고 미천한 존재가 되어 법정에서 형을 선고받은 죄수처럼 고개를 숙인다. 그들은 여러 의미에서 선고를 기다리는 존재—무죄가 되기를 희망할 때조차 희망 없는 존재—다. 그런데 바로 이 "난센스" 속에 아름다운 무언가가 있다는 것, 그것이 벤야민의 해석이다.

「괴테의 친화력」이 전기를 가지고 전기적 해석을 거부하는 글이었듯이, 「프란츠 카프카」는 신학을 가지고 신학적 해석을 거부하는 글이다. 두 글 다 신화를 부정적인 방식으로 이해하고 있다. 헤르만 코헨이 물활론적 전前의식의 영역—의식이 들어선 후에도 사라지지 않고 남아 있으면서 이성적 사유와 도덕적 행동이라는 인간의 전통적 특징을 위협하는 영역—을 경계하는 대목을 연상시키는 방식이라고 할까. 영혼이 위기에 빠지는 바로 그런 느

낌을 환기하기 위해 벤야민은 막스 브로트가 기록해놓은 카프카와의 대화
─인간이란 "신의 머릿속에 떠오르는 허무적, 자멸적 생각들"이라는 카프카
의 명언이 나오는 대화─를 인용한다(SW, 2:798). 브로트는 이 명언 뒤에 유
명한 질문을 던졌다. 그렇다면 이 세상에 희망이 있느냐고. 카프카는 대답했
다: "무한한 희망이 있지만 그것이 우리의 희망은 아니다." 그렇다면 누구의
희망인가? 벤야민은 카프카의 작품에서 드물게 등장하는 허망한 인물들을
그 질문에 대한 대답으로 내놓는다. 「가장의 근심」에 나오는 작고 약한 오드
라덱에게 실낱들이 매달려 있듯이, 그들에게 실낱같은 희망이 매달려 있다는
듯. 『성』에 나오는 조수들처럼 그렇게 천연스럽고 종작없는 미물들이라야 가
족의 수렁을 탈출할 수 있다는 듯. 다른 한편으로 벤야민은 우리를 일그러뜨
리고 소외시키는 힘을 생산적으로 이용하는 법을 일러주는 계기들 또한 카프
카의 작품에서 찾아낸다(그리고 이로써 「프란츠 카프카」를 자신의 모더니티
분석과 연결시킨다). 「프란츠 카프카」가 여름에 덴마크의 스코우스보스트란
(극작가 브레히트의 거처)에서 집필되었음을 감안할 때, 브레히트와의 대화
가 집필에 중요한 영향을 미쳤으리라고 짐작할 수 있는데, 그 영향이 가장 분
명하게 드러나는 곳이 바로 동작Gestus─브레히트의 극작법의 핵심 요소 중
하나─을 논의하는 대목이다. 이 뛰어난 대목에서 벤야민은 카프카의 작품
에서 동작이 어떤 역할을 하는지를 밝혀내면서, 무거운 짐에 짓눌린 세상에
서는 아무리 단순한 동작이라 해도 어마어마하게 어려운 일임을 보여주는 논
의를 편다. 이에 따르면, 동작이 간혹 통솔 실험Versuchsanordung(벤야민의 표
현)의 일부가 되는 경우가 있을 뿐, 동작 자체에는 어떤 본래적 의미도 없다.
계속해서 벤야민은 「사진의 작은 역사」에서 논의한 범주들, 곧 "시지각적 무
의식"과 관련된 범주들을 극히 교묘하게 불러온다. 사진이 사람을 자기 걸음
걸이로부터 소외시키고 녹음기가 자기 목소리로부터 소외시키듯, 동작은 사
람을 소외시켜 피실험자로 만들 수 있다.[46] 이렇듯 동작은 우리 삶의 숨어 있

던 편린들—실험이 없었더라면 끝내 밝혀질 수 없었을 것들—을 밝혀낼 수 있다. 벤야민은 이렇게 동작의 감춰진 면을 들춰내는 것을 가리켜 "공부"라고 한다: "공부는 망각의 폭풍에 맞선 반격이다"(SW, 2:814).

카프카가 그린 이 세계를 벤야민은 일련의 선율과 화성을 통해서 다시 무대에 올린다. 카프카의 가장 인상적인 주인공들—오드라덱, 산초 판사, 노래하는 쥐 조세핀, 사냥꾼 그라쿠스—뿐 아니라 그들과는 다른 부류—예카테리나 여제의 총리대신 포툠킨이나 그림 형제의 동화에 나오는 인물들 등—가 이 무대 위로 불려나온다. 요컨대 「프란츠 카프카」의 논의 전략은 카프카의 이야기를 해석하는 여러 논의에 맞서 카프카의 이야기를 다시 무대에 올리는 것이다. 벤야민이 다시 무대에 올리는 이야기는 (그리고 이야기를 다시 무대에 올리는 우리의 경험은) 카프카를 해석하는 논의들에 대한 고발이자 소송이다: "태고가 카프카에게 죄의 형태를 한 거울을 들이댈 때 그가 거울 속에서 본 것은 심판의 형태를 한 미래였다." 소송이 이미 판결이었다. 셰에라자드의 이야기와 마찬가지로, 카프카의 이야기는 현재를 그리되 미래에 비춰 그린다. 벤야민은 이야기에 대한 도그마적 해석을 거부함으로써 소송의 부담을 짊어진다. 쓰는 일과 읽는 일은 영원한 소송Weltprozess—우리가 거는 끝나지 않는 소송이자 유일한 희망—의 집약 그 이상도 이하도 아니라는 카프카의 이야기 감각에 충실한 것이라고 해도 좋다. 「프란츠 카프카」의 서두와 결말에서 자전적 음조가 들리는 것은 그 때문이다. 서두는 하급 관리 슈발킨이 심한 우울증에 빠져 움직이지도 못하는 포툠킨 장관을 찾아간 이야기인데, 우울증으로 인한 무기력은 그때까지 10년간 벤야민을 수시로 위협한 증상이었고 이제 파리에 온 이후로는 그를 떠나지 않았다. 우리에게 "구원"

---

46 벤야민의 많은 글이 그렇듯이, 이 글 역시 벤야민이 다른 책에서 읽은 내용과 겹쳐진다. 말로의 『인간의 조건』의 핵심 장면은 주인공 기요의 자기소외가 드러나는 장면(축음기에서 흘러나오는 목소리가 자기 목소리라는 것을 깨닫지 못하는)이다. 벤야민은 1934년 1월에 이 책을 읽었다.

의 희망은 희망 없음 그 자체에 있다는 것, 어느 순간 잠에서 깨어난 희망이 무의식적이고 그야말로 "앞뒤가 안 맞는" 동작으로—문 같지도 않은 아주 작은 문을 열고—들어올지도 모른다는 것, 그것이 「프란츠 카프카」의 주장이다(BS, 135).[47] 벤야민이 그 여름의 끝자락에 숄렘에게 보낸 편지에 따르면, 카프카 연구는 "내 사유들의 교차로로 자리잡기에 더없이 적절한 연구"였다(BS, 139).

이런 집중적인 저술활동에도 불구하고, 벤야민은 여전히 생활비의 일부분도 감당할 수 없는 상태였다. 그때껏 파리에서 근근이 생활할 수 있었던 것은 친구들이 보내주는 소액의 용돈 덕분이었다. 여러 단체에서 지급되는 연구비와 몇몇 저서의 인세로 들쭉날쭉한 소득을 보충할 수 있게 된 것은 1934년 봄부터였다. 우선 그해 봄 넉 달 동안 '세계 이스라엘 연합'으로부터 월 700프랑스프랑의 연구비가 지급되었다. 콜레주 드 프랑스의 인도 학자이자 왕년의 드레퓌스주의자 실뱅 레비의 주선 덕분이었다. 이어 호르크하이머의 지시를 받은 '사회연구소'로부터 월 100스위스프랑의 연구비가 지급되기 시작했고, 1930년대 말까지 점차 증액되었다. 한편 조카 아도르노의 부탁을 받은 피아니스트 아가테 카벨리-아도르노는 키르헨의 부유한 여류 사업가이자 가정의 벗이었던 엘프리데 헤르츠베르거를 설득해 벤야민의 후원자로 만드는 데 성공했다. 처음에는 450프랑스프랑 수표가 아도르노, 카벨리-아도르노, 헤르츠베르거 세 사람으로부터 똑같이 도착했지만, 여름 이후에는 헤르츠베르거의 수표가 가장 정기적으로 도착했다(금액은 줄었다).

이러한 새로운 소득원들에도 불구하고 벤야민의 재정 상태가 점점 악화되었다는 것은 당시 그가 얼마나 극단적인 상황에 처해 있었나를 보여주는 의

---

47 비교해볼 곳은 헤르만 코헨: "모든 고통의 순간에 구원이 매달려 있고 (…) 모든 고통의 순간 속에서 구원의 순간이 만들어진다"(*Religion of Reason*, 235). 함께 비교해볼 곳은 "구원 불가능한 것의 구원"(C, 34[1913]).

미심장한 신호다. 6구의 싸구려 호텔에 묵고 있던 벤야민은 3월 말에는 소지품을 저당잡혀 숙박료를 정산한 후 방을 비워주어야 했다. 여동생 도라가 얼마 전부터 파리에 살고 있었던 것은 불행 중 다행이었다. 남매 관계는 오랫동안 좋지 못했지만, 당시에 도라는 오빠에게 한시적이나마 기꺼이 거처를 마련해주었다. 벤야민은 16구 자스맹 가 16번지에 있는 여동생의 작은 아파트로 들어갔다. 수년간 소원했던 남매가 한집에서 지내는 것은 물론 양쪽 모두에게 쉽지 않은 일—벤야민에 따르면, "내가 한 번도 예상치 못했던 일"—이었다(BS, 101). 도라의 집에서 두세 주를 지낸 벤야민은 도라의 원래 세입자가 돌아오는 때에 맞춰 예전보다 더 싼 호텔(14구 당페르로셰로 광장에 위치한 플로리도 호텔)로 거처를 옮겼다. 한편 벤야민의 인간관계는 또 한 번 최악의 상황을 맞았다. 이비사에서 친구가 되어 파리에서도 여러 번 만났던(『1900년경 베를린의 유년시절』 번역 작업을 계속하고 있던) 장 젤츠와는 갑자기 연락을 끊었다(4월 말에 어설픈 핑계를 대면서 마지막 약속을 취소했다). 한편 사촌 에곤 비싱과는 만남을 유지하면서 정신적 지원을 아끼지 않았지만, 그의 문제가 새로운 애로 사항을 만들어냈다. 그로부터 얼마 전 베를린에서 비싱을 만난 그레텔 카르플루스는 그의 상태와 행동에 큰 충격을 받기도 했다(벤야민에게 전해주어야 하는 책들을 비싱에게 맡기지 않은 것은 물론이고 비싱이 벤야민의 장서를 덴마크로 이전하는 일을 관장할 정신이 있을까에 대해서도 심각한 의혹을 제기했을 정도다). 베를린에서 모르핀 중독 치료를 받고 완전히 "망가진" 사람이 되어 파리로 돌아온 비싱은 정말이지 딴사람 같았다(GB, 4:361). 그렇지만 벤야민은 비싱을 "한때 나와 아주 가까웠고, 다시 가까워질 사람"으로 여기면서, 그의 "인격과 지성"에 대한 굳은 믿음을 버리지 않았다(GB, 4:378). 독일에 남아 있는 가족은 여전히 걱정거리였다. 도라와 슈테판은 아직 베를린에 있었고, 출소 후 스위스와 이탈리아 여행을 마친 뒤 베를린으로 돌아온 남동생 게오르크는 벤야민의 예상대로 곧 또다시 지하 정치활동에 뛰어들었다.

평소 벤야민에게 편지는 긴장이 풀리는 공간이었지만, 이 무렵에는 편지에서조차 평온함을 찾아볼 수 없었다. 2월 말 아도르노에게 보낸 편지는 아도르노의 가극 『인디언 조의 보물』(마크 트웨인의 『톰 소여의 모험』의 몇 장면을 각색한 작품)에 대한 매우 날카로운 비평이었다. 아도르노의 대본이 완성된 것은 1932년 11월에서 1933년 8월 사이였고 작곡은 끝내 미완성이었다. 아도르노가 대본의 사본을 보내온 것은 초가을이지만, 벤야민은 1월 말까지도 답장을 미루고 있었다. 이 두 치열한 지식인 사이에 갈등이 있다는 분명한 신호였다. 벤야민은 매우 신중하되 아도르노의 작업 전체에 대한 자신의 반감이 충분히 감지될 만한 답장을 보냈다(아동물 전문가를 자처하던 벤야민은 자기에게 아도르노의 아동물을 비판할 자격이 있다고 생각한 듯하다). 벤야민이 아도르노의 대본을 가리켜 아동 표본Kindermodell이라는 용어를 쓴 것은 그 자신이 집필했던 라디오 장르(청취 표본Hörmodell)에 대한 암시일 수도 있고, 브레히트의 연극 중 관객뿐 아니라 다른 저자들에게도 표본이 되리라 여겨지는 것들에 대한 암시일 수도 있다. 아도르노의 대본에서 벤야민이 비판한 지점은 배경으로 설정된 미국의 시골이 지겹도록 목가적이며, 죽음의 망령이 떠돌고 있다는 설정을 적절하게 구현하지 못한 점이었다. 아도르노에게는 장 콕토의 『무서운 아이들』(1929년에 나온 참으로 "위험한" 소설)보다 못하다는 비판이 특히 기분 나빴을 것 같다(BA, 23-24).

그해 봄 벤야민과 숄렘이 주고받은 편지는 더욱 치열했다. 주제는 벤야민의 정치적 지향이 무엇인가, 그 지향은 작업에 어떠한 영향을 주는가라는 오래된 쟁점이었다. 숄렘이 먼저 이 불편한 논쟁에 또다시 불을 지폈다. 벤야민의 논문 가운데 비교적 온건하고 간결한 「오늘날 프랑스 작가들의 사회적 입장에 대하여」를 읽은 숄렘은 이 글을 이해할 수 없었다고 주장했으며, 혹시 "공산주의적 신조"를 밝히는 글이냐고 질문했다. 도대체 당신의 정치적 입장이 뭐냐는 질문과 함께, 당신은 지금껏 이에 대한 대답을 피해왔다는 지적도 했다. 이 편지는 벤야민으로부터 매우 흥미로운 답변을 끌어냈다. 답장의 초고(나중에 동베를린에서 발견된 원고)를 보자: "나는 글을 쓸 때 항상 (소소한 예외가 없지 않겠지만) 내 신념을 지켜왔습니다. 그렇지만 내 신념의 전체, 곧 내 여러 신념으로 이루어져 있는, 모순 속에 움직이는 전체를 애써 표현해본 적은 없습니다. 설사 있었다고 해도 아주 드물었고, 말로 표현했지 글은 아니었습니다"(BS, 108-109). 실제로 발송된 답장을 보자: "나의 공산주의는 내가 살고 생각하면서 겪어온 어떤 경험들을 표현하는 방식 그 이상은 아닙니다. (⋯) 나의 공산주의는 작금의 학문 형태 속에 내가 사유할 공간이 없고 작금의 경제 형태 속에 내가 생존할 공간이 없다는 사실을 표현하는 과격하지만 유익한 방법입니다. (⋯) 나의 공산주의는 생산수단을 거의 혹은 아예 빼앗긴 사람이 사유를 위한, 그리고 생존을 위한 생산수단에 대한 권리를 주장하고자 하는 시도, 납득할 만하고 이성적인 시도에 다름 아닙니다. (⋯) 내가 당신에게 이런 말을 할 필요가 있을까요?"(BS, 110) 이 편지의 다음 대목에서 브레히트가 언급되는 것을 보면, 벤야민이 논쟁의 본질을 확실하게 파악하고 있었다는 것을 알 수 있다. 벤야민은 성향 면에서는 신학적이었고 작업 면에서는 '사회연구소'와 동맹할 수 있는 신중히 조율된 좌파적 사회 연구 쪽이었지만, 정치적 입장 면에서는 브레히트적, 참여적 정치학을 택하고 있었는데, 숄렘이 반대하는 것은 바로 그 정치학이었다. 그해 여름 벤야민은 이 쟁점을 다시 건드리면서 「생산자로서의 저자」(「오늘날 프랑스 작가들의 사회적 입장에 대하여」보다 훨씬 도발적인 글)의 사본이 충분히 마련되어 있지 않은 탓에 글을 보내줄 수 없다고 전했다. 하지만 1938년 숄렘이 직접 사본을 달라고 했을 때는 아무런 변명 없이 "당신은 읽지 않는 편이 낫습니다"라며 거절했다(SF, 201).

어둠 속의 한 줄기 빛처럼, 3월 중순 '사회연구소'가 (프리드리히 폴로크의 인편으로) 장서 이전을 위한 추가 지원금을 전해왔다. 이로써 베를린의 아파트에 있던 장서의 절반—"더 중요한 절반"(C, 437)—을 덴마크에 있는 브레히트의 거처로 옮길 수 있었다. (처음에는 장서 전체를 옮길 생각이었지만, 베를린 아파트의 매우 협조적이고 믿을 만한 세입자 폰 쉴러가 아파트에서 가장 근사한 가구가 모두 없어지면 "공간의 특색이 완전히 사라질 것"이라는 이유에서 반대했다.[48]) 커다란 책 궤짝 대여섯 개가 덴마크에 안전하게 도착했다. 이로써 벤야민은 집필에 장서를 이용할 수 있게 되었을 뿐 아니라, 값나가는 책을 팔 수 있게 되었다(프란츠 폰 바더 전집을 예루살렘 히브리 대학 도서관에 파는 협상이 우여곡절 끝에 타결되었다). 책들, 그리고 책에 대한 생각들을 통해 망명생활의 참담한 일상으로부터 벗어나는 패턴은 바뀌지 않았다. 앙드레 말로의 신작 소설 『인간의 조건』을 읽고 그레텔 카르플루스에게 감상을 전한 것은 1월이었다: "흥미롭고 매혹적이지만 유익하다고는 할 수 없는 소설입니다"(GB, 4:341). 하지만 「오늘날 프랑스 작가들의 사회적 입장에 대하여」에 말로 섹션을 추가한 것은 장서가 도착한 후였던 것 같다(이 글이 나온 것은 봄이다). 추리물을 머리맡에 두고 읽어대는 습관도 바뀌지 않았다. 예컨대 『영국 요원 애셴덴』을 포함해 서머싯 몸의 책 여러 권을 프랑스어 번역본으로 읽고 그레텔 카르플루스에게 강력 추천하기도 했다.

그렇지만 벤야민이 읽는 글은 대부분 『파사주 작업』을 위한 자료, 곧 국립도서관의 자료였다. 그는 1930년대 내내 여러 거처와 나라를 떠돌았지만, 그의 변치 않는 북극성, 곧 그가 믿고 의지할 수 있는 집과 같은 곳은 파리의 국립도서관이었다. 그의 바뀌지 않는 점 또 하나는 필기도구에 대한 집착이었다. 실제로 그가 친구들에게 보내는 편지에는 오랫동안 사용해온 종이와 공책을 보내달라는 내용이 많았다. 이러한 집착의 저변에는 『파사주 작업』이

---

48 구스타프 글뤼크가 1933년 12월 22일 벤야민에게 보낸 편지, 인용은 GB, 4:298n.

자신의 가장 중요한 작업이 되리라는 확신이 있었다: "요새 나와 운명 사이에 벌어지는 싸움에서 덕을 보는 것은 『파사주 작업』입니다. 연구량이 크게 늘었을 뿐 아니라, 연구 내용을 어떻게 활용할 것인가에 대한 생각이 (정말 오랜만에) 정리됐습니다. 당연한 이야기이겠지만, 애초의 생각으로부터 많이 벗어났습니다"(BS, 100). 지그문트 엥글렌더의 『프랑스 노동자 결사체의 역사』 전4권을 꼼꼼히 읽어나간 것도 이런 확신에서였다(『파사주 작업』은 이 저서의 여러 곳을 발췌하고 있다). 그때까지 수집된 엄청난 분량의 자료로부터 개요와 목차가 나온 것은 그해 봄의 끝자락이었다. 「파리, 19세기의 수도」라는 가제가 붙여졌고, 총 다섯 부분(「푸리에 또는 파사주」, 「다게르 또는 파노라마」, 「루이 필리프 또는 실내장식」, 「그랑빌 또는 만국박람회」, 「오스만 또는 파리의 도시 미화 사업」)으로 얼개가 잡혔다(AP, 914). 이 새로운 얼개가 나온 배경에는 초창기 작업(초현실주의와 집단의 사회적 심리 분석 쪽을 지향하는 단계)과 1934년 이후의 작업(역사적, 사회학적 분석을 지향하는 단계)이 조우하는 중대한 순간이 있었다. 그해 여름 덴마크에서 베르너 크라프트에게 보내는 편지를 보면, 당시 벤야민이 정치학과 집단 심리학 간의 연관성을 어떤 방식으로 포착하고 있었나를 알 수 있다: "당분간 공산주의를 '인류의 해답'으로 간주할 생각이 없다는 것이 당신의 고백이었습니다. 하지만 정작 필요한 것은 인류의 해답을 자처하는 무익한 논의를 공산주의의 실용적 통찰로 바로잡는 일입니다. '총체적' 체계를 가정하는 거창한 전망을 단념하는 일, 인간이 살아갈 나날을 계획할 때 현명한 사람이 숙면을 취한 뒤 새로운 하루를 시작할 때와 같은 느긋함을 잃지 않는 일입니다"(C, 452).

벤야민이 환각제 실험을 이어나간 데는 이런 정신분석적-정치적 고려가 있었을 것이다. 덴마크로 가기 직전에는 메스칼린 피하주사 실험에 참여하기도 했다(투약자는 1933년 파리로 망명한 프리츠 프렝켈이었다). 이 심야 실험을 통해서 생성된 무수한 사념 중에는 "꾸물거림Saumen"이라는 아이의 행동에 대한 사변이나 긴장중에서 오는 쾌감에 대한 사변도 있었다. 하지만 그중에서도 중요하게 눈에 띄는 사념은 철학자 니체의 바이마르 생가—원原파시스트였던 여동생이 파시즘의 성지로 바꾸어놓은 곳—에 대한 기괴한 상상이었다(OH, 94, 96).

1934년 초여름, 벤야민은 끝내 내키지 않는 마음으로 브레히트의 초대를 받아들여 덴마크로 갔다. 파리에서는 생계유지 자체가 불가능했으니, 초대에 응하는 것이 유일한 대안인 듯했다(벤야민은 덴마크에서 총 세 번의 여름을 보내는데, 두 번째는 1936년, 세 번째는 1938년이다). 당시 브레히트와 헬레네 바이겔은 아들 슈테판, 딸 바르바라와 함께 퓐 섬(섬이 대부분을 차지하는 덴마크에서 세 번째로 큰 섬)의 남쪽 해변에 위치한 스코우스보스트란이라는 마을의 외딴 농가에 살고 있었다. 북쪽으로는 스벤보르(19세기에 공업화된 벽지 소도시)와 가까웠고, 남쪽으로는 토싱에 섬(퓐 섬과 해협으로 이어져 있는 작은 섬)과 가까웠다. 벤야민에게 이 퓐 섬의 "최남단"은 "상상할 수 있는 가장 먼 곳 중 하나"였고, 이곳의 "미개척" 자연, 그리고 현대 문명과의 단절은 은총인 동시에 저주였다. 스벤보르에 나가봐도 흥밋거리가 거의 없었다. 스벤보르 영화관에 가는 일을 금방 그만둔 것도 상영작들을 참을 수 없어서였다. 벤야민이 당시에 읽은 책은 거의 자기 작업과 직결된 것들뿐이었다. 예외는 일리야 예렌부르크의 『URSS 작가가 본 것』(벤야민에 따르면 "철저히 고약한 이 작가가 쓴 가장 흥미로운 글")과 발자크의 『사촌 베트』 정도였다. 이비사에서 중요한 일과가 되어주었던 자연 탐험마저 이곳에서는 여의치 않았다. 시골길이나 해안길이 거의 없고, 해변이 흔하다고는 해도 바위가 많은 저질 해변뿐이라는 것이 벤야민의 되풀이되는 푸념이었다. 벤야민이 얻은 거처는 브레히트의 아지트에서 몇 분 거리에 위치한 어느 시골집의 방 한 칸이었는데, 사생활을 보호하는 데는 도움이 됐지만, 사교생활을 브레히트와 바이겔, 그리고 브레히트라는 카리스마 있는 극작가를 찾아오는 (계속 바뀌는)

연극인들까지로 한정짓는 거처이기도 했다. 이렇게 브레히트와 근거리에서 지내는 일에는 좋은 점도 있고 나쁜 점도 있었다. 한편으로는 활기 충천한 브레히트에 대해 경계를 늦출 수 없었다. 주인 브레히트의 환대에 지나치게 의지하다가 관계에 무리를 주는 일이 있어서는 안 된다는 조심스러움도 있었다. (사실 브레히트와의 관계는 상대방에 대한 다소간의 경외, 나아가 추앙을 포함하고 있었다는 의미에서 다른 동시대 지인들과의 관계와는 질적으로 차이가 있었다.) 그렇지만 다른 한편으로는 브레히트와 진정한 우정을 다질 수 있었다. 아울러 바이겔과도 우정을 쌓았고, 두 사람의 자녀들과도 가까워졌다. 프랑스에서 지낼 때보다 더욱 고립되어 있던 벤야민은 브레히트의 아지트에서 사람들과 함께 어울릴 수 있는 저녁 시간을 정말 간절하게 기다렸다. 브레히트와의 야간 체스 시합, 바이겔과의 66[두 사람이 하는 카드놀이], 그리고 여럿이 모여서 라디오를 듣는 일이 그곳에 있는 내내 거의 유일한 사교생활이었다.

20세기의 가장 영향력 있는 지식인 둘 사이의 강도 높은 지적 교류(그리고 간헐적인 공동 작업)는 이렇게 시작되었다. 두 사람은 분명한 성격 차이에도 불구하고 특별한 우정을 키워나갔다. 브레히트 서클의 일원이었던 루트 베를라우에 따르면, "벤야민과 브레히트가 덴마크에서 함께할 때마다, 즉시 신뢰와 믿음의 분위기가 조성되었다. 브레히트는 벤야민에게 엄청난 호감을 느끼고 있었다. 사실은 애정이었다. 두 사람이 서로를 이해하는 데에는 굳이 말이 필요 없었던 듯하다. 묵묵히 체스를 두고 나면 대화를 나눈 것이나 다름없었다."[49] 두 사람의 대화 장소는 언제나 (벤야민의 거처가 아닌) 브레히트의 거처였던 것 같다. 둘의 대화에는 일정한 신호, 분위기 같은 것이 있었으리라는 뜻이다. 브레히트의 서재에는 벤야민이 눈여겨본 두 가지 신호가 있었다. 하나는 브레히트가 천장을 받치는 기둥 중 하나에 써놓은 글자—"구체적이라야 진리"—였고, 또 하나는 창턱 위에 놓인 작은 나무나귀 목에 걸려 있는 나무판—"나도 알아듣게 말해다오"라는, 역시 브레히트가 써놓은 글—이었다.

두 사람의 대화에서는 물론 브레히트의 극작품들과 연극관이 주제가 되었다. 둘이 브레히트의 극작품을 주제로 대화를 나누기 시작한 것은 벤야민이 덴마크로 찾아오기 전부터였다. 벤야민이 브레히트에게 보낸 편지에는 극작가 브레히트의 "지극히 가볍고 확고한 터치"를 언급하거나, 브레히트의 극작품을 바둑(판에 놓여 있는 말을 옮기는 체스 같은 게임과는 달리 비어 있는 판에 말을 올려놓는 게임)에 비유하는 대목도 있다: "당신은 모든 인물과 공식을 적재적소에 **배치**합니다. 그렇게 배치된 인물과 공식은 제자리를 지키면서 적절한 전략적 기능을 수행할 수 있습니다"(C, 443). 이제 스코우스보스트란에서 두 사람은 저녁 내내 문학과 예술과 사회와 정치에 대한 대화를 나누었다. 우리에게 이 대화에 대해 알려주는 것은 벤야민의 기록(브레히트의 견해에 초점을 맞춘)뿐이므로 벤야민 자신이 이 대화에서 어떤 역할을 했는지는 상상해볼 도리밖에 없다. 이 대화에 자주 등장한 주제 중 하나는 동작 Gestus이었다(동작과 관련된 대화는 벤야민이 그 여름 「프란츠 카프카」의 수정 작업을 진행할 때 중요한 역할을 하게 된다). 이 대화에서 브레히트가 동작의 중요성을 강조하는 맥락에서 언급한 것은 자기가 쓴 교육용 시 한 편—『해피엔드』와 『도살장의 성 요한나』에서 주인공을 연기하고 「서푼짜리 오페라」의 영화 버전에서 폴리 역을 연기한 여배우 카롤라 네어를 위해 쓴 시—이었다: "내가 카롤라 네어에게 가르친 것은 정말 가지가지였습니다. 연기뿐만이 아니었습니다. 예를 들면 세수하는 법을 가르쳤습니다. 그 전에 그녀의 세수는 그냥 얼굴에 묻은 것을 떼어내는 정도였습니다. 세수도 아니었지요. 그녀는 나한테 얼굴 닦는 법을 배우고 얼마 후 세수의 완벽한 경지에 도달했

---

49 Ruth Berlau, *Brechts Lai-tu*(Darmstadt, 1985). 인용은 Brodersen, *Spinne im eigenen Netz*, 233.

습니다. 그녀가 세수하는 것을 영화로 찍고 싶을 정도였습니다. 하지만 결국은 못 찍었습니다. 당시 나는 영화를 찍을 생각이 없었고, 그녀는 나 말고 다른 사람에게 찍힐 생각이 없었으니까요. 이 교육용 시Lehregedicht는 일종의 표본Modell이었습니다"(SW, 2:783).

시대가 뒤숭숭했으니, 예술의 사회적 역할도 대화 주제가 되곤 했다. 이 대화에서 브레히트는 "진지한" 작가와 "진지하지 않은" 작가를 예상외의 방식으로 구분했다: "탁월한 정치소설 한 편을 읽은 뒤 작가가 레닌이라는 것을 알게 되었다고 해봅시다. 그 소설에 대한 평가와 레닌에 대한 평가가 달라질 겁니다. 둘 다 좀더 낮게 평가하게 되겠지요"(SW, 2:784). 그러면서 브레히트 자신을 "진지하지 않은" 작가로 분류한 것은 물론이다. 나는 법정에 나가서 심문받는 상상을 할 때가 많은데 법관이 나한테 지금 정말 진지하게 답변하고 있는 게 맞느냐고 물어오면 나는 그에게 솔직히 말씀드리면 정말 진지하게 답변하고 있는 건 아니라고 대꾸할 수밖에 없지 않겠느냐, 라는 것이 브레히트의 이야기였다(실제로 브레히트가 1947년 10월 '하원 비미非美 활동 조사 위원회'에서 선보인 탁월한 얼버무림은 지금까지도 전설로 남아 있는데, 벤야민과의 대화는 마치 그 사건을 예견한 듯하다). 그러면서 브레히트는 카프카, 하인리히 폰 클라이스트, 게오르크 뷔히너 등 진지하지도 그렇다고 진지하지 않은 것도 아닌 세 번째 범주를 만들고, 이 범주에 들어가는 작가들을 "실패자"로 분류했다. 이렇듯 두 사람의 대화는 랭보와 요하네스 베허, 공자와 에우리피데스, 게르하르트 하웁트만과 도스토옙스키 등 서구 문학 전반을 가로지르면서 광범위하게 진행되었다.

저녁 시간은 이처럼 유쾌하고 활기찼던 반면, 낮 시간은 외롭고 쓸쓸하기만 했다. 작업량은 많았지만, 비중 있는 글은 나오지 않았다. 벤야민이 거의 18개월 만에 처음으로 자신의 장서와 만났음을 고려하면, 덴마크에 있는 동안 비중 있는 글을 쓰지 못한 것은 놀라운 일이다. 그해 여름의 많은 시간은 두 가지 작업에 쏟아부어졌다. 하나는 독일사회민주당의 문화정치에 관한 논문이었고, 다른 하나는 「프란츠 카프카」 수정 작업이었다. 브레히트는 독일사회민주당 기관지 《신시대》의 모든 호를 소장하고 있었고, 벤야민은 여름내내 풍부한 발췌문 아카이브를 만들었다. 호르크하이머에게 보낸 편지에서도 밝혔듯, 벤야민은 이 논문이 "집단적 문헌"에 대한 유물론적 분석을 제공할 수 있으리라 믿었지만, 자신이 이 주제를 택한 이유가 노동운동과 사회민주주의의 역사를 오랫동안 연구해온 "'사회연구소'의 목적에 봉사"하기 위함이었음을 굳이 숨기지 않았다(C, 456). 벤야민이 몇 달간의 작업 끝에 결국글을 완성하지 못했다는 것은 그리 놀라운 일이 아니다. 애초에 이 글의 주제가 그의 재능이나 관심사에 맞는 것도 아니었을뿐더러 시간이 갈수록 자료의정통론이 걸림돌이 되기 시작했다. 10월에 알프레트 콘에게 편지를 쓸 무렵에는 벤야민도 그 사실을 인정했다: "내가 선택한 주제였다고는 해도, 자유롭게 쓸 수 있는 글은 아니었습니다"(GB, 4:508).

「프란츠 카프카」의 수정 작업은 완전히 다른 문제였다. 벤야민 자신의 새로운 착상들, 브레히트와의 대화 내용, 숄렘과의 편지 내용이 이 작업의 바탕이 되었다. 카프카를 둘러싸고 브레히트의 역사주의적·유물론적 시각, 숄렘의 신학적 관점, 그리고 벤야민 자신의 좀더 매개적인 특이한 입장 간의 기묘한 삼자 회담이 이루어진 셈이었다. 세 사람 모두의 관심은 카프카의 작품에서 우화가 어떤 기능을 하는가에 있었다. 카프카를 바라보는 브레히트의 시각은 확실히 양가적이었고, 벤야민의 「프란츠 카프카」를 일독한 뒤에도 그입장은 거의 바뀌지 않았다. 사실 이 논문에 대한 브레히트의 반응은(한동안이 논문을 화제로 삼기를 피하고 이 논문이 "니체의 문체를 사용하는 일기 형식"을 띤다고 비판하기도 했다) 고약한 데가 있었다. 이 논문을 읽은 브레히트에 따르면, 카프카의 작품은 프라하의 환경(저질 저널리스트, 거들먹거리는 문인들이 지배하는 환경)의 산물이었고, 이처럼 불운한 환경을 고려할 때

문학은 카프카의 유일한 현실까지는 아니어도 어쨌든 가장 의미 있는 현실이었다. 결국 카프카는 예술적으로야 큰 장점이 있겠지만 쓸모는 없더라는 것이 브레히트의 무참한 (도발을 의도한 듯한) 판결이었다. 카프카는 위대한, 그러나 실패한 작가였다: "궁상맞고 보기 싫은 녀석, 프라하의 문화라는 진창에서 반짝이는 한 방울의 물거품, 그 이상은 아닙니다"(SW, 2:786). 하지만 브레히트는 카프카를 바라보는 다른 틀도 가지고 있었다. 브레히트가 카프카의 가장 중요한 질문은 사회가 존재해야 할까Organisation였다는 주장을 편 것은 그로부터 한 달 전이었다: "카프카는 개미떼 국가Ameisenstaat에 대한 두려움에 사로잡혀 있었습니다. 인간이 사회를 만들어 모여 사는 것 자체가 소외를 초래하리라는 두려움이었습니다"(SW, 2:785). 브레히트가 보았을 때 카프카에게는 고의적인 애매성, 나아가 반反계몽성—브레히트의 표현을 빌리면 "유대인 파시즘"의 무의식적 사주(SW, 2:787)—이 있었고, 그런 이유에서 카프카 해석의 과제는 "솎아내기"라는 방식을 통해서 작품들에 잠재되어 있는 "실용적인 제안들"을 포착하는 것이었다.50 『소송』이 모종의 예언서라는 점은 브레히트도 기꺼이 인정했다: "지금의 게슈타포를 보면 체카[소비에트 비밀경찰]가 나중에 어떻게 될지 알 수 있습니다." 그렇지만 브레히트가 볼 때 카프카는 당대 프티부르주아의 가장 흔한 유형(곧 파시스트)에 저항하는 면이 크게 부족한 작가였다. 다시 말해, 카프카의 관점은 "차바퀴에 깔린 사람의 관점"이었기 때문에 그가 파시스트의 이른바 "영웅주의" 앞에 내놓을 수 있었던 대답은 질문들뿐이었고, 그중에서도 특히 카프카 자신의 자리가 보장되어 있느냐는 질문뿐이었다: "이 세상에 쓸모 있는 보험은 하나도 없다고 굳게 믿었던 남자, 다른 어느 것보다 그것을 가장 굳게 믿었던 이 남자가 보험공사 관리였다는 것은 카프카적 아이러니라 하겠습니다"(SW, 2:787).

---

50 독일에서 "유대인 파시즘"이라는 용어가 통용된 것은 1920년대 후반부터이고, 시온주의를 공격하는 맥락에서 쓰일 때가 많았다. 볼 곳은 Wizisla, *Walter Benjamin and Bertolt Brecht*, 166n.

이렇듯 브레히트 쪽에서는 벤야민이 카프카의 미결성과 연대하는 점을 계속 수상하게 여긴 반면, 숄렘 쪽에서는 벤야민이 카프카의 신학적 차원을 제대로 감지하지 못한다고 생각했다. 벤야민과 숄렘이 주고받은 편지들 가운데 몇몇 중요한 대목은 통째로 인용할 만하다. 먼저 볼 것은 숄렘이 보낸 편지의 한 대목이다.

> 내가 제대로 이해했다면, 당신은 전前 정령 신앙 시대가 카프카의 은밀한 현재라고 설명하고 있습니다. 매우 강력하고 웅장한 설명입니다. 그렇지만 그 논의가 올바른가 하는 것은 나에게는 큰 의문입니다. 여기서도 중요한 점은 최종적 논점이 무엇인가 하는 것입니다. 98퍼센트까지는 명쾌하게 이해되는 것 같은데, 최종적 정리가 빠져 있습니다. 당신도 그 점을 감지한 것 같지만, 당신이 최종적 정리 대신 내놓은 것은 치욕에 대한 해석이었고(당신은 여기서 가장 깊은 어둠 속에 발을 들여놓았습니다), 아울러 법에 대한 해석이었습니다(당신은 여기서 궁지에 빠졌습니다!). 비밀의 율법이 **존재**한다는 게 당신의 해석을 틀린 것으로 만듭니다. 아직 신화조차 존재하지 않는 허망한 잡탕 같은 세상이라면서, 그런 곳에 비밀의 율법이 존재한다는 건 말이 안 됩니다. 비밀의 율법이 자신의 존재를 알리는 특별한 방법을 갖고 있다는 건 더욱 말이 안 되고요. 문제의 **원인**은 신학과 단절한답시고 너무 멀리 가버린 데 있습니다. 목욕물을 버리면서 아기까지 함께 버린 것입니다(BS, 122-123).

숄렘이 벤야민의 유대교에 대해 부적합 판정을 내릴 때면 벤야민은 때로 방어적 태도를 취하곤 했는데, 이 편지에 대한 답장에는 그런 태도가 전혀 없었다. 이 답장에서 벤야민은 "최후의 심판을 영원한 시간Weltlauf에 투영한다는 것을 카프카적 의미에서" 어떻게 받아들여야 할까를 고민하면서, 카프카가 해답을 제시하는 데 실패했다는 점을 강조한다. 벤야민에 따르면, 카프카가 실패한 이유는 구원으로 가는 길 위에서 허무를 경험한 탓이다: "내가 밝히고자 했던 것은 카프카가 이 '허무'의 이면(말하자면 안감)에서 구원을 암중모색했다는 점입니다. (…) 이 허무를 어떤 식으로든 극복하는 것이 카프카에게는 혐오스러운 일이었으리라는 뜻입니다"(BS, 129).

그 후 숄렘이 벤야민에게 카프카에 대한 시를 써 보낸 것은 벤야민의 카프카 해석을 교정하겠다는 의도에서였다. 그가 예전에 써 보낸 '역사의 천사'에 대한 시도 그 그림에 대한 해석을 겨루는 방법이었다. (숄렘이 시라는 형식에 기댄 것은 두 경우 다 의식적인 도발이었을 수 있다. 누가 봐도 못 쓴 시를 가지고 당대 최고의 문학비평가의 견해에 도전장을 내민 것이었을 수 있다는 뜻이다.) 답장에서 벤야민은 시의 미적 가치에 대한 언급은 삼간 채 시에 담긴 핵심적 논지에 조목조목 답변해나갔다.

1) 내 작업과 당신의 시와의 관계를 일단 이렇게 정리할 수 있을 듯합니다. 당신은 소송 일정이 잡혀 있다고 보는 구원사의 관점에서 "계시의 허무Nichts der Offenbarung"를 출발점으로 삼았습니다. (…) 나는 보잘것없는 부조리한 희망을, 그리고 그 희망을 짊어지고 있으면서 또 한편으로는 그 부조리를 거울처럼 비추고 있는 미물들을 출발점으로 삼았습니다.

2) 치욕이 카프카의 가장 강력한 반응이라는 내 해석은 내 나머지 해석과 전혀 모순되지 않습니다. 좀더 정확히 말하면, 태고(카프카의 은밀한 현재)는 사적 영역에서 치욕의 반응이 나타나는 곳을 가리켜 보이는 역사철학적 지표입니다. 태고는, 카프카식으로 말하면, 토라의 힘이 꺾인 시대입니다.

3) 여기에는 텍스트Schrift라는 문제가 연결되어 있습니다. 학생 입장에서는 잃어버린 것이든 경전을 해독할 수 없는 것이든 마찬가지입니다. 텍스트를 해독

할 열쇠가 없다면, 그것은 텍스트Schrift가 아니라 그저 삶Leben(성 밖 시골 마을에서의 삶)에 불과하니까요. 삶을 텍스트 형태로 만들려는 노력이 있는 곳에서 나는 카프카의 여러 우화가 갈망하는 "회복Umkehr"의 의미를 봅니다(나는 그중에서 「가까운 시골 마을」과 「통을 타고 가는 사람」을 다루었습니다). [카프카의 「산초 판사의 진실」에서] 산초 판사가 살아가는 삶이 전형적인 예입니다. 그 삶의 본질은 어리석은 돈키호테의 삶일망정 자기 자신의 것인 그 삶을 책처럼 읽는 데 있었으니까요.

4) "텍스트를 잃어버린" 학생들은 헤타이라의 세계에 속한 존재가 아니라는 것을 나는 처음부터 강조했습니다. 나는 그런 학생들을 미물들(카프카의 말을 빌리면 "무한히 많은 희망"은 그들의 것입니다)을 돕는 존재로 분류했으니까 말입니다.

5) 내가 카프카의 작품에 계시의 측면이 있음을 부정하지 않았다는 것은 내가 (계시의 "왜곡"을 설명함으로써) 계시 그 자체의 메시아적 측면을 인정했다는 데서 바로 알 수 있습니다. 카프카의 메시아적 범주는 "회복" 또는 "공부"입니다. 당신도 짐작하다시피, 나는 신학적 해석 자체를 차단하려는 것이 아니라 (내 해석이 바로 신학적 해석입니다) 그저 프라하 쪽의 뻔뻔스럽고 경박한 해석[막스 브로트의 해석]을 차단하려는 것뿐입니다(BS, 134-135).

앞서 「카를 크라우스」가 그랬듯이, 「프란츠 카프카」 역시 벤야민의 사유를 응축하는 수렴점이었다. 그 사실을 벤야민은 그해 가을 베르너 크라프트에게 전하기도 했다: "나는 이 연구를 통해 내 사유들이 수렴하는 교차로에 이르렀습니다. 내가 이 연구에 좀더 힘을 쏟는다면, 길 없는 땅에서 나침판을 얻는 것과 같은 수확이 있을 듯합니다"(C, 462). 그렇지만 벤야민은 낯선 망명

사회에서 독일어권 문학에 대한 글을 쓰는 일로 생계를 유지할 가능성이 있는가에 대한 현실적인 감도 지니고 있었다: "나는 카프카에 대한 글을 마지막으로 문학 논문 집필을 일단락 지을까 합니다. 당장은 이런 글을 실을 만한 지면이 없습니다. 이런 글의 지면을 찾는 것보다는 차라리 책을 낼 곳을 찾기가 덜 어려울 듯합니다. 그런 이유에서 나는 좀더 큰 계획을 세워볼까 하고 있습니다. 나에게 계획을 세운다는 것이 허용될 경우의 이야기입니다. **과연** 어느 정도 허용될 것인가에 대해서는 자세히 파고들지 말기로 합시다"(GB, 4:509).

벤야민은 이렇듯 큰 계획을 세워보는 한편으로, 작은 글을 써서 독일로 보내는 일도 멈추지 않았다. 실러 연구서에 대한 서평, 중세 민네장Minnesang 연구서에 대한 서평, 스위스의 심리분석가이자 실존주의 심리학자인 루트비히 빈스방거의 저서에 대한 비판적 논설, 『1900년경 베를린의 유년시절』 중 「사교계」와 「블루메 역」이 《프랑크푸르트 신문》에 실렸다. 다른 지면은 줄곧 굳게 닫혀 있었다. 쇼켄출판사의 모리츠 슈피처로부터 출판사 연감에 실을 글을 청탁받고 「프란츠 카프카」의 일부를 보내주겠다는 뜻을 전했던 일을 계기로 막스 브로트가 카프카 작품의 "해석을 독점"하고 있음을 알게 되기도 했다. 카프카 작업으로 비슷한 운명을 겪었던 베르너 크라프트에게 벤야민이 편집자들에 대한 비난―"발행인들에게 벌을 내리소서!"라는 괴테의 명언을 떠올리게 하는―을 쏟아냈던 것이 바로 이때다: "내가 아는 편집장 가운데 사장에게 찍소리도 못 하는 처지를 저자에게 거들먹거리는 것으로 상쇄시키고자 하지 않는 편집장은 단 한 명도 없습니다. 내가 놀라지 않은 것은 그 때문이었습니다"(GB, 4:466). 한편 벤야민 쪽에서 글을 싣지 않으려고 조심하는 지면도 있었다. 클라우스 만의 『수집』이 그중 하나였다. 이 저널의 편의적 자유주의에 대한 벤야민의 적대감은 한 푼이 아쉬운 상황에서도 꺾이지 않았다. 만에게 기명 기사를 청탁받은 벤야민이 자기 글의 고정 게재라는 약정을 요구함으로써 청탁을 사실상 거절한 것은 그 때문이었다. 얼핏 보면 타당한 요구인 것 같지만, 자세한 내용—공산주의 저자들의 책을 서평하는 문예란 Glosse을 새로 만들 것—을 살펴보면 꽤 무리한 데가 있었다.

지면을 구하는 일에 번번이 실패하면서, 일부 친구의 성공에 곱지 않은 시선을 던지기도 했다. 특히 블로흐는 벤야민과 아도르노와 숄렘 사이에서 신랄한 농담의 과녁이 되는 일이 많았다. 벤야민이 숄렘에게 보낸 편지 한 통이 그 예였다: "유명한 괴도신사 아르센 루팽 시리즈 한 권이 또 새로 나왔는데, 제목은 에른스트 블로흐의 『이 시대의 유산』입니다. 어서 읽고 싶습니다. 첫째, 전반적인 내용이 궁금하고, 둘째, 내가 이 시대의 자식으로서 나 자신의 사유로부터 어떤 유산을 상속받게 될지도 궁금합니다"(BS, 145). 하지만 이처럼 블로흐가 자기 글을 교묘하게 훔쳐가는 것을 조롱하고 비난하면서도 블로흐를 어서 만나고 싶다는 한마디를 덧붙이지 않은 것은 아니었다.

지면을 구하는 데 성공하더라도 들어오는 돈은 극히 미미했다. 율라 라트-콘이 7월에 《마그데부르크 신문》에 실린 「키 작은 꼽추」(『1900년경 베를린의 유년시절』의 한 섹션)의 원고료로 대리 수령한 액수는 4마르크였고, 「프란츠 카프카」 원고를 받은 벨치가 원고료로 제안한 액수는 60마르크였다(벤야민은 분통을 터뜨렸지만, 그 시점에서 원고를 회수할 입장은 아니었다). 덴마크에 도착했을 당시 벤야민은 파리에서 짐을 보관하는 비용을 절약하기 위해 모든 소유물을 스코우스보스트란으로 부치느라 있는 돈을 다 털어넣은 탓에 거의 무일푼이었고, 변변치 않은 소득이나마 평소대로 들어오리라 믿으면서 브레히트에게 적잖은 돈을 빌려 첫 몇 주를 날 준비를 했다. 도착하자마자 '난민 지식인 노동자를 위한 덴마크 위원회'에 지원금을 신청하기 위해 자기소개서도 작성했다: "본인은 41세의 독일 국적인입니다. 1933년 3월에 독일을 탈출했습니다. 재야 연구자이자 문필가로서 정치적 격변에 의해 갑작스럽게 생계 수단을 박탈당했을 뿐 아니라, 반체제적 입장이되 특정 정당 소속이 아님에도 불구하고 일신의 자유를 침해당했습니다. 남동생은 그 3월에 심한 가혹 행위에 노출되었고, 성탄절까지 집단수용소에 억류되어 있었습니다"(GB, 4:448-449). 계속해서 벤야민은 이 글을 읽게 될 사람들이 알고 있을 법한 작가들—호프만슈탈, 프루스트, 보들레르—을 연구했음을 언급하고, 주요 저술들을 나열하며, 《프랑크푸르트 신문》 필자라는 점을 강조하기도 했지만, 결국 지원금을 받지는 못했던 것 같다. 헤르츠베르거 남매(엘제와 알폰스)의 7월 치 수표가 (아마도 독일의 정치적 소요 탓에) 도착하지 않으면서 극도의 궁핍에 내몰린 벤야민은 거의 항상 의지할 수 있는 친구였던 그레텔 카르플루스에게 또 한 번 도움을 청했다. 이 마지막 재정 위기에서 최악의 고비가 지나가는 것은 히브리 대학으로부터 고가 도서였던 프란츠 폰 바더 전집 16권의 매각 대금이 도착하는 9월 중순이나 돼서였다.

스코우스보스트란에서도 세계 정치는 엄연한 현실이었다. 브레히트 서클은 수시로 라디오 앞에 모여 앉았다: "그 자리에서 나는 히틀러의 제국 의회 연설을 들을 수 있었습니다. 히틀러의 목소리를 들은 것은 그때가 처음이니, 내가 얼마나 놀랐을지는 당신도 짐작하겠지요"(BS, 130). 히틀러의 목소리보다 더 놀라웠던 것은 지금은 히틀러가 에른스트 룀과 나치돌격대SA: Sturmabteilung를 제거했다는 뉴스였다. 지금은 '장검의 밤'으로 통칭되는 사건이다. SA는 불필요한 폭력을 휘두르면서 정규군의 우려와 경멸을 사는 나치의 준군사 조직이었다. SA를 발판으로 집권한 후 오랫동안 그 세력을 용인했던 히틀러는 이제 SA의 끊이지 않는 폭력 사건에서 (그리고 에른스트의 룀의 야심에서) 자기 정권에 대한 위협 요소를 보았다. 6월 30일 그리고 7월 1일, SS부대와 게슈타포 장교들이 룀과 SA 핵심 멤버들을 체포한 뒤 나머지는 현장에서 사살했고, 괴벨스가 급조한 프로파간다(공산당과 사회민주당을 무력화한 조치)를 폭넓게 적용해 프란츠 폰 파펜 지지자들은 물론이고 히틀러가 신임하지 않는 보수 및 중도파 정치가들까지 제거했다. 사망자는 룀을 포함해 최

밀라노의 에른스트 블로흐, 1934년(사물 박물관, 공예협회 아카이브, 베를린)

소한 여든다섯 명, 아니 어쩌면 수백 명 이상이었다. 이 사건을 계기로 나치의 정당 구조가 대대적으로 흔들림에 따라 나치의 몰락에 비관적이었던 벤야민에게도 희망의 불꽃이 피어올랐지만, 히틀러가 상황을 신속히 수습함에 따라 그 희망도 곧 꺼졌다.

오스트리아 사태(7월 25일에 시작된 이른바 "7월 폭동")는 훨씬 더 우려스러운 뉴스였다. 오스트리아 군경으로 위장한 SS부대가 연방 총리 집무실로 난입해 엥겔베르트 돌푸스 총리를 살해한 후 오스트리아 라디오 방송국의 빈 방송실을 장악하고 나치 총봉기의 신호가 될 만한 허위 속보를 내보낸 것이 사건의 시작이었다. 오스트리아의 대부분 지역은 동요하지 않았지만, 나치와 공화국 편 군경이 충돌하면서 200명이 넘는 사망자를 발생시켰다. 오스트리아의 나치 쿠데타는 실패로 돌아갔지만(실패 이유는 나치에 맞선 군경의 저항 못지않게 나치 내부의 균열 때문이었다), 나치 독일의 국경 확장 시도의 서막이라고 할 수 있을 이 사건은 유럽 전역에 충격을 안겨주었다. 라디오로 사건의 추이를 차근차근 따라갔던 일은 "참으로 중요한 경험"이었다(GB, 4:500). 한편 벤야민 개인적으로도 오스트리아 사태에는 괴로운 순간이 있었다. 카를 크라우스—살아 있는 유럽 사람 중 벤야민이 존경할 수 있었던 몇 안 되는 인물 중 한 명—가 돌푸스에 대한 지지를 표명한 극히 미심쩍은 글을 읽어야 했을 때다. 이런 글이었다: "그들[오스트리아 유대인들]은 오스트리아 국가사회당이 차악이 아니라 최악('공포 그 자체')이라고 생각하는 부류이니 사회민주당이 총리Schützer를 (정견의 차이 내지 적대에도 불구하고) 차악으로 생각해주길 바랐을 수 있겠지만, 우리는 "동반자" 부류가 아니니(최소한 거짓의 동반자였던 적은 없으니) 더 이상은 그런 식의 생각에 안주할 수 없습니다. 우리가 생각하기에는 사회민주당보다는 차라리 돌푸스의 정치가 최선이고, 사회민주당은 기껏해야 국가사회당보다 차악입니다.[51] 돌푸스는 민선 총리였음에도 오스트리아 의회가 절차의 문제로 개회하지 못한 틈을 타비상사태를 선언한 뒤 의회의 권한을 말소시키고 실질적인 독재자로 군림한 인물이었다. 또한 독일 나치즘을 받아들이는 데까지 나아가진 않았지만 이탈리아 파시즘에서 오스트리아의 국가 모델을 찾고자 한 인물이었다. 벤야민이 괴로워한 것은 이렇듯 돌푸스에의 지지가 곧 "오스트리아 파시즘에의 항복"이라는 생각 때문이었다: "항복할 사람이 아직 더 남아 있을까요?"(C, 458)

9월의 벤야민은 스코우스보스트란을 떠나고 싶은 심정이었다. 브레히트와의 생산적, 우호적 관계가 변한 것은 아니지만, 벤야민은 외로웠다. 퓐 섬에 소아마비가 유행하면서 바이겔과 아이들은 다른 데로 가 있었고, 그의 버팀목이 되어주는 외부 세계로부터의 편지는 점점 줄기만 했다. 여름 내내 궂은 날씨였던 탓에 산책과 수영은 거의 불가능했고, 좋은 날씨에도 산책과 수영을 즐길 기회는 많지 않았다. 항상 고마운 마음이었지만, 두 사람의 집안 분위기는 사실 마음에 들지 않았다. 분위기가 답답해지는 것은 브레히트의 애인 마르가레테 슈테핀의 존재 때문이었다. 브레히트가 슈테핀을 다른 사람들로부터 떼어놓으려고 애쓰면서 슈테핀이 나타나지 않는 날이 며칠씩 계속되기도 했지만, 바이겔과 슈테핀 사이의 질투 어린 긴장감은 계속 다른 사람들을 불편하게 만들었다. 떠들썩한 분위기가 벤야민을 불편하게 하기도 했다. 한 공간에 10여 명이 함께 있다보면 그중 편치 않은 사람도 있었던 것이다. 호르크하이머에게 보낸 편지에 썼듯이, 혼자 방에 틀어박혀 있는 날은 작업을 하기도 했지만, 원하는 작업―『파사주 작업』―을 한 것은 아니었다. 첫 번째 덴마크 체류 당시 심한 우울증을 앓았다는 기록을 남기지는 않았더라도, 가까운 친구들에게는 심리 상태가 좋지는 못하다는 소식을 전했다: "지금 내 내면은 풍파에 시달리고 있습니다"(BS, 138).

벤야민이 간절히 일상을 벗어나고 싶어했던 것은 그 때문이었다. 덴마크에

---

51 Karl Kraus, "Warum die Fackel nicht erscheint" in *Die Fackel*, Heft Nr. 890~905(1934년 7월), 224. 인용은 GB, 4:469.

서의 현재와 이비사의 기억을 비교하게 되는 것은 어쩔 수 없었다. 8월 19일 투트 블라우폿 턴 카터에게 쓴 편지 초고에서도 그 심경을 엿볼 수 있다.

당신도 알겠지만, 여름마저 지난해의 여름과 큰 대조를 이룹니다. 작년에는 잠자는 시간이 아까웠습니다(잠자는 시간이 아깝다는 것은 대개 충일한 삶의 증거입니다). 요새는 잠자는 시간이 늘었을 뿐 아니라 잠이 깬 후에도 꿈이 더 선명하게 자꾸 떠오릅니다. 지난 며칠은 신기하고 아름다운 건축물이 나오는 꿈을 꾸었습니다. B[브레히트]와 바이겔이 성탑 같기도, 대문 같기도 한 건축물의 모습으로 도시 한복판을 가로지르는 꿈이었습니다. 바다의 밀물을 만들어내는 것이 달의 인력이듯, 낮을 향해 이토록 격렬한 신호를 보내는 잠의 밀물을 만들어내는 것은 바로 당신의 이미지입니다. 당신의 현전을 나는 말로 표현할 수 없을 정도로, 아니 내가 경험하지 못했다면 믿을 수 없었을 정도로 그리워하고 있습니다(GB, 4:482).

이 편지에서 격식의 2인칭 Sie로 지칭하고 있는 블라우폿 턴 카터의 이미지가 불려나오면서 이비사 체류 후반기의 곤궁과 병고와 절망의 기억들은 모두 어디론가 사라졌다. 기억 속의 이비사라는 낙원에 비하면, 덴마크에서의 일상은 우중충하고 외롭게 느껴질 수밖에 없었다.

실제로 벤야민은 종종 연애관계의 기억(심지어 상상 속의 기억)으로 고독을 달랬다. 위에서 인용된 편지에서도 마찬가지였다: "내 경우도, 나를 당신과 이어주는 것이 무엇인지 시간적 거리와 공간적 거리를 통해 좀더 분명하고 강력하게 깨닫습니다. 당신 곁에 있고 싶다는 욕망이 내 마음에 가득하고, 당신 곁에 있게 되리라는 기대가 내가 사는 나날과 내가 하는 생각의 리듬을 지배하고 있습니다. 당신의 일부가 이 예감 속에 살고 있지 않았다면, 당신 곁에 있게 되리라는 예감이 이토록 확실할 수는 없었겠지요. 이 예감은 작년 그때보다 지금 이 순간 더 확실합니다." 이 무렵의 아나 마리아 블라우폿 턴 카터는 프랑스인 루이 셀리에와 결혼한 상태였고, 벤야민이 덴마크로 오기 전 겨울에 파리에서 이 부부를 만났었다는 것은 짚고 넘어가야 한다. 옛날의 불꽃을 다시 한번 지피려는 시도였다. 8월에 잉게 부흐홀츠에게 보낸 편지다: "나에게 1년은 아무것도 아닙니다. 우리의 4년을 저울에 올리면 그것은 아무것도 아닙니다"(GB, 4:477). 이 편지를 받은 잉게 부흐홀츠는 벤야민의 편지를 모두 태워버렸으며 앞으로는 어떤 주소로도 자신과 연락할 수 없을 것이라는 답장을 보냈다.[52] 벤야민의 연애편지가 모종의 성과를 거두는 것은 9월 말이나 되어서였다.

9월 18일, 벤야민은 잠시 스코우스보스트란을 떠나 드라괴르에서 브레히트 가족을 만났다. 드라괴르는 코펜하겐에서 몇 마일 떨어진 아담하고 매력 있는 해변도시로, 헬레네 바이겔이 아이들을 데리고 지내고 있는 곳이었다. 드라괴르에서는 해변에서 즐거운 한때를 보낼 수 있었고, 코펜하겐에서는 그 토록 원했던 대도시의 활력을 흡입할 수 있었다. 몇 시간씩 길거리를 배회하 던 중 "전문 타투이스트"로부터 구입한 에피날 판화 몇 장은 벤야민의 기분을 날아갈 듯 좋아지게 만들었다. 두 주 뒤 알프레트 콘에게 그 일을 전하기도 했다: "얼마 전에는 코펜하겐에 갔다가 정말 예쁜 컬러 에피날을 많이 구해왔습니다. 분별력이 사라지는 순간에도 컬렉션을 늘려야겠다고 생각할 수 있는 분야는 에피날 외에는 없거든요. 타투이스트가 직접 그린 견본인데, 작은 타투 방 벽에 붙어 있던 것을 떼어왔습니다. 어느 운하변에 있는 한 채소 가게 뒤편에서 찾은 가게였습니다"(GB, 4:508). 망명기 벤야민의 귀중품이었 던 이 그림들은 그 후 오랫동안 벤야민의 호텔 방과 셋집 벽면을 장식하게 된 다. 드라괴르에 머무는 동안, 길에서 우연히 베를린 시절의 친구 (존 하트필

---

52 GB, 4:477n.

드의 형이면서 말릭 출판사의 발행인) 빌란트 헤르츠펠데(1896~1988)를 만나기도 했다. 말릭이 세워진 것은 1917년인데, 당시 벤야민은 해리 그라프 케슬러, 게오르게 그로스, 라스커-쉴러 등과 함께 말릭의 후원자 중 한 명이었다. 말릭이 베를린 다다이스트들이 만드는 여러 저널의 발행처이던 시절이었다. 쿠르트 투홀스키, 업턴 싱클레어, 존 더스패서스, 막심 고리키, 블라디미르 마야콥스키, 오스카어 마리아 그라프 등등이 있었다. 정치적으로 확실히 좌파였던 헤르츠펠데가 4만 권이 넘는 책을 나치 분서 사건들의 불쏘시개로 남겨놓고 게슈타포를 피해 프라하로 탈출한 것은 1933년 봄이었다. 드라괴르에서 벤야민을 만난 헤르츠펠데는 반갑게 응원의 인사를 건넸다: "벤야민, 당신은 1892년생이지요? 앞으로 마주칠 일이 많겠네요. 당신도 알다시피, 우리 세대 중에 섬세한 부류는 1914년을 앞두고 사라졌고, 멍청한 부류는 1914년에서 1918년 사이에 사라졌잖아요. 아직 살아남은 우리는 좀더 살아남겠지요"(C, 478). 벤야민은 이 응원을 상대가 자기에 대해 잘 알지 못하고 있다는 뜻으로 해석했다. 맞는 해석이었다.

벤야민이 드라괴르에서 만난 브레히트는 평소와는 달리 정해진 계획이 없었다. 브레히트 자신은 이 생소한 무계획 상태의 원인을 자기가 대부분의 동료 망명자에 비해 유리한 입장이라는 데서 찾았다. 「스벤보르 메모」의 한 대목에 따르면, "대부분의 경우 브레히트는 작업 계획을 세울 때 망명 상황을 고려하지 않는다. 그러면서 망명 상황과 더 무관해진다"(SW, 2:788). 그럼에도 벤야민을 모종의 공동 집필 작업에 끌어들일 정도의 계획성은 남아 있었다. 벤야민이 드라괴르에 와서 첫 며칠 동안 한 일은 브레히트, 그리고 저명한 마르크스주의 철학자 카를 코르슈(1886~1961)와 함께 "르네상스 역사책의 문체"로 히틀러를 풍자하는 글—가제는 「자코모 우이의 이야기」—을 쓰는 것이었다(SW, 2:788). 코르슈가 좌파 진영에서 활동하면서 동시에 법학 학위를 준비한 것은 1918~1919년 독일혁명 때였고, 예나 대학 법학 교수로 임명된 것은 1923년이었다. 그의 대표작 『마르크스주의와 철학』이 나온 것도 그해다. 그는 이 책이 나옴으로써 게오르크 루카치, 안토니오 그람시와 함께 20세기의 비판적 마르크스주의의 가장 중요한 이론적 기여자 중 한 명이 되었다. 그가 스탈린주의에 반대하면서 정치적 명성을 얻고 공산당에서 축출된 것은 1926년이었다. 교수직을 박탈당하고 지하로 숨어들었다가 덴마크로 망명한 것은 1933년이고, 그 후 영국으로 옮겨갔다가 미국에 정착한 것은 1936년이었다. 한때 동지였던 공산주의자들로부터 "트로츠키주의를 신봉하는 히틀러의 간첩"이라는 별명을 얻은 후의 일이었다. 벤야민에게 코르슈와의 친분은 일대의 전환점이었다. 마르크스의 글 자체를 열심히 읽은 적이 없는 벤야민이 마르크스주의를 심층적으로 이해할 수 있었던 것은 코르슈를 통해서였다. 『마르크스주의와 철학』은 『파사주 작업』에서 가장 많이 인용되는 자료 가운데 하나일 뿐 아니라 벤야민의 정치적 태도 전반에서 중요한 역할을 했다. 단, 1930년에 『마르크스주의와 철학』을 처음 읽은 벤야민은 아도르노에게 이렇게 말했다: "비틀거리는 걸음걸이 같지만, 올바른 방향입니다"(BA, 7).

「자코모 우이의 이야기」가 진전을 보기도 전에 벤야민은 신장염에 걸려 누워 있어야 했다. 회복은 매우 더디고 고통스러웠다. 그때 그가 누워 있던 곳은 갖가지 결핍에 단련된 벤야민마저 "임시방편"의 "시원찮은" 장소라고 부른 작은 집의 한구석이었고, 유일한 위안은 처음으로 『죄와 벌』을 읽었다는 것이었다(『죄와 벌』을 읽음으로써 병을 불렀다는 게 브레히트의 논평이었다). 베르너 크라프트에게 『죄와 벌』의 감상을 전하기도 했다: "물론 도스토옙스키는 위대한 거장입니다. 그렇지만 무절제한 혼란을 안고 있지요. 작가와 작품 속 등장인물들이 그 혼란을 공유하고 있습니다"(GB, 4:506). 벤야민은 회복되기까지 드라괴르 체류를 일주일 연장했고, 9월 28일에는 어지간히 회복되어 게세르(팔스테르 섬에 위치한 덴마크 최남단의 도시로, 로스토크에서 연락선으로 쉽게 오갈 수 있는 곳)로 여행을 떠났다. 그가 게세르에서 보낸 일주일에 대해 우리가 아는 사실은 그레텔 카르플루스와 함께였다는 것뿐이다. 두 사람 다 이 만남에 침묵의 커튼을 드리운다는 점을 고려하면, 친밀한 만남(어쩌면 성적인)이었던 것 같다. 어쨌든 벤야민은 10월 2일에는 스코우스보스트란으로 돌아와 있었고, 무슨 일이 있더라도 덴마크를 떠나야겠다는 생각뿐이었다.

10월 초는 파리로 돌아갈 토대를 다지는 시간이었다. 『파사주 작업』을 재개하고 싶은 마음이 간절했지만, 몇 가지 엄청난 장애가 있었다. 첫째, 작업을 재개하려면 앞서 모아놓은 방대한 자료를 재독하기 위한 적잖은 시간과 안정이 필요했는데, 생계를 위해 동분서주하면서 이를 확보하기란 불가능했다. 둘째, 연구가 진척될 수 있는 곳은 파리, 정확히 말하면 국립도서관뿐이었는데, 파리 생활비는 이 시점의 벤야민이 결코 마련할 수 없는 액수였다(BS, 144). 셋째, 유일한 제도권 소득원인 '사회연구소'가 미국으로 옮겨가리라는 이야기가 들리면서, 안 그래도 불안정한 경제적 전망은 이제 한 치 앞을 내다볼 수 없었다: "그렇게 된다면, 연구소 운영진과의 관계가 느슨해질지도 모르고, 어쩌면 아예 끊어질지도 모르겠습니다. 그것이 무슨 의미일지는 굳이 말하지 않겠습니다"(BS, 144). 벤야민이 레옹 피에르-캉과 마르셀 브리옹에게 프랑스 문단의 어떤 면이라도 기꺼이 다루겠다는 편지를 쓴 것은 이런 상황에서였다.

벤야민이 덴마크를 떠나 전처가 라구리아 해변의 산레모에서 경영하는 베르데 빌라라는 작은 여관으로 향한 것은 10월 말이었다. 먼저 덴마크를 떠난 브레히트는 런던에서 이미 한스 아이슬러와 함께 새 뮤지컬을 집필 중이었고, 얼마 후에는 『성 요한』 및 『둥근머리와 뾰족머리』의 공연 조건도 협의해야 했다. 덴마크에서 벤야민을 붙잡는 것은 아무것도 없었다. 떠나기로 한 날짜를 며칠 남겨놓고 《프랑크푸르트 신문》으로부터 하계 원고료를 일괄 수령함에 따라, 떠나겠다는 결심은 더 확고해졌다. 쉼 없는 여행자 벤야민은 하루 일정으로 안트베르펜에 들르기도 했다. 생전 처음 가본 그곳은 "항구를 어슬 렁거리는 어느 늙은 여행자"의 마음을 사로잡는 도시였다(GB, 4:556).

24일 아니면 25일 파리에 도착한 벤야민은 역시 싸구려 호텔(6구의 리트르 호텔)에 투숙했다. 며칠 머물렀을 뿐이지만, 크라카워를 만날 수 있었고 (두 사람은 크라카워가 당시에 완성한 소설 『게오르크』에 대해 이야기를 나누었다), 《신프랑스 평론》의 책임자 장 폴랑도 만날 수 있었다(그는 벤야민의 「요한 야코프 바흐오펜」의 게재 가능성을 시사했다). 파리를 떠나기 직전 호르크하이머로부터 전율을 일으킬 만한 편지가 도착했다. 연구소에서 미국으로 연구원 한 명을 더 데려갈 가능성이 있다, 그럴 경우 생활비에 해당되는 연구비가 지급될 것이다, 기간은 1년 아니면 2년일 것이다, 그런 조건이라면 받아들이겠는가라는 (그러면서 가능성의 희박함을 강조하는) 편지였다.[53] 벤야민의 답장은 간단명료했다: "미국에서 재직 가능성이 있다면, 당신의 연구소든 당신과 친분이 있는 연구소들 중 하나든 더없는 감사의 마음으로 받아들이겠습니다. 당신이 보기에 적당한 조건이라면 아무 이의 없이 찬성하겠다는 것도 미리 말씀드립니다"(C, 460). 안타깝게도 이 가능성은 결국 실현되지 못했지만, 이때부터 미국은 벤야민의 시야에서 모종의 먼 지평선으로 어른거리게 되었다.

산레모로 가는 길에 잠시 마르세유에 들러 《남부 카이에》의 편집장 장 발라르와 게재 가능성을 논의한 벤야민은 11월 초에는 산레모에 와 있었다. 드디어 "리구리아 해안의 겨울 도시 중 가장 따뜻한 곳"에서 피난처를 찾았다는 느낌이었다(GB, 4:531). 리구리아 서쪽에서 지중해를 바라보는 규모 있는 도시 산레모가 관광지로 각광받은 것은 18세기 중엽 첫 호화 호텔이 지어지

---

53 Horkheimer, *Briefwechsel 1913–1936*, 246.

면서였다. 토비아스 스몰렛의 1766년작 『프랑스와 이탈리아 여행』에 따르면, "산레모는 완만한 비탈에 잘 지어진 규모 있는 도시다. 배가 들어오는 항구도 있다. 여기로 들어오는 배는 대부분 산레모 해안에서 만들어진 작은 배들이다. 무게가 나가는 큰 배들은 극히 불안정한 만에 정박해야 한다. (…) 근처에 평지가 거의 없지만, 비탈에서 오렌지와 레몬과 석류와 올리브가 무성하게 자라는 덕분에 고급 과일 및 기름이 다량으로 거래된다. 산레모의 여자들은 프로방스의 여자들에 비해 꽤 예쁘고 착한 편이다."[54] 알프마리팀의 풍경(산이 곧장 바다로 뛰어드는 듯한 풍경)과 항상 봄날 같은 날씨(유달리 변화가 없는 국지 기후)가 러시아 제국의 차리나czarina, 오스만 제국의 술탄sultan, 페르시아 제국의 샤shah를 비롯한 유명 관광객을 끌어모은 것은 19세기 후반부터다.

괴로웠던 이혼 소송 이후 도라와 발터의 관계는 점차 나아져서 이제 어느 정도 원만해진 상태였다. 베를린에 남아 있는 동안 전남편의 게재 가능성을 열심히 수소문했던 도라는 이제 이탈리아에서 전남편의 숙식을 책임져주었다(이번이 마지막이었느냐 하면 그것도 아니다). 도라가 아들 슈테판과 함께 산레모로 이주해온 것은 그해 여름이고, 이주 직후에는 자신과 아들의 생계를 위해 잠시 미라마레 호텔 주방에서 일하기도 했다. 7월에는 "이렇게 건강하고 즐거웠던 적은 몇 년 만에 처음"일 정도로 이탈리아에서 잘 지내고 있다는 소식을 전했다. 어머니를 따라 이탈리아에 왔던 슈테판은 산레모의 리체오에 다니느니 차라리 베를린으로 돌아가 원래 학교에 다니겠다며 졸랐고, 도라는 (앞에서 보았듯) 아들이 원하는 대로 해주었다. 도라가 베르데 빌라라는 여관을 사들이고 산레모에서 숙박업주로 자리잡은 것은 그해 가을이다. 여관 매입 자금의 일부는 이혼 소송에서 받은 위자료였다. 벤야민에게는 도

---

54 Smollett, *Travels through France and Italy*, 188-189.

라한테 신세질 수밖에 없다는 자신의 애매한 처지에 대한 뼈아픈 자각이 없을 수 없었을 것이다. 얼빠진 자기비하의 순간도 있었다:

아름다운 곳에 가서 살림 걱정 생계 걱정 없이 산책하고 글을 쓰며 사유에 매진할 수 있다면 그것이 행복이 아니겠느냐고 어느 물정 밝은 이가 내게 말한다면, 나는 무슨 말로 대꾸해야 할지 모르겠습니다(사실 산레모는 매우 아름다운 곳입니다). 그렇지만 다른 어떤 이가 모든 임무, 친구, 생산수단으로부터 멀리 떨어져서 그렇게 과거의 잔해 위에 눌러앉는다면 그것은 치욕이 아니겠느냐고 내 면전에 대고 말한다면 나는 더 당황해서 아무 말도 할 수 없을 것입니다(C, 465).

하지만 어쨌든 그는 이탈리아 시골 풍경 속에서 비교적 평화롭고 안정적으로 생활하면서 오래 산책하고 많이 읽고 쓰던 옛 습관을 되찾았다. 12월 초의 여름 같은 날씨 속에 지중해의 절경이 내려다보이는 부사나베키아, 타지아 등 산레모 뒤편의 산간도시들을 돌아다니기도 했다. 그 무렵만 해도 아직 주변 환경의 매력에 빠져 있던 벤야민은 10월에 파리에서 잠깐 만났던 크라카워의 낙담한 모습을 떠올리면서 산레모로 오라고 유혹하기도 했다. 따뜻한 날씨는 약속할 수 없다 해도 아늑함이라면 약속할 수 있었다: "날씨가 더 추워지면 (…) 벽난로의 안락함이 있습니다. 나는 벽난로를 아주 높이 평가합니다. 당신이 기억할지 모르겠지만, 나는 「소설의 이론」이라는 글 전체를 벽난로 앞에서 구상했습니다"(GB, 4:538).[55] 물가가 파리와는 비교도 안 될 만큼 저렴하다는 것도 매력이었다. 크라카워가 찾아온다면 도라가 산레모에서 제일 싼 여관비, 곧 하루에 20리라 이상을 청구하지는 않을 거라고 벤야민은

---

55 벤야민이 가리키는 글은 1933년 서평 「벽난로 앞에서」, 볼 곳은 주 20.

전했다.

그렇지만 겨울이 시작되면서, 벤야민은 다시 좌절감과 우울증에 시달렸다. 우선 여관에서 사는 일이 생각보다 어렵다는 것을 비교적 초기에 깨달았다. 도착하자마자 일꾼들이 몰려들었고, 증축과 배관의 소음은 이비사에서 공사 중인 건물에 살던 때를 생각나게 했다. 11월 25일 그레텔 아도르노에게 그 상황을 전하기도 했다: "공사 현장에서 사는 것이 내가 태어날 때 정해진 운명이 아닐까, 그 운명이 내 별자리에 쓰여 있지 않을까 하고 나는 가끔 자문해봅니다"(BG, 124). 그렇지만 소음으로 인한 신경쇠약은 사소한 문제에 속했다. 정작 큰 문제는 주변에 생각을 나눌 만한 사람이 아무도 없다는 것이었다. 사방에 널려 있는 외국인 관광객과 온천 여행객은 "어떤 가치 있는 것도 기대할 수 없는 무신경한" 무리였다(BS, 149). 설상가상으로 근방에서 지적 성향의 독일인들은 오스카어 골트베르크 일파뿐이었다: "알고 보니 이곳은 진짜 유대교 주술사들의 본부였습니다. 이곳에 자리잡은 골트베르크는 카페 쪽에는 아돌프 카스파리라는 제자를 파견해놓았고, 신문 가판대 쪽에는 『히브리인들의 현실』[1925년에 나온 골트베르크의 주저]을 파견해놓았습니다. 골트베르크 자신은 카지노에서 수비학zahlenmystik을 시험하고 있는지도 모르겠습니다"(BS, 148). 골트베르크를 겪었던 1920년대 초를 생생하게 기억하는 벤야민은 투숙객과 접촉하는 일을 일절 피했고, 인사를 나눠야 하는 상황에 처하지 않기 위해 비상한 노력을 기울였다. 평소라면 시내 카페를 피난처로 삼았을 테지만, 산레모에서는 그조차 여의치 않았다: "이런 카페에 가 앉아 있는 것은 이탈리아 산속 움막에 앉아 있는 것 못지않게 못할 짓입니다"(BA, 59). 스코우스보스트란에 있을 때는 작업에 필요한 매우 기본적인 도구조차 마련할 수 없는 것이 해가 되었다면, 산레모에서는 정신적인 고립이 훨씬 더 해로운 영향을 미쳤다. 그해 말 숄렘에게 그 상황을 전하기도 했다: "가장 나쁜 점은 내가 지쳐간다는 것입니다. 이는 내 표류하는 삶의 직접적인 결과라기보다 내가 표류하는 삶을 사는 탓에 고립되는 데서 비롯된 결과입니다"(BS, 149).

결국 여기서도 벤야민을 찾아온 것은 지금 있는 곳만 아니라면 어디로든 떠나고 싶다는 절박한 방랑벽이었다. 호르크하이머로부터 미국행 티켓이 오리라는 소망을 버리지는 못했지만, 매우 희박하다는 것도 알고 있었다. 벤야민을 유대교도의 길로 인도하겠다는 희망을 다 버린 숄렘에게 11월에 팔레스타인 체류 의사를 묻는 편지를 받았을 때의 열의가 호르크하이머로부터 미국행 의사를 묻는 편지를 받았을 때 못지않았던 것은 그 때문이었다. 팔레스타인에 와서 짧게 3~4주를 체류하겠다면 강연이나 기타 활동으로 경비를 충당할 수 있으리라는 내용이었다. 1935년 초 계획이 구체화되면서, 숄렘은 벤야민에게 봄 체류와 겨울 체류 중 하나를 고르라고 했다. 벤야민은 겨울 체류를 택하면서, 자기가 더 일찍 갈 수 없는 것은 연구소와의 관계가 위기 국면인 듯싶어서라고 강조했다: "내가 전에 당신에게 말했듯이, 제네바에 있는 연구소가 미국으로 이사를 갑니다. 내가 지금 그곳 다락층에서 내 거의 삭아버린 삶의 끈을 놓칠 위기에 처했다는 것은 당신도 아는 바와 같습니다. 무슨 일이 있더라도 연구소 운영진과 사적인 접촉을 이어가야 하는 상황입니다. 연구소 내에서 내가 접촉하고 있는 유력자가 유럽에 온다면 나로서는 그 일정을 놓쳐서는 안 됩니다. 소장이 오는 것은 아닐 수 있지만 어쨌든 운영진 중에서 온다고 합니다"(BS, 153). 이 편지가 연구소에 대한 의구심을 직접 표현한 흔치 않은 글이었다는 것이 숄렘의 감상이었다. 어쨌든 카프카의『소송』을 암시하는 표현들(끈, 다락층 등)이 호르크하이머를 비롯한 연구소 동료들과의 심리적 거리를 암시하며, 연구소 집단이 벤야민 자신의 문제를 처리하는 행보와 동기는 해독 불가능한 수수께끼라는 심경의 표현이었다.[56]

이번에도 벤야민은 꿈속의 삶에서 피난처를 찾았다. 자신의 "수호천사"가 자기를 발자크에게 데려다주는 꿈을 꾸었다며 크라카워에게 이야기하기

도 했다: "우리는 오랫동안 싱싱한 초원을 지나야 했습니다. 길은 없고, 좌우로는 물푸레나무와 오리나무가 늘어서 있었습니다. 나무들이 가리키는 방향으로 나아가던 나는 나뭇잎으로 지어진 푸른 정자에서 드디어 발자크를 만났습니다. 발자크는 정자 책상 앞에 앉아 시가를 피우며 자신의 소설들 가운데 하나를 집필 중이었습니다. 위대한 소설들이지요. 그를 둘러싼 형언할 수 없는 고요가 푸른 호젓함 속에서 느껴지면서, 그의 소설들의 위대함이 한순간 내 손에 잡힐 듯했습니다"(GB, 5:27). 벤야민이 대문호 괴테의 서재에서 그를 만나는 꿈을 꾼 것은 1920년대 초 적극적으로 학계 자리를 알아볼 때였다(SW, 1:445-446). 이제 벤야민이 산레모의 푸른 호젓함 속에서 만난 사람은 "발자크"였다(시가를 피우는 모습은 브레히트를 연상시킨다). 꿈속의 발자크는 벤야민 자신이 이비사 섬에서 누렸던 것과 같은 극히 생산적인 환경에서 작업을 하고 있었다. 고요함 속에서 위대한 작품이 나오는 발자크의 꿈은 벤야민 자신의 야심―"내 두 눈에는 유익하지 않을지 몰라도 내 작업과 정서에는 유익할" 장소에 안착하지 못한 탓에 좌절된 야심―을 가슴 아프게 말해주고 있다(GB, 4:543).

도라의 여관도 애초의 생각만큼 평화로운 피난처는 아니었다. 다른 투숙객들과 저녁의 추위를 피하려면 저녁 9시에는 잠자리에 들어야 했다. 꿈을 꿀 시간이 차고 넘쳤다. 책 읽을 시간도 마찬가지였다. 또다시 추리물을 탐독하기 시작한 벤야민은 서머싯 몸(벤야민이 빠뜨리지 않는 작가), 심농, 애거사 크리스티(『푸른 기차 미스터리』라는 과대평가된 작품을 쓴 작가), 피에르 베리의 작품을 읽었다. 놀랍게도 그는 그중에서 로버트 루이스 스티븐슨의 『발랑트레 경』에 열광하면서 여러 편지에서 이 작품을 추천했다: "이 소설의 자리는 거의 모든 위대한 소설보다 높은 곳, 곧 『파르마의 수도원』 바로 아랫

---

56 BS, 153n1.

자리입니다"(C, 464). 이 무렵 벤야민이 오로지 즐기기 위해 책을 읽었느냐 하면 그렇진 않았다. 예를 들어 일리야 일프와 예브게니 페트로프 집필팀의 풍자소설 『황금 송아지』를 읽은 것은 소비에트 러시아 책의 짧은 서평들을 실을 수 있으리라는 기대에서였다. 한편 「오늘날 프랑스 작가들의 사회적 입장에 대하여」를 읽고 큰 흥미를 느꼈던 호르크하이머로부터 격식에 얽매이지 않는 "파리 편지"를 계속 보내라는 말을 듣고는 벤야민은 프랑스 작가들에게도 계속 관심을 쏟았다. 호르크하이머에게 첫 번째 파리 편지를 보내는 것은 한참 후인 1937년이지만, 「오늘날 프랑스 작가들의 사회적 입장에 대하여」에서 다루었던 작가들의 후속작을 찾아 읽거나 프랑스 문단의 최근작을 새로 찾아 읽는 데는 그런 글을 쓰겠다는 생각만으로도 충분했다. 그 가운데 후속작으로는 쥘리앵 그린의 최근작 『환상가』가 있었고(크게 실망스러운 소설이었다), 새로운 작품으로는 피에르 드리외라로셀의 『샤를루아의 희극』, 앙리 드 몽테를랑의 『독신자들』, 장 게노의 자전적 작품 『마흔 살 남자의 일기』가 있었다.

그 무렵에 읽은 친구의 책 한 권이 또 다른 친구를 상기시키면서 오랜 감명을 남겼다. 좀더 정확히 말하자면, 망명 독일의 역사가이자 신학자인 카를 티에메(1902~1963)가 보내온 1934년 저서 『오래된 진리: 서양 교양의 역사』에서 새로운 신앙devotio moderna을 비판하는 대목이 플로렌스 크리스티안 랑, 그리고 랑을 통해 배운 "신학적 사유의 세계"를 강하게 상기시켰다. 랑이 죽은 지 10년이 지난 그때까지도 벤야민은 랑의 가르침, 그리고 "서양 문화의 자양분은 여전히 유대교-기독교의 계시와 역사"라는 그의 감각이 얼마나 타당했는지를 절실히 느끼고 있었다(C, 466-467). 카를 린페르트에게 보낸 편지에서 벤야민은 자신의 관점과 티에메의 관점 사이에 간과할 수 없는 차이(이 책의 모든 페이지에서 분명하게 드러나는 근본적인 차이)가 있음을 인정하면서도 이 책의 "부인할 수 없는 가치"를 강조했다(GB, 4:559).

12월, 벤야민의 고립감은 슈테판의 방문 덕에 좀 덜해졌다. 거의 2년 만에 만난 열여섯 살의 아들은 침착하고 자신감에 찬 독립적인 청년이 되어 있었다. 아들과 함께 할 수 있는 것이 "심각한" 토론밖에 없다는 아버지의 한탄에는 거의 부재했던 아버지를 향한 아들의 커가는 분노도 한몫했던 듯하다. 베를린으로 돌아가 학업을 계속하다가 가능하면 이듬해 봄에 이탈리아 학제에 편입하겠다는 것이 당시 슈테판의 생각이었다. 아들 외에 바깥세계에서 누가 찾아오는 일은 매우 드물었다. 2월 말 에곤 비싱이 다녀가고 비슷한 시기에 프리츠 라트와 율라 콘 부부가 짧게 다녀간 뒤에는 고립감이 더 심해졌다. 벤야민은 삶을 살기 위해서는(망명자의 삶을 살기 위해서라도) 다른 곳에 있어야 한다는 결론을 내렸다. 친구들 사이에서는 런던이 중심지로 떠오르고 있었다. 에른스트 쇤은 당분간 런던에 정착한 듯했고, 아도르노는 런던과 옥스퍼드에 인맥이 있었으며, 율라 라트와 프리츠 라트는 런던에 눌러살 생각을 하고 있었다. 벤야민 자신은 이비사—"내 마음속에 매우 깊이 각인돼 있는" 곳—와 그곳에서 함께 지냈던 사람들을 자주 떠올렸고, 장 자크 뇌게라트가 젊은 나이에 갑자기 티푸스로 세상을 떠났다는 소식을 전해 들었을 때는 매우 슬퍼했다. 섬 전체가 장 자크의 죽음을 애도했다는 소식을 전해온 이는 알프레트 콘이었다. 벤야민이 답장에서 콘에게 말했듯, 장 자크와 그렇게 절친한 사이가 아니었는데도 벤야민의 슬픔이 그토록 컸던 데는 그럴 만한 이유가 있었다: "그의 삶의 끈이 내 삶의 한 매듭과 교차했기 때문"이었다(C, 465). 벤야민에게는 일찍부터 자기 삶에 대한 숙명 감각 같은 것이 있었다고 말할 수도 있겠지만, 그 무렵의 벤야민이 "내 삶의 끈"이라는 표현을 자꾸 사용했던 것을 보면 그런 숙명론적 태도가 점점 강해졌음을 짐작할 수 있다. 벤야민의 친구들도 고난을 겪기는 마찬가지였다. 쇤은 정규 일자리가 생기지 않는 데 낙담해 있었고, 아도르노는 자기가 "대단히 심각한" 상황에 처해 있다는 소식을 전해왔다. 평소에는 벤야민의 원기회복제였던 그레텔 카르플루스의 편지에도 당시에는 아도르노와의 힘들어진 관계에서 비롯된 그늘이 드리워져 있었다. 앞서 아프고 괴로운 와중에 아도르노에게 편지를 보내 두 사람의 미래를 허심탄회하게 논하고 싶으니 베를린으로 와달라고 했다는 것이 그녀의 이야기였다.

정신적, 심지어 육체적 마비에 빠질 위험이 상존했지만(숄렘에게 보낸 편지에는 "펄럭이는 베일 같은 끝없는 우울증"이라는 표현이 나온다), 계속 글을 써나갔다. 프랑스 저널이나 독일 망명 저널로부터의 청탁도 끊이지 않았다(BS, 154). 이런 작업은 대개 필요악이었다. 산레모에서는 도라의 아량 덕분에 생활비가 거의 들지 않았지만, 산레모를 떠나야 하리라는 것, 심지어 떠나고 싶지 않아도 그럴 수밖에 없으리라는 것을 벤야민 자신도 잘 알고 있었다. 1월 말 연구소로부터 700프랑짜리 수표라는 넉넉한 연구비가 들어오고 2월에 500프랑이 더 들어온 덕분에 산레모를 떠나 몇 달간은 버틸 군자금이 마련되었다. 두 번에 걸쳐 들어온 수표를 「언어사회학의 문제들」의 원고료로 받아들인 벤야민은 마음속에 있는 큰 기획을 미뤄두고 계속 작은 글을 써나갔다. 당시 바르셀로나에서 사업을 하고 있던 알프레트 콘에게 그런 상황을 전하기도 했다: "나는 서두르지 않고 반쯤 장인 같은 방식으로 그저 한 편 한 편 써나가고 있습니다"(C, 476). 1월에는 장 폴랑이 《신프랑스 평론》에 내라고 권했던 「요한 야코프 바흐오펜」을 완성했다(SW, 3:11-24). 프랑스어로 이렇게 긴 논문을 써본 게 처음이었던 벤야민은 혹시 있을지도 모를 오류를 수정하기 위해 2월 초에 니스까지 가서 마르셀 브리옹과 이 논문의 끝에서 두 번째 버전을 검토했다. 논문의 목적은 당시 프랑스에 거의 알려지지 않았던 바흐오펜이라는 인물을 프랑스 독자들에게 소개하는 것이었다. 바흐오펜은 고대의 장례 상징들에 대한 연구를 통해 태고의 "모계 시대"—죽음이 모든 지식의 열쇠였고 이미지는 "죽은 존재들의 나라에서 전해오는 메시지"였던 디오니소스적 여성 천하의 시대—를 밝혀낸 19세기 학자였다. 벤야민이 바흐오펜에게 처음 관심을 갖기 시작한 것은 뮌헨 학창 시절(루트비히 클라게스 서클과 접촉을 시작할 무렵)부터였다. 그런데 이 논문을 청탁했던 《신프랑스 평론》이 봄에 최종 반려했다. 장 폴랑은 이 논문을 유력 저널 《프랑스 메르쿠리우스》에 보내 게재 의사를 타진했고, 1940년에는 벤야민의 친구 아드리엔 모니에가 이 논문을 자기가 펴내는 《책 친구 소식》에 싣겠다는 말을 꺼내기도 했지만, 결국 벤야민 생전에는 지면을 구하지 못했다. 1935년 초에 작업한 브레히트의 『서푼짜리 소설』에 대한 서평논문 역시 청탁받은 글을 게재하지 못한 경우였다. 『서푼짜리 소설』에 유난히 흥미를 느낀 벤야민은 모든 친구에게 이 소설을 강력 추천하면서 이 작품에 대한 평이라면 어떤 것이든 자기에게 알려달라고 부탁하기도 했다. 암스테르담에서 나오는 《수집》이 이 글의 게재를 취소한 데에는 벤야민과 클라우스 만의 골치 아픈 관계가 있었다. 만으로부터 원고료 150프랑을 제안받은 벤야민은 250프랑으로 하자는 답장을 보냈는데, 얼마 후 조판까지 끝난 열두 쪽짜리 원고가 아무런 상황 설명 없이 반려되었다. 그 후 벤야민은 브레히트에게 보낸 편지에서 "만이 어떻게 나올지 예상했더라면, 나도 만의 뻔뻔한 요구를 참아냈을 것"이라는 후회와 함께 브레히트의 『서푼짜리 소설』에 나오는 「인간의 노력만으로는 충분하지 못하다는 노래」의 한 소절을 개작한 표현을 덧붙였다: "알고 보니 나라는 사람은 이런 세상에서 살아갈 수 있을 만큼 영리한 인간이 아니었습니다"(C, 484). 이 사건을 알게 된 베르너 크라프트는 벤야민에게 망명자의 정치학에 대해 한수 가르치는 편지를 보내기도 했다: "당신도 이번 일로 배운 바가 있으리라 생각합니다. 처음 제안보다 적어지는 것을 용인하겠다는 마음가짐이 있어야 한다는 점 말입니다. 첫 제안보다 많아진 액수라고 해도 그 자체로는 적고, 근근이 생계를 잇는다는 점에서는 별로 큰 차이가 없습니다." 이런 저널들이 "건강한 계급 본능"을 발휘해 필자들을 노예처럼 부린다는 것을 크라프트 자신도 똑같이 느끼고 있다는 이야기였다(인용은 GB, 5:92n). 이 무렵 벤야민이 세 번째로 작업한 것은 신생 저널 《말》(브레히트가 편집위원으로 있는 인민 전선의 모스크바 기관지)로부터 청탁받은 「파리 편지」라는 제목의 앙드레 지드에 관한 글이었는데, 다른 두 편과는 달리 1936년 11월에 실제로 게재되었다. 「파리 편지」의 후속작(회화와 사진을 다룬 글)도 청탁받았지만 결국 실리지 않았다. 아이러니하게도, 1939년 2월 게슈타포가 벤야민에 대한 공식 추방령을 내릴 때 근거로 삼은 것이 바로 《말》에 실린 「파리 편지」다.

이런 청탁 글과 나란히 진행된 작업은 12월 《유대평론》에 축약된 형태로 실렸던 「프란츠 카프카」의 수정, 증보였다. 벤야민이 이 작업에 유난히 의욕을 보인 데는 쇼켄 출판사가 카프카 단행본을 내줄지 모른다는 기대가 있었다. 그 밖에 이 작업에 대한 의욕을 불러일으킨 데에는 「프란츠 카프카」가 나온 뒤 카프카 전집 1권이 출간되었고, 아도르노가 「프란츠 카프카」에 대해 매우 긍정적인 장문의 논평을 보내왔다는 점 등이 있었다. 아도르노는 글을 읽자마자 "즉각적, 압도적 감격"을 느꼈다고 했다: "우리가 철학의 근본 문제들에 동의하고 있다는 것을 이토록 온전히 느낀 것은 이 글이 처음이었습니다" (BS, 66). 실제로 아도르노는 「프란츠 카프카」의 이상적인 초기 독자, 다시 말해 그는 벤야민이 카프카의 우화에서 "역전된 신학"(아도르노의 표현)을 끌어내고자 한다는 것, 그리고 신화와 고대가 모더니티의 내재적 구성 요소라는 것을 이해하는 독자였고, 아울러 이 논문에서 텍스트Schrift—글, 글자, 경전—가 알레고리의 역할을 한다는 것을 숄렘이나 크라프트, 브레히트보다 정확하게 이해하는 독자였다. 1935년 초 벤야민은 「프란츠 카프카」의 두 번째 섹션을 대폭 수정, 증보하면서 네 번째와 다섯 번째 섹션에 대한 좀더 대폭적인 수정을 계획했다. 그러나 쇼켄 출판사와의 계약이 끝내 성사되지 않으면서, 수정 사항들은 매혹적인 부록으로 남겨질 수밖에 없었다.[57] 벤야민이 베르너 크라프트의 의견에 따라 프랑스 비평가 샤를 뒤 보스에게 「프란츠 카프카」 필사본을 보낸 것은 뒤 보스가 이 글을 적당한 프랑스 지면에 추천해 주기를 바라서였는데, 이 시도도 결국 불발에 그쳤다.

산레모에서의 몇 달간, 벤야민은 짧은 글도 계속 써나갔다. 그중에서 상석을 차지한 것은 『1900년경 베를린의 유년시절』 작업이었다. 「색채」 섹션의 예비 원고가 나오고 「할레 대문」 섹션이 이 무렵 완성되었다(이 섹션은 나중에 「겨울 저녁」이 된다). 벤야민의 짧은 글 중 가장 유쾌한 글 두 편(「정각에」와 「코르소가 내려다보이는 곳에서의 대화」)이 나온 것도 이 무렵이다. 12월 초 《프랑크푸르트 신문》에 가명으로 실린 「정각에」는 생방송 상황의 불안을 묘사한 반쯤 자전적인 글이었다: "화자는 시간감각을 잃어버린다. 정해진 시간이 초과될지 모른다는 당황스러움에 하던 말을 중단한다. (…) 그리고 나니 방송 시간이 몇 분이나 남았는데 할 말이 하나도 없다." 3월에 《프랑크푸르트 신문》에 역시 가명으로 실린 「코르소가 내려다보이는 곳에서의 대화」는 벤야민 자신의 실제 경험들을 각색한 픽션으로, 이비사에서 겪은 일, 1935년 2월 말 니스 카니발("속물들의 말을 듣고 생각했던 것보다는 훨씬 더 좋은 행사"[GB, 5:57-58])에 갔던 일이 담겨 있다. 이 경험들을 하나의 이야기로 압축하면서 간간이 카니발 등 "예외 상태Ausnahmezustand"와 관련된 문화 현상에 대한 성찰을 삽입시키는 글이다. 벤야민 자신이 여러 편지에서 남긴 폄하하는 자평인 "전사가 멋진 포즈를 취하고 있는 스틸사진"(BA, 77)에도 불구하고, 무심히 던지는 듯한 말에 심오한 의미를 담는 벤야민 산문의 특징이 탁월한 솜씨로 구현된 글이기도 하다.[58]

아도르노로부터 「프란츠 카프카」에 대한 편지를 받은 벤야민은 자기가 정말로 원하는 작업은 『파사주 작업』임을 떠올렸다. 아도르노가 벤야민을 상대

---

57 벤야민이 이 논문의 수정 작업 중 작성한 메모들은 GS, 2:1248-1264에 수록되어 있다.
58 「정각에」가 수록된 곳은 GS, 4:761-763, 「코르소가 내려다보이는 곳에서의 대화」가 수록된 곳은 SW, 3:25-31.

로『파사주 작업』을 옹호하는 묘한 역할을 스스로 떠맡은 것은 1920년대 후반에 이른바 쾨니히슈타인 토론이 있고부터이며,『파사주 작업』에 대한 공동 소유권을 주장하면서 어떤 식의 연구는 되고 어떤 식은 안 된다는 훈수까지 서슴지 않는 놀라운 편지를 쓴 것은 1934년 11월 6일이었다:

당신이 논문 집필기를 마감하고 드디어 파사주 작업을 재개하게 되었다는 것은 내가 지난 수년 동안 당신으로부터 받은 가장 밝은 소식 중 하나였습니다. 당신도 익히 알고 있듯이, 나는 정말이지 이 작업을 제1철학prima philosophia이 우리에게 부과한 사명의 하나로 여깁니다. 아울러 나의 가장 큰 바람은 이제 당신이 길고 고통스러웠던 정체에서 벗어나 이 작업을 완성하는 것입니다. 중대한 주제인 만큼 강력한 결론이 필요하겠지요. 당신이 이 작업에 대한 나 자신의 야심을 표명하는 일을 주제 넘는다고 하지 않는다면, 나는 감히 여기서 한 가지 제안을 하려고 합니다. 이 작업과 관련되는 신학적 내용의 극단적인 테제들을 **문자 그대로** 구현하는 일에 거리낌이 있어서는 안 되겠습니다. 바꿔 말해, 브레히트적 무신론이 제기하는 모든 반론과 맞서 싸우는 데 거리낌이 있어서는 안 되겠습니다. (일종의 역전된 신학으로서의 그 무신론을 구제하는 일이 우리의 시급한 과제가 되는 날이 오겠지만, 어쨌든 그 무신론을 그대로 받아들여서는 안 되겠습니다!) 게다가 당신의 사유를 사회 이론과 비본질적인 방식으로 연결하는 것은 당신의 의도를 크게 벗어나는 일입니다. 단연 결정적이고 가장 근본적인 사안들이 걸려 있는 만큼, 신학을 도외시하지 않는 강하고 분명한 목소리를 냄으로써 논의의 절대적 깊이를 유지해야 하리라는 것이 내 생각이고, 결정적 차원에서 마르크스 이론을 다룬다면 그 이론을 비본질적 방식으로 떠받들듯 수용하는 것이 아닌 만큼 훨씬 더 생산적으로 이용할 수 있으리라는 것, 다시 말해 그 "미학적" 차원이 현실에 영향을 미치는 방식은 계급 이론이라는 데우스엑스마키나deus ex machina가 현실에 영향을 미치는 방식과는 비교도 안 될 만큼 근본적이고 혁명적이리라는 것이 내 믿음입니다. 그런 까닭에, "항상 같음"이나 "지옥" 등 전혀 상관없는 모티프를 전개하는 경우에도 설득력이 약화되어서는 안 되겠고, "변증법적 이미지" 개념은 최대한 선명하게 설명되어야겠습니다. 당신이 모든 문장에 정치적 폭탄을 장전해 놓았고, 그것이 옳은 처사였다는 것은 어느 누구보다 내가 가장 잘 알지만, 그런 것은 깊이 묻혀 있을수록 크게 터지게 마련입니다. 내가 당신에게 감히 "충고"하겠다는 것은 아닙니다. 내 의도는 그저 당신 앞에 서서 모종의 폭군에 맞서 당신의 작업을 변호하는 것입니다. 폭군이 명명됨으로써 추방될 수 있는 것은 당신이 크라우스라는 폭군에 맞서 크라우스의 작업을 변호했을 때와 마찬가지이겠습니다(BA, 53–54).

난데없이 공동 소유권을 주장하는 강도 높은 간섭이지만, 벤야민은 일단 격려의 뜻으로 받아들였다. 하지만 그 뒤로 『파사주 작업』에 대한 아도르노의 간섭이 점점 도를 더해가면서(나중에는 해도 되는 말과 해서는 안 되는 말로 지시하기까지 한다), 『파사주 작업』 자체에 해를 끼친 것은 물론이고 작업의 수용과정에도 해를 끼치게 된다. 벤야민의 심리 상태에 해를 끼쳤음은 말할 것도 없다.

1934년 12월에 벤야민 앞으로 보내온 편지로도 알 수 있듯, 아도르노는 「프란츠 카프카」에서도 파사주 작업의 어른거림을 알아보았다. 이 편지에서 아도르노는 벤야민이 "역사시대Zeitalter"와 "역사 없는 시대Weltalter"를 구분한 것을 꼬집으면서, 벤야민은 이런 구분에 의지하는 대신 『파사주 작업』의 근간이 되는 역사 개념, 곧 "태고와 모더니티"의 관계를 논의했어야 한다고 주장한다: **"우리**에게는 역사시대라는 개념 자체가 존재하지 않습니다. (…) 우리는 그야말로 화석화된 현재의 외삽으로서의 역사 없는 시대를 포착할 수 있을 뿐입니다"(BA, 68). 역사철학이 중심이 되어야 한다는 이 편지의 지적은 1935년에 재개되는 『파사주의 작업』에 큰 영향을 미친다. 1927년에서 1930년까지의 『파사주 작업』 초기 단계는 초현실주의의 영향, 그리고 이른바 "사회적 정신분석"의 영향 하에 "꿈꾸는 집단"이라는 개념을 강조하는 다양한 메모와 개요가 나온 시기였던 반면, 작업이 재개된 1934년 초는 사회학적, 역사적 방향으로 선회하는 시기였다. 오스만 남작의 대규모 파리 재개발—옛날 구역 여러 곳과 다수의 파사주에 대한 철거 작업이 수반된 사업—에 대한 중요한 논문을 쓰겠다고 생각한 것은 이 시기 『파사주 작업』의 중요한 추동력이었다. 이 맥락에서 아도르노의 편지는 19세기 파리의 역사 자체가 이데올로기적 구축과정에 있는 "역사적 대상"—아도르노의 표현을 쓰자면 "그야말로 화석화된 현재"의 "외삽"—이라는 벤야민 자신의 이해를 공고히 하는 지지대였다. 이제 벤야민이 스스로 떠맡은 과제는 관습적으로 기술된 역사 속에서 매몰, 왜곡된 "태고"를 다각적으로 발굴함으로써 대항적 역사의 출현을 가능케 하는 것이었다. 이런 새로운 관점을 염두에 두면서 『파사주 작업』 초기 메모들을 검토하기 시작한 것은 바로 산레모에서였다. 봄에 파리로 돌아가자마자 『파사주 작업』을 대폭 진척시킬 생각이었다. 그렇지만 연구소의 대대적 지원 없이 이를 진척시키기란 불가능하다는 것도 잘 알고 있었다. 연구소는 연구소대로 펴내야 할 저널이 있었다. 산레모 체류 막바지의 벤야민에게는 《사회연구지》의 호르크하이머에게 "시급하게" 청탁받은 푹스 논문으로 인한 압박이 커지고 있었다. 그야말로 숙제였다. 2월에 숄렘에게 보낸 편지의 표현을 빌리면, "교묘하게 미뤄왔던" 숙제를 이제 더 이상 미룰 수 없는 시점이었다.

벤야민과 학문적 우열을 다투는 친구는 아도르노만이 아니었다. 에른스트 블로흐의 신간 『이 시대의 유산』이 나온 뒤, 벤야민은 이 책이 자기와 자기 작업을 1920년대 모더니즘의 일부로 거론하더라는 이야기를 사방에서 듣기 시작했다. 베를린을 떠나온 후 블로흐를 만나지 못했던 벤야민은, 자기 논의를 그동안 블로흐한테 여러 번 "도둑질"당했다고 생각하면서도, 실은 그와 화해하겠다고 마음먹은 상태였다. 책을 구해 읽기에 앞서 벤야민은 블로흐에게 직접 만나 의혹을 풀자고 청하는 예방접종 격의 편지를 보냈다(벤야민이 블로흐에게 보낸 편지는 이것을 포함해 총 두 통이 남아 있다): "우리가 마지막 대화를 나눈 뒤로 많은 것이 피눈물로 씻겨 내려갔을 테니 다시 토론을 하게 된다면 우리 둘에게 새로운 전기가 마련되리라고 믿습니다. 단, 새로운 전기를 마련하겠다는 것이 기왕의 일들을 없었던 셈 치겠다는 뜻은 아닙니다"(GB, 4:554). 이 편지의 나머지 부분에서 벤야민은 블로흐가 자기 작업을 수용할 때 스스로 유난히 예민해지는 이유를 블로흐에게 (그리고 어쩌면 벤야민 스스로에게) 설명해보고자 한다. 상대방에게 수세적 태도를 취하면서도, 둘 사이의 관계가 추측과 소문의 먹이로 전락하는 것을 막기 위해 함께 노력하겠다는 다짐 또한 보여준다고 하겠다.

1월 중순에야 『이 시대의 유산』을 읽은 벤야민은 크라카워에게 자신의 평가(험담인 것 같지만 실은 차분하고 예리한)를 들려주면서 "블로흐가 이미 파리에 있을지 모르"니 자신의 평가를 비밀로 해달라고 부탁했다(GB, 5:27). 벤야민은 『이 시대의 유산』을 "번개처럼 짧은 예고 뒤의 웅장한 천둥" 같은 책이라고 묘사한 후 그 천둥의 "진짜 메아리"가 "텅 빈 공간Hohlraum"으로부터 울려나온다는 표현을 쓰는데, 이것은 "방전하는 텅 빈 공간"이라는 이 책의 중요한 개념 하나를 빗댄 것이기도 하다. 이 책에 따르면, 이 공간은 지금 우리가 처해 있고 아마 앞으로도 계속 처해 있을 "우리의 상황"이며, 1920년대에 온갖 예술에서 구현되었던 몽타주는 바로 이런 상황에 어울리는 글 형식이다.[59] 몽타주, 곧 "철학 몽타주"가 바로 이 책의 논법이자 주제다. '몽타주 연극'을 다루는 섹션에 따르면, "존재하는 모든 것은 깨지고 어긋난 상태로 존재할 뿐이다. (…) 폐허들, 중첩들, 텅 빈 공간들. (…) 후기 부르주아 사회에서 몽타주는 그 세계의 텅 빈 공간이되 '형상의 역사Erscheinungsgeschichte'

가 방전하고 중첩되는 공간이다." 이 형상의 역사—"역사의 형상들Gesichter 의 중첩"—를 설명하는 이 책 전체, 그중에서도 특히 '19세기의 상형문자들'을 다루는 섹션에서는 콜포르타주, 가스등, 만국박람회, 벨벳, 탐정소설, 유겐트 양식 등 벤야민의 온갖 모티프가 등장한다. 이 책에서 블로흐는 몽타주 형식—그의 1928년 『일방통행로』 서평의 표현을 빌리면, "철학에서의 리뷰 형식"—을 훌륭하게 차용하는 것은 물론이고 『파사주 작업』의 주제와 성좌 논법을 고의적으로 전용하고 있다(그러면서 벤야민의 공을 선선히 인정한다). 블로흐가 1920년대 후반에 베를린에서 벤야민과 대화할 때 『파사주 작업』의 주제와 논법을 알게 된 것일 수도 있지만, 벤야민의 문예란 기사를 읽는 것만으로도 『파사주 작업』의 메아리를 들을 수 있었을 것이다. 한편 벤야민은 블로흐가 이 책에서 "응집력"을 발휘하지 못했음을 지적한다(후일 『파사주 작업』이 출간되었을 때 바로 그런 지적이 나왔다):

논제를 명확하게 설정하는 대신, 한때 논쟁판을 지배했던 온갖 것에 대한 철학적 "입장"을 천명하고 있습니다. 다만 비공시성Ungleichzeitigkeit에 관한 몇몇 장章을 보면 철저한 논증을 진행하는 대목들도 있습니다. (…) 하지만 뭔가를 바로잡아야 한다면, 텅 빈 공간에서 바로잡을 수는 없습니다. 공론장이 있어야 한다는 것입니다. 내가 볼 때 이 책의 커다란 약점은 이런 공론장을 무시한다는 것, 그리고 이로써 법정 증거를 무시한다는 것입니다(가장 중대한 법정 증거는 거세당한 독일 지식인 계급이라는 죄체Corpus delicti입니다). 이 책이 이렇게 실패하지 않았다면, 30년 만에 나온, 아니 100년 만에 나온 가장 중요한 책 가운데 하나가 될 수도 있지 않았을까 싶습니다(GB, 5:28).

---

59 블로흐의 『이 시대의 유산』(Zurich, 1935)의 초판은 1934년 말에 나왔고, 증보판은 1962년에 나왔다. 인용된 부분은 *Heritage of Our Times*의 8, 207-208, 221, 339, 346. 이 책에 대한 아도르노의 비평(지금은 소실된 1935년 편지)에 대해서 보려면 BG, 129-130, 134.

한편 2월 6일 알프레트 콘에게 보낸 편지에서 『이 시대의 유산』을 평가하는 대목은 덜 신중하면서 더 아이러니하다. 이 책의 자의식적으로 만화경적인 문체, 그리고 "과장된 주장들"이 도마에 오른다:

이 책과 이 책이 속한 상황은 전혀 어울리지 않습니다. 얼마나 안 어울리는가 하면, 마치 지진으로 폐허가 된 지역을 시찰하러 온 지체 높은 분이, 우선 만사 제쳐놓고 하인들을 시켜 휴대용 페르시아 양탄자를 펼쳐놓게 하고(한데 이미 벌레가 조금 먹었습니다), 금 그릇 은 그릇을 늘어놓게 하며(이미 조금 깨졌습니다), 금란 은란 예복을 자기 몸에 입히게 하는 꼴이라고나 할까요(이미 색이 조금 바랬습니다). 물론 블로흐에게도 훌륭한 의도와 중요한 통찰이 있겠지만 그런 것을 구체화할 만한 분별력은 없습니다. (…) 그토록 가난한 지역을 시찰하고 난 지체 높은 분에게 남은 일은 자신의 페르시아 양탄자를 이불로 내주고 자신의 비단옷을 잘라 외투를 만들어 나눠주며 자신의 호화로운 그릇들을 녹여 나눠주는 것 말고는 없을 테니 말입니다(C, 478).

벤야민은 가능할 때마다 산레모의 쓸쓸함을 피해 가까운 니스로 떠났다: "만날 사람이 별로 없겠다 싶지만 찾아보면 한두 명은 있습니다. 납득할 만한 카페와 서점도 있고, 구색이 맞는 가판대도 있습니다. 한마디로 말하면, 이곳[산레모]에는 없는 것이 그곳[니스]에는 전부 있습니다. 이곳에서 필요한 탐정소설도 그곳에서 확보할 수 있습니다. 이곳의 밤은 대개 8시 30분에 시작되기 때문에 다량의 탐정소설이 필요합니다"(C, 477). 니스에서 만날 수 있는 친구 중 한 명은 《남부 카이에》의 관계자였던 마르셀 브리옹(1895~1984)이라는 프랑스 소설가이자 비평가였다. 그는 1928년 벤야민의 『독일 비애극의 기원』이 나왔을 때 서평을 쓰고, 벤야민의 「마르세유에서 마리화나를」의 프랑스어 번역이 《남부 카이에》 1935년 1월호에 실리도록 주선하면서 투트 턴 카터의 석연찮은 프랑스어를 상당 부분 수정해주는 등 벤야민의 작업을 홍보하는 일에 여러모로 애를 썼다. 다만 그가 벤야민의 「마르세유에서 해시시를」이 번역될 수 있도록 애쓴 일은 성과를 거두지 못했다.

2월 하순 벤야민은 "산레모 구호소"(C, 480)를 황급히 떠나야 했다. 5월까지 머물 계획이었는데, 갑자기 전처의 모친이 방문하기로 한 것이었다. 돌이켜보면, 산레모에서는 스벤보르에서의 시간 못지않게 힘겨웠다. 산레모를 떠나기에 앞서 그레텔 카르플루스에게 보낸 편지는 당시의 암담한 심정을 밝히고 있다:

친애하는 펠리치타스

나의 바깥쪽 불행에 대해 나로부터 너무 많은 이야기를 들어온 당신으로서는 나의 '다른 쪽'이 괜찮으리라 짐작하는 것이 당연하고, 어쩌면 바람직한 일일 것입니다. 그쪽에서 보면, 그 짐작을 깨뜨리지 않는 일이 내가 베풀어야 하는 친절이겠지요.

하지만 반대쪽에서 보면, 목소리를 전할 곳이 없는 탓에 침묵할 수밖에 없는 나에게는 침묵이 독이 되는 때가 있습니다. 당신이라면 내가 지금 들려드리는 침묵에도 귀를 기울여주겠지요.

괴로움은 나날이 시시각각으로 깊어지기만 합니다. 지난 몇 년 동안 이 정도로까지 괴로웠던 적은 없는 것 같습니다. 부족함이 없는 시기에 생겨나는 고뇌가 아니라, 무가치한 것들 때문에 생기는 무의미한 괴로움입니다.

이곳에서의 생활, 믿을 수 없을 정도로 고립된 생활이 그 이유라는 것을 나는 아주 분명하게 알고 있습니다. 사람들로부터뿐 아니라 책들로부터도 고립되어 있고, 심지어 자연으로부터도 그렇습니다. 험악한 날씨 탓입니다. 저녁에는 매일 9시가 되기 전 잠자리에 들고, 매일 길을 걷고(출발 전에 이미 아무도 만나지 못할 것을 알고 있습니다) 매일 미래에 대해 빤한 생각을 합니다. 이런 상황이 계속된다면 내면이 대단히 튼튼한 사람(짐작건대 꼭 나 같은 사람)도 심각한 위기를 맞을 것이 틀림없습니다.

참 이상한 일은, 다른 무엇보다 나에게 웬만큼 힘이 되었어야 하는 상황, 곧 작업이 마무리된 상황이 오히려 위기를 악화시킨다는 것입니다. 비중 있는 작업 두 건, 곧 바흐오펜에 대한 논문과 베르톨트의 소설에 대한 서평을 끝냈는데도 마음이 가벼워지지 않습니다.

내가 달리 할 수 있는 일도 없고, 여기서 지내는 생활도 이제 끝이 보입니다(전처의 모친이 이리로 온다고 합니다). 하지만 이곳을 떠나는 것이 반길 만한 일도 아닙니다. 반길 일은 오직 하나, 우리가 서로 만나는 것뿐입니다. 그런 날이 오리라는 것을 믿을 수 있다면 얼마나 좋을까요!(BG, 132)

글을 써서 먹고사는 일이 더 이상 불가능할지도 모른다는 두려움은 그를 가장 괴롭히는 감정이었다. 2월 22일 숄렘에게 그 심경을 전한 것은 숄렘이 벤야민 아카이브의 관리자이기 때문이었다: "이런 역사, 이런 인생이 계속되다 보니, 무한히 분산된 내 작업들에 유한한 형태를 부여하는 일이 전보다 더 어려울 것 같고, 어쩌면 불가능할 것도 같습니다"(BS, 153). 이런 역사, 이런 인생이 계속되리라는 생각에는 히틀러 정권이 오래 지속되리라는 정확한 예견이 있었다. 벤야민이 과소평가했던 것은 히틀러 정권의 잔혹함이었다.[60] 예를 들어 알프레트 콘에게 보낸 편지에서는 독일이 '장검의 밤' 이후로 눈에 띄게 안정세를 찾는 상황에 대해 논평하면서, 앞으로 출현할 정권은 브뤼닝 정권—의회를 무시하고 긴급조치들에 의존한 정권—과 비슷하리라고 예측했다(C, 476). 1930년에서 1932년까지 총리로 있었던 브뤼닝 자신의 표현을

---

60 확인해볼 곳은 1934년 8월경에 나온 「히틀러의 퇴화한 남성성」(SW, 2:792-793). 채플린의 영화 「위대한 독재자」보다 6년쯤 먼저 나온 이 단상은 히틀러의 페르소나와 "키 작은 떠돌이라는 여성적 배역"을 비교하고 있다.

빌리면, "권위주의적 민주주의" 정권이었다. 1935년 초의 정권을 브뤼닝 정권에 빗댄다는 것은 나치가 독일을 통치하기 위해 준비하고 있던 조치들에 대한 과소평가이자 이미 자행되고 있던 대규모 잔혹 행위들에 대한 사실상의 무시였다.

9장

파리의 길, 파리의 글:
파리, 산레모,
스코우스보스트란
1935~1937

벤야민의 망명기 첫 두 해가 극도의 혼란기였던 것은 거의 모든 독일 망명자와 마찬가지였다. 그렇지만 이후 1935년, 1936년, 1937년에는 미미하게나마 안정세가 찾아온다. '사회연구소'로부터 점점 많은 연구비를 받게 되는 시기이자 '사회연구소'가 계속 글을 청탁하리라는 자신이 생긴 시기였다. 다른 저널들의 비정기적인 청탁도 있을 수 있었다. 파리 지성계에서의 위치도 미미하게나마 나아진 상황이었다. 망명생활이 좀더 쉬워졌다는 뜻은 아니며, 장기적 전망이 조금이나마 나아졌다는 뜻도 아니었다. 다만, 비참했던 몇 년이 지나고 이제 겨우 예측 가능한 상황에 접어들었다는 뜻이었다. 이제 벤야민은 『파사주 작업』을 좀더 장기적인 관점에서 바라볼 여유가 생겼다. 이 작업에 중대한 도약이 이루어진 것은 벤야민이 처음으로 그간의 연구를 압축적 형태로 소개할 기회를 얻으면서였다. 작업의 진행 상황을 반영하는 엑스포제(벤야민 자신의 표현)가 나온 것은 1935년 중이었다. 7년간 정리한 엄청난 분량의 자료를 검토하고 『파사주 작업』의 이론적 골격을 재구성하는 작업으로부터 나온 글—「파리, 19세기의 수도」로 알려진 짧은 시놉시스—이었다. 그리고 그 과정에서 「기술적 복제가 가능한 시대의 예술작품」이라는 또 한 편의 글이 나왔다. 『파사주 작업』의 후일담으로 구상, 집필된 논문이었다. 다시 말해, 『파사주 작업』이 1850년경의 시각예술을 검토하는 작업이었다면,

「기술적 복제가 가능한 시대의 예술작품」은 영화 문화를 분석함으로써 『파사주 작업』을 보완하는 작업이었다. 발터 벤야민이 매우 설득력 있고 지속력 있는 모더니티 이론을 만들어낸 것이 1935년에서 1939년 사이라고 할 때, 그 시작은 1935년 5월에서 1936년 2월까지 아홉 달간이었다.

1935년 초 벤야민은 산레모로 오는 전처의 모친을 피해 허둥지둥 모나코로 갔다. 도라의 수수한 여관을 떠나온 벤야민의 모나코 숙소는 상당히 호화로운 마르세유 호텔—그가 어느 편지에서 사용한 표현을 빌리면, "내가 지배계급의 일원이었던" 시절에 자주 가던 곳—이었다(GB, 5:68). 그렇지만 벤야민이 이 편지에서 (그리고 『파사주 작업』의 O뭉치를 제외하고는 그 어디에서도) 밝히지 않은 사실은 그가 모나코로 간 이유였다. 그가 모나코로 간 것은 카지노 때문이었다. 여동생의 1935년 3월 편지(급하게 도움을 청하는 오빠의 편지에 대한 답장)에는 벤야민의 오랜 노름벽—그를 너무나 잘 아는 사람들이 그의 도움 요청을 종종 외면했던 이유—이 처음으로 언급되어 있다. 이 편지에서 도라 벤야민은 돈을 또 노름에 탕진했을 오빠를 돕고 싶지 않다는 의사를 밝히고 있다. 전처인 도라 조피가 그해 5월에 쓴 편지에는 벤야민이 모나코의 룰렛판에서 "큰돈"을 잃었다는 이야기가 나오기도 한다.[1] 숄렘도 그런 이유에서 벤야민을 도와주기 싫을 때가 종종 있었다는 말을 회고록에 짧게 남기고 있다. 벤야민이 망명기의 많은 편지에서 자신의 절박한 사정을 호소하는 배경에는 이런 숨은 정황이 있었다. 그가 편지에 적은 생활비와 다른 망명자들의 생활비를 비교해본다면, 그가 때로 액수를 부풀려 노름 자금이나 여자를 만날 자금을 마련했을 것이라는 결론이 나온다. 예를 들어, 여동생에게 도와달라는 편지를 썼을 무렵은 '사회연구소'로부터 매

---

1 도라 벤야민이 1935년 3월 28일 발터 벤야민에게 보낸 편지(Walter Benjamin Archiv 015: Dora Benjamin 1935-1937, 1935/3); 도라 조피 벤야민이 1935년 5월 29일 발터 벤야민에게 보낸 편지(Walter Benjamin Archiv 017: Dora Sophie Benjamin 1933-1936, 1935/5).

달 500프랑(당시 '사회연구소'의 계산에 따르면, 100스위스프랑에 해당되는 액수)이 들어오고, 베를린에서는 집세가 들어오며, 소액이지만 원고료도 들어오던 시기였다(당시 여동생은 보육으로 월 250프랑을 버는 것 외에는 가능할 때마다 작은 아파트의 한구석을 전대하면서 푼돈을 마련하는 게 전부였다). 하지만 그가 파리의 화류계를 드나들었다는 점 때문에 그의 망명생활이 비참했다는 사실이 달라지는 것은 아니다. 그의 삶이 지닌 이런 극히 지저분한 측면들은 오히려 그가 얼마나 절박했는가를 보여주는 지표일 수 있다. 이러한 행태를 안으로부터 이해하려면, 『파사주 작업』에서 노름꾼이 어떻게 그려지는지, 노름에 취한 노름꾼이 시공간을 어떻게 경험하는지를 고려해야 한다.

노름꾼이 도취되는 이유는 노름판이 매번 다르게 펼쳐지기 때문이다. 노름판은 매번 완전히 새로운 반응력에 호소하는 일련의 돌연한 판세들(서로 아무 상관없는)을 선보임으로써 노름꾼의 반응 태세를 자극한다. (…) 미신가는 징조를 느끼고 조심하는 반면, 노름꾼은 징조가 느껴지기도 전에 반응한다(AP, O12a,2; O13,1).

벤야민에게는 사유 자체가 삶을 건 노름—진리에는 근거도 없고 의향도 없으며 삶은 "토대 없는 가상"이라는 인식에서 비롯되는 노름—이었다는 점도 기억해야 한다. 그에게 노름판은 세계라는 연극의 이미지라고 할 존재론적 의의가 있었다.

모나코에서 오래 꾸물거릴 여유가 없음은 벤야민 자신도 잘 알고 있었다: "모나코는 지구 최후의 거대 자본 40~50개가 요트와 롤스로이스라는 형태로 서로 대치하는 곳입니다. 내가 그들과 유일하게 공유하는 것은 모든 것을 덮고 있는 먹구름뿐입니다"(BA, 78). 당장 어디로 갈지 궁리해야 했다. 가외

소득이 완전히 끊긴 그가 갈 수 있는 곳은 '사회연구소'에서 받는 월 소득으로 생활할 수 있는 곳뿐이었다. 5월에 파리에서 '사회연구소' 교섭인을 만날 일도 있었으니 파리로 돌아가는 편이 가장 수월했겠지만, 벤야민은 선뜻 돌아갈 결심을 못 하고 있었다. 일단, 제일 기대를 걸었던 거처—여동생의 아파트—는 들어갈 수 없는 상황이었다. 빌라 로베르 랭데에 위치한 도라의 "아파트"는 사실 큼직한 단칸방이었고, 도라는 가계의 수지를 맞추기 위해 매일 아침 집에서 이웃 아이 다섯 명을 돌보고 있었으니, 벤야민이 지낼 공간 자체가 없었다. 벤야민이 파리행을 결심하지 못한 또 다른 이유는 몇 주 뒤 프랑스 남부에서 그레텔 카르플루스와 아도르노를 꼭 만나고 싶은 마음 때문이었다. 그사이에는 바르셀로나로 가서 알프레트 콘과 어울리는 것도 괜찮을 듯싶었다. 바르셀로나에서 월 100스위스프랑으로 생활할 수 있느냐고 묻는 벤야민의 편지에 대한 콘의 답장을 보면 망명자들이 어떤 처지에서 살아가야 했는가를 알 수 있다.

100스위스프랑이면 당연히 그럭저럭 살 수 있습니다. 숙박업소를 이용할 경우 밥값과 방값을 내고 나면 남는 것은 거의 없습니다. 스페인 가정에 하숙을 한다면(그런 방은 귀하지만), 150페세타짜리도 있습니다. 구덩이방이라는 곳입니다. 봄철에는 그런대로 견딜 만합니다. 그렇지만 내 생각에 하숙보다 그냥 방을 구하는 편이 실용적일 것 같습니다. 50페세타인데, 안락한 느낌도 있습니다. 아침은 동네 카페에서 먹을 수 있고, 점심은 청결한 식당에서 2페세타에 먹을 수 있는데 아주 저렴하고 양도 많습니다. 저녁 식사는 직접 장을 보는 것이 좋을 수도 있습니다. 예산을 계산해보면 이렇습니다(100프랑스프랑=238페세타):

방값: 50 세탁비 포함

아침 식사: 18

점심 식사: 60

저녁 식사: 60 필요한 만큼!

간식 과일

오후 커피

———————

합계: 188, 50페스타가 남습니다(GB, 5:52n).

벤야민은 망설이던 끝에 결국 모나코를 떠나지 못하고 여섯 주를 머물렀다. 작업은 거의 못 한 채 편지를 쓰거나 주변의 나지막한 산으로 산책을 다니는 생활이었다. 에곤 비싱이 찾아온 것은 체류 초반이었다. 비싱 역시 벤야민에게 전적으로 의지해야 하는 힘든 처지였다: "거짓말같이 들리겠지만, 미약하기 짝이 없는 내 재력으로 두 주가 넘도록 두 사람의 생계를 꾸리고 있습니다. 생활수준을 이제껏 내가 경험해보지 못한 정도로까지 낮춘 덕분에 가능한 일이었습니다. 정말이지 우리 두 사람은 기억에 남을 한 주를 보냈습니다. 이런 주가 앞으로 얼마나 더 이어질지 누가 알겠습니까?" 가난한 망명자 두 사람의 생계를 꾸린다는 것은 호텔비를 지불할 수 없는 날이 닥쳐오리라는 뜻이었다: "아름다운 날씨입니다. 아침이나 오후에 멀리까지 산책을 나가면, 한순간이나마 이런 모든 상황에도 불구하고 아직 살아 있음을 기뻐할 만한 장소를 만나게 됩니다. 그렇지만 외상값이 쌓인 호텔로 들어설 용기가 안 날 때가 많습니다. 산책을 마치고 돌아오는 손님에게 인사를 하는 호텔 주인의 표정은 아직 못 갚은, 아니 도저히 못 갚을 외상이 쌓이고 있음을 느끼게 해줍니다." 벤야민은 그레텔에게 자기가 지원받을 만한 방법들을 다시 한번 알아봐달라고 부탁했다. 당장은 희망 없는 노력인 것 같겠지만, "현실의 모습에 겁먹을 수밖에 없는 나 같은 사람이 용기를 발휘할 데는 희망뿐"이라는 것이었다(BG, 141-142).

이 시기의 편지 가운데 벤야민이 아샤 라치스(애인이었던 라트비아인)에게 보낸 편지의 사본이 남아 있다. 1929년 이래로 벤야민을 만난 적이 없는 라치스가 몇 년 만에 편지를 보내온 것은 그해 초였다. 자기가 한동안 벤야민을 위해 모스크바에서 일자리를 찾아다녔지만 결국 못 찾았다는 편지였다. 급히 산레모를 떠난 벤야민이 다음 체류지에 도착하자마자 쓴 답장에는 감사의 마음이 특유의 어조로 표현되어 있다: "사람들은 열악한 처지에 있는 내게 싸구려 희망을 주면서 즐거워합니다. 류머티즘 환자가 외풍에 예민해지듯 내가 희망에 예민해지는 것은 그 때문입니다. 그러니 내게 아무런 희망도 주지 않는 지인이 있다는 것은 **아주 기쁜** 일입니다. 그 지인이 편지를 보내지 않은 것이 너무 게을러서라고 해도 말입니다. 그 지인이 바로 당신입니다. 거의 물에 잠겨버린 내 '영혼'에 얼마 남지 않은 단단한 요새 한 곳이 당신의 자리인 것은 그 때문입니다. 그러니 내가 몇 년간 당신의 편지를 받지 못했다는 것은 내가 몇 년 만에 당신의 음성을 들을 수 있었다는 것 못지않게 의미 있는 일이었습니다"(GB, 5:54). 벤야민은 이 편지의 말미에서 아내와 헤어졌다는 말을 흘리기도 했고("결국 너무 힘들어졌습니다"), 파리의 주소를 알리면서 『모스크바 일기』(벤야민의 소비에트연방 여행기)의 한 대목이 떠오르는 말을 덧붙이기도 했다: "순록털 코트의 당신과 나란히 모스크바 길거리를 걷고 싶습니다"(GB, 5:55). 비싱이 머지않아 모스크바로 건너가 의사 일을 할 것이라는 소식을 전한 것도 이 편지에서였다. 벤야민 자신에게도 모스크바는 뉴욕, 예루살렘과 함께 유럽을 탈출한 망명자가 갈 수 있는 세 도시 중 하나였다. 모스크바에서가 아니라면 살아갈 방도가 없을 것이라는 벤야민의 말은 농담만이 아니었다: "그가 러시아에 가서 반년 안에 내 일자리를 구하지 못한다면, 그는 내 소식을 더 이상 들을 수 없을 것입니다." 비싱은 1935년 7월 모스크바로 가서 몇 달간 일자리를 찾아다닌 끝에 10월에 암센터에서 일을 구하는 데 성공했다. 그렇지만 그가 다시 소비에트연방을 떠나기로 한 것은 그해가 다 가기도 전이었다. 당시 비싱이 벤야민에게 보낸 편지를 보면, 소비에트연방을 망명지로 택한 사람들이 어떤 상황에 처했는지뿐만 아니라 베르톨트 브레히트 같은 인물이 왜 소비에트연방으로 가지 않았는지도 알 수 있다: "내가 들은 정보에 따르면, 1936년부터 나를 포함해 모든 의사가 소비에트 국적을 가져야 한다고 합니다. 당신도 알다시피, 소비에트 국적을 갖는다는 것은 외국 비자를 받을 수 **없다**는 뜻이고, 따라서 이동의 자유를 잃는다는 뜻입니다. 이 문제와 관련해서 특별 지침이 하달되었습니다. 외국에 친척이 있는 사람들한테는 어떤 경우에도 비자를 내주지 말라는 지침이었습니다" (GB, 5:56 – 57n).

유럽을 탈출하고 싶다는 유혹도 있었지만, 『파사주 작업』을 이어갈 가능성, 그리고 「수집가이자 역사가 에두아르트 푹스」를 시작할 필요성을 제기하는 도시는 결국 파리였다. 수년 동안 매주 "수천, 수만 개의 활자를 손끝으로 짚는" 도서관 작업으로 인해 손가락에 "거의 생리적인 욕구"가 만들어져 있었는데, 그 욕구를 채우지 못하고 지낸 지 여러 달이었다(GB, 5:70). 이제 곧 파리로 돌아가 작업을 시작하리라는 생각은 깨어 있을 때는 물론이고 꿈속에서도 영향을 미쳤다. 책상 앞에 앉아 있던 한 낯선 사람이 자리에서 일어나 서재에서 책 한 권을 가져가는 꿈을 꾸기도 했다. 불안감 속에서 자신의 처지를 재점검하면서 파리로 가야겠다는 마음은 더 강해졌다. 파리에서 생계를 꾸릴 가능성을 확신할 수 없는 상태에서 모나코를 떠난 것은 4월 초였다.

파리로 가는 길에 니스에 들러서 하룻밤을 묵은 곳은 3년 전 자살을 생각했던 프티 파르그 호텔이었다. 4월 10일, 파리에 도착한 벤야민은 정확히 한 해 전에 묵었던 당페르로셰로 광장의 플로리도 호텔을 거처로 삼았다. 중요한 글을 거의 쓰지 못한 상태에서 1년을 보냈던 1935년 4월의 벤야민은 아직 모르고 있었겠지만, 이후 1년간—드디어 파리 파사주와 관련된 일련의 사유에 매진한 시기—은 지금 벤야민에게 명성을 안겨주는 여러 편의 주요 글이 나온 시기, 생산성 면에서 『독일 비애극의 기원』이 나오고 『일방통행로』 초고가 나오던 시기와 맞먹게 되었다. 두 시기가 그렇게 닮았다는 것을 벤야민 자신도 곧 알아차리기 시작했다.

한 해 동안 이렇듯 놀라운 학문적 성과가 나올 수 있었던 것은 '사회연구소'의 지원 덕분이었다. 벤야민이 니스에서 막스 호르크하이머에게 연구소에 헌신하겠다고 다짐하는 편지를 보낸 이유였다: "나에게 가장 시급한 일은, 내 작업을 연구소의 작업에 결부시키는 것, 최대한 긴밀하고 생산적인 방식으로 결부시키는 것입니다"(C, 480). 연구소에 대한 내적 의구심에도 불구하고, 벤야민은 연구소가 자신의 버팀목이라는 것을 잘 알고 있었다. 연구소 저널 《사회연구지》는 그의 글을 실어주는 가장 중요한 지면이었고, 1934년 봄부터 지급된 연구비는 1930년대 내내 그의 유일한 정기 소득원이었다. 1935년 4월에는 연구소와의 관계를 다지고 『파사주 작업』에 결정적 박차를 가하는 일련의 정황이 있었다. 우선 벤야민이 파리로 돌아오자마자 '사회연구소' 소장인 프리드리히 폴로크와의 만남—벤야민이 겨울부터 계속 크게 기대해왔던—이 성사되면서 중요한 수확 두 가지가 있었다. 첫째, 최악의 경제적 우려를 적어도 한동안은 덜 수 있었다. 폴로크는 벤야민의 월 연구비 500프랑을 1935년 4월부터 7월까지 넉 달 동안 1000프랑으로 인상했고 이와는 별도로 파리 정착 수당 500프랑을 현금으로 지급했다. 둘째, 폴로크로부터 『파사주 작업』 전체를 아우르는 엑스포제를 쓰라는 중요한 제안이 있었다. 그때까지 벤야민이 『파사주 작업』에 대해 호르크하이머와 다른 연구원들에게 알려준 내용은 극히 개략적이었다: "드문드문 소곤거렸을 뿐 누설한 내용은 별로 없습니다." 벤야민 자신을 위해, 그리고 그를 지지하는 사람들을 위해 체계적 평가가 필요한 시점이었다(BS, 158).

벤야민은 '사회연구소'가 던져준 구명밧줄을 붙잡고 엑스포제 작업에 뛰어들었다. 작업을 도와준 것은 역설적이게도 국립도서관의 휴관이었다. 새로운 자료를 발굴할 기회가 없어진 벤야민은 자기 방에 틀어박혀 글을 쓰기 시작했다. 기댈 곳은 자신이 작성한 메모뿐이었다. 바로 다음 달에 비교적 빠르게 나온 글이 「파리, 19세기의 수도」였다(이것이 『파사주 작업』의 두 엑스포제 중 첫 번째다. 두 번째는 1939년에 프랑스어로 집필된다). 벤야민은 이 글을 완성하면서 잠시나마 자신감과 심지어 살아갈 의욕까지 회복했다: "이 작업에서 나는 살아남기 위한 투쟁에 필요한 용기를 잃어서는 안 될 유일한 이유, 아니면 적어도 가장 큰 이유를 봅니다"(BA, 90). 베르너 크라프트에게도 이야기했듯, 서로 이질적인 메모와 착상을 모아놓은 덩어리가 질서를 찾아들어간 속도—"응축"된 속도(BA, 88)—는 놀라울 정도였다: "작업의 진행이 토성처럼 느릿느릿했던 가장 근본적인 이유는 사유의 철저한 변형—내가 오래전에 갖고 있던 무매개적으로 형이상학인 그야말로 신학적인 사유들로부터 비롯된 일련의 생각/그림이 그 힘을 그대로 간직한 채 내 현재의 양분이 되는 과정—이 필요했기 때문입니다. 나 자신도 거의 의식하지 못할 만큼 조용히 진행된 과정이기에, 최근에 내가 연구계획서를 (외부의 압력 하에) 불과 며칠 만에 끝냈다는 사실은 나 자신에게도 대단히 놀라웠습니다"(C, 486). 한편 아도르노에게 보낸 편지에는 『파사주 작업』이 어떻게 시작되었나에 관한 좀더 상세한 설명이 나와 있다:

시작은 아라공의 『파리의 농부』였습니다. 저녁마다 침대에서 읽으면서 한 번에 두세 쪽밖에 넘기지 못했던 것은 읽던 책을 내려놓아야 할 정도로 심장이 뛰었기 때문입니다. (…) 『파사주 작업』의 첫 스케치가 만들어진 것이 그때였습니다. 다음은 베를린 시기(『파사주 작업』과 관련된 대화를 통해 헤셀의 우정이 절정에 달했던 시기)였습니다. '변증법적 동화극'이라는 부제가 나온 때입니다. 이 부제는 이제 더는 적절치 않습니다. 이 부제만 보더라도 그 시기에 내 표현 방식이 얼마나 광시적이었는지를 알 수 있습니다(BA, 88).

이 편지에 따르면, 한때 『파사주 작업』은 "광시적rhapsodisch"이었을 뿐 아니라 "자연의 상태에 사로잡혀 있는 고답성을 부끄러워하지 않는 철학 양식"의 산물이었다. 이 편지에서 벤야민은 『파사주 작업』이 지금의 형태를 갖추게 된 것은 결정적으로 브레히트와의 만남 덕분이며, 이 만남(역사유물론의 관점과 초현실주의에 기원을 둔 관점의 충돌)의 결과로 빚어졌던 "아포리아들"은 이미 해결되었다고 했다.

속기에 가까운 매우 압축적인 문체로 작성된 1935년 엑스포제에서는 다양한 주제가 폭넓게 다뤄지고(철제 건축과 사진에서부터 상품물신주의 이론과 멈춰선 변증법에 대한 이론에 이르기까지), 역사적인 인물들이 정의되며(샤를 푸리에와 루이 필리프에서부터 보들레르와 오스만 남작에 이르기까지), 19세기적 인물 유형들이 정의된다(수집꾼과 플라뇌르에서 음모꾼과 창녀와 노름꾼에 이르기까지). 『파사주 작업』의 토대가 되는 일련의 복잡한 이론적 입장들—그때까지 7년여에 걸쳐 다듬어온—이 이 글에서 지배적인 범주로 등장하고, 『파사주 작업』의 구성 원리처럼 작용하는 파사주라는 은유가 이 글에서 새로운 의미를 얻게 된다. 다시 말해, 『파사주 작업』의 양가적 구성 원리—절반은 실내이고 절반은 보행자 도로, 절반은 상품 전시 공간이고 절반은 도시 여가 공간—인 파사주—대도시 세계의 축소판—가 이 글에서는 "변증법적 이미지"(벤야민 자신의 표현)의 중요한 사례를 제공하게 된다. 1935년 엑스포제에서 변증법적 이미지는 집단 무의식—옛것에 젖은 채 새 것을 꾀하는 의식, "사회적 생산물의 미성숙함과 사회적 생산질서의 부적절함을 지양하면서 동시에 승화시키고자 하는" 집단의 의식—의 역동적 비유형상으로서의 "소망이미지" 내지 "꿈이미지"이며, 이런 의미에서 이 1935년 엑스포제는 『파사주 작업』의 단계 중 1920년대 후반에 시작된 "사회심리학 단계"의 절정에 해당된다. 이 글에서 꿈이미지는 집단이 더 나은 미래를 꿈꿀 수 있음을 증거한다: "모든 시대가 다음 시대를 꿈꾼다고 할 때, 그 꿈에서 다음 시대는 태고의 요소들, 곧 계급 없는 사회의 요소들과 결합되어 나타난다. 집단 무의식에 축적되어 있는 계급 없는 사회의 경험은 새로운 것들에 삼투됨으로써 유토피아를 만들어낸다. 오래 유지되는 건물에서부터 금세 지나가는 유행까지 삶의 무수한 형세 속에는 그 유토피아의 흔적이 남아 있다." 1929년 「초현실주의」에는 낡은 것들 속에 "혁명적 에너지"가 잠재해 있다는 표현이 있었다. 1915년 「대학생활」의 첫 문단에도 비슷한 내용이 나왔다. 이제 이 「파리, 19세기의 수도」는 새것과 옛것의 교차 또는 충돌에서 빚어지는 유토피아의 흔적들 속에서 현 사회의 숨은 측면들을 읽어낼 수 있는 (어쩌면 좀더 복잡한) 모델을 제공한다. 요컨대 「파리, 19세기의 수도」는 사회 현상을 이런 점술적인 방식으로 읽는 법을 일러주는 일종의 로드맵이라고 할 수 있다. 파리의 철도역, 푸리에의 팔랑스테르, 다게르의 파노라마, 바리케이드, 그 모든 것이 이 글에서는 혁명적 인식의 잠재력을 품고 있는 소망이미지로 등장한다. 심지어 만국박람회, 부르주아의 실내, 백화점, 파사주 등 상품의 전시와 교환이 주가 되는 건물이나 공간까지도 이 글에서는 사회 변혁의 역설적 가능성을 간직하고 있는 그 무엇으로 등장한다.

하지만 이것이 「파리, 19세기의 수도」의 전부는 아니다. 다시 말해 이 글은 『파사주 작업』에 포함될 진일보한 장르론과 매체론의 예고편이기도 하다. 신문이 민주주의의 잠재력을 품고 있었다는 것, 파노라마 문학panoramatische Literatur이 정치 무력화의 원인이었다는 것, 사진의 대량 복제로 상품교환이 확대되었다는 것, 다시점 지각 방식이 새로 나타났다는 것 등을 이 글에서는 19세기 중엽 파리에서 시작된 새로운 사회적 모더니티의 구성 요소들로 다루고 있다. 아울러 이 글 뒷부분에서는 『파사주 작업』이 현대적 경험을 포괄적으로 다루는 이론(후기 벤야민의 주요 관심사)을 포함하리라는 것을 예고

한다. 특히 보들레르라는 인물을 다루는 부분은 이제 현대 문학의 고전적 독법으로 자리잡은 논의—보들레르의 시는 대상을 변형시키는 "소외된 인간의 시선"을 반영한다—를 미리 맛보게 해준다. 여기서 벤야민이 그리는 보들레르는 시장의 문턱에서 서성거리기도 하고(문턱 이론Schwellenkunde은 『파사주 작업』의 근간이다) 도시 군중의 물결에 휩쓸리기도 하는 19세기의 플라뇌르다. 친숙한 도시가 군중이라는 "장막" 뒤에서 환등상인 듯 플라뇌르에게 손짓을 보내면, 플라뇌르는 일상 속에 뒤숭숭하게 흩어져 있는 머나먼 시간, 장소들의 유령과 마주친다. 요컨대 보들레르의 우울한 시선은 플라뇌르의 알레고리적 지각 양식—날로 발전하는 도시 풍경 사이에서 고대적 상징의 숲을 보고, 과거와 미래가 동시에 포함되어 있는 역사적 대상을 여느 유행 아이템과 마찬가지로 양피지나 숨은그림으로 읽는—을 대표한다. 이 글에는 벤야민의 보들레르 논의에서 중요하게 등장하는 모티프들—군중 사이에서 갑자기 나타난 상복 입은 여자에게 강한 인상을 받는다, 파리의 현대적 얼굴을 새로우면서도 언제나 똑같은 것으로 경험한다, 파리의 지하를 지날 때 모종의 신화적 과거를 연상시키는 하계를 지나는 느낌을 받는다는 모티프—이 일단 아무 설명 없이 나열되어 있다. 한편, 오스만의 대담하고 무자비한 도시계획("전략적 미화")을 다루는 이 글의 마지막 섹션에서는 계급투쟁을 받아들이기 위해 애쓰는 벤야민의 가장 명시적인 시도 중 하나를 확인할 수 있다. 이 섹션의 결론은 변증법적 사유에 대한 강력한 긍정이다: "변증법적 사유는 역사의 잠을 깨우는 도구다." 잠을 깨는 과정에서 행해지는 "꿈 요소들"의 가치화Verwertung—가치의 실현과 동시에 가치의 이용을 뜻하는—야말로 진정한 역사적 사유의 패러다임이라는 말도 이 섹션에서 나온다.

이 글을 완성한 벤야민은 5월 20일 게르숌 숄렘에게 글의 의의를 전했다: "처음에 엑스포제를 쓰겠다고 했을 때는 대수롭지 않게 생각했는데, 막상 쓰고 나니 『파사주 작업』이 새로운 단계에 접어들었습니다. 책의 모양새가 (희미하게나마) 갖춰지려 하는 단계입니다. (…) 19세기를 프랑스의 시점에서 전개하는 책이 될 것 같습니다"(C, 481-482). 한편, 아도르노에게 보낸 편지 (엑스포제의 사본을 동봉한 편지)에서는 『파사주 작업』의 단행본이 나올 날이 그 어느 때보다 가까워 보인다고 했다. 오래전부터 『파사주 작업』이 벤야민의 "철학의 중심일 뿐 아니라, 오늘날 철학적으로 표현될 수 있는 다른 모든 것과 비교할 때 단연 결정적인 발언이자 독보적인 걸작"이 되리라고 생각하던 아도르노에게 이만큼 반가운 소식도 없었을 것이다(BA, 84). 아도르노의 6월 5일 답장은 과연 신속하고도 명쾌했다: "매우 꼼꼼하게 읽어보고 나니 연구소가 이 작업에 대해 취할 태도와 관련해 내가 우려했던 바가 깨끗이 사라졌습니다. (…) 당장 호르크하이머에게 당신의 작업을 일괄 수용해줄 것을 촉구하는 편지를 보내겠습니다. 물론 그에 상응하는 경제적 지원도 이루어지도록 하겠습니다"(BA, 92-93).

아도르노는 엑스포제를 열렬히 지지했지만, 그것의 어떤 측면에는 거부감을 느꼈던 듯하다. 그가 8월에 보낸 편지에는 엑스포제에 대한 신랄하면서도 꼼꼼한 논평이 포함되어 있다. 발송지의 이름을 따 '호른베르크 편지'로 알려진 이 논평을 벤야민은 "잊지 못할 훌륭한" 편지라고 말하기도 했다(BA, 116). 여기서 아도르노는 벤야민의 작업에서 사회심리학 이론들이 중심을 차지함으로써 어떤 결과가 빚어졌는지를 강도 높게 비판하는 가운데 변증법적 이미지에 대한 그의 사유가 "비변증법적" 상태에 머물러 있다고 평했다: "당신이 변증법적 이미지를 '꿈'이라고 규정하고 의식 안에 넣은 것은 한편으로는 변증법적 이미지 개념의 주술적 측면을 제거하는 일이었지만, 다른 한편으로는 이 개념의 객관적 핵심—유물론적으로 정당화할 근거—을 없애는 일이기도 했습니다. 원래 의식이라는 것이 있어서 상품의 물신성을 의식하느냐 하면 그렇지 않습니다. 상품의 물신성 논의는 변증법적 차원—상품의 물신성이 의식을 산출하는 차원—에서 이루어져야 합니다"(SW, 3:54). 변증법적 이미지가 이렇게 심리화된다면 "부르주아 심리학의 주술"에 항복하게 되리라는 비판이었다. 아도르노는 벤야민이 집단 무의식을 이해하는 방식이 융과 별반 차이가 없다는 가혹한 비판도 서슴지 않았다: "집단 무의식이란 진정한 객관성을 (그리고 그 짝패인 소외된 주관성을) 직시하지 못하게 할 목적으로 날조된 개념에 지나지 않습니다. 우리의 할 일은 이 '의식'을 사회와 개인으로 양분하여 분석하는 것입니다"(SW, 3:55~56). 또 아도르노는 벤야민이 이런 심리화에 의존하는 탓에 계급 없는 사회라는 개념 자체가 변증법적 방향을 잃고 신화로 퇴행한다는 가혹한 비판을 제기했다. 아도르노 자신의 작업에서는 현대의 조건들 전체를 "지옥의 환등상"으로 보는 모종의 그노시스적 지양이 철저한 기피 대상이었고, 아노르노가 보기에는 (그리고 곧 벤야민이 보기에도) 이렇게 대놓고 유토피아적인 개념은 지배계급—자기를 공격해오는 유토피아의 이미지를 지배의 도구로 바꾸고야 마는—에 의해 흡수되거나 차출당하거나 기능전환당할 위험이 있었다. 아도르노의 후기 논문들은 벤야민이라는 죽은 친구에 대해 칭찬을 아끼지 않지만, 벤야민이 살아 있을 때만 해도 그는 그리 너그러운 독자가 아니었다. 벤야민 쪽에서도 아도르노의 비판에 신경을 곤두세울 때가 많았다. 그렇지만 호른베르크 편지에 대한 답장은 달랐다: "당신의 모든 (거의 모든) 논의가 생산적인 핵심을 건드리고 있습니다"(BA, 117). 아도르노의 두 가지 지적(변증법적 이미지가 심리화된다는 점과 "계급 없는 사회"라는 용어가 경솔하게 사용된다는 점)을 인정한 것이다. 그렇지만 벤야민은 "매우 결정적인" 지점에서 자신의 주장을 굽히지 않았다: "이 성좌[곧 변증법적 이미지라는 성좌]가 꿈의 형태를 하고 있다는 것만은 결코 양보할 수 없을 듯합니다"(BA, 119). 변증법적 이미지는 "역사의 깨어남"의 과정("우리가 과거라고 부르는 그 꿈"에서 깨어나 그 꿈을 다시 돌아보는 과정)과 분리될 수 없다는 주장이었다(AP, K1,3). 역사의 꿈은 개인적 의식의 차원에서 펼쳐지는 심리적 꿈과는 구분돼야 하리라는 뜻이었다. 다시 말해, 벤야민의 변증법적 이미지 개념은 아도르노가 생각한 것보다 더 변증법적이고 객관적인 무엇이었다. 하지만 어쨌든 아도르노의 호른베르크 편지는 벤야민이 『파사주 작업』의 이론 틀을 재절합하는 계기가 되었고, 이 편지에 대한 벤야민의 긍정적인 답장은 초현실주의를 근간으로 삼는 사회 심리학 단계가 끝나고 사회학적 시각이 더 확고해지는 단계가 시작되리라는 신호였다.

「파리, 19세기의 수도」를 쓰던 때의 신바람은 (예상대로) 얼마 못 가 바닥으로 추락했다. 평소와는 달리 소음 대신 파리의 봄(극심한 일교차, 살을 에는 바람, 뜨겁게 내리쬐는 햇볕)이 벤야민의 신경을 긁고 있었다. 건강이 이렇게 나빴던 적은 몇 년 만에 처음이다, 기운을 차리게 해주는 일이 거의 없다, 라며 알프레트 콘에게 하소연하기도 했다: "나의 생체는 고열과 불면을 오가는 상태입니다"(GB, 5:102). 그 당시 파리의 분위기는 앞서 벤야민이 파리를 떠났을 당시에 비해 독일 망명자들에게 훨씬 덜 우호적이었다. 한 달이 멀다 하고 심해지는 듯한 외국인 혐오증이 일상적 경험이 되었고, 반유대주의에 맞닥뜨리는 일도 드물지 않았다. 유대인 복지 단체에 원조를 신청했던 일들도 씁쓸한 뒷맛을 남겼다: "유대인이 의지할 곳이 자기와 같은 처지에 있는 사람, 아니면 유대인을 배척하는 사람뿐이니, 이런 상황이 계속된다면 유대인은 머지않아 멸종할 것 같습니다"(GB, 5:103). 그럼에도 유럽을 떠나지 못하는 비슷한 처지의 사람들 가운데 벤야민은 비교적 운이 좋은 축이었고, 그 자신도 그것을 잘 알고 있었다: "가난이 이 시대와 결탁의 정도를 더해가면서 얼마나 심각한 파괴를 야기하는지가 나와 아주 가까운 사람들에게서도 체감되기 시작합니다"(GB, 5:103).

그중에서 특히 사촌 비싱은 파리에 돌아오자마자 다시 모르핀에 손을 대기 시작했다. 비싱이 그렇게 된 것은 베를린에서 알고 지내던 프리츠 프렝켈 때문이 아닐까 하는 것이 벤야민과 카르플루스의 의심이었다. 신경과 전문의

(중독 전공) 프렝켈은 1918~1919년 독일혁명 당시 스파르타쿠스단(독일공산당의 전신) 조직과정에서 '쾨니히스베르크 노동자 군인 협회' 대표로 활동한 인물이었다. 1920년대에는 노동자를 위한 위생 및 의료 개선과 관련된 공산당 활동에 기여했는데, 그가 벤야민의 남동생 게오르크를 만나고 이어서 여동생 도라를 만난 것, 그리고 그 둘을 통해서 벤야민을 만난 것도 그 무렵이었다. 벤야민의 1930년작 「꽃장식이 있는 입구」는 프렝켈과 도라 벤야민이 참가한 전시회를 그린 글이었다. 베를린에서 벤야민과 프렝켈의 친분이 깊어졌을 때는 프렝켈이 (그리고 벤야민과 프렝켈의 친구였던 신경과 전문의 에른스트 요엘이) 벤야민의 약물 실험에서 "의료 고문"으로 동석하기도 했다. 비싱과 그의 첫 번째 아내 게르트가 실험에 참여한 적도 있었다. 파리에서 비싱의 중독증이 재발했을 당시, 프렝켈은 돔바슬 가의 한 아파트(1938년에 벤야민이 이사 들어가는 건물)에 살면서 비싱과 수시로 만나고 있었다.[2]

벤야민에게 더욱 곤란했던 것은 그레텔 카르플루스와의 편지에 새로운 냉기가 스며든 사실이었다. 카르플루스가 6월 하순의 편지에서 "내가 확고부동하다고 믿었던 이 우정"을 되살려보자고 간청하기도 했다(BG, 147). 두 사람이 서로의 편지를 오해했던 것을 비롯해서 냉기의 원인은 여러 가지였지만, 특히 이 시점에는 그레텔이 아도르노와의 불화를 해결했다는 것이 냉기의 원인이었다. 벤야민이 이 사실을 확실히 깨달은 것은 그레텔이 『파사주 작업』과 관련해 아도르노의 앵무새 노릇을 시작했을 때였다. 『파사주 작업』을 다듬어 《사회연구지》에 게재하는 문제와 관련된 그레텔의 5월 28일 편지는 그 좋은 예였다: "내가 보기에는 대단히 위험한 일일 듯합니다. 상대적으로 지면이 부족할 것이고, 당신의 진실한 친구들이 수년 동안 기다려온 위대한 철학서(어떠한 타협도 허용하지 않는 철저하게 자족적인 작업이자 지나온 세

---

2 볼 곳은 Taubert, "Unbekannt verzogen…"

월을 크게 보상해줄 만큼 의미 있는 작업)가 나올 수 없을 것입니다. Detlef, 이것은 당신을 구해낼 수 있느냐뿐 아니라 이 작업을 구해낼 수 있느냐가 걸린 문제입니다"(BG, 146). 벤야민과 그레텔의 곤란한 관계를 더 곤란하게 만든 이는 에곤 비싱이라는 두 사람의 연락책이었다. 그레텔이 비싱에 대한 한때의 반감을 극복하면서 두 사람은 가까워졌는데, 그런 상황에서 비싱이 그레텔과 벤야민 사이를 오가는 가운데 두 사람을 멀어지게 하는 말을 옮기면서 말썽을 일으킨 것 같다. 예전의 우정을 되살려보자는 그레텔의 편지에 벤야민은 다소 근엄한(그렇지만 전과 다름없이 우호적인) 답장을 보냈다. 한편으로는 자신의 "삶의 조건", 작업, 그리고 "총체적 피로"를 언급함으로써 상대방의 "조바심"을 달래주면서도, 다른 한편으로는 비싱에 대한 벤야민 자신의 조바심을 드러내는 편지였다: "솔직히 말해서 상황이 이처럼 암울하고 불안하게 흘러가다보니, 내가 오랫동안 지켜왔던 우정의 원칙이 이렇게 **한 차례** 깨짐으로써 내가 비싱과 당신의 우정을 잃을 날이 오리라는 두려움이 생겨났습니다. W가 파리로 돌아와 불과 며칠 만에 또 약에 빠지는 모습을 보면서 그런 두려움은 더 심해졌습니다. 우리처럼 오랫동안 만나지 못하고 지내는 두 사람 사이를 오가는 이는 모종의 **메신저**가 되게 마련입니다. 지금 W는 나의 메신저로 적당한 사람이 아닐지 모른다는 의심이 듭니다. 내가 그와 함께 남유럽에서 지낼 때 어떻게 생활했었는지, 내가 그를 위해 얼마나 성심껏 노력했었는지 등을 여실히 알고 있는 사람이 아니라면 그가 내게 이런 의심을 안겨주고 있다는 게 무슨 의미인지 알 수 없을 것입니다. 지금 내가 당신과 W 사이의 소통의 수위가 어느 정도인지 모르고 있는 것이 이런 의심을 더 악화시킵니다"(BG, 148). 여기서 "원칙Maxime"은 물론 벤야민이 오랫동안 고수했던 행동 방식(자기 친구들이 자기네끼리 소통하는 것을 철저하게 차단하는 것)을 뜻한다. 한편 벤야민이 비싱과 그레텔의 "소통의 수위"를 묻는 대목에서는 두 사람이 모종의 친밀한 관계를 맺었을지 모른다는 질투 어린 의심이 엿보이기도 한다. 7월에는 벤야민과 그레텔의 편지에서 다시 따듯함을 느낄 수 있지만, 둘 사이에 우정보다 깊은 무엇이 싹틀 가능성은 이 곤란한 막간으로 인해 완전히 사라진 듯하다.

벤야민이 독일계 유대인 알프레트 칸토로비치(1895~1963)를 우연한 기회에 (아마도 블로흐가 동석한 자리에서) 만난 것도 이 무렵이었다. 벤야민이 보기에는 혐오스러운 기회주의자였다. (1950년대 후반 프린스턴의 '고등연구소'에서 『왕의 두 몸』이라는 "중세 정치신학" 연구서를 펴내면서 영어권의 일부 지식인 사이에서 유명해지는 에른스트 칸토로비치와는 다른 인물이다. 종전 직후 자유군단 소속으로 대폴란드 봉기와 스파르타쿠스단의 베를린 봉기를 유혈 진압한 전과가 있는 사람은 이 에른스트 칸토로비치다.) 알프레트 칸토로비치는 논객이자 작가로 1927년에서 1929년까지 《프랑크푸르트 신문》의 파리 통신원이었고, 1931년 독일공산당에 입당했으며, 1933년 3월 파리로 탈출해 《세계무대》와 《수집》 등에 글을 발표했다. 후에 '분서 도서관'과 '국제 반파시즘 아카이브'를 설립하게 된다. 1936년에는 그가 사무총장으로 있던 파리의 한 독일 좌익 작가 단체에서 당시에 발표된 「기술적 복제가 가능한 시대의 예술작품」을 놓고 다소 불편한 토론을 벌이기도 한다. 1935년에 벤야민은 알프레트 칸토로비치에 대해 신랄한 논평을 남겼다: "물에 동동 뜨는 것은 유명한 코르크 마개들, 예를 들면, 민주당 이론가에서 공산당 선동가로 올라선 칸토로비치 같은 얄팍하고 가벼운 자들뿐입니다"(GB, 5:104).

이렇듯 벤야민의 인간관계에서는 곤란이 끊이지 않았지만, 여름에는 옛 친구 두 명(블로흐와 헬렌 헤셀)과의 우정이 회복되기도 했다. 블로흐가 파리에 온 것은 7월 중순이고, 오랫동안 철학에서 파트너 겸 경쟁자로 지내온 두 사람이 결국 만난 것은 그로부터 얼마 후였다. 벤야민에게는 블로흐를 만나는 일이 미묘한 숙제였다. 한편으로는 블로흐와 화해하고 예전의 우호적 관계로 돌아가고 싶은 마음도 컸지만, 다른 한편으로는 자기가 『이 시대의 유산』을 왜 그렇게 못마땅해하는지를 그에게 이해시키겠다는 결심도 컸기 때문이다. 『이 시대의 유산』이 벤야민의 파사주 모티프들을 예리하고 독창적인 방식으로 차용했다고는 해도 남의 모티프를 차용했다는 사실이 바뀌는 것은 아니었다. 하지만 블로흐를 만난 벤야민은 상대가 화해에 적극적인 것—"상당한 의리"를 보여주는 것—에 놀라면서 안도했다. 숄렘에게도 전했듯이, 벤야민은 이 만남을 통해 블로흐와 제한적이마나 우호적인 관계를 유지하게 되었다: "이런 상황에서 이 관계가 양쪽을 완전히 만족시키기란 불가능하다고 해도, 나는 이 관계를 지키는 일에 책임을 다하고자 합니다. 한편으로 나는 환상에 잘 빠지거나 감상에 잘 젖는다는 약점은 없는 사람이니 이 관계의 한계에 대해서는 나 자신도 잘 알고 있지만, 다른 한편으로는 내 친구들이 뿔뿔이 흩어진 상황이 나를 포함해서 한 사람 한 사람을 모두 고립으로 몰아넣었기 때문입니다"(BS, 170-171). 그때부터 두 사람은 블로흐가 코트다쥐르로 떠나는 8월 말까지 몇 주간 자주 만나게 된다. 벤야민에게 이렇게 토론할 상대가 생긴 것은 스코우스보스트란을 떠난 이후 처음이었다. 그렇지만 블로흐에게 자기 생각을 가로채기당하는 것을 계속해서 경계했던 벤야민은 『파사주 작업』에 대한 이야기는 최대한 피했다(BS, 165). 한편, 베를린에서 좋지 않게 헤어진 헬렌 헤셀과의 우정이 회복되었다는 것도 벤야민에게는 기쁜 일이었다. 이제 벤야민은 그녀와 함께 패션쇼에 참석하고, 그녀의 『유행의 본질』(패션 산업에 관한 짧은 책)을 읽기도 했다. 벤야민은 이 책에서 유행이 사회적, 상업적 차원에서 결정되는 면에 대한 상세한 설명을 높이 평가했고 『파사주 작업』에서는 이 책을 길게 인용했다.

벤야민이 7월에 쓴 한 편지에는, 1933년 이비사 체류 이후 새로운 친구("의미 있는 지인")를 단 한 명도 얻지 못했다는 한탄이 나온다. 그에게 파리는 스코우스보스트란이나 산레모 못지않게 고독한 곳이었다. 프랑스인 지인들이 없었던 것은 아니다. 남프랑스의 마르셀 브리옹과 장 폴랑, 파리의 아드리엔 모니에는 특히 그가 열심히 연락하는 지인들이었다. 그중 모니에 는 시인이자 서점 주인 겸 발행인으로 파리 모더니즘의 주요 인물이 된 것은 1920년대 초반이고, 그녀의 서점(6구 로데옹 가에 위치한 '책 친구의 집')은 책방 겸 대출 도서관이기도 하고 집회 장소 겸 강연장이기도 했다. 벤야민이 이곳을 대출 도서관으로 이용하기 시작한 것은 일찍이 독일학 연구자 펠릭스 베르토를 통해 모니에를 소개받은 1930년부터다:

마담, 베를린 출신의 작가이자 에세이스트인 무슈 발터 벤야민이 어제 제게 이런 말을 했습니다: "6년 전 NRF에서 출간된 시집의 작가를 아십니까? 제가 프랑스어로 읽은 모든 글 가운데 가장 큰 감명을 준 글입니다." 그 무슈가 제 게 이런 말을 했다고는 해도 저는 마담의 허락 없이 그에게 마담의 성함을 알 려주는 실례를 범할 수는 없다고 생각했습니다만, 그 무슈가 계속 마담에 대 해 몰라야 하는 것만 아니라면(프루스트를 번역한 사람입니다), 그 무슈는 마 담을 방문해도 좋다는 소식을 들을 경우 대단히 기뻐하리라 생각됩니다. (…) 이렇게 갑자기 연락을 드린 점을 부디 양해하시기를 바랍니다. 그저 저는 마 담을 향한 이 외국인 독자의 열성에 너무 감동한 까닭에 마담께서 그 열성을 최소한 알아주시기라도 했으면 좋겠다고 생각했고, 또 이 기회를 이용해 저 자신도 마담께 다시 한번 뜨거운 존경의 마음을 표하고 싶다고 생각했던 것입 니다."[3]

1936년이 되면 벤야민과 모니에의 관계는 이른바 "독일식 우정"에 대단히 근 접한다(GB, 5:230). 벤야민의 파리 나침반 위에서 모니에의 서점은 그 중요 성을 점점 더해갔다.

---

3 *Adrienne Monnier et La Maison des amis des livres 1915–1951*, ed. Maurice Imbert and Raphael Sorin(Paris, 1991), 43, 인용은 BG, 170.

아드리엔 모니에. 촬영: 지젤 프로인트(1908-2000)
(©지젤 프로인트, 국립박물관협회RMN, 국립현대미술관 조르주 퐁
피두 센터, 프랑스 파리 ©CNAC/MNAM/Dist, RMN 그랑드팔레/아
트리소스, 뉴욕)

벤야민은 이따금씩 크라카워나 블로흐를 만나면서 고립감을 덜곤 했다. 그 둘은 처지 면에서나 심리 상태 면에서나 극히 대조적이었다. 크라카워 쪽은 대개 풀이 죽은 상태였다. 소설 『게오르크』의 출판사를 찾지 못한 일로 계속 상심해 있었고, 자신의 미래에 대해 벤야민만큼이나 확신이 없었다. 반면 블로흐 쪽은 여느 때처럼 패기만만했다. 저서가 계속 성공할 뿐 아니라 당시에 세 번째 아내 카롤라를 얻었다는 것이 그를 더욱 의기양양하게 했다. 벤야민 자신이 카롤라를 싫어했던 것은 상황을 더 복잡하게 만들었다: "문제는 분위기입니다. 어떤 여자들은 남편의 삶에서 우정이 중요한 역할을 하도록 해주는 반면(엘제 폰 슈트리츠키가 바로 그렇습니다), 어떤 여자들은 존재만으로도 그것을 어렵게 합니다. 예전의 린다는 어느 정도 그랬다면 지금의 카롤라는 전적으로 어렵게 하는 여자인 것 같습니다"(BA, 77). 당시에는 린다 블로흐도 파리에서 궁핍함에 시달리고 있었는데, 벤야민은 그녀에게도 타고난(한결같다고는 할 수 없는) 아량을 발휘해 쌓였던 앙금을 털고 도움의 손길을 내밀었다.

이따금 우연한 만남이 벤야민의 기운을 북돋워주었다. 늦봄에는 친구 빌란트 헤르츠펠데 형제를 만났다. 형은 왕년의 다다이스트 존 하트필드(1891~1968)로, 베를린에서는 독보적인 포토몽타주 솜씨로 책, 잡지, 포스터에서 인기를 누린 디자이너였다. 지금의 우리는 하트필드를 히틀러 풍자화 가운데 가장 유명한 몇 장을 포함해 《노동자를 위한 화보신문》의 표지들로 기억하고 있다. 형제가 형의 포토몽타주 전시회에 참석하기 위해 파리에 와 있던 것은 4월과 5월이고, 하트필드에게 즉각 큰 인상을 받은 벤야민은 그사이에 그와 두 번 이상 어울렸다. 고된 타향살이는 두 사람의 피할 수 없는 화제였다. 하트필드는 벤야민에게 독일을 탈출하던 때의 끔찍한 이야기를 들려주기도 했다. 그 유명한 포토몽타주로 인해 1933년에 집권한 새 정권의 명백한 표적이 된 탓에 그는 나치돌격대에게 아파트를 급습당하면서 그야말로 아

카드식 목록을 작성하는 벤야민, 파리 국립박물관. 촬영: 지젤 프로인트(1908–2000)
(ⓒ지젤 프로인트, RMN ⓒRMN 그랑드팔레/아트리소스, 뉴욕)

슬아슬하게 탈출했다는 이야기였다. 또한 두 사람에게는 사진이라는 공통의 관심사가 있었다. 두 사람이 사진에 관해서 "정말로 유익한 대화"를 나누었다는 게 벤야민의 말이다(C, 494).

초여름 벤야민은 국립도서관의 여러 분관을 오가면서 『파사주 작업』을 진행했다. 국립도서관의 유명한 비공개 컬렉션 '지옥Enfer'(1830년대에 처음 만들어진 에로티카 및 포르노그라프 컬렉션의 공식 명칭)을 열람할 기회도 있었다('지옥' 컬렉션 일부가 최초로 일반 관람객에게 공개되는 것은 2007년이다). 벤야민이 자료 조사 작업을 이렇듯 국립도서관의 구석구석으로 확장한 것은 엑스포제를 작성하면서 『파사주 작업』의 중요성을 새삼 확신하게 되었기 때문인 듯하다: "극히 개인적인 데서 출발했음에도 불구하고 우리 세대의 결정적인 역사적 관심사를 다룬다고 믿습니다"(GS, 165). 벤야민이 특정한 과거(19세기 파리)와 현재 사이의 복잡한 관계를 좀더 철저하게 정리하기 시작한 것은 이 무렵이었다. 역사 연구자가 현재의 "결정적인 역사적 관심사"의 윤곽을 파악하려면 과거 속에 묻혀 있던 역사적 대상을 발굴하고 재구성해야 하리라는 것이었다: "역사적 이미지를 포착함에 있어 삶이 취하는 가장 초라한 형태, 곧 삶의 폐품들을 포착하고자 하는 시도입니다"(BS, 165). 그렇게 작업하는 몇 달 동안 『파사주 작업』의 메모(19세기와 20세기의 점점 늘어나는 자료로부터의 인용문, 그리고 벤야민 자신의 간결한 논평과 논의)는 순식간에 엄청난 분량이 되었다. 자료가 운반하기 어려울 정도로 늘어나면서 폴로크는 그때까지 나온 필사본 전체를 복사해놓자고 제안하며 복사비를 지원해주었다.4 마르크스의 『자본』 제1권의 "탐험"이 시작된 것도 그 무렵이었다(BA, 101). 이렇게 『파사주 작업』을 진척시키는 데 여념 없었던 탓에(그리고 사회연구소로부터 오는 연구비가 일시적으로 인상된 덕에) 1935년에는

---

4 볼 곳은 GS, 5:1262.

벤야민이 발표한 글이 매우 적었다. 7월에 한 편이 《프랑크푸르트 신문》에 필명으로 실렸는데, 그것이 생전에 독일에서 발표된 마지막 글이었다.

1935년 내내 『파사주 작업』이 진행되면서 벤야민의 관심은 점점 시각예술 쪽으로 향했다. 생드니 사건을 기념하는 연례행사의 부대 행사로 열린 파리 코뮌 관련 도판 및 자료 전시회, 15세기 이탈리아 걸작 500점을 내건 미술전 등에도 찾아갔다. 15세기 이탈리아 미술은 그에게 특히 큰 감명을 주었다. 그가 옛날 그림들을 보는 눈이 얼마나 예리하고 열성적이었는가는 카를 티에메와 주고받은 편지로도 알 수 있고, 그의 예술 관련 논의들 가운데 다수는 『파사주 작업』에도 기록되어 있다. 벤야민의 논문 중에 르네상스 회화에 대한 논의가 직접 등장하는 경우는 거의 없지만, 1936년작 「기술적 복제가 가능한 시대의 예술작품」 중 라파엘의 「시스티나의 마돈나」에 관한 각주를 보면, 그에게 15세기 이탈리아 미술전의 감동이 어떠했는가를 알 수 있다. 물론 「기술적 복제가 가능한 시대의 예술작품」의 주안점은 사진과 영화의 관계에 천착하면서 영화를 예고하는 기타 19세기 시작 형식들을 함께 검토하는 데 있다.

6월 말 벤야민은 자기 사유에 획기적인 전기가 마련되리라는 기대 속에 '문화수호를 위한 국제작가회의'에 참석했다. 6월 21일에서 24일까지 생빅투아르 가에 있는 '조합센터'에서 열린 이 회의는 40개국에서 230명의 작가가 참석하고 2000명의 청중이 운집한 대규모 행사였다.[5] 홍보 콘셉트는 파시즘의 위협에 맞서 서구 문화를 수호하고자 하는 작가들이 모인다는 것이었지만, 최초의 동력은 모스크바 코민테른 내부에 있었다. 최초의 조직책이었던 요하네스 베허(나중에 동독 문화장관이 되는 인물)와 소설가 앙리 바르뷔스

---

5 회의록 전체는 2005년에야 출간되었다. 볼 곳은 Teroni and Klein, *Pour La défense de la culture*. 이 회의에 대한 권위 있는 평가를 보려면 Rabinbach, "When Stalinism was a Humanism: Writers Respond to Nazism, 1934–1936," in *Staging Anti-Fascism*.

(공산주의 저널 《세계》의 편집장)는 '소비에트 작가연맹'(1934년에 아방가르드적 RAPP를 대체하게 된 단체)의 틀 안에서 행사를 조직하면서 다양한 성향의 서구 작가들을 소비에트 문화 정책 안에 포섭할 수 있으리라 기대했다. 그런데 바르뷔스가 건강 악화로 일선에서 물러나고 앙드레 말로와 일리야 예렌부르크가 조직책이 되어 점점 더 영향력을 얻으면서, 행사의 진용은 넓어지고 당은 직접적인 통제권을 상실했다. 수정된 형태의 초대장이 1935년 3월 《세계》에 실렸다. 말로, 예렌부르크, 베허, 그리고 (의미심장하게도) 앙드레 지드가 서명한 이 초대장은 "인류 문화유산의 수호자"라는 작가의 역할을 강조하면서 모든 정치적 결론들을 폄하하는 내용을 담고 있었다.[6] 행사가 이렇게 방향을 틀면서 개회사는 네 사람의 주요 작가(E. M. 포스터, 쥘리앙 방다, 로베르트 무질, 장 카수)에게 돌아갔다. 넷 다 소비에트 대표단이 홍보하는 일원화된 "문화유산" 개념을 거부하는 작가였다. 그럼에도 안존 라빈바흐가 지적했듯이, 스탈린주의가 인본주의이며, 나아가 유럽에서 파시즘의 위세에 성공적으로 저항할 수 있는 유일한 인본주의라는 것에 대해서는 이견이 거의 없었다. 인본주의를 이렇게 이해한다는 것은 주로 초현실자들로 대표되는 혁명적 아방가르드의 예술활동을 거부한다는 뜻인 동시에 방다, 헉슬리, 포스터, 무질로 대표되는 "부르주아" 작가들의 예술활동을 거부한다는 뜻이었다(앙드레 브르통과 예렌부르크 사이에 분쟁이 있고 나서 초현실주의자들은 행사에서 배제당한 상황이었다). 혁명적 아방가르드의 어젠다와 이른바 부르주아 예술의 어젠다 모두를 대신해서 막연하게 친親소비에트적인 진보적 어젠다—"문화유산"(이 행사의 은어)과 "자본주의의 타락 및 파시즘의 야만에 저항하는 투쟁"(게오르기 디미트로프의 표현)이라는 두 극단 사이에서 이른바 중도를 걷는 어젠다—가 등장했다.[7] 소설가이자 평론가 장 카수가 이 어젠

---

6 Rabinbach, "When Stalinism was a Humanism."

다의 테두리를 명확히 했다: "우리 예술은 혁명에 봉사하지 않고, 혁명은 우리 예술에 책임을 묻지 않습니다. 그러나 우리 예술은, 예술 전체로서, 우리 정신 속에 살아 있는 문화와 전통으로서, 우리를 혁명으로 이끕니다."[8] 좀더 노골적인 표현을 쓰자면, 이 행사에서 내놓은 이른바 반파시즘 미학—혁명적 유물론도 아니고 비정치적 자유주의도 아닌 모종의 문화적 종합—의 전제는 러시아 혁명이 "인류의 역사가 시작된 이래 이어지고 있는 크고 길고 끈기 있는 인본주의 혁명"[장 게노의 표현]의 한 계기라는 것이었다.[9] 파시즘은 퇴행이요 중세로의 회귀인 반면, 공산주의는 미래라는 이야기였다.

벤야민과 브레히트는 이 회의에 크게 실망했다(두 사람은 회의장에서 자주 만날 수 있었다). 브레히트는 "거창한 단어"와 "자유에 대한 사랑이니 존엄이니 정의니 하는 때늦은 개념들"에 반대했고, "계급"과 "재산 관계" 같은 용어들을 억제하는 것을 비판했다.[10] 당시 유럽의 지식인들을 풍자하는 투이 소설Tui-Roman을 쓰고 있던 브레히트는 (벤야민의 표현을 빌리면) 이 행사에서 "본전을 뽑을" 수 있었다. 반면 벤야민에게 이 행사의 "유일하게 만족스러운" 면은 브레히트와 이야기를 나눌 기회였다는 것이다. 호르크하이머에게 보낸 편지의 한 대목—이 회의에서 만들어진 상설 기구들이 "그때그때 유익하게 관여할 수 있을 듯합니다"—이 행사에 대한 벤야민의 가장 긍정적인 논평이었다(GB, 5:126). 공산당 서기장 안드레이 즈다노프의 '모스크바 작가회의' 연설('사회주의 리얼리즘'의 패권과 선진 예술의 추방을 선언한 1934년 연설)이 있은 뒤로 작가들이 선진 예술의 퇴출에 침묵으로 공모하고 있다는

---

7 Wolfgang Klein and Akademie der Wissenschaften der DDR, Zentralinstitut für Literaturgeschichte, *Paris 1935: Erster Internationaler Schriftstellerkongress zur Verteidigung der Kultur. Reden und Dokumente mit Materialien der Londoner Schriftstellerkonferenz 1936*(Berlin: Akademie-Verlag, 1982), 60, 인용은 Rabinbach, "When Stalinism was a Humanism".

8 Klein, *Paris 1935*, 56, 인용은 Rabinbach, "When Stalinism was a Humanism".

9 Klein, *Paris 1935*, 61, 인용은 Rabinbach, "When Stalinism was a Humanism".

10 Rabinbach, "When Stalinism was a Humanism."

게 벤야민에게는 분명 기운이 빠지는 일이었을 것이다. 그렇게 보자면, 벤야민의 미발표 강연문 「생산자로서의 저자」—예술적으로 진보적인 형식만이 정치적으로 진보적일 수 있다고 주장하는 글—는 다수가 새로운 소비에트 모델에 투항하는 이후의 사태에 대한 예견적 비판으로도 읽힌다.

7월 중순에는 하루가 멀다 하고 『파사주 작업』과 관련된 흥미진진하고 새로운 발견이 나오는 한편 생활 조건도 나아졌다. 여동생이 외국에 나가 있는 동안에는 여동생의 거처—빌라 로베르 랭데라는 15구의 볼품없는 거리에 위치한 아파트—에서 지낼 수 있었다. 남매의 관계는 망명생활 중에 나아졌는데, 둘 다 힘든 생활을 하고 있을 뿐 아니라 다른 인간관계가 없다는 게 그 이유였을 것이다. 도라는 파리 망명 후 첫 두 해에는 프랑스 가정의 하녀로 일했지만(취업 기회가 막힌 전문직 여성의 일반적인 해결책이었다), 1935년 초부터는 사회복지의 현장 조사를 염두에 두고 같은 아파트에 사는 난민 자녀들을 보육하는 일로 소득을 마련하면서 집에 전대자—이웃이자 친구였던 프리츠 프렝켈의 모친—를 들여 가외소득을 얻기 시작했다. 도라에게 강직성 척수염(1943년 스위스에서 끝내 그녀의 목숨을 앗아가는 질병)의 초기 증상이 나타난 것은 바로 이런 새 출발을 할 때였다. 육체적인 증상과 함께 심한 우울증도 나타났다. 1935년 2월 아직 산레모에 있던 벤야민은 여동생을 돕기 위해 전처에게 여동생 앞으로 돈—이 위기를 극복하는 데 충분한 액수—을 송금해줄 것을 부탁하기도 했다. 벤야민이 여동생에게 도와달라는 편지를 보낸 것은 그 직후였는데, 도라의 1935년 3월 답장으로도 알 수 있듯이, 당시 도라는 벤야민 못지않게 생계가 불안정한 상태였다: "먹고살기 위한 투쟁이 내게 얼마나 힘든지, 거의 매일 극심한 통증을 느끼면서 일하는 것이 얼마나 힘든지 오빠는 그렇게 알고 싶어하지 않는 것 같네요. 나에게 이따금 반 달씩 휴가를 얻을 가능성마저 없어진다면, 내 처지는 지금 당장 목숨을 끊어도 아깝지 않을 만큼 끔찍할 텐데. 아직 그 정도까지는 아니지만." 도라는 이렇듯 자신의 절박한 처지를 설명한 후, 놀랍게도 도라 조피 벤야민[벤야민의 전처]에게 갚을 돈 300프랑을 포함해 600프랑을 동봉하겠다고 적고 있다. 여름에 도라의 소득은 외국에 다녀올 수 있을 정도—그리고 외국에 나가 있는 동안 오빠에게 자기 집을 쓰게 할 정도—로 늘어나 있었다. 2년 동안 호텔을 전전해야 했던 벤야민은 한동안 "가정집에 산다는 느낌"을 만끽했다. 10월이면 떠나야 했지만, 그때까지만이라도 자기 집이라는 기분을 내면서 집 안 벽에 그림을 걸어놓기도 했다. 그중에는 예전에 베를린에서 그레텔 카르플루스에게 선물받은 복제화도 있었고, 코펜하겐의 전문 타투이스트에게서 구입해 애지중지하던 에피날 판화도 있었다.

8월은 이렇듯 거처가 비교적 편안해졌음에도 불구하고 힘든 시기였다. 연구소에서 지급되는 연구비는 원래대로 월 500프랑으로 깎였고, 원고료 수입은 하나도 없었다. 기본적인 생활비를 감당하는 것도 힘들었다. 게다가 8월의 파리는 유령도시였다. 시절의 뒤숭숭함도 일제히 휴가를 떠나는 프랑스인들을 막을 수는 없는 모양이었다. 망명자들조차 "수중의 몇 푼을 긁어모아" 파리를 떠났지만, 그것도 긁어모을 게 있을 때나 가능한 이야기였다. 파리를 떠나지 못하고 혼자 남은 벤야민은 그저 몽상 속에서 여행을 떠나는 수밖에 없었다. 그 몽상을 알프레트 콘에게 전하기도 했다: "자꾸 바르셀로나가 생각납니다. 당신이 있는 곳이어서 그렇기도 하지만, 이 하계 자택 거주 일정이 끝까지 익숙해지지 않을 것 같아서이기도 합니다. 마침 비가 그치지 않으니, 빗소리에 기차가 달리는 소리가 몽타주되기도 합니다. 성가족 교회와 티비다보 산이 비오는 스크린 위에서 흐릿해진다는 것은 두말할 필요도 없습니다" (GB, 5:146).[11] 그렇지만 이 "자택 거주 일정"은 벤야민에게 글 읽는 시간을 더 많이 마련해주었다. 낮에는 『파사주 작업』과 관련된 프랑스어 자료를 읽

---

11 성가족 교회는 안토니오 가우디가 건축한 바르셀로나의 미완성 성당이고, 티비다보 산은 바르셀로나를 굽어보는 콜리세롤라 산맥을 이루는 봉우리 중 하나다.

고, 밤에는 탐정소설에서 철학까지 온갖 글을 무작정 읽었다. 그중에는 레오 스트라우스의 신간 『철학과 법』도 있었다. 한편, 남동생이 조넨부르크 집단 수용소에 수감돼 있다는 눈앞의 문제와 관련된 책들도 여러 권 읽었다. 빌리 브레델의 『시련: 집단수용소에서 쓴 소설』을 읽고 그 감상을 전하기도 했다: "읽을 가치는 있는 책입니다. 저자가 수용소를 재현하는 부분에서 왜 확실한 성공을 거두지 못했는가를 생각해본다면 배울 점이 있습니다"(GB, 5:130). 또한 친구들에게 볼프강 랑호프의 『습지의 군인들』을 보내달라고 부탁했다 (실제로 받아봤는지는 알 수 없다). 브레델과 마찬가지로 랑호프도 강제수용 소에 수감된 경험이 있는 작가였고, 『습지의 군인들』이라는 제목에서 '습지' 는 뵈르거모어[뵈르거 습지]라는 강제수용소에서 따온 표현이었다.

10월 1일 여동생은 아파트로 돌아왔고 오빠는 이사를 나갔다. 또다시 싸 구려 호텔을 전전하고 싶지 않았던 벤야민은 파리에서 사무보조원으로 일하 는 우르셀 부트라는 독일 망명 여성으로부터 베나르 가 23번지 아파트의 방 한 칸을 전대하는 형태로 비교적 안정된 거처를 구했다. 벤야민보다 스물세 살 연하로서 마찬가지로 베를린 출신의 유대인이었지만 벤야민과 같은 화 려한 배경은 없었다(여성 직업학교에서 상업 교육을 받은 여자였다). 부트 는 1939년 10월부터 1941년 5월까지 (벤야민보다 훨씬 길게) 프랑스의 억 류 시설에 수감되었다가 1942년 마르세유를 통해 프랑스 탈출을 시도한다. 이후의 행적은 알 수 없다.[12] 벤야민이 베나르 가 아파트의 "아주 작은" 안락 한 방 한 칸의 전대 세입자로 지낸 것은 1937년 10월까지 2년간이었다(GB, 5:198-199). 14구 한복판의 다소 음울한 동네였지만, 지하철역과 가까웠 고, 무엇보다 벤야민이 즐겨 출입하는 몽파르나스 불바르의 카페들까지 북쪽 으로 도보로 불과 20분 거리였다. 새 거처를 위해 아르놀트 레비-긴스베르

---

12 우르셀 부트에 대해서 보려면 GB, 5:166-167n.

크와 밀리 레비-긴스베르크의 도움으로 약간의 가구를 장만했고, 얼마 되지 않는 복제화와 에피날 판화 컬렉션을 옮겨오기도 했다. 이사에 따르는 고충 말고도 몇몇 의외의 고충을 마르가레테 슈테핀(브레히트의 공동 작업자)에게 전하기도 했다: "사방에서 물건들이 봉기를 일으켰습니다. (…) 내가 사는 곳은 7층인데 시작은 승강기의 파업이었고, 다음은 내 애용품들의 집단 망명이었으며, 최악은 나한테 하나밖에 없는 아주 멋진 만년필의 실종이었습니다. 커다란 고난의 시기였습니다"(C, 510-511). 그렇지만 그달 말이 되면 그런 고충 같은 것은 이미 멀리 사라진 뒤였다. "어쩌면 날마다 저 위에서 윙윙대는 미친 가을 폭풍 때문"일 수도 있고 (C, 511), 어쩌면 새집의 편의시설 덕분일 수도 있었다. 어쨌든 온수가 나오는 욕실과 전화기가 있는 새집은 아주 쾌적했고(기대 수준을 훨씬 웃돌았다), 그 덕분에 작업의 "무거운 부담"마저 상당히 가볍게 느껴졌다(GB, 5:198-199).

새로운 거처와 『파사주 작업』이 계속 안겨주는 자극에도 불구하고 그 가을에는 우울증과 절망감이 재발했다. 우울증 자체는 그의 망명생활 내내 종종 나타나는 증상이었지만, 1935년 가을의 우울증은 단연 심각했다. "절망적"이라는 표현을 쓴 것도 여러 번이었다: "사방은 어둡고 불확실합니다. 내면적 평정을 주는 것은 작업뿐입니다. 작업 아닌 다른 일에 내 모자란 시간을 쓸 엄두가 나지 않습니다. (…) 가장 기본적인 생필품이 마련되어 있는 때가 한 달에 **길어야** 두 주뿐입니다"(C, 511-512, 514). 호르크하이머에게도 어려운 사정을 전했다: "빚이 없는 상태 중에서 최악의 상태입니다. (…) 신분증[의사의 진찰을 받거나 당국에 신원을 증명할 때 반드시 필요한 증명서]을 갱신해야 할 때가 되었는데 갱신료 100프랑이 없다는 소식을 흘리겠습니다"(C, 508-509). 이 탄식을 흘려듣지 않은 호르크하이머는 10월 31일 신분증 갱신 비용 300프랑과 프랑스 기자증을 보내주었다. 한편, 아도르노는 엘제 헤르츠베르거(벤야민에게 연구비 지원을 약속한 뒤 한동안 약속을 이행하지 않고 있던 후원자)에게 "도덕적 압력"을 행사해 연구비를 받아주겠다고 다짐했다(GB, 5:113n). 이런 후원에도 불구하고 벤야민이 생각하는 스스로의 처지는 모스크바 이주를 심각하게 고려하는 것을 정당화할 만큼 절망적이었다. 당시 모스크바 정착에 성공해 암센터에서 일하고 있던 비싱은 소비에트연합에 벤야민의 일자리가 있을 거라고 확신하면서 라치스와 헤르바르트 발덴 등 수많은 인맥을 동원해 그 일자리를 찾고 있었다(비싱은 항상 광신적인 면이 있었다). 1910년대와 1920년대에 베를린 모더니즘의 중심에서 화랑 경영자이자 발행인으로 활동하던 발덴은 당시 모스크바에서 학생들을 가르치고 있었다. 하지만 그레텔 카르플루스는 벤야민의 모스크바행에 반대하면서 지극히 타당한 이유 몇 가지를 들었다. 그중에는 아샤 라치스와 같은 도시에서 살고 싶은 것은 아니지 않느냐는 반문과 연구소의 월 급여가 중단되는 것을 포함하는 엄청난 변화를 어떻게 감당하겠느냐는 질문도 있었다. 이번의 이주 계획도 곧 (그리고 최종적으로) 없던 일이 되었다. 이 대목에서 우리는 헤르바르트 발덴의 불행한 운명을 모종의 경고로 읽을 수도 있다. 발덴의 모스크바 시절에 대해서는 알려진 게 거의 없지만, 그가 선진 예술과 파시즘을 동일시하는 사람들에게 반론을 제기하고 싶은 유혹을 참지 못했다는 것—그리고 이로써 치명적 결과를 자초했다는 것—은 분명하다. 발덴은 1941년 사라토프 연방교도소에서 세상을 떠났다. 벤야민이 소비에트적 미학 체계에 순응했을 리는 없으니, 소비에트에서 발덴의 전철을 밟지 않았으리라고 상상하기란 어렵다.

벤야민 자신의 고초에 더해 친구와 가족들로부터 나쁜 소식이 계속 쏟아져 들어왔다. 바르셀로나의 알프레트 콘은 이주 초기에는 성공의 조짐도 보였지만 당시에는 생활 기반을 잃어갔다. 콘으로부터 다른 곳으로 이주하겠다는 결심(결국 실행되지 못한)을 전해 들은 벤야민은 콘이 "아직 내게 존재하는 얼마 되지 않는 사람들의 반경"에서 벗어나리라는 생각에 큰 충격을 받기도 했다: "외적인 위기가 닥칠 때 도덕의 위기가 함께 닥치는 것은 당연합니다. 지금 내가 작성하고 있는 사상자 명단에 언젠가 내 이름도 올라가게 되는 건 아닌지 모르겠습니다"(GB, 5:183). 한편, 에곤 비싱은 벤야민의 끊임없는 걱정거리였다. 비싱이 또다시 모르핀에 손을 댐으로써 모스크바에서의 입지를 위태롭게 만들고 있다는 소문이 들려왔다. 벤야민은 리비에라에서 이 말썽 많은 조카를 거두어들였을 때부터 마치 아버지와 같은 책임감을 느끼고 있었다. 그레텔은 비싱이 또다시 약에 빠진 듯한 기미는 전혀 없었다는 말로 벤야민을 안심시키기도 했다.

벤야민에게 최악의 사태는 숄렘과의 관계에 심각한 위기가 닥친 일이었다. 숄렘은 콘이나 쇤 같은 학창 시절 친구만큼 가깝진 않았지만, 학문적 교류 면에서는 가장 오랜 파트너의 자리에 있었다. 벤야민과 숄렘의 삶과 학문적 지향이 달라지면서(특히 벤야민이 특이한 좌익주의를 기반으로 시온주의에 한층 더 대립각을 세우면서) 두 사람은 점점 멀어질 수밖에 없었지만, 그럼에도 벤야민은 여전히 숄렘이라는 파트너에게 크게 의지하고 있었다. 숄렘은 언제나 난폭할 정도로 솔직하고 때로 놀라울 정도로 예리한 대답을 해준다는 것을 벤야민 자신도 잘 알고 있었던 것이다. 그러니 숄렘의 편지가 여름과 가을에 점점 뜸해지다가 12월에 거의 끊긴 것은 벤야민에게는 대단히 야속한 일이었다. 벤야민은 키티 마르크스-슈타인슈나이더에게는 숄렘을 찾아가 벤야민이라는 친구가 파리에서 얼마나 힘든 상황에 있는지를 본 대로 전해줄 것과 팔레스타인 초청 이야기를 다시 꺼내지 않는 이유를 물어봐달라고 부탁했다. 한편 그레텔에게는 숄렘에 대한 불만을 털어놓았다: "내 편지는 숄렘으로부터 모종의 반응을 끌어냈습니다. 그 가엾을 정도로 당황스러워하는 반응은(기만적이었다는 표현을 피해 당황스러워했다고 쓰겠습니다) 나에게 숄렘의 개인적 본성은 물론이고 지난 10년간 그를 만들어낸 그 나라의 도덕적 풍조에 대해 더없이 슬픈 깨달음을 주었습니다. 그는 아직도 분명한 말을 하지 않고 있습니다. 한때는 나에게 오라고 성화였는데, 내가 진짜

갈 것 같으니까 오히려 미적거리고만 있습니다. 내게 마음을 써주는 척하는 (으스대면서 쉬쉬하는) 그의 기만적 태도를 바라보는 심정이 그에게 알려지는 것은 내가 크게 바라는 바는 아닙니다. 아시잖습니까. 숄렘은 내가 덴마크에서 누군가와 우정을 나눔으로써 신의 진노를 샀으니 이런 처지에 빠뜨림으로써 내게 벌을 내리는 신은 찬양받아 마땅하다는 식으로 생각하는 사람이라 해도 과언은 아닐 것입니다"(BG, 172-173). 벤야민은 그레텔에게 이런 글을 써 보냄으로써 한편으로는 자신의 분노를 가라앉힐 수 있었고(그레텔의 입장에서는 그저 벤야민이 들려주는 재미있는 이야기 중 하나였을 것이다), 다른 한편으로는 자기 친구이자 아카이브 관리자가 드러내는 이데올로기적 약점을 너그럽게 용서하겠다는 비장한 결심을 다질 수 있었다. 이 사태가 해결되는 것은 이듬해 봄이 되어서다.

벤야민은 1935년 가을 내내 역경 속에서 작업을 이어나갔다. 경제적 그리고 인간관계의 어려움에 더해, 자기 작업이 어떤 운명을 맞을지 점점 더 불확실해진다는 것도 감당하기 힘든 어려움이었다: "책이 되지 못하고 부서진 것들이 가끔 꿈에 나옵니다. 『1900년경 베를린의 유년시절』이 그렇고, 편지 선집이 그렇습니다. 그런 꿈을 꾸고 나면, 도대체 어디서 새 작업을 시작할 힘이 나오는 것인지 나 자신도 놀라고 맙니다. 상황이 상황이니만큼, 새 작업이 어떤 운명을 맞을지는 내 미래가 어떻게 될지에 못지않게 예측 불가능합니다. 그렇지만 바깥 날씨가 너무 험악해지면, 숨어들 수 있는 곳은 새 작업뿐입니다"(BS, 171). 여기서 말하는 새 작업에는 우선 「수집가이자 역사가 에두아르트 푹스」의 집필을 위한 자료 검토가 있었다. (8월에 파사주 작업까지 미루면서 매달린 데다 연구소로부터 독촉을 받고 있었다. 여름에 몇 번의 만남으로 푹스에게 개인적 호감을 느꼈던 벤야민은 가을에 집필을 끝낼 생각이었지만, 계속 다른 작업이 끼어들면서 자료 검토가 1년 반 더 이어진다. 그렇지만 본격적 집필이 시작된 후에는 의외로 쉽게 진행되어 1937년 1월과 2월에 초고가 나온다.) 『1900년경 베를린의 유년시절』이 진전을 보이지 않은 대신 인상적인 단편소설들이 나오기도 했다: "그저 내 작업량을 2배, 3배 늘리고자 단편을 한 뭉치 썼습니다"(C, 513). 11월에 스위스의 《신취리히 신문》에 실린 「라스텔리가 들려주는 보석 같은 이야기」—도구성의 우화—는 그중 한 편인 것 같다. 괴테의 『친화력』에 관한 강연—벤야민이 숄렘 등에게 보낸 편지에 따르면, 소르본 대학 '독일학 연구소'의 2월 강연—을 위한 원고도 작성되었다(실제로 강연이 있었는지는 알 수 없다). 또한 벤야민은 돌프 슈테른베르거의 『사유된 죽음』(1934년에 나온 하이데거 연구서)에 대한 서평을 맡을까 고민했다. 슈테른베르거(1907~1989)가 《프랑크푸르트 신문》 편집위원이 된 것은 1934년이지만, 그 몇 년 전 에른스트 쇤의 집에서 벤야민을 만난 적도 있었고, 1930년에서 1933년 사이에는 아도르노와 가깝게 지내면서 아도르노의 몇몇 세미나에 참석하기도 한 사람이었다. "하이데거와 언어"에 대한 슈테른베르거의 견해에 관심이 없지 않았던 벤야민이 끝까지 서평을 맡지 않은 이유는 프라이부르크의 철학자 하이데거에 대한 혐오감 때문이었던 듯하다. 이런 철학자가 전 세계적 명성을 누린다는 것이 씁쓸함과 함께 불길한 예감을 안겨주었다(GB, 5:156; GB, 4:332-333).

새 작업 가운데 가장 중요했던 것은 미학 분야의 "강령적" 작업(벤야민 자신이 여러 편지에서 사용한 표현), 곧 「기술적 복제가 가능한 시대의 예술작품」이었다. 1931년 「사진의 작은 역사」의 논의에서 벗어나 복제 기술력이 예술작품의 생산과 수용에 미치는 영향을 검토한다는 점에서 『파사주 작업』의 인식론적, 역사학적 원칙들(다시 말해 19세기 예술의 "운명"을 현재의 관점에서 인식하겠다는 시도)과 확실한 연계가 있는 글이었다. 이제 벤야민의 가장 유명한 글이 된 이 논문에 대한 최초의 언급은 10월 9일 그레텔 카르플루스에게 보낸 편지에서 찾아볼 수 있다:

지난 몇 주 동안 나는 지금의 예술—예술이 처한 지금의 상태—의 은밀한 구조—19세기 예술의 "운명" 속에 있는 어떤 요소, 지금 우리에게 중요한 의미를 지니는 것은 물론이고 지금에야 우리에게 처음으로 중요한 의미를 띠게 되었다고 할 수 있는 19세기 예술의 그 요소를 인식하게 해주는 무엇—를 인식했습니다. 이 인식의 예를 통해 나는 나의 인식 이론—내가 "인식 가능성의 지금"이라는 극히 밀교적인 개념으로 요약해놓은—을 최종적으로 구체화할 수 있었습니다. (이 개념에 대해서는 아직 당신에게도 이야기하지 않은 것 같습니다.) 19세기 예술의 어떤 요소, 곧 오로지 "지금"이라는 시간에만 인식될 수 있는(과거에는 인식될 수 없었던, 그리고 미래에는 인식될 수 없을) 19세기 예술의 요소를 내가 발견했다는 이야기입니다(GB, 5:171).

한 주 뒤 호르크하이머에게 보낸 편지에서는 이 논문을 더 거창하게 소개하고 있다:

유물론적 예술론의 진일보를 이룬 글입니다. (…) 19세기 예술의 운명이라는 『파사주 작업』의 주제가 우리에게 의미가 있다면, 그 유일한 이유는 이 운명의 시간을 알리는 괘종 소리가 지금 처음으로 **우리** 귀에 울리고 있기 때문입니다. 예술에 운명의 시간이 닥친 것이 바로 지금이라는 뜻입니다. 나는 바로 그 신호를 일련의 잠정적 논의로 집약했습니다. 그것이 「기술적 복제가 가능한 시대의 예술작품」이라는 글입니다. 예술론의 질문을 그야말로 현재적으로 제기하고자 하는 글, 다시 말해 정치와의 **무매개적** 관련성을 철저하게 배제하고 그야말로 안으로부터 풀어내고자 하는 글입니다(C, 509).

영화란 본질적으로 동시대적 예술이라는 논의, 그리고 충격이 영화 수용의 바탕이라는 사실은 인간의 "통각"이 도처의 "장치"에 의해 삼투됨으로써 근본적으로 바뀌었음을 보여주는 징후라는 논의를 펼치는 「기술적 복제가 가능한 시대의 예술작품」은 예술과 기술의 관계 변화라는 『파사주 작업』의 관심사를 조명하는 면도 있었다.

이렇게 급격히 샘솟는 아이디어들에 고무된 벤야민은 국립도서관에서의 "역사 연구들"을 중단하고 집에 틀어박혀 "자기 방의 속삭임"에 귀를 기울였고(GB, 5:199), 이렇게 9월의 전부와 10월의 대부분을 쏟은 끝에 「기술적 복제가 가능한 시대의 예술작품」의 첫 번째 버전을 작성했다. 그 후 12월에 이 글을 다시 잡은 벤야민은 글 전체를 다시 쓰기 시작했다. 12월 중반에 파리에 와 있던 호르크하이머와 대화를 나눈 뒤로는 각주들이 추가되었고, 이 글의 정치적-철학적 논제와 관련된 아도르노의 제안들도 반영되었다. 이렇게 해서 1936년 2월 초에 두 번째 독일어 버전이 완성되었다. 그것이 지금 남아 있는 「기술적 복제가 가능한 시대의 예술작품」의 가장 포괄적인 버전이자 여러 주요 논점에서 가장 구체적인 버전이다(미리암 브라투 한젠이 이 버전을 "원본Urtext"이라고 부른 뒤 이 이름이 계속 사용되었다). 하지만 벤야민은 또 개작을 시작해 1939년 3월, 4월까지 붙잡고 있었다. 이렇게 해서 마지막으로 나온 세 번째 버전이 1955년에 출간된 최초의 독일어 버전—이 글의 명성의 시발점—의 바탕이 되었다(벤야민 자신은 끝까지 이 글을 미완성이라고 생각했다). 1936년 5월 《사회연구지》에 프랑스어 번역으로 처음 출간된 「기술적 복제가 가능한 시대의 예술작품」은 지금까지 벤야민의 글 중 가장 많이 인용되고 있다.

「기술적 복제가 가능한 시대의 예술작품」은 현대 자본주의의 조건들 하에서 사람이 경험할 수 있는 것들—현대 기술력에 근본적인 방식으로 연계되어 있는 영역—을 탐구한다.[13] 이 글의 출발점은 자본주의의 가장 큰 해악 중 하나가 사람이 적절한 경험을 얻는 데 필요한 조건들의 파괴라는 (「경

---

13 볼 곳은 Hansen, *Cinema and Experience*.

험과 빈곤」에서 가장 효과적으로 천명된) 신념이다. 이 글에서 **기술력**은 일견 모순적이다. 한편으로는 경험을 빈곤화하는 가장 큰 원인이지만 다른 한편으로는 잠재적 **해결책**이기도 하기 때문이다. 「수집가이자 역사가 에두아르트 푹스」의 표현을 빌리면, 인간의 경험을 탈자연화시킨 것은 우리가 저지른 "기술력의 오용"이다(SW, 3:266). 현대의 기술력이 이렇게 오용됨으로써 한편으로는 감각의 마취anaesthetization가 가능해지고 또 한편으로는 근본적으로 잔혹한 생산 및 통치 조건들의 심미화aestheticization가 가능해진다(『파사주 작업』은 이러한 오용을 추적하면서 19세기로 거슬러 올라가는 작업이다). 하지만 이 기술력에는 사람의 경험을 물적 속박으로부터 벗어나게 해줄 해방의 잠재력 또한 깃들어 있다. 이 잠재력을 분석한다는 목적 하에서 「기술적 복제가 가능한 시대의 예술작품」은 영화 매체에 내재하는 새로운 지각 양식들을 지극히 기교적으로 재검토한다. 개별 테제들을 병렬하는 일종의 테제 몽타주 형식을 취하는 이 글에서 벤야민은 영화의 두 가지 잠재력을 중요하게 언급한다. 첫째, 복제 가능한 예술작품인 영화는 지배계급이 지난 수백 년 동안 권력 유지 수단으로 이용해온 문화적 전통의 근간을 뒤흔들 수 있다. 둘째, 영화는 사람에게 장착되어 있는 감각 장치 자체에 근본적 변화를 불러올 수 있다. 인간이 작금의 거대한 반反인간적 사회 장치에 대처하려면 새로운 통각과 반력이 요구된다.

「기술적 복제가 가능한 시대의 예술작품」의 새로움으로 가장 유명한 것은 현대 예술작품의 복제 가능성에 관한 논의다. 복제 가능성은 시공간적 현존성의 가치를 떨어뜨림으로써 유일성과 진품성의 토대를 무너뜨리고 아울러 문화적 전통의 전승 방식을 변화시킨다: "작품의 진품성이란 작품 중에서 후대로 전해질 수 있는 모든 것을 포괄하는 개념이므로, 애초에 작품이 물리적으로 현존하는 것에서부터 나중에 작품의 역사적 기록이 전해 내려오는 것에 이르기까지 모든 것이 진품성의 구성 요소다. 역사적 기록은 물리적 현존이 있어야 가능하므로, 물리적 현존이 사라진 복제품에서는 역사적 기록도 위험에 빠진다. 하지만 작품의 역사적 기록이 위험에 빠진다는 것은 작품의 권위와 전통적 무게가 위험에 빠진다는 뜻일 뿐이므로, 크게 대수로울 것은 없다"(SW, 3:103). 이 글에서 아우라 논의는 바로 전승의 문제를 둘러싸고 진행된다: "아우라란 과연 무엇일까? 공간과 시간이라는 실로 짜낸 특별한 직물이라고 할까, 아무리 가까이 있어도 멀리 있는 그 무엇이 단 한 번 현상하는 일이라고 할까"(SW, 3:104-105). 본래적 값어치(질적 우수함, 사용 가치) 때문이 아니라 수용자와의 먼 거리 때문에 유일성과 진품성을 얻은 작품이라면, 아우라가 있는 작품이라고 할 수 있다. 여기서 말하는 거리는 작품과 수용자 사이의 공간적 거리가 아니라 "특별한 직물" 앞에서의 심리적 거리, 곧 작품이 전통 내부에서 차지하고 있는 자리에서 비롯되는 권위의 기운이다. 예술작품에서 아우라는 전통의 인증―정전에 포함되었다는 특권―을 반영하는 현상이다.14 아우라 논의는 추문이자 도발, 곧 문화의 아이콘이니 위대한 천재의 산물이니 하는 (인간의 경험에 대한 우리의 이해를 불가피하게 변질시키는) 개념들에 대한 정면 공격이다. 예술이 숭배의식을 근간으로 삼는 문화적 전통으로부터 해방되려면, 이러한 공격은 꼭 필요하다. "전통 흔들기 Erschütterung der Tradition"(SW, 3:104)―단순한 전통 없애기와는 다른 무엇― 가 행해질 때라야 비로소 "지금 인간 앞에 놓인 위기와 혁신"이 소기의 결과로 이어질 수 있다(당시 파시즘의 그림자가 점점 짙게 드리우던 때였음을 감안해야 하는 주장이다). 앞서 보았듯 전통으로 인증받았다는 것은 숭배의식의 일부가 되었다는 뜻이다: "예술작품을 전통의 맥락에 매설한 최초의 형태가 숭배종교였다. 알다시피, 옛날의 예술작품은 숭배의식에 봉사하는 도구였다. (…) 다시 말해 이 세상에 하나뿐인 '진품'으로서의 가치는 숭배의식을 근간으로 삼고 있다"(SW, 3:105). 여기서 문제는 예술작품이 (창조과정에서가 아니라 전승과정에서) 물신화된다는 데 있다. 예술작품이 물신(수용자와의 먼 거리를 유지 내지 조장하면서 모종의 불합리하지만 반박 불가능한 힘을 행사하는 대상)의 상태에 머물러 있다면, 문화적으로 신성불가침의 지위를 얻게 되고, 그러면서 특권적 소수의 수중에 있게 된다. 아우라가 있는 예술작품이 높은 자리에 있어야 한다는 주장은 아우라가 있는 예술작품을 중시하는 계급(지배계급)이 정치적으로 높은 자리에 있어야 한다는 주장을 반향 내지 강화할 위험이 있다. 아우라가 있는 예술을 이론적으로 옹호하는 일이 지배계급의 권력 유지를 위한 주요 전략인 것은 예나 지금이나 마찬가지다. 이렇 듯 숭배의식의 일부가 된 예술은 (재현 예술이든 건축 예술이든) 단순히 지배계급에게 아무런 위협이 되지 못한다는 문제를 넘어, 승인된 예술이라는 사실이 암시하는 진품성, 권위, 영속성이 지배계급의 권력을 정당화하는 데 일조한다는 문제를 안고 있다.

반면에 대량 복제를 거친 작품은 수용자가 처해 있는 상황에 따라 여러 방식으로 수용될 수 있다. 다시 말해 수용자는 굳이 박물관, 공연장, 성당과 같은 신성화된 숭배의식의 공간을 찾아갈 필요가 없다. 「기술적 복제가 가능한 시대의 예술작품」의 가장 강력한 주장 가운데 하나는 이러한 복제 가능성이 (특히 영화의 경우) "문화유산 속에 들어 있는 전통적 가치를 청산하는" 동력이 된다는 주장이다(SW, 3:104). 문화유산 자체가 지배계급의 권력 유지 도구임을 전제하는 『파사주 작업』의 한 대목에 따르면, "지배층 이데올로기는 본성상 피지배층 의식에 비해 가변적이다. 그도 그럴 것이, 지배층 이데올로기는 피지배층 의식과 마찬가지로 그때그때 달라지는 계급투쟁 상황에 적응해야 한다는 과제를 짊어지고 있을 뿐 아니라 그와 같은 계급투쟁 상황을 근본적으로 조화로운 것인 양 미화해야 한다는 과제까지 짊어지고 있기 때문이

---

14 벤야민의 다른 글에 따르면, 아우라는 모든 것에 깃들어 있다(아우라의 어원인 그리스어 aura는 "숨결" "공기의 흐름"을 뜻한다): "진짜 아우라란 무엇인가를 가장 적절하게 보여주는 것은 반 고흐의 후기 회화작품들이다. (…) 여기서는 모든 것에 아우라가 함께 채색되어 있다"(OH, 58, 163n2).

다"(AP, J77,1). 문화유산이란 바로 그 미화—혈투가 벌어진 현장에 다름 아
닌 그 무엇을 안정되고 조화로운 것으로 아름답게 만드는 일—다. 하지만 상
황은 달라질 수 있다: "예술 생산에 진품성이라는 척도가 통하지 않게 된 순
간, 예술의 사회적 기능은 총체적 변혁을 겪었다. 숭배의식을 근간으로 삼
는 대신 정치라는 전혀 다른 실천을 토대로 삼게 된 것이다"(SW, 3:106). 이
렇듯 예술작품에서 복제 가능성은 궁극적으로는 그 정치적 역량이다. 작품
을 복제할 수 있다면 작품에서 아우라를 제거할 수 있고 수용의 새로운 방식
과 공간을 마련할 수 있기 때문이다. 예컨대 아우라가 청산되는 영화관에서
는 영화의 "동시적, 집단적 수용"을 통해 모종의 정치체를 구축하는 것이 가
능해진다.

이렇듯 전통적 가치를 분해하고 해체함으로써 숨은 영역들을 가시화한다
는 영화의 사회적—심미적 잠재력을 서술한 벤야민은 곧장 논의의 축을 옮겨
인간의 감각 기관이 어떠한 변화를 겪어왔는지를 서술한다. 여기서 벤야민은
자기가 최신 매체들을 어떤 장에서 다루고자 하는지를 규정하면서 특히 두
가지 관련된 논의에 집중하고 있다. 하나는 예술작품이 자기를 배태한 시대
의 정보를 암호화할 수 있고, 이로써 수용자에게 수용자 자신의 시대의 일면
(예술작품이 아니었다면 깨닫지 못했을 무엇)을 드러내줄 수 있다는 논의이
며, 다른 하나는 매체가 지각 구조 자체에 변화를 가져올 수 있다는 논의다.
이러한 논의 전반에 활기를 불어넣는 것은 더없이 자명해 보이는 것들—우
리는 어떤 존재인가, 여기 이 공간은 물리적으로 어떤 세계인가, 지금 이 시
간은 역사적으로 어떤 시대인가—이 실은 전혀 자명하지 않다는 믿음이다.
1930년대의 벤야민이 볼 때, 우리를 둘러싼 세계는 "환등상"이라는 광학 장
치와 비슷한 면이 있다. 환등상은 원래 움직이는 형체의 그림자를 벽이나 막
에 투영하는 18세기의 착시 장치인데, 벤야민의 논의에 등장하는 환등상은
도시와 상품의 자본주의—자연적 소여라고 생각될 정도로 "진짜" 같지만 알

고 보면 사회경제적 구축물에 불과한 세계, 「기술적 복제가 가능한 시대의 예술작품」의 브레히트적 어법을 빌리면 "장치"에 불과한 세계—를 가리키는 표현이다. 요컨대 벤야민의 논의에서 "환등상"이라는 착시 장치는 자본주의 세계에 존재하는 환각의 위험—대상의 지각 가능성이 사라지면서 동시에 인간의 활동 의욕이 없어질 위험—을 강조하는 표현이다.

벤야민의 주장에 따르면, 영화를 비롯한 신기술 기반의 예술 형식들이 우리를 둘러싼 환경에 대한 반응을 "조직하고 제어"하는 "공학적 훈련"의 장이 되어주지 않는다면, 우리는 사회 장치가 초래하는 전면적인 사물화를 극복할 방법이 없다(SW, 3:114, 117). 이 글의 영화 논의에서 "훈련" 개념은 필수적이다. 영화는 "인간의 삶에서 나날이 비중을 더해가는 모종의 거대한 사회 장치에 대처하는 데 필요한 유형의 통각과 반력"(SW, 3:108)을 키우는 훈련의 장이며, 영화 기술력(촬영, 편집, 영사)의 정교한 활용은 바로 이 훈련을 위한 과정이다. 실제로 이 훈련에는 영화라는 매체에 내재하는 여러 기법과 역량이 총동원된다. 일단, 영화는 카메라 앞에서 일어나는 일을 복제하는 데서 한발 더 나아가 카메라가 복제한 것들을 편집한다. 편집 작업에서 주안점은 대개 배우의 연기에 있다("제작, 연출, 촬영, 음향, 조명 전문 등등의 심사위원들"이 연기에 개입할 수 있고 또 실제로 개입한다). 편집을 거친 영화에서는 연기에 연속성과 통일성이 있는 것 같지만, 배우의 연기는 사실 모든 심사위원으로부터 합격점을 받은 연기를 편집한 합성물이다. 배우의 연기는 연습 연기Testleistung다: "영화를 통해 연습 연기가 상영 가능성을 얻기도 하지만, 그러면서 연기 자체가 연습이 되기도 한다"(SW, 3:111). 연기란 장치 앞에서 행해지는 일련의 연습의 합성물이라는 이 사실을 통해 또 하나의 감춰져 있던 사실, 곧 현대적 주체가 기술력을 통해 스스로를 소외시키면서 측정과 통제에 민감해진다는 사실이 밝혀진다. 요컨대 배우는 장치를 이용해 인간이 장치를 극복하는 데 일조할 수 있다. 연기가 연습 연기라는 통찰은 무비스타의 사이비 종교적 "매력"을 깨뜨리는 데서 한발 더 나아가 관객이 연기와 배우를 별개의 것으로 볼 수 있게 한다. 연기[배우를 비추는 거울]를 "배우로부터 분리"하는 것이 가능하다면, 그렇게 분리된 연기를 새로운 심사위원들—영화관의 관객들—에게 "전달"하는 것도 가능하다는 뜻이다(SW, 3:113).

영화 장치는 이렇듯 "사람이 스스로를 재현"하는 수단이기도 하지만, 다른 한편으로는 "사람이 자기를 둘러싼 환경을 재현하는 수단"이기도 하다: "영화 촬영장에서는 장치가 현실에 완전히 녹아들어 있으므로, 장치라는 이물질을 완전히 제거한 순수한 현실을 담기 위해서는 쇼트 하나하나를 특별하게 촬영하고 편집하는 모종의 특수한 공정이 필요하다"(SW, 3:115). "순수한 현실"을 담으려면 "이물질을 제거"하는 공정이 필요하다는 이 역설적 정리는 인간과 장치의 삼투를 논하는 벤야민의 여러 이론에서 매우 중요하다. 카메라는 우리에게 "시지각적 무의식"(벤야민의 유명한 표현)을 보여준다. 예컨대 영화의 기본적인 문법들(사람의 클로즈업이나 사물의 부분 확대, 슬로모션, 트래킹과 패닝, 오버랩과 디졸브)은 "우리 삶을 지배하는" 시간적, 공간적 필연들에 대한 새로운 통찰을 안겨줌으로써 "예기치 못했던 엄청나게 넓은 활동의 여지Spielraum"를 깨닫게 해준다(SW, 3:117).

이와 같이 영화의 생산과 관련된 논의가 진행된 뒤에는 영화의 수용과 관련된 교묘한 논의가 이어진다. 벤야민에 따르면, 영화를 보는 것과 아우라가 있는 예술작품을 보는 것은 그 성격이 다르다: "예술작품에 몰입하는 사람은 예술작품이라는 바다 속으로 가라앉는다. 자기가 그린 그림 속으로 걸어 들어갔다는 전설 속의 중국 화가가 그 예다. 반면에 산만한 대중은 예술작품을 자기 속으로 가라앉힌다. 대중이라는 바다가 예술작품이라는 섬을 에워싸고 넘실거린다고 말할 수도 있다"(SW, 3:119).[15] 조화와 통합이라는 겉모습을 생산함으로써 현대적 삶의 야만적 타율성을 은폐하는 거대한 사회 장치를 간파하고 처리하는 유일한 방법은 탈중심화된 수용, 곧 조화로운 겉모습과 공모하는 관조적 몰입을 거부하면서 광범위하게 포괄하는 비非집중적/오락적 수용인데, 이를 위해 필요한 것이 바로 하나의 시점에 고착되지 않는 영화적 유연성이다. 현대인의 시지각이 짊어지게 된 "과제"—부서진 것들과 흩어진 것들 사이에서 길을 잃어서는 안 된다는, 역사상 유례가 없었던 과제—를 이행할 방법은 "점차 습관화하는 것"뿐이라고 할 때, 영화는 "비집중적/오락적 수용Rezeption in der Zerstreuung"의 습관화라는 현대 특유의 "훈련에 반드시 필요한 도구"다(SW, 3:120). 이런 식의 전의식적 훈련은 사회 장치에 대한 "통각과 반력"—사회 장치를 제어할 유일한 수단—을 기르기 위한 기초 훈련이라는 것이 벤야민의 믿음이었다.

그렇다면 「기술적 복제가 가능한 시대의 예술작품」은 기술력 기반의 유토피아주의를 외치는 글이라고 할 수도 있고, 바로 그런 이유에서 비판받는 경우도 많았다. 하지만 이 글을 통해 포착된 새로운 매체의 속성들은 필요조건이되 충분조건은 아니라는 것—매체의 속성은 언제나 작품을 통해서 구체적으로 실현되어야 하는 무엇이며, 거대 자본의 이해관계가 매체의 속성을 전용할 위험은 항상 존재한다는 것—을 벤야민 자신도 잘 알고 있었다. 이 글의 첫 섹션과 마지막 섹션에 집요하게 등장하는 정치적 레토릭—파시즘이 지향하는 정치의 예술화와 공산주의가 지향하는 예술의 정치화를 애써 구분하고자 하는—은 전운이 드리운 유럽이라는 좀더 광범위한 역사적 맥락에서 읽힐 필요가 있다.

벤야민은 호르크하이머에게 「기술적 복제가 가능한 시대의 예술작품」을 소개하면서 끝부분에서 게재 문제를 끄집어냈다: "《사회연구지》가 적절한 지면이 아닐까 싶습니다"(C. 509). 실제로 이 논문은 (원본을 상당히 축약

---

15 중국 화가의 전설과 관련해서 비교해볼 곳은 『1900년경 베를린의 유년시절』(SW, 3:393).

한, 피에르 클로소프스키의 프랑스어 번역본으로) 1936년 《사회연구지》에 실렸다. 프랑스어 번역본이어야 한다는 단서—프랑스에 거주하고 있던 벤야민에게는 충분히 받아들일 수 있는 조건—를 붙인 이는 호르크하이머였다. 벤야민이 번역자 클로소프스키를 알게 된 것은 국립도서관에서 안면을 튼 조르주 바타유의 소개 덕분이었다. 다재다능한 인물이었던 클로소프스키(1905~2001)는 벤야민과 만날 무렵 이미 철학자이자 에세이스트로 활동 중이었고, 이후 그림과 소설 쪽에서도 활동했다. 예술사 연구자인 아버지와 피에르 보나르에게 사사한 화가인 어머니에게서 태어났고, 화가 발튀스와는 형제간이었던 그는 화가들이 드나드는 것은 물론이고 지드와 릴케 같은 작가들이 드나드는 가정에서 성장했다. 벤야민 외에도 여러 독일어 저작을 번역했는데, 특히 비트겐슈타인, 하이데거, 횔덜린, 카프카, 니체의 번역으로 유명했다. 조르주 바타유(1897~1963)는 한편으로는 1930년대 중반 클로소프스키와 친해지면서 그의 학문적 발전에 결정적 영향을 미치고, 다른 한편으로는 발터 벤야민이 1930년대 후반의 프랑스 지식인 서클 중 가장 선진적인 몇 곳에 접근할 때 중요한 역할을 하게 된다.

1922년부터 국립도서관에서 일하기 시작한 바타유는 1930년부터 인쇄본 분관에서 일하면서 벤야민이라는 꾸준한 이용자를 알게 된 것 같다. 게다가 이 두 남자에게는 정기적으로 카지노와 성매매업소에서 봉급을 탕진한다는 공통된 취미도 있었다.[16] 그렇기는 해도, 벤야민이 바타유가 활동하는 지성계 주변에 발을 들여놓을 수 있었던 것은 클로소프스키와 「기술적 복제가 가능한 시대의 예술작품」과 관련된 강도 높은 교류를 시작한 이후다. 어떻게 보면 바타유는 초현실주의에 대립하는 방식으로 자신의 학문적 이력을 만들어 나갔다. 일찍이 1924년부터 초현실주의라는 느슨한 정의로 묶이는 단체들에

---

16 Surya, *Georges Bataille*, 146.

발을 걸치면서 앙드레 브르통의 개인적 입김에는 줄기차게 거부하는 입장을 취했던 그는 1939년 초현실주의에 대한 명시적 대안에 해당되는 《도퀴망》이라는 저널을 창간하면서 브르통 진영으로부터 일군의 반대파를 모아들였다. 같은 해, 브르통은 『제2차 초현실주의 선언문』을 발표하면서 초창기 원칙들로의 복귀—실상을 들여다보면, 앙토냉 아르토, 앙드레 마송, 필리프 수포, 로제 비트라크, 프랑시스 피카비아, 마르셀 뒤샹을 비롯한 가장 오랜 협력자들의 축출—를 선언했지만, 브르통이 이 지면에서 가장 긴 분량(무려 한 페이지 반)을 할애한 규탄 대상은 유명한 적이나 왕년의 동지가 아니라 바로 바타유와 《도퀴망》이었다. 그 당시만 해도 바타유는 브르통과 화해할 생각이 전혀 없었던 것 같지만, 1935년에는 성공이라는 목적을 위해 (다시 말해, 지성계로부터 주목을 받기 위해) 브르통과 손을 잡는 일도 불사했다. 1935년 9월, 브르통과 바타유는 레장스 카페에서 만나 새 운동과 새 저널—《반격 Contre-Attaque》—을 위한 계획을 세웠다. 10월 7일에 나온 첫 선언문에는 브르통, 바타유, 폴 엘뤼아르, 피에르 클로소프스키, 도라 마르, 모리스 하이네를 포함한 열세 명이 서명했다. 선언문에서 밝힌 이 운동의 지향은 혁명적일 것, 국가에 반대할 것, 자본에 반대할 것, 부르주아적 도덕으로부터 자유로울 것 등이었다. 후일 미셸 수리야가 그 지향을 간결하게 정리했다: "《반격》의 강령은 잡다했다. (…) 아이를 부모의 감독에서 해방시켜야 했고 (…) 성충동을 자유롭게 표현할 수 있어야 했으며 (…) 감정을 자유롭게 분출할 수 있어야 했고, 자유로운 인간으로서 자기에게 허락된 모든 쾌락을 추구해야 했다."[17] 벤야민도 참석했던 것으로 보이는 이 단체의 두 번째 회의(1월 21일)에서는 바타유와 브르통의 연설이 예정되어 있었다. 하지만 브르통은 이 회의를 포함해 이후의 모든 회의에 불참했고, 4월에는 브르통과 바타유가 다시

---

17 Ibid, 221-222.

불화하게 된다. 1936년 초반까지 벤야민은 프랑스 문단과의 관계를 좁히지 못했다. 프랑스 문단의 급진적 사유에 직접 참여할 방법을 발견하기 시작한 것은 바타유와 클로소프스키를 통해서였다.

1936년 2월 말, 「기술적 복제가 가능한 시대의 예술작품」의 프랑스어 버전이 벤야민과 클로소프스키의 꼼꼼한 공동 작업을 통해 완성되었다. 클로소프스키의 번역에 대한 벤야민 자신의 평가는 흥미로운 데가 있다. 연구소가 봄 내내 이 번역에 대한 길고도 지난한 편집을 진행하게 됨을 고려할 때 이 평가에서는 특히 두 가지 사항이 두드러진다: "첫째, 번역이 아주 정확하고 원본의 전체적 의미를 잘 전달하고 있습니다. 둘째, 프랑스어 버전에는 교조적인 자세—내가 볼 때 독일어 버전에서는 거의 찾아볼 수 없는—가 종종 있습니다"(GB, 5:243-244). 당시 고등사범학교 교수였던 사회학자 레몽 아롱이 연구소의 프랑스 대표 자격으로 클로소프스키의 번역에 수정을 가했다. 아롱의 수정은 원저자의 개입—언제나 유익한 결과를 낳지는 않는 개입—을 감지한 수정이었다는 것이 벤야민의 평가였다. 하지만 이것은 최초의 수정—가장 온건한 수정—일 뿐이었다. 3월 초, 호르크하이머는 벤야민으로부터 분노의 편지를 받았다. 연구소의 파리 지부장 한스 클라우스 브릴이 저자에게 알리지도 않고 「기술적 복제가 가능한 시대의 예술작품」에 상당한 변경을 가했음을 비난하는 편지였다. 브릴에게는 노골적인 정치적 언어를 순화시킨다는 분명한 방향이 있었다. 예컨대 이 글의 첫 섹션(급진적 미학을 바탕으로 급진적 정치학을 주장하는 부분)을 통째로 들어내는 놀라운 수정을 가하기도 했다. 하지만 더 놀라운 수정은 글 전체에서 "사회주의"라는 단어를 빼버린 것이었다. 「기술적 복제가 가능한 시대의 예술작품」이 "프랑스의 아방가르드 지식인들에게 정보 제공의 가치를" 지니려면, 이 글의 "정치적 **청사진**"이 유지돼야 하리라는 것이 이 편지의 주장이었다(GB, 5:252). 저자의 생각과 저널 발행인의 생각이 가장 큰 차이를 보인 곳은 각자가 가정한 독자층이었다.

미학 쪽 급진좌파 사이에서 거점을 확대하고자 했던 벤야민은 논쟁적, 참여적 언어를 지향했던 반면(지드나 말로 등 그가 한때 매력을 느꼈던 비교적 전통적이고 중도좌파적인 문인들로부터 그가 얼마나 멀어졌는가를 확인할 수 있다), 연구소가 겨냥한 독자층은 고등 교육을 받은 자유주의 좌파층이었다. 프랑스 당국이 급진적 성향의 외국 출판물에 관용을 베풀어줄지를 걱정하는 것은 연구소 입장에서 당연했다.

호르크하이머의 답변도 벤야민의 주장 못지않게 완강했다. 호르크하이머가 이 논문을 처음 읽을 때부터 몇 가지 의혹을 품었다는 것은 그의 여러 편지를 통해 확인할 수 있다. 1월 22일 아도르노에게 보낸 편지도 그중 하나였다: "이런 일이 생기는 원인은 그가 처해 있는 물질적인 고난 탓입니다. 그를 구하기 위해 내가 할 수 있는 일은 모두 시도해보고 싶습니다. 벤야민은 우리가 좌초하게 내버려두어서는 안 될 지력을 가진 몇 안 되는 사람 중 한 명입니다."[18] 벤야민에게 보낸 답장에서 호르크하이머는 수정의 몇 가지 문제를 인정하면서도 브릴이 책임을 다하고 있다는 것(호르크하이머 자신의 분명한 지시를 따르고 있다는 것)에 대해서는 한 치의 양보도 없었다: "당신도 강조했듯이, 당신은 우리 연구소가 어떤 상황인지 알고 있지 않습니까. 우리는 《사회연구지》가 학술지로서 언론의 정치 논쟁에 휩쓸리는 일이 생기지 않도록 최대한 조심해야 합니다."[19] 벤야민의 수정 반대 주장들을 솔직하게 일축하는 한편으로 벤야민이 거부할 수 없는 당근—게재가 더 지연되는 일이 없으려면 수정 관련 논의를 끝내야 한다는—을 내미는 편지였다. 즉시 반대를 철회한 벤야민은 3월 28일 호르크하이머에게 "수정 동의" 전보를 보냈다. 이 논문을 스스로 납득할 수 있는 형태로 게재하고자 노력했던 일이 연구소(최대 소득원이자 유일하게 믿을 만한 게재 통로)에서의 입지를 (위험에 빠뜨린

18 Horkheimer and Adorno, *Briefwechsel*, 165.
19 호르크하이머가 1936년 3월 18일 벤야민에게 보낸 편지(인용은 GS, 1:997).

것까지는 아니라고 해도) 불안정하게 만들었음을 알게 된 벤야민은 3월 30일 연구소 소장 호르크하이머에게 편지를 보내 "연구소가 내게 보여주었던 신뢰를 회복하고자 최대한 노력할 것"임을 다짐했다(GB, 5:267).

게재는 성사되었다. 「기술적 복제가 가능한 시대의 예술작품」이 광범위한 독자층에 호소할 수 있는 글임을 알고 있던 벤야민은 더 많은 독자를 만나는 노력을 멈추지 않았다. 스튜어트 길버트는 런던에서 이 논문의 번역자를 찾는 일에 나서주었고(길버트가 『제임스 조이스의 『율리시스』 연구』 초판을 낸 것은 1930년인데, 벤야민이 길버트를 알게 된 것은 아드리엔 모니에를 통해서였던 듯하다), 모니에는 파리 인텔리겐치아에게 이 논문을 알리는 일에 나서주었다. 이와 관련해서 그녀는 벤야민과 이 논문을 소개하는 편지 형식의 글을 작성했다. 그렇지만 이 편지에 논문을 동봉해 자신의 고객과 지인들에게 두루 발송한다는 그녀의 계획은 틀어져버렸다. 연구소가 논문 별쇄본 150부를 제공해주지 않은 탓이었다. 프리드리히 폴로크의 편지에는 연구소가 왜 그런 결정을 내렸는지에 대해 나와 있다:

> 당신이 인쇄 부수를 늘리자고 했을 때, 나도 처음에는 그 의견을 지지하며 별쇄본도 가능한 한 많이 배포하자는 쪽이었습니다. 프랑스에서 우리 저널을 홍보하는 일에 당신 글을 이용할 수 있을 거라고 생각해서였습니다. 하지만 지금은 그것이 잘못된 생각이었다고 여겨집니다. 당신 글은 지나치게 과감하고, 저널 소개 용도로 배포하기에는 일부 지나치게 문제적인 측면이 있습니다 (GB, 5:292n).

이 글의 과감함이 문제라는 이야기가 벤야민을 얼마나 난감하게 만들었을지는 짐작이 되고도 남는다. 그렇지만 벤야민을 정말로 화나게 한 것은 연구소가 이 논문의 "문제적" 측면으로부터 발을 빼려고 애쓰는 모습이 아니었을까 싶다. 벤야민은 모스크바에 있는 베른하르트 라이히와 아샤 라치스에게도 논문의 사본을 보냈다. 모스크바에서 게재지를 찾을 수 있을 거라는 생각에 서였다. 하지만 라이히는 이 글을 읽고 "격렬한 혐오"를 느꼈다는 거의 호전적인 답장을 보내왔다.[20] 한편, 벤야민은 그레테 슈테핀에게 「기술적 복제가 가능한 시대의 예술작품」을 세르게이 트레티야코프(위대한 소비에트 아방가르드이자 브레히트 번역자)에게 전해달라고 부탁하기도 했다.

그렇지만 「기술적 복제가 가능한 시대의 예술작품」은 발표되는 것만으로 충분했다. 문단 중심부가 즉각 반응하면서, 파리에서 폭넓은 논의가 촉발되었다. 벤야민의 한 편지에 따르면 철학자 장 발과 시인 피에르 장 주브가 공개 석상에서 이 글을 주제로 토론을 벌였다(GB, 5:352). 앙드레 말로는 6월 하순 런던에서 있었던 한 행사—예술백과사전 기획회의—에서 발언하면서 이 글의 논의—특히 마지막 부분에 나오는 비집중적/오락적 수용 이론—를 강조하기도 했다(파리로 돌아와 벤야민을 만난 말로는 자기의 다음번 책에서 이 글의 핵심 논의들을 다룰 것이라고 말했는데, 실제로 다루지는 않았다). 6월 22일에는 '재외 독일작가 보호협회' 주최로 메피스토 카페에서 열린 저녁 토론회에서 벤야민 자신이 '기술적 복제가 가능한 시대의 예술작품'이라는 제목으로 강연을 했고, 한 주 뒤에 열린 후속 토론회에서는 벤야민의 유물론적 예술 이론이 논쟁의 중심에 놓였다(여러 망명 작가가 이 논쟁에 참여했다). 소설가 겸 평론가 한스 잘이 그 행사에서 친구 벤야민의 작업을 길게 소개하기도 했다. 또한 벤야민 자신이 그 행사에서 가장 흥미롭다고 생각한 점은 그 자리에 있었던 공산당원들의 침묵이었다며 7월 초 알프레트 콘에게 논평을 보내기도 했다(C, 528-529).

「기술적 복제가 가능한 시대의 예술작품」에 대한 초기 반응 중 벤야민을

---

20 베른하르트 라이히가 1936년 2월 19일 벤야민에게 보낸 편지, Walter Benjamin Archive, 1502-1503.

가장 흡족하게 한 것은 알프레트 콘의 편지였다. 이 글이 벤야민의 "초창기 저술들로부터 유기적으로 발전해나온 것"에 깊은 인상을 받았다는 내용이었다(인용은 GB, 5:328). 이에 대한 답장에서 벤야민은 "당신이 이 글에 포함된 새로운 경향, 어쩌면 놀라운 경향에도 불구하고 이 글이 내 초기 연구들과 연관돼 있음을 포착했다는 것"에 기쁨을 표하면서, 그 연관성을 매우 의미 있는 방식으로 정리했다: "그 연관성의 근간에는 내가 여러 해에 걸쳐 예술작품이란 무엇인가라는 개념을 얻고자 점점 더 면밀한 방식으로, 점점 더 타협을 배제하는 방식으로 노력해왔다는 사실이 있습니다"(C, 528). 한편, 키티 마르크스─슈타인슈나이더에게 보낸 편지에서는 자기가 지금 처해 있는 처지에 대한, 그리고 「기술적 복제가 가능한 시대의 예술작품」의 독자층에 대한 감정을 요약하는 짧은 알레고리를 선보이기도 했다:

> 그사이에 봄이 왔습니다. 계절은 바뀌었지만, 살아 있는 이 작은 나무는 아주 작은 꽃 한 송이를 피우기도 마다했습니다. 작은 열매 몇 개 맺는 것이 전부였지요. 당신에게도 이야기했던 마지막 열매를 소수의 자연 애호가들이 올려다 봅니다. 한 달 뒤쯤이면 프랑스 책으로 포장된 열매가 당신의 집에 도착할 것입니다. 그 자연 애호가들은 우연히 생겨난 작은 모임인데, 망명자 몇 사람, 프랑스인 호사가 한두 사람, 고개를 가로젓는 러시아인 한 사람, 그 밖에 다양한 국적의 사람들로 이루어져 있습니다. 열매보다는 열매를 맺을 작은 나무에 호기심을 갖는 이들입니다(C, 524).

벤야민은 그 후로도 「기술적 복제가 가능한 시대의 예술작품」의 세 번째 버전을 쓴다는 생각을 버리지 않지만, 1936년 봄에는 옛 친구를 만나고 새로운 관계를 맺는 일에 더 많은 시간을 쏟았다. 막시밀리엔 루벨이라는 청년도 그가 자주 만나는 지인이었다. 루벨은 빈에서 철학과 사회학을 공부할 때부터 카를 크라우스에게 특별한 관심이 있었고, 1930년대 초 파리로 건너온 것도 소르본에서 독일 문학을 공부하기 위해서였다. 벤야민이 루벨을 만난 것은 베르너 크라프트를 통해서였던 것 같지만, 두 사람에게는 크라프트에게는 없는 공통점—밀교적, 급진적 마르크스주의에 끌리는 취향—이 있었다(루벨은 스페인 내전 첫해인 1936년에는 스페인 무정부주의자들의 강경 지지자가 되고, 나중에는 마르크스와 마르크스주의를 연구하는 저명 역사가로서 플레이아데 에디션에서 마르크스의 저작들을 책임 편집하게 된다). 브라이어라는 이름으로 활동하는 부유한 영국 작가 애니 위니프레드 엘러먼과 친한 사이가 된 것도 그해 봄이었다. 1920년대에는 애인 사이였던 시인 H. D.(힐다 둘리틀)와 함께 조이스 중심의 서클, 아니면 헤밍웨이, 거트루드 스타인, 베레니스 애벗, 실비아 비치 등을 포함하는 미국 망명 지식인 커뮤니티에서 예술 후원자로 아량을 발휘했고(비치의 서점 셰익스피어앤드컴퍼니의 주요 후원자이기도 했다), 두 번째 남편이었던 작가이자 영화감독 케네스 맥퍼슨과는 함께 영화 잡지 《클로즈업》을 편집했다(풀 프로덕션이라는 독립영화 제작사의 설립자이기도 했다). 브라이어가 영화 관련자라는 것을 알고 있었던 벤야민은 "브라이어 부인에게, 당신의 공감에 감사하며 존경의 마음을 담아서"라는 헌사와 함께 「기술적 복제가 가능한 시대의 예술작품」 사본을 선사했다. 브라이어가 이 글에 지대한 관심을 보이면서 영어 번역자를 적극 수소문한 것은 그리 놀라운 일이 아니었다.

벤야민의 친구들, 학문적 동료 여러 명이 파리에 들른 것도 그해 봄이었다. 4월에는 프리드리히 폴로크와 중요한 회의가 있었다. 이 회의에서 폴로크는 호르크하이머가 벤야민의 연구비를 5월부터 월 1300프랑스프랑으로 인상할 것이라는 소식을 전해주었다(벤야민의 연구소 내 입지가 다시 안정되었다는 확실한 신호였다). 이 회의에서 벤야민은 《사회연구지》에 프랑스 문단의 동향을 소개하는 글을 계속 써 보내는 데 합의했고, 이후 수년간 그 합의를 이행했다(하지만 호르크하이머와 공유되었을 뿐 《사회연구지》에 실린 적은 한 번도 없었다). 또 이 회의에서 두 사람은 호르크하이머의 논문들을 프랑스어로 발표하기 위해 벤야민이 어떤 물밑 작업들을 진행하고 있는지를 이야기하기도 했다(그 후로도 벤야민은 호르크하이머의 논문집 번역과 출간 을 위해서 《신프랑스 평론》 아니면 갈리마르와 교섭하는 일에 엄청난 시간을 쏟지만, 끝내 결실을 거두지 못한다). 5월에는 파리에 와 있던 카를 티에메 와 예술에 관한 대화를 이어나갈 수 있었다. 프랑스 에칭의 거장 샤를 메리옹 (1821~1868)이 이 대화의 화제였을 가능성도 있다. (벤야민은 초봄에 국립 도서관에서 보들레르의 글을 읽던 중 메리옹을 발견했다. 그의 웅장하면서도 쓸쓸한 파리 에칭 작품들에 큰 감명을 받아 얼마 후 『파사주 작업』에서 메리 옹을 비중 있게 다루었다.) 벤야민이 파리에 들른 프로테스탄트 신학자 파울 틸리히와 짧게나마 이야기를 나눈 것도 5월이다. 종교적 사회주의 쪽의 저명 인사였던 틸리히는 1933년에 프랑크푸르트의 신학 교수 자리를 잃은 뒤 라 인홀트 니부어의 초빙으로 뉴욕의 유니온 신학교 교수로 재직 중이었다. 프 랑크푸르트에서 아도르노의 키르케고르 연구(교수자격 청구논문)를 지도한 이래로 아도르노, 그레텔과 가깝게 지내는 사이였다.

그해 봄 벤야민은 숄렘과의 불편한 관계를 어느 정도 개선했다. 숄렘은 겨 울 내내 속을 끓이던 벤야민에게 드디어 4월 19일 편지를 보내왔다. 이혼 후 감정적 외상을 겪은 데다 두 가정을 부양할 책임을 지게 되었다는 말로 그동 안 연락하지 못한 것을 해명하는 편지였다. 숄렘의 첫 번째 아내 에샤가 숄렘 을 떠나 후고 베르크만(1883~1975)에게로 간 뒤였다(베르크만은 프라하에 서 팔레스타인으로 이주한 철학자로, 프라하에 있을 당시에는 프란츠 카프카 와 막스 브로트의 친구였다). 이 편지를 통해 벤야민과 숄렘은 뻣뻣하게나마 예전의 관계로 돌아가기 시작했다. 신랄한 위트가 없지 않은 5월 2일 답장 에서 벤야민은 고귀한 무엇을 잃지 않으려면 두 사람 사이의 관계가 유지돼

야 함을 강조했다: "지난 몇 달간 우리 관계는 당신의 생활과 마찬가지로 부진했지만, 내가 참을성을 잃지 않고 이 관계에 성실했다는 데에는 당신도 반론을 제기할 수 없을 것입니다. 결국 이 관계가 원상태를 어느 정도 되찾았다고 한다면, 나의 성실성이 쓸데없는 것은 아니었습니다. 그러니 우리의 삶과 저술에 깃들어 있는 정령들Elementargeister이 우리가 대화를 시작하기만을 문턱에서 한정 없이 기다리는 일은 이제 없을 거라고 우리 둘 다 기대해볼 때가 된 것 같습니다"(BS, 178).

벤야민이 숄렘과 키티 마르크스–슈타인슈나이더를 통해 전해 듣는 팔레스타인의 상황은 대단히 우려스러운 점들뿐이었다. 팔레스타인 사람들과 유대인들 간에 무력 충돌이 계속되면서 가장 낙관적이었던 시온주의자들까지 불안해하는 상황—영국 안보군은 중립을 내세우면서 수수방관했다—이었다. 벤야민은 팔레스타인 문제 앞에서 언제나 그랬듯 이번에도 양가적 태도, 이례적 입장을 드러냈다: "물론 어떻게 질문하느냐 하는 것은 어려운 문제이겠죠. 그렇지만 내 질문은 달라지지 않습니다. 내 관심사는 팔레스타인이 불러일으키는 희망이 수만, 아니 수십만 명의 유대인이 굶지 않고 살아갈 수 있을 것이라는 희망을 넘어 어디로 가고 있느냐에 있습니다. 먹고사는 것은 필수 불가결한 문제이지만, 이 희망을 밀어붙이다보면 유대교를 위험에 빠뜨릴 새로운 재앙 요소 중 하나로 변질될 수밖에 없을 것입니다"(C, 526). 우려스러운 분쟁의 소식은 팔레스타인에서만 오지 않았다. 4월 14일 벤야민은 아직 바르셀로나에 있는 알프레트 콘에게 현 정치에 대한 직접적인 논평을 자제한다는 평소 방침을 어기는 극히 예외적인 편지를 보냈다. 어쨌든 1936년 당시에는 인민전선을 어떻게 볼 것이냐라는 문제가 뜨거운 쟁점이었다. (스페인에서 인민전선이 선거에서 승리를 거두면서 공화정부가 수립된 것이 얼마 전이고, 1936년 5월에는 프랑스에서도 인민전선이 선거에서 승리를 거두면서 레옹 블룸 정부가 구성되었다.) 이 편지에서 벤야민은 유럽의 암울한 상황 앞에서도 인민전선이라는 타협적 사회주의 브랜드에 대한 비판적 태도를 거두지 않는다. 예컨대 프랑스 인민전선 선거 포스터에 대한 신랄한 논평에서 배어나오는 경멸은 인민전선의 정치를 겨냥할 뿐 아니라 인민전선의 매체 활용 미학에까지 미치고 있다: "프랑스 공산당 선거 포스터를 보면, 모성의 행복에 겨워 환하게 웃는 여자, 건강한 소년, 힘차고 과단성 있어 보이는 남자가 있습니다(신사라고 해도 좋을 듯합니다). 이 근사한 가족의 비전에서 행복한 가장의 옷차림을 보면, 노동자를 암시할 수 있는 모든 것이 엄격하게 회피되고 있습니다"(GB, 5:271). 하지만 벤야민에게 최악의 소식은 남동생 게오르크가 다시 체포되었으며, 힐다 벤야민이 변호사를 설득해 게오르크의 변호를 맡도록 하기까지 상당한 어려움을 겪었다는 것이었다.

이제 시간 여유가 생긴 벤야민은 예전의 취향을 되살려 읽고 싶은 책을 읽을 수 있었다: "나는 모든 문학적인 고려 사항으로부터 벗어나 독서의 단순한 즐거움을 추구할 자유를 얻었습니다. 단순한 즐거움에는 항상 개인적 취향이 적잖이 작용하는 것을 생각할 때, 이런 읽을거리 추천을 신뢰할 수 없는 것은 요리 추천을 신뢰할 수 없는 것이나 마찬가지입니다"(C, 525). 그런 "요리" 가운데 심농의 신간 미스터리 소설 세 권을 여러 친구에게 추천하면서 "울적한 시간"을 잊을 최고의 위안거리라고 말하기도 했다. 또 폴 발레리의 『예술논집』과 하인리히 하이네를 아주 흥미롭게 읽고 있다고도 했다. 놀라운 일은 벤야민이 하이네를 읽기 시작했다는 것이 아니라 그제야 비로소 자기와 하이네 사이의 친연성을 발견했다는 것이었다(그는 자기가 이 위대한 시인과 먼 친척지간이라는 것을 이미 알고 있었다). 19세기의 가장 중요한 독일 작가 중 한 명인 하이네는, 급진적 견해와 구세계적 특징(품위, 회의주의)의 결합을 보여주었다. 독일의 문어가 낭만주의의 밀교적, 과장적 어법에서 벗어나 비교적 가볍고 매끈하며 아이러니한 문체로 옮겨가는 데에는 하이네의 영향력이 절대적이었다. 벤야민이 살던 시대만 해도 하이네는 우선 시인으로 알려져 있었지만, 항상 뭔가 다른 면에 주목하는 벤야민은 이번에도 하이네의 다른 측면—한마디로 하이네가 저널리즘 평론, 나아가 신문 기사 장르 자체를 예술의 지위로 격상시켰다는 측면—에 주목했다. 유대인이라는 혈통 때문에 항상 의심의 대상이 되곤 했던 하이네는 1830년에 혁명에 열렬한 지지를 표한 뒤 독일 땅에서 추방당했고, 1831년에 파리로 건너갔으며(이후 그가 생전에 독일 땅을 밟은 것은 두 번뿐이다), 1832년에 당시 독일에서 가장 많은 독자를 확보하고 있던 《아우크스부르크 신문》의 파리 통신원이 되었다. 그가 이 신문에 연재한 기사는 프랑스의 7월 혁명에 대한 평론과 고국 독일의 정치적 억압에 대한 신랄한 규탄이 혼합된 일종의 편지글이었다. 같은 해에 『프랑스 정세』라는 단행본으로 출간된 이 편지들은 출간 즉시 프러시아와 오스트리아에서 금서로 지정되었다. 자신보다 거의 정확하게 100년 먼저 파리로 망명한 독일계 유대인이 쓴 이 음전하고 정치적인 문예란 기사들을 이제 벤야민은 열심히 읽어나갔다.

벤야민은 주로 프랑스 문단 주변부 담당이었지만, 친구나 동료의 독일어 작업을 검토할 기회가 없지는 않았다. 그런 작업을 검토할 때는 상당한 요령을 발휘하면서도, 번득이는 통찰과 함께 날카로운 가시도 빠뜨리지 않았다. 우선 아도르노의 알반 베르크 추모 논문에 긴 논평을 내놓았다. 자신의 작업을 연상시키는 대목을 열거하기도 하고(예컨대 "식인종의 애정 어린 손길"이라는 아도르노의 표현은 벤야민의 「카를 크라우스」에도 나온다), 아도르노가 자기 은사였던 위대한 작곡가에게 바치는 사려 깊은 찬사를 칭찬하기도 하는 논평이었다. 또한 6월 말에는 아도르노의 「재즈에 관하여」(아도르노의 가장 논쟁적인 논문 중 하나로, 충돌 상황을 조화롭게 하고 지배 구조를 영속화하는 재즈라는 예술 형식을 독설적으로 비판하는 글)의 교정쇄를 읽고 열렬한 반응을 보였다. 아도르노가 이 논문에서 스윙 시대의 재즈를 읽는 방식과 「기술적 복제가 가능한 시대의 예술작품」의 비판적 논점이 대단히 비슷하다는 것, 특히 재즈의 싱커페이션 원리와 영화의 충격 효과가 대단히 비슷하다는 것을 벤야민은 금세 간파했다: "당신은 내게 이런 말을 듣고 놀랄지 모르겠지만, 나는 당신의 생각과 내 생각이 이토록 근본적이고 직접적으로 연결돼 있음을 매우 기쁘게 생각합니다. 이러한 연결이 「기술적 복제가 가능한 시대의 예술작품」을 접하기 전부터 존재했다는 것을 당신이 내게 확인해 준 적은 없지만, 꼭 확인이 필요했던 것은 아닙니다. 당신의 글에는 전적으로 자유롭게 전개되는 논의 속에서만 나타날 수 있는 설득력과 독창성이 있습니다. 나와 마찬가지로 당신도 바로 그 자유로움을 통해 우리 둘의 견해가 근본적으로 일치한다는 점을 구체적으로 증명했습니다"(BA, 144). 이 편지에서 벤야민이 자기 글과 아도르노의 글 사이에 존재하는 근본적인 방향성의 차이(벤야민 자신은 영화에 혁명 에너지가 잠재해 있다고 보는 반면, 아도르노는 재즈에 그런 구원 에너지가 포함되어 있을 가능성을 철저하게 배제한다는 것)를 언급하지 않고 넘어간다는 사실은 의미심장하다.

레오 뢰벤탈의 자연주의 논문에 대한 벤야민의 반응은 벤야민의 문학 워크숍을 일별하게 해준다는 의미에서 더욱 흥미롭다. 뢰벤탈이 처음 이 글을 《사회연구지》에 제출했을 때 편집진은 엇갈린 평가를 내렸고, 그 후 상당한 수정 작업이 진행되었다. 벤야민이 읽은 뢰벤탈의 글은 수정본이었다. 두 사람이 주고받은 편지는 모종의 문학 논쟁(뢰벤탈은 자연주의 논의를 펼치고, 벤야민은 그 논의와 "경쟁하는 이론"을 내놓는)이 되었다. 벤야민이 『파사주 작업』의 엑스포제에서도 강조했듯이, 모든 시대의 행동 양식이나 생산 양식에는 무의식 상태로 남아 있는 구조와 경향이 있다. 한 시대의 자기 재현—과거의 의식적 산물—을 밝히는 것도 비평가의 과제이지만, 과거 속에 무의식적으로 살아남아 있는 미래의 이미지—마치 꿈이 그러하듯, "미래를 불길하게 또는 희망차게 재현하는 이미지"—를 가시화하는 것도 비평가의 과제다. 벤야민이 볼 때, 뢰벤탈은 자연주의를 곧이곧대로 받아들이는 까닭에 사회를 볼 때 문학작품이 직접 보여주는 것 이상을 볼 수 없다. 흔히 자연주의에서는 이론이 작품의 토대인 것 같지만, 벤야민이 논하는 자연주의에서는 작품이 이론을 훨씬 능가한다. 벤야민이 개략적으로 그려 보이는 새로운 문학사에서 자연주의의 첫 번째 융성기(플로베르를 포함하는 시기)는 당대의 사회를 비판하기보다 "영원한 '파괴'를 초래하는 힘들"을 밝혀내고자 한 시기였다. 한편, 자연주의의 절정기, 곧 입센의 시기는 유겐트 양식의 시기로 이어진다. 벤야민이 볼 때 뢰벤탈의 실질적 성과는 이 두 시기가 불가분으로 얽혀 있다는 사실과 관련된다. 뢰벤탈은 유겐트 양식을 언급하진 않지만 그럼에도 이 양식의 여러 특징—예를 들면 삶이 스스로 젊음을 되찾을 잠재력을 가지고 있다는 개념 또는 "자연 공간의 변용Verklärung des Naturraums"이 가능하다는 비전—을 짚어내고 있다. 자연주의와 유겐트 양식은 부르주아 계급에 뿌리박혀 있는 역사적 모순의 "기록Dokument"이었고, 이러한 모순을 온몸으로 보여주는 것이 바로 입센의 후기 희곡의 등장인물들이었다: "그 미심쩍은 인물들(누더기를 걸친, 프롤레타리아화된 지식인 계급)은 퇴장할 때마다 현대사회라는 사막에 어른거리는 자유의 신기루를 손가락으로 가리킵니다. 몰락하는 자들Untergehende이라고 말할 수는 있겠지만 초극하는 자들Übergehende 이라고 할 수는 없습니다(니체에게는 그들이 초극하는 자들로 보였을지 모르지만, 입센에게는 그렇지 않았습니다). 하지만 그들은 허무로 가는 도정에서 인간이 잃어버려서는 안 되는 모종의 경험을 얻게 됩니다. 자기를 배태한 계급의 운명을 모호하게나마 예견하는 인물들입니다. (⋯) 여러 자연주의 사조에서 부르주아의 인간적 본성은 필연에 맞서서 투쟁하고 있습니다. 전자가 후자에 항복한 것은 최근의 일입니다"(GB, 5:298-299). 벤야민 특유의 이 헌량하고 은약한 평가는 뢰벤탈의 글에 거의 영향을 주지 못했다. 뢰벤탈의 글은 그해에 「개인주의 사회에서의 개인: 입센의 경우」라는 제목으로 《사회 연구지》에 실렸다.

「기술적 복제가 가능한 시대의 예술작품」에서 마련된 이론적 착상에 크게 고무되어 있던 벤야민은 『파사주 작업』을 재개할 의욕이 그 어느 때보다 컸다. 그렇지만 이런저런 지면에서 청탁받는 글(당장 발표할 수 있는 글)을 써야 하는 상황은 끊임없이 이어졌다. 그런 글만으로도 빠듯한 일정이었다. 「수집가이자 역사가 에두아르트 푹스」를 또 한 번 맨 뒤로 미룬 벤야민은 프리츠 리프의《동과 서》로부터 청탁받은 글(러시아 소설가 니콜라이 레스코프에 관한 논문)을 쓰기 시작했다. 프란츠 폰 바더를 주제로 교수자격 청구논문을 쓴 스위스 신학자 리프(1892~1970)가 바젤 대학에서 해임된 것은 1933년이었다. 그해에 프랑스로 건너온 리프는 1930년대에 벤야민이 기독교 신학의 문제들을 토론하는 주요 대화 상대였다. 벤야민에 따르면, "내가 여기서 알게 된 가장 좋은 사람 중 한 명"이었다(C, 525). 리프와 벤야민은 정해진 요일(목요일)에 베르사유 카페에서 만나곤 했는데, 두 사람의 만남으로부터 나온 「이야기꾼」은 지금까지 벤야민의 가장 많이 인용되는 글 가운데 하나다. 벤야민 자신은 이 글이 특별히 중요하다고 생각하지는 않았던 것 같다.

「이야기꾼: 니콜라이 레스코프의 작품에 대하여」는 명목상으로는 레스코프라는 러시아 작가(톨스토이와 도스토옙스키의 동시대인)를 해설한 글인데, 이 글 도입부의 일반론은 그로부터 몇 달 전 「기술적 복제가 가능한 시대의 예술작품」에 등장한 일반론에 비견될 만하다: "경험의 가치가 땅에 떨어졌다. (…) 경험이 이토록 철저히 거짓이었음이 탄로났던 적은 한 번도 없었다. 진지전을 통해 전략적 경험이 거짓으로, 인플레이션을 통해 경제적 경험이 거짓으로, 물량전을 통해 육체적 경험이 거짓으로, 권력을 쥔 자들을 통해 윤리적 경험이 거짓으로 밝혀졌다. 철도마차를 타고 학교에 다녔던 세대에게 변하지 않은 것은 하늘 위의 구름뿐이었다. 그 파괴적 역장에서 변하지 않은 것은 작고 무기력한 인간의 몸뿐이었다"(SW, 3:143-144). 「기술적 복제가 가능한 시대의 예술작품」이 기술력의 비중이 높아지는 매체 환경에 대한 미래지향적 기대감을 내보이는 글이라면, 「이야기꾼」은 이야기의 쇠퇴, 그리고 이야기가 암시하는 모든 것의 쇠퇴에 대한 과거지향적 아쉬움을 내보이는 글이다. 특히 「이야기꾼」 도입부는 경험이 더 이상 구전될 수 없음을 말한다: "경험의 전달 가능성이 약화되고 있다." 전통적 이야기꾼이 공동체 안에서 담당하는 역할은 세대에서 세대로 "조언"을 전달하는 것인데, 공동체의 의미가 쇠퇴하면서 그 역할도 함께 쇠퇴하고 있다: "우리는 우리 자신에게 들려줄 조언도 없고 남에게 들려줄 조언도 없다"(SW, 3:145). 소설은 인쇄술의 발명에서 비롯된 문학 형식, 곧 구전 전통의 붕괴, 그리고 그 전통을 통해 유지되었던 장인 공동체의 붕괴라는 정황 속에 탄생한 문학 형식이다. 다시 말해 소설은 개인이 쓰고 다른 개인들이 저마다 혼자 읽는 문학 형식으로, 작자 미상으로 전승되는 민담과는 달리 특정한 시공간에서 살아가는 개인들의 내면적 삶과 관련돼 있다.

계속해서 벤야민은 소설과 신문이라는 근대적 특징이 가장 두드러지는 산문 형식이 이야기 전달에 각각 어떤 방식으로 적대적인지를 설명한 뒤, 죽음이라는 중심 테마로 넘어간다. 이 대목에 따르면 근대사회가 죽음이라는 현상, 그리고 죽어가는 사람들을 사회 주변부, 나아가 의식 주변부로 몰아냄에 따라 이야기꾼은 윤리적 권위를 상실하게 된다: "사람의 지식과 지혜가 처음으로 전승 가능한 형태를 띠는 때, 나아가 (…) 사람이 살아온 인생이 전승 가능한 형태를 띠는 때는 바로 그 사람이 죽는 순간이다"(SW, 3:151). 죽음이 시간을 이긴다는 이 깨달음에 담긴 근본적 니힐리즘은 이야기의 쇠퇴가 기억술의 쇠퇴를 낳는다는 논의와 통한다(「기술적 복제가 가능한 시대의 예술작품」과 또 한 번 대비되는 지점이다). 역사책이라는 전통적 "무색광선"이 "설명Erklärung"의 부담을 짊어진 형식이라면, 이야기라는 공예는 아로새김Auslegung의 형식—"싹틀 힘"을 간직하고 있는 씨앗의 형식—이다. 이야기가 아로새기는 것은 "엄밀한 의미의 역사 범주로는 결코 이해할 수 없는"(SW, 3:152-153) 불가지의 세상사이며, 이 불가지의 세상사를 아로새기는 일은 결국 "자연사"(『독일 비애극의 기원』에서 처음 사용된 표현)의 차원에 속한다. 마지막으로 「이야기꾼」의 종결부(블로흐의 『이 시대의 유산』의 동화와 대하소설Sage 논의를 인용하는 부분)에서는 1920년대 초반부터 벤야민의 커다란 주제 중 하나였던 미물의 문제가 다시 등장한다. 벤야민에 따르면, 레스코프는 미물의 세계—언제 또 우리 발목을 잡을지 모르는 신화적, 원초적 세계—에 대한 통찰을 전해줄 수 있는 작가라는 점에서 결국 카프카와 동일한 지평에 놓여 있다. 이야기가 근원적 지혜를 전달하는 형식이라고 할 때(이야기는 지금 문학의 외피로 감싸여 있지만, 그럼에도 모든 정보 형식 중 집약적 풍성함 면에서 이야기라는 형식에 필적하는 것은 여태껏 없었다), 레스코프가 전해주는 근원적 지혜는 "미물의 세계에는 서열이 있는데, 맨 위에 의로운 존재Gerechte가 있고 중간에 여러 단계가 있으며 맨 밑에 살아 있지 않은 존재Unbelebte가 있다"는 참으로 유용한 통찰을 뜻한다(SW, 3:159). 이렇듯 "삶 전체"를 이야기할 수 있다는 것, 곧 삶을 압축하고 증류할 수 있다는 것이 바로 레스코프의 재능이다.

「기술적 복제가 가능한 시대의 예술작품」이 부당한 낙관을 보여준다는 비난에 시달려온 글이라면, 「이야기꾼」은 벤야민이 과거의 것들을 그리워하는 사람이라는 인상을 퍼뜨려온 글이다. 하지만 두 가지 비판은 거의 모든 맡겨진 과제를 자기 목적에 맞도록 이용할 줄 아는 벤야민의 기묘한 능력을 간과하고 있다. 「이야기꾼」은 파리에서 도시 상품자본주의가 어떻게 발생했는가와 완전히 무관해 보이는 주제에서 출발해 매체의 형식, 장르의 형식이 인간의 경험이라는 문제와 어떻게 관련되는가라는 벤야민 특유의 관심사에 이르는 데 성공한다. 《유럽》의 편집장 장 카수는 「이야기꾼」의 프랑스어 번역을 실을 계획이었는데, 만약 계획이 실현되었다면 이 글의 당대적 파장은 좀더

커졌을 것이다. 벤야민 자신이 맡아 한 프랑스어 번역은 그의 생전에 어느 지면에도 실리지 못했다.[21]

벤야민은 「이야기꾼」을 쓰는 한편으로 바로크, 대중 문학(고딕 소설), 낭만주의 소설(스탕달, 호프만슈탈, 프루스트, 조이스) 등 여전히 자기의 흥미를 끄는 여러 주제에 대한 일련의 서평을 써서 《사회연구지》에 바로바로 전달했다.[22] 늦봄과 초여름에는 몇 번의 새로운 제안이 있었다. 첫 번째로 5월 초에는 친구 빌란트 헤르츠펠데로부터 《말》—모스크바에서 새로 창간될 저널—에 프랑스 문학에 관한 고정 칼럼을 쓰지 않겠느냐는 언질을 받았다. 헤르츠펠데는 창간에 깊이 관여하고 있었지만 편집위원은 아니었다. (《말》의 편집위원은 브레히트, 저널리스트 겸 소설가 빌리 브레델, 소설가 리온 포이히트방거였다.) 6월에 《말》의 파리 간사 마리아 오스텐(마리아 그레스회너)을 만나 청탁을 공식화시키고 이어서 빌리 브레델에게 원고료 선불을 요청한 벤야민은 청탁받은 대로 프랑스 문학에 관한 편지 형식의 글을 써 보냈다. 하지만 이 글은 《말》을 포함해서 어느 지면에도 실리지 않았다. 두 번째로 6월에는 베를린 시절의 지인 하랄트 란드리가 신생 저널 《비평의 소리》에 실을 글을 청탁해왔다. 베를린에서 《베를린 신문》과 《포스 신문》의 문학비평가로 활동하다가 런던으로 건너가 당시 BBC에서 일하던 인물이었다. 그가 원한 글은 작가 한스 아르노 요아힘(벤야민의 파리 지인)으로부터 추천받은 「기술적 복제가 가능한 시대의 예술작품」의 축약본이었다. 벤야민은 물론 이 글의 독

---

21 벤야민의 프랑스어 번역 "Le Narrateur"를 보려면 GS, 2:1290-1309(1937년 여름에 완성되었고, 1952년 《프랑스 메르쿠리우스》에 최초로 게재되었다).
22 벤야민은 1937년에 《사회연구지》의 한 호에서 다음의 책들을 서평했다: Helmut Anton, *Gesellschaftsideal und Gesellschaftsmoral im ausgehenden 17. Jahrbundert*(Breslau, 1935); Hansjörg Garte, *Kunstform Schauerroman*(Leipzig, 1935); Oskar Walzel, *Romantisches. I. Frühe Kunstschau Friedrich Schlegels. II. Adam Müllers Asthetik*(Bonn, 1934); Alain, Stendhal(Paris, 1935); Hugo von Hofmannsthal, Briefe 1890-1901(Berlin, 1935); Hermann Blacker, *Der Aufbau der Kunstwirklichkeit bei Marcel Proust*(Berlin, 1935); Hermann Broch, *James Joyce und die Gegenwart. Rede zu Joyces 50. Geburtstag*(Vienna, 1936). 이 서평들이 재수록된 곳은 GS, 3:511-517.

일어 또는 영어 버전을 내고 싶은 마음이 있었지만, 란드리로부터 분량을 축소해달라는 요구를 받고는 글의 특성상 불가능하다고 답변했다. 당시의 여러 게재 기획이 그랬듯이, 「기술적 복제가 가능한 시대의 예술작품」의 영어 번역 게재 기획 또한 아무런 성과 없이 끝났다. 당시의 새로운 제안들 가운데 벤야민을 가장 흥분시킨 것은 아도르노의 제안이었을 것이다. 아도르노가 호르크하이머에게 《사회연구지》에 실을 글로 보들레르와 신낭만주의 사회 이론을 다루는 논문이 어떻겠느냐고 제안한 것은 5월 하순이었다. 저널을 위해서 대단히 유익한 논문일 것이고, 벤야민에게 청탁하거나 자신과 벤야민이 공저할 수 있을 것이라는 이야기였다. 아도르노가 보들레르의 의의―벤야민이 구상하는 『파사주 작업』 전체의 중심―를 깨달은 것이 앞서 그가 벤야민과 파사주에 대해 토론할 때였음을 감안하면, 이렇듯 그가 호르크하이머에게 보들레르 관련 논문을 싣자고 한 데는 『파사주 작업』을 진척시키자는 의도도 포함돼 있었다. 아도르노가 벤야민에게 보들레르 논문을 청탁한 일은 『파사주 작업』의 전환점이 된다. 벤야민이 이 청탁에 열렬히 응한 이후, 호르크하이머와 아도르노는 보들레르 논문을 기다리는 한편으로 벤야민의 보들레르 연구서―수년간에 걸친 19세기 파리에 관한 연구의 부분적 결실―를 기다리기 시작했다.

벤야민의 중요한 작업들, 그중에서 특히 『1900년경 베를린의 유년시절』은 여전히 확실한 지면을 구하지 못한 상태였다. 프란츠 글뤼크(벤야민의 친구 구스타프 글뤼크와 형제간)가 빈의 출판사를 여기저기 알아보는 중이었다. 벤야민이 글뤼크에게 보낸 편지는 감사 표시이기도 했지만, 이 자전적 텍스트가 자기에게 얼마나 중요한 의미를 지니는지에 대한 역설이기도 했다: "글을 써서 생계를 유지할 필요가 아무리 절실하다 하더라도, 이 원고의 경우 나는 물질적 고려를 마지막 순위에 놓고 있습니다"(GB, 5:227).

「기술적 복제가 가능한 시대의 예술작품」을 집필할 당시 벤야민은 몸 상태도 좋은 편이었고, 감정적으로도 안정돼 있었다. 2월에 류머티즘을 앓았지만, 그의 편지에 늘 등장하는 건강 관련 하소연이 1935년 5월부터 1936년 5월 사이에는 전혀 없다. 여름이 오면서 다시 한번 그의 마성이 꿈틀거렸다. 당장 짐을 싸서 어디론가 떠나고 싶다는 욕구를 느낀 것은 15년째 똑같았다. 다만 그해의 욕구가 어느 때보다 컸던 것은 1935년에 거의 파리를 떠나지 못했기 때문이었다. 6월 초 아도르노에게 그 심경을 전했다: "아주 오랫동안 계속되던 경제적 압박이 사라지면 긴장이 풀리면서 평정심이 무너지는 경우가 있습니다. 내가 바로 그런 경우였습니다. 에너지가 고갈되었구나 하는 느낌이었습니다. 1년 이상의 파리 정주생활이 경제 문제와 함께 초래한 결과였습니다. 심리적 경제를 재건하기 위해 당장 어떤 조치를 취해야 하리라는 것을 깨달았습니다"(BA, 139). 6월 말 벤야민은 떠난다는 것만 결정하고 콘이 있는 바르셀로나로 갈지 브레히트가 있는 스코우스보스트란으로 갈지 망설였다. 언제나 그랬듯 경제적, 학문적 고려도 있었다. 바르셀로나로 가게 되면 퐁티니에서 열리는 학회에 참석하는 것이 가능했고(호르크하이머와 '사회연구소'에 도움이 될 기회였다), 덴마크로 가면 브레히트를 만나 《말》과의 관계를 다지는 것이 가능했다(벤야민의 글을 실어줄 가능성이 높은 지면이었다). 저널리스트이자 교수인 폴 데자르댕이 1909년에 사들인 부르고뉴 서북부 퐁티니의 오래된 수도원 건물에서는 매년 '퐁티니의 시대'라는 명칭의 학회가 열렸다(1910년부터 1914년까지, 그리고 1922년부터 1939년까지 매년 개최되었다). 발제와 토론이 있었고(발제자는 작가나 교수, 과학자였다), 앞선 참가자들로는 지드, 로제 마르탱 뒤 가르, 자크 리비에르, 하인리히 만과 토마스 만, T. S. 엘리엇 등이 있었다. 이 학회가 호르크하이머에게 프랑스 지성계의 동향을 알려줄 기회 중 하나라고 생각했던 벤야민은 '사회연구소' 대표로 학회참관기를 쓰겠다는 이야기를 한 적도 있다.

하지만 벤야민의 최종 결정은 브레히트 가족이 있는 덴마크로 가는 것이었다. 스코우스보스트란에서 기운을 차린 후 퐁티니로 갈 생각이었다. 파리를 떠난 것은 7월 27일이었다. 벤야민은 2년 전과 마찬가지로 배에서 작가 겸 저널리스트인 지인 구스타프 레글러를 만났다. 1928년 이래 계속 공산당 소속이었던 그는 주로 소비에트연방에서 지내고 있었고, 그 배를 탄 것도 소비에트연방으로 가기 위해서였다. 벤야민을 만난 레글러는 그해 봄 런던에서 열린 반反파시즘 작가회의가 어떠했는지를 암울하게 요약해주기도 했다. 8월 초 스코우스보스트란에 도착한 벤야민은 브레히트를 중심으로 만들어지는 복잡한 분위기에 또 한 번 신속하게 적응해나갔다. 근처에 셋방을 구했고, 브레히트의 정원 한구석에 급조한 책상을 놓아 자기 작업 공간으로 삼았다. 오후 늦게까지 책상 앞에 앉아 있다가 자리를 옮겨서 브레히트와 대화를 하거나 체스를 두는 일상이 시작되었다. 벤야민과 브레히트가 체스판이라는 상징적 전쟁터에서 두뇌의 우열을 겨루고 학문적 이견을 맞세운 것은 이미 그 전부터였다. 이제 벤야민은 거의 매번 지는 쪽이었다. 브레히트가 마르가레테 슈테핀에게 보낸 편지의 한 대목은 그 관계의 일면을 엿보게 해준다: "근사한 체스를 여기서 10크로네에 주문 제작했습니다. 벤야민의 체스보다도 근사하면서 그의 체스와 똑같은 크기입니다!"[23] 에르트무트 비치슬라가 지적한 것처럼, 브레히트가 쓴 짧은 묘비명 「히틀러를 피해 도망치는 길에 자살한 발터 벤야민에게」(1941년 뒤늦게 벤야민의 부음을 들은 브레히트의 벤야민 추모시 네 편 중 하나)는 바로 그 체스의 추억을 떠올리고 있다.[24]

당신이 좋아한 작전은 소모전이었지.
배나무 그늘에 앉아서 체스를 둘 때도.

---

23 인용은 Wizisla, *Walter Benjamin and Bertolt Brecht*, 59.
24 Ibid.

벤야민은 곧장 이 작은 공동체의 결속 예식들을 재개했다. 책을 주고받거나 작은 선물, 예를 들면 상대방의 아들을 위해서 준비한 특별 우표 같은 것을 주고받는 일이었다. 그중 벤야민이 언젠가 방문 기념으로 선물한 발타사르 그라시안의 『세속적 지혜의 기술』(1647) 1931년판은 '브레히트 아카이브'에 보관돼 있다. 스페인 예수회 신부였던 저자의 비판적 유물론과 금언적 품위에 상당한 매력을 느끼면서 이 책에 대한 글을 써보고 싶다고 생각했던 벤야민은 이 책을 선물하면서 『서푼짜리 오페라』에 나오는 「인간의 노력만으로는 충분하지 못하다는 노래」의 후렴을 헌사로 적었다: "인간은 이런 삶을 살아갈 수 있을 만큼 영리한 존재가 아닙니다."

벤야민이 다시 한번 덴마크 시골에서 새로운 생활을 시작했을 당시, 전원의 아름다움과 친구들의 환대 바깥에는 불길한 배경이 펼쳐져 있었다: "대단히 따뜻한 삶입니다. 유럽에서 이런 삶이 얼마나 계속될 것인가를 매일 자문해야 할 정도로 따뜻합니다"(GB, 5:362). 그가 이런 말을 했던 맥락에는 스페인 내전의 발발이 있었다. 알프레트 콘에게 당시의 사태와 관련된 심경을 전하기도 했다: "오늘 신문에서 이비사가 폭격을 당하고 있다는 소식을 읽으니 이상한 느낌이 듭니다"(GB, 5:362). 반군 전투기가 없을 때였음을 고려하면, 편지에 언급된 폭격은 공화국 공군이 팔랑헤 진지를 공습한 일을 가리키는 듯하다. 스페인의 많은 유대인 이민자에게 당시의 이비사 사태─팔랑헤 병력이 이비사를 장악한 후, 무수한 유대인 가족을 체포해 독일로 이송한 일─는 앞으로 스페인 전체에 닥쳐올 사태의 예고편이었다. 이미 전처와 아들, 그리고 남동생을 걱정하고 있던 벤야민에게는 이때부터 바르셀로나의 알프레트 콘 부부에 대한 걱정까지 더해졌다. 7월 25일 스페인 내전이 발발했고, 콘 부부는 자식들을 파리 근교 불로뉴-쉬르-센의 라트 부부─콘의 여동생 율라와 그녀의 남편 프리츠 라트─에게 보냈다. 얼마 남지 않은 재산을 지키고 싶었던 콘 부부는 바르셀로나에 남아 있었다. 8월에는 모스크바에서 전시용 재판 소식이 들려오면서 브레히트 중심의 작은 공동체를 충격과 경악에 빠뜨렸다.

벤야민이 덴마크에 와서 재회한 것은 브레히트 등의 친구들만이 아니었다. 베를린 밖으로 빼낼 수 있었던 일부 장서와의 재회 또한 그에게는 감개무량했다. 파리로 돌아가면 꿈에서나 보게 될 장서였다. 한편 벤야민이 덴마크에 와서 한 일은 일단 「기술적 복제가 가능한 시대의 예술작품」을 다듬는 작업이었다. 종종 격해지곤 하는 브레히트와의 논쟁이 작업의 동력이 되어주었다. 덴마크를 떠날 무렵에는 분량이 25퍼센트 정도 늘어나 있었다. 반론을 제기하면서도 이 글의 중요성을 인식했던 브레히트는 모스크바 잡지 《말》의 동료 편집위원들을 상대로 홍보를 했지만, 결국 게재가 성사되지는 못했다. 하지만 8월 초에는 흥분되고 기운 나는 소식도 있었다. 루체른의 비타노바 출판사가 벤야민의 편지 컬렉션(1783년에서 1883년 사이에 나온 독일 명사들의 편지 스물여섯 편)과 편지별 소개 글을 출판하고 싶어한다는 소식이었다.

카를 티에메가 벤야민의 편지 컬렉션을 읽고 "참으로 대단한" 작업이라면서 열렬한 반응을 보인 것은 앞서 늦은 봄의 일이었다(인용은 GB, 5:330n). 그때 티에메가 이 책의 출간을 위해 내놓은 묘책은 저자의 이름을 가명으로 하고 온건한 제목을 붙여 스위스 출판사에서 펴낸다면 독일 시장에서 통할지도 모른다는 것이었다. 티에메의 출판사 교섭은 곧 결실을 거두었다. 비타노바 출판사의 발행인 루돌프 뢰슬러 역시 독일 망명자로 당시에는 여러 반反파시즘 모임에서 활동 중이었다(나중에는 소비에트 첩보 요원으로 활동하게 된다). 이미 그때 카를 뢰비트와 파울 란트슈베르크, 니콜라이 베르댜예프의 책을 펴낸 중진 발행인이었다. 티에메가 뢰슬러에게 보여준 편지 컬렉션 중에서 일부 편지와 컬렉션 서론은 벤야민이 1931~1932년에 《프랑크푸르트 신문》에 가명으로 연재했던 글이다. 연재 직후에는 비슷한 성격의 편지를 추가

한 총 예순 편의 편지 컬렉션을 단행본으로 펴내줄 출판사를 직접 찾아보기도 했었다. 그런데 이제 비타노바 출판사가 바로 그 책을 『독일 사람들』이라는 (발행인이 정한) 제목으로 11월에 내겠다고 하니, 벤야민의 단행본 역사상 가장 신속한 출간 일정이었다. 저자는 Detlef Holz—벤야민이 1933년 이후 즐겨 쓴 필명—로 정해졌다. 벤야민은 부랴부랴 《말》의 빌리 브레델에게 편지를 보내 다음 호에서 자기 이름을 빼달라고 요청했다. 《말》에 실릴 글은 요한 고트프리트 제우메가 쓴 편지와 벤야민 자신의 소개 글—『독일 사람들』과 같은 글—이었다. 자칫하면 필명이 밝혀져 처참한 결과가 빚어질 수 있었다.

뢰슬러는 편지 자체에 관심이 있을 뿐 각각의 편지에 덧붙은 소개 글에는 큰 관심이 없었는데(뢰슬러는 소개 글을 전기적 정보 제공 수준으로 축약하고 싶어했다), 벤야민은 편지별 소개 글을 축약 없이 그대로 싣고 새로운 서문을 넣는 안을 밀었다. 우호적 협상이 짧게 진행된 후 벤야민의 안이 받아들여졌고, 지나간 앞 시대의 편지와 벤야민 자신의 소개 글이 나란히 실렸다. 후자의 "대단히 서걱서걱한 억양"은 전자의 대세를 이루는 "줄기차게 남자다운 문체"의 필요 불가결한 보완물이라는 것이 벤야민의 말이었다(GB, 5:345). 책에 실린 편지들이 정치적 저항의 내용을 담고 있음을 감추기 위해 여러 방법이 동원되었다. 예컨대 전형적인 아리아인의 이름을 저자명으로 하면서 애국적 의미가 연상되는 제목을 달았고, 아울러 표지의 활자를 중세 고딕체로 했다. 벤야민의 예견대로 판매가 좋았다. 서평은 대개 호의적이었고 (이 책을 "보석 장인의 작품"이라고 표현한 서평도 있었다), 1937년에는 중판을 찍었다. 하지만 이듬해에 검열에 걸려 나치 선전부의 금서 목록에 올랐다.

벤야민이 처음 기획한 편지 선집은 『독일 사람들』도 아니고 《프랑크푸르트 신문》 연재도 아니었다. 일찍이 1925년에 브레머 출판사로부터 빌헬름 폰 훔볼트 저작 선집 편찬을 청탁받았을 때, 벤야민은 편지 글을 다수 포함시키고자 했다. 또 벤야민은 1932년에 빌리 하스와 함께 「세계 시민에서 상층 부르주아로」라는 제목으로 《프랑크푸르트 신문》에 칸트, 헤겔, 괴테, 하이네로부터 야코프 그림, 요한 고트프리트 헤르더, 오토 폰 비스마르크, 루트비히 뵈르네, 야코프 부르크하르트 등 독일 작가들의 글을 발췌 연재하기도 했다. 그중에 편지 글은 거의 없었지만, 다양한 작가의 글을 연결하는 방식이 『독일 사람들』의 형식을 예고한다는 것은 분명하다. 마지막으로, 『독일 사람들』("편지 책")은 구조 면에서 『일방통행로』나 『1900년경 베를린의 유년시절』 같은 몽타주 책들과 연결된다. 1783년부터 1883년까지 한 세기에 걸쳐 있는 편지들을 "연대순"으로 실었다는 것이 서문의 설명이지만, 개중에는 다른 시기의 편지도 포함돼 있고, 순서가 뒤바뀌기도 했다. 예컨대 1767년 편지도 포함돼 있는데, 첫 번째로 실린 편지 연도는 1832년, 두 번째로 실린 편지 연도는 1783년이다. 아예 날짜를 누락해 뒤바뀐 순서를 은폐하는 경우도 있다. 『독일 사람들』은 실로 은폐로 가득한 책이다. 예컨대, 독일 문화 정전에서 중심적 위치를 차지하고 있는 대부분의 인물의 편지를 포함시키는 고전주의적 제스처부터가 부패와 무사안일에 대한 암묵적 비판을 은폐하기 위한 작전이다. 정치적, 금전적 이유로 책이 많이 팔리기를 바란 뢰슬러도 몇 가지 작전을 썼지만, 더 미묘하면서 동시에 더 전복적인 작전을 쓴 것은 벤야민 자신이었다.

『독일 사람들』에 실린 편지의 주제는 가난, 망명, 위기, 운명애amor fati(니체의 표현) 등 벤야민 자신의 자전적 선율을 들려주는 것이 많다. 11월 초에 이 책을 받자마자 하룻밤 사이에 첫 장부터 마지막 장까지 읽은 아도르노는 "이 책에서 솟아나는 슬픔의 표현"에 크게 감동했다는 말을 전해왔다(BA, 159). 아닌 게 아니라 『독일 사람들』은 시종일관 비애의 음조가 이어진다는 점에서 『독일 비애극의 기원』의 속편 같은 작품이다. 실제로 『독일 사람들』과 『독일 비애극의 기원』은 둘 다 "역사가 현재 속에 있다"는 형이상학적 역사

이론—니체의 영향이 드러나는 초기 저술(예를 들면 「청년의 형이상학」과 「대학생활」)과 그 본질에서 연결돼 있는 이론—을 구현하는 작품이다. 특히 『독일 사람들』은 벤야민이 서로 다른 시대들을 연결하는 객관적 구조가 있다는 논의—시간적으로 떨어져 있는 이 시대와 저 시대가 실은 공시적임을 증명해주는 "역사적 지표"가 존재한다는 논의—를 정리해나가던 시기에 편찬된 작품이다. 물론 벤야민의 모든 작업에는 "진정한 인본"이라는 테마와 그에 대응하는 테마—작금의 독일이 인본을 버리고 반反인본의 수렁 속에 빠질 참이라는—가 깃들어 있다. 예컨대 1936년 베를린 올림픽의 여운에 잠겨 있던 독일에서 『독일 사람들』은 또 하나의 독일—반전反戰을, 아니면 최소한 예의 및 인정과 함께 슬퍼할 가능성을 인간관계의 근간으로 삼는 나라—을 불러내는 작품이었다. 그렇지만 벤야민의 전복적 작전은 좋았던 과거와 나빠진 현재의 대위법에 그치지 않는다. 숄렘에게 『독일 사람들』 증정본 한 권을 보내면서 헌사에 이렇게 적기도 했다: "나는 파시즘의 홍수가 시작될 때 이 방주Arche를 지었습니다. 게르하르트, 당신이 여기서 당신의 청년기 기억이 깃들 방을 찾을 수 있기를 바랍니다."[25] Arche에는 방주라는 뜻도 있지만 근원(그리스어 arkhē)이라는 뜻도 있다. 이 책에는 물론 극히 인본적인 내용의 편지들이 포함돼 있지만, 가장 깊은 구원 충동—벤야민 특유의 용어—이 깃든 곳은 편지의 내용이 아니라 역사가 메아리치는 언어다. 벤야민의 모든 글이 그렇듯이 『독일 사람들』에서도 진리는 특정한 단어가 특정한 맥락에서 만들어내는 의미층들 속에 숨어 있다. 오래전에 죽은 독일 동포들의 언어와의 마주침이 제3제국의 일부 독일인에게 인식의 섬광(저항의 계기)으로 작용하리라는 것이 벤야민의 기대였다. 나중에 프란츠 글뤼크에게 보낸 편지에 따르면, 『1900년경 베를린의 유년시절』과 『독일 사람들』은 같은 내용을 각각

---

25 SF, 202.

주관적 측면과 객관적 측면에서 말하는 책이었다(GB, 5:423).

벤야민은 『독일 사람들』의 에디션 형태와 계약 조건 등을 협상하는 한편 《말》로부터 청탁받은 글(최신 프랑스 문학에 관한 칼럼)을 준비 중이었다. 앙드레 지드의 일기 제2권(1914~1927)을 둘러싼 1936년 봄의 논란을 다루는 칼럼이었다. 이 일기는 지드의 한 시기의 문학적 관심사를 보여주는 풍요로운 증거 자료였음에도, 지드가 공산주의를 받아들이기까지의 과정이 설명돼 있다는 이유로 논란의 대상이 되었다(지드는 나중에 공산주의를 버리게 된다). 이 일기에 대한 반응들 중에서 벤야민이 분석 대상으로 삼은 것은 반공 작가 티에리 몰니에의 『사회주의의 신화들』이었다. 파시즘 예술에 대한 이론이라는 것이 이 칼럼에 대한 벤야민 자신의 표현이었고, 실제로도 「기술적 복제가 가능한 시대의 예술작품」의 후기—「기술적 복제가 가능한 시대의 예술작품」으로부터 삭제당한 그 모든 정치적 열정이 집약된 글—로 읽히는 글이다. 지금까지도 이 칼럼은 벤야민의 가장 과격한 글 중 하나로 여겨지고 있다. 『독일 사람들』과 마찬가지로 이 칼럼 역시 당시의 벤야민에게는 낯설게 느껴질 정도로 신속히 활자화되었다(8월 중순에 보낸 원고가 11월에 실렸다).[26] 반면에 원고료 지급은 그렇게 빠르지 않았고, 벤야민이 브레델에게 보내는 일련의 원고료 독촉 편지와 전보의 어조는 점점 더 날카로워졌다.

벤야민의 덴마크 체류 후반기를 어둡게 만든 것은 8월에 숄렘이 보내온 (「기술적 복제가 가능한 시대의 예술작품」에 대해 냉담한 반응이 포함된) 편지에서 비롯된 다툼이었다: "당신의 논문은 매우 흥미로웠습니다. 당신의 논문을 통해 영화와 사진을 철학적인 맥락에서 생각하게 하는 글을 처음 접하게 되었습니다. 그렇지만 나는 그쪽에 전문 지식이 없는 사람이라 당신의 결론을 평가할 수준이 못 됩니다"(BS, 185). 「기술적 복제가 가능한 시대의 예

---

26 볼 곳은 GS, 3:482-495.

술작품」에서 사진과 영화에 대한 자신의 태도는 물론이고 현재 진행 중인 자신의 사유 전체를 압축했다고 생각했던 벤야민은 이러한 고압적인 묵살에 감정이 상했다:

> 내가 최근에 쓴 글이 전반적으로 당신의 이해력을 뚫고 들어가지 못한 듯해 대단히 애석합니다. 여기서의 이해력은 전문 지식만을 가리키지 않습니다. (…) 그 글에서 펼쳐진 사유의 영역은 예전에 우리가 함께 파고들었던 바로 그 영역인데, 당신은 글 속에서 이를 가리켜 보이는 표지를 아무것도 발견하지 못했다고 하니, 당신이 그러지 못한 것은, 일단 생각되기로는 내가 그 영역의 한 부분에 대한 대단히 새로운 지도를 그린 까닭이라기보다, 당신이 그 글을 프랑스어 버전으로 접했기 때문인 듯합니다. 그렇지만 내가 당신에게 그 글의 독일어 버전을 접하게 해줄 날이 올지는 아직 알 수 없는 문제입니다. 당신이 그 글의 독일어 버전에 좀더 공감하게 될지 아직 알 수 없는 문제인 것처럼 말입니다(BS, 186).

하지만 그러면서도 벤야민은 숄렘과 거리를 두려고 하기보다는 열렬한 어조로 우정을 지켜나가자고 역설했다. 서로가 좀더 분발하여 상대의 작업으로부터 더 많은 것을 끌어냄으로써 유럽과 팔레스타인 사이의 물리적 거리를 극복하자는 이야기였다.

벤야민이 스코우스보스트란의 브레히트 가족에게 작별을 고한 것은 9월 10일이고(호르크하이머는 벤야민에게 '사회연구소' 대표로 퐁티니 학회에 참석해보라고 했지만 벤야민은 그 제안을 거절하고 덴마크에서 충분한 시간을 보냈다), 산레모에 도착한 것은 9월 하순이었다(그사이 파리에 체류한 기간은 단 하루였다). 도착했을 때는 더위가 한창이어서 도라의 여관 근처를 벗어나지 않았지만, 기온이 내려가자마자 이번에도 날마다 등산을 했다. 산레모에서 짧은 휴식으로 원기를 회복한 벤야민은 10월 초에 이미 파리의 생활 전선으로 복귀할 준비가 되어 있었다. 파리에서는 아도르노와의 반가운 만남이 기다리고 있었다. 아도르노가 호르크하이머에게 파리 출장비를 받은 구실은 호르크하이머의 논문들이 프랑스어로 번역되어 책으로 출간될 수 있게 벤야민과 함께 노력하겠다는 것이었다. 그 전까지의 노력은 실패로 돌아간 듯했다. 그뢰튀젠의 갈리마르 기획은 보류 상태였고, 벤야민이 번역자로 뽑아놓은 르네 에티앙블은 연락 두절이었다. 호르크하이머가 답답해한 것은 이해할 만했다. 아도르노는 정치적 음모가 있는 것 아니냐는 말로 불난 집에 부채질을 하기도 했지만, 관련자들에 대해 좀더 많은 것을 알고 있었던 벤야민은 실패의 원인이 준비 부족임을 모르지 않았다. 이 실패가 벤야민과 연구소의 관계를 어둡게 만든 것은 아니며, 호르크하이머는 이 일을 계기로 오히려 벤야민을 더 신뢰하게 되었다. 벤야민이 모스크바의 전시용 재판—스코우스보스트란에서 거듭 논의된 화제—으로 인해 '사회연구소'의 학문적 방향에 대한 거국적 재검토가 불가피해졌음을 호르크하이머에게 지적한 것은 브레히트와 함께 지낼 때였는데, 이제 그 지적을 받아들인 호르크하이머는 '사회연구소'의 모든 멤버를 아우르면서 연구소의 필자 전원과 함께 단체의 입장과 노선을 마련하기 위한 학술대회를 계획하기 시작했다. 이 행사는 결국 개최되지 못했지만, 이유는 생각이 달라지거나 계획이 틀어져서라기보다 시대적 상황 때문이었던 듯하다. 한편 그 무렵에 벤야민은 '사회연구소'의 청탁 하나—블로흐의 『이 시대의 유산』에 대한 서평—를 거절했다. "블로흐도 나도 좋을 것이 없는 글"이라는 것이 거절 이유였다(GB, 5:397).

아도르노와 벤야민이 파리에서 논의한 것은 호르크하이머의 기획만이 아니었다. 아도르노의 파리 출장은 두 사람이 공유하는 관심사에 깊이를 더한 시간이기도 했다. 벤야민의 표현을 빌리면, "오랫동안 준비했던 일이 무르익은" 시간, 두 사람이 "가장 중요한 이론적 지향점들을 공유한다는 사실"—둘이 오랫동안 떨어져 지낸 것을 고려할 때 "거의 놀랍기도 한 사실"—을 재확인한 시간이었다(BA, 155; C, 533). 각자 진행 중인 작업은 물론이고, 『파사주 작업』의 현황과 전망도 화제에 올랐다. 아도르노는 벤야민에게 C. G. 융의 이론들에 반박하는 글을 써볼 것을 제안했다. 융의 고대 이미지 이론과 벤야민의 변증법적 이미지 이론(벤야민의 역사 서술 방법론의 핵심)을 차별화한다면, 『파사주 작업』의 인식론이 명료해지면서 작업이 활기를 띠리라는 (『파사주 작업』의 당대적 맥락을 이해하고 있었기에 가능한) 제안이었다. 한편, 아도르노의 파리 출장은 둘의 개인적 관계의 일대 전기가 되기도 했다. 1930년대 초반은 한 사람이 다른 한 사람을 경계하는 시기—학계 진출 통로가 가로막힌 벤야민이 아도르노가 자기 생각을 가로채 학계에서 촉망받을 것을 우려하는 시기—였고, 이후 몇 년간은 두 사람이 매우 우호적인 학문적 교류를 이어나가면서도 내심 그레텔 아도르노를 놓고 경쟁하는 시기였다. 두 사람이 오랫동안 이론적, 정치적 관심사를 공유해온 것에 더해 사는 처지까지 비슷해진 것은 바로 이 1936년에 와서였다. 두 사람이 주고받는 편지에서 "테디"와 "발터"라는 호칭이 등장하기 시작한 것도 아도르노의 파리 출장 이후였다(단, 격식의 2인칭 'Sie'의 벽은 끝까지 허물어지지 않았다).

아도르노의 파리 출장이 가져다주었던 낙관의 기운은 곧 수그러들었다. 동생 게오르크가 1936년 10월 14일에 6년형을 선고받고 브란덴부르크-괴르덴 감옥에 수감돼 있다는 소식을 들은 것은 10월 하순이었다. 숄렘에게 그 소식을 간단히 전하기도 했다: "형을 선고받은 게오르크는 기억에 남을 만한 용기와 침착함을 보여주었다고 합니다"(GB, 5:402). 숄렘은 게오르크와 역시 독일 정치범인 자기 동생의 처지를 비교하는 답장을 보내왔다: "카를 폰 오시에츠키에게 노벨상이 수여된 이후로, 건강한 예비구금 정치범들에게 가해지는 보복이 배가되었습니다. [반전론자 오시에츠키는 1935년에 노벨상을 수상했다.] 어머니에게 편지가 왔는데, 새로 생겨난 시련이 많더군요. 물론 가장 큰 시련은 예비구금이 언제 풀릴지 전혀 예상할 수 없다는 점입니다"(BS, 187-189). 동생의 소식 못지않게 벤야민을 심란하게 만든 것은 아들 문제였다. 도라 조피가 슈테판의 문제들을 전해오기 시작한 것은 1936년 봄부터다. 슈테판은 도라를 졸라 현지 리체오를 그만둔 상태였다. 학교 공부가 자기를 앵무새로 만든다는 것이 그의 주장이었지만, 문제의 원인은 슈테판 자신에게 있다는 것이 도라의 생각이었다. 베를린에 있을 때는 뛰어난 학생이었는데 리체오에서는 성적이 그리 좋지 못하니까 학교를 도망칠 궁리를 하는 것뿐이라는 이야기였다. 스위스 기숙학교라는 대안이 없지 않았지만, 도라는 사립 학교의 학비를 대줄 형편이 아니었다. (이혼 소송 당시 베를린에서 델브뤼크 슈트라세 저택을 갖게 된 도라는 이제 집을 팔려고 애쓰고 있었다. 도라의 큰 걱정거리는 새로 시행 중인 "유대인 법" 때문에 집을 파는 일이 아예 불가능해지지 않을까 하는 점이었다.)[27]

아들이 고전하고 있다는 소식은 벤야민을 놀라게 한 것 같다. 벤야민은 그때까지 아들과 꾸준히 편지를 주고받진 않았지만, 어쩌다 한번씩 오간 편지는 대개 속편한 내용이었다. 아들의 한 편지에는 '파시스트 청년단'—파시스트당 입당의 최종 단계—에 끌려들어갈 뻔했던 일도 가볍게 그려져 있었다. 현지에 한 "전위파" 단체가 있는데, 회원들이 자동으로 '파시스트 청년단'에 가입된 탓에 자기도 (심지어 자기가 "전위파"인 줄도 모르는 상태로) '파시스트 청년단'이 되어버렸지만, 현지 파시스트당 관리의 질문—아는 외국어가 있느냐는 질문—에 해외로 나갈 예정이라고 대답한 덕분에 입당 조치를 한시적으로 유예할 수 있었다는 내용이었다(GB, 5:320n). 해외로 나간다는 이야기는 사실이었다. 여름에 빈으로 돌아가 오스트리아 김나지움 입학시험을 준비하다가 다시 실패한 슈테판은 어머니에게 편지로 호텔 전문학교에 등록

---

27 도라 조피 벤야민이 1936년 4월 19일 발터 벤야민에게 보낸 편지, Walter Benjamin Archive 015, Dora Sophie Benjamin 1935-1937, 1936/4.

하겠다고 전했는데, 고등 교육을 받은 부모는 둘 다 절대 반대였다. 1937년 10월 말의 슈테판은 실종 상태였다. 부모가 편지를 하고 전보를 쳐도 답장이 없었을뿐더러 이모가 전화를 해도 받지 않았다. 도라는 벤야민에게 빈으로 가서 슈테판을 찾아봐달라고 사정하면서 자기가 직접 가면 체포될지 모른다고 했다. 독일을 떠나던 당시에 모든 출국자에게 부과된 고액의 세금을 납부하지 않았다는 것이었다. 도라는 베를린의 여러 신문에도 이름을 올린 지명 수배자였다.[28] 벤야민이 파리에서 슈테판을 찾아갈 준비를 한 것은 11월 5일부터였다(프란츠 글뤼크에게 앞으로의 우편물이 빈으로 전달되리라는 사실을 알린 것이 첫 번째 준비였다). 그렇지만 불확실한 상황이 계속되면서(부모는 슈테판이 정확히 어디에 사는지, 지금 무엇을 하고 있는지 모르고 있었다), 벤야민은 11월 말에야 겨우 파리를 떠나 일단 산레모로 갔고, 그곳에서 라벤나를 거쳐 베네치아로 갔다. 슈테판이 (어머니가 아닌) 아버지를 만나겠다고 한 장소였다. 부자의 대화는 성과가 있었고, 슈테판은 아버지와 함께 산레모로 돌아왔다.

벤야민은 아들의 문제를 "의지 장애"라고 표현했다(GB, 5:428). 부모의 표현이 무엇이었든 간에, 아들의 심리는 염려스러운 상태였다. 벤야민은 일단 유명한 심리분석가 지크프리트 베른펠트(청년운동 시절의 전우)에게 아들의 심리 분석을 부탁하기도 했는데, 다 큰 아들과 시간을 보내는 동안 좀더 분별 있는 판단을 내릴 수 있었다. 호르크하이머에게 보낸 편지에서 그 판단을 정리해보기도 했다: "18세인 내 아들의 경우 사춘기에 망명생활이 시작되었는데, 아직까지 균형을 되찾지 못하고 있습니다"(GB, 5:431). 아들과 가까워지면서 아들이 지금 도덕적으로 어떤 상태인지도 알게 되었다. 빈에 있으면서 화류계에까지 흘러들어갔고 거기서 닥치는 대로 돈을 벌어서 버는 족족 도박

28 도라 조피 벤야민이 1936년 7월 10일, 8월 16일, 10월 16일 발터 벤야민에게 보낸 편지, Walter Benjamin Archive 015, Dora Sophie Benjamin 1935–1937, 1936/8, 1936/10.

으로 탕진했을 것이 충분히 짐작되었다. 도라는 이러지도 저러지도 못했다. 일단 슈테판을 빈—"그런 모든 카지노가 가까이에 있는" 위험한 곳—에서 데리고 나와야겠다고 생각했지만, 산레모로 데려올 수도 없었다. 아들의 도덕관념이 완전히 타락했다고 느꼈던 탓이었다: "그 아이를 산레모에 있게 하는 것은 식객으로 들어앉히는 것이나 마찬가지입니다. 그 아이에게 무슨 일을 시키겠습니까. 장부를 맡길 수도 없고, 현금 출납을 맡길 수도 없습니다. 경영을 이해할 머리도 아니고, 육체노동을 감당할 수 있는 몸도 아닙니다."29 아들을 더 이상 도울 수 없을 것 같던 한때, 도라는 아들이 이미 범죄자의 길에 들어선 것은 아닐까 하는 걱정에 시달리기도 했다. 스위스 시민권을 얻어 베른에 살고 있는 프리디 바르트—베를린 시절의 유모—에게 슈테판을 입양 보낸다는 극단적 해법을 고려했던 것도 바로 그 무렵이다. 한편 아버지 벤야민이 아들의 금전 및 도박 문제에 어떻게 반응했는지에 대한 기록은 없다. 이미 부자관계가 멀어진 것에 대한 죄의식을 안고 있던 벤야민이 이제 이 문제를 계기로 무거운 회한을 느꼈으리라는 것은 충분히 짐작할 수 있다.

그렇지만 1937년 한 해 동안 슈테판은 마음을 잡기 시작한다. 시험에 통과해 오스트리아에 있는 대학에서 자연사와 지리학을 공부할 자격을 얻고, 빈의 파시스트 단체에 가입하는 데에도 성공한다. 오스트리아 국적, 아니면 최소한 오스트리아 여권을 발급받겠다는 생각에서였다. 아들의 첫 번째 심리분석 결과에 낙담한 도라 조피가 독일 탈출 이후 한 해 동안 아들에게 충분한 사랑을 쏟지 못했다는 자책에 빠질 당시 벤야민은 지인인 아냐 멘델존에게 50프랑을 내고 아들의 필적 감정을 의뢰하기도 했다(필적 감정의 결과를 알리는 벤야민의 편지는 소실되었다). 마지막으로, 신경과 전문의 빌헬름 호퍼가 슈테판을 진찰한 후 안심할 만한 소식을 전해주었다: "전반적으로 긍정적

29 도라 조피 벤야민이 1937년 1월 26일 발터 벤야민에게 보낸 편지, Walter Benjamin Archive 015, Dora Sophie Benjamin 1935-1937.

슈테판 벤야민, 테오도어 W. 아도르노 아카이브, 프랑크푸르트암마인

인 인상을 받았습니다. 외모로 보면, 발육이 좋고 아주 남자다운 인상을 주는 청년입니다. (…) 처음에는 수줍어하고 어색해하지만, 나이나 상황을 고려할 때 부적절한 것은 아닙니다." 아들이 나쁜 친구들과 어울리고 무모하게 행동하는 것은 일시적이라는 것이 호퍼의 진찰 결과였다.[30]

슈테판의 위기가 벤야민과 도라의 관계에 다시금 불신을 불러온 것은 당연했다. 벤야민은 도라가 중대 사안들을 일방적으로 처리했다는 반응을 보였고, 도라는 벤야민이 아들의 삶에서 발을 빼고 있다는 비난을 되풀이했다. 그렇지만 그 전까지 여러 번 그랬듯, 두 사람의 관계는 이번에도 깨지지 않았다(봄에 화해하고, 초여름에 벤야민이 또다시 산레모의 여관으로 간다).

벤야민이 슈테판을 만나러 베네치아에 갔던 일에는 의외의 수확이 있었다. 베네치아로 가는 길에 라벤나에 들러 그 유명한 비잔틴 모자이크화를 볼 수 있었던 것이다: "20년 동안 간직했던 소망, 라벤나 모자이크화를 보고 싶다는 소망이 드디어 실현되었습니다. (…) 모자이크화에 못지않게 인상적이었던 것은 마치 성채같이 엄숙한 성당들이었습니다(한때는 앞벽에 이런저런 장식이 있었는지 모르지만, 그런 것은 이미 오래전에 없어졌습니다). 어떤 성당들은 땅속에 묻혀 있습니다. 계단을 내려가노라면, 과거로 되돌아간다는 느낌이 더욱 커집니다"(BS, 188). 다만 그의 글 속에서 이 모자이크화의 흔적을 찾기는 어렵다. 한편, 몇 주 뒤에 파리의 대규모 전시회에서 보게 되는 콩스탕탱 기의 그림—그에게 "특별한 기쁨"을 안겨준 그림(GB, 5:481)—은 그의 글에 훨씬 직접적인 방식으로 등장한다. 19세기 화가 기는 보들레르의 가장 중요한 논문 중 하나인 「현대적 삶을 그리는 화가」—『파사주 작업』에서 길게 인용되는 글—에서 중요하게 등장하는 주제 중 하나다.

슈테판 문제가 불거졌을 당시, 벤야민은 부모가 함께 해결책을 모색하리

30 빌헬름 호퍼가 1937년 5월 24일 도라 조피 벤야민에게 보낸 편지, Walter Benjamin Archive 018, Dora Sophie Benjamin 1937–1939, 1937/5.

라는 생각으로 파리와 산레모를 오가는 생활을 했다. 그사이에 우르술 부트가 가욋돈을 마련하기 위해 벤야민의 방을 다른 사람에게 빌려주고 있었기 때문에 12월 초의 벤야민은 15구 라벨 가 185번지 아파트를 임시 거처로 삼아야 했다. 1936년 크리스마스에 다시 산레모로 간 벤야민은 1937년 1월 중순에 파리로 돌아와 베나르 가의 아파트에 자리잡자마자 에두아르트 푹스 논문 작업에 착수했다. 《사회연구지》로부터 1933년 아니면 1934년에 청탁받아 1935년과 1936년에 이따금씩 마지못해 이 작업에 손을 댔고 8월에는 덴마크에서 이 작업의 예비 연구를 진행했던 벤야민은 이제 작업을 완성하는 것 말고는 대안이 없겠다는 절박한 마음으로 본격적인 집필, 곧 "여우사냥"(푹스Fuchs가 독일어로 '여우'라는 뜻임을 빗댄 아도르노의 표현)에 나설 수 있었다. 벤야민은 1월 말 아도르노와 호르크하이머에게 보낸 편지에서 본격적인 집필 작업이 시작되었다는 소식과 글이 완성되기까지 석 주 정도 걸릴 것 같다는 예상을 전했다. 준비 작업이 지체되었던 만큼, 집필은 맹렬하고 신속하게 진행되었다. 3월 1일 아도르노에게 집필 상황을 전하기도 했다: "내가 요즘 소식을 전하지 못했던 이유는 하나뿐입니다(당신도 그 이유를 짐작하리라 믿습니다). 푹스 집필이 중대 국면에 돌입한 후로, 나는 낮이고 밤이고 다른 글을 붙잡을 수 없는 상태였습니다"(BA, 168). 집필 작업을 빨리 끝낼 수 있었던 것은 이미 있던 자료를 많이 가져다 쓴 덕분이었다. 도입부의 뛰어난 비판이론적 역사 서술 부분, 그리고 19세기 프랑스의 예술과 정치를 길게 논의하는 여러 부분은 『파사주 작업』의 자료로 채워졌고, 푹스와 마르크스주의의 관계, 푹스와 사회민주당의 관계를 다루는 부분 역시 이미 있던 자료(덴마크에서 두 번의 여름을 나는 동안 사회민주당 기관지 《신시대》를 검토하면서 정리해놓은 자료)로 채워졌다.

「수집가이자 역사가 에두아르트 푹스」의 모든 페이지에서는 푹스에 대한 양가적 태도가 엿보인다. 에두아르트 푹스의 이력을 보자면, 1886년 사회민주당에 가입했고, 1888~1889년 불법 정치활동에 관여했다는 죄목으로 감옥생활을 했다. 푹스의 업적 중 지금 가장 유명한 것으로는 1909년에서 1912년까지 나온 『그림으로 보는 풍속의 역사: 중세에서 현대까지』(전3권), 그리고 1922년에서 1926년까지 나온 『에로티카 미술의 역사』(전3권) 등이 있다. 「수집가이자 역사가 에두아르트 푹스」에서 벤야민은 푹스가 캐리커처, 에로티카 미술, 풍속화를 수집 대상으로 삼은 선구적인 수집꾼이라는 점을 지적하고, 푹스의 저술이 부르주아적 미술비평—예술가 개인의 창조성을 찬양하면서 낡은 고전주의적 미 개념에 지나치게 의지하는 미술비평—의 명제들에 대한 도전임을 강조하며, 초기 푹스가 대중 예술과 복제 기술력을 받아들이고자 했던 점을 높이 사기도 한다. 하지만 그러면서도 벤야민은 푹스가 사민당의 자유주의적 원칙들을 고수한 탓에 한계에 부딪혔다는 주장—사민당은 계급을 교육하는 대신 "대중"을 교육하는 사업을 펼쳤다, 사민당은 모종의 다원주의적 생물학주의 및 결정론의 포로였다, 사민당은 수상한 진보 독트린과 부적절한 낙관주의를 표명했다, 사민당은 근본적으로 독일적인 도덕주의를 내세웠다—을 굽히지 않는다.

　「수집가이자 역사가 에두아르트 푹스」에서는 푹스의 작업을 다루는 부분보다 문화사 서술에 관한 이론을 펼치는 도입부가 더 뛰어나다. 한편으로는 『파사주 작업』의 골격을 이어받으면서 다른 한편으로는 1930년대 후반에 나올 벤야민의 혁명적 역사 서술을 선취하는 이 부분에서 논의의 출발점은 예술작품 자체와 예술작품의 역사적 국면의 관계를 어떻게 이해할 것인가라는, 처음부터 벤야민의 비평 작업에서 가장 중요하게 제기되어온 문제다. 벤야민이 볼 때, 예술작품은 고립적, 자립적 창조물이라기보다 계속 변화하는 역사적 현상 내지 "역장"(작품의 전사Vorgeschichte와 후사Nachgeschichte의 수렴과 통합, 곧 작품의 역동적 성좌)이다: "작품의 전사가 지속적인 변화 속에 있는 그 무엇임을 깨달을 수 있는 것은 작품의 후사 덕분이다"(SW, 3:261).

1919년 『독일 낭만주의의 예술비평 개념』과 마찬가지로, 「수집가이자 역사가 에두아르트 푹스」는 20세기 후반에 나올 여러 수용 이론(작품의 역사적 수용이 작품 자체의 의미에 영향을 미치는 측면을 중시하는 논의)을 선취하고 있다. 벤야민이 즐겨 인용하는 괴테의 명언 중 하나가 이 대목에서 다시 등장한다: "커다란 영향을 미친 것에 대해 판단할 때 그것 자체만을 놓고 판단하기란 불가능하다"(SW, 3:262).

작품이란 좀더 넓은 역사적 과정 속의 한 편린이라는 관점―벤야민의 변증법적 이미지 개념의 근간―을 새로운 형태로 정리하는 글이 바로 「수집가이자 역사가 에두아르트 푹스」다. 벤야민이 앞서 이 관점을 정리한 글은 1931년 「문학사와 문학학」이었다: "관건은 작품의 시대적 맥락을 논하는 것이 아니라 작품이 태어난 시대로 돌아가 작품을 알아보는 시대―곧, 우리가 살아가는 시대―를 논하는 것이다. 그럴 때 비로소 문학은 역사의 도구가 될 수 있다. 문학사의 과제는 이렇듯 문학Literatur을 역사Geschichte의 도구로 삼는 것이지 문헌Schrifttum을 역사Historie의 자료로 삼는 것이 아니다"(SW, 2:464). 다만 1931년의 벤야민은 우리 시대가 어떻게 재현되는가를 검토하기 위해 지나간 시대의 요소들 중에서 우리 시대와의 공시성을 드러내는 요소들이 어떻게 재현되어 있는가를 검토하는 차원에 머물러 있었지만, 이제 1937년의 그는 현재의 올바른 역사적 경험―알고 보면 벤야민의 영원한 주제―이라는 한층 더 시급한 문제를 제기한다. 예술작품이라는 "과거의 한 편린"과 함께 모종의 "비판적 성좌"를 구성하는 것은 "바로 지금 현재"다: "현재가 과거의 이미지 속에서 자신의 모습을 알아보지 못한다는 것은 그 현재가 그 과거를 완전히 잃어버렸다는 뜻이다"(SW, 3:262). 반면에 『파사주 작업』N2,3에서 그대로 가져온 명제에 따르면, 현재가 과거의 이미지 속에서 자신의 모습을 알아본다는 것은 현재 속에서 과거의 "맥박"이 뛰고 있다는 뜻이다: "역사의 이해는 (…) 이해된 역사의 사후생이다"(SW, 3:262). 벤야민의 결정적 정리에 따르면, 이처럼 과거와 현재의 관계를 변증법적으로 바라보기 위해서는 "역사가 때마다 현재의 기원에 있음"을 전제해야 한다(SW, 3:262). 역사를 이해하는 데 수반되는 이 근본적 역설—과거가 하는 말은 언제나 신탁이므로 과거를 이해할 방법은 현재의 에너지를 최대화하는 것뿐이라는, 니체의 「역사가 삶에 가져다주는 득과 실」로 거슬러 올라가는 역설—은 구축적이면서 동시에 파괴적이다. 『파사주 작업』의 표현을 빌리면, "'구축'은 '파괴'를 전제"하고 "역사의 가상을 폐기하는 일과 변증법적 이미지를 구축하는 일은 함께 진행"된다.[31] 그렇다면 역사가는 한 시대의 요소들 가운데 시대에 뒤떨어져 있거나 마비되어 있는 듯한 것들을 재평가해볼 필요도 있다: "(척도의 전환이 아니라!) 관점의 전환을 통해서 (…) 과거 전체가 현재 속으로 들어오면서 모종의 역사적 아포카타스타시스로 회복된다"(N1a,3). 여기서 벤야민은 고대 스토아 철학, 그노시스주의, 교부학 등에서 중요하게 사용했던 아포카타스타시스—어느 한 시대가 정화의 불로 사라져 없어졌다가 원상회복restitution in integrum되었다가 하는 우주론적 교호交互를 뜻하는 용어—를 차용하고 있다. 한때 신화적-우주론적 개념이었던 것이 벤야민의 글에서는 역사에서 일어나는 그 무엇이 되었다.

푹스의 역사 이해에 파괴의 요소가 빠져 있다는 벤야민의 비판이 가능해지는 것은 이런 관점에서다. 파괴의 요소가 빠져 있다는 것은 근본적으로 말해서 양심이 빠져 있다는 뜻, 다시 말해 "허위의식"에 항복한 상태라는 뜻이다. 역사 연속체가 파괴되지 않을 경우, 문화사는 관조의 대상으로 "봉인"되고 "동결"된다. "역사주의의 특징인 관조Beschaulichkeit를 경계하는 일"이 중요하다는 뜻이다(SW, 3:262).[32] 이 논의를 마무리하는 것이 바로 벤야민의 그 유명한 문화야만론이다: "예술과 학문을 조망할 때마다 거기서 하나의 똑같

---

31 AP, 470 (N7,6); AP, 918 (1935년 엑스포제를 위한 메모).

은 내력을 발견하는 역사적 유물론자는 그 내력을 고찰할 때마다 섬뜩한 전율을 느낀다. 예술과 학문이 이렇게 존재할 수 있는 것은 위대한 천재들이 창조의 수고를 마다하지 않은 덕분이기도 하지만, 어느 정도까지는 그들의 동시대인들이 이름 없이 부역을 치른 덕분이기도 하다. 문화의 기록 가운데 야만의 기록이 아닌 것이 없다"(SW, 3:267). 이 구절은 3년 뒤 『역사의 개념에 대하여』에서도 중요하게 등장한다.

벤야민은 「수집가이자 역사가 에두아르트 푹스」를 완성하고 나서 뿌듯함을 느꼈지만, "모종의 경멸의 감정"(푹스의 저술을 읽어감에 따라 점점 더 심해진, 글에서는 애써 드러내지 않으려고 했던 감정)이 완전히 수그러들지는 않았다(BA, 169). 이 감정이 가장 분명하게 드러나는 곳은 「수집가이자 역사가 에두아르트 푹스」를 쓰기 위해 작성했던 예비 메모인 것 같다: "푹스는 캐리커처의 파괴성을 전혀 모른다. 또 그는 섹슈얼리티의 파괴성, 특히 오르가슴의 파괴성을 전혀 모른다. (…) 그는 예술이 역사를 선취한다는 것을 전혀 모른다. 그에게 예술이란 미래를 표현하는 존재가 아니라 기껏해야 당대의 상황을 표현하는 존재일 뿐이다"(GS, 2:135-136). 이러한 복잡한 감정은 호르크하이머에게 보낸 편지(원고를 제출할 때 동봉한)에서도 드러난다:

당신도 잘 알다시피, 「수집가이자 역사가 에두아르트 푹스」라는 글을 처음 기획했던 때로부터 지금까지 세계사에서, 그리고 개인사에서 정말 많은 일이 일어났습니다. 이 글에 어떤 내적 난점들이 있는가에 대해서는 우리가 앞서 논의한 바와 같습니다. (…) 그렇지만 이 글에서 나는 푹스에 대한 공평무사한 태도가 어떤 것일까 고심하면서 좋은 점은 가능한 한 더 긍정적으로, 싫은 점

---

32 『파사주 작업』 중 「첫 메모들」의 한 대목을 보면, 벤야민이 관조의 문제에서 특유의 양가적 태도를 보인다는 것을 알 수 있다: "『파사주 작업』에서 관조는 소송에 휘말릴 것이다. 하지만 관조를 변론해줄 다른 누구도 없다. 관조 스스로가 자기를 변론해야 한다"(AP, 866[Q°,6]). 함께 볼 곳은 H2,7: "…수집꾼의 '사심 없는' 관조…".

은 덜 부정적으로 설명하고자 했습니다. 또한 이 글에서 나는 좀더 보편적인 관심사를 끌어내고자 했습니다. 특히 내가 푹스의 방법론을 비판적으로 설명한 것은 유물사관의 구체적인 공식을 끌어내겠다는 의도에서였습니다(GB, 5:463).

결국 벤야민이 중요하게 생각했던 것은 푹스라는 연구 대상 자체라기보다 「수집가이자 역사가 에두아르트 푹스」를 이용해 펼쳐나간 자신의 사유였다. 아도르노에게 보낸 편지에서는 자신의 푹스 논문과 아도르노의 만하임 논문을 비교하면서, 두 논문이 똑같은 "요령Kunstgriff"을 발휘한 글, 곧 "자기 자신만의 생각을 펼쳐나가되 과시하지도 그렇다고 양보하지도 않으면서 펼쳐나가는" 글이라고 논평하기도 했다(BA, 168). 뉴욕에서 글을 받은 호르크하이머와 '사회연구소'는 크게 만족했다. 호르크하이머는 3월 16일 편지에서 「수집가이자 역사가 에두아르트 푹스」가 《사회연구지》의 이론적 목표를 한 걸음 더 나가게 하는 글이라는 의미에서 더욱 값지다고 말하면서 여러 소소한 수정을 제안했고, 벤야민은 대부분의 제안에 동의했다. 벤야민은 푹스에게까지 원고를 보내서 몇 가지 수정 제안을 받은 뒤 4월에 최종 원고를 완성했다. 그런데 편집과정에서 마찰이 있었다. 《사회연구지》의 편집진이 이 글의 첫 문단(푹스의 작업을 마르크스주의 예술론의 맥락 속에 자리매김하는 부분)을 삭제한 일은 그중에서도 가장 기분 나쁜 마찰이었다. 레오 뢰벤탈이 5월에 보내온 편지에서 호르크하이머의 대변자 자격으로 이 문제를 해명하는 대목에 따르면, 편집진이 삭제를 결정한 것은 "정치적 원고"를 싣는 저널이라는 인상을 피하고 싶다는 "전술적" 고려 때문이었다.[33] 벤야민은 삭제에 동의하지 않았던 것 같지만, 어쨌든 《사회연구지》에는 삭제된 버전이 실렸다(무삭

---

33   호르크하이머가 1937년 3월 16일 벤야민에게 보낸 편지와 뢰벤탈이 1937년 5월 8일 벤야민에게 보낸 편지를 보려면 GS, 2:1331~1337, 1344~1345.

제 버전이 처음 활자화된 것은 독일어 전집이 출간되었을 때다). 호르크하이머가 「수집가이자 역사가 에두아르트 푹스」 게재를 10월로 연기하기로 결정한 것은 푹스 컬렉션 해금 문제와 관련된 독일 당국과의 "끝없는" 협상에 불리한 영향을 미치고 싶지 않아서였다(GB, 5:550).

하지만 그것은 불필요한 우려였다. 「수집가이자 역사가 에두아르트 푹스」는 「기술적 복제가 가능한 시대의 예술작품」과는 달리 발표 당시의 반응이 그리 크지 않았다. 벤야민은 직접 반응을 찾아 나서야 했다. 일단 숄렘에게 이 글의 무삭제 버전을 보냈다(두 사람 사이에 생겨난 껄끄러움에도 불구하고 숄렘은 여전히 벤야민의 가장 믿을 만한 독자였다). 그의 반응은 예상대로였다: "나 같은 독자는 발터 벤야민의 불운한 팬으로서 저자의 마르크스주의적 고찰이 성공적이었는지 잘 모르겠습니다. 독자는 저자의 뜻과는 다르게 마르크스주의적 고찰이 문제적이라고 느끼면서 어두운 상념에 빠지게 됩니다. (…) 당신의 빼어난 통찰을 변증법이라는 돼지에게 던져주어야 한다는 것이 당신의 작업에 해로운 요소로 작용하지 않나 싶습니다"(BS, 206).

벤야민 자신도 (물론 숄렘과는 다른 의미에서) 이 글의 "빼어난 통찰"에 문제가 있다고 봤던 것 같지만, 어쨌든 이 글은 문화사 서술의 방법론—『파사주 작업』의 핵심 관심사—을 전면화한 것이었다. 벤야민이 1월 말에 호르크하이머에게 보낸 편지에서 현대 철학을 서술하기에 적합한 형식의 문제—『독일 비애극의 기원』 서문에서 매우 엄밀하게 다룬 문제—를 제기했던 것도 같은 맥락이었다:

철학어哲學語를 폐기하겠다는 것이 아닙니다. 역사적 동향이 "특정 범주들 안에 보존되어 있을 뿐 아니라 문체 안에서도 없어지지 않는다"는 당신의 견해에는 나도 전적으로 동의합니다. 다만 나는 한 가지 경우를 더 고려하고 싶습니다. (…) 아무 내용이 없는데 많은 내용이 있는 척하기 위해 철학어를 사용하는 경우가 있습니다. 철학적 비판은 빠지고 철학어만 남는 것입니다. 반면에 구체적 대상에 대한 변증법적 분석은 범주—대상의 즉자 대자적 지양—의 비판을 포함하고 있습니다. (…) 가독성이 비판의 척도가 될 수는 없습니다. 다만 구체적 대상에 대한 변증법적 분석에는 디테일의 투명성이 깃들어 있으리라는 것뿐입니다. 물론 글 전체의 가독성은 또 다른 문제겠습니다. 당신은 여기서 간과할 수 없는 점 하나를 시사했습니다. 앞으로 학문과 예술을 보존하고 전승하는 일이 장기적으로는 작은 집단들의 것이 되리라는 점입니다. 실제로 지금은 학문과 예술을 가판대에 늘어놓을 때가 아니라 폭격으로부터 안전하게 간수할 때인 듯합니다. (학문과 예술이 우리 손에 맡겨져 있다는 생각이 그리 틀린 것은 아닐 겁니다.) 어쩌면 구체의 변증법이란 반듯함과는 거리가 먼 진리를 마치 강철상자 같은 반듯함 안에 넣어 간수하는 일인지도 모르겠습니다(C, 537).

이 중요한 편지에는 벤야민의 작업 속에 항상 존재하던 긴장, 곧 고등 교육을 받은 고급 엘리트—"가독성"을 척도로 삼지 않는 부류—가 중요하게 생각하는 것들과 학술적 은어를 피하고 "구체적 대상에 대한 변증법적 분석"—디테일의 투명성을 유지하는 분석—을 창안할 책임 사이의 긴장이 기록되어 있다. 호르크하이머를 수신자로 하는 편지는 전자 쪽으로 기울어 있다. 브레히트가 수신자였다면 강조점이 크게 달랐을 것이다.

하지만 이처럼 방법론 문제와 날마다 대결하는 일이 오랫동안 지연되었던 푹스 논문이 완성됨으로써 대두된 시급한 문제—이제 무슨 글을 쓸 것인가?—를 해결하는 데 조금이라도 도움이 되었느냐 하면 전혀 그렇지 않았다. 작업 방향을 바꾸는 데는 호르크하이머의 축복이 필요했으니, 혼자서 정할 문제도 아니었다. 그렇지만 벤야민이 이미 가을에 아도르노와의 토론을 통해 새삼 확인했듯이, 『파사주 작업』의 인식론을 마련하는 최선의 방법은 "파시즘 쪽에서도 이용하고 유물사관 쪽에서도 이용하는 집단 심리학의 정신분석학 이론들의 역할"과 대면하는 것이었다. 카를 구스타프 융의 "아리아인 심리학"의 "고대 이미지archaischen Bilder" 개념을 분석하는 것이 그 대면의 방법일 수 있었다(GB, 5:463-464). 아울러 벤야민 자신의 오랜 관심사였던 루트비히 클라게스의 저술―필적학 논의보다는 『코스모스의 기원으로서의 에로스』에 나오는 논의―도 그 대면의 방법 중 하나일 수 있었다. 클라게스의 저술을 다룬다면 집단 무의식 개념, 그리고 그 개념에서 나온 "이미지 환각Bildphantasie" 개념을 파헤칠 기회―1935년 엑스포제의 기획과 일맥상통하는 인간학적 과제를 수행할 기회―가 되겠다는 뜻이었다. 벤야민으로부터 이런 내용의 편지를 받은 호르크하이머는 융과 클라게스에 초점이 맞춰지는 것에 심각한 우려를 표했지만, 벤야민이 호르크하이머에게 보낸 다음 편지에서 해명한 것처럼 "『파사주 작업』 단행본 기획의 가장 오래된 층"―곧 초현실주의자들의 정신분석학적 성향의 작품에 심취했던 초기―을 되짚어보는 일은 새로운 방향을 명료화하는 데 꼭 필요했다(GB, 5:489). 그렇지만 벤야민은 호르크하이머가 융과 클라게스 연구를 축복하지 않을 것에 대비해 대안적 기획을 내놓기도 했다. "부르주아적" 역사 서술과 유물론적 역사 서술의 비교 분석으로 『파사주 작업』 전체의 서론을 삼겠다는 것이었다. 단, 벤야민이 이듬해인 1938년에 바로 그런 글을 쓸 때 의도하는 것은 『파사주 작업』의 서론이 아닌 『샤를 보들레르』의 서론이다. 흥미롭게도 벤야민이 호르크하이머에게 세 번째로 내놓은 대안적 기획이 바로 1935년 엑스포제의 보들레르 섹션을 확장하겠다는 것이었다. 4월 말 호르크하이머가 보낸 대답은 집단 심리학 연구에서 손을 떼고 보들레르에 집중하라는 매우 강력한 권고였다. 속내를 들여다보자면, 벤야민의 관심사가 '사회연구소' 내 최측근에 해당되는 에리히 프롬과 허버트 마르쿠제의 영토를 침범할 것을 우려한 호르크하이머가 비측근 벤야민을 보들레르 쪽으로 돌려세운 것이었다. 벤야민은 바로 다음 편지에서 호르크하이머의 권고대로 1935년 엑스포제의 보들레르 섹션을 독립적인 논문으로 확장하는 글을 구상하겠다고 응답했다. 호르크하이머의 마피아 대부 같은 짓을 군말 없이 받아들인 것이었다. 두 사람이 주고받는 편지에서 상대방에 대한 학문적 존중이 표시되기 시작한 것은 「기술적 복제가 가능한 시대의 예술작품」이 나오고부터다. 다만 호르크하이머에게는 항상 모종의 소극적 태도—1925년 벤야민이 교수자격 청구논문으로 제출한 『독일 비애극의 기원』을 불합격시킬 때 뒤에서 보조자 역할을 했다는 사실과 무관하지 않을 태도—가 있었다. 한편 벤야민은 이렇듯 학문적 존중이 표시된다는 사실을 「수집가이자 역사가 에두아르트 푹스」가 끝내 받아들여졌다는 사실과 함께 '사회연구소' 내에서 자신의 입지가 좀더 안정되었다는 신호로 받아들였다.

벤야민은 4월 23일 아도르노에게 연구 방향이 바뀌었음을 알렸다: "당신이 제안한 방향[융을 거론하는 방향]이 (…) 작업[『파사주 작업』]에 가장 적절하다고 생각하기는 합니다. (…) 하지만 단행본에서는 여러 모티브가 상호작용하게 마련이라, 한 가지 주제 외의 다른 모든 주제를 배제하기란 불가능합니다"(BA, 178). 그럼에도 아도르노는 계속 벤야민의 융 연구를 지지했고, 9월 중순까지도 "당신이 다음 글에서 융을 다뤄주리라는 바람"을 표했다(BA, 208). 벤야민 자신도 이 주제를 즉각 포기한 것은 아니었다. 7월 초 솔렘에게 보낸 편지에 따르면, 당시 그는 융이 1930년대에 쓴 글을 묶은 신간 논문집을 읽고 있었는데, 그 책에서 벤야민을 매혹했던 것은 융이 "아리아인의 영혼"의 치료법을 제안한다는 사실이었다. "이 기회에 문학 영역에서 의료인 니힐리즘을 대표하는 인물형(벤, 셀린, 융)을 추적"함으로써 그들이 국가사회당의 "자원봉사대"였음을 밝히고 싶다는 것이 벤야민의 말이었다(BS, 197). 이런 식의 연구가 지면을 찾게 될지 알 수 없다는 말을 덧붙이면서도 벤야민이 이 주제를 놓지 않은 것을 보면, 집단 심리학의 뿌리가 어떻게 오염되어 있는지를 규명하는 일이 벤야민의 『파사주 작업』에 얼마나 중요했는가를 알 수 있다.

'사회연구소'가 내려주는 양식만으로는 살아갈 수 없음을 모르지 않았던 벤야민은 그해 봄 다른 기획들을 가지고 다른 지면들을 모색했다. 그 무렵까지도 그가 가장 크게 신경 썼던 일은 「기술적 복제가 가능한 시대의 예술작품」을 더 많은 지면에 싣는 것(가급적 프랑스어 버전의 번역본이 아닌, 분량이 긴 독일어 버전의 번역을 싣는)이었다. 빌리 브레델은 《말》의 독일어 버전이 지나치게 길다는 이유로 게재를 거부한 터였다. 호르크하이머가 알려준 소식은 잠시 희망을 안겨주기도 했다. 뉴욕 현대미술관에 신설된 영화분과의 어시스턴트 큐레이터 제이 레이다(예이젠시테인의 친구로 훗날 그의 글을 번역하게 되는 인물)가 「기술적 복제가 가능한 시대의 예술작품」의 독일어 버전을 영어로 번역하는 데 관심이 있다는 소식이었는데, 호르크하이머는 이를 전하면서 레이다가 요청한 독일어 버전을 넘겨주어서는 안 된다는 경고를 덧붙였다. 독일어 원본이 퍼지면 《사회연구지》에 프랑스어 버전을 실으면서 삭제해놓은 요소들이 다시 문제가 되리라는 이야기였다. 벤야민은 생전에 여러 번 「기술적 복제가 가능한 시대의 예술작품」(전체 또는 일부)이 영어 번역으로 나올 수 있도록 애썼지만, 이번을 포함해 한 번도 성공을 거두지 못했다.[34]

《말》의 브레델이 「기술적 복제가 가능한 시대의 예술작품」을 싣지 못하게 됐다는 소식을 전했을 때, 벤야민은 극히 야심적인 다른 집필안을 내놓았다. 우선 "서양 국가들의 문학운동"을 정치적으로 분석하는 글을 쓰겠다고 했다. 몇 나라의 대표적 출판사와 저널을 살펴봄으로써 문단의 반反파시즘이 실제로 어떠한 정치적 방향을 잡았나를 설명하고 그 사례 연구로 프랑스 문단을

---

34 호르크하이머는 1936년 12월 30일 벤야민에게 보낸 편지에서 레이다에게 독일어 버전을 넘기지 말라고 경고했지만, 벤야민은 1937년 5월 17일 레이다에게 영어로 쓴 편지에서 독일어 원본을 보내주겠다고 제안했다. 볼 곳은 GB, 5:530; 458-459n.

개괄하겠다는 것이었다. 비교적 소박한 규모의 집필안으로는 자기가 즐겨 읽는 조르주 심농의 미스터리물에 대한 글과 아카데미 프랑세즈에 대한 글도 있었다. 이런 집필안은 모두 수포로 돌아갔지만, 그때 벤야민이 브레델에게 보낸 편지들은 망명지에서 지면을 구한다는 게 얼마나 어려운지에 관한 지극히 타당한 분석을 포함하고 있다:

> 친애하는 빌리 브레델, 당신은 "외국에" 체류 중인 당신 친구들의 어려운 상황을 이야기했는데, 실은 정확히 나에게 해당되는 이야기입니다. 이런 상태에서 **생산**의 유익은 필자가 **복제**에서 얻는 실질적 유익과 깊이 얽혀 있습니다. 필사본에서 활자본으로 가는 길이 예전에 비해 길어짐에 따라 원고를 쓰고 나서 원고료를 받기까지의 기간은 무한정 길어진 나머지 거의 끊어질 지경입니다. 당신도 경험을 통해 알고 있겠지만, 모든 문필 작업에는 최적의 기간이라는 것이 있어 이 기간이 초과되면 작업이 심각한 피해를 입습니다. 저자와 편집자 사이의 공동 작업에 그러한 최적의 기간이 있는 것은 두말할 필요도 없습니다.

자기와 편집자의 공동 작업이 더 최적화되려면 자기 글이 더 빨리 게재되어야 하고 원고료가 더 빨리 지급되어야 한다는 결론이었으니, 타당한 분석이라고는 해도 초연한 분석은 아니었다(GB, 5:516). 한 해 전에 앙드레 지드를 다룬 「파리 편지 I」을 실었던 《말》의 브레델이 「파리 편지 II: 회화와 사진」—최근 회화에 닥친 위기를 다루는 논문 여러 편을 비판적으로 검토하면서 회화가 사진에 "쓸모"를 빼앗긴 것이 이러한 위기의 일차적 원인이라는 신랄한 주장을 펴는 글(SW, 3:236-248)—을 청탁한 것은 1937년 3월 말이었지만, 이 글은 결국 게재되지 않았고, 원고료도 지급되지 않았다.

유명한 망명 저널 두 곳에서 벤야민에게 글을 청탁해오기도 했다. 하나는 토마스 만과 콘라트 팔케가 발행하고 페르디난트 리온이 편집하는 중도 저널 《척도와 가치》였고, 나머지 하나는 좌편향 "정치, 예술, 경제" 저널 《신세계무대》였다. 처음에는 쿠르트 투홀스키가 편집하다가 뒤에 카를 폰 오시에츠키라는 영웅적 인물이 편집하게 된 《신세계무대》는 바이마르 시대에만 해도 인도주의적, 관용주의적, 좌파 자유주의적 노선으로 유명한 가장 영향력 있는 주간지 중 하나였지만, 1933년 나치에 의해 금서로 지정된 후에는 새로 본거지를 마련하고 재정 안정성과 유효한 노선을 확보하기 위해 고군분투하는 망명 저널이었다. 1937년 《신세계무대》의 노선을 주로 결정한 사람은 경제 저널리스트이자 부분 소유주였던 헤르만 부트치슬라프스키였다. 《신세계무대》가 벤야민에게 글을 청탁한 데는 이미 이 저널에 여러 편의 논문을 게재한 블로흐의 주선이 있었다. 《척도와 가치》와 《신세계무대》에 유보적 태도를 보이면서도 청탁을 다 받아들인 벤야민은 이듬해에 두 저널에 여러 편의 서평을 싣게 된다. 그중 《척도와 가치》에는 『1900년경 베를린의 유년시절』의 일부가 실린다.

벤야민이 연초에 파리로 돌아왔을 당시, 파리 문학계는 앙드레 지드의 신작을 둘러싼 논란에 휩싸여 있었다. 공산당원은 아니지만 거듭 공산당에 대한 지지를 표명하는 작가였던 지드가 소비에트 작가동맹의 초청으로 소비에트연방을 두루 여행한 것은 1936년의 일이었다. 그가 여행에서 보게 되리라고 기대했던 것은 새롭게 해방된 인간이었지만, 실제로 그가 본 것은 전체주의뿐이었다. 지드의 신작 『소비에트연방에서 돌아와』는 공산당에 대한 정치적 지지를 철회하면서 소비에트연방을 신랄하게 비판하는 책이었다. 이 책을 둘러싼 논란에 대한 벤야민의 반응 저변에는 유럽의 정치적 상황이 있었다. 마르가레테 슈테핀에게 보낸 편지에서도 그 점을 분명히 밝혔다: "나는 이 책에 반대하는 쪽입니다. 읽지 않은 상태에서의 반대, 이 책의 내용이 맞는지 틀리는지, 중요한 의의가 있는지 없는지 모르는 상태에서의 반대입니다. (…)

지금이 어떤 시기인가에 상관없이 모종의 정치적 입장을 무조건 공개하는 것은 허용될 수 없습니다. 허용될 수 있다고 주장하는 것은 순전히 딜레탕티즘입니다"(GB, 5:438-439). 『소비에트연방에서 돌아와』를 둘러싼 논란의 격렬함 자체가 당시의 암울한 상황을 말해준다. 프랑코의 국민당 병력이 마드리드를 대대적으로 공격한 것이 1월 중순, 마드리드가 함락된 것이 2월 8일이었다. 급진좌파에 대한 정치적 공격은 그 동기가 무엇이든 간에 스페인 공화당의 대의에 해로운 것으로 간주될 수밖에 없었다. 일촉즉발의 상황에 처한 것은 스페인뿐만이 아니었다. 팔레스타인의 아랍 대폭동이 새롭게 폭력의 강도를 더하고 있었다. 벤야민은 2월 11일 숄렘에게 그때의 심경을 전했다: "내가 쉽게 포기하는 사람은 아닌데, 그런 나도 당신을 다시 만날 날이 오지 않을 것만 같은 때가 있습니다. 파리 같은 세계적인 대도시도 위태위태한 곳이 되었습니다. 팔레스타인에서는 엄청난 바람이 몰아치고 있어 예루살렘 전체가 한 줄기 갈대처럼 흔들리기 시작할 거라는 소문이 들려옵니다"(BS, 190).

「수집가이자 역사가 에두아르트 푹스」를 집필하는 동안 사람들을 멀리했다는 것은 벤야민 자신도 인정한 바였다. 하지만 봄에는 서서히 크라카워와 블로흐를 비롯해 얼마 되지 않는 지인들과 연락을 재개해나갔다. 공산주의를 신봉하는 소설가이자 행동가 아나 제거스(결혼 전 이름은 네티 라일링, 1900~1983)와는 비교적 자주 만났다. 벤야민이 제거스를 만난 것은 그녀의 남편이었던 헝가리 사회학자 겸 자유독일대학이라는 망명 학교 총장 라즐로 라드바니를 통해서였던 듯하다. 『성 바르바라의 어민 봉기』(1928)라는 첫 작품으로 유명해진 제거스는 파리로 망명한 뒤에는 '재외독일 작가 보호 협회'의 창립 회원으로 활동했다. 1930년대 후반 제거스의 행보는 벤야민과 일부 겹친다(예컨대 남편 라드바니가 벤야민과 같은 르베르네 수용소에 억류돼 있었고, 남편을 억류소에서 빼낸 후에는 두 자녀까지 데리고 마르세유로 가서 비시 정권에서 탈출할 길을 찾는, 점점 늘어나는 독일인 망명자 무리에 합류했다). 그렇지만 그 행보는 탈출 시점에서 벤야민과 갈라진다. 가족과 함께 탈출에 성공해 마르티니크와 뉴욕을 거쳐 멕시코시티에 정착한 제거스는 1947년 독일로 돌아온 후에는 동독에서 가장 저명한 문화 인사 중 한 명이 되었다. 이 무렵 벤야민이 제거스 외에 알고 지낸 또 다른 중요한 인물로는 소르본에서 학생들을 가르치던 철학자 장 발이 있었다. 그는 앙리 베르그송 철학자로 이력을 시작했지만, 1930년대 중반에는 이미 프랑스의 주요 헤겔주의자로 자리잡은 상태였다('사회학연구회'는 그에게 큰 영향을 받은 단체였고, 알렉상드르 코제브는 그에게 큰 영향을 받은 학자였다). 같은 해에 벤야민이 알고 지내게 된 또 다른 인물은 중국 미술 전문가 피에르 뒤보스크—그해 봄 파리에서 자신의 중국 회화 컬렉션 전시회를 개최한 인물—였다. 벤야민의 짧은 전시회 참관기 「프랑스 국립도서관의 중국화」가 1938년 1월 《유럽》에 실렸다.

벤야민은 특히 슈테판 라크너(개명 전 이름은 에르네스트 모르겐로트, 1910~2000)가 파리로 돌아오기를 간절히 바라고 있었다. 젊은 라크너와 학문적 동료로 지내고도 싶었고, 지그문트 라크너와 슈테판 라크너 부자를 제도권 바깥의 생계원으로 삼고 있어서이기도 했다. 새 안경 구입을 여러 해 미뤄두었던 벤야민은 당시 또 한 차례의 소규모 위기를 겪고 있었다. 라크너에게 보낸 편지에 따르면, 앞이 잘 안 보이는 탓에 집 밖으로 나갈 엄두가 안 나는 상태였다. 사실 벤야민의 경제 위기는 프랑스 경제 위기의 징후였다. 다른 나라보다 훨씬 늦게 대공황을 겪은 프랑스는 1937년에도 아직 대공황의 여진으로 비틀거리고 있었다. 대량 실업 사태였고, 공업 생산은 제1차 세계대전 이전 수준이었다. 결과적으로 프랑이 불안정해지고 물가가 급등하면서 벤야민의 재정에 심각한 타격을 입히고 있었던 것이다. 3월 말 프리드리히 폴로크에게 보낸 편지를 보면, 이 무렵 벤야민의 재정 상태를 짐작할 수 있다:

=정규 지출[1]

−집세 (난방비, 전화비, 관리비 포함) 480프랑

−식비 720프랑

−의복 수선비와 세탁비 120프랑

−기타(위생, 카페, 우표 등) 350프랑

−교통비 90프랑

_____

총 1760프랑

=비정규 지출[2]

−정장 (1년에 한 벌) 50프랑

−구두 (1년에 두 켤레) 25프랑

−속옷 25프랑

−영화, 전시, 연극 50프랑

−건강[3]

_____

총 150프랑

1. 독일 이민자의 가구 딸린 방에 살고 있습니다. 커튼과 카펫과 침대 커버를 구입한 후에는 이따금씩 찾아오는 프랑스 사람을 들어오게 할 수 있는 정도가 되었습니다.

2. 비정규 지출을 감당할 만한 저축은 전혀 없습니다. 하지만 빚도 없습니다. 나의 작년 소득 중에 당신이 알고 있는 것을 빼면, 『독일 사람들』로 1200프랑, 《말》 원고료로 250프랑, 《동과 서》 원고료로 150프랑을 벌었습니다.

3. 이 항목은 계산이 안 나옵니다. 지난달에 새 안경 두 개(300프랑)를 사느라 어려워졌고, 더 이상 미룰 수 없을 만큼 미뤄놓았던 치과 치료도 받아야 했습니다(GB 5:500–501).

친구들이 부정기적으로 보내주는 적은 돈은 그가 밝힌 소득에서 빠져 있다. 베를린 세입자가 1937년 3월 현재 집세를 보내오고 있었는지를 알 방법은 전혀 없다. 어쨌든 이 지출 목록을 보면 그가 검소하게 생활하고 여전히 최저 수준으로 생활하기 위해 애쓰고 있었다는 것을 알 수 있다. 또 이 지출 목록을 보면, 파리로 건너온 이후에도 일상(국립도서관에서의 자료 연구, 카페에서의 집필)에 변화가 거의 없었다는 것을 알 수 있다. 그레텔 카르플루스에게 전한 그 일상이었다: "셀렉트의 테라스에 와서 하나밖에 없는 난로 옆에 자리를 잡았습니다. 간간이 구름을 뚫고 나오는 햇살이 저 황혼을 이 몸뚱이에게 데려다줍니다"(BG, 193).

1937년 초 벤야민은 시력 문제와 계속된 경제난에도 불구하고 독서생활을 이어나갔다. 우선 큰 인기를 끈 제임스 M. 케인의 첫 소설 『포스트맨은 벨을 두 번 울린다』(하드보일드 멜로드라마)를 프랑스어 번역으로 읽고 "안목 있는 것 못지않게 스릴 있는" 책이라고 평가했다(GB, 5:479). 그 외에도 쇼데를로 드 라클로의 『위험한 관계』, 19세기 영국의 유령 이야기 선집의 프랑스어 번역, 그리고 G. K. 체스터턴의 『찰스 디킨스』라는 "비범한 작품"—『파사주 작업』에서 비중 있게 등장하는 책—의 프랑스어 번역을 읽었다. 블라디미르 바이들레의 『예술가의 꿀벌들: 오늘날 문학과 예술이 처한 운명』에 대해서는 양가적 반응을 보였다. 저자의 전반적인 태도에는 공감할 만한 점이 전혀 없었지만 최근의 예술에 대한 몇몇 논의에서 유용한 점이 발견된다는 것이 카를 티에메에게 전한 감상이었다. 한편 베르나르트 폰 브렌타노의 신작 『판사 없는 재판』에 대해서도 이 작가의 다른 모든 작품에 대해서와 마찬가지로 양가적 반응을 보였다. "잘 썼지만 혼란스러운" 책이라는 것이었다(GB, 5:513).

짧은 시간 안에 완성해서 발표할 수 있으면서 **동시에** 『파사주 작업』의 방법론 문제와 직결되는 주제를 찾고 있던 벤야민이 3월 중순에 잠시 그 모색을 중단했던 데에는 중대한 발견이 있었다. 발견물은 카를 구스타프 요흐만이라는 유명하지 않은 저자의 『언어에 대하여』라는 유명하지 않은 책, 1828년에 익명으로 나온 책이었다. 저자 요흐만은 리보니아계 독일인이었고, 벤야민과 마찬가지로 파리 망명자였는데, 벤야민에 따르면, "우리 독일어권에서 가장 혁명적인 작가 중 한 명"이며, 『언어에 대하여』 안에 포함된 「포에지의 퇴보」라는 70페이지짜리 논문은 벤야민의 표현을 빌리면, "20세기가 19세기로 집어던진 운석"과도 같은 글이었다. 「포에지의 퇴보」에서 그를 열광시킨 점은 이 글의 핵심에 위치한 모종의 접속, 곧 언어와 정치의 접속이었다. 앞서 마담 드 스탈이 그랬듯, 요흐만은 독일 공국들의 정치적 해방을 가로막는 근본적인 장애물을 독일인들의 문학지상주의에서 찾았다. 요흐만의 "대담무쌍한 테제"는 바로 "포에지의 퇴보는 문화의 진보"라는 것이었다(GB, 5:480). 벤야민은 「포에지의 퇴보」 편집본—원문의 내용을 축약하고 저자의 전기적 정보를 추가한 원고—과 요흐만의 다른 글의 짧은 발췌문을 5월 28일 호르크하이머에게 긴 편지와 함께 발송했다. 「포에지의 퇴보」를 "고동치는 심장"으로 읽었다는 감회와 이 글이 《사회연구지》에 게재된다면 큰 기쁨이리라는 기대를 밝힌 편지였다(GB, 5:492). 호르크하이머는 그로부터 두 주 후에 보낸 답장에서 「포에지의 퇴보」에 상당한 열광을 표하면서 이를 《사회연구지》에 게재할 때 함께 실을 이론적 소개 글을 청탁했다. 벤야민이 소개 글을 완성한 것은 4월에서 7월 초 사이였고, 호르크하이머의 지시로 수정 작업을 진행한 것은 이듬해였다. 이 글에 따르면 「포에지의 퇴보」의 독특한 아름다움은 "철학적 긴장의 규모"—철학어에 의지하지 않으면서 깊이 있는 철학적 내용을 길어내는 전략적 "어중간함Unschlüssigkeit"—에 있었다. 벤야민 편집의 「포에지의 퇴보」는 이 글의 다양한 측면을 아우르는 소개 글과 함께 《사회연구지》 1940년 1월 합본호에 게재된다.

벤야민은 호르크하이머에게 요흐만의 "발견"을 알리는 편지를 발송한 이튿날인 3월 29일, 베르너 크라프트로부터 분노의 편지를 받았다. 1921년에 절교했던 두 사람은 국립도서관에서 우연히 망명 작가라는 비슷한 처지로 재회했고, 이듬해에 크라프트가 예루살렘으로 이주하고부터 줄곧 우호적이고 유익한 편지를 주고받는 사이였다. 카프카, 카를 크라우스, 브레히트 같은 당대 작가들에게 열광하는 것, 그리고 서로의 생각을 (때로는 서로의 작업을) 나눌 기회를 중시하는 것은 두 사람 모두 같았다. 그런데 당시에 파리에 와서 석 달간 머물면서 벤야민을 만나기도 했던 크라프트가 그곳을 떠나면서 벤야민에게 절교(두 번째이자 마지막)의 편지를 보낸 것이었다. 이 편지를 받은 벤야민은 의외라는 말과 함께 안녕을 빌면서 크라프트에게 빌렸던 책들을 돌려보냈다(GB, 5:504–505). 이 절교 뒤에는 복잡한 정황이 있었다. 나중에 크라프트는 "벤야민 씨가 관계를 이어나가는 방식, 곧 미지근한 감정, 확실한 선 긋기, 의리 부족, 엄포 등이 뒤섞인 방식에 대한 나의 오랫동안 억눌려 있었던 짜증 (…) 외에" 절교의 구체적인 이유는 없었다고 술회했다.[35] 그렇지만 이 절교 뒤에는 분명 요흐만 "발견"을 둘러싼 상충된 주장이 있었다. 크라프트가 절교를 선언할 때 요흐만을 언급하지는 않았지만, 4월에 예루살

---

35 출처는 크라프트가 1940년 4월 30일 호르크하이머에게 보낸 편지(인용은 GS, 2:1402). 요흐만의 재발견을 둘러싼 벤야민-크라프트 분쟁과 관련된 또 다른 자료를 보려면 GS, 2:1397–1403.

렘으로 돌아갈 때 벤야민에게서 돌려받은 책 가운데는 요흐만 컬렉션 몇 권이 포함돼 있었다. 크라프트가 벤야민에게 요흐만이라는 작가와 「포에지의 퇴보」라는 글을 처음 알려준 사람일 수도 있다는 뜻이다. 크라프트가 요흐만에 대한 우선권을 (강력하게) 주장한 것은 1940년에 벤야민이 요흐만에 관한 글을 발표했을 때였다. 이 글을 본 크라프트는 자기가 1933년까지 하노버 도서관에서 사서로 일할 때 요흐만이라는 작가의 「포에지의 퇴보」라는 글을 발견해서 1936년 벤야민에게 알려주었다고 주장했고, 아울러 벤야민으로부터 「포에지의 퇴보」에 대한 글을 일절 쓰지 않겠다는 약속을 받았다고도 주장했다. 벤야민은 자기가 「포에지의 퇴보」라는 글을 처음 알게 된 게 크라프트에게 요흐만 컬렉션을 빌린 다음이었다고 해도 자기가 요흐만이라는 작가를 알게 된 건 크라프트와는 무관하게 1936년 봄 국립도서관에서 어떤 책을 읽은 덕분이라는 말로 그 주장을 반박했다(그것이 어떤 책인지까지 밝혔다). 그러면서 아무리 희귀한 책이라고 해도 이미 출판된 책을 가지고 누가 먼저 읽었느니 하는 주장 자체는 의미가 없다는 말로 크라프트의 우선권 주장을 아예 일축했다. 「포에지의 퇴보」에 대한 글을 쓰지 않겠다고 약속하지 않았느냐는 주장에 대해서는, 자기는 그저 크라프트에게 그런 글을 쓰는 것이 어려우리라는 것을 인정했을 뿐 무슨 약속 같은 것은 하지 않았다고 해명했다. 결론없이 끝난 이 논란의 맥락에서 아도르노의 입장은 언급할 만하다. 요흐만에 대한 벤야민의 글을 재수록할 수 있는 지면이 최초로 마련된 1963년, 아도르노는 1930년대에 크라프트가 요흐만이라는 망각 속에 묻혀 있던 작가를 재발견함으로써 벤야민의 글이 나오는 데 영향을 미쳤다는 각주를 달았다.

아도르노는 1937년 봄 벤야민의 「포에지의 퇴보」 편집 작업에 대해 가장 먼저 알았던 사람 중 한 명이다. 3월 중순 며칠 동안 파리에 와 있을 때 벤야민의 「포에지의 퇴보」 낭독을 듣기도 했고, 곧 호르크하이머에게 열광의 편지를 보내기도 했다. 아도르노가 벤야민을 따라 에두아르트 푹스의 아파트를 방문했던 것도 그때다. 파리 방문을 앞둔 아도르노에게 편지로 전했듯, 벤야민은 몇 가지 시급한 사안을 아도르노와 토론하고 싶어했다: "우리가 서로 더 자주 만날수록 만남에서 찾게 될 의미도 커지리라 생각합니다"(BA, 173). 그중 하나는 아도르노가 기획 중이던 『독점자본주의 시대의 대중문화』라는 다양한 필자의 논문 선집이었다(벤야민의 글 중에서는 「기술적 복제가 가능한 시대의 예술작품」과 기타 논문들, 예컨대 탐정소설론이나 영화론이 실릴 예정이었지만, 연구소의 예산 문제가 불거지면서 결국 출간되지는 못했다). 또한 벤야민은 아도르노가 그 무렵에 쓴 사회학자 카를 만하임에 대한 논문을 토론 주제로 삼고 싶어했다. 3월 초 「수집가이자 역사가 에두아르트 푹스」를 끝내고 아도르노의 만하임 논문을 읽은 벤야민은 두 논문 사이의 유사성에 주목했다:

> 당신의 과제와 내 과제는 근본적인 의미에서 닮은 데가 있었습니다. (…) 첫째, 그렛 사람, 블렛 사람 할 것 없이 다들 집어먹은 오래된 음식 같은 사유들을 (…) 화학적으로 분해한다는 것이었습니다. 더러운 부엌으로부터 나온 모든 것을 실험실로 가져가야 하는 작업이었습니다. 둘째, 의심스러운 요리사에게 정중한 태도를 보여야 한다는 것이었습니다. 당신은 그 정도가 비교적 덜했지만 내 경우는 대단히 심했습니다. (…) 나는 우리가 똑같은 요령을 발휘했다고 생각합니다. 자기 자신의 생각을 펼쳐나가되 과시하지도, 그렇다고 양보하지도 않으면서 펼쳐나가는 요령 말입니다(BA, 168).

벤야민과 아도르노는 공동의 지인이었던 알프레트 존-레텔을 화제에 올릴 때도 많았다. 벤야민과 존-레텔이 처음이자 마지막으로 강도 높은 관계를 맺은 것은 1924년에 나폴리 근교에서였고, 벤야민과 아도르노가 존-레텔과 가끔 만나는 사이로 지낸 것은 1920년대 후반 베를린에서였다. 좌익 성향에도 불구하고 히틀러 치하의 독일에서 적당한 직장을 잡는 데 성공해 1931년에서 1936년까지 '중유럽경제회의'(독일의 주요 기업과 은행의 연합 단체)의 연구원으로 일한 존-레텔은 1937년에야 독일을 떠나 (스위스와 파리를 거쳐) 영국으로 이주했다. 칸트의 비판적 인식론과 마르크스의 정치경제학 비판을 결합하는 유물론적 인식론의 구축을 자신의 필생의 과제로 여겼던 존-레텔이 아도르노에게 「사회학적 인식론」이라는 장문의 연구계획서를 보낸 것은 1936년 가을이었다. 아도르노를 통해 '사회연구소'로부터 연구비 지원을 받을 수 있으리라는 기대에서였다. 연구계획서를 읽은 아도르노는 긴가민가하면서도 호르크하이머에게 보낼 만한 좀더 명료한 요약문을 써달라고 했다. 훗날 존-레텔이 전한 이야기에 따르면, 당시 아도르노는 호르크하이머에게 평가서 작성을 벤야민에게 맡기는 것이 좋겠다고 했다.[36] 연구계획서의 추상성을 고려할 때, 벤야민은 그리 이상적인 심사자가 아니었다. 아도르노는 3월 중순 파리에서 벤야민과 함께 존-레텔의 긴 발표를 듣는 일에 하루저녁을 쏟았다. 3월 28일, 벤야민은 발표와 발표 후 토론을 근거로 호르크하이머에게 존-레텔의 기획을 다소 자신 없게 지지하는 편지를 보냈다. 벤야민 자신과 존-레텔 그리고 아도르노가 인식론과 상품교환을 주제로 모종의 연구팀을 꾸리는 게 존-레텔의 가장 유망한 착상들을 펼쳐낼 최선의 방법이리라는 제안으로 결론을 내리는 편지였다. 4월, 벤야민은 파리에서 존-레텔과 함께 연구계획서를 좀더 수정해서 호르크하이머에게 제출했다. 이 글—일명 파리 엑스포제—은 「선험주의의 비판적 청산에 관하여: 유물론적 연구」라는 제목으로 벤야민의 방주旁註와 함께 1989년에 출간되었다. 이 공동 작업의 주장은, 인간의 노동의 추상화가 노동자의 감각적 노동이 교환 체계 속에 포섭되는 결과이듯, 인간의 사고의 추상화는 상업화의 결과라는 것이었다. 존-

---

36 Sohn-Rethel, *Warenform und Denkform*, 87ff.

레텔은 아도르노의 최종 추천 덕분에 엑스포제에 대한 연구비 1000프랑을 받고 5월에 1000프랑을 더 받았지만, 연구소와의 지속적 관계는 결국 만들어지지 않았다. 영국에 건너간 존-레텔은 윈스틴 처칠의 측근으로 경제고문 자리를 얻었다. 그의 작업이 이론적 성향이 비교적 강했던 1960년대 독일 학생운동 지도부(아도르노의 작업을 웃음거리로 만들어버린 바로 그들)에 영향을 미치게 되는 것은 아이러니한 일이다.

5월에 벤야민은 아도르노와 함께 또 다른 (훨씬 더 힘든) 삼각관계에 말려들었다. 문제는 두 사람의 오랜 친구 크라카워가 오랜 작업 끝에 『자크 오펜바흐와 그의 시대의 파리』를 출간한 데서 비롯되었다. 전기 형식이라는 안경으로 제2제정기 파리의 사회사와 문화사를 고찰하는 책이었다. 크라카워의 작업과 벤야민의 작업 간의 오랜 친연성을 고려할 때, 크라카워가 한 시대의 문화적 관상—오펜바흐의 오페레타는 나폴레옹 3세 시대의 화려함과 얄팍함을 보여주는 징후이면서 **동시에** 나폴레옹 3세 정권에 대한 유토피아적 저항을 암시하는 그 무엇이라는 진단—을 내놓은 것은 어쩌면 당연한 일이었다. 그런데 아도르노는 이 책에 대해 인정사정없는 혹평을 쏟아냈다. "한심한" 책이고, "음악을 다루는 부분은 많지도 않은데 명백한 오류"로 가득하며, "사교계에 대한 고찰은 항간에 떠도는 소문 수준"이고, 저자는 "사교계와 화류계를 프티부르주아의 경탄과 질투의 시선으로 째려볼" 뿐이라는 것이었다. 심지어 아도르노는 "진지하게 받아들여져야 하는 저자들의 목록에서 크라카워의 이름을 삭제"하는 것이 낫겠다는 말도 서슴지 않았다(BA, 184). 이 생각을 벤야민이나 블로흐나 존-레텔에게 사적으로 피력하는 것에 만족하지 못한 아도르노는 우선 당사자 크라카워에게 이 책에 대한 독설(아도르노 자신의 표현을 빌리면 "매우 원칙 있고 대단히 솔직한" 평가)을 써 보냈고, 그해 말에는 《사회연구지》에 혹독한 서평을 싣기까지 했다. 반면에 이미 멀어져 있는 크라카워와의 관계를 더 악화시켜봤자 좋을 것이 없었던 벤야민은 이 책에 대한 평가를 아도르노 한 사람과 나누는 것으로 만족했다. 부정적인 평가였고 구체적 내용이 있지도 않았지만, 어쨌든 아도르노에 비하면 신중한 평가였다. 이 평가에 따르면, 이 책의 이른바 결함은 크라카워가 "출판 시장에서 입지를 확보할" 필요를 느꼈기 때문에 생긴 문제였다. 벤야민이 본 크라카워의 책은 오펜바흐의 작품(그중에서도 음악)에 대한 그 어떤 "본질적" 논의도 없이 그저 "사례 제시"에 그치는 대중서였다. 한마디로, 오페레타의 무분별한 "구원"으로 귀결되는 책이었다(BA, 185-186). 이 책에 대한 두 사람의 반응에는 친구 크라카워로부터 자신의 영토를 침범당했다는 공통된 느낌이 있다. 아도르노에게 크라카워는 문화음악학의 영역에 나타난 경쟁자였고(에른스트 크레네크는 크라카워의 책을 가리켜 "음악은 없고 음악가만 있는 전기"라고 했다),[37] 벤야민에게 이 책은 그 자신의 제2제정기 분석 전략을 일부 사용하고 있는 경쟁적 작업이었다. 평소 벤야민이 다른 사람이 자기 작업의 자료나 작업 방식을 사용할 때 **상대가 누구든** 예민한 반응을 보였음을 감안하면, 이 책에 대한 그의 반응은 놀라울 정도로 절제돼 있다. 나중에 『파사주 작업』에서는 이 책을 광범위하게 인용하기도 했다. 반면 아도르노의 반응은 그야말로 피의 복수였다. 오랜 친구이자 과거의 스승을 배신하는 양아치 짓으로 볼 수도 있었다. 호르크하이머를 상대로 크라카워의 평판을 더럽히는 비하 발언을 계속함으로써 호르크하이머가 이미 크라카워에 대해 품고 있던 불신감을 더욱 굳히는 짓도 서슴지 않았다. 그 후로 긴 세월이 흘러 1950년, 아도르노는 힘겨웠던 망명 시절을 되돌아보며 자신의 가장 중요한 저작 중 하나인 『소小윤리학』을 내놓았다. 부제는 '망가진 삶에서 나온 성찰'이었다. 독일 망명 커뮤니티는 갈등과 대립으로 점철돼 있었다. 지극히 한정된 자원과 인정Anerkennung을 놓고 경쟁해야 하는 망명지의 상황 때문이기

---

37 Krenek, *Wiener Zeitung*, 1937년 5월 18일자에 실린 글. 인용은 Müller-Doohm, *Adorno*, 342.

도 했지만, 재산과 지위를 박탈당한 인간들이 겪을 수밖에 없는 끔찍한 심리적, 생리적 극한 상황 때문이기도 했다. 『자크 오펜바흐와 그의 시대의 파리』를 놓고 벌어진 이 논란은 망명자의 상황—학문적 거처의 상실, 재정적 역경, 신분의 불안정—이 삶을 어느 정도까지 망가뜨리고 우정을 어느 정도까지 파괴할 수 있는지를 보여주는 좋은 예이자 벤야민과 아도르노와 크라카워 사이의 우정이 어느 정도까지 파괴되었나를 보여주는 가장 좋은 예다.

늦봄에 벤야민은 몇 가지 여흥을 즐겼다. 바이올리니스트이자 쇤베르크의 제자 루돌프 콜리슈—아도르노의 친구—의 콘서트에 간 것이 4월이고, 아나 제거스의 강연—위대한 독일 작가 게오르크 뷔히너를 추모하는 강연—을 들으러 간 것이 5월이었다. 마르가레테 슈테핀에게 보낸 편지에서는 제거스가 글솜씨보다 말솜씨가 훨씬 더 뛰어난 사람임을 이 연설을 통해 다시 한 번 알게 되었다는 짓궂은 논평을 남기기도 했다(GB, 5:521). '사회연구소' 일로 파리에 와 있던 프리드리히 폴로크와 즐거운 저녁을 보낸 것도 4월이었다 (두 사람은 점점 더 가까워졌고, 벤야민은 아도르노에게 보내는 편지에서 폴로크를 "프리드리히"로 지칭하기 시작했다). 그 저녁에 벤야민이 폴로크에게 추가 지원 요청을 빠뜨리지 않은 것은 물론이다(프랑스 통화가 심한 등락을 거듭해, 벤야민은 간신히 약간 높아진 생활수준을 계속 유지하는 것이 가능할지 확신할 수 없는 상태였다). 6월 초에는 다시 파리를 찾아온 아도르노와 개인적, 철학적 유대를 강화할 기회를 얻기도 했다. 한편 그해 5월 25일 파리에서 열린 만국박람회는 『파사주 작업』의 저자를 위해 특별히 마련된 듯한 여흥이었다. 지금까지도 그해는 파리만국박람회 역사를 통틀어 가장 강한 정치적 전류가 흐른 해가 아니었나 싶다. 공화정부가 세운 스페인관은 피카소의 「게르니카」를 전시했고, 경쟁하듯 거대하게 솟은 독일관과 러시아관은 서로의 둔탁한 전체주의 건축 및 조각을 거울처럼 비추었다. 파리 만국박람회는 16구의 도시 경관을 영구히 바꿔놓았다(나시옹위니 아베뉴라는 긴 길이

뚫렸고, 센 강변에 샤요 궁과 도쿄 궁이 세워졌다). 벤야민은 19세기의 산업 박람회가 자본주의적 대도시 형성에 어떠한 역할을 했는지를 검토하는 『파사주 작업』이라는 책의 저자였음에도, 7월 초 숄렘에게 쓴 편지에서 자기는 파리 만국박람회에 발을 들여놓은 적이 없다고 전했다.

6월 28일 산레모로 간 벤야민은 중간에 7월 28일에서 8월 12일까지 학회 참석도 했다. 이렇게 또 한 번 산레모 칩거를 시작한 그는 주변 언덕을 산책하고, 매일 수영을 하며 카페에 가서 작업하는 여름 일상으로 돌아갔다. 그는 이 무렵 여러 친구에게 "융에 대한 강도 높은 연구, 어느 모로 보나 유익한 연구"를 진행 중이라는 소식을 전했다(BA, 201). 7월 9일 프리츠 리프에게 의의를 밝히기도 했다: "내가 그때 계획했던 것은 융의 심리학에 대한 비판론, 곧 융의 심리학에 둘러쳐진 파시즘이라는 갑옷을 드러내 보이는 것이었습니다"(C, 542). 그렇지만 이 연구의 성과는 그리 크지 않았다. 지금 남아 있는 벤야민의 작업 가운데 이 연구의 흔적이 있는 곳은 여기저기 흩어져 있는 인용문 몇 개, 그리고 (위 문단에서 언급한, 7월 초 숄렘에게 쓴 편지에서 출발하는) 『파사주 작업』에 포함된 분석적 단상 하나가 전부다.

이제 다들 알고 있듯, 의료인 니힐리즘은 표현주의라는 화산에서 터져나온 여러 물질 중 하나인데, 바로 이 물질이 융의 저작에서 뒤늦게 이상할 정도로 강력한 효과를 발휘하고 있다. 벤의 작품에서도 이런 니힐리즘을 만날 수 있고, 셀린의 작품에서는 이런 니힐리즘의 늦둥이를 만날 수 있다. 몸뚱이 안쪽을 만지는 의료인들이 느끼는 충격에서 비롯되는 니힐리즘이다. 신경에 대한 관심이 고조된 원인을 찾아 표현주의로 거슬러 올라가는 것은 융 자신도 마찬가지다: "예술이란 의식 전반에 일어나게 될 변화를 직관적인 방식으로 선취하는 것이라고 할 때, 표현주의 예술은 이것[영혼에 관심의 고조]을 예언자적으로 선취했다."(볼 곳은 『오늘날 영혼의 문제』, 취리히, 라이프치히, 슈투트가

르트, 1932), p. 415(AP, N8a, 1)

『파사주 작업』에서 융의 자리는 처음에 K뭉치 「꿈속의 도시와 꿈속의 집, 미래라는 꿈속, 인간학적 니힐리즘, 융」이었다. 하지만 이 인용문은 N뭉치 「인식론적 논의, 진보 이론」(방법론에 관한 성찰을 모아놓은 부분)에 들어 있다. 벤야민이 "의료인 니힐리즘"을 낳는 모종의 충격—한갓 몸뚱이임이 폭로될 때의 폭발력—을 근대적 경험의 중요한 측면—진보 이데올로기의 한 부분—으로 여기게 된 것은 1937년 여름 이전부터다.

벤야민에게 그 여름은 그리 생산적인 시간이 아니었다. 프리츠 리프에게 보낸 편지에서 말했듯이 "어느 창문으로 내다봐도 우울한 풍경뿐"이었다. 서남쪽을 바라보면, 스페인은 내전 중이었다. 바르셀로나에 사는 알프레트 콘 가족은 날마다 생존의 위협에 시달리고 있었다. 서북쪽을 바라보면, 프랑스와 인민전선 정치가 있었다. 당시 인민전선에 대한 벤야민의 규탄은 평소답지 않게 노골적이었다: "지금 '좌익' 다수파는 우익이 했으면 반란이 일어났을 그런 정치를 하고 있습니다." 동북쪽을 바라보면, 모스크바—거리상으로는 멀지만 벤야민과 그의 친구들의 머릿속에서는 항상 아주 가까운 곳—에서 전시용 재판이 계속되고 있었다: "러시아 사태의 파괴적 영향은 점점 더 확산될 수밖에 없을 것입니다. 문제는 '사상/생각의 자유Gedankenfreiheit'를 위해 싸우는 확고부동한 투사들이 분노한다는 데 있지 않습니다. 내가 볼 때 훨씬 더 암울하고 불가피한 문제는 생각하는 사람들der Denkende이 벙어리가 된다는 데 있습니다(생각하고 있을Denkend 때는 알고 있다Wissend고 자처하기 어렵습니다). 내 경우가 그러한데, 당신도 마찬가지일 것 같습니다"(C, 542).

「괴테의 친화력」의 한 부분이 《남부 카이에》에 프랑스어 번역으로 실린 직후, 벤야민은 숄렘에게 보낸 8월 5일 편지에서 이후의 계획을 전했다: "다음 작업에서는 보들레르 쪽으로 방향을 돌리려고 합니다"(BS, 203). 이 대단치 않아 보이는 발언이 향후 2년 반 동안 진행될 거대한 작업의 출발점이었다. 9월에 파리로 돌아온 벤야민은 보들레르 논문을 쓰기 위해 국립도서관에서 자료 검토 작업에 뛰어들었다. 이듬해인 1938년 여름의 장장 석 달간 강도 높은 집필 작업 끝에 「보들레르의 작품에 나타난 제2제정기의 파리」 초고가 완성되었을 때, 벤야민은 이 초고가 앞으로 쓰게 될 보들레르 연구서—『샤를 보들레르: 고도자본주의 시대의 서정시인』—의 중간 섹션이리라고 생각하게 된다. 그리고 1938년의 어느 시점에서 이 연구서가 (그리고 이 책의 중간 섹션 「보들레르의 작품에 나타난 제2제정기의 파리」가) 『파사주 작업』의 "축소판"이리라고 생각하게 된다(C, 556).

7월 29~31일에 열리는 제3회 '세계학문통합대회'와 그 뒤에 열리는 제9회 '세계철학대회'에 동행해달라는 아도르노의 요청을 받아들인 벤야민은 7월 말에 잠시 산레모를 떠나 파리로 향했다. 두 행사에서 '사회연구소'의 공식 대표였던 아도르노는 호르크하이머를 위해 자기와 벤야민이 어떤 세션과 토론에 참석했는지를 보고하는 글을 작성했다. (벤야민도 보고서 작성을 거들었다.) 한편 벤야민은 숄렘에게 행사 풍경을 전하기도 했다: "빈 수리논리학파(카르납, 노이라트, 라이헨바흐)가 주최하는 학회에서 몇 세션에 참석할 일이 있었습니다. '몰리에르도 여기에 비하면 애들 장난Moliere n'a rien vu'이라고 말해도 과언이 아닙니다. 몰리에르 희곡에서 논변을 펼치는 의사나 철학자의 희극적 위력viscomica이 아무리 강해도, 이 '경험론의 철학자들'에 비하면 아무것도 아닙니다"(BS, 202). 희극성이 덜한 발제도 있었다. '세계철학대회' 중심 세션(데카르트의 『방법서설』 출간 300주년 기념 세션) 발제자 중에는 나치 동조자(예를 들면 알프레트 보임러)가 포함돼 있을 뿐 아니라 독일 강단철학의 실상을 대표하다시피 하는 인물(예를 들면 《칸트 연구》의 편집장이었던 관념론자 아르투르 리베르트)도 포함돼 있었다: "리베르트가 입을 연 순간, 나는 25년 전의 그곳으로 돌아가서 그때의 공기를 들이마시는 듯했습니다.

그때 그 사람들은 이미 그곳에서 현재의 악취를 풍기고 있었다고 해도 과언이 아니겠습니다"(BS, 203). 여기서 '그곳'은 벤야민의 학창 시절 독일 학계였고, '그때 그 사람들'은 리케르트, 야스퍼스, 카시러 등 그 시절 독일의 간판 철학자들이었다.

8월 12일, 벤야민은 아들 슈테판이 쉬고 있는 산레모의 베르데 여관으로 돌아왔다. 슈테판은 심신의 건강을 어느 정도 회복한 듯했지만, 얼마 남지 않은 입학시험을 치를 준비가 돼 있는지는 확실치 않았다. 벤야민과 도라는 아들과 관련해 여러 차례·대단히 어려운 (때때로 아들을 동석시킨) 토론을 이어나갔지만, 별다른 성과는 없었다. 벤야민에게 산레모에서의 시간은 자신의 가까운 미래를 그려볼 기회이기도 했다. 이듬해에는 국립도서관에서 방대한 보들레르 자료를 검토하는 파리 정주생활이 이어지리라는 것을 잘 알고 있던 벤야민은 언제나 그랬듯 여행의 기회를 엿보기 시작했다. 숄렘과 매우 우호적인 관계를 회복하면서, 겨울에 예루살렘에 와 있으라는 초청도 받은 상태였다. 숄렘은 초청의 말과 함께 7월 8일에 발표된 '필 위원회' 보고서—팔레스타인을 분할하고 유대 국가를 세울 것을 추천하는 문서—에 대한 상세한 평가를 전해주면서, 예루살렘을 방문하기에 이보다 더 흥미로운 시기도 없을 것이라고 덧붙였다. 벤야민은 파리에서 '사회연구소' 운영진을 만나는 일정이 생기지만 않는다면 예루살렘으로 가겠다는 긍정적인 답장을 보냈다.

도서관이 없는 산레모에서는 보들레르 연구에 본격적으로 착수할 수 없었던 벤야민은 동료들의 작업으로 관심을 돌렸다. 아도르노가 쓴 알반 베르크에 대한 논문에는 진심 어린 열의를 드러내기도 했다: "그날 저녁 내가 베를린에서 「보체크」에 압도당한 것은 미처 의식하지 못하고 있었던, 하지만 상세하게 분석될 수 있는 정동Betroffensein 때문이 아니었을까 하는 나의 막연한 짐작을 당신의 글이 확실하게 밝혀주었습니다"(BA, 205). 아도르노와 벤야민이 베르크의 오페라 「보체크」를 본 것은 1925년 12월 22일이고, 아도르노가 베르크에게 자신과 벤야민의 감상을 적은 편지를 보낸 것은 그해가 가기 전이었다(이 편지의 전문은 출간되지 않았다). 이 편지에서 아도르노는 여관집 장면("음이 맞지 않게 노래하는 것을 구성적 모티프로 이용"함으로써 "형이상학적으로 심오한" 효과를 내는 결정적 장면)을 묘사하면서 벤야민의 「괴테의 친화력」에 나오는 용어를 직접 가져다 쓰기도 했다: "이 장면은 횔덜린적 의미의 휴지기Cäsur입니다. 따라서 이 장면에서는 '무표현das Ausdruckslose'이 음악 그 자체로 뚫고 들어갈 수 있습니다"(BA, 120n). 한편, 당시 《사회연구지》에 실린 호르크하이머의 「전통과 비판 이론」(다방면의 사안을 포괄하는 강령적인 글)에 대해서는 글의 주요 논점에 무조건 연대를 표명하면서도 그렇게까지 열의를 드러내지는 않았다.

9월 초에 보들레르 논문을 본격적으로 시작한다는 의욕을 품고 파리로 돌아온 벤야민은 제일 먼저 호르크하이머와 여러 차례 만나 연구소 상황을 타진했다. 이때의 만남은 두 사람이 우호적 관계를 다지는 데 큰 도움이 되었고, 호르크하이머에게도 좋은 기억을 남겼다: "벤야민을 만난 것은 파리에서 가장 멋진 일 중 하나였습니다. 우리 친구들 가운데 단연 가까운 사람은 벤야민입니다. 그가 경제적 곤경에서 벗어날 수 있도록 힘닿는 데까지 돕겠습니다."[38] 호르크하이머는 벤야민이 단독으로 아파트를 임대하는 데 필요한 자금을 지원해주기로 약속했고, 『파사주 작업』과 『샤를 보들레르』를 진행하는 데 필요한 자료 구입비를 책정하기도 했다. 덕분에 벤야민은 곧바로 국립도서관에서 자료를 뒤지는 연구자의 일상으로 돌아갈 수 있었다. 연구의 강도는 그 어느 때보다 높았고, 『파사주 작업』의 J뭉치(보들레르 뭉치)는 급속도로 불어났다. 벤야민은 이 작업에 온 힘을 불살랐다. 이후 몇 달 동안 우리가 벤야민의 삶에 대해 아는 것은 "보들레르를 제외한다면" 거의 없다.

---

38 Adorno and Horkheimer, *Briefwechsel*, 240.

벤야민은 파리로 돌아온 9월 초에 호르크하이머로부터 반가운 소식을 듣기도 했지만, 거처 문제가 꼬이기도 했다. 그가 2년 동안 살던 곳(아파트 세입자 우르술 부트로부터 전대한 방 한 칸)에 다른 사람이 살고 있었던 것이다 (GB, 5:575-576). 부트가 산레모에 있는 벤야민 앞으로 "공무 비슷한 일"로 방이 필요한 삼촌이 있다느니, 자기가 취업 서류를 받을 수 있을지 극히 불확실하다느니 벤야민이 방을 쓸 수 없는 기간에 발생할 비용에 대해서는 보상하겠다느니 하는 애매모호하기 짝이 없는 편지를 보내온 것은 8월 말이었다. 벤야민은 부트와 여러 차례 굴욕적인 대화를 나눈 끝에 600프랑을 받기로 했고(실제로는 받지 못했다), 자기가 다른 세입자―"좀더 반길 만한 세입자 (…) 추방 명령을 받은 세입자 (…) 미신고 거주지에 높은 값을 치르는 세입자"―에게 밀려났다는 사실도 알게 되었다. 아도르노에게 보낸 편지 말미의 표현대로 베나르 가의 안락한 아파트는 이제 지난 일이었다: "시기상 최악입니다. 지금 파리는 만국박람회 때문에 호텔 숙박료가 50퍼센트 이상 올랐습니다. 싸구려 숙박시설도 마찬가지입니다"(BA, 215). 잠시 6구의 팡테옹 호텔에서 지내다가 16구의 니콜로 가 3번지 니콜로 빌라로 옮긴 벤야민은 9월 말까지 그곳에서 지내면서 아도르노로부터 그레텔 카르플루스와의 결혼을 알리는 편지를 받기도 했다. 9월 8일 옥스퍼드에서 결혼식을 했고 호르크하이머와 경제학자 레드버스 오피가 증인으로 참석했다는 내용이었다. (벤야민에게는 예상치 못한 소식이었던지, 상황에 걸맞은 답장을 쓸 수 있기까지 시간이 걸렸다. 벤야민이 바로 답장하지 않는 것을 아도르노 부부 둘 다 비난으로 해석했다.) 아도르노는 결혼식에 온 사람이 두 증인을 빼면 호르크하이머의 아내 마이돈, 아도르노의 부모, 그레텔의 어머니뿐이었다는 말로 결혼 소식의 충격을 누그러뜨리고자 했다: "아무에게도 알리지 않았습니다. 인간관계에서 괜히 불필요한 어려움을 만들어내지 않으려다보니 당신에게 자세한 내용을 알리지 못했습니다. (…) 부디 오해로 언짢아하지 않기를 바랍니다." 그러면서 묘한 어조(묘하게 애매한 어조)로 사과를 마무리지었다: "나와 막스 둘 다 당신의 친구입니다. 막스에게도 그 점을 확실하게 못 박았습니다. 이제 막스에게도 이런 내 마음을 알려줄 수 있겠다고 생각했던 것입니다"(BA, 208). 이 대목으로 미루어 짐작해보자면, 아도르노는 벤야민과 호르크하이머가 자기의 애정을 얻기 위해 경쟁하는 관계라고 믿었던 것 같고, 벤야민에게 미리 결혼 소식을 알리지 않은 것은 바로 이 관계가 어려움에 빠질 것을 우려해서였던 듯하다. 이 편지에 대한 벤야민의 답장은 소실되었지만, 벤야민이 언짢아했다면 그 원인은 호르크하이머 쪽보다는 그레텔 쪽에 있었을 것이다. 벤야민의 성애사는 복잡하게 얽혀 있었지만, 그가 동성애적 의사를 표명한 적은 우리가 아는 한 없다. 아도르노의 경우는 달랐다.

벤야민이 호텔 숙박료를 감당하는 일에 한계를 느끼던 바로 그때(가장 값싼 호텔의 숙박료도 버거웠다), 아도르노의 부자 친구 엘제 헤르츠베르거가 구원의 손길을 내밀었다. 불로뉴-쉬르-센의 샤토 가 1번지 아파트의 하녀 방을 공짜로 쓰라고 내준 것이었다. 주인과 하녀가 미국에 가 있는 약 석 달간이었다. 9월 25일 벤야민은 그 방에 들어와 있었다: "선물에 트집을 잡는 것 같지만, 이 방에 있으면 아침 6시에 오감이 완전히 살아나, 침대 앞 아스팔트 벽에 뚫린 가느다란 틈으로 밀려들어오는, 바다의 리듬보다 더 이해하기 힘든 파리 교통 체제의 리듬에 귀를 기울이게 됩니다. 침대가 창문 바로 앞에 있다는 이야기입니다. 덧창을 올리면 거리가 그대로 내 집필 작업의 목격자가 되고, 덧창을 내리면 (통제 불능의) 중앙난방이 만들어내는 극도의 고온과 극도의 저온을 만나게 됩니다"(BA, 222). 벤야민은 그 방에서 벗어나기 위해 매일 아침 국립도서관으로 달려가 보들레르 연구에 파묻혔다.

여름에 발생한 엄청난 물가 상승과 프랑스프랑의 가치 하락은 벤야민에게도 영향을 미쳤다(공짜 거처에서 생활하던 때였지만, 경제적인 어려움은 그해 초에 비해 훨씬 더 심해져 있었다). 게다가 "블룸 정부의 수상쩍은 약식형

반쪽 사회주의"(1936~1937년에 레옹 블룸 총리가 이끌던 인민전선 정부)로 인한 건축업 침체가 계속되면서 주택 부족이 심각한 상황이었다(BA, 222). 다행히 호르크하이머는 약속을 어기지 않았다. 11월 13일, 프리드리히 폴로 크는 '사회연구소'가 벤야민에게 지급하는 연구비가 당장 월 80 US달러로 인 상될 것이라는 소식을 전해왔다(뉴욕의 정규 필자들이 받는 연구비에는 한 참 못 미치는 액수였지만, 프랑스프랑이 수시로 오르락내리락하는 상황에서 는 그나마 안전한 바람막이였다). 폴로크는 조만간 특별수당 1500프랑(주거 지원비)이 지급되리라는 소식도 함께 전해왔다. 벤야민은 아도르노에게 "진 심어린 감사"를 전하면서(아도르노는 그때까지 여러 달 동안 호르크하이머를 상대로 '사회연구소'가 벤야민에게 지급하는 연구비를 인상해야 한다는 압력 을 가하고 있었다), 인상된 액수가 "당신이 처음에 나를 위해 생각했던 것의 4분의 3에 육박하는 수준"이라는 논평을 덧붙였다(BA, 222).

10월에는 프리츠 리프, 마르셀 브리옹, 브레히트, 헬레네 바이겔이 벤야 민을 찾아왔다. 브레히트와 헬레네 바이겔 부부가 파리에 온 것은 「서푼짜 리 오페라」의 새 프랑스어 공연감독 작업, 그리고 브레히트가 쓰고 헬레네 바 이겔이 주연을 맡은 새 단막극 「카라르 부인의 장총」을 리허설하기 위해서였 다. 벤야민과 브레히트가 함께 관람한 연극에는 장 콕토의 「원탁의 기사들」 ("콕토의 실력이 급속히 녹슬어간다는 사실을 보여주는 칙칙한 신비화")과 장 아누이의 「가방 없는 여행자」 등이 있었는데, 벤야민은 브레히트가 아방 가르드와 확실하게 거리를 둔다는 것, 그리고 브레히트 자신의 작품에서 리 얼리즘이 점점 더 중요해진다는 것에 주목했다(GB, 5:606). 벤야민 자신의 (어쩌면 다소 근시안적이었을) 판단에 따르면, 이런 공연들은 연극 자체가 전 반적으로 쇠락하고 있다는 (따라서 「기술적 복제가 가능한 시대의 예술작품」 의 예측이 옳았다는) 증거였다. 한동안 연락이 끊겼던 (그 밖에 9월에 호르크 하이머가 있는 자리에서 오랜만에 만난) 껄끄러운 크라카워와 꽤 자주 만났고, 아드리엔 모니에, 사진작가 게르마이네 크룰, 아나 제거스 등 파리의 친구들과도 연락을 이어나갔다. 10월에 보낸 편지에서 그때의 상황을 전했다: "내 손에 닿는 것은 얼마 남지 않은 친구들, 그리고 나 자신의 작업뿐입니다. 이러한 상황은 그 어느 때보다 더 심해졌습니다"(C, 547).

이 무렵에는 보들레르 논문을 위한 예비 연구를 진행하는 데 주안점을 두면서도 다시 한번 여러 글을 동시에 진행해나갔다. 《사회연구지》에도 계속 서평을 실었다. 샤를 푸리에 선집에 대한 서평을 쓴 것은 「이야기꾼」을 프랑스어로 번역하던 여름이었고, 이 무렵에는 친구 지젤 프로인트가 쓴 『19세기 프랑스 사진』에 대한 서평과 오스트리아의 저널리스트 그레테 데 프란체스코가 쓴 『사기꾼의 힘』에 대한 서평을 쓰고 있었다. 셋 다 『파사주 작업』과 어느 정도 직접 관련된 글이었다. 푸리에는 『파사주 작업』 중 W뭉치(상상력, 교수법, 초기 사회주의의 사회적–산업적 맥락 등에 관한 자료를 모아놓은 매력적인 부분)의 주제이고, 프로인트의 『19세기 프랑스 사진』(출간 버전과 필사 버전 둘 다)은 『파사주 작업』 전체에서 사진이 어떻게 산업에 활용되는가, 사진과 19세기 풍속화, 사진과 보헤미아니즘 문화는 어떤 관련이 있는가 등등의 여러 맥락에서 인용되는 저서다. 프란체스코의 『사기꾼의 힘』도 『파사주 작업』에 인용돼 있는데, 이 대목에서 벤야민은 저자에게 개인적으로 공감하면서도 책에 대해서는 어느 정도 의구심을 표한다(BA, 206). 사기꾼이라는 인물형은 19세기 초 프랑스의 산업 환등상(특히 푸리에 시대에 발전한 상업 광고 전술)과 연결돼 있으며, 푸리에가 때로 사기에 의도적으로 관여했다는 이야기도 할 수 있다. 요컨대 이 무렵의 서평들과 『파사주 작업』 사이의 이 교차교배는 『파사주 작업』의 N뭉치 앞부분에서 개진하는 지극히 비非고전적인 방법론의 원칙들 중 하나와 일치한다: "무슨 수를 써서라도 내가 지금 생각하고 있는 모든 것을 내가 지금 진행하는 작업 속에 집어넣어야 한다"(AP, N1,3).

호르크하이머가 《사회연구지》의 발행인이자 신생 저널 《대중과 가치》의 발행인이었던 스위스인 에밀 오프레히트에게 벤야민을 소개해준 것은 9월이었다(벤야민과 《대중과 가치》 편집진 사이에는 이미 접촉이 있었다). 벤야민은 오프레히트와 함께 《대중과 가치》에 게재할 '사회연구소'에 대한 소개 글을 구상하기 시작했다. 벤야민이 「독자적 연구를 수행하는 독일 연구소」라는 글을 집필하기 시작한 것은 12월—저널 편집장 《대중과 가치》의 페르디난트 리온으로부터 "공산주의"에 대한 그 어떤 암시도 있어서는 안 된다는 분명한 경고를 여러 차례 받은 이후—이었고, 게재가 성사된 것은 이듬해였다. 한편 11월 초 벤야민은 호르크하이머에게 프랑스 문학의 근황을 설명하는 비게재용 편지(일련의 "문학에 관한 편지" 가운데 첫 번째 글)를 보냈다. 콕토의 새 희곡 『원탁의 기사들』을 (맹렬한 비난과 함께) 다루거나 앙리 칼레와 드니 드루즈몽의 작품을 다루기도 했고, 카를 야스퍼스의 니체 연구서를 짧게 언급하는 글이었다: "철학적 비평이 역사적 논문의 테두리를 벗어나는 순간 (⋯) 주어진 과제를 수행할 가장 적합한 형식은 모종의 논박입니다"(GB, 5:600). 한편 국립도서관에서의 보들레르 연구도 빠르게 진행되면서 11월 중순에는 아도르노에게 작업 상황을 전할 수 있었다: "보들레르 문헌을 웬만큼 훑어볼 수 있었습니다"(BA, 227). 그리고 얼마 뒤 19세기 프랑스 혁명가 루이 오귀스트 블랑키의 정치 저술들을 검토하는 한편으로 『파사주 작업』의 두 번째 자료 묶음 복사본을 뉴욕의 호르크하이머에게 발송했다.

11월 15일, 벤야민은 개인적으로 중대한 조치를 취했다. 파리로 건너와 거의 5년 만에 아파트 임대 계약을 체결한 것이다. 주소는 15구 돔바슬 가 10번지였다. 1월 5일 전까지는 사용할 수 없다는 게 나중에 밝혀졌지만, 벤야민은 이 집에 대체로 만족했다. 면적은 작아도 중앙에 큰 방이 있고 넓은 테라스가 있어 여름에는 손님을 맞을 수도 있다. (벤야민은 1940년 파리를 탈출할 때까지 이 집을 거처로 삼게 된다.) 엘제 헤르츠베르거가 미국에서 돌아오는 12월 말까지는 하녀 방chambre de bonne을 비워주어야 했으니 새 거처로 들어갈 때까지 당장 있을 곳이 필요했다. 이번에도 도라가 의리를 발휘해 초대했고, 벤야민은 연말 산레모 여행 계획을 세웠다.

파리의 정치 상황은 악화 일로였다. 벤야민은 짧은 산레모 여행을 앞두고 '사회학연구회Collège de Sociologie'라는 단체가 주관하는 한 강연―러시아 태생의 철학자 알렉상드르 코제브[개명 전 이름은 코제브니코프]의 헤겔 강연―을 들었다.[39] 조르주 바타유와 로저 카유아가 이끄는 이 지식인 단체는 1937년 3월 팔레 루아얄의 그랑 베푸어 카페에서 출범했고, 1937년 7월 바타유의 저널 《머리 없는 사람Acéphale》이 그 소식을 공표했다. 토요일 야간에 격주로 갈르리 뒤 리브르 서점 별실에서 열리는 일련의 강연―"연구회Collège"―에서 벤야민은 자주 찾아오는 (주로 조용히 듣다가 돌아가는) 청강자였다. 이 단체의 지향점은 "신성한 사회학", 다시 말해 현대사회에서 신성함이 취하는 형태를 분석하고 그로부터 새로운 공동체 구조의 요소들을 추출해내고자 하는 사회학이었다. 벤야민은 분명 이 단체에 (좀더 정확히 말하면, 평소 습관대로 이 단체의 주변부에) 매력을 느꼈다. 일견 세속화를 거친 사회에서 신성함이 어떻게 나타나는가, 인간 공동체의 새로운 형태는 어떠할 것인가, 미학과 정치는 어떤 관계인가에 주목하는 단체였다. 이 단체에 점점 익숙해진 벤야민은 수장 격인 세 사람(바타유, 카유아, 미셸 레리)의 미묘한 입장 차를 감지하기 시작했고, 그러면서 셋의 입장에 맞서 좀더 적극적인 (하지만 절대로 직접적이지는 않은) 반대 입장을 취하기 시작했다. 1934년 11월 호르크하이머에게 보낸 편지에서 벤야민은 코제브의 강연을 가리켜 명쾌하고 감명 깊었다고 했고, 코제브가 파리에서 특히 초현실주의자들 사이에서 영향력을 발휘하기 시작하는 철학자라는 점 또한 인정했지만, 그의 "관념론적" 변증법 개념에

---

39 특별히 볼 곳은 Falasca-Zamponi, *Rethinking the Political*.

비판의 소지가 많다는 지적도 빠뜨리지 않았다(GB, 5:621).

　12월 초, 아도르노 부부가 곧 미국으로 떠난다는 소식을 보내왔다(미국에서 일자리—프린스턴 대학이 지원하는 라디오 관련 연구의 음악 부문 책임자 자리—를 얻은 상태였다). 뉴욕의 '사회연구소'에서 호르크하이머와 긴밀한 공조를 형성할 예정이었던 아도르노는 벤야민의 '사회연구소' 내 입지를 변함없이 옹호할 것과 벤야민을 미국으로 불러들이도록 최선을 다할 것을 약속했다: "전쟁은 조만간 일어날 수밖에 없을 테니, 최대한 조속히 진행하겠습니다"(BA, 228). 아도르노 부부의 미국행 소식은 벤야민에게는 청천벽력이나 다름없었고, 유일한 위안은 얼마 후 아도르노 부부를 만날 수 있다는 것이었다(아도르노 부부는 산레모에서 크리스마스를 지낼 예정이었다). 벤야민이 이탈리아에 도착한 것은 파리에서 공공기관 노동자 파업이 한창이던 12월 말이었다. 슈테판이 빈으로 돌아가지 않기로 결정하고 도라의 여관에서 일을 돕고 있을 때였다. 벤야민이 테오도어 아도르노와 그레텔 아도르노를 만난 것은 그때가 마지막이었다.

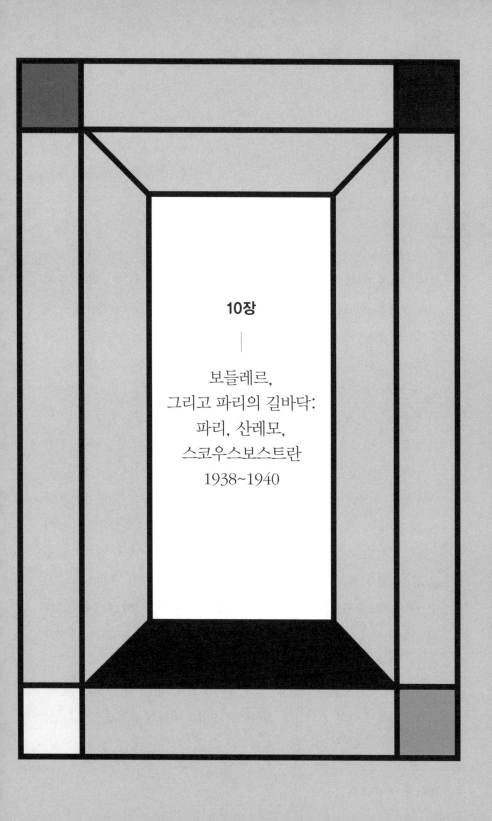

10장

보들레르,
그리고 파리의 길바닥:
파리, 산레모,
스코우스보스트란
1938~1940

1938년 1월 초 벤야민은 산레모에서 테오도어, 그레텔 아도르노와 함께 시간을 보낼 수 있었다. 작업과 작업 원칙들에 대한 열띤 토론이 이어졌다. 아도르노는 벤야민에게 『바그너 연구를 위하여』의 초고를 낭독해주기도 했다(그중 여러 장이 「바그너에 관한 단상들」이라는 제목으로 1936년 《사회연구지》에 게재된다). 토론 장소는 주로 산레모에서 몇 킬로미터 떨어진 리구리아 해변의 작은 도시 오스페달레티의 어느 카페 테라스였는데, 그곳에서의 한 토론이 아도르노의 바그너 연구에 큰 영향을 미쳤다(세 사람 다 그 점을 지적했다). 벤야민은 음악 이론을 아주 잘 아는 것은 아니었지만 아도르노가 바그너의 음악을 "사회적으로 투명한" 무엇으로 분석해내는 것에 감명을 받았다. 전기의 문제와 비평의 문제가 제기되는 것은 불가피한 일이었다. 앞서 벤야민과 아도르노는 크라카워의 오펜바흐 분석—오펜바흐의 전기적 특징을 광범위한 사회적 동향의 기호라고 보는 순진한 해석—을 개탄했는데, 이 오스페달레티 토론에서 벤야민은 아도르노가 그린 바그너의 초상—바그너의 사회적 영역 안에 심리적 매개 없이 박혀 있는 그의 관상—을 높이 평가했다는 점 때문이었다.

오스페달레티 토론에서 벤야민에게 특히 중요한 의미가 있었던 논의는 보들레르 작업에 대한 것이었다. 보들레르 작업은 상당히 진척돼 있었고, 이제 벤야민은 작업이 파사주 자료를 온전하게 활용하려면 논문이 아닌 단행본이어야 하리라는 생각으로 연구의 새로운 구도를 잡기 시작했다. 보들레르를 연구한 지 20년이 넘은 시점에서였다. 『악의 꽃』을 읽은 것은 제1차 세계대전 때였고, 처음 보들레르에 대한 글을 쓴 것은 1921년과 1922년이었으며(「보들레르 II & III」이라는 제목의 미발표 단상들이었다), 보들레르 번역서를 낸 것은 1923년이었다(이 책의 서문이 「번역자의 과제」였다). 벤야민은 1938년의 연구자가 보들레르에 대한 본격적 연구에 착수하는 것이 얼마나 어려운 일인지 잘 알고 있었다. 선행 연구들의 주안점은 초기 보들레르의 특징들, 예컨대 낭만주의와의 긴밀한 관계, '조응'의 스베덴보리적 신비주의, 몽상과 이상으로의 도피한다는 점 등이었다. 이미 1902년에 지드는 19세기 작가 중 보들레르만큼 미련한 연구에 시달린 작가도 없다고 말한 바 있었다. 같은 맥락에서 1938년에 벤야민은 자기가 수집해놓은 자료를 검토하면서 보들레르에 대한 대부분의 연구가 "보들레르가 『악의 꽃』을 쓰기 전에 죽기라도 한 것처럼" 쓰였다고 했다. 보들레르를 현대의 본질을 체현하는 작가(사회적으로 소외당하고 거처 없이 떠도는, 토성의 영향 아래 태어난 작가)로 재창조하는 최초의 연구자가 되려면, 연구자 자신이 "부르주아적 사유의 한계들"을 버려야 하고 "부르주아적 반응들"의 일부를 버려야 하리라는 것을 벤야민은 잘 알고 있었다. 자기가 상층 부르주아 계급으로 교육받은 것이 자기 사유를 어떤 식으로 한정하고 있는지에 대해서도 모르지 않았던 것 같다(GB, 6:10–11).

벤야민은 아도르노 부부와 함께 보들레르 연구와 관련해 초점, 배열, 비평 방법론 등 다양한 문제를 토론했다. 그중에는 보들레르 연구에 중대한 영향을 미치게 될 한 권의 책에 대한 토론도 있었던 것 같다. 벤야민이 이 『별들을 지나서 영원으로』라는 루이 오귀스트 블랑키의 우주론적 사변을 발견한 것은 1937년 늦가을 파리 국립도서관에서 자료를 조사할 때였다. 프랑스

샤를 보들레르, 1855년. 촬영: 나다르
(오르세 미술관, 파리)

의 위대한 혁명가 블랑키는 19세기 파리의 모든 주요 봉기(1830년 7월 혁명, 1848년 혁명, 1870년 파리 코뮌)에 참여했다가 세 번 다 체포당해 감옥에 갇힌 특이한 이력의 소유자였다. 파리 코뮌 때 마지막으로 토로 요새에 투옥되었고, 『별들을 지나서 영원으로』가 나온 것은 바로 이때였다. 나중에 벤야민이 호르크하이머에게 보낸 편지에 따르면, 처음 읽을 때는 진부하고 시시하게 느껴질 수 있지만, 알고 보면 사회질서와의 싸움에서 패배당한 블랑키의 "무조건적 항복"과 함께 "이런 이미지를 천국에 투영하는 사회에 대한 가공할 규탄"이 담겨 있는 책이었다(C, 549). 벤야민은 블랑키의 인생관(인생은 기계 같은 무엇이자 지옥 같은 무엇이라는 관점)이 니체와 보들레르의 작품에서 별의 은유가 수행하는 역할과 조응한다는 것을 간과했다. 벤야민이 『샤를 보들레르』중 세 번째 부분(결국 완성되지 못한 부분)에서 밝혀내고자 했던 것이 바로 이 조응이었다.

1월 20일에 파리로 돌아온 벤야민은 곧 돔바슬 가의 작은 아파트(그가 그때부터 파리를 떠나기까지 나의 집이라고 부르게 되는 곳)로 거처를 옮겼고, 2월 7일에는 호르크하이머에게 집 정리를 잘 마쳤다는 소식을 전할 수 있었다. 주변의 집들이 내려다보이는 테라스 전망에 진심어린 열광을 표하기도 했다. 브레히트의 덴마크 거처에 보관되어 있던 책들이 도착하기를 기다리면서 그동안의 그리움을 고백하기도 했다: "그 책들을 향한 욕구가 내 마음속에 얼마나 깊이 박혀 있었는지 이제야 비로소 깨달았습니다"(GB, 6:38). 포기하고 있던 책들까지 나타나준 것은 3월 말을 앞둔 시점이었다(한 친구가 벤야민의 베를린 아파트에 남아 있던 책 중 "10~20권"을 파리로 보내준 것이었다). 젊은 미술품 수집가이자 작가였던 에르네스트 모르겐로트(망명기의 필명은 슈테판 라크너)의 회고에 따르면 당시 돔바슬 아파트 거실의 상석은 파울 클레의 수채화 「역사의 천사」의 차지였다. 오랜만에 집이라는 안정된 공간을 확보한 벤야민은 승강기 소음에 대해 계속 불평하면서도(집 위치가 승강기 바로 옆이었다) 이사 후 몇 달간 외출을 꺼릴 정도로 집을 좋아했다(경제적으로 이익이었다).

벤야민은 서서히 외출을 감행하면서 다시 파리생활에 젖어들어갔다. 미술은 벤야민을 가장 먼저 불러낸 것들 중 하나였다. 2월 초에 칸바일러가 운영하는 '시몽 화랑'에서 클레의 신작 전시회를 관람한 후에는 자기는 여전히 클레의 수채화가 유화보다 마음에 든다는 논평을 남기기도 했다. 포부르 생 오노레 가의 '보자르 화랑'에서 열린 대규모 초현실주의 전시회는 벤야민의 작업에 더 직접적으로 영향을 끼쳤다:

> 중앙 갤러리에는 바닥 전체에 톱밥이 깔려 있었고, 군데군데 키 큰 양치식물들이 자라고 있었습니다. 공중에는 석탄 자루들이 매달려 있었습니다. 자연광이 아닌 인공광뿐이었습니다. 실내는 촛불을 켜놓은 영안실 같았고, 걸려 있는 그림들은 시체의 가슴에 달려 있는 훈장들 같았습니다. (…) 입구 갤러리에는 종이죽으로 만든 인형들이 전시돼 있었습니다. 인형들은 성감대를 비롯해 여러 곳에 은박지, 전구, 실뭉치 등 마술적 장치가 돼 있었습니다. 이번 전시회가 꿈을 닮았다고 하는 것은 무대 의상 대여점이 셰익스피어를 닮았다고 하는 것이나 마찬가지입니다(GB, 6:41).

라크너는 이 무렵 벤야민이 어떤 모습이었는가를 기억하고 있다: "보헤미안 같은 데가 전혀 없는 사람이었다. 그 무렵에는 배가 약간 나온 체형이었다. 평소에는 낡은 트위드 재킷, 짙은 색 셔츠, 회색 플란넬 바지 차림이었는데, 재킷은 평상복 같기도 한 부르주아 컷이었다. (…) 타이를 매지 않은 모습은 한 번도 본 적이 없는 것 같다. (…) 때로 둥근 안경 뒤로 부엉이 같은 심오한 눈이 빛났다. 그의 말이 조롱의 뜻이었음을 알아채는 데는 시간이 좀 필요했다."[1] 이 조롱 섞인 유머는 벤야민의 대인관계에서도 종종 발휘되었다. 벤야민이 길에서 우연히 철학자 장 발을 만났을 때였다. 발은 자기의 첫 스승(노년에 접어든 앙리 베르그송)을 만나고 나오는 길이었는데, 베르그송이 중국이 파리를 침공하리라는 우려를 표하더라(일본군이 아직 전쟁에서 승기를 잡고 있을 때였다), 모든 사회 문제를 철도 탓으로 돌리더라고 말했다. 벤야민은 발이 전해주는 말을 들으면서 생각했다: "장 발이 80세가 되면 그의 입에서는 무슨 말이 나올까요?"(BG, 219)

벤야민은 1938~1939년 겨울을 파리에서 보내면서 프랑스 친구, 독일 망명자 친구들과 자주 어울렸다. 우선 크라카워는 가끔 보는 친구였다. 1920년대만 해도 벤야민과 크라카워 사이의 학문적 교류는 서로의 작업에 결정적 자극이 되었던 반면, 이 무렵 두 사람의 관계는 좀 어색했다. 당시 두 사람의 화제는 크라카워가 청탁받은 영화 관련 저서였다(이 책은 끝까지 미완성이었다). 이어 한나 아렌트와 그녀의 예비 남편 하인리히 블뤼허는 자주 보는 친구들이었다. 벤야민이 아렌트와 그녀의 첫 남편 귄터 슈테른을 알게 된 것은 세 사람이 베를린에 있을 때였다(슈테른과 벤야민은 먼 친척 간이었다). 아렌트(1906~1975)의 이력을 보면, 동프러시아 쾨니히스베르크의, 독일사회에 동화된 중간계층 가정에서 태어났다. 아렌트를 가르친 몇 명은 바이마르공화국에서 매우 중요한 지식인이었다. 예컨대 철학을 가르친 이는 마르틴 하이데거와 카를 야스퍼스와 에드문트 후설이었고, 신학을 가르친 이는 루돌프 불트만과 파울 틸리히였다. 아우구스티누스의 사랑 개념을 주제로 박사논문을 쓸 때의 지도교수는 야스퍼스였다. 마르틴 하이데거와 연애관계였던 것이 1920년대 중반이고(당시에는 아무에게도 알려지지 않은 일이었다), 베를린에서 슈테른을 만나 결혼한 것이 1929년이었다. 경찰에게 심문당한 후 베를린을 탈출한 것은 1933년 봄이었다(먼저 체코슬로바키아, 스위스로 갔고,

---

1 Lackner, "'Von einer langen, schwierigen Irrfahrt,'" 54-56.

그곳에서 파리로 갔다). 벤야민과 아렌트가 점점 가까워진 것은 파리에서 망명생활을 할 때였다. 두 사람을 중심으로 독일 망명자들의 모임이 생긴 것은 1936년부터였다. 저녁에 벤야민의 거처에서 정기 토론 모임이 열리면 프리츠 프렝켈, 화가 카를 하이덴라이히, 법률가 에리히 콘벤디트, 하인리히 블뤼허, 차난 클렌보르트(아렌트가 관여하던 유대인 원조 기구의 동료) 등이 참석했다.[2] 한편 블뤼허의 이력을 보면, 청년 노동자 시절에는 베를린 스파르타쿠스단 봉기들에 참여했고, 이후에는 공산당 활동가가 되었다. 정규 교육을 거의 받지 않았지만, 열혈 독학자였다. 벤야민이 블뤼허를 처음 만난 곳은 베를린이었던 듯하다. 남동생 게오르크를 통해서였을 수도 있고, 블뤼허가 프리츠 프렝켈의 신경 클리닉에서 조수로 일하던 때였을 수도 있다. 1938년 아렌트는 철학과 정치에 관해 대화를 나누는 벤야민의 주요 대화 상대 중 한 명이 되어 있었다. 두 사람 다 이따금 강의를 듣고 알렉상드르 코제브, 알렉상드르 쿠아레, 장 발 같은 인물들과 교제하면서 파리 강단철학의 주변부를 맴도는 처지였다. 벤야민과 아렌트 중에서는 헤겔 철학과 하이데거 철학에 공감대가 있는 아렌트 쪽이 이 느슨한 인맥과 좀더 가까웠던 것 같다.

2월 11일, 벤야민은 파리에서 복잡한 심정으로 숄렘을 맞았다. 숄렘은 강연과 카발라 필사본 컬렉션 연구가 결합된 일정으로 미국에 가는 길이었다. 숄렘이 파리에 머무는 며칠 동안 두 사람은 여러 차례 대화를 나눴다. 마르틴 부버, 그리고 부버와 프란츠 로젠츠바이크가 1920년대 중반에 착수한 히브리어 성서의 번역본이 화제에 올랐다(이 번역본은 1925년에서 1937년 사이에 출간되었다). 벤야민이 이 번역본에 대한 의혹을 표명한 곳은 이미 이 번역본의 여러 중요 구절에 대해 반박한 바 있던 신학자 카를 티에메에게 보낸 편지였다. 다만 벤야민의 의혹은 작업 자체의 적절성보다는 작업이 이루

---

2 Yong-Bruehl, *Hannah Arendt*, 122.

어진 **시점**에 대한 것이었다. 이 번역본에 등장하는 많은 독어 표현들이 당대의 징후("시대의 지표")라는 것이 이 편지의 주장이었다. 숄렘은 벤야민과의 1938년 만남을 기술하면서 이때의 토론이 감정적으로 격한 분위기에서 이루어졌음을 강조하고 있다(두 사람이 만난 것은 이때가 마지막이었다): "그를 만나는 것은 11년 만이었다. 그의 외모는 좀 달라져 있었다. 몸이 좀 불었고, 매무새가 전에 비해 허술했으며, 코밑수염은 더 무성하게 자라 있었다. 머리털은 완전히 반백이었다. 그와 나는 그의 작업과 그의 관점에 대해 치열한 대화를 나눴다. (…) 대화의 중심은 당연히 그의 마르크스주의적 방향성이었다."[3] 숄렘이 그린 이 초상은 앞서 나온 슈테판 라크너의 초상과 함께 망명생활이 벤야민에게 장기적으로 어떤 영향을 끼쳤는가를 보여준다. 벤야민은 아직 마흔다섯이었지만 이미 노인이 되어가고 있었다.

숄렘은 「기술적 복제가 가능한 시대의 예술작품」을 비판했고(영화철학이 부자연스럽고, "벤야민이 수년 동안 사용한 의미와 전혀 다른" 아우라 개념이 등장한다는 비판이었다), 벤야민은 자신의 마르크스주의가 도그마가 아닌 문제 해결을 위한 실험으로서, 앞선 관심사들을 폐기하는 그 무엇이 아니라 자기가 예전(숄렘과의 우정이 시작된 시기)에 펼쳤던 형이상학적, 신학적 관점을 잇는 적절한, 그리고 유익한 변환이라고 답변했다(자신의 언어 이론과 마르크스주의적 세계관을 융합하는 일은 그가 가장 큰 희망을 걸고 있는 과제였다). 이어 숄렘은 벤야민에게 "동료 마르크스주의자들"과 어떤 관계냐고 추궁했고, 벤야민은 브레히트의 언어를 옹호하면서(벤야민에 따르면, 브레히트는 "철두철미하게 비非마법적인 언어, 마법의 요소가 전혀 없는 언어"를 쓸 줄 아는 작가였다) 브레히트의 언어와 파울 셰어바르트의 언어를 비교했다(셰어바르트는 숄렘과 벤야민 둘 다 좋아하는 작가였다). 또한 벤야민은

---

3 SF, 205~214.

브레히트의 수많은 외설적 시를 화제에 올렸다(그러면서 이 시들 중 몇 편을 브레히트의 최고작으로 꼽았다). 곧 '사회연구소'의 이너서클을 만나게 될 숄렘이 연구소를 화제에 올렸을 때, 벤야민은 연구소의 전반적인 방향성에 "근본적으로 공감"한다고 강조하면서도 연구소에 대한 의구심이 없지 않다는 점을 인정했다(그의 어조에서는 때때로 "호르크하이머에게 보낸 편지들의 유화적 태도에 전혀 부합하지 않는 신랄함"이 묻어났다). 숄렘이 공산당에 대한 연구소의 태도를 화제에 올렸을 때, 벤야민은 "극도로 완곡한 표현을 쓰면서 분명한 결론을 내기를 원하지 않았다." 벤야민의 몇몇 친구가 모스크바 재판들을 강력히 규탄한 것과는 극히 대조적이었다. 또한 숄렘과 벤야민은 카프카를 논하고 루이 페르디낭 셀린의 근작 『학살해 마땅한 것들』을 논했다. 프랑스에서 사는 동안 반유대주의의 만연함을 확신하게 된 벤야민에 따르면 심지어 좌파 인텔리겐치아 사이에서도 반유대주의가 잠재해 있었고, 비유대인 중에 체질적으로 반유대주의에서 자유로운 사람들은 극히 일부였다. 아드리엔 모니에와 프리츠 리프가 바로 그런 사람들이었다. 하지만 숄렘도 잘 알고 있었듯 벤야민은 여전히 프랑스에 매우 우호적이었던 반면, "영국과 미국에 대해서는 확실히 서먹한 감정, 아니 적대적 감정"을 느끼고 있었다.

파리생활이 4년을 넘어가면서 벤야민의 개인적 인맥도 상당히 넓어져 있었다(그러면서 주변부에서나마 프랑스 문단 정치에 휩쓸리기도 했다). 벤야민과는 1927년부터 알고 지낸 망명 사진작가 게르마이네 크룰은, 벤야민보다 먼저 파리로 이주했고 프랑스 지식인들과 여러 번 동거했지만, 글을 실을 곳을 찾을 때는 벤야민에게 부탁했다. 자기가 쓴 단편소설을 게재해줄 데가 있을지 인맥을 동원해 수소문해달라는 부탁이었다. 이때 크룰을 위해 애썼던 벤야민은 지인이자 후견인이었던 슈테판 라크너가 소설 『얀하이마틀로스』를 썼을 때는 파리에서 지면을 알아보는 한편으로 외국에 가 있는 친구들에게 문의 편지를 쓰기도 했다. 사실 벤야민이 '사회연구소'(특히 호르크하이머)와 단단히 맺어질 수 있었던 것은 이처럼 프랑스 문단 정치에 깊이 관여하고 있는 점 덕분이었다. 벤야민이 연구소에서 월급을 받는 대가로 하는 일은 글을 게재하는 것만이 아니었다. 예컨대 호르크하이머에게 써 보내는 긴편지들("파리 편지")은 프랑스 사유의 주요 동향들을 극좌에서 극우까지 포괄하는 연재 기사나 마찬가지였다. 앞서 숄렘과 논했던 셀린의 『학살해 마땅한 것들』을 다시 길게 논한 것도 3월에 호르크하이머에게 보낸 편지에서였다. 이 편지에 따르면, 이 책은 맹렬한 반유대주의와 반전주의라는 양립할 수 없을 것만 같은 두 가지를 한데 엮고 있으며, 이 책을 계기로 벤야민 자신은 1937년 산레모에서 정리해보기 시작한 논의—"치료자 허무주의"라는 현대의 징후에 관한 논의—를 떠올리게 되었다. 벤야민이 표현주의와 융과 셀린과 알프레트 되블린(독일의 소설가이자 의사)을 연결하는 그 특유의 기발한 인과관계를 만들어낸 것도 호르크하이머에게 보낸 편지에서였다: "의료인 니힐리즘이라는 것이 있지 않나 싶습니다. 의료인 니힐리즘에는 그 특유의 시가 있는 것 같고, 이런 시는 의사가 해부실 혹은 수술실에서 복부나 두개골을 절개할 때 겪는 경험으로부터 나오는 것 같습니다. 철학이 이런 니힐리즘을 방치한 지 한 세기 반이 지났습니다. 라 메트리『인간-기계』의 저자]는 계몽주의 시대에 의료인 니힐리즘을 지지한 인물입니다." 셀린의 반유대주의적 독설의 "징후적 가치"는 아무리 높이 평가해도 지나치지 않는다고 하면서 《신프랑스 평론》에 실린 서평—한편으로는 셀린의 혼란과 허위를 지적하지만 다른 한편으로는 그의 소설을 가리켜 "알찬" 작품이라고 하면서 이 책의 "원대한 비전"을 칭찬하는 서평—을 들먹이는 편지였다(GB, 6:24; 40 – 41). 1939년 4월에 프랑스 정부가 반유대주의 금지령을 내리면서 『학살해 마땅한 것들』은 서점에서 수거되었다. 한편, 6월에 벤야민은 《피가로》에 실린 클로델의 글에 대해 "바그너라는 어마어마한 인간의 거대한 비전과 파렴치한 능력을 보여주는 좋은 증거"라는 신랄한 논평을 가하기도 했다(BA, 260).

벤야민은 저널이 어떻게 학문적 여론을 형성하는지에 대해 항상 민감했고, 유명한 저널에 새로운 필자나 중요한 변화가 나타날 때마다 호르크하이머에게 알렸다. 우선 벤야민은 호르크하이머가 《척도들》을 구독하게 했다. 《척도들》의 명목상 관리자는 미국인 망명자 헨리 처치였지만, 청탁과 편집을 책임지는 비밀 관리자는 《신프랑스 평론》의 편집장 장 폴랑이었다. 《척도들》은 《신프랑스 평론》에 실리기 어려운 첨예한 글들을 실었고, 두 저널의 독자층은 겹치는 부분이 없지 않았지만 완전히 일치하지는 않았다(《척도들》은 '사회학 연구회'에 속해 있는 후기 초현실주의자들이나 당시 맹아 상태였던 실존주의 운동 관여자들 또는 신비주의 사유의 부활에 관심이 있는 독자들에게 호소력을 발휘하는 저널이었다).[4] 이어 벤야민은 자기가 관계하는 저널 중 가장 우호적이었던 《남부 카이에》를 최대한 자주 언급했고, 여기에 실린 글 중에서 특히 장 폴랑이 쓴 레토릭의 재탄생에 관한 글을 강력 추천했다. 요컨대 사회연구소에서 벤야민은 단순히 공식 저널의 필자가 아니라 일군의 연구원들에게 유럽의 학문적 조류라는 생명의 양식을 실어 날라주는 현지 소식통이었다.

프랑스의 언론 출판 기관들에 직접 연루되는 데서 비롯되는 위험성은 독일에서 프리랜서 비평가로 자리잡기 시작했던 15년 전과 비교해 더하면 더했지 덜하지 않았다는 사실은 벤야민 자신도 잘 알고 있었다. 호르크하이머에게 보낸 편지에서는 "이 시대의 파괴적인 기관들 앞에서 작업 면에서는 최대한 공격적으로 대처하고 생활 면에서는 최대한 수세적으로 대처할 것"을 다짐했다(GB, 6:30). 벤야민의 선도적인 프랑스 지식인들(예를 들면 장 폴랑)이나 연배 어린 지인들(예를 들면 레몽 아롱이나 피에르 클로소프스키)과의 관계를 지배한 것은 이런 다짐이었고, 문학 토론이나 정치 토론 자리에서 그

4　Paulhan, "Henry Church and the Literary Magazine 'Mesures'".

가 종종 침묵으로 일관했던 것도 이런 다짐을 지키기 위해서였다. 벤야민이 일정한 비판적 거리를 표현하는 것은 글을 쓸 때뿐이었다. 예를 들어 스페인 내전에 대한 가톨릭 국민주의자 가스통 페사르의 강연에 대한 리뷰를 《사회 연구지》에 실은 것이 그런 경우였다.

벤야민이 '사회연구소'와의 관계에서도 이 다짐을 지켰는가는 여전히 격렬한 쟁점으로 남아 있다. 1930년대 후반('사회연구소'와의 관계를 다질 무렵), 벤야민은 자신의 모습을 '사회연구소'가 기대하리라 생각되는 모습—지나치게 교조적이지도 않고 지나치게 급진적이지도 않은 좌파 사상가이자 잘못된 세상을 질타하는 계몽된 비평가의 모습—으로 연출하는 일에 공을 들였다. 숄렘이 뉴욕을 방문해 호르크하이머와 아도르노 부부를 처음 만나본 후 벤야민에게 보낸 편지에 따르면, 이 불편한 연출은 비효과적이었을 뿐 아니라 결국 불필요한 일이었다. 뉴욕에 간 숄렘은 초반에 파울 틸리히와 한나 틸리히 부부—남편이 연합신학교 교수가 되면서 뉴욕에 살게 된—를 만났을 때 사회연구소의 분위기를 어느 정도 읽을 수 있었던 것으로 보인다:

우리는 당신을 화제에 올렸습니다. 틸리히 부부는 당신을 칭찬하느라 바빴습니다(나도 당신을 성심껏 칭찬했습니다). 앞서 당신은 당신과 호르크하이머가 어떤 관계인지를 여러 겹의 밀교적 표현으로 감싼 경계심 속에서 들려주었지요. 그렇지만 틸리히 부부와 이야기를 나누어본 결과, 나는 당신과 호르크하이머의 관계에 대해서 당신의 말과는 조금 다른 그림을 그려볼 수 있었습니다. 나는 틸리히로부터 이야기를 끌어내기 위해 연기를 해보았습니다. 그때 틸리히가 해준 말을 옮기자면, 호르크하이머는 당신을 **아주 높이** 평가하지만 **당신을 대할 때 신비주의자를 대하듯 한다**는 사실을 전혀 숨기지 않는다더군요. (내가 지금껏 당신이 했던 말을 제대로 이해했다면, 호르크하이머에게 신비주의자로 비치는 것은 당신이 가장 원치 않았던 일이 아니었는지요. 신비주

의자라는 표현을 쓴 것은 내가 아니라 틸리히였어요.) 이곳 사람들은 당신의
정체를 모를 만큼 어리석지도 않고 당신의 정체에 거부감을 느낄 만큼 편협하
지도 않다, 이곳 사람들은 당신을 위해 최대한 노력할 것이다, 당신을 이리로
불러오는 방안도 생각하고 있다, 라는 것이 틸리히의 말이었습니다. 내가 볼
때, 이곳 연구소와 당신의 관계가 틸리히의 설명대로라면, 당신의 연출은 쓸
모없는 짓이었습니다. (…) 이곳 사람들은 당신이 감추고자 했던 것을 오래전
에 알아챈 것 같지만, **그럼에도 불구하고** 당신에게 기대를 걸고 있는 것 같습
니다(BS, 214-215).

숄렘은 자기 편지가 벤야민에게 충격을 안겨주리라고 생각했던 듯하지만, 벤
야민이 보인 반응은 다른 의미에서 흥미롭다:

당신과 틸리히 부부가 대화한 내용을 유심히 읽었습니다. 하지만 당신이 생각
한 정도로 놀라지는 않았습니다. 노골적으로 말해서, 요즘에는 피차 그늘에
가려진 사정이 있으니, 그런 곳에 인공적 조명을 들이대는 것은 올바르지 않
습니다. 하지만 그저 "요즘"이기 때문이라고 말하렵니다. 이 시대가 너무 많은
일을 가로막고 있다고는 해도, 역사의 황도를 달리는 태양이 바로 그런 속사
정을 올바른 빛으로 밝혀줄 가능성까지 가로막을 수는 없을 테니까요. 그리고
여기서 한발 더 나가, 우리의 작업 하나하나가 태양의 운행을 측정하는 눈금
이 될 수 있다고 말하렵니다. 태양은 믿어지지 않을 만큼 느리게 움직이지만,
우리의 작업이 제대로 이루어진다면, 가장 미세한 움직임까지 감지할 수 있을
것입니다(BS, 216-217).

여기서 벤야민은 자기의 타고난 조심스러움이 역사적 지표의 함수라는 것—
자기를 보여주어야 할 때가 있고 아닐 때가 있다는 것, 상대가 같은 편이라

하더라도 섣불리 자기를 보여주었다가 자칫 치명적 결과를 야기할 수 있다는 것—을 말하고자 한다. 이렇듯 벤야민이 연구소와의 관계에서 자신의 사유와 행동 앞에 장막을 쳤던 일은 불필요했던 것 같지만 해로운 일 같지는 않다. 다른 여러 관계들에서는 이 지나친 조심스러움 때문에 친구나 후원자를 얻을 기회를 놓치는 경우가 많았다.

무슨 일이든 끝장을 보는 성격이었던 숄렘은 호르크하이머를 만나 즉각적인 반감을 느꼈고, "유쾌하지 않은" 사람, "어느 날 악당으로 밝혀진다 해도 전혀 놀랍지 않을" 사람이라는 인상을 전했다. 벤야민을 존경한다는 호르크하이머의 말을 무턱대고 믿어서는 안 되리라는 것이 호르크하이머라는 사람에 대한 모종의 판단으로 착색된 숄렘의 생각이었다: "호르크하이머가 한결같은 마음으로 당신의 재능을 존경하고 있다는 것이 비젠그룬트의 주장입니다. 그의 글을 읽어본 후에는 비젠그룬트의 말이 사실임을 알 수 있었지만, 그라는 사람을 만나본 후에는 믿을 수 없는 사람—당신을 존경해야 한다는 **바로 그 생각** 때문에 당신에게 악감정을 품으면서 당신 앞에서 속내를 숨기는 사람—이리라는 내 판단은 더욱 굳어졌습니다(BS, 235–236). 이후의 상황으로 미루어보면, 대략 정확한 정도가 아니라 극히 예리한 판단이었다. 호르크하이머는 벤야민을 지원하는 일에 점점 더 아량을 발휘하면서도 그의 작업에는 줄곧 유보적이었고, 그를 뉴욕으로 불러와야 했을 때도 꺼리는 기색이 있었다.

숄렘은 아도르노를 만나자마자 솔직하고 우호적인 관계를 맺었지만, 아도르노에게 (그리고 사회연구소의 어느 누구에게도) 호르크하이머에 대한 의구심을 털어놓지는 않았다. 벤야민이 인간다운 생활을 영위할 수 있도록 아도르노가 최선을 다해 호르크하이머를 설득하고 있고, 벤야민을 높이 평가하는 레오 뢰벤탈과 허버트 마르쿠제가 아도르노의 노력을 지지하고 있다는 것이 연구소의 분위기에 대한 벤야민 자신의 인상이었는데, 숄렘은 그 인상이 틀리지 않았다는 것을 확인해줄 수 있었다. 물론 아도르노 부부(특히 그레텔)의 궁극적인 바람은 벤야민을 미국으로 불러오는 것이었다. 그레텔은 벤야민에게 여러 차례 뉴욕 이야기를 전하면서 상대의 마음에 들 만한 표현을 찾기 위해 세심한 주의를 기울였다.

나는 런던보다 이 도시가 좋습니다. 당신도 이곳에 온다면 내 말에 공감하리라고 믿습니다. 이곳의 가장 놀라운 점은 생각했던 것과 달리 새로운 곳도 아니고 발전된 곳도 아니라는 점입니다. 오히려 어디를 가든 가장 현대적인 것과 가장 낡은 것의 대조를 볼 수 있습니다. 곳곳에서 초현실을 만날 수 있으니, 굳이 초현실을 찾아다니지 않아도 됩니다. 초저녁에는 웅장한 마천루가 펼쳐지지만, 밤이 깊을수록 사람들이 퇴근하고 불빛이 드물어지면서, 유럽의 불빛 없는 시골을 연상시킵니다. 별도 많고, 지평선에 달이 걸려 있고, 저녁놀은 한여름처럼 근사합니다(BG, 211).

가장 발전된 것과 가장 낙후된 것의 결합을 말하는 대목은 「초현실주의」에 대한 암시이고, 현대적 양식의 조명을 말하는 대목은 『파사주 작업』에 대한 암시다. 이 편지를 받은 벤야민이 곧바로 벽에 뉴욕 지도를 걸어놓고 친구들의 동선을 확인했던 것을 보면, 이런 암시들은 분명 그의 호기심을 자극한 것 같다. 그렇지만 그레텔은 (아마 벤야민의 전처 다음으로) 벤야민을 가장 잘 알고 있었던 만큼, 그를 자기 고향이나 다름없는 유럽 문화에서 떼어놓는다는 것이 얼마나 어려운 일일지 그녀 자신도 잘 알고 있었다: "파사주라면 사족을 못 쓰는 당신이 과연 그곳의 근사한 파사주 건물과 헤어질 수 있을까요. 당신이 그 건물에서 나오기만 하면, 새로운 주제가 당신의 관심을 불러일으키는 것도 불가능한 일은 아닐 텐데"(BG, 211).

그해 초 벤야민은 스페인 내전과 관련된 책들을 읽었다. 그중에 지인인 말로의 신작 소설 『희망』(전쟁 중 혁명 진영 당파 간에 벌어지는 뜨거운 논쟁을 다룬 작품)을 읽고 나서는 그 책의 정치적 유용성에 회의를 표했다. 하지만 조르주 베르나노스의 『달밤의 거대한 묘지들』(프랑코를 공격하는 작품)을 읽은 후에는 그 책의 고집스러운 가톨릭 신앙에도 불구하고 동의를 표했다. 벤야민이 가장 상세하게 평한 책은 이웃이었던 아서 케스틀러의 『스페인 증언』이었다. 케스틀러가 스페인 내전 중에 스페인에 세 차례 건너갔던 것은 빌리 뮌첸베르크 밑에서 프랑스 지성계에 모종의 소비에트적 시각을 안착시키는 작업에 적극 참여한 후였다. 영국의 일간지 《뉴크로니클》특파원을 사칭해서 팔랑헤당의 관할 구역에 잠입했을 때는 베를린 시절에 동료로 지냈던 기자에게 발각되어 공산주의자로 고발당하기도 했다. 결과는 체포, 즉결심판, 사형 선고였다. 간신히 사형을 면한 것은 포로 교환 덕분이었는데, 케스틀러와 교환된 포로는 프랑코 군대의 전투기 조종사의 아내였다. 『스페인 증언』은 두 권짜리 작품인데, 첫째 권은 이데올로기적 경향성을 드러내는 전쟁 보도물(총 아홉 편)이고, 둘째 권(「죽음과의 대화」)은 감옥에서 죽음을 기다리던 작가 자신의 경험담이다. 벤야민은 두 부분에 똑같이 매료되었다.

벤야민이 읽는 책 중에는 프랑스 국민주의자 쥘리앵 방다의 자서전 제2부 『이 세기의 병사』가 있었다. "지식인들의 배반"이라는 제1부의 큰 주제를 이어나가면서, 배반하지 않는 지식인이 어떠한 상황에 처해 있는지에 대한 일련의 성찰을 불러일으키는 책이었다. 사회학자 노르베르트 엘리아스의 『문명화 과정』을 읽은 후에는 저자에게 경의의 편지를 보내기도 했다. 한편, 《사회연구지》에서 (그리고 자기 글을 실어주는 얼마 남지 않은 저널에서) 유럽 낭만주의 분야도 맡고 있던 벤야민은 이 분야의 (독일어와 프랑스어로 나오는) 근작들을 점검했다. 그중에는 빌헬름 하인리히 바켄로더—『어느 예술애호가 탁발승의 술회』(1797)라는 중대한 저서를 쓴 초기 낭만주의 작가—에 대한 마르셀 브리옹의 논문도 있었다. 《남부 카이에》독일 낭만주의 특집호에 (벤야민 자신의 「괴테의 친화력」 발췌문과 함께) 실린 글이었다. 에곤 비싱에게 보낸 편지에서는 벤야민 자신의 박사논문 『독일 낭만주의의 예술비평 개념』을 언급하면서, 비교적 최근에 아우구스트 빌헬름 슐레겔의 미출간 편지가 발견됨으로써 프리드리히 슐레겔의 개종에 대한 (그리고 그의 반동적 역사철학에 대한) 통찰이 가능해졌다는 평을 내놓기도 했다.

한편, 자신의 연구소 내 입지에 대해 자신감을 되찾은 벤야민은 연구소 동료들의 글을 읽고 좀더 허심탄회한 비판을 내놓을 수 있었다. 1937년 《사회연구지》에 실린 허버트 마르쿠제의 강령 「철학과 비판이론」을 읽은 후에는 호르크하이머에게 연구소의 순전한 이성주의에 대한 대안을 내놓기도 했다.

비판이론은 이성이 (그리고 이성의 해방투쟁이) 모종의 도취 에너지와 깊은 공모관계에 있음을 직시할 수밖에 없을 것입니다. 인간이 여태껏 약물의 힘으로 가로챘던 모든 깨달음이 이제 **인간 스스로의 힘으로** 얻어지리라는 이야기입니다. 개인의 힘―남자 또는 여자의 힘―으로 얻어질 깨달음이나 집단의 힘으로 얻어질 깨달음도 있고, 꿈속에 그려보는 것도 아직 시기상조일 것 같은 깨달음, 살아 있는 것들의 공동체가 있다면 그것의 힘으로나 얻어지지 않을까 싶은 깨달음도 있습니다. 이 깨달음을 낳은 것이 인간이었으니, 이것이 진정한 정치적 깨달음이 되는 것도 인간을 통해서가 아니겠습니까? 어쨌든 이 깨달음이 해방 투사들에게 "내면의 평화"처럼 무궁무진하고 불길처럼 활활 타오르는 힘을 불어넣었으니까요. 비판이론이 이 힘을 모종의 '중립적' 힘으로 고찰하는 일은 없을 거라고 믿습니다. 요즘 이 힘이 파시즘의 손아귀에 들어간 듯한 착각이 드는 것은 사실입니다. 왜 그런 착각이 드냐 하면, 파시즘이 자연의 생산력이라는 힘을 (우리가 잘 아는 힘은 물론이고 우리가 잘 모르는 힘까지) 비틀고 더럽혀놓았기 때문입니다.

벤야민이 연구소가 생각하는 비판이론에 대해 개인적으로 비판론을 내놓은 시기가 바로 이 무렵이었다는 것은 타이밍 면에서 우연만은 아니었다.

한 해 전 '사회학연구회'에서 마련한 코제브의 강연을 들었던 벤야민이 이 모임의 멤버들, 특히 조르주 바타유, 로제 카유아, 미셸 레리와 모종의 관계—후기 벤야민에게 가장 중요하면서 동시에 가장 덜 조명된 학문적 관계—를 다진 것도 1938년 당시였다. 바타유가 이 느슨한 지식인 모임에 붙인 '사회학연구회Collège de Sociologie'라는 이름은 오해의 소지가 있다. "연구회Collège"라고는 하나 특정한 학설을 따르진 않았고, 이 모임이 내세우는 "신성한 것의 사회학"은 학문이라기보다는 오히려 질병—"사회라는 몸이 앓고 있는 이상한 전염병, 기력이 쇠하고 원자화된 사회의 노인병"—이었다.[5] 이 모임을 만든 세 사람의 일차적 목표는 신성함 그 자체에 대한 비판론뿐 아니라 신성함이 사회 속에서 신화적으로 재활성화되는 현상에 대한 비판론을 제기하는 것이었고, 최종적 목표는 새로운 유형의 친화적 커뮤니티를 형성하는 것이었다. 벤야민은 이 모임의 격주 강연에 정기적으로 참석했을 뿐 아니라(이 모임과 관련돼 있었던 또 한 명의 독일 망명자 한스 마이어는 바로 그런 행사에서 벤야민을 마지막으로 만났던 일을 회고하고 있다), 1939~1940년 중에 강연 일정이 잡혀 있었다(전쟁으로 인해 모임이 없어지면서 벤야민의 강연도 취소되었다).[6] 벤야민과 이 모임이 어떤 관계였는지에 대한 자료가 이토록 빈약해서인지, 벤야민 자신이 이 모임을 논한 글—1938년 5월 28일 호르크하이머에게 보낸 편지의 한 대목—이 지나치다 싶을 만큼 비중 있게 고려되고 있다. 사실 이 편지는 이 모임에 대해 철저한 거부의 태도를 시사하고 있다. 예컨대 카유아의 "병리적 잔혹"을 가리켜 "역겨운" 논의—요제프 괴벨스에게나 어울릴 법한 입장에 무의식적으로 접근하는—라고 말하기도 한다.

---

5 Denis Holier(인용은 Surya, *Georges Bataille*, 261).
6 볼 곳은 Bataille et al., *The College of Sociology, 1937~1939*.

하지만 이 편지의 태도를 곧이곧대로 받아들여서는 안 되리라는 것을 일러주는 몇 가지 고려 사항이 있다. 첫째, 이 편지의 수신자는 호르크하이머―신성함, 폭력, 도취 등에 대한 '사회학연구회'의 연구에 전혀 공감할 것 같지 않은 인물―다. 둘째, 벤야민 자신의 작업과 이 모임, 특히 바타유의 작업은 분명 중요하게 상응하는 측면들이 있다. 둘 다 모종의 후기 초현실주의를 신봉한다는 것도 그중 하나다(바타유와 잘 아는 사이였던 벤야민은 1940년에 파리를 떠날 때 『파사주 작업』의 상당량을 차지하는 메모와 자료를 바타유에게 맡겼다). 벤야민과 카유아의 관계는 그렇게 확실히 규정될 수 없지만, 『파사주 작업』이 발자크, 보들레르, 오스만에 대한 논의, 그리고 "현대적 신화"와 관련된 여러 논의에서 《신프랑스 평론》과 《척도들》에 실린 카유아의 글을 인용하고 있는 점은 분명 중요하다. 어쨌든 신성함을 회복함으로써 새로운 형태의 공동체를 세력화한다는 이 모임의 기획은 벤야민에게 관심을 불러일으키는 한편 회의도 불러일으키지 않았을까 싶다. 바타유가 공동체 개념이 "음화"의 차원(문제 해결의 차원, 도달 불가능한 그 무엇의 차원)에 머물러 있어야 한다고 주장하는 대목은 벤야민의 공감을 얻었겠지만, 카유아가 참여적인 신성한 공동체를 옹호하는 대목은 필시 벤야민의 거부감을 불러일으켰을 것이다. '사회학연구회'를 이끄는 세 인물의 학문적 입장 가운데 벤야민은 미셸 레리의 입장에 가장 공감한 것 같다(이듬해에는 레리의 『인간의 시대』에 대한 서평을 쓰기도 한다).

국제정세는 벤야민과 친구들의 생각이나 대화 속에 항상 가까이 있었고, 독일이 합병 정책에 박차를 가하던 당시에는 특히 더했다. 2월 12일, 오스트리아 총리 슈슈니크는 베르히테스가덴에서 히틀러를 만나 모종의 타협(오스트리아가 독일의 압박 하에 주권을 확보할 수 있을 방안)에 동의했다. 타협 내용은 오스트리아의 나치 당원 아르투르 자이스-잉크바르트를 공안부 장관에 앉히고 오스트리아 치안의 전권을 맡긴다는 것이었다. 하지만 이 정도까지 양보했음에도 아무런 실익을 얻지 못했음을 깨달은 슈슈니크는 3월 9일 오스트리아와 독일의 합병 여부를 국민투표에 회부하기로 결정했다. 그러던 중 히틀러가 먼저 슈슈니크에게 최후통첩을 날렸다. 정권을 넘기지 않으면 오스트리아를 침략하겠다는 것이었다. 프랑스와 영국으로부터는 아무런 지지도 없었다. 슈슈니크는 3월 11일 총리직을 사임했다. 3월 12일 아침에 오스트리아 국경을 넘은 독일군은 오스트리아 내 동조 세력과 함께 신속한 반대파 진압에 나섰다. 1933년과 똑같은 상황이었다. 합병이 있고 며칠 사이에 새 정권에 반대하는 7만 명이 넘는 "적들"(오스트리아 정부의 유력 인사, 사회민주주의자, 공산주의자, 그리고 당연히 유대인들)이 체포당했다. 그중 많은 사람이 살해당했고, 더 많은 사람이 집단수용소에 감금당했다. 당시 카를 티에메가 벤야민에게 보낸 편지에는 오스트리아에 있는 두 사람의 친지들에 대한 절실한 걱정이 담겨 있다: "신은 자기 백성(독일어를 쓰는 유대 백성)에게 엄청난 계획을 예비하고 있는 것이 틀림없다, 그렇지 않다면 이토록 엄청난 고통을 겪게 할 리 없다, 나는 결국 이런 끔찍한 혼잣말을 중얼거리게 됩니다"(GB, 6:51n). 벤야민은 대답했다: "내 경우를 단적으로 말하면, 나는 의미 있는 고통, 의미 있는 죽음이라는 개념을 도대체 어디서 찾아야 할지 모르겠습니다. 내가 보기에 끔찍한 점은 명분 그 자체를 위해 수난을 당하는 것이 아니라 타협안을 위해 수난을 당한다는 데 있습니다. 그 점은 오스트리아도 스페인과 마찬가지입니다. 스페인에서 혁명적 사유가 러시아 정권의 마키아벨리주의와 타협하면서 동시에 자기 나라 정권의 황금만능주의와 타협하는 것과 마찬가지로, 오스트리아 특유의 신분 문화는 막돼먹은 사기업/공기업과 타협하고 있습니다"(C, 553). 벤야민의 좌파 친구들은 공포와 절망 속에서 러시아에 기대를 걸었다. 게르마이네 크룰은 러시아에 대한 지지를 공개 철회하는 사람들에 대한 짜증을 표현하기도 했다: "신물 나는 사람들. 도대체 자기가 무슨 큰 피해를 입었다고 저런 헛소리를 지껄이는 건지." 벤야민

1938년의 벤야민. 촬영: 지젤 프로인트(1912-2000).
(ⓒ지젤 프로인트, RMN, 사진 복제: 필리프 미게, ⓒCNAC/MNAM/
Dist, RMN 그랑드팔레/아트리소스, 뉴욕)

의 경우에는, 이민자에 대한 압박이 도를 더해가는 상황에서 러시아 정세와 관련된 자신의 생각과 감정을 말로 표현하는 일이 전혀 없지야 않았겠지만, 글로 표현하는 일은 평소처럼 철저히 삼갔다.

정치 상황이 급격히 악화되면서, 독일 망명 커뮤니티들의 지위는 직접적인 위험에 노출되었다. 바르셀로나를 탈출해 파리로 건너온 알프레트 콘 가족은 "대단히 궁핍한" 처지에 놓였고(GB, 6:86), 오스트리아를 탈출한 작곡가 에른스트 크레네크는 미국으로 건너갔다. 시도해볼 만한 탈출 경로를 찾지 못한 벤야민은 귀화에 박차를 가했다. 3월 9일에는 프랑스 국적을 신청하는 정식 서류와 함께 앙드레 지드, 폴 발레리, 쥘 로맹의 추천서를 제출했고, 그때부터 몇 달 동안 귀화에 필요한 요건들을 충족시키고자 동분서주했다. 그런데 요건 하나하나가 넘을 수 없는 장벽인 듯했다. 우선 파리 거주 기간을 증명해줄 거주증명서가 있어야 했는데, 전 집주인의 서명을 받을 수 없었다 (세입자 우르술 부트가 벤야민에게 방을 전대하면서 자기에게 상의하지 않았다는 것이 집주인의 서명 거부 이유였다). 슈테판에게 전한 것처럼, "놀라는 방법도 잊어버릴 지경"이었다(GB, 6:90). 그 후에는 사회연구소에 (거주증명서를 대신할) 재직증명서를 요청했고, 그저 여행증명서가 있는 것이 귀화에 도움이 되리라는 기대에서 단기로 미국에 다녀오는 안을 고려해보기도 했다. 있는 서류라고는 난민증명서뿐이었지만, 1938년 늦봄에는 그 서류마저 발급이 중단되었으니, 그거라도 있는 게 다행이라고 여겨야 했다. 벤야민의 귀화 신청서는 여러 관공서를 하릴없이 떠돌다가 제출 2년 만에 프랑스가 독일 점령지가 됨으로써 아예 무의미해졌다. 그때부터는 독일 당국의 감시망을 최대한 피하면서 프랑스 체류 허가 기간을 계속 연장해나갔다. 벤야민의 편지에서 불안의 어조가 강해지는 것도 그때부터였다.

벤야민은 봄 한철을 주로 보들레르 논문을 쓰는 일에 쏟았지만, 다른 작업들을 아예 접은 것은 아니었다. 「수집가이자 역사가 에두아르트 푹스」 이후 한동안 저널에 논문을 싣지 못하고 있을 때였다.《척도와 가치》에 실을 논문을 써내는 일에 성공한 것은 3월 초였다. 사회연구소를 소개하는 논문이었는데, 벤야민은 (가끔 합세하는 아노르노와 함께) 사회연구소의 연구 방향에도 맞으면서《척도와 가치》의 부르주아적 자유주의에도 어긋나지 않는 글을 쓰기 위해 고군분투해야 했다. 호르크하이머는 벤야민에게 편지를 보내《척도과 가치》의 편집장 페르디난트 리온의 엄중한 경고에 답장—사회연구소의 "공산주의적 측면"을 지적하는 것에 짐짓 놀라움을 표시하고, 아울러 "그야말로 학술적인 논의"를 진행할 것을 약속하는—을 보내는 것이 좋겠다고 권고했다.7 이 11페이지짜리 원고를 쓰는 일에 예상치 못했던 공력이 들어갔다: "이 작업의 어려움은 리온의 방해 기도를 예상하면서 그에 대처해야 한다는 데 있습니다"(GB, 6:37). 결국《척도와 가치》를 거스르지 않으면서 **동시에** 호르크하이머를 거스르지 않는 글이 나올 수 있었다(벤야민 자신을 거스르는 글이었을 수는 있다).

벤야민은 리온을 신뢰하기는커녕 거의 대놓고 적대했지만, 그럼에도《척도와 가치》가 1938년 초『독일 사람들』에 대한 짤막한 논의를 실어준 것에 대해서는 기쁨을 표했다.『독일 사람들』의 인세는 줄곧 벤야민의 가장 중요한 수입원 중 하나였다. 벤야민은 비타노바 출판사가 인세를 계속 지급하는지를 예의주시했고, 티에메에게 편지를 보내 발행인 뢰슬러가 판매량을 정확하게 보고하지 않는 것 아니냐고 문의하기까지 했으나 티에메로부터 발행인의 정직함을 보증한다는 말을 들은 후에야 안심했다. 이 책에 대한 반응들 가운데 벤야민이 특별히 보람을 느낀 것은 제수 힐다 벤야민의 글이었다. 당시 수감 중인 남편 게오르크 곁에 있기 위해 아들 미카엘과 함께 베를린에 남아 있던 힐다는『독일 사람들』에 실린 편지들 가운데 독일 망명가 게오르크 포

7 Adorno and Horkheimer, *Briefwechsel*, 340.

르스터의 편지에서 한 대목을 지목했다: "나에게는 이제 고향도, 조국도, 친구들도 없습니다. 내게 있던 모든 것이 나를 떠나 다른 데로 갔습니다. 내가 과거를 생각하면서 아직 나 자신을 얽매인 존재로 느낀다고 해도, 그것은 순전히 내 선택이고 생각일 뿐, 나를 얽매는 관계가 있는 것은 아닙니다. 운명이 유리한 방향으로 바뀐다면, 나는 얻을 것이 많을 듯합니다. 운명이 불길한 방향으로 바뀐다고 해도 내가 잃을 것은 없습니다. 다만 우송료를 치를 수 없는 처지가 된다면, 이렇게 편지를 쓰는 기쁨은 잃어야겠지요."[8] 힐다는 이 편지에 깊이 감동했던 반면, 포르스터와 비슷한 처지였던 게오르크는 여러 편지에서 이 18세기 지식인—벤야민의 표현을 빌리면, "혁명적 자유"를 위해 "곤경"을 택한 인물—에게 동의하기를 완강히 거부했다. 그가 아내 힐다에게 보낸 한 편지에 따르면, "이 대목이 풍기는 절망은 너무나 큽니다. 나는 그가 당대 사건들에 대해 어떤 태도를 보이고 있는지 알 수 없으므로, 포르스터가 어떤 사람인지 확신할 수 없습니다."[9]

아도르노의 언질을 받은 벤야민은 자기가 바이마르공화국 말기에 라디오 청취자들을 대상으로 집필했던 (당시에 이미 게슈타포의 수중에 있던) 세 "청취표본"의 요약문을 작성했다. 그가 여러 라디오 방송국에서 강연문과 드라마를 쓰고 종종 직접 출연했던 것은 1925년부터이며, "청취 표본"이라는 일련의 프로그램—라디오 청취자에게 올바른 청취의 기술을 가르치는 것을 목적으로 일터와 가정의 매우 구체적인 문제 상황을 그려 보이는 상황극—을 기획하기 시작한 것도 1925년부터였다. 당시 벤야민에게 이 프로그램을 청탁한 사람은 프랑크푸르트 방송국 예술분과 책임자로 있던 에른스트 쇤이고, 벤야민이 이 프로그램의 명칭과 방향을 정할 때 참고한 선례는 브레히트—자기가 집필한 드라마 하나하나가 개별 작품에 그치는 것이 아니라 연극적

---

8 Benjamin, *Georg Benjamin*, 255–256. 『독일 사람들』의 한 대목. 수록은 SW, 3:173.
9 Benjamin, *Georg Benjamin*, 256.

실천에 개입하는 법을 일러주는 표본이라고 봤던 극작가—였다(그의 교육극들은 관객을 개혁하고자 할 뿐 아니라 다른 극작가들, 나아가 연극의 전통 전체를 개혁하고자 한다). 후기 벤야민의 수많은 글과 마찬가지로, 이 요약문역시 생전에는 어느 지면에도 실리지 못했다.

이런 작업들은 샤를 보들레르라는 중심 작업에는 그만큼 방해가 되었다. 파사주 작업의 방대한 메모로부터 보들레르 연구서의 뼈대가 마련된 것은 늦봄이었다. 벤야민의 4월 중순 편지에 따르면, "지금까지 오랫동안 참고문헌과 인용 구절을 쌓아왔습니다. 이제야 비로소 완전히 투명한 구조의 토대를 세울 만한 성찰들을 마련했습니다. 이 작업의 변증법적 엄밀함은 「괴테의 친화력」에 뒤지지 않을 듯합니다"(BA, 247). 숄렘에게 보낸 편지에서는 보들레르 연구서가 무엇을 의도하는 책인지를 은유적으로 정식화하기도 했다(그리고 나중에 『파사주 작업』 J51a, 5에서 수정했다): "나는 보들레르를 19세기에 뿌리박힌 모습 그대로 그려 보이고자 하는 만큼, 보들레르의 모습은 더 새롭게 느껴질 것이고 거기서 나오는 매력을 한마디로 규정하기는 더 어려울 것입니다. 숲속에서 수십 년간 한자리에 놓여 있던 바윗돌이 힘들게 옮겨진 직후에 바윗돌 자국이 선명하고 생생하게 남아 있는 것과 마찬가지이겠습니다." 이 책이 사회와 역사를 얼마나 폭넓게 다루고자 했는지는 세부 사항들과 관련해서 참조하는 저자들—폴로크로부터 추천받은 경제학자 겸 법학자 오토 라이히터, 그리고 뉴욕에서 아도르노의 학문적 동반자였던 저명한 예술사 연구자 마이어 샤피로 등—을 통해 어느 정도 짐작할 수 있다.

숄렘에게 보낸 같은 편지에서 벤야민은 이 책의 동시대적 적절성을 매우 인상적인 표현으로 정식화하고 있다(앞서 다른 맥락에서 인용된 대목이다): "우리의 작업 하나하나가 태양의 운행을 측정하는 눈금이 될 수 있습니다. 태양은 믿어지지 않을 만큼 느리게 움직이지만, 우리의 작업이 제대로 이루어진다면, 가장 미세한 움직임까지 감지할 수 있을 것입니다"(BS, 217). 당시 벤야민은 자기 작업을 설명할 때 사회적-역사적 풍경의 아주 작은 변화들을 기록하는 데 탁월한 감광지에 비유하는 일이 많았는데, 이 비유와 위에서 인용된 눈금의 비유는 분명하게 연결되어 있다. 4월 중순 호르크하이머에게 보낸 편지에서도 알 수 있듯이, 이 책과 관련된 벤야민의 의도는 확고한 형태가 잡힌 상태였다. 이 책을 가리켜 『파사주 작업』의 "축소판"이 될 것이라고 말하면서 전체적인 구도—보들레르라는 인물을 중심으로 전개될 확장된 기획의 세 가지 테마—를 개괄하는 편지였다.

본 작업은 세 장으로 구성될 것인데, 생각해놓은 장별 제목은 '관념과 이미지' '옛것과 새것' '새로움과 항상 같음'입니다. 첫째 장에서는 『악의 꽃』에서 알레고리가 어떤 의미에서 결정적인가를 밝힐 것입니다. 보들레르의 작품에서 알레고리적 표상이 어떻게 구성되는가가 밝혀질 때, 보들레르의 예술론에 근본적인 역설이 존재한다는 점, 다시 말해 자연적 조응의 이론Theorie der naturlichen Korrespondenzen과 자연에 대한 거부Absage an die Natur가 모순된다는 점이 분명해질 것입니다. (⋯)

둘째 장에서는 오버랩Überblendung이 알레고리적 표상의 형식 요소Formelelement라는 점을 밝힐 것입니다. 고대가 현대 속에서 출현하고 현대가 고대 속에서 출현하는 것은 오버랩을 통해 가능해집니다. (⋯) 대중은 파리의 오버랩에서 결정적인 요인입니다. 우선 대중은 플라뇌르의 시야를 가리는 장막입니다. 다시 말해 대중은 독신남의 최신형 마약입니다. 이어, 대중은 개체의 흔적을 모조리 지워버립니다. 다시 말해 대중은 추방자의 최신형 은신처입니다. 끝으로, 대중은 도시의 최신형 미로이자 가장 빠져나가기 어려운 미로입니다. 대중이 도시 경관 위에 새기는 것은 사람들이 지금껏 모르고 있었던 하계의 윤곽입니다. 보들레르의 당면 과제는 파리의 이런 측면들을 드러내는 것이었습니다. (…) 보들레르가 볼 때, 보들레르 자신이 살았던 19세기의 과제들 가운데 고대 영웅의 과제와 가장 흡사한 것은 현대에 형체를 부여하는 것이었습니다.

셋째 장에서는 보들레르의 작품에 나타난 상품—알레고리적 표상의 완성으로서의 상품—을 다룰 것입니다. 영원한 동일성—시인을 우울에 빠뜨리는 현상—을 부수어 없애는 새로움이란 상품의 후광일 뿐이라는 것을 증명하는 장입니다. (…) 알레고리적 표상의 오락성Zerstreuung은 상품으로서의 완성도와 관련 있습니다. 보들레르의 독보적 의의는 자기 자신으로부터 소외된 인간의 생산성을 사물처럼 단단하게 만든dingfest gemacht 최초의 작가이자 최고의 작가라는 데 있습니다. 여기서 사물처럼 단단하게 만들었다는 말은 확고한 사실로 받아들였다는 뜻이면서 동시에 사물화를 통해 심화시켰다는 뜻입니다.[10] 이 책의 각 장에서 진행되는 여러 형식 분석은 이런 방식으로 하나의 통일된 맥락을 확보합니다(C, 556-557).

만성 편두통이 생긴 것은 보들레르 연구서의 구도를 잡던 4월과 5월이었다. 결국 전문의를 찾아갔을 때는 말라리아 치료를 권고받기도 했다. 하지만 정작 두통이 나은 것은 안과에 가서 시력 검사를 받고 새 안경을 마련한 후였다(꼭 필요했던 안경이었다). 보들레르 작업은 그 몇 주간 거의 중단되다시피 했고, 유일한 위안거리는 얼마 후면 덴마크에 가서 브레히트를 만날 수 있다는 기대였다(6월 말에 떠나 석 달 정도 가 있을 예정이었다). 망명생활은 계속 아슬아슬했다. 물론 정치와 경제 때문이기도 했지만, 경제적인 면 외에도 여러 측면에서 친구들에게 신세를 져야 했다. 예를 들어, 1938년 봄 편지들

---

10 이 문장은 *Arcades Projects*의 J51a,6에 수정된 형태로 다시 등장한다. [호르크하이머에게 보낸 이 편지의 영어 출간본은 여기서 독일어 원문에 가깝게 대폭 수정됐다.]

은 원고의 필사본 제작과 관련된 부탁 및 감사로 가득하다. 망명기의 벤야민을 꾸준하게 지원해준 그레텔 아도르노는 물론이고 그 밖에 여러 예상외의 인물들이 게재 기반이 없는 이 가난한 지식인의 글을 보존하고 전파하는 일에 협력했다. 새로 생기는 망명 저널들은 종종 글을 청탁해왔지만, 벤야민의 글을 축약하거나 심지어 검열 삭제할 때도 많았다. 4월에는 오랜 지인 요하네스 슈미트의 신생 저널 《독일 자유 연구》에서 청탁이 왔는데, 열심히 여러 편의 글을 보내주었지만 결국 서평 하나가 실리는 것으로 끝났다. 돌프 슈테른베르거의 두 번째 책 『파노라마: 19세기 조망』을 증정받은 일은 더욱 짜증스러웠다. 저자가 아도르노와 블로흐의 작업, 그리고 벤야민 자신의 『파사주 작업』으로부터 핵심 모티프를 표절해갔다는 확신은 책을 읽어나갈수록 점점 강해졌다. 표절당했다고 생각되는 착상들이 나치가 승인할 냉소적인 방식으로 활용되었다는 게 벤야민을 더욱 분노케 했다. 슈테른베르거에게 쓴 편지(1939년 4월쯤에 쓴, 실제로 보내지 않았을 가능성도 있는 편지)의 초고에서 벤야민은 바로 그 방식을 규탄하고 있다: "~~당신은 당신의 새 사상계(아돌프 히틀러의 사상계)와 당신의 옛 사상계(나의 사상계)를 종합하는 일에 성공했습니다.~~ 당신은 카이사르의 것을 카이사르에게 헌정했고, 당신의 소용에 닿는 것을 추방자 ~~유태인~~에게서 ~~빼앗았습니다~~"(GB, 6:70; 삭제 표시는 벤야민). 1939년, 벤야민은 슈테른베르거의 『파노라마』에 대한 서평을 썼다. 편지에 비해 누그러진 어조였지만, 역시나 전적으로 부정적인 태도였다. 그로부터 오랜 시간이 지난 뒤(1974년 『파노라마』 재판이 출간되었을 때), 슈테른베르거는 벤야민 생전에 어디에도 실리지 못했던 이 서평에 반응을 보였다.

발터 벤야민이 파리 망명기에 쓴 서평이 최근에 출간되었는데, 나를 아프게 한 글이었다. 내가 그에게서 많은 것을 배운 것은 사실이다. 역사적 디테일 속에서 낯선 측면, 죽어 있는 측면을 보는 눈을 배우기도 했고, 형세를 느끼는 감을 배우기도 했다. 그렇지만 당시만 해도 나는 아직 벤야민의 작업 중 내 책과 관련된 내용이 있다는 것을 모르고 있었다. 그의 서평을 보면, 시작은 공감하는 듯한 태도인데 끝은 가혹한 분노의 어조다. 그는 내 책의 독창적 의도를 정확하게 지적하면서도, 내 책에서 사회 분석(서로 동떨어진 것을 하나로 결합하는 "개념Begriff")을 찾아내는 데는 실패했다. 『파사주 작업』이라는 자신의 위대한 저서에서 바로 그런 사회 분석에 수행하고자 했던 그가 자기와 비슷한 소재를 다루는 내 책에 만족한다는 것은 불가능한 일이 아니었을까 싶다. 그 당시에 나는 계급 개념이나 경제 범주 같은 것이 역사적 표상을 대체하거나 조명할 수 있다고는 생각지 않았고, 그것은 지금도 마찬가지다. 그 당시에 벤야민은 그럴 수 있다고 생각했다. 하지만 실제로 그렇게 하지는 못했다. 그의 글에서도 이미지 표상이 개념적 규정을 능가하고 있다는 뜻이다(BS, 241–242n).

이 반응에서 중요한 것은, 실제로 슈테른베르거가 1930년대에 벤야민의 『파사주 작업』의 개요를 몰랐느냐의 여부라기보다, 벤야민이 분명하게 제기하고 있는 문제—국가사회당과의 공모—에 침묵한다는 사실이다.

슈테른베르거의 책이 불러일으킨 짜증을 어느 정도 달래준 일은 (친한 친구 그레텔 카르플루스 아도르노와 자매간이었던) 리젤로테 카르플루스와 (벤야민 자신과 사촌간이었던) 에곤 비싱이 곧 결혼하리라는 기대였다(5월 30일로 예정돼 있었던 결혼식은 그 후 여러 차례 연기되어 1940년에 치러진다). 벤야민에게 우울과 신랄한 위트가 뒤섞인 상념을 불러일으킨 것은 결혼식 참석차 파리에 온 (벤야민과 삼촌간이었던) 비싱의 부모가 브라질로 이주하리라는 소식이었다. 아들 슈테판에게 보낸 편지에서도 지적했듯이, 브라질 이민은 가톨릭으로의 개종이 필요한 일이었다: "'그러려면 가톨릭 신자가 돼야 한다es ist zum Katholischwerden'는 숙어는 중세에서 온 것이니, 우리는 간신히 중세에 와 있다"(GB, 6:88).

덴마크로 가서 보들레르에 집중할 시기를 앞둔 5~6월에는 『1900년경 베를린의 유년시절』과 「프란츠 카프카」를 내는 일에 상당한 시간과 노력을 쏟았다. 망명생활이 한없이 길어지면서 『1900년경 베를린의 유년시절』을 책으로 내고 싶다는 바람은 점점 더 커지고 있었다. 최소한 세 출판사로부터 어렵다는 이유로 출간을 거절당한 상황이었다. 벤야민이 한 일은 글 전체의 철저한 수정이었다. 서론을 새로 추가했고, 바이마르공화국 말기에 《프랑크푸르트 신문》 등 여러 곳에 실렸던 단상 시퀀스들을 재배치하거나 축약하기도 했다. 이로써 한편으로는 문장이 더 산뜻해지고 이야기는 더 간결해지며 이미지는 더 농후해졌지만, 다른 한편으로는 비교적 자전적 억양이 강한 아홉 개 섹션이 통째로 잘려나갔고, 나머지 섹션에서도 3분의 1 이상이 잘려나갔다. 잘려나간 부분 중에는 빼어나게 아름다운 것도 있었다).[11] 카를 티에메에게 스위스에서 출판사를 물색해달라고 부탁한 후에는 페르디난트 리온에게 (껄끄러운 관계를 더 껄끄럽게 만들 위험을 무릅쓰고) 《척도와 가치》에 게재해보자고 제안하는 편지를 보냈다. 이 『1900년경 베를린의 유년시절』에 새로 들어간 서론 섹션이 이 편지에 인용되어 있다.

이 작업은 망명생활 중에 여물었습니다. 지난 5년 동안 해마다 한두 달씩 이 작업을 붙잡고 있었으니까요. (…) 이 작업이 시작된 때는 1932년으로 거슬러 올라갑니다. 이탈리아에서였고, 나의 고향 도시와 오랫동안, 어쩌면 영원히 작별해야 하리라는 것이 분명해지기 시작한 때였습니다. 나는 여러 번의 경험

---

11 이 수정본의 필사본('마지막 필사본')은 1981년 파리에서 조르조 아감벤에 의해 발견되었고 1989년 GS, vol. 7에 수록되어 있다. 섹션 30개와 부록 2개로 이루어져 있으며, 순서를 정한 이는 저자 자신이었다. Adorno-Rexroth 판본은 1972년 GS, vol. 4에 수록되었다. 1932~1934년에 나온 41개 섹션으로 이루어져 있고, 순서를 정한 것은 편집진이었다. 『1900년경 베를린의 유년시절』의 첫 단행본은 1950년에 나왔고, 순서를 정한 이는 아도르노였다.

으로 마음의 예방주사가 얼마나 효과적인지를 알고 있었으니, 그때도 그 방법을 썼습니다. 망명자가 가장 짙은 향수를 느낄 만한 이미지들, 곧 유년의 이미지들을 의도적으로 불러내본 것입니다. 예방약이 건강한 육체를 지배하지 못하도록 해야 하는 것과 마찬가지로, 그리움이 정신을 지배하지 못하도록 해야 했습니다. 내가 그리움의 힘을 억제하기 위해 사용한 방법은 과거를 돌이킬 수 없다는 것이 한 사람의 우연적 문제가 아니라 한 사회의 필연적 문제임을 통찰하는 것이었습니다(GB, 6:79-80).

이 편지는 《척도와 가치》 7~8월호에 『1900년경 베를린의 유년시절』의 일곱 개 섹션이 실리는 것으로 결실을 맺었다. 많은 사람이 벤야민의 걸작으로 꼽는 『1900년경 베를린의 유년시절』이 벤야민 생전에 지면을 얻은 것은 이때가 마지막이었다. 단행본 출판의 마지막 시도는 망명 출판사의 발행인 하이디 헤이와 사각본 출간에 합의하면서 성공 일보 직전까지 갔지만, 5월에는 이 합의도 엎어졌다. 헤이와 몇 차례의 불쾌한 만남과 통화가 있은 뒤였다. 기분 나쁘고 당황스러웠다는 것이 헤이의 이야기였다. 벤야민은 서체, 디자인, 종이 질을 포함해 책의 모든 것을 결정하겠다고 고집했다. 헤이가 벤야민에게 보낸 편지를 보면 헤이가 호의적인 독자였고, 벤야민의 "환상적" 제안들에 맞서 "현실적" 제작안을 내놓는 발행인이었다는 것을 알 수 있다. 헤이가 약속한 내용은 애서가용 한정판을 찍는 것, 그리고 인쇄 부수 중 출판사가 반을 책임지고 벤야민이 반을 책임지는 것이었다. 그렇지만 벤야민은 제작권을 포기하기보다 출판 자체를 포기하는 편을 선택했다. 『1900년경 베를린의 유년시절』이 벤야민 자신에게 얼마나 중요한 작품인가를 십분 고려한 선택이자 망명 발행인들이 얼마나 어려운 상황에 처해 있는지를 전혀 고려하지 않은 선택이었다.

그 몇 달간 벤야민이 보들레르라는 프랑스 시인에 몰두하면서도 종종 프란츠 카프카라는 체코계 유대인 소설가를 돌아볼 수 있었던 것은 두 작가에 대한 그의 생각들이 매우 흥미로운 방식으로 점점 뒤얽혀나갔기 때문이다. 4월 14일 숄렘에게 그 사정을 전하기도 했다: "내가 카프카를 읽는 것은 가끔 있는 일입니다. 내 관심과 시간이 거의 전부 들어가는 곳은 '보들레르' 작업이니까요". 벤야민이 숄렘을 이용해 잘로몬 쇼켄의 관심을 끌고자 한 것은 카프카에 관한 단행본을 내고 싶은 바람에서였다. 1938년 6월 중순 숄렘에게 카프카에 대한 새로운 착상을 담은 훌륭한 편지를 써 보낸 것도 그런 맥락에서였다. 그냥 편지라기보다 숄렘이 쇼켄 등과 공유하는 것을 염두에 둔 일종의 기획안이라고 할까, 세련미와 촌철살인의 박력을 갖춘 완성도 있는 논문이었다. 벤야민은 「프란츠 카프카」를 발표한 직후에 이 논문이 "미완성"이라는 표현을 쓴 적이 있는데, 아도르노는 일찍이 1934년 12월 편지에서 바로 그 표현을 되풀이하면서 「프란츠 카프카」가 『파사주 작업』의 근본 범주들과 어떻게 관련되는가를 논의한 바 있다: "태고와 현대의 관계는 아직 개념화 단계에 이르지 못했습니다. 카프카 해석이 성공하느냐의 여부는 최종적으로는 그 개념화에 좌우될 것 같습니다"(BA, 68).

1938년 카프카 편지는 당시에 출간된 막스 브로트의 카프카 전기에 대한 비판으로 시작해서 카프카에 대한 필증적 명제로 이어진다: "카프카의 작품은 타원이고, 타원의 두 초점은 멀리 떨어져 있는데, 그중 하나가 신화적 경험(특히 전통의 경험)이라면 다른 하나는 현대 도시인의 경험이라고 할 수 있습니다"(SW, 3:325). 그리고 이어서 물리학자 아서 에딩턴의 『물리계의 본성』(1928)의 한 부분이 길게 인용된다. 한 발짝을 걷는 일을 어려운 과업—기압, 중력, 지구의 자전과 공전, 그리고 역동적이면서 근본적으로 "헐거운"("실체적 견고성solidity of substance"이 결여된) 물리계 등등이 복잡하게 얽혀 있는 과업—으로 묘사하는 부분이다. 현대세계의 공간적 밀도는 카프카의 「나무들」에 묘사되어 있는 공간적 밀도와 비슷하고, 현대세계의 시간성은 「일상적 혼돈」에 나오는 시간성과 비슷하며, 현대세계의 인과관계는 「가장의 근심」에 등장하는 인과관계와 비슷함을 암시하는 인용이다. 앞서 1934년 「프란츠 카프카」가 "공부"라는 이 작가의 특별한 재능, 곧 망각 속에 묻혀 있는 "태고"—일상적 실존을 규정하는 미운한 신화의 영역—의 측면들에 비스듬히 주목하는 재능을 강조했다면 이 1938년 카프카의 편지는 이 작가가 현대세계의 사회적, 경제적 규정에 얼마나 적절히 대처하는가를 보여준다: "카프카의 그야말로 미치도록 멋진 점Tolle은, 그에게 이 최근의 경험세계를 알게 해준 것이 바로 신화적 전통이라는 사실입니다. (…) 내가 하고 싶은 말은, 이 실재가 **개인에게** 감지될 가능성은 이제 거의 없어졌다는 것, 그리고 카프카의 작품 속 세계—대체로 대단히 명랑한 세계, 천사들의 힘이 스며들어 있는 세계—와 카프카를 둘러싼 시대는 정확하게 상호 보완 관계라는 것입니다"(SW, 3:325-326). 아도르노는 1934년 카프카 논문이 현대와 태고의 관계를 제대로 개념화해내지 못했다고 봤는데, 1938년 카프카 편지의 요점은, 카프카에게 신화는 현대와 태고의 관계가 펼쳐지는 모종의 유희 공간Spielraum—상품자본주의라는 환등상적 체제 아래 감춰져 있는 영역이자 현대적 경험의 파편적 속성 탓에 더욱 모호해진 영역—에 적절히 대처케 해주는 힘이라는 것이었다.

벤야민이 또 다른 편지에서 여담처럼 들려주는 한 논의를 통해서도 짐작할 수 있듯, 카프카의 현대성에 대한 그의 사유는 파사주와 보들레르에 대한 그의 성찰에도 이미 깊이 스며들어 있는 상태였다. 이 논의에 따르면, 카프카의 세계에는 플라뇌르와 비슷한 역할을 하는 인물들—"조수"로 대표되는 인물군—이 있다. 플라뇌르가 개별적, 충격적 경험들에 노출된 채 파리의 그랑불바르를 배회하듯(그러면서 그런 경험들이 자기 기억 속에 반향하고 자기 육체 위에 각인되는 것을 허용하듯), "조수"라는 인물형은 모종의 신비한 최면에 걸려 있는 듯한 도취 상태에서 카프카의 세계 속을 배회한다. 소외를 불러일으키는 역사적 조건들을 의식 위로 떠올릴 수 있는 힘은 이런 인물들의 천하태평하고 허무맹랑한 투명함밖에 없으리라는 이야기다(BA, 310-311).

그렇지만 1938년 카프카 편지의 경우 카프카와 보들레르를 나란히 놓을 수 있는 가장 중요한 근거가 관습적 의미의 테마와는 다른 곳에 있었다. 두 경우 다, 경험 분석은 **형식** 규명을 위한 전제 조건이라는 뜻이다. 벤야민이 볼 때, 카프카 작품의 진정 해방적인 요소는 그 우화 형식이다: "카프카는 진리를 포기하고 전승 가능성Tradierbarkeit(하가다의 요소)을 붙잡았습니다. (…) 카프카 작품이 가르침 앞에서 취하는 태도는 하가다Hagada[우화]가 할라카Halacha[율법] 앞에서 넙죽 엎드리는 태도와는 다릅니다. 엎드려 있다가 난데없이 육중한 앞발을 치켜들어 가르침을 내리치니까요"(SW, 3:326). 카프카 작품이 증언하는 "전통의 병걸림"―전통이 지혜를 전승하는 데 실패하고 그저 아무 내용 없는 전승으로 전락하는 지점―은 보들레르 작품을 구성하는 알레고리 요소들과 비슷하다. 말인즉슨, 우화―총체를 유기체를 자처하며, 끝내 지혜를 자처하는 형식―는 알레고리―상품이라는 물신화된 외형을 파괴함으로써 역사적 조건들에 대한 우리의 이해를 왜곡하는 신화의 위력을 파괴하는 비판적 미메시스의 형식―와 중요한 특징을 공유하고 있다: "보들레르의 알레고리는 보들레르를 둘러싼 세계라는 조화로운 파사드를 철거하는 데 꼭 필요했던 폭력 행위의 흔적을 간직하고 있다"(AP, J55a,3). 카프카와 보들레르는 아우라를 그려 보이되 그 **쇠락 과정**을 그려 보인다는 점에서 독보적인 작가들이다. 1938년 카프카 편지가 보여주듯이, 카프카의 텍스트에 잠재되어 있는 계시의 힘, 나아가 변혁의 힘은 결을 거슬러서 읽힐 때 비로소 그 모습을 드러낸다: "모든 참된 예술작품에는 입장을 바꾸게 되는 곳, 밝아오는 새벽처럼 선득한 바람이 불어오는 곳이 있다. 번번이 모든 면에서 진보를 거스른다고 여겨졌던 예술이 좀더 참된 진보의 사명에 봉사할 수 있는 것은 바로 그런 이유에서다. 진보의 본연은 흐르는 시간의 연속에 있는 것이 아니라 그것의 단절에 있다. 거기서 비로소 참된 새로움이 새벽의 맑은 정신과 함께 감지된다"(AP, N9a,7).

벤야민은 막스 브로트의 카프카 전기를 호의적으로 언급함으로써 쇼켄의 환심을 사볼 생각이었지만, 그 생각을 접는 데는 브로트의 책을 대충 훑어보는 것만으로도 충분했다: "지금 내게 카프카가 떠오른 이유는, 브로트의 카프카 전기가 정신세계의 한 영역(카프카적 무지함과 브로트적 똑똑함이 겹쳐지면서 백마술과 야바위가 대단히 효과적으로 상호작용하는 영역)을 열어주는 것 같았기 때문입니다. 아직 조금밖에 읽지 못했지만, 정언명령의 카프카식 정리("천사들이 개입할 수 있게 행동하라")는 이미 내 것이 되었습니다(BS, 216). 숄렘과 벤야민은 1939년 들어서도 한참 동안 카프카 단행본 출간과 관련된 논의를 주고받았지만, 이 기획은 결국 쇼켄의 무관심 속에서 엎어졌다. 이 실패는 1938년 카프카 편지의 끝에서 카프카라는 인물형의 "순수함"과 "독특한 아름다움"을 논하는 대목과 왠지 어울리는 듯하다: "카프카는 실패자에 속하는 인물형입니다. 그가 실패한 데는 여러 사정이 있습니다만, 어찌 됐든 그는 아예 처음부터 최종적 실패를 확신했던 사람, 그래서 모든 중간 과정을 마치 꿈을 꾸듯 잘 꾸려나간 사람입니다"(SW, 3:327). 카프카의 "실패"는 그의 희망 그리고 평온함과 불가분의 관계에 있다는 것이 벤야민의 결론이었다.

아도르노의 『바그너 연구를 위하여』의 여러 장을 꼼꼼하게 읽은 벤야민이 아도르노에게 도발을 의도한 듯한 장문의 편지를 보낸 것은 덴마크로 떠나기 직전이었다. 개별 논점들에는 열렬한 동의를 표하면서도 작업 전체의 바탕이 되는 역사철학(특히 아도르노가 "구원"이라는 벤야민 자신의 핵심적 범주를 사용하는 것)에 대해서는 이의를 제기하는 내용이었다:

내가 보기에 구원이라는 역사철학적 관점과 진보/후퇴라는 비판이론적 관점은 양립할 수 없을 듯합니다. 좀더 정확하게 말하면, 두 관점이 양립할 수 있는 것은 우리가 지난번에 임시로 "진보"라는 용어를 끌어들였던 특정한 철학적 맥락에서뿐입니다. 진보/후퇴라는 범주를 아무런 단서 조항 없이 사용한다면 바그너의 구원을 논함에 있어 큰 문제가 생깁니다. 물론 내가 당신 작업의 중간 장들에서 그 범주가 올바르게 사용되었음을 부인하겠다는 것은 아닙니다. (…) 구원은 순환의 형식인 반면, 논박은 진보의 형식입니다. (…) 구원에서 결정적인 것은 결코 진보가 아닙니다. (그렇지 않습니까?) 구원에 후퇴하는 면이 있는 것은 목적(카를 크라우스가 기원이라고 부르는 그 무엇)에 후퇴하는 면이 있는 것과 마찬가지입니다(BA, 258-259).

역사철학에 대한 후기 벤야민의 논의에서 진보/후퇴는 사회적 맥락의 이런저런 특징들을 "구원"할 수 있는 개념이 아님은 물론이고 변증법적 논의를 진행시킬 수 있는 개념도 아니다. 『파사주 작업』의 한 대목에도 바로 그 점이 암시돼 있다:

문화사적 변증법을 위한 작은 방법론적 제안 하나. 각 시대의 여러 "분야들"을 이런저런 관점에 따라 양분한 후 그중 하나를 그 시대의 "유익하고" "유망하고" "살아 있고" "긍정적인" 편이라 정하며 나머지 하나를 그 시대의 무익하고 낙후되어 있고 죽어가는 쪽이라고 정하는 건 너무 쉽다. 긍정적인 쪽은 부정적인 쪽과 대조되어야 그 윤곽이 그려지는데, 부정적인 쪽은 살아 있는 긍정적인 쪽의 윤곽이 그려질 배경으로서만 그 가치를 인정받는다고 할까. 그럴 때는 부정적인 쪽이라고 **정했던** 반쪽을 새로 양분하는 것이 매우 중요하다. 그렇게만 하면 (척도의 전환이 아니라!) 관점의 전환을 통해서 (앞서 긍정적인 쪽이라고 정했던 반쪽에 포함되지 못했던 곳에서) 긍정적인 쪽이 새로 출현한다. 그렇게 무한히 계속하다보면 과거 전체가 현재 속으로 들어오면서 모종의 역사적 아포카타스타시스로 회복된다(AP, N1a,3).

역사에 대한 벤야민의 상념은 점점 어두워졌고 그 상념의 중심에는 아포카타스타시스─회복이 이루어지려면 먼저 모든 것이 대화재 속에서 불타 없어져야 함을 뜻하는 스토아학파와 교부학의 개념─가 있었다. 진보의 역할을 둘러싼 벤야민과 아도르노의 미해결 논쟁을 이해하기 위해서는 바로 이 상념의 맥락을 고려해야 한다. 위의 편지에서 벤야민이 아도르노와 호르크하이머의 공저 계획─"변증법 연구서"─을 지나가듯이 언급한 것도 같은 맥락에서 이해할 수 있다. (이 연구서는 후일 벤야민을 기리는 헌사와 함께 『계몽의 변증법』이라는 제목으로 출간된다.)

　벤야민이 파리에서 스코우스보스트란으로 떠난 것은 6월 21일이었다. 브레히트와 그의 가족을 장기 방문할 예정이었다. 환경의 변화, 그리고 아무 방해 없이 보들레르 작업에 매진할 기회를 원했고, 더 이상 파리에 있을 수 없다는 분명한 느낌도 있었기 때문이다. 독일은 점점 과격해지고 프랑스에서는 긴장감이 고조되는 상황이었으니, 망명자라는 처지가 프랑스에서 어렵게 마련한 발판을 점점 위태롭게 만들고 있음을 벤야민 자신도 잘 알았던 것이다. 벤야민이 덴마크에서 마련한 거처는 브레히트 옆집─어느 경찰 관리의 집─의 다락방이었다(전쟁이 발발해 비자를 연장해야 할 일이 생기면 집주인이 경찰 관리라는 것이 유리하리라는 기대도 있었다). 스코우스보스트란에서의 첫 며칠은 거의 이상적인 작업 환경을 약속해주는 것 같았고, 벤야민은 "내일의 작품에 대한 끈질긴 공상"(보들레르의 인용)의 생활이 펼쳐지리라는 말로 기대감을 드러내기도 했다.[12] 집에는 큼직한 정원이 있고, 다락방에서 "널찍하고 육중한" 책상에 앉아 창밖을 보면 한쪽은 해협, 다른 한쪽은 숲이

12　보들레르의 "Conseils aux jeunes litterateurs"(청년 작가를 위한 조언; 1846) 중 6절에 나오는 말이다. 이 구절은 『파사주 작업』 중 J4,2에 인용되어 있다.

었다: "매일 브레히트와 체스를 두는 것을 빼면, 해협을 지나는 조각배들이 나의 유일한 오락거리입니다"(BS, 230). 옆집에는 브레히트 부부와 그들의 두 아이—벤야민이 귀여워하는 슈테판과 바바라—가 있었고 라디오—급변하는 국제정세를 알려주는 주요 정보원—도 있었고("신문이 이곳에 도착하기까지 상당한 지체가 있는 탓에 오히려 신문을 펼치는 것이 용기를 짜내야하는 일이 되었습니다"), 저녁 식사도 있었다(C, 568-569). 그렇지만 벤야민이 곧 알게 되었듯이, 새로운 거처에는 고질적인 문제가 있었다: "날씨가 흐려서 산책을 나가고 싶지 않습니다. 산책 나갈 곳이 없으니 날씨가 흐린 것이 차라리 낫습니다. 내 책상은 날씨와 관련해서 좋은 점이 있습니다. 햇빛이 약해 온기를 느낄 수 있는 시간이 많지 않은데, 책상이 놓인 위치가 경사진 천장의 높은 부분 아래라서 온기가 비교적 오래 머문다는 것입니다." 그곳의 햇살 중 하나는 캐서린 헵번을 새로 알게 되었다는 것이었다: "대단한 사람입니다"(BG, 229-230).

날마다 여덟 시간에서 아홉 시간을 보들레르 작업에 쏟은 후 식사를 하고 잠시 담소를 나누며 브레히트와 체스를 한두 판 즐기는 나날이었다(그레텔에게 보낸 편지에 따르면, 벤야민 자신은 체스 말 하나를 옮기는 데 반시간씩 걸릴 때도 있었지만 이기는 쪽은 주로 브레히트였다).[13] 7월 중순에는 파리로 돌아가 숄렘을 만날 생각이라는 이야기가 여러 편지에서 나오지만(그때쯤 숄렘은 뉴욕에서 팔레스타인으로 가는 길이었을 것이다), 벤야민이 이 만남을 원치 않았음을 암시하는 증거들도 있다(숄렘도 벤야민에게서 그런 느낌을 받았다). 1938년 6월 12일의 카프카 편지—벤야민이 자기가 각별히 여기

---

[13] 브레히트가 벤야민에게 보낸 1936년의 편지: "고아처럼 덩그러니 놓여 있는 체스판은 당신이 말을 옮기던 속도를 기억하면서 반시간마다 한 번씩 이렇게 흔들리고 있습니다." 인용은 Wizisla, *Walter Benjamin and Bertolt Brecht*, 59. "소규모 망명 커뮤니티는 보드게임과 카드놀이에 열광했다. 가장 많이 하는 게임은 체스였지만, 모노폴리, 미니 당구, 포커, 66(카드게임)도 1936년부터 시작되어 널리 퍼졌다"(58).

는 카프카라는 작가에 대한 10년의 성찰을 정제한 글―는 두번 다시 성사되지 않을 두 사람의 만남을 미리 벌충하는 글로 읽을 수도 있다.

벤야민은 『샤를 보들레르』의 집필을 시작하자마자 자기가 파리에서 편두통을 겪은 뒤 작성한 도식을 뒤집어엎어야 하리라는 것을 깨달았다. 다시 한번 파사주와 보들레르에 관한 자료를 집어들고 재배치 작업에 착수한 벤야민은 『샤를 보들레르』가 자신의 1920년대 작업과 직결돼 있음을 깨달았다. 이 깨달음의 증거로는 우선 숄렘에게 보낸 편지―보들레르 작업을 가리켜 "『괴테의 친화력』을 모델로 삼게 될 구성Komposition에 대한 일련의 기나긴 성찰"(BS, 231)이라고 칭하는 대목―가 있다. 여동생에게 "10년의 공백을 뒤로하고 다시 한번 책을 집필 중"이라고 말한 것도 그 증거로 볼 수 있다. 프리드리히 폴로크에게 보낸 편지에서 『샤를 보들레르』를 가리켜 "19세기의 심층을 꿰뚫어보는 원근법적 통찰"(GB, 6:133)을 제공하는 책이 되리라는 표현을 쓴 것도 10년 전과 (무의식적으로라도) 관련되어 있다(에른스트 로볼트가 벤야민의 『독일 비애극의 기원』과 함께 『일방통행로』라는 벤야민의 도시 책을 펴낸 것이 1928년이고, 벤야민이 숄렘에게 보낸 편지에서 『일방통행로』를 가리켜 이 편지와 거의 같은 표현을 쓴 것이 1926년이다). 보들레르 논문이 9월 말―사회연구소가 제시한 마감일―까지 완성되지 않으리라는 것은 7월 말에 이미 확실해졌었다. 벤야민이 이 날짜에 동의했던 것은 파리를 떠나기 전―도식이 완성돼 있으니 집필에 속도가 나리라고 생각했던 시점―이었다.

벤야민은 1938년 7월 하순과 8월, 그리고 9월 내내 『샤를 보들레르』에 전력을 쏟은 끝에 세 장으로 이루어진 새로운 도식을 마련했다. 극히 이론적인 서론(「알레고리 작가로서의 보들레르」)은 보들레르를 벤야민의 바로크 알레고리 해석과 연결하는 장이었고, 중간 부분(「보들레르의 작품에 나타난 제2제정기의 파리」)은 서론의 이론에 대한 사회적 '데이터' 내지 '반테제'를 제공하는 것이며, 결론(「시적 대상으로서의 상품」)은 상품물신주의를 분석하고 아울러 보들레르, 블랑키, 니체의 영원회귀 개념과 아르누보를 분석함으로써 보들레르 시대의 후사後史를 검토하는 장이었다. 8월 초 벤야민은 호르크하이머에게 그중 중간 부분—「보들레르의 작품에 나타난 제2제정기의 파리」로 발전하는 글—이 《사회연구지》에 실리기에 매우 적당하리라고 했다. 보들레르와 루이 나폴레옹과 파리 보헤미안bohème을 연결하는 일련의 유비관계를 절합해내고 이와 동시에 보들레르의 시에 나타난 고대와 현대의 복잡한 착종관계 및 "도시 군중과 현대 문학의 상관관계"를 절합하는 글이라는 이유에서였다(GB, 6:150). 얼마 후 벤야민 자신이 『샤를 보들레르』의 전반적인 계획을 가리켜 말했듯이, "철학의 활시위가 최대한 팽팽히 당겨진" 글이었다(BS, 252).

보들레르 논문이 진행되는 한편으로 브레히트와의 폭넓은 대화—두 사람 사이의 관계를 잘 보여주는 대화—가 진행되었다. 주로 문학—베르길리우스, 단테, 괴테, 안나 제거스, 그리고 브레히트 자신의 서사극과 근작 시—에 관한 대화였지만,[14] 브레히트의 1938년 8월 13일 일기를 보면, 부르주아 섹슈얼리티의 위기에 관한 대화도 있었음을 알 수 있다: "벤야민에 따르면, 프로이트의 생각은 섹슈얼리티가 언젠가 완전히 소멸하리라는 것이다."[15] 소비에트연방의 정세에 관해서 토론하는 시간 또한 점점 많아졌다. 호르크하이머에게 보낸 편지에서 벤야민은 자기와 브레히트가 공유하고 있는 정치적 시각에 대한 설명을 시도하기도 했다:

아직까지 소비에트연방이 제국주의적 권익에 따라 외교 정책을 결정하지는

---

14 볼 곳은 "Diary Entries, 1938," in SW, 3:335-343.
15 브레히트의 일기는 이렇게 이어진다: "지금 부르주아 계급은 자기들이 인류라고 생각한다. 귀족 계급은 머리가 잘리는 순간에도 최소한 성기는 살아 있었다. 부르주아 계급의 경우, 심지어 섹슈얼리티까지 죽여버렸다." 인용은 Wizisla, *Walter Benjamin and Bertolt Brecht*, 36. 벤야민이 『파사주 작업』에서 이 대화를 언급하는 곳은 O11a,3. 또 볼 곳은 GS, 7:737.

않는 세력이고 그런 의미에서 반제국주의 세력이라는 관점이 가능하다, 우리의 중대한 의구심들에도 불구하고 아직 그 관점이 가능한 이유는 소비에트연방이 지금 전쟁이 지연되는 데서 우리의 권익을 대변하는 것처럼 나중에 전쟁이 발발한 후에도 마찬가지이리라는 관점이 가능하기 때문이다, 라는 데는 당신도 반대하지 않으리라 믿습니다. 물론 소비에트연방이 이해관계를 대변해주는 대가로 우리로 하여금 가장 값비싼 희생을 치르게 하고 있다, 그 희생은 바로 생산자로서의 권익이 침해당하는 것이다, 라는 데는 브레히트도 결코 반대하지 않으리라 믿습니다(BG, 229).

소비에트연방의 새로운 국면(전시용 재판, 숙청, 히틀러 앞에서의 위축)을 "우리가 지난 20년간 전력해온 모든 것을 파국에 빠뜨리는" 사태로 본 것은 브레히트도 마찬가지였다(BG, 229). 소비에트의 위대한 작가 세르게이 트레티야코프—브레히트의 친구이자 그의 작품의 번역자—가 체포당했을 때는 그가 혹시 처형되지 않았을까 우려하기도 했다(이 우려는 사실로 밝혀졌다). 소비에트연방의 정책에서 벤야민과 브레히트의 의혹이 향한 곳은 재판과 처형의 문제만이 아니었다. 외교 정책에 대한 기대—소비에트연방이 전쟁의 발발을 막을 수 있을지 모른다—에도 불구하고 과도한 문학 정책에 대한 혐오를 참을 수 없었던 것이다. 이런 맥락에서 독일 마르크스주의자들 사이에서는 일대 논쟁이 벌어지기도 했다. 진정한 사회주의 예술이 나아갈 올바른 방향을 둘러싸고 《말》을 비롯한 여러 저널에서 벌어졌던 이것은 지금 "표현주의 논쟁"으로 통칭되고 있다. 논쟁을 촉발시킨 것은 루카치의 1934년 논문—표현주의가 몽매주의로 전락한다는 주장—이었는데, 이때 브레히트는 몽매주의를 철저히 배격하는 극작품에서 표현주의 기법을 차용함으로써 루카치에 대한 효과적 반론이 되었다.

벤야민은 브레히트와 연대하면서 **동시에** 아도르노, 호르크하이머와 연대하기 위해 두 진영을 매개할 방법을 모색했다. 《사회연구지》를 빠짐없이 읽을 것을 브레히트에게 권하고, '사회연구소' 동료들에게 뉴욕의 '사회연구소'와 스코우스보스트란의 브레히트 사이의 합의점(이를테면 두 진영 다 루카치의 교조적 리얼리즘에 반대한다는 점)을 강조하기도 했다: "《사회연구지》의 이론적 위상에 하루하루 무게가 실린다는 것을 브레히트도 우리 못지않게 잘 알고 있습니다"(GB, 6:134). 그렇지만 벤야민이 브레히트와 가까울 뿐 아니라 활력적, 참여적 마르크스주의를 채택한다는 사실은 '사회연구소'—참여라는 말을 주로 매개된 형태(혹자의 표현을 빌리면, 무한히 연기되는 형태)로 이해하는 곳—에게 계속 걱정거리였다. 한편, 벤야민은 브레히트와 연대하면서 좀더 개인적인 대가를 치르기도 했다. 첫째, 그레텔 아도르노에게 편지로 전했듯, 덴마크에 있는 동안 "당 노선" 문학을 평소보다 훨씬 더 많이 읽었다. 둘째, 키티 마르크스-슈타인슈나이더에게 편지로 전했듯, 학문적으로 고립되었다(벤야민이 자기 방을 점점 수도사의 골방 같다고 느낀 것은 가구가 없어서라기보다는 그런 고립 탓이었다): "브레히트와 우정을 나누는 것과는 별도로, 나는 이 작업을 철저히 독자적으로 진행해나가야 합니다. 이 작업에는 브레히트에게 동화될 수 없는 계기들이 존재합니다. 그는 그 사실을 알아챌 정도로 나와 친한 사이이고, 그 사실을 존중할 정도로 현명한 사람입니다"(C, 569).

보들레르 작업의 압박이 계속되면서, 목가적인 다락방도 괴로움을 안겨주기 시작했다. 아이들의 소음 때문에 이사를 해야 할지도 모른다는 말을 아도르노 부부에게 슬쩍 전한 것은 8월 말이었다(정신 질환에 대한 거부감에도 불구하고 정신 질환자 소유의 집을 빌리는 안을 고려 중이었다). 브레히트와 '사회연구소'와 자신의 보들레르 연구서에 걸린 기대 사이에서 항상 긴장 상태였고, 때로는 궁지에 몰린 느낌이었다. 예전에 숄렘이 벤야민과 철학적 토론을 벌인 후에 상대를 "악어 목구멍에 거처를 정하고 악어 아가리가 닫히지 않도록 쇠기둥을 세워놓은 사람"—벤야민 자신이 한 편지에서 사용한 표현—이라고 생각했던 때와 비슷했다(C, 569). 사실, 벤야민과 숄렘의 관계는 다시 한번 나빠져 있었다. 숄렘이 뉴욕을 떠나 파리에 들를 수 있는 시점을 불과 몇 주 남겨놓고 파리를 떠나온 벤야민은 보들레르 작업을 끝낼 때까지는 덴마크를 떠날 수 없으니 오는 가을에 파리에서 만나기로 한 약속도 성사되기 어렵다는 편지를 보냈다. 벤야민과 숄렘이 서로의 근작을 토론할 기회와 벤야민이 숄렘의 새 아내를 만날 기회도 없겠다는 뜻이었다. 벤야민 쪽에서는 숄렘과의 만남을 거듭 피했던 데 대한 거북함이 곧 가셨고, 9월 30일에는 숄렘에게 원망 어린 편지를 보내기도 했다: "당신이 이렇게 소식을 주지 않다니 놀랍습니다. 당신의 침묵에 대해서 계속 생각하고 있습니다"(BS, 231). 숄렘은 미국에 다녀온 이후로 기력이 없어서 거의 석 달 동안 펜을 잡지 못했다는 다소 구차한 변명을 늘어놓았지만, 숄렘이 편지를 쓰지 않은 진짜 이유는 벤야민이 거듭 만남을 피한 데 대한 불만이었을 것이다.

이 시기의 벤야민이 얼마나 작업에 몰두했는지를 보여주는 한 가지 증거는 독서와 관련된 기록이 드물다는 사실이다(벤야민 자신은 그 석 달간의 보들레르 논문 집필을 가리켜 "극히 강도 높은" 작업이었다고 말하기도 했다). 그 드문 기록 중에 모스크바 저널 《국제문학》 최근호에 실린 알프레트 쿠렐라의 글을 읽고 깜짝 놀랐다는 이야기가 있다. 프랑스 저널 《남부 카이에》에 실린 벤야민의 「괴테의 친화력」 번역 발췌문에 대한 서평이었는데, 벤야민이 하이데거의 추종자라고 설명되어 있었던 것이다(벤야민과 쿠렐라는 청년운동 시절부터 아는 사이였고, 1930~1931년 《위기와 비판》 창간 준비 회의에서는 첨예하게 대립했다). 그 밖에 독서와 관련된 기록은 대부분 앞으로의 계획과 관련돼 있었다. 호르크하이머로부터 먼젓번 편지—프랑스 문단의 최근 동향을 소개하는 "파리 편지"—의 발췌문을 《사회연구지》에 게재하겠다는 제안이 왔을 때는 흔쾌히 동의했다. 벤야민의 유일한 요구 사항은 조르주 바타유를 심하게 비판한 대목을 빼달라는 것이었다(벤야민과 바타유는 우호적인 사이였고, 벤야민이 '사회학연구회' 중심의 지식인 모임을 접하게 된 것은 바타유를 통해서였다).

9월, 벤야민이 「보들레르의 작품에 나타난 제2제정기의 파리」의 마무리 작업에 매진하면서 여러 편지에서 깊은 불안감을 드러냈던 데는 그럴 만한 이유가 있었다. 독일이 주데텐란트의 합병을 고집함으로써 유럽에 전운이 감돌기 시작한 때였다. 전쟁이 일어날 수밖에 없다면 자기는 프랑스로 돌아가는 것보다는 그냥 스칸디나비아에 있는 편이 낫지 않겠냐고 여러 친구에게 편지로 넋두리하기도 했고, 비자가 만료될 경우를 대비해 스칸디나비아에서 도움을 줄 만한 사람을 거명해달라고 호르크하이머에게 부탁해보기도 했다. 스코우스보스트란에서 「보들레르의 작품에 나타난 제2제정기의 파리」라는 석 달간의 "강도 높은 노동"(BS, 231)을 끝내고 9월 말 코펜하겐으로 가서 이 논문의 최종본을 구술, 발송했던 것은 바로 이런 상황에서였다.[16] 최종본 마무리 작업이 진행된 것은 공교롭게도 유럽에 "잠정적 종막"(벤야민의 표현)이 닥친 시기, 곧 히틀러, 무솔리니, 네빌 체임벌린, 에두아르 달라디에가 9월 29일 뮌헨 협정에 서명하고 독일이 주데텐란트를 침공한 시기였다. 벤야민이 코펜하겐("내가 특히 사랑하는 도시")에 갔을 때 많은 곳을 둘러보는 대신 호텔 방 책상과 휴게실 라디오 사이를 오가는 데 그친 것은 그 때문이었다(BA, 277).

스코우스보스트란으로 돌아온 직후인 10월 4일, 벤야민은 아도르노에게 논문이 완성됐다는 소식을 전했다: "전쟁과의 경주였습니다. 내가 '플라뇌르'를 계획한 것은 거의 15년 전이었습니다. 세계의 종말이 닥쳐오기 전에 그를 은신처(필사본이라는 취약한 은신처!)에 들여놓은 그날, 나는 숨 막히는 불안

---

16 "The Paris of the Second Empire in Baudelaire"는 SW, 4:3–92에 수록.

에도 불구하고 승리감을 맛보았습니다"(BA, 278). 호르크하이머에게 원고 발송을 확인하면서 이 논문이 자신의 대표작—"『파사주 작업』에서 결정적 역할을 담당하는 철학 요소들에 최종 형태를 부여하는 작업"—임을 강조하기도 했다. 아도르노 부부에게 보낸 편지에서 벤야민이 아직 집필되지 않은 (그렇지만 이미 도식으로 정리되어 있는) 첫 번째와 세 번째 부분의 중요성에 대한 자신의 확신—"첫 번째와 세 번째 부분이 전체의 골격을 제공할 텐데, 전자는 보들레르의 알레고리를 하나의 문제로 제기하는 부분, 후자는 그 문제의 사회적 해법을 제시하는 부분"이 될 것이다(BA, 273)—을 재천명한 것은 뉴욕에서 이 논문을 어떻게 받아들일까에 대한 모종의 우려 때문이었다. 세 번째 부분(「시적 대상으로서의 상품」)의 시점이 없다면 "보들레르 연구서 **전체**의 철학적 토대"를 이해할 수 없으리라는 점을 분명히 하고자 한 것이다(C, 573).

벤야민이 쓰고자 한 보들레르 연구서의 제목은 『샤를 보들레르: 고도자본주의 시대의 서정시인』이었고, 이 책의 목표는 프랑스의 위대한 시인 보들레르가 도시자본주의 모더니티의 대표 작가임을 밝히는 것, 다시 말해 보들레르의 전면적인 재창조였다. 벤야민이 볼 때, 보들레르의 위대성은 바로 그의 **전형성**에 있었다. 다시 말해, 그가 쓰는 시는 (종종 표면적 의도와 달리) 그가 사는 시대의 구조와 메커니즘에 대한 폭로였다. 벤야민의 동시대인 중에 보들레르를 최초의 전형적 현대 작가로 본 사람은 물론 또 있었다. 영국에서는 T. S. 엘리엇이 보들레르를 현대 문학의 시금석으로 추앙하면서 작품을 영어로 옮겼고, 보들레르와 모더니티의 관계를 다루는 (보들레르의 인생관이 "그의 시대와 우리 시대를 위한 복음"이라고 주장하는) 논문(1930)을 내놓기도 했다. 보들레르의 『악의 꽃』이 엘리엇의 「황무지」(역시 도시를 노래한 위대한 시)에 결정적 영향을 주었다는 것은 두말할 필요도 없다. 한편, 독일에서는 슈테판 게오르게가 보들레르와 자국의 현대 문학을 잇는 가장 중요한 연결 고리 역할을 했으며 게오르게의 『악의 꽃』 번역(1889)은 아직까지도 여러 의미에서 타의 추종을 불허하는 번역이 되었다. 그러나 엘리엇과 게오르게가 본 보들레르는 벤야민이 발견한 보들레르와는 상당히 달랐다. 엘리엇이 본(그리고 엘리엇에 앞서 스윈번이 보았던) 보들레르가 모더니티를 포용하고자 하는 영혼의 지침—엘리엇이 현대라는 황무지를 헤쳐나갈 종교적 노선을 모색할 때 지침이 되어준 선배 시인—이었다면, 게오르게가 본(그리고 게오르게에 앞서 니체가 보았던) 보들레르는 철저하게 심미화된 광활한 풍경으로 들어가는 입구—실리적, 속물적 사회의 치욕스러움을 철저하게 차단하는 시인—였다. 벤야민의 보들레르와 엘리엇/게오르게의 보들레르를 비교하는 것은 단순히 벤야민의 좌파 사상과 엘리엇/게오르게의 보수주의 정치학(게오르게의 경우 원조 파시즘의 정치학)을 비교하는 데 그치지 않는다. 엘리엇의 보들레르가 모더니티의 영성을 체현하는 예언자였다면, 그리고 게오르게의 보들레르가 진정한 모더니티를 담은 모든 예술품의 앞길을 밝히는 횃불이었다면, 벤야민의 보들레르는 독보적으로 문제적인 작가—현재를 책임질 문화정치학의 토대를 마련하는 작품을 썼으면서 동시에 비정치적인 작가—였다. 벤야민은 보들레르에게 이런저런 생산적인 사회적/정치적 통찰이 있다는 생각을 단호하게 거부한다. 벤야민의 보들레르 연구의 가치는 『악의 꽃』이 보들레르가 살던 그 시대를 (그리고 우리가 살고 있는 이 시대를) 독특하게, 뼈아프게, 그리고 섬뜩하게 드러내는 **징후**임을 밝혀냈다는 데 있다. 그 가치가 담긴 「보들레르의 작품에 나타난 제2제정기의 파리」는 보들레르의 시에 대한 논의가 아닌 (심지어 보들레르에 대한 논의도 아닌) 보헤미안la Boheme의 "정신적 관상"—음모를 꾸미는 얼굴—에 대한 사이비 역사학 논의로 시작함으로써 독자를 당혹스럽게 한다(당혹스러움은 이 글의 기조다). 이 글에서 보헤미안은 다락방의 굶주린 예술가들(푸치니의 「라보엠La Boheme」에 등장하는 로돌포와 미미 같은)을 뜻하기보다는 자칭 프랑스 황제 나폴레옹

3세의 정권이 전복되기를 꿈꾸는 음모꾼들의 잡다한 무리(아마추어든 프로든)를 뜻한다. 이 글의 도입부에서 벤야민은 그런 보헤미안층이 사용하는 전술과 보들레르 시/비평의 **미학적** 전략을 슬쩍 연결한다. 이 대목에 따르면, "예상을 뒤엎는 포고문과 쉬쉬하기, 비약적 사태, 간파할 수 없을 만큼 아이러니한 상황 등"이 "제2제정의 국가이성Staatsraison"인 것과 마찬가지로, "알레고리의 불가사의"와 "음모꾼의 쉬쉬하기"는 보들레르 시의 특징이다. 단, 벤야민이 이 시인의 사회적 관상을 논의할 때 참조하는 텍스트는 그런 음모꾼의 관상이 불길하게 번득이는 시—예컨대 「사탄 기도」에서 사탄에게 "추방당한 자들의 왕이시여, 몹쓸 짓을 당한 왕이시여/ 패배당한 후에 더욱 강한 힘으로 떨치고 일어나는 왕이시여"라고 기도하는 대목—가 아니라 음모꾼들의 미로를 배경으로 펼쳐지는 「넝마주이의 포도주」—성문 밖 싸구려 술집들의 시—다. 이렇듯 특정한 정신적 관상이 출현하는 공간으로 들어가서 그 제스처 양상들gestural aspects을 합성하는 것이 이 글에서 벤야민이 채택하는 기본 논법이다. 넝마주이라는 인물형 속에는 그 양상들이 매우 압축적으로 합성되어 있다: "문필가에서 전업 음모꾼에 이르기까지, 보헤미안에 속하는 사람들은 다들 넝마주이에게서 자신의 일부를 발견할 수 있었다. 께느른한 반사회적 감정을 품고 곤란한 미래를 앞두고 있는 것은 다들 마찬가지였다." 이 인용문을 통해서도 짐작할 수 있듯, 당시의 넝마주이는 한눈에 알아볼 수 있는 계층 유형이었다. 그런데 보들레르의 작품에서 넝마주이는 사회가 내버린 폐품들 속에서 쓸 만한 것들을 찾아내는 시인의 비유 형상이다. 그리고 이 보들레르 논문에서 넝마주이는 벤야민 자신—일련의 증거 속에서 정확히 오려낸 대체로 사소해 보이는 조각들로 비평을 몽타주해내는 비평가 겸 역사가—의 비유 형상이다. 실제로 이 논문을 비롯한 벤야민의 보들레르 연구 전반에서 이 시인의 속성들—사회적 고립, 상업적 실패, "은밀한 건축술"에 의지하는 글쓰기, 그리고 무엇보다 모든 페이지에 스며들어 있는 측량할 수 없는 우울—은 벤야민 자신의 성찰적 동일시의 대상이다.

벤야민은 이 「보헤미안」 섹션을 끝맺으면서 보들레르와 피에르 뒤퐁—당대의 정치 사건들에 직접적으로 (그야말로 단순하고 편향적으로) 참여하고자 하는 이른바 사회파 시인—을 대조함으로써 보들레르 시의 핵심이라 할 수 있는 "근본적 이중성"—억눌린 자들의 대의에 지지를 표하기보다는 그들의 환상을 무례하게 까발리는 경향—을 밝혀낸다. 이 대목의 한 각주에 따르면, "보들레르 같은 사람의 입장을 인류 해방투쟁의 선발대에 포함시키려는 것은 그리 가치 있는 시도가 못 된다. 애초에 더 보람 있는 일은 그의 확실한 본거지—다시 말해, 그의 적진—로 따라가서 그의 음모를 캐내는 것이 아닐까 싶다. (…) 샤를 보들레르는 비밀 요원Geheimagent이다. 자기가 속한 계급의 통치를 비밀스럽게geheim 불만스러워하는 요원Agent이라는 뜻이다"(SW, 4:92n).

이 글을 쓸 무렵의 벤야민에게는 이미 전통적 역사 서술—역사의 질적 연속성과 불가피성을 전제하는 스토리텔링—에 반대하는 확고한 입장이 있었다: "[전통적 역사 서술은] 역사의 흐름 속에 존재하는 혁명의 순간들을 감추고자 한다. (…) [그런 역사 서술에는] 길이 끊어지는 절벽도 없고, 그런 절벽을 뛰어넘으려고 하는 사람들에게 필요한 손잡이나 발판도 없다"(AP, N9a,5). 반면에 「보들레르의 작품에 나타난 제2제정기의 파리」는 우선 일련의 역사적 이미지—대개 역사적 자료의 주변부에서 일화나 야사 속에 얽혀 들어가 있는 것들—를 애초의 맥락으로부터 "뜯어내고" 이어서 이것들을 다시 몽타주 원리를 따르는 텍스트로 면밀히 직조한 역사 서술이다. 지배계급의 이데올로기로 착색된 역사가 진리로 받아들여지는 과정에서 이런 주변부 이미지들—거대한 역사적 구조의 한 부분에 해당되는 사소해 보이는 디테일—이 무시돼왔다는 확고한 입장에서 비롯된 방법론이라고 하겠다. 전통적 역사 서술의 도도한 흐름 아래 감춰진 이른바 "진정한 역사적 시간, 곧 진리의 시간"을 드러내는 방법으로 벤야민은 "뜯어내기, 인용하기, 권력자들에게 도움이 되지 않았던 탓에 지금껏 눈에 잘 띄지 않게 묻혀 있던 것들을 파내기"를 제안한다(N3,1; J77,1). 그렇다면 우리는 이 혁명적인 유물론적 역사 서술에서 이런 이미지들이 서로 어떤 **관계**에 있다고 이해해야 할까? 일단 벤야민이 이 이미지 성좌에서 무엇보다 신뢰하는 것은 "표현력"이다: "사회를 밑에서 받치는 경제적 조건은 상부구조를 통해 표현된다. 잠자는 사람의 과식한 위장이 꿈 내용을 통해 표현되는 것과 마찬가지다. 전자를 후자의 '원인'으로 보는 것도 가능하겠지만, 어쨌든 후자는 전자의 거울상Abspiegelung이 아니라 표현Ausdruck이다"(K2,5). 『파사주 작업』―「보들레르의 작품에 나타난 제2제정기의 파리」의 기본 자료라고 할 수 있는 10년간의 성과―의 이런 대목들은 사변과 직관과 분석이 수렴하는 모종의 텍스트―각각의 이미지 혹은 이미지 사이의 관계를 읽을 때 과거의 **현재적** 의미가 밝혀지는 방식으로 읽을 수 있는 공간―를 가정하고 있다: "과거가 현재를 만나 섬광처럼 하나의 성좌로 수렴한다." 이렇듯 역사가 현재 속에 결정화된 것을 벤야민은 변증법적 이미지라고 부르는데, 「보들레르의 작품에 나타난 제2제정기의 파리」는 변증법적 이미지를 주축으로 삼는 비평 작업들 가운데 가장 강렬하며 완성도 높은 예―곧, 벤야민의 1930년대 저술들 가운데 최고작―라고 할 수 있다.

「보들레르의 작품에 나타난 제2제정기의 파리」의 두 번째 섹션 「플라뇌르」는 예술 장르와 사회 구조 사이의 상호 관계를 검토하는 부분이다. 이 대목에 따르면, 도시의 혼잡한 길거리에서는 개인이 군중에 흡수되는 것은 물론이고 개인적 삶의 흔적이 모두 지워진다고 할 때, 몇몇 대중 장르―예를 들면, 생리학Physiologie 문학(도시인의 유형을 소개하는 책자)이나 파노라마 미술(역사나 지리의 "전형적인" 장면들을 소개하는 그림)―는 바로 이런 상황에서 비롯되는 뿌리 깊은 불안감을 가라앉힐 목적으로 등장했다. 이런 대중 장르들은 당대의 사회질서에 대한 저항적 속성이 전혀 없는 "무해"하고 "철저히 온순한" 오락물이었고, 이런 온순함이 바로 "파리생활의 환등상"이 유지되는 데 유리한 조건이었다(벤야민의 논의에서 "환등상"은 현대 도시가 모종의 착시 효과를 조장함으로써 인간이 자기를 둘러싼 세계를 이해하고 합리적 결정을 내리는 것을 방해한다는 사실을 강조하는 표현이다). 이런 맥락에서 볼 때 생리학 책자는 독자에게 모종의 식견이 있다고 가정함으로써 독자의 자기만족을 조장한다는 점에서 환등상과 공모관계에 있다: "생리학에는 누구든 전문 지식 같은 것 없이도 행인들의 직업과 성격, 태생과 생활 방식 등을 추리해낼 수 있다는 가정이 깔려 있다."

서적생리학이라는 "작은 진정제"가 현대인의 삶을 특징짓는 불안감을 그저 일시적으로 가라앉혀주던 그때(1840년대), "도시생활의 불안하고 위협적인 측면을 다루는" 또 하나의 장르가 발전했다. 바로 탐정소설이었다. 당시의 도시인들이 환등상이라는 꿈속 공간에서 계속된 충격에 노출되면서 방향 감각을 상실했다면, 탐정소설의 전투적인(대개 기상천외한) 추리과정은 "이성이 도시를 에워싼 욕동의 대기를 뚫고 들어가는 것을 허용하는" 원기회복제로 작용했다. 보들레르가 그런 탐정소설을 쓰지 못한 이유는 추리라는 이성주의적 과정을 직접 진행하는 것을 가로막는 자신의 "욕동 구조Triebstruktur" 때문이었다: "보들레르는 사드의 작품을 너무나 잘 이해했던 탓에 포와 같은 작가가 될 수 없었다."

보들레르의 시가 생리학과는 달리 세태에 영합하지도 않았고 탐정소설과는 달리 세태에 대처할 방안을 그려 보이지도 않았다면, 그의 시는 파리의 모더니티와 정확히 어떤 방식으로 관련돼 있을까? 보들레르의 시는 한마디로 현대 대도시 생활의 균열과 아포리아를 고스란히 드러내는 자국이자 현대적 경험의 공허함을 드러내는 조명이다. 벤야민이 보들레르를 옹호하는 이유도 바로 여기에 있다. 요컨대 벤야민의 보들레르 해석의 중심에는 모종의 충격 이론이 있다. 「지나가는 여인」에 대한 (이제는 유명해진) 해석을 보자. 화자는 "귀가 멍하도록 시끄러운" 길거리에서 군중을 헤치고 걸어가던 중 어떤 여자가 자기 쪽으로 다가오는 것을 보게 된다. 상복 차림, 도도한 걸음새, "뽐내는 손으로 / 호화로운 치맛단을 살짝살짝" 들어올리면서 걷는 여자. 이 한순간의 만남에 완전히 압도된 화자는 뭔가에 홀린 사람처럼 몸을 부들부들 떤다. 어느새 스쳐 지나가버린 아름다운 여자로 인해 산산이 부서진 동시에 새 삶을 얻었다고 할까. 단, 시인의 육체가 경련을 일으킨 원인은 "그의 세포 하나하나를 장악해오는 이미지 앞에서의 경악"이라기보다는 "이 외로운 남자를 엄습해오는 우격다짐의 정욕에 수반되는 충격"이다.

이렇듯 시의 힘이 충격으로부터 나온다는 논의는 벤야민이 이 글을 쓸 당시에 널리 퍼져 있던 (그리고 오늘날까지도 널리 퍼져 있는) 예술 창작 논의와는 크게 어긋난다. 시의 힘이 충격으로부터 나온다고 생각하게 되면, 시인은 올림푸스 같은 높은 곳에서 자기 시대를 "초연하게" 내려다보면서 그 본질을 포착해 후세에게 전해주는 천재가 아니게 된다. 벤야민이 볼 때, 보들레르의 위대함은 현대적 삶의 가장 저질적인 부산물에 철저하게 **감응**한다는 데 있었다. 다시 말해 이 위대한 시인에게는 자기 시대의 속성을 거울처럼 반영해낼 차가운 감정이입을 가능케 하는 뛰어난 "감응력"이 있었다. 벤야민의 넓은 논의에 따르면, "시대의 속성"은 한마디로 상품화였고, 보들레르는 상품화가 환등상을 생성하는 과정임을 단순히 **의식**하는 게 아니라, 감정이입을 통해서 이 과정을 **체현**하는 시인이었다.

보들레르가 자기 작품을 시장에 내놓을 때(기꺼이 내놓든 주저하면서 내놓든), 그 자신이 **하나의 상품**, 곧 개봉을 앞둔 물건이 된다(요컨대 "상품은 고객의 물결에 취한다"). 그가 정신적 상품의 생산자이자 납품자로서 비유기적 대상에 감정이입함으로써 대상과 친밀한 동시에 차가운 관계를 맺을 때, 그에게는 이 관계 자체가 시적 영감이다: "비유기적인 것das Anorganische에 감정이입한다는 것이 그의 영감의 원천 중 하나였다." 요컨대 그의 시는 내부와 외부에 모두 균열이 있다(그가 시의 과제로 선택한 모더니티는 파국의 예감에 휩싸여 있고, 그의 시를 관통하는 만화경적 역사관은 역사를 자그마치 "영구 파국"으로 본다). 보들레르라는 불운아가 자기가 속한 계급의 내부적 자기 탈각을 수행하는 "비밀 요원"이었다는 것은 바로 이런 의미다.

「보들레르의 작품에 나타난 제2제정기의 파리」의 마지막 섹션 「모더니티」에서는 보들레르가 현대적 삶의 특징을 보여주는 작가—좀더 정확히 말하면 현대의 영웅—로 등장한다: "영웅은 진정한 현대의 주체. 다시 말해 현대를 살아가기 위해서는 모종의 영웅성이 필요하다." 현대의 영웅으로서의 보들레르는 그저 파리의 길거리를 이리저리 배회하면서 모든 것을 기억에 남기는 신경과민의 플라뇌르도 아니고, 예술가를 연기하는 상품 조달업자도 아니다.[17] 보들레르는 부르주아적 삶에 필요한 재산과 안전을 야금야금 빼앗기고 길거리로 내몰린 상황에서도 부르주아적 삶을 고수하고자 하는 현대사회의 개인이었다. 그가 현대적 삶의 충격들에 특별히 취약했던 것은 그랑불바르로 통하는 샛길들을 거처로 삼아야 할 만큼 곤란한 상황 탓이었다.

보들레르의 영웅성은 이렇듯 시대정신의 자국과 상처를 기꺼이 자신의 존재로 받아들인다는 데 있다: "모더니티가 개인의 타고난 생산적 기운을 억누르는 힘을 개인의 힘으로 상대하기란 불가능하다. 피로에 지친 개인이 죽음 속으로 도피하는 것도 이해할 만하다." 보들레르의 영웅성은 이렇듯 경계와 조심의 형태—언제라도 닥칠 수 있는 목전의 상실을 안타까워하는 형태—를 띤다는 것, 이것이 벤야민의 보들레르 논의의 핵심이다. 「모더니티」 섹션 전체에 스며들어 있는 파토스의 저변에는 보들레르의 처지와의 강도 높은 동일시가 있다. 보들레르의 생애에서 가장 눈에 띄는 특징들—무일푼의 작가였고, 알려지지 못한 탓에 국내에서 망명자나 다름없이 살아갔으며, 말년에

---

17 보들레르를 "분장을 지운 마임 배우"로 보는 곳은 AP, J52,2 등(특히 J56,5; J62,6).

벨기에에서 망명자 생활을 자초했다—은 벤야민 자신의 처지—당대 최고의 문필가 중 한 명이었음에도 불구하고 최저생계비를 벌 수 있으면서 동시에 최저생계비로 지낼 수 있는 곳(벤야민 자신의 표현)을 끝내 찾지 못했다—와 상당 부분 일치한다. 망명기의 벤야민에게는 줄곧 자살이 해방이리라는 유혹이 가까이 있었고(현대는 자살의 시대임에 틀림없다. 자살은 영웅의 의지를 증명하는 도장이다[SW, 4:45]), 보들레르가 "기진맥진한" 상태였다는 벤야민의 말은 보들레르를 가리키는 표현인 것 못지않게 보들레르에 투영된 벤야민 자신을 가리키는 표현이었다.

하지만 「보들레르의 작품에 나타난 제2제정기의 파리」가 현대적 삶의 지옥 같은 끔찍함을 구원 불가능한 무엇으로 그리느냐 하면 그렇지는 않다. 보들레르의 시와 산문을 초점으로 삼는 이 논문은 일견 불변하는 역사에 대한 우화적 이해—"일방통행로"로서의 역사, "정복의 대상"으로서의 역사—를 기획한다. 현대의 영웅(그리고 그를 낳은 현대)이 "파멸할 운명"이라 해도, 현대성 자체가 스스로의 구원에 필요한 요소들을 간직하고 있을지도 모른다는 소망(철저히 지하에 묻혀 있는 사후적 소망)은 존재한다. "현대가 고대가 되는 날이 올까"라는 보들레르의 질문은 여전히 유효하다. 빅토르 위고가 현대의 파리 속에서 고대의 잔재를 감지했기에 "파리의 고대성"을 말할 수 있었던 것과 마찬가지로, 보들레르는 현대가 고대와 공유하는 **노쇠함**—"지나간 일들에 대한 슬픔과 다가올 일들에 대한 절망"—을 감지함으로써 현대가 고대에 속박돼 있음을 인지할 수 있었다. 자본주의가 지배하는 현대 도시에서는 일견 "그야말로 현대적"이었던 것들이 머지않아 시대에 뒤처진 것으로 밝혀진다: "모더니티만큼 잘 변하는 것도 없다. 우리는 옛것이 모더니티 속에 묻혀 있다고 생각하지만, 사실 옛것이란 시대에 뒤처진 것의 이미지다." 1929년의 논문 「초현실주의」에서 벤야민의 주장은 의미 있는 사회적 변혁이 시대에 뒤처진 것들에 잠재되어 있는 "혁명적 에너지"에 의해 촉발될 수 있을지도 모른다는 것이었다. 이 주장에 따르면, 자본주의 메커니즘의 정체를 확실하게 폭로할 수 있는 것은 폐품—더 이상 쓸모 없다는 바로 그 이유로 이데올로기적 통제에서 자유로운 그 무엇—뿐이었다. 상품의 폐품화 과정을 밝히는 것, 그리고 이를 통해 자본주의의 고압적 술책을 밝히는 것이야말로 교정책으로서의 정치 행동으로 나아가는 첫걸음이라고 할 때, 보들레르의 우울, 곧 섬세하게 조율되어 있는 그의 분노와 혐오—그의 상처와 슬픔의 보완물—는 바로 그 첫걸음을 약속하고 있다.

「보들레르의 작품에 나타난 제2제정기의 파리」에서 가장 새로운 통찰이 잠재되어 있는 곳은 보들레르의 시어 자체를 논의하는 대목이다: "보들레르의 시의 운율 구도는 움직이는 사람이 건물, 계단, 마당을 엄폐물로 삼을 수 있는 대도시의 지도를 닮았다. 폭동을 앞둔 일당이 지도에서 각자의 자리를 확인하듯, 보들레르의 지도 위에는 시어 하나하나의 자리가 표시되어 있다." 이처럼 전술적으로 배치된 단어들이 실제로 혁명을 선동하는 것은 어떻게 가능한가? 벤야민은 일찍이 1928년 『독일 비애극의 기원』에서 전개했던 알레고리 개념을 재개념화함으로써 이 질문에 대답하고 있다. 예술적 결함이 커 보이는 탓에 오랫동안 도외시되어온 바로크 시대의 "비애극"이 실은 자기를 둘러싼 시대의 무게를 짊어진 역사적 지표를 간직한 형식이었다는 것이 『독일 비애극의 기원』의 주장이었다면, 보들레르가 알레고리라는 비애극의 지배적 재현 양식을 새롭게 활성화시켰다는 것이 「보들레르의 작품에 나타난 제2제정기의 파리」의 주장이다: "누구든, 무엇이든, 어떤 관계든, 임의의 다른 것을 가리킬 수 있다. 다시 말해 이들 가능성은 지상의 세계에 대한 매우 부정적이면서도 공명정대한 판결, 곧 지상의 세계는 디테일이 전혀 중요하지 않다는 판결이다."[18] 알레고리는 대상을 실체 없는 허깨비로 만들 수 있다는 의미에서 역사가 영구 파국이라는 역사관에 정확하게 상응하는 예술 형식이고, 그런 의미에서 현재의 도덕적 무게를 짊어진 예술 형식이다. 시의 운율

구도가 지도에 비유되는 것으로도 알 수 있듯, 시어의 혁명적 잠재력은 시어 자체에서 온다기보다는 그것이 텍스트에서 차지하는 **위치**에서 온다. 보들레르가 보여주는 알레고리 작가로서의 면모는 바로 이런 시어 배치—간격 조정이나 위치 변경 등의 전략적 배치, "이미지와 오브제 사이의 불화"를 조장하는 배치—에 있다. 벤야민이 자기가 이렇게 분석해낸 시적 공간에서 찾은 것은 현대인의 삶이 철저히 무의미하다는 경험을 활용할 가능성—환등상의 작동을 중단시키고 그 정체를 폭로할 가능성—이었다. 「중앙공원」(당시 벤야민이 「보들레르의 작품에 나타난 제2제정기의 파리」와 함께 작업 중이던 단상 컬렉션)의 표현을 빌리면, "세상의 운행을 중단시키는 것, 이것이 보들레르의 가장 깊은 의도였다"(SW, 4:170).

1938년의 알레고리 이론에서 특히 새로웠던 점은 알레고리적 지각의 "형식 요소"로서의 "오버랩"—고대가 현대 속에 나타나고 현대가 고대 속에 나타날 때 취하는 형식을 뜻하는 영화와 사진의 용어—이었다(벤야민은 4월 중순 호르크하이머에게 보낸 편지에서 이 용어를 사용했다). 보들레르는 모든 것을 알레고리로 보는 시인이고(예컨대 「백조」는 역사의 오버랩 구조를 보여준다), 그런 의미에서 동판화가 메리옹을 닮았다. 실제로 생전에 보들레르로부터 높은 평가를 받았던 메리옹은 파리 풍경 연작에서 고대가 온전한 현대 속에서 갑자기 튀어나오는 모습을 보여준다: "메리옹은 파리라는 도시의 옛 얼굴을 포석 하나까지 고스란히 보여준다. (…) 고대와 현대가 삼투한다는 점, 다시 말해 알레고리라는 오버랩 형식이 확실하게 부각된다는 점은 메리옹의 작품도 마찬가지다."[19] 알레고리에 관한 이론은 변증법적 이미지—과거를 통해 현재를 보고 현재를 통해 과거를 보는 지각 형식—에 관한

---

18 OGT, 175.
19 SW, 4:53–54. 비교해볼 곳은 AP, M1a,1; S2,1; M°,4(Superposition, Überdeckung); SW, 2:94(surimpression). 또 비교해볼 곳은 벤야민에 대한 아도르노의 1955년 묘사: "그는 마치 양피지를 연구하듯 현실을 연구했다"("Introduction to Benjamin's Schriften," 8).

이론과 이런 방식으로 연결된다.

벤야민은 덴마크를 떠나기에 앞서 (불길한 예감에도 불구하고) 수백 권을 헤아리는 책 짐을 파리로 부쳤다. 전쟁을 피할 수 있으리라는 기대가 없는 상태, 곧 뮌헨 협정은 "이 시대의 평화"의 약속 같은 것이 아니라 그저 파시즘 동맹의 새로운 먹잇감 찾기일 뿐이라고 확신하는 상태였다. 그에게는 파리 또한 자기 몸뚱이와 짐이 잠시 머물다가 떠나야 할 "환승역"일 뿐일지도 모른다는 우려가 있는 상태였다: "유럽의 공기를 마시는 것이 물리적으로 얼마나 더 가능할지 모르겠습니다. 정신적으로는 불가능해졌습니다. 지난 몇 주동안 그런 사건들이 있었으니 말입니다. (⋯) 러시아가 자기 몸의 일부였던 유럽을 잘라버렸다는 것은 확실해졌습니다"(BA, 277). 스물다섯 살의 아들 슈테판이 영국에 비교적 안전하게 정착했고, 전처 도라가 슈테판을 따라 런던으로 가기 위해 이탈리아 산레모에 있는 재산을 매각 중이라는 소식은 벤야민에게 약간이나마 힘이 되어주었다. 그에게는 미국 쪽 친구들의 소식이 다소 초현실적으로 들렸을 것 같다. 유럽이 서서히 전쟁에 빠져든 그 시기에 아도르노 부부는 메인 주의 마운트데저트 섬에서 휴가를 보내고 있다는 명랑한 편지를 보내왔다. 에곤 비싱과 그레텔의 여동생 부부가 새로 산 포드 컨버터블을 타고 찾아왔더라는 편지였다!

벤야민은 10월 15일경 덴마크를 떠났다. 브레히트와 이례적으로 다툼이 없는 시간을 보낸 후였다. 친구와의 대화에서 반박이 아닌 경청의 태도를 새로 발견했던 일은 반가우면서도 걱정스러웠다. 상대의 말을 경청한다는 사실은 고립이 심화된다는 신호로 볼 수도 있다는 의미에서였다: "대화에서 도발적 화법을 즐겨 구사하던 브레히트가 그런 유의 대화를 덜 즐기게 된 원인이 이런 고립 때문이라는 비교적 자명한 설명도 가능하겠습니다만, 브레히트가 고립된 원인이 나와 공유하고 있는 것에 충실했기 때문이라고 설명하는 편이 더 정확할 것 같습니다"(BA, 278).

파리로 돌아온 벤야민에게 닥친 새로운 상황은 예상했던 최악보다 더 나빴다. 평소 병약했던 여동생 도라는 서른일곱 살의 나이에 동맥경화증을 앓으면서 며칠씩 침대를 떠나지 못하고 있었다(1년 반 뒤에는 억류소 생활을 하게 되고 1946년 스위스 요양원에서 세상을 떠난다). 1933년 공산당에 동조했다는 죄목으로 나치에 체포됐던 게오르크는 브란덴부르크의 바트 빌스나크에서 도로 공사에 동원되고 있었다: "독일에서 종종 들려오는 이야기에 따르면, 게오르크와 같은 상황에 처한 사람들이 가장 불안을 느끼는 일은 징역살이가 아니라 수년간의 징역살이 후 강제수용소로 보내지리라는 것입니다"(BG, 247). 실제로 게오르크는 1942년 작센하우젠 집단수용소에서 세상을 떠난다.

그 무렵 벤야민이 걱정했던 또 다른 문제는 베를린에 두고 온 개인 아카이브를 영원히 되찾을 수 없을지도 모른다는 것이었다. 마지막으로 한 친구—아마도 헬렌 헤셀—에게 자신의 장서와 문서를 되찾을 방법을 강구해달라고 부탁했던 일이 수포로 돌아간 후였다. 그레텔 아도르노에게 보낸 편지에 따르면, 베를린의 아파트에 두고 온 문서들 중에는 프린츠 하인레와 볼프 하인레 형제(이미 세상을 떠난 독일 청년운동 시절의 친구들)의 글들, 프리드리히 횔덜린에 대한 벤야민 자신의 미발표 논문 필사본, 그리고 청년운동 내의 (벤야민 자신이 속해 있던) 좌파 자유주의 분파의 "대단히 귀중한" 자료 아카이브가 있었다. 한편, 벤야민이 걱정했던 좀더 일반적인 문제는 뮌헨 조약이 체결된 뒤로 프랑스와 독일 사이에 화해 분위기가 조성될 때 어떤 일이 벌어질까, 특히 파리에서 프랑스인과 독일인의 관계가 어떻게 바뀔까 하는 것이었다. 그에게는 프랑스 국적을 취득하기 위한 노력을 계속하는 것 말고는 아무런 대안이 없었다: "당장은 국적을 취득하는 일을 추진하고 있습니다. 신중하게 그렇지만 반드시 성공할 수 있으리라는 기대 없이 추진 중입니다. 전에는 성공 가능성이 의심스러웠다면, 이제는 성공한다는 것이 의미 있는 일인지가 문제시되고 있습니다. 유럽에서 법질서가 무너지면서, 법적 조치라는 것 자체를 믿을 수 없게 되었습니다"(BG, 247).

벤야민은 파리로 돌아오자마자 프랑스 친구들과 연락을 취했다. 일단 아드리엔 모니에를 만나 작금의 정세에 대한 그녀의 시각을 확인했고, 11월에는 알자스 여인L' Alsacienne이라는 브래서리에서 열린 《남부 카이에》 필자 파티에 참석해 폴 발레리, 레옹—폴 파르그, 쥘 쉬페르비엘, 장 발, 롤랑 드 르네빌, 로제 카유아를 만났다. 1937년 바타유를 통해 알게 된 피에르 미사크라는 청년 학자와도 자주 접촉했다. 특히 영화와 건축에 대한 관심을 공유했던 두 사람은 벤야민의 집 아니면 생쉴피스 광장의 구청 카페에서 자주 만났다. 벤야민이 세상을 떠난 뒤 그의 글을 번역하고 그에 대한 논문(나중에는 그에 대한 연구서)을 쓰는 등 프랑스에서 벤야민을 기리는 일에 가장 앞장선 친구가 바로 미사크였다.[20] 벤야민의 프랑스 인맥은 사실 취약했다. 예를 들어, 벤야민이 호르크하이머에게 카유아의 『불모』에 관한 자신의 부정적 서평을 Hans Fellner라는 필명으로 발표해달라고 부탁했던 것은 카유아의 친구 르네빌—자신의 귀화 절차에 선처를 베풀 수 있는 관리—의 노여움을 사지 않으려는 조치였다. 결국 이 서평은 J. E. Mabinn이라는 필명—BENJAMIN의 아나그램—으로 발표되었다.

독일에서 계속 더없이 처참한 소식이 들리는 와중에 그런대로 반길 만한 일이 두어 가지 있었다. 우선 덴마크에서 책 짐이 도착했다. 호르크하이머와 폴로크가 모종의 답례를 요청한 데 대한 응답으로 벤야민은 보물처럼 아끼는 장서에서 독일 도서 매매업의 역사를 기술한 네 권짜리 역사서를 '사회연구소'의 파리 도서관에 기증했다. 이 자료가 "미래에 유물론적 독일 문학사를 쓰기 위해 현재에 반드시 필요한 도구를" 제공하리라는 것이 벤야민이 밝힌

---

20 Missac, *Walter Benjamin's Passages*.

기증의 변이었다(GB, 6:178). 한편, 파리로 건너온 독일 친구도 많아졌다. 가장 늦게 빠져나온 친구는 프란츠 헤셀이었다. "5년 반 동안 베를린의 들보에서 작은 쥐처럼 숨어 지내던" 헤셀이 파리로 건너올 수 있었던 것은 "강력한 증명서와 유력한 후원자"—당시 프랑스 외무부 고위 관리였던 장 지로두가 마련해준 비자—를 통해서였다(BG, 247). 전쟁을 막을 수 있다는 마지막 희망을 꺼뜨린 것은 11월 9일과 10일에 벌어진 사건들—'수정의 밤'이라는 공식 명칭을 갖게 된 학살 사건—이었다. 이로써 벤야민은 독일에 남겨진 사람들(예컨대 자기 남동생과 아도르노의 부모)이 당하게 될 재앙에 대해서 새롭게 생각해보지 않을 수 없었다.

11월 중순, 벤야민은 자신의 저술 인생에서 가장 충격적인 게재 거절 통보를 받았다. '사회연구소'가 「보들레르의 작품에 나타난 제2제정기의 파리」를 게재하지 않기로 했음을 전하는 아도르노의 긴 비판론이었다(BA, 280-289). 이 글에 대한 연구소의 반응은, 벤야민이 반쯤 예상했던 긴가민가하는 조바심이 아닌 철저한 방법론적, 정치적 반대였다. 이 11월 10일 편지—호르크하이머의 뜻을 대변한다는 의미도 담긴—에서 아도르노가 벤야민을 비판한 근거는 모종의 변증법적 텍스트를 구성하는 요소들을 적절하게 연결하는 매개를 소홀히 했다는 점이다. 이 편지에서 아도르노는 벤야민의 이 글이 의도적으로 파편적이라는 점(대도시의 삶에서 전반적으로 나타나는 산업자본주의적 현상들과 보들레르의 작품의 특수한 세부 사항 간에 "숨은 친화성"이 있음을 드러내고자 한다는 점)은 인정하면서도 글 전체의 집성식 방법론에 대해서는 실패작이라는 판단을 내렸다. 벤야민의 이 유별난 "유물론적" 접근법("행동주의적 배음"을 띠는 "독특한 구체성", 이론적 해석의 금욕적 자제)이 왜 방법론적으로 실패작인가 하면, "상부구조에서 두드러진 특징들을" 뽑고 "하부구조에서 그에 상응하는 특징들을" 뽑아 양쪽을 "무매개적 관계, 나아가 인과관계로" 연결하고자 하기 때문이라는 것이다. "문화적 특징을 유물론적으로 규정하는 일은 사회라는 총체로 매개되는 경우에만 가능"한데, "이론은 내놓지 않으면서" 경험 자료만 제시한다면 "한편으로는 기만적으로 서사시적 특성을 띠게 되고, 다른 한편으로는 그저 주관적 경험 자료로 전락하면서 역사철학적 무게를 상실"하리라는 것, 이 글 또한 이론적 정리를 내놓지 않은 탓에 "한갓 사실들의 느닷없는 제시"—"자기가 발산한 아우라에 잡아먹힌" 여러 겹의 불가해한 경험 자료—로 귀결되고 말았다는 것이 아도르노의 주장이었다. 이 주장을 한마디로 요약하면, 벤야민의 이 논문은 냉철함이 부족한 글, 다시 말해 "마법과 실증주의의 교차로"에 위치한 그야말로 마가 낀 글이라는 것이었다. 아도르노는 1935년 호른베르크 편지에 이어 이 편지에서도 벤야민 자신이 1929년의 잊지 못할 쾨니히슈타인 대화에서 했던 말—파사주 작업에서는 사유 하나하나를 광기의 영역으로부터 빼앗아와야 할 것이라는 말—을 들먹이고 있는데, 그것은 벤야민의 글에 모종의 마성이 작용하는 것 같다는 비난, 곧 이 논문의 뿔뿔이 흩어진 내용들이 논문의 해석 가능성을 저해할 음모를 꾸미는 것 같다는 비난이었다.

아도르노가 이 비판론을 쓴 이유는 일단은 브레히트가 이 논문에 해로운 영향을 끼쳤으리라는 의심 때문이었던 것 같다. 다시 말해 경제적 토대(넝마주이)와 그에 상응하는 상부구조(보들레르의 시)가 매개 없이 병치돼 있는 것 같다는 아도르노의 지적은 이 논문 전체가 속류 마르크스주의(브레히트의 작품에 대한 연구소의 정의)의 산물이라는 암묵적 비난이었다. 하지만 이 비판론에는 더 중요한 차원이 있었다. 다시 말해 아도르노의 편지는 벤야민의 글 한 편에 대한 내재적 비평이라기보다는 그 글의 바탕을 이루는 벤야민 특유의 알레고리적 유물론 전반에 대한 반감의 표출이었다. 벤야민의 의도는 수시로 바뀌는 성좌 속에서 이미지 유형을 포착하는 방식으로 역사를 응축할 논법을 고안해내는 것이었다. 이러한 모티프 중심의 논법으로 얻어지는 인식(현재와 과거가 서로 조명할 때 생겨나는 인식)은 추상적 이론화로는 결코 도

1939년의 벤야민. 촬영: 지젤 프로인트(1912-2000).
(ⓒ지젤 프로인트, RMN ⓒRMN 그랑드팔레/아트리소스, 뉴욕)

달될 수 없으리라는 확신이 벤야민에게는 있었던 것이다. 그런데 당시 뉴욕이라는 안전한 도시에서 연구소의 중추 세력으로 자리잡은 아도르노에게는 벤야민의 글 한 편을 퇴짜놓는 것이 부당하다는 생각이 없었을 뿐 아니라 그의 원숙기 문학비평의 완벽한 표현을 퇴짜놓는 것이 부당하다는 생각도 없었다. 벤야민의 위치와 아도르노의 위치가 완전히 역전되었된 것이다. 얼마 전만 해도, 아도르노는 벤야민의 제자였다. 그의 여러 논문 및 키르케고르 연구서는 벤야민의 작업이 없었다면 나올 수 없었을 성과였고, 그의 프랑크푸르트 교수취임 연설은 벤야민에게 바치는 오마주였으며, 그의 첫 세미나 과목의 교재는 벤야민의 『독일 비애극의 기원』이었다. 그렇지만 이제 벤야민의 생계가 전적으로 연구소에 달려 있다는 것을 알고 있는 아도르노는 자기가 벤야민의 연구에서 소재뿐 아니라 기조를 좌우할 수 있겠다고 느끼면서 벤야민의 글에 이의를 제기하거나("이 연구는 당신답지 않습니다"), 태연하면서도 단호하게 다른 식의 글을 쓰도록 압력을 가하기도 했다("이 내용은 내가 제시하는 요구 사항이지 편집진의 결정이나 거절을 뜻하지는 않습니다"). 다른 식의 글을 쓰라는 말은 사실 아도르노 자신처럼 쓰라는, 다시 말해 논의 대상과의 관계가 약한(약해서 때로 끊어질 것 같은) 변증법 체계를 갖춘 뛰어난(뛰어나게 추상적인) 글을 쓰라는 뜻이었다. 이 시기의 아도르노는 벤야민을 물심양면으로 계속 지원했지만, 보들레르를 둘러싼 의견차가 두 사람의 학문적 소통에 앙금을 남겼고 이는 끝내 가시지 않았다.

벤야민이 답장하기까지 거의 한 달이나 걸렸다는 것은 그리 놀라운 일이 아니다. 아도르노의 편지를 받은 후 아무것도 할 수 없는 깊은 우울증에 빠져 수 주 동안 집안에만 틀어박혀 있던 그는 1939년 봄에야 비로소 안정세를 되찾았다. 훗날 숄렘에게도 술회했듯이, 당시 거의 전적으로 고립되어 있던 탓에 자기 글이 어떻게 받아들여지는지에 대해 병적으로 민감했던 벤야민에게 친구이자 아군이라는 사람들로부터 자기 글을 즉각 거절당한 일은 도저히 감당할 수 없는 대사건이었다. 벤야민의 12월 9일자 편지는 아도르노의 비판에 조목조목 답변하는 재반론이기도 했지만, 이 편지의 가장 큰 목적은 『파사주 작업』의 초기 착상으로 되돌아가라는 아도르노의 압력에 맞서서 『샤를 보들레르』라는 당시 구상 중이었던 연구서의 구성Konstruktion을 지켜내는 것이었다.

이 글에서 나는 나 자신의 생산성에 유익하리라는 미명 하에 지나치게 밀교적인 방식으로 사유를 전개시키기를 삼갔고, 이로써 변증법적 유물론의 유익, '사회연구소'의 유익을 감안했습니다. 여기에는 '사회연구소'와의 연대, 변증법적 유물론을 향한 순수한 신의가 작용했을 뿐만 아니라, 지난 15년간 우리 모두가 경험해온 것들과의 연대가 작용했습니다. 이 글이 나 자신의 생산성에 유익하리라는 것은 바로 그 때문입니다. 내가 원래 생각했던 유익이 이로 인해 부정적인 영향을 받을 수 있음을 부인하지는 않겠습니다. 여기에 불화가 있는 것입니다. 내가 이 불화에서 벗어나는 것은 꿈도 못 꿀 일입니다. 내 작업의 관건은 이 불화를 제압하는 것, **구성**을 통해 제압하는 것입니다(BA, 291).

이 논문은, 아노르노의 평가—서로 아무 관련 없는 사실들을 조야할 정도로 주관적인 방식으로 나열하는 글—와는 어긋나는, 극도로 압축된 구성 양식을 채택함으로써 역사적 대상을 현재의 시각으로 모나드화하고자 하는 글이었다. 『샤를 보들레르』라는 책을 전체로 본다면, 이 논문—게재용으로 제출한 부분—은 『샤를 보들레르』라는 연구서 중에서 "주로 문헌학적 자료로" 되어 있는 두 번째 부분이었고, 아도르노가 요구한 이론은 첫 번째와 세 번째 부분에서 나올 것이었다: "이 구성에서 소실점은 바로 우리 자신의 역사적 경험입니다. 이로써 역사적 대상이 모나드로 만들어집니다. 텍스트 상태로 있었을 때 신화로 굳어져 있던 모든 것이 모나드 상태가 되면 생생하게 되살아납니다."

벤야민은 좀더 많은 독자와 이러한 고민을 나누기 위해서라도 꼭 「보들레르의 작품에 나타난 제2제정기의 파리」라는 이 글("내가 지금껏 진행한 작업들과는 비교도 안 되게 큰 노력이 들어간 작업")을 《사회연구지》에 게재할 수 있게 해달라는 간청으로 이 편지를 끝맺었다. '사회연구소' 동료들의 판단은 믿지 못했지만, 일단 글이 발표되면 역사가 올바른 평가를 내려주리라는 완강한 믿음이 있었던 것이다. 하지만 자기주장이 관철되지 않을 것을 미리 감지하면서 절박한 최종 양보안—이 논문의 중간 부분(「플라뇌르」)을 수정해서 제출하겠다는 내용—을 내놓기도 했다. 이러한 과정을 거쳐서 나오는 글이 바로 《사회연구지》에 게재된 「보들레르의 몇 가지 모티프에 대하여」라는 대담한 이론적 제언이다. 이 경우의 아도르노는 원하는 것을 얻는 방법을 아는 사람이었다.

1월 5일, 베를린의 아파트에 남아 있는 얼마 되지 않는 값나가는 물건들(서재의 책상, 카펫, 그리고 그런 것들보다 훨씬 더 중요한 원고 보관함과 장서)을 치워야 한다는 소식이 들려왔다. 세입자로 있던 베르너 폰 쉴러가 이사를 나간다는 것이었다. 벤야민의 친구 케테 크라우스가 책상과 카펫을 매각해주었다(그리고 그 돈으로 집세를 처리해주었다). 케테 크라우스는 장서와 원고 보관함도 맡아주기로 했지만, 그 후 장서와 원고 보관함의 행방은 영원히 묘연해진다(보관함의 내용물은 말할 것도 없다). 2월 14일, 훨씬 더 뼈아픈 소식이 들려왔다. 벤야민이 1936년 모스크바 저널 《말》에 본명으로 실은 글(「파리 편지 I」)에 대해 알게 된 게슈타포가 벤야민의 독일 국적을 박탈했다는 소식이었다. 파리 주재 독일 대사관이 그 소식을 정식으로 통보받은 것은 5월 26일이었다. 그날 이후 벤야민은 무국적자였다.

벤야민의 지면은 계속 줄어들었다. 숄렘으로부터 독일 당국이 쇼켄 출판사를 끝내 폐업시켰다는 소식을 전해 들었으면서도(벤야민 자신의 박사논문 『독일 낭만주의의 예술비평 개념』을 입수하겠으며 베른 대학 지하실의 수위를 통하면 된다는 의외의 소식을 같은 편지에서 전해 듣기도 했다), 숄렘이 쇼켄을 설득해 카프카 연구서를 내도록 해볼 수 있을 것이라는 기대를 버리지 않았다. 2월 하순에는 숄렘에게 자기가 전년도 6월에 보냈던 카프카 편지(막스 브로트의 카프카 전기에 대한 맹렬한 비난을 담은 편지)를 왜 아직도 쇼켄에게 보여주지 않느냐고 채근하는 편지를 보내기도 했다. 숄렘은 자기도 할 만큼 했다는 답장을 보내왔다. 쇼켄은 브로트의 카프카 전기를 읽은 적도 없고, 읽을 생각도 없으며, 벤야민의 카프카 연구서를 내려는 생각도 없다는 이야기였다. 어쨌든 이로써 또 하나의 출판 계획이 수포로 돌아가게 됐다.

1월 하순, 벤야민에게 의리를 지키던 바이마르의 발행인 에른스트 로볼트가 독일을 급하게 탈출해 파리로 왔다. 로볼트가 펴낸 책 가운데 46권이 판금, 소각당한 것은 1933년이지만, 그는 유대인 직원을 해고하는 일을 최대한 미뤘다(편집주간 두 명 중 한 명이었던 프란츠 헤셀은 1938년까지 고용된 상태였다). 독일 정부가 로볼트의 출판사를 폐업시킨 것은 유대인 작가들의 작품을 익명으로 출판했다는 이유에서였는데, 그 계기가 된 작품은 우르반 뢰들(브루노 아들러의 필명)의 『아달베르트 슈티프터』였다. 로볼트는 1937년에 가족의 안전을 확보할 목적으로 나치당에 입당하기도 했지만 결국은 독일을 탈출하는 수밖에 없었다(파리로 온 것은 다시 브라질로 가서 아내와 아이들을 정착시키기 위함이었다). 벤야민이 "로볼트에 대해 호감"을 표한 것은 유대인 저자를 지원하고 헤셀에게 의리를 지킨 발행인이라서였다(BS, 242).

로볼트 외에도 몇몇 지인이 뒤늦게 독일을 탈출했다. 오스트리아 작가이자 저널리스트 알프레트 폴가어(벤야민이 베를린 시절에 알고 지낸 인물)가 1938년 하반기에 파리로 왔고(1933년 베를린에서 빈으로 돌아갔다가 합병 후 파리로 건너왔다), 벤야민의 오랜 친구 빌헬름 슈파이어도 도피 중이었다

(역시 1933년에 오스트리아로 넘어갔다가 1938년에 파리로 왔다). 스위스는 한때 안전한 피난처로 보였지만, 당시 스위스에 있던 카를 티에메는 떠나야 한다는 압박을 느끼고 있었다(독일에서 가톨릭 야권 인사로 활동하다가 1933년 스위스로 망명한 그는 합병 이후 스위스 국경지역에서 독일군 병력이 증강되는 것은 스위스의 침공이 머지않았다는 신호로 보았다). 파리로 피신한 벤야민의 지인들은 (좀더 좋은 시절이었다면 반가운 인맥이었겠지만) 당시에는 그저 딱한 이야기의 출처들일 뿐이었다. 1939년 1월과 2월 벤야민은 가장 친한 친구들과의 만남마저 기피한 것 같고(헬렌 헤셀, 한나 아렌트, 게르마이네 크룰, 아드리엔 모니에, 크라카워를 만난 기록이 전혀 없다), 편지나 「읽은 작품 목록」에 자기가 읽은 책을 기록해놓지도 않았다(추리소설을 읽은 기록도 없다).

벤야민은 계속된 우울증에도 불구하고 보들레르 논문의 수정 작업("고립"을 느끼게 하는 작업)을 재개하기 위해 고군분투했다(BS, 240). '사회연구소'의 동료를 상대로 고립감을 드러낼 수 있는 것도 아니었으니, 봄이 지나가는 동안 미묘한 잽을 몇 번 날리는 것으로 만족해야 했다(아도르노에게는 "문헌학자인 사람도 있고, 문헌학자가 아닌 사람도 있습니다"로 시작되는 편지를 보냈고, 호르크하이머에게는 자기가 이제 '사회연구소'가 요구하는 "매개"를 넣을 줄 알게 되었다는 편지를 보내면서 "매개"라는 말을 따옴표로 처리했다). 2월에는 「중앙공원」(전년도 4월 「보들레르의 작품에 나타난 제2제정기 파리」와 비슷한 시기에 시작된 메모, 논의, 발췌의 컬렉션)을 한쪽으로 치워놓고 보들레르 논문의 전면 수정 작업('사회연구소'의 검열관들을 만족시킬 만한 작업)에 본격적으로 착수했다. 우선 진보 개념과 인식론의 관계를 고찰하는 과정에서 자유주의 경제학자이자 중농주의자 안-로베르 튀르고와 19세기의 라이프니츠주의 철학자 헤르만 로체(『파사주 작업』에서 길게 인용되는 두 사람)를 읽으면서 이 수정 작업이 앞서 「수집가이자 역사가 에두아르트 푹스」에서 논의했던 역사 서술 관련 사유들의 후속편이 되게 하겠다고 결심했다. 호르크하이머에게 그 결심을 전하기도 했다: "「수집가이자 역사가 에두아르트 푹스」에서는 문화연속체 개념을 격파해야 함을 논했는데, 내가 볼 때 이 개념이 격파되는 데서 비롯되는 가장 중요한 인식론적 결과 중 하나 는 역사에서 광범위하게 사용되었던 진보 개념을 좀더 명확하게 사용할 수 있게 된다는 것입니다"(GB, 6:198). 또한 이 수정 작업의 유물론적 토대를 점 검하는 과정에서 자신의 옛 스승 게오르크 짐멜의 『돈의 철학』을 새로 검토 하면서(앞서 아도르노가 「보들레르의 작품에 나타난 제2제정기의 파리」에서 사납게 비판한 대목이 바로 짐멜을 인용하는 부분이었다), 짐멜을 옹호할 수 있다면("이제 짐멜이 문화 볼셰비즘의 선구자 중 한 명으로 인정받을 때가 오 지 않았는지요"), 다시 말해 짐멜의 『돈의 철학』에서 "그 이면에 놓여 있는 근 본적인 개념을 무시할 수 있다면", 여러 흥미로운 점을 찾을 수 있다고 말하 기도 했다(BA, 311).

2월 1일, 아도르노가 그야말로 대단히 건방진 편지를 보내왔다. 「보들레르 의 작품에 나타난 제2제정기의 파리」의 두 번째 섹션 「플라뇌르」의 수정본을 게재하는 데 합의한다는 내용이었다: "내가 당신의 글에서 어떤 식의 수정을 생각하고 있는지에 대한 소견들을 조목조목 설명하는 것이 바람직하리라 생 각됩니다"(BA, 300). 크고 작은 수정 사항들을 단순히 제안하는 것이 아니라 지시하는 편지—철학적 우정의 친근한 어조에도 불구하고, 반드시 지켜야 할 게재 "조건들"을 일러주는—였다. 2월 23일자 답장에서 벤야민은 "의미 있는bedeutsam" 논의들을 듣게 해준 것에 고마움을 표하면서도 아도르노가 제 기한 문제들—보들레르가 일련의 비슷한 유형 속에서 그려진다는 문제, 물 신주의를 어떻게 다룰 것이냐의 문제, 환등상 개념의 문제 등—에 대해서는 이의를 제기했다. 아도르노는 환등상이 객관적인 것인데 벤야민이 그걸 자꾸 주관화시킨다면서 비판해왔는데, 이번 답장에서 벤야민은 특히 이 비판을 효

과적으로 상대해주고 있다:

동일성Gleichheit은 인식의 범주입니다. 냉철한 지각 앞에서는 엄밀한 의미에서 동일한 것이란 없습니다. 엄밀한 의미에서 냉철한 지각, 엄밀한 의미에서 모든 편견으로부터 자유로운 지각이라면 기껏해야 비슷한 것ein Ahnliches을 만날 뿐입니다. 일반적인 경우에는 편견이 지각에 해가 되지 않는다고 하더라도, 예외적인 경우에는 해가 될 수 있습니다. 지각에 편견이 작용할 때, 지각하는 자는 냉철하지 못합니다. 예컨대 머리끝까지 기사 로맨스Ritterromane로 가득 차 있는 돈키호테가 그렇습니다. 돈키호테는 온갖 것과 마주치지만, 항상 그 속에서 그야말로 동일한 그 무엇을 취합니다. 그 무엇이란 바로 편력 기사를 기다리는 모험입니다(BA, 309).

벤야민은 아도르노의 비판에 정면으로 대응하는 대신 논의의 지평을 주관성에서 지각과 경험으로 옮겨놓았다. 그리고 나서야 경제 이론이라는 안전한 지평으로 되돌아갈 수 있었다.

포의 경우에는 동일성/평등Gleichheit이 전혀 다른 모습을 하고 있습니다. 하물며 보들레르는 어떻겠습니까. 다만 「군중 속의 남자」에서는 아직 희극적 퇴마의 가능성이 엿보이는 반면, 보들레르의 작품에서는 그런 가능성을 전혀 찾아볼 수 없습니다. 오히려 보들레르는 상품경제가 생겨나면서 함께 생겨난 동일성/평등이라는 역사적 환각을 예술적으로 구원하고자 했습니다. (…) 상품경제라는 갑옷을 입은 동일성/평등이라는 환등상은 허상의 중요한 형상이기도 하지만 도취의 속성이기도 합니다. (…) 가격은 같은 가격으로 살 수 있는 모든 상품을 동일/평등하게 만듭니다. (…) 상품은 물론 고객에게도 감정이입하지만, 상품이 감정이입하는 일차적 대상은 상품 자신의 가격입니다. 플라뇌르가 스스로를 상품으로 조율할 수 있는 것도 그 때문이고, 상품이 되려고 노력할 수 있는 것도 그 때문이며, 자신에 대한 수요가 별로 없는 상태에서 (자신의 시장 가격이 정해져 있지 않은 상태에서) 매매 가능성 자체를 자신의 거처로 삼을 수 있는 것도 그 때문입니다(BA, 310).

하지만 이렇게 반론을 제기하는 것은 예외적인 경우였고, 대개는 아도르노의 요구에 응하는 수밖에 없었다. 논법 및 구조와 관련된 문제 제기는 그냥 넘기기도 했다. 이 논문을 중간 부분으로 포함하는 단행본 길이의 연구서가 출간되리라는 믿음을 아직 가지고 있던 벤야민은 뉴욕이 아무리 훼방을 놓아도 보들레르 연구서의 "핵심적 입장들"(이 글에 포함되지 않은 내용)은 꿋꿋이 남아 있다는 말을 숄렘에게 전하기도 했다(BS, 241).

다른 작업들도 계속해나갔다. 그해 초에는 세 권의 저서(돌프 슈테른베르거, 리하르트 회니히스발트, 루이 디미에의 저서)에 대한 세 편의 긴 서평을 《사회연구지》에 보냈고, 당시에 출간된 두 권짜리 『프랑스 백과사전』에 대한 탄탄한 서평도 보냈다(이 서평은 결국 실리지 않았다). 그리고 여느 때와 마찬가지로 카프카에 대한 독서와 논의를 이어나가면서 숄렘에게 일련의 짧지만 농후한 논평들을 써 보냈다. 1939년의 벤야민이 본 카프카는 평범한 유머 작가가 아님에도 불구하고 유머를 자신의 본질로 삼았다: "카프카는 유머를 업으로 삼는 이들, 곧 광대들과의 만남을 피할 수 없는 사람이었습니다. 특히 『아메리카』『실종자』는 한 편의 거대한 광대극입니다. 브로트와의 우정을 보면 (…) 카프카는 로렐이었기에 하디를 찾아야 한다는 무거운 부담을 느끼고 있었습니다. 그래서 브로트를 친구로 삼은 것입니다. (…) 유대교 신학의 희극적인 면을 알아볼 수 있는 사람이라면 카프카의 핵심을 깨달을 수 있을 것입니다"(BS, 243). 브레히트에 관한 일련의 글에도 진척이 있었다. 그중에는 「브레히트에 관한 메모」(브레히트에 관한 짧지만 의미심장한 글)와 「브레히트의 시에 대한 논평,(벤야민 자신이 매우 중요하게 생각한 긴 논문)이 있었다. 벤야민은 이 논문의 지면을 찾기 위해 여러 나라에 가 있는 친구들까지 동원했지만, 결국 살아생전에는 지면을 구하지 못했다(그러다가 1940년 6월 파리를 탈출할 때 다른 여러 글과 함께 조르주 바타유에게 맡기게 된다). 소비에트연방에 대한(그리고 소비에트연방에 반대하고 소비에트연방이 좌파에서 지도적 역할을 하는 것에 대한) 벤야민의 태도는 완강한 반대로 바뀌었지만, 브레히트에 대한 신의는 끝까지 흔들리지 않았다.

1월 24일, 벤야민은 호르크하이머에게 프랑스 문단의 현황을 길게 소개하는 두 번째 편지를 보냈다. 뉴욕에는 연구소 사람들을 포함해서 이 편지를 학수고대하는 사람이 많았다. 호르크하이머는 (끝내 이 편지에 지면을 내주지는 않았지만) 컬럼비아 대학 교수들이 이 편지를 돌려 읽는다는 사실을 벤야민에게 알려주기도 했다. 비판의 강도가 매우 높은 이 두 번째 편지는 아폴리네르와 초현실주의의 유산을 염두에 둔 논평으로 시작된다. 아폴리네르와 초현실주의의 유산을 인유하는 도입부도 예외가 아니다: "지금 프랑스 문학에서 진행되는 와해 과정은 장기적 발전이 확실해 보였던 씨앗들에도 부정적인 영향을 미치고 있습니다"(GB, 6:201). 이 편지에서 가장 길게 다룬 작품은 폴 니장(사회주의 일간지 《휴머니티》의 편집장)의 『음모』(당시 문단에서 가장 높은 평가를 받은 정치소설 겸 성장소설)였다. 인민전선의 형성과 전개과정을 회고하면서 사회주의에 대한 작가 자신의 환멸을 표현한 작품—벤야민의 표현을 빌리면, "1909년생의 감정교육education sentimentale des Jahrgangs 1909"—이었다(GB, 6:198). 레이몽 크노의 『진흙 아이들』을 논한 대목에서는 작품을 온건하게 추천하면서도 한때 초현실주의자였던 크노가 아폴리네르의 유산을 물려받기를 주저하는 데는 비판을 가했다. 《신프랑스 평론》 특집호('사회학연구회'를 다루면서 바타유, 카유아, 미셸 레리 등의 글을 실은 호)를 논한 대목에서는 특히 카유아의 「겨울바람」에 경멸을 표했고, 아드리엔 모니에가 《책 친구 소식》에 실은 반유대주의에 관한 글을 다룬 대목에서는 놀라울 정도로 애매한 태도를 보였다. 모니에가 지나치게 조심스럽고 타협적이었던 것은 그 자신이 상대해야 하는 부자 고객들을 위한 배려였으리라는 것이 벤야민의 평이었다: "인간의 윤리의식이 약해졌을 때 필요한 것은 음식이지 약이 아닙니다"(GB, 6:203). 이 편지의 종결부에서는 폴 클로델이 당시에 내놓은 가톨릭적 보석 알레고리(고급 보석 상점에서만 구할 수 있는 정교한 소책자)를 인용과 함께 길게 요약하면서 아이러니한 논평—이 소책자는 "사회적 층위와 신학적 층위를 진정 신화적으로 합일시키는 것"을 가장 근본적인 목적으로 삼는 "새로운 천국 찬양론"이다—을 덧붙였다(GB, 6:208).

3월 초, 이미 점점 약해지고 있던 벤야민의 자신감과 의지력에 심각한 타격이 된 것은 호르크하이머의 사과 편지—'사회연구소'의 재정 상황에 대한 암울한 소식과 함께 가까운 장래에 연구소가 벤야민의 연구비 지급을 중단할 가망이 높다는 소식을 전하는—였다. 이 편지를 "충격" 속에서 읽었다고 말한 벤야민은 연구소의 모두에게 피해가 없기를 바란다는 뜻과 함께 뉴욕에 가 있는 연구진의 연구비 삭감과 파리에 남아 있는 벤야민 자신의 연구비 폐지의 차이를 호르크하이머가 이해하지 못하는 건 아니냐는 뜻을 내비쳤다: "우리는 각자 혼자서 살아가야 합니다. 당신의 편지를 통해 드러난 전망은 혼자 살아가야 하는 각자의 서로 다른 계획에 무서운 진실의 그림자를 드리우고 있습니다"(GB, 6:231). 호르크하이머는 '사회연구소' 소장으로서 벤야민과 연을 끊을 준비를 하는 듯했지만, 『파사주 작업』의 후원자를 더 적극적으로 찾아보겠다고 약속하기도 했다. 벤야민이 호르크하이머의 요청에 따라 1935년 엑스포제의 수정본—1939년 프랑스어 엑스포제—을 보낸 것은 후원자 물색에 도움이 되리라는 생각에서였다. (당시 후원자 물망에 올라 있던 사람은 프랭크 알트슐이라는 뉴욕의 은행가였다.) 사실 관련 자료를 다수 잘라내고, 보들레르 논문의 수정 작업의 진행 상황을 반영하듯 보들레르 섹션을 (그리고 푸리에 섹션과 루이-필리프 섹션을) 재구성하며, 이론적 논의가 포함된 서론과 결론을 추가한 글이었다: "전체적으로 볼 때, 이 엑스포제가 전에 나온 것과 다른 점은 가상과 실재의 대립을 시종일관 가장 중요하게 다룬다는 것입니다. 부분별로 환등상의 단계들이 설명되어 있고, 마지막에 블랑키가 말하는 삼라만상이라는 거대 환등상이 나옵니다"(GB, 6:233). 그러면서 (쓸데없는 일이라는 것을 알면서도) 프랑스의 후원자를 찾는 일에 나서기도 했다. 벤야민이 그레텔 아도르노에게 당시 상황을 전한 것은 아도르노에게 새 엑스포제를 전하고 며칠 지나지 않았을 때다: "내가 여기 와서 그런대로 오랫동안 상황을 지켜보면서 알게 된바, 프랑스로의 망명이 시작된 이래로 나와 비슷한 처지에서 나와 비슷한 작업을 하는 사람 중 생계 기반을 마련한 이는 아무도 없습니다"(BG, 251). 설상가상으로, 비상시에 벤야민에게 빈번히 도움을 주었던 사람들까지 하나둘 사라지고 있었다. 레비-브륄은 사경을 헤맸고, 지그문트 모르겐로트는 미국에 가 있었으며, 엘자 헤르츠베르거는 미국으로 돌아간 이후로 답장이 없었다.

벤야민이 숄렘에게 보낸 한 편지에는 (아도르노와 호르크하이머를 향한 모종의 불신과 함께) 연구소 상황에 대한 불만이 드러나 있다: "그쪽 사람들로부터 받은 편지로 미뤄보자면, '사회연구소'라는 재단은 사람들이 짐작했던 것과 달리 이자가 아닌 원금으로 운영되었던 듯합니다. 원금의 반 이상은 아직 남아 있지만 부동산이고, 나머지는 머지않아 고갈될 것이라고 합니다"(BS, 248). 몇 주 후의 편지에는 벤야민 자신과 '사회연구소'의 관계가 좀더 진중하게, 하지만 역시 비관적으로 정리되어 있었다:

내가 유럽에 머무는 것이 위험한 이유는 내가 미국으로 건너가는 것이 불가능한 이유와 같습니다. 미국으로 건너가려면 초청받는 방법밖에 없고 그곳에서 나를 초청해줄 곳은 '사회연구소'밖에 없는데, '사회연구소'가 나를 초청해줄 가능성은 없어 보입니다. (…) 나를 초청하는 일을 추진할 힘이 있는지도 불분명하지만, 우선 추진 의지가 있는지 불분명합니다. 초청받는다고 해서 내 생계 문제가 해결될 것 같지는 않은데, '사회연구소'가 내 생계 문제를 자기네 문제로 여겨야 한다면 매우 성가시지 않을까 싶습니다(BS, 251).

그렇지만 벤야민에게는 미국으로 이주하는 것, 아니면 적어도 미국을 방문해 장기적 생계 가능성을 타진하는 것이 유일한 희망인 듯했다. 마르가레테 슈테핀에게 보낸 편지에서도 인정했듯이, 벤야민의 생각들은 유럽의 서쪽을 향해 뻗어나가고 있었다: "지금껏 열심히 서쪽을 향해 달려왔지만, 눈앞에 보이는 것은 아직 멕시코의 이미지들뿐입니다. 초현실주의가 가미된 괜찮은 전시회에 걸려 있는 작품 중에 멕시코 회화작품들도 있더라는 이야기입니다" (GB, 6:244). 벤야민의 독서에서 신대륙의 중요성은 점점 높아졌다. 클로소프스키를 통해 알게 된 훌륭한 번역자 피에르 레리를 여러 차례 만난 것도 미국 문학, 특히 멜빌을 논하기 위해서였다(뉴욕의 관상이 그려진 멜빌의 소설 『피에르, 혹은 애매함』에 특히 관심이 있다고 말하기도 했다). 4월 중순에는 뉴욕행을 위해 한편으로는 호르크하이머에게 좀더 직접적인 압박을 가했고, 다른 한편으로는 지그문트 모르겐로트를 원군으로 삼고자 애쓰면서 그에게 두 가지 자료('사회연구소'의 역사와 목적을 소개하는 짧은 글, 그리고 벤야민 자신과 '사회연구소'의 운영진이 현재 어떤 관계인지를 허심탄회하게 점검하는 글)를 보내기도 했다: "지금까지 나는 미국으로 가는 것에 과도한 열의를 표한 적이 없습니다. 이 점에 있어서 변화가 생겼다는 것을 '사회연구소' 운영진이 확실히 납득해주기를 바라 마지않습니다. 변화가 생긴 이유는 전운이 짙어지고 반유대주의가 심해지고 있기 때문입니다"(GB, 6:258–259). '사회연구소'가 벤야민의 운명을 놓고 고심할 때 아도르노가 어떤 역할을 했는지 정확히 알 길은 없다. 벤야민의 연구비 폐지를 반대하는 입장이었다는 데는 의심할 여지가 없지만, 미국으로 데려와야 하느냐에 대해서는 애매한 입장이었을 수 있다. 아내 그레텔이 벤야민에게 애정이 있음을 눈치 채고 질투를 느꼈음을 보여주는 여러 증거(에컨대, 자기 결혼 소식을 벤야민에게 제때 전하지 않은 것)를 감안할 때, 자기네 부부와 벤야민이 한 도시에 살게 되는 일이 일어나는 것을 과연 환영했을지는 전혀 확실하지 않다. 무의식적 배신 같은 것이 작용하지 않았을까 싶다.

벤야민은 이렇듯 미국행 기회를 찾는 한편으로 다시 한번 숄렘에게 팔레스타인 이주 가능성을 타진하는 편지를 보냈다. 하지만 숄렘은 즉시 너무 늦었다는 답장을 보내왔다. "연구소에 재앙"이 닥친 바로 그때 "이곳에도 재앙"이 닥쳤다. 극도로 불안정한 상황이다, 오스트리아와 체코슬로바키아로부터 이미 너무 많은 유대인이 유입되고 있다, 관광비자 발급이 중단되었다, 작가 겸 지식인을 위한 지원책은 보이지 않는다, 라는 이야기였다(BS, 250). 앞서 팔레스타인 이주 가능성을 타진하는 편지에서 벤야민이 밝힌 소득 하한선은 월 2400프랑이었다. 최소한 그 정도는 있어야 절반쯤이라도 인간다운 조건에서 생활할 수 있으리라는 이야기였다: "그만큼도 안 된다면 **길게** 버티기는 어려울 것 같습니다. 이 시대가 나에게 발하는 매력은 그렇게 살아가기에는 너무 미미하고 다음 시대가 나에게 해주는 약속은 그렇게 살아가기에는 너무 막연합니다"(BS, 248-249). 숄렘으로부터 쇼켄이 벤야민의 출판 기획안을 최종 폐기했다는 소식을 전하는 편지를 받은 시점이 위에서 인용된 편지를 봉하기 직전이었다는 것은 그야말로 벤야민적 타이밍이었다. 숄렘의 편지에는 쇼켄이 주최한 카를 크라우스의 희곡 『인류의 마지막 나날』 개정판 출간 기념 낭독회에 대한 이야기도 포함돼 있었다. 숄렘 자신과 베르너 크라프트(벤야민의 옛 친구)가 강연을 했다, 자기는 주어진 시간을 벤야민의 「카를 크라우스」 낭독으로 채웠다, 쇼켄을 제외한 모든 사람이 감동했는데 쇼켄은 그저 얼떨떨해하더라는 이야기였다.

한나 아렌트도 벤야민을 도울 방법을 찾고자 한 친구 중 하나였다. 아렌트
는 특히 벤야민의 후기 사유들을 높이 평가했고, 5월 하순 숄렘에게 그 생각
을 전하기도 했다: "나는 벤지의 상황을 크게 걱정하고 있습니다. 이곳에서
벤지에게 도움이 될 만한 일 하나를 준비했었는데, 결국은 무참한 실패로 돌
아갔습니다. 어쨌든 그가 도움을 받을 수 있게 하는 것, 그리고 이로써 벤지
의 작업이 진척될 수 있게 하는 것은 중요합니다. 그 점에 대한 나의 확신은
지금 그 어느 때보다 큽니다. 내가 볼 때 그의 글은 바뀌었습니다. 문체의 세
세한 점까지 바뀌었습니다. 모든 면에서 전에 비해 훨씬 더 확고해졌고, 우물
쭈물하는 데가 없어졌습니다. 그의 글을 볼 때마다, 그가 자기 자신에게 본질
적인 무엇을 이제 겨우 손에 넣은 것 같다는 생각이 듭니다. 지금 같은 때에
그의 작업이 방해받는 일이 생겨서는 안 됩니다."[21] (아렌트와 벤야민이 서로
상대방을 높이 평가했다는 점은 주목할 만하다. 예를 들어 벤야민이 숄렘에
게 아렌트의 『라헬 파른하겐: 어느 유대인 여성의 인생』의 필사본을 보낸 것
은 "강력한 두 팔로 교훈적, 수세적 유대학Judaistik의 교화적, 호교적 물살을
거슬러 헤엄치는 연구"라는 강력한 추천과 함께였다[BS, 244].) 벤야민은 친
구들이 지지를 보내주는 것에 진심으로 감동했고, 그레텔 아도르노에게 보낸
편지에서 그 마음을 전하기도 했다: "그래도 유럽은 눈물 젖은 하늘에서 아
주 드물게나마 위로의 신호탄들이 환하게 빛나는 대륙입니다." 그렇지만 "아
무것도 없는 가난뱅이들"도 "신대륙"(아니면 적어도 파리보다 안전한 곳)에
닿기 위해 최선을 다하고 있다고 말한 것도 그 편지에서였다(BG, 254). 브
레히트 가족이 3월 초순 스코우스보스트란을 떠나 스톡홀름으로 갔다는 소
식을 듣게 된 벤야민은 안전하리라고 생각했던 피난처를 또 한 곳 잃었다는
"우울한 상념"에 젖었다: "정원에서의 체스 시합은 이제 옛일이 되었습니다"

---

21 한나 아렌트가 숄렘에 보낸 편지, 1939년 5월 29. 인용은 SF, 220. 또 볼 곳은 GB, 6:255.

(GB, 6:267).

2월 하순 벤야민은 조심스럽게나마 외출을 할 정도가 되었다. 콜리슈 현악4중주단의 콘서트에도 다녀왔고(루돌프 콜리슈와는 아도르노를 통해 가벼운 인사를 나눈 사이였다), 친구들과의 만남도 재개했다. 영국에 다녀온 게르마이네 크룰도 만났고, 아렌트, 하인리히 블뤼허(아렌트의 동반자), 프리츠 프렝켈(벤야민의 친구이자 아렌트 커플의 친구)과 정기적인 저녁 모임을 마련하기도 했다. 이런 만남에도 불구하고 벤야민은 자신의 학문적 고립을 한탄할 때가 많았다. 4월 초 그레텔 아도르노에게 보낸 편지에서도 마찬가지였다: "이 점에 대해 당신과 토론할 수 있다면 나에게 커다란 도움이 될 텐데. 분별력을 발휘할 줄 아는 토론 상대만 있어도 좋을 텐데. (…) 내가 지금 처해 있는 고립은 우리 것이라고 할 수 있는 모든 것을 거스르며 흘러가고 있는 이 조류와 아주 잘 어울립니다. 학문적인 면에 국한된 이야기가 아닙니다"(BG, 254). 친구와 지인의 발걸음이 이어졌지만, 목적지가 따로 있는 짧은 경유 방문이었다. 당시 파리에 와 있던 지인들 중에는 브레히트 서클에서 알게 된 영화감독 슬라탄 두도브와 소설가 베르나르트 폰 브렌타노도 있었다. (당시 브렌타노는 자신의 소설 『테어도어 쉰들러』의 프랑스어 번역본을 펴낸 그라세 출판사의 주빈이었다. 다만, 브렌타노는 벤야민이 한 번도 매력을 느낀 적이 없는 작가였고, 브렌타노의 일부 작품에 대한 벤야민의 평가는 대단히 부정적이었다.) 당시의 수많은 좌파 지식인과 마찬가지로, 브렌타노 역시 소비에트연방이 사회주의를 배반했다면서 대단히 격분해 있었다(당시는 빌리 뮌첸베르크가 공산당 탈당을 선언하는 공개 편지를 발표한 직후였다). 브렌타노가 이그나치오 실로네와 함께 취리히에서 모종의 탈脫다, 반反소비에트연방 아방가르드를 조직한 것은 그로부터 얼마 전이었다: "브렌타노 같은 사람의 정치적 분한이 실로네 같은 어쨌든 중요한 작가의 빵과 포도주가 될 수 있다는 것은 나로서는 납득하기 힘든 일입니다. 브렌타노가 하는 말을 곧이곧대로 믿는다면, 이 취리히 아방가르드의 라이트모티프는 러시아가 독일보다 '천 배는 더 열악하다'인 것 같습니다"(BG, 255).

늦봄, 벤야민은 좀처럼 낫지 않는 독감 때문에 여러 주 동안 누워 있어야 했다. 그의 발병 패턴을 보면, 망명생활의 중압과 궁핍이 1939년 초 이미 건강에 타격을 입히고 있었다는 것을 알 수 있다. 독감에 걸리면 거동도 못 할 정도로 쇠약해지는 이 남자가 불과 한 해 전 산레모 근교에서 산행을 즐기던 그 남자와 동일인이라는 것이 믿기지 않을 정도였다. 그렇지만 아픈 와중에도 벤야민은 최대한 보들레르 논문의 수정 작업―4월 8일 숄렘에게도 귀띔했듯이, 그리 내키지 않는 작업―에 매달렸다: "내가 지금 그 '사회연구소' 취향의 작업을 해나가기가 쉽지 않으리라는 것은 당신도 짐작하겠지요. 수정 작업에는 새로운 작업의 매력이 없다는 점까지 감안하면 「플라뇌르」 부분의 재구성에 빠른 진척이 없으리라는 것 역시 당신은 짐작하겠고요"(BS, 252). 그렇지만 이와 같은 외적, 내적 저항에도 불구하고 벤야민은 보들레르와 플라뇌르의 관계를 나태Mußiggang라는 새로운 표제 하에 다시 사유하기 시작했다: "이제 플라뇌르 연구는 부르주아 시대에 나태가 지배적 노동 윤리와 관련해 어떤 특별한 의미를 지니는지를 고찰하는 새로운 틀 속에서 이루어질 것입니다"(BG, 254). 부르주아 시대의 나태 개념이 예컨대 봉건 시대의 여가 개념과 어떻게 다른가가 중요하리라는 뜻이었다. 4월에는 호르크하이머에게 "보들레르는 나태의 세 가지 형상, 곧 플라뇌르와 노름꾼과 대학생의 삼위일체입니다"라고 말하기도 했다(GB, 6:264). 19세기 예술의 운명을 테마로 삼는 『파사주 작업』에서 「나태」 뭉치가 새로 등장한 것이 바로 이 무렵이었다. 벤야민이 보들레르 논문을 수정하면서 『파사주 작업』을 계속 염두에 두고 있었음을 보여주는 증거는 또 있다. 4월 초 그레텔에게 「기술적 복제가 가능한 시대의 예술작품」 두 번째 독일어 버전의 필사본을 보내면서 이 버전이 최근의 여러 성찰을 토대로 확장된 글임을 밝힌 것도 그 증거로 볼 수 있다(필사본을 보낸 데는 타자본을 제작해서 복사, 배포해달라는 부탁의 뜻이 담겨 있었다). 이 버전 자체는 아쉽게도 남아 있지 않다(「기술적 복제가 가능한 시대의 예술작품」과 관련된 성찰이 담긴 글 뭉치―벤야민이 1940년에 파리를 탈출하면서 조르주 바타유에게 맡긴 자료 중 하나로 추정―는 1981년에 프랑스 국립도서관에서 발견되었지만, 거기에도 이 글은 없었다).

4월 하순, 먹구름이 드리웠던 벤야민의 사생활에 몇 달 만에 처음으로 한 줄기 햇살이 비쳤다. '학술연구기금'에서 지원하는 연구비로 몇 주 동안 '국제연구·안식 센터'(퐁티니 수도원을 복원한 건물에 마련된 도서관 및 연구 공간)에 체류할 수 있게 되었다는 소식이 온 것이다. 센터는 파리 동남쪽 오세르의 외곽에 위치해 있었고, 운영자는 작가 폴 데자르댕과 그의 아내였다. 벤야민의 기대는 약 1만5000권의 장서를 소장한 멋진 도서관에서 보들레르 작업을 진척시키는 것, 그리고 프랑스 학계와 새로운 인맥을 쌓을 가능성이었다. 마지막으로, 재정적 지원―숙식 제공―도 무시할 수 없는 혜택이었다. 5월 초 센터에 도착한 벤야민은 옛 수도원 건물들의 "쾌적한 위치"와 "훌륭한 설계"에 한껏 고무되었다(GB, 6:276). 하지만 센터의 실상은 달랐다: "데자르댕이 거동의 불편을 무릅쓰고 기차역으로 마중 나와주었는데, 완전히 망가진 사람 같다는 인상을 받았습니다." 데자르댕의 아내가 돌아온 것은 벤야민이 초청받기 2년 전이었다. 그 전까지 수십 년 동안은 아내와 따로 살면서 나이가 지긋한 영국 레이디의 도움으로 센터를 운영해나가고 있었다. 그런데 아내가 돌아오면서 모든 것이 바뀌었다: "퐁티니의 정신을 건물이라고 치면, 그때 이후 이 건물에서는 돌멩이 하나도 멀쩡하게 남아 있는 것이 없습니다"(GB, 6:280). 아내가 남편을 망가뜨렸다는 것이 벤야민의 무자비한 평가였다: "이 남편을 보면 산레모에서의 나 자신이 떠오르는 순간들이 있습니다"(BG, 259-260). 목가적인 무대로 보였던 센터는 곧 벤야민의 고문대가 되었다. 우선 날마다 도서관에 오는 스칸디나비아 방문단의 소란스러운 청년들이 예민한 청각을 괴롭히는 탓에 도서관은 무용지물이 되면서 작업과 휴양이 "하나가 되리라는" 기대도 좌절되었다. 또한 학문 공동체를 만나기는커녕 더 심한 고립에 시달려야 했다. (예컨대 에밀리 르프랑이라는 사회주의 교육 기관 관리의 초청 강연을 들은 벤야민은 속류 마르크스주의가 전적으로 반혁명적인 목표들에 이 정도로 이바지할 줄은 미처 몰랐다는 논평을 남기기도 했다. 벤야민 자신도 보들레르를 주제로 강연을 했는데 청중은 많지 않았던 듯하다.) 끝으로, 프랑스 작가들과 새로운 인맥을 만들 수 있으리라는 기대도 좌절되었다. 노령의 지도자 데자르댕과는 몇 분 이상 대화를 나누는 것조차 쉽지 않았으니, 인맥이 될 만한 사람을 소개받는 것은 아예 불가능했다.

벤야민은 퐁티니를 대체로 부정적으로 언급했지만, 체류에 값하는 것들을 전혀 발견하지 못한 것은 아니었다. 예를 들어, 센터 도서관에서는 "위대한 프랑스 모럴리스트의 계보에서 마지막을 장식하는" 조제프 주베르 (1754~1824)의 『성찰들』을 발견했다. 벤야민은 주베르의 솔직하면서도 섬세한 문체가 "내가 앞으로 쓰게 될 모든 글"에서 결정적 역할을 하게 되리라고 말했고(BG, 260) 『성찰들』의 여러 인용문이 『파사주 작업』의 여러 섹션에서 중요한 역할을 하게 된다.[22] 센터 도서관에 들어갈 수 없을 때는 몇 시간씩 느긋한 독서를 즐기기도 했다. 그때 읽은 책 중 하나인 헨리 제임스의 "뛰어난" 노벨라 『나사의 회전』(프랑스어 번역본)은 "19세기가 유령 이야기의 고전기l'epoque classique라는 의미심장한 사실"이라는 발언이 나오는 계기가 되었다. 지젤 프로인트가 벤야민의 가장 유명한 사진 중 하나(골똘한 얼굴로 수도원의 연못가에 서 있는 사진)를 찍은 것도 퐁티니에서였다.

벤야민이 파리로 돌아온 5월 하순에는 전쟁이 터진다. 외국인 억류가 시작

---

22 벤야민이 주베르의 문체론을 인용하는 곳은 AP, N15a,3. "우리가 지향할 문체: '독자의 살점을 물어뜯고 독자의 마음을 파고드는 문체는 입말로 되어 있다. 위대한 사유가 양질의 사유라고 여겨지면서 널리 통용되는 때는 입말로 되어 있을 때이다. (…) 우리가 입말이라고 부르는 말만큼 명료한 말은 없는데, 명료함이 진리의 중요한 특성인 탓에 종종 진리 그 자체라고 여겨진다.'"

될 것이다 등등의 소문이 무성했다. 프랑스 정부가 4월 21일 반유대주의 프로파간다를 금지하는 시행령을 발표해야 할 정도로 뒤숭숭한 분위기였다. 당시 벤야민이 어떤 심정이었는지를 몇 통의 편지가 꽤 분명하게 알려준다. 우선 요제프 로트와 에른스트 톨러라는 두 작가의 죽음에 대한 강박적 매혹이 드러나는 편지들이 있다. (톨러는 1934년부터 미국에서 생활하다가 뉴욕 메이플라워 호텔 방에서 목을 매 숨진 작가다. 로트는 파리에서 벤야민과 비슷한 생활을 하면서 오랫동안 알코올중독과 싸우다가 급격한 치료의 여파로 폐 감염이 악화되어 사망한 작가다.) 섬뜩한 일화 하나가 여러 편지에서 거듭 나오기도 한다: "카를 크라우스의 죽음은 역시 때 이른 죽음이었던 겁니다. 무슨 말이냐 하면, 빈 가스회사가 유대인 가구에 가스 공급을 중단했다고 합니다. 유대인 가구의 가스 사용이 증가할수록 회사가 손해를 입은 것은 유대인 가구의 가스비 미지불 비율이 가장 높은 탓이었습니다. 가스 사용 내역에는 특히 자살 용도가 많았습니다"(C, 609).

풍티니 체류가 끝난 후, 벤야민의 경제 상황은 더 악화되어 있었다. 친구들에게 푼돈과 담배를 부탁하는 편지를 보냈고, 미국에 가 있는 슈테판 라크너에게 파울 클레의 「새로운 천사」(가장 애지중지하는 소장품)의 매각을 추진해달라고 부탁하는 쓰라린 조치를 취하기도 했다. 뉴욕행을 그 어느 때보다 더 강력하게 모색한 것은 이런 상황에서였다. 6월 초, 벤야민은 적절한 초청이 있으면 미국 관광비자가 나올 수 있다는 사실을 알게 되었다. 이 소식을 전해 들은 호르크하이머는 매우 적극적으로 반응하면서 "몇 주"의 숙식비와 모자라는 여행 경비(클레의 작품을 판 돈을 포함해 벤야민 자신이 마련할 수 있는 돈과 항공료 사이의 차액) 등 세부적인 이야기를 시작했다. 그 여름의 벤야민은 여비 마련을 위해 라크너 부자, 비싱, 브라이어에게 여러 차례 접근했다.

주변의 정치적인 소요에도 불구하고 벤야민은 변함없이 폭넓고 깊이 있는

퐁티니 수도원의 벤야민, 1938년. 촬영: 지젤 프로인트(1912-2000).
(ⓒ지젤 프로인트, RMN ⓒRMN 그랑드팔레/아트리소스, 뉴욕)

독서를 계속해나갔다. 자기와 한 건물에 살고 있는 러시아 작가 레프 셰스토프의 미망인 덕분에 새 읽을거리를 얻고 있다는 유머 섞인 이야기를 숄렘에게 전하기도 했다. 남편의 무삭제판 전집에 둘러싸인 채 살고 있던 미망인이 숨 쉴 공간을 마련하기 위해 책들을 내버린 덕분에 자기가 장서를 늘릴 수 있었다는 이야기였다. 프랑스 소설가 장 지오노와 독일 소설가 엘리자베트 랑게서의 작품을 읽은 후에는 둘 다 신랄하게 비판하기도 했다. 벤야민이 좀더 흥미롭게 읽은 저자들은 친구이자 동료였던 카를 티에메와 카를 코르슈였다. 그중 평단에서 좋은 반응을 얻은 티에메의 『시간의 목적지Am Ziel der Zeiten』는 기독교적 종말론을 다룬 책이었다. 이 책에서 벤야민을 매료시킨 점은 신학적 관심사와 정치적 관심사 사이에서 균형을 유지하면서 종말 개념을 "정중하게" 다룬다는 것이었다. 이 정중함은 "어쩌면 용기의 이면일 뿐"이라는 것, 그리고 티에메의 종말론적 사변들은 "요새는 좀처럼 만날 수 없게 되어버린 참된 신학"이라는 것이 벤야민의 평이었다(C. 605–606). 코르슈의 『카를 마르크스』는 더 유익한 책이었다. 벤야민을 "사로잡은" 이 책은 여러모로 마르크스의 사유를 가장 광범위하게 넓혀주었다. 실제로 이 책의 저자는 『파사주 작업』에서 마르크스보다 더 자주 인용된다. 한편, 벤야민이 읽는 많은 글은 그저 프랑스 문단이라는 낯선 바다에서 생계를 이어나가는 방편이었다. 레옹—폴 파르그의 『파리의 보행자』, 모리스 작스의 『지붕 위의 쇠고기의 추억』, 조르주 심농의 『항구의 마리호』, 사르트르의 『벽』, 발레리의 「예술론」이 그런 글이었다. 한편 그는 책과 함께 영화도 자주 봤지만 당시 우리가 알고 있는 정보는 영화관에 자주 다녔다는 것 정도다. 다만 1938년에 나온 프랭크 캐프라의 오스카어 수상작 「우리 집의 낙원」을 본 후에는 조잡할 뿐 아니라 암암리에 반동적인 영화—종교는 인민의 아편이라는 레닌의 말을 "천진난만함이라는 마취제, '사랑 설교'와 '허무맹랑함'을 주성분으로 하는 마취제"가 인민의 아편이라는 말로 수정하고 싶게 만드는 영화라고 할까, 영화 산업과 파시즘이 공모하기로는 "그쪽(곧 미국)도 마찬가지"임을 보여주는 영화—라는 논평을 남기기도 했다(GB, 6:304-305).

늦봄과 초여름에 벤야민은 친구들과 자주 어울리면서 위안을 찾았는데, 그중에는 예전에 방탕한 생활을 함께했던 프란츠 헤셀, 그리고 말년에 충실한 조력자가 되어주는 헤셀의 아내 헬렌이 있었다(헬렌은 자기 친구들이 주말 여행이나 식사 모임 등에 벤야민을 초대하도록 만들기도 했다). 피에르 미사크도 꾸준히 만나는 친구 중 하나였고, 만나는 장소인 베르사유 카페 역시 몽파르나스의 한 곳이었다. 한편 상황이 점점 더 암울해지면서, 예전에 백안시했던 독일 지인들에 대한 태도도 조금 달라졌다. 작가 알프레트 되블린의 경우, 한때 벤야민은 그의 다소 모호한 좌익 자유주의에 분개했지만, 이제는 그에게 비교적 동조적 태도를 취하게 되었다. 되블린의 6월 26일 '국제서클' 연설—많은 부르주아 유대인이 히틀러 편에 동화된다는 "불가해한" 현상에 대해 언급한 연설—에서 벤야민이 유일하게 동조하지 않은 점은 미국에 대한 태도뿐이었다: "되블린은 루스벨트의 집무실에 몇 분 머물렀던 것을 근거로, 게다가 영어는 전혀 모르면서, 미국의 장래가 장밋빛 배경의 신성한 자유인 것처럼 그려놓았습니다. 유럽은 미국이라는 형님을 전적으로 신뢰하기만 하라는 것이었습니다"(GB, 6:305). 또한 파리에 와 있던 《척도와 가치》의 페르디난트 레온과도 여러 차례 원만한 만남을 가졌다. 이때 두 사람은 카를 티에메가 브레히트에 관해 책을 쓸 가능성을 타진해보기도 했다.

날씨가 따뜻해지고 어느 정도 기운이 생겼음에도, 보들레르 논문의 재구성 작업은 진척이 대단히 느렸다. 건물 엘리베이터의 소음을 피할 생각으로 작업 공간을 발코니 탁자로 옮겼을 때는 맞은편 발코니에서 "별 볼일 없는" 화가가 온종일 휘파람을 불어대기도 했다. "길이 얼마나 좁은지" 그 소리가 몹시 거슬렸고, "마차 여러 대 분량"의 밀랍, 석랍, 심지어 콘크리트까지 동원해 귀를 틀어막아도 소용없었다(C, 608). 마감일이 다가올 때 종종 그랬듯이, 벤야민은 사소해 보이는 다른 작업을 떠맡았다. 「1789년의 독일 사람들」이라는 프랑스 혁명 150주년 기념 글이었다. "1789년의 독일 사람들이 쓴 편지" 가운데 프랑스 혁명에 대한 반응이 나타난 대목을 일종의 몽타주로 엮는 작업—벤야민 자신이 1936년에 펴낸 『독일 사람들』을 모델로 삼는—이었다. 벤야민은 이 작업을 통해 적잖은 기쁨을 얻는 한편으로 독일 문학사가 "체계적으로 은폐해왔던" 한 가지 사실, 곧 독일의 위대한 시인 프리드리히 클롭슈토크의 두 번째 시집에 혁명에 관한 시가 여러 편 포함돼 있다는 점을 알게 되었다(C, 608). 집필 중에 새 번역자 마르셀 슈토라와 작업을 시작하면서 번역자에 대한 칭찬을 쏟아놓기도 했다. 이 글은 벤야민의 마흔일곱 번째 생일인 1939년 7월 15일에 슈토라의 번역으로 《유럽》의 혁명 150주년 특집호에 실렸다.

6월 24일에야 비로소 벤야민은 호르크하이머에게 보들레르 작업에 진척이 있음을 알리는 편지를 보낼 수 있었다. 새 작업의 초록—퐁티니에서 했던 보들레르 강연의 메모를 정리한 글—을 동봉한 이 편지에서 벤야민은 극히 압축적이었던 그 강연—거의 "속기록"이라고 할 수 있는 강연—을 통해서 "삶의 의욕을 잃은 데자르댕에게 한순간의 짜릿함을" 선사할 수 있었다고 말하기도 했다(GB, 6:303). 이 초록은 보들레르 논문의 최종 형태를 짐작케 해주는 최초의 글이다. 벤야민이 새 보들레르 작업을 '사회연구소'로 들어갈 수 있는 모종의 재입국 비자로 여기고 있었다는 것은 그 무렵에 나온 벤야민 자신의 여러 발언을 통해서도 알 수 있다. 이전 작업 중에 이 수정 작업과 연결될 만한 것은 「보들레르의 작품에 나타난 제2제정기의 파리」가 아니라 이미 《사회연구지》에 게재된 논문들, 특히 「기술적 복제가 가능한 시대의 예술작품」과 「이야기꾼」이라는 것을 벤야민은 뉴욕의 동료와 친구들에게 거듭 강조했다. 예컨대 그레텔 아도르노에게 보낸 투지 어린 편지에서도 보들레르 논문의 재구성 작업과 『파사주 작업』을 비롯해 연구소에 "받아들여지는" 작업

사이에 연속성이 존재한다는 점을 강조하고 있다: "다양한 곳에서 비롯되는 나의 모든 성찰이 하나의 소실점으로 모이고 있다는 확신이 듭니다(이제 와서 생각하면 항상 그랬던 것 같습니다). 지금껏 작업하면서 이 정도로 강하게 확신한 적은 처음인 것 같습니다"(BG, 262). 시합이 종반에 다다른 상황이었으니, 자기가 이 게재 건에 대해 어떠한 감정을 갖고 있는지를 그레텔에게 모두 털어놓는 것은 위험한 일이었을 것이다.

6월 하순, 벤야민은 돔바슬 가에서 두문불출하며 작업 의지를 다졌다. 친구들을 만나지 않은 것은 물론이고 편지도 쓰지 않았다. 7월 11일 호르크하이머는 벤야민이 원고를 월말까지 보내면 《사회연구지》 다음 호 지면 50쪽을 비워놓겠다는 전보를 보냄으로써 벤야민의 의지를 더욱 굳혔다. 「보들레르의 몇 가지 모티프에 대하여」라는 새로운 제목으로 보들레르 논문의 두 번째 버전이 완성된 것은 그로부터 채 여섯 주가 지나자 않았을 때였다. 8월 1일에 이 원고를 호르크하이머에게 발송한 벤야민은 한 주 뒤 테디 아도르노와 그레텔 아도르노에게 이 원고의 틀을 개괄하는 익살스럽고 의기양양한 어조의 짧은 알레고리를 써 보냈다: "유대교의 시끄러운 천사들이 기독교도 보들레르를 천국으로 데리고 올라가게 됩니다. 그렇지만 승천 길의 마지막 3분의 1 위치에서, 다시 말해 천국 진입의 직전 위치에서, 천사들이 마치 사고인 양 그를 떨어뜨리게 됩니다"(C, 612).

「보들레르의 작품에 나타난 제2제정기의 파리」에 등장했던 문제들(그리고 해법들)이 조금 다른 맥락에서 「보들레르의 몇 가지 모티프에 대하여」에 다시 등장한다.[23] 전자는 보들레르가 자기 시대에 어떤 위상이었나를 고찰하는 글인 반면, 후자는 20세기 수용자의 관점에서 보들레르의 작품을 검토하는 글이다: "서정시의 수용 조건이 악화되었다는 것은 서정시가 독자의 경험

---

23 「보들레르의 몇 가지 모티프에 대하여」는 SW, 4:313–355에 수록.

과 일치하는 일이 그저 예외에 불과해졌다는 뜻일 수도 있다. 그리고 그것은 독자의 경험이 구조적으로 변형되었기 때문일 수 있다." 「보들레르의 몇 가지 모티프에 대하여」는 이러한 변화의 본질을 논하면서 연결적 경험Erfahrung과 단절적 체험Erlebnis의 구분—지금 널리 통용되고 있는 구분—을 들여온다. 경험이란 축적된 지식체, 곧 사람의 기억 속에 보존될 뿐 아니라 세대에서 세대로 전해질 수 있는 농후한 지혜를 말한다. (이 개념을 처음으로 중요하게 다룬 글은 「이야기꾼」이다. 이 글의 다소 향수 어린 가정에 따르면, 살아 있는 전통은 전前 자본주의적 장인 공동체의 바탕이었으며, 이야기는 그 살아 있는 전통이 "조언"을 전하는 방법이었다.) 반면 「보들레르의 몇 가지 모티프에 대하여」에서 체험이란 도시 대중 속의 개인이 겪게 되는 충격들과 결부되어 있는 무매개적인 그 무엇이다. 사람의 기억 속에 보존될 수도 없고 세대에서 세대로 전해질 수도 없는 이 체험은 의식의 방어에 가로막혀 무의식에나 그 흔적을 남기게 되는 것이 일반적이다. 하지만 벤야민의 특별한 관심을 끈 것은 이 방어 기제가 실패 내지 정지하는 경우—의식이 충격을 피하지 **못한** 경우, 곧 의식이 충격에 침투, 변형당한 경우—다. 바로 이런 차단되지 못한 충격들이 보들레르 시의 특징적인 이미지를 낳는다는 것이 벤야민의 생각이다.

「보들레르의 몇 가지 모티프에 대하여」의 중간 섹션들은 도시의 군중(충격 체험에 전적으로 노출된 사회구성체)을 다룬다. 이미 나온 「스쳐 지나가는 여인」의 분석을 다듬으면서 보들레르의 절대적-계층적elemental social 리얼리즘과 포의 「군중 속의 남자」(보들레르 번역)의 "형태 변형 판타지"를 비교하는 이 탁월한 부분에는 개인의 소외(부르주아 계급이 도시 대중을 피해 가정적 프라이버시, 가정적 안락으로 후퇴하는 행태)가 "안락을 누리는 자들로 하여금 기계화에 더욱 접근하게 한다"는 (「기술적 복제가 가능한 시대의 예술작품」에서 개진된 소외 이론을 끌어들이는) 논의, 질주하는 자동차, 거칠게 떠미는 보행자 등이 길거리를 혼란에 빠뜨릴 것 같지만 지극히 간단한 기술력(신호등)이 이러한 혼란을 통제할 수 있다는 주장, 기술력은 사람의 감각을 보완하는 인공 기관으로서 여러 복잡한 적응을 가능하게 해줄 뿐 아니라, 사람의 감각 그 자체의 훈련장으로서 사람의 감각이 "차량"의 세계에서 제대로 작동할 수 있게 해준다는 논의 등이 등장한다.[24]

벤야민이 설명해내고자 하는 것은 보들레르 시의 역설적 힘이다. 보들레르 시의 이미지를 배태하는 투항―현대적 삶의 다양한 충격 경험 앞에서의 창조적 투항―은 우울하면서 동시에 영웅적이다. 「우울과 이상」이라는 『악의 꽃』 제1부의 제목을 통해서도 알 수 있듯, 시에서 부침하는 우울 에너지는 시를 작동시키는 이상―"즉각적 체험과 무관한 기념일"을 언어 속에 지정하겠다는 의도―과 긴장관계에 있다. 「우울과 이상」의 모든 시에 생명력을 불어넣는 그 냉철한 축제 분위기의 원천에는 이 구조적 긴장이 존재한다. 벤야민이 볼 때 「조응」이나 「전생」은 부조화하고 불균형한 "현대 미"에 감응하고 새것 속에서 울리는 옛것의 메아리에 감응하며 삼라만상의 알레고리적 투명성에 감응하는 보들레르의 지칠 줄 모르는 감수성을 잘 보여준다. 이런 "위기에 노출될 가능성이 전혀 없는 경험"을 그려내고자 한다는 것 또한 보들레르의 영웅성이다. 벤야민이 충일한 삶을 언급하면서 보들레르의 "호사와 태평과 쾌락luxe, calme et volupté"을 인용하는 대목은 일부 독자의 주장과 달리 돈키호테적 향수의 잔재가 아니라 르푸수아르repoussoir―"보들레르로 하여금 [그리고 벤야민으로 하여금] 자기가 현대인으로서 목격하고 있는 붕괴가 실제로 무엇을 의미하는지를 확실히 가늠하게 해주는" 원근법 장치―다.

「보들레르의 몇 가지 모티프에 대하여」 후반 섹션들에서 보들레르의 모더니티의 폭발적 위력을 느끼려면 그런 향수 차원에 괄호를 쳐야 한다. 그 대신

---

24 "우리는 사회주의 시대, 여성운동의 시대, 차량의 시대, 개인주의 시대에 살고 있다"(EW, 26[1911]).

고려해야 하는 것이 멂에 **내재하는** 변증법적 가까움이다. 고도자본주의 모더니티의 대표 시인이라는 보들레르의 위상은 바로 그 경향—"아우라" 예술의 붕괴를 작품으로 체현하는 경향—을 반영하고 있기 때문이다. ('아우라'는 원래 바람 또는 숨결이라는 뜻인데, 벤야민이 이 용어를 이론적으로 특별히 강조한 최초의 글은 1929년작 「사진의 작은 역사」였지만, 그의 글 중에서 이 용어를 개념적으로 철저히 논의하는 글은 없다.) 보들레르가 아우라의 역설—거리를 만들어내면서 동시에 친숙한 시선을 던진다는 역설—을 통찰하고 있다는 벤야민의 논의는 보들레르 연구서—특히 세 번째 부분 「시적 대상으로서의 상품」—의 도식과도 연결된다. 그러나 보들레르의 서정시가 위대한 이유는 그저 이런 통찰 때문이 아니라 "아우라의 붕괴를 스스로 체현"하고 있기 때문이다. 아우라 예술, 곧 고전적 충일함을 간직한 예술은 보는 사람에게 마주 본다는 느낌을 주는 반면,[25] 아우라를 잃은 예술은 흐트러진 시선 탓에 지리멸렬하고 떨떠름한 느낌을 준다. 아우라를 잃은 예술은 기술력에 의해 좌우되는 사회—공공장소에서 서로 마주보는 습관이 없어진 사회—에서 생겨난다: "버스, 철도, 전차가 생긴 것은 19세기였다. 그 전에는 사람들이 몇 분씩, 심지어 몇 시간씩 서로 말 한마디 없이 멀뚱멀뚱 쳐다봐야 하는 상황은 없었다." 이러한 사회 속을 살아가는 승객, 이러한 사회 속에서 시를 쓰는 시인의 경우, "멀리 있는 것들을 꿈꾸다가 길을 잃는다는 것"은 거의 생각할 수 없다. 보들레르의 시는 모더니티(빠르게 움직이는 도시적 삶에 스며들어 있는 "충격성")의 역동적 인장으로서, 시인이 너무도 잘 알고 있는 그 지독하게 유혹적인 "멂의 마법"을 뚫고 나아간다. 그림을 보는 사람이 "그 그림에 너무 가까이 다가가는 바람에" 착시 효과—아우라 현상이 조장하는 효과일 뿐 아

---

25 볼 곳은 「보들레르의 몇 가지 모티프에 대하여」 11섹션. 이곳에서 벤야민은 이 생각과 관련해서 노발리스("지각할 수 있다는 것은 관심이 있다는 것이다"), 발레리("[꿈에서는] 내가 무언가를 보면, 그 무언가도 나를 본다"), 그리고 (각주에서) 카를 크라우스의 명언("내가 말을 가까이에서 바라볼수록 말은 나를 더 멀리서 되돌아본다")을 인용한다.

니라 전통적인 권력 체계가 아우라 현상을 통해서 조장하는 효과—를 망가 뜨리는 것과 마찬가지다.

1863년 후반, 보들레르의 논문 「현대적 삶을 그리는 화가」가 《피가로》에 3회로 나뉘어 실렸다. 벤야민의 보들레르 해석을 읽은 독자라면 알겠지만, 보들레르가 본질적으로 현대적인 작가라는 그의 보들레르 재창조는 없던 것을 새로 창조하는 작업이었다기보다 간과되거나 오해받아왔던 특징들을 복구하는 작업이었다. 벤야민의 독자라면 보들레르의 "내가 말하는 '모더니티' 는 순간적인 것, 일시적인 것, 우연적인 것이다. 이것이 예술의 절반이다. 나머지 절반은 영원한 것, 변치 않는 것이다"라는 대목에서 보들레르의 관상이 우울과 이상으로 양분된다는 점을 포착할 수 있다. 실제로 「현대적 삶을 그리는 화가」에는 벤야민이 보들레르의 작품에서 집중 조명하는 주제들—세계가 영원하고 견고하다고 보는 관점에서 한시적이고 파편적이라고 보는 관점으로 이행한다, 문화의 모든 영역에서 유행의 영향이 점점 더 커진다, 현대적 예술가가 영락하면서 "천재"가 "회복기 환자"의 상태로 퇴행한다, 댄디남과 플라네리 등 그리 중요하지 않은 듯한 인물형("만화경적" 인물형)이 대세가 된다, 도시 대중 속에서는 개인의 소외가 생산적일 가능성이 있다("관찰자는 암행 중인 **군주**처럼 곳곳에서 자신의 익명성을 즐긴다"), 환등상이 음험하게 확신된다는 주제 등—이 다수 포함되어 있다. 무엇보다 「현대적 삶을 그리는 화가」에서는 「보들레르의 몇 가지 모티프에 대하여」의 중심 주제, 곧 시적 이미지가 충격으로부터 생성된다는 것이 분명하게 타진되고 있다: "단언컨대 영감이 떠오르는 것은 **울혈**과 모종의 관계가 있으며, 숭고한 생각이 떠오를 때는 항상 신경의 진동이 소뇌 안쪽까지 전달된다."[26]

---

26 Baudelaire, *The Painter of Modern Life*, 8.

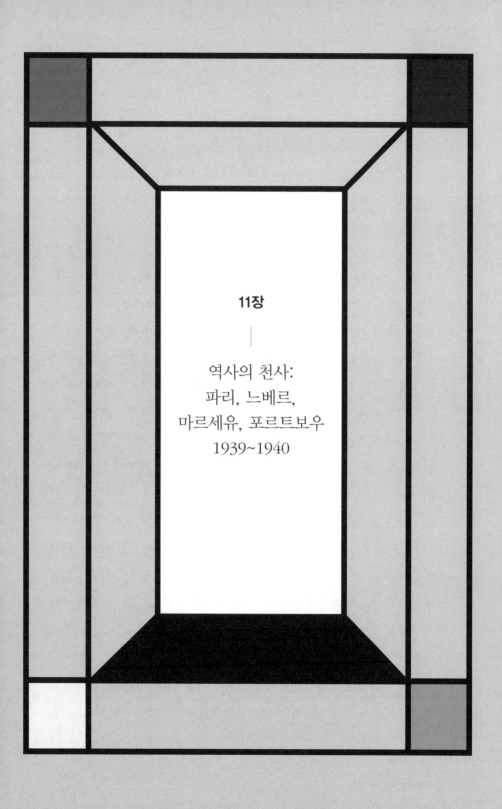

11장

역사의 천사:
파리, 느베르,
마르세유, 포르트보우
1939~1940

「보들레르의 몇 가지 모티프에 대하여」를 끝낸 벤야민에게는 숨 돌릴 여유도 없었다. 히틀러-스탈린 조약이 체결된 것이 8월 23일이고, 독일군이 폴란드를 침공한 것이 9월 1일이었다. 당장 9월 초에 파리를 떠난 벤야민은 파리 동쪽에 위치한 모Meaux 근처의 쇼코냉으로 탈출했다. 쇼코냉에는 번역가 모리스 베츠의 아내가 살고 있었는데, 그 집에 와 있던 헬렌 헤셀이 벤야민도 와 있을 수 있게 해준 것이었다. 벤야민의 가장 큰 두려움은 징집이었다(징집 대상은 52세까지였다). 상황은 심각했고 앞날은 극히 불확실했다. 벤야민은 쇼코냉에서 호르크하이머에게 앞으로 두 달간 월급을 15~20달러 인상해달라고 부탁하는 편지를 보냈다.

알고 보면 징집을 걱정할 필요는 없었다. 전반적으로는 전쟁이 임박한 분위기였지만, 프랑스 당국은 자국 영토 내에 있는 수천 명의 독일, 오스트리아 난민에 대한 대책이 전혀 없었던 듯하다. 어쨌든 독일의 폴란드 침공은 프랑스 당국이 망명자 개개인의 정치적 충정을 확인할 시간을 주지 않았다. 9월 3일, 독일 및 오스트리아 시민은 담요를 지참하고 콜롱브(파리 서북쪽 교외)의 올랭 피크 이브뒤마누아르 경기장으로 가서 신고하라는 내용의 플래카드가 곳곳에 나붙었다. 9월 9일(아니면 그보다 며칠 뒤), 벤야민은 수천 명의 독일, 오스트리아 징병 대상자와 함께 억류생활을 시작했다. 마찬가지로 억류자였던 시인이자 비평가 한스 잘이 벤야민의 두 달간의 억류생활에 대한 기록을 남겼다. 당연히 불완전하지만 그럼에도 생생하고 매우 흥미로운 이 기록에서 벤야민은 고위 엘리트의 비실용성을 온몸으로 보여주는 인물로 그려져 있다: "벤야민은 자신의 지성과 역사적, 정치적 인식을 활용해 현실에 적응하고자 했지만, 그럴수록 현실에서 점점 멀어졌다." 반공주의의 영향이 다소 드러나는 글이지만(1930년대 중반에 극좌로 출발했던 잘은 당시에는 점점 반대 방향으로 옮겨가고 있었다), 여기에 그려진 벤야민의 이미지(현실적 난관을 헤쳐나가고자 하는 중에 자신의 예리한 지성에 발목을 잡히는 이미지)는 우리가 아는 벤야민의 망명생활과 공명하는 면이 있다.[1] 하지만 비실용성이 이 기록의 지배적 기조는 아니었다. 잘이 계속해서 벤야민의 특징으로 든 것은 자기 자신 속으로의 침잠, 주변 사람들의 눈에 일종의 현자로 비칠 정도의 깊은 침잠이었다. 한결같고 철벽같은 예법으로 내면의 깊이를 숨기는 벤야민에 대해 갖고 있던 전반적인 생각에 들어맞는 특징이었다.

비를 피할 수 있는 이들은 억류자 중 일부뿐이었다. 억류자들이 콜롱브 경기장이라 부른 그곳에는 스탠드 일부에만 지붕이 있었기 때문이다. 음식은 언제나 싸구려 간肝 파테를 바른 빵이었고, 변소를 쓰려면 구덩이를 파야 했다. 젊고 건강한 남자들에게도 힘든, 벤야민에게는 생명을 위협하는 환경이었다. 나이는 마흔일곱 살로 가장 많은 축에 속했고 건강은 이미 손상되고 있던 벤야민이 목숨을 부지할 수 있었던 것은 막스 아론이라는 청년의 도움 덕분이었던 듯하다. 아론의 회고에 따르면, "도착한 첫날 저녁이었다. 비교적 연로한 남자가 아무 말 없이, 아무 움직임 없이 관중석 벤치에 앉아 있었다. 정말 쉰 살 아래일까? (…) 걱정되기 시작한 것은 이튿날 아침이었다. 그 남자가 똑같은 자리에 그대로 앉아 있었다. 내 눈에는 그런 것 같았다. 그 사람

---

1 Sahl, "Walter Benjamin in the Internment Camp," 347-348.

의 침묵, 그 사람의 자세는 어딘가 위엄이 있었다. 그곳과 전혀 어울리지 않았다."[2] 잘에 따르면, "청년이 물리적으로 약하고 현실의 것들에 철저히 무력한 이 사람을 돌보는 모습에는 (…) 역병과 재난의 시대에 정신적인 것을 섬기는, 거의 성서적인 경애가 있었다."

열흘 뒤, 억류자들은 두 무리로 나뉘어 프랑스 전역의 적국인억류소로 보내졌다. 애써 한쪽에 모이는 데 성공한 벤야민과 그의 친구들(아론, 잘, 극작가 헤르만 케스텐 등)은 무장 경비대의 감시 하에 일단 버스로 도스테를리츠 역까지 이송되었고, 거기서 기차로 느베르까지 이송되었다(느베르는 파리에서 남쪽으로 150마일 정도 떨어진, 부르고뉴 서쪽 끝에 있는 도시다). 그러고는 오후 늦게 기차에서 내려 꼬박 두 시간을 행군했다. 도착지는 샤토 드 버뉘슈라는 버려진 고성이었다. 행군은 벤야민에게 고문이었고 그의 심장에는 한계였다. (벤야민 자신이 나중에 아드리엔 모니에에게 편지로 전했듯이, 행군 도중 쓰러진 일도 있었다. 아론이 벤야민의 얼마 되지 않는 짐을 들어주었지만 그가 쓰러지는 것을 막지는 못했다.) 고성에 도착한 300명의 억류자는 며칠 후 밀짚이 도착하기까지 텅 빈 방의 맨땅에서 자야 했다. 벤야민은 일련의 충격으로부터 심각한 타격을 입었고, 굶주림, 추위, 불결함, "끊임없는 소음"을 비롯한 어려움에 적응하기까지 대부분의 억류자보다 더 긴 시간을 요했다. 건강은 계속 손상되었고, 책도 읽지 못할 만큼 몸을 가누기 어려운 날도 적지 않았다. 아론의 도움을 받아 원형 계단 밑에 자리를 잡은 벤야민은 부대자루를 드리워 일종의 사적 공간을 마련했다.

억류소 생활의 힘든 점은 물론 물질적 결핍만이 아니었다. 첫째, 억류자는 프랑스 당국의 의도와 관련된 어떤 정보도 주어지지 않는 상태, 자신의 앞날에 대해 전혀 알 수 없는 상태였다. 소문만 무성했다. 곧 석방된다는 소문이

---

2 *Memoirs of Max Aron*, 1939, Jewish National and University Library, Jerusalem; 인용은 Scheurmann and Scheurmann, eds., *Für Walter Benjamin*, 115.

도는가 하면 때로는 영구 억류될 것이라는 소문이 돌았다. 둘째, 친구, 사랑하는 사람들과 연락이 끊기는 경우가 많았다. 전쟁이 유럽을 양 진영으로 갈라놓은 시절이었다. 벤야민이 아는 것은 도라와 슈테판이 무사히 런던에 있다는 것 정도였다. 여동생과는 연락이 아예 끊겼고, 파리나 스위스에 있는 친구들과 연락이 닿은 것은 여러 주 뒤였다. 작가 베르나르트 폰 브렌타노 (브레히트의 가까운 지인)와 우정을 다졌다는 것도 이 무렵 벤야민에게서 눈에 띄는 점 가운데 하나다. 이 당시 벤야민이 편지를 써 보낸 얼마 되지 않는 사람 중 한 명이 브렌타노였고, 벤야민은 그에게 자신의 행방과 처지를 고지하는 일에 수고를 들였다. 셋째, 전쟁이 발발할 경우 연구비가 어떻게 되는지도 걱정거리였다. 연구소가 연구비를 지급하는 것이 가능하다 해도, 수령 문제가 풀리지 않을 수 있었다. 벤야민도 알고 있었듯이, 억류자의 계좌는 최소한 당분간 압류 상태였다. 외국인이 어떻게 프랑스 은행의 예금을 인출할 수 있을지 확실하지 않은 터였다. 이런 이유에서 벤야민은 연구소의 파리 지부 관리 담당자 쥘리안 파베즈에게 편지를 보내 자기 아파트의 집세 지불 상황을 확인해줄 것과 자기 상황을 호르크하이머와 폴로크에게 고지해줄 것을 부탁했다: "지금 나는 뉴욕 쪽과 직접 연락할 만한 평온한 상태가 못 됩니다"(GB, 6:339). 알고 보면 벤야민의 여동생과 밀리 레비긴스베르크가 벤야민의 아파트와 짐을 지키면서 일을 처리해주고 있었다(밀리는 그의 친구이자 엘제 헤르츠베르거의 조카였던 예술사 연구자 아르놀트 레비긴스베르크의 아내였다).

예전에도 종종 그랬듯이, 이번에도 삶의 혼란은 꿈을 기록할 힘이 되었다. 그중에서 "읽기lire"를 모티프로 하는 꿈은 뉴욕 쪽에 들려줄 정도로 인상적이었다.

간밤에는 짚단을 깔고 자면서 참 아름다운 꿈을 꾸었습니다. 당신에게 너무나 들려주고 싶습니다. (…) 이 꿈에서 나의 동행으로 등장하는 의사 카미유 도스는 내가 말라리아에 걸렸을 때 치료해준 친구입니다. 나와 도스는 여러 사람과 함께였습니다(누구인지는 기억나지 않습니다). 그러다가 도스와 나는 그들과 헤어졌습니다. 어느새 도스와 나는 구덩이 안에 있었습니다. 바닥을 내려다봤더니 이상하게 생긴 침대들이 있었습니다. 모양도 길이도 관 같은, 돌로 만든 침대였습니다. 하지만 무릎을 굽히고 만져보니 침대처럼 푹신했습니다. 침대를 덮고 있는 것은 이끼와 담쟁이덩굴이었습니다. 주변을 살펴보니 침대가 두 개씩 놓여 있었습니다. 도스의 침대인 듯한 것과 한 쌍을 이루는 침대에 누워야겠다고 생각하는 순간, 다른 사람들이 이미 그 침대의 베개를 베고 있는 것을 발견했습니다. 그런 이유로 우리는 다시 길을 떠났습니다. 우리가 지나가는 곳은 숲과 비슷했지만, 나무줄기와 가지가 다소 인위적으로 뻗어 있어서, 그곳의 경치는 어딘가 선박 건조 현장 같았습니다. 옆쪽으로는 가로대가 이어졌고 발밑으로는 나무 계단이 이어졌습니다. 우리는 어느새 좁은 테라스에 다다랐습니다. 바닥에 판자가 깔린 것이, 아주 좁은 갑판처럼 보이기도 했습니다. 도스와 함께 사는 여자들이 그곳에 있었습니다. 서너 명쯤이었습니다. 대단한 미녀들이라고 여겨졌습니다. 우선 놀라웠던 일은 도스가 나를 그 여자들에게 소개하지 않은 것이었습니다. 그렇지만 그보다 더 신경이 쓰이는 일이 있었습니다. 모자를 벗어 그랜드피아노 위에 올려놓으려던 참이었는데, 아버지한테서 물려받은, 밀짚으로 만든 낡은 '파나마' 모자(예전에 없어진)를 내려다보니 상단이 길게 찢어져 있고 찢어진 자리에 붉은 자국까지 묻어 있는 것이었습니다. 그 뒤 누군가가 내게 의자를 밀어주었지만, 나는 직접 다른 의자를 가져왔습니다. 모두가 탁자 둘레에 앉아 있었지만, 나는 의자를 탁자와 조금 떨어진 곳에 놓았습니다. 나는 계속 서 있었습니다. 여자들 가운데 한 명은 필적학에 빠져 있었습니다. 그 여자가 손에 들고 있는 것을 보니, 내가 도스에게 써준 것이었습니다. 필적을 감정당한다고 생각하니 조금 불안했습니다. 나의 어떤 은밀한 속성이 간파당할지도 모른다고 생각하니 걱정스러웠던 것입니다. 나는 그쪽으로 다가갔습니다. 옷감 같은 것이 보였는데, 이미지로 가득했습니다. 옷감을 꽉 채운 이미지 가운데 내가 알아볼 수 있는 글자는 철자 D의 상단뿐이었습니다. 위로 올라갈수록 뾰족해지는 것을 보면, 정신성la spiritualité을 열망한다는 것을 간파할 수 있었습니다. 그 부분은 작은 베일로 덮여 있었고, 그 베일은 바람 때문인 듯 들춰지곤 했습니다. 파란 테두리가 있는 베일이었습니다. 내가 "읽기"에 성공한 것은 그 부분뿐이었고, 나머지는 물결과 구름의 불분명한 무늬들이었습니다. 한동안 내가 써서 도스에게 선물한 그 글이 화제로 떠올랐습니다. 어떤 의견들이 나왔는지는 기억나지 않지만, 그때 내가 했던 말은 정확히 기억납니다. "문학을 가지고 목도리를 만든다는 것이 중요합니다Es handelt sich darum, aus einem Gedicht ein Halstuch zu machen"라는 말이었습니다. 내가 이 말을 하자마자 묘한 일이 일어났습니다. 거기 있던 여자들 가운데 매우 아름다운 한 여자가 침대에 누워 있었는데, 그녀가 내 말을 듣더니 덮고 있던 이불의 한쪽 모서리를 아주 조금 들춰올린 것이었습니다. 섬광처럼 순간적인 움직임이었습니다. 그녀가 그 움직임을 통해 나에게 보여주려 한 것은 자기 몸이 아니라 자기 침대보였습니다. 침대보의 이미지는 내가 수년 전 도스에게 선물한 그 "글"의 이미지와 동일한 것이었습니다. 나는 그 여자가 그런 움직임을 했다는 사실을 알고 있었지만, 눈으로 본 것은 아니었습니다. 내 눈은 다른 곳을 향하고 있었고, 침대보가 들춰졌던 것은 순식간이었으므로, 내가 침대보의 이미지를 알아보는 것도 불가능한 일이었습니다(BG, 272-273, 원문은 프랑스어).

그렇지만 벤야민의 가장 큰 걱정거리는 「보들레르의 몇 가지 모티프에 대하여」의 운명이었다(연구소가 자기에게 연락하지 못한 상태에서 글을 수정하고 자기 동의 없이 발표할까봐 걱정이었다). 벤야민은 9월 말 여동생으로부터 온 편지에 동봉된 뉴욕 전보를 받은 뒤 어느 정도 기운을 차릴 수 있었다: "당신의 뛰어난 보들레르 논문이 한 줄기 빛처럼 우리 앞에 도착했습니다. 모두가 당신을 걱정하고 있습니다"(BG, 271n). 벤야민은 교정쇄를 읽지 못했지만, 「보들레르의 몇 가지 모티프에 대하여」는 《사회연구지》 다음 호에 수정 없이 게재되었다.

이런 걱정거리에도 불구하고, 벤야민은 대다수의 억류자와 마찬가지로 체스를 두면서, 아니면 억류소에 널리 퍼져 있던 "기분 좋은 동지애"를 느끼면서 기운을 차릴 수 있었다(BG, 270). 잘의 자세한 설명에 따르면, "혼돈과 무력으로부터 사회가 생겼다. 무로부터의 공동체였다."[3] 억류자들은 억류소 생활의 모든 일을 정비하기 시작했다(밀짚 빗자루와 헝겊 걸레로 쓸고 닦는 일에서부터 기초적인 경제 체제를 수립하고 담배, 못, 단추를 화폐로 사용하는 일에 이르기까지). 억류소 생활은 대단히 다양한 지적 활동의 기회를 제공했다. 잘은 자작시를 낭독했고(그중에는 「1939년을 위한 비가」도 있었다), 건강을 웬만큼 회복한 벤야민은 강연을 했으며(그중에는 죄 개념에 관한 강연도 있었다), "상급생 대상"의 유료 철학 세미나를 개설하기도 했다. 수업료는 억류소의 원시 화폐였다.[4]

억류자들 가운데 "영화인" 그룹은 억류소 소장을 설득해 친親프랑스 다큐멘터리를 위한 자료 조사라는 명목으로 외출권을 발급받을 수 있었다(외출권은 완장 형태였다). 느베르로 외출했던 사람들은 부러워하는 동지들에게 프랑스 포도주와 음식에 대한 흥미로운 이야기를 들려주곤 했다. 완장을 받을 수 있다는 희망에 고무된 벤야민은 (1920년대 초반 《새로운 천사》 창간에 실패하고 1930년대 초반 《위기와 비판》 창간에 실패한 데 이어) 평생 세 번째로 저널 창간에 뛰어들었다. 《버뉘슈 회보: 제54연대 노동자 저널》의 편집장

---

3 Sahl, "Walter Benjamin in the Internment Camp," 349.
4 Ibid., 349-350.

이 된 벤야민은 억류자 가운데 일류 집필팀을 꾸릴 수 있었다. 창간호를 위해 제출된 초고들 중에는 억류소 생활에 대한 사회학적 연구들, 억류소 예술(코랄 음악, 아마추어 연극 등)에 대한 비평들, 억류자들의 독서 습관에 대한 연구 등이 있었다. (지금 이 원고들은 베를린 예술 아카데미에 소장되어 있다.) 잘이 쓰기로 한 글("무로부터의 공동체" 건설에 대한 분석)이 나왔다면 디포의 『로빈슨 크루소』와 맥을 같이하는 연대기 형식을 취했을 듯하다. 이 저널은 앞의 두 저널처럼 출간되지 않았지만, 출간되지 않은 데는 앞의 두 저널에 비해 명확한 이유가 있었다.

잘은 억류소에 대해 이야기하면서 프랑스 당국을 신랄하게 비판했던 반면, 벤야민은 "히틀러의 유혈의 광란"에 저항하는 프랑스의 레지스탕스에 경탄해 마지않았다. 9월 21일 아드리엔 모니에에게 그 심경을 전하기도 했다: "나는 힘닿는 데까지 우리의 대의에 봉사할 생각입니다. 내 물리적인 힘은 미미하기 이를 데 없지만 말입니다"(C, 613). 억류 50일을 넘긴 10월 중순 브렌타노에게 보낸 편지에서는 읽고 쓰는 "기력"이 회복되었다고 말할 수 있었다(GB, 6:347). 모니에, 실비아 비치, 헬렌 헤셀 등의 친구들이 벤야민에게 초콜릿, 담배, 저널, 책을 보내주었고, 벤야민이 주로 읽은 책도 그렇게 받은 것들이었다. 그중에는 루소의 『고백록』(『고백록』을 읽은 것은 이때가 처음이다), 레츠 추기경의 『회고록』이 있었다. 그가 완장에 집착한 것에서도 드러나듯, 자유로워지겠다는 생각은 그의 머릿속을 결코 떠나지 않았다. 폴 발레리와 쥘 로맹으로부터 받은 귀화 신청용 추천서를 받은 것은 억류되기 전이었고, 장 발라르와 폴 데자르댕으로부터 추가로 추천서를 받은 것은 억류소에서 풀려나는 데 도움이 되리라는 기대에서였다. 아드리엔 모니에는 벤야민을 석방시키고자 백방으로 손을 썼고, 결국 국제펜클럽까지 나서서 벤야민과 (다른 억류소에 수감되어 있던) 헤르만 케스텐을 위해 내무부를 상대로 중재에 나섰다. 억류자들이 석방되기 시작한 것은 11월 초이고, 부처 간 위원회가 벤야민의 석방을 발표한 것은 11월 16일이었다(모니에의 친구인 외교관 앙리 오프노가 중재에 나선 뒤였다).

11월 25일 벤야민은 파리로 돌아와 있었다. 지젤 프로인트가 자동차로 그를 파리까지 데려와준 데는 그의 건강을 걱정한 친구들의 배려가 있었다. 벤야민은 크게 야윈 상태였다: "걸음을 옮길 힘이 없어서 수시로 길 한복판에 서 있어야 할 정도로 쇠잔한 상태입니다"(C, 618–619). 그렇지만 파리에 돌아오자마자 숄렘에게 괜찮다는 편지를 보냈다(보낼 수 있는 편지가 일주일에 두 통으로 제한돼 있던 억류 기간에는 숄렘에게 편지를 쓴 적이 없었다). 파리에서 벤야민은 억류소를 떠올리는 시간이 많았다. 자기가 최초의 석방자 중 한 명이었던 데다 계절은 겨울로 접어들고 있었으니, 자기의 행운에 민감할 수밖에 없었다. 아직 느베르에 억류되어 있는 여러 지인과 편지를 주고받으면서 그중 몇몇에게 소포를 보내기도 했던 것은 그 때문이다. 그에게 억류소 경험의 한 가지 긍정적 결과는 케스텐과의 우정이 싹튼다는 것이었다. 파리에서 벤야민은 친구들과 자주 억류소에 관한 이야기를 나누었다. 히틀러에 반대하는 사람이 왜 그렇게 많이 억류당했는지도 그들의 화제 중 하나였다. 벤야민이 지젤 프로인트를 통해 알게 된 이야기에 따르면, 영국의 상황은 완전히 달랐다. 영국에서는 나치 동조자들만 억류당할 뿐, 5만 명에 달하는 나머지 독일인, 오스트리아인은 법정에 출두해 심문에 응하면 되었으며, 자기가 독일 정권의 희생자임을 입증할 수 있는 사람들은 자유를 보장받았다는 이야기였다(GB, 6:352n).

돔바슬 가의 아파트로 돌아온 벤야민은 새로운 작업을 구상하기 시작했다. 우선 '사회연구소'에 루소의 『고백록』과 지드의 일기에 관한 논문("'진정성'에 관한 역사적 비평의 일종")의 기획서를 써 보냈다. 또한 「이야기꾼」 여러 부를 독일 작가 파울 란트슈베르크('사회학연구회' 강연회에서 가끔 마주치는 인물)에게 발송했다. '루테티아 서클'의 인맥들이 이 논문을 프랑스어 번역으로 게재하는 일을 도와줄 수 있을 것이라는 생각에서였다. ('루테티아 서클'은 1935년 빌리 뮌첸베르크가 히틀러 정권을 몰락시키는 데 매진하고자 결성한 단체로, 1937년 후반까지 활동했다. 공산주의자, 사회민주주의자, 부르주아 중도 정당 당원들을 아울렀고, 참여자 중에는 하인리히 만과 클라우스 만, 리온 포이히트방거, 에밀 루트비히가 있었다.)

벤야민은 여전히 파리에 깊은 애착을 갖고 있었다. 그에게 파리는 7년간 고향이 되어준 도시이자 평생 동안 작업의 대상이 되어준 도시였다. 그가 처음 19세기라는 태고사를 추적할 때 배경이 된 것이 바로 파리 파사주의 뿌연 조명이었고, 이제 그가 내놓은 것은 바로 그 추적에서 나온 보들레르 연구였다: "나로 말하자면, 이 세상에 프랑스 국립도서관을 대신할 수 있는 것은 아무것도 없습니다"(C, 621). 그렇지만 벤야민은 자신의 석방이 간주곡일 뿐이라는 것, 파리를 떠날 생각이라면 당장 떠나야 하리라는 것도 잘 알고 있었다. 프랑스인 친구들은 어서 떠나라고 재촉했다(눈에 띄는 예외가 아드리엔 모니에였다). 벤야민은 1933년에 고향 독일을 떠나면서 모든 끈을 놓아버려야 했던 때를 떠올렸다(그레텔 아도르노의 재촉이 없었다면 결국 못 떠났을 수도 있었다). 벤야민은 프랑스를 떠날 작정으로 여러 새로운 계획에 착수했다. 그중 하나가 영어 공부였다. 영어로 편지를 보내오는 그레텔에게 그 편지들을 아무 문제 없이 읽을 수 있다고 말했고, '독일난민지원센터' 파리 지부 사회복지사 세실리아 라조프스키에게 영어로 감사 편지를 쓰기도 했다(친구의 도움이 있었던 듯하다). 라조프스키가 파리 주재 미국 영사관에 벤야민의 비자신청 서류를 제출해준 것은 11월 17일인데, 예술 후원자였던 테네시 내슈빌의 밀턴 스타로부터 받은 재정보증서도 그 서류의 일부로 제출되었다(벤야민은 이 뜻밖의 도움으로 짜릿함을 맛보기도 했다). 또한 벤야민은 국제펜클럽 독일 망명자 분과에 가입 신청서를 냈다. 억류소에 있을 당시 국제펜클럽이 자기를 위해 중재에 나서준 데 대한 감사의 표시이기도 했지만, 새로운 동맹을 결성해보려는 노력이었던 듯하다. 헤르만 케스텐과 알프레트 되블린이 추천서를 써주었다. 1940년 1월 초 분과 책임자 작가 루돌프 올덴으로부터 가입 신청이 받아들여졌다는 소식이 도착했다. 회원증 한 장이 생겼다는 뜻이었다(신분증 한 장이 소중할 때였다). 또한 벤야민은 호르크하이머에게 편지로 압력을 가했다. 이제 미국 비자가 발급될 것 같다, 그 비자를 사용할 기회를 찾을 수 있도록 도와달라는 내용이었다. 독일 망명자가 프랑스에 잔류할 때 어떤 운명을 맞게 될는지를 호르크하이머가 짐작 못 하고 있었을 리는 없다. 그럼에도 호르크하이머는 사회연구소의 연구비가 뉴욕에서보다는 파리에서 더 길게 지급되리라는 등의 답변으로 시간을 끌었다. 벤야민이 이처럼 엇갈리는 손짓들 틈에서 미국 영사관에 공식 비자신청서를 제출한 것은 1940년 2월 12일이었다.

두 차례에 걸쳐 전처 도라를 만난 것은 해가 바뀔 무렵이었다. 1938년에 남아프리카공화국 사업가 해리 모저와 결혼한 도라는 당시 산레모의 사업(숙박업)을 런던으로 옮기면서 두 도시를 오가고 있었다. 도라가 모저를 처음 만난 것이 언제였는지에 대해서는 이야기가 엇갈린다. 도라의 집안(친정 켈너 집안)과 하인리히 뫼르처의 집안이 빈에서 가깝게 지냈던 것 같기는 하지만 두 사람이 처음 만난 것은 모저가 도라의 산레모 펜션에 투숙했을 때였을 수도 있다(뫼르처가 남아공 국적을 취득하고 이름을 해리 모저로 바꾼 것은 20세기 초다). 도라의 결혼은 영국에 영구 거주하기 위한 정략결혼이었으리라는 이야기가 많지만(슈테판 벤야민의 두 딸도 비슷한 이야기를 들려준다), 도라가 여행 중 파리를 경유할 때 모저는 적어도 한 번 이상 동행했고, 벤야민은 모저에게서 좋은 인상을 받았다. 런던에서 에른스트 쇤은 도라와 슈테판과 "모저 씨"가 예전 친구 모두로부터 등을 돌린 채 주소까지 감추고 지낸다는 이야기를 전해주었는데, 이런 이야기로 미루어보자면, 세 사람은 한집에서 가족으로 살고 있었던 것 같다. 재미있는 것은 도라가 벤야민에게 모저를 "친구"라고 소개했고, 벤야민에게 자기들을 따라 영국에 오라고 재촉한 점이다. 벤야민은 그 재촉에 따르지 않았고, 그것이 그와 전처의 마지막 만남이 되었다. 도라는 런던의 노팅힐에서 하숙시설을 운영하면서 장수하다가 아들이 53세로 세상을 떠나기 8년 전인 1964년에 세상을 떠났다.[5] 슈테판 벤야민은 제2차 세계대전 중 오스트레일리아에 억류되었지만, 그 후 런던으로 돌아와 희귀본 판매상이 되었다. 아들은 아버지에게 양가감정이 있었던 듯하지만, 어쨌든 아버지와 아들 둘 다 수집꾼이었다.

새해가 시작되었지만, 벤야민은 억류로 끊겼던 일상을 다시 꾸리느라 여념 없었다. 계좌도 다시 개설해야 했고, 국립도서관의 특전들도 갱신해야 했으며, 얼마 남지 않은 지면들을 간수하기 위한 노력도 소홀히 할 수 없었다. 거주 환경이 작업을 방해했고(시끄럽고 난방이 부실한 아파트였는데, 1월 하순의 두 주 동안은 난방이 완전히 끊겼다), 건강이 좀처럼 회복되지 않는 것도 작업에 방해가 되었다(심장이 약해진 탓에 길게 산책하던 습관을 포기해야 했다). 그레텔 아도르노에게 거의 누워서 지낸다고 전하기도 했다. 그럼에도 앞으로 나아갈 수밖에 없었던 것은 불길한 예감 때문이었다. 그해 초 파리 주민과 마찬가지로 방독면을 구입했지만 파리 주민들과 달랐던 점은 방독면의 물리적 현존에서 중세를 현대에 포개고 종교를 기술력에 포개는 아이

---

5 발터 벤야민이 세상을 떠났다는 소식을 듣고 충격에 빠진 도라는 1941년 7월 15일 숄렘에게 편지를 보냈다: "친애하는 게르하르트에게, 나는 당신의 필체를 보고 울음을 터트렸습니다. 당신에게 7년 만에 받은 편지였습니다. (…) 발터의 죽음이 남긴 공백은 내가 미래에 대해서 품었던 모든 기대와 희망을 서서히 그러나 확고히 앗아가고 있습니다. 그이가 세상을 떠났으니 내 삶도 얼마 남지 않은 것입니다. 이런 말이 당신을 놀라게 할지도 모르겠습니다. 나는 더 이상 그이의 일부가 아니었으니까 말입니다. 하지만 그이는 나의 일부였습니다. (…) 그이처럼 고귀하고 그이처럼 민감한 생명이 살아 있을 수 있는 세상이라면 그렇게 나쁘기만 한 곳은 아닐 것이라는 게 내 생각, 내 감각이었는데. 그 생각, 그 감각이 틀렸나봅니다. 오늘은 그이의 생일입니다. 당신에게는 이 말 한마디로 충분하겠지요. (…) 내가 그이 옆에 있었다면 그이가 죽지 않았을 텐데. 1917년에도 죽지 않은 사람인데. (…) 그이를 마지막으로 본 것은 1940년 1월이었습니다. 그 전에 1939년 여름에 만났을 때, 그이에게 런던에 오라고 했는데. 그이의 방도 있다고 했는데." 인용은 Garber, "Zum Briefwechsel zwischen Dora Benjamin und Gershom Scholem nach Benjamins Tod," 1843. 함께 볼 곳은 Jay and Smith, "A Talk with Mona Jean Benjamin, Kim Yvon Benjamin, and Michael Benjamin."

러니한 알레고리를 발견한 것이다: "방독면은 (…) 근면한 수도사들이 수도
실에 걸어놓던 해골 같습니다"(BG, 279). 1월 11일 숄렘에게 당시의 심경을
전하기도 했다: "오늘날 우리가 세상에 내보낼 수 있는 글 하나하나가 어둠
의 세력으로부터 쟁취한 승리입니다. 그 글을 읽게 될 미래는 미심쩍은 미래
이지만 말입니다"(BS, 262). 그렇다면 당시의 벤야민은 「보들레르의 몇 가지
모티프에 대하여」를 게재한 일, 그리고 1940년 초 《사회연구지》에 요흐만의
논문을 자기가 쓴 소개문과 함께 게재한 일을 주요 승리들로 봤을 수 있다.

  그렇지만 「보들레르의 몇 가지 모티프에 대하여」의 게재와 관련해 그 이상
의 할 말은 없는 듯했다. 숄렘에게는 짤막하게 이 글에 대한 의견을 물었고
호르크하이머에게는 이 글이 받아들여졌다는 사실이 뜻하는 지지에 열렬한
감사를 표했지만, 아도르노에게는 별다른 후기를 전하지 않았다. 「보들레르
의 몇 가지 모티프에 대하여」를 발송한 직후의 편지(1939년 8월 6일자)에서
"이론적 골격이 더 엄밀하게 구체화"되었음을 언급한 것과는 사뭇 다른 태
도였다. 장문의 편지로 열렬한 반응을 보인 것은 아도르노 쪽이었다. 한때는
"양심의 가책"을 느꼈지만 이제는 "당신이 바로크 연구서와 크라우스 논문을
내놓은 이래로 가장 완벽한 작업을 내놓는 데 있어 내가 촉매제가 되었다는
것에 대해 허영 섞인 자부심"을 느낀다는 이야기였다(BA, 319). 놀랍게도 이
편지에서 아도르노는 벤야민의 「보들레르의 몇 가지 모티프에 대하여」가 어
떤 측면에서 아도르노 자신의 작업에 대한 응답으로 간주될 수 있는지를 상
술하고 있다: "당신의 망각 이론과 '충격' 이론은 내가 음악에 대해 쓴 것들과
대단히 가깝습니다." 아도르노의 이런 주장 앞에서 벤야민은 늘 그랬듯 논의
의 방향을 조심스럽게 틀어버렸다.

  당신에게 솔직히 말하자면, 내 "경험 이론"의 뿌리는 내 유년의 한 기억 속에
서 찾을 수 있습니다. 여름 휴가지에서는 부모님이 우리와 함께 산책을 나가

곤 했습니다. 삼남매 중에서 둘만 나갈 때도 있고 셋 다 나갈 때도 있었습니다. 하지만 지금 떠올리는 사람은 남동생입니다. 가족이 프로이덴슈타트나 벵겐 혹은 슈라이버하우의 유명 관광지에 다녀온 날이면, 남동생은 "우리 이제 거기 가본 적이 있는 거야"라고 하곤 했습니다. 이 말은 나에게 잊을 수 없는 깊은 인상을 남겼습니다(BA, 320, 326).

이 편지는 벤야민이 1940년 초에 어떤 심경이었는가에 대해 많은 것을 말해 준다. 「보들레르의 몇 가지 모티프에 대하여」 게재와 관련해 아무 말도 하지 않은 것을 보면, 「보들레르의 작품에 나타난 제2제정기의 파리」가 반려당한 데 대한 앙금이 남아 있었음을 짐작할 수 있고, 아울러 「보들레르의 몇 가지 모티프에 대하여」가 추상적 이론에 강제 예속되는 것에 양가감정을 품고 있었음을 짐작할 수 있다. 그렇지만 이 편지에서 좀더 눈에 띄는 것은 유년의 기억을 후기 경험 이론의 원천으로 삼는다는 점, 그러면서 아도르노(나아가 사회연구소)가 차지했던 자리를 게오르크 벤야민에게 넘겨준다는 점이다. 벤야민이 『1900년경 베를린의 유년시절』을 개작하던 1938년만 해도 동생들은 아무런 역할을 하지 못했지만, 그로부터 2년이 지난 지금은 억류를 경험한 후이자 전쟁이 임박한 때라서였을까 최초의 가족(실제의 가족)이 나타나 두 번째 가족(1930년대 중반에 벤야민을 입양했던 학문 가족)을 대체한 모양새였다.

벤야민이 「보들레르의 몇 가지 모티프에 대하여」에 대해 석연찮은 감정들을 품고 있었을 수는 있지만, 보들레르 단행본 작업—"지금 내가 제일 계속하고 싶은 작업"—에 대한 태도에는 아무 변화가 없었다(BG, 279). 4월 초, 긴 무기력과 우울증의 시기를 지나 보낸 그는 1938년 여름 덴마크에서 마련했던 도식, 곧 「보들레르의 작품에 나타난 제2제정기의 파리」(보들레르에 대한 첫 번째 논문)를 낳은 도식으로 돌아갔다. 그는 「보들레르의 작품에 나타

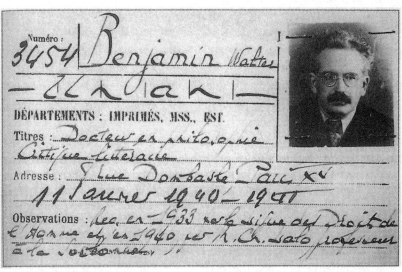

벤야민의 국립도서관 대출증, 파리, 1940년
(프랑스 국립도서관)

난 제2제정기의 파리」를 발표할 희망을 완전히 버린 적이 한 번도 없었다(따로 지면을 구하든지 보들레르 단행본 작업에 포함시키겠다는 생각도 있었다). 슈테판 라크너에게 그 희망을 표현해보기도 했다: "보들레르에 대한 내 첫 번째 작업이 조만간 당신의 수중에 들어가는 일도 가능할 것 같습니다" (GB, 6:441). 계획대로 루소와 지드에 관한 논문을 썼다면 연구소에 받아들여지기에도 좋고 《사회연구지》에 게재되기에도 좋았을 테지만, 그해 봄 벤야민은 아도르노에게 자기가 루소와 지드에 관한 논문을 뒤로 미루었음을 알렸다: "보들레르라는 주제가 당장 내 눈앞에 버티고 있으니 어쩔 수 없습니다. 내게는 이것의 요구를 채워주는 것이 급선무입니다"(BA, 327). 그렇지만 보들레르 연구가 새로운 단계에 접어든 이 시기에 나온 결과물은 자료를 어떻게 재배열할 것인가 아니면 보들레르 단행본이 어떤 특징들을 보여줄 것인가를 다루는 일련의 메모였을 뿐 글 그 자체는 아니었다.

1940년 초, 독일군이 동부전선에서 승리하면서 전면전이 불가피하다는 분위기도 짙어졌다. 벤야민이 현재의 정치 상황을 생각하게 되는 일도 잦아질 수밖에 없었다. 1월에 숄렘에게 보낸 편지를 보면, 히틀러-스탈린 조약이 체결된 이후로 소비에트연방의 정치에 대한 공감대를 모두 잃었기 때문인지, 일찍이 1924년부터 숄렘과 주고받았던 맹렬한 정치적 논쟁을 그리워하면서도, 이제 그런 논쟁들이 완전히 무의미해졌다는 말을 하고 있다. 벤야민이 이렇듯 숄렘과 의견의 일치를 볼 수 있겠다고 느낀 데에는 1940년 초에 쓰고 있던 새 글(정치적, 역사적, 신학적 모티프들을 독창적인 방식으로 결합하는 「역사의 개념에 관한 몇 가지 테제」)의 영향도 있었을 것이다. 이 글은 결국 그의 마지막 저작 「역사 개념에 대하여」가 되었다. 벤야민이 여러 편지에서 밝혔듯이, 이 글의 추동력은 히틀러 전쟁으로 가는 시대를 살았던 벤야민 세대의 경험이었다. 그렇지만 1939~1940년 겨울에 숄렘의 『유대 신비주의의 주류』—숄렘이 보내온 필사본—를 놓고 아렌트, 블뤼허와 격렬한 토론을 벌인 일도 그에 못지않게 중요한 추동력이었다. 토론 주제였던 17세기 사바타이 운동—신비주의적 메시아주의의 전통과 적극적 정치 의제의 결합—이 「역사 개념에 대하여」의 일부 정리—특히 1920년대 초반 이래 대체로 휴면 상태였던 메시아주의의 모티프—의 추동력이 되었으리라는 것이 아렌트의 말이었다. 한편 「역사 개념에 대하여」의 내용으로 들어가보면, 일부는 「수집가이자 역사가 에두아르트 푹스」의 서두에서 나왔고 일부는 보들레르 단행본의 "이론적 골격"과 관련된 성찰에서 나왔는데, 둘 다 그 토대는 『파사주 작업』이었다(GB, 6:400).

「역사 개념에 대하여」 도입부는 벤야민의 글을 통틀어 가장 인상적인 장면 중 하나다. 체스에서 백전백승하는 인형—체스의 명수인 키 작은 꼽추를 숨긴 테이블에 터키 의상을 입고 앉아 있는 꼭두각시 인형—이 있다. 철학적으로 말해서, 꼭두각시 인형(역사유물론)이 키 작은 꼽추(배후에 숨어 있는 작고 쭈글쭈글한 "신학")와 한편이 된다면 어떤 상대라도 무찌를 수 있다는 뜻이다(SW, 4:389). 총 18개 섹션으로 되어 있는 이 글의 두 번째 섹션에서 이미 분명해지듯이, 1940년 벤야민의 신학 이해는 대단히 특별한 종류의 구원을 초점으로 삼고 있다: "우리 세대에게도 과거에게 돌려주어야 할 **약한** 메시아적 에너지가 주어져 있다."[6] 이 글의 신학적 의미를 하나의 종교 전통으로 규정하기란 불가능하다. 신학적 모티프들을 공공연히 사용하는 그의 모든 글이 그렇듯이, 이 글 역시 유대교 자료와 기독교 자료를 자유롭게 넘나들기 때문이다. 이 글의 구원 개념은 일단 (위에서 보았듯, 『파사주 작업』의 N뭉치에서 언급된) 교부학의 아포카타스타시스 개념을 전제하고 있다. 아주 단순

---

6 이 글의 초기 버전(제목 없는 원고)에는 포함되어 있는 두 섹션이 후기 버전(필사본)에는 빠져 있다. 볼 곳은 SW, 4:397. 벤야민의 "Handexemplar"(저자가 보관한 버전)를 보려면, *Über den Begriff der Geschichte*, 30–43. "Handexemplar"는 「「역사 개념에 대하여」의 부록」에 XVIIa로 표기되어 있는 섹션("마르크스가 계급 없는 사회라는 개념에서 메시아적 시간이라는 개념을 세속화한 것은 잘한 일이었다"라는 문장으로 시작되는 섹션)을 포함해 총 19섹션으로 되어 있다(SW, 4:401–402).

하게 보면, 모두가 구원받는다, 구원받지 못할 영혼은 없다, 라는 개념이다. 성경에는 이 용어가 딱 한 번 나온다. 「사도행전」 3장 21절인데, 여기서 "아포카타스타시스"는 말세 **이후**에는 모든 것이 원상으로 돌아가리라는 만물 원상회복restitutio in integrum을 뜻한다. 한편 벤야민이 알고 있던 성경 외 자료들(알렉산드리아의 오리게네스의 『원리에 대하여』는 물론이고, 그 밖에 스토아학파나 신플라톤주의의 많은 글)에서 아포카타시타시스라는 용어에는 모종의 **우주론적** 차원—우주 종말기와 우주 회복기의 엄혹한 교차—이 거의 항상 포함되어 있다. 스토아학파에서 이 용어는 로고스가 되어 팽창했던 우주가 제우스의 머릿속으로 **수축**하는 과정—좀더 구체적으로 말해서, 모든 것을 불태우는 대화재 속에서 우주가 불이라는 제1원소로 환원되는 과정, 존재하는 모든 것이 새로 태어나기 위해 꼭 필요한 과정—을 가리킨다.

우주에 시대가 있다는 이 신비주의 신학의 관점을 정치의 차원, 역사 서술의 차원으로 옮겨오는 것은 후기 벤야민이 선보이는 곡예 중 하나다: "오직 구원받은 인류만이 과거를 온전히 자신의 것으로 삼을 수 있다. 다시 말해 오직 구원받은 인류만이 과거의 모든 순간을 인용할 수 있다." 살아 있는 전통이기 위해서는 인용 가능한 전통이어야 한다. 벤야민에 따르면, 유물론적 역사가의 과제는 "위험한 순간에 섬광처럼 떠오르는 기억"—"인식 가능성의 순간에 단 한 번 떠올랐다가 영원한 작별을 고하는 이미지"를 닮은 비자발적 기억—을 포착하는 것이다(유물론적 역사가를 포함해서 누구도 역사 자체를 포착하기란 불가능하다). "진짜 과거의 이미지는 순식간에 사라지"기에, 진짜 과거의 이미지를 복원(다시 말해, 인용)할 수 있는 것이 있다면 그것은 자기가 과거의 의미gemeint임을 깨닫는 현재뿐이다. 『샤를 보들레르』—그리고 샤를 보들레르를 둘러싼 19세기 프랑스 역사를 구성해낸다는 기획—는 바로 그런 이미지들을 응축해내고 역사 그 자체를 "구성해낸 대상"으로 그려내려는 시도였다. 벤야민이 볼 때, 믿을 만한 역사 기술은 위험천만하고 아슬아슬한 모험인 반면에, 랑케의 인습적 역사주의는 그저 모종의 지성적 감정이입을 통해 "있었던 그대로"의 과거를 포착하고자 한다. 이런 역사주의의 감정이입은 결국 승리한 자를 향한 감정이입일 뿐이다. 전통화를 통한 사물화를 시도하는 역사주의가 과거의 사건들을 공허하고 동질적인 연속체로 가정할 때, 변증법적 이미지의 시간―모나드로 응축되어 있는 "지금 이 시간Jetztzeit"―은 "옛날이라는 밀림" 속으로 뛰어들어가는 "호랑이 같은 도약"을 통해서 바로 그 연속체를 산산조각 낸다: "예술과 학문을 조망할 때마다 거기서 하나의 똑같은 내력을 발견하는 역사적 유물론자는 그 내력을 고찰할 때마다 섬뜩한 전율을 느낀다. 예술과 학문이 이렇게 존재할 수 있는 것은 위대한 천재들이 창조의 수고를 마다하지 않은 덕분이기도 하지만, 어느 정도는 그들의 동시대인들이 이름 없이 부역을 치른 덕분이기도 하다. 문화의 기록 가운데 야만의 기록이 아닌 것은 없다." 우리가 과거에서 희망을 발견할 수 있으려면, 전통을 순응주의의 손아귀에서 빼앗아야 한다. 다시 말해, 과거가 "메시아 시간"이라는 순간적 멈춤 내지 갑작스러운 문턱―현대의 과학적 역사주의의 인과와 순차를 넘어서는 시간―을 향해 열려야 한다. "전면적, 통합적 현재성"[7]을 경험하는 메시아의 시간이 되면 과거를 기억하는 현재의 순간은 과거를 구원하는 "문"―억압당한 (혹은 진압당한) 과거를 위한 투쟁에서 만들어지는 혁명적 기회―이 된다. 단, '심판의 날'이 따로 있는 것은 아니다. 「역사 개념에 대하여」의 부록에도 나오듯이, "역사 속의 영원함을 힘껏 붙든다는 말은 역사의 덧없음의 영원함에 의지한다는 뜻이다"(SW, 4:404–407). 이 영원한 덧없음을 깨달을 때 비로소 잔치와 애도가 하나 될 "진정 역사적인 실존"으로 나아갈 수 있다. 누가 그 "구원받은 인류"는 정확히 어떤 모습인

---

7 이 표현(「「역사 개념에 대하여」의 부록」)의 출처는 벤야민의 1929년작 「초현실주의」다. 「초현실주의」에서 이 표현은 '이미지 공간'과 관련되어 있다(SW, 2:217). '메시아적 시간'과 관련해서 비교해볼 곳은 1916년작 「비애극과 비극」(EW, 242).

가, 구원의 날은 언제인가, 같은 것을 알고 싶다 한들, "던져본들 답이 없는 질문"이다.

삶의 끝을 앞둔 벤야민은 「역사 개념에 대하여」의 한복판에서 거의 20년간 함께했던 이미지(클레의 「새로운 천사」)를 불러낸다. 클레의 천사가 역사의 천사가 된 것이다. 눈을 동그랗게 뜨고 입을 벌린 채로 날개를 펼치는 천사.

그의 얼굴은 과거를 향하고 있다. **우리** 눈에는 사건의 흐름으로 보이는 것이 그의 눈에는 하나의 파국으로 보인다. 파국의 잔해가 끊임없이 쌓여 그의 발치에 팽개쳐진다. 그는 거기 머물고 싶었을 것이다. 거기 머물면서 죽은 것들을 깨우고 깨진 것들을 이어 붙이고 싶었을 것이다. 하지만 낙원으로부터 폭풍이 불어온다. 폭풍에 날개가 펼쳐진 천사는 너무 거센 폭풍 탓에 이제 날개를 접지 못한다. 낙원의 폭풍은 저항할 수 없는 힘으로 천사를 미래로 떠밀고 (천사는 미래에 등을 돌린 채다), 파국의 잔해는 천사의 발치에서 하늘에 닿도록 쌓인다. 우리가 진보라고 부르는 것은 이 폭풍이다(SW, 4:392).

4월 하순 아니면 5월 초순에는 「역사 개념에 대하여」의 잠정적 버전이 완성되어 있었다. 벤야민은 이 글의 타자본을 뉴욕의 그레텔 아도르노에게 보냈다. 벤야민 자신도 잘 알고 있었듯, 역사유물론(예컨대 사회민주당과 계급투쟁에 대한 논평들)과 사변적 신학이 자유롭게 상호작용함으로써 폭발적 파장을 불러일으킬 만한 글이었다. 하지만 벤야민에게는 이 글을 발표할 생각이 없었고, 당시에 완성된 잠정적 버전을 발표할 생각은 더더욱 없었다. 자기에게 중요하지 않은 글이라서가 아니라 "열광적 오해"를 낳으리라고 생각해서였다(BG, 286-287). 이 글의 정조—현재에 대한 전면적 비관, 그리고 현재를 건너뛰는 모든 진보 논의에 대한 경멸—로도 짐작할 수 있듯, 이 글에는 러시아와 서방이 히틀러의 권력의지에 항복한 역사가 각인되어 있다. 이 글의 적의가 향하는 대상은 인간을 배반한 세력들—파시즘, 소비에트연방, 그리고 당대의 정세를 파악하는 데 실패한 역사가와 정치가들—이다. 하지만 「역사 개념에 대하여」는 벤야민의 역사 논의—『파사주 작업』을 거쳐 제1차 세계대전 직후까지 거슬러 올라가는—를 전체적으로 종합하는 글이기도 하다. 벤야민이 이 "메모들"을 동봉한 편지에서 그레텔 아도르노에게 말했듯, "내가 지난 20년간 아무도 건드릴 수 없게 지키고 있던, 나 자신조차 건드릴 수 없게 지키고 있던 몇 가지 생각을 이렇게 글로 적어놓게 만든 것은 이 전쟁, 그리고 이 전쟁을 초래한 이 정국입니다. (…) 지금 내가 당신에게 건네는 이 글도 한 묶음의 테제라기보다는 사색 산책 중에 꺾어온 한 다발의 속삭이는 풀꽃으로 받아주시기를"(BG, 286-287). 천사의 발치에 쌓이는 잔해 더미라는 이미지는 한때 벤야민이 새로 고찰했던 바로크 드라마—아무렇게나 흩어져 있되 주관이라는 전류로 충전돼 있는 역사적 대상들을 선보이는 무대—를 환기시킨다. 발터 벤야민에게 역사는 시종일관 모종의 비애극이었다.

「역사 개념에 대하여」의 어조가 보여주듯이, 벤야민의 점점 더해가는 고독을 덜어주는 것은 거의 아무것도 없었다. 불길한 예감을 떨쳐내는 것은 이제 불가능한 일이었다. 위안 거리가 거의 없는 상태였다. 구스타프 글뤼크(벤야민의 가까운 친구이자 1931년작 「파괴적 성격」에 영감이 되었던 인물)는 가족과 함께 부에노스아이레스로 탈출한 뒤였다. 피에르 클로소프스키(벤야민의 친구이자 번역가)는 보르도 시청에서 자리를 얻어 파리를 떠난 후였다. 독일계 체코인 저널리스트 에곤 에르빈 키슈는 멕시코로 망명한 후였다. 음악가 한스 브루크 등 억류소에서 알게 된 친구들은 아직도 프랑스 시골 여기저기에 억류되어 있었다. 퐁티니 센터의 지도자였던 폴 데자르댕을 비롯해 많은 친구와 지인들은 이제 이 세상 사람이 아니었다. 느베르 억류소에서 사귀었던 청년 삽화가 아우구스투스 함부르거는 여자친구 카롤라 무슐러와 동반 자살한 후였다(억류소 생활을 더 이상 참을 수 없었던 함부르거는 억류소를 벗어나기 위해 외인부대에 자원입대했고, 입대의 대가로 주어지는 5일간의 휴가를 조지 5세 호텔에서 함께 보낸 그와 여자친구는 5일째 되는 날 목숨을 끊었다).[8] 그 심경을 숄렘에게 전하기도 했다: "내 천성과도 같은 이 고독이 시국으로 인해 더 심해졌습니다. 그런 모든 일을 겪은 유대인들에게 아직 지성이 남아 있다 하더라도, 성가신 껍데기처럼 헐겁게 얹혀 있을 뿐인 듯합니다. 이런 세상에서 바른길을 찾아가는 사람의 숫자가 순식간에 줄어들고 있습니다"(BS, 263). 이런 상황이었지만, 벤야민의 아이러니 감각이 드러나는 순간이 전혀 없었던 것은 아니다: "역사가 지금 니체의 두 개념, 곧 '좋은 유럽인'과 '최후의 인간' 개념의 교묘한 종합을 만들어내고 있는 것은 아닐까 자문해봅니다. 종합의 결과는 '최후의 유럽인'이겠고 말입니다. 우리 모두 '최후의 유럽인'이 되지 않기 위해 노력해봅시다"(GB, 6:442).[9]

봄이 왔지만 벤야민의 건강은 나빠지기만 했다. 억류 중 문제를 일으킨 심장은 파리로 돌아온 뒤에도 나아질 기미가 없었다. 4월 초 호르크하이머에게 그 상태를 전하기도 했다: "몸 상태를 생각해서 되도록 외출을 피하고 있습니다. (…) 신체적 취약성이 우려를 불러일으킬 만한 수준으로 올라섰습니다. 길에서 100보를 걸은 뒤 땀범벅이 되어 발을 뗄 수 없는 날이 많습니다." 벤야민은 결국 전문가의 진찰을 받았다. 피에르 아브라미 박사의 진단은 심계항진, 고혈압, 심장비대였고, 그해 봄 벤야민으로부터 X선 사진을 전해 받은 에곤 비싱도 똑같은 진단을 내렸다. 당분간 시골에 가서 요양하라는 아브라미 박사의 권고는 꽤 심각했던 것 같다. 이미 위태위태했던 경제사정이 이때의 의료비 지출로 더 악화되면서, 벤야민은 또다시 도움의 손길을 찾아 나서야 했다. '사회연구소'가 특별수당 1000프랑이라는 아량으로 손을 내밀어주

---

8 Sahl, *Memoiren eines Moralisten*, 82–85.
9 좋은 유럽인에 대해서 보려면 니체의 『인간적인, 너무나 인간적인』, 아포리즘 475. 최후의 인간에 대해서 보려면 그의 『차라투스트라는 이렇게 말했다』의 프롤로그 5절.

었다. 이런 상황 전체에서 유일하게 긍정적인 면은 병역 부적격 판정을 받았다는 것이다. 제1차 세계대전 중 병역을 피하기 위해 여러 차례 꾀병을 부리고 결국 성공했던 일이 아이러니하게 떠오르는 대목이다.

미국 이주라는 목표가 벤야민의 머릿속을 채우게 된 것은 독일군이 프랑스를 침공한 5월 10일보다 한참 앞서서였다. 1월 16일에 결혼한 한나 아렌트 및 하인리히 블뤼허 부부와 함께 영어 교습을 받기 시작한 것이 그해 봄이었다. 처음으로 영어 텍스트를 읽었고(어느 편지에서는 베이컨의 『학문의 진보』 중 「찬반의 사례」를 읽었다고 자랑했다), 미국의 경험과 좀더 관련된 책(윌리엄 포크너의 소설 『팔월의 빛』의 프랑스어 번역)을 읽기도 했다. 영어 교습은 산발적으로 계속되었고 심지어 블뤼허가 억류된 후에도 중단되지 않았지만, 벤야민 자신도 인정했다시피 회화 쪽은 더듬거리는 수준을 넘지 못했다. 탈출할 시점을 놓쳤다는 것이 분명해지면서, 붙잡지 못했던 이주의 기회들—팔레스타인, 영국, 스칸디나비아—이 그의 머릿속에서 계속 어른거렸다. 그레텔 카르플루스에게 그 심정을 전한 것은 몇 달 뒤 도망 길에 오른 후였다: "틀림없이 예상했던 위험, 사정을 (거의) 알면서도 자초한 위험에 처해 있는 사람에게 어울리는 유일한 정신 상태를 내가 잘 유지하고 있다는 것은 (…) 믿으셔도 좋습니다"(BG, 289).

3월 말, 벤야민은 기분 나쁜 충격을 받았다. 사건의 발단은 한때 벤야민의 친구였던 베르너 크라프트가 《사회연구지》에 실린 19세기 작가 요흐만의 논문과 그 글에 대한 벤야민의 소개 글을 읽은 후 뉴욕의 호르크하이머에게 벤야민을 비난하는 장문의 편지를 보낸 일이었다. 이 편지에서 크라프트는 자기가 벤야민에게 이 작가를 알려준 사람이라고 주장하면서, 벤야민이 요흐만의 발견자임을 자처하는 것을 비난했다. 하지만 표절을 비난한 것은 아니었다. 그런데 좌익의 기미만 있어도 무조건 적대적 반응을 보이는 타국에서 연구소와 연구소 저널이 어떠한 처지에 있는지를 항상 예의주시하던 호르크하이머는 이 편지에 민감하게 반응했다. 그레텔 아도르노는 벤야민에게 곧바로 상세한 해명의 편지를 쓰라고 조언했다. 호르크하이머의 호의가 가장 필요한 순간에 일을 그르치면 안 된다는 것이었다. 9장에서 보았듯이, 벤야민은 자기가 국립도서관에서 요흐만을 발견했고 크라프트와 대화를 나눈 시기는 그 이후였다는 것을 간단하게 설명하는 편지를 보냈다. 크라프트가 벤야민에게 요흐만의 몇 작품을 알려주었다는 것은 사실인 듯하다. 다만 크라프트가 벤야민에게 요흐만이라는 작가의 존재를 알려주었다고 말하기는 어려울 것 같다.

외출할 상태도 못 되고 보들레르 연구에 집중할 기운도 없었던 벤야민은 이런저런 글을 손에 잡히는 대로 읽어나갔던 듯하다. 아직 구상 단계였던 루소, 지드 관련 논문에 필요한 글도 읽었고, 인종학자 미셸 레리의 자전적 저서 『인간의 시대』(1939)도 읽었는데, 특히 레리의 책을 대단히 열심히 읽고 여러 친구에게 추천했다(벤야민은 '사회학연구회'의 친구와 지인들 가운데 레리의 작업에 가장 큰 친화성을 느끼고 있었다). 아도르노의 「바그너에 관한 단상들」 필사본을 읽은 후에는 일련의 논평을 (그레텔에게 보내는 편지를 통해서) 아도르노에게 전했다. 특히 축소Verkleinerung를 환등상의 한 기법으로 이론화하는 대목을 읽으면서 벤야민 자신이 과거에 괴테의 「새로운 멜루지네」에 관해 논평한 내용을 떠올리기도 했다. 브렌타노가 새로 발표한 소설 『영원한 느낌들』을 읽은 후에는 저자에게 자기가 이 소설을 "48시간" 만에 읽었다고 전했다. 앙리-이레네 마루의 『성 아우구스투스와 고대 그리스 로마 문화의 종말』을 읽은 후 카를 티에메에게 추천하면서, 이 책이 후기 로마의 데카당스를 다루는 방식, 그리고 이 책과 리글의 책 사이의 친연성을 지적하기도 했다.

3월 23일, 벤야민은 뉴욕의 호르크하이머에게 당시의 프랑스 문단을 새로 개괄하는 편지를 보냈다. 이 장문의 편지에서 주로 다룬 것은 세 권의 책—

스위스 작가 샤를 페르디낭 라뮈의 『파리: 어느 발도파의 메모』라는 파리에 대한 초상, 미셸 레리의 『인간의 시대』, 그리고 가스통 바슐라르의 『불의 정신분석』 중 원原초현실주의 작가 로트레아몽에 대한 논평 부분—이었다. 우선 이 편지는 라뮈즈가 그린 파리라는 도시의 초상에 찬사를 보낸다(벤야민이 라뮈즈의 텍스트에 진심으로 공감할 수 있었던 것은 접근 방식이 벤야민 자신의 『파사주 작업』과 전혀 달랐기 때문이다). 이어서 이 편지는 벤야민 자신이 가지고 있던 레리에 대한 관심의 정체를 일목요연하게 설명하고 있다(1930년대 후반에 레리를 비롯한 '사회학연구회'가 비인습적 인간학의 노선을 따른 방식은 1920년대와 1930년대에 벤야민 자신의 여러 작업이 초현실주의에 의해 열린 노선을 따른 방식과 [일치하지는 않지만] 평행한다는 설명이었다). 마지막으로, 이 편지는 바슐라르를 검토하는 대목에서도 벤야민 자신의 내밀한 관심사로부터 나온 관점을 취하고 있다. 그가 바슐라르의 텍스트에서 높이 평가하는 곳은 상징주의 시에 잠재되어 있는 내용—모종의 잠재적 위력, 잠재적 의미를 품고 있는 일련의 "숨은그림찾기"—을 해석하는 대목이다. 그 밖에 이 편지에는 장 게노의 『어느 '혁명'의 일기』, 조르주 살의 『시선』, 카유아의 「축제론」 등에 대한 논평이 실려 있고(벤야민이 『시선』에 대해 쓴 서평의 두 번째 버전이 아드리엔 모니에의 《책 친구 소식》에 실리기도 했다), 카유아가 쓴 또 한 편의 논문 「히틀러주의에 반대하는 선언문」에 대한 아이러니한 촌평—빅토리아 오캄포(아르헨티나의 인기 작가)를 따라 아르헨티나로 간 카유아는 전쟁이 끝날 때까지 아르헨티나에서 지낼 것 같다는—도 포함돼 있다.

5월 초 벤야민은 아도르노에게 장문의 편지를 보냈다. 슈테판 게오르게와 후고 폰 호프만슈탈 사이의 관련성을 다룬 아도르노의 한 논문의 초고에 대한 답장 형식이었지만, 내용상으로는 벤야민이 문학에 대해서 내놓은 마지막 공식적 발언—카프카와 프루스트와 보들레르에 관한 통찰들을 게오르게와 호프만슈탈의 신낭만주의에 대한 한 가지 성찰과 결합하는—이었다. 이 편지에서 벤야민은 게오르게를 "구원"하고자 하는 아도르노의 용기에 찬사를 보내지만(당시 자유주의 서클들은 게오르게를 원原파시스트로 매도하는 분위기였다), 다른 한편으로는 호프만슈탈에 대한 아도르노의 태도를 솔직하게 비판하면서 사실상의 대안적 해석을 제시하고 있다.

본질적으로는 두 대목에 해당되는 이야기인데, 이 두 대목의 유사성이 내가 말하고자 하는 바를 명료하게 해줍니다. 그중 하나는 당신의 글과도 연결되는, 당신이 인용하기도 한 『찬도스 경의 편지』의 이 대목입니다: "곰치를 키우던 크라수스와 내가 수백 년이라는 간극을 초월한 쌍둥이 형제라고 생각되는 때가 얼마나 많은지 모르겠습니다. (…) 크라수스는 자기가 키우던 곰치가 죽었을 때 눈물을 흘렸기 때문에 (…) 원로원—더없이 숭고한 것들을 논하면서 온 세계를 다스리는 곳—에서 이 사람의 가소로움과 한심함은 단연 두드러지건만, 나는 어떤 정체 모를 힘에 떠밀린 듯 이 사람에 대해 그들과는 다른 방식으로 생각할 수밖에 없음에도, 내가 그 방식이 어떤 것인지 말로 표현해보려는 순간, 그 방식은 내게 터무니없이 어리석게만 느껴집니다." (『성탑』에서 군주가 어린 시절에 어쩔 수 없이 돼지의 창자를 들여다보는 대목에서도 똑같은 모티프를 만나게 됩니다.) 위에서 말했던 두 대목 중 나머지 하나가 바로 『성탑』에 나오는 의사와 율리안의 대화 장면입니다. 율리안은 자기를 버릴 줄 모르며 다른 것에 헌신했던 적이 단 한 번도 없는 사람, 그것만 아니었더라면 최고가 될 수 있었을 인물입니다. 율리안이 군주를 배반했듯, 호프만슈탈은 『찬도스 경의 편지』에서 제기되는 과제에서 등을 돌렸습니다. 그의 "말로 표현할 수 없음"은 일종의 형벌이었습니다. 호프만슈탈이 하지 않은 말은 카프카가 그 무렵에 할 수 있게 된 말과 같은 것이었을 수도 있습니다. 카프카가 떠맡은 과제는 호프만슈탈이 포기한 과제와 같은 것이었으니 말입니다. 그는 도덕적으로 실패했기에 문학적으로도 실패한 것입니다. (당신도 희생 이론의 의심스러움, 근거 없음을 지적한 바 있는데, 희생 이론에는 이 포기의 모든 흔적이 담겨 있습니다.)

그리스도가 사탄과 협상한 덕분에 세상을 지배할 수 있게 되었다면 자신의 왕국을 어떤 눈으로 바라봤을까요. 호프만슈탈은 일평생 자신의 재능을 바로 그런 눈으로 바라봤던 것 같습니다. 그의 보기 드문 다재다능함은 자기 안에 존재하는 것 가운데 가장 좋은 것을 배반했다는 의식과 공존하는 것 같습니다(BA, 328-329).

오스트리아의 위대한 작가 호프만슈탈에 대한 이 묘사는 벤야민의 재능을 자신의 목적에 맞도록 왜곡하지 않고 있는 그대로 인정하며 지지해준 한 명사에게 바치는 벤야민 자신의 감동적인 헌사다.

5월 초, 독일군은 벨기에와 네덜란드에 이어 프랑스를 침공했고, 프랑스 정부는 또 한 차례 억류를 개시했다. 벤야민과 크라카워 및 저널리스트 한스-에리히 카민스키와 작가 아서 케스틀러가 억류를 면한 것은 모니에의 친구 앙리 오프노가 다시 중재에 나서준 덕분이었다. 이제 200만 명 이상이 나치의 군대를 피해 피란에 나섰다. 벤야민은 황급히 아파트를 비우고 자료를 보관할 곳을 찾았다.[10] 우선, 가장 덜 중요한 자료는 아파트에 남겨졌다가 게슈타포에게 압수되었다. 그중 일부는 전쟁 중에 소실되었지만, 나머지 자료는 나중에 붉은군대에게 압수되어 소비에트연방으로 옮겨졌다가 후일 동독으로 돌아왔다. 두 번째로, 친구들의 손에 맡겨졌던 자료는 전쟁 중에는 행방이 묘연했지만 1946년 취리히에 있던 여동생 도라의 손에 들어왔다(이 자료는 도라가 나중에 뉴욕의 아도르노에게 보냈다). 마지막으로, 가장 중요한 자

---

10 벤야민의 *Nachlaß*(유고)의 보관 상황을 보려면 Tiedemann, *Dialektik im Stillstand*, 151-155.

료는 벤야민이 직접 조르주 바타유에게 맡겼다. 그중에는 『파사주 작업』 뭉치가 있었고, 『1900년경 베를린의 유년시절』과 「기술적 복제가 가능한 시대의 예술작품」 세 번째 버전이 있었으며, 「역사 개념에 대하여」(저자 보관 버전)와 소네트들이 있었고, 「이야기꾼」 타자본과 「브레히트의 시에 대한 논평」 타자본, 이론적 중요성이 있는 아도르노의 몇몇 편지가 있었다.[11] 바타유는 그 자료의 대부분을 파리 국립도서관의 두 사서에게 몰래 맡겼는데, 전쟁이 끝난 후 피에르 미사크는 그 자료의 일부—특히 『파사주 작업』 자료 뭉치—가 파리 국립도서관에 숨겨져 있다는 것을 알아냈다(그리고 자기가 그렇게 소재를 밝혀낸 자료를 바타유로부터 돌려받아 인편으로 아도르노에게 전달했다). 벤야민이 바타유에게 맡긴 자료 중에 미사크가 회수하지 않은 부분—『샤를 보들레르: 고도자본주의 시대의 서정시인』이라는 미완성 저서 초고의 일부분과 각주 등—은 오랫동안 소실된 것으로 여겨졌다. 그러다가 1981년에 벤야민의 이탈리아어 편집자였던 철학자 조르조 아감벤이 파리 국립도서관 바타유 아카이브 자료 및 바타유의 미망인으로부터 건네받은 자료들을 검토하던 중 벤야민의 필체로 된 것을 발견했는데, 알고 보니 이것이 바로 소실됐다고 여겨진 그 자료였다. 바타유가 전쟁이 끝나고 벤야민이 맡긴 자료를 찾아갈 때 이것을 빠뜨렸는지, 아니면 이 자료만 따로 챙겨놓았다가 그대로 잊어버린 것인지는 확실치 않다.[12]

6월 14일 전후로(벤야민의 여동생 도라가 귀르 억류소에서 석방되고 며칠 후), 벤야민 남매는 프랑스인 친구들의 도움으로 파리발 기차의 좌석을 구할 수 있었다. 파리 탈출 난민들을 남쪽으로 실어 나른 마지막 기차 중 하나

---

11 벤야민의 소네트 몇 편이 수록된 곳은 GS, 7:27-67. 1913~1922년경에 쓴 것으로 추정되나 확실하지 않다.
12 미사크 자신의 추측에 따르면, 바타유는 1945년에 자료를 건네줄 때 이 자료를 아예 잊고 있었던 것 같다. 이 안에는 벤야민의 자료들과 함께 청년 미사크가 쓴 영화사에 관한 미발표 논문도 포함되어 있다. Missac, *Walter Benjamin's Passages*, 121-122.

였다. 벤야민이 챙긴 짐은 세면도구, 방독면, 그리고 책 한 권(레츠 추기경의 회고록)이었다. 피레네 산맥 근처의 루르드에서 하차한 두 사람은 저렴한 숙소를 찾았다. 당시 벤야민은 여러 친구에게 루르드 현지 주민들에 대한 찬사 —이민자로 들끓는데도 여전히 질서와 평온의 감각이 유지된다(이민자는 대부분 벨기에인이다)—로 가득한 편지를 보냈다. 그러면서 아직 파리를 떠나지 않은 친구들에게 (그중에서 특히 프로인트에게) 어서 "이 아름다운 전원"으로 오라고 권했다. 당시 벤야민의 친구들이 어떤 처지였는지를 보면, 파리를 떠날 적기를 놓친 탓에 어쩔 수 없이 자전거를 타고 탈출한 프로인트는 도르도뉴 주의 생소지Saint-Sozy에 은신했다(그리고 거기서 1941년에 아르헨티나로 탈출하게 된다). 억류소에서 풀려나 따로 비점령 지구로 탈출했던 난 하인리히 블뤼허와 몽토방 근처에 은신했던 한나 아렌트는 함께 마르세유로 갔다. 크라카워 부부는 이미 마르세유에 있었다. 너무 늙어서 혹은 너무 약해서 탈출하지 못한 친구들은 뒤에 남겨졌다. 벤야민은 파리에서 이웃에 살던 프리츠 프렝켈의 어머니의 "대단한 용기"에 대해 감동적인 기록을 남겼다: "보들레르가 옳았습니다. 때로는 '노파들les petites vieilles'이 진정 영웅적입니다" (GB, 6:471).

벤야민이 루르드에 와서 3주를 지낸 뒤 한나 아렌트에게 보낸 편지에 따르면, 라로슈푸코가 레츠 추기경을 설명할 때 사용한 표현—"그가 수년 동안 정체를 감추고 떠돌이 생활을 하던 중 그의 명예를 지켜준 것은 나태였다"—은 벤야민 자신에 대한 적절한 묘사이기도 했다. 루르드 주민들의 도움이 있었지만, 그곳에서의 몇 주 동안 벤야민 남매의 삶은 한 치 앞을 내다볼 수 없는 상태였다. 강직성 척추염에 말기 동맥경화였던 도라는 거의 거동을 할 수 없었고, 벤야민 자신의 심장 질환도 악화되었다(전반적인 처지, 생계 부담 등도 원인이었지만 그곳의 고도도 한 가지 원인이었다). 하루하루 먹고사는 것이 점점 벅찬 숙제가 되었다. 갖고 있는 돈도 없고 가까운 사람들에게 연락할 길도 없었던 당시의 처지를 아도르노에게 전했다: "지난 몇 달 동안 부르주아적 생활 조건이 그렇게 무너지는 모습(서서히 주저앉는 것이 아니라 하룻밤 사이에 곤두박질치는 그런 모습)을 여러 번 목격했습니다"(BA, 339). 루르드에서의 몇 주 동안 벤야민에게 유일한 위안은 문학(특히 스탕달의 『적과 흑』을 다시 읽은 일)뿐이었던 것 같다.

당시 벤야민은 "얼음 같은 무념무상"의 상태였다. 7월 중순에 그레텔 아도르노에게 그 상태를 전하기도 했다: "당신의 편지가 위안이 되었다는 것은 내가 굳이 말하지 않아도 아실 겁니다. 당신의 편지를 받고 기뻤다고 말하고 싶지만, 아무래도 당분간은 기쁨의 감정을 느낄 수 없을 듯합니다"(GB, 6:471; BG, 288). 그런 와중에도 벤야민은 흐트러짐 없는 자세Haltung를 유지하려고 애썼다. 파리 탈출을 앞두고 아도르노에게 그때의 심경을 전했다: "사람의 자세란 그의 근원적 고독의 가시화라고 말할 수 있을 듯합니다. 여기서 말하는 고독은 그의 충일함이 아니라 오히려 그의 역사적 조건으로서의 공백, 그의 불운으로서의 성격입니다"(BA, 331).

루르드에서 벤야민에게 당장의 걱정거리는 재억류의 위협이었다. 재억류된다면 그다음은 독일 감옥으로의 압송이었다. 아도르노에게 그때의 심경을 전하기도 했다: "지난 몇 주 동안 내 삶은 불확실성 그 자체였습니다. 내일 어떻게 될지 알 수 없는 삶, 아니 바로 한 시간 뒤에 어떻게 될지 알 수 없는 삶입니다. 신문을 읽을 때마다 나에게 온 소환장인 것 같고(이곳은 신문이 한 장으로 되어 있습니다), 라디오를 들을 때마다 흉보를 전하는 목소리가 들립니다"(BA, 339). 벤야민이 탈출할 방도를 점점 더 절박하게 모색하면서 비자 마련을 "중대" 과제로 삼은 것은 그 때문이었다(C, 635). 케스텐과 아렌트를 포함한 여러 친구는 피레네 산맥을 넘어 스페인으로 탈출하겠다는 생각으로 마르세유—수많은 난민이 모여드는 도시—로 향하고 있었다. 한나 아렌트의 남편 하인리히 블뤼허를 포함한 많은 친구가 억류돼 있다는 소식도 흘러들어왔다. 그런데 벤야민 남매가 루르드에 도착한 직후, 프랑스 당국이 모든 외국인의 무허가 여행을 금지한 것이었다(허가증을 얻으려면 유효한 비자를 제시해야 했다). 프랑스 정부와 독일 정부의 휴전 협상이 체결된 것이 6월 22일이고, 제3공화국이 해체되고 대독 협력자 필리프 페탱 원수를 수반으로 하는 비시 정권이 꾸려진 것은 7월 10일이었다(휴전 협정에는 프랑스에 있는 외국인의 비호권을 사실상 박탈하는 조항이 포함되어 있었다).[13] 벤야민이 그 몇 주 사이에 보낸 편지들을 보면, 공포감이 점점 커지는 것을 알 수 있다: "내가 우려하는 일은, 우리에게 남은 시간이 우리 생각보다 훨씬 더 적을지도 모른다는 것입니다. (…) 지금까지 나는 당신에게 내가 어려운 시기에 침착성을 잃지 않는다는 인상을 주려고 노력해왔습니다. 그것은 지금도 마찬가지입니다. 그렇지만 이 상황의 위험성을 못 본 척할 수는 없습니다. 이 상황을 모면할 수 있는 사람은 많지 않을 것 같습니다."[14] 미국행의 희망을 잃은 벤야민은 스위스행의 가능성을 타진해보기도 했다. 독일계 유대인에게 바닷길이 없는 내륙국 스위스가 가장 바람직한 피난처라고 할 수는 없었지만, 어쨌든 벤야민은 호프만슈탈의 친구였던 스위스의 외교관이자 역사가 카를 야코프 부르크하르트에게 선처를 호소하는 편지를 써 보냈다: "나로서는 내가 아주 빠른 시일 내에 이 나라를 뜨지 못한다면 출구 없는 처지라고 말할 수밖에 없습니다"(GB, 6:473). 벤야민의 탈출로를 마련하기 위해 스페인 친구들까지 동원하면서 할 수 있는 일은 다 했는데 모든 준비를 마치고 보니 이미 때가 늦었더라고 부르크하르는 전쟁이 끝난 후 벤야민의 친구 막스 리히너에게 말했다.

루르드에서 외부와의 연락이 원활치 않았던 벤야민은 자기를 위해 어떠한

13　Ingrid Scheurmann, "Als Deutscher in Frankreich: Walter Benjamins Exil, 1933–1940," in Scheurmann and Scheurmann, eds., *Für Walter Benjamin*, 96.
14　GB, 6:475–476(1940년 8월 2일 아도르노에게 보낸 편지). BA, 339–340을 보면 인용된 단락의 마지막 네 문장이 누락되어 있다.

노력이 진행되고 있는지에 대해 거의 모르고 있었다. '사회연구소'의 편지와 엽서가 파리에 닿은 것은 벤야민이 떠난 뒤였다. 그중 일부는 분실되었고, 일부는 여러 주가 지나서야 벤야민의 손에 닿았다. 미국 비자 발급이 지체되는데 초조해진 호르크하이머가 카리브 해 지역에서 벤야민의 거처와 직장을 수소문했다는 것(처음에는 산토도밍고에서 알아보다가 그 일이 잘 안 되자 아바나 대학에 '사회연구소' 기금의 이자로 교수 자리를 만들 수 있을지 알아봤다는 것)도 벤야민은 7월 이후에야 알게 되었다.

벤야민이 마르세유로 가서 친구들을 만나기까지는 두 달 이상이 걸렸다. 8월 초, '사회연구소'가 드디어 미국 입국에 필요한 논쿼터 비자를 받아놓았다는 소식과 마르세유 영사관이 이를 정식으로 통보받았다는 소식이 도착했다. 8월 중순, 미국 입국 비자로 통행증을 발급받은 벤야민은 마르세유로 떠났다. 루르드에 남은 여동생 도라는 시골 농가에 은신처를 마련했다(그리고 1941년 스위스로 탈출했다). 벤야민이 느낀 마르세유는 난민들이 밀려드는 도시, 불안이 지배하는 도시였다. 영사관은 벤야민에게 미국 입국 비자뿐 아니라 스페인 통과 비자와 포르투갈 통과 비자까지 발급해주었다. 벤야민이 발급받지 못한 것은 프랑스 출국 비자였다. 항구와 국경검문소에는 독일계 유대인과 반체제 인사의 명단이 나붙어 있었고, 비시 민병대는 억류소를 뒤져 나치 동조자를 석방하고 "국가의 적들"을 게슈타포에게 넘기고 있었다.[15] 미국 입국 비자를 받기 위해 오랫동안 노력했던 벤야민은 알프레트 콘에게 당시의 심경을 전하기도 했다: "미국 비자를 발급받은 지 거의 한 달이 지났습니다. 보시다시피, 그 미국 비자도 지금까지는 별로 쓸모가 없었습니다. 수포로 돌아간 계획, 새로 세운 계획들에 대해 당신에게 일일이 설명할 필요는 없을 듯합니다"(GB, 6:481). 프리츠 프렝켈과 함께 뇌물을 좀 써서 화물선

---

15 Fabian and Coulmas, *Die deutsche Emigration in Frankreich nach* 1933, 85ff.; 인용은 Scheurmann, "Als Deutscher in Frankreich," 97.

에 올라탔던 일도 그런 계획 중 하나였던 것 같다(두 사람은 프랑스 선원으로 변장했는데, 해운업 역사상 가장 늙고 가장 서툰 선원이 아니었을까 싶다).[16] 그러나 이런 긴박한 상황에서도 벤야민의 지적 불꽃(혹은 장난기)은 꺼지지 않았던 것 같다. 소설가 조마 모르겐슈테른은 그 무렵 마르세유에서 벤야민을 만나 점심 식사를 하면서 플로베르에 관해 이야기를 나눈 일을 들려주고 있다.

우리는 메뉴를 찬찬히 살폈고 음료까지 주문했습니다. 그런데 주문이 끝나기 무섭게 발터 벤야민이 안경알을 빛내면서 나를 몇 번이나 쳐다보더군요. 마치 꼭 알맞고 꼭 필요한 어떤 말을, 내가 진작 했어야 할 어떤 말을 기다리고 있는 듯했습니다. (…) "뭐 생각나는 거 없습니까?" "우리 아직 아무것도 안 먹었는데요, 생각나야 하는 게 있나요?"라고 내가 되물었습니다. 그는 내게 메뉴판을 건네주고 기다리기 시작했습니다. 나는 식단의 순서를 다시 한번 살펴봤지만, 생각나는 것은 하나도 없었습니다. 그의 참을성은 결국 무너졌습니다. "눈에 띄는 게 없습니까? 이 음식점 이름." 메뉴판을 보니 식당 주인의 이름이 아르누Arnoux였습니다. 나는 내가 본 것을 말했습니다. "그런데도 아직 떠오르는 것이 없습니까?"라고 그가 재차 확인했습니다. 나는 낙제생이 된 듯했습니다. 내가 풀 수 없는 시험 문제였습니다. "아르누가 누구인지, 생각 안 나세요? 프레데리크가 사랑한 여자 이름이잖아요, 『감정교육』에 나오는!" 그가 나에게서 받은 실망감을 극복해낸 것은 수프를 다 먹고 나서였습니다. 식사 중

---

16 볼 곳은 Fittko, "The Story of Old Benjamin," 947. 다시 수록된 곳은 Lisa Fittko, *Escape through the Pyrenees*, trans. David Koblick(Evanston, IL: Northwestern University Press, 1991). 벤야민의 마지막 며칠에 관한 정보는 상당 부분 "The Story of Old Benjamin"(벤야민이 1940년 9월에 피레네 산맥을 넘어서 탈출한 일에 대한 피트코의 기록)으로 이루어져 있다. 비교적 최근에 카리나 버만이 자신의 탈출을 기록한 *The Narrow Foothold*가 나오면서 약간의 정보가 늘었다.

우리의 화제는 당연히 플로베르였습니다.[17]

9월 하순, 벤야민은 마르세유에서 알게 된 두 사람(독일 태생의 어머니 헤니 걸랜드와 십대인 아들 조지프 걸랜드)과 함께 마르세유에서 기차를 타고 스페인 국경의 시골 마을로 향했다. 합법적인 방법으로 프랑스를 떠날 길을 찾지 못한 벤야민이 불법 월경 쪽을 택한 것이었다. 일단 스페인에 도착하면 포르투갈까지 갈 수 있고 포르투갈에서 배를 타면 미국으로 갈 수 있으리라는 생각이었다. 벤야민 일행은 포르방드르에서 안내인 리사 피트코를 만났다. (피트코는 서른한 살의 정치활동가였다. 피트코 자신은 빈과 베를린과 프라하에 산 적이 있고, 벤야민과 피트코의 남편 한스는 버뉘슈 억류소에서 알게 된 사이였다.) 사실 피트코는 전문 안내인이라기보다는 그야말로 철두철미한 준비로 모든 탈출 가능성을 숙지하고 있는 안내인이었다. 그녀가 벤야민 일행을 이끌고 피레네 산맥의 높은 봉우리를 넘어 스페인의 국경 마을 포르트보우까지 가는 데 성공한 데는 포르방드르 근처의 바니울스에서 아제마 시장으로부터 입수한 지도가 도움이 되었다. 근처 세르베르에는 포르트보우로 가는 좀더 가까운 루트—많은 난민이 프랑스를 탈출할 때 이용했던 길—가 있었지만, 당시 이 루트에 대한 정보를 입수한 비시 정권의 기동 부대가 곳곳을 엄중히 지키고 있었다. 이제 탈출로는 좀더 서쪽으로 우회해서 좀더 높은 봉우리를 넘는 '리스터의 길'—1939년 스페인의 공화파 장군 엔리케 리스터가 파시스트들을 피해 도망칠 때 지나간 길이라고 해서 붙은 이름—뿐이었다. 리온 포이히트방거, 하인리히 만과 골로 만, 프란츠 베르펠, 알마 말러베르펠이 이용했던 탈출로가 바로 이 험한 루트였다. 피트코는 벤야민에게 심장에 무리가 갈 수도 있는데 위험을 감수하겠느냐고 물었다. "정말 위험한 일

17 조마 모르겐슈테른이 1972년 12월 21일 게르솜 숄렘에게 보낸 편지, 인용은 Puttnies and Smith, *Benjaminiana*, 203–205.

은 가지 않는 것 아닐까요"라고 벤야민은 답했다.[18]

여기서부터 발터 벤야민의 마지막 나날은 안개에 싸인다. 피트코는 바니 울스의 아제마 시장이 조언해준 대로 일행을 데리고 탈출로의 첫 구간을 정찰했다. 그날이 9월 25일이었던 것 같다.[19] 피트코에 따르면, 벤야민은 걸음의 속도(10분 걷고 1분 쉬기)를 꼼꼼하게 조정했다. 무거운 검은색 서류가방을 들고 있었는데 다른 사람들이 들어주겠다고 해도 내놓지 않았다. 그러면서 가방에는 "나의 새 원고"가 들어 있고, 이 원고는 "나 자신보다 중요한 것"이라고 했다.[20] 이 원고의 정체를 둘러싸고 무성한 추측이 있어왔다. 『파사주 작업』의 완성본이라느니 『샤를 보들레르』의 완성본이라느니 하는 추측도 있었지만, 벤야민이 세상을 떠나기 전 한 해 동안 건강 상태가 좋지 않았고 꾸준히 작업할 기력이 없었다는 점을 고려하면, 둘 다 아니었을 가능성이 높다. 「역사 개념에 대하여」의 마지막 버전이었을 가능성도 없지 않지만, 벤야민이 그 원고를 그렇게도 중시했던 것을 고려하면 아렌트, 그레텔 아도르노, 바타유가 가지고 있던 버전과는 상당히 달랐을 것이다. 하지만 이것은 벤야민의 마지막 나날의 여러 미스터리 중 첫 번째일 뿐이다.

벤야민은 피레네 산맥을 넘으면서 매우 고생스러웠겠지만, 리사 피트코에게 아무 불평도 하지 않았다. 농담을 던지는 여유를 보이는가 하면 다년간의 등반 경험을 토대로 지도 해독을 돕기도 했다. 일행에게는 아제마가 그려준 작은 지도가 유일한 길잡이였다.[21] 피트코와 걸랜드 모자와 벤야민이 탈출로의 첫 구간을 정찰한 날, 그날의 목적지였던 작은 평지에 도착한 벤야민은

---

18 Fittko, "The Story of Old Benjamin," 947.
19 피레네 산맥을 넘은 날짜, 포르트보우에 도착한 날짜, 벤야민이 세상을 떠난 날짜 등은 확실하지 않다. 우리에게 남은 증거들(리사 피트코의 기억, 헤니 걸랜드의 기억, 카리나 버먼의 기억, 시청과 교회의 기록, 벤야민 자신의 마지막 편지)은 서로 모순된다. 피트코는 일행이 출발한 날짜를 9월 26일로 기억한다.
20 Fittko, "The Story of Old Benjamin," 950, 948.
21 리사 피트코가 2005년 시카고에서 세상을 떠나기 전에 이 책 저자들과 통화한 내용이다.

자기는 여기서 혼자 자겠다고 선언했다. 돌아갈 체력도 없을 뿐 아니라, 기껏 온 길을 돌아가고 싶지는 않다는 이야기였다. 탈출로의 3분의 1에 해당되는 그 첫 구간을 눈에 익힌 다른 사람들은 바니울스의 숙소로 돌아갔다가 이튿날 아침 벤야민과 합류했다. 두 번째 구간은 가장 힘든 오르막길이었고, 세 번째 구간은 포르트보우로 이어지는 내리막길이었다. 피트코가 기억하는 벤야민은 한편으로는 "수정 같은 명료한 정신" "불굴의 의지력"을 지녔으면서 다른 한편으로는 어딘가 순진한 데가 있는 다소 모순된 인물이었다. 벤야민은 가장 가파른 구간을 지날 때 딱 한 번 비틀거렸고, 그때 피트코와 조지프 걸랜드는 벤야민을 끌고 올라가다시피 했다. 하지만 이런 상황에서도 벤야민의 현란한 예법은 여전했다. 예컨대 일행이 배를 채우려고 잠시 멈췄을 때, 벤야민은 토마토 하나를 건네달라는 뜻으로 피트코에게 "번거롭게 해드려서 죄송합니다만 괜찮다면 부디 저에게도……"라고 했다. 9월 26일 오후, 일행은 포르트보우가 내려다보이는 곳에 도착했고, 피트코는 돌아갔다.[22] (도중에 다른 난민들이 합류하면서 일행은 약간 늘어난 상태였다. 새로 합류한 일행 중에는 카리나 버먼을 포함한 네 명도 있었다.) 버먼이 처음 본 벤야민은 9월 오후의 "무더위" 속에서 심장마비를 일으키기 직전인 듯했다: "우리는 그 아픈 남자를 도와주기 위해 물을 찾으러 뛰어다녔다." 벤야민의 몸가짐과 학식 있어 보이는 모습에 깊은 인상을 받은 버먼은 벤야민을 대학교수라고 생각했다.[23]

포르트보우는 1920년대가 한참 지나서까지도 조용한 어촌 마을이었지만, 스페인 내전 때는 맹폭에 시달려야 했다. 스페인과 프랑스를 잇는 철도가 포

---

[22] 그 후 계속 다른 난민들의 탈출을 돕던 피트코는 1941년에 탈출해 8년간 아바나에서 생활하다가 시카고에 정착했다. 시카고에서는 번역자, 비서, 사무실 관리인 등으로 일하면서 부부의 생계를 이었다. 리사 피트코의 조카 카테린네 슈토돌스키가 기록한 간략한 전기를 보려면, http://catherine.stodolsky.userweb.mwn.de.

[23] Birman, *The Narrow Foothold*, 3.

르트보우를 지난다는 전략적인 이유에서였다. 벤야민, 걸랜드 모자, 버먼을 포함한 일행은 스페인 입국에 필요한 서류에 도장을 받기 위해 스페인의 작은 세관에 신고했다. 그런데 당시 스페인 정부는 프랑스로부터 넘어오는 불법 난민들의 입국을 금하는 조치를 취한 상태였고(당시에 왜 그런 조치가 취해졌는지는 영원히 미스터리로 남을 것 같다), 벤야민 일행이 세관에서 들은 말은 이제 곧 프랑스 영토로 압송되리라는 것이었다(그렇게 된다면 거의 억류소로 보내질 것이고, 결국 집단수용소로 보내질 것이었다). 일행은 폰다 데 프란시아라는 작은 호텔로 호송되어 느슨한 감시를 받았다. 버먼의 기억에 따르면, "가까운 방에서 크게 덜그럭거리는 소리가 나기에 살펴러 들어가보니 벤야민이 침대 위에 반나체로 쓰러져 있었다: "벤야민은 정신적으로는 자포자기 상태였고, 육체적으로는 기진맥진해 있었다. 자기는 국경으로 돌아갈 생각도 없고 이 호텔을 나갈 생각도 없다고 말했다. 내가 달리 대안이 없다고 했더니, 그는 자기에게는 대안이 있다고 했다. 아주 센 독약을 가지고 있다는 뜻인 것 같았다. 그가 누워 있는 침대 옆 탁자에서는 아주 멋진 큼직한 금시계가 뚜껑이 열린 채 계속 시간을 알려주고 있었다."[24] 의사가 오후와 저녁에 들러 피를 뽑고 주사를 놓았다(포르트보우에는 총 두 명의 의사가 있었다). 벤야민이 같이 피난 중인 헤니 걸랜드에게 (아도르노에게 보낼 메시지를 담은) 쪽지를 쓴 때는 9월 26일 밤이었다. 쪽지의 원본은 남아 있지 않고(쪽지를 없애야 한다는 것이 헤니 걸랜드의 생각이었다), 쪽지의 내용은 헤니 걸랜드의 기억으로 재구성되었다:

출구 없는 상황이 왔으니 끝내는 수밖에 없습니다. 나를 아는 사람 하나 없는 피레네의 작은 마을에서 나의 삶이 끝납니다.

---

24 Ibid., 5.

나의 친구 아도르노에게 내 생각들을 전달해주고 내가 처해 있던 상황을 설명해주십시오. 쓰고 싶은 편지가 많은데 시간이 별로 없습니다.[25]

벤야민은 이 쪽지를 쓰고 나서 다량의 모르핀을 복용했다. 아서 케스틀러의 기억에 따르면, 마르세유를 떠날 당시 벤야민은 "말 한 마리도 죽일 수 있을 만한" 다량의 모르핀을 소지하고 있었다.

여기서부터 발터 벤야민의 마지막 몇 시간, 그리고 시신의 행방은 미궁에 빠진다. 걸랜드의 기억에 따르면, 9월 27일 아침 일찍 벤야민으로부터 다급한 메시지가 왔다.[26] 자기 방에 와준 그녀에게 벤야민은 자기가 병으로 죽었다고 말해달라고 부탁하면서 쪽지를 건넨 후 의식을 잃었다. 그녀에게 불려온 의사는 가망이 없다고 말했다. 이렇듯 벤야민이 죽은 날짜는 9월 27일이라는 것이 그녀의 기억이다. 버먼에 따르면, 벤야민의 사망은 포르트보우에 일대 소동을 일으켰다. 몇 번이나 콜렉트콜 전화의 다이얼이 돌아갔다(벤야민이 미국 입국 비자를 소지하고 있었음을 감안할 때, 바르셀로나 주재 미국 영사관에 거는 전화였던 것 같다). 버먼 일행이 9월 27일 호텔 식당에서 자리를 잡을 때, 신부 한 명과 수도사 스무 명 정도가 촛불을 들고 미사곡을 부르면서 식당 안을 가로질러갔다: "이웃 마을의 수도원에서 벤야민 교수의 임종을 지키고 장례를 치르러 나왔다고 했다."[27] 시청 사망진단서는 걸랜드의 기억과 맞는 점도 있고 어긋나는 점도 있다(교회 기록과는 중요한 점에서 모순된다).[28] 시청 사망진단서를 보면, 사망자가 "발터 벤야민 박사"로 되어 있고 사인은 뇌출혈로 되어 있다. 검시를 담당한 스페인 의사가 자살임을 감추고

25   GB, 6:483. 번역은 AP, 946.
26   이후의 이야기 중 상당 부분은 헤니 걸랜드가 1940년 10월에 보낸 편지에 나온다; 볼 곳은 GS, 5:1195-1196; [해리 존에 의해 번역된 이 편지는 SF, 224-226.]
27   Birman, *The Narrow Foothold*, 9.
28   시청 사망진단서 등 관련 서류들의 복사본을 보려면, Scheurmann and Scheurmann, eds., *Für Walter Benjamin*, 101ff.

싫어한 벤야민의 마지막 소원을 들어준 것일 수도 있고, 자살 사건 탓에 프랑스로 압송당할 것을 우려한 다른 난민들이 의사를 매수한 것일 수도 있다. 어쨌든 시청 사망진단서를 보면, 사망일이 9월 26일로 되어 있다.

이튿날, 국경이 재개방되었다.

걸랜드는 포르트보우를 떠나기에 앞서 벤야민의 마지막 소원대로 여러 편지를 없앴고(그러면서 벤야민이 피레네 산맥을 넘을 때 소중하게 들고 있던 원고까지 무심결에 없앴을 가능성이 높다), 교회 묘지 한 자리를 5년간 임대하는 데 충분한 액수의 돈을 교회에 전했다. 벤야민의 매장일은 시청 사망진단서에는 9월 27일로 되어 있지만, 교회 기록에는 9월 28일로 되어 있다. 발터 벤야민이 묻힌 곳이(자살자용 묘지가 아닌 것은 물론이고) 타종교 신자용 묘지가 아니라 가톨릭 신자용 묘지였던 것은 사망진단서에 적힌 사망자 이름이 발터 벤야민이 아닌 벤야민 발터였기 때문인 것 같다. 한편 벤야민의 묘지 번호 역시 시청 기록과 교회 기록이 서로 어긋난다(지금 추모비가 있는 곳은 그중 하나다). 수년 뒤 시청 기록실에서 벤야민의 유류품 목록이 발견되었다(유류품 자체는 찾을 수 없었고, 유류품 주인의 이름은 역시 "벤야민 발터"였다). 가죽으로 만든 서류가방(필사본 같은 것은 들어 있지 않은 빈 가방), 남성용 시계, 담배 파이프, 사진 여섯 장, X-레이 사진 한 장, 안경, 편지와 신문 등의 종이류, 약간의 현금이 포함된 목록이었다.

임대 기간이 지난 후, 벤야민의 시신이 묻혔던 자리에는 새로운 시신이 묻혔다(벤야민의 시신은 어느 집단 무덤으로 옮겨졌을 가능성이 높다). 한때 벤야민의 시신이 묻혔던 자리에는 지금 이스라엘 예술가 다니 카라반이 만든 추모비가 포르트보우의 작은 항구와 지중해를 내려다보고 있다.

발터 벤야민이 1940년 스페인 국경 마을에서 생을 마감하기 오래 전에 그의 이름은 유럽의 기억으로부터 사라지기 시작했다. 물론 나치 체제가 망각 속에 파묻은 독일의 자유사상가가 벤야민 한 명만은 아니었다. 제2차 세계대전 중에 벤야민의 이름이 완전히 사라지지 않았다면 그것은 극소수의 친구와 팬들 덕분이었다. 아도르노와 호르크하이머가 1944년작 『철학의 단상』(3년 뒤 암스테르담에서 『계몽의 변증법』으로 나오게 될 저서의 첫 번째 버전)을 벤야민에게 헌정한 것은 그중 의미 있는 제스처였다. 물론 이런 제스처를 지켜보는 이는 극소수에 불과했다. 제2차 세계대전 이후, 새로 생긴 두 독일의 예술가와 지식인들은 활기찼던 1920년대 문화(제3제국을 거치면서 없어진)와 자기네 진영의 문화 사이에서 연속성을 만들고자 했다. 테오도어 W. 아도르노가 1955년에 펴낸 두 권짜리 벤야민 선집은 벤야민 작업의 재발견을 위한 첫걸음이면서 동시에 바이마르 문화와 서독 문화를 잇는 다리였다. 1955년 선집이 폭넓은 공론을 불러일으켰던 것은 아니지만, 많은 작가와 논자가 이 선집을 눈여겨보았다. 20세기 후반 독일의 가장 비중 있는 소설가라고 할 수 있는 우베 욘존은 이 선집을 동독(벤야민의 정통성을 문제 삼는 진영)에 밀반입하는 데 성공했다.

1960년대 중반 서독에서 학생운동이 발흥했을 때에야 비로소 벤야민의 글(최소한 벤야민의 글은 이럴 것이라는 생각)이 논쟁을 불러일으키기 시작했다. 작가 헬무트 하이센뷔텔은 아도르노가 벤야민의 유산을 잘못 관리하고 있다는 글을 유명 저널 《메르쿠리우스》 1967년 7월호에 게재함으로써 폭넓은 반향을 불러일으켰다. 서베를린의 저널 《대안》과 한나 아렌트의 정치적 관점은 전혀 달랐지만, 양쪽 다 아도르노의 벤야민 편집이 1930년대 후반 뉴욕 소재 '사회연구소'의 벤야민 검열과 본질상 마찬가지라는 데 동의하면서 하이센뷔텔의 규탄에 힘을 보탰다. 문헌학에서 시작된 논쟁은 서구 마르크스주의 정치학의 공과를 논하는 격렬한 설전이 되었다. 논쟁 자체는 해결 불가능—당대 정치에 거의 영향을 미치지 못한—했지만, 서독의 포스트 1968년—"질서로의 회귀"의 시기—에 분명해졌듯이, 벤야민에 대한 수요를 일깨운 논쟁이었다. 독일에서 벤야민의 "변덕스러운 모자이크"를 감상하는 것이 가능해진 것은 롤프 티데만(아도르노의 제자이자 편집권 상속자)과 헤르만 슈베펜호이저의 편집으로 일곱 권짜리 전집이 나오기 시작한 1974년부터다. 영어권에서는 10년 간격으로 첫 번째 벤야민 선집과 두 번째 벤야민 선집이 나왔고(1969년에 한나 아렌트가 편집한 *Illuminations*가 나왔고, 1978년에 페터 데메츠가 편집한 *Reflections*가 나왔다). 그사이에 런던 NLB가 *Understanding Brecht*(브레히트에 관한 논문 선집)와 함께 *The Origin of German Tragic Drama*(*Ursprung des deutschen Trauerspiels*의 영역본), *Charles Baudelaire: A Lyric Poet in the Era of High Capitalism*(*Charles Baudelaire—Ein Lyriker im Zeitalter des Hochkapitalismus*의 영역본)이 나왔다. 그 외 주요 논문들의 영역본도 여러 저널에 실리기 시작했다. 1996년에 HUP에서 네 권짜리 *Selected Writings*가 나오기 시작하면서, 드디어 영어권에서도 벤야민 저작의 종합적 선집을 만나게 되었다. 물론 완전한 전집은 아니었다.

1980년대 초는 벤야민에 관한 대중적, 학술적 담론이 줄기차게 이어지다

못해 거의 범람하는 시기였다. 그의 인생 이야기가 신화로 뒤덮이면서, 그를 사회의 아웃사이더요 낙오자로 바라보는 연민 어린 이미지가 퍼지기도 했다. 해석자가 벤야민의 사유에서 어떤 면을 주목하느냐에 따라 수많은 벤야민이 나타났다. 열변을 토하는 공산주의자 벤야민과 정치적 행동을 무한정 유예하는 프랑크푸르트학파의 신新헤겔주의자 벤야민이 공존하기도 했고, 메시아를 기다리는 유대 신비주의자 벤야민과 사회에 동화된 코즈모폴리턴 유대인으로서 기독교 신학에 매혹된 벤야민이 부딪치기도 했으며, "거울의 방"이라 불리는 언어에서 길을 잃은 벤야민(문학 해체론자라는 용어를 온몸으로 선취한 벤야민)이 현대의 매체를 혁신함으로써 인간의 감각을 전면적으로 개조한다는 비전을 내놓는 사회 이론가 벤야민과 양립하기도 했다. 벤야민의 생애와 저작이 모든 해석의 자료로 사용되지만, 정체와 경화를 거부하는 자료 자체의 힘이 이런 모든 해석을 관통하고 있다. 벤야민이 『일방통행로』에서 말했듯, "대인배에게 완성작은 자신의 한평생 작업이 스며들어 있는 미완성 작품에 비하면 가치가 덜하다. 일을 마무리했다고 해서 생을 돌려받기라도 한 듯 마냥 기뻐하는 것은 약한 사람, 멍한 사람이나 하는 짓이다." 벤야민의 한평생 작업("모순 속에 움직이는 전체")과 만나게 된 다음 세대 독자들은 자기 세대만의 벤야민을 발견하리라고 믿는다.

두 사람이 그린 큰 그림이었다. 한 사람이 그려져 있었다. 내가 조금이나마 아는 사람, 안다고 생각한 사람이었다.

그림을 보려면 움직여야 했다. 그 정도로 큰 그림이었다. 내가 그 사람을 얼마나 조금밖에 몰랐는지 그림을 보면서 비로소 깨달았다.

그림이 한눈에 보이는 곳까지 한참 뒤로 물러났다. 옮겨 그리려면 어쩔 수 없었다. 시선은 그림에, 연필은 종이에 고정한 채였다.

그렇게 번역 원고를 만들어나갔다. 긴 시간이었다.

내가 그렸는데 나조차 형체를 알아볼 수 없는 기괴한 그림이었다. 내 눈이 봤던 것은 일단 잊고 내 손이 그려놓은 것에 집중하면서, 최소한 내가 납득할 만한 형체를 만들어나가는 수밖에 없었다.

그렇게 첫 번째 교정지 수정 원고를 만들어나갔다. 벤야민의 텍스트를 따로 읽어나가는 시간이기도 했다.

내가 그린 것도 그 사람의 얼굴이었는데 그림에서 본 얼굴과는 달라도 너무 달랐다. 눈에 띄게 다른 부분들을 지우고 다시 그리고 또 지우고 다시 그렸다.

그렇게 두 번째 교정지 수정본을 만들어나갔다. 끝나지 않을 것 같은 시간이었다.

아쉬운 마음에 벽에 걸린 그림에 한 걸음 다가가 보았다. 그림 속의 얼굴에는 내가 미처 봐내지 못했던 디테일이 가득했다. 가까이 다가갈수록, 많이 보일수록, 옮기기가 더 어려워졌다. 이 선은 얼굴의 주름살일까, 아니면 나무의 그림자일까. 이 점은 흘러내리는 눈물일까, 아니면 그림 위에 묻은 티끌일까. 하나하나 확인하는 수밖에 없었다.

그렇게 세 번째 교정지 수정본을 만들어나갔다. 벤야민의 독일어를 읽어나가는 시간이기도 했다.

그러고 나니까 비로소 화가의 터치가 보였다. 화가의 솜씨가 그제야 감탄스러웠다. 붓질의 효과를 연필로 옮기는 수밖에 없었다.

그렇게 네 번째 교정지 수정본을 만들었다. 거의 모든 곳을 뜯어고치는 시간이었다.

번역에 오랜 시간이 들었다는 후기는 대개 내가 번역해서는 안 될 책이었다는 고백임을 모르지 않지만, 당장은 편집자한테 무슨 변명이든 해야겠어서.

2017년
진짜 마지막으로 네 번째 교정지 수정본을 보내는 날
김정아

발터 벤야민의 저작들

Das Adr essbuch des Exils, 1933-1940, ed. Christine Fischer-Defoy(Leipzig: Koehler& Ame-
lang, 2006).

The Arcades Project, trans. Howard Eiland and Kevin McLaughlin(Cambridge, MA: Harvard
University Press, 1999).

Berlin Childhood around 1900, trans. Howard Eiland(Cambridge, MA: Harvard University
Press, 2006).

Walter Benjamin and Theodor W. Adorno, *The Complete Correspondence, 1928-1940*,
trans. Nicholas Walker(Cambridge, MA: Harvard University Press, 1999).

Walter Benjamin and Gretel Adorno, *Correspondence 1930-1940*, trans. Wieland
Hoban(Cambridge: Polity Press, 2008).

The Correspondence of Walter Benjamin, trans. M. R. and E. M. Jacobson(Chicago: Univer-
sity of Chicago Press, 1994).

Walter Benjamin and Gershom Scholem, *The Correspondence of Walter Benjamin and
Gershom Scholem, 1932-1940*, trans. Gary Smith and Andre Lefevere(New York:
Schocken Books, 1989).

Early Writings, 1910-1917, ed. Howard Eiland(Cambridge, MA: Harvard University Press,
2011).

Gesammelte Briefe, 6 vols., ed. Christoph Godde and Henri Lonitz(Frankfurt: Suhrkamp
Verlag, 1995-2000).

Gesammelte Schriften, 7 vols., ed. Rolf Tiedemann and Hermann Schweppenhauser(Frankfurtam
Main: Suhrkamp Verlag, 1974-1989).

Moscow Diary, ed. Gary Smith(Cambridge, MA: Harvard University Press, 1986).

On Hashish, ed. Howard Eiland(Cambridge, MA: Harvard University Press, 2006).

The Origin of German Tragic Drama, trans. John Osborne(London: New Left Books, 1977).

Selected Writings, 4 vols., Michael W. Jennings, general ed. (Cambridge, MA: Harvard Uni-
versity Press, 1996-2003).

Volume 1: *1913-1926*, ed. Michael W. Jennings and Marcus Bullock.

Volume 2: *1927-1934*, ed. Michael W. Jennings, Howard Eiland, and Gary Smith.

Volume 3: *1935-1938*, ed. Michael W. Jennings and Howard Eiland.

Volume 4: *1938-1940*, ed. Michael W. Jennings and Howard Eiland.

Werke und Nachlaß: Kritische Gesamtausgabe, Christoph Godde and Henri Lonitz, general eds. (Berlin: Suhrkamp Verlag, 2008–).
Volume 3: *Der Begriff der Kunstkritik in der deutschen Romantik,* ed. Uwe Steiner.
Volume 8: *Einbahnstraße,* ed. Detlev Schottker.
Volume 10: *Deutsche Menschen,* ed. Momme Brodersen.
Volume 13: *Kritiken und Rezensionen,* ed. Heinrich Kaulen.
Volume 16: *Das Kunstwerk im Zeitalter seiner Technischen Reproduzierbarkeit,* ed. Burkhardt Lindner.
Volume 19: *Uber den Begriff der Geschichte,* ed. Gerard Raulet.
"*The Work of Art in the Age of Its Technological Reproducibility*"(first version), trans. Michael
W. Jennings, *Grey Room 39*(Spring 2010).
The Work of Art in the Age of Its Technological Reproducibility, and Other Writings on Media, ed.
Michael W. Jennings, Brigid Doherty, and Thomas Y. Levin(Cambridge, MA: Harvard University Press, 2008).
The Writer of Modern Life: Essays on Charles Baudelaire, ed. Michael W. Jennings(Cambridge, MA: Harvard University Press, 2006).

1차 자료

Theodor W. Adorno, *Aesthetic Theory,* trans. Robert Hullot–Kentor(Minneapolis: University of Minnesota Press, 1997).
――――, *In Search of Wagner,* trans. Rodney Livingstone(London: Verso, 1981).
――――, *Kierkegaard: Construction of the Aesthetic,* trans. Robert Hullot–Kentor(Minneapolis: University of Minnesota Press, 1989).
――――, *Minima Moralia,* trans. Edmund Jephcott(London: Verso, 1978).
――――, *Night Music: Essays on Music 1928–1962,* trans. Wieland Hoban(London: Seagull, 2009).
――――, *Notes to Literature,* 2 vols., trans. Shierry Weber Nicholsen(New York: Columbia University Press, 1991–1992).
――――, *Prisms,* trans. Samuel and Shierry Weber(Cambridge, MA: MIT Press, 1981).
――――, *Uber Walter Benjamin,* rev. ed. (Frankfurt: Suhrkamp Verlag, 1990).
Theodor W. Adorno and Max Horkheimer, *Briefwechsel,* vol. 1, *1927–1937*(Frankfurt: Suhrkamp Verlag, 2003).
Guillaume Apollinaire, *Selected Writings,* trans. Roger Shattuck(New York: New Directions, 1972).
Louis Aragon, *Nightwalker*(Le paysan de Paris), trans. Frederick Brown(Englewood Cliffs, NJ: Prentice–Hall, 1970).
――――, *Une vague de reves*(Paris: Seghers, 1990).
Hannah Arendt, *Men in Dark Times*(New York: Harcourt, 1968).
Hannah Arendt and Martin Heidegger, *Briefe, 1925–1975*(Frankfurt: Klostermann, 1998).
Hugo Ball, *Die Flucht aus der Zeit*(Lucerne: Josef Stocker Verlag, 1946).
Georges Bataille et al., *The College of Sociology, 1937–1939,* ed. Denis Hollier, trans. Betsy Wing(Minneapolis: University of Minnesota Press, 1988).
Charles Baudelaire, *Artificial Paradises,* trans. Stacy Diamond(New York: Citadel, 1996).
――――, *Intimate Journals,* trans. Christopher Isherwood, with an introduction by T. S. El-

iot(1930; rpt. Westport, CT: Hyperion, 1978).

———, *Les fl eurs du mal*, trans. Richard Howard(Boston: David Godine, 1983).

———, *Oeuvres completes*, ed. Marcel A. Ruff(Paris: Seuil, 1968).

———, *The Paint er of Modern Life and Other Essays*, trans. Jonathan Mayne(1964; rpt. New York: Da Capo, 1986).

———, *Selected Writings on Art and Literature*, trans. P. E. Charvet(London: Penguin, 1972).

Henri Bergson, *Creative Evolution*, trans. Arthur Mitchell(Mineola, NY: Dover, 1998).

———, *Matter and Memory*, trans. N. M. Paul and W. S. Palmer(New York: Zone, 1991).

Carina Birman, *The Narrow Foothold*(London: Hearing Eye, 2006).

Ernst Bloch, *Heritage of Our Times*, trans. Neville Plaice and Stephen Plaice Berkeley: University of California Press, 1990).

———, "Italien und die Porositat," in *Werkausgabe*, vol. 9, *Literarische Aufsatze* (Frankfurt: Suhrkamp Verlag, 1965).

———, *The Spirit of Utopia*, trans. Anthony Nassar(Stanford, CA: Stanford University Press, 2000).

Bertolt Brecht, *Arbeitsjournal*(Frankfurt: Suhrkamp Verlag, 1973).

———, *Brecht on Theatre*, ed. and trans. John Willett(New York: Hill and Wang, 1964).

———, *Poems 1913-1956*, ed. John Willett and Ralph Manheim(New York: Methuen, 1979).

Andre Breton, "Manifesto of Surrealism," in *Manifestoes of Surrealism*, trans. Richard Seaver and Helen R. Lane(Ann Arbor: University of Michigan Press, 1969).

———, *Nadja*, trans. Richard Howard(New York: Grove, 1960).

Max Brod, *Franz Kafka: A Biography*, trans. G. Humphreys Roberts and Richard Winston(New York: Schocken Books, 1963).

Martin Buber, *On Judaism*, ed. Nahum Glatzer(New York: Schocken Books, 1967).

Hermann Cohen, *Kants Theorie der Erfahrung*(Berlin: Bruno Cassirer, 1918).

———, *Religion of Reason: Out of the Sources of Judaism*, trans. S. Kaplan(New York: Frederick Ungar, 1995).

Johann Gottlieb Fichte, *The Science of Knowledge*, trans. Peter Heath and John Lachs(1970; rpt. Cambridge: Cambridge University Press, 1982).

Lisa Fittko, "The Story of Old Benjamin," in Walter Benjamin, *The Arcades Project*, trans. Howard Eiland and Kevin McLaughlin(Cambridge, MA: Harvard University Press, 1999).

Stefan George, *Gesamt-Ausgabe der Werke*, 15 vols. (Berlin: Georg Bondi, 1927-1934).

Andre Gide, *Pretexts: Reflections on Literature and Morality*, trans. Justin O'Brien(New York: Meridian, 1959).

Johann Wolfgang von Goethe, *Conversations with Eckermann, 1823-1832*, trans. John Oxenford(San Francisco: North Point Press, 1984).

———, *Elective Affinities*, trans. R. J. Hollingdale(London: Penguin Classics, 1978).

———, *Italian Journey*, trans. W. H. Auden and Elizabeth Mayer(1962; rpt. London: Penguin, 1970).

Moritz Goldstein, "Deutsch- Judischer Parnaß," in *Der Kunstwart* 25, vol. 11(March 1912).

Friedrich Gundolf, *Goethe*(Berlin: Georg Bondi, 1916).

Eric Gutkind, *The Body of God: First Steps toward an Anti-Theology*, ed. Lucie B. Gutkind and Henry Le Roy Finch(New York: Horizon Press, 1969).

Willy Haas, *Gestalten der Zeit*(Berlin: Kiepenhauer, 1930).

Adolf von Harnack, *Lehrbuch der Dogmengeschichte*, 3 vols. (Freiburg: J. C. B. Mohr, 1888-1890).

Martin Heidegger, *Being and Time*, trans. John Macquarrie and Edward Robinson(New York: Harper and Row, 1962).

──────, *Poetry, Language, Thought*, trans. Albert Hofstadter(New York: Harper, 1971).

Franz Hessel, "Die schwierige Kunst spazieren zu gehen," in *Ermunterung zu Genuß, Samtliche Werke*, vol. 2(Hamburg: Igel Verlag, 1999).

Friedrich Holderlin, *Essays and Letters on Theory*, trans. Thomas Pfau(Albany: State University of New York Press, 1988).

──────, *Selected Poems*, trans. Christopher Middleton(Chicago: University of Chicago Press, 1972).

Max Horkheimer, *Briefwechsel, 1927–1969*(Frankfurt: Suhrkamp Verlag, 2005).

──────, *Critical Theory: Selected Essays*, trans. Matthew J. O'Connell et al. (New York: Continuum, 1995).

Alexander von Humboldt, *Schriften zur Sprache*, Michael Bohler, "Nachwort"(Stuttgart: Reclam, 1973).

Franz Kafka, *The Blue Octavo Notebooks*, trans. Ernst Kaiser and Eithne Wilkins(1954; rpt. Cambridge: Exact Change, 1991).

──────, *The Castle*, trans. Mark Harman(New York: Schocken Books, 1998).

──────, *Complete Stories*, various translators(New York: Schocken Books, 1995).

Immanuel Kant, *Critique of Pure Reason*, trans. Norman Kemp Smith(1929; rpt. New York: St. Martin's Press, 1965).

Ludwig Klages, *Samtliche Werke*, vol. 3(Bonn: Bouvier, 1974).

Karl Korsch, *Marxism and Philosophy*(New York: Monthly Review Press, 1970).

Siegfried Kracauer, *Schriften*, 9 vols., ed. Inka Mulder– Bach et al. (Berlin: Suhrkamp Verlag, 2011).

──────, "Travel and Dance," "Lad and Bull," "Photography," "Those Who Wait," and "On the Writings of Walter Benjamin," in *The Mass Ornament*, trans. Thomas Y. Levin(Cambridge, MA: Harvard University Press, 1995).

──────, *Werke in neun Banden*, vol. 7, *Romane und Erzahlungen*, ed. Inka Mulder–Bach(Frankfurt: Suhrkamp, 2004).

Werner Kraft, *Spiegelung der Jugend*(Frankfurt: Fischer, 1996).

Asja Lacis, *Revolutionar im Beruf: Berichte uber proletarisches Theater, uber Meyerhold, Brecht, Benjamin und Piscator*(Munich: Rogner&Bernhard, 1971).

Georg Lukacs, *History and Class Consciousness: Studies in Marxist Dialectics*, trans. Rodney Livingstone(Cambridge, MA: MIT Press, 1971).

──────, "On Walter Benjamin," *New Left Review* 110(July–August 1978).

──────, *The Theory of the Novel*, trans. Anna Bostock(Cambridge, MA: MIT Press, 1974).

Andre Malraux, *Man's Fate*, trans. Haakon M. Chevalier(New York: Random House, 1969).

Thomas Mann, "Die Entstehung des *Doktor Faustus*"(1949), in *Doktor Faustus*(Frankfurt: S. Fischer, 1967).

Detlef Mertins and Michael W. Jennings, eds., *G: An Avant– Garde Journal of Art, Architecture, Design, and Film, 1923–1926*(Los Angeles: Getty Research Institute, 2010).

Laszlo Moholy–Nagy, *Painting — Photography — Film*(Cambridge, MA: MIT Press, 1969).

──────, "Production/Reproduction," in *Photography in the Modern Era: European Documents and Critical Writings*, ed. Christopher Phillips(New York: Metropolitan Museum of Art, 1989).

Friedrich Nietzsche, *Beyond Good and Evil: Prelude to a Philosophy of the Future*, trans. Walter Kaufmann(New York: Vintage, 1966).

──────, *On the Advantage and Disadvantage of History for Life*, trans. Peter Preuss (Indianapolis, IN: Hackett, 1980).

──────, *Thus Spoke Zarathustra*, trans. R. J. Hollingdale(Baltimore: Penguin, 1961).

————, *The Will to Power*, trans. Walter Kaufmann and R. J. Hollingdale(New York: Vintage, 1968).

Novalis(Friedrich von Hardenberg), *Werke in Einem Band*(Berlin: Aufbau, 1983).

Marcel Proust, *Swann's Way*, trans. C. K. Scott Moncrieff and Terence Kilmartin, rev. D. J. Enright(New York: Modern Library, 2003).

————, *On Art and Literature*, trans. Sylvia Townsend Warner(1957; rpt. New York: Carroll and Graf, 1984).

Florens Christian Rang, *Deutsche Bauhutte: Ein Wort an uns Deutsche uber mogliche Gerechtigkeit gegen Belgien und Frankreich und zur Philosophie der Politik*(Leipzig: E. Arnold, 1924).

————, *Historische Psychologie des Karnevals* [1927–1928](Berlin: Brinkmann und Bose, 1983).

Gustav Regler, *The Owl of Minerva*, trans. Norman Denny(New York: Farrar, Straus and Cudahy, 1959).

Bernhard Reich, *Im Wettlauf mit der Zeit*(Berlin: Henschel Verlag, 1970).

Alois Riegl, *Late Roman Art Industry*, trans. Rolf Winkes(Rome: Giorgio Bretschneider, 1985).

Franz Rosenzweig, *The Star of Redemption*, trans. W. Hallo(New York: Holt, Rinehart and Winston, 1971).

Max Rychner, "Erinnerungen," in *Uber Walter Benjamin*, ed. T. W. Adorno et al. (Frankfurt: Suhrkamp Verlag, 1968).

Hans Sahl, *Memoiren eines Moralisten: Das Exil im Exil*(Munich: Luchterhand, 2008).

————, "Walter Benjamin in the Internment Camp"(1966), trans. Deborah Johnson, in *On Walter Benjamin: Critical Essays and Recollections*, ed. Gary Smith(Cambridge, MA: MIT Press, 1988).

Paul Scheerbart, *Glass Architecture*, and Bruno Taut, *Alpine Architecture*, trans. James Palmes and Shirley Palmer(New York: Praeger, 1972).

————, *Lesabendio: Ein asteroiden-Roman*(Munich: Muller, 1913).

Friedrich Schlegel, *Friedrich Schlegel: Kritische Ausgabe seiner Werke*, 35 vols., ed. Ernst Behler, Jean-Jacques Anstett, and Hans Eichner(Paderborn: Schoningh, 1958–2002).

————, *Lucinde and the Fragments*, trans. Peter Firchow(Minneapolis: University of Minnesota Press, 1971).

Carl Schmitt, *Hamlet or Hecuba*, trans. David Pan and Jennifer R. Rust(New York: Telos Press, 2009).

————, *Political Theology: Four Chapters on the Concept of Sovereignty*, trans. George Schwab(Chicago: University of Chicago Press, 2006).

Gershom Scholem, *From Berlin to Jerusalem: Memories of My Youth*, trans. Harry Zohn(New York: Schocken Books, 1980).

————, *Lamentations of Youth: The Diaries of Gershom Scholem, 1913–1919*, trans. Anthony David Skinner(Cambridge, MA: Harvard University Press, 2007).

————, *Major Trends in Jewish Mysticism*(New York: Schocken Books, 1941).

————, *Tagebucher 1913–1917*(Frankfurt: Judischer Verlag, 1995).

————, *Walter Benjamin: The Story of a Friendship*, trans. Harry Zohn(New York: Schocken Books, 1981).

————, "Walter Benjamin and His Angel"(1972), in *On Walter Benjamin: Critical Essays and Recollections*, ed. Gary Smith(Cambridge, MA: MIT Press, 1988).

————, "Walter Benjamin und Felix Noeggerath," *Merkur*, February 1981.

Detlev Schottker and Erdmut Wizisla, *Arendt und Benjamin: Texte, Briefe Dokumente*(Frankfurt:

Suhrkamp Verlag, 2006).

Jean Selz, "Benjamin in Ibiza," in *On Walter Benjamin: Critical Essays and Recollections*, ed. Gary Smith(Cambridge, MA: MIT Press, 1988).

Tobias Smollett, *Travels through France and Italy*(London: John Lehmann, 1949).

Alfred Sohn-Rethel, *Warenform und Denkform*(Frankfurt: Suhrkamp Verlag, 1978).

Georges Sorel, *Reflections on Violence*, trans. T. E. Hulme(London: Collier-Macmillan, 1950).

Gabrielle Tergit, *Kasebier erobert den Kurfurstendamm*(Frankfurt: Kruger, 1977).

Sandra Teroni and Wolfgang Klein, *Pour la defense de la culture: Les textes du Congres international des ecrivains, Paris, Juin 1935*(Dijon: Editions Universitaires de Dijon, 2005).

Erich Unger, *Vom Expressionismus zum Mythos des Hebraertums: Schriften 1909 bis 1931*, ed. Manfred Voigts(Wurzburg: Konigshausen&Neumann, 1992).

Paul Valery, *The Art of Poetry*, trans. Denise Folliot(Prince ton, NJ: Princeton University Press, 1958).

──── , *Leonardo, Poe, Mallarme*, trans. Malcolm Cowley and James R. Lawler(Prince ton, NJ: Prince ton University Press, 1972).

Johann Jakob Volkmann, *Historisch-Kritische Nachrichten aus Italien, 1770-71*, cited in Gunter Grimm, "Baume, Himmel, Wasser — ist das nicht alles wie gemalt? Italien, das Land deutscher Sehnsucht," *Stuttgarter Zeitung*, July 4, 1987.

Ernest Wichner and Herbert Wiesner, *Franz Hessel: Nur was uns anschaut, sehen wir*(Berlin: Literaturhaus Berlin, 1998).

Charlotte Wolff, *Hindsight*(London: Quartet Books, 1980).

Karl Wolfskehl, *Gesammelte Werke*, vol. 2(Hamburg: Claassen, 1960).

Gustav Wyneken, *Schule und Jugendkultur*, 3rd ed. (Jena: Eugen Diederich, 1919).

2차 자료

Theodor W. Adorno et al., ed., *Uber Walter Benjamin*(Frankfurt: Suhrkamp Verlag, 1968).

Giorgio Agamben, *Homo Sacer: Sovereignty and Bare Life*(Stanford, CA: Stanford University Press, 1998).

──── , *Infancy and History*, trans. Liz Heron(London: Verso, 1993).

──── , *Potentialities*, ed. and trans. Daniel Heller-Roazen(Stanford, CA: Stanford University Press, 1999).

──── , *The Signature of All Things: On Method*, trans. Luca D'Isanto with Kevin Attell(New York: Zone, 2009).

──── , *Stanzas*, trans. Ronald L. Martinez(Minneapolis: University of Minnesota Press, 1993).

──── , *The Time that Remains: A Commentary on the Letter to the Romans*, trans. Patricia Dailey(Stanford, CA: Stanford University Press, 2005).

Robert Alter, *Necessary Angels*(Cambridge, MA: Harvard University Press, 1991).

H. W. Belmore, "Some Recollections of Walter Benjamin," *German Life and Letters* 28, no. 2(January 1975).

Andrew Benjamin, *Style and Time*(Evanston, IL: Northwestern University Press, 2006).

──── , ed., *The Problems of Modernity: Adorno and Benjamin*(London: Routledge, 1989).

──── and Peter Osborne, eds., *Walter Benjamin's Philosophy: Destruction and Experience*(Manchester: Clinamen, 2000).

Hilde Benjamin, *Georg Benjamin*, 2nd ed. (Leipzig: S. Hirzel Verlag, 1982).

Russell A. Berman, *Modern Culture and Critical Theory*(Madison: University of Wisconsin Press, 1989).

Ernst Bloch, "Recollections of Walter Benjamin"(1966), trans. Michael W. Jennings, in *On Walter Benjamin: Critical Essays and Recollections*, ed. Gary Smith(Cambridge, MA: MIT Press, 1988).

Norbert Bolz and Bernd Witte, *Passagen: Walter Benjamins Urgeschichte des XIX Jahrhunderts*(Munich: Wilhelm Fink, 1994).

Momme Brodersen, *Walter Benjamin: A Biography*, trans. Malcolm R. Green and Ingrida Ligers(London: Verso, 1996).

Susan Buck-Morss, *The Dialectics of Seeing: Walter Benjamin and the Arcades Project*(Cambridge, MA: MIT Press, 1989).

──── , *The Origin of Negative Dialectics: Theodor W. Adorno, Walter Benjamin, and the Frankfurt Institute*(New York: Free Press, 1977).

Eduardo Cadava, *Words of Light: Theses on the Photography of History*(Princeton, NJ: Princeton University Press, 1997).

Roberto Calasso, *The Ruin of Kasch*, trans. William Weaver and Stephen Sartarelli(Cambridge, MA: Harvard University Press, 1994).

Stanley Cavell, "Benjamin and Wittgenstein: Signals and Affinities," *Critical Inquiry* 25, no. 2(Winter 1999).

Howard Caygill, "Benjamin, Heidegger and the Destruction of Tradition," in *Walter Benjamin's Philosophy: Destruction and Experience*, ed. Andrew Benjamin and Peter Osborne(Manchester: Clinamen, 2000).

──── , *Walter Benjamin: The Colour of Experience*(New York: Routledge, 1998).

T. J. Clark, "Should Benjamin Have Read Marx?" *boundary* 2(Spring 2003).

Gordon Craig, *Germany, 1866-1945*(New York: Oxford University Press, 1980).

Paul DeMan, "Conclusions: Walter Benjamin's 'The Task of the Translator,' " in Paul DeMan, *Resistance to Theory*, 73-105(Minneapolis: University of Minnesota Press, 1986).

Jacques Derrida, *Acts of Religion*, various translators(New York: Routledge, 2002).

──── , "Des tours de Babel," in *Difference in Translation*, ed. and trans. Joseph F. Graham(Ithaca, NY: Cornell University Press, 1985).

Michel Despagne and Michael Werner, "Vom Passagen-Projekt zum Charles Baudelaire: Neue Handschriften zum Spatwerk Walter Benjamins," *Deutsche Vierteljahresschrift fur Literaturwissenschaft und Geistesgeschichte* 58(1984).

M. Dewey, "Walter Benjamins Interview mit der Zeitung Vecherniaia Moskva," *Zeitschrift fur Slawistik* 30, no. 5(1985).

Terry Eagleton, *Walter Benjamin, or Towards a Revolutionary Criticism*(London: New Left Books [Verso], 1981).

Howard Eiland, "Reception in Distraction," in *Walter Benjamin and Art*, ed. Andrew Benjamin(London: Continuum, 2005).

──── , "Superimposition in Walter Benjamin's *Arcades Project*," Telos 138(Spring 2007).

──── , "Walter Benjamin's Jewishness," in *Walter Benjamin and Theology*, ed. Stephane Symons and Colby Dickinson(forthcoming).

Richard Ellman, *James Joyce*(New York: Oxford University Press, 1959).

Richard Faber and Christine Holste, eds., *Der Potsdamer Forte-Kreis: Eine utopische Intellektuellenassoziation zur europaischen Friedenssicherung*(Wurzburg: Konigshausen&Neumann, 2001).

Ruth Fabian and Corinna Coulmas, *Die deutsche Emigration in Frankreich nach 1933*(Munich: K. G. Saur, 1978).

Simonetta Falasca-Zamponi, *Rethinking the Political : The Sacred, Aesthetic Politics, and the College de Sociologie*(Montreal: McGill-Queen's University Press, 2012).

Peter Fenves, *Arresting Language: From Leibniz to Benjamin*(Stanford, CA: Stanford University Press, 2002).

──── , "Benjamin's Early Reception in the United States: A Report," *Benjamin-Studien*(forthcoming).

──── , *The Messianic Reduction: Walter Benjamin and the Shape of Time*(Stanford, CA: Stanford University Press, 2011).

David S. Ferris, ed., *The Cambridge Companion to Walter Benjamin*(Cambridge: Cambridge University Press, 2004).

──── , ed., *Walter Benjamin: Theoretical Questions*(Stanford, CA: Stanford University Press, 1996).

Bernd Finkeldey, "Hans Richter and the Constructivist International," in *Hans Richter: Activism, Modernism, and the Avant-Garde*, ed. Stephen C. Foster(Cambridge, MA: MIT Press, 1998).

Eli Friedlander, *Walter Benjamin: A Philosophical Portrait*(Cambridge, MA: Harvard University Press, 2012).

Paul Fry, *The Reach of Criticism*(New Haven, CT: Yale University Press, 1983).

Werner Fuld, *Walter Benjamin: Zwischen den Stuhlen*(Frankfurt: Fischer, 1981).

Klaus Garber, "Zum Briefwechsel zwischen Dora Benjamin and Gershom Scholem nach

Benjamins Tod," in *Global Benjamin: Internationaler Walter-Benjamin-Kongreß 1992*, ed. Klaus Garber and Ludger Rehm(Munich: Fink, 1999).

Kurt Gassen and Michael Landmann, eds., *Buch des Dankes an Georg Simmel: Briefe, Erinnerungen, Bibliographie*(Berlin, Dunckner und Humbolt, 1958).

J. F. Geist, *Arcades: The History of a Building Type*, trans. Jane Newman and John Smith(Cambridge, MA: MIT Press, 1983).

Wil van Gerwen, "Angela Nova: Biografi sche achtergronden bij Agesilaus Santander," *Benjamin Journal* 5(Fall 1997).

──── , "Walter Benjamin auf Ibiza: Biographische Hintergrunde zu 'Agesilaus Santander,'" in *Global Benjamin: Internationaler Walter-Benjamin-Kongreß 1992*, ed. Klaus Garber and Ludger Rehm(Munich: Fink, 1999).

Nicola Gess, " 'Schopferische Innervation der Hand': Zur Gestensprache in Benjamins 'Probleme der Sprachsoziologie,' " in *Benjamin und die Anthropologie*, ed. Carolin Duttlinger,

Ben Morgan, and Anthony Phelan(Freiburg: Rombach, 2011).

Davide Giuriato, *Mikrographien: Zu einer Poetologie des Schreibens in Walter Benjamins Kindheitserinnerungen, 1932-1939*(Munich: Wilhelm Fink, 2006).

Jurgen Habermas, "Walter Benjamin: Consciousness-Raising or Rescuing Critique(1972)," in Habermas, *Philosophical-Political Profiles*, trans. Frederick G. Lawrence(Cambridge, MA: MIT Press, 1983).

Werner Hamacher, "Afformative, Strike," trans. Dana Hollander, in *Walter Benjamin's Philosophy: Destruction and Experience*, ed. Andrew Benjamin and Peter Osborne(London: Routledge, 1994).

──── , *Premises: Essays on Philosophy and Literature from Kant to Celan*, trans. Peter Fenves(Cambridge, MA: Harvard University Press, 1996).

Miriam Bratu Hansen, *Cinema and Experience*(Berkeley: University of California Press, 2012).

──── , "Room for Play," *Canadian Journal of Film Studies* 13, no. 1(Spring 2004).

Beatrice Hanssen, *Walter Benjamin's Other History: Of Stones, Animals, Human Beings, and Angels*(Berkeley: University of California Press, 1998).

Hiltrud Hantzschel, "Die Philologin Eva Fiesel, 1891-1937," in *Jahrbuch der Deutschen Schillergesellschaft*, 38. Jahrgang(Stuttgart: Kroner, 1994).

Geoffrey H. Hartman, *Criticism in the Wilderness*(New Haven, CT: Yale University Press, 1980).

Stephane Hessel, *Tanz mit dem Jahrhundert: Eine Autobiographie*(Zurich: Arche Verlag, 1998).

Susan Ingram, "The Writings of Asja Lacis," *New German Critique*, no. 86(Spring-Summer 2002).

Lorenz Jager, *Messianische Kritik: Studien zu Leben und Werk von Florens Christian Rang*(Cologne: Bohlau Verlag, 1998).

Martin Jay, *The Dialectical Imagination: A History of the Frankfurt School and the Institute of Social Research, 1923-1950*(Boston: Little, Brown, 1973).

――― , "Politics of Translation: Siegfried Kracauer and Walter Benjamin on the Buber-Rosenzweig Bible," *Publications of the Leo Baeck Institute*, Year Book 21, 1976(London: Secker and Warburg).

Martin Jay and Gary Smith, "A Talk with Mona Jean Benjamin, Kim Yvon Benjamin and Michael Benjamin," in *Benjamin Studies / Studien 1*(Amsterdam: Rodopi, 2002).

Michael W. Jennings, *Dialectical Images: Walter Benjamin's Theory of Literary Criticism*(Ithaca, NY: Cornell University Press, 1987).

――― , "Absolute Fragmentation: Walter Benjamin and Romantic Art Criticism," *Journal of Literary Criticism* 6, no. 1(1993): 1-18.

――― , "Benjamin as a Reader of Holderlin: The Origin of Benjamin's Theory of Literary Criticism," *German Quarterly* 56, no. 4(1983): 544-562.

――― , "Eine gewaltige Erschutterung des Tradierten: Walter Benjamin's Political Recuperation of Franz Kafka," in *Fictions of Culture: Essays in Honor of Walter Sokel*, ed. Stephen Taubeneck(Las Vegas, NV: Peter Lang, 1991), 199-214.

――― , "Towards Eschatology: The Development of Benjamin's Theological Politics in the Early 1920's," in *Walter Benjamins Anthropologisches Denken*, ed. Carolin Duttinger, Ben Morgan, and Anthony Phelan(Freiburg: Rombach Verlag, 2012), 41-58.

――― , "Walter Benjamin and the Europe an Avant-Garde," in *The Cambridge Companion to Walter Benjamin*, ed. David S. Ferris 18- 34(Cambridge: Cambridge University Press, 2004).

――― , "Walter Benjamin and the Theory of Art History," in *Walter Benjamin, 1892-1940: Zum 100. Gerburtstag*, ed. Uwe Steiner, 77-102(Bern: Peter Lang, 1992).

James Joyce, Ulysses(1922; rpt. New York: Modern Library, 1992).

Chryssoula Kambas, "Ball, Bloch und Benjamin," in *Dionysus DADA Areopagita: Hugo Ball und die Kritik der Moderne*, ed. Bernd Wacker(Paderborn: Ferdinand Schoningh, 1996).

――― , *Walter Benjamin im Exil: Zum Verhaltnis von Literaturpolitik und Asthetik*(Tubingen: Niemeyer, 1983).

Robert Kaufman, "Aura, Still," *October 99*(Winter 2002); rpt. in *Walter Benjamin and Art*, ed. Andrew Benjamin(London: Continuum, 2005).

Heinrich Kaulen, "Walter Benjamin und Asja Lacis: Eine biographische Konstellation und ihre Folgen," in *Deutsche Vierteljahrsschrift fur Literaturwissenschaft und Geistesgeschichte*, 69. Jahrgang, 1995(Heft 1 / Marz).

Frank Kermode, "Every Kind of Intelligence," *New York Times Book Review*, July 30, 1978.

――― , "The Incomparable Benjamin," *New York Review of Books*, December 18, 1969.

Wolfgang Klein and Akademie der Wissenschaften der DDR, Zentralinstitut fur Literaturge-schichte, *Paris 1935. Erster Internationaler Schriftstellerkongress zur Verteidigung der Kultur: Reden und Dokumente mit Materialien der Londoner Schriftstellerkonferenz 1936*(Berlin: Akademie-Verlag, 1982).

Paul Kluke, "Das Institut fur Sozialforschung," in *Geschichte der Soziologie*, vol. 2, ed. Wolf Lepenies(Frankfurt: Suhrkamp Verlag, 1981).

Margarete Kohlenbach, "Religion, Experience, Politics: On Erich Unger and Walter Benjamin," in *The Early Frankfurt School and Religion*, ed. Raymond Geuss and Kohlenbach(Houndmills: Palgrave Macmillan, 2005).

Eckhardt Kohn, *Strassenrausch: Flanerie und kleine Form—Versuch zur Literaturgeschich-te des Flaneurs bis 1933*(Berlin: Das Arsenal, 1989).

Werner Kraft, "Friedrich C. Heinle," *Akzente* 31(1984).

―――. "Uber einen verschollenen Dichter," *Neue Rundschau* 78(1967).

Stephan Lackner, " 'Von einer langen, schwierigen Irrfahrt': Aus unveroffentlichten Briefen Walter Benjamins," *Neue Deutsche Hefte* 26, no. 1(1979).

Walter Laqueur, *Young Germany: A History of the German Youth Movement*, introduction by R. H. S. Crossman(1962; rpt. New Brunswick, NJ: Transaction Books, 1984).

Esther Leslie, *Walter Benjamin: Overpowering Conformism*(London: Pluto Press, 2000).

―――, ed., *Walter Benjamin's Archive*(London: Verso, 2007).

Burkhardt Lindner, ed., *Benjamin Handbuch: Leben-Werk-Wirkung*(Stuttgart: Metzler Verlag, 2006).

―――. "Habilitationsakte Benjamin: Uber ein 'akademisches Trauerspiel' und uber ein Vorkapitel der 'Frankfurter Schule'(Horkheimer, Adorno)," *Zeitschrift fur Literaturwissen-scahft und Linguistik 53/54*(1984).

―――, ed., *Links hatte noch alles sich zu entratseln . . .": Walter Benjamin im Kontext*(Frankfurt: Syndikat, 1978).

Geret Luhr, ed., *Was noch begraben lag: Zu Walter Benjamins Exil—Briefe und Dokumente*(Berlin: Bostelmann und Siebenhaar, 2000).

John McCole, *Walter Benjamin and the Antinomies of Tradition*(Ithaca, NY: Cornell University Press, 1993).

Kevin McLaughlin, "Benjamin Now: Afterthoughts on *The Arcades Project*," *boundary 2*(Spring 2003).

Jeffrey Mehlman, *Walter Benjamin for Children: An Essay on His Radio Years*(Chicago: University of Chicago Press, 1993).

Winfried Menninghaus, *Walter Benjamins Theorie der Sprachmagie*(Frankfurt: Suhrkamp Verlag, 1980).

―――, *Schwellenkunde: Walter Benjamins Passage des Mythos*(Frankfurt, Suhrkamp Verlag, 1986).

―――, "Walter Benjamin's Theory of Myth," in *On Walter Benjamin: Critical Essays and Recollections*, ed. Gary Smith(Cambridge, MA: MIT Press, 1988).

Pierre Missac, *Walter Benjamin's Passages*, trans. Shierry Weber Nicholsen(Cambridge, MA: MIT Press, 1995).

Stefan Muller-Doohm, *Adorno*(Frankfurt: Suhrkamp Verlag, 2003).

Arno Munster, *Ernst Bloch: Eine politische Biografie*(Berlin: Philo&Philo Fine Arts, 2004).

Rainer Nagele, *Theater, Theory, Speculation: Walter Benjamin and the Scenes of Modernity*(Baltimore: Johns Hopkins University Press, 1991).

―――, ed., *Benjamin's Ground*(Detroit: Wayne State University Press, 1988).

Magali Laure Nieradka, *Der Meister der leisen Tone: Biographie des Dichters Franz*

Hessel(Oldenburg: Igel, 2003).

Jane O. Newman, *Benjamin's Library: Modernity, Nation, and the Baroque*(Ithaca, NY: Cornell University Press, 2011).

Robert E. Norton, *Secret Germany*(Ithaca, NY: Cornell University Press, 2002).

Blair Ogden, "Benjamin, Wittgenstein, and Philosophical Anthropology: A Reevaluation of the Mimetic Faculty," in Michael Jennings and Tobias Wilke, eds., *Grey Room 39*(Spring 2010).

Michael Opitz and Erdmut Wizisla, eds., *Aber Ein Sturm Weht vom Paradies Her: Texte zu Walter Benjamin*(Leipzig: Reclam, 1992).

──── , *Benjamins Begriffe*, 2 vols. (Frankfurt: Suhrkamp Verlag, 2000).

Peter Osborne, *Philosophy in Cultural Theory*(New York: Routledge, 2000).

──── , *The Politics of Time: Modernity and Avant- Garde*(London: Verso, 1995).

Jean-Michel Palmier, *Walter Benjamin: Lumpensammler, Engel und bucklicht Männlein— Ästhetik und Politik bei Walter Benjamin*, trans. Horst Bruhmann(Berlin: Suhrkamp Verlag, 2009).

──── , *Weimar in Exile: The Antifascist Emigration in Eu rope and America*, trans. David Fernbach(New York: Verso, 2006).

Claire Paulhan, "Henry Church and the Literary Magazine Mesures: 'The American Re- source,'" in *Artists, Intellectuals, and World War II: The Pontigny Encounters at Mount Holyoke College*, ed. Christopher Benfy and Karen Remmler(Amherst: University of Mas- sachusetts Press, 2006).

Hans Puttnies and Gary Smith, *Benjaminiana*(Giessen: Anabas, 1991).

Anson Rabinbach, *The Crisis of Austrian Socialism: From Red Vienna to Civil War, 1927-1934*(Chicago: University of Chicago Press, 1983).

──── , *In the Shadow of Catastrophe: German Intellectuals between Apocalypse and Enlightenment*(Berkeley: University of California Press, 2001).

──── , Staging Anti- Fascism in the Era of Hitler and Stalin, forthcoming.

Willem van Reijen and Herman van Doorn, *Aufenthalte und Passagen: Leben und Werk Walter Benjamins*(Frankfurt: Suhrkamp Verlag, 2001).

Gerhard Richter, *Thought-Images: Frankfurt School Writers' Reflections from Damaged Life*(Stanford, CA: Stanford University Press, 2007).

──── , *Walter Benjamin and the Corpus of Autobiography*(Detroit: Wayne State University Press, 2000).

Avital Ronell, "Street Talk," in Rainer Nagele, ed., *Benjamin's Ground*(Detroit: Wayne State University Press, 1988).

Charles Rosen, "The Ruins of Walter Benjamin," *New York Review of Books*, October 27, 1977.

Monad Rrenban, *Wild, Unforgettable Philosophy in Early Works of Walter Benjamin*(Lanham, MA: Lexington Books, 2005).

Ingrid Scheurmann, ed., *Neue Dokumente zum Tode Walter Benjamins*(Bonn: Arbeitskreis selbständiger Kultur-Institute und Gemeinde Port-Bou, 1992).

Ingrid Scheurmann and Konrad Scheurmann, eds., *Fur Walter Benjamin*(Frankfurt: Suhrkamp Verlag, 1992).

Sabine Schiller-Lerg, "Ernst Schoen(1894- 1960): Ein Freund uberlebt — Erste biogra- phische Einblicke in seinen Nachlaß," in *Global Benjamin: Internationaler Walter- Benjamin-Kongreß 1992*, ed. Klaus Garber and Ludger Rehm, 2:982-1013(Munich: Fink, 1999).

──── , *Walter Benjamin und der Rundfunk*(Munich: Saur Verlag, 1984).

Eva Schock-Quinteros, "Dora Benjamin: '. . . denn ich hoffe nach dem Krieg in Amerika arbeitenzu konnen'—Stationen einer vertriebenen Wissenschaftslerin, 1901–1946," in *Barrieren und Karrieren: Die Anfange des Frauenstudiums in Deutschland*(Berlin: Trafo, 2000).

Christian Schulte, *Ursprung ist das Ziel: Walter Benjamin uber Karl Kraus*(Wurzburg: Konigshausen&Neumann, 2003).

Gary Smith, "Das judische versteht sich von selbst: Walter Benjamins fruhe Auseinandersetzungmit dem Judentum," *Deutsche Vierteljahresschrift fur Literaturwissenschaft und Geistesgeschichte* 65(1981): 318–334.

———, ed., *On Walter Benjamin: Critical Essays and Recollections*(Cambridge, MA: MIT Press, 1988).

Susan Sontag, "Under the Sign of Saturn," in *Under the Sign of Saturn*(New York: Farrar, Straus and Giroux, 1980).

Uwe Steiner, *Die Geburt der Kritik aus dem Geiste der Kunst*(Wurzburg: Konigshausen und Neumann, 1989).

———, *Walter Benjamin: An Introduction to His Work and Thought*, trans. Michael Winkler(Chicago: University of Chicago Press, 2010).

———, "The True Politician: Walter Benjamin's Concept of the Political," *New German Critique* 83(Spring–Summer 2000).

———, ed., *Walter Benjamin, 1892–1940: Zum 100. Geburtstag*(Bern: Peter Lang, 1992).

Michael Surya, *Georges Bataille: An Intellectual Biography*, trans. Krzysztof Fijalkowski and Michael Richardson(New York: Verso, 2002).

Peter Szondi, "Hoffnung im Vergangenen: Walter Benjamin und die Suche nach der verlorenen Zeit," in *Zeugnisse: Theodor W. Adorno zum sechzigsten Geburtstag*, ed. Max Horkheimer(Frankfurt: Europaische Verlagsanstalt, 1963); translated by Harvey Mendelsohn as "Hope in the Past: On Walter Benjamin," in Walter Benjamin, *Berlin Childhood around 1900*(Cambridge, MA: Harvard University Press, 2006).

Bruno Tackels, *Walter Benjamin: Une vie dans les textes*(Arles: Actes Sud, 2009).

Klaus Taubert, *"Unbekannt verzogen . . .": Der Lebensweg des Suchtmediziners, Psychologen und KPD–Grundungsmitgliedes Fritz Frankel*(Berlin: Trafo, 2005).

Jacob Taubes, *The Political Theology of Paul*(1987), trans. Dana Hollander(Stanford, CA: Stanford University Press, 2004).

Rolf Tiedemann, *Dialektik im Stillstand*(Frankfurt: Suhrkamp Verlag, 1983).

Rolf Tiedemann, Christoph Godde, and Henri Lonitz, "Walter Benjamin, 1892–1940: Eine Ausstellung des Theodor W. Adorno Archivs, Frankfurt am Main in Verbindung mit dem Deutschen Literaturarchiv Marbach am Neckar," *Marbacher Magazin* 55(1990).

Siegfried Unseld, ed., *Zur Aktualitat Walter Benjamins: Aus Anlaß des 80. Geburtstages von Walter Benjamin*(Frankfurt: Suhrkamp Verlag, 1972).

Vicente Valero, *Der Erzahler: Walter Benjamin auf Ibiza 1932 und 1933*, trans. Lisa Ackermann and Uwe Dehler(Berlin: Parthas, 2008).

Manfred Voigts, *Oskar Goldberg: Der mythische Experimentalwissenschaftler*(Berlin: Agora Verlag, 1992).

Samuel Weber, *Benjamin's —abilities*(Cambridge, MA: Harvard University Press, 2008).

———, "Genealogy of Modernity: History, Myth and Allegory in Benjamin's *Origin of the German Mourning Play*," MLN(April 1991).

———, "Taking Exception to Decision: Walter Benjamin and Carl Schmitt," *diacritics*(Fall–Winter 1992).

Daniel Weidner, *Gershom Scholem: Politisches, esoterisches und historiographisches Schreiben*(Munich: Wilhelm Fink, 2003).

Sigrid Weigel, *Entstellte Ahnlichkeiten: Walter Benjamins theoretische Schreibweise*(Frankfurt: Fischer Verlag, 1997).

————, *Body- and Image-Space: Re-reading Walter Benjamin*, trans. Georgina Paul, Rachel McNicholl, and Jeremy Gaines(New York: Routledge, 1996).

Rolf Wiggershaus, *The Frankfurt School: Its History, Theories, and Political Significance*, trans. Michael Robertson(Cambridge, MA: MIT Press, 1994).

Bernd Witte, *Walter Benjamin: An Intellectual Biography*, trans. J. Rolleston(Detroit: Wayne State University Press, 1991).

————, *Walter Benjamin: Der Intellektuelle als Kritiker—Untersuchungen zu seinem Fruhwerk*(Stuttgart: Metzler, 1976).

Erdmut Wizisla, *Walter Benjamin and Bertolt Brecht: The Story of a Friendship*, trans. Christine Shuttleworth(New Haven, CT: Yale University Press, 2009).

Irving Wohlfarth, "Et cetera? Der Historiker als Lumpensammler," in *Passagen: Walter Benjamins Urgeschichte des XIX Jahrhunderts*, ed. Norbert Bolz and Bernd Witte, 70-95(Munich: Wilhelm Fink, 1994).

————, "On the Messianic Structure of Walter Benjamin's Last Reflections," *Glyph* 3(1978).

————, "The Politics of Youth: Walter Benjamin's Reading of *The Idiot*," *diacritics*(Fall-Winter 1992).

————, "Re-fusing Theology: Benjamin's Arcades Project," *New German Critique* 39(Fall 1986).

Elisabeth Young-Bruehl, *Hannah Arendt: For the Love of the World*, 2nd ed. (New Haven, CT: Yale University Press, 2004).

767~768, 837, 867, 874, 880~881

비네켄, 구스타프Wyneken, Gustav 39~45, 55, 57~59, 61, 65~67, 70~71, 74~75, 77, 81, 88, 90, 93~94, 96, 108~110, 128, 186

비스마르크, 오토 폰Bismarck, Otto von 712

비싱, 에곤Wissing, Egon 12, 468, 478~479, 482, 506~508, 580, 597, 629, 648~650, 658~660, 675~676, 790, 817, 841, 873

비할리-메린, 오토Bihalji-Merin, Oto 587

빈스방거, 루트비히Binswanger, Ludwig 611

680

할름, 아우구스트Halm, August 96

허거스하이머, 조지프Hergesheimer, Joseph 450, 483

헤닝스, 에미Hennings, Emmy 150~151

헤르더, 요한 고트프리트Herder, Johann Gottfried 712

헤르베르츠, 리하르트Herbertz, Richard 142, 163, 166

헤르츠베르거, 엘제Herzberger, Else 613, 674, 754, 757, 833, 855

헤르츠베르거, 엘프리데Herzberger, Elfriede 596, 613

헤르츠펠데, 빌란트Herzfelde, Wieland 619, 665, 705

헤세, 헤르만Hesse, Hermann 87, 319, 399, 401, 585

헤셀, 프란츠Hessel, Franz 37, 274~275, 336, 338, 340~344, 374, 381, 383~384, 394~395, 401, 414, 432, 436, 443, 446, 469, 502, 506, 579, 652, 820, 826, 844

헤셀, 헬렌Helen Hessel 338, 341, 343, 345, 381, 661~662, 818, 827, 844, 852, 859

헬링그라트, 노르베르트 폰Hellingrath, Norbert von 101~102

호디스, 야코프 폰Hoddis, Jakob von 44, 172

호르크하이머, 막스Horkheimer, Max 205, 229, 313, 431, 447, 469, 519, 542, 571~573, 596, 606, 616, 626, 628, 636, 651, 656, 670, 674, 679~680, 687~688, 690~692, 695~696, 706~707, 715~716, 719, 723, 728~733, 740~744, 746, 750, 752~759, 765, 770~773, 775, 778~780, 784, 787~789, 801~802, 804~806, 816, 819, 827~828, 831~834, 838, 841~846, 852, 855, 862, 864, 873~875, 883, 891

호브레커, 카를Hobrecker, Karl 296

호퍼, 빌헬름Hoffer, Wilhelm 720, 722

호프만슈탈, 후고 폰Hofmannsthal, Hugo von 66, 88, 110, 214, 249, 257, 263, 268~269, 320, 322, 338, 375, 378, 382, 296, 402~404, 413, 423, 441~442, 613, 705, 876~878, 882

훔볼트, 빌헬름 폰Humboldt, Wilhelm von 104, 244, 322, 381, 711

힌데미트, 파울Hindemith, Paul 444, 466

힐, 데이비드 옥타비우스Octavius Hill, David 488

힐러, 쿠르트Hiller, Kurt 44~45, 95, 111, 180, 456

주요 개념

발터 벤야민 평전

1판 1쇄	2018년 4월 25일
1판 2쇄	2021년 6월 10일

지은이	하워드 아일런드 마이클 제닝스
옮긴이	김정아
펴낸이	강성민
편집장	이은혜
마케팅	정민호 김도윤 최원석
홍보	김희숙 김상만 함유지 김현지 이소정 이미희 박지원
독자모니터링	황치영

펴낸곳	(주)글항아리	출판등록 2009년 1월 19일 제406-2009-000002호
주소	10881 경기도 파주시 회동길 210
전자우편	bookpot@hanmail.net
전화번호	031-955-2696(마케팅) 031-955-8897(편집부)
팩스	031-955-2557

ISBN	978-89-6735-511-1 93100

글항아리는 (주)문학동네의 계열사입니다.

www.geulhangari.com